中高ドイツ語辞典

Mittelhochdeutsches
Wörterbuch

古賀允洋 編

大学書林

は じ め に

　本書は西暦1050年から1500年までの時期の言語である中高ドイツ語の辞典として編纂されたものである．その時代に記され，今日に伝わっている珠玉の文学作品として，英雄叙事詩の『ニーベルンゲンの歌』(Das Nibelungenlied) と『クードルーン』(Kudrun), ハルトマン・フォン・アウエ (Hartmann von Aue) の宮廷叙事詩『エーレク』(Erec), 『イーヴァイン』(Iwein), 『グレゴーリウス』(Gregorius), それに『哀れなハインリヒ』(Der arme Heinrich), ゴットフリート・フォン・シュトラースブルク (Gottfried von Straßburg) の宮廷叙事詩『トリスタンとイゾルデ』(Tristan und Isolde), ヴォルフラム・フォン・エッシェンバッハ (Wolfram von Eschenbach) の宮廷叙事詩『パルチヴァール』(Parzival), そしてヴァルター・フォン・デア・フォーゲルヴァイデ (Walther von der Vogelweide) の叙情詩がある．これらの作品を初め，中高ドイツ語で書かれた他の作品や文献を本書によって読み解くことができる．

　見出し語は，上記の作品の中高ドイツ語テキスト（下記文献 [1]）の語彙を対象とした．単語の用例と出典箇所もこれらのテキストによる．見出し語の選定は，これらの作品の注釈書の語彙集によってなされた（下記文献 [2]）．これらの語彙集は網羅的なものではないが，各作品の語彙内容を知るための資料体として適切なものである．各作品の語彙集の語彙からこの作品群の語彙を集成し，見出し語とした．なお，独自に選ばれたその他の語彙が見出し語に加えられている．

　見出し語の訳語は主に Matthias Lexers Mittelhochdeutsches Taschenwörterbuch の第3版 (1885年) と第37版 (1986年) によったが，この中高ドイツ語辞典からの抜粋翻刻をご了承くださった S. Hirzel Verlag に深謝したい．訳語の選択に関してさらに必要に応じて Matthias Lexers Mittelhochdeutsches Handwörterbuch 初め，他の中高ドイツ語辞典や語彙辞典なども参照した．

　見出し語の用例としての例文が添えられているが，特に『哀れなハインリヒ』についてはこの作品全体が例文として使われている．

　巻末の「中高ドイツ語文法概要」は語形変化表を手掛かりとして中高ドイツ語文法の骨組みを示したものである．

　中高ドイツ語の吟遊詩人たちは故郷を離れ，他の土地へ出掛けて活動した．その際できるだけ自分の郷里の方言を避け，どの地方の人にも分

かる言葉と韻律法を使うように心がけていたが，その結果として「詩人語」(Dichtersprache)という一種の文学的共通語が出来上がっていた．

　中世の騎士文学の精髄とも言うべき諸作品に典範を求めた本書が中高ドイツ語の「詩人語辞典」の役を果たすことができれば幸いである．

　本書の企画から今日まで，長い年月の間，何度もお電話をくださり，原稿執筆の進展をお促しくださった大学書林の佐藤政人社長とスタッフの皆さんに心から御礼申し上げたい．

2010年10月
編者しるす

◇本書の記号・略号，見出し語について

【1】略号・記号について

1. 名詞
- 男 ＝男性強変化名詞　　男《弱》＝男性弱変化名詞
- 中 ＝中性強変化名詞　　中《弱》＝中性弱変化名詞
- 女 ＝女性強変化名詞　　女《弱》＝女性弱変化名詞
- 男《強・弱》＝強変化・弱変化男性名詞
- 女《強・弱》＝強変化・弱変化女性名詞　　名 ＝名詞

2. 動詞
- 動 ＝強変化動詞　　動《弱》＝弱変化動詞　　動〔反復〕＝反復動詞
- 動〔過現〕＝過去現在動詞　　他 ＝他動詞　　自 ＝自動詞
- 再 ＝再帰動詞　　非 ＝非人称動詞　　〔不規則〕＝不規則動詞
- 〔過分〕＝過去分詞　　〔現分〕＝現在分詞
  - 〔例〕動 Ⅰ.1 → 強変化動詞系列Ⅰ.1
  - 　　 動〔反復〕2 → 反復動詞第2類

[ ]内に基本形が示されている場合，1は直説法現在1人称単数，2は同1人称複数，3は直説法過去1,3人称単数，4は同2人称単数，5は同1,3人称複数，そして6は過去分詞を表わす．

3. その他の品詞
- 代 ＝代名詞　　〔人代〕＝人称代名詞　　〔所代〕＝所有代名詞
- 〔再代〕＝再帰代名詞　　〔疑代〕＝疑問代名詞　　〔関代〕＝関係代名詞
- 〔指代〕＝指示代名詞　　〔不代〕＝不定代名詞　　冠 ＝冠詞　　形 ＝形容詞
- 間 ＝間投詞　　副 ＝副詞　　前 ＝前置詞　　接 ＝接続詞　　数 ＝数詞

4. 前置詞の格支配
- 〔例〕前$^{+3}$ → 3格支配　　　前$^{+2/+3}$ → 2格支配あるいは3格支配
- 　　　前$^{+3/(+2格)}$ → 3格支配，あるいは稀に2格支配
- 　　　前$^{+4}$ → 4格支配

5. 格や前置詞句の表示
- 〔例〕(を)^4 →「を」が4格　　(に)^3 →「に」が3格
- 　　　(を)$^{+über}$ →「を」が über＋(代)名詞．

6. その他の表示

矢印 ⇨ は「見よ」　　等号 ＝ は「同じ」　　不等号 ＜ は「由来」
◇ は「参考」

【2】見出し語の配列

① 　見出し語はアルファベット順. ただし, c は k, f は v となる. x, y で始まる見出し語はない.
② 　母音の順序については原則として a → ä → â → æ, i → î, o → ö → ô → œ, u → ü → û とする.
③ 　開音 ë と閉音 e, 破擦音 z と摩擦音 ȝ とを区別して表記する. ただし, 用例としての例文ではこの区別はなく, それぞれ e と z で表わされている.

【3】例文と出典の表記

　見出し語の出典は｛ ｝括弧で示される.
例文は¶の記号で示され, 中高ドイツ語の原文とその訳が続く. 出典は
（ ）括弧で表わされる.

〔例〕âbenden 動《弱》¶ si erbeite ... (Ku. 1065, 1)
　　　　âbent, âbunt 男　　｛Nib. 601, 1｝

◇強変化動詞の基本形

Ⅰ. 転母音動詞 (Ablautende Verben)

系列	直説法現在 1人称単数	直説法現在 1人称複数	直説法過去 1,3人称単数	直説法過去 2人称単数	直説法過去 1人称複数	過去分詞
Ⅰ. 1	stîge	stîgen	steic	stige	stigen	gestigen
2	lîhe	lîhen	lêch	lihe	lihen	gelihen
Ⅱ. 1a	biuge	biegen	bouc	büge	bugen	gebogen
1b	sûge	sûgen	souc	süge	sugen	gesogen
2	biute	bieten	bôt	büte	buten	geboten
Ⅲ. 1	binde	binden	bant	bünde	bunden	gebunden
2	hilfe	hëlfen	half	hülfe	hulfen	geholfen
Ⅳ.	nime	nëmen	nam	næme	nâmen	genomen
Ⅴ.	gibe	gëben	gap	gæbe	gâben	gegëben
Ⅵ.	grabe	graben	gruop	grüebe	gruoben	gegraben

Ⅱ. 反復動詞 (Ehemals reduplizierende Verben)

類	直説法現在 1人称単数	直説法現在 1人称複数	直説法過去 1人称単数	直説法過去 2人称単数	直説法過去 1人称複数	過去分詞
1	valle	vallen	viel	viele	vielen	gevallen
2	slâfe	slâfen	slief	sliefe	sliefen	geslâfen
3	loufe	loufen	lief	liefe	liefen	geloufen
4	scheide	scheiden	schiet	schiede	schieden	gescheiden
5	stôʒe	stôʒen	stieʒ	stieʒe	stieʒen	gestôʒen
6	ruofe	ruofen	rief	riefe	riefen	geruofen

◇本書執筆のために使用した主な参考文献

●文献 [1] (見出し語と用例を収集した文献)
 1. Hartmann von Aue: Erec, hrsg. von A. Leitzmann, vierte Auflage, besorgt von L. Wolff Tübingen 1967 (ATB. Nr. 39). [Abk.: Er.]
 2. Hartmann von Aue: Gregorius, hrsg. von H. Paul, zehnte Aufla-

ge, besorgt von L. Wolff, Tübingen 1963 (ATB. Nr. 2). [Abk.: Gr.]
3. Hartmann von Aue : Der arme Heinrich, hrsg. von H. Paul, 12., durchgesehene Auflage, besorgt von L. Wolff, Tübingen 1961 (ATB. Nr. 3). [Abk. : aH.]
4. Hartmann von Aue : Iwein, hrsg. von G. F. Benecke und K. Lachmann, neu bearbeitet von L. Wolff, siebente Auflage, Berlin 1968. [Abk. : Iw.]
5. Gottfried von Straßburg : Tristan, hrsg. von K. Marold, dritter Abdruck mit einem durch F. Ranke Kollationen erweiterten und verbesserten Apparat besorgt und mit einem Nachwort versehen von W. Schröder, Berlin 1969. [Abk. : Tr.]
6. Wolfram von Eschenbach : Parzival, sechste Auflage von K. Lachmann, unveränderter Nachdruck, Berlin 1965. [Abk. : Parz.]
7. Das Nibelungenlied : Nach der Ausgabe von K. Bartsch, hrsg. von H. de Boor, einundzwanzigste revidierte und von Roswitha Wisniewski ergänzte Auflage, Wiesbaden 1979. [Abk. : Nib.]
8. Kudrun : hrsg. von Bartsch, neue ergänzte Ausgabe der fünften Auflage, überarbeitet und eingeleitet von K. Stackmann, Wiesbaden 1980. [Abk. : Ku.]
9. Die Gedichte Walthers von der Vogelweide, hrsg. von K. Lachmann, dreizehnte, aufgrund der zehnten von C. von Kraus bearbeiteten Ausgabe, neu hrsg. von H. Kuhn, Berlin 1969. [Abk. : Wa.]

●文献 [2]（語彙集付文献）
1. Hartmann von Aue : erster Theil, Êrec der wunderære, hrsg. von Fedor Bech, dritte Auflage, Leipzig 1893.
2. Hartmann von Aue : zweiter Theil, Lieder, die Klage, Büchlein, Grêgorjus, der arme Heinrich, hrsg. von Fedor Bech, dritte Auflage, Leipzig 1891.
3. Hartmann von Aue : dritter Theil, Iwein, oder der Ritter mit dem Löwen, hrsg. von Fedor Bech, dritte Auflage, Leipzig 1888.
4. Gottfried von Straßburg : Tristan, hrsg. von Reinhold Bechstein, die dritte Auflage, 2 Bände, Leipzig 1890.
5. Wolfram von Eschenbach : Parzival und Titurel, hrsg. von K. Bartsch, vierte Auflage, bearbeitet von M. Marti, Leipzig 1935.

6. Die Nibelungen, zweiter Teil, Der Nibelunge Not, bearbeitet von Prof. Dr. Paul Pieper, Stuttgart (Deutsche National-Litteratur, Historische kritische Ausgabe, hrsg. von Joseph Kürschner, 6. Band, dritte Abteilung, Die Nibelungen II)
7. Kudrun, bearbeitet von Prof. Dr. Paul Pieper, Stuttgart (Deutsche National-Litteratur, Historische kritische Ausgabe, hrsg. von Joseph Kürschner, 6. Band, erste Abteilung Kudrun)
8. Walther von der Vogelweide, hrsg. von Franz Pfeiffer, fünfte Auflage, hrsg. von Karl Bartsch, Leipzig 1877.

●文献 [3]（注釈書, 語彙辞典, 対訳書）
1. August Lübben : Wörterbuch zu der Nibelunge Not (Lied), 3. Auflage, Neudruck der Ausgabe von 1877, Wiesbaden 1966.
2. Das Nibelungenlied, Mittelhochdeutscher Text und Übertragung, 2 Bände, herausgegeben, übersetzt und mit einem Anhang versehen von Helmut Brakett, Frankfurt am Main 1971.
3. Der Nibelunge Nôt in Auswahl, mit kurzem Wörterbuch, hrsg. von Prof. Dr. Langosch, elfte, durchgesehene Auflage, Berlin 1966.
4. Franz H. Bäuml and Eva-Maria Fallone : A concordance to the Nibelungenlied (Bartsch - De Boor Text) with a structural Pattern Index, Frequency ranking list, and Reversindex, Leeds, W. S. Maney and son Ltd 1976.
5. Ernst Martin : Kudrun, 2. verbesserte Auflage, Halle 1902.
6. Wolframs von Eschenbach Parzival und Titurel, hrsg. und erklärt von Ernst Martin, zweiter Teil : Kommentar, Darmstadt 1976.
7. Gottfried Weber : Wolfram von Eschenbach Parzival, Text, Nacherzählung, Worterklärung, Darmstadt 1963.
8. H. Jantzen / H. Kolb : Wolfram von Eschenbach : Parzival, cinc Auswahl mit Anmerkungen und Wörterbuch von H. Jantzen, vierte Auflage, bearbeitet von H. Kolb, Walter de Gruyter, Berlin / New York 1973.
9. R. A. Boggs : Hartmann von Aue, lemmatisierte Konkordanz zum Gesamtwerk, Nendeln : KTO Press 1979.
10. Hartmann von Aue, Erec, Mittelhochdeutscher Text und Übertragung von Thoms Cramer, Frankfurt am Main 1973.
11. G. F. Benecke : Wörterbuch zu Hartmanns Iwein, zweite Ausga-

be, besorgt von E. Wilken, genehmigter Neudruck der Ausgabe von 1874 der Dietrichschen Verlags-Buchhandlung, Wiesbaden 1965.
12. Hartmann von Aue, Der arme Heinrich, Mittelhochdeutscher Text und Übertragung von Thomas Cramer, Frankfurt am Main 1987.
13. Hartmann von Aue : Gregorius, Der „gute Sünder", hrsg. und erklärt von F. Neumann, dritte durchgesehene Auflage, Wiesbaden 1968.
14. Ernst Schwarz : Hartmann von Aue, Gregorius, der arme Heinrich, Text, Nacherzählung, Worterklärungen, Wissenschaftliche Buchgesellschaft, Darmstadt 1967.
15. K. Bostock : Der arme Heinrich, By Hartmann von Ouwe, Forth edition, Oxford 1965.
16. Melvin E. Valk, Word-Index to Gottfried's Tristan, Madison, University of Wisconsin Press 1958.
17. Gottfried von Straßburg, Tristan und Isolde, in Auswahl hrsg. von F. Maurer, vierte Auflage, Berlin 1977.
18. Joerg Schaefer : Walther von der Vogelweide, Werke, Text und Prosaübersetzung, Erläuterung der Gedichte, Erklärungen der wichtigsten Begriffe, Wissenschaftliche Buchgesellschaft, Darmstadt 1972.
19. Walther von der Vogelweide : Gedichte, Mittelhochdeutscher Text und Übertragung, ausgewählt, übersetzt und mit einem Kommentar versehen von Peter Wapnewski, siebente überarbeitete Auflage, Frankfurt am Main 1982.
20. Minnesang, Mittelhochdeutsche Texte mit Übertragungen und Anmerkungen, hrsg. von Helmut Brackert, Frankfurt am Main 1983.
21. 村尾喜夫訳注:『ワルターの詩』三修社　1969年.
22. 村尾喜夫訳注:『ワルターの歌』三修社　1989年.
23. 浜崎長寿訳注:ヴェルンヘル・デル・ガルテネーレ『ヘルムブレヒト物語』三修社, 1970年.
24. 古賀允洋著:『クードルーン』大学書林　1987年.
25. 赤井慧爾・斉藤芙美子・武市修・尾野照治訳著:ハルトマン・フォン・アウエ『イーヴァイン』大学書林　1988年.
26. 須沢通著:ヴォルフラム・フォン・エッシェンバハ『パルチヴァー

ル』大学書林　1987年.
27. 尾崎盛景・高木実著：ハルトマン・フォン・アウエ『グレゴリウス』大学書林　1990年.
28. 岸谷敞子・柳井尚子著：『ワルトブルクの歌合戦』大学書林　1987年.
29. 佐藤牧夫・佐々木克夫・楠田格・副島博彦著：ハルトマン・フォン・アウエ『哀れなハインリヒ』大学書林　1985年.
30. 佐藤牧夫・佐々木克夫・池田光則・田村久男・丹治博彦著：ゴットフリート・フォン・シュトラースブルク『トリスタン』から『リヴァリーンとブランシェフルール』大学書林　1992年.
31. 浜崎長寿・松村国隆・大澤慶子編：抜粋・注釈『ニーベルンゲンの歌』大学書林　1981年.
32. 山田泰完　訳編：ヴァルター・フォン・デア・フォーゲルヴァイデ『愛の歌』大学書林　1986年.

●文献 [4]（中高ドイツ語辞典など）
1. Mittelhochdeutsches Taschenwörterbuch von Matthias Lexer, dritte umgearbeitete und vermehrte Auflage, Verlag von Hirzel, Leipzig 1885.
2. Matthias Lexer : Mittelhochdeutsches Taschenwörterbuch in der Ausgabe letzter Hand. Nachdruck der 3. Auflage von 1885 mit einem Vorwort von Erwin Koller, Werner Wegstein und Norbert Richard Wolf, S. Hirzel Verlag, Stuttgart 1989.
3. Matthias Lexer : Mittelhochdeutsches Taschenwörterbuch, Mit Berichtigungen zum unveränderten Neudruck des Hauptteils, Nachträgen, unter Mithilfe von Drothea Hannover und Rena Leppin neubearbeitet und aus den Quellen ergänzt von Urlich Pretzel und weiterer Berichtigung, 37. Auflage, S. Hirzel Verlag, Stuttgart 1986.
4. Mittelhochdeutsches Handwörterbuch von Matthias Lexer, Zugleich als Supplement und alphabetischer Index zum mittelhochdeutschen Wörterbuche von Benecke-Müller-Zarncke, 3 Bände, Leipzig 1878.
5. Mittelhochdeutsches Wörterbuch, mit Benutzung des Nachlasses von Georg Benecke, ausgearbeitet von Wilhelm Müller und Friedrich Zarncke, Georg Olms Verlagsbuchhandlung Hildesheim 1963.

6. E. Koller, W. Wegstein und N. R. Wolf : Mittelhochdeutsches Wörterbuch, Alphabetischer Index, S. Hirzel, Wissenschaftliche Verlagsgesellschaft 1990.
7. Beate Hennig : Kleines Mittelhochdeutsches Wörterbuch, in Zusammenarbeit mit Christa Hepfer und unter redaktioneller Mitwirkung von Wolfgang Bachofer, 2., ergänzend bearbeitete Auflage, Max Niemeyer Tübingen 1995.
8. Oscar Schade : Altdeutsches Wörterbuch, auch als zweiter Teil des Lesebuchs, Halle 1866.
9. Oscar Schade : Altdeutsches Wörterbuch, auch als zweiter Teil des Lesebuchs, zweite umgearbeitete Auflage, Halle 1882.
10. F. Saran : Das Übersetzen aus dem Mittelhochdeutschen, 6. Auflage, bearbeitet von B. Nagel, Max Niemeyer Tübingen 1975.
11. 浜崎長寿著『中高ドイツ語の分類語彙と変化表』大学書林　1986年.
12. 伊東泰治・馬場勝弥・小栗友一・松浦順子・有川貫太郎編著『中高ドイツ語小辞典』同学社　1991年.
13. 伊東泰治・馬場勝弥・小栗友一・松浦順子・有川貫太郎編著　新訂初版『中高ドイツ語小辞典』同学社　2001年.

●文献 [5]（中高ドイツ語文法など）
1. J. A. Ascher : A short descriptive grammer of middle high german, Oxford 1968.
2. R. Bergmann / P. Pauly : Alt- und Mittelhochdeutsch, Göttingen 1973.
3. R. Blümel : Einführung in das Mittelhochdeutsche, Leipzig 1918.
4. H. de Boor / R. Wisniewski : Mittelhochdeutsche Grammatik, 10. Auflage, durchgesehen in Zusammenarbeit mit Helmut Beifuss, Walther de Gruyter, Berlin / New York 1998.
5. O. Ehrismann / H. Ramge : Mittelhochdeutsch, eine Einführung, in das Studium der deutschen Sprachgeschichte, Tübingen 1976.
6. G. Eis : Historische Laut- und Formenlehre des Mittelhochdeutschen, Heidelberg 1950
7. K. Gärtner / H. Steinhoff : Minimalgrammatik zur Arbeit mit mittelhochdeutschen Texten, 3. erweiterte Auflage, Kümmerle Verlag, Göppingen 1979.
8. U. Gerdes / G. Spellerberg : Althochdeutsch – Mittelhochdeutsch, Grammatischer Grundkurs zur Einführung und Textlektüre,

Frankfurt am Main 1972.
9. K. A. Hahn : Mittelhochdeutsche Grammatik, 4. Auflage, Basel 1884.
10. H. Hashimoto : Abriß der mittelhochdeutschen Grammatik, Tokyo 1939.（橋本八男著『中世独逸文法』大学書林）
11. K. A. Helm / E. A. Ebbinghaus : Abriß der mittelhochdeutschen Grammatik, 5. Auflage, Tübingen 1980.
12. Y. Koga : Paradigmen zur mhd. Grammatik, 1. Auflage, Tokyo 1976.（『中高ドイツ語文法　語形変化表』東洋出版）
13. Y. Koga : Paradigmen zur mhd. Grammatik, 2. Auflage, Tokyo 1979.（『中高ドイツ語文法　語形変化表』東洋出版）
14. Y. Koga : Mittelhochdeutsche Grammatik mit Übungen, Daigakushorin Verlag, Tokyo 1979.（『演習　中高ドイツ語』大学書林）
15. Y. Koga : Mittelhochdeutsche Grammatik, Daigakushorin Verlag, Tokyo 1982.（『中高ドイツ語』大学書林）
16. E. Martin : Mittelhochdeutsche Grammatik, 13. Auflage, Berlin 1906.
17. O. Mausser : Mittelhochdeutsche Grammatik auf vergleichender Grundlage, München 1932-33, unveränderter Nachdruck Walluf 1972.
18. O. Mensing : Mittelhochdeutsche Grammatik, Deutsches Hülfsbuch 6, Dresden 1916.
19. H. Mettke : Mittelhochdeutsche Grammatik, 5. neubearbeitete und erweiterte Auflage, VEB bibliographisches Institut Leipzig, 1983.
20. V. Michels : Mittelhochdeutsches Elementarbuch, 2. Auflage, Heidelberg 1912.
21. V. Michels : Mittelhochdeutsche Grammatik, 5. Auflage, hrsg. von H. Stopp, Heidelberg 1979.
22. E. Oksaar : Mittelhochdeutsch, Uppsala 1965.
23. H. Paul / H. Mitzka : Mittelhochdeutsche Grammatik, 18. Auflage, Tübingen 1963.
24. H. Paul / H. Moser / I. Schröbler : Mittelhochdeutsche Grammatik, 21. Auflage, Tübingen 1975.
25. H. Paul / H. Moser / I. Schröbler / S. Grosse : Mittelhochdeutsche Grammatik, 22. durchgesehene Auflage, Tübingen 1982.
26. M. Sagara : Abriß der mittelhochdeutschen Grammatik, Tokyo

1954（『相良　中高独逸文典綱要』郁文堂）
27. M. Sagara : Mittelhochdeutsche Grammatik, Tokyo 1954（『中高ドイツ語文法』南江堂）
28. K. O. Seidel / R. Schophaus : Einführung in das Mittelhochdeutsche, Wiesbaden 1979.
29. H. Weddige : Mittelhochdeutsch, eine Einführung, C. H. Beck, München 1996.
30. K. Weinhold : Mittelhochdeutsche Grammatik, 2. Ausgabe, unveränderter Nachdruck, Paderborn 1967.
31. K. Weinhold / G. Ehrismann / H. Moser : Kleine Mittelhochdeutsche Grammatik, 17. Auflage, Wien 1980.
32. J. Wright : A middle high german primer, 5th. edition, Oxford 1955.
33. J. Zupitza / F. Tschirch : Einführung in das Studium des Mittelhochdeutschen, 3. Auflage, Jena und Leipzig 1963.

●文献 [6]（中高ドイツ語文学作品の翻訳）
1. 雪山俊夫訳：『ニーベルンゲンの歌』岩波書店　1939年．
2. 相良守峰訳：『ニーベルンゲンの歌』岩波書店　1955年．
3. 相良守峯訳：『哀れなハインリヒ』，（『世界文学大系　66』）筑摩書房　1966年．
4. 戸沢明訳：『あわれなハインリヒ』（『世界名詩集大成　1』）平凡社　1970年．
5. 石川敬三訳：ゴットフリート・フォン・シュトラースブルク『トリスタンとイゾルデ』郁文堂　1987年．
6. 加倉井粛之・伊東泰治・馬場勝弥・小栗友一訳：ヴォルフラム・フォン・エッシェンバハ作『パルチヴァール』郁文堂　1976年．
7. 高津春久編訳：『ミンネザング』郁文堂　1978年．
8. 服部正巳：『ニーベルンゲンの歌』東洋出版　1978年．
9. 平尾浩三・中島悠爾・相良守峯・リンケ珠子訳：『ハルトマン作品集』郁文堂　1982年．
10. 古賀允洋訳：『王女クードルーン』講談社　1996年．
11. 平尾浩三訳：コンラート・フォン・ヴュルツブルク『コンラート作品選』郁文堂　1984年．
12. 平尾浩三訳：『ザイフリート・ヘルブリング』郁文堂　1990年．
13. 平尾浩三訳・編：ルードルフ・フォン・エムス『善人ゲールハルト　王侯・騎士たち・市民たち』慶応義塾出版会　2005年．

A

â 間 ① 〔悲嘆〕ああ悲しい (weh). ② 〔命令法と〕◇hœra！聞け. ③ 〔感嘆〕¶ sniâ, snî 雪だ, 雪だ. (Wa. 76, 1)

ab¹, abe 前 +³ ① 〜から下へ (herab von). ② 〜のために (wegen). ③ 〜から (ab).

ab², abe 副 [中独 ave] ① 下へ, 下方へ (herab). ② それ故 (davon). ¶ des wart sô grôz ir ungehabe / daz ir muoter dar abe / und ir vater wart erwaht / als ouch an der vordern naht. 娘の悲しみはたいへん大きく, そのために彼女の母と父は, 前夜と同じように目を覚ました. (aH. 539-42) {Parz. 9, 22}

âbasel 男 [＝âwasel] (動物の) 死骸 (totes Vieh), 腐肉 (Aas).

abbet, abet, abt 男 [ラテン語 abbas] 僧院長, 大修道院長 (Abt). {Er. 6342}

abe-brëchen 中 中傷 (Verleumden).

abe-bruch 男 ① 崩壊, 取り壊し (Abbruch). ② 不足, 欠乏 (Mangel). ③ 控え目, 節制 (Enthaltsamkeit). ④ (鉱山での) 採掘, 採炭 (Abbau).

abe-ganc 男 ① 下降すること (das Hinabgehen), 下り坂 (ein hinabführender Weg). ② 退去, 出発 (Abgang). ③ 不足, 欠乏 (Mangel). ④ 終結, 終了 (Beendigung). ⑤ 木材のくず (Abfall vom Holz).

abe-genge 中 終わり (Ende).

abe-gezoc 中 減少 (Verringerung).

abe-, ap-gründe 中 ① 深淵 (Abgrund). ② 深み (Tiefe). {Tr. 2427}

abe-günste 女 [中独 abe-, ab-gunst] 嫌悪, 不興 (Missgunst).

abe-günstecheit 女 嫌悪, 不興 (Missgunst).

abe-hære 形 ① 禿げた (kahl). ② すり切れた (abgeschabt). {Er. 326}

abe-heldic 形 ① 傾斜した (abhängig). ② 急傾斜の, けわしい (abschüssig).

abe-hendic 形 ① 奪い取られた (aus der Hand genommen). ② 奪われた (beraubt).

abe-kêr 男 ① 離反, 他に転じること (Abkehrung). ② 方向の転換 (Ableitung).

abe-kêre 女 ① 回避, 予防 (Abwendung). ② 背反, 背教 (Apostasie).

abe-, ap-laʒ 男 ① 放出, 解放, 赦罪 (Ablass). ② 水門, 堰 (Schleuse).

abe-læʒe 形 罪を赦す (ablassend).

abe-læʒec 形 ① いい加減な (nachlässig). ② 赦すことのできる (verzeihlich).

abe-leite 女 ① 偽装 (Verstellung). ② 退去 (Abtreten).

abe-leiter 男 人に見当違いをさせる者 (derjenige, der einen auf eine falsche Spur leitet).

abe-lîbe, -lîbec 形 死んだ (tot).

abe-lîbunge 女 死 (Tod).

abe-louf 男 ① 経過, 走り去ること (Ablauf). ② (野生動物の) 森からの出口 (Ausgang aus dem Wald). {Nib. 928, 2}

âben 動《弱》(太陽が) 沈む (niedergehen).

âbenden 動《弱》夕方に〈晩〉になる, 日が暮れる (Abend werden). ¶ si erbeite harte kûme, daz ez âbenden began. ヒルデブルクは夕方になるのが待遠しかった. (Ku. 1065, 1)

âbent, âbunt 男 [-des²] 夕方, 晩, 宵 (Abend). {Nib. 601, 1}

格	単　数	複　数
1格	der　abent	die　abende
2格	des　abendes	der　abende
3格	dem　abende	den　abenden
4格	den　abent	die　abende

âbent-ëʒʒen 中 ① 夕食, 晩餐 (Abendessen). ② 聖餐 (das heilige Abendmahl).

âbent-halben 副 夕方に, 晩に (am Abend).

âbent-immeʒ, -imbiʒ 中 夕食, 晩餐 (Abendessen).

âbent-lich 形 夕方の, 晩の (abendlich).

âbent-mâl 中 夕食, 晩餐 (Abendessen).

âbent-rëgen 男 夕方の雨 (Abendregen).

âbent-rôt[1] 男, **-rœte** 女 夕焼け, 夕映え (Abendröte). ¶ sam ein âbentrôt / sach man helme schînen von sînen slegen swinden. 武将の素早い打ち込みによって多くの兜がまるで夕焼けのように輝いた. (Ku. 882, 2b-3)

âbent-rôt[2] 形 夕焼け色の, 夕焼けのように赤い (rot wie die Abendröte).

âbent-schîn 男 夕映え, 夕焼け (Abendschein).

âbent-sëgen 男 夕べの祈り (Abendgebet).

âbent-spil 中 夕べの遊戯, 競技 (Spiel am Abend).

âbent-spîse 女 夕食, 晩餐 (Abendessen).

âbent-vröude 女 晩の娯楽 (Abendunterhaltung).

âbent-wint 男 夕風, 夜風 (Abendwind). ¶ ez hêt ein âbentwint, / ze Wâleis in die marke gefüeret vil der helde. 夕風に乗って多数の勇士たちが国境のワーレイスに着いた. (Ku. 493, 2b-3)

âbent-wirtschaft 女 夜の宴会, 酒盛り (Gelage am Abend).

aber, abr, aver, afer 副 接 [短縮形 abe, ab, ave, av] ① 再び (wieder), もう一度 (abermals). ② しかし (aber), それに反して (dagegen). ③ そして (und). ¶ Aber sprach dô Îrinc : „mîne vriunt, wizzet daz, / daz ir mich wâfent schiere. イーリンクがそのとき再び言った, 「友よ, よく聞き給え. 今すぐに武装させてほしい. (Nib. 2059, 1-2a)

âber 形 (湿りと寒さの後) 乾いて温かい (trocken und warm).

æber 中 雪が溶けた所 (Ort, wo der Schnee weggeschmolzen ist). {Parz. 120, 5}

aber-âhte 女 重追放 (Aberacht).

abe-rede 女 ① 拒否 (Abrede), 否定 (Leugnung). ② 協定 (Verabredung). ③ 口実 (Ausrede).

aberëlle, abrille, aprille 男 《弱》 [ラテン語 *aprillis*] 4月 (April). ¶ dô was des abrillen schîn zergangen, dar nâch komen was kurz kleine grüene gras. 4月の輝きは消え去り, そのあとに短かく, 小さい緑の草が生えていた. (Parz. 96, 12-4)

aber-hâke 男 逆鉤 (Widerhaken).

abe-rîsel 男 落下すること (das Fallen).

aber-list 男 ① 繰り返された狡猾な行為 (wiederholte schlaue Handlung). ② 愚かさ (Unklugheit).

abern, avern 動 《弱》 繰り返す (wiederholen).

abe-ruof 男 取り消し, 撤回 (Widerruf).

aber-zil 中 誤った目標 (falsches Ziel).

abe-sage 女 ① 挑戦状 (Fehdebrief). ② 絶交宣告 (Aufkündigung der Freundschaft).
abe-saz 男 (貨幣の) 価値低下 (Verminderung des Wertes).
abe-schit 男 決定 (Entscheidung), 知らせ (Bescheid).
abe-slîʒec 形 使い古した, 擦り切れた (abgenutzt).
abe-sprunc 男 横跳び (Seitensprung).
abet ⇒ *abbet.*
abe-tanz 男 最後の踊り (Schlusstanz), 踊り納め (Kehraus).
abe-trac 男 ① 除去 (Wegnahme). ② 補償, 償い, 賠償 (Entschädigung). ③ 懺悔, 贖罪 (Buße).
abe-trülle, -trürec 形 裏切りの, 背いた (abtrünnig).
abe-trünne, -trünnic 形 裏切りの, 背いた (abtrünnig).
abe-vart 女 出発, 旅立ち (Abfahrt).
abe-wanc 男 退却, 後に下がること (Zurückweichen).
abe-wëc 男 脇道, 横道 (Abweg).
abe-wëhsel 男 交易, 交換 (Tausch).
abe-wenke 形 横にそれる (abweichend), 後ろにさがる (zurückweichend).
abe-wërtic 形 存在しない (abhanden), 居ない (abwesend).
abe-wësec 形 ① 存在しない (nicht vorhanden). ② 居ない (abwesend).
abe-wîse 女 拒否 (Abweisung).
abe-wîser 男 拒絶者, 拒否する人 (Abweiser).
ab-gëʒʒec 形 忘れやすい (leicht zu vergessen).
ab-, ap-got 男 中《強》偶像, 偶像神 (Abgott).
ab-götterîe 女 偶像崇拝 (Abgötterei).
ab-gottinne 女 偶像女神 (Abgöttin).
ab-gründe 中 深淵, 奈落 (Abgrund).
ab-grunt 男 地獄 (Hölle), 深淵 (Abgrund).
ab-hin 副 下の方へ, 下って (hinab).
ab-holt 形 ① 好意を持っていない (nicht gewogen). ② 親切でない (nicht freundlich).
ab-holz 中 くず材, 木切れ (Abfallholz).
abît 男 [ラテン語 habitus] 修道服 (Ordenskleid).
ab-lâge 形 生気のない (matt), 力の抜けた (entkräftet).
ab-lâte 女《強・弱》, 中 聖餅, ホスチア (Oblate, Hostie).
ab-leitære, -leiter = *abe-leiter.* {Er. 4074}

abr ⇨ *aber.*
ab-rille, abe-rëlle 男《弱》4月 (April).
ab-schabe 女《弱》削り屑 (was beim Schaben abfällt).
ab-sîte 女《強・弱》辺地, 隔たった所 (abgelegene Gegend).
abt ⇨ *abbet.*
â-bulge 女《弱》怒り, 激怒 (Zorn).
âbunt ⇨ *âbent.*
ach 間〔驚き・悲嘆・歓喜〕ああ (ach). 中 悲しみ (das Weh). {Parz. 302, 12}
achen, achzen 動《弱》うめく, 悲痛な声をあげる (ächzen).
achmardî 中 金糸を織り込んだ, 緑色の布地アハマルディー (Achmardie). ¶ ûf einem grüenen achmardî 緑のアハマルディーの上に. (Parz. 235, 20)
acker 男 中 ① 畑, 耕作地 (Acker, Feld). ②〔長さと面積の単位〕アッカー (Acker). {Iw. 4646}
acker-man 男 [複数 ackerliute] 農夫, 農民 (Ackerbauer).
ackern 動《弱》耕す, 耕作する (ackern).
acker-schülle 男《弱》粗野な農夫 (ein grober Bauer).
ackes, aks, ax, axt 女 斧 (Axt).
adamas, adamast, adamant 男 ① 宝石, ダイヤモンド (Diamant). ② 磁石 (Magnet). {Parz. 58, 12}
adel 中 男 ① 一族 (Geschlecht). ② 貴族 (adles Geschlecht), 高貴な身分 (edler Stand, edle Abkunft). ③〔比喩〕完璧さ, 完全無欠 (Vollkommenheit). {Ku. 1007, 4}
adel-ar, adlar, adler 男《弱》鷲 (Adler).
adel-arn 男 鷲 (Adler).
adel-vrî 形 身分が高く, 自由身分の一族の (aus edlem und freiem Geschlecht). {Nib. 828, 1}
ader 接 あるいは (oder), しかし (aber).
âder 女《強・弱》① 動脈, 血管 (Ader). ② 神経 (Nerv), 筋 (Sehne). ③〔複数で〕内蔵 (Eingeweide). ④ 弦 (Saite). ⑤ 弓のつる (Sehne des Bogens). ¶ im switzten âdern unde bein. 彼の内蔵と骨から汗がでた. (Parz. 245, 19)
âder-læʒe 女 放血, 放血法 (Aderlass).
âder-lîn, æderl 中 [*âder* の縮小語] 小さい血管 (kleine Ader).
âder-stôʒ 男 脈拍 (Aderschlag). {Parz. 825, 9}
adler ⇨ *adelar.*

admirât 男 ① 回教国の国主 (Kalif). ② カリフの称号 (der Titel des Kalifen).

affe 男《弱》① 猿 (Affe). ②〔比喩〕愚か者 (Tor).

格	単　数	複　数
1格	der affe	die affen
2格	des affen	der affen
3格	dem affen	den affen
4格	den affen	die affen

after[1] 副〔中独 ahter も〕あとで (nachher).

after[2] 前 +3/+4/+助〔中独 ahter も〕① ～のうしろで (hinter), ～を通って向こうへ (durch ～ hin). ② ～に従って, ～にふさわしく (nach, gemäß). ③ ～の方へ (nach), ～のうしろへ (hinter). ◊after diu (あとで nachher). {Tr. 6934}

agelster, alster, elster 女《弱》〔別形 alster, elster〕かささぎ (Elster). {Parz. 57, 27}.

agene 女, **agen** 男 もみがら, わらくず (Spreu)

age-, aget-stein 男 ① 琥珀 (Bernstein). ② 磁鉄鉱 (Magnetstein). {Tr. 8092}

agraʒ 男〔中世ラテン語 agresta〕(酸味の強い) ソース (eine Art saurer Brühe).

ahî 間〔苦痛, 願望, 賛嘆, 怪訝〕ああ (ach). {Ku. 15, 4}

ahsel 女《強・弱》① 肩 (Schulter, Achsel). ②〔比喩〕兄弟姉妹 (Geschwister). ③ (甲冑の) 肩の部分 (Schulter des Panzers). {Nib. 447, 2}

ahsel-bein 中 肩 (Schulter). {Er. 9298}.

aht[1] 男 ⇒ *ahte*.

aht[2] 数〔基数〕8 (acht).

aht-bære, -bærlich 形 ① 尊敬に値する, 注目に値する (achtungswert). ② 名望のある (angesehen). ③ みごとな (stattlich).

aht-bæren 動《弱》注目させる, 著名にする (angesehen machen). {Tr. 6077}

ahte[1], **eht** 数〔序数〕[=*ahtode*] 8番目の (acht).

ahte[2], **aht** 女 ① 見積もり (Berechnung), 顧慮 (Beachtung). ② 意見 (Meinung). ③ 熟慮 (Überlegung). ④ 方法 (Art und Weise). ⑤ 関係 (Verhältnis). ⑥ 家柄 (Geschlecht), 身分 (Stand). ⑥ 種類 (Art). ¶ des wart vil maniger slahte / sîn gedinge und sîn ahte. そ

れゆえに彼には希望と熟慮がさまざまに入り組んでいた. (aH. 169-70) {Parz. 565, 20} {Nib. 1376, 2}

ahte³, ahtete = ahten の直説法過去1, 3人称単数.

âhte, æhte 女 ① 追跡, 迫害 (Verfolgung). ② 追放, 破門 (Acht). ② 領主の特別保護地 (ein ausgesondertes Ackerland eines Herrn), 夫役田 (Fronacker). ③ 夫役 (Fronarbeit). ¶ Wir suln jehen alle, daz wir in æhte sîn. 私たちは追放の身である, と言うことにしよう. (Ku. 259, 1)

ahtel 中 ① 8分の1 (Achtel). ② 穀物の量目 (ein Getreidesmaß).

ahten 動《弱》① 注意する (beachten). ② 気づく (merken). ③ 熟慮する (erwägen, überlegen). ④ 心配する (sorgen). ⑤ 見積もる (schätzen), 検算する (nachrechnen). ⑥ (に)³ (を)⁴ (遺言で) 譲る (vermachen). ⑦ (が)¹ (に)⁴ 思われる (scheinen). ¶ Dô si daz kint sâhen / zem tôde sô gâhen / und ez sô wîslîchen sprach / unde menschlich reht zebrach, / si begunden ahten under in / daz die wîsheit und den sin / niemer erzeigen kunde / dehein zunge in kindes munde. 父母は娘が死を急いでいるのを知ったが, そのように筋道を立てて話し, 人の通念を越えているのを見て, そのような英知と考えはけっして一人の子供の口の中の舌が話しているのではないことに気づき始めた. (aH. 855-62) ¶ wir suln ahten gerne, daz si iu ze triutinne werde. 私たちはその女性があなたの妃になるよう, 働き掛けたいと思います. (Ku. 211, 4)

âhten, æhten 動《弱》他 ① 追放する (verfolgen). ② 破門する (ächten). 自 破門された者として暮らす (als Geächteter wohnen).

æhter, êhter 男 ① 敵 (Feind). ② 迫害者, 追跡者 (Verfolger). ③ 追放 (破門) された者 (der Geächtete). {Parz. 284, 8}

ahterin, ehterin 女 ある分量の8番目の部分 (der achte Teil eines Maßes).

æhterinne, æhtærinne 女 ① 敵 (Feindin). ② 迫害者, 追跡者 (Verfolgerin). {Tr. 18042}

ahtode《数》8番目の (acht).

aht-, ah-zëc 数〔基数〕80 (achtzig).

ah-zëhen 数〔基数〕18 (achtzehen).

ah-zëhende 数〔序数〕18番目の (achtzehnt).

â-kust¹ 女 ① 悪だくみ (Tücke), 策謀 (Arglist). ② 悪意 (Schlechtigkeit). ③ 熱望 (Begierde). {Tr. 12243}

â-kust², -küstec 形 術策を使った (tückisch), 策謀の (arglistig).

al 形 すべての, まったくの (all, ganz). 副 まったく (ganz und gar), たいへん (sehr). 接 たとえ〜でも (obwohl, wie sehr). {Ku. 168, 3 / 137, 4} ¶ unser bluome der muoz vallen / so er aller grüenest wænet sîn. 私たちの花はこの上なく緑であると思うとき, 落ちてしまわなければならない. (aH. 110-1) ¶ swaz dir got hât beschert, / daz lâ allez geschehen. 神がお前に与えたもの, そのすべてを受け入れよ. (aH. 1254-5) {Nib. 702, 3}

âl 男 鰻 (Aal) [複数 æle]

â-laster 中 ① 侮辱, 誹謗 (Schimpf, Schmähung). ② 失策 (Fehler). ③ 欠乏 (Gebrechen). {Tr. 15492}

albe[1] 女 《強・弱》 ① 山上の牧場, 高山の放牧地 (Alpe, Weideplatz). ② アルプス山脈 (Alpen). {Ku. 861, 2}

albe[2] 女 [ラテン語 alba] (聖職者の) 白い合唱隊制服, 聖歌隊服 (das weiße Chorhemd der Geistlichen).

al-besunder 副 [besunder の強調] ① 個々に, それぞれに (einzeln, jeder für sich). ② 特に, 特別に (besonders).

al-blôʒ 形 [blôʒ の強調] すっかり裸の (ganz bloß). {Gr. 108}

al-dâ, -dâr 副 [dâ の強調] まさにそこに (eben da).

alde, ald, alder 接 あるいは (oder), さもなければ (sonst).

aldern ⇒ *altern.*

al-dort 副 [dort の強調] そこに (dort).

al-ein(e) 副 ただ一人で, 単独で (allein). 接 〜ではあるが (obschon, obgleich). {Parz. 114, 21} {Nib. 88, 1}

Alemân, Alman 男 アレマン人 (Alemanne).

al-êrst 副 すぐに, まっさきに (zuerst).

ale-vanz 男 ① 異国から来た悪漢 (aus der Fremde gekommener Schalk). ② 欺き (Betrug). ③ 贈物 (Geschenk), 獲得物 (Gewinn).

al-gater 副 全部で, 一緒に (insgesamt).

al-gelîche 副 [gelîche の強調] みな同じに, 同じように (alle in gleicher Weise).

al-gemeine 副 ① 全般に, 共通に, 一緒に (gemeinsam, allgemein). ② 全部で, 一人残らず (sämtlich, insgesamt). {Parz. 570, 28}

al-gerihte 副 ① まっすぐに (geradewegs). ② すぐに, ただちに (sogleich).

al-gewalt 女 全能 (Allmacht).

al-gewaltec 形 全能の (allmächtig).

al-heit 女 全体 (Totalität).

al-hër 副 これまで (bisher). {Nib. 154, 3}
al-hie 副 ここで (allhier).
allec-heit 女 ① 普遍性 (Allgemeinheit). ② 全体 (Gesamtheit).
allec-lich 形 まったく完全に (ganz vollständig).
allent-halben 副 四方八方に, いたるところで (auf allen Seiten). ¶ biten und gebieten / hiez er allenthalben dar / die sînes wortes næmen war. ハインリッヒは自分の話に耳を傾けるべき者たちを、いたるところへ使いを出して招き, 呼び寄せさせた. (aH. 1460-2). ¶ Der sê allenthalben mit dem îse flôz. daz hête sich zelâzen. 海には一面に氷が漂っていた. 氷は解けていた. (Ku. 1219, 1-2a)
aller = al の複数 2 格形 (aller).
aller-best 形 最上の, 最も良い (allerbest).
aller-beste 副 すべてのうちで最上に (allerbest). {Tr. 1373}
aller-êrste, al-rêrst, al-rêst, -êrste 副 ① 初めて, 最初に (erst). ② 今初めて (jetzt erst). ③ そこで (da), それから (dann). ¶ nû schînet alrêst an dir / dîne triuwe die dû hâst, / daz dû mich siechen bî dir lâst / und von mir niene vliuhest. あなたが病の私を側に置き, 私から逃げないことに, あなたの忠実さが今やっと私には分かってきました. (aH. 418-21)
aller-jungest 形 ① 最も若い (jüngst). ② 最後の (letzt). {Tr. 3180}
aller-meist 副 最も大きく (allermeist), たいてい (meistens). {Ku. 1480, 2}
aller-meistec 形 最も大きい, 最大の (allermeist).
aller-nâhest 副 最も近く (nächst).
aller-täge-, -tege-lîche 副 毎日 (jeden Tag).
alles, als 副 ① まったく (ganz und gar). ② 絶えず (immer fort) {Er. 3815}
alle-samt, -sant 副 [samt, sant の強調] ① みな一緒に (alle zusammen). ② 同時に (zugleich).
alle-, al-wëc, -wëgen 副 至る所で (überall), いつも (immer).
alle-wëge 副 常に, 絶えず, いつも (stets, immerhin).
alle-wîs 副 すっかり, 完全に (durchaus).
alleʒ 副 ① いつも (immer, beständig), 絶えず (immerfort). ② すでに (schon). ③ まったく (ganz). ④ もちろん (natürlich). {Ku. 941, 2}
al-, el-, äl-lich 形 ① 全般の (allgemein). ② 全くの, 完全な

al-lîche

(gänzlich). {Tr. 770}

al-, el-, äl-lîche 副 ① 全般に (allgemein), 通常 (durchgängig). ② 完全に (vollständig). ③ 一緒に (insgesamt). ④ いつも (immer). {Tr. 6008}.

allieren 動《弱》同列に置く, 対置する (gleichstellen).

al-meist 副 ① たいてい (meistens), 多数決で (der Mehrzahl nach). ② 特に (besonders), 主に (hauptsächlich).

al-meistec, -meistic 形 最大の (allermeist). {Parz. 45, 16} {Tr. 3340}

al-meister 男 最高の勝者 (Sieger über alles).

al-merlin, almerl 女《強・弱》小さな戸棚, 小さな箱 (Kästchen)

al-mitten 副 真ん中に (ganz in der Mitte). {Iw. 419}

almuose 女 **almûsene** 女《強・弱》[ラテン語 *eleemosyna*] 施物, 施し (Almosen).

almuosen, armuosen 中 [ラテン語 *eleemosyna*] 施物, 施し (Almosen).

almuosenære 男 ① 施物 (Almosen) を与える人 (derjenige, der Almosen gibt), ② 施物を受ける人 (derjenige, der Almosen empfängt).

almuʒ 中 聖職者たちの聖歌隊の帽子 (Chorkappe).

al-niuwe 形 まったく新しい (ganz neu).

âlôe 中 ① ろかい, アロエ (Aloe). ② (アロエの) 軟膏 (Salbe aus Aloe).

al-rëhte 副 まったく正しく (ganz recht).

al-reite 副 すぐに, ただちに (alsbald).

alr-êrst(e) 副 [= *alêrste*] まっさきに, 第一に (allererst). {Parz. 40, 16} {Tr. 788}

al-rôt 副 まったく赤く (durchaus rot). {Nib. 435, 2}

alrûn 男, **alrûne** 女 〔植物〕マンドラゴラ (Alraune).

als ⇒ *alles, alsô*.

al-sâ, -sân, -sô 副 すぐに (sogleich).

al-sam(e) 副 同様に (ebenso), と同じように (ebenso wie). 接 まるで〜であるかのように (als ob, wie wenn). ¶ welh kint getete ouch ie alsam? これまでに他のどの子供がそのように振る舞っただろうか. (aH. 524) {Nib. 111, 1}

al-samelich 形 まったく同様の (ganz ebenso beschaffen, ähnlich). {Er. 2287}

al-samelîchen 副 みな一緒に (alle zusammen).

al-samen 形 一緒の (alle zusammen). 副 一緒に (zusammen).

alsô, als(e) 副 接 ①〔指示的／関係的〕そのように (so), まさにそのように (ebenso), 〜のように (wie). ②〔比較文で〕あたかも〜であるかのように (als ob). ③〔強調〕まったく (ganz), たいへん (sehr). ④〔時間的〕すぐに (sobald), 〜のとき (als). ⑤〔場所的〕〜ほど遠くに (so fern als). ⑥〔理由〕〜なので (da, weil). ¶ ez engeschach nie kinde alsô wê / als dir muoz von mir geschehen. 私のためにお前の身に起こるような苦しい思いをした子供など一人もいない. (aH. 1096-7) ¶ sus antwurte in diu maget: / „als uns mîn herre hât gesaget, / sô mac man in vil wol ernern. 娘は両親に,「私たちに領主さまがおっしゃったように, あの方の病気を治すことができます」. (aH. 557-9) {Nib. 135, 2}

al-solich, -solch, -sölch 代 形〔強調〕そのような (solch). {Er. 919}

alster ⇨ *agelster.*

al-sus(t) 副 そのように (auf solcher Weise), その程度に (auf solchem Grad). ¶ daz bediutet sich alsus, / daz wir in dem tôde sweben / so wir aller beste wænen leben. 私たちはこの上なくすてきに生きていると思っているとき, 実はまさに死のただ中を漂っている, ということを意味している. (aH. 94-6). ¶ Alsus gesweicten si si dô. このようにして両親はそのとき娘を黙らせた. (aH. 509)

als-wâ 副 他のどこかで (anderswo).

alt 形 ① 年取った, 古い (alt). ② 強い, 屈強の (stark, gewaltig). ③ 悲しい (traurig). ¶ Waten schif des alten wâren nû in eine habe gestôzen. 老将ワーテの船が港に着いていた. (Ku. 1572, 4)

altâre, altære, álter, elter 男 中 祭壇 (Altar).

alt-büeʒer 男 靴を修繕する人 (Schuhflicker).

alte 男《弱》① (神・父親など) 年寄り (der Alte). ②〔チェス〕老人 (der Alte).

alten[1] 動《弱》自 年を取る, 古くなる (alt werden). ¶ sol ich mit im alten, wir werden etewenne in zorne funden. 私がその人と齢を重ねるならば, 私たちは争いが絶えないことでしょう. (Ku. 1627, 4) {Tr. 13067} {Iw. 4458}

alten[2] 動《弱》他 [=*elten*] 古くする, 老けさせる (alt machen).

alter 中 ① 世界 (Welt). ② 人, 人類 (Mensch, Meschheit). ③ 時代 (Zeitalter). ④ 老年 (Alter). ⑤ 古代, 昔 (alte Zeit). ¶ wan

alt-erbe

swenne er hie geringet / und ûf sîn alter bringet / den lîp mit micheler nôt, / sô muoz er lîden doch den tôt. ここで苦しみ続け、老年まで大きな苦悩と共に過ごしても、ついにはやはり死を苦しまなければなりません。(aH. 600-4) {Ku. 803, 4}

alt-erbe 中 相続財産, 遺産 (Erbgut).
alter-kleit 中 ミサ服 (Messekleid).
altern, aldern 複 ① 両親 (Eltern). ② 先人 (Vorgänger).
alters-eine 形 まったく一人の (ganz allein), すっかり見捨てられた (ganz verlassen). {Nib. 1936, 4}
alter-stein 男 ① 祭壇の石 (Altarstein). ② 祭壇 (Altar).
alter-tuoch 中 祭壇の掛け布 (Altartuch).
alt-grîs 形 年老いて白髪の (vor Alter grau, altersgrau). {Ku. 474, 1} {Nib. 497, 2}
alt-heit 女 ① 古代 (Altertum). ② 老年 (Alter).
alt-hërre, -hërre 男《弱》① 年取った男 (alter Herr). ② 市参事会議員 (Senator). ③ 長老 (Senior). ④ 総大司教 (Patriarch). ⑤ 祖先 (Ahnherr). {Iw. 6441}.
altiche 男《弱》老人 (ein alter Mann).
altisc, eltisch 形 古い, 年老いた (alt).
alt-lich 形 ① 老人めいた (greisenhaft). ② 老人らしい, 年配の (ältlich).
alt-man 男 ① 老人 (ein Alter). ② 経験を積んだ老人 (ein erfahrener, alter Mann). {Er. 282}
alt-müede 形 老いて疲れた (altersmüde).
alt-snîder 男 仕立て屋, 衣服の修繕業 (Flickschneider).
alt-sprochen 形 言い古された, 古くから伝わる (seit alter Zeit gesprochen)
alt-vater 男 ① 老人 (Greis). ② 祖先, 家長 (Altvater). ③ 総大司教 (Patriarch).
alt-vorder 男《弱》① 先人 (Vorgänger). ②〔複数で〕祖先, 先祖 (Ahnen).
alt-vrenkisch 形 ① 古代フランク語の (altfränkisch). ② 古風な (altmodisch).
alt-wîse 形 ① 年功のある (durch das Alter erfahren). ② 経験を積んだ (erfahren).
al-umb(e) 副 前 +4 [*umbe* の強調] まわりに (ringsum), 辺りじゅうに (ringsumher). {Ku. 324, 3}

alûn 男 [ラテン語 alumen] みょうばん (Alaun).
alûnen 動《弱》① 明礬でなめす (mit Alaun gerben), 充分になめす (durchgerben). ② 打って懲らしめる prügeln).
al-walte 男《弱》神 (Allwalter).
al-waltec 形 すべてを治める, 全能の (allmächtig).
al-wâr 形 真実の, まったく本当の (durchaus wahr). {Ku. 617, 2}
al-wære[1] 女 愚かさ, 単純さ (Albernheit).
al-wære[2] 形 ① 思慮のない (albern). ② 単純な (einfach). ③ 無価値な (wertlos). ④ みすぼらしい (ärmlich). ¶ si rihten sich ûf zuo ir / und sprâchen : „sich, waz wirret dir? / dû bist vil alwære / daz dû dich sô manige swære / von solher klage hâst an genomen / der nieman mac zeim ende komen. wan lâzestû uns slâfen?" 父母は身体を起こして娘の方に向いて言った, 「いったいどうしたというの. 誰にもどうにもならない, 嘆きに満ちた大きな苦しみを背負い込むとは, お前はなんて愚かなのだろう. お前はどうして私たちを眠らせてくれないのか.」(aH. 543-9)
alz-an(e), alzen 副 [<*alleʒ ane*] 絶えず (immer fort), あいかわらず (immer noch).
al-ze 副 [*ze* の強調] あまりに, 極端に (allzu). ¶ mîn schade wirt alze grôz / ez enwellen dîne degene mit willeclîchen henden / helfen mînen friunden. あなたの騎士たちが進んで私の味方を助けてくれなければ, 私の損失はあまりにも大きくなります. (Ku. 686, 2b-4a)
al-zegater 副 [=*algater*] 全部で, 一緒に (zusammen).
al-zehant 副 すぐに, 直ちに (sogleich).
â-mähtic 形 気を失った, 気絶した (ohnmächtig). {Tr. 15609}
amatist 男 [=*ametiste*] 紫水晶 (Amethist).
ambahte, ambet, amt 中 [別形 ambehte, ammeht, ammet, ambt, ampt] ① 務め, 職 (Dienst, Amt). ② ミサ, 礼拝 (Messe, Gottesdienst). ◇schildes amt (騎士の職 Schildesamt, Ritteramt). ¶ Artûs küneclîchiu kraft / sol mich nâch rîters êren / an schildes ambet kêren. アルトゥースという王さまが騎士の名誉によって私を騎士の務めにつけてくださるそうです. (Parz. 126, 12-4)
ambahten, ambehten, ambten 動《弱》自 ① 仕える (dienen). ② 職を与える (mit einem Amt versehen).
am-bære 女 [=*antbære*] ① 外見 (Aussehen). ② 態度 (Gebärde). ③ しるし (Zeichen).
ambehtære 男 ① 召使 (Diener). ② 監督者 (Aufseher).

ambet

ambet ⇨ *ambahte.*
ambet-liute ⇨ *ambetman.* {Nib. 1505, 1}
ambet-, amt-man, am-man 男［複数 ambetliute］① 家来, 召使 (Dienstmann). ② 官吏, 役人 (Beamter).
ame < *an dem(e).*
âme 女 男《弱》［別形 ôme］①〔液体の量の単位〕オーム (Ohm). ② 量 (Maß).
â-mehtec 形 気絶した (ohnmächtig)
âmeiren 動《弱》［古フランス語 ameir］愛する (lieben). {Tr. 12069}
âmeiʒe 男《弱》, 女《弱》蟻 (Ameise). {Parz. 410, 2}
âmen 副 かくあれかし, アーメン (amen). ¶ alsô müezez uns allen / ze jungest gevallen! / den lôn den si dâ nâmen, / des helfe uns got. âmen. 私たちみなの境遇も最後はこのようになりますように. 神の助けにより, 私たちにもこの二人が得た褒美が与えられますように. アーメン. (aH. 1517-20)
amer 男 ① ほおじろ (Ammer). ② わしみみずく (Ohreule).
amesiere 女［中世ラテン語 amassare］押し潰すこと, 粉砕, 挫傷 (Quetschung).
amesieren 動《弱》押しつぶす (quetschen). {Parz. 88, 17}
ametiste, amatist 男《弱》［ラテン語 amethystus］紫水晶 (Amethyst). {Parz. 589, 18}
amîe 女《弱》［古フランス語 amie］① 恋人 (Freundin), 情婦 (Buhle). ② 夫人 (Gemahlin). {Parz. 345, 23 / 396, 14}
amîs 男 中［古フランス語 amicus］恋人 (Freund). 中 ① 恋人 (Freund, Freundin). ② 夫人 (Gemahlin). {Parz. 133, 10 / 613, 1}
amîsel 中［*amîs* の縮小名詞］
am-man 男［*ambetman* の縮約形］① 召使, 家来 (Diener). ② 官吏, 役人 (Beamter). ③ 裁判官 (Richter). ④ 町長 (Bürgermeister).
amman-meister, ammeister 男 町長 (Bürgermeister).
amme 女《弱》① 母 (Mutter), 乳母 (Amme). ② 産婆 (Hebamme), 養母 (Pflegemutter). {Er. 9900}

格	単　数	複　数
1格	diu amme	die ammen
2格	der ammen	der ammen
3格	der ammen	den ammen
4格	die ammen	die ammen

ammolf 男 養父 (Pflegevater).
amor, amûr 男 [古フランス語 amor, amûr] ① 愛 (Liebe). ② 愛の神 (Gott der Liebe).
ampære ⇨ *antbære*.
ampel, ampulle 女《弱》① ランプ (Lampe). ② 容器 (Gefäß).
amt ⇨ *ambahte*.
âmûr ⇨ *amor*.
amûren 動《弱》愛する (lieben). {Tr. 12069}
amûr-schaft 女 恋愛関係 (Liebesverhältnis).
ân, an ⇨ *âne, ane*.
â-name 男《弱》[-namen^2] あだ名 (Spitzname). {Tr. 321}
an-begin 男, **-beginne** 中 始め, 最初 (Anfang, Beginn).
an-begrift 女 初め, 始まり (Anfang).
an-binde 女 結びつき, 縁故 (Anknüpfung).
an-biter 男 崇拝者 (Anbeter).
an-blic 男 [-blickes^2] ① 光景, 見ること (Anblick). ② 外見, 外観 (Aussehen). {Er. 7707}
an-bôʒ 男《強》[= *anebôʒ*] 金敷 (Amboss).
an-brunst 女 炎症 (Entzündung).
anc-lich 形 不安にさせる (angsterweckend). ② 心配な (sorglich).
anc-lîche 副 ① 狭く (eng), 密に (dicht). ② 不安に満ちて, 入念に (sorglich, ängstlich). {Tr. 4352}
an-dâht 女男 ① 考え (Gedanken), 思い起こすこと (Erinnerung). ② 注意 (Aufmerksamkeit). ③ 好意 (Zuneigung). ④ 神への帰依, 敬虔 (Andacht). ⑤ 罰 (Strafe), 償い (Buße). ⑥ 高位聖職者の称号 (als Titel des geistlichen Fürsten). {Tr. 15156}
ande[1] 男《弱》, 女, **ant** 男女 ① 侮辱 (Kränkung). ② 屈辱感, 苦悩, 無念 (Leid). ③ 怒り (Zorn), 嫌悪 (Verdruss). ④ 情熱, 熱意 (Eifer). ¶ wir sîn vertribene liute von unser selber landen. / ez hât ein künic rîche an uns gerochen sînen grôzen anden. 私たちは故国から追われた者たちであり, ある強大な君主が私たちにたいへん腹を立てています. (Ku. 311, 3-4)
ande[2] 男《弱》敵 (Feind). ¶ er sluoc sînem anden / daz houbet mit der kuppen abe. トリスタンは敵の頭を兜下頭巾もろとも切り落とした. {Tr. 7088-9}
ande[3], **ant** 形 ① 苦しい (schmerzlich). ② 耐え難い (unleidlich).
ande[4] 副 ① 苦しく (schmerzlich). ② 耐え難く (unleidlich).

ande[5], andete, endete = *enden* の直説法過去 1, 3 人称単数.

anden 動《弱》他 ① 怒りを向ける (seinen Zorn betätigen), 非難する (ahnden). ② 復讐する (rächen). 自 苦しむ (schmerzen), 気分を害する (kränken). {Er. 9232}

ander 形 ① 第二の (zweit). ② 二つのうちの一つ (einer von zweien). ③ 次の (der folgende). ④ 他の, 別の (ander). ¶ Die andern hâten den sin / daz si ze rehter mâze in / wol gemîden kunden: / sô vlôch si zallen stunden / zim und niender andeswar. 他の人々は, 無礼にならない限り, この騎士を避けたい, と考えていたが, この女の子はいつも彼の側に逃げ帰り, 他のどこにも行かなかった. (aH. 315-9). ¶ ein ander küssen dâ geschach. / freude unde jâmer sach / al die daz sehen wolten: / von der liebe si daz dolten. そのとき接吻による挨拶がもう一度行なわれた. その有様を見ようと思った人々はそこに喜びと苦しみを見た. かれらは喜び故にそれに耐えた. (Parz. 672, 15-8)

ander-halben, -halp 副 ① 他方で, 他の側で (auf der anderen Seite). ② 他の方向に (auf die andere Richtung). {Nib. 580, 4, 579, 1}

ander-heit 女 他者 (Gegensatz zu sich selbst, Anderheit).

anders(t) 副 ① 他の仕方で (anders), さもなければ (sonst, anders). ② もう一度 (noch einmal). ¶ man enmac im anders niht gejehen, / er enphlæge ir alsô wol / als ein getriuwer bruoder sol / sîner lieben swester. 王子は忠実な兄が可愛い妹にするように王女の面倒をみていたのだ, ということ以外に, 人はこの王子について何も言えない. (Gr. 296-9) ¶ ez was âne ir rât komen: / dâ von wart von in genomen / älliu klage und swære, / wan ez anders wunder wære / daz in ir herze niht zebrach. それは自分たちの関与なしに決められたので, 父母からはすべての嘆きと苦しみから解き放たれた. そうでなければ, 二人の心臓がはり裂けなかったのは奇跡であったであろう. (aH. 1041-5) {Nib. 655, 2}

ander-stunt, -stunde 副 ① 二度目に, もう一度 (zum zweiten Mal, noch einmal, abermals). ② すぐに (sogleich). ③ 当時 (damals). ④ 差し当たり (zurzeit). ¶ sus wânden si die süezen / hân gesweiget anderstunt: / dô was ir wille in unkunt. このように両親は可愛い娘をすぐに黙らせることができたと思った. 二人にはまだ娘の考えは知られていなかった. (aH. 554-6)

anders-wâ 副 他のどこかで (anderswo). ¶ Diu welt was gelf, rôt

unde blâ, / grüen in dem walde und anderswâ : / kleine vogele sungen dâ. 世界は森の中を初め, 他の場所でも, 明るく輝き, 赤, 青, 緑の色をしていた. そこでは小鳥たちが歌っていた. (Wa. 75, 25-7)

anders-wâr 副 他のどこかへ (anderswohin). {Parz. 225, 24}

anderunge, enderunge 女 ① 変化 (Abänderung), 変更 (Änderung). ② 交替 (Wechsel), 月の満ち欠け (Mondwechsel). ② 移り気 (Wankelmut).

ander-weide, -weit 副 ① もう一度 (abermals), 二度目に (zum zweiten Mal). ② 他のやり方で (auf eine andere Art). ③ 他の方向へ (anderwärts).

ander-weiden, -weiten 動《弱》繰り返す (wiederholen).

ane[1], **an** 男《弱》① 祖父 (Großvater). ② 曽祖父 (Urgroßvater). ③ 先祖 (Urahn). {Parz. 56, 6}

ane[2] 女 祖母 (Großmutter). {Ku. 578, 3}

ane[3], **an** 副 ① に (an), へ (zu), 向こうへ (hin). ②〔dâ, dâr と共に〕それに (daran), その上に (darauf), 向こうへ (dahin). ◇an hiute ＜heute＞. ¶ sô gar erbarmete si in / daz im daz herze und der sin / vil nâch was dar an verzaget. 医者は娘を可愛そうだと思ったので, 医者の心と気持はもう少しで手術を止めそうになった. (aH. 1201-3)

ane[4], **an** 前 +3/+4 ①〔空間的〕に (auf, an), 中に (in), 対して (gegen). ②〔時間的〕に (an), 以内に (in), まで (bis an). ③ について (von), で (mit), に (an). ¶ Diu hôchzît diu werte unz an den niunden tac. その祝宴は9日目まで続いた. (Ku. 48.1) ¶ sus sœn' ich wil belîben unz an mînen tôt, daz ich von mannes minne sol gewinnen nimmer nôt. 男性の愛によって災いを被らないように, 私は死ぬときまでこのまま美しく過ごしたい. (Nib. 15, 3-4)

âne[1] 女 もみがら, わらくず (Spreu), 「*agene* の縮約形」

âne[2] 副 ① ひとりで (allein, einsam). ② 自由に (frei). ③ ～(が)[2] なく (ledig). ④ 奪われて (beraubt). ¶ des küneges kom er âne. 彼は王を伴わないでやって来た. (Nib. 542, 2a)

âne[3] 前 +4/+2 ① ～なしに (ohne). ② ～以外に (außer). 接 ① ～を除いて (außer dass). ② ～でなければ (außer wenn). ¶ âne recken minne sô wil ich immer sîn. 男性の愛なしに私はいつまでも過ごします. (Nib. 15, 2) ¶ ez lâgen ûf der strâze / siechen âne mâze : / die kâmen dar ûf sînen trôst, / daz si würden erlôst. 通りには無数の病人が横たわっていた. かれらは救われたい一心でそこへ来ていた. (Gr.

3773-6) ¶ âne alle missewende / stuont sîn geburt und sîn leben. 彼の生まれと彼の人生には何に一つ欠けたものはなかった。(aH. 54-5)

ane-, an-bôʒ 男 鉄敷 (Amboss).

ænec 形 (が)² ない (los, ledig).

ane-ganc 男 [-ganges²] ① 始まり，最初 (Anfang). ② (道や店の) 予示板 (Vorzeichen des Weges oder Geschäftes).

ane-genge 中 女 ① 始まり，最初 (Anfang). ② 語源 (Ursprung eines Wortes). {Ku. 723, 3}.

ane-gengen 動《弱》自 再 ① 始まる (anfangen). ② 前兆として受け入れる (als Vorzeichen entgegenkommen). 他 始めさせる (anfangen lassen).

ane-gin, -ginne 中 始まり，発端 (Anfang).

ane-haft 男 ① 付けること，閉じ付け，縫い付け (Anheftung). ② 愛着，忠誠 (Anhänglichkeit). {Parz. 223, 4}

ane-hanc 男 [-hanges²] ① 付属物 (Anhang). ② 露 (Tau). ③ 護衛，随行 (Begleitung). ④ 家来，随行者 (Begleiter). {Parz. 297, 21}

ane-hap 男《強》起源，始まり (Anfang).

ane-lich, en-lich, ellich 形 似ている (ähnlich)，同じ (gleich).

ane-lîchen 動《弱》① 似ている (ähnlich sein). ② 同じである (gleichen).

ane-ligende 形 〔現分〕目前にある (bevorstehend).

aneme = *an deme*.

ane-minne 形 愛らしい (lieblich), 心地よい (angenehm).

anen 動《弱》他 ① 予感する (ahnen). ② 予見する (vorhersehen). 非 +4/+3 予感する (ahnen).

ânen 動《弱》自 ① (を)² 奪われている (beraubt sein). ② 持っていない (entbehren). 他 再 ① (を)² 奪う (berauben). ② (を)² 放棄する，断念する (verzichten, aufgeben). ¶ dô si sich freuden ânden des âbents umb daz pluotec sper ある晩血塗られた槍のために人々が喜びを奪われたときに (Parz. 807, 20-1)

an-erbe[1] 中 相続財産 (angeerbtes Gut).

an-erbe[2] 男 相続人 (nächster Erbe).

ane-schiht 女 用事，事柄，事件 (Angelegenheit).

ane-siht 女, **an-sihte** 中《強》① 光景 (Anblick). ② 顔 (Angesicht).

ane-vart 女 ① 誘惑 (Versuchung). ② 襲撃，攻撃 (Angriff).

ane-vëhte, -vëhtunge 女 攻撃 (Anfechtung).

ane-venge 囲 始まり, 起源 (Anfang).

Anfortas 男〔人名〕聖杯王アンフォルタス.

ange[1] 副 ① 狭く (eng), 近接して (dicht). ② 真剣に (ernstlich). ③ 心もとなく (ängstlich). ¶ dô dâhte ich mir vil ange, / wie man zer welte solte leben. そのとき私はたいへん真剣に, 人はこの世でどのように生きて行くべきかについて思いを巡らせた. (Wa. 8, 9-10)

ange[2] 男《弱》, 女《弱》① 針, 刺 (Stachel). ② 釣り針 (Angel). ③ 戸の蝶つがい (Türangel). ④ 膝 (Schoß). {Iw. 3297}

angel 男 ① 釣針 (Fischangel). ② 戸の蝶つがい (Türangel). ③ 針, とげ, 刺すもの (Stachel). ④ 小刀の柄の尖軸 (Stift im Messerheft).

angeln 動《弱》(釣り針で) 魚を釣る (fischen, angeln).

angel-weide 女《強》(釣りの) 餌 (Angelköder).

angen 動《弱》狭くする, 囲む (einengen). {Tr. 12369}

anger[1], **enger** 男 (穀類につく) うじ虫 (Kornmade).

anger[2] 男 ① 草地 (Grasland). ② 畑地 (Ackerland).

anger[3] 女 [中世ラテン語 angaria] 荷を積んだ農家用荷車 (beladener Bauernwagen).

an-gesiht 女, **-gesihte** 囲 ① 見ること (das Ansehen), 光景 (Anblick). ② 顔 (Angesicht, Gesicht), 外見 (Aussehen). {Parz. 366, 11}

angest 男 女 ① 困窮, 窮地 (Bedrängnis). ② 不安, 恐怖, 心配 (Angst). ◇âne angest ＜sicher, ohne Angst＞. ¶ ich sihe wol wes ir angest hât. 私はあなたが何を心配しているのか知っています. (Parz. 512, 9) ¶ iuwer angeste ist ze grôz / dar umbe daz ich ersterben sol. 私が死ぬことに対するあなたの恐れはあまりにも大き過ぎます. (aH. 1124-5)

angest-bære, -haft 形 ① 危険な (gefahrvoll, gefährlich). ② 不安, 心配な (angstvoll, ängstlich). {Tr. 6438}

angesten 動《弱》自 心配する (in Sorgen sein). 他 心配させる, 恐れさせる (ängstigen). 再 心配する, 恐れる (sich ängstigen). ¶ Der künec ez wol hôrte, er angeste umb den man. 王はその音を聞いて, その勇士の身を心配した. (Nib. 674, 1)

angest-, engest-, enges-lich 形 ① 危険な (gefährlich). ② 不安な (ängstlich). ¶ die angestlîche arbeit / die ir mir vor hât geseit, / die hân ich wol âne iuch vernomen. あなたが私に先ほどおっしゃった恐ろしい苦しみは聞かなくても私には分かっています.

angest-lîchen

(aH. 1131-3)
angest-, engest-lîche, -lîchen 副 ① 危険に (gefährlich). ② 不安に (ängstlich). {Ku. 1157, 2 / Nib. 650, 1}
an-halt 男 ① 原因 (Ursache). ② 拠り所 (Anhaltspunkt).
an-heber 中《強》① 着手者 (Anheber), 扇動者 (Anstifter). ② 創立者 (Begründer).
anke[1] 男《弱》バター (Butter).
anke[2] 男《弱》① 足首, 足の関節 (Gelenk). ② 頸部, 首 (Genick).
anker, enker 男 [別形 enker] [ラテン語 anchora] 錨 (Anker). ¶ kunde gotes kraft mit helfe sîn, waz ankers wær diu vreude mîn? 神の力が助けてくれるなら, 私の喜びは錨のように根づいていたであろうが (Parz. 461, 13-4) ¶ Ir schif si schiere bunden mit anker ûf den grunt. 騎士たちはすぐに船を錨で海底に繋ぎ留めた. (Ku. 290, 1)
anker-haft 男 (錨による) 船の係留 (das Festhalten des Schiffes).
ankern, enkern 動《弱》投錨する, 停泊する (ankern).
anker-seil 中 錨綱 (Ankerseil). {Ku. 266, 1}
an-lâge 女 ① 関心事 (Anliegen). ② 願い (Bitte).
an-næme 形 好ましい, 快適な (angenehm).
anphanc ⇒ *antvanc.*
an-schîn[1] 男 ① 明白さ (Deutlichkeit). ② 理解 (Verständnis).
an-schîn[2] 形 ① 明白な (augenscheinlich), はっきりした (deutlich). ② 公然の (offenbar).
an-sprâche 女 ① 話しかけ, 挨拶 (Ansprache). ② 要求 (Anspruch), 抗議 (Einspruch). ③ 告訴, 弾劾 (Anklage). ④ 裁判に関わる事柄の陳述 (Darstellung einer gerichtlichen Sache). {Tr. 5637}
an-spruch 男 (所有の合法性に関する) 告訴 (Anklage), 異議 (Einwand).
anst 女《強》好意, 善意 (Wohlwollen).
an-stôʒ 男 ① 攻撃, 襲撃 (Angriff). ② 限界, 境界 (Grenze). ③ (財産の) 付属物 (das zu einem Gut gehörige).
an-stœʒer 男《強》隣人 (Nachbar).
an-strich 男 ① (バイオリンの) 弾奏 (Strich auf der Geige). ② (フィーデルの) 一弾き (das Streichen an dem Fiedelbogen). {Nib. 2004, 4}
ant 男 女 [複数 ente] ① かも (Ente). ② 雄がも (Entrich).
ant-bære, ambære, ampære 女 ① 外見 (Aussehen). ② 態度

(Gebärde). ③ しるし (Zeichen).
ante = *enden* の直説法過去 1，3 人称単数.
antern, entern 動《弱》模倣する (nachahmen).
ant-heiʒ, ent-heiʒ 男 ① 誓い (Gelübde). ② 約束 (Versprechen).
antiste 男《弱》(司教，修道院長など) 高位の聖職者 (Prälat). {Tr. 15309}
ant-lütte, -lütze, -litze 中 顔 (Antlitz, Gesicht). ¶ Ir schœnez antlütze daz wart rôsenrôt. 彼女の美しい顔は薔薇色になった. (Nib. 241, 1) ¶ sun, ich sage dirz âne spot. / er ist noch liehter denne der tac, / der antlitzes sich bewac / nâch menschen antlitze. 「坊や，そのことをきちんと教えてあげます. 人間に似た顔をしたそのお方はお日さまより輝いています.」(Parz. 119, 18-21)
antrax 男〔宝石〕アントラクス (Antrax). {Parz. 741, 14}
antreche, antrach, entrech, antreich, entreich 男《弱》雄がも (Entrich).
antrodrâgmâ 名〔宝石〕アントロドラーグマー (Antrodragma). {Parz. 791, 8}.
ant-sæʒe 形 勇気のある (mutig).
ant-vahs 形 長い髪をした (mit langen Haaren versehen).
ant-vanc, anphanc, anepfanc, anvanc, ant-pfanc 男 歓待，歓迎 (Empfang). ¶ An dem dritten morgen wîb unde man, / swaz man Gêrlinde und Ortrun gesindes gewan, / daz was wol bereitet ze frœlîchem antphange. 3 日目の朝，女性も男性も，王妃ゲールリントと王女オルトルーンの家来たちはみな，喜びに満ちた歓迎会に備えていた. (Ku. 973, 1-3)
ant-vogel 男 かも，あひる (Ente). {Er. 2038}
ant-wart, -wirt, -wurt 女 ① 現に居る (ある) こと (Dasein). ② 現存 (Gegenwart).
ant-warten, -werten, -wirten, -würten 動《弱》[3. -wurte 6. -wurtet] ① 答える (antworten). ② 委ねる (übergeben), 引き渡す (überantworten) ¶ ich wil mich alsus reine / antwürten in gotes gewalt. 私はこのように純粋に我身を神に委ねたいと思います. (aH. 698-9)
ant-wëder 代〔不代〕① 二つのうちの一つ (einer von beiden). ② ～か，あるいは～か (entweder ～〔oder ～〕).
ant-wërc 中 [-wërges[2]] ① (包囲攻撃で使う) 破壊機 (Maschine zum Zerstören). ② 機械，装置一般 (Maschine überhaupt). ③ 道具

を使う仕事 (Arbeit mit Werkzeugen). ④ 道具で作った産物, 製品 (das Geschöpf). ¶ Antwërc diu besten heizet seilen wol / gên disen gesten. この客たちに向けた投石機に綱をしっかり張らせなさい. (Ku. 1385, 1-2a)

ant-werten ⇨ *antwarten.*

ant-wirt ⇨ *antwart.*

ant-wurt ⇨ *antwart.*

ant-wurte, -würte = *antwürten* の直説法過去1, 3人称単数.

ant-würte, -wurt 女 中 ① 答え (Antwort). ② 被告の弁護 (die Verteidigung des Beklagten). ③ 弁明, 釈明 (Rechenschaft). {Parz. 611, 20}

ant-, ent-würten 動《弱》[3. -wurte 6. -wurtet] ① 答える (antworten). ② 責任がある (verantwortlich sein). ③ 釈明する (Rechenschaft geben). ④ 告訴に対して弁明する (sich gegen eine gerichtliche Anklage verteidigen). ¶ Des antwurte Sîfrit, der künig ûʒ Môrlant それに対してモールラントのジークフリートは答えた. (Ku. 832, 1) ¶ diu maget antwurte im alsô, / daz si die selben ræte / von ir herzen tæte. 少女は, 自分の心でこのことを決めた, と答えた. (aH. 1068-70)

an-, ane-vanc 男 [-vanges[2]] ① 始まり (Anfang). ② 原因 (Ursache). ③ 盗難品の返還請求 (Zurückforderung des gestohlenen Gutes). ④ 盗難品 (gestohlenes Gut), 掠奪物 (Beute). ⑤ (領主への) 菜邑料 (Lehngeld).

an-vanz 男 欺瞞, 欺き (Betrug).

an-wërt 男《強》同等の価値 (gleicher Wert).

an-wîsunge 女《強》① 指図, 命令 (Anweisung). ② 指導 (Leitung).

an-zuc 男 ① (チェスの) 先手 (Anzug). ② 証人を出すこと (Stellung von Zeugen). ③ 到着 (Ankunft). ④ 非難 (Vorworf), 告訴 (Beschuldigung).

an-zünder 男 ① 点火器, 点火者 (Anzünder). ② 策謀家, 張本人 (Anstifter).

apfel, epfel 男 ① 林檎 (Apfel). ② 瞳孔, 眼球 (Augapfel).

apfel-grâ, -grîs 形 丸い灰色斑点の (apfelgrau).

apfel-rôt 形 林檎のように赤い (rot wie ein Apfel).

apfel-stoc 男《強》林檎の木 (Apfelbaum).

apfel-, epfel-tranc 男 中《強》林檎酒 (Apfelwein).

ap-got 男 中 [= *abgot*] 偶像, 偶像神 (Apgott).
ap-gründe ⇨ *abegründe.*
aprille 男 《弱》[= *aberëlle*] [ラテン語 aprillis] 4月 (April).
ar 男 《弱》[複数 arn] 鷲 (Adler, Aar). {Nib. 13, 3}

格	単　数	複　数
1格	der ar	die arn
2格	des arn	der arn
3格	dem arn	den arn
4格	den arn	die arn

aræbesch, arâbesch, arâbisch 形 アラビアの (arabisch). {Parz. 100, 28}

arbeit, arebeit, erbeit, erebeit 女 中 (男). ① 苦労, 骨折り (Mühe, Mühsal). ② 仕事 (Arbeit), 成果 (Leistung). ③ 戦いの苦しみ (Kampfesnot). ④ 陣痛 (Kindesnöte). ¶ dar umbe hât er sich genant, / daz er sîner arbeit / die er dar an hât geleit / iht âne lôn belîbe. この詩人は詩作のために費やした骨折りが, 報酬なしで終わらないようにと思って, 自分の名を明らかにしている. (aH. 18-21)

格	単　数	複　数
1格	diu arbeit	die arbeite
2格	der arbeite, arbeit	der arbeite
3格	der arbeite, arbeit	den arbeiten
4格	die arbeit	die arbeite

arbeiten, arebeiten, erbeiten 動 《弱》 自 働く (arbeiten), 骨を折って働く (mit Anstrengung streben). 他 ① 働かせる (arbeiten lassen). ② 苦しめる (plagen). ③ 使う (gebrauchen). ④ 手を加える (bearbeiten). 再 ① 努める, 骨を折る (sich mühen). ② 努力する (sich anstrengen). {Parz. 202, 15}

直説法現在	
ich arbeite	wir arbeiten
du arbeitest	ir arbeitet
er arbeitet	si arbeitent
直説法過去	
ich arbeitete	wir arbeiteten
du arbeitetest	ir arbeitetet
er arbeitete	si arbeiteten

arbeiter 男 ① 働く人 (Arbeiter). ② 手工業者, 職人 (Handwerker).

arbeit-lich 形 辛い, 骨の折れる (mühselig, mühsam, anstrengend). {Parz. 201, 24}

arbeit-sælec. -sælic 形 ① 苦労に甘んじた (durch Mühsal beglückt). ② いつも困窮に喘いでいる (in steter Not lebend), 悲惨な (mühselig).

arbeit-sælekeit 女 苦労, 困窮 (Mühsal, Not, Mühseligkeit).

arbeit-sam 形 骨の折れる (mühselig). ¶ er truoc den arbeitsamen last / der êre über rücke. この領主は名誉という重い荷を背負っていた。(aH. 68-9)

arc[1] 男 [-ges[2]] 悪, 邪悪さ (Übel, Böses). {Ku. 983, 1}

arc[2] 形 ① 邪悪な (böse), 悪い (schlecht). ② 価値のない (wertlos). ③ 醜い (arg). ④ けちな (karg), 貪欲な (geizig). {Ku. 614, 4}

arc[3]**, arch** ⇨ *arke.*

arc-heit, -keit 女 [別形 arkeit] 悪, 邪悪さ (Übel, Böses).

arc-, erc-lich 形 ① 悪い (schlecht), 邪悪な (böse). ② 醜い (arg). ③ けちな (karg).

arc-list 女 悪意 (Bosheit), 悪だくみ (Arglist). {Tr. 16796}

arc-wân 男 ① 猜疑, 邪推 (Argwohn). ② 疑い, 嫌疑 (Verdacht).

arc-wænec 形 ① 疑わしい (verdächtig). ② 邪推する, 疑り深い (argwöhnisch).

arc-wænen 動《弱》[3. -wânde 6. -gewânt] 疑う, 邪推する (argwöhnen). {Tr. 13759}

arebeit ⇨ *arbeit.*

areweiȝ, arweiȝ 女 [別形 arwîs, erweiȝ, erbeiȝ] えんどう (Erbse).

arke, arc, arche, arch 女《強弱》[ラテン語 arca] ① (ノアの)方船 (Noas Arche). ② 乗物一般 (Fahrzeug überhaupt). ③ 箱 (Kiste), 金庫 (Geldkiste). ④ 寄付箱 (Opferstock). ⑤ 約櫃, 契約の聖櫃 (Bundeslade). ⑥ 魚取りの仕掛け (Vorrichtung zum Fischfang).

ärkêr 男 [別形 ärker, erkære, erker] (城壁などの) 出窓, 張り出し (Erker).

arl 女 ① 小型の鋤 (kleiner Pflug). ② 鋤の刃 (Pflugmesser).

arm[1]**, arn** 男 ① 腕 (Arm). ② 枝 (Zweige). ③ 蔓 (Ranke). ④ 支流 (Wasserarm). ⑤ 湾, 海峡 (Meerenge). {Nib. 2075, 4}

arm[2]**, arn** 形 ① 貧しい (arm). ② かわいそうな, 哀れな (armselig, elend). ③ 乏しい (dürftig). ¶ mîn lîp ist arm, daz herze rîch. / ist mir getroumet mîn leben? 私は姿こそ惨めだが, 心は豊かだ. 私の人生は夢だったのか. (Iw. 3576-7)

arman ⇨ *armman.*

arm-bouc 男 腕輪 (Armring).

arm-brust, armst 中 [中独 arm-brust, -borst ラテン語 arcubalista] いしゆみ (Armbrust).

arme 女 貧困, 困窮 (Armut).

armec-, ermec-heit 女 ① みすぼらしさ (Ärmseligkeit), 惨めさ (Elend). ② 貧困, 貧しさ (Armut).

armec-, ermec-lich 形 ① みすぼらしい (ärmlich, armselig). ② 惨めな (elend). ③ 不幸な (unglücklich). {Tr. 4000}

armec-, ermec-lîche 副 ① みすぼらしく (ärmlich, armselig). ② 惨めに (elend). ③ 不幸に (unglücklich).

armen[1] 動《弱》自 貧しい (arm sein), 貧しくなる (arm werden). 他 (で)[2] 貧しくする (arm machen), もっと貧しくする (ärmer machen). {Tr. 13067}

armen[2] 動《弱》非 [+4] (に)[4] 同情の念を引き起こす (erbarmen).

arm-grôʒ 形 腕くらい太い (armdick).

arm-îsen 中 (鎧の) 腕当て, 腕枷 (Armeisen).

arm-man, arman 男 ① 貧しい男 (ein armer Mann). ② 自由な身分でない農民 (der nicht freie Bauer), 小作人 (der Holde). ③ 家来 (der dienende Ritter). ④ 物もらい (Bettler).

armonîe 女 調和 (Harmonie).

arm-rôr, -rœre 中 女 鎧の腕甲 (Armberge).

armst ⇨ *armbrust.*

armuot 女, **armuote, ermuote, armet, ermet** 中 ① 貧困 (Armut). ② 貧しい人々 (die Armen) {Tr. 3795}

arm-wîp 中 哀れな女 (eine arme Frau).

arn[1] 男 鷲 (Adler).

arn[2] 男 収穫 (Ernte).

arn[3] 動《弱》[= *ern*] 耕す (ackern).

arn[4] ⇨ *arm.*

arnære 男《強》① 草刈人, 刈り手 (Schnitter). ② 日雇いの人 (Taglöhner).

arne-bote 男《弱》使者 (Bote).

arnen 動《弱》① 収穫する (ernten), 稼ぐ (verdienen). ② 償う (büßen), 補償する (entgelten). ③ 罰する (strafen), 償わせる (entgelten lassen). {Nib. 2141, 3}

arnunge 囡 功労 (Verdienst).

arômâtâ 覆 香料, 薬味 (Gewürz). {Parz. 789, 27}

arômâten 動《弱》芳香をつける (balsamieren).

arraʒ, arras, harras 男《強》(フランスの都市 Arras 産の) 毛織物, セル, サージ (Rasch).

arre 囡 [ラテン語 arrha, arra] 手付金, 内金 (Angeld).

ars 男 尻 (Arsch).

art 男 囡 ① 素性 (Abkunft, Abstammung), 由来 (Herkuft). ② 種類 (Art), 性質 (Beschaffenheit), 天性 (Natur). ③ 土地 (Land), 耕作 (Ackerbau), (耕地からの) 収穫 (Erträgnis). ④ 芸術, 美術 (Kunst). {Parz. 754, 18 / Nib. 5, 1}

art-acker 男 耕作可能な畑 (bebaubarer Acker).

arten 動《弱》[6. gartet] ① (土地を) 耕す (das Land bebauen). ② 住む (wohnen). ③ 由来する (abstammen). ④ 似ている (arten), 伝来の性質を持っている (eine angestammte Beschaffenheit haben). ⑤ 栄える (gedeihen). {Tr. 9938}

Artûs 男 〔人名〕アーサー王 (Artus).

arwîʒ 囡 [= *areweiʒ*] えんどう (Erbse).

arzât, arzet 男 [中世ラテン語 archiater] 医者, 医師 (Arzt). ¶ daz hôrte er ungerne / und vuor engegen Salerne / und suochte ouch dâ durch genist / der wîsen arzâte list. ハインリッヒはその話に満足せず, サレルノの行き, そこでも治療のために経験を積んだ医者たちの術を探し求めた. (aH. 179-82) {Parz. 29, 28}

arzâtîe, arzâdîe, arzetîe, erzetîe 囡 ① 薬, 薬剤 (Arznei). ② 医術, 治療法 (Heilkunst). {Tr. 12174}

arzât-în, -inne 囡 (女の) 医師 (Ärztin).

arzât-lich 形 医術の (ärztlich).

arzât-list 男 囡 ① 薬学 (Arzneikunde). ② 医術 (Kunst des Arztes).

arzenîe, erzenîe 囡 [別形 arzenie] ① 薬 (Arznei). ② 医術 (Heilkunde). ¶ und wære der arzenîe alsô / daz man si veile vunde / oder daz man si kunde / mit deheinen dingen erwerben, / ich enlieze iuch niht verderben. もしも, その薬がどこかに売っているとか, 何か品物と交換できるものなら, 私はあなたを滅びさせはしないでしょうに. (aH. 216-20)

arzet-buch 中 薬学書, 処方書 (Arzneibuch). ¶ swaz man der arzetbuoche las, / diene gâben keiner helfe lôn. あらゆる医学の書が読まれたが，いずれも役に立たなかった．(Parz. 481, 6-7)

âs 中 ① 腐肉 (Aas). ② (鷹や犬の) 餌 (Futter). ③ 〔軽蔑的に〕身体 (Körper).

âsanc 男 ① 燃え始めること (das Anbrennen). ② 照りつけること, 焦がすこと (das Versengen).

asche¹, æsche, esche 男 女 《弱》灰 (Asche). ¶ des muge wir an der kerzen sehen / ein wârez bilde geschehen, / daz si zeiner aschen wirt / iemitten daz si lieht birt. その真実の像を私たちは蠟燭に見ることができる．蠟燭は光を投げ掛けながら灰になる．(aH. 101-4)

格	単　数	複　数
1格	diu asche	die aschen
2格	der aschen	der aschen
3格	der aschen	den aschen
4格	die aschen	die aschen

asche² 男 《弱》かわひめます (Äsche).

aschen-glas 中 《強》(珪石などの) ガラス, グラス (Glas).

aschen-var 形 [別形 ascher-var, esche-var] 灰色の (aschengrau).

asch-tac 男 灰の水曜日 (Aschermittwoch).

asen 動 《弱》他 ① 食べる (essen). ② (家畜が) 牧場の草を食べ尽す (abweiden). 再 âs (腐肉, 餌) になる (zu âs werden).

âsen 動 《弱》腐肉 (âs) を嗅ぎ付け (wittern), 食い尽くす (verzehren)

aspindê, aspindei 名 ① 燃えない木 (das unverbrennliche Holz). ② 石綿, 山木 (der Holzasbest, das Bergholz). {Parz. 490, 26}

aspîs 女 〔植物〕アスピース (Aspis) {Parz. 481, 1}

ast 男 ① 大枝 (Ast). ② 十字架, 絞首台の横梁 (Querbalken des Kreuzes oder Galgens).

astronomîe 女 天文学 (Astronomie), 占星術 (Sterndeutung). ¶ ir wâren ouch die liste bî / von astronomîe. 彼女には占星術の心得もあった．(Parz. 312, 24-5)

astronomierre 男 占星術師 (Astrologe). {Parz. 773, 26}

â-swîch 男 ① こっそり立ち去ること (das heimliche Weggehen). ② 欺瞞 (Betrug). ③ 狡猾, 陰険 (Heimtücke). {Tr. 15082}

âtem, âten 男 ① 呼吸 (Atem). ② 精神 (Geist). ③ 生活力 (Lebenskraft).

âtemen

âtemen, ætemen 動《弱》呼吸する (atmen).
âtem-zuc 男 呼吸 (Atemzug).
atgêr-schütze 男《弱》射撃者 (Schütze).
atich, atech 男 にわとこの一種 (Atich).
atich-stein 男 薬効のある石 (Stein mit Arzneikraft).
atiger 男 投げ槍 (Wurfspieß)
atte 男《弱》[ゴート語 atta] ① 父 (Vater). ② 老人 (der Alte).
atzel 女《弱》[=*agelster*] かささぎ (Elster).
atzen 動《弱》① 食事をする (speisen). ② まかなう (beköstigen). ③ 牧草を食い尽くす (abweiden).
atzunge 女 ① 食事, まかない (Speisung). ② まかないの出費 (Kosten für Speise). ③ 馬の飼料 (Pferdefutter). ④ 不和, 争い (Streit).
âventiur(e) 女 ① 素晴らしい出来事 (eine wunderbare Begebenheit). ② 無謀な冒険 (Wagnis mit ungewissem Ausgang), 武者修業 (Abenteuer). ③ 偶然の好運な出来事 (zufälliges, glückliches Ereignis), そのような物語 (eine Geschichte davon). ④ 物語の1章 (ein Abschnitt eines Gedichtes oder eines Epos). ⑤ 叙事詩詩人の話の源泉 (Quelle der höfischen Dichter). ¶ nu hœrt dirre âventiure site. この物語の語り口に耳を傾けてください. (Parz. 3, 28)
âventiurære 男 ① 武者修業者 (derjenige, der auf die ritterliche Aventeuer auszieht). ② 遍歴の商人 (ein umziehender Kaufmann). ③ 宝石商 (Juwelenhändler). {Tr. 9328}
âventiuren 動《弱》他 ① 危険なことを敢えて企てる (durch gefahrvolle Unternehmungen aufs Spiel setzen). ② 騎士としての努めに励む (ritterliches Wesen treiben). 再 素晴らしい出来事になる (sich zu wunderbaren Ereignissen gestalten).
aver ⇨ *aber*.
äverunge 女 反復 (Wiederholung).
âvoy 間 ほらごらん (ha, sieh!). {Parz. 21, 14}
âwasel, âwësel 男 [別形 âwëhsel, abwëhsel, abasel, abesle, âwürsel] ① 死んだ家畜 (totes Vieh). ② 腐肉 (Aas).
â-wëc 男 [=*abewëc*] 脇道, 横道 (Abweg)
â-wëgec 形 道から離れて (vom Weg abgekommen).
â-wërt 形 ① 廉価の (preiswert). ② 無価値な (wertlos).
â-wîchen 動《強》I. 1. 離れる, それる (abweichen).
â-wicke 中 ① 横道 (Abweg). ② 回り道 (Umweg).

âwürsen, âwürhsen 囡 ① 死んだ家畜 (totes Vieh). ② 腐った肉 (Aas)
ay 間 [*ahî* の短縮形]〔苦痛, 願望, 怪訝〕ああ (ach). {Parz. 123, 21}
aʒ = *ëʒʒen* の直説法過去 1, 3 人称単数.
âʒ 田 (人, 動物の) 食物 (Speise für Menschen und Tiere).
æʒe, æʒec 形 食べられる (essbar).
âʒen = *ëʒʒen* の直説法過去 1, 3 人称複数.
æʒen 動《弱》食べる (essen, ätzen, speisen).

B

bâbest, bâbst bâbes, 男 [ラテン語 papas] 教皇 (Papst).
bæbest-lich 形 教皇の (päpstlich).
bâbest-rëht 田 ① 教皇権 (päpstliches Recht). ② 教皇裁判 (päpstliches Gericht).
babes-tuom 男 教皇の位, 教皇権 (Papsttum).
bâc 男 [-ges²] ① 大きな叫び (lautes Schreien). ② 口論, 争い (Zank). ③ 自慢 (Prahlerei).
bach 男 囡 小川 (Bach). {Nib. 2284, 2}
bachen 動 VI. 焼く (backen).
backe 男《弱》① 頬 (Backe, Wange). ② 顎骨 (Kinnlade).
backen-boʒ 男 横面打ち, 平手打ち (Backenstreich, Ohrfeige).
backen-slac 男 [= *backenboʒ*] 横面打ち, 平手打ち (Backenstreich, Ohrfeige)
bade-gewant 田 浴衣, 水着 (Badekleid).
bade-huot 男 浴衣, 水着 (Badegewand, Badehose).
bade-hûs 田 浴場 (Badehaus), 水浴場 (Badeanstalt).
bade-kappe 囡《弱》浴場着 (Bademantel).
baden 動《弱》[3. badete, bâte, batte] 自 浴びる, 水浴する (baden). 他 浴びさせる (baden). 再 浴びる (sich baden). {Iw. 2190}
bade-, bat-stube 囡 浴場 (Badestube), 水浴場 (Badehaus).
bade-warm 形 なまぬるい (lauwarm).
bâgen 動〔反復〕2 /《弱》① 大声で叫ぶ (laut schreien). ② 争う

(streiten), 口論する (zanken). ③ (を)²誇る, 自慢する (sich rühmen). {Nib. 876, 4}

bâht 中 廃物, ごみ, 汚物 (Kot, Kehricht).

bal¹ 男 ① 音 (Laut). ② 吠え声, 叫び声 (Gebelle).

bal² 男 [-les²] ① ボール (Ball). ② 球, 玉 (Kugel). ③ ふくらみ (Ballen).

bal³ = *bëllen* の直説法過去1, 3人称単数.

balax 名 〔宝石〕 [=*paleis*] バラクス (Balax, Paleis). {Parz. 791, 2}

balc 男 ① 動物の皮 (Balg), 皮膚 (Haut). ② 〔軽蔑〕身体 (Leib). ③ 刀の鞘 (Schwertscheide).

balde 副 ① 勇敢に, 勇猛に, 果敢に (kühn, mutig, tapfer). ② 速く (schnell), すぐに (sogleich). {Nib. 619, 3}

baldec-heit 女 勇敢さ (Kühnheit).

baldekîn 男 中 [別形 ballekîn] Baldac(=Bagdad)産の高価な絹の布地 (kostbarer Seidenstoff).

balderich, belderich 男 帯, 飾り帯 (Gürtel).

bälde-, beld-rîchen 副 勇敢に (kühn, mutig), 速く (schnell). {Tr. 8966}

baldes 副 速く (schnell).

bale 男 不正 (Unrecht).

balke 男 《弱》① 梁, 横木 (Balken). ② 天秤の棹 (Waagebalken).

balle 男 《弱》① 球, ボール (Ball). ② (手, 足, 指などの) ふくらみ (Ballen). {Tr. 1028}

balme 女 [<中世ラテン語 palma] ① 岩 (Felsen). ② 岩の洞穴 (Felsenhöhle).

Balmunc 名 ジークフリートの剣バルムング (Balmung).

bal-rât 男 ① 間違った助言 (falscher Rat). ② 悪だくみ (böser Anschlag).

balsame, balseme, balsem 男 女 《弱》[ギリシャ語・ラテン語 balsamum] 香油, バルサム (Balsam). {Tr. 16504}

balsamîte 女 バルサムを分泌する樹木 (Balsambaum).

bals(e)men 動 《弱》① 香油を塗る (balsamieren). ② 香油で (食事の匂いや味わいを) 高める (durch Balsam den Geruch oder den Geschmack erhöhen). {Tr. 16835}

balsem-mæȝic 形 香油のような (wie Balsam). {Parz. 427, 17}

balsem-var 形 香油の色をした (nach Balsam aussehend). {Parz.

804, 29}

balt 形 ① 勇敢な, 大胆な (kühn, tapfer, verwegen). ② 速い (schnell). ③ (に)² 熱心な (eifrig). ④ 勇敢な (kühn), 素早い (schnell). {Nib. 43, 4}

balte-nære, -niere 男 [= *paltenære*] ① (粗末な毛織の衣服をまとった) 物もらい (Bettler). ② 巡礼者 (Pilger, Wallfahrer). ③ 放浪者 (Landstreicher). {Tr. 15636}

balt-heit 女 勇敢さ (Kühnheit).

balt-lich 形 ① 勇敢な (kühn), 勇気のある (mutig). ② 大胆な (dreist).

balt-, bält-lîche 副 ① 勇敢に (kühn). ② 速く (schnell), 性急に (voreilig). {Tr. 10651}

bal-wahs 形 鈍い (stumpf).

ban[1] 男 [-nes²] ① 刑罰 (Strafe), 刑罰で威嚇する命令 (Gebot unter Strafandrohung). ② 破門 (Bann), 禁止 (Verbot). ③ 裁判権と裁判の管轄地域 (Gerichtbarkeit und deren Gebiet). ④ (法廷への) 召喚 (Einberufung).

ban[2]**, bane** 男 女 道 (Weg), 軌道 (Bahn). {Parz. 282, 5}

ban[3]**, bane** 男《強・弱》① 没落, 滅亡 (Untergang). ② 死 (Tod).

banc 女 ① 椅子, 座席 (Bank). ② 机 (Tisch). ③ 判事席 (Gerichtsbank). ④ (パンや肉を置く) 台, 売り物台 (Brot- und Fleischbank). ⑤ 胸壁 (Brustwehr). {Nib. 668, 3}

banc-gëlt 中 (パン・食肉置台の) 賃貸料 (Bankzins).

banc-kleit 中 台の被い, 敷物 (Bankdecke).

banc-zins 男 [= *bancgëlt*] (パン・食肉置台の) 賃貸料 (Bankzins).

banckcn 動《弱》他 (あちこち) 動かす, 引き回す (tummeln). 再 動き回る (sich tummeln), 楽しむ (sich erlustigen). 自 散歩する (spazierengehen).

banekîe 女 体を動かしての気晴らし (Erholung durch Leibesübung), 娯楽 (Erlustigung). {Tr. 410}

banen, panen 動《弱》道を開く, 道にする (bahnen). {Parz. 443, 13}

bange[1] 男《弱》不安 (Angst), 心配 (Sorge).

bange[2] 副 不安に (bange).

banier(e), baner 女 中 ① 軍旗, 方旗 (Banner). ② 軍勢を導く旗 (Fahne als führendes Zeichen einer Schar). ③ 槍につけた小旗

banlinc

(Fähnlein am Speer). ④（女性の）頭飾りの一部 (ein Stück des weiblichen Kopfputzes). {Tr. 4578}

banlinc, ballinc 男 追放された人 (der Verbannte).

ban-mîle 女 裁判権の及ぶ区域 (Bannmeile).

bannen 動〔反復〕1 ① 罰で威嚇して命じる (unter Strafandrohung gebieten), 禁止する (verbieten). ② 破門する, 追放する (in den Bann tun).

	直説法現在	
ich banne		wir bannen
du bannest		ir bannet
er bannet		si bannent

	直説法過去	
ich bien		wir bienen
du biene		ir bienet
er bien		si bienen

banner-meister 男 旗手 (Bannerführer).

banner-vüerer 男 旗手 (Bannerführer).

bant 中 [-des², 複数 bande] ① 帯, 紐 (Band), 飾り (Schmuck). ② 束縛, いましめ, かせ (Haft, Fessel). ③ 包帯 (Verband einer Wunde). ④ 樽の帯, 輪 (Reif um ein Fass). ⑤ 横梁 (Querbalken). ⑥（血縁の）きずな (Band der Verwandtschaft). ¶ vrouwe, lœset diu bant / und nemet den sparwære ûf die hant. 王女さま, その紐をお解きになり, そのはいたかを手にお取りください. (Er. 686-7)

ban-tac 男 苦役日, 夫役日 (Frontag).

bant-âder 女 腱 (Sehne).

ban-vaste 女 断食日 (Fasttag).

ban-wart, -warte 男《強・弱》森林監督官 (Waldschütz), 耕作地監視人 (Flurhüter).

bar¹ = *bërn* の直説法過去 1, 3 人称単数.

bar² 女 裸 (die Blöße).

bar³ 男 [中世ラテン語 barus, baro] ① 息子 (Sohn). ② 男 (Mann), 自由民 (freier Mann).

bar⁴ 中 職匠歌人の歌 (meistersängerisches Lied).

bar⁵, **bâr** 女 ① 大梁, 根太 (Balken). ② 横木, 柵 (Schranke). ③ 紋章の中帯 (Querbalken).

bar⁶ 形 ① 裸の (nackt), むき出しの (bloß). ② 明らかな (offenbar),

知られた (kund). ③ 空の (leer), 内容のない (inhaltlos). ④ 現金の (bar), 数え上げて (aufgezählt). ⑤ 丸腰の (unbewaffnet).

barbier(e) 囡 男 ① (目の部分が開いた) 兜の顔の前の部分 (Teil des Helms vorm Gesicht). ② 兜の下の顔の覆い (Bedeckung des Gesichts unterm Helm), 面頬 (Visier).

barbieren 動《弱》面頬をつける (mit einem Visier versehen).

barbigân 囡 出撃時の防塞の出口 (Ausgang der Befestigung bei den Ausfällen). {Parz. 376. 14}

barc 男 [-ges²] 去勢された雄豚 (männliches verschnittenes Schwein).

barc = *bërgen* の直説法過去単数 1, 3 人称.

barchant, barchât, barchet 男 [= *barkân*] あや織綿布 (Barchent).

barchâtîn 形 あや織綿布の (aus Barchent).

bærde 囡 ① 態度 (Benehmen). ② 外見 (Aussehen). ③ 本質, 状態 (Wesen).

bâre 囡《強・弱》担架, 棺台 (Bahre). {Nib. 239, 3}

bære¹, ber 囡《強・弱》① 担架 (Tragbahre). ② 荷車の台 (Gestell auf einem Karren).

bære², ber 形 [中独 bâre] ふさわしい (mäßig). {Parz. 209, 20}

bære³ 囡 現われ方 (die Art und Weise, wie etwas sich zeigt).

bære⁴ = *bërn* の直説法過去 2 人称単数, 接続法過去 1, 3 人称単数.

bærec 形 実を結ぶ (fruchtbar).

barël, parël 匣 ① 盃 (Becher), 台付き杯 (Pokal). ② 瓶 (Flasche). ③ 小さな樽 (Fässchen). {Parz. 622. 9}

bâren¹, bæren 動《弱》担架(棺台)にのせる (auf die Bahre legen). {Iw. 1305} {Nib. 219, 3}

bâren² = *bërn* の直説法過去複数 1, 3 人称.

bar-habe 囡 有り金, 手持ちの金 (Barschaft).

bâr-hobel 男 棺の覆い (Bahrdeckel).

barille ⇒ *berille.*

barkân 男 あや織り綿布 (Barchent).

barke 囡《強・弱》(マストなしの) 小舟 (Barke).

barkenære 男 小舟の船頭 (Führer einer Barke).

bâr-kleit 匣 死者の衣装 (Totenkleid).

bär-, ber-lich 形 明らかな (offenbar).

barm, barn 男, **barne** 男《弱》膝 (Schoß).

bar-man 男［複数 barliute］① 半分自由な人 (ein halbfreier Mann). ② 借地料支払義務者 (ein zinspflichtiger Mann).
barmære 男 同情者 (Erbarmer).
barmde, barme, bärmde 女 慈悲, 情け深さ (Barmherzigkeit). {aH. 1376}
barmec 形 ① 同情させる (erbarmend). ② 同情すべき (mitleidig).
barmec-heit 女 情け深さ, 慈悲 (Barmherzigkeit).
barmec-lich 形 ① 可哀相な, 憐れみの気持ちを起こさせる (erbarmend). ② 情け深い, 慈悲深い (barmherzig).
barmec-lîche 副 ① 可哀相に (erbarmend). ② 情け深く (barmherzig). {Er. 5744}.
barmen 動《弱》自 (に)³ 同情する (erbarmen, Mitleid erregen). 再 同情する (sich erbarmen).
barmenære 男 [= *barmære*] 同情者 (Erbarmer).
barm-hërze[1] 女 [= *barmde*] 慈悲, 憐憫 (Barmherzigkeit).
barm-hërze[2]**, -hërzec** 形 慈悲深い, 憐れみ深い (barmherzig).
barm-hërzeclîchen 副 憐れみ深く (barmherzig).
barmunge 女 同情 (Mitleiden), 憐憫 (Erbarmung)
barn[1] 男 中 子供 (Kind), 息子 (Sohn). ¶ Nû biten wir die muoter / und ouch der muoter barn, / si reine und er vil guoter / daz si uns tuon bewarn. さあ私たちは聖母とその子, 清らかな女性と, 誉れに満ちた息子が, 私たちをお守りくださるように, 祈願しようではないか. (Wa. 5, 39-6, 2)
barn[2] 男 ① かいば桶 (Futterkrippe). ② 厩の乾し草掛け (Raufe) {Parz. 46. 23}
barn[3] 動《弱》自 裸である, むき出しである (bloß sein, bar sein). 他 知らせる (kund tun).
barn[4]**, barne** ⇨ **barm.**
barre 女 閂 (Riegel), 横木 (Schranke).
barrieren ⇨ **parrieren.**
bar-schenkel, -schinke 形 足をむき出しにして (mit bloßen Schenkeln). {Iw. 2821}.
bart 男 ① 髭 (Bart). ② 恥毛 (Schamhaar).
barte 女《弱》① 斧 (Beil). ② 戦斧 (Streitaxt).
barte-, bart-lôs 形 髭のない (bartlos).
barten 動《弱》切る (behauen).
bart-hâr 中 ひげ (Bart).

bartoht 形 髭のある (bärtig). {Parz. 525, 7}
bâr-tuoch 中 棺掛け (Tuch über die Totenbahre).
bâruc 男 カリフの称号 (Titel des Kalifen).
barûn 男 [古フランス語 baron] ① 男爵 (Baron). ② 国の高官 (der Mächtige des Reichs). ③ (聖職と世俗の) 首長, 君主 (Herr).
barûnîe 女 男爵, 国の重臣, 高位の聖職者, 世俗の王侯たち (die Gesamten der Barone, der Mächtigen des Reichs, oder der weltlichen und geistlichen Herren).
bar-vuoȝ, -vüeȝe, -vûeȝic 形 裸足の (barfuß). 男《弱》裸足の修道僧 (barfüßer Mönch).
barwen 動《弱》再 露出させる (entblößen).
base 女《弱》父方の姉妹 (Schwester des Vaters), 叔母 (Base).
bast 男 中 ① 樹皮 (Rinde), 靱皮 (Bast). ② (衣服の) 靱皮製の飾り, 飾り縁 (Saum des Kleides). ③〔比喩〕最も小さいもの (das Geringste), 無価値なもの (Sache ohne Wert). ④〔曲言法〕まったく〜ない (gar nichts). ⑤ (猟獣の) 皮剥ぎ (Enthäutung), 解体 (Zerlegung des Wildes).
bastart 男 ① 私生児 (Bastard). ② 本物でないもの (etwas Unechtes).
bast-list, -site 男 (猟獣の) 解体術 (die Kunst, ein Wild zu zerlegen).
basûne 女 [= *busîne*] らっぱ (Posaune).
bat[1] 男 助力, 助け, 役に立つこと (Hilfe, Nutzen).
bat[2] 中 [bades[2]] ① 浴室, 浴場 (Bad). ② 入浴 (Bad). ③ 水浴場 (Badehaus). {aH. 518}
bat[3] = *biten, bitten* の直説法過去 1, 3 人称単数.
batalje, batelle 女 [古フランス語 bataille] 戦い (Kampf).
bataljen, batellen 動《弱》戦う, 渡り合う (kämpfen). {Tr. 385}.
bate-lôs 形 助けのない, 寄る辺ない (hilflos).
baten 動《弱》役立つ (nützen), 助ける (helfen).
batte, badete = *baden* の直説法過去 1, 3 人称単数.
baȝ 副 [副詞 *wol* の比較級] よりよく, より多く (besser, mehr). ¶ den vil edelen frouwen was ê gewesen baz. このたいへん気高い王女たちは以前はもっと良い境遇にあった. (Ku. 1216, 2) ¶ daz si sich ein teil noch / baz bedæhte, des bater. ハインリヒはその娘がもっとよく考えるように促した. (aH. 960-1) {Nib. 14, 2}
baȝȝe 女 ① 利益, 利得 (Gewinn). ② 有益, 有利 (Nutzen).

be-bûwen 動《弱》（土地を）耕す (anbauen), 開墾する (bebauen).
bëch, pëch 中 ① ピッチ (Pech). ② 地獄の火 (Höllenfeuer).
Bechelâren 名〔地名〕（オーストリアのドーナウ河畔の）ベヒラーレン (Pechlarn, Pöchlarn). ¶ diu burc ze Bechelâren ベヒラーレンの城 (Nib. 1318, 2a).
bechelîn, bechel 中 小川 (Bächlein).
becher 男〔中世ラテン語 baccar〕盃 (Becher).
becke[1] 男《弱》パン製造者, パン屋 (Bäcker).
becke[2] 女 ① パン製造所 (Bäckerei). ② パン製造の権利 (das Recht, Brote zu backen).
becke[3], **becken** 中 ① 水盤 (Becken), 天秤皿 (Waagschale). ②〔吟遊詩人の楽器名〕ベッケン (Becken). {Iw. 593} {Nib. 606, 1}
becker 男《弱》パン製造者, パン屋 (Bäcker).
be-dact, -daht = *bedecken* の過去分詞.
be-dacte, -dahte = *bedecken* の直説法 1, 3 人称過去単数.
be-dagen 動《弱》黙る (schweigen).
be-dâht[1] 男 女 ① 熟慮, 思慮深さ (Bedacht). ② 熟慮の暇 (Bedenkzeit).
be-dâht[2] 形〔過分〕① 思慮深い (bedacht, überlegt). ② (を)[2] 急いで決心した (rasch entschlossen).
be-dâht[3] = *bedenken* の過去分詞.
be-dæhtekeit 女 ① 思慮深さ (Bedachtsamkeit). ② 覚えていること (das Eingedenksein). {Tr. 9991}
be-dæhtic 形 分別のある, 思慮深い (bedächtig).
be-danc 男 思慮, 熟慮, 熟考 (Überlegung, Nachdenken).
bedaʒ 接〔= *bî daʒ*〕① ～の間 (während). ② ～より前に (ehe). ¶ Bedaz der videlære die rede vol gesprach, Rüedegern den edelen man vor dem hûse sach. 吟遊詩人が話をしている間に気高いリューディガーが建物の前に姿を現した. (Nib. 2174, 1)
bêde ⇒ *beide*.
be-decken 動《弱》[3. -dacte, -dahte 6. -dact, -daht] ① 覆う, かぶせる (decken). ② 隠す (verdecken). {Tr. 2690}
be-dëlhen 動 III. 2. 隠す (verbergen).
be-dempfen 動《弱》窒息させる (dämpfen).
be-denken 動《弱》[3. -dâhte, -dæhte 6. -dâht] 他 ① 熟慮する (bedenken), 考え出す (ausdenken). ② 調達する (besorgen), 供給する (versorgen). ③ (を)[2] 疑う (in Verdacht haben). 再 ① 熟慮す

る (sich besinnen). ② (を)² 決心する (sich entschließen). ③ (の)² 疑を受ける (Verdacht schöpfen). ¶ hern Îwein tete der zwîvel wê / wederm er helfen solde, / und bedâhte sich daz er wolde / helfen dem edelen tiere. イーヴァインはどちらを助けるべきか, 迷い苦しんだが, 思案の結果, 気品のある獣を助けることにした. (Iw. 3846-9)

bêden(t)-halp, -halben 副 両側に (auf den beiden Seiten)

be-diutære 男 解釈者, 説明者 (Ausleger).

be-diute 女 ① 説明, 解釈 (Auslegung). ② 目印 (Zeichen).

be-diuten, -tiuten 動《弱》他 ① 解釈する (auslegen). ② 暗示する (andeuten). ③ 知らせる (mitteilen), 明らかにする (deutlich machen). ④ 落ち着かせる (beruhigen). 再 ① 意味する (bedeuten). ② 自分の素性を明かす (sich erkennen geben). {Nib. 1446, 2}

be-diutnisse 女 意味 (Bedeutung).

be-diuwen, -diewen 動《弱》① 家来にする (zum Knecht machen). ② 征服する, 服従させる (unterjochen).

be-dœnen 動《弱》① 歌で称える (ansingen). ② 歌で満たす (mit Gesang erfüllen), 歌う (singen). ③ 職匠歌を作る (einen Meistersingerton erfinden).

be-dræhen 動《弱》息を吹きかける (anhauchen).

be-drangen, -drengen 動《弱》圧迫する (bedrängen).

be-drieʒen 動 II. 2. 非 ① (が)² 不快に思われる (lästig dünken). ② 過剰に思われる (zu viel dünken).

be-dröuwen 動《弱》脅す, 脅かす (drohen).

be-dûht = *bedunken* の過去分詞.

be-dûhte = *bedunken* の直説法1, 3人称過去単数

be-dunken 動《弱》[3. -dûhte 5. -dûht] 非 (に)⁴ (と)² 思われる (dünken, bedünken).

be-durfen, -dürfen 動〔過現〕① 必要とする (bedürfen). ② (を)² 必要とする (nötig haben).

直説法現在	
ich bedarf	wir bedurfen
du bedarft	ir bedurfet
er bedarf	si bedurfen

be-durftic 形 必要とする (bedürftig).

be-dürnen 動《弱》とげを回りにさす (mit Dornen umstecken).

be-dwingen ⇨ *betwingen.*

be-eiten, beiten 動《弱》自 沸騰する (sieden), 沸く (kochen). 他 沸かす (kochen).

beffen 動《弱》① 喧嘩する, 言い争う (zanken). ② 叱責する, 罵る (schelten).

be-gâben 動《弱》① 贈る (beschenken). ② 嫁入り支度をしてやる (zur Hochzeit ausstatten).

be-gâhen 副 急いで (in Eile, schnell).

be-gân, -gên 動〔不規則〕他 ① (へ)⁴ 出掛ける (hingehen), (に)⁴ 到達する (erreichen). ② 会う (treffen), 出会う (antreffen). ③ 手に入れる (erwerben). ④ する, なす (tun, üben). ⑤ (の)⁴ 世話をする (für 〜 sorgen), 心配する (um 〜 sorgen). ⑥ 祝う (feiern). ⑦ 葬式をする (Totenfeier halten). 再 ① (を)² 引き受ける (sich unterziehen). ② 生計を立てる (sich ernähren), 生活する (das Leben führen). {Nib. 1148, 3}

be-garwe, -gerwe 副 まったく (ganz und gar), 完全に (völlig). {Tr. 7773}

be-gëben 動 V. 他 ① 贈る (beschenken). ② やめる, 思いとどまる (unterlassen). ③ 放棄する (aufgeben), 引き渡す (hingeben). ④ 立ち去る (verlassen). 再 ① 修道院に入る (ins Kloster gehen). ② (を)² 断念する (verzichten), 譲る (entäußern).

be-gegene 副 [< *bî gegene*] (に)³ 向かって, (に)³ 対して (entgegen). {Nib. 1653, 3}

be-gegenen, -gagnen, -geinen 動《弱》① 遇う (begegnen), 敵として遭遇する (feindlich begegnen). ② 反抗する, 抵抗する (Widerstand leisten). {Tr. 16142}

be-genüegen 動《弱》満足させる (begnügen).

be-gër 女 熱望 (Begehren), 懇願 (Bitten).

be-gërn, -girn 動《弱》熱望する (begehren).

be-gerwe ⇨ *begarwe*.

be-gesten 動《弱》飾る (schmücken).

be-gie, -gienc = *begân, begên* の直説法過去 1, 3 人称単数.

be-gieʒen 動 II. 2. ① 注ぐ (gießen). ② 濡らす (benetzen). ③ (脂肪を) たらす (mit Fett beträufeln). ¶ umbe ir herren smerzen / wart ir riuwe als grôz / daz ir ougen regen begôz / der slafenden vüeze. 自分の主人の苦悩を知って, その娘の悲しみはたいへん大きくなり, その目は眠っている両親の足に涙の雨を降らせた. (aH. 476-9)

be-giftigen, -giften 動《弱》与える, 賦与する (begaben).

be-giht 女 [別形 bígiht(e), bîhte] 告白, 懺悔 (Beichte, Bekenntnis).

be-gin 男 中, **-ginne** 中 初め (Beginn), 始まり (Anfang).

be-ginnen 動 III. 1. /《弱》他 ① 始める (anfangen, beginnen). ② 開く (öffnen), 切り開く (aufschneiden). 再 始まる (anfangen). ¶ daz volc si allenthalben kapfen an began, / dô liefen in engegene vil der Guntheres man. 人々は騎士たちの姿に目を見張った. そのときグンテルの多数の家来たちが騎士たちの方に駆け寄った. (Nib. 74, 3-4) ¶ Ortwîn unde Hagene vil grôzer wunder began. / Swes iemen pflegen wolde, des wâren si bereit / mit vollechlîcher mâze, die helde vil gemeit. オルトヴィーンとハーゲンは驚くべき力を発揮していた. この二人の勇敢な騎士はどのような競技であろうと, すっかり準備ができていた. (Nib. 306, 4-307, 2) {Tr. 160}

be-ginst, -gunst 女 初め, 最初, 開始 (Anfang).

be-gir 中 女 熱望 (Begehr), 欲求 (Verlangen).

be-girde, -gërde 女 熱望 (Begehr), 欲情 (Begierde).

be-girdec, -girec 形 熱望した (begierig).

be-girdeclîche 副 熱望して (begierig).

be-girlich, -gërlich 形 熱望している (begehrlich).

be-girlîche, -gërlîche 副 ① 熱望して, 欲求して (begehrlich). ② 差し迫って, 切実に (inständig).

be-glîmen 動 I. 1. 照らす (beleuchten).

be-glîten 動 I. 1. 滑る (ausgleiten).

be-gôʒ = *begieʒen* の直説法過去 1, 3人称単数.

be-graben[1] 動 VI. ① 埋める, 葬る (begraben). ② 彫り込む (eingraben).

be-graben[2] 動《弱》溝で囲む (mit einem Graben umgeben). {Tr. 14469}

be-graft 女 埋葬 (Begräbnis).

be-grebede 女 埋葬 (Begräbnis), 埋葬場 (Begrabnisstätte).

be-grîfec 形 感じ易い (empfänglich), 分かり易い (leicht fassend).

be-grîfen 動 I. 1. ① 触れる, 手で触る (betasten). ② 到達する (erreichen), つかむ (erfassen, ergreifen). ③ 理解する (verstehen). ④ 包囲する (umfassen). ⑤ 誓って約束する (eidlich versprechen). ⑥ 着手する (in Angriff nehmen). 再 ① 格闘する (kämpfen). ② (と)[mit] 係わり合う (sich befassen). ¶ nu begunde ouch der herre / gedenken alsô verre / an des kindes triuwe / und begreif in ouch ein

be-grîflich

riuwe, / daz er sêre weinen began, / und zwîvelte vaste dar an / weder ez bezzer getân / möhte sîn oder verlân. 領主はそのときその子供の真心を心から思いやり, 悲しみに捕らえられて泣き始めた. そして領主はその通りにした方がいいのか, やめた方がいいのか迷った. (aH. 999-1006)

be-grîflich 形 理解できる (fassbar), 理解し易い (begreifend).

be-grîfunge 女 ① 広さ, 範囲 (Umfang). ② 理解, 理解力 (Verständnis). ③ 内容 (Inhalt).

be-grüenen 動《弱》緑にする (grün machen).

be-grüeʒen 動《弱》① 挨拶する (begrüßen). ② 挑戦する, 挑発する (herausfordern). ③ 訴える, 告訴する (anklagen).

be-gruoben = *begraben* の直説法過去1, 3人称複数.

be-gruop = *begraben* の直説法過去1, 3人称単数.

be-gunde = *beginnen* の直説法過去1, 3人称単数.

be-gunnen 動〔過現〕他 与える (gewähren). 再 生計を立てる (sich ernähren).

be-gürten 動《弱》① 帯で巻く, 帯を巻く (gürten). ② 帯びる (umgürten). ③ 財布帯の中にしまう (in den Geldgurt tun).

be-haben 動《弱》① 保つ, 取っておく (behalten, vorbehalten). ② しっかり持っている (festhalten). ③ 受け取る, 得る (erhalten). ④ 救い出す (erretten). ⑤ 押える (zurückhalten). ⑥ 誓う (beschwören). ⑦ 証明する (beweisen). ⑧ (と)^für みなす (halten). 再 自分の地位を保つ, 自己を主張する (sich behaupten). {Nib. 423, 3}

be-hage, -hege, -hagede, -hegede 女 気に入ること (das Gefallen), 好ましいこと (das Behagen).

be-hagel 形 ① 気に入った (wohlgefällig). ② 喜んだ, 喜ばしい (freudig). ③ 大胆な, 勇敢な (kühn, keck).

be-hagen[1] 動《弱》① 気に入る (behagen, gefallen). ② (に)[3] ふさわしい (angemessen sein, zukommen).

be-hagen[2] 動《弱》生垣で囲む (mit einem Hag umgeben).

be-hagen[3] 形 ① 新鮮な, 新しい (frisch). ② 喜ばしい, 嬉しい (freudig).

be-hagenlich 形 気に入った (wohlgefällig).

be-hagenlîche 副 気に入って, 快適に (wohlgefällig).

be-hâhen 動〔反復〕2 自 掛かっている (hängen), 掛かったままである (hängen bleiben). 他 掛ける, 吊す (behängen).

be-halben 動《弱》半分にする (halbieren).

be-halten, -halden 動〔反復〕1 ① 保持する (bewahren). ② 取っておく (für sich aufbehalten), 持っている (für sich behalten). ③ 救う (retten). ④ 泊める, もてなす (bewirten). ⑤ 観察する (beobachten), 監禁する (einhalten). ⑥ 主張する (behaupten). ⑦ (法廷で証人, あるいは誓いにより) 証明する (bestätigen). ¶ er dâhte, ob im daz töhte / daz siz ze behalten næme, / ob im diu bete gezæme. 彼女に馬を預かって貰うのが自分にふさわしいかどうか, その依頼が適当かどうか, 彼は熟慮した. (Parz. 512, 6-8) {Nib. 405, 4}

be-haltunge 女 ① 維持 (Erhaltung). ② 警護 (Bewachung), 保護 (Schutz).

be-hande, -handen 副 [< bî henden] ① すぐに (sogleich). ② 手をつないで (bei den Händen). {Tr. 2173} {Nib. 1320, 1}

be-harn 動《弱》呼ぶ, 呼びかける (anrufen)

be-harten 動《弱》反抗する, 抵抗する (widerstehen).

be-heften 動《弱》[3. behafte 6. behaft] ① 結び合わせる (zusammenbinden). ② 編み直す (umstricken). ③ 取り囲む (einschließen), 攻囲する (belagern). ④ 結び付ける (anbinden), 義務づける (verpflichten). ⑤ 逮捕する (verhaften). 再 ① 携わる (sich beschäftigen). ② 義務を負う (sich verbindlich machen). 自 定住する, 根づく (sich festsetzen). ¶ des wart der künec rîche mit grôzen sorgen behaft. そのためにその権勢ある王は大きな憂いにとらわれた. (Nib. 184, 4)

be-heiʒ 男 **-heiʒe** 女 約束 (Verheißung).

be-heiʒen 動〔反復〕4 ① (に)³ 命じる (heißen, befehlen). ② 約束する (verheißen).

be-hëlfen 動 III. 2. 再 [6. beholfen] 助けを必要とする (als Hilfe brauchen)

be-hende 副 ① 素早く (schnell, behände). ② 上手に (geschickt). ③ ふさわしく (passend).

be-hendec 形 ① 熟達した (fertig). ② 巧みな (geschickt).

be-hendecheit, -hendekeit 女 ① 素早さ, 速さ (Schnelligkeit). ② 熟達, 上手さ, 巧みさ (Fertigkeit). ③ 巧妙さ, 狡猾さ (Klugheit). ④ 異議, 抗議 (Einrede), 逃げ口上 (Ausflucht). {Tr. 8142}

be-hendec-lich 形 ① 巧みな (geschickt). ② 素早い (schnell).

be-hendeclîche 副 ① 巧みに (geschickt). ② 素早く (schnell), すぐに (sogleich). ¶ über diz allez lernet er / mit dem schilte und mit dem sper / behendeclîche rîten / daz ors ze beiden sîten /

be-henden

bescheidenlîche rüeren, / von sprunge ez freche füeren. そのほかにトリスタンは楯と槍を手に巧みに馬に乗ったり，馬を右に左にみごとに操り，跳躍の際には大胆に馬を駆り立てることを学んだ。(Tr. 2100-5)

be-henden 動《弱》① 手で触れる，さわる (betasten). ② 接合する (fügen).

be-hendigen, -henden 動《弱》手渡す，交付する (einhändigen).

be-herbërgen 動《弱》① 泊める (beherbergen). ② 客を連れてくる (mit Gästen versehen).

be-hêren 動《弱》他 高める (hoch machen). 再 (を)² 自慢する (sich stolz erheben).

be-hern 動《弱》① 侵略する (mit Heeresmacht überziehen). ② 力ずくで奪う (mit Gewalt berauben). {Nib. 2373, 2}

be-hêrren, -hërren 動《弱》自 君臨する (als Herr überwältigen). 再 主君に誓いを立てることを約束する (sich einem Herrn verpflichten, ihm den Eid zu leisten).

be-herten 動《弱》他 ① 固くする (hart machen). ② 安全にする，確実にする (sichern). ③ 保つ (erhalten, bewähren), 強固にする (kräftigen). ④ (戦い，困難などにより) 強いる，苦しめる (erzwingen). 自 持ちこたえる，長続きする (aushalten, ausdauern). {Tr. 6305}

be-houwen 動〔反復〕3 他 ① 切る (behauen). ② (剣で) 戦い抜く (ausfechten). 再 砦を築いて守る (sich verschanzen).

be-hüeten 動《弱》他 再 ① 守る (bewahren). ② 防ぎ止める (behüten). ③ 妨げる (verhindern). ¶ in welle got behüeten, du muost in sciere vloren hân. 神がその人を護らない限り，お前はすぐにその騎士を失わなければならないだろう。(Nib. 14, 4)

be-hülfe[1] 女 助け，援助 (Beihilfe).

be-hülfe[2]. **-hülfec** 形 役に立つ (behilflich).

be-huot[1] 形〔過分〕① 用心した，注意深い (vorsichtig). ② 護られた (beschützt).

be-huot[2] = *behüeten* の過去分詞.

be-hurden 動《弱》囲いで取り囲む (durch Hürden einschließen).

be-hûren[1] 動《弱》① 折る (knicken), 踏みにじる (niedertreten). ② 攻囲する (belagern). ③ 圧倒する (überwältigen).

be-hûren[2] 動《弱》① 買い入れる，借り入れる (durch Kauf oder Miete bekommen). ② 獲得する (erwerben).

bê-hurt 男 [=*bûhurt*] 騎士の紅白試合 (Ritterspiel).

be-hûsen 動《弱》他 ① 家をつくる (mit einem Haus versehen). ② 住人をあてがう (mit Einwohnern versehen). ③ 泊める (beherbergen). 自 住む (wohnen).

beide, bêde 数 両方の, 二つの, 二人の (beide). ¶ Von dirre rede wurden dô / trûric und unvrô / beide muoter unde vater. この言葉を聞いて, 母も父も二人とも悲しく, 沈んだ気持ちになった. (aH. 565-7) ¶ daz swert daz nam er und gap daz / ze beiden sînen handen : トリスタンは剣を抜き, それを両手で構えた. (Tr. 7086-7)

beiden(t)-halben, -halp 副 両側に (auf den beiden Seiten). {Nib. 2094, 3}

beie, peie 女《弱》[フランス語 baie] ① 窓 (das Fenster). ② 壁の窓穴 (Fensteröffnung). ③ 城の塔の湾曲 (Ausbuchtung an den Burgtürmen).

Beier 男 バイエルン人 (Bayer).

bein 中 ① 骨 (Knochen). ② 足 (Bein, Schenkel). ¶ ich binde dir bein und arme. 私はお前の脚と腕を縛る. (aH. 1089)

bein-bërge 女 下肢の添木 (Beinschiene).

bein-gewant 中 下肢用衣服, ズボン (Beinbekleidung).

beinîn 形 骨の (von Knochen).

bein-wât 女 ズボン (Beinbekleidung).

beinzigen 副 [< *bî einzigen*] 個々に (einzeln).

beiten[1] 動《弱》[3. beite] ① ぐずぐずする (zögern), ためらう (säumen). ② 待っている (warten). ③ (を)[2] 待ち受ける, 待ちこがれる (harren). ④ (に)[3] 猶予を与える (Frist geben). ¶ Etzel der vil rîche enbeite dô niht mêr. 権勢に満ちたエッツエルはそのときもはや待つことが出来なかった. (Nib. 1349, 2) ¶ beitet unz daz diz ergê. これが終わるまで待ってください. (aH. 1265)

beiten[2] 動《弱》他 ① 強いる, 圧迫する (zwingen). ② 苦しめる (drängen). 再 ① 苦しむ (sich quälen). ② (を)[2] 敢えてする (wagen).

beiten[3] 動《弱》[=*beeiten*] 自 沸騰する (sieden), 沸く (kochen). 他 沸かす, 煮る (kochen).

beit-vride 男 停戦, 休戦 (Waffenstillstand).

beiʒ 中 [=*beiʒe*] 鷹狩り (Falkenjagd).

beiʒe 女 鷹狩り (Falkenjagd). {Er. 2036}

beiʒen 動《弱》① 餌で誘き寄せる (beizen). ② 懐柔する (mürbe

be-jac

machen). ③ 苦しめる (quälen, peinigen). ④ (鷹を使って) 鳥を捕まえる (Vögel mit Falken jagen).

be-jac 男 [-jages²] ① 獲得, 利益 (Gewinn). ② (猟師・漁師の) 獲物 (Beute), 生計 (Erwerb). {Parz. 318, 22 / 537, 30}

be-jagen 動《弱》① 手に入れる, 獲る (erwerben). ② (戦って) 獲得する (erringen), (狩りをして) 捕らえる (erjagen). 再 ① 携わる (sich beschäftigen). ② 生活する (leben). {Nib. 29, 2}

be-jaget 中 [別形 -jegde] 獲得, 利益 (Erwerb).

be-jâzen 動《弱》肯定する (bejahen).

be-jëhen 動 V. ① 告白する (bekennen), 懺悔する (beichten). ② (を)² 認める (zugestehen). ③ 後に従う (nachfolgen). ¶ ich wil iu rehte bejehen / wie der zwîvel ist getân / den ich nû gewunnen hân. 私はあなたに私の胸の疑いがどのようにして生まれたかを話したいと思います. (aH. 1116-8)

be-kant[1] 形〔過分〕知られた (bekannt). ◇bekant tuon <(に)³ 知らせる>.

be-kant[2] = *bekennen* の過去分詞.

be-kantlich 形 認めうる, 認識できる (erkennbar).

be-kant-nisse 女 [別形 bekentnisse] ① 知識 (Kenntnis). ② 認識 (Erkenntnis). ③ 告白 (Geständnis).

be-kelken 動《弱》石灰を塗る (mit Kalk bewerfen).

be-kennen 動《弱》[3. -kante 6. -kant, -kennet] ① 知っている (kennen). ② 認める, 分かる (erkennen). ③ 知らせる (bekannt machen). ④ (に)³ (を)⁴/² 告白する (bekennen). 再 ① 知っている (Bescheid wissen). ② 罪 (責任) ありと認める (sich schuldig bekennen). ③ (に)³ 自分を委ねる (sich zu einem zu eigen geben). ¶ sîn pflâgen ouch die wîsen, den êre was bekannt. また名誉とは何かを心得ている, 経験を積んだ家来たちも王子の養育に当たった. (Nib. 25, 3)

be-kêrde, -kêre 女 ① 転換, 反転 (Umkehr). ② 宗教的転向, 回心 (Umkehr). ③ 帰依, 改宗 (Bekehrung). ④ (世俗からの) 解脱 (der Verzicht auf das weltliche Leben). ⑤ (病気の) 快復 (Besserung).

be-kêrec 形 方向を変えやすい (leicht zu wenden), 御しやすい (lenksam).

be-kêren 動《弱》他 ① 向ける (wenden), 向きを変える (umwenden). ② 改宗させる (bekehren), キリスト教徒にする (zum Christen machen). ③ そらす (abwenden). ④ 用いる (verwenden). 再

be-krenken

振り向く (sich umwenden), 改宗する (sich bekehren). 自 回復する (genesen), 元の状態に戻る (wieder zum früheren Stand kommen).

be-kerkeln 動《弱》投獄する, 牢屋に入れる (einkerkern).

be-kiesen 動 II. 2.《弱》聞き知る (vernehmen).

be-kînen 動 I. 1. 芽生える, 生じる (keimen).

be-klagen 動《弱》① (を)[4/2] 嘆く (klagen). ② 告訴する (beklagen).

be-klamben, -klemben, -klammen, -klemmen 動《弱》押しつぶす (zusammenpressen).

be-klæren 動《弱》① 明るくする (hell machen). ② 純粋にする (lauter machen). ③ 輝かす (glänzend machen). ④ はっきりさせる (deutlich machen).

be-klëben 動《弱》① 留まる (verbleiben). ② 付着している (haften bleiben).

be-klecken, -klicken 動《弱》① 引き裂く (abreißen). ② よごす (beflecken).

be-kleiben 動《弱》① 塗る (beschmieren), 塗付する (bestreichen). ② 賦与する (begaben).

be-klîben 動《強》I. 1. ① 付いたままである (haften bleiben). ② 根を張る (Wurzel fassen), 栄える (gedeihen). ③ 刺さったままである (stecken bleiben). {Tr. 19097}

be-koberen 動《弱》再 回復する (sich erholen). ② 〜に変わる (sich verkehren in[+4]).

be-kôme 副 適当な, 快適な (behaglich, bequemlich).

be-komen 動 IV. 自 ① 来る (kommen), 到達する (gelangen). ② 起こる (sich ereignen). ③ 遇う (begegnen). ④ 回復する (sich erholen) ⑤ 獲得する (gewinnen), 得る (bekommen). ⑥ 成長する (wachsen), 栄える (gedeihen). ⑦ 近付く (zukommen). ⑧ ふさわしい (geziemen). 他 ① 追い付く (einholen). ② 防ぐ (verhüten). 再 ① (に)[2] 到達する (zu etwas kommen). ② (を)[2] 手に入れる (erhalten). ¶ Dô riten sî ze hûse dan, / und in bekam dâ wîp noch man. かれらはそこから城へ向かった. そしてそのとき彼らに遇った者は誰も居なかった. (Iw. 8017-8) {Nib. 107, 4}

be-korn 動《弱》① 試みる (versuchen), やってみる (probieren). ② 味を見る (schmecken). ③ 知り合う (kennenlernen). 再 骨折る (sich bemühen), 努力する (sich streben).

be-krenken 動《弱》① 弱くする (schwächen). ② 損なう, 傷つけ

be-kroijieren

る (verletzen).

be-kroijieren, -crôieren 動《弱》(叫んで)知らせる (durch Ausruf kund tun). {Tr. 5060}

be-krœnen 動《弱》① 冠を戴かせる (krönen). ② 重用する (auszeichnen).

be-kumbern 動《弱》[別形 -kümbern] 他 ① 苦しめる, 煩わす (belästigen), 悲しませる (bekümmern). ② 世話をする (pflegen). ③ 携わらせる (beschäftigen). 再 携わる (sich beschäftigen).

be-kürzen 動《弱》短くする (verkürzen)

be-laden 動 VI. 他 荷物を積む (beladen). 再 引き受ける (auf sich nehmen, annehmen).

be-lanc 男, **-lange** 女男《弱》欲望, 熱望 (das Verlangen).

be-langen[1] 動《弱》〔非人称〕① (に)[4] 長く思われる (lang dünken). ② (に)[4] 退屈である (langweilig sein). ③ (が)[4] (を)[2] 熱望する (verlangen). 他 到達する (erreichen), 達する (erlangen). 自 ① 足りる, 充分である (ausreichen). ② 広がる (sich erstrecken). {Nib. 2269, 1}

be-langen[2] 副 ついに, とうとう (endlich).

be-lâȝen, -lân 動〔反復〕2 ① 中止する (unterlassen). ② 免じる (erlassen). ③ まかせる (überlassen).

belde 女 不遜 (Dreistigkeit). {Tr. 11976}

belden 動 ① 勇敢にする (tapfer machen). ② 急がせる (eilig machen).

beldiste 副 [*balde* の最高級] きわめて早く (aufs schnellste).

bêle, bêl, bël 形 [古フランス語 belle] 美しい (schön).

be-legen 動《弱》① おおう (belegen), 占める (besetzen). ② 閉じ込める (einschließen), 攻囲する (belagern).

be-lëgern, -ligern 動《弱》攻囲する (belagern).

be-lêhenen 動《弱》(に)[4] 封土を与える (belehnen).

be-leidigen 動《弱》傷つける (verletzen), 害する (schädigen).

be-leip = *belîben* の直説法過去 1, 3 人称単数.

be-leiten 動《弱》① 導く (führen, leiten). ② 護送する, 随行する (geleiten, mit Geleit versehen). ③ 同伴する (begleiten). {Nib. 702, 1}

bëlgen 動 III. 2. 自 ふくれる, 増す (aufschwellen). 再 (の[2] ために) 怒る (sich zürnen).

be-liben ⇒ *belîben* の過去分詞.

be-lîben, blîben 動 I.1. 自 ① 留まる (bleiben), いつまでも留まる (verharren). ② 起こらないままである (unterbleiben). ③ 中止される (unterlassen werden). ¶ die naht beleip si unvrô / und morgen allen den tac. 娘はその夜と次の日じゅう悲しかった. (aH. 510-11) {Nib. 230, 1}

直説法現在	
ich belîbe	wir belîben
du belîbest	ir belîbet
er belîbet	si belîbent

直説法過去	
ich beleip	wir beliben
du belibe	ir belibet
er beleip	si beliben

be-liegen 動 II.1a. 中傷する (verleumden). {Tr. 14932}
be-ligen 動 V. 自 横たわったままでいる (liegen bleiben), 休らう (ruhen). 他 攻囲する (belagern). {Tr. 6098}
be-ligern 動《弱》[= *belëgern*] 攻囲する (belagern).
be-liuhten 動《弱》① 照らす (bestrahlen, beleuchten). ② 明るくする (erleuchten). ③ 説明する (erklären). ④ 示す, 明らかにする (offenbaren). {Nib. 1702, 2}
bëllen 動 III.2. ① (犬, 子牛, 鹿などが) 吠える (bellen). ② 喧嘩する (zanken). ③ 罵る (keifen).

直説法現在	
ich bille	wir bëllen
du billest	ir bëllet
er billet	si bëllent

直説法過去	
ich bal	wir bullen
du bülle	ir bullet
er bal	si bullen

belliȥ, belleȥ, belz, pelliz 男 [中世ラテン語 pellicium] 毛皮 (Pelz). {Parz. 231, 5}
be-lœsen 動《弱》① (から)[2/von] 自由にする (befreien). ② 解き放つ (losmachen).
be-loufen 動〔反復〕3 ① 走り回る (belaufen). ② 漏れる, 走り抜

be-lucken

ける (durchlaufen). ③ 溢れる (überlaufen).
be-lucken 動《弱》おおう, 包み隠す (zudecken).
be-lusen 動《弱》耳を澄ます, 傾聴する (horchen).
be-lûten 動《弱》① 大声になる (laut werden). ② 〜という名前である (heißen).
belzer[1] 男 ① 毛皮製造者 (Pelzer). ② 接木した枝 (Propfreis).
belzer[2] 男 毛皮職人 (Kürschner).
be-mæren 動《弱》① 話をする (erzählen). ② 称賛する (rühmen). {Tr. 125}
be-meinen 動《弱》① 考える, 思う (meinen). ② 伝える, 知らせる (mitteilen). ③ 与える (zusprechen). {Tr. 16726}
be-meistern 動《弱》巨匠にふさわしく形作る (meisterlich gestalten). {Tr. 6650}
be-merken 動《弱》① 観察する (beobachten). ② 試す (prüfen, versuchen). {Tr. 9337}
be-murmeln 動《弱》不平を言う (murren).
be-nâden 動《弱》恩赦する (begnadigen).
be-nagen 動《弱》かじる (benagen).
be-nahten 動《弱》自 ① 泊まる (übernachten). ② 夜に起こる (in der Nacht geschehen). 他 ① (を)[4] 宿泊させる (beherbergen). ② 夜で覆う (mit Nacht überziehen). {Tr. 2518}
be-nam = benëmen の直説法過去 1, 3 人称単数.
be-namen[1] 副 [< *bî namen*] ① 実際に (wirklich). ② 名前で (mit Namen). {Nib. 1556, 1}
be-namen[2] 動《弱》名づける (benennen).
be-nant 形 〔過分〕① 名づけられた, 挙げられた (genannt). ② 有名な (berühmt), 知られた (bekannt).
be-naschen 動《弱》なめる (belecken), なめてみる (benaschen).
bendec 形 しっかり結ばれた (festgebunden).
bendel(în) 中 [*bant* の縮小語] 小さな帯, 紐 (Bändchen).
be-nëben 副 前 ① 横に (seitwärts), 脇の方に (zur Seite). ② 近くに (neben, nebenzu). {Nib. 2158, 4}
benedîgen, benedîen 動《弱》祝福する (segnen).
benedîunge 女 祝福 (Segnung).
benediz 男 [ラテン語 benedictio] ミサの最後の祈禱 (der Schlusssegen bei der Messe).
be-neimen 動《弱》① 決定する, 確定する (bestimmen). ② 約束す

る (verheißen).

be-nëmen 動 IV. 他 ① まとめる (zusammenfassen). ② (から)² 自由にする (frei machen). ③ 奪う (berauben), 取り去る (wegnehmen). ¶ sô ir doch niht enmöhte / benemen willen und den muot, / so enwære in niht alsô guot / sô daz si irs wol gunden, / wan si doch niht enkunden / ir niemer werden âne baz. 娘の意志と決心を変えられない以上, 両親は娘にそれを許すほかはなかった. 両親にはこれ以上ましな娘の失い方はなかっただろうから. (aH. 890-5)

be-nennen 動《弱》① 指名する (namentlich bestimmen). ② 委ねる (zueignen). ③ 名づける (nennen). ④ 決める (bestimmen). ⑤ 約束する (verheißen). {Er. 1107}

benge 女 ① 心配 (Sorge). ② 不安, 恐れ (Angst).

bengel 男 棍棒 (Bengel, Prügel).

be-nîden 動 I. 1. (を)⁴ 羨む, 羨ましく思う (beneiden)

be-niten = *benîden* の直説法過去 1, 3 人称複数.

benken 動《弱》[3. bankte] 座席を設ける (Bänke aufschlagen, Sitze bereiten).

be-nôtegen 動《弱》他 強いる (zwingen), 圧迫する (bedrängen). 自 強いる (zwingen).

be-nœten 動《弱》① 圧迫する (bedrängen), 苦しめる (in Not bringen). ② 強いる (zwingen), 強要する (nötigen). ③ 暴行する (notzüchtigen). ④ 生命の危険に曝す (in Lebensgefahr bringen). ⑤ 裁判に召喚する (vor Gericht laden). {Tr. 12897}

be-nôtzogen 動《弱》暴行する (notzüchtigen).

be-nüegen 中 ① 存分, 充分 (Genüge). ② 充足, 満足 (Befriedigung).

be-quâme 副 ① 快適に (bequem). ② 素早く (schnell). ③ 間もなく (bald).

be-quæme 形 ① ふさわしい (passend). ② 役に立つ (tauglich).

bër¹, bëre 男《弱》熊 (Bär).

bër² 女 ① 花 (Blüte). ② 果実 (Frucht).

ber¹ 女 打つこと, 打撃 (Schlag).

ber² 女 中 漿果, (いちごなどの) 実 (Beere). ◇niht ein ber (まったく〜ない gar nicht, nicht im Geringsten). {Parz. 564, 30}

bêr 男 ① 豚, 猪 (Eber). ② 種雄豚 (Zuchteber).

be-rât 男 ① 助言 (Rat). ② 思慮, 熟慮 (Bedacht).

be-râten 動〔反復〕2 他 ① 熟慮する (überlegen). ② 整理する

(anordnen). ③ 装備する (ausrüsten). ④ (を)² 世話する (versorgen). 再 ① 熟慮する (sich bedenken). ② 決心する (sich beschließen). ③ 世話をする (sorgen). ④ 準備を整える (sich ausrüsten). ⑤ 歓談する (sich unterhalten). ⑥ 嫁入り支度する (aussteuern), 結婚させる (verheiraten). {Tr. 4062}

bërc[1] 男 中 ① 包囲 (Umschließung). ② 隠蔽 (Verbergung).

bërc[2] 男 [-ges²] ① 山, 山脈 (Berg). ② 葡萄畑 (Weinberg). ③ 鉱山, 採掘場 (Bergwerk). {Nib. 1121, 4}

格	単　数	複　数
1格	der bërc	die bërge
2格	des bërges	der bërge
3格	dem bërge	den bërgen
4格	den bërc	die bërge

bërc-klinge 女《弱》峡谷 (Bergschlucht).
bërc-minne 女《弱》仙女 (Bergfee).
bërc-swære 形 山のように重い (schwer wie ein Berg).
bërc-vrit 男, **bër-vride, -vrit** 男《強・弱》(木・石の) 城の主塔 (Hauptturm der Burg). {Parz. 183, 25}.
be-rechenen 動《弱》見積もる, 計算する (berechnen).
be-reden 動《弱》① (について)⁴ 語る (bereden). ② 弁護する (verteidigen). ③ 認めさせる (überführen). ④ 証明する (beweisen), 明らかにする (dartun). {Nib. 854, 3}
be-redenunge 女 ① 協議 (Besprechung). ② 釈明, 弁解 (Entschuldigung).
be-redet 形 〔過分〕雄弁な (beredt).
be-redunge 女 ① 取り決め (Verabredung). ② 示談 (gütliche Beilegung). ③ 弁護, 弁明 (Verteidigung). ④ 中傷 (Verleumdung).
be-reffen, -refsen, -respen 動《弱》① 責める, 非難する (tadeln). ② 罰する, 処罰する (strafen).
be-reichen 動《弱》① 到達する (erreichen). ② しっかりつかまる (festhalten). ③ 獲得する (erlangen).
be-reinen 動《弱》他 境界をつける (abgrenzen). 再 境を接する (angrenzen).
be-reite[1]**, -reit** 形 ① (の)²/mit 準備ができた (bereit, fertig), 装備された (ausgerüstet). ② (に)² 喜んで臨む, 乗り気の (bereitwillig). ③ 現金で (bar). {Er. 2354}

be-reite², **bereit** 副 ① 乗り気で (bereitwillig), すでに (bereits). ② 素早く (schnell). ③ 現金で (bar).

be-reite³ = *bereiten* の直説法過去1, 3人称単数. [＜be-reitete].

be-reiten 動《弱》① (を)² 準備する, 身構える (bereit machen). ② (で)²/mit 武装する (ausrüsten). ③ (を)² 報告する (benachrichtigen). ④ 計算する, 算定する (berechnen). ⑤ 支払う (bezahlen). ⑥ 釈明する (Rechenschaft ablegen). ¶ nû bereite sich einer dâ zestunt / engegen im dâ er in sach. / vil sorclîchen ungemach / vrouwe Ênîte gewan. その一人が彼の姿を見るとすぐに彼の方に身構えた. エニーテ妃は不安になった. (Er. 3349-52)

be-reitschaft 女 ① 準備 (Zubereitung). ② 装備, 武装 (Ausrüstung). ③ 現金 (bares Geld). {Tr. 3992}

be-rennen 動《弱》① 注ぐ (begießen). ② 走らせる (laufen lassen). ③ 攻撃する (angreifen), 押し寄せる (bestürmen).

be-rêren 動《弱》濡らす, 湿らす (benetzen).

be-retten 動《弱》① 救う (retten), 自由にする (befreien). ② 保護する, 護る (schirmen).

bërgeht 形 山の多い (bergig, bergicht).

bërgelîn 中 [*bërc* の縮小語] 小さな山 (kleiner Berg).

bërgen 動 III. 2. [1. birge 3. barc 4. bürge 5. burgen 6. geborgen] ① 隠す, 庇護する (bergen, verbergen). ② 安全にする (in Sicherheit bringen). ③ 弱める (abdämpfen). {Nib. 633, 1}

直説法現在	
ich birge	wir bërgen
du birgest	ir bërget
er birget	si bërgent

直説法過去	
ich barc	wir burgen
du bürge	ir burget
er barc	si burgen

bër-haft 形 ① 実りのある, 結実する, 多産の (fruchtbar). ② (を)² はらんだ, 宿した, 妊娠した (schwanger).

bërht 形 輝いている (glänzend).

bërhtel¹ 女 ① 輝き, 光輝 (Glanz). ② 明るさ, 明るいこと (Klarheit). ③ 純粋さ (Reinheit).

bërhtel² 形 ① 輝いた (glänzend). ② 明るい (hell).

be-rieʒen 動 II. 2. 他 ① (に)⁴ 注ぐ (begießen). ② (を)⁴ 泣き悲しむ (beweinen), 泣いて悲しむ (mit Tränen beklagen). ¶ mit armbrusten heizet ûz den venstern schiezen / die grimmen verchwunden, daz ez ir friunt dâ heime beriezen. 城の壁窓から家来たちにいしゆみで攻撃させ，敵国の肉親が嘆き悲しむように，致命的な傷を与えさせなさい. (Ku. 1384, 3-4)

be-rîfen 動《弱》霜が降りる (mit Reif überziehen).

be-rihten 動《弱》① 正しくする，正す (recht machen, berichtigen), 整理する (ordnen). ② 教える, 教示する (beleren, unterrichten, unterweisen). ③ 装備する (ausrüsten). ④ (で)² 支払う (bezahlen). ⑤ もたらす (bringen). 再 ① 起き上がる (sich aufrichten). ② (を)² 準備する, 装備する (sich vorbereiten, ausrüsten). {Tr. 2406}

berille, barille, brille 男《弱》① 眼鏡 (Brille). ②〔宝石〕ブリレ (Brille).

be-rinnen 動 III. 1. 他 流れて覆い尽くす (rinnend bedecken, überrinnen). 自 濡れる, 流れ出る (überronnen werden).

be-rîten 動 I. 1. ① (馬に) 乗る (reiten). ② つかむ, 攻撃する (angreifen). ③ (馬で) 見物する (besichtigen). {Er. 6344}

bërle, përle 女 [中世ラテン語 perula] 真珠 (Perle).

bërlîn 中 [*bërle* の縮小名詞] 小さい真珠 (kleine Perle).

bern 動《弱》① たたく, 打つ (schlagen, klopfen). ② 歩む, 踏む, (に)⁴ 入る (treten, betreten). ③ こねる, こねて作る (kneten). {Er. 9244}

bërn 動 IV. [1. bire 3. bar 4. bære 5. bâren 6. geborn] 他 ① (果実, 花を) つける (tragen). ② 産む (gebären). 自 ① 作り出される (hervorgebracht werden). ② 現われる (zum Vorschein kommen). ③ 成長する (wachsen). {Er. 8720}

直説法現在	
ich bire	wir bërn
du birest	ir bëret
er biret	si bërnt

直説法過去	
ich bar	wir bâren
du bære	ir bâret
er bar	si bâren

Bernære 男 ベルンの男性 (ein Mann von Bern). ¶ an dem Bernære そのベルンの人に (Nib. 1903, 1). ¶ die Bernære そのベルンの勇士たち (Nib. 2273, 1.).

Berne 名〔地名〕ヴェローナ (Verona), ディートリッヒとその勇士たち（アーメルング族）の国．◇der von Berne=Dietrich.

be-rouben 動《弱》奪う (berauben).

be-rüeren 動《弱》触れる (berühren).

be-ruochen 動《弱》他 ① 心配する (sorgen). ② 供給する (versorgen). ③ 引き受ける (sich annehmen). ④ 付ける (versehen). {Nib. 1824, 2}

be-ruofen 動〔反復〕6, **be-rüefen** 動《弱》他 ① 召集する (berufen), 叫ぶ (ausrufen). ② 叱る (schelten), 非難する (tadeln). 再 集まる (sich zusammenrufen, versammeln).

bêr-vrit, -vride ⇨ *bërcvrit*.

be-sagen 動《弱》① 言う (sagen), 確証する (bestätigen). ② (に)³ 話しかける (zusprechen). ③ (を)⁴ 告訴する (anklagen). {Tr. 4775}

be-samenen, -samen 動《弱》① 集める (sammeln). ② 集合させる, 召集する (versammeln). {Tr. 6416}

be-sarken ⇨ *beserken*.

be-schaben 動 VI. かき取る (abschaben), こすり取る (abkratzen). {Tr. 3995}

be-schatewen, -schetewen 動《弱》(影で) おおう (beschatten).

be-scheffec 形 働いている, 活動している (tätig).

be-scheften 動《弱》従事させる, 働かせる (beschäftigen).

be-schëhen 動 V. ① 起こる, 生じる (geschehen). ② (に)³ 与えられる (gegeben werden). ③ 会う (begegnen).

be-scheiden¹ 動〔反復〕4 他 ① 分ける (trennen, scheiden), 区別する (unterscheiden). ② 決定する (entscheiden). ③ 決定する, 裁く (bestimmen, richten). ④ 分配する (zuteilen). ⑤ 物語る (erzählen). 再 決定される (sich entscheiden)). ¶ sine kundes niht besceiden baz der guoten. ウオテは夢を気立ての良い娘によりよく解きあかすことはできなかった. (Nib. 14, 2) ¶ ich mac uns eine wol bewarn / vor schaden und vor leide, / als ich iu nû bescheide. これからお話しますようにして, 私は私たちだけを損失と苦しみから守ることができます. (aH. 614-6)

be-scheiden² 形〔過分〕① 決まった (bestimmt). ② はっきりした (klar, deutlich). ③ 聡明な (klug, verständig). {Tr. 5754}

be-scheidenheit 囡 ① 聡明 (Verstand), 理性 (Vernunft). ② 命令, 情報 (Bescheid, Befehl). ③ 決定, 規定 (Bestimmung). {Tr. 4567}

be-scheidenlich 形 ① 理解できる (verständig). ② はっきりした (deutlich). ③ 一定の, 決まった (bestimmt). {Tr. 5050}

be-scheidenlîche(n) 副 ① きちんと (ordentlich). ② 正当に (nach Gebühr). ③ 上手に (geschickt). ④ 分別をもって, 思慮深く (mit Verstand). ⑤ はっきりと (deutlich). ⑥ 確かに (bestimmt). {Nib. 1546, 4}

be-scheinen 動《弱》① 示す (zeigen). ② 見えるようにする (sichtbar werden lassen). ③ 知らせる (Bescheid sagen). ④ 欺く (fälschen). ¶ beidiu lachen unde weinen / kunde ir munt wol bescheinen : / von grôzer liebe daz geschach. 笑いと涙［＝泣くこと］の両方をかれらの口ははっきり示していた. それは大きな喜びのためであった. (Parz. 672, 19-21)

be-scheln 動《弱》① 皮を剝ぐ (beschälen). ② 外皮をむく (abschälem). ③ 裸にする, 奪い去る (entblößen). {Tr. 2878}

be-schëlten 動 III. 2. 他 ① (非難して) けなす (herabsetzen), 罵る (beschimpfen). ② 無効にする, 取り消す (anfechten). 再 ① 争う (sich streiten). ② 口論する (sich zanken). {Nib. 990, 1}

be-schëmen[1] 動《弱》① 恥ずかしがらせる (beschämen). ② 侮辱する (in Schmach bringen). ③ 眠る, 寝る (schlafen), 同衾する (beschlafen).

be-schërmen[2] 動《弱》守る (beschützen). {Nib. 2040, 4}

be-schern 動《弱》① 分配する (zuteilen). ② 与える (geben). ③ (神・運命が) 定める (verhängen). ④ 委ねる (hingeben), 放棄する (aufgeben). ⑤ 侮る, 拒む (verschmähen).

be-schërn 動 IV. 他 髪を刈り込む (bescheren). 再 髪を切る (sich scheren). {Iw. 1396}

be-schîben 動 I. 1. ① 転がる (sich wälzen). ② (に)[3] 分配する (zuteilen).

be-schînen 動 I. 1. 他 照らす (bescheinen).

be-schirmen, -schërmen 動《弱》① 守る (beschützen). ② 弁護する (verteidigen). ¶ wander sâ wol weste, / ern beschirmte sînen brunnen 彼は自分の泉を守るべきことをよく知っていたので. (Iw. 2544-5)

be-schœnen 動《弱》① 美しくする (verherrlichen). ② 言い繕う

(beschönigen). ③ 弁護する (entschuldigen), 正当化する (rechtfertigen).

be-schouwen 動《弱》① 見る, よく見る (beschauen, schauen), 気づく (wahrnehmen). ② 訪れる (besuchen). {Tr. 11665}

be-schrîben 動 I.1. ① 書く (schreiben). ② 記す (aufzeichnen). ③ 叙述する (schildern).

be-schüten 動《弱》① 注ぐ (beschütten). ② 覆う (bedecken). ③ 護る (beschützen). ④ 開放する (befreien). {Nib. 2072, 3}

be-sëhen 動 V. ① 見る (erblicken), よく見る (beschauen), 観察する (betrachten). ② 訪ねる (besuchen). ③ 検査する, 調べる (untersuchen, prüfen). ④ 世話をする, 心配する (sorgen). ⑤ (を)² 供給する (versorgen). 再 用心する, 注意する (sich vorsehen). {Nib. 1618, 2}

bëseme 男《弱》, **bësme** 男 ① 箒 (Besen). ② 鞭 (Rute, Zuchtrute).

be-senden 動《弱》① (に)⁴ 使いを出す (beschicken). ② 連れて来させる (beschicken, holen lassen). 再 準備する, 装備する (sich rüsten). {Nib. 57, 4}

be-sengen 動《弱》燃やす (anbrennen), 焦がす (versengen). {Tr. 9247}

be-serken, -sarken 動《弱》棺に入れる (in den Sarg legen), 納棺する (einsargen). {Nib. 1035, 3}

be-setzen 動《弱》他 ① 占める (besetzen). ② 攻囲する (umlagern). ③ 決める (bestimmen). 再 自分を護る (sich wehren). {Tr. 524}

be-singen 動 III.1. ① 歌で挨拶する (ansingen). ② 歌で満たす (mit Gesang erfüllen). ③ ミサを行う (Messe halten). {Tr. 4775}

be-sît, -sîte, -sîten 副 側に, わきへ (beiseits), 傍らに (zur Seite).

be-sitzen 動 V. [3. besaʒ 5. besâʒen 6. beseʒʒen] 他 ① 手に入れる (in Besitz nehmen). ② 攻囲する (belagern). ③ 窮地に陥らせる (in Not bringen). 自 ① 座っている (sitzen), 座ったままで居る (sitzen bleiben). ② 住んでいる (wohnen). ③ 実りがない (unfruchtbar sein). ¶ nâch süezem lanclîbe / do besâzen si gelîche / daz êwige rîche. 幸せな長い生涯の後, 二人は共に永遠の国へ入って行った. (aH. 1514-6) {Nib. 1390, 2}

be-slahen 動 VI. ① 打つ (schlagen), 打ちつける (festschlagen). ② 注ぐ, ふりかける (schütten). ③ つかまえる (fangen).

be-slieʒen 動 II. 2.［1. -sliuʒe 3. -slôʒ］① 包む (umschließen). ② しっかり持っている (festhalten). ③ 鍵をかけて閉める (zuschließen). ④ 決定する (festsetzen, beschließen). ¶ dô des hôchmuotes / den hôhen portenære verdrôz, / die sælden porte er mir beslôz. 私の思い上りが，気高い門番の怒りに触れたとき，その門番は幸せの門を私の前で閉ざした. (aH. 404-6)｛Nib. 774, 3｝

be-slihten 動《弱》① まっすぐにする (gerade machen). ② 平らにする，削る (schlichten). ③ 等しくする，調停する (gleich machen, ausgleichen).｛Tr. 2405｝

be-snaben, -sneben 動《弱》① つまずく (stolpern). ② 倒れる (fallen).｛Tr. 4662｝

be-snîden 動 I. 1. ① 切り取る，割礼を施す (beschneiden). ② 正しく切る (zurecht schneiden). ③ 衣服を着せる (bekleiden).｛Tr. 4727｝

be-sorgen 動《弱》他 ① 世話をする，心配する (mit Sorgen bedenken, sorgen). ② 供給する (versorgen). ③ 保護する (beschützen). ④ （を）[4/2] 恐れる (fürchten). 再 ① 用心する (sich hüten). ② 恐れる (sich fürchten).｛Iw. 2314｝｛Nib. 1974, 4｝

be-soufen 動《弱》① 溺れさせる (ertränken). ② 浸す，漬ける (eintauchen).

be-sperren 動《弱》① 閉じる，遮断する (zusperren). ② 遮断しながら閉じ込める (sperrend einschließen).｛Nib. 1269, 4｝

be-sprëchen 動 IV. ① 話す (sagen, sprechen). ② 取り決める (versprechen). ③ （に）[4] 話しかける (anreden). ④ （に）[4] （を）[an/umbe] 頼む (bitten). 再 協議する (sich besprechen).｛Tr. 535｝

be-spreiten 動《弱》① はねかける (bespritzen). ② （羽などを）広げる (ausspreiten).

be-springen 動 III. 1. 他 ① 注ぐ，撒く (besprengen). ② 濡らす (benetzen). ¶ davon sint uns die mûre / besprungen allenthalben. そのためにわれわれの壁はいたる所で血しぶきを受けている. (Ku. 650, 3b-4a)

best, beʒʒist 形［*guot* の最上級］もっとも良い (best).

be-stân, -stên 動〔不規則〕［3. -stuont 4. -stüende 5. -stuonden 6. -standen, -stân, -stên］他 ① 留まる (bleiben, stehen bleiben), 持ちこたえる (standhalten). ② （の）[4] 周りを取り囲む (umstehen). ③ （に）[4] 関係がある (angehen). ④ 企てる，やってみる (unternehmen, wagen). ⑤ 勝つ，負かす (besiegen).｛Nib. 251, 2｝

be-staten 動《弱》他 ① 正しい場所に置く (an die rechte Stelle bringen). ② 用いる (verwenden, anwenden). ③ 許す (zulassen, gestatten). ④ 嫁がせる，結婚させる (verheiraten). ⑤ 埋葬する (begraben, beerdigen). {Tr. 12573}

be-stæten 動《弱》① 裏づける (bekräftigen). ② 確認する (bestätigen), 保証を与える (Sicherheit leisten). ③ 決める (festsetzen). ④ 固定する (festmachen). ⑤ 差し押さえる (mit Beschlag belegen). ⑥〔狩猟〕嗅ぎ出す (aufspüren). {Iw. 4205} {Tr. 9980}

beste¹, bezzest(e) 形 [*guot* の最高級] もっとも良い (best).

beste² 副 ① [*wol* の最高級] 一番良く (best), もっともよく (am besten). ② きわめて良く (aufs beste). ◇aller beste (am besten unter allen すべての中で一番良く).

be-stecken 動《弱》他 差す, 差し込む (bestecken). 自 ささっている, 差し込まれている (stecken bleiben).

be-stellen 動《弱》他 ① 立たせる (stehen lassen). ② 占める (besetzen). ③ 決める (bestimmen). ④ 獲得する (gewinnen). 再 装備する (sich rüsten), 向く (sich richten).

be-stiften 動《弱》① 確立する (feststellen). ② 設立する, 打ち建てる (gründen, einrichten). {Nib. 522, 2}

be-strecken 動《弱》広げながら覆う (ausbreitend bedecken).

be-streich = *bestrîchen* の直説法過去 1, 3 人称単数.

be-strîchen 動 I. 1. ① 塗る (anstreichen, bestreichen). ② 達する, 突き当たる (erreichen, anstoßen).

be-strîten 動 I. 1. 戦う (bekämpfen).

be-stuont = *bestân, -stên* の直説法過去 1, 3 人称単数.

be-sunder, -sundern 副 ① 個々に (einzeln). ② 特に (insbesondere). ③ 特別に (besonders). ¶ Des nam in michel wunder / und vuorte si besunder / und beswuor si vil verre, / ob ir iht ir herre / die rede hete ûz erdrôt. 医者はたいへん不思議に思い, 娘を脇に連れていって, 領主が娘からその言葉を脅しによって得たのではないか, 問い正した. (aH. 1071-5) {Nib. 743, 2}

be-sundern 動《弱》① 分ける, 区分する (absondern). ② 分離させる, 引き離す (trennen). {Parz. 682, 26}

be-suochen 動《弱》① 捜す (suchen). ② 訪ねる (besuchen). ③ 見る (besichtigen). ④ 敵意をもって襲撃する (feindlich anfallen). ⑤ 試みる (versuchen). {Tr. 8863}

be-swærde, -swære 女 ① 苦しみ (Kummer). ② 虐政, 圧制 (Be-

be-swæren

drückung).¶ manic mislich beswærde / huop sich dô under in, / zwischen dem kinde und in drin. 人々の間, その子供と大人三人の間にはさまざまな苦しみが生まれた. (aH. 992-4)

be-swæren 動《弱》① 煩わす (belästigen). ② 悲しませる (betrüben). ③ 押す, 苦しめる (drücken). {Nib. 894, 3}

be-swârte = *beswæren* の直説法過去1, 3人称単数.

be-swenken 動《弱》① 迷わす (berücken). ② 感覚を失わせる (betäuben).

be-swern 動 VI. ① 頼む (bitten). ② 誓う, 誓言する (beschwören), 魔法の呪文で圧倒する (mit Zaubersprüchen bewältigen). ¶ vil tiure wart si aber besworn, / si enerkande sich vil stæte, / daz si sichs abe tæte. 娘はもう一度, もし決心が揺らぐときは, 放棄することをはっきり誓わされた. (aH. 1104-6)

be-swîchen 動 I.1. 他 ① 欺く (betrügen). ② 背後へ行く (hintergehen). 自 疲労する (ermatten), 和らぐ, 静まる (nachlassen). {Tr. 13423}

be-tagen 動《弱》自 ① 昼になる (Tag werden). ② (に)³ 起こる (geschehen). 他 ① 生み出す (gebären). ② 日を過ごす (den Tag verbringen). 再 年を取る (alt werden). {Tr. 12630}

bët-, bit-alle 副 まったく (ganz, gänzlich). {Tr. 7018}

bëte[1] 中 ① 頼み (Bitte). ② 祈り (Gebet). ¶ do enwart ir nie dar nâch sô nôt, / si enverlüre gar ir bete. 少女はたいへんそのように望んだが, その願いは聞き届けられなかった. (aH. 1306-7) ¶ dô ir vater aber tete / vil manige drô unde bete / daz si ez in müese sagen, / si sprach: „ir möhtet mit mir klagen. 父親がふたたびいろいろ脅したり, 懇願したりして娘がそれを二人に話すように促すと, 娘は, 「あなたがたも私と一緒に嘆くことができましょう」と言った. (aH. 487-90) {Nib. 532, 4}

bëte[2], **bët** 女 ① 頼み (Bitte). ② 命令 (Gebot). ③ 租税 (Abgabe).

bëte-lich 形 ① 頼む価値のある, 頼むにふさわしい (zum Bitten passend). ② 懇願している (bittend). {Iw. 4546}

bëte-lîche 副 懇願するにふさわしく (wie es zum Bitten passt).

bëte-liute 複 [*bëteman* の複数形] 祈る人々 (betende Leute).

bëte-man 男 ① 祈る人 (ein betender Mann). ② 地代支払義務のある男性 (ein Zinspflichtiger).

bëten 動《弱》① (喜捨を) 頼む (bitten). ② 祈る (beten). ③ 崇拝する (anbeten).

bëte-, bite-vart 女 巡礼 (Wallfahrt). {Tr. 13690}

bëte-wîp 中 (女の) 物もらい (Bettlerin). {Tr. 1265}

be-tihten 動《弱》① 詩作する (dichten), 書く (schreiben). ② 考えだす (ersinnnen, erdichten). ③ 熟慮して作る (mit Überlegung herstellen). {Tr. 4941}

be-tiuren, -tûren 動《弱》他 評価する (anschlagen), 見積る (schätzen). 非 高価に見える (kostbar dünken).

be-tiuten ⇨ *bediuten.*

be-tœren 動《弱》① 愚か者と見なす (für einen Toren ansehen). ② 欺く, だます (betrügen). ③ からかう (äffen).

be-touben[1] 動《弱》① 耳が聞こえなくする (taub machen). ② 気絶させる (betäuben). ③ 消耗させる (entkräften). ④ 幻惑する (betören).

be-touben[2] 動《弱》強奪する (erzwingen).

be-touwen 動《弱》[別形 betöuwen] 自 露に濡れる (sich mit Tau bedecken). 他 露で濡らす (betauen). ¶ die liehten bluomen lacheten / ûz dem betouwetem grase. 輝く花が露を含んだ草の中から笑いかけていた. (Tr. 560-1)

be-tragen[1] 動 VI. ① 運ぶ (tragen), 持ってくる (bringen). ② 打ちつける (beschlagen). ③ 完成する (vollbringen). ④ 耐える (ertragen). ⑤ 和解させる (aussöhnen).

be-tragen[2] 動《弱》再 ① 養う (sich ernähren). ② かかわり合う (sich befassen). ③ 満足する (sich begnügen). {Tr. 8813}

be-trâgen 動《弱》非 +2/umbe ① うんざりさせる, 不快にさせる (verdrießen). ② 退屈にさせる (langweilen)

be-trahten 動《弱》① 目を向ける (betrachten). ② 熟慮する (bedenken, erwägen). ③ 考え出す (ausdenken). ④ 励む (streben)

be-trëchen 動 IV. ① 埋める, 土で覆う (verscharren). ② 隠す (verbergen). {Tr. 19052}

be-trehtec 形 ① 熟慮した (überlegt). ② 分別のある (verständig). {Tr. 3116}

be-triegen 動 II. 1. ① 欺く (betören), だます (betrügen). ② 眩ます (verblenden), 誘う, 迷わす (verlocken). ¶ diu werlt was ie an iu betrogen : / ir wâret alle iuwer tage / und sît noch ein werltzage. 世間はあなたについてはだまされています. あなたはこれまでの日々, そしてなおいまも世界一の臆病者です. (aH. 1318-20)

be-trüeben 動《弱》① 雲らせる (trüb, dunkel machen). ② 悲し

be-trûren

ませる (traurig machen). ③ 濁らす (trübe machen).
be-trûren 動《弱》悼み悲しむ, 嘆く (betrauern).
bette, bet 中 ① ベッド (Bett), 寝椅子 (Ruhebett). ② 花壇 (Gartenbeet). {Nib. 740, 4}
bette-dach 中 掛けぶとん (Bettdecke). {Nib. 1825, 2}
bette-gëlt 中 同衾の代償 (Bettgeld). {Tr. 12613}
bette-lachen 中 敷布 (Bettuch). {Tr. 15198}
bette-mære 中 （ベッドでの）睦言 (Bettgespräch). {Tr. 14032}
betten 動《弱》（に）³床を準備する (das Bett bereiten), ベッドを整える (ein Bett zurecht machen). ¶ dô bette man in, / den gesellen allen drin. その時仲間たち 3 人に寝床が準備された. (Iw. 6571-2)
bette-ris 形 ① 病気の (krank). ② 寝たっきりの, ベッドに横たわっている (bettlägerig).
bette-rise 男《弱》病人 (der Kranke).
bette-siech = *betteris*.
bette-spil 中 [= *minnespil*] 愛の戯れ (Liebesspiel). {Tr. 12620}
bette-stat 女 ① ベット, 寝台 (Bett, Bettstelle). ② 休息所 (Ruhestätte). ¶ Dô het er gemachet / alsô rîche / von bluomen eine bettestat. そのときあの人は花で素敵なベッドをこしらえていました. (Wa. 40, 1-3) ¶ dô si sich hâte geleit / an ir alte bettestat, / si bereite aber ein bat / mit weinenden ougen：少女はいつものベッドに身を横たえたとき, またしても涙の風呂を沸かしてしまった. (aH. 516-9)
bette-wât 女 敷布 (Bettuch) など, ベットに必要なもの (Bettzeug). {Nib. 665, 1}
be-tûren ⇨ *betiuren.*
be-twanc[1], **-zwanc** 男 [-ges²] ① 圧迫 (Zwang). ② 苦しみ (Bedrängnis). ③ 押し合い (Gedränge).
be-twanc[2] = *betwingen* の直説法過去 1, 3 人称単数.
be-twingen, -dwingen 動 III. 1. ① 押し寄せる (bedrängen), 圧迫する (beengen). ② 強いる (zwingen), 窮地に追い込む (bezwingen). ¶ ich wilz versuochen baz, / ob ich noch müge betwingen den übermüeten man. 私はあの思い上がった男を窮地に追い込めるかどうかもう一度試みたい. (Nib. 2059, 2b-3)
be-twungenlich 形 ① 強いられた (erzwungen). ② 苦しみに満ちた (mit Kummer behaftet). {Tr. 2069}
be-twungenlîche 副 ① 強いられて (erzwungen). ② 苦しみに満

ちて (mit Kummer behaftet).

be-vâhen, -vân 動〔反復〕2 [3. -vie, -vienc] 他 ① 包む, 囲む (umfangen). ② 摑む, 理解する (ergreifen, verstehen). ③ 強いる, 苦しめる (zwingen, nötigen). 自 広がる (sich ausdehnen). {Nib. 589, 1}

be-valch = *bevëlhen* の直説法過去1, 3人称単数.

be-vallen 動〔反復〕1 自 ① 落ちる (fallen). ② (の)³ 気に入る (gefallen). 他 ① 襲う (überfallen). ② 覆う (bedecken). ③ 拡げる (ausbreiten).

be-vangen = *bevâhen* の過去分詞.

be-vant = *bevinden* の直説法過去1, 3人称単数.

be-vëlch 男 ① 監督 (Aufsicht). ② 保護 (Obsorge). ③ 命令 (Befehl). ④ 引渡し (Übergebung).

be-vëlhen 動 [中独 bevëlen] IV. [1. -vilhe 3. -valch] ① 委ねる (übergeben), ② 任せる (anvertrauen). ③ 命じる (anbefehlen). ¶ bevelhet si ûf die triuwe mîn / vor den herren allen : / daz muoz in wol gevallen, / wande ich der altiste under in / und ouch der rîchiste bin. あの方を家臣たちみなの前で, 私の真心にお委ねください. というのも私は家臣たちの中で最年長であり, もっとも力のある地位にありますので了承されることでしょうから. (Gr. 586-90) ¶ ich bevilhe dir die sêle mîn / und diz schœne kint, die swester dîn, / daz dû dich wol an ir bewarst / und ir bruoderlichen mite varst : / sô geschiht iu beiden wol. 私は私の魂とこの美しい娘, お前の妹をお前に委ねる. お前は妹の面倒を見, 兄らしく振る舞ってくれ. そうすればお前たち二人には何の心配もない. (Gr. 259-63)

be-vestenen, -vesten 動《弱》① 結び付ける (befestigen). ② 婚約させる (verloben) ③ 証明する (bestätigen) ④ 確定する (festsetzen).

be-vílde, bí-velde 女 葬儀 (Totenfeier), 埋葬 (Begräbnis, Leichenbegräbnis).

be-viln 自 (を)² 重要とみなす (für wichtig halten). 非 (が)⁴ (を)² 不快に思う (verdrießen). {Parz. 24, 28}

be-vinden 動 III. 1. ① 見つける (finden). ② 聞き知る (erfahren), 知覚する (vernehmen). ③ 知り合う (kennenlernen). {Nib. 344, 1}

be-vollen 副 すっかり (ganz und gar), 完全に (völlig). {Nib. 757, 1}

be-vor, -vorne, -vorn 副 ①〔空間的〕前に (vorn). ②〔時間的〕

前に (vorher, vorhin). {Parz. 766, 11 / Parz. 221, 18}

be-vriden 動《弱》① （から）²/von/vor 保護する (beschirmen). ② 平和にする (Frieden verschaffen). ③ 垣を巡らす (umzäumen). {Iw. 1905}

be-vulhen = *bevëlhen* の直説法過去1, 3人称複数.

be-vürhten 動《弱》恐れる (befürchten).

be-wac = *bewëgen* の直説法過去1, 3人称単数.

be-wachen 動《弱》見張る (bewachen).

be-wænen 動《弱》疑う, 疑いを掛ける (beargwöhnen). {Tr. 13552}

be-want[1] 形〔過分〕〜の性質のある (beschaffen).

be-want[2] = *bewenden* の過去分詞

be-wærde, -wære 女 ① 証拠 (Beweis), 証明 (Zeugnis). ② 保証 (Versicherung), 抵当 (Pfand). {Tr. 6491}

be-waren, -warn 動《弱》① 世話する (sorgen). ② 心配する, 調達する (besorgen). ③ 守る, 保護する (bewahren, hüten). 再 気を付ける (sich in Acht nehmen). ¶ daz in unser herre / vor dem tôde bewar! / ez ist an sînem lîbe gar / swaz ein rîter haben sol. 私たちの主があの方を死から守ってくださるように. あの方は騎士が身に備えるべきものをすべて持っています. (Iw. 5910-3)

be-wæren 動《弱》① 真実にする (wahr machen), 真実として説く (als wahr dartun). ② 確証する (bewähren), 証明する (beweisen). ③ 試す (erproben). {Parz. 27, 5}

be-warten 動《弱》① 目を離さない (im Auge halten). ② （を）² 待っている (warten).

be-wëgen 動 V. [1. -wige 3. -wac] 他 動かす (bewegen). 再 ① （を）² 免れる (sich entschlagen). ② 諦める (verzichten). ③ 避ける (meiden). ④ 決心する (sich entschließen). ¶ des einen si sich gar bewac, / gelebete si morgen den tac, / daz si benamen ir leben / umbe ir herren wolde geben. 少女は, もし明日一日命があるなら, 自分の命を自分の主人のために投げ出すこと, その一つのことを決心していた. (aH. 525-8) ¶ Kriemhilt in ir muote sich minne gar bewac. クリエムヒルトは心の中で愛をすっかり諦めた. (Nib. 18, 1)

be-wegen 動《弱》他 動かす (bewegen). 再 ① 出発する (sich auf den Weg machen). ② 決心する (sich entschließen).

be-weinen 動《弱》① （を）⁴ 悲しんで泣く (beweinen). ② （を）⁴ 涙で濡らす (mit Tränen benetzen).

be-wenden 動《弱》他 ① 向ける (wenden). ② 使う (verwenden),

用いる (anwenden). ③ 向きを変える (umwenden). ④ 引き渡す (übergeben). ⑤ 備え付ける (anbringen). 再 (から)³ 離れる (sich entfernen). ¶ ouch hete er niht sô valschen muot, / si enhetenz harte wol bewant. 領主も農夫夫妻が充分に収益を得るようにとの配慮を忘れてはいなかった. (aH. 1440-1)

be-winden 動 III. 1. 他 ① 巻きつける (umwinden). ② 着せる (bekleiden). ③ 隠す (verheimlichen), 覆い隠す verhüllen). ④ 教える (lehren, belehren). ⑤ 示す (zeigen). ⑥ 支払う (bezahlen).

be-wirken ⇨ *bewürken.*

be-wîsen 動《弱》① (に)⁴ (を)² 教える (lehren). ② 証明する (beweisen). ③ 正しく導く (zurechtweisen). ④ 導く, 指示する (anweisen). ⑤ 譲り渡す (übergeben). ⑥ 支払う (bezahlen). {Nib. 340, 4}

be-wîsunge 女 ① 証明, 証拠 (Beweis). ② 指示 (Anweisung). ③ 振る舞い (Benehmen).

be-worrenheit 女 困惑 (Verwirrung). {Tr. 873}

be-würken, -wirken 動《弱》① 閉じ込める (einschließen). ② 囲む (umfassen).

be-zaln 動《弱》他 ① 検算する (überzählen), 見積もる (berechnen). ② (自分のものとして) 加算する (zuzählen). ③ 手に入れる (erwerben). ④ 支払う (bezahlen). 自 死ぬ (den Tod erleiden).

be-zeigen 動《弱》① 告知する (anzeigen), 知らせる (kund tun). ② 指示する (anweisen). {Nib. 433. 1}

be-zel 女《弱》頭巾, 帽子 (Haube).

be-zeln, -zellen 動《弱》① 物語る (erzählen). ② 委ねる (überlassen). ③ 手に入れる (erwerben).

be-zichen 動 II. 2. ① 到達する (errcichcn). ② (衣装に) 飾りを付ける (umstricken, besetzen). ③ 引き入れる (einziehen). ④ 餌をやる (füttern).

be-zîhen 動 I. 2. (に)⁴ (の)² 罪を帰する (beschuldigen).

be-zimbern 動《弱》① 建てる (bauen). ② 建物をつくる (mit Gebäuden besetzen). {Nib. 565. 3}

be-zimbert 形〔過分〕建物のある (mit Gebäuden besetzt).

be-zîte 副 ① 早く (frühzeitig). ② 間に合って (beizeiten). {Nib. 421, 4}

be-ziunen 動《弱》① 垣を回らす (umzäumen). ② 隔離する (in Klausur legen).

be-zoc 男 裏地 (Unterfutter). {Nib. 363. 1}

beʒʒer, baʒʒer 形 [*guot* の比較級] より良い (besser). ¶ irn habt mitter wârheit / deheinen bezzern vriunt dan er ist. あなたにとってはじっさいあの方に勝る友はありません. (Iw. 8060-1) ¶ ist im diu sêle danne verlorn, / sô wære er bezzer ungeborn. その人の魂が失われれば，その人は生まれてこなかった方が良いことになります. (aH. 605-6) {Iw. 3332}

beʒʒern 動《弱》他 より良くする (bessern), 完全にする (vervollkommen). 再 ① 良くなる (besser werden). ② (に)³ 与える，支払う (vergüten), 補償する (entschädigen). ③ 償う (büßen). ¶ Alsus bezzerte sich / der guote herre Heinrich / daz er ûf sînem wege / von unsers herren gotes phlege / harte schône genas, / daz er vil gar worden was / als von zweinzic jâren. この善良な領主ハインリヒは回復し，旅の途中でわれらが主なる神の加護により病が治り，すっかり元通りの20歳の若者に戻った. (aH. 1371-7)

beʒʒerunge 女 ① 良くなること (Besserung). ② 償い (Buße). ③ 利点，長所 (Vorteil).

beʒʒist, best 形 [*guot* の最高級] 最も良い (best).

bî[1] 副 そばに，近くに (bei, dabei).

bî[2] 前 +3/+4 ①〔空間的〕〜のそばに，〜の上に，〜に (bei, auf, an). ②〔時間的〕〜の間中，〜の間 (während). ③〔因果的〕〜のために (aus, wegen). ④ 〜にもかかわらず (trotz). ⑤〔数詞と〕おおよそ (bei, nahe). ⑥〔手段〕〜によって (durch). ¶ die von Tenemarke wâren in der nôt / bî den Hegelingen und bî den von Nortlande. デンマークの騎士たちはその戦いでヘゲリンゲンとノルトラントの人々と共に戦った. (Ku. 884, 2-3)

biben, bibenen 動《弱》震える，振動する (beben).

bic, pic 男 [bickes[2]] ① 切り傷 (Schnitt). ② 刺し傷 (Stich).

bickel-wort 中 さいころ遊びのような言葉 (Würfelwort). {Tr. 4639}

bidemen 動《弱》震える (beben). ¶ dô bidemte von dem froste daz arme ingesinde. そのとき可哀そうな召使いたちは寒さのために震えていた. (Ku. 1216, 3)

bí-derbe, bi-dérbe 形 [短縮形 bider, béderbe, bedérbe] ① 有能な (tüchtig). ② 勇ましい (brav), 勇敢な (tapfer). ③ 誠実な (bieder). ④ 役に立つ (brauchbar). ¶ nu versmâhe ich den bœsen, / die biderben ruochent mîn niht. 今は私は邪悪な人々から軽蔑され，高潔な者たちからは見捨てられている. (aH. 412-3)

bîe[1] 女《弱》蜜蜂 (Biene).
bîe[2] 中 蜂の群れ (Bienenschwarm).
bîe-brôt 中 蜂蜜焼き菓子 (Honigfladen).
biegen 動 II. 1. 自 曲がる (biegen). 他 曲げる (biegen, beugen, krümmen).

直説法現在	
ich biuge	wir biegen
du biugest	ir bieget
er biuget	si biegent

直説法過去	
ich bouc	wir bugen
du büge	ir buget
er bouc	si bugen

bîen 動《弱》① 近くに居る (nahe sein). ② 近づく (sich nähern).
bier 中 ビール (Bier).
biese 女《弱》いぐさ, 燈心草 (Binse).
bieten 動 [中独 bûten も] II. 2. [1. biute 2. bieten 3. bôt 4. büte 5. buten 6. geboten] 他 ① 差し出す (bieten, darreichen). ② 伸ばす (strecken). ③ 命じる (gebieten). 再 身を投げ出す (sich bieten).

直説法現在	
ich biute	wir bieten
du biutest	ir bietet
er biutet	si bietent

直説法過去	
ich böt	wir buten
du büte	ir butet
er böt	si buten

bî-giht(e), be-giht, bîhte 女 [別形 begiht] ① 懺悔 (Beichte). ② 告白 (Bekenntnis). {Parz. 107, 27}
bî-handen 副 [< *bî handen*] ① すぐに (sogleich). ② 手をつないで (bei den Händen).
bil[1] 男 [-les[2]] 吠える声 (bellende Stimme).
bil[2] 中 石切りつるはし (Steinhaue).
bîl 男 ① 狩猟動物が猟犬に身がまえる瞬間 (der Augenblick, wo das gejagte Wild sich gegen die Hunde zur Wehr setzt). ② 防御

(Wehr), 戦い (Kampf). ③ 吠える猟犬による転換 (Umstellung durch die bellenden Hunde). {Tr. 2765}

bî-lant 中 隣国 (Nachbarland). {Tr. 449}

bilch 女〔動物〕やまね (Haselmaus).

bildære, bildærer 男 ① 彫刻家, 創造者 (Bildner). ② 模範 (Vorbild). {Tr. 6643}

bilde 中 ① 彫像 (Bild). ② 姿, 容姿 (Gestalt). ③ 模範 (Vorbild). ④ 肖像 (Gleichnis). ¶ des muge wir an der kerzen sehen / ein wârez bilde geschehen, / daz si zeiner aschen wirt / iemitten daz si lieht birt. 私たちはその真実の像を蠟燭に見ることができる. 蠟燭は光を放っているときに灰になる. (aH. 101-4)

bildec 形 比喩的な (bildlich).

bilde-lich 形 比喩的な (bildlich).

bilden 動《弱》① 飾る (verzieren). ② 形づくる (gestalten), 模写する (nachbilden, abbilden). ③ 表わす (vorstellen).

bilger-îm, -în, pilgerîn 男 [別形 pilgerin] ① 巡礼者 (Pilger), 十字軍従軍者 (Kreuzfahrer). ② はやぶさ (Wanderfalke).

bil-lich[1] 男 ① 当然, 正当 (Billigkeit). ② 適合, 順応 (Gemäßheit). {Tr. 6429}

bil-lich[2] 形 当然の (billig), 相応の (gemäß). ¶ ir minnet mich, deist billich. あなた方が私を愛する気持はよく分かります. (aH. 799)

bil-lîche 女 ① 当然, 正当 (Billigkeit). ② 適合, 順応 (Gemäßheit).

bil-lîcheit 女 適合, 順応 (Gemäßheit).

bil-lîche(n) 副 ① 正当に, 当然に (billig). ② ふさわしく, 相応に (gemäß). ③ 法律上 (von Rechts wegen). {Er. 3337}

bil-lîchen 動《弱》① 相応しいと見なす (angemessen finden). ② 認める (zubilligen).

bilsen-sâme 男《弱》ひよす (Bilsenkraut) の種 (Same). {Tr. 12232}

bin[1], **bîn** 女《強・弱》蜜蜂 (Biene).

bin[2] 前 +3 ① (の)³ 内側に (binnen). ② ～以内に (innerhalb). ③ ～の間 (während).

bî-, be-namen 副 ① 本当に (wirklich). ② 名前で (mit Namen). ③ 特に (namentlich).

binde 女《弱》① 帯 (Binde, Band). ② 包帯 (Verband).

binden 動 III. 1. [3. bant 4. bünde 5. bunden 6. gebunden] ① 結ぶ (binden). ② 包む, 包帯する (verbinden). ③ 縛りつける (fesseln). ¶ herre, von welhen schulden / erschrâket ir dô man mich bant ? ご

主人さま, 私が縛られたとき, どういう訳で尻込みしたのですか. (aH. 1324-5)

直説法現在	
ich binde	wir binden
du bindest	ir bindet
er bindet	si bindent
直説法過去	
ich bant	wir bunden
du bünde	ir bundet
er bant	si bunden

binez, binz 男 いぐさ, 燈心草 (Binse).
binnen 副 内側に (binnen). 前 ① (の)³ 内側に (binnen, innerhalb). ② (の)² 間に. ◇binnen des ＜その間 unterdessen＞. {Tr. 16935}
binz ⇒ *binez*.
bir, bire 女《強・弱》梨 (Birne).
birec, biric 形 ① 実りの多い (ergiebig). ② 豊穣な (fruchtbar). {Tr. 16464}
birge 中 山岳, 山脈 (Gebirge).
birs-armbrust 女 狙撃猟のためのいしゆみ (Armbrust zur Pirschjagd). {Tr. 16649}
birsen¹, pirsen 動《弱》〔猟犬で〕狩をする (pirschen, jagen). ¶ ouch hœre wir diz mære sagen, / ez gelernete birsen unde jagen / nie kein man sô wol sô er, / ez wære dirre oder der. 物語りの伝えるところでは, それが誰であれ, トリスタンほどみごとにいろいろな狩猟法を学んだ者は居なかった. (Tr. 2115-8)
birsen², pirsen 中 猟犬による猟 (Pirsch).
birs-gewant, -gewæte 中 狩着, 狩猟用衣裳 (Jagdkleidung).
birt = *sîn* の 2 人称複数.
birt = *bërn* の直説法現在 3 人称単数.
bis = *sîn* の *du* に対する命令法. ¶ bis willekomen, neve Fruote ようこそ, フルーテ殿 (Ku. 220, 4)
bischof, bischolf 男 [-ves²] 司教 (Bischof). {Nib. 658, 2}
bîspël 中 ① 教訓的物語 (lehrhafte Geschichte), 寓話 (Fabel), たとえ話 (Parabel). ② 格言 (Sprichwort).
bit 中 祈り (Gebet).
bit(e), bît(e) 女 ① ためらい, 遅滞 (Zögern). ② 待つこと (War-

bîte-lôs

ten). ③ 滞在 (Verweilen). {Tr. 3855}.
bîte-lôs 形 待ちきれない, 我慢出来ない (ungeduldig).
biten, bitten 動 V. [3. bat 4. bæte 5. bâten 6. gebeten] ① 頼む (bitten). ② 願う (wünschen). ③ 命じる (befehlen). ¶ der künec bat in bringen und die sînen man. 王はその騎士と家来たちを連れてくるように命じた. (Nib. 82, 3)

	直説法現在	
ich bit(t)e	wir bit(t)en	
du bit(t)est	ir bit(t)et	
er bit(t)et	si bit(t)ent	
	直説法過去	
ich bat	wir bâten	
du bæte	ir bâtet	
er bat	si bâten	

biten = *bîten* の直説法過去 1, 3 人称複数.
bîten 動 I. 1. ① 待っている (warten, harren). ② 長引く (verziehen). ③ ぐずぐずする (zögern). ¶ war möchte ich nû gerîten? / ich muoz des tages hie bîten. 今からどこへ馬を向けることができましょうか. 私は一日ここで過ごさなければなりません. (Iw. 6157-8)
bitter 形 苦い, 苦しい (bitter).
bitter-keit 女 ① 苦さ (Bitterkeit). ② 苦い苦しみ (bitteres Leid).
bitter-lich 形 ① 苦い, 苦しい (bitter). ② 激しい (heftig). {Er. 6321}
bitter-lîche(n) 副 ① 苦く, 苦しく (bitter). ② ひどく (sehr), 激しく (heftig). {Nib. 495, 3}
biuge 女 ① 屈曲 (Biegung). ② 湾曲 (Krümme).
biule 女《弱》おでき, こぶ (Beule). {Nib. 1931, 4}
biurisch 形 農民の, 田舎の (bäuerisch).
biute = *bieten* の直説法現在 1 人称単数.
biutel 男 中 ① 袋 (Beutel). ② 手さげ袋 (Tasche).
bí-velde, be-vílde, bî-filde 女 葬儀 (Totenfeier), 埋葬 (Begräbnis). ¶ ein selhe bivilde er nam, / sôz landes herren wol gezam. 国王にふさわしい埋葬が行なわれた. (Gr. 271-2)
biʒ[1] 前 接 [中独 bit も] まで (bis).
biʒ[2] 中 ① 噛まれて出来た傷 (die gebissene Wunde). ② 馬の轡のはみ (Gebiss).

biʒ³, biz 男 ① 嚙むこと (Biss). ② 小さな嚙み傷 (Bisschen).
bîʒen 動 II. 1. ① 嚙む (beißen). ② 刺す (stechen). {Iw. 2269}
bíziht 女 告訴, 告発 (Beschuldigung).
blâ 形 [-wes²] 青い (blau). ◇比較級 blâwer / 最上級 blâwest.
blæjen, blægen, blæwen, blæn 動《弱》自 吹く (blasen). 他 膨らませる (blähen), 溶かす (schmelzen). 再 膨らむ (sich blähen). {Tr. 15064}
blanc 形 ① 白い (weiß). ② きらめいている (blinkend), 輝いている (glänzend).
Blanscheflûr 女〔人名〕ブランシェフルール (Blanscheflur). マルケ王の妹で, トリスタンの母. {Tr 1359.}
blante, blandete = *blenden* の直説法過去1, 3人称単数.
blâsen 動〔反復〕2 [3. blies 4. bliese 5. bliesen 6. geblâsen] ① 吹く (blasen). ② 鼻息をする (schnauben). ③ 息を吐く, 呼吸する (hauchen).
blat 中 ① 葉 (Blatt, Laub). ② (本の) 頁 (Blatt). ③ のどひこ, 懸壅垂 (Zäpfchen).

格	単 数	複 数
1格	daʒ blat	diu bleter
2格	des blates	der bleter(e)
3格	dem blate	den bleter(e)n
4格	daʒ blat	diu bleter

blate, plate 女《弱》① 金属性胸よろい (metallner Brustharnasch). ② 岩盤 (Felsplatte), 盆地 (Schüssel). ③ 剃髪, 中剃り (Tonsur). ④ はげ (Glatze). {Parz. 261, 26}
blatzen, platzen 動《弱》自 音を立てて落ちかかる (gcräuschvoll auffallen). 他 たたく, 打つ (schlagen).
blecken 動《弱》自 ① 見えるようになる (sichtbar werden). ② 露出する, 裸になる (sich entblößen). 他 ① 見させる (sehen lassen). ② 示す (zeigen).
bleich 形 青白い (bleich, blass).
bleichen 動《弱》自 蒼白になる (bleich werden). 他 蒼白にする (bleich machen). {Tr. 14322}
blenden 動《弱》[3. blante] 自 ① 目を眩ます (blenden), 眩惑する (verblenden). ② 暗くする (verdunkeln). 再 目が眩む (verblendet werden).

blesten 動《弱》音をたてて目立つ (klatschend auffallen), ぴしゃっと音を立てる (platschen).

blî 中男 [-wes² / -ges²] 鉛 (Blei), 測鉛 (Richtblei). ¶ ich bin swære alsam ein blî. 私の心は鉛のように重い. (Wa. 76, 3)

blîalt, blîant, blîât 男 [プロヴァンス語 blial, 古フランス語 bliant]（金糸をあしらった）絹織物 (Seidenstoff). {Iw. 649}

blic 男 [-kes²] ① 輝き (Glanz). ② 見ること (Blick). ③ 光景 (Anblick).

blîche 形 青白い (bleich).

blîchen 動 I. 1. ① 輝く (glänzen). ② 赤くなる (erröten).

blicken 動《弱》[3. blihte, blicte] ① 見る (blicken). ② 輝く (glänzen). ¶ Dô er sich ûf gerihte / und sich selben ane blihte / und sich sô griulîchen sach, / wider sich selben er dô sprach / 'bistûz Îwein, ode wer?' 彼は身を起こし, 自分の姿を見て, そのように恐ろしい姿をしているのを知ったとき, 自分自身に向かって,「おまえはイーヴァインか, でなければ誰だ」と叫んだ. (Iw. 3505-9)

blîde¹ 女《強》《女》投石器 (Steinschleuder).

blîde² 女 喜び (Freude).

blîde³ 形 ① 喜んだ (froh), 朗らかな (heiter). ② 親切な (freundlich), 穏やかな (sanft). ③ おとなしい, 行儀のよい (artig). {Nib. 415, 1}

blihte = *blicken* の直説法過去 1, 3 人称単数.

blîjîn, blîgîn, blîen 形 鉛の (bleiern).

blint 形 [-des²] ① 盲目の (blind),（に）²/ᵃⁿ 目が暗んだ (blind). ② 暗い (dunkel), 濁った (trübe). ③ 見えない (unsichtbar), 隠れた (versteckt). ④ 無の, 無価値の (nichtig). {Tr. 17778}

blint-heit 女 ① 盲目 (Blintheit). ② 不足 (Mangel). {Tr. 17781}

blint-lîche(n) 副 無謀にも, 慎重でなく (unvorsichtig). {Tr. 1290}

blinzeln, blinzen 動《弱》瞬きする, 目配せする (blinzeln).

bliuc ⇒ *blûc*.

bliuc-lich ⇒ *blûclich*.

bliuc-lîchen ⇒ *blûclîche(n)*.

bliuwen 動 II. 1. ① 青く染める (bläuen). ② 打つ (schlagen).

blî-var 形 鉛色の (bleifarbig).

blî-weich 形 鉛のように柔らかい (weich wie Blei).

blœde 形 ① 弱い (schwach), 繊細な (zart). ② 壊れ易い (zerbrechlich). ③ おじ気づいた (zaghaft).

Blœdel, Blœdelîn 男〔人名〕ブレーデル (Blödel), ブレーデリーン (Blödelin), エッツェル王の弟. ダンクワルトに討たれる.

blôȝ 形 ① 裸の (bloß, nackt). ② 丸腰の (nicht bewaffnet). ③ 失われた (entblößt). ④ 染まっていない, 純粋な (rein). ¶ ich ziuhe dich ûz, sô stâstû blôz / und wirt dîn schame harte grôz / die dû von schulden danne hâst, / sô dû nacket vor mir stâst. 私はお前の衣服を脱がせ, お前はまる裸になる. 裸で私の前に立つとき, 当然お前はたいへん恥ずかしい思いをする. (aH. 1085-8)

blœȝe 女 ① 裸 (Nacktheit). ② (森の) 開けた所, 空地 (freier, offener Platz im Wald). {Iw. 3837}

blôȝen 動《弱》裸である, むき出しでいる (bloß sein).

blœȝen 動《弱》① 裸にする (bloß machen). ② 衣服を脱がせる (entkleiden).

blûc, bliuc 形 ① 臆病な (zaghaft), 内気な (schüchtern). ② 断固としていない, 優柔不断の (unentschlossen).

blûc-heit, blûkeit 女 内気, 臆病 (Schüchternheit).

blûc-, bliuc-lich 形 ① 臆病な (zaghaft). ② 内気な (schüchtern).

blûc-, bliuc-lîche(n) 副 ① 臆病に (zaghaft). ② 内気に (schüchtern). ③ 途方にくれて (verlegen). {Iw. 2254}

blüejen, blüegen, blüewen, blüen 動《弱》自 花が咲く (blühen). 他 花を咲かせる (blühen lassen).

blüemelîn, blüemel 中 [*bluome* の縮小語] 小さな花 (Blümchen).

blüemen 動《弱》① 飾る (schmücken), 花で飾る (mit Blumen schmücken). ② 賛美する (verherrlichen). {Tr. 23}

blüemîn, bluomîn 形 ① 花の (von Blumen). ② 花で飾られた (mit Blumen geschmückt).

blüen ⇨ *blüejen*.

blüete 女 花 (Blüte).

blüewen ⇨ *blüejen*.

blûgen 動《弱》① 尻込みする (schüchtern werden). ② 疲れ果てる (ermatten).

blûkeit ⇨ *blûcheit*.

blunt 形 [-des²] 金髪の, ブロンドの (blond).

bluome 男 女《弱》① 花 (Blume, Blüte). ②〔比喩〕最も美しいもの (das Schönste). {Tr. 18962}

bluomen 動《弱》他 花を咲かせる (Blumen treiben). 自 花が咲いている (blühen).

bluomen-var ⇒ *bluomvar.*
bluomîn ⇒ *blüemîn.*
bluom-, bluomen-var 形 ① 花が多彩の (von Blumen bunt). ② 花のように色とりどりの (bunt wie Blumen). {Parz. 691, 16}
bluot¹, pluot 中 ① 血 (Blut). ② 出血 (Blutfluss). ③ 血族 (Blutverwandter). ④ 生物 (lebendes Wesen). ⑤ 人間 (Mensch). ¶ Hildebrant was gegân / dâ Wolfhart was gevallen nider in daz bluot. ヒルデブラントはウォルハルトが血の中に倒れた場所へ歩み寄った. (Nib. 2299, 2b-3)
bluot² 男 女 花 (Blüte).
bluote, bluotete = *bluoten* の直説法過去 1, 3 人称単数.
bluotec 形 血の (blutig).
bluoten¹ 動《弱》花が咲いている (blühen).
bluoten² 動《弱》血が出る (bluten). {Iw. 1360}
bluoten³ 動《弱》犠牲にする (opfern).
bluot-var 形 ① 血の色の (von Blut gefärbt). ② 血の色をした (blutfarbig). {Nib. 2088, 2}
boc 男 [-ckes²] ① 雄山羊, 雄羊 (Bock). ② 木製の台座 (Gestell). ③ 落とし槌 (Ramme). ④ (楽器の一種) ボック (Bock).
boge 男《弱》① 弓 (Bogen). ② 半円 (Halbkreis). ③ 虹 (Regenbogen). ④ 鞍の前輪 (Sattelbogen). ¶ bogen unde bölzelîn / die sneit er mit sîn selbes hant, / und schôz vil vogele die er vant. 弓と矢, この二つを王子は自分の手で作り, そして多くの鳥を見つけて射落とした. (Parz. 118, 4-6)
bogen 動《弱》自 ① 弧を描く, 避けて通る (einen Bogen machen). ② 弧を描いて流れる (in Bogen fließen). 他 (木を削って) 弓を作る (zu einem Bogen machen). 自 弧を描く (sich in Bogen bewegen).
bogen-zein 男 矢 (Pfeil).
boije, boye, boie, beie, beige 男 女《弱》[ラテン語 boja] かせ (Fessel).
boln 動《弱》① 投げる (werfen). ② 投石機で投げる (schreudern). ② 転がす, 巻く (rollen).
bolz 男, **bolze** 男《弱》① (石弓の) 矢 (Bolzen). ② 矢 (Pfeil).
bölze-lîn 中 [*bolz* の縮小語] 小さい矢 (ein kleiner Bolzen).
bône 女 ① 豆 (Bohne). ② 無価値なもの (etwas Wertloses). ◇ niht ein bône ＜少しも…ない＞. {Tr. 16880}
bonît 中 [古フランス語 bonnet] 帽子, 頭巾 (Mütze).

borc 男 [borges²] ① 借用 (Borg), 借りたもの (das Geborgene). ② 担保, 抵当 (Bürgschaft). {Iw. 7158}

borgen 動《弱》自 ① (に)³ 用心する (achtgeben). ② (の)³ (を)² 寛大に扱う, 大目に見る (Nachsicht haben). ③ (を)³ いたわる (schonen). ④ 借りる (borgen, entlehnen). ⑤ 怠る (unterlassen). ⑥ (が)²·ᵃⁿ 欠けている, 乏しい (ermangeln, arm sein). ⑦ 保証する (bürgen), 請け合う (verbürgen). 再 (から)² 逃れる, 脱却する (sich entschlagen).

bor-guot 形 ① たいへん良い (sehr gut). ②〔曲言法〕あまり良くない (wenig gut).

born 動《弱》穴を開ける, 突き通す (bohren).

bor-sêre 副 ① たいへん多く (sehr viel). ② まったくない (gar nicht).

bort, port 男 中 ① 縁 (Rand), 船縁 (Schiffsrand). ② 板, 壁板 (Bord).

borte, porte 男《弱》① リボン, レース (Band). ② 髪飾り (Haarband). ③ 縁飾り (Borte), 縁取り (Einfassung). ④ 笹べり (Besatz). ⑤ 帯 (Gürtel), 楯の留め紐 (Schildfessel). ⑥ 岸辺 (Ufer). {Nib. 31, 1}

börtelîn 中 [*borte* の縮小語] 小さいリボン (Bändchen).

bor-tiure 形 ① たいへん貴重な (sehr teuer). ② まったく珍しくない (gar nicht teuer). ¶ daz enwas in dâ bortiure. それはかれらにはけっして珍しくはなかった. (Er. 7043).

bort-sîde 女 衣服の縁飾り用の絹 (Seide für die Borte des Kleides).

bosch, bosche, busch 男 ① 薮 (Busch). ② 森 (Wald).

bœse¹ 女 ① 悪さ (Schlechtigkeit). ② 悪意 (Bosheit).

bœse², bôse 形 ① 悪い (böse, schlecht). ② 価値のない (wertlos), つまらない (gering). ③ 弱い (schwach). ④ 臆病な (feige). ¶ si dâhte „in wil im niht versagen: / ez muoz abr vil bœse sîn." 王妃は, 「あの子の頼みを断ることはすまい. でも馬は価値のないものにしなでれば」と考えた. (Parz. 126, 22-3)

bôsen, bœsen 動《弱》① 悪くなる (schlecht werden), 悪い (schlecht sein). ② 悪いことをする (etwas Böses tun).

bœsern 動《弱》自 より悪くなる (schlechter werden). 他 ① より悪くする (schlechter machen). ② 怒らせる (ärgern).

bôs-heit 女 ① 無価値 (Nichtigkeit, Wertlosigkeit). ② (性質の) 悪

bœs-lich

さ, 邪悪さ (schlechte Eigenschaft). ③ 悪 (Böses), 悪意 (Bosheit). ④ 貪欲 (Geiz).

bœs-lich 形 悪い, 邪悪な (böse).

bœs-lîche 副 ① 悪い方法で (auf schlechte Weise). ②〔曲言法〕わずかに (wenig), まったく〜ない (gar nicht). {Nib. 2140, 4}

bot 中 ① 命令 (Gebot). ② (同業組合の) 召集, 集会 (Versammlung). ③ 一試合 (eine Partie im Spiel).

bôt = *bieten* の直説法過去1，3人称単数.

bote 男《弱》① 使者, 使節 (Bote). ②〔チェス〕第8の農夫 (der achte Bauer). ¶ ich wil dar boten senden / und wil haz den alten mit iu und mit dem künige gar verenden. 私は使者を送り，あなたがたと王との間の古くからの憎み合いを終わらせます. (Ku. 140, 3b-4)

Botelunc 男〔人名〕ボテルング (Botelung). エッツェル王の父.

boten-brôt 中 ① 報告への報酬 (Lohn für überbrachte Nachricht). ② 知らせ (Nachricht).

boten-miete 女 使者への報酬 (Botenlohn). {Nib. 556, 3}

bot(e)-schaft 女 ① 知らせ (Botschaft), 報告 (Bericht). ② 全権 (Vollmacht). ③ 特別審理 (außerordentliche Gerichtssitzung). {Nib. 1421, 1}

bou ⇨ *bû*.

bouc, pouc 男 [-ges²] ① 留め金, 輪 (Spange, Ring). ② (兜の) 鉄輪 (Stahlreif). ③ 鎖 (Kette), 首飾り (Halsring), 腕輪 (Armring). ④ 手かせ, 足かせ (Fessel). {Nib. 276, 2}

boum 男 [別形 boun, bôm, bân, bôn] ① 木, 樹木 (Baum). ② 系統樹 (Stammbaum). ③ 竿 (Stange). ④ 燭台 (Leuchter). ⑤ 棺 (Totenbaum).

boum-bluot 中 樹木に咲く花 (Baumblüte).

boum-garte 男《弱》果樹園 (Baumgarten).

boum-wol 男 木綿 (Baumwolle). ¶ linde sam ein boumwol 木綿のように柔らかく {Er. 7703}.

boum-wolle 女《弱》木綿 (Baumwolle).

boum-zaher 男 樹脂 (Baumharz).

bouwen 動《弱》〔不規則〕[6. gebowen] ① 耕す (bauen). ② 建てる (bauen).

bovel, povel 男 中 [古フランス語 poblus] ① 民衆, 民族 (Volk). ② 人々 (Leute).

boye ⇨ *boije*.

bôʒen 動〔反復〕5《弱》① たたく (schlagen, anklopfen). ② とんとんとたたく (pochen), ノックする (klopfen). ③ さいころを振る (würfeln). ④ 九柱戯をする (Kegel spielen). ¶ Des bewac er sich zehant / und begunde bôzen an die want : / er hiez sich lâzen dar in. ハインリヒはすぐに決心し, 壁をたたき, 中に入れてくれるように頼んだ. (aH. 1257-9) {Nib. 486, 2}

brâ 女《強・弱》[複数 brâ, brâwen] 眉, まつげ (Braue, Wimper).

bracke 男《弱》[古フランス語 braque] 猟犬 (Bracke), 捜索犬 (Spürhund). {Nib. 913, 4}

bräckelîn 中 小さな捜索犬 (Spürhund).

bracken-seil 中 猟犬を引く綱 (Brackenseil).

braht 男 女 ① 騒音, 騒ぎ (Lärm, Lärmen). ② 叫び声 (Geschrei). {Tr. 12446}

brâht = *bringen* の過去分詞.

brâhte = *bringen* の直説法過去 1, 3 人称単数.

brâme 女《弱》① 茨の茂み (Dornbusch). ② 木いちごの茂み (Brombeerstrauß).

bran = *brinnen* の直説法過去 1, 3 人称単数.

brant 男 [-des² / 複数 brande] ① 燃えている薪 (brennendes Scheit), 燃え木 (Feuerbrand). ② 火事, 火災 (Brunst). ③ 放火, 焼き討ち (Brandlegung). ④ 輝く刀 (das blitzende Schwert). {Nib. 186, 2}

brast = *brësten* の直説法過去 1, 3 人称単数.

brâsten = *brësten* の直説法過去 1, 3 人称複数.

brât 中, **brâte** 男《弱》① 肉 (Fleischstück). ② あぶり肉, 焼肉 (Braten). ③ 体の柔らかい部分 (Weichteile am Körper). {Tr. 2900}

brâten 動〔反復〕2 他 焼く, あぶる, 炒める (braten). {Iw. 3280}

brëchen 動 IV. 自 ① 二つに割れる (entzwei brechen), 割れる (zerbrechen). ② 広がる (sich verbreiten). ③ 突然, 荒々しく入り込む (plötzlich, gewaltsam dringen). 他 ① 破る (brechen), 引き裂く (reißen). ② 解く, 離す (lösen). ③ 無理に押す (drängen). ④ 摘む (plücken). 再 ① 苦しむ (sich quälen). ② 嘔吐する (erbrechen). 非 (が)ᵃⁿ 欠ける (fehlen), 不足する (mangeln). ¶ von jâmer sî vüder brach / ir hâr und diu cleider. 彼女は髪をかきむしり, 衣服を引き裂いた. (Iw. 1310-11) ¶ si brach ir zuht und ir site. 少女は日頃の慎みと作法を忘れてしまった. (aH. 1284)

bredigen

	直説法現在	
ich briche	wir	brëchen
du brichest	ir	brëchet
er brichet	si	brëchent

	直説法過去	
ich brach	wir	brâchen
du bræche	ir	brâchet
er brach	si	brâchen

bredigen, predigen 動《弱》[ラテン語 praedicare] 説教する (predigen).

brëhen[1] 動 V. ① 急に明るく光り輝く (plötzlich hell leuchten). ② 火花を散らす (funkeln). ③ 音がする (schallen).

brëhen[2] 男 中 輝き (Glanz, Schein), 薄明かり (Schimmer). ¶ des liehten mânen brehen 明るい月の輝き (Nib. 1620, 1)

breit 形 ① (手が) 大きく開かれた (ausgebreitet). ② 大きい (groß), 広い (breit). ③〔比喩〕広められた (weit verbreitet), 有名な (berühmt). ¶ Den künec des hete wunder, von wannen kœmen dar / die hêrlîchen recken in wæte lieht gevar / und mit sô guoten scilden, niuwe unde breit. 美しい色合の衣装着て, 真新しい大きな楯を手にしたりっぱな騎士たちがどこからやって来たのか, 王には不思議に思われた. (Nib. 80, 1-3)

breite 女 [別形 breiten] ① 広さ, 幅 (Breite). ② 広い場所 (breite Stelle). ③ 畑 (Feld, Acker). {Nib. 1866, 3}

breiten 動《弱》自 広くなる, 幅広くなる (breit werden). 他 ① 広くする (breit machen). ② 広げて置く (breit hinlegen). ③ 広げる (verbreiten, ausbreiten). 再 広がる (sich verbreiten, sich ausdehnen). {Tr. 3602}

brëme, brëm 男《弱》① 刺しばえ (Stechfliege). ② あぶ (Bremse).

brennen 動《弱》他 ① 火を点ける (anzünden). ② 焼き払う (mit Feuer verwüsten). ③ 蒸留する (destillieren). ④ 溶かすことで純粋にする (durch Schmelzen läutern). 自 ① 燃える (brennen). ② 輝く (glänzen).

brëst, brëste 男《強・弱》① 不足, 欠如, 欠乏 (Mangel, Gebrechen). ② 損失 (Schaden, Verlust).

brësten 動《強》IV. 自 ① 折れる, 破れる (brechen). ② 割れる

(bersten), 裂ける (reißen). ③ 噴出する, 急に現われる (hervordringen). 罪 (に)³ (が)² 欠けている (mangeln, gebrechen). ¶ den vil zieren helden brâsten guotiu wâfen an den handen. たいへん勇敢な勇士たちの手元の美事な武器が砕け散った. (Ku. 884, 4) {Nib. 458, 1}

brët 中 ① 板 (Brett), 木製の板 (hölzerne Tafel), 楯 (Schild). ② 遊技盤, チェス盤 (Spielbrett), 数字板 (Zahlbrett). ③ 棺板 (Leichenbrett). ④ 刑罰台 (Strafbank).

brîdel, britel 男 中 ① 手綱 (Zaum, Zügel). ② 手綱の紐 (Zaumriemen).

brîden 動 I. 1. ① 織る (weben). ② 編む (flechten).

brie-, briebe-buoch 中 ① 筆記帳 (Schreibheft, Schreibbuch). ② 書かれた本 (geschriebenes Buch).

brief 男 [-ves²] [ラテン語 brevis] ① 手紙 (Brief), 恋文 (Liebesbrief). ② 文書 (Urkunde). ③ 書かれたもの (etwas Geschriebenes). {Nib. 1421, 1}

格	単　数	複　数
1格	der brief	die brieve
2格	des brieves	der brieve
3格	dem brieve	den brieven
4格	den brief	die brieve

brieʒen 動 II. 2. 自 膨れ上がる (anschwellen).

brimmen 動 III. 1. ① 唸る (brummen). ② 吠える (brüllen).

直説法現在	
ich brimme	wir brimmen
du brimmest	ir brimmet
er brimmet	si brimment
直説法過去	
ich bram	wir brummen
du brümme	ir brummet
er bram	si brummen

bringen 動 《弱》 [中独 brëngen, brengen] ① 持って来る (bringen). ② 成就する (vollbringen). ③ 伝える, 持って行く (überbringen). ¶ und dô er si vol brâhte / hin als er gedâhte / dâ er sînen meister vant, dô wart im dâ zehant / vil vrœlîchen gesaget, / er hete brâht eine maget die er in gewinnen hiez. ハインリッヒはその

少女を，この騎士が考えていたように医者が居るところへ無事に連れてくるとすぐに，その医者が見つけてくるようにと言った少女を連れてきた，と喜び勇んで言った．(aH. 1055-61)

	直説法現在	
ich bringe	wir	bringen
du bringest	ir	bringet
er bringet	si	bringent

	直説法過去	
ich brâhte	wir	brâhten
du brâhtest	ir	brâhtet
er brâhte	si	brâhten

brinnec, brinnendec 形 ① 燃えている (brennend). ② 燃えるような (glühend).

brinnen 動 III. 1. [3. bran 5. brunen] ① 燃える (brennen). ② 輝く (glänzen), 光を放つ (leuchten). {Nib. 1336, 3}

	直説法現在	
ich brinne	wir	brinnen
du brinnest	ir	brinnet
er brinnet	si	brinnent

	直説法過去	
ich bran	wir	brunnen
du brünne	ir	brunnet
er bran	si	brunnen

brinnendec 形 ① 燃えている (brennend). ② 白熱している (glühend).

brîsen 動 I. 1. /《弱》① 紐で結ぶ (schnüren). ② 囲む (einfassen).

briuten 動《弱》[3. brûte 6. gebrûtet] [中独 brûten] 自 結婚する (heiraten, sich vermählen). 他 ① (女性を) 結婚させる，(と)[3] 結婚させる (vermählen). ② 婚約させる (verloben).

briutûnisch, britûnsch 形 ブリュターニュの (bretonisch).

briuwen, brûwen 動《強》III. ① 醸造する (brauen). ②〔比喩〕する (machen). ③ 作る，準備する (bereiten). ④ 生み出す (hervorbringen). ⑤ 引き起こす (verursachen), たくらむ (anstiften). {Tr. 13027}

brœde[1], **brôde** 囡 もろさ (Gebrechlichkeit), 弱さ (Schwäche).

brœde[2], **brôde** 形 ① はかない (gebrechlich). ② 弱い (schwach). ¶ wir sîn von brœden sachen. 私たちは壊れやすいものでできている. (aH. 105) ¶ nû wil ich gote gnâde sagen / daz er in mînen jungen tagen / mir die sinne hât gegeben / daz ich ûf diz brœde leben / ahte harte kleine. 神が私の若い日々に私にこのはかない生活にあまり考えを向けないような性格を与えてくださったことに私は感謝したいと思います. (aH. 693-7)

brogen 動《弱》自 ① 立ち上がる (sich heben). ② 目立つ (prunken). ③ 威張る (stolz sein). 他 高める, 上げる (in die Höhe bringen).

brôt 田 パン (Brot), 白パン (Weißbrot). ¶ ich wil im mînes brôtes geben: / sô lât er mich vil lîhte leben. 私はあの人に私のパンを分けてやろう. そうすればあの人はおそらく私を生かしてくれるだろう. (Iw. 3301-2)

brûchen 動《弱》他 必要とする (brauchen). 再 ① (を)[2] 利用する (sich bedienen). ② (を)[2] 楽しむ (sich genießen).

brucke, brücke, brügge 囡《強・弱》① 橋 (Brücke). ② はね橋 (Zugbrücke). ③ 足場, 脚立 (Gerüst). ④ 桟敷 (Schaugerüst). ¶ niht langer er dô habte, / vast ûf die brükke er drabte. 騎士は長くはそこに留まらず, 急いで橋の上へ馬を向けた. (Parz. 247, 19-20)

brücken[1] 動《弱》① 橋を作る (eine Brücke bauen). ② 橋を架ける, 橋渡しする (überbrücken).

brücken[2] 動《弱》砕く (brocken), 粉々にする (zerbröckeln).

brüeven ⇨ *prüeven*.

brûn 形 ① 茶色の (braun). ② (武器について) 輝いた (glänzend), 火花を散らす (funkelnd). {Tr. 665}

brûnât, brûnît, brûnet 男 [別形 brûnît, brûnet] 暗い色の織物 (dunkelfarbiger Kleiderstoff).

Brünhilt, Prünhilt 囡 〔人名〕アイスランドの女王, ブリュンヒルト (Brünhild). グンテル王 (Gunther) の妃. [2 格, 3 格 Brünhilde, 4 格 Brünhilde(n)] {Nib. 331, 4}

brûnieren 動《弱》① 研ぐ (schleifen), 磨く (polieren). ② 輝かす (glänzend machen). {Tr. 6615}

brûn-lûter 形 輝いている (glänzend), 明るい (hell). {Tr. 3334}

brunne 男《弱》① 泉 (Quelle), 噴水 (Brunnen). ② 〔比喩〕源泉 (Quelle), 起源 (Ursprung). ③ 尿 (Harn). ¶ z'einem kalten brunnen verlôs er sît den lîp. 冷たい泉の側で彼はのちに生命を失う. (Nib. 917.3)

brünne 囡《強・弱》[別形 brünje] ① よろい (Brünne). ② 胴よろい (Brustharnasch).

brûn-reideloht, brûn-reit 圈 茶色にちぢれた (braungelockt).

brûn-reit ⇨ ***brûnreideloht.*** {Tr. 3919}

bruoch 囡 半ズボン (Hosen).

bruoch-gürtel 男 ズボンの腰帯, ベルト (Hosengurt).

bruoder 男〔不規則〕① 兄弟 (Bruder). ② 修道院修道士 (Klostergeistlicher). ③ 巡礼者 (Wallfahrer). ¶ bruoder, ich bin zwir tôt, an der sêle und an dem lîbe. ouwê mir armen wîbe, war zuo wart ich geborn? 兄上, 私は魂と肉体の二重の死に瀕しています. 私は何と哀れな女なのでしょう. 私は何のために生まれてきたのでしょう. (Gr. 436-9)

格	単 数	複 数
1格	der bruoder	die bruoder (brüeder)
2格	des bruoder (bruoders)	der bruoder (brüeder)
3格	dem bruoder	den bruoder (brüedern)
4格	den bruoder	die bruoder (brüeder)

bruoder-, brüeder-lich 圈 兄弟の, 兄弟らしく (brüderlich).

bruoder-lîchen 副 兄弟のように (brüderlich).

bruoder-schaft 囡 ① 兄弟関係, 兄弟のような間柄 (Bruderschaft). ② 兄弟の契約を結んだ仲間 (Genossenschaft).

bruot 囲 植物の若枝 (Trieb der Pflanze).

brûs 男 騒音 (Lärm), ざわめき (Brausen).

brûsche 囡 ざわめくこと, 轟くこと (das Brausen).

brûsen 動《弱》ざわめく, 轟く (brausen).

brust 囡 ① 胸 (Brust). ② 胸当て (Bekleidung der Brust). (Er. 7322) ¶ si wart wol innen daz zeswal / von der stimme ir kindes brust. / des twang in art und sîn gelust. 王妃は小鳥の声で息子の胸が脹らんでいるのに気づいた. それは王子の生まれと欲求のためであった. (Parz. 118, 26-8)

brust-bein 囲 胸骨 (Brustbein).

brüstel, brüstelîn 囲 ① 小さな胸 [*brust* の縮小語]. ② 胸鎧 (Brustpanzer).

brût, briut, brout 囡 [briute²] ① 花嫁 (Braut). ② 若い女性

(junge Frau). ③ 側女 (Beischläferin). {Nib. 589, 3}

格	単　数	複　数
1格	diu brût	die briute
2格	der brût, briute	der briute
3格	der brût, briute	den briuten
4格	die brût	die briute

brût-lachen 　中　① 深紅色 (Scharlach). ② 深紅色の織物 (ein scharlachfarbiges Tuch).
brût-leite 　女　結婚式, 嫁入り (Hochzeit).
brût-louf(t) 　男　女　中　結婚, 結婚式 (Hochzeit).
brût-miete 　女　持参金, 花嫁の贈り物 (Mitgift der Braut). {Nib. 1928, 2}
brût-stuol 　男　花嫁の座 (Brautstuhl). ¶ Mit wie getâner êre im brûtstuole saz diu maget vil hêre! どんなに大きな名誉に包まれてそのたいへん美しい乙女は花嫁の席に座っていたことか. (Ku. 549, 1-2b)
bû, bou, bûwe 　男　中　[bûwes², bouwes²] ① (葡萄畑の) 耕作 (Bestellung Weinbergs), 農耕 (Ackerbau). ② 収穫 (Ertrag des bestellten Gutes). ③ 建築 (Bau), 家の建設 (Bau des Hauses). ④ 住む所, 住居, 家 (Gebäude, Wohnung, Haus). ¶ den bû den wil ich lâzen: / er sî von mir verwâzen. この農場から立ち去りたい. こんな場所は呪われてあれ. (aH. 797-8)

格	単　数	複　数
1格	der bû	die bûwe
2格	des bûwes	der bûwe
3格	dem bûwe	den buwen
4格	den bû	die bûwe

buckel 　女　[ラテン語 buccula] ① (楯の中央の) 留金 (Metallbeschlag), 青銅の留金 (Erzbeschlag). ② (帆桁をマストに繋ぐ) パレル (Beifuß). {Nib. 36, 2}
buckelære 　男　① 留金のある楯 (Schild mit Erzbeschlag). ② (楯を手にした) 戦士 (Krieger).
buckel-hûs 　中　(楯の留金の) 頂上部 (Spitze des Buckels).
buckel-rîs 　中　(楯の留金の周りの) 飾り (Verzierung des Buckels).
bücken, bucken 　動　《弱》① 曲げる (bücken). ② 投げつける (niederwerfen).

buckeram, buckerân, buggeram 男（羊毛で織られた）こわばった布地 (steifer Stoff).

büechel ⇨ *buochelîn*.

büege = *buoc* の複数.

büeʒen 動《弱》① よくする (gut machen), よりよくする (bessern). ② 自由にする (befreien), 取り除く (beseitigen). ③ 弁償する (vergüten), 償う (büßen). ④ 罰する (bestrafen). {Nib. 966, 3}

bühel 男 ① 丘 (Hügel). ② 頬 (Backe, Wange). {Tr. 16972}

bühse 女《強・弱》① (円筒状の) 箱, 筒 (Büchse). ② 火器, 銃砲 (Feuerrohr). ③ (鉄製の) 留金 (Beschlag). {Tr. 4669}

buhurden = *bûhurdieren*.

bûhurdieren, bêhurdieren 動《弱》①（二手に分かれて）騎馬試合をする (eine *bûhurt* reiten). ②（乗馬して）疾駆する (schnell reiten). ¶ man sach dâ, swaz man wolde sehen: / dise fuoren sehen frouwen, / jene ander tanzen schouwen; / dise sâhen buhurdieren, / jene ander justieren. 人々が見たいと思うものはすべてそこで見ることができた. ある者は女性たちの姿を眺め, ある者はダンスを見た. ある者は騎士たちの騎馬試合を見, ある者は騎士の槍試合を見た. (Tr. 614-8)

bûhurt, bêhurt 男 [古フランス語 bouhourt]（二手に分かれての）騎馬試合 (Ritterspiel). {Nib. 34, 2}

bû-liute 複 [*bûman* の複数] 農夫たち (Bauer).

bû-man 男 農夫 (Bauer). ¶ mîn gert ein vrîer bûman / dem ich wol mînes lîbes gan. ある自由農民が私を望んでおり, 私はその方のもとに嫁ぎたいと思う. (aH. 775-6)

bunden = *binden* の直説法過去 1, 3 人称複数.

bunge 女《弱》太鼓 (Trommel), ティンパニー (Pauke).

bunt[1] 男 ① ひも, 帯 (Band). ② かせ (Fessel). ③ 傷の包帯 (Verband der Wunde), ④ 紛糾 (Verwickelung), ⑤ 同盟 (Bündnis).

bunt[2] 中 [buntes[2]] 毛皮 (Bundwerk). {Nib. 59, 4}

bunt[3] 形 白黒まだらの, 白黒縞の (schwarz und weiß gefleckt oder gestreift).

buoc 男 [buoges[2], 複数 büege] ①（手の）上関節, 肩 (Achsel). ②（脚の）上関節 (Obergelenk), 腰 (Hüfte), 膝 (Knie). ③（獣の）関節 (Bug). ④ 湾曲 (Kurve). {Tr. 2884}

buoc-bein 中 ① 足の関節 (Bugbein). ② 前足の大腿 (der vordere Oberschenkel). {Tr. 2874}

buoch 中 ① 本 (Buch), 詩集 (Gedichtsammulung), 法律集 (Ge-

buoche 囡《弱》ぶなの木 (Buche).
buochelîn, büechelîn, büechel 囲 ① 小冊子 (Büchlein). ② 恋愛詩, 愛の歌 (Liebesgedicht). ③ 短い物語詩 (kleines erzählendes Gedicht).
buoch-stap, -stabe 男《強・弱》文字, 字母 (Buchstabe).
buosem, buosen 男 ① 胸, 胸部 (Busen). ② ふところ, 膝 (Schoß). ③〔法律〕直系の子孫 (Nachkommenschaft).
buost 男 囲 (靱皮の) 綱, 縄 (Strick).
buoȝ 男 ① 改善 (Besserung). ② 弁償 (Vergütung). ③ 償い, 懺悔 (Buße). ④ 除去, 救済 (Abhilfe).
buoȝe 囡 (宗教上, 法律上の) 償い (Buße).
burc 囡 [burc², bürge²] ① 城 (Burg, Schloss). ② 町, 城市 (Stadt). ¶ Wate wolte von dannen. sîne liute er lie / dem lande und den bürgen. ワーテは立ち去ろうとしていた. この武将は国土と城のために家来たちを残した. (Ku. 234, 1-2b)

格	単　数	複　数
1格	diu burc	die bürge
2格	der bürge, burc	der bürge
3格	der bürge, burc	den bürgen
4格	die burc	die bürge

burc-bërc 男 城山 (Berg, auf dem eine Burg steht). {Iw. 3772}
burc-grâve 男《弱》① 城代, 城主 (Burggraf). ② 裁判官 (Richter), 都市裁判官 (Stadtrichter).
burc-mûre 囡 城壁 (Burgmauer), 町の外壁 (Stadtmauer). {Iw. 4365}
burc-schaft 囡 市民の権利 (Bürgerrecht).
burc-stal 囲 城の場所 (Ort einer Burg), 城 (Burg).
burc-, bürge-tor 囲 城門 (Burgtor), 町の門 (Stadttor).
burc-wëc 男 城への道 (der Weg zur Burg).
bürde, burde 囡 ① 荷物 (Bürde), 重荷 (Last). ② 重さ (Gewicht), 充実, 豊富 (Fülle).
burgære, burger 男 ① 城内の人 (Bewohner der Burg), 市民 (Bürger). ② 保証人 (Bürge). {Nib. 1036, 4}
bürge, borge 男 保証人 (Bürge).
bürge-tor ⇨ *burctor.* {Iw. 1259}

burgen

burgen = *bërgen* の直説法過去 1, 3 人称複数.
burger-meister 男 町長, 村長 (Bürgermeister).
burger-rëht 中 市民法 (Bürgerrecht).
burger-schaft 女 ① 市民法 (Bürgerrecht). ② 市民共同体 (Gemeinschft der Bürger). ③ 都市同盟 (Städtebündnis).
Burgonde, Burgunde 男 ブルグンド人 (Burgunde).
Burgonden-rîche 中 ブルグンドの国 (das Burgundenreich).
bûrîn 女 農婦 (Bäuerin).
bûr-lich 形 農民の (bäuerisch).
bûr-mâl 中 市民法 (Bürgerrecht).
bûr-man 男 農民, 農夫 (Bauer).
bürn 動《弱》他 高める (erheben, aufheben). {Iw. 5373}
bursît 男 袋 (Beutel).
bürsten 動《弱》ときほぐす (strählen). ¶ und bürsten ir den har そして彼女のために亜麻をときほぐさなければならなかった. (Ku. 1006, 1b)
bürtec, bürtic 形 〜生まれの (gebürtig). ¶ von disem lande ich bürtic bin 私はこの国の生まれだ. (Tr. 2694)
busînære, busûnære 男 トロンボーン奏者, らっぱ奏者 (Posauner, Posaunenbläser). {Parz. 78, 4}
busîne, busûne, pusûne 女 [ラテン語 buccina] らっぱ, トロンボーン (Posaune).
busînen, busûnen 動《弱》トロンボーンを演奏する (posaunen). {Parz. 812, 11}
buten = *bieten* の直説法過去 1, 3 人称複数.
butze 男 ① 妖怪, 怪物 (Larve). ② 悪魔, おばけ (Schreckbild).
bûwe ⇒ *bû*.
bûwen, biuwen, bouwen 動《弱》[別形 biuwen, bouwen] 自 ① 住んでいる (wohnen). ② (畑を) 耕す (bauen). ③ 農夫として暮らす (als Bauer leben). 他 ① (に)⁴ 住む (bewohnen). ② 耕す (bauen), 種を播く (säen). ③ 建てる (bauen). {Er. 3653}
bûwen-lich 形 堅固な建物の (von festem Bau).
bû-wîn 男 自家製の葡萄酒 (der selbst gebaute Wein).
bûwunge 女 ① 住居 (Wohnung). ② 耕作 (Bestellung des Feldes). ③ 建築 (Bau, Erbauung).
buʒʒel 中 [ラテン語 bucellus, 古フランス語 boucel] ① 壷, かめ (Krug). ② 小さい樽 (Tönnchen).

D

dâ, da, dar, dâr, dô 副 ①〔指示的〕そこ (da, dort), そこへ (dorthin). ②〔時間的〕そのとき, 今や (nun). ③〔関係副詞〕(wo). ¶ dô ez vil kûme was getaget, / dô gienc si dâ ir herre slief. 夜が明けるとすぐに, 娘は主人が眠っているところに行った. (aH. 904-5) ¶ dô gienc der arme Heinrich hin / dâ er die maget gebunden sach. 哀れなハインリヒは少女が縛られている所へ行った. (aH. 1270-1)

dach 中 ① 屋根 (Dach). ② 覆い (Decke). ③〔比喩〕一番高いもの (das Höchste), 守ってくれるもの (das Schützende).

dachen 動《弱》覆う (decken, bedecken).

dacte, dahte = decken の直説法過去1, 3人称単数.

dagen 動《弱》① 黙っている (schweigen). ②(に)³ 耳を傾ける (zuhören). ③(を)² 隠す (verschweigen). ④(に²ついて)沈黙を守る (schweigen über). {Nib. 119, 3}

dahe, tahe 女《弱》粘土 (Lehm).

dahs 男 あなぐま (Dachs).

dâht 男 考え (Gedanke), 考えること (das Denken).

dahte = decken の直説法過去1, 3人称単数.

dâhte = denken の直説法過去1, 3人称単数.

dampf, tampf 男 蒸気 (Dampf), 煙 (Rauch).

dan ⇨ *danne, dannen.*

danc 男「-kes²」① 考え, 思考 (Gedanke). ② 意志, 意図 (Wille, Absicht). ③ 感謝 (Dank). ④(勝者が得る)賞品, 褒美 (Kampfpreis). ¶ Dô er die süezen wîse ze hove vol gesanc, / dô sprach diu maget schœne: „friunt, du habe danc." 彼［＝ホーラント］がその美しいメロディーをすっかり歌い終えたとき, この美しい王女［＝ヒルデ］は「ありがとう」と言った. (Ku. 398, 1-2) ¶ Nû er si alsô schœne sach, / wider sich selben er dô sprach: / „dû hâst einen tumben gedanc / daz dû sunder sînen danc / gerst ze lebenne einen tac / wider den nieman niht enmac. ハインリヒは少女の美しい姿を見て, 自分自身に言った,「お前は, 誰も逆らうことのできないそのお方の考

danc-bære

えを知らず，1日でも長く生きようとしているが，それは浅はかな考えだ」(aH. 1241-6)

danc-bære¹ 囡 感謝の気持ち (Dankbarkeit).

danc-bære² 形 ① 感謝している (dankbar). ② 快適な (angenehm).

Dancrât 男〔人名〕ダンクラート (Dancrat), ブルグンドの国王, その妃がウオテ (Uote). {Nib. 7, 2}

Dancwart 男〔人名〕ダンクワルト (Dankwart), アルドリアン (Aldrian) の息子で, ハーゲン (Hagen) の弟. ブルグンドの宮廷の厩係り. {Nib. 9, 2}

danc-wille 男《弱》自由意志, 自由な意志 (freier Wille).

danke 男《弱》考え (Gedanke).

dänkelîn 中 [*danc* の縮小語] 小さい感謝 (ein kleiner Dank).

danken 動《弱》① 感謝する (danken). ② (に)³ (で)² 報いる (vergelten).

dan-kêre 囡 立ち去ること (das Fortgehen). {Parz. 390, 1}

danne, dan, denne, den 副 ①〔指示的〕そのとき, その当時 (dann, damals), それから (darauf, dann). ②〔比較級の後で〕～よりも (als, denn). ③〔因果〕それゆえ (daher). ¶ diu wil ich weizgot selbe sîn : / iuwer leben ist nützer dannez mîn. その少女に私がぜひなりたいと思います. あなたの命の方が私のより大切です. (aH. 925-6) ¶ iuwer leben ist nützer danne daz mîn. あなたの命は私の命よりも大切です. (Iw. 4323)

dannen, danne, dane, dan 副 ①〔指示的〕そこから. ◇von dannen ＜そこから去って＞. ②〔因果〕それゆえ (daher, davon). ③〔関係副詞〕そのために, そこから (woher, wovon, weshalb). ¶ Dô riten si von dannen in einen tiefen walt / durch kurzewîle willen. vil manec ritter balt / volgeten Gunthere unde sînen man. かれらは馬に乗って, 気晴らしのためにそこから深い森の中へむかった. 多数の勇敢な騎士たちがグンテルとその家来たちの後に続いた. (Nib. 926, 1-3)

dannen-var(t) 囡 出発, 旅立ち (Abreise). {Parz. 820, 7}

danne-wart, -wërt, dann-wart, -wërt 副 そこから去って (fort), そこから離れて (von da weg). {Nib. 980, 2}

dannoch, dennoch 副 ① 今なお (noch). ② 当時なお (damals noch). ③ さらにその上 (noch außerdem). ④ それにもかかわらず (dennoch). ¶ swie bœse er ist der mich gesiht, / des bœser muoz ich dannoch sîn. 私の姿を見る者がどんなに情けない人であっても，私はそれよりももっと情けない存在だ. (aH. 414-5)

dâr, dâ, dô　副　① 〔指示的〕そこに (dort). ② 〔関係的〕〜である所に (wo).

darben　動《弱》自　① 欠乏する (darben). ② (が)² 欠けている (entbehren), 不足している (ermangeln). 再 (を)² 手放す, 放棄する (sich entäußern). {Parz. 150, 8}

dare, dar　副　① そこへ (dahin). ② その時まで (bis auf die Zeit). ③ 〔関係副詞〕(wohin). ¶ dar zuo er in si sehen liez. ハインリヒは医者に少女を見させた. (aH. 1062)

darm-gürtel　男　馬の腹帯 (Sattelgurt). {Parz. 197, 7}.

darte　= derren の直説法過去 1, 3 人称単数.

daʒ[1]　冠 〔定冠詞〕, 代 〔指代〕, 〔関代〕中性単数 1, 4 格 (das).

daʒ[2]　接 〜であること (dass), 〜であるように (damit), 〜だから (weil), 〜ではあるが (obwohl). ¶ wir gewinnen niemer mêre / deheinen herren alsô guot / der uns tuo daz er uns tuot." ハインリヒさまと同じように私たちにしてくれる素敵な領主さまを得ることは私たちにはもはやできません. (aH. 496-8). ¶ daz dîn vater unde ich / gerne leben, daz ist durch dich. お前えはお前のお父さんと私の生き甲斐です. (aH. 651-2)

decke　女　① 覆い (Decke). ② 覆うこと (das Bedecken).

decke-kleit　中　① 覆い (Decke). ② 覆うための衣装 (Kleid zum Zudecken). {Parz. 272, 25}.

decke-, dec-lachen　中　① シーツ (Bettuch). ② ベットの覆い (Bettdecke). ③ 掛ぶとん (Decke). {Nib. 1826, 1}

decken　動《弱》[3. dacte, dahte] ① 覆う (decken). ② かばう, 守る (schirmen). ③ おおいを取る (aufdecken). ④ 解く, 解釈する (ausdeuten). {Nib. 363, 3}

dëgen　男　① 戦士, 勇士 (Krieger, Held). ② 若者 (Junge). ¶ Daz kom an einen âbent, daz in sô gelanc, / daz von Tenemarke der küene degen sanc / mit sô hêrlîcher stimme, daz ez wol gevallen / muose al den liuten. ある夕辺, 騎士たちに好機が訪れ, 勇敢なデンマークの騎士ホーラントは美しい声で歌を歌い, 人々の心をすっかりとらえてしまった. (Ku. 372, 1-3)

dëgen-heit　女　① 勇敢さ (Tapferkeit). ② 男らしさ (Mannhaftigkeit). {Nib. 108, 1}

dëgen-kint　中　若者, 少年 (Junge, Knabe).

dëgen-lich 形 勇敢な (tapfer), 男らしい (mannhaft). {Nib. 500, 2}
dëgen-lîche 副 勇敢に (tapfer), 男らしく (mannhaft).
dehein, dechein, dekein 数 ① 何かある (irgendein). ②〔否定〕何も〜ない (kein). ¶ des was deheiner sîn gelîch / in dem lande alsô rîch. そのためにその国には誰一人この農夫ほど豊かな者は居なかった. (aH. 281-2) ¶ ich enkunde zuo Salerne / deheinen meister vinden / der sich mîn underwinden / getörste oder wolde. 私はサレルノには私を敢えて引き受けようとする医者は一人もいませんでした. (aH. 436-9)
dëhsen 動 IV. ① 振る (schwingen). ② 亜麻を振る (Flachs schwingen). {Iw. 6203}
deiswâr, deswâr 副 [< *daʒ ist wâr*] 実際に, 本当に (wirklich, wahrlich). {Nib. 1604, 3}
denken 動《弱》[3. dâhte] 自 考える (denken). 他 考えを向ける, 考え出す (erdenken, ersinnen). ¶ er dâhte wie er solte Waten sînen alten friunt enphâhen. ヘテルは年老いた友, ワーテをどのようにもてなしたらよいかと思案した. (Ku. 235, 4)
denne, dennoch ⇨ *danne, dannoch.*
dër, daʒ, diu 代 ①〔指代〕それは (der, das, die). ②〔関代〕〜であるところの (der, das, die). ③ 冠〔定冠詞〕その (der, das, die). ¶ des dû mich gevrâget hâst, / daz sage ich dir vil gerne. あなたが私に尋ねたことに私は喜んで答えます. (aH. 434-5)

		男性	中性	女性
単数	1格	dër	daʒ	diu
	2格	dës	dës	dër(e)
	3格	dëm(e)	dëm(e)	dër(e)
	4格	dën	daʒ	die
	助格	—	diu	—
複数	1格	die	diu	die
	2格	dër(e)	dër(e)	dër(e)
	3格	dën	dën	dën
	4格	die	diu	die

dër 冠〔定冠詞〕, 代〔指代〕,〔関代〕① 男性単数1格 (der). ② 女性単数2, 3格 (der). ③ 男性・女性・中性複数2格 (der). ¶ swaz joch der maget tohte, / daz wart vil schiere bereit：そして少女に役に立つものがすぐに準備された. (aH. 1020)

der 副［＝］*dâr*. ◇derbî (dabei そのさい), deran (daran それに), dermite (damit それでもって), derdurch (dadurch そこを通って).

derren 動《弱》① 枯らす (dörren). ② 乾かす (austrocken). ¶ dô er mit fröuden blüen began, / dô viel der sorgen rîfe in an, / der maneger jugende schaden tuot, / und darte im sîner fröuden bluot. トリスタンが喜びをもって花咲こうとするとき、多くの人々の青春を損なう憂いの霜がこの若者の上に降り、喜びの花をしぼませてしまった. (Tr. 2077-80)

dës 副［daʒ の 2 格］① それゆえに (deshalb). ② その結果 (infolgedessen). ③ それ以来 (seitdem). ¶ des sol ich ziuwerm gebote / iemer vil gerne stân : / wie michel reht ich des hân ! それゆえ私はあなたがたの言いつけに喜んで従うべきなのです. 私はそうするどんなに大きな権利を持っていることか. (aH. 678-80)

dêst ＜ *daʒ ist*.

dëste, dëst, deste, dëster 副 それだけ (desto). ｛Nib. 101, 1｝

de-wëder[1] 代〔不定〕① 両方のうちの片方 (einer von den beiden), 一方あるいは他方 (der eine oder der andere). ② 両方のうちのどちらも…ない (keiner von beiden). ¶ ir deweder dô niht langer saz. / Parzivâl des niht vergaz, / ern holte sînes bruoder swert : / daz stiez er dem degen wert / wider in die scheiden. かれらはどちらも長くは座っていなかった. パルチヴァールは彼の兄の剣を拾うことを忘れず, その優れた騎士の鞘に再び収めてやった. (Parz. 754, 21-5)

de-wëder[2] 副〔後続の *oder* あるいは *noch* と共に〕① ～か～か (entweder ～ oder ～). ② ～も～も～ない (weder ～ noch ～).

dewëder-halp 副 ① 両面の片方に (auf einer von den beiden Seiten). ② 両面のどれにもない (auf keiner von den beiden Seiten). ｛Parz. 396, 18｝

dîadochîs 名〔宝石〕ディアドヒース (Deadochis). ｛Parz. 791, 28｝

dic, dicke 形 ① 密接した, 密集した (dicht). ② 厚い, 太い (dick). ¶ ez was doch ein dickiu want / enzwischen iu unde mir. あなたと私との間には厚い壁がありました. (aH. 1326-7)

dicke[1] 女《強・弱》① 濃さ, 濃度 (Dichtheit). ② 茂み, 藪 (Dickicht). ③ 密であること (Dichte). ④ 大群 (dicke Schar), 群衆 (Gedränge). ｛Nib. 17, 2｝

dicke[2] 副 ① 密接して, 厚く (dick, dicht). ② しばしば (oft, häufig). ◇vil dicke (sehr oft, immer たいへんしばしば, いつも). ｛Er. 8253｝

dickelëht 形 少し厚い (ein wenig dick).

dicken

dicken 動《弱》厚くなる (dick werden).
dictam, diptam 男 (植物名) 薬草はくせん (Diptam). {Parz. 579, 12}
die 冠〔定冠詞〕, 代〔指代〕,〔関代〕① 女性単数4格 (die). ② 男性・女性の複数1, 4格 (die). ¶ ir vater und ir muoter die / huoben michel weinen hie : / weinens gienc in michel nôt / umbe ir vil lieben kindes tôt. 父母は激しく泣いた. 二人が可愛い娘の死のために泣くのは当然のことであった. (aH. 995-8)
dieb- ⇒ *diub-*.
diech, die 中 [diehes²] 大腿 (Oberschenkel). (Tr. 6928)
diech-schënkel 男 大腿 (Oberschenkel).
die-müete¹, -muot, dêmuot 女 ① 謙虚, 恭順 (Demut). ② 控え目, つつましさ (Bescheidenheit). ③ 寛大, 慈悲心 (Milde). {Parz. 128, 28}
die-müete², -muot, dêmuot 形 [別形 -muot. demuot] ① 謙虚な (demütig). ② 控え目な (bescheiden). {Tr. 5027}
die-müetec 形 謙虚な (demütig), 控え目な (bescheiden).
dîen, tîen 動《弱》① 飲む (saugen). ② 授乳する (säugen).
dienære, -er 男 従者, 召使 (Diener).
dienærinne, dienerîn 女 ① 侍女 (Magd). ② 小間使い, 召使 (Dienerin).
dienen 動《弱》自 (に)³ 仕える (dienen). 他 ① (に)³ (を)⁴ なす (leisten). ② (に)⁴ 価する (verdienen). ③ (に)³ (奉仕で) 報いる (vergelten). ④ (に)³ (を)⁴ 与える (gewähren). ¶ jâ wirt ir dienende vil manic wætlîcher man. きっと彼女には非常に多くの優れた騎士たちが仕えることでしょう. (Nib. 1210, 4)
dienerîn ⇒ *dienærinne.*
dienest¹, dienst 男 ① 召使 (Diener). ② 家来 (Untertan). {Tr. 5137}
dienest², dienst 男 中 ① 給仕 (Aufwartung). ② 従順, 忠誠 (Ergebenheit). ③ 細心さ (Aufmerksamkeit). ④ 主に仕えること (Lehnsdienst). ⑤ 租税, 地代 (Abgabe, Zins). ¶ Ir dienest was sô güetlich. 娘の献身ぶりはたいへん心のこもったものであった. (aH. 349) {Nib. 305, 4}
dienest-bære 形 ① 仕えている (dienend). ② 精勤の, 進んで仕える (zu dienen bereit). {Parz. 541, 6}.
dienest-bietære 男 仕える人 (derjenige, der seinen Dienst bietet).

{Parz. 767, 27}

dienest-danc 男 奉仕への感謝 (Dank für den Dienst). {Parz. 388, 13}

dienest-gëlt 男 中 ① なされた奉仕への報酬 (Belohnung für den geleisteten Dienst). ② 租税 (Abgabe), 貢ぎ物 (Zins). {Parz. 327, 4}

dienest-haft, -haftic 形 ① 仕えている (dienend). ② 仕えようとしている (dienstbereit). ③ 仕える義務のある (zu Diensten verpflichtet), 租税支払い義務のある (zinspflichtig). {Iw. 4768}

dienest-hërre 男《弱》家臣 (ritterlicher Dienstmann), 従士 (Ministeriale).

dienest-lich 形 ① 奉仕の義務のある (dienstpflichtig). ② 服属した (dienstbar). ③ 奉仕好きな (diestbeflissen). {Parz. 431, 8}

dienest-lîche 副 ① 仕えて, 役に立って (dienstbar), 奉仕義務によって (dienstpflichtig). ② 臣従の義務のある (dienstpflichtig). ③ 熱心に奉仕して (dienstbeflissen). ¶ swaz ir sus gebietet, des bin ich iu dienstlîchen bî. あなたがそのようにお命じになることが何であれ, 私はあなたに喜んでお仕えします. (Nib. 695. 4)

dienest-man 男 [複数 -man, -liute] ① 家臣 (Dienstmann). ② 召使, 従者 (Diener). ③ 従士 (Ministeriale).

dienest-wîp 中 女召使 (Dienerin).

dienst ⇨ *dienest*.

diens-tac 男 火曜日 (Diensttag)

diep 男 盗人 (Dieb). {Nib. 849, 1}

dierne, diern, dirne, dirn 女《強・弱》① 侍女 (Dienerin). ② 少女 (Magd, Mädchen). ③ 娼婦 (Dirne). {Parz. 259, 25}

dicrn-kint 中 少女, 乙女 (Mädchen).

diet[1] 男 中 女 ① 民衆 (Volk). ② 人々 (Leute). ¶ nu ist vor der tür ein michel diet : / diu ist iu starke erbolgen. 今門の前には大勢の人が居て, その人たちはあなたに対してたいへん憤慨しています. (Iw. 1488-9)

diet[2] 男 ① 人間 (Mensch). ② 男 (Mann). {Nib. 38, 2}

diet-dëgen 男 民族の間に知られた勇士 (im Volk bekannter Held), 民族の英雄 (Volksheld).

Dietrîch 男 〔人名〕アーメルング (Amelungen) 族の王ディートリヒ. Dietrich von Bern (ベルンのディートリヒ). Bern はイタリアの Verona.

dieʒ-âder 囡 動脈 (Pulsader).
dieʒen 動 II. 2. ① 大きな音がする, 響く (laut schallen). ② 起き上がる (sich erheben). {Iw. 209}

直説法現在	
ich diuʒe	wir dieʒen
du diuʒest	ir dieʒet
er diuʒet	si dieʒent
直説法過去	
ich dôʒ	wir duʒʒen
du düʒʒe	ir duʒʒet
er dôʒ	si duʒʒen

dige 囲 願い (Bitte), 祈り (Gebet).
dîhen 動 I. 2. ① 栄える (gedeihen). ② 成長する (erwachsen). ③ (に)³ 起こる (geschehen). ④ 得る (bekommen).

直説法現在	
ich dîhe	wir dîhen
du dîhest	ir dîhet
er dîhet	si dîhent
直説法過去	
ich dêch	wir digen
du dige	ir diget
er dêch	si digen

dil, dille 囡《強・弱》男《弱》① 床板 (Diele), 板 (Brett). ② 板壁 (Bretterwand). 側板 (Seitenwand). ③ 甲板 (Verdeck), 船板 (Planke). ④ 船 (Schiff).
dillen 動《弱》板を張る, 板を打ちつける (mit Brettern decken).
dille-stein 男 基礎, 土台 (Fundament).
dimpfen 動 III. 1. ① 湯気を立てる, 蒸気を出す (dampfen). ② 煙を出す (rauchen). {Parz. 211, 20}
dîn 代 ① 〔所代〕お前の (dein). ② 〔人代〕2人称単数 du の 2 格 (deiner). ¶ jâ vürhte ich harte sêre / dîner schœnen swester. 私はお前の妹のことがたいへん気掛かりだ. (Gr. 236-7) ¶ dîn muoter und dîn vater / die enmugen dîn niht wol enbern. お前の両親はお前を失いたくないはずだ. (aH. 962-3)
dinc 囲 [-ges² / 複数 dinge] ① 物, 物事 (Sache, Ding). ② 裁判

(Gericht). ¶ sîn dinc was allez ûz erkorn / beide an dem muote und an den siten. トリスタンの人柄は心根も作法もいずれも申し分なかった. (Tr. 2123-4)

dinc-hûs 中 裁判所 (Gerichtshaus), 市庁舎 (Rathaus).
dinc-stat 女 法廷, 裁判所 (Gerichtsstätte).
dinc-stuol 男 ① 裁判官の椅子 (Richterstuhl). ② 裁判, 裁判所 (Gericht).
dinc-wërc 中 裁判, 裁判所 (Gericht).
dingære, -er 男 ① 裁判官 (Richter). ② 代理人, 法律顧問 (Sachwalter).
dinge 男《弱》① 保護者, 領主 (Schutzherr). ② 希望 (Hoffnung), 期待 (Zuversicht).
dinge ⇨ *dinc.*
dinge-lich[1] 中 ① 物, 事物 (Ding). ② すべてのもの (jedes Ding), すべて (alles).
dinge-lich[2] 形 裁判の, 法律上の (gerichtlich).
dingen[1] 動《弱》① 考える (denken). ② 望む (hoffen). ③ (を)[2] 期待する (erwarten).
dingen[2] 動《弱》自 ① 裁判をする (Gericht halten), 審理する (verhandeln). ② 法廷で話す (vor Gericht reden). ③ 談判する (unterhandeln), 相談する (sich besprechen). ④ 訴える (appellieren). ⑤ 契約を結ぶ (einen Vertrag schließen), 講和を結ぶ (Frieden schließen). 他 ① 法廷に召喚する (vor Gericht laden). ② 訴える (appellieren). ③ 談判で決着をつける (durch Verhandlung festsetzen). ④ 契約する (ausbedingen), 賃借りする (mieten). ⑤ 買う (kaufen), 売る (verkaufen). ⑥ 約束する (versprechen). {Nib. 146, 1}
dinges 副 掛けで (auf Borg).
dinkel 男 小麦 (Dinkel), ドイツ小麦 (Spelt).
dinsen 動 III. 1. 他 ① 強く引っ張る (gewaltsam ziehen). ② 引きずる (schleppen). ③ 運ぶ (tragen), 導く (führen). 再 広がる (sich ausdehnen). 自 行く (gehen). {Parz. 515, 14}
dinsternisse 男 暗さ, 暗闇 (Dunkelheit).
dir 代〔人代〕2人称単数 du の 3 格 (dir). ¶ swaz si dir beide râten, / liebe gemahel, daz tuo. お前は両親が勧めることをしなさい. (aH. 966-7)
dirre 代〔指代〕① diser の男性単数 1 格. ② 女性単数の 2, 3 格.

③ 男性・女性・中性複数2格.
dise 代〔指代〕① diser の女性単数4格. ② 男性・女性複数1，4格.
diser 代〔指代〕① diser の男性単数1格. (dieser). ② diser の女性単数2，3格 (dieser). ¶ deiswâr ich slahe sî alle drî, / ich hilfe iu von dirre nôt, / od ich gelige durch iuch tôt. 間違いなく私はあの三人を全部討ち取り，あなたをこの窮地から救います．さもなければ私はあなたのために死に横たわります．(Iw. 4312-4)
dis-, dise-halp, -halben 副 こちら側に (auf dieser Seite).
disiu 代〔指代〕① diser の女性単数1格. ② 中性複数1，4格.

数	格	男 性	中 性	女 性
単数	1格	dise, dëse, diser, dirre	ditze, diz, diȝ	disiu
	2格	dises, disse, dis, disses	dises, disse, dis, disses	diser(e), dirre
	3格	disem(e)	disem(e)	diser(e), dirre
	4格	disen	ditze, diz, diȝ	dise
複数	1格	dise	disiu	dise
	2格	dirre	dirre	dirre
	3格	disen	disen	disen
	4格	dise	disiu	dise

disputieren 動《弱》論争する (disputieren).
distel 男 女 あざみ (Distel).
distelîn 形 あざみの (von Disteln). (Tr. 18073)
diu[1] 女 [diuwe[2]] ① 侍女 (Magd), 召使 (Dienerin). {Nib. 828, 4}
diu[2] 冠〔定冠詞〕, 代〔指代〕,〔関代〕① 女性単数1格. ② 中性複数1，4格., 代〔指代〕中性単数助格. ¶ sî sprach 'nû saget mir wer diu sî' その女性は誰なのか，私に教えてください．(Iw. 5883)
diube, diuve, dûbe, dûf 女 ① 盗み (Diebstahl). ② 盗品 (gestohlene Sachen). {Tr. 12298}
diuhen, tiuhen, dûhen, douhen 動《弱》他 ① 押す (drücken), 押しやる (schieben). ② 押し下げる (niederdrücken). 自 再 ① 押し分けて進む (sich schieben). ② 動く (sich bewegen). {Parz. 601, 17}
diuhte = *dunken* の接続法過去1，3人称単数.
diutære 男 解説者, 注釈者 (Ausleger).
diute, tiute 女 中 ① 解説 (Auslegung). ② 説明 (Erklärung).
diuten, tiuten 動《弱》[別形 tiuten] ① 示す (deuten, zeigen). ② 意味する (bedeuten). ③ 解く, 解釈する (ausdeuten). ④ 物語る

(erzählen), 訳す (übersetzen). 再 意味する (bedeuten).
diutisch, diutsch, tiutsch, tiusch 形 ドイツの (deutsch).
diutsche[1], diutsch, tiutsch 女 中 ドイツ語 (Deutsch).
diutsche[2], diutsch, diutschen 副 ドイツ風に (deutsch), ドイツ語で (auf Deutsch).
diutschen, tiutschen 動《弱》① ドイツ語で言う (auf Deutsch sagen). ② ドイツ語で説明する (auf Deutsch erklären).
diutsch-man 男 ドイツ人 (der Deutsche).
diutunge 女 解釈 (Auslegung), 意味 (Bedeutung).
djonisîâ 男〔宝石〕ディオニシーアー (Djonisia). {Parz. 791, 10}
dô 副 [別形 duo] ①〔指示的〕そのとき, 当時 (da, damals), それから (dann). ② しかし (aber, doch). ③〔進行を促す語として〕そして (und dann). 接 ① 〜したとき (als). ② 〜の間 (während). ③ 〜ではあるが (obwohl). ¶ dô sluoc Gelpfrâten mînes bruoder hant. そのとき私の弟の手がゲルフラートを討った. (Nib. 1626, 2)
doch 副 ① しかしながら (doch, dennnoch, jedoch). ② も, もまた (auch). ③ それにもからず (trotzdem). ④〔従属文を導いて〕〜ではあるが (obwohl), 〜であっても (wenn auch). ¶ Wir hân doch fride al disen tac. 私たちはしかしながらこのところ平和を保っている. (Parz. 22, 5)
dole, dol 女 ① 苦しみ (Schmerz). ② 悩み (das Leiden). ¶ ôwe der jæmerlîchen dol! / diu frouwe nam ein sactuoch. ああ, この痛ましい苦悩よ. 王妃は一枚の麻布を取り出した. (Parz. 126, 30-127, 1)
doln 動《弱》① 堪え忍ぶ (dulden, ertragen). ② 成り行きのままにする (geschehen lassen). (Er. 5445) ¶ unser tohter ist ze muote / daz si den tôt durch iuch dol : / des gunne wir ir harte wol, / sus hât siz umbe uns brâht. 私の娘はあなたのために死を耐えたいと考えています. 私たちはそれを娘に許しました. 娘は私たちにそれを納得させました. (aH. 978-80a)
dôn, tôn 男 [複数 dœne] ① 旋律 (Melodie), 歌 (Lied, Gesang). ② 曲, 曲想 (Weise). ③ 音調 (Ton). ④ 詩形, 歌節の形式 (Strophenform). ⑤〔比喩的〕様式, 流儀 (Art und Weise). {Nib. 1705, 3}
dœnen 動《弱》自他 ① 歌う (singen). ② 奏でる (spielen). ③ 響く (tönen). ¶ der seiten dœnen 弦楽の音 (Nib. 1834, 3)
doner, toner 男 [別形 donre, tunre] 雷 (Donner).
doner-blic 男 稲光 (Blitzstrahl).
doner-slac 男 雷鳴, 落雷 (Donnerschlag). ¶ ein swinde vinster

doners-tac

donerslac / zebrach im sînen mitten tac, / ein trüebez wolken unde dic / bedahte im sîner sunnen blic. 急速な黒い雷鳴が彼の真昼を打ち砕き，濁った，厚い雲が彼の太陽の輝きを覆った．(aH. 153-6)

doners-, donres-, dunres-tac 男 木曜日 (Donnerstag).
doner-strâle 女 電光, 稲光り (Blitz, Blitzstrahl). {Parz. 104, 1}
doner-val 男 落雷 (Donnerschlag).
donunge 女 緊張 (Spannung).
dorf 中 村 (Dorf).
dörfære 男 村人 (Dörfer), 村の住民 (Dorfbewohner).
dorf-gerihte 中 村の裁判所 (Dorfgericht).
dorf-metze 女《弱》村娘 (Dorfmädchen).
dorf-rëht 男 ① 村の法律 (das Recht für Dorfbewohner). ② 村の裁判所 (Dorfgericht).
dorfte = *durfen, dürfen* の直説法過去 1, 3 人称単数.
dorn 男 ① とげ (Dorn). ② いばら (Dornbusch).
dornach 中 いばらの藪 (Dorngebüsch). {Parz. 287, 1}
dorpære, dörper, törper, dörpel, törpel 男 ① 農民, 農夫 (Bauer). ② 粗野な人 (roher Mensch). ③ 武骨者 (Tölpel).
dörper-, törper-heit 女 ① 粗野 (Roheit). ② 粗野な振舞い (rohes Benehmen). {Tr. 15485}
dörperîe 女 ① 粗野な振舞い (rohes Benehmen). ② 悪さ, 粗悪 (Schlechtigkeit). {Tr. 16620}
dörper-lich 形 村の (dörfisch), 農家の (bäuerisch).
dort 副 [別形 dart, dërt, dört] ① そこに, 向こうに (dort). ② あの世に (jenseits). ¶ weiz iemen wer die sint, / die ich dort sihe vliezen sô verre ûf dem sê? / si füerent segele rîche, die sint noch wîzer danne der snê. 沖合遙か向こうを通って行く者たちがを何者かを知っている者は居ないか．かれらはみごとな帆を上げており，それは雪よりも白い．(Nib. 508, 2b-4)
doschesse 女 [古フランス語 duchesse] 公爵夫人 (Herzogin). {Parz. 435, 23}
dôʒ[1] 男 ① 音, 響き (Schall). ② 騒音 (Geräusch). {Nib. 941, 1}
dôʒ[2] = *dieʒen* の直説法過去 1, 3 人称単数.
dôʒen 動《弱》① 音が響く (schallen). ② 反響する (widerhallen).
drab, drabe 副 [< *dar abe*] 下へ (herab). {Parz. 32, 17}
draben 動《弱》[別形 draven, traben, traven] ① 自 速歩する (traben). ② 他 (馬を) 速歩させる (traben lassen).

drache ⇨ *trache*.
dræhsel, drëhsel, dræhseler, drëhseler 男 ろくろ師 (Drechsler).
dræjen, drægen, dræhen, dræn 動《弱》自 ① 回る (drehen), ぐるぐる回る (sich drehen). ② 渦を巻く (sich wirbeln). 他 ① 回す (drehen). ② 旋盤にかける, ろくろにかける (drechseln). {Parz. 171, 23 / 222, 6}
drangen 動《弱》他 ① 圧迫する, 苦しめる (drängen). ② 煩わす, 悩ます (belästigen).
drap 男 [-bes] (馬の) 速歩 (Trab).
drâte, drâten 副 ① 速く (schnell, rasch). ② 急いで, 急速に (ellig). ③ 直ちに (alsbald). ¶ done wart niht mê gesezzen: / er bôt sich drâte ûf ir vuoz / und suochte ir hulde unde ir gruoz / als ein schuldiger man. ただちに立ち上がると, 彼はすぐに彼女の足元に身を投げ出し, 罪深き人のように彼女の慈悲と歓待とを求めた. (Iw. 2282-5)
dræte, drâte 形 ① 速い (schnell, rasch). ② 急いだ, 急速な (ellig).
dreuwen ⇨ *dröuwen*.
drî 数〔基数〕[drin³] 3 (drei). ¶ der wintersorge hân ich drî. 私は冬の憂いを三つ持っている. (Wa. 76, 4)

格	男性複数	女性複数	中性複数
1格	drî, drîe	drî, drîe	driu
2格	drîer, drîger	drîer, drîger	drîer, drîger
3格	drin, drîn, drîen	drin, drîn, drîen	drin, drîn, drîen
4格	drî, drîe	drî, drîe	driu

drîakel, drîakl. trîakel 男 [別形 drîaker, trîak] (まむしでつくった) 解毒軟膏テリアク (Theriak). {Parz. 789, 29}
drîakeln 動《弱》テリアクを塗る (mit Theriak versehen). {Parz. 484, 16}
drîanthasmê 男 絹織物プェレル (Pfellel) の一種. {Parz. 775, 5}
drîe 女《弱》① 3 の数 (Dreizahl). ② 三つ組のもの (Dreiheit). {Parz. 179, 10}
drîen 動《弱》3 倍にする (dreifach machen). {Tr. 1828}
drîhe, drî 女《弱》① 縫い針, 刺繍針 (Sticknadel). ② 編み物と織物の小道具 (Handgerät). {Tr. 6559}
drîheit 女 三つ組のもの, 三幅対 (Dreiheit).

drillen 動 III. 2. ① 丸くする (abrunden). ② まわす, 回転させる (drehen).

drin¹, drîn 副 [=darin, darîn] その中に (darin). ¶ wan ein vorhte diu tete ir wê : / sô siz ir herren sagete, / daz er dar an verzagete, / und swenne siz in allen drin / getæte kunt, daz si an in / der state niene vunde / daz mans ir iht gunde. ただ一つの怖れが少女を苦しめた. それは, もしも自分が領主にそれを告げても, 領主がそのことに怖気づくのではないか, 3人に伝えても, それが許されるという保証が得られないのではないかということであった. (aH. 532-8)

drin² = *drî* の3格.

dringen 動《弱》III. 1. [3. dranc 5. drungen 6. gedrungen] 他 ① せき立てる, 圧迫する (drängen). ② 織る, 編む (weben, flechten). 自 ① 突き進む, 押し寄せる (sich drängen). ② (客を迎えに) 駆け寄る (andringen). ¶ Sô die bluomen ûz dem grase dringent, / same si lachen gegen der spilden sunnen, / in einem meien an dem morgen fruo. 5月のある朝早くまるで輝く太陽に微笑むかのように花々が草の間から顔をのぞかせる. (Wa. 45, 37-46, 1)

直説法現在	
ich dringe	wir dringen
du dringest	ir dringet
er dringet	si dringent
直説法過去	
ich dranc	wir drungen
du drünge	ir drunget
er dranc	si drungen

drinne 副 [<*dâr inne*] その中に, そこに (darin).

drî-stunde, -stunt 副 三度, 三回 (dreimal). {Nib. 1122, 4}

drî-trehtic 形 三重の (dreifältig).

dritte, drite 数〔序数〕第3の (dritt).

drit-teil, driteil 中 3分の1 (Drittel).

dritt-halp 形 2.5の (dritthalb).

driu 数〔基数〕*drî*(drei) の中性1, 4格.

driuhen, drûhen 動《弱》① つなぐ (fesseln). ② とらえる (fangen).

drîunge 女 3倍 (Verdreifachung), 三つ組みのもの (Dreiheit).

drî-valde, -valden 副 三重に (dreifach).
drî-valt 形 三重の, 三倍の (dreifältig).
drî-valt(e), -valde 女 三重, 三倍 (Dreifaltigkeit). {Parz. 817, 14}
drî-ʒec, -ʒic 数〔基数〕30 (dreißig).
drîʒec-stunt 副 30回 (dreißigmal). {Parz. 245, 14}
drîʒec-valt 副 30倍に (dreißigfältig). {Parz. 213, 4}
drî-zëhen, -zên 数〔基数〕13 (dreizehn).
drî-zëhende, -zênde 数〔序数〕13番目の (dreizehnt).
drîʒigeste 数〔序数〕30番目の (dreißigst)
drô ⇒ *drouwe*.
drob, drobe 副 [< *dar obe*] その上に (darob). {Parz. 231. 5}
drouwe, drowe, dreuwe, dröuwunge, drô 女 [別形 drou, dröuwe, dreuwe, dröu] ① おどし, 脅迫 (Drohung). ② 怒り, 怒気 (Zorn). ¶ dise kumberlîche spæhe / muoste si geloben dô / wan si vorhte sîne drô. エニーテはこの苦しい応対の仕方を受け入れなければならなかった. それは彼女が夫の剣幕に恐れをなしていたからだ. (Er. 3103-5)
dröuwen, drouwen, dreuwen 動《弱》[別形 drowen, drewen, dröun, dreun, drön] 自 (を)³ 脅かす (drohen). {Nib. 1943, 1}
droʒʒe 男《弱》, 女《強・弱》喉 (Kehle, Schlund).
drüber 副 [< *dar über*] それを越えて, その上に (darüber). {Parz. 315, 9}
druc 男 [druckes²] ① 圧すること, 押すこと (Druck). ② 衝突, 会戦 (feindliches Zusammenstoßen). {Parz. 615, 17}
drücken, drucken 動《弱》[3. dructe, druhte] 他 ① 押す, 圧迫する (drücken, drängen, bedrängen). ② 印刷する (drucken). 自 押し合う, 突き進む (sich drängen). {Nib. 672, 4}
drûfe, druffe [< *dar ûf*] 副 その上に, その後 (darauf). {Parz. 151, 5}
drum¹, trum 中 ① 端, 末端 (Ende). ② かけら (Stück), 破片 (Splitter).
drum², drumbe 副 [= *dar umbe*] そのために (darum). {Parz. 207, 24 / 470, 23}
drungen = *dringen* の直説法過去1, 3人称複数.
drüʒʒel 男 喉 (Schlund), 食道 (Gurgel).
dû, duo, du 代〔人代〕2人称単数 (du). ¶ gemahel, alsô tuost ouch dû. 花嫁よ, お前もそうしている. (aH. 955)

duc

格	単　数	複　数
1格	du, dû	ir
2格	dîn	iuwer
3格	dir	iu
4格	dich	iuch

duc 男［古フランス語 duc］公爵 (Herzog). {Parz. 129, 27}

dûf ⇨ *diube*.

dûhte = *dunken* の直説法過去 1, 3 人称単数.

dultec-lich 形 我慢強い (geduldig).

dulten, dulden, dolden 動《弱》① 耐える (dulden). ② 放っておく (geschehen lassen). ¶ des nim ich wol dâ bî war : / daz ich doch lîden getar, / daz enturret ir niht dulden. 私にはよく分かります. 私が耐えようとすることをあなたは耐えようと思わないのです. (aH. 1321-3)

dûme, doume 男《弱》親指 (Daumen).

dunkelîn 中 ① わずかな思い違い (kleiner Wahn). ② わずかな推測 (schwache Vermutung). ③ わずかな邪推 (kleiner Argwohn) {Tr. 13058}

dunken 動《弱》[3. dûhte 6. gedûht] ① (に)⁴ 思われる (dünken). ② 見える (scheinen). ¶ der rât dûhte si beide guot / und volgeten alsô drâte / sînem guoten râte. その提言は兄妹二人には適切なものに思われた. 二人はすぐにその家臣の良い助言に従った. (Gr. 624-6)

dünne 形 ① 薄い (dünn). ② 柔らかい (zart, weich). {Parz. 213, 16}

duo ⇨ *dû, dô*.

dur ⇨ *durch*.

durch, dur 前 ⁺⁴ ①〔空間的〕通って (durch). ②〔原因・理由〕のために (wegen. um 〜willen). ③〔手段〕によって (mittels), から (aus), のために (vor). 副 そこを通って (hindruch). ¶ »sage an«, sprach er, »waz tiutet daz, / durch welhen list und umbe waz / hâstû daz schif lâzen gân?«「はっきり言うがよい. これはいったいどういう意味だ. どのような企みがあって, いったいなにゆえにあなたはあの小舟を押し流したのか」と彼は言った. (Tr. 6799-801) ¶ nû ist genuoc unmügelich / daz ir deheiniu durch mich / gerne lîde den tôt. 娘たちの誰かが私のために喜んで死ぬことなど, まったくあり得ないことです. (aH. 453-55)

durchelic 形 穴が開けられた (durchlöchert).
durch-ganz 形 完全な (vollkommen).
durch-houwen 動〔反復〕3 ① 切り開く (durchhauen). ② 打ち合いながら闘い抜く (unter Schlägen durchschreiten). ③ 填め込む (auslegen).
durch-liuht, -liuhtec 形 ① 透き通った (durchstrahlend), 明るく輝いた (hell leuchtend). ② 有名な (berühmt), 気高い (erhaben). {Parz. 263, 20}
durch-lochen 動《弱》穴を開ける (durchlöchern).
durch-lûter 形 ① まったく明らかな (völlig klar). ② 清らかな (rein). {Tr. 11730}
durch-recken 動《弱》たたきのめす (durchprügeln).
durch-rîten 動 I.1. ① 馬で通り抜ける (durchreiten). ② 馬で戦いながら敵の軍勢を切り抜ける (kämpfend durch die Schar der Feinde reiten). {Parz. 802, 15}
durch-siht, -sihtec 形 ① 透明な (durchsichtig). ② 目の鋭い (scharfsichtig).
durch-slahen, -slân 動 VI. 自 突き通る, しみ通る (durchschlagen). 他 ① たたきのめす (durchprügeln). ② 穴を開ける (durchbohren). ③ 折り砕く (durchbrechen). ④ 貫き通る, 刺し通る (durchdringen). ⑤ (宝石・飾りなどを) つける (besetzen).
durch-snîden 動 I.1. ① 切り裂く (durchschneiden). ② 傷つける (verwunden). ③ 分ける (zerteilen). ④ 解く, 緩める (auflösen). ⑤ 両断する, 二つに切り分ける (entzwei schneiden).
durch-ûʒ 副 まったく (durchaus).
durch-vart 女 ① 通過 (Durchfahrt). ② 通路 (Durchgang).
durch-vürwen 動《弱》すっかり色付けする (mit Farben schmücken). {Tr. 4623}
durch-wâten 動《弱》歩いて渡る (durchwaten).
durch-zeln 動《弱》終わりまで数える (zu Ende zählen).
durch-zieren 動《弱》すっかり飾る, 飾り尽くす (durchaus zieren).
durch-zol 男 通行税, 通過税 (Durchgangszoll).
dûren, tûren 動《弱》① 続く (dauern). ② 耐える (aushalten).
durfen, dürfen 動〔過現〕① 理由がある (Grund haben). ② 〜してよい (dürfen). ③ 〜する必要がある (brauchen, bedürfen). ¶ „Jane darftu mich niht grüezen", sô sprach Blœdelîn:「お前は私に挨拶する必要はない」とブレーデリンは言った. (Nib. 1923, 1)

durft

	直説法現在	
ich darf		wir durfen
du darft		ir durfet
er darf		si durfen

durft[1] 囡 ① 必要 (Not), 欲求 (Bedürfnis). ② 欠乏 (Mangel).
durft[2] 形 必要な (nötig).
dürfte 囡 ① 必要 (Not). ② 困窮 (Bedrängnis). {Iw. 4863}
dürftic, durftic 形 ① 貧しい (arm). ② (を)² 必要としている (bedürftig). {Parz. 171, 15}
dürftic-lich 形 ① 惨めな (armselig). ② 物もらいのように (bettlermäßig).
dürftige, durftige 男《弱》① 貧しい人 (Armer). ② 物もらい (Bettler). ¶ Ez wâren dem rîchen dürftigen / alle gnâde verzigen, / wan daz er al sîn arbeit / mit willigem muote leit. この気高く，みすぼらしい人にはすべての恵みが拒まれていたので，その苦悩を喜んで耐え抜くほかはなかった. (Gr. 2751-4)
dürftiginne 囡 物もらい (Bettlerin). {Iw. 6403}
Dürinc 男 ① テューリンゲン人 (Thüringer). ② テューリンゲン国 (Thüringen). ¶ Irnfrit von Düringen テューリンゲンのイルンフリート (Nib. 1345. 3a)
dürkel, dürchel, dürhel 形 ① 穴を開けられた (durchbohrt). ② 折り裂かれて (durchbrochen). ③ 穴だらけにされた (durchlöchert). {Nib. 218, 2} {Ku. 453, 3}
dürkeln 動《弱》穴だらけにする (durchlöchern). {Parz. 533, 3}
dur-nähtic, -nähtec = *durnehte*².
dur-nehte[1], **-nahte** 囡 ① 完全さ (Vollkommenheit). ② 忠実さ (Treue). ③ 誠実さ (Aufrichtigkeit). {Tr. 15746}
dur-nehte[2], **-nahte, -nehtic, -nahtec** 形 ① 完全な (vollkommen), まったくの (ganz). ② 有能な (tüchtig). ③ 忠実な (treu), 正直な (bieder). ④ 敬虔な (fromm). {Tr. 1166}
durnehtecheit 囡 ① 完全さ (Vollkommenheit). ② 忠実さ (Treue). ③ 誠実さ (Aufrichtigkeit). {Tr. 5761}
dur-nehteclich = *durnehte*².
dur-nehtigen 動《弱》完全にする (vollkommen machen).
dürnîn 形 茨の (von Dornen).
dürre[1] 囡 ① 乾燥 (Trockenheit). ② 乾いた地面 (trockner Boden).

dürre² 囡《弱》枯死した木 (dürr gewordener Baum).
dürre³ 形 ① 枯れた (dürr). ② 乾いた,乾燥した (trocken). ③ 痩せた (mager).
durst 男 咽の乾き (Durst).
durstec 形 ① 咽が乾いている (durstig). ②(を)² 熱望している (verlangend).
durstec-heit 囡 ① 渇き (Durst). ②〔比喩〕欲求 (Verlangen), 熱望 (Begierde).
dürsten, dursten 動《弱》[3. durste] 非 ①(の)⁴ 喉が乾く (dürsten). ② 熱望する (verlangen).
dûseln 動《弱》よろめく (taumeln).
duʒ 男 [duʒʒes²] ① 音 (Schall), 騒音 (Lärm). ② ぶんぶんいう音 (Gesumme). ¶ von eines hornes duʒʒe 角笛の音によって (Nib. 945, 2a)
duzeln, duzen 動《弱》du で呼ぶ (duzen).
duzen-lîche 副 du で呼び合って (mit „du" genannt). ¶ daz er irzens erlieze / und in duzenlîche hieze 彼が ir と呼ぶのをやめて, du と呼んでくれるようにと (Parz. 749, 21-2)
düʒʒic 形 さらさら音がしている (rauschend), 鳴り響いている (schallend).
dw- ⇨ *tw-*.

E

ê 副 [=*êr*] ① 以前に (früher, eher, vorher). ② むしろ (lieber). 前 +2/+3 より以前に (vor). 接 ① より前に (ehe). ②〔比較級の後で〕よりも (als, als dass). ◇ê daʒ ＜bevor, ehe ～する前に＞.
ê ⇨ *êr, êwe*.
ëben¹, **ëbene** 形 [中独 ëven] ① 平らな (eben). ② まっすぐの (gerade). ③ 一様の (gleichmäßig). ④(と)³ 同じの (gleich).
ëben², **ëbene** 副 ① 一様に (gleichmäßig). ② 快適に (bequem). ③ 正確に (genau). ④ たったいま (eben). {Nib. 71, 4}
ëben-al 形 全部の (allesamt).

ëbenære 男 同じにする人 (Ebenmacher), 平等にする人 (Gleichmacher).
ëbene 女 ① 平地 (Ebene). ② 平等 (Gleichmäßigkeit).
ëbenen 動《弱》他 ①〔狩猟用語〕皮をむく (abhäuten). ② 平らにする (eben machen). ③ 同じにする (gleich machen). ④ 比較する (vergleichen). 再 ① 争いを調停する (einen Streit beilegen). ② 武装する (sich rüsten). ③ 整理する (in Ordnung bringen). {Er. 8218}
ëben-gelich 形 まったく同じ (ganz gleich). {Tr. 4987}
ëben-grôʒ 形 同じくらいに大きい (gleich groß). {Tr. 248}
ëben-guot 形 同じように良い (gleich gut). {Tr. 10874}
ëben-heit 女 ① 平地, 平面 (Ebene). ② 可能性 (Möglichkeit).
ëben-hël 形 一致する (übereinstimmend).
ëben-hêr 形 ① (と)³ 同じくらい気高い (gleich vornehm). ② (と)³ 同じくらい素敵な (gleich herrlich). {Tr. 4387} {Parz. 817, 19}
ëben-hiuʒe 女 対抗心 (Rivalität). {Parz. 675, 9}
ëben-hœhe 女 (壁と同じ高さに作った) 攻城武器 (Belagerungswerkzeug). {Parz. 206, 1}
ëben-junc 形 ① 同じように若い (gleich jung). ② 継続する (dauernd).
ëben-kristen 男 ① キリスト教信者仲間 (Mitchrist). ② 隣人 (der Nächste).
ëben-lant 中 平らな土地 (Flachland).
ëben-lieht 形 同じように輝いている (gleich leuchtend). {Tr. 6638}
ëben-mâʒen 動《弱》他 ① 同じにする (gleich machen). ② 比較する (vergleichen). ③ (と)³ 同じにする (gleichstellen). {Tr. 8100}
ëben-naht 女 昼夜が同じこと (Tag- und Nachtgleiche).
ëben-rîche 形 ① 同じ程度に有力な (eben mächtig). ② 同等に裕福な (gleich reich). {Tr. 4988}
ëben-wâc 男 (波の穏やかな) 海面 (Meeresfläche). {Er. 7795}
ëben-wîhe 女 新年の日, 元日 (Neujahrstag).
ëben-willec 形 同じように喜んで (gleich willig). {Tr. 4523}
ëben-wint 男 一様な風, 穏やかな風 (ein gleichmäßiger Wind).
ëben-ziere 形 同じように美しい (gleich zierlich). {Tr. 4988}
ëber 男 猪 (Eber). {Nib. 938, 1}
ëber-swîn 中 猪 (Eber, Eberschwein). {Nib. 1946, 3}
ecidemôn 中 〔動物〕エキデモーン (Ecidemon). {Parz. 481, 8}
ecke, egge 女《強・弱》中 [別形 egge] ① 刃 (Schneide). ② 尖

端 (Spitze). ③ 角 (Ecke, Winkel). {Nib. 73, 4}
eckel, ekkel 男 鉄 (Stahl)
ecke-stein 男 隅石, 境界石 (Eckstein).
Eckewart 男〔人名〕エッケワルト (Eckewart). クリエムヒルトの側近. 辺境伯. {Nib. 1632, 1}
edel, edele 形 [=*adel*] ① 気高い (edel), 高貴な (adlig, vornehm). ② すばらしい (herrlich). ③ 高価な (kostbar). {Nib. 2, 1}
edel-arm 形 (生まれや信念は) 気高いが, しかし貧しい (edel, aber arm).
edelen, edeln 動《弱》自 (に)^{nach} 似る (nacharten). 他 気高くする, 高尚にする (edel machen). 再 高尚になる, 洗練される (sich edel machen). {Tr. 174}
edel-guot 形 ① 気高い (edel). ② 高貴な生まれの (edelgeboren).
edel-heit 女 ① 高貴さ (Adlichkeit). ② 貴族 (Adel). {Tr. 5025}
edelich 形 ① 高貴な (edel), 貴族の (adlig). ② すばらしい (herrlich). {Tr. 2855}
edel-süeʒe 形 気高く, 甘美な (edel und süß).
effen 動《弱》① からかう (äffen). ② ばかにする (narren). {Iw. 3546}
ege-bære 形 恐ろしい (schrecklich).
eges-lich, eislich 形 ① 恐ろしい (furchtbar, schrecklich). ② 嫌悪すべき (abscheulich). {Tr. 8973} {Nib. 1734, 4}
eggen, egen 動《弱》鋤き耕す (eggen). {Parz. 124, 29}
êhaft 形 [中独 êcht] ① 法にかなった (gesetzmäßig), 法律上の (gesetzlich). ② 婚姻で生まれた (ehelich geboren). ③ 根拠 (理由) のある (begründet). {Iw. 2933}
ehcontîus 名〔動物〕毒蛇の一種, エーコンティウス (Ehcontius). {Parz. 481, 9}
eher, âher 中 穂 (Ähre).
eherære 男 落穂を拾う人 (Ährenleser).
eheren 動《弱》落穂を拾う (Ähren lesen).
eht, êt, et 副 [別形 oht, ôt, ot] ① ただ, もまた, しかし (nur, auch, doch). ②〔強調〕まさしく, そもそも (eben, nur, halt). 接 ① ただ～ならば (wenn nur). ②〔比較文で〕～よりも (als).
ei[1] 中 [eies², eiges²] ① 卵 (Ei). ②〔比喩〕極めて僅かなもの (das Geringste), 価値のないもの (das Wertlose).

格	単　数	複　数
1格	daʒ　ei	diu　eier
2格	des　eies	der　eier(e)
3格	dem　eie	den　eier(e)n
4格	daʒ　ei	diu　eier

ei², eiâ　間　①〔悲嘆〕ああ (ach).　②〔喜び〕ああ, 良かった (ei).
eich, eiche　女　オーク, 柏 (Eiche).
eichel　女《弱》どんぐり (Eichel).
eichîn　形　柏の, オークの (eichen, von der Eiche).
eichorn　男, **eichurne**　男《弱》りす (Eichhorn).
eide　女　母 (Mutter).
eiden　動《弱》自　誓う (schwören).　他　① 誓約する (beschwören). ② 償う (büßen).
eigen¹　中　① 財産 (Eigentum).　② 相続した土地 (ererbtes Grundstück).
eigen²　形　自分自身の, 固有の (eigen). ¶ sîner eigenen kinde / was er sô flîzec niht sô sîn. 彼 [＝ルアール] は自分自身の子供たちには彼 [＝トリスタン] に対してほど, 心を砕きはしなかった. (Tr. 2184-5.)
eigen-diu　女　農奴の身分の召使 (leibeigene Magd).｛Nib. 828, 4｝
eigen-holde　男《弱》① 隷属者 (Leibeigener).　② 臣下, 家来 (Dienstmann).｛Nib. 620, 3｝
eigen-holt　形　隷属している (leibeigen).
eigen-lich　形　① 独特の (eigentümlich).　② 隷属の (leibeigen). ③ 特別の (speziell).
eigen-lîche　副　① 独特に (eigentümlich).　② 隷属して (leibeigen), 隷属者のように (wie ein Leibeigener).　③ 特別に (speziell).
eigen-man　男　[複数 -liute] ① 封臣 (Lehnsmann), 家来 (Vasall). ② 召使 (Dienstmann).｛Nib. 822, 2｝
eigen-schaft　女　特質, 風変わり (Eigentümlichkeit).｛Tr. 6112｝
eigen-schalc　男　隷属している下男 (leibeigener Knecht).｛Tr. 6150｝
eilf, eilft　⇨ *einlif, einlift.*
eimber, eimer　男　手桶 (Eimer).
eime, eim　冠　[＝*eineme*] 不定冠詞男性・中性の3格.
ein¹　冠　〔不定冠詞〕不定冠詞男性 (ein), 中性 (ein), 女性 (eine).

数 格	男 性	中 性	女 性
単数 1格	ein	ein	ein
2格	eines	eines	einer
3格	einem(e)	einem(e)	einer
4格	einen	ein	ein(e)
複数 1格	eine	einiu	eine
2格	einer	einer	einer
3格	einen	einen	einen
4格	eine	einiu	eine

ein[2] 代〔不代〕① 誰かある人 (*einer* einer). ② 何かあるもの (*eineʒ* eines).

ein[3] 数〔基数〕1 (eins).

ein-ander 副 互いに, 相互に (einander).

ein-bære 形 ① 一つの (einig). ② 異口同音の, 一致した (einhellig, einstimmig). ③ ふさわしい (passend). ¶ sô glîch und alse ein-bære / was ir hâr dem golde. 彼女の髪の毛は全く黄金と同じであり, 一致していた. (Tr. 10988-9.)

ein-bærekeit 女 結合 (Vereinigung), 統一 (Einheit).

ein-bærelîche 副 ① 唯一つ (einig). ② 一致して (einhellig). ③ ふさわしく (passend). {Tr. 911}

ein-boum 男 一本の木で作られた小船 (ein kleiner Nachen aus einem Baum).

eine[1] 女 ① 孤独 (Einsamkeit). ② 荒地 (Einöde).

eine[2], **ein** 形 ① 1人の, 一つの (allein). ② 孤独な (einsam). ③ (の)² ない (frei von). 副 ① 1人で (allein). ② 孤独に (einsam). ③ (が)² なく (frei) ¶ diu guote maget in liez / belîben selten eine: / er dûhte si vil reine. 心優しい少女はハインリヒを一人にすることはけっしてなかった. 娘には領主がとても清らかに思われた. (aH. 342-4) {Tr. 1163}

einec, einic 形 ① 唯一の (einzig). ② 一人の (allein). ③ (から)² 遠く離れた (fern). ¶ dô der meier und sîn wîp / an dem bette sâzen / alsô daz si vergâzen / durch des kindes minne / der zungen und der sinne, / zuo der selben stunde / ir dewederz enkunde / ein einic wort gesprechen. 農夫と妻はベッドに座り, 娘を愛する気持から言葉と感覚を失い, そのとき二人とも一言も話せなかった. (aH. 876-83)

eines 108

eines, eins 副 [*ein* の 2 格] ① もう一度 (noch einmal). ② かつて (einst). {Nib. 1068, 2}
einest 副 ① ただ一度 (ein einziges Mal), 一度 (einmal). ② かつて (einst).
einez, einz 形 唯一の (einzig). 副 唯一 (einzig).
ein-halben, ein-halp 副 片方に (auf der einen Seite). {Tr. 14430} {Parz. 278, 11}
ein-hël, -hëllec 形 一致している (übereinstimmend).
ein-lant, eilant 中 ① 孤立した土地 (allein liegendes Land). ② 島 (Eiland, Insel).
einlif, eilif 数 〔基数〕11 (elf). {Nib. 813, 4}
einlift, eilift 数 〔序数〕11番目の (elft).
ein-œde 女《強・弱》① 孤独, 淋しさ (Einsamkeit). ② 荒野, 荒地 (Einöde). {Tr. 1274}
ein-schaft 女 ① 統一, まとまり (Einheit). ② 共同体(Gemeinschaft).
ein-sidele, ein-sidel 男 隠者 (Einsiedler). {Parz. 268, 30}
ein-sît 副 一方において (auf der einen Seite). {Tr. 18915}
einst 副 ① 一度 (einmal). ② かつて (einmal, einst). ③ いつかあるとき (irgendeinmal).
eint-, ent-, ant-wëder 代 〔不代〕① 両者の片方 (einer von beiden). ② 〜か, あるいは〜か (entweder〜 oder 〜). {Parz. 714, 7}
einunge 女 ① 単一 (Einheit). ② 統一, 統合 (Vereinigung). ③ 孤独 (Einsamkeit). {Tr. 12178}
ein-valt 形 ① 一つの (einig). ② 単純な, 質素な (einfach). ③ 無知な (einfältig). {Tr. 11720} {Parz. 689, 27}
ein-valte 女 単純 (Einfachheit), 簡潔 (Einfalt). {Tr. 16936}
ein-valtec, -veltec 形 ① 単純な (einfach). ② 純粋な (rein). ③ 悪意のない (arglos). ④ 単純な (einfältig). {Parz. 636, 7}
ein-valteclîche 副 ① 分けられていない, まとまった (ungeteilt). ② 単純な (einfältig). {Tr. 19398}
ein-wîc 男 決闘, 一騎打ち (Zweikampf). {Tr. 5972}
einzec, einzic 形 個々の (einzeln).
einzel, einzelic, einzelinc 形 個々の (einzeln). {Tr. 19242}
einzelingen 副 [*einzelinc* の複数 3 格] 個々に (einzeln).
einzen 副 個々に (einzeln).
einzigen 副 [*einzec, einzic* の複数 3 格] 個々に (einzeln).
einz-lich 形 個々の (einzeln). 副 個々に (einzeln).

eisch 形 醜い (hässlich), いやな (abscheulich).
eischen, heischen 動〔反復〕4 /《弱》[3. iesch, eischte, hiesch, heischte] ① 探究する (forschen), たずねる (fragen). ② 要求する (verlangen), 要請する (fordern). {Tr, 12642}
eise 女 快適, 安楽 (Bequemlichkeit). {Parz. 167, 10}
eisen 動《弱》非 恐れを感じる (Schrecken empfinden).
eis-lich ⇒ *egeslich.*
eit[1] 男 女 [-des²] 誓い (Eid). {Nib. 608, 3}
eit[2] 男 [-tes²] ① 炉 (Ofen). ② 火 (Feuer).
eiten, eiden 動《弱》他 ① 燃やす (brennen), 暖める (heizen). ② 点火する (anzünden). ③ 煮る, 沸かす (kochen, sieden). 自 燃える (brennen).
eiter 中 毒 (Gift). {Tr. 15063}.
eiter-bære, -haft 形 有毒の (giftig).
eiterec, eiteric 形 有毒の (giftig).
eiter-galle 女 毒の苦味 (Giftgalle).
eiter-haft 形 毒のある, 有毒の (giftig). {Parz. 736, 11}
eiterîn 形 毒の, 有毒の, 毒のある (giftig). {Tr. 15046}
eitern 動《弱》(に)² 毒を入れる (vergiften). {Parz. 481, 15}
eiter-slange 男《弱》毒蛇 (Giftschlange). {Tr. 15092}
eiter-wolf 男 毒牙のある狼 (giftiger Wolf). {Parz. 255, 14}
elbe, elbinne 女 妖精 (Elf).
Elbe 女 エルベ河 (Elbe). ¶ von der Elbe unz an daz mer エルベ河から海まで. (Nib. 1244, 2.)
ëlch, ëlhe 男《強・弱》[ラテン語 alces] 大鹿 (Elentier).
ê-lich 形 ① 法律に従った (rechtmäßig). ② 婚姻による, 婚姻上の (ehelich).
ê-lîche 副 婚姻上 (ehelich), 法律上 (gesetzlich).
ê-lîcheit 女 ① 合法性 (Gesetzmäßigkeit). ② 結婚 (Eheschließung). ③ 婚姻 (Ehe).
elle 女《弱》[古高ドイツ語 elina ラテン語 ulna] エレ (Elle).
ellen, ellent 中 ① 勇敢さ (Tapferkeit). ② 勇気 (Mut). ③ 力, 強さ (Kraft). ¶ Ir ellen und ir sterke beider wâren grôz. ディートリッヒ王とグンテル王の勇敢さと腕の力はともに大きかった. (Nib. 2359, 1)
ellen-, elen-boge 男《弱》① ひじ (Ellbogen). ② いとこ, 甥, 姪 (Geschwisterkind).

ellen-breit 形 1 エレ幅の (eine Elle breit).
el-lende[1] 中 [中独 enelende, enlende] ① 異国滞在 (Aufenthalt in der Ferne). ② 外国, 他国 (Ausland). ③ 追放 (Verbannung). {Nib. 2157, 4}
el-lende[2]**, -lendec** 形 ① 異国の, 見知らぬ (fremd). ② 寄る辺ない, 困り果てた (hilflos). ③ 哀れな, みじめな (elend). ④ 不幸な (unglücklich). ¶ Herwîc der edele in guoten morgen bôt, / den ellenden kinden. 気高いヘルヴィヒは可愛そうな娘たちに,「お早よう」と言った. (Ku. 1220, 1-2a)
el-lenden 動《弱》非 (に)[4] 見知らぬものに思われる (fremd vorkommen). 他 苦しめる (quälen). 再 ① 外国へ行く (in die Fremde gehen). ② (と)[3/von] 疎遠になる (entfremden). {Parz. 167, 8}
ellen-lanc 形 1 エレ (Elle) の長さの (ellenlang). {Er. 873}
ellent-haft, -haftic, -lich, -rîche 形 ① 勇敢な (tapfer, kühn). ② 力強い (gewaltig). ③ 男らしい (mannhaft). {Nib. 21, 2}
el-lich 形 [=allich] 一般の (allgemein), 完全な (gänzlich).
el-lîche 副 いつも (immer), 完全に (vollständig).
elliu = al の中性複数 1, 4 格.
elne, eln, elline, ellen 女 **ele, elle** 女《強・弱》エレ (Elle) [=55-85cm].
Else 男〔人名〕ドナウ河右岸の辺境の領主エルゼ (Else). {Nib. 1545, 4}
elster ⇒ *agelster*.
emathîtes 名〔宝石〕エーマティーテス (Emathites). {Parz. 791, 10}
emp-hân ⇒ *enphâhen*.
emʒec, emʒic, enʒic 形 ① 不変の (beständig). ② 永続する (fortwährend). ③ 辛抱強い (beharrlich). ④ 熱心な (eifrig).
emʒec-heit, emʒekeit 女 ① 不変 (Beständigkeit). ② 不断, 持続 (Dauer). ③ 熱意, 熱心さ (Fleiß, Eifer). ¶ dâ kêrte er spâte unde fruo / sîn emzekeit sô sêre zuo, / biz er es wunder kunde. トリスタンはこの演奏に朝から晩まで情熱を傾けたので, 驚くほど上達した. (Tr. 2095-7)
emʒec-lich 形 ① 不変の (beständig). ② 永続する (fortwährend). ③ 辛抱強い (beharrlich), 熱心な (eifrig).
emʒec-lîche(n) 副 ① 不変に (beständig). ② 永続的に (fortwährend). ③ 辛抱強く (beharrlich). ④ 熱心に (eifrig).

emʒekeit ⇨ *emʒecheit.*

emʒigen 動《弱》たいへん熱心にする (sehr eifrig tun).

en 副〔否定辞〕～ない (nicht). ¶ und enwas ouch niemen dâ erkant / wie der riter wære genant. そしてまたその騎士が何という名なのか, 誰も知らなかった. (Iw. 6905-6) ¶ si enwesten wie gebâren. 父母はどう振る舞ったらいいのか分からなかった. (aH 1411). ¶ leider nû enmuge wir / im ze deheinen staten komen. 残念だが, 私たちは領主さまを助けることはできない. (aH. 504-5)

en-barn 動《弱》他 再 ① 裸にする (entblößen). ② 発見する (entdecken). ③ 暴露する (aufdecken). ④ 開く (eröffnen).

en-bërn 動 IV. ① なしですます (ohne～sein), 欠けている (entbehren). ② 放棄する (verzichten). ¶ nû enbirt er und ich enbir / der êren der uns was gedâht. 私たちに与えられるはずだった名誉があの方にも私にも欠けています. (aH. 1300-1) ¶ waz sol ich, swenn ich dîn enbir? / waz sol mir guot unde lîp? / waz sol ich unsælic wîp? あなた居なくなったら, 私に何をすべきでしょうか. 富も命も私に何の価値がありましょうか. この不幸な私はどうしたらよいのでしょうか. (Iw. 1466-8)

en-besten 動《弱》① 解く, 放つ (losbinden). ② (から)$^{2/von}$ 取り去る (abziehen). ③ (猟獣の) 皮をはぐ (enthäuten), 解体する (zerlegen). {Tr. 2811}

en-bieten 動 II. 2. ① (使者を送って) 伝える (sagen), 命じさせる (gebieten lassen). ② 差し出す (darreichen), 提供する (bieten). {Nib. 944, 2}

en-binden 動 III. 1. 他 再 ① ほどく (losbinden), 解く (lösen). ② 説明する (erklären), 翻訳する (übersetzen). ③ (から)$^{2/von}$ 自由にする (bcfrcicn). {Parz. 717, 18}

en-bîten 動 I, 1. ① 待つ (warten). ② (を)^2 ～待つ (auf～warten).

en-bîʒen 動 II. (飲食して) 楽しむ (durch Essen oder Trinken genießen). {Nib. 944, 2}

enblanden[1] 動〔反復〕1 ① (に)^3 辛いものにする (mühselig machen). ② 緊張させる, 働かせる (anstrengen lassen). ¶ dô enblient erz dem swerte. / der strît unlange werte : エーレックは剣に辛い思いをさせた. その戦いは長くは続かなかった. (Er. 3396-7)

enblanden[2] 形〔過分〕① 嫌な (widerwärtig). ② 骨の折れる (beschwerlich).

en-blecken 動《弱》裸にする, 露出させる (entblößen). {Parz. 613, 13}

en-bore, enbor, embor 副 ① 高い所で (in der Höhe), 高い所へ (in die Höhe), 上へ (empor). ②〔形容詞・副詞の前で〕たいへん (sehr). ③〔曲言法〕まったく〜ない (gar nicht). {Parz. 381, 15}

en-brëchen 動 IV. 自 ① 突然現われる (hervorbrechen). ②（から）³ 背く, 離反する (abfallen). ③（に）³（が）² 欠けている (mangeln). 他 ① 開ける (öffnen). ② 自由にする (befreien). 再（を）³/ᵛᵒⁿ 免れる (sich entschlagen).

en-brennen 動《弱》[3. -brante / -brennete 6. -brant, -brennet] 他 点火する (entzünden). 自 燃え上がる (entbrennen).

en-brësten 動 IV. 自 ①（から）³ 逃れる (entkommen). ②（を）³ 免れる (entgehen). 他 ① 自由にする (befreien). ② 解放する (entledigen).

en-brinnen 動 III. 1. 自 燃え上がる (entbrennen), 燃える (in Brand kommen). {Nib. 596, 4}

en-bunnen 動〔不規則〕（に）³（を）² 与えたくない, 惜しむ (missgönnen).

en-büte = *enbieten* の直説法過去 2 人称単数, 接続法過去 1, 3 人称単数.

ende 中 男 ① 目標 (Ziel), 終わり (Ende). ② 方向 (Richtung). ③ 面 (Seite). ④ 方法 (Art und Weise). ⑤ 始まり (Anfang). ⑥ 獣の尾 (Schwanz des Wildes). ⑦ 鹿の枝角の尖端 (Zacke des Hirschgeweihes). ¶ wan diz komen daz mîne daz muoz dîn ende sîn, / durch Hagenen dînen bruoder, der Sîfriden sluoc. 私がここへやって来たことはお前の死を意味する. それはジークフリートを殺したのはお前の兄ハーゲンだからだ. (Nib. 1923, 2-3) ¶ er enwolde in niht sehen lân / wie ir ende solde ergân. 医者は娘の最期をハインリヒに見せたくなかった. (aH. 1185-6)

endec 形 ① 終わりになる (zu Ende kommend). ② 熱心な (eifrig). ③ 速い (schnell).

endec-heit, endekeit 女 終結, 終了 (Beendigung).

ende-haft 形 ① 終わりのある (ein Ende habend), 終わりになる (zu einem Ende kommend). ② 最終の (entgültig), 決定的な (entschieden). ③ 真の, 本当の (wahrhaftig). ④ 熱心な (eifrig). ⑤ 正確な (genau). {Parz. 369, 12}

ende-haft(e) 副 ① 決定的に (entschieden). ② 正確に (genau).

③ まったく (völlig).{Parz. 39, 9}
ende-heit 囡 終わり (Ende).
Ende-, Ente-krist 男 ① 最後に来るキリスト (der am Ende kommende Christ). ② アンチキリスト, 反キリスト (Antichrist).
ende-, endec-lich 形 ① 最後の (letzt, schließlich), 究極の (endgültig). ② 熱心な (eifrig), 急いでいる (eilig). ③ 明らかな (deutlich), 確かな (sicher).{Tr. 3761}
ende-, endec-lîche(n) 副 ① 熱心に (eifrig). ② 急いで (eilig, bald). ③ 完全に (vollständig), 確実に (sicherlich).{Nib. 1501, 3}
ende-lôs 形 ① 終わりのない (endlos). ② 無限の (unendlich).{Tr. 12285}
enden 動《弱》[3. endete, ente, ante, ande] 他 終える (beendigen), 成し遂げる (vollbringen). 自 再 ① 終わる (enden). ② 死ぬ (sterben). ¶ „Und wil du niht erwinden," sprach der künec dô / „so bin ich dînes willen wærlîchen vrô, / und wil dirz helfen enden, so ich aller beste kan.「もしもお前が思い止まらないというのなら, 私はむしろお前の志を喜び, できるだけ助けてやりたい」とそのとき王は言った. (Nib. 53, 1-3)
ende-nôt 囡 最後の苦しみ (die letzte Not).{Tr. 12940}
enderunge ⇨ *anderunge.*
ende-slac 男 最後の一撃 (der letzte Schlag).
ende-spil 田 最後の, 決定的な競技 (das letzte entscheidende Spiel).{Tr. 395}
ende-, endes-tac 男 ① 最後の日 (der letzte Tag). ② 死の日 (Todestag). ¶ unz an ir beider endetac 彼ら二人の最後の日まで. (Tr. 1934)
ende-zil 田 ① 最終, 最高の目標 (letztes und höchstes Ziel). ② 目的 (Zweck), 目標 (Ende).{Tr. 10902}
en-ëben, nëben, nëbent 副 側に (in der Nähe), 並んで (neben). 前 +2/+3/+4 ① 同じ線に (in gleicher Linie). ② 側に, 側へ (neben).
en-ein 副 [<*in ein*] 一つに, 一緒に (zusammen). ◇ *enein wërden* (一致する übereinkommen).
ëner 代〔指代〕[=*jener*]. あの (jener).
en-galten, -gelten 動《弱》① 支払わせる (bezahlen lassen), 報復させる (vergelten lassen). ② (で)² 罰する (strafen). ¶ si sprach: „ich muoz engelten / mînes herren zageheit. 少女は言った,「私は領主さまの臆病の仕返しをします」(aH. 1310-11)

en-gân

en-gân, -gên 動〔不規則〕① のがれる (entgehen, entkommen). ② (から)³ のがれる (entgehen), なくなる (verloren gehen). ③ 遠ざかる (sich entziehen).

enge¹ 女 ① 狭い所 (Enge). ② 峡谷 (Schlucht), 海峡 (Meeresenge). {Parz. 771, 26}

enge² 形 ① 狭い (eng). ② 限られた (beschränkt). ③ 正確な (genau). ④ 打ち解けた (vertraulich).

en-gegen¹, **gein** 前 +3 ① (に)³ 対して (gegen). ② (に)³ 向かって (gegenüber). ③ 比較して (im Vergleich). ④〔時間〕〜頃 (gegen).

en-gegen², **-gegene, -gein, -gagen, -gagene** 副 ① (に)³ 対して (entgegen). ② 居合わせている (anwesend). ¶ Sus vuor engegen Salerne / vrœlich und gerne / diu maget mit ir herren. このようにして少女は主人と共に喜び勇んでサレルノへ向かった. (aH. 1049-51)

engel 男 天使 (Engel). ¶ man mohte wol genôzen / ir kintlich gemüete / hin zuo der engel güete. 人はその少女の子供らしい気立ての良さを天使の善意にたとえることができよう. (aH. 464-6)

engel-kôr 男 天使の合唱, 合唱団 (Engelchor).

en-gëlten 動 III. 2. ① 支払う (bezahlen), 返報する (vergelten). ② (の)² 罰を受ける (Strafe leiden), (の)² 償いをしなければならない (büßen müssen), 支払う (bezahlen). ③ (により)² 損害を受ける (zu Schaden kommen).

engen 動《弱》他 ① 狭める (eng machen, einengen). ② 圧迫する (beengen). 自 狭くなる (eng werden). {Tr. 10909}

engerwen 動《弱》[3. engarte] ① 脱ぐ (ablegen). ② 武具を脱ぐ (sich der Rüstung entkleiden).

enges-lich ⇨ *angestlich.*
enges-lîche ⇨ *angestlîche.*

en-gesten 動《弱》再 ① 親しくなる (sich vertraut machen). ② よそよそしさを取り除く (die Fremdheit benehmen). ¶ von lande, von ir mâgen / begunden sî dô vrâgen / und sich mit rede engesten / und sagten, swaz sî westen. 国や一族のことを二人は尋ね始め, 話すうちにうち解けて, 互いに知っていることを話すようになった. (Er. 9712-5)

engest-lich ⇨ *angestlich.*

engieʒen 動 II. 2. 他 ① 注ぎ出す (ausgießen). ② まき散らす (auseinander gießen). 自 再 ① 溢れ出る (austreten). ② 岸辺を越

える (über die Ufer treten). {Nib. 1527, 1}
en-ginnen 動 III. 1. ① 開く (öffnen). ② 切り開く (aufschneiden).
en-gürten 動《弱》他 自 (の)⁴′³ 帯をはずす (entgürten). 再 帯を解く (den Gürtel lösen). {Parz. 197, 6}
en-hant, -hende 副 手の中に (in der Hand). {Nib. 278, 3}
enhein ⇨ *nehein, dehein.*
enîdrus 名〔宝石〕エニードルス (Enidrus). {Parz. 791, 18}
eninkel, enenkel, enikel 男 孫 (Enkel).
Ênîte 女〔人名〕エーニーテ. エーレクの妻.
enke 男《弱》① 動物の飼育係 (Viehknecht). ② 畑仕事の下僕 (Ackerknecht). ③ 牛飼い座の星 (das Gestirn des Bootes).
enkel 男 ① くるぶし (Knöchel). ② (足の) 指関節 (Fußknöchel).
enke-lîn 中 ① 小さいくるぶし (kleiner Knöchel). ② (足の) 小さい指関節 (kleiner Fußknöchel). {Tr. 15664}
enkëlten ⇨ *engëlten.*
enker ⇨ *anker.*
enkêren 動《弱》自 再 向きを変える (sich umwenden), 身を転じる (sich wenden). 他 変える, 変化させる (verwandeln).
enkern 動《弱》[=*ankern*] 投錨する, 停泊する (ankern).
en-kleiden 動《弱》(の)⁴ 服を脱がせる (entkleiden).
en-klieben 動《弱》割る (spalten).
en-koberen 動《弱》再 回復する (sich erholen).
enlant 副 [<in lant] 国の中に (im Land). ¶ etelîche tôten si liezen enlant かれらは国の中に何人かの死者を残していた. (Nib. 312, 3)
en-mitten, -mittent 副 ①〔空間的〕間に, 中間に (in der Mitte), まん中へ (mitten hincin). ②〔時間的〕その間に (inzwischen). {Tr. 4855}.
en-mornen 副 毎朝, 朝に (morgens).
ënne 副 そこから (von dort her).
ënnen, ënnent ⇨ *jënen, jënent.*
ënner 副 向こうに (jenseits).
enp-fallen, ent-vallen 動〔反復〕1 ① (から)³ 落ちる, 倒れる (niederfallen). ② 抜け落ちる (entfallen). ③ なくなる (schwinden), 失われる (verloren gehen). {Parz. 660, 3}
enphâhen, enphân, entvâhen, emphân 動〔反復〕2 ① 取り上げる (aufnehmen). ② 受け取る, 歓迎する (empfangen). ③ 始め

en-phahten

る (anfangen). (aH. 634)

en-phahten 動《弱》① 説明する (erklären). ② 決定する (bestimmen).

enphëlhen 動 IV. (世話のため) (に)³ 委ねる (zur Besorgung übergeben).

enphinden, ent-vinden 動 III. 1. (を)² 感じる (empfinden).｛Er. 2794｝

en-phlëgen = *phlëgen*.

enphliehen, ent-vliehen 動 II. 2. (から)³/⁴ 逃げ去る (entfliehen).｛Gr. 601｝｛Parz. 430, 14｝

enphremden, ent-vremden 動《弱》① (から)³ 奪い取る, 取り去る (entziehen). ② (から)³ 遠ざける (entfremden).

enphüeren, enpfüeren, ent-vüeren 動《弱》① (から)³ 奪う (entziehen). ② 奪い取る, 誘拐する (entführen). ③ (の)³ (訴えなどの) 無効を宣告する (für ungültig erklären). ④ (誓いや戦いにより) 要求を貫く (einen Anspruch abgewinnen).｛Nib. 858, 3｝

enrihte 副 [<*eine rihte*] すぐに (sogleich).｛Tr. 3070｝

Ense 名〔河川〕エンス河 (die Enns).｛Nib. 1301, 2｝

en-sam, -samen, -sament, -samt 副 一緒に (zusammen).｛Tr. 13859｝

en-schumphieren 動《弱》他 ① 征服する (besiegen). ② 罵倒する (beschimpfen). ③ 低くする (erniedrigen). 自 敗北する (besiegt werden).｛Er. 2648｝｛Parz. 43, 30｝

en-sperren 動《弱》開く, 開ける (öffnen).｛Iw. 6247｝

ente 女《弱》① かも (Ente). ② *ant* (かも, 雄がも Ente, Enterich) の複数形.

ent-erben 動《弱》他 ① (名誉・職を) 奪う (enterben). ② (から)² 奪う (berauben). 自 ① 相続人 (嗣子) がない (ohne Erben sein). ② 孤児になる (verwaisen). 再 (を)² 放棄する (verzichten).｛Parz. 5, 19｝

ent-êren 動《弱》① (の)⁴ 名誉を奪う (die Ehre berauben). ② 誹謗する (beschimpfen).

ent-gruft 女 ① 大地の深み (Tiefe der Erde). ② 洞穴 (Erdhöhle).

ent-haben, -hân 動《弱》〔不規則〕① 留まる (bleiben). ② 待つ (warten). ③ 抑えておく (zurückhalten). ④ しっかり持っている (fest halten). 再 ① 身をささえる (sich halten). ② (を)²/ᵛᵒⁿ 断念する (enthalten).｛Parz. 180, 1｝

ent-halt 男 ① 滞在 (Aufenthalt). ② 終わり (Ende).
ent-halten, -halden 動〔反復〕1 他 ① もてなす (bewirten), 保護する (Schutz gewähren). ② 我慢する (stillhalten). ③ 受け取る (erhalten). ④ 救う (erretten), 救済する (erlösen). ⑤ (を)³ つかまえている (halten). 再 ① 控え目にする (sich zurückhalten). ② しがみつく (sich festhalten). ③ (を)² 差し控える (sich enthalten). ④ 主張する (sich behaupten). {Er. 898}
ent-halter 男 ① 救済者 (Erretter). ② 救世主 (Erlöser).
ent-heften 動《弱》① 解く (lösen). ② 自由にする (befreien).
ent-hërzen 動《弱》落胆させる (entmutigen). {Tr. 11892}
ent-hiuten 動《弱》[3. enthûte 6. enthiutet, enthûtet] 皮をはぐ (abhäuten). {Tr. 2798}
ent-houbeten, -houpten 動《弱》打ち首にする (enthaupten).
ent-höveschen 動《弱》再 宮廷の作法を忘れる (sich der höfischen Sitte entschlagen). {Er. 4197}
ent-hüeten 動《弱》再 守る (sich hüten).
ent-laden 動 VI. ① 荷をおろす (ausladen, entladen). ② (から)²/von 自由にする (befreien), 奪う (berauben). {Nib. 1581, 1}
ent-leiden 動《弱》悩みから開放する (von Leid befreien)
ent-lesten 動《弱》[3. -laste 6. ent-lestet] ① (から)² おおいを取る (abdecken). ② (を)² 免除する (entlasten). {Tr. 2914}
ent-lîhen 動 II. 2. ① 借りる (entlehnen, entleihen). ② 掛けで買う (auf Borg nehmen), 掛けで売る (auf Borg geben). {Er. 863} {Iw. 7143}
ent-næjen 動《弱》① 紐を解く (aufschnüren). ② (猟獣の) 皮をはぐ (abhäuten). {Tr. 2872}
ent-nëmen 動 IV. 他 ① 掛けで買う (auf Borg nehmen), 掛けで売る (auf Borg geben). ② 遠ざける (entfernen). 再 ① 離れる (sich entfernen). ② (を)² 免れる (sich entleidigen). {Er. 866}
ent-nihten 動《弱》滅ぼす (zunichte machen), 破壊する (vernichten). {Parz. 15, 27}.
en-tragen 動 VI. ① 運び去る (wegtragen). ② (から)³ 奪い取る (entwenden). ③ 取り去る (entziehen).
en-trennen 動《弱》① 取り去る (abtrennen). ② 解く (auflösen), 切り離す (lostrennen).
en-trëten 動 V. ① 脇に行く (auf die Seite treten). ② 踏み外す (einen Fehltritt tun).

ent-retten　動《弱》救う (erretten).
en-trîben　動 I. 1. 追い散らす, 追い出す (auseinandertreiben).
ent-rihten　動《弱》① 混乱させる (in Unordnung bringen). ② 正しくする (in die rechte Lage bringen). ③ 決定する (entscheiden). {Nib. 2269, 2}
en-trinnen　動 III. 1. 流れ出る (entrinnen), 走り去る (davonlaufen). (Tr. 9040) ¶ nû wolde er in entrinnen, / wan sîn schame was grôz : / er was nacket unde blôz. グレゴーリウスは彼らから逃れようと思った. それというのも彼はたいへん恥ずかしかったからだ. 彼は裸で, 何も身につけていなかった. (Gr. 3408-10)

直説法現在	
ich entrinne	wir entrinnen
du entrinnest	ir entrinnet
er entrinnet	si entrinnent
直説法過去	
ich entran	wir entrunnen
du entrünne	ir entrunnet
er entran	si entrunnen

ent-rîsen　動 I. 1. (から)³ 失われる, 滑り落ちる (entfallen). {Parz. 170, 19}
ent-rîten　動 I. 1. ① (馬で) 立ち去る (wegreiten). ② (から)³ 騎乗して逃れる (reitend entkommen). {Parz. 620, 5}
entriuwen, entriwen ⇨ *triuwe.*
en-trünne　形 素早い, 迅速な (flüchtig).
ent-rüsten　動《弱》[3. -ruste] 他 ① 脱がせる (ausziehen). ② 武装を解く (entwaffnen). ③ 怒らせる (in Zorn bringen). 再 憤激する (sich entrüsten).
ent-sage　女 弁護 (Verteidigung).
ent-sagen　動《弱》他 ① 挑戦状を送る (Fehde ansagen). ② 赦す (entschuldigen), 放免する (freisprechen). ③ 否定する (leugnen), 隠す (verschweigen). 再 ① 身を守る, 防御する (sich verteidigen). ② 脱却する (sich entschlagen). {Tr. 12449}
ent-schëhen　動 V. ① 生まれる, 生じる (entstehen). ② 起こる (geschehen).
ent-scheiden　動〔反復〕4 ① 区別する (unterscheiden). ② (法的に) 決定する (entscheiden).

ent-schînen 動 I.1. 現われる (erscheinen).
ent-schuohen 動《弱》(脚・足の)衣服を脱がせる (abziehen). {Parz. 191, 27}
ent-seben 動 VI. [直説法現在は《弱》] [3. -suop 4. -süebe 5. -suoben 6. -saben] ① (に)²⁽⁴⁾ 気づく (bemerken, wahrnehmen). ② 味がする (schmecken). {Parz. 171, 23}
ent-sëhen 動 V. ① 眺める (anblicken). ② 見て魔法をかける (durch Anblick bezaubern).
ent-senen 動《弱》恋の苦しみのために死にそうになる (durch Liebesschmerz umkommen).
ent-setzen 動《弱》他 ① 元に戻す (zurücksetzen). ② 降ろす (absetzen). ③ (から)²ᐟᵛᵒⁿ 奪う (berauben). ④ 移す (entsetzen). ⑤ 自由にする (befreien). 再 ① 恐れる (sich fürchten). ② 反抗する (Widerstand leisten), 逆らう (sich widersetzen). ¶ der klage gienc in michel nôt : / wan si vorhten daz sîn tôt / si sêre solde letzen / und vil gar entsetzen / êren unde guotes, / und daz herters muotes / würde ein ander herre. この3人は嘆く必要があった. それは領主の死が自分たちに損害を与え, すっかり栄誉と財産を奪い, そして思いやりのない人が領主になることを恐れていたからだ. (aH. 359-65)
ent-sîn 動〔不規則〕(が)² ない, なしである (ohne etwas sein).
ent-sitzen 動 V. 自 ① 座ったままでいる (sitzen bleiben). ② (に)² 驚く (sich entsetzen). 他 驚かす (erschrecken). 再 ① (を)² 怖れる (fürchten). ② 驚く (erschrecken). ③ 取り去る (wegnehmen). ¶ gewalt entsitze ich kleine 私は暴力など恐れはしない. (Tr. 11047) {Parz. 564, 15}
ent-slâfen 動〔反復〕2 ① 寝入る (einschlafen), 眠りにつく (entschlafen). ② 死ぬ (sterben). ¶ dô si entslâfen wâren 彼らが眠り込んだとき (Nib. 1836, 1a) {aH. 473}
ent-slieȝen 動 II.2. ① 自由にする (befreien). ② 開ける (öffnen). ③ 解く, ゆるめる (lösen). ④ 説明する (erklären). ¶ wir wellen dir entsliezen / ein heimlîche sache / diu uns nâch ungemache / umbe alle unser êre stât, / ez ensî daz uns dîn rât / durch got dâ von gescheide. 私たちはあなたに内輪の話をいたします. もしも, あなたのご助言が神の助けを得て, 私たちを救ってくれなければ, 困ったことに私たちの名誉にかかわります. (Gr. 528-33)
ent-slîfen 動 I.1. 滑り落ちる (entgleiten). {Er. 9289}
ent-sorgen 動《弱》憂いから解き放す (von Sorgen befreien).

ent-sprëchen

ent-sprëchen 動 IV. 他 ① 言葉で不安にする (durch Worte bang machen). ② (に)³ 答える (antworten). 再 ① 自己弁護する, 防御する (sich verteidigen). ② 詫びる (sich entschuldigen). {Er. 8122}

ent-stân, -stên 動 VI.〔不規則〕自 ① (から)²/³ 逃れる, 免れる (entgehen). ② 欠けている (mangeln). ③ 立ち止まる (stehenbleiben). ④ (に)³ 起こる (sich erheben). 他 再 ① 気づく (merken), 理解する (verstehen). ② (を)²/⁴ 思い出す (sich erinnern). ¶ in den ûfblüenden jâren, / dô al sîn wunne solte enstân, / dô er mit fröuden solte gân, / in sînes lebenes begin / dô was sîn beste leben hin. 花が咲き始める年頃, トリスタンの幸福な日々が始まろうとする頃, 喜びをもって日々を送ろうとする頃, その人生の始めに, この若者の最高の人生は失われた. (Tr. 2072-6)

ent-standunge 女 ① 障害 (Hindernis). ② 反抗 (Widerstand).

ent-stëchen 動 IV. ① 刺して開ける (aufstechen). ② 刺して取り除く (wegstechen).

ent-stricken 動《弱》① (結び目を) 解く, ほどく (aufknüpfen), 解き放つ (losbinden). ② 説明する (erklären), 明らかにする (klar machen).

ent-sweben 動《弱》他 ① 寝つかせる (einschläfern). ② 吹き付ける (anwehen). 自 寝つく, 寝入る (einschlafen). {Nib. 1835, 4}

ent-swëben 動《弱》動かす (bewegen).

ent-swëllen 動 III. 2. ① 減る, 弱まる (abschwellen). ② 膨らみ止む (aufhören zu schwellen).

ent-swellen 動《弱》膨れ上がる (aufschwellen).

ent-swînen 動 I. 1. ① 消え去る (entschwinden). ② 小さくなる (abnehmen).

ent-tragen ⇒ *entragen.*

en-tuon 動〔不規則〕① 開ける (öffnen). ② 滅ぼす (zu Grunde richten). ③ 驚かす (erschrecken).

ent-vriden 動《弱》平和を奪う (des Friedens berauben).

ent-vrîen 動《弱》自由にする (frei machen).

ent-vunken 動《弱》点火する (entzünden).

ent-wâfenen, -wâpenen 動《弱》武装解除する (entwaffnen). {Er. 3645} {Parz. 156, 21}.

ent-wahsen 動 VI. ① (から)³ 逃れる (entgehen), なくなる (verloren gehen). ② (から)² 自由になる (frei werden). ③ 手に負えなくなる, 大きくなり過ぎる (entwachsen). {Er. 7844}

ent-wæten 動《弱》[3. -wâte 6. -wætet] ① 脱ぐ (entkleiden). ② (猟獣の) 皮を剝ぐ (enthäuten). {Tr. 2871}

ent-weln 動《弱》自 留まる (verweilen), 滞在する (sich aufhalten). 他 ① 阻む (aufhalten). ② 固くする (erstarren machen), 感覚を失わせる (betäuben). ③ (を)² 奪う (berauben). ¶ dô der arme Heinrich / driu jâr dâ entwelte / und im got gequelte / mit grôzem sêre den lîp, / nû saz der meier und sîn wîp / und ir tohter, diu maget / von der ich iu hân gesaget, / bî im in ir unmüezikeit / und weinden ir herren leit. 哀れなハインリヒはそこに3年間留まり, 神がこの若者の身に大きな苦痛を与えていたとき, 農夫とその妻, そしてこの, 私があなたがたに話した夫婦の娘が座って, ハインリヒの世話をしながら, 領主の苦しみを嘆き悲しんでいた. (aH. 350-8) {Er. 7233}

ent-wenen 動《弱》再 (の)² 習慣を止める (sich entwöhnen).

ent-wenken 動《弱》① 免れる (entgehen). ② 逃れ去る (entweichen). ③ (に)³ 不忠実になる (untreu werden). {Iw. 1288}

en-twër, -twërch 副 [別形 entwërhes, entwëhe] ① 斜めに (in die Quere). ② あちこちへ (hin und her).

ent-wërden 動 III. 2. ① のがれる (entkommen). ② (から)² 自由になる (frei werden). ③ 消える (vergehen), 滅びる (verderben).

ent-wërf 中 企画, 構想 (Entwurf).

ent-wërfen 動 III. 2. 他 ① 広げる (auseinanderbreiten). ② 説明する (erklären). ③ 解決する, 取り組む (auseinandersetzen). ④ 落とす (fallen lassen). ⑤ 描く (malen, zeichnen). ⑥ 織る (weben). ⑦ 企画する (entwerfen), 計画する (planen). 再 ① 遠ざかる, 逃れる (sich entziehen). ② 反抗する (sich aufwerfen). ③ 形づくられる (sich bilden). {Nib. 286, 2} {Er. 8908}

ent-wërn 動《弱》① 拒絶する (abschlagen). ② (を)⁴ 与えない (nicht gewähren). ¶ er pflac ir sô (ich sage iu wie) / daz er si nihts entwerte / swes si an in gerte / von kleidern und von gemache. 兄は妹の面倒を良く見た, 私はそれがどれほどであったかを伝えたい, 妹が何をねだろうとも, 衣装であれ, くつろぎであれ, 何でも望みを叶えた. (Gr. 282-5)

ent-wern[1] 動《弱》① (を)² 奪う (berauben). ② (から)³ (を)⁴ 奪う (berauben). {Iw. 3191}

ent-wern[2] 動《弱》① 武装解除する (entwaffnen). ② 滅ぼす (vernichten).

ent-wësen

---

ent-wësen[1] ㊥ ① 起こらないこと, 停滞 (das Ausbleiben). ② 分割, 分離 (Trennung).

ent-wësen[2] 動《弱》〔不規則〕自 ① (が)[1] ない (nicht sein). ② 欠けている (entbehren). ③ (に)[3] 欠けている (fehlen). ④ 断念する (verzichten). ⑤ (から)[2] 解放されている (überhoben sein). 再 (を)[2] 手放す, 譲る (sich entäußern). ¶ nû lâze iuch got mit ir genesen : / wir wellen ir durch iuch entwesen. 神が娘であなたの病を治してくださるように. 私たちはあなたのために娘を諦めます. (aH. 985-6)

ent-wîch ㊚ 逃げ去ること, 回避すること (das Entweichen). {Parz. 400, 19}

ent-wîchen 動 I.1. ① 逃げ去る (entweichen). ② 置き去る (im Stich lassen). ③ 道を譲る, 退く (weichen). ④ 譲歩する, 屈する (nachgeben). ⑤ 退場する (abtreten). ¶ daz kunde gebâren / sô rehte güetlîchen : / diu wolde nie entwîchen : / von ir herren einen vuoz. その子はたいへん気立てが良く, 自分の主人のもとから一歩も退こうとしなかった. (aH. 304-7)

ent-wilden 動《弱》他 (から)[3] 遠ざける (entfremden). 再 (から)[3] 遠ざかる (sich entfremden). {Parz. 97, 3}

ent-winden 動 III.1. もぎ取る (entwinden).

ent-wîʒen 動 I.1. 非難する (tadeln), 責める (vorwerfen).

ent-wonen 動《弱》(の)[2] 習慣を止める (sich entwöhnen).

ent-würken 動《弱》[3. -worhte] ① 破壊する (zerstören), 滅ぼす (zunichte machen). ② 衰えさせる (entkräften). ③ (獲物・動物を) 解体する (zerlegen, ausweiden). {Parz. 618, 24}

en-vieriu 副 (<in vieriu) 四つの部分に (in vier Teile).

en-vollen 副 まったく (völlig).

en-wage 副 動いて, 動きながら (in Bewegung).

en-wâge 副 ① 秤にかけて (auf der Waage). ② 〔比喩〕危険にさらされて (in Gefahr). {Nib. 372, 3}.

en-wëc 副 ① 去って, 向こうへ (hinweg). ② 途中に (auf dem Weg, unterwegs). {Parz. 27, 16}

en-wëder ⇨ *newëder.*

en-wette 副 賭けて, 競争して (um die Wette). {Tr. 16897}

en-widerstrît 副 [<*in widerstrît*] 競って (um die Wette), 張り合って (wetteifernd). {Tr. 623}

en-wiht[1]**, ni-wiht** 代 〔不定〕 何も〜ない (nichts).

en-wiht[2] ⇨ *niwiht.*

enze 囡《弱》(馬車の) 一対のながえ (Gabeldeichsel).
en-zëlt 副 [<*in zëlt*] ① 側対歩で (im Passgang), 側歩で (im Trab). ② 落ち着いた歩みで (in ruhigem Schritt)
en-zenden 動《弱》火をつける (entzünden).
en-zetten 動《弱》撒き散らす (zerstreuen).
enȝic ⇨ *emȝec.*
en-ziehen 動 II. 2. 自 (から)³ 逃れる (entgehen). 他 (から)³/ᵛᵒⁿ 奪い取る (entziehen). 再 (を)²/ᵛᵒⁿ 控える, やめる (sich enthalten).
en-zinden 動 III. 1. 燃える (brennen).
en-zît 副 ① まもなく, すぐに (bald). ② 間に合って (beizeiten). ¶ getrîwet ir mînem herren / sînen gesunt wider geben / und mir daz êwige leben, / durch got daz tuot enzît. あなたに私の領主の健康を与え, 私に永遠の命を与える自信があったら, 神にかけてすぐにそうしてください. (aH. 1152-5)
en-zünden, -zünten 動《弱》[3. -zunte] 自 ① 輝く (leuchten). ② 燃え始める (zu brennen anfangen). 他 点火する, 燃やす (entzünden). 再 ① 燃え上がる (entbrennen). ② 怒り出す (in Zorn geraten).
en-zwei 副 (<in zwei). 二つに, 二つの部分に (in zwei Stücke, Teile), 二つに割れて (entzwei). {Parz. 138, 14}
en-zweien 動《弱》不仲になる (entzweien).
en-zwischen¹ 前 ⁺³ (の)³ 間に (zwischen). ¶ enzwischen sînen handen 彼の手の間に (Tr. 3953)
en-zwischen² 副 〔空間的・時間的〕その間に (inzwischen, dazwischen).
epistîtes 名 〔宝石〕エピスティーテス (Epistites). {Parz. 791, 6}
êr 中 ① 鉱石 (Erz). ② 鉄 (Eisen).
ër 代 〔人代〕3人称単数男性1格 彼 (er).

格	単　数	複　数
1格	ër	sie, sî, si
2格	sîn, ës	ir(e)
3格	im(e)	in
4格	in(inen)	sie, sî, si

êr¹, **ê** 副 ① 以前に (früher, eher, vorher). ② むしろ (lieber). ¶ Lange swîgen des hât ich gedâht : / nû wil ich singen aber als ê. 長い間沈黙していたが, これからはまた以前と同じように歌を歌いたい.

êr

(Wa. 72, 31-2)

êr², ê 前 +2/+3 より以前に (vor). 接 ① より前に (ehe). ②〔比較級の後で〕よりも (als, als dass). ¶ ich bin ein maget und hân den muot, / ê ich in sehe verderben, / ich wil ê vür in sterben. 私は少女ですが、ご領主さまが亡くなるのを見る前に、私はあの方のために死にたいと思います. (aH. 562-4)

êr³ 中 ① 青銅 (Erz, Bronze). ② 鉄 (Eisen).

er-ahten 動《弱》見積もる，評価する (schätzen).

er-arnen 動《弱》① 価する，稼ぐ (verdienen). ② 収穫する (einernten), 獲得する (erwerben). ③ 罰を受ける (entgelten). ④ 救い出す (erretten). {Nib. 864, 3}

er-arnunge 女 功績 (Verdienst).

er-balden 動《弱》勇敢になる，勇気が出る (Mut fassen).

er-bære 男 相続人 (Erbe). {Tr. 10567}

êr-bære 女 名誉に満ちた態度 (ehrenvolles Betragen).

êr-, êren-bære, -bærec 形 ① 気高い (edel), 名誉に満ちた (ehrenvoll). ② 名誉にふさわしい (zur Ehre angemessen). {Iw. 116}

er-barme, -bärme 女 ① 同情 (Erbarmen). ② 慈悲深さ (Barmherzigkeit). {Parz. 171, 25}

er-barmecheit, er-barmekeit 女 慈悲，あわれみ (Barmherzigkeit).

er-barmeclich 形 ① 憐れみ深い，慈悲に満ちた (barmherzig). ② かわいそうな，同情に価する (erwarmenswert). {Tr. 1764}

erbarmec-lîche, -lîchen 副 ① 慈悲深く (barmherzig), 同情して (mitleidsvoll). ② かわいそうに (erbarmenswert). {Tr. 12854}

er-barmen 動《弱》同情する (bemitleiden), 憐れみの心を起こさせ (erbarmen). ¶ got dem ich erbarmen sol / der geruoche iuwer beider phlegen. 神が私を哀れとおぼしめすなら，お前たち二人をお守りくださるように. (Gr. 264-5)

er-barmhërze[1] 女 慈悲深さ (Barmherzigkeit).

er-barm-hërze[2]**, -hërzec, -hërzeclich** 形 慈悲深い (barmherzig).

er-barmherzekeit 女 慈悲深さ (Barmherzigkeit).

er-barmunge 女 ① 同情 (Erbarmung). ② 慈悲深さ (Barmherzigkeit). {Parz. 451, 5}

erbe[1] 中 ① 遺産 (Erbe, Erbschaft). ② 土地財産 (Erbland, Grundeigentum). ③ 相続 (Vererbung).

erbe² 男《弱》① 子孫 (Nachkomme). ② 相続人 (Erbe). ¶ er gap zwein jungelingen / sînes vater Rûâles sünen, swert, / wan er ir ze erben hete gegert / nâch ir vater Rûâle. トリスタンは二人の若者，義父ルーアールの息子たちに刀礼を行なったが，それはこの二人をルーアールのあとを継ぐ相続人にしようと思ったからである．(Tr. 5732-5)

er-beit ⇨ *arbeit*.

er-beiten¹ 動《弱》他 ① 煩わす (bemühen). ② 骨を折らせる，疲れさす (anstrengen). ③ 鍛える (abhärten). 再 ① 努める (sich bemühen, anstrengen). ② 自分を鍛える (sich abhärten). ¶ er hete ein wol erbeiten lîp / und ein wol werbendez wîp, / dar zuo hete er schœniu kint, / diu gar des mannes vreude sint, / unde hete, sô man saget, / under den eine maget, / ein kint von ahte jâren: 農夫はよく鍛えられた身体と，働き者の妻を持っていた．そのうえ可愛い子供たちがいて，農夫の喜びであったが，聞くところによればその中に一人の少女，8才の娘が居た．(aH. 297-303)

er-beiten² 動《弱》① 期待する (erwarten). ② (を)² 待ち受ける (auf ~ warten).

er-beiten³**, -beiteten** = *erbeiten* の直説法過去1，3人称複数．

er-beiʒen 動《弱》① (馬などから) 降りる (absteigen). ② 降りる (herabsteigen). ③ 下船する (vom Schiff steigen). ④ 落下する (niederstürzen). ⑤ 点火する (anfeuern). けしかける (hetzen).

erbe-lant 中 相続地 (ererbtes Land).

er-bëlgen 動 III. 2. [6. -bolgen] 自 再 怒る (zornig werden, zürnen). 憤激する (sich entrüsten). ◇erbolgen sîn, wërden ＜怒っている，怒る＞. {Tr. 764}

er-belgen, -balgen 動《弱》他 ① 怒らす (erzürnen). ② 侮辱する，傷つける (kränken). ③ 罰する (strafen).

erbelinc 男 [-linges²] 遺産相続人 (Erbe).

erbe-lôs 形 ① 相続人のない (ohne Erbe). ② 国のない (ohne Reich).

erbe-minne 女《強・弱》受け継がれた，独自の愛 (angeerbte, eigene Minne). {Tr. 19183}

erben 動《弱》他 ① 相続する (erben). ② (の)⁴ 財産を継ぐ (beerben). ③ 遺産として残す (als Erbschaft hinterlassen, vererben). 自 再 (に)³ 伝わる，遺伝する (sich vererben). {Parz. 51, 11}

erbe-phluoc 男 ① 受け継がれた鋤 (ererbter Pflug). ② 受け継が

er-bern

れた仕事 (ererbtes Geschäft). {Tr. 16848}
er-bern 動《弱》討つ (erschlagen).
er-bërn 動 IV. 他 ① もたらす, 作り出す (hervorbringen). ② 生む (gebären). ③ 覆いを取る (aufdecken). 自 ① 生まれる (geboren werden). ② 成長する (wachsen). 再 生じる, 起こる (entstehen).
erbe-schaft 女 相続 (Erbschaft).
erbe-smërze 男《弱》受け継がれた, 古い痛み (angeerbter, alter Schmerz). {Tr. 19131}
erbe-sun 男 総領息子, 嫡子 (Erbsohn).
erbe-teil 男 中 遺産 (Erbschaft), 相続分 (Anteil am Erbe). {Parz. 5, 5}
erbe-vater 男 養父 (Adoptivvater). {Tr. 4299}
erbe-voget 男 ① 相続法上の後見人 (Schirmherr durch Erbrecht). ② 世襲君主, 領主 (Erbherr).
erbe-vogetîn 女 世襲女君主, 領主 (Erbherrin). {Tr. 11769}
erbe-vrouwe 女 相続法上の女主人 (Herrin durch Erbrecht).
er-biben, -bibenen, -bidemen 動《弱》震える (erbeben), 震え始める (erzittern).
er-bieten 動 II. 2. 他 ① (に)³ 差し示す (darreichen). ② 表明する, 証明する (erweisen). 再 ① 生じる (sich darbieten). ② 現われる (sich einstellen). ③ 証明される (sich erweisen). ¶ do man imz sô güetlich erbôt 彼に大きな好意が示されたとき (Nib. 692, 4b)
er-binden 動 III. 1. ① 解く (losbinden). ② (から)² 自由にする (befreien). ③ 覆いを取る (enthüllen). ④ 結び上げる, 束ねる (aufbinden). {Nib. 1032, 1}
er-biten 動 V. ① (に)⁴ (を)² 頼み込む (durch Bitten bewegen). ② 請い求める (erbitten). ③ 願い出て手に入れる (durch Bitten erlangen). {Tr. 14002}
er-bîten 動 I. 1. 自 ① (を)² 待ち受ける, 待つ (warten). ② (を)² 期待する (erwarten). ③ (に)³ 抵抗する, 耐える (standhalten). {Iw. 288}
er-bîȝen 動 I. 1. ① (を)² 食い尽くす (verzehren). ② 嚙み砕く (zerbeißen). ③ 嚙み殺す (totbeißen). {Er. 5845}
er-blenden 動《弱》① 盲目にする (blenden). ② くらます (verblenden). ③ 暗くする (verdunkeln). {Tr. 1037}
er-blîchen 動 I. 1. [6. -blichen] 青ざめる (blass werden), 青白くなる (erblassen). {Parz. 693, 2}

ërde

er-blicken 動《弱》見る (anblicken).
er-blüejen 動《弱》[3. -blüete] 自再 ① 花盛りになる (entblühen). ② 赤くなる (rot werden). 他 赤くする (rot machen). ¶ do erblüete ir liehtiu varwe 彼女の顔に赤みがさした. (Nib. 240, 4)
er-bolge 女 怒りをあらわすこと, 立腹 (Zornausbruch).
er-bolgen[1] 自再 ① 膨らむ (anschwellen). ② (に)³ 腹を立てる (zornig werden).
er-bolgen[2] 形〔過分〕怒った (zornig).
er-bolgen[3] = *erbëlgen* の過去分詞.
erbolgen-lîche 副 怒って (erzürnt, zornig).
er-born[1] 形〔過分〕生まれた (geboren).
er-born[2] = *erbërn* の過去分詞.
er-brëchen 動 IV. 自 突然起こる (hervorbrechen), 急に出てくる (herausbrechen). 他 破る, こわす (zerbrechen). 再 知られる (kund werden). {Parz. 603, 8}
er-brinnen 動 III. 1. 燃える (in Brand kommen), 燃え上がる (entbrennen).
er-bunnen 動〔不規則〕[1. -ban 3. -bunde, -bonde 5. -bunden 6. -bunnen] ① 惜しむ, 惜しんで与えない (missgönnen). ② (を)⁴ᐟ³ 羨む (beneiden). ③ (から)³ (を)² 奪う (rauben, wegnehmen). ¶ ir habt uns hinne erbunnen vil maneges recken gemeit. あなたは多数のすぐれた家来を私たちから奪ってしまった. (Nib. 2304, 4) {Iw. 5255}
er-bürn 動《弱》高める, 高く上げる (erheben).
er-bûwen 動《弱》[6. -bûwen] 他 ① 建てる (bauen), 建て増しする (aufbauen). ② 栽培する (anbauen). ③ 準備する (bereiten), 装備する (ausrüsten). ④ 飾る, 飾り立てる (ausschmücken). {Parz. 222, 12}
erc-lich ⇨ *arclich.*
er-dæhte = *erdenken* の接続法過去 1, 3 人称単数.
er-danc 男 感謝 (Dank). ◇mir wirt erdanc (Ich danke 私は感謝する)
ërde 女《強・弱》① 大地 (Erde, Boden). ② 床 (Fußboden). ③ 居住の場所 (Erde als Wohnstatt). ¶ er gap in zeigen dâ zehant / daz breite geriute, / die erde und die liute, / dâ er dô siecher ûfe lac. ハインリヒは病人として過ごした広い開墾地の土地と人とをまもなく農夫に与えた. (aH. 1442-5)

er-denen 動《弱》他 ① 引く (ziehen), 広げる (ausdehnen). ② (刀を) 振りあげる (erheben). 再 脱臼する, 挫く (sich verrenken). {Parz. 241, 19}

er-denken. 動《弱》[3. -dâhte 4. -dæhte 6. -dâht] ① 考え抜く, 考え出す (ausdenken). ② 最後まで考える (zu Ende denken). ③ 思い出す (gedenken).

er-dienen 動《弱》(奉仕によって) 得る, 獲得する (erwerben).

er-dieʒen 動 II. 2. 自 ① 響く (ertönen), 鳴り響く (erschallen). ② ざわめく (rauschen). ③ 反響する (widerhallen). ④ 大声で叫ぶ (laut rufen). {Nib. 34, 3}

er-doln 動《弱》堪え忍ぶ (erdulden).

er-dringen 動 III. 1. 他 強いる, 強制する (erzwingen). 自 入り込む, 突入する (dringen).

er-dröuwen, -dröun 動《弱》(脅迫して) 実現させる (durch Drohen bewirken).

er-dûren 動《弱》耐える (ertragen).

er-dürsten 動《弱》① 非常に咽が乾く (sehr durstig werden). ② 咽が乾いて死ぬ (verdursten). {Nib. 966, 4}

êre 女 ① 敬意, 尊敬 (Verehrung). ② 称賛 (Preis, Lob). ③ 名声 (Ansehen). ④ 名誉 (Ehre). ⑤ 勝利 (Sieg). ◇nach êren ＜der Ehre gemäß 名誉にふさわしく＞. ¶ ez stuont umbe al sîn êre : / iedoch sô klagete er mêre / sîner swester arbeit / danne sîn selbes leit. それは彼の名誉に関わることであった. しかしながら, 彼は自分自身の苦しみよりも, 妹の心労を思って, 嘆き悲しんだ. (Gr. 461-4)

Êrec 男〔人名〕エーレック. デストレガレス国の王子.

ê-rëht 中 夫の財産権 (Vermögenrecht der Ehegatten).

er-eichen 動《弱》測る (ermessen).

er-einen 動《弱》統合する (vereinigen).

êren 動《弱》① 敬う, 名誉で飾る (ehren). ② 称賛する (preisen). ¶ die dînen soltû êren, / die vremeden zuo dir kêren. 一族の者を敬い, 他国の者たちを味方につけよ. (Gr. 253-4) ¶ lieber herre, / ir hât uns vil verre / geliebet unde gêret : / daz enwære niht wol gekêret, / wir engultenz iu mit guote. ご主人さま, あなたは私たちに親切にしてくださり, 名誉を与えてくださっています. 私たちが良いことをしてお礼をしないでは済まされません. (aH. 973-7)

êren-gir 形 名誉欲に満ちた (ehrbegierig). {Tr. 413}

er-gâhen 動《弱》① 到着する (erreichen). ② 急いで追いつく

er-graben

(ereilen). {Tr. 2764}

er-gân, -gên 動〔不規則〕[4. -gienge] ① 行く, 来る (gehen, kommen). ② 起こる (geschehen). ③ 終わる (zu Ende gehen). 他 ① 歩いて行き着く (gehend erreichen). ② 押し入る (durchdringen). 再 ① 来る (kommen). ② 起こる (geschehen). ③ 経過する (verlaufen). ¶ die müezen wir gewinnen, swie ez uns dar nâch ergê. どんなことが起ころうともこの船を借りなければならない. (Ku. 839, 2) ¶ zewâre, mac daz niht ergân, / sô wil ich sterben âne wîp, / wan ich êre unde lîp / hân von ir schulden. 万一, それがかなわないときは, 私は妻を迎えないままで死にたい. 私に名誉があり, 私が健康なのはこの娘のお陰だからだ. (aH. 1502-5)

er-gëben 動 V. 他 ① 示す (zeigen). ② 委託する (übergeben), 返す (wiedergeben). ③ 放棄する (aufgeben). ④ (に)³ 渡す, 委ねる (übergeben). 再 ① 現われる (sich zeigen). ② 広がる (sich verbreiten). ③ (を)² 諦める (verzichten). ④ 前に屈む (sich vorwärts beugen), 力なく崩れる (kraftlos niedersinken). ⑤ 修道院に入る (ins Kloster gehen). ⑥ 罪を告白する (die Schuld eingestehen). {Parz. 481, 1}

er-geilen 動《弱》他 喜ばす (froh machen). 再 (を)² 喜ぶ (sich erfreuen). {Parz. 733, 5}

er-gëllen 動 III. 2. ① 響く, 鳴り響く (erschallen, tönen). ② 騒がしくなる (laut werden). ③ 叫ぶ (schreien).

erger 形 [*arc* の比較級] より悪い, より邪悪な (schlechter, böser).

er-getzen 動《弱》[3. -gatze] ① 喜ばせる (erfreuen). ② (の)² 償いをする (entschädigen). ③ 忘れさせる (vergessen lassen). {Nib. 1049, 3}

er-gëʒʒen 動 V. (を)²/³ 忘れる (vergessen).

er-glasten ⇒ *erglesten.*

er-glesten, -glasten 動《弱》[3. -glaste] 自 きらめく, 輝く (aufleuchten, erglänzen). 他 照らす, 明るくする (erhellen).

er-glitzen 動《弱》輝く, 光る (erglänzen).

er-glîʒen 動 I. 1. 輝く, 光る (erglänzen).

er-glüejen, -glüen 動《弱》自 白熱する (glühen). 他 白熱させる, 燃やす (in Glut setzen).

er-gouchen 動《弱》自 惑わされる (närrisch werden), だまされる (sich betören lassen). 他 惑わす (närrisch machen). {Tr. 1035}

er-graben[1] 動 VI. ① 刻み込む (hinein graben, eingravieren). ②

er-graben

飾りをはめ込む, 象眼する (einladen). {Parz. 107, 30}
er-graben² = *ergraben* の過去分詞.
er-grîfen 動 I.1. ① 捉える, つかむ (ergreifen). ② 到着する (erreichen). ¶ er viel von sînem gebote / ab sîner besten werdekeit / in ein versmæheîchez leit : / in ergreif diu miselsuht. 彼は神の掟により, 揺るぎない栄華から, 侮辱に満ちた苦しみへ陥った. 彼は癩病に罹った. (aH. 116-9)
er-grînen 動 I.1. 自 ① 泣き始める (zu weinen anfangen), 笑い始める (zu lachen anfangen). ② 吠える (brüllen), いななく (wiehern). 他 ① 吠えさせる (brüllen lassen), いななかせる (wiehern lassen). ② 笑わせる (lachen lassen).
er-grîsen 動《弱》灰色になる (grau werden).
er-griulen 動《弱》非 灰色になる, 夜が明ける (es graut).
er-grœʒen 動《弱》大きくする (vergrößern).
er-haben = *erheben* の過去分詞.
êr-haft 形 ① 名誉ある (ehrenhaft). ② 輝かしい (glänzend). ③ すばらしい (herrlich).
er-hâhen, -hân 動〔反復〕2 [5. -hangen] 絞殺する (erhängen). ¶ die hât er gar gevangen, / und hât ir zwêne erhangen / daz ichz ane muose sehen. 巨人は彼ら [=6人の息子] を捕らえ, そのうち2人を縛り首にしたが, そのありさまを私は見なければならなかった. (Iw. 4479-81)
er-hangen = *erhâhen, -hân* の過去分詞.
er-haschen 動《弱》つかむ (ergreifen).
er-heben 動 VI. [6. -haben] 他 ① (高く) 上げる, 引き上げる (in die Höhe heben). ② 始める (beginnen). 再 ① 起き上がる (sich aufmachen). ② 着手する (beginnen). ¶ nû sagen wir ouch dâ bî / von wiu diu rede erhaben sî. さて, そのさい私たちは, どのような話が始まっているのかお話しましょう. (Er. 440-1)
er-heilen 動《弱》自 治る (heilen). 他 治す (heilen).
er-hëllen 動 III. 2. 自 鳴り響く (ertönen, erschallen). 他 騒音で起こす (durch Geräusch aufwecken). {Tr. 9058}
er-hengen 動《弱》① 起こさせる (geschehen lassen), 許す (zulassen). ② 絞殺する (erhängen). {Parz. 447, 27}
er-hœhen 動《弱》① 高める (erhöhen). ② 賛美する, 称賛する (verherrlichen).
er-holn 動《弱》他 ① 得る (erwerben). ② (怠ったものを) 取り戻

す (nachholen). ③ 運び込む (einbringen). ④ 活気づける (erquicken, erfrischen). 再 ① 回復する，立直る (sich erholen). ② 考え直す (sich anders besinnen). ③ (法的手続きでの) 過失を元通りにする (einen Verstoß wieder gut machen). {Nib. 210, 3}

er-hœren 動《弱》[3. -hôrte 6. -hôret. -hœret] ① 聞く (hören). ② 聞き知る (vernehmen, zu Ohren bekommen). ③ 聞き届ける (erhören). ¶ Daz er dem vater hete gesaget, / daz erhôrte diu reine maget : ハインリヒが父親に言ったことをその清らかな少女はすっかり聞いていた. (aH. 459-60)

er-hôrte = *erhœren* の直説法過去 1, 3 人称単数.

er-houwen 動〔反復〕3 [6. -houwen] ① 切り刻む (zerhauen). ② 突き刺す (stechen). ③ 切って手に入れる (durch Hauen erwerben). 再 ① 切り抜けて進む (sich durchschlagen). ② 切り疲れる (sich müde hauen). ¶ dô wart alêrst erhouwen von den helden manic vil tiefiu wunde. そのとき初めて勇士たちによって深い傷が切られた. (Ku. 885, 4)

er-îlen 動《弱》① 急いで追いつく (ereilen). ② 実際に基づき物語る (nach der Wirklichkeit erzählen).

êrîn 形 青銅の, 真鍮の (ehern). {Tr. 16733}

er-iteniwen 動《弱》新たにする (erneuern). {Nib. 1222, 4}

er-jagen 動《弱》① (狩をして) 得る (gewinnen). ② 到達する (erreichen). ③ (実際に沿って) 物語る (erzählen). {Nib. 933, 7}

er-jëhen 動 V. 告白する (bekennen).

er-jëten 動 V. ① 雑草を取りのぞく (ausjäten). ② (から)² きれいにする (reinigen). {Parz. 317, 12}

er-jungen 動《弱》若返らせる (verjüngen).

er-kalte, -kaltete = *erkelten* の直説法過去 1, 3 人称単数.

er-kalten 動《弱》自 寒くなる (kalt werden).

er-kande = *erkennen* の直説法過去 1, 3 人称単数.

er-kant 形〔過分〕① 知られた (bekannt). ② 有名な (berühmt). ③ 見分けのつく，識別でききる (erkennbar). {Tr. 491}

er-kantlich 形 ① 認め得る (erkennbar). ② 知られた (bekannt).

er-kelten 動《弱》寒くする (kalt machen).

er-kenne 女 認識 (Erkenntnis).

er-kennec-lich, -kennelich 形 ① 認め得る (erkennbar). ② よく知られた (wohl bekannt). ③ 理解し得る (verständlich). ¶ Sîn name was erkennelich : / er hiez der herre Heinrich / und was von

er-kennéclîchen

Ouwe geborn. 彼の名は知られている. その騎士は領主ハインリッヒと呼ばれていて, アウエの生まれであった. (aH. 47-9)

er-kennéclîchen 副 ① 再び認めて (wieder erkennend). ② 知られて (bekannt). {Parz. 258, 2}

er-kennen 動《弱》[3. -kante, -kande, 6. -kant] 他 ① 知っている (kennen, wissen). ② 認める (erkennen). ③ 承認する (anerkennen). 再 ① 聞き知る (Bescheid wissen). ② 理解する (verstehen). ③ 正しく判断する (richtig beurteilen). ¶ sî nam an im war / einer der wunden / diu ze manegen stunden / an im was wol erkant, unde nande in zehant. 彼女はよく見知った傷を彼の体に認めると, すぐに彼の名を呼んだ. (Iw. 3378-82)

er-ker, ärkêr 男 [中世ラテン語 arcora < ラテン語 arcus] (城壁などの) 張り出し窓 (Erker). {Parz. 183, 25}

er-kiesen 動 II. 2. /《弱》[3. -kôs, 6. -korn] ① つかむ, 捕らえる (greifen). ② 選ぶ (erwählen). ③ 見る (sehen). ④ 発明する (erfinden), 考え出す (ersinnen). ◇uȝ erkiesen ＜auserwählen 選び出す＞. ¶ ir volgte ich manige mîle, ê si iuch ze friedel ie erkôs. あなたがあの方とご結婚なさった時以前に, 私は何マイルもあの方のあとに従いました. (Ku. 556, 4) {Er. 924}

er-klagen 動《弱》他 ① 嘆く (klagen). ② 裁判にかける (durch Klage vor Gericht bringen)

er-klanc = *erklingen* の直説法過去1, 3人称単数.

er-klæren 動《弱》他 明らかにする (klar machen). 自 明らかになる (klar werden).

er-klengen, -klenken 動《弱》鳴り響かせる (zum Erklingen bringen, ertönen lassen). {Parz. 60, 26}

er-klingen 動 III. 1. [3. -klanc] 自 鳴り響く (erklingen). 他 鳴り響かせる (erklingen lassen). ¶ sîn swert im harte lûte an der hende erklanc. その刀がホーラントの手元で大きな音を立てた. (Ku. 886, 2)

er-koberen, -koveren 動《弱》① 得る (gewinnen), 手に入れる (erholen). ② 一緒にしている (zusammenhalten). 再 (から)² 回復する (sich erholen).

er-komen 動 IV. 自 再 驚く (erschrecken). ¶ iemitten gieng ouch Brangæne în / unde erkande daz glas / unde sach wol, waz der rede was; / si erschrac sô sêre unde erkam, / daz ez ir alle ir kraft benam, / und wart reht alse ein tôte var. そこへブランゲーネがその中に入って来て, グラスに気づいた. この侍女頭は事の成り行

きを知って，驚きのあまりからだの力が抜け，まるで死人のような顔色になった．(Tr. 11690-5)

er-korn = *erkiesen* の過去分詞．

er-kôsen 動《弱》再 ① 協議する (sich besprechen)．② 歓談する (sich unterhalten)．

er-koufen 動《弱》① 買い取る (erkaufen), (買って) 手に入れる (erwerben)．② 買い戻す (loskaufen)．

er-koveren ⇨ *erkoberen.*

er-krachen 動《弱》① 音を立てる (erkrachen)．② 音を立てて割る (krachend zerbrechen)．{Nib. 677, 3}

er-krimmen 動 III. 1. [5. -krummen] ① 搔き裂く (zerkratzen)．② 口ばしで肉を裂き取る (mit Schnabel zerfleischen)．{Nib. 13, 3}

er-kücken ⇨ *erquicken.*

er-küelen 動《弱》冷たくする, 涼しくする (kühl machen)．{Tr. 13206}

er-küenen 動《弱》他 勇敢にする (kühn machen)．{Parz. 489, 14}

er-kunnen[1] 動《弱》① 調査する, 探索する (erforschen)．② 知る, 知り合いになる (kennenlernen)．{Iw. 2532}

er-kunnen[2] 形〔過分〕① 知られた, 認識された (erkannt)．② 探究された (erforscht)．

er-kuolen 動《弱》冷たくなる (kalt werden), 涼しくなる (kühl werden)．

er-kürn 動《弱》選ぶ (erwählen)．

er-kürzen 動《弱》短くする (verkürzen)．

er-laben 動《弱》元気づける (erquicken)．

er-lachen 動《弱》自 ① 大声で笑う (auflachen)．② 笑い出す (in Lachen ausbrechen)．③ (を)[2/von] 嘲笑う (lachen über)．他 笑い掛ける (anlachen)．{Tr. 13206}

er-lamen 動《弱》自 しびれてくる (lahm werden)．他 しびれさせる (lahm machen)．

er-langen 動《弱》他 達する (erreichen)．非 [+2] 退屈させる (langweilen)．非 [+nach] 熱望する (verlangen, sich sehnen)．{Tr. 8905}

er-læren 動《弱》① すっかりからにする (ganz leer machen)．② (から)[2] 自由にする (frei machen)．{Parz. 345, 4}

er-lâʒen, -lân 動〔反復〕2 [3. -lie, lieʒ 6. -lân] 他 ① (から)[2] 自由にする (frei machen)．② (を)[2] 免じる (erlassen)．再 ① 断念する (unterlassen)．② 解消する (auseinandergehen)．¶ des wirstû

er-lëdigen　　　　　　134

harte wol erlân : / dû stâst ob mînem grabe niht, / wan dâ mir der tôt geschiht, / daz enlât dich nieman sehen : / ez sol ze Salerne geschehen. あなたはおそらくそうする必要はありません. あなたは私の墓を訪れることはありません. 私の死ぬ所を誰もあなたには見せません. それはサレルノでのことです. (aH. 848-52)

er-lëdigen 動《弱》① 自由にする, 解放する (in Freiheit setzen). ② (から)[2/von] 自由にする (frei machen).

er-legen 動《弱》① 下に置く (niederlegen). ② 中に入れる, はめ込む (einlegen). ③ 添える (beilegen). ④ 平らにする (schlichten). {Parz. 408, 21}

er-leiden 動《弱》自 (が)[3] 嫌いだ, いやだ (leit sein). 動 嫌わせる (leid machen). いやがらせる (verleiden).

er-lemen, -lemeden, -lemmen 動《弱》萎えさせる (lahm machen, lahm legen, lähmen). {Parz. 95, 17}

er-lengen, -lengern 動《弱》① 長くする (verlägern). ② 遅くする (verzögen), 延期する (hinausschieben). ③ 長引かせる (in die Länge ziehen). {Parz. 27, 10}

er-lêren 動《弱》教える, 授業する (unterrichten).

er-lëschen 動 IV. 自 ① 消える (erlöschen). ②〔狩猟用語〕吠えやむ, 狩りをやめる (zu bellen, zu jagen aufhören). ¶ nû sehet wie unser lachen / mit weinen erlischet. 私たちの笑いが涙で消える様子をご覧ください. (aH. 106-7)

er-leschen 動《弱》他 ① 消す (auslöschen). ② 根絶する (vertilgen). {Tr. 8299}

er-lësen 動 V. ① 読み終える (bis zu Ende lesen). ② 読んで調べる (durch Lesen erforschen). ③ 選ぶ (erwählen).

er-leswen 動《弱》弱くなる (schwach werden).

êr-lich 形 ① 名誉ある (Ehre habend). ② 立派な (ansehnlich), 優れた (trefflich). ③ 美しい (schön).

êr-lîche, -lîchen 副 ① 名誉に満ちて (ehrenvoll). ② 美しく (herrlich), 華美に (prunkvoll).

er-lîden 動 I. 1. 耐える (ertragen). ¶ gedenke, tohter, liebez kint, / wie grôz die arbeite sint / die ich durch dich erliten hân. 娘よ, 可愛い子よ, お前のために私が耐えてきた苦労がどんなに大きいかを考えてほしい. (aH. 631-3)

er-liegen 動 II. 1. ① 嘘を言う, 偽って言う (erlügen). ② だまして手に入れる (gewinnen). ③ (に)[3] 不当に与えない (vorenthalten).

{Parz. 27, 30}

er-liuhten 動《弱》他 照らす (erleuchten). 自 輝く (aufleuchten).

er-liuten 動《弱》自 ① 音を出す (lauten). ② 吠える (bellen). 他 明るくする, 説明する (erläutern).

êr-lôs 形 ① 名誉のない (ehrlos). ② 名誉を奪われた (entehrt).

er-lœsære, -er 男 ① 救済者 (Erlöser). ② 救世主 (Heiland).

er-lœsen 動《弱》[3. -lôste] ① 解く (lösen), ほどく (auflösen). ② (から)² 解き放つ, 自由にする (befreien). ③ 獲得する (gewinnen). ④ 取り除く (beseitigen). ⑤ 明らかにする (offenbaren). 再 解ける, 解放される (sich lösen). ¶ man giht, er sî sîn selbes bote / und erlœse sich dâ mite, / swer vür des andern schulde bite. 他人の罪のために祈る者は自分自身の使いともなり, それにより自分自身を救う, と言われている. (aH. 26-8)

er-louben 動《弱》他 ① 許す (erlauben), 許しを与える (Erlaubnis geben). ② 去らせる (entlassen). 再 (を)² 免かれる (sich entschlagen). ¶ iu hât der künec erloubet, ir sult ze hove gân, / sîn swester sol iuch grüezen; daz ist zen êren iu getân. 王はあなたが宮殿に出向くことをお許しになりました. 王の妹君があなたにご挨拶なさるとのことです. それはあなたの名誉となりましょう. (Nib. 290, 3-4)

er-loufen 動〔反復〕3 他 ① 走りながらつかむ (laufend angreifen). ② 走り抜ける (durchlaufen). ③ 走って追いつく (durch Laufen einholen). 再 ① 起こる (sich zutragen). ② 経過する (verlaufen). ③ (利子などが) かさむ, 多くなる (auflaufen). {Tr. 3447}

er-lüejen 動《弱》吠える, うなる (aufbrüllen). {Iw. 5057}

er-lûten 動《弱》① 鳴る, 響く (lauten). ② 吠える (bellen).

er-mâlen 動《弱》描く (malen).

er-manen 動《弱》① 戒める, 警告する (ermahnen). ② 思い出させる (erinnern). {Iw. 3933}

er-mæren 動《弱》物語る (erzählen).

ermec-heit ⇨ *armecheit*.

ermec-lich ⇨ *armeclich*.

ermede, ermde 女 貧困 (Armut).

ermel, ermelinc, erblinc 男 袖 (Ärmel). {Tr. 2845}

ermen, ermern 動《弱》貧しくする (arm machen), より貧しくする (ärmer machen).

er-mürden, -murderôn 動《弱》[別形 er-murden, -mörden,

-morden, -murderôn] 殺害する (ermorden). {Nib. 1012, 3}

ern, eren, erren 動《弱》/〔反復〕1 [3. erte, ier 6. geert, gearn] ① 耕す, 鋤く (ackern, pflügen). ② 鋤の刃でのように切る (wie mit der Pflugschar schneiden). {Parz. 124, 28}

er-nande = *ernennen* の直説法過去1, 3人称単数.

er-nenden 動《弱》[3. ernande] 自 再 ① 勇気をふるい起こす (Mut fassen). ② (を)² 敢えてする (sich wagen).

er-nennen 動《弱》言い尽くす (ganz aussprechen), 最後まで呼び尽くす (zu Ende nennen).

er-nern 動《弱》① (から)² 健康にする, 治す (heilen). ② 救う (retten). ③ 生きながらえさせる (am Leben erhalten). ④ 養う, 飼う (ernähren, füttern). ¶ als uns mîn herre hât gesaget, / sô mac man in vil wol ernern. 領主さまの言葉通り, 必ず領主さまを救うことができます. (aH. 558-9)

er-nësen 動 V. 救われる (gerettet werden).

ërnest, ërnst 男 ① 真剣さ (Ernst). ② 確固たること (Festigkeit). ③ 勝負, 戦い (Kampf). ¶ Diu muoter weinende sprach, / dô si der tohter ernest sach : / „gedenke, tohter, liebez kint, / wie grôz die arbeite sint / die ich durch dich erliten hân / und lâ mich bezzern lôn emphân / dan ich dich hœre sprechen. 母は娘が本気であることを知って, 泣きながら, 「娘よ, 可愛い子, 私があなたのためにした苦労の大きさを考え, あなたが言っているものよりももっとましな褒美をおくれ」と言った. (aH. 629-35)

ërnest-krei3 男 戦場, 戦いの場 (Kampfplatz). {Tr. 6754}

ernest-lîche 副 ① 装備を整えた (wohlgerüstet). ② 戦い得る (streitbar). ③ 真剣に (im Ernst). {Nib. 887, 2}

er-niesen 動 II. 2. くしゃみをする (niesen).

er-niuwen, -niuwern 動《弱》他 再 新しくする (erneuern), 蘇らせる (auffrischen). {Nib. 1947, 1}

er-offenen, -offen 動《弱》① 開く (eröffnen). ② 知らせる (kund machen). ③ (に)⁴ 教える (belehren). ④ 物語る (erzählen).

er-œsen, -ôsen 動《弱》① 荒廃させる, 荒らす (verwüsten). ② 空にする (ausleeren). 汲み尽くす (erschöpfen). {Parz. 213. 12}

er-ougen, -öugen 動《弱》① 示す (zeigen). ② 目の前に置く (vor Augen stellen).

er-prüeven 動《弱》① 考え出す (ersinnen). ② 捜し出す (auffindig machen).

er-quicken, -kücken, -kicken, -kecken 動《弱》他再 ① 新しい息吹を与える,生き返らせる (neu beleben). ② 死から蘇らせる (vom Tod erwecken). 自 元気になる (munter werden, sich ermuntern).

er-râten 動〔反復〕2 他 ① 当てる,当たる (treffen). ② 陥る (geraten). ③ 勧める (anraten). ④ 助言に従う (im Rat beschließen). ⑤ 言い当てる (erraten).

êrre¹, êrer, ërre 形 [êr の比較級] より以前の (früher, vorig). {Parz. 52, 2}

ërre² ⇨ *irre.*

er-rëchen 動 IV. 他 再 すっかり仇を討つ (vollständig rächen). {Iw. 5069}

er-recken¹, -rechen 動《弱》① 駆り立てる (hervortreiben), 刺激する (erregen). ② (手足を伸ばして) 届く (durch Ausstrecken erreichen). ③ 獲得する (erlangen). {Er. 1464}

er-recken², -rechen 動《弱》① 言い尽す (ganz aussprechen). ② 数えあげる (aufzählen). ③ 解明する (ergründen).

er-reichen, -reigen 動《弱》① 到着する (erreichen). ② 理解する (verstehen). ③ つかむ (begreifen).

er-reinen, -reinigen 動《弱》きれいにする (reinigen).

er-reisen 動《弱》旅をして到達する (durch Reisen erlangen).

er-reizen 動《弱》挑発する,怒らす (aufreizen). {Nib. 2057, 2}

er-rennen 動《弱》① 走って追いつく (rennend erholen). ② 突撃して奪取する (mit Sturm nehmen).

er-retten 動《弱》① 救いだす (retten, erretten). ② (から)² 解放する,自由にする (befreien).

er-rîden 動 I. 1. ① 上へ振る (in die Höhe schwingen). ② 最後まで振る (zu Ende schwingen). {Er. 5546}

er-ringen 動 III. 1. [3. -ranc] 難儀をして獲得する (mit Mühe erringen). {Nib. 472, 2}

er-rîten 動 I. 1. 自 騎乗して別れていく (auseinander reiten). 他 ① (馬を) 調教する (durchreiten). ② 馬で追いつく (reitend einholen). ③ 到達する (erreichen). ④ 遭遇する (treffen). {Iw. 4695}

er-riuten 動《弱》① (根こそぎにして) (を)² きれいにする (säubern). ② (根こそぎにして) 獲得する (erwerben).

er-sach = *ersëhen* の直説法過去 1, 3人称単数.

er-saz 男 ① 罰 (Strafe). ② 賠償 (Ersatz).

er-schamen

er-schamen 動《弱》自 再 ① 恥じる (sich schämen). ② 恥ずかしくなる (in Scham geraten).
er-schein = *erschînen* の直説法過去1, 3人称単数.
er-scheinen 動《弱》① 光らせる (leuchten lassen). ② 示す (zeigen). ③ 証明する (beweisen). ④ 明示する, 明らかにする (offenbaren). ⑤ 知らせる (kund tun). ¶ welt ir mir wenden mîn heil, / sô lâze ich iuch ein teil / ê nâch mir geweinen, / ich enwelle mir erscheinen / wes ich mir selbe schuldic bin. あなたがたが私の幸せを妨げるときは, 私は自分自身がしたいことを断念するよりは, むしろあなたがたに私の後で少し泣いていただきます. (aH. 831-5)
er-schëllen 動 III.2. ① 鳴り響く (ertönen), 響きわたる (erschallen). ② 知られる (bekannt werden). {Er. 9212}
er-schellen 動《弱》① 鳴らす (zum Schallen bringen). ② 失神させる (betäuben). ③ びっくりさせる (aufschrecken). ④ 打ちくだく (zerschellen). ⑤ 退かせる (zum Weichen bringen).
er-schieben 動 II.1. ① いっぱいに詰め込む (voll stopfen). ② すっかり押し込む (voll schieben).
er-schiezen 動 II.2. 他 ① 射る (erschießen). ② 選ぶ (erwählen). 自 ① 栄える (gedeihen). ② 飛び立つ (aufschießen).
er-schînen 動 I.1. [3. -schein] 現われる, 出現する (sich zeigen, erscheinen).
er-schrac = *erschrëcken* の直説法過去1, 3人称単数.
er-schrëcken 動 IV. [3. -schrac] ① 飛び上がる (aufspringen), 飛びのく (zurückspringen). ② 驚く (erschrecken).
er-schrecken 動《弱》他 ① 驚かす (erschrecken). ② (眠りから) 起こす (aus dem Schlaf aufschrecken). 自 ① (驚いて) 目を覚ます (aus dem Schlaf aufschrecken). ② (に)$^{+2/von}$ 驚く (erschrecken über).
er-schreckunge 女 ① 驚き (das Schrecken). ② 硬直 (Erstarrung).
er-schricken 動《弱》自 ① 驚いて跳び上がる (aufschrecken). ② (に)^{vor} 驚く (erschrecken). 他 ① 驚いて飛び上がらせる (aufschrecken). ② 驚かす (erschrecken). {Gr. 3703}
er-schrîen 動 I.2. 声高に叫ぶ (aufschreien). {Tr. 16032}
er-schrocken-lich 形 恐ろしい (erschrecklich), 恐い (furchtbar).
er-schrocken-lîche 副 驚いて (erschrocken). {Tr. 12785}
er-schullen = *erschëllen* の直説法過去1, 3人称複数.

er-sëhen 動 V. [3. -sach] 他 ① 見て取る (erschauen). ② じっと見守る (betrachten). 再 ① 見られる (sich erblicken). ② 見回す, 振り返る (sich umsehen). ③ たずねる (sich erkundigen). ¶ Dô diu maget rehte ersach / daz ir ze sterbenne niht geschach, / dâ was ir muot beswæret mite. 少女は自分が死なないことを知り, そのために少女の心は重くなった. (aH. 1281-3)

er-seigen 動《弱》① くみ尽くす (erschöpfen). ② くみ出す (ausschöpfen).

er-senden 動《弱》① (使者を) 派遣する (aussenden). ② 送る (senden). {Tr. 19537}

er-setzen 動《弱》他 ① 補う, 補修する (ersetzen). ② 縫いつける (anflicken). ③ (薬味, 香料, 香辛料を) 加える (mit Gewürze bereiten). 再 ① 座る (sich setzen). ② 正しく置かれる (sich zurecht setzen). {Gr. 2179}

er-sichern 動《弱》① 試みる (versuchen). ② 試す (erproben, prüfen). {Er. 6784}

er-sigen 動《弱》勝つ, 勝利する (siegen).

er-sîgen 動 I. 1. 沈む (sinken).

er-sîhen 動 I. 2. 自 空にされる (entleert werden), 空になる (leer werden).

er-sitzen 動 V. 自 座り続ける (sitzen bleiben). 他 座って獲得する (durch Sitzen erwerben)

er-siuften, -siufzen 動《弱》自 嘆息する (aufseufzen). 他 (に)an 嘆息混じりに話しかける (anseufzen). {Tr. 784}

er-slagen = *erslahen* の過去分詞.

er-slahen, -slân 動 VI. [3. -sluoc, 6. -slagen] 他 ① 討つ (totschlagen), 討ち果たす (erschlagen). ② 打ち砕く (zerschlagen). 再 ① たたき合う (sich schlagen). ② たたきかかる (mit Schlägen angreifen). ¶ Dannoch dô er den wurm ersluoc, / dô heter zwîvel genuoc / daz in der lewe wolde bestân : / daz wart im anders kunt getân. しかしながら騎士は竜を討ったとき, ライオンが自分を打ち負かそうとしないかと, たいへん不安になった. しかし, 騎士の考えははずれた. (Iw. 3865-8)

er-sluoc = *erslahen* の直説法過去 1, 3 人称単数.

er-smecken 動《弱》他 (を)⁴ 嗅ぎつける (wittern). 自 ① 匂う (riechen). ② 香る (duften). {Parz. 736, 14}

er-smielen, -smieren 動《弱》① 大声で笑う (auflachen). ②

er-smieren

(に)² ほほえむ (lächeln). {Tr. 14959}
er-smieren ⇨ *ersmielen.*
er-sochen 動《弱》① 病気にする (krank machen). ② 萎えさせる (lähmen)
er-spëhen 動《弱》① 見る，見て取る (ersehen). ② 探究する (erforschen).
er-sprengen 動《弱》① 跳びはねさせる (zum Springen bringen). ② 疾駆させる (springen lassen), 飛び上がらせる (aufspringen lassen). ③ 広げる (ausbreiten). ④ 終える (beendigen). 再 ① 伸びる，広がる (sich erstrecken). ② 十分である (ausreichen). {Nib. 934, 1}
er-springen 動 III. 1. 自 ① 跳び上がる，飛び立つ，跳び去る (aufspringen). ② 源を発する (entspringen). 他 素早くとらえる (erhaschen). {Parz. 567, 10}
êrst, êrest 副 [êr の最高級] 最初に (erst, zuerst).
er-stân, -stên 動 VI. 自 ① 未決定である (offen stehen). ② まっすぐ立っている (aufrecht stehen). ③ 死から蘇る (vom Tod erstehen). ④ 生まれる，起こる (entstehen). 他 ① 立ち上がらせる (aufstehen lassen). ② 耐える (ertragen). 再 ① 気づく (merken). ② 理解する (verstehen).
er-stæten 動《弱》① 確かにする，固める (fest machen). ② 約束する，保証する (versichern). ¶ si müezen mir erstæten 彼らは私に約束しなければならない. (Ku. 1599, 3a).
êrste 女 初め (Anfang).
er-stëchen 動 IV. 刺し殺す，突き殺す (tot stechen).
er-steinen 動《弱》自 ① 石になる (zu Stein werden). ② 固くなる (erstarren). 他 ① 石にする (versteinern). ② (に)⁴ 石を投げる (steinigen). {Tr. 1728}
er-stërben 動 III. 2. ① 死に絶える (absterben). ② (で)² 死ぬ (sterben). ③ 遺産として遺す (vererben). ¶ swennez dir kumet ûf die vrist / daz des dehein rât ist, / du enmüezest ersterben, / und möhtestu daz erwerben, / dû lebetest gerner dannoch : / wan du enkæme nie in leider loch. いよいよその時がやってきて，お前が死ななければならなくなったとき，もし少しでも生きる道が残されていたら，お前はやはり生き続けたいと思うだろう．それはお前がこの上なく苦しい穴には入りたくないからだ. (aH. 579-84)
er-sterben 動《弱》殺す (töten). ¶ du maht vil prîses erben, / ob du mich kanst ersterben. 私の命を奪えば，おまえはこの栄誉の多く

を引き継ぐことができる. (Parz. 543, 7-8)

er-storben = *erstërben* の過去分詞.

er-strecken 動《弱》① 伸ばす (ausdehnen). ② 打ち倒す (niederstrecken). ③ 広げる (erweitern). ④ (時間的に) 長くする (verlängern). ¶ erne kunde niht gesorgen, / ez enwære ob im der vogelsanc, / die süeze in sîn herze dranc : / daz erstracte im sîniu brüstelîn. 王子は自分の頭の上で小鳥が鳴きさえしなければ, 何の憂いもなかった. その甘美な歌声が心にしみた. それが王子の小さい胸に広がった. (Parz. 118, 14-7)

er-strîchen 動 I. 1. ① 流浪する, さまよい歩く (durchstreifen). ② 急ぐ (eilen). ③ 磨く (putzen), 飾る (zieren). {Parz. 434, 12}

er-strîten 動 I. 1. 他 ① 戦い取る (erkämpfen). ② 戦いで圧倒する (durch Kampf überwältigen). 再 ① 戦って自由になる (sich durch Kampf frei machen). ② 戦って疲れる (sich müde kämpfen). {Nib. 117, 3}

er-stummen 動《弱》① 黙ってしまう (stumm werden). ② 黙り込む (verstummen). {Tr. 1735}

er-suochen 動《弱》① 捜す (suchen). ② 熱望する (begehren). ③ 捜し尽くす (durchsuchen). ④ 調べる (untersuchen), 解明する (ergründen). ⑤ (敵などを) 捜し出す (aufsuchen). ⑥ 襲う, 悩ます (heimsuchen). ⑦ 挑発する, 魅する (reizen). {Tr. 19543 / Iw. 1297}

er-sûren 動《弱》酸っぱくなる (sauer werden).

er-swachen 動《弱》弱くなる (schwach werden).

er-swarzen 動《弱》黒くなる (schwarz werden).

er-swingen 動 III. 1. ① 振り動かす (schwingend bewegen). ② 振り広げる (aufschwingen). ③ 研磨する (abstreifen). ④ 振り当てる (schwingend erreichen).

ër-tac 男 火曜日 (Dienstag).

er-tagen 動《弱》自 ① 夜が明ける (Tag werden). {② 昇る (aufgehen). 他 (判決によって) 獲得する (mit Urteil erlangen). {Tr. 8272}

ërt-aphel 男〔植物〕マンドラゴラ (Mandragora).

ërt-ber 女《弱》・中 苺 (Erdbeere).

ërt-bibe, -bibede, -bibunge 女 地震 (Erdbeben).

ërt-bidem, -bideme 男《強・弱》・中《強・弱》地震 (Erdbeben).

êr-tegic 形 昨日の (gestrig).

er-teilære 男 ① 判定者 (Urteiler). ② 裁判官 (Richter}

er-teilen

er-teilen 動《弱》自 判決をくだす (Urteil sprechen). 他 ① 裁く (richten). ② (に)³ 判決をくだす (verurteilen). ③ (に)³ 与える (erteilen). ④ 分ける (teilen). {Tr. 9966}
er-toben 動《弱》自 再 正気を失う (von Sinnen kommen), 荒れ狂う (rasend werden). {Nib. 2206, 2}
er-tôren, -tœren 動《弱》自 愚か者になる (zum Toren werden). 他 愚か者にする (zum Toren machen).
er-tôten 動《弱》死ぬ (sterben).
er-tœten 動《弱》殺す (töten). {Tr. 98}
er-trahten 動《弱》① 考えだす (erdenken). ② きわめる (ergründen). {Tr. 14389}
er-trenken 動《弱》[3. -trancte] ① 飲ませる (tränken). ② 溺れさす (ertränken, zum Ertrinken bringen). ③ 水浸しにする, 溢れさせる (überschwemmen). {Tr. 11115}
ërt-rîch(e) 中 ① 大地 (Erde), 陸地 (Erdreich). ② 住居地 (Wohnstätte). {Gr. 3012}
er-triegen 動 II. 1. ① 欺く (betrügen). ② だます (täuschen).
ërt-rinc 男 全世界 (Erdkreis).
er-trinken 動 III. 1. 他 飲む, 飲み乾す (trinken, austrinken). 自 ① 溺れる (ertrinken). ② (船が) 沈む (untergehen, sinken). {aH. 150}
er-trüeben 動《弱》① 悲しませる (betrüben). ② 濁らせる (trüben). {Nib. 1763, 3}
ërt-stift 女 ① 地上での設立 (Stiftung auf Erden). ② 地上の建物 (Bau auf Erden).
ërt-var 形 土色の (erdfarb).
er-tweln 動《弱》① 無力にする (kraftlos machen). ② 知覚を奪う (betäuben). ③ 遅らす (verzögern).
er-twëln 動 IV. 死ぬ (sterben).
er-twingen 動 III. 1. ① 強要する (erzwingen). ② 克服する (bezwingen). {Nib. 55, 4}
ërt-wurm 男 みみず (Regenwurm).
êrunge 女 贈物 (Geschenk).
er-vallen 動〔反復〕1 自 ① 落ちる (niederfallen). ② 倒れて死ぬ (zu Tod fallen). ③ (に)³ 与えられる (zuteil werden). 再 ① 落下する (sich niederstürzen). ② 落ちて死ぬ (zum Tod fallen). 他 ① 襲う (überfallen). ② 落として殺す (durch Fallen töten). {Er. 6114}

er-være 中 ① 恐れ (Furcht). ② 驚き, 恐怖 (Schrecken).

er-væren 動《弱》① 欺く, だます (betrügen). ② 驚かす (überraschen). ③ 狼狽させる (aus der Fassung bringen). ④ 怒らせる (erzürnen). 再 ① 恐れる (sich fürchten). ② 驚く (sich erschrecken). {Iw. 5787}

er-varn 動 VI. 自 ① 行く (fahren). ② 旅に出る (reisen). 他 ① 到着する (erreichen). ② 会う (treffen). ③ 聞き知る (erfahren). ④ 探索する (erkunden). ⑤ 知り合う (kennenlernen). ⑥ 通過する (durchfahren). 再 尋ねる (sich erkundigen). {Tr. 8449}

er-vëhten 動 IV. 他 ① 戦い取る (erkämpfen). ② 戦う (bekämpfen). 再 ① 奮闘する (kämpfend anstrengen). ② 戦って逃れる (sich durch Kampf befreien). {Parz. 128, 5}

er-vellen 動《弱》[3. ervalte] 他 倒す (zu Fall bringen), 殺す (erlegen). 再 ① 崩壊する (auseinanderfallen), 倒れて死ぬ (zu Tode fallen). ② 広がる (sich verbreiten).

er-vîlen 動《弱》磨く, やすりをかける (feilen).

er-vinden 動 III. 1. [4. -vünde] ① 見つけ出す (ausfindig machen). ② 聞き知る (erfahren). ③ 気付く (bemerken). ¶ unz ich rehte ervinde, wâ die recken sint. 私がその軍勢がいるところを探し出すまで (Nib. 179, 3.).

er-vinstern 動《弱》① 暗くなる (finster werden). ② 曇る (sich finstern).

er-viuhten 動《弱》① 新鮮にする (erfrischen). ② 湿す (anfeuchten).

er-vlammen, -flemmen 動《弱》① 燃え立たせる (entflammen). ② 熱する (erhitzen). {Tr. 17598}

er-vlêhen 動《弱》① 懇願して得る (durch Flehen erbitten). ② 懇願して動かす (durch Flehen bewegen). {Tr. 18037}

er-vliegen 動 II. 1. ① 飛んで行き着く (fliegend erreichen). ② 飛んで過ぎてゆく (durchfliegen). {Parz. 224, 25}

er-volgen 動《弱》自 (に)³ 与えられる (zuteil werden). 他 ① 届く (erreichen). ② 追いつく (einholen). 再 ① 起こる (sich zutragen). ② 成就される (sich erfüllen).

er-vollen 動《弱》他 ① いっぱいにする (voll machen). ② 果たす (erfüllen), 実行する (ausführen). ③ 満足させる (befriedigen). 自 ① いっぱいになる (voll werden). ② 満たされる (sich füllen), かなえられる (sich erfüllen). {Nib. 206, 3} ¶ Do genâdete ir der

er-vorhten

herre / des willen harte verre / und ervolleten im diu ougen / von jâmer alsô tougen. そのとき領主は彼女にその気持にたいへん感謝し、苦しみのために人知れず目を涙で満たした. (aH. 927-30)
er-vorhten 形 おそれられた (gefürchtet). {Tr. 13099}
er-vriesen, -vrieren 動 II. 2. 自 凍える, 凍えてしびれる (erfrieren). {Ku. 1199, 4}
er-vriunden 動《弱》(と)^{zuo} 仲良くなる (sich befreunden)
er-vröuwen, -vrouwen 動《弱》他 喜ばす (erfreuen). 再 喜ぶ (sich freuen), 嬉しい (froh sein).
er-vüeren 動《弱》(剣を) 引き出す, 抜く (herausziehen).
er-vüllen 動《弱》① いっぱいにする (voll machen). ② 完全にする (vollständig machen). ③ 満たす (erfüllen). ④ 裏打ちする (unterfüttern). {Nib. 520, 2}
er-vünde = *ervinden* の直説法過去2人称単数, 接続法過去1, 3人称単数.
er-vuor = *ervarn* の直説法過去1, 3人称単数.
er-vürben 動《弱》きれいにする (reinigen). {Er. 4506}
er-vürhten 動《弱》自 再 ① 勇気を失う (den Mut verlieren). ② 怖れる (sich fürchten). 他 ① 怖れる (fürchten). ② 怖れる, 危ぶむ (befürchten). ③ 怖れさせる (in Furcht setzen). {Parz. 627, 26}
er-wachen 動《弱》① 目覚める (aufwachen). ② 活発になる (lebhaft werden). (aH. 482) ¶ sus erwahte si diu süeze. その愛らしい娘はこのようにして両親を起こしてしまった. (aH. 480)
er-wagen 動《弱》自 ① 揺れる (erbeben). ② 震える (erzittern). 他 ① 動かす (in Bewegung setzen). ② 揺り動かす (erschüttern). {Nib. 2052, 2}
er-wahsen 動 VI. 自 ① 成長する (aufwachsen). ② 生じる (entstehen). 他 (で)$^{mit/von}$ 覆う, 茂り覆う (überwachsen). ¶ Der arme was zewâre / erwahsen von dem hâre, / verwalken zuo der swarte, / an houbet und an barte: / ê was ez ze rehte reit, / nû ruozvar von der arbeit. この哀れな男はじっさい, 頭であれ, あごひげであれ, 毛は伸び放題で皮膚にこびりついていた. 以前はきちんとした巻き毛であったが, いまや苦行のためにすっかり煤にまみれていた. (Gr. 3423-8)
er-wallen 動〔反復〕1 ① 沸き立つ (aufkochen), 沸騰する (sieden). ② 氾濫する, 溢れる (überfließen). {Gr. 455}
er-wanen 動《弱》空にする (leer machen).

er-warmen 動《弱》自 暖かくなる (warm werden).
er-warten 動《弱》自 (を)ᴳᶠ 見る (schauen). 他 期待する (erwarten).
er-waschen, -weschen 動 VI. きれいに洗う (rein waschen).
er-wëben 動 V. 織り込む (durchweben).
er-wecken 動《弱》① 起こす (aufwecken). ② 目覚めさせる (erwecken). ③ 励ます (erregen). {aH. 480}
er-wëgen¹ 動 V. 他 ① 高める (in die Höhe heben, emporheben). ② 動かす (bewegen). ③ 決心させる (entschlossen machen). 再 ① 動く (sich bewegen). ② (を)² 決心する (sich entschließen). ③ 放棄する (aufgeben).
er-wëgen² 動《弱》① 手伝う (helfen). ② 尽力する (sich verwenden).
er-wëgen³ 形〔過分〕① 決心した (entschlossen). ② (に)² 怖じけづいていない (unverzagt). ③ 抜群の (ausgezeichnet).
er-weichen 動《弱》他 柔らかくする (erweichen). 自 柔らかくある (weich sein), やわらかくなる (weich werden).
er-weinen 動《弱》自 泣き始める (zu weinen anfangen), 泣く (weinen). 他 ① 泣かす (zum Weinen bringen). ② (泣いて) 獲得する (durch Weinen erlangen). 再 思い切り泣く (sich ausweinen). {Greg. 1017} {Nib. 415, 2}
er-wëllen 動 III. 2. 再 大波が起こる (aufwogen).
er-weln, -wellen 動《弱》選ぶ (erwählen). ¶ Ir pflâgen drîe künege edel unde rîch, / Gunther unde Gêrnôt, die recken lobelîch, / und Gîselher der junge, ein ûz erwelter degen. 王女を護っていたのは気高く力強い 3 人の王, 称賛に満ちたグンテルとゲルノート, それにすぐれた騎士, 若いギーゼルヘルである. (Nib. 4, 1 3) {Iw. 1587}
er-welt 形〔過分〕① 選ばれた (auserwählt). ② 卓抜の (ausgezeichnet). {Tr. 4901}
er-wenden 動《弱》他 ① そらす (abwenden). ② 取り消す (rückgängig machen). ② 妨げる (abhalten), 阻む (hindern). ③ (から)² 背かせる (abwendig machen), (から)³ 奪い取る (entziehen). 再 自 止む (aufhören). ¶ ez ensol mîn geselle / daz leben sô niht enden / unz ich ez mac erwenden. あの方の命は私がそれを妨げることができる限り, このように終わってはいけない. (Er. 3177-9)
er-wërben 動 III. 2. [3. -warp 4. -würbe 5. -wurben 6. -worben] ① 活動的な態度でやり通す (durch tätiges Handeln zu Ende bringen).

er-wërn 146

② 果たす (ausrichten). ③ 到達する (erreichen), 獲得する (gewinnen). ¶ der kinde muoter diu erstarp, / dô si in daz leben vol erwarp. その子供たちの母は子供たちに命を与えるとすぐに息を引き取った. (Gr. 185-6)
er-wërn[1] 動《弱》① 持ちこたえる, 我慢する (aushalten). ② 長持ちする (überdauern). {Gr. 3357}
er-wërn[2] 動《弱》建てる, 設立する (errichten).
er-wern 動《弱》他 再 ① (で)[2] 防御する (verteidigen). ② 主張する (behaupten), 反対の主張をする (gegen〜 behaupten). ③ (から)[2] 身を守る (sich wehren). ④ 阻止する, 妨げる (verhindern). ¶ mir mac daz nieman erwern / zewâre, ich enwelle ernern / mînen herren unde mich. 私の主人と私を救うのを誰も私にやめさせることはできません. (aH. 841-3)
er-wîhen 動 I.2. ① 弱くする (schwächen). ② 使い尽くす, 汲み尽くす (erschöpfen). {Nib. 2351, 1}
er-winden 動 III.1. 自 ① 帰る (umkehren), 戻る (zurückkehren). ② 終わる (aufhören, sich enden). ③ 免じる, やめる (ablassen). 他 ① つかむ (ergreifen). ② 達する (gelangen). {Tr. 2641}
er-worben = *erwërben* の過去分詞.
er-wüeten 動《弱》自 再 怒る (wüten), かっとなる (in Wut geraten).
er-wünschen 動《弱》① 望む (wünschen). ② 望んで手に入れる (erwünschen). {Tr. 6670}
er-wünschet 形〔過分〕① 完全な (vollkommen), 素晴らしい (herrlich). ② 望み通りの (erwünscht). {Parz. 613, 24}
er-wurben = *erwërben* の直説法過去 1, 3 人称複数.
er-zamen 動《弱》馴れる (zahm werden).
ërze, erze, arze 中 鉱石 (Erz).
erze-bischof, -bischolf 男 大司教 (Erzbischof).
erze-bote 男《弱》大天使 (Erzengel).
er-zeigen 動《弱》[3. -zeicte] ① 示す (zeigen). ② 説明する (erklären). ¶ hie liez er sîne grimme / und erzeict im sîne minne / als er von sînem sinne / aller beste mohte / und einem tiere tohte. ここでライオンは怒りを沈め, 自分の分別で考えられる限り, いかにも動物らしく, 騎士に好意を表わした. (Iw. 3872-6) ¶ an im wart erzeiget, / als ouch an Absalône, / daz diu üppige krône / werltlîcher süeze / vellet under vüeze / ab ir besten werdekeit, / als uns diu

schrift hât geseit. 書物が伝えるように, ハインリヒにはアブザローンと同じように, 世俗の甘美さの華美な冠が, その最高の位から, 足元に崩れ落ちる, ということが示された. (aH. 84-90)

ërze-liute 復 鉱夫たち (Bergleute).

erz-engel 男 [ラテン語 archangelus] 大天使 (Erzengel).

erzenîe 女 [＝*arzenie, arzatie, arzadie*] ① 薬 (Arznei). ② 医術 (Heilkunde). {Nib. 255, 1}

er-ziehen 動 II. 2. [3. -zoc 4. -züge 5. -zugen 6. -zogen] ① 抜き出す (herausziehen). ② しつける züchten), 教育する (erziehen). ③ 到達する (erreichen). ④ 引き離す (wegziehen). {Tr. 7049}

er-ziln 動《弱》① 作り出す (erzeugen). ② 努力して得る (erzielen). {Parz. 453, 27}

er-ziugen 動《弱》① 作り出す (erzeugen), 作らせる (machen lassen). ② 装備する (ausrüsten). ③ 示す (zeigen). ④ 証明する (erweisen, bezeigen). {Gr. 3189}

er-zogen ＝ *erziehen* の過去分詞.

er-zünden 動《弱》[3. -zunde, -zundete] 他 燃やす, 点火する (anzünden). 自 再 ① 燃え上がる (entbrennen). ② 赤くなる (rot werden). ¶ Dô si den hôhgemuoten vor ir stênde sach, / do erzunde sich sîn varwe. 彼女 [＝クリエムヒルト] が, 自分の前に気高い騎士が立っているのを見たとき, この騎士 [＝ジークフリート] の顔は赤くなった. (Nib. 292, 1-2)

er-zürnen, -zornen 動《弱》他 怒らす (in Zorn setzen). 自 ① 怒る, 腹を立てる (zornig werden). ② (のために)³ 怒っている (zürnen). {Nib. 2221, 4}

er-zwîgen 動《弱》枝を付ける (mit Zweigen versehen).

ës 代〔人代〕3人称 ër (彼 er), ëʒ (それ es) の2格.

eschin, eschen 形 とねりこの (von Eschenholz).

esel 男 ① ろば (Esel). ② 攻城設備 (Belagerungswerkzeug). ③ 砕氷船, 砕氷機 (Eisbrecher). ④ 砕氷柱, 砕氷槌 (Eisbock).

ësse 女 ① 鍛冶場 (Esse). ② 鍛冶場の炉 (Feuerherd). {Er. 6786}

esse 中 さいころの1の目 (die eins auf dem Würfel).

esterîch, esterich, estrich 男 [中世ラテン語 astricus] ① 床 (Fußboden), たたき (Estrich). ② 道路の敷き石 (Straßenpflaster). {Parz. 549, 12}

este-rîche 形 枝の多い (voll von Ästen).

esterîchen, estrichen 動《弱》舗装する (pflastern).

ê-strâʒe 囡 国の道路, 公道 (Landstraße).
êt, et ⇨ *eht*.
et 接 [古フランス語] そして (und).
ëtes-, ëte-lich 代〔不代〕① 何かある (irgendein, irgendwelch). ② 2, 3の (einige). ③ いくつかの (manch).
ëtes-, ëte-wâ 副 ① どこかある所に (irgendwo). ② あちこちに (hie und da). ③〔形容詞や副詞の前で〕まったく (gar), かなり (ziemlich), たいへん (sehr). ¶ eteswenne und eteswâ いつも, 至る所で (Tr. 8960) {Gr. 1417}
ëtes-war 副 どこかある所へ (irgendwohin). {Tr. 7748}
ëtes-, ëte-waʒ 代〔不代〕① 何かあるもの (etwas). ②〔副詞的に〕少し (etwas, ein wenig).
ëtes-wenne 副 ① ときどき (zuweilen). ② 以前に (früher). ③ いつか (irgendwann), 将来いつか (künftig einmal). ④ ついに (endlich). ⑤〔形容詞・副詞の強調〕かなり (ziemlich), たいへん (sehr). {Er. 4637}
ëtes-, ëte-wër 代〔不代〕① ある人 (jemand). ② 誰かある人 (irgendjemand). {Gr. 2576}.
ëtes-, ëte-wie 副 ① どうにかして (irgendwie). ② どうとも分からず (ungewiss wie). ③〔形容詞・副詞の強調〕かなり (ziemlich), たいへん (sehr). {Tr. 8380}
Everdingen 名〔地名〕エーフェルディング (Efferding). ドーナウ河畔, Linz の西方の地.
ê-vrouwe 囡 妻 (Ehefrau).
ê-warte 男《強・弱》① 法の守護者 (Hüter des Gesetzes). ② 神父 (Priester).
êwe, ê 囡 ① 権利 (Recht). ② 慣習 (Brauch), 古くからの慣習法 (altes Gewohnheitsrecht). ③ 永遠 (Ewigkeit). ④ 婚姻 (Ehe).
êwic 形 永遠の (ewig), いつまでも存続する (immer fortbestehend). ¶ mîn lieber vriunt, nû koufestû / und mîn gemahel und dîn wîp / an mir den êwigen lîp / daz dû mich siechen bî dir lâst. わが友よ, あなたが病気の私を側に置いてくれたことにより, あなたと, 私の花嫁, そしてあなたの妻は私によって永遠の命を手に入れることだろう. (aH. 430-3)
êwic-lich 形 永遠の (ewig).
ëʒ 代 [人称] 3人称単数中性の 1, 4 格. (es).

格	単　数	複　数
1格	ëʒ	siu, sie, sî, si
2格	sîn, ës	ir(e)
3格	im(e)	in
4格	ëʒ	siu, sie, sî, si

Ezele, Ezel, Etzele, Etzel　男《弱》〔人名〕フン族の王エッツェル (Etzel).

Ezelen-burc　女　エツェレンブルク. エッツェル王の居城 (Etzels Residenz).

ëʒʒen[1]　動 V. 食べる (essen). ¶ er âz daz brôt und tranc dâ zuo / eines wazzers daz er vant / in einem einber an der want, / unde rûmdez im ouch sâ. 彼はパンを食べ, 壁の側の手桶の中の水を飲んだ. そしてすぐにその場を去った. (Iw. 3310-3)

直説法現在	
ich iʒʒe	wir ëʒʒen
du iʒʒest	ir ëʒʒet
er iʒʒet	si ëʒʒent
直説法過去	
ich aʒ	wir âʒen
du æʒe	ir âʒet
er aʒ	si âʒen

ëʒʒen[2]　中 ① 食べること (Essen). ② 食事 (Speise).
ëʒʒich　男 酢 (Essig).｛Tr. 11223｝

G

gâ　形 ⇒ *gâch*[3].
gâ = *gân* の *du* に対する命令法.
gâbe　女 ① 贈物 (Gabe, Geschenk). ② わいろ, 買収 (Bestechung). ③ 授与, 賦与 (Begabung). ④ 手渡し (Übergabe).
gæbe[1]**, gæbec**　形 ① 歓迎された (willkommen), 好ましい (lieb).

gæbe 150

② 良い (gut), 妥当な (annehmbar).
gæbe² = *gëben* の直説法過去2人称単数, 接続法過去1, 3人称単数.
gabele, gabel 囡 ① フォーク (Gabel). ② 松葉づえ (Krücke, Krückstock).
gabelëht 形 フォーク状の (gabelförmig).
gâben¹ 動《弱》(に)³ 贈る (schenken).
gâben² = *gëben* の直説法過去1, 3人称複数.
gabilôt, gabylôt 中 [古フランス語 gavelot] ① (小さい) 投げ槍 (Wurfspieß). ② 狩猟用槍 (Jägerspieß).
gabilûn, capelûn, gampilûn 中 ① カメレオン (Chamäleon). ② 龍に似た動物 (ein drachenartiges Tier).
gâch¹ 男 ① 速いこと (Schnelligkeit). ② 急ぐこと (Eile).
gâch² 形 [gâhes²], **gæhe, gâ** 形 ① 速い (schnell), 突然の (plötzlich), 急いだ (eilig). ② 不意の, 急激の (jäh), 短気の (jähzornig). ¶ mir behaget diu werlt niht sô wol : / ir gemach ist michel arbeit, / ir meiste liep ein herzeleit, / ir süezer lôn ein bitter nôt, / ir lanclîp ein gæher tôt. 私はこの世はあまり好きではありません. その安らぎは大きな苦しみであり, その最大の喜びは心の悲しみ, その甘い褒美は苦い悩み, その長寿は急速な死です. (aH. 708-12)
gâch³, **gâ** 副 ① 速く (schnell). ② 突然に (plötzlich). ③ 思いがけなく (unversehens).
gâch-heit, gâcheit 囡 速さ (Schnelligkeit), 激しさ (Ungestüm).
gâch-lîche 副 激しく (heftig), 性急に (ungestüm).
gâch-muot 男 癇癪, 短気 (Jähzorn).
gadem, gaden 中 男 ① 一室からなる家 (ein Haus aus einem Zimmer). ② 部屋 (Gemach), 小部屋 (Kammer). ③ 階 (Stockwerk). {Nib. 603, 3}
gademer, gadner 男 ① 大工 (Zimmermann). ② 家の管理人 (Haushalter).
gagâtes 名 〔宝石〕ガガーテス (Gagates). {Parz. 791, 15}
gagâtromes 名 〔宝石〕ガガートロメス (Gagatromes). {Parz. 791, 2}
gagen, gageren 動《弱》① ゆらゆら揺れる (sich wiegen). ② せかせかする (zappeln).
gâgen, gâgern 動《弱》鵞鳥のようにガーガー鳴く (*gâ* schreien wie Gans).
gæhe¹, **gâhe, gâ** 囡 ① 速さ (Schnelligkeit). ② 性急さ, 急ぐこ

と (Eile). ③ 急な斜面 (steiler Abhang). ④ 激しさ, 激烈さ (Ungestüm).

gæhe² ⇒ ***gâch²***.

gæhede, gæhte 囡 ① 速さ (Schnelligkeit). ② 性急さ, 急ぐこと (Eile). ③ 激しさ (Ungestüm).

gæhe-lich 形 激しい (heftig), 激烈な (ungestüm).

gæhe-lîche 副 激しく (heftig), 性急に (ungestüm).

gæhelingen, gâlingen 副 激しく (heftig).

gâhe-lôs 形 ① 無思慮な (leichtfertig). ② 顧みない (rücksichtslos).

gâhen, gæhen 動《弱》自 急ぐ (eilen). 他 急いで通りすぎる (durcheilen). {Nib. 125, 2}

gâhes, gæhes 副 ① 突然 (plötzlich). ② 急いで (hastig). ③ すぐに (sogleich). ¶ Die boten riten gæhes ze Stürmen in daz lant, / dâ man Waten den küenen bî sînen helden vant. 使者たちは勇敢なワーテがその家来たちと共に居るシュトルメンの国へ馬を急がせた. (Ku. 232, 1-2)

gæheste 副 *gæhe* (*gâch, gâ*) の最高級 (きわめて速く auf eiligste).

gal 男 [-les²] ① 歌 (Gesang). ② 音響 (Schall). ③ 叫び (Schrei). ④ 噂 (Gerücht).

galander 男 かんむりひばり (Haubenlerche, Ringlerche). {Tr. 16895}

galg-brunne 男《弱》つるべ (Ziehbrunnen).

galge 男《弱》① 井戸の滑車取付け横木 (Gestell über einem Ziehbrunnen). ② 絞首台 (Galgen). ③ キリストの十字架 (Kreuz Christi).

galîe, galîde 囡《強・弱》[別形 galîne, galeide, gelîn, galê, galein] [中世フランス語 galie, 中世ラテン語 galeida] (船縁の低いこぎぶね) ガレー船 (Galeere, Ruderschiff).

galînære 男 船員, 船乗り (Schiffmann).

galînê 囡 海の凪ぎ, 無風 (Windstille). {Ku. 1132, 1}

galle 囡 ① 胆汁 (Galle). ② 苦いもの (etwas Bitteres). ③〔比喩〕いつわり (Falschheit), 悪い人 (ein böser Mensch). ¶ unser süeze ist gemischet / mit bitter gallen. 私たちが味わう甘さは苦味と混じり合っている. (aH. 108-9) {Ku. 1278, 1}

galm¹ 男 ① 音 (Schall), 音調 (Ton). ② 騒音 (Lärm, Geräusch).

galm² 男 [= *qualm, twalm*] 意識不明 (Betäubung).

galopieren, kalopieren, 動《弱》［フランス語 galoper］(馬が)疾走する, 疾駆する (galoppieren).
gämelich 形 冗談の, 陽気な (scherzhaft). {Nib. 1673, 3}
gampel, gempel 女 ① 戯れ (Scherz). ② 演戯 (Spiel), 茶番劇 (Possenspiel).
gampel-her 中 おどけた人々 (possenhaftes Volk).
gampel-site 男 楽しみ (Spaß).
gampel-spil 中 ① 冗談 (Scherz), 楽しみ (Spaß). ② 道化芝居, 茶番劇 (Possenspiel).
gan = *gunnen, günnen* の直説法現在 1, 3 人称単数.
gân, gên 動〔不規則〕[3. gie, gienc 4. gienge 5. giengen 6. gegân] ① 行く (gehen). ② 現われる (erscheinen). ③ 起こる (geschehen). ¶ man sach in hêrlîche mit recken hin ze hove gân. 人々は家来たちと共に颯爽と宮殿に向かうその騎士の姿を見た. (Nib. 82, 4)

直説法現在	
ich gân, gên	wir gân, gên
du gâst, gêst	ir gât, gêt
er gât, gêt	si gânt, gênt
直説法過去	
ich gienc, gie	wir giengen
du gienge	ir gienget
er gienc, gie	si giengen

ganc[1] 男 [-ges[2]] ① 歩き方 (Gang). ② 道 (Weg). ③ 獣の通り道 (Wildpfad). ④ 鉱脈 (Erzgang). {Nib. 1734, 4}
ganc[2]**, genc** = *gân, gên* の命令法 2 人称単数.
gânde = *gân* の現在分詞.
ganeist, ganeiste, geneiste, gneiste 女 男 火花 (Funke).
ga-neisten, ge-neisten, gneisten 動《弱》火花を出す (Funken sprühen).
ganeister, ganster, geneister, genster 女《強・弱》火花 (Funke).
ganeister-lîn 中 小さい火花 (kleiner Funke).
ganerbe 男《弱》共同相続人 (Miterbe).
gangen, gegangen = *gân, gên* の過去分詞.
gans 女 鵞鳥 (Gans).
gans-ar 男《弱》鵞鳥鷲 (Gänseaar).

ganst 囡 好意, 親切 (Wohlwollen).
ganz 形 ① 全くの (ganz). ② 完全な (vollkommen).
ganze, ganse 男《弱》雄鵞鳥 (Gänserich).
ganzer, ganser 男《弱》雄鵞鳥 (Gänserich).
ganz-lich 形 [=*ganz*] ① まったくの (ganz). ② 完全な (vollständig). {Tr. 1076}
ganz-lîche 副 ① まったく (ganz). ② 完全に (vollständig).
gap = *gëben* の直説法過去 1, 3 人称単数.
gar¹ 囡 完全, 完全であること (Ganzheit).
gar² 囲 [-wes²] 装備 (Rüstung).
gar³, **gare** 形 ① 完全な (vollständig). ② 準備ができた (bereit), 装備された (gerüstet). ③ 全くの (ganz). {Tr. 5956}
gar⁴, **gare** 副 ① 完全に (völlig). ② まったく (ganz und gar). ¶ in getorste dâ nieman bestân : / strîtes wart er gar erlân. 敢えてその騎士と戦う者はなかった. その騎士は戦うことはまったく必要ではなかった. (Er. 216-7)
gare 囡 ① 衣装 (Kleidung). ② 装備, 甲冑 (Rüstung).
gar-, ger-lîche 副 全く (gänzlich).
garn 囲 ① つむぎ糸 (Garn). ② 糸 (Faden). ③ 網 (Netz).
garnasch, garnatsch 囡 袖のない, 長い上着 (langes Oberkleid ohne Ärmel).
garnen ⇨ *gearnen*.
gart 男 ① 刺すもの, とげ (Stachel). ② むち (Gerte). ③ 丸太, 丸木 (Stock).
garte¹ 男《弱》庭, 庭園 (Garten).
garte² = *gerwen* の直説法過去 1, 3 人称単数.
garten, gearten 動《弱》良くなる (gut werden) {Tr. 11642}
gartet = *arten* の過去分詞.
garwe 副 ① まったく (gänzlich). ② 完全に (völlig, ganz und gar). {Tr. 1298}
garwen ⇨ *gerwen*.
garzûn 男 ① 小姓 (Page). ② 身分の高い家柄の若者 (Edelknabe).
gast 男 [複数 geste] ① 客 (Gast). ② 異邦人 (Fremder). ③ 敵 (Feind), 戦士 (Krieger). ¶ Von swelher künege lande die geste kômen dar, / die nâmen al gelîche niwan ir zweier war. どの国からその客たちが来たのであれ, 人々の目を引いたのはこの二人 [=ジークフリートとクリエムヒルト] であった. (Nib. 297, 1-2)

gastël

格	単　数	複　数
1格	der　gast	die　geste
2格	des　gastes	der　geste
3格	dem gaste	den gesten
4格	den　gast	die　geste

gastël 中 ① 白パン (eine Art Weißbrot). ② 菓子 (Kuchen).
gast-hûs 中 外国人宿舎 (Fremdenherberge).
gast-, gäst-lich 形 ① 異国人の流儀の (in der Art und Weise eines Fremden). ② 異国人風の (wie mit einem Fremden).
gast-lîche(n) 副 ① 異国人の流儀で (in der Art und Weise eines Fremden). ② 異国人風に (wie mit einem Fremden).
gat 中 ① 穴 (Loch). ② 空洞 (Höhle). ③ 裂け目 (Öffnung).
gate 男《弱》① 仲間 (Genosse). ② 夫, 配偶者 (Gatte).
gaʒ[1] 形 食べた (gegessen).
gaʒ[2], **geaʒ** = *geëʒʒen* の直説法過去1, 3人称単数.
gaʒʒe 女《弱》路地 (Gasse).
ge-ahten 動《弱》認識する (erkennen), 気づく (bemerken).
ge-arbeiten 動《弱》自 働いている, 仕事中である (in Arbeit sein). 他 ① (仕事により) 得る (erwerben). ② (に)⁴ 努める (Mühe geben).
ge-arnen, garnen 動《弱》[＝arnen] ① 収穫する (ernten). ② 稼ぐ (verdienen). ③ 返報する (entgelten), (の)⁴ 償いをする (büßen). ④ 罰する (strafen).
ge-balsement 形 ① 芳香をつけられた (balsamiert). ② 甘くされた (versüßt). {Tr. 16835}
ge-bâr 男 態度, 身振り (Benehmen), 様子 (Gebärde). ¶ si wolde imz mit gebâren / gerne kunt hân getân. 王妃はそのことを身振りで夫に知らせようとした. (Er. 3129-30)
ge-bærde 女 ① 身振り, 態度 (Gebärde). ② 外貌 (Aussehen). ③ 人となり, 人柄 (Wesen). ¶ sich bôt der lewe ûf sînen vuoz / und zeict im unsprechende gruoz / mit gebærde und mit stimme. ライオンは騎士の足元にひれ伏し, 身振りと声で言葉によらない挨拶をした. (Iw. 3869-71)
ge-bærde-halp 副 態度に関して, 外見について (in Bezug auf die Gebärde). {Tr. 6720}
ge-bære[1] 男 中 ＝ *gebærde*.
ge-bære[2] 形 ① 適切な (schicklich). ② 相応しい (angemessen).

ge-bâren, -bæren 動《弱》自 再 ふるまう (sich benehmen). ¶ daz kunde gebâren / sô rehte güetlîchen : / diu wolde nie entwîchen / von ir herren einen vuoz. その娘はたいへん優しく振る舞うことができ，自分の主人の側から一歩も離れようとはしなかった. (aH. 304-7)

ge-bartet 形 〔過分〕 ひげを生やした (mit dem Bart versehen). {Tr. 2624}

gëbe[1] 男《弱》与える人, 贈呈者 (Geber, Geberin).

gëbe[2], **gibe** 女 ① 賜物 (Gabe), 贈物 (Geschenk). ② 善行 (Wohltat). ③ 恩寵 (Gnade). ④ 報酬 (Belohnung). {Tr. 2610}

格	単　数	複　数
1格	diu gëbe	die gëbe
2格	der gëbe	der gëben
3格	der gëbe	den gëben
4格	die gëbe	die gëbe

¶ swie starke ir daz geriete / diu kindische miete, / iedoch geliebete irz aller meist / von gotes gebe ein süezer geist. 子供向けの贈り物が娘にそれをたいへん勧めたとしても，しかし，娘にそうさせた一番大きなものは，神の賜物である優しい心であった. (aH. 345-8)

ge-becken 動《弱》[3. gebeckte 6. ge-beckt] 何度も刺す (wiederholt stechen). {Tr. 9204}

ge-beidet 形 〔過分〕 二重の (verdoppelt). {Tr. 13770}

ge-beine 中 [*bein* の集合名詞] 骨 (Knochen, Gebein).

ge-beiten 自 (に)[3] 固執する (standhalten). 他 (に)[3] 猶予を与える (Frist gewähren).

gëben 動 V. 他 (に)[3] (を)[4] 与える (geben). ¶ dô nam ich sîn vil kleine war / der mir daz selbe wunschleben / von sînen gnâden hete gegeben. そのさい私は，その幸せな生活をご慈悲によって私にお与えになった方のことに少しも気づいていませんでした. (aH. 392-4)

直説法現在	
ich gibe	wir gëben
du gibest	ir gëbet
er gibet	si gëbent

	直説法過去
ich gap	wir gâben
du gæbe	ir gâbet
er gap	si gâben

ge-bende 中 [*bant* の集合名詞] ① 紐 (Band), 結びリボン (Bandschleife). ② かせ (Fessel). ¶ nu enmohte er niht loufen drâte, / wande er gebende hâte / an ietwederem beine. 彼はすぐに走りだすことはできなかった. 彼はそれぞれの足が鎖で繋がれていたからだ. (Gr. 3411-3)

gëber 男 ① 贈る人 (Schenker). ② 与える人 (Geber).

ge-bërc 中 ① 隠れ場 (Versteck). ② 隠すこと, 隠れること (Verbergung). {Tr. 14608}

ge-bërer 男 ① 作り出す人 (Erzeuger). ② 父 (Vater).

ge-bërerinne 女 ① 生みの親 (Gebärerin). ② 母 (Mutter).

ge-bërht 形 輝いている (glänzend).

ge-bërn 動 IV. [6. geborn] ① 生む (gebären, erzeugen). ② もたらす (bringen). ¶ ir sît mîn geborner herre: / ich râte iu sô ich beste kan, / dâ engezwîvelt nimer an. あなたは私の生まれながらのご主人です. 私は最上の助言をしますので, けっしてお疑いなく. (Gr. 544-6)

ge-bët, -bëte 中 祈り (Gebet).

ge-bëte 女 ① 願い (Bitte). ② 祈り (Gebet).

ge-beʒʒern 動《弱》他 再 ① 改善する (bessern). ② (に)³ (の)⁴ 損害賠償をする (Schadenersatz leisten).

ge-biegen = *biegen*.

ge-bieten 動 II. 2. ① 命じる (gebieten). ② 提供する (bieten). ③ 別れを告げる (verabschieden). ¶ waz ob daz got gebiutet, daz mich ouch nimt der tôt? 死が私をもとらえることを神がお命じになったらどうでしょうか. (Nib. 1056, 3)

ge-bilden 動《弱》形づくる (bilden), 像を作る (ein Bild hervorbringen). {Tr. 6894}

ge-binden 動 III. 1. ① 結ぶ (binden, fesseln). ② 結びつける (festbinden). {Nib. 485, 2}

ge-bitelôs 形 短気の, 待ちきれない (ungeduldig).

ge-bîten 動 I. 1. 自 待つ (warten). 他 得る (erhalten), 保つ (bewahren). {Tr. 2514}

ge-biten¹ 動 V. ① 頼む (bitten). ② 繰り返し頼む (wiederholt bitten). {Tr. 15319}

ge-biten² = *bîten* の過去分詞.

ge-biutet = *gebieten* の直説法現在 3 人称単数.

ge-biuwe 中 [中独 -bûwe, -bûwede, -bûde] ① 建物 (Gebäude). ② 建設 (das Bauen). ③ 住居 (Wohnsitz).

ge-biuʒe. -bûʒ 中 ① 打つこと (Schlag). ② 喧嘩, 決闘 (Schlägerei). {Nib. 1886, 2}

ge-biʒ 中 歯 (Gebiss).

ge-bîʒen 動 II. かむ (beißen), 刺す (stehen).

ge-blâsen 動 〔反復〕2 ① 吹く (blasen). ② 息を吐く (hauchen). ③ 鼻で息をする (schnauben). {Ku. 1351, 1}

ge-bluot 形 ① 花模様のある (geblümt). ② 花が咲いている (aufgeblüht). {Tr. 17356}

ge-bogen = *biegen* の過去分詞.

ge-borgen = *bërgen* の過去分詞.

ge-born 形 〔過分〕① 生まれた (geboren). ② (と)³ 同じ身分の (ebenbürtig).

ge-bot 中 ① 指図 (Auftrag). ② 戒律, 掟 (Gebot). ③ 権力, 力 (Gewalt). ④ 支配 (Herrschaft). ¶ ez ist gewisse sîn gebot / daz ich iu sî undertân, / wan ich den lîp von iu hân: / daz leiste ich âne riuwe. 私はあなたがたから身体を得ており, 私があなたがたに従うのは確かに神の掟です. 私は悔いなくそうします. (aH. 816-9)

ge-bôt = *bieten, gebieten* の直説法過去 1, 3 人称単数.

ge-boten = *bieten, gebieten* の過去分詞.

ge-bræche, -præche 中 刻印 (Gepräge).

ge-braht 男 [= *braht*] ① 騒音 (Lärm). ② 叫び声 (Geschrei).

ge-brast = *gebrësten* の直説法過去 1, 3 人称単数.

ge-brëche 男《弱》① 不足 (Mangel), 欠乏 (Gebrechen). ② 苦難 (Beschwerde). ③ 病気 (Krankheit).

ge-brëchen 動 IV. 自 破れる (brechen), 押し入る (mit Gewalt dringen). 非 (に)³ (が)²/ᵃⁿ 欠けている (mangeln, fehlen). 他 ① 破る, 折る, 割る (brechen, zerbrechen). ② 破り除く, 折り取る (wegbrechen). {Ku. 334, 4}

ge-brehte 中 ① 騒音 (Lärm). ② 叫び声 (Geschrei). ③ 華美, 華麗, 豪奢 (Prunk).

ge-brëst, -brëste 男《弱》不足 (Mangel). {Nib. 966, 3}

ge-brësten

ge-brësten 動 IV. [3. gebrast] ① 砕ける (zumsammenbrechen). ② (が)²/ᵃⁿ 不足する (mangeln). {Nib. 105, 2}

ge-brieven 動《弱》① 書く (schreiben). ② 書き記す (niederschreiben). {Nib. 2233, 2}

ge-brücken 動《弱》[3. -bruckte 6. ge-brucket] 橋を架ける (eine Brücke machen).

ge-büeʒen 動《弱》① 取り除く (beseitigen). ② 償う (büßen). ③ よりよくする, 修正する (bessern). {aH. 553}.

ge-bunden = *binden* の過去分詞.

ge-bunt 甲 小さい束 (Bündel)

ge-bûr, -bûre 男《強・弱》① 同市民 (Mitbürger). ② 隣人 (Nachbar). ③ 農民 (Bauer), 村仲間 (Dorfgenosse). ④ 粗野な人 (roher Mensch).

ge-bûrinne 女 農婦 (Bäuerin).

ge-burt 女 ① 誕生 (Geburt). ② 生まれ, 素性 (Herkunft). ¶ er hete ze sînen handen / geburt unde rîcheit : / ouch was sîn tugent vil breit. ハインリヒは両手に生まれと富を持っていた. その徳もまたたいへん優れていた. (aH. 38-40)

ge-bürte = *geburt* の単数 2, 3 格.

ge-burtec, geburt-lich 形 誕生の, 生まれの (die Geburt betreffend). ¶ von der geburteclichen nôt 生みの苦しみ (Tr. 2025).

ge-dagen 動《弱》黙る (schweigen). ¶ dô si in selhem zwîvel reit, / ob si imz torste gesagen / oder solde gedagen, / nû redete si in ir muote : / „rîcher got der guote, / ze dînen genâden suoche ich rât : / dû weist al eine wiez mir stât. 王妃は思い切って告げようか, あるいは黙っているべきか, と迷っていたが, 王妃は心の中で言った, 「力強い神よ, ご慈悲にすがって良い考えを捜しています. あなただけが私がどうなるかをご存じです. (Er. 3145-51)

ge-dahte = *gedenken* の直説法過去 1, 3 人称単数.

ge-danc 男 [-kes²] ① 考え (Gedanke). ② 感謝 (Dank). ¶ Von dem gedanke wart si dô / vil ringes muotes unde vrô / und enhete deheine sorge mê. その考えにより少女は気が晴れて喜び, もやはどんな憂いもなくなった. (aH. 529-31) {Ku. 407, 3}

gedanc-haft 形 (を)ᶻᵉ/ᵘᶠ 考えている (denkend). {Tr. 272}

ge-danken 動《弱》① 考える (denken). ② (に)³ 感謝する (danken). {Ku. 1381, 4}

ge-demer 甲 ① 夜明け (Dämmerung). ② 暗さ (das Dunkel).

ge-denken 動《弱》[3. -dâhte 6. -dâht] 考える (denken). {Ku. 103, 2} ¶ sus gedâhte er rûmen sîn lant. / den schaz den in ir vater lie, / der wart mit ir geteilet hie. このようにして, 彼は自分の国を去ろうと決心した. 父王が二人に遺した財宝は彼女との間で分けられた. (Gr. 634-6) ¶ wan gedenkestû an sîn gebot？ どうしてお前は神の掟を思い起こさないのか. (aH. 640)

ge-denkunge 女 ① 追憶, 回想 (Andenken). ② 記念, 思い出 (das Gedenken).

ge-dense 中 ① 行ったり来たりすること (das Hin-und-her-ziehen). ② 引きずること (Geschleppe). ③ 奪い合い (Gereiße).

ge-dienen 動《弱》① 仕える (dienen). ② 得る, 得るに値する (verdienen). ¶ Ich hân den schämelîchen spot / vil wol gedienet umbe got. 私はこの不名誉な嘲りを神さまゆえに受けています. (aH. 383-4)

ge-diet 女 中 民族全体 (das ganze Volk). {Gr. 57}

ge-digen 形〔過分〕① 熟した (reif). ② 固い (fest, hart). ③ 乾いた (aufgetrocknet). ④ 純粋な (rein). ⑤ 役に立つ (tüchtig).

ge-digene, -digen 中 [*dëgen* の集合名詞] ① 召使 (Dienerschaft), ② 家来 (Gefolge), 王侯の家臣 (Dienstmannschaft). ③ 市民全体 (Bürgerschaft), 人々 (Volk), 群 (Haufe). {Ku. 1154, 4}

ge-dîhen 動 I.2. ① 栄える (gedeihen). ② 成長する (erwachsen). ③ 陥る (geraten). ④ なる (werden). ⑤ 生じる (entstehen).

ge-dîhte 副 しばしば (oft, häufig). {Tr. 13054}

ge-dîhtec-lîche 副 ① 密接して (dicht). ② しばしば (oft, häufig). {Tr. 1209}

ge-dinge[1] 男 女 中《弱》① 考え (Gedanke). ② 希望 (Hoffnung). 見込み (Aussicht). ③ 世話 (Anbringen), 願い (Bitte). / 女 条件 (Bedingung). ¶ des wart vil manigcr slahtc / sîn gcdingc und sîn ahte. そのためハインリヒの心中は希望と熟慮があれこれ入り混じっていた. (aH. 169-70) {Ku. 25, 4}

ge-dinge[2] 中 ① 意見の一致 (Übereinkommen). ② 協定, 契約 (Vertrag). ③ 裁判 (Gericht).

ge-dingen[1] 動《弱》① 確信する (fest glauben). ② (を)[an] 期待する (erwarten), (を)[2] 望む (hoffen). ③ 信頼する (vertrauen, Vertrauen setzen).

ge-dingen[2] 動《弱》① (を)[4] 主張する (behaupten). ② 持ちこたえる (ausharren). ③ 成就する, 成し遂げる (durchführen). ④ 優勢である (die Oberhand behalten). ⑤ 協議する (verhandeln), 交渉す

ge-dœne

る (unterhandeln). ⑥ 契約を結ぶ (Vertrag schließen). ¶ als ich mit iu gedinget hân, / daz silber daz wil ich iu geben. 私があたなに約束したように私はあなたに銀を差し上げます. (aH. 1278-9)
ge-dœne 中 ① 歌 (Gesang), 曲 (Melodie). ② 音 (Laut, Schall).
ge-dœnen 動《弱》歌で満たす (mit Gesang erfüllen).
ge-dranc 男 ① 混雑, 雑踏 (Gedränge). ② 押し合い (Drängen). {Ku. 830, 1}
ge-drangen 動《弱》他 ① 圧迫する (drängen). ② 悩ませる (bedrängen), 困らせる (belästigen). {Gr. 3013}
ge-drâte 副 ① すぐに (schnell). ② 急いで (eilig).
ge-drenge[1] 中 ① 雑踏 (Gedränge). ② 窮地 (Not). ③ 遭遇 (Begegnung). {Er. 6637}
ge-drenge[2] 形 狭い (eng), 窮屈な (gedrängt).
ge-drewen 動《弱》脅かす, 脅迫する (drohen).
ge-drîet 形〔過分〕三重の (verdreifacht, dreifach) {Tr. 1828}.
ge-drosch 中 ① 群れ (Schar). ② 群衆 (Haufen).
ge-dröulich 形 威嚇的な, 脅迫的な (drohend).
ge-drücken 動《弱》① 押す (drücken). ② 下に押しつける (unterdrücken). {Tr. 9007}
ge-drungen = *dringen* の過去分詞.
ge-dûht = *dunken* の過去分詞.
ge-dult, -dolt, -dulde 女 忍耐 (Geduld).
ge-dulteclîche, -lîchen 副 忍耐強く (geduldig), 平然として (gelassen). {Ku. 839, 3}
ge-dulticheit, -dultikeit 女 忍耐 (Geduld). {aH. 138}
ge-dultsame 女 忍耐 (Geduld).
ge-dunken = *dunken*.
ge-edelt = *edeln* の過去分詞.
ge-eide 男《弱》宣誓補助人 (Eideshelfer).
ge-enden 動《弱》終える (beenden), 終わらせる (zu Ende bringen). ¶ ja kan ez ander niemen sô wol genden. それを首尾よく終わらせることは他の誰にもできない. (Ku. 686, 4.)
ge-ëʒʒen = *ëʒʒen*.
gegëben = *gëben* の過去分詞.
gegen, gagen 前 [+3/+2] [縮約形 gên, gein, kein] ① に向って, の方へ (nach, zu). ② に対して, の向い側に (entgegen, gegenüber). ③ に対抗して (gegen). ④ 頃に (gegen, um). ⑤ (と)[3] 同じぐらい

に, (に)³ 合った (gemäß). ¶ sîn prîs was sô hôh erkant, / swer gein im tjostierens pflac, / daz der hinderm orse lac / von sîner tjoste valle. 彼の名声はきわめて高く, 彼と槍試合をした者は誰でも, 彼の一突きによって落馬し, 馬の向こうへ横たわった. (Parz. 596, 16-9)

gegen-biet 男 反抗, 抵抗 (Widerstand).

gegen-dienst 男 返礼, お返しの奉仕 (Gegendienst).

gegene, gegen, geine 女 ① 地方 (Gegend). ② 現在 (Gegenwart).

ge-genge 中 行くこと (das Gehen).

gegen-heit 女 現在, 現存 (Gegenwart).

gegen-hurt 女 反撃, 突き返し (Gegenstoß).

gegen-mâʒen 動《弱》(と)³ 比較する (vergleichen).

gegen-niet 男 反抗, 抗争 (das Anstreben).

gegen-rede 女《弱》① 返事 (Antwort). ② 返答 (Erwiderung).

gegen-sidele 中 (主人の座席の前の) 食卓の名誉の座席 (Ehrenplatz bei Tisch). {Nib. 617, 2}

gegen-strît 男 ① 競争 (Wettstreit). ② 自衛 (Gegenwehr).

gegen-stuol 男 (主人の座席の前の) 食卓の名誉の座席 (Ehrenplatz bei Tisch).

gegen-tjoste 女 ① 反撃 (Gegenstoß), 槍での反撃 (Gegenstoß mit dem Speer). ② 返報 (Gegenangriff).

gegen-wart¹, -wurt 女 ① 現存, 現在 (Gegenwart). ② 現世 (Zeitlichkeit). {Tr. 6347}

gegen-wart², -wertec, -würtec 形 現存する, 現在の (gegenwärtig).

gegen-wort 中 ① 答え (Antwort). ② 対話 (Gespräch).

ge-gieʒen 動 II. 2. ① こぼす (vergießen). ② 注ぎかける (ausgießen). ③ 注ぐ (gießen). {Tr. 19442}

ge-giht, -gihte 中 女 告白, 信条 (Bekenntnis). ¶ daz gegihte begunde brechen / die muoter von leide. 娘の告白がその悲しみのために母親を苦しめ始めた. (aH. 884-5)

ge-graben = *graben* の過去分詞.

ge-griffen = *grîfen* の過去分詞.

ge-grüeʒen 動《弱》① (に)⁴ 挨拶する (begrüßen), 話しかける (anreden). ② (に)⁴ 挑戦する (herausfordern). ③ 攻撃する (angreifen).

ge-gürten 動《弱》帯で巻く, 帯びる (umgürten).

ge-habe

ge-habe 囡 ① 態度 (Benehmen, Haltung). ② 外観, 外見 (Aussehen). {Gr. 1609}

ge-haben 動《弱》自 ① 止まっている (halten), 留まる (bleiben). ② 立っている (stehen). ③ ある (sein), 居る (sich befinden). 他 ① 持っている (haben), 所有している (besitzen). ② 保持する (halten). ③ 主張する, 確保する (behaupten). 再 ① 留まる, 滞在する (sich aufhalten). ② 身を支える, 寄り掛かる (sich halten). ③ 在る (sich befinden), 振る舞う (sich benehmen). ④ 滞在する (sich aufenthalten). ¶ jane mohten si der sinne vor leide niht gehaben. 彼らは苦しみのため, 分別を持ち続けることができなかった. (Nib. 1022.3)

ge-haften 動《弱》[3. gehafte] 自 刺さったままである, 停滞している (stecken bleiben) 他 ① しっかり持っている (festhalten). ② 保持する (bewahren). ③ (を)³ 信じる (glauben).

ge-handeln 動《弱》自 再 商業を営む (Handel treiben). 他 取り扱う (behandeln). 再 振舞う (sich benehmen).

ge-halsen = *halsen* の過去分詞.

ge-halt 男 ① 牢獄 (Gefängnis). ② 留置, 禁固 (Gewahrsam).

ge-halten 動〔反復〕1 自 停まっている (halten), 保管されている (aufbewahrt bleiben). 他 ① しっかりつかまえておく (festhalten). ② 保管する, 保つ (bewahren). ③ 防ぐ, 保護する (behüten). ④ (を)³ 信じる (glauben). {Gr. 1103}

ge-hangen = *hâhen* の過去分詞.

ge-hâr, ge-hâret 形 毛のある, 毛の生えた (behaart). {Tr. 2624}

ge-harphen 動《弱》竪琴を弾く (auf der Harfe spielen). {Tr. 7753}

ge-haȝ, -haȝȝec 形 ① (を)³ 憎んでいる (gehässig, hassend). ② (に)³ 敵意を持っている (feind, feindlich gesinnt). ¶ in sach vil lützel iemen, der im wære gehaz. 私は彼に敵意を抱く者を見たことがない. (Nib. 129.4)

ge-haȝȝen 動《弱》他 憎む (hassen).

ge-hege, -hage 囡 ① 生け垣 (Hag). ② 避難所 (Zufluchtsort). ③ やぶ (Gebüsch).

ge-hei, -heie, -heige 中 ① 燃焼 (Brand). ② 熱 (Hitze).

ge-heiȝ 男 ① 命令 (Befehl, Gebot). ② 約束 (Versprechen), 約束の報酬 (Lohn). ③ 予言 (Weissagung). {Nib. 2130, 1}

ge-heiȝen[1] 動〔反復〕4 ① (に)⁴命じる (befehlen). ② 約束する

(verheißen, versprechen). ③ 予言する (prophezeien). {Tr. 1405}
ge-heiȝen² = *heiȝen* の過去分詞.
ge-hël 中 [-hëlles²] 一致 (Übereinstimmen).
ge-hëlfe 女男《弱》① 助力者, 助ける人 (Helferin / Helfer). ② 雇い人, 使用人, 職人 (Gehilfe). {Tr. 1466}
ge-hëllen 動 III. 2. ① 一致している (einhellig sein), 一致する (übereinstimmen). ② (に)³ 合う (stimmen), ふさわしい (passen), 対応する (entsprechen). {Tr. 4508}
ge-hëllesam 形 ① 一致した (übereinstimmend). ② (に)³/an 対応した, 応じた (entsprechend). {Tr. 2018}
ge-hëln, -hëlen 動 IV. 他 隠す (verhehlen). 再 ① 隠れる (sich verbergen). ② 変装する (sich verstellen). {Tr. 13714}
ge-hëlze ⇨ *gehilze*.
ge-hende 形 準備の出来た (bereit). ② 手元の (bei der Hand).
ge-henge¹ 中 ① (掛けたり, 吊るしたり, 背負わせたりするための) 装置, 仕掛け (Vorrichtug zum An-, Ein- und Umhängen).
ge-henge² 女中, **-hengede** 男《弱》① 従順, 寛大 (Nachgiebigkeit). ② 承認 (Zulassunge), 許可 (Erlaubnis).
ge-hengen 動《弱》① 起こるがままにする (geschehen lassen). ② 許す (gestatten). ③ 譲歩する (nachgeben).
ge-herbërgen 動《弱》自 宿をとる (Herberge nehmen). 他 宿泊させる (beherbergen). {Tr. 35}
ge-hêret, -hêrt 形〔過分〕① 気高い (edel), 高尚な (vornehm). ② 勝れた (vorzüglich).
ge-hërze 形 ① 一致している, 協調している (einträchtig). ② (と)ᵐⁱᵗ 結びついた (verbunden). ③ 勇敢な (beherzt). {Tr. 13343}
gc-hërzcn 動《弱》① 勇敢にする (beherzt machen). ② 勇気づける (ermutigen). {Tr. 6152}
ge-hërzet 形〔過分〕① 勇敢な (beherzt). ② 勇気づけられた (ermutigt). {Tr. 9228}
ge-hetze, -hetzede 中 駆り立てること (das Hetzen).
ge-hilze, -hëlze 中 剣のつか (Griff am Schwert), 剣の柄 (Heft).
ge-hirmen 動《弱》自 ① やめる (ablassen). ② 休む, 休止する (ruhen).
ge-hirne 中 脳, 頭脳 (Gehirn).
ge-hît 形〔過分〕既婚の (verheiratet). {Nib. 1554, 1}
ge-hiure 形 ① 快適な (angenehm). ② 好ましい (lieblich). ③ 美

ge-hîwen

しい (schön), 良い (gut). ④ 勇敢な (tapfer).
ge-hîwen, -hîjen, -hîen 動《弱》自① 結婚する (sich vermählen, heiraten). ② 対になる (sich paaren). 他 結婚させる (vermählen).
ge-holfen = *hëlfen* の過去分詞.
ge-holn 動《弱》① 取ってくる (holen). ② 稼ぐ (verdienen). ③ 得る, 獲得する (bekommen, erwerben).
ge-hœnen 動《弱》① 辱める, 面目を失わせる (schänden). ② 笑いものにする (bloßstellen). {Ku. 1221, 4}
ge-hœrde 女 中 聞くこと (das Hören), 聴覚 (Gehörsinn).
ge-hœren 動《弱》[3. -hôrte] 他 聞く, 傾聴する (hören, anhören). 自① 属する (gehören). ② ふさわしい (gebühren).
ge-hœret, -hôrt = *hœren, gehœren* の過去分詞.
ge-hôrte = *hœren, gehœren* の直説法過去 1, 3 人称単数.
ge-houwen 動〔反復〕3 切る (hauen), 切り倒す (niederhauen). {Tr. 3308}
ge-hüeten 動《弱》[3. gehuotte] ①（に)² 用心する (Acht geben). ② 警戒する, 用心する (sich hüten). {Tr. 17878}
ge-hügen 動《弱》①（を)² 思い起こす (gedenken). ② 思い出す (sich erinnern).
ge-hulden, -huldigen 動《弱》他 好意を持たせる (geneigt machen). 自 忠誠を誓う (huldigen).
ge-hünde 中 ① 犬たち (Hunde), 一群の犬 (alle Hunde zusammen). ② ならず者 (Gesindel). {Nib. 931, 1}
ge-hürne 中 ① 角 (Gehörn). ② 枝角 (Geweih). ③ 角製のふいご (Horngebläse).
ge-hûsen 動《弱》自① 腰を下ろす (sich niederlassen). ② 住む (wohnen).
geil[1]**, geile** 形 ① 嬉しい (fröhlich). ② 楽しい (lustig). ③ 熱望している (begierig). ④ 朗らかな, 陽気な (heiter). {Tr. 8319}
geil[2] 男 傲慢, 不遜 (Übermut).
geil[3] 中 ① 嬉しさ (Fröhlichkeit). ② 高利, 儲け (Wucher). ③ 睾丸 (Hode).
gein ⇨ *gegen.*
ge-innern, ginnern 動《弱》① 思い出させる (erinnern). ② 気付かせる (bemerken lassen).
geisel 女 むち (Geißel, Peitsche). {Nib. 494, 3}

ge-korn

geisel-ruote 囡 むち (Peitsche).
geisel-slac 男 むち打ち (Peitschenschlag).
ge-îsôtet, gîsôtet 形〔過分〕① イーゾルトと結びついた (mit Isold verbunden). ② 魔法にかけられた, 魅惑された (verzaubert). {Tr. 19010}.
geist 男 ① 精神, 霊魂 (Geist). ② 超自然的存在 (überirdisches Wesen). ③ 悪霊 (der böse Geist). ¶ si jâhen daz der heilic geist / der rede wære ir volleist, / der ouch sant Niklauses phlac, / dô er in der wagen lac, / und in die wîscheit lêrte / daz er ze gote kêrte / sîne kintlîche güte. 二人は神聖な精神がその言葉の発信者であると思った. その精神は聖人ニコラウスが揺り籠の中で, 英知が子供らしい善意を神に向けることを教えたときにも作用を及ぼした. (aH. 863-9)
geist-lich 形 ① 聖職の, 教会の (geistlich). ② 敬虔な, 信心深い (fromm). ③ 霊の, 精神的な (geistig). {Gr. 1139}
geist-lîche 副 ① 敬虔に (fromm). ② 霊的に, 精神的に (geistig). ③ 聖職に関して (geistlich). {Tr. 2647}
geiȝ 囡 山羊 (Ziege, Geiß).
ge-jac 男 狩の獲物 (Jagdbeute).
ge-jagen 動《弱》狩り立てる (treiben), 狩りをする (jagen). {Tr. 18828}
ge-jaget, -jeit, -jegede, -jeide 男 田 ① 狩り (Jagd). ② 狩の獲物 (Jagdbeute, das Erjagte). ③ 猟犬の群れ (Meute von Jagdhunden).
ge-jâret 形〔過分〕年を取った (bejahrt), 古い (alt). {Tr. 2623}
ge-jëhen 動 V. ① 同意する (zusagen). ② (に)² 告白する (bekennen). ③ (に)³ (を)² 認める, 容認する (zugestehen). {Nib. 282, 3}
ge-jeide[1], **-jegede** ⇨ *gejaget.*
ge-jeide[2], **gejegede** = *gejagen* の直説法過去 1, 3 人称単数.
ge-justieren 動《弱》[= *tjostieren*] 一騎打ちをする (einen Zweikampf kämpfen).
ge-kêren 動《弱》自 向く (sich wenden, sich kehren).
ge-klage 男《弱》原告, 告発者 (Kläger).
ge-klagen = *klagen.*
ge-kleide 田 衣装 (Kleidung).
ge-kleiden = *kleiden.*
ge-kleit, geklaget = *klagen, geklagen* の過去分詞.
ge-korn = *kiesen* の過去分詞.

ge-koufen 動《弱》① 買う (kaufen). ② 取引する (handeln).
ge-krûspet 形〔過分〕ちぢれた (kraus), 巻毛の (lockig). {Tr. 3335}
gël[1] 形 [-les²] ① 大きな音の (laut). ② 明るい (hell).
gël[2] 形 [gelwes²] 黄色の (gelb).
ge-landen = *landen*.
ge-lange[1] 男《弱》① 要求, 欲求 (Verlangen), 熱望 (Begierde). ② あこがれ, 憧憬 (Sehnsucht). {Tr. 12368}
ge-lange[2] 副 長く (lange).
ge-langec, -längic 形 熱望して, 恋焦がれて (verlangend). {Tr. 10072}
ge-langen 動《弱》他 (に)⁴ 到達する (erreichen). 非 ① (が)² 長く思われる (lange dünken). ② 熱望する (verlangen), 憧れる (Sehnsucht haben). {Nib. 2269, 1}
ge-lâʒ 男中 ① 免除, 赦免 (Erlassung). ② 貸与 (Verleihung). ③ 形姿 (Gestalt). ④ 振舞い (Benehmen). {Tr. 964}
ge-læʒe[1] 中 ① 居住と居住地 (Niederlassung und der Ort). ② 態度 (Benehmen). ③ 行儀, 振舞い (Haltung).
ge-læʒe[2] 女 態度 (Benehmen). {Nib. 414, 3}
ge-lâʒen[1]**, -lân** 動〔反復〕2 自 振舞う (sich benehmen). 他 ① (を)⁴ 去る (verlassen). ② 放す, 自由にする (loslassen). ③ (に)³ 免除する (erlassen). ④ (を)⁴ 思いとどまる (unterlassen). ⑤ 任せる (anvertrauen). ⑥ ～させる (lassen). 再 ① (に)ᵃⁿ 頼る (sich verlassen). ② (に)ᵃⁿ 携わる (sich beschäftigen). ③ 座る, 腰をおろす (sich setzen). {Ku. 538, 4}
ge-lâʒen[2] 中 ① 身振り, 挙動 (Gebärde). ② 態度 (Gebaren).
ge-lëben 動《弱》自 ① 生きる (leben). ② (で)² 生きる (von ～ leben). 他 経験する (erleben). {Ku. 1310, 1}
ge-lëcke 中 ご馳走 (Leckerspeise).
ge-legen 動《弱》他 ① 置く (legen). ② 下へおく (niederlegen). 再 ① 横たわる (sich legen). ② 落ち着く, 安心する (sich beruhigen). {Nib. 1195, 4}
ge-lëgen 形〔過分〕① 隣接した (benachbart). ② 親類の, 近親の (verwandt). ③ 適合した (zusammenpassend).
ge-lëgenheit 女 ① 事物の状態 (Lage, Stand der Dinge). ② 性質 (Beschaffenheit). ③ 隣接 (Angrenzung). ④ 隣接した国と地方 (die angrenzenden Länder und Gegenden). {Tr. 3433}

ge-leiden 動《弱》他 ① 苦痛を表わす (Schmerz äußern). ② (に)³ いやなものにする (verleiden). 自 (に)³ 嫌われる (verhasst werden), 嫌われている (verhasst sein).

ge-leise 申 わだち, 輪の跡 (Radspur).

ge-leisten 動《弱》① 行なう, 成し遂げる (leisten). ② 支払う (bezahlen).

ge-leit¹, **-leget** = *legen, gelegen* の過去分詞.

ge-leit², **geleitet** = *leiten, geleiten* の過去分詞.

ge-leit³ = *gelîden* の直説法過去 1, 3 人称単数.

ge-leite¹ 男 女《弱》① 案内者 (Führer, Führerin). ② 警護者, 同伴者 (Begleiter, Begleiterin). {Nib. 1095, 1}

ge-leite² 申 ① 統率, 指導 (Führung). ② 警護 (Geleit), 同伴 (Begleitung). ③ 保護 (Schutz). ④ 護衛料 (Geleitsgeld). ¶ diu driu enhabent geleites niht, diu zwei enwerden ê gesunt. この二つが先に治らない限り, 上の三つのものを護るものは何もない. (Wa. 8, 27)

ge-leiten 動《弱》① 同伴する, 見送る (begleiten). ② 導く (führen). ③ 護衛する, 護送する (geleiten).

ge-lende¹ 申 ① [*lant* の集合名詞] ① 広野 (Gefilde). ② 司教区 (Sprengel). ③ 地帯, 地域, 地方 (Landstrich).

ge-lende² 申 上陸, 荷揚げ (Landung). {Tr. 2152}

ge-lenden, -lenten 動《弱》他 ① 上陸する (landen). ② 操縦する (lenken), 導く (leiten). ③ 終える (beenden). 自 ① 終わる (enden). ② 目標に到る (zum Ziel führen). ¶ nu man gelante in eine habe, / nu gie daz volc almeistec abe / durch banekîe ûz an daz lant. 人々は今や港に辿り着いた. たいていの人は気晴らしのために陸地に降りた. (Tr. 11661-3)

ge-lenke¹ 申 ① 腰部 (Taille) ② 衣装の折り目 (Falt des Kleides) ③ 器用さ, 素早さ (Gewandtheit). ④ お辞儀 (Verbeugung).

ge-lenke² 形 ① しなやかな (biegsam). ② 素早い (gewandt).

ge-lêren 動《弱》教える (lehren). {Ku. 33. 4}

ge-lêret¹ 形〔過分〕学識のある (gelehrt). {aH. 1}

ge-lêret² = *lêren, gelêren* の過去分詞.

ge-lernen 動《弱》学ぶ (lernen). {Ku. 397, 2}

ge-lësen 動 V. ① 選び集める (mit Auswahl sammeln), 拾い集める (lesen). ② 折り重ねる (in Falten legen). ③ 読む (lesen). {Ku. 607, 1}

gëlf¹, **gëlpf** 申 ① 大きな音 (lauter Ton), 騒音 (Lärm). ② 嬉しさ

gëlf

(Fröhlichkeit). ③ 高慢 (Übermut). ④ 嘲笑 (Spott). {Nib. 430, 1}
gëlf², gëlpf, gëlph 形 ① 輝いた (glänzend), 明るい色の (hell). ② 黄色の (gelb). ③ 陽気な (fröhlich). ④ 尊大な, 思い上がった (übermütig). {Nib. 673, 3}
gëlfe, gëlpfe 女 ① 輝き (Glanz). ② 華美 (Pracht).
ge-lîch, glîch 形 同じ (gleich), 同じ価値の (gleichwertig). 中 似たもの (etwas Gleiches).
ge-lîche 副 同じに, 一様に (auf gleiche Weise). {Ku. 136, 3} ¶ diu wâren gelîche / sô rehte wünneclîche / gerâten an dem lîbe / daz einem herten wîbe / ze lachenne wære geschehen, / ob si si müese an sehen. この子たちの容姿は二人共とても美しく, かれらの姿を見たら, たとえどんなに気難しい女性も, つい微笑んでしまうほどであった. (Gr. 203-8) ¶ sô stuonden si ûf gelîche / vil unmüezeclîche. エーレックとエニーテは同じように慌てて起き上がった. (Er. 2940-1)
ge-lîchen¹ 動《弱》自 (の)³ 気に入る (gefallen). 再 (に)³ 気に入られる (sich beliebt machen).
ge-lîchen² 動《弱》他 ① 同じにする (gleich machen). ② (と)³ 比較する (vergleichen). 再 ① (と)³ 同じである (gleich sein), 同等にする (sich gleichstellen). ② (と)³ 比較する (vergleichen). 自 (と)³ 同じである (gleich sein). ¶ und diu kleinen vogellîn wol singent / in ir besten wîse die si kunnen, waz wünne mac sich dâ gelîchen zuo? 小鳥たちが自分たちの最高のメロディーを心地よく歌うときその幸せを何にたとえることができようか. (Wa. 46, 2-4) {Ku. 988, 4}
ge-lîchesen, -lîchsenen, -lîhsen 動《弱》自 偽る, 見せかける (heucheln). 他 偽る (erheucheln). {Tr. 1918}
ge-lîchsenheit 女 偽り, 見せ掛け (Heuchelei).
ge-lîchsenisse 女 偽善, 偽り, 見せ掛け (Heuchelei).
ge-lîden 動 I. 1. ① 悩む (leiden). ② 耐える (ertragen). ③ 我慢する, 従う (sich gefallen lassen). {Tr. 973}
ge-lieben 動《弱》① 愛する (lieben). ② 好かれるようにする (lieb machen). {Tr. 183}
ge-liegen 動 II. 1. 嘘をつく (lügen). {Tr. 8710}
ge-liep 形 ① 相思相愛の (einander lieb, gegenseitig lieb). ②〔名詞化〕恋人たち (die Liebenden). ¶ von den gelieben その恋人たちについて (Tr. 4270)
ge-ligen 動 V. [6. -gelegen] ① 横たわる (liegen). ② 討たれる

(erschlagen werden). ③ 力尽きる, だめになる (zum Erliegen kommen). {Ku. 20, 2}
ge-ligere 中 眠る場所, 宿泊所 (Lager). {Ku. 723, 1}
ge-lihen = *lîhen* の過去分詞.
ge-limpf, -limpf(e), glimph 男《強・弱》① ふさわしい態度 (angemessenes Benehmen). ② 作法, 立ち居振る舞い (Benehmen überhaupt). ③ 資格, 権限, 権利 (Befugnis, Recht). ④ 良い評判 (Leumund).
ge-limpfen 動《弱》他 ① 正しくする (recht machen). ② 適当なものと思う (angemessen finden). ③ (の)³ (を)⁴ 寛大にみる (Nachsicht üben). 自 ふさわしくある (angemessen sein, ziemen). {Tr. 15620}
ge-linc¹ 男, **ge-linge** 女 中, 男《弱》幸運 (Glück), 成功 (Gelingen).
ge-linc², glinc 形 左の (link).
ge-lingen 動 III. 1. 非 ① 成功する (gelingen, Erfolg haben). ② 成り行く (ergehen). {Tr. 407}
ge-lîp 形 〜の性質のある (beschaffen). {Tr. 9872}
ge-lit, glit 中 [-des²] ① 四肢 (Glied), 関節 (Gelenk). ② 構成員, 一員 (Mitglied). ③〔チェス〕王と王妃以外の駒 (Figur).
ge-liune 中 [*lûne* の集合名詞] ① 姿, 形姿 (Gestalt). ② 性質 (Beschaffenheit). {Tr. 4033}
gellen 動《弱》苦くする (vergällen).
gëlm 男 音 (Laut), 音響 (Schall).
ge-loben 動《弱》① 許す (erlauben). ② 約束する (versprechen). ③ 称賛する (loben). {Nib. 616, 1}
ge-lobsame 女 ① 約束, 誓い (Gelöbnis). ② 断言, 確証 (Bekräftigen).
ge-logen = *liegen, geliegen* の過去分詞.
ge-lohen, glohen 動《弱》燃える (flammen).
ge-lônen, -lœnen 動《弱》① (に)³ (の)² 報いを与える (lohnen). ② (に)³ 返報する (vergelten). {Ku. 176, 4}
ge-lœsen 動《弱》[中独 gelôsen] ① 自由にする, 解き放つ (losmachen). ② 奪い去る (entziehen), 誘拐する (entführen). {Tr. 2894}
ge-loube, gloube 男《弱》信念, 信仰 (Glaube).
ge-loubec, -loubic 形 信心深い (gläubig). {Tr. 13908}

ge-louben 動《弱》① 信じる (glauben). ② 敬虔である (fromm, gläubig sein). ③ 許す (erlauben). ④ 屈する (nachgeben). 再 (を)² 放棄する (verzichten). ¶ dem meier und sînem wîbe / den mac man wol gelouben, / man enwelle si rehtes rouben, / daz si dâ heime niht belieben. 人は，農夫とその妻から，その権利を奪わなければ二人が家でじっと待ってはいないと思ったことだろう．(aH. 1396-9)

ge-loubet 形〔過分〕信じられた (geglaubt). {Tr. 3149}

ge-loubic ⇒ *geloubec.*

ge-louc[1] = *geliegen* の直説法過去1，3人称単数．

ge-louc[2] 男 ① 烈火 (Lohe). ② 炎，火炎 (Flamme).

ge-loufen = *loufen* の過去分詞．

gëlpf, gëlph ⇒ *gëlf*[2].

gëlt 男 中 女 [gëltes[2] / gëldes[2]] ① 支払い (Zahlung, Bezahlung). ② 返報，報酬 (Vergeltung, Entgeld). ③ 報償，代償 (Ersatz). ④ 価格 (Preis). ⑤ 支払い手段，金 (Geld). ⑥ 財産 (Eigentum). ⑦ 保証人 (Bürge, der Ersatzpflichtige). {Nib. 2372}

gëltære, -er 男 ① 負債者 (Schuldner). ② 債権者 (Gläubiger).

gëlten 動 III. 2. ① 返報する (vergelten). ② 償う (büßen), 罰を受ける (entgelten). ③ 支払う (zahlen, bezahlen). ④ (に)⁴ 価する (wert sein), (の)⁴ 値段である (kosten).

直説法現在	
ich gilte	wir gëlten
du giltest	ir gëltet
er giltet	si gëltent

直説法過去	
ich galt	wir gulten
du gülte	ir gultet
er galt	si gulten

ge-lüb(e)de 中 女 ① 約束 (Versprechen). ② 誓い (Gelöbnis). {Tr. 6368}

ge-lücke 中 ① 幸運，幸福 (Glück). ② 偶然 (Zufall). ¶ do si sus gevreuwet wâren, / do enbôt erz heim ze lande / den die er erkande / der sælden und der güete / daz si in ir gemüete / sîns gelückes wæren vrô. このように二人が喜びに包まれたとき，ハインリヒは故国に居る，親しく，親切で，きっと心から自分の幸運を喜んで

くれそうな人々へ使者を送った. (aH. 1378-83) {Ku. 321, 4}

ge-lüppe 中 ① 毒 (Gift). ② 魔法の軟膏 (Zaubersalbe). {Tr. 7272}

ge-lüppet 形〔過分〕毒が塗られた (vergiftet). {Tr. 6947}

ge-lust 男 女 ① 欲望, 欲求 (Begierde). ② 喜び (Freude). ¶ ouch hât mich werltlich gelust / unz her noch niht berüeret, / der hin zer helle vûeret. 私はこれまで地獄に通じる世俗的な喜びにも触れたことがありません. (aH. 690-2)

ge-luste, -lüste 男 中《弱》① 熱望, 欲求 (Begierde). ② 欲望, 欲情 (Gelüste). {Tr. 17771}

ge-lustec 形 熱望した (begehrlich).

ge-lüsten, -lusten 動《弱》[3. -luste] 他 ① (を)⁴ 喜ぶ (sich freuen über), ② 楽しませる (belustigen). 非 ① (に)⁴ (が)² 気に入る (Wohlgefallen finden). ② (を)²ᐟⁿᵃᶜʰ 熱望する (Verlangen haben). ¶ wie möhte mînen lîp immer des gelusten, deich wurde heldes wîp! どれほど私は勇士の妻となることをいつも願っていたことでしょう. (Nib. 1238, 1b-2.)

ge-mâc¹, -mâge 男《強・弱》親類 (der Verwandte).

ge-mâc², -mâge 形 親類の (verwandt).

ge-mach¹ 男 中 ① 安らぎ, 平穏 (Ruhe). ② 快適さ (Bequemlichkeit). ③ 部屋 (Zimmer). ④ 住居 (Wohnung). {Ku. 153, 2}

ge-mach² 形 ① (と)² 同じの (gleich). ② (に)³ 快適な (bequem). ③ (に)ᵃⁿ 思慮深い (rücksichtsvoll). ¶ si jâhen, sine gefrieschen nie / solhes wunders gemach 人々は, そのような, 奇跡にも等しいものをいまだかつて聞いたことがない, と言った. (Tr. 8251)

ge-mach³, -mache 副 ① 落ち着いて, 静かに (gemählich). ② 快適に (bequem) ③ ゆっくり (langsam). {Tr. 12602}

ge-machen = *machen*.

ge-mahel, -mahele 男《強・弱》① 花婿 (Bräutigam). ② 夫 (Gemahl). ¶ mit dienste brâhte er si ûf die vart / daz si im alsô heimlich wart / daz er si sîn gemahel hiez. ハインリヒは娘に仕えることにより, 娘が自分に好意を持つように仕向け, 娘を我が妻よ, と呼ぶようになった. (aH. 339-41)

ge-mahele, -mahel, -mehele, -mâl 女《強・弱》① 花嫁 (Braut). ② 妻 (Gemahlin).

ge-mahelen, -mehelen 動《弱》① 婚約させる (verloben). ② (と)⁴ 結婚させる (vermählen). {Ku. 1624, 4}

gemahel-schaft

gemahel-schaft 女 ① 婚約 (Verlobung). ② 結婚 (Vermählung). ③ 婚礼 (Hochzeit).
ge-mâl[1] 形 ① 色とりどりの (bunt). ② 描かれた (gemalt). ③ 色づけされた (gefärbt). ④ 飾られた (verziert).
ge-mâl[2] ⇨ *gemahele.*
ge-mælde, -mælze 中 絵 (Bild), 絵画 (Malerei).
ge-mæle 中 ① 絵画 (Malerei). ② 装飾品 (Verzierung).
ge-maln 動《弱》挽く (mahlen), ひき潰して細かくする (zu Staub zermahlen).
ge-man[1] 形 家来のいる (mit Mannen versehen). ¶ ich bin gefriunt unde geman 私には友があり、家来たちもいる. (Tr. 9194)
ge-man[2] 形 たてがみのある (mit Mähne versehen).
ge-manc 男 混合, 混合物 (Gemenge).
ge-manen 動《弱》他 思い出させる (mahnen, erinnern). {Ku. 246, 4}
ge-mannen 動《弱》① 男らしくなる (mannhaft werden, zum Mann werden). ② 強くなる (erstarken).
ge-mæʒe 形 適度な, 妥当な (mäßig), ふさわしい (angemessen).
ge-mâʒen 動《弱》他 ① 正しく測る (richtig messen). ② 制限する (beschränken, mäßigen). ③ (と)³ 比較する (vergleichen), 同等にする (gleichstellen). 再 ① 自制する (sich bezwingen), 節制する (sich mäßigen). ② 妥協する (sich vergleichen), (と)³/ᶻᵉ 同等になる (sich gleichstellen). ③ (を)² やめる, 控える (sich enthalten). 自 ① 適度にする (sich mäßigen). ② 待つ (warten). ¶ sich möhte vil nâch der tôt / gemâzet haben ze dirre nôt. この苦しみは死にもたとえることができたことであろう. (Gr. 2641-2)
ge-mâʒet 形〔過分〕適度な (gemäßigt), 限られた (beschränkt).
ge-mechede, -machede 中 夫 (Ehegemahl).
ge-mechtnisse 中 遺言, 遺言状 (Testament).
ge-meinde ⇨ *gemeine.*
ge-meine[1], **-mein, -meinde** 女 ① 関与 (Anteil). ② 共同体 (Gemeinschaft, Gemeinde). ③ 共同体所有地 (Grundeigentum einer Gemeinschaft). ④ 群衆 (versammelte Menge), 軍勢 (Heer). ⑤ 総体 (Gesamtheit). {Tr. 8014}
ge-meine[2], **-mein** 形 ① 共通の (gemeinsam). ② 一般の (allgemein). ③ 親しい (vertraut).
ge-meine[3], **-mein** 副 ① 一緒に (zusammen), 共同に (gemein-

sam). ② 同じように (auf gleiche Weise). ③ 全部で (insgesamt).
ge-meinec-lich 形 共通の (gemeinsam).
ge-meinec-lîche 副 ① 共通に (auf gemeinsame Weise). ② 全部で (insgesamt).
ge-meinen 動《弱》自 (と)³ 共同体をなす (Gemeinschaft haben). 再 ① 共通になる (allgemein werden). ② (と)³ 結びつく (sich verbinden). ③ (に)³ 伝わる (sich mitteilen). 他 ① (と)³/mit 分け合う (teilen), 伝える (mitteilen). ② 共同体に受け入れる (in die Gemeinde aufnehmen). {Tr. 13919}
ge-meinlich 形 ① 共同の (gemeinsam). ② 共同体の (gemeinschaftlich). ③ 普通の, 一般の (gemein), ④ 身分の低い (niedrig). {Tr. 5713}
ge-meinlîche 副 ① 一緒に (zusammen), 全部で (insgesamt). ② 一般に (allgemein). ③ 共通に (gemeinsam). ④ 共同で (gemeinschaftlich).
ge-mein-sam 形 ① 共通の (gemeinsam). ② 共同の (gemeinschaftlich).
ge-meit 形 ① 喜んだ (freudig, froh). ② 果敢な (keck), 有能な (tüchtig). ③ 美しい (schön), 愛らしい (lieblich). ④ (に)³ 快適な (angenehm). {Nib. 79, 2}
ge-meite 女《弱》喜ばしさ (Fröhlichkeit).
ge-melden 動《弱》① 報告する, 知らせる (melden). ② 告げる (verkündigen).
geme-, gemel-lich 形 ① 楽しい (lustig), おかしい (spaßhaft). ② 浮かれた (ausgelassen).
geme-lîche¹, gemel-lîche 女 ① 楽しさ (Lustigkeit). ② 陽気さ (Ausgelassenheit).
geme-lîche² 副 ① おかしく, 楽しく (lustig, spaßhaft). ② 浮かれた (ausgelassen).
ge-mende 形 喜んでいる (froh).
ge-menden 動《弱》再 (を)² 喜ぶ (sich erfreuen).
gemenge 中 混合物 (Gemenge), 混合 (Vermisschung).
ge-mengen 動《弱》欠けている (mangeln).
ge-mêren = *mêren*.
ge-merke 中 ① [*marke, marc* の集合名詞] 境 (Grenze), 標識 (Merkmal), 限られた範囲 (abgegreuzter Umfang). ② [*merke* の集合名詞] 注意とその対象 (Aufmerken und dessen Gegenstand), 目標

ge-merkede

(Ziel), 意図 (Absicht). {Tr. 7422}
ge-merkede 囲 境 (Grenze), 境界 (Gemarkung).
ge-merken 動《弱》① 気付く (bemerken). ② 顧慮する (beachten). ③ 正しく判断する (richtig beurteilen). ④ 理解する (verstehen). {Tr. 2746}
ge-mëʒʒen = *mëʒʒen.*
ge-minne 形 ① 愛らしい (lieb, liebreich). ② 親切な (freundlich). ③ 好意を持った (zugetan). {Tr. 12948}
ge-minnen 動《弱》① 愛する (lieben). ② (を)⁴ 示談にする (gütlich beilegen). {Tr. 10494}
ge-mischen 動《弱》混ぜる (mischen). {Tr. 17570}
ge-mitten = *mîden* の過去分詞.
ge-miure 囲 ① 壁 (Mauer). ② 建物 (Gebäude).
ge-müejen, -müewen, -müen 動《弱》[3. -muote] ① 傷つける (beleidigen). ② 悲しませる (bekümmern), 苦しめる (beschweren, quälen). ③ 侮辱する (kränken). {Ku. 478, 4}
ge-müese 囲 ムース (Mus), かゆ (Brei).
ge-müet, gemuot = *müejen, gemüejen* の過去分詞.
ge-müete 囲 ① 五感 (Sinn), 心 (Herz). ② 気質 (Gemüt). ③ 気分 (Stimmung). ④ 欲求 (Begierde), 意欲 (Lust). (aH. 321)
ge-mügen, -mugen = *mügen, mugen.*
ge-muot 形 ① 〜の気分の, 〜の考えを持った (gesinnt). ② 上機嫌の (wohlgemut). ③ 勇気のある (mutig). ④ 優雅な (anmutig), 好ましい (lieb). ◇zornec〜 <zornig 怒っている>. {Ku. 21, 2}
ge-muoten 動《弱》① (を)² 熱望する (begehren), (を)²/⁴ 要求する (verlangen). ② (の)³ 気に入る (gefallen). {Tr. 15959}
gemuot-haft 形 ① 満足した (zufrieden). 落ち着いた (getrost). ② (を)ᵃⁿ 信頼した (vertrauend). ③ 大胆な, 勇気のある (verwegen, mutig). {Tr. 6130}
ge-muotheit 囡 陽気さ, 快活さ (Frohsinn). {Tr. 953}
ge-muotlich, -müetlich 形 ① 気分に合った (der Stimmung entsprechend). ② 快い (angenehm).
gên ⇨ *gegen.*
ge-nâde, gnâde 囡 ① 安らぎ (Ruhe). ② 快適 (Behagen). ③ 幸福 (Glück), 喜び (Freude). ④ 恩恵 (Gunst), 恩寵 (Huld). ⑤ 神の助け (Gottes Hilfe). ⑥ 赦罪 (Ablass). ¶ sich ûf, lieber herre, / ûf genâde verre / wil ich dir durch triuwe sagen / (dînen schaden

enmac ich niht verdagen) : / dir sint ritter nâhen bî / die dir schadent, mugen si, / unser herre ensî der dich ner. ご主人さま, お顔をお上げください. どうかお許しください. 私はあなたを思う気持ちから申し上げます. (あなたの危機を黙って見過ごすわけにはまいりません.) 騎士たちがあなたのすぐ近くに潜んでいて, 私たちの主があなたをお護りにならない限り, できればあなたを倒したいと思っています. (Er. 3182-8)

ge-nædec, ge-nædeclich 形 ① 好意に満ちた (freundlich, lieblich). ② 恵み深い(gnädig). ③ あわれみ深い(barmherzig). {Nib. 1154, 4}

ge-nædec-lîche(n) 副 ① 慈悲深く (gnädig). ② 寛大に (gnädiglich). {Nib. 250, 4}

ge-nâde-lôs 形 ① (神に) 見捨てられた (verlassen). ② (恵みのない) (gunstlos), 不幸な (unglücklich).

ge-nâden, gnâden 動《弱》① (に)³ 恵み深く, 親切に振舞う (gnädig, freundlich sein). ② 助ける (helfen). ③ 感謝する (danken). {Tr. 12125}

ge-nâhen 動《弱》(に)³ 近づく (nahen). (Tr. 7044)

ge-næme 形 ① 気に入った (wohlgefällig). ② 好ましい (angenehm). ③ 妥当な, 受諾しうる (annehmbar). ¶ nû sehet wie genæme / er ê der werlte wære. 以前ハインリヒがどんなに世間の人々に好かれていたかを思い起しなさい. (aH. 124-5)

ge-nant = *nennen, genennen* の過去分詞.

ge-nante 男《弱》裁判の証人 (Zeuge vor Gericht).

ge-nantlich 形 良く知られた, 有名な (bekannt).

ge-næse = *genësen* の直説法過去 2 人称単数, 接続法過去 1, 3 人称単数.

ge-nâsen = *genësen* の直説法過去 1, 3 人称複数.

ge-naset 形 〔過分〕鼻のある (mit einer Nase versehen).

ge-næte 中 [*nât* の集合名詞] 刺繍品 (Stickerei).

genden, ge-enden 動《弱》終える (beenden).

ge-neigen 動《弱》① 曲げる (neigen, beugen). ② 投げ付ける (niederwerfen). ③ 倒れさす, 落下させる (zu Fall bringen). ④ 傾かせる (geneigt machen).

ge-neiʒide 女 迫害, 追跡 (Verfolgung).

ge-nëmen = *nëmen*.

ge-nende, -nendec 形 ① 勇敢な (mutig), 勇ましい (kühn). ②

ge-nendecheit

熱心な (eifrig).
ge-nendecheit 囡 勇敢さ (Kühnheit).
ge-nendec-lîche 副 ① 大胆に，勇敢に (kühn, mutig). ② 決然として (entschlossen). ③ 信頼して (vertrauensvoll).
ge-nenden 動《弱》自再 ① 敢えて〜する (wagen). ② 決心する (sich entschließen). ③ (を)² 大胆にもする (sich erdreisten). {Tr. 9121}.
ge-nenne 形 有名な (berühmt, bekannt). {Tr. 13098}
ge-nennen 動《弱》[3. -nante, -nande 6. ge-nennet, -nant] 名付ける，呼ぶ (nennen). {Tr. 5436}
ge-nern, -neregen 動《弱》① 癒す (heilen). ② 救う (retten), 守る (schützen). ③ 命を保つ (am Leben erhalten). ④ 養う (ernähren). {Tr. 7770}
ge-nës 形 救いをもたらす (Rettung bringend).
ge-nësen 動 V. [5. -nâsen] ① 健康になる (geheilt werden). ② 生きている (am Leben bleiben). ③ (から)²/vor/an 救われる，生きて戻る (heil davon kommen). {Ku. 86,1} ¶ tuont alsus und sît genesen: / ichn tar niht langer bî iu wesen. そのようになさり，ご快復なさってください．私はこれ以上あなたの側にいることはできません．(Iw. 1253-4)

	直説法現在	
ich	genise	wir genësen
du	genisest	ir genëset
er	geniset	si genësent

	直説法過去	
ich	genas	wir genâsen
du	genæse	ir genâset
er	genas	si genâsen

ge-nëven 男《弱》〔複数〕相互に親戚の人たち (gegenseitige Verwandte).
ge-neʒ 中 女性の居間 (Frauengemach).
geneʒ-wîp 中 ① 女性の居間にいる女性 (die Frauen, die sich in *geneʒ* aufhalten). ② 女性たち (Frauenzimmer).
genge, gengec 形 ① 人々の間に広まっている (unter den Leuten verbreitet). ② 普通の (gewönlich). ③ 活発な，壮健な (rüstig). ④ 準備の出来た (bereit).

ge-nibele, -nibel 田［*nëbel* の集合名詞］① 霧のかたまり (Nebelmasse). ② 雲の群れ (Gewölk). ③ 暗やみ (Dunkelheit).

ge-nideren 動《弱》① 低くする (erniedrigen). ② 抑圧する (niederdrücken).

ge-nieten 動《弱》再 ① 熱心である (eifrig sein), いそしむ (sich befleißigen). ② 楽しむ, 享受する (genießen). ③ 充分持っている (genug haben), 満足する (sich ersättigen). 非 心配させる (kümmern), 不愉快にさせる (verdrießen). ¶ Drî tage und drî nahte wil ich in lâzen stân, unz ich mich geniete mînes vil lieben man. 私が私の愛しい夫を思いのままに, 3日3晩の間ここに横たえておきます. (Nib. 1056.1-2). ¶ Dô der herre Heinrich / alsus geniete sich / êren unde guotes / und vrœlîches muotes / und vrœlîcher wünne / (er was vür al sîn künne / geprîset unde gêret), / sîn hôchmuot wart verkêret / in ein leben gar geneiget. 領主ハインリヒは (彼は一族の他の誰よりも称賛され, 尊敬されていた) このように名誉と財産, 喜びに満ちた心, そしてこの上ない幸福に恵まれていたが, その高められた境地はまったく傾いた人生へ変えられた. (aH. 75-83).

ge-nieʒ 男 ① 利用 (Benutzung). ② 収入, 所得 (Einkommen). ③ 報酬 (Lohn). ④ 享受, 享楽 (Genuß).

ge-nieʒen 動 II. 2. 自 ① (を)² 楽しむ (genießen). ② (を)² 役に立てる (nützen). ③ (の)² 罰を受けない (keine Strafe leiden). {Nib. 104, 3}

ge-nifteln 複［= *genëven*］相互に親戚の人々 (gegenseitige Verwandte).

ge-nîgen 動 I. 1. ① お辞儀する (sich neigen), 傾く (in Neigen kommen). ② (に)³ お辞儀する (sich vor⁺³ verbeugen). {Tr. 2682}

ge-nim = *genëmen* の命令法2人称単数.

ge-nisbære, -bærelich 形 ① 治癒力のある (heilkräftig). ② 治る (heilbar). ¶ er gedâhte daz er wære / vil lîhte genisbære, / und vuor alsô drâte / nâch der arzâte râte / gegen Munpasiliere. ハインリヒはもしかしたら治るかもしれないと思い, 医師の勧めに従い, すぐにムンパジリエレへ向かった. (aH. 171-5)

ge-nise = *genësen* の直説法現在1人称単数.

ge-nisec 形 治る, 救える (heilbar).

ge-nislich 形 治る, 救える (heilbar).

ge-nist¹, gnist 女 ① 治癒 (Heilung). 全快 (Genesung). ② 救済 (Rettung). ③ 分娩 (Entbindung). ④ 安全, 幸福 (Heil, Wohlerge-

ge-nist 178

hen). ⑤ 食料, 栄養分 (Nahrung). ¶ daz hôrte er ungerne / und vuor engegen Salerne / und suochte ouch dâ durch genist / der wîsen arzâte list. ハインリヒはその話を聞き入れたくなく, サレルノへ出掛け, そこで治療のために経験のある医者の医術を探し求めた. (aH. 179-82)

ge-nist[2] 囲 熱心, 熱意 (Eifer).

ge-niste, -nist 囲 [*nëst* の集合名詞] 巣 (Nest). {Ku. 87, 2}

ge-nisten 動《弱》① 巣を作って住む (ein Nest bauen und wohnen). ② 巣くう (nisten). {Tr. 8612}

ge-nistern 動《弱》[=*ganeisten*] 火花を出す (Funken sprühen).

ge-nomen = *nëmen, genëmen* の過去分詞.

ge-nôs 囲 損害 (Schaden).

ge-nôsen 動《弱》損害を与える (schaden).

ge-nôte 副 ① 熱心に (mit Eifer, eifrig). ② たいへん (sehr). ③ 切迫して (dringend). {Nib. 373, 4}

ge-nœte 形 [中独 -nôde] ① (に)[2] 熱心な (eifrig). ② (を)[2] 必要としている (bedürftig). {Nib. 1769, 3}

ge-nœten 動《弱》[3. genôte] 他 強要する, 強いる (nötigen, zwingen). 再 (に)[2] 努める, 骨を折る (sich bemühen).

genôʒ, genôʒe, gnôʒ 男《強・弱》① 仲間 (Genosse). ② (身分が) 同等の者 (ein Ebenbürtiger). ◇genôʒ$^{+3}$ sîn ＜ebenbürtig sein (と)[3] 同等である＞. {Nib. 819, 4}

ge-nôʒen 動《弱》他 ① (に)[4] 関与する (Teil haben), 楽しむ (genießen). ② まねる (nachmachen). 他再 ① 仲間になる (sich gesellen). ② 同等にする (gleichstellen). ③ 比較する (vergleichen). ④ (と)[3] 同等になる (gleichkommen).

ge-nôʒlich 形 ① 同等の (gleichstehend). ② (と)[3] 同等の身分の (ebenbürtig).

ge-nôʒsam 形 ① 同等の (gleichstehend). ② (と)[3] 同等の身分の (ebenbürtig).

genôʒ-schaft 囡 ① 社会 (Gesellschaft), 共同社会 (Gemeinschaft). ② 同身分の者の総体 (Gesamtheit der Standesgenossen).

ge-nôʒunge 囡 社会 (Gesellschaft).

ge-nüege 囡 ① 十分, 存分 (Genüge). ② 充実, 豊富 (Fülle). {Ku. 1143, 2}

ge-nüegen, -nuogen 動《弱》自 充分である (genügen, ausreichen). 他 ① 満足させる (befriedigen). ② 喜ばせる (erfreuen). 再

非 ① (に)² 満足する (sich befriedigen). ② 飽き飽きする (sich ersättigen). ¶ des genüeget mich von dir. それだけで私には充分だ. (aH. 936)

ge-nuht 女 ① 充分なもの (Genüge). ② 充溢, 豊富 (Fülle).

ge-nuoc 形 [-ges²] ① 充分な (genug, hinreiched). ② 多くの (mancher, viel). ③〔曲言法〕たいへん多くの (sehr viel). ④〔名詞的に〕充分なもの, 多くのもの (genug, viel). ⑤〔副詞的に〕十分に (genug), 甚だしく (sehr). ¶ Sus bat si genuoc umbe den tôt. このように少女はたいへん死を願った. (aH. 1305) ¶ dâ wâren phaffen genuoge : / die gâben si im ze wîbe. そこには多数の聖職者たちが居た. その聖職者たちが娘をハインリヒの妻にした. (aH. 1512-3)

ge-nuoge¹, -nuogic 形 ① 十分な (genügend). ② 足りた (ausreichend). ③ 多数の, 豊かな (reichlich). {Nib. 24, 4}

ge-nuoge² 副 ① 十分に (genügend). ② 足りて (ausreichend). ③ たいへん (sehr). ¶ ich hân doch genuoge leit unde sêr. 私はこの上なく苦しみと悲しみを味わっています. (Nib. 2143.2)

ge-nüʒʒe = *genieʒen* の直説法過去2人称単数, 接続法過去1, 3人称単数.

gêometrîe 女 [=*jêometrîe*] 幾何学 (Geometrie).

ge-phlëgen = *phlëgen*.

ge-prüeven 動《弱》① 試す (erproben, prüfen). ② 慎重に準備する (mit Überlegung vorbereiten). ③ 叙述する (darstellen). ④ 判断する (beurteilen). {Ku. 38, 4}

ge-prüevieren 動《弱》整理する (anordnen), 整える (zurechtmachen). {Tr. 4975}

ge-püfel, -povel 中 [*bovel* の集合名詞] ① 民族 (Volk). ② 人々 (Leute). ③ 従者たち (Gefolge).

ge-quël 男 泉, 噴水 (Quelle).

ge-queln 動《弱》① 苦しめる (quälen). ② 拷問する (martern).

ge-quollen = *quëllen* の過去分詞.

gër¹ = *gërn* の接続法現在1, 3人称単数.

gër², gir 女 欲求 (Verlangen), 熱望 (Begehren).

gêr³, gêre 男《強・弱》① 投槍 (Wurfspeer). ② 楔形のもの (Keilformiges). ③ 衣服のすそ (Schoß des Kleides). ④ (スカート前部の) 飾り (Verzierung), 飾り縁 (Saum). {Nib. 555,1} ¶ Dô schuzzen si die gêre mit krefte von der hant / durch die vesten schilde ûf liehtez ir gewant, / daz die gêrstangen vil hôhe dræten dan. イーリンクとハーゲンは投げ槍を力一杯, 相手の堅い楯を通って, 輝く鎧に達するほどに手で投げたので, 楯の柄がそこから空高く舞い昇った. (Nib. 2038, 1-3)

ge-ranc 男 中 戦うこと (das Ringen), 努力すること (das Streben).

ge-rasten, -resten 動《弱》[= *rasten*] ① 休む, 休息する (rasten). ② 安らう, 休養する (ruhen). {Nib. 1622, 4}

ge-rat, -rade 形 ① 速い (schnell, rasch), 素早い (gewandt). ② 有能な (tüchtig). ③ まっすぐな (gerade). ④ 同じ (gleich).

ge-ræte 中 [*rât* の集合名詞] ① 助言 (Rat), 協議 (Beratung). ② 熟慮 (Überlegung). ③ 助力 (Hilfe). ④ 装備, 支度 (Ausrüstung, Ausstattung). ⑤ 蓄え (Vorrat). ⑥ 充満 (Fülle), 豊富 (Reichtum). ⑦ 家具 (Hausgerät). {Tr. 414}

ge-râten[1] 動〔反復〕2 [3. -riet 4. -riete 5. -rieten 6. -râten]. 自 ① 助言する (raten). ② 整える (anordnen). ③ 結果になる (ausschlagen). ④ 栄える (gedeihen). ⑤ 陥る (geraten). ⑥ 幸運にも到達する (glücklich gelangen). ⑦〔不定詞と〕始める (anfangen), 達する (gelangen). ⑧〔弱変化も〕(が)[2] 欠けている (entbehren). ¶ saget, wâ welt ir hin, / ode wâ habt ir den sin / genomen der iu diz geriet? どこへいらっしゃるのか, 言ってください. あるいは, いったいあなたはあなたにそうなさるように勧める考えをどこでお見つけになったのですか. (Iw. 1485-7)

ge-râten[2] = *râten, gerâten* の過去分詞.

Gêrbart 男〔人名〕ゲールバルト (Gerbart). ディートリッヒの家来. {Nib. 2281.1}.

gerbel 中 小さい穀物の束 (kleine Garbe).

Gêre 男〔人名〕辺境伯ゲール (Ger). ブルグンドの王たちの親類.

ge-rëch, grëch 中 男 良い状態 (ein guter Stand), 満足 (Wohlbehagen).

ge-rëche[1] 形 ① 正しい (richtig, recht). ② 正確な (genau). ③ きちんとした (ordentlich).

ge-rëche[2] 副 ① 正しく (recht), 正式に (ordentlich). ② 正確に (genau). {Er. 4664}

ge-rëchen 動 IV. 完全に返報する (vollständig rächen).

ge-redec 形 雄弁な, 能弁な (geredt).

ge-reden 動《弱》① 話す (sprechen, reden). ② 約束する (versprechen). {Tr. 1459}

ge-rëht 形 ① 熟練した, 準備のできた (geschickt, bereit). ② 正し

い, 正当な (recht, richtig, gerecht). {Nib. 99, 2}

ge-reichen 動《弱》自 届く, 達する (reichen). 他 ① 到達する (erreichen). ② (で)³ 充分である (ausreichen).

ge-reise 男 女《弱》旅の道連れ (der / die Mitreisende). {Tr. 9370}

ge-reite¹, -reit 中 ① 頭装具 (Zaumzeug). ② 馬具, 乗馬具 (Reitzeug des Pferdes). ③ 馬車 (Wagen). {Tr. 9336}. ¶ Ir ross diu wâren scœne, ir gereite goldes rôt. 彼らの馬は美しく, その頭装具は金で赤く輝いていた. (Nib. 68, 1)

ge-reite², -reit 形 ① 準備できた (bereit). ② 出来上がった (fertig). {Tr. 8321}

ge-reite³, -reit 副 ① まっすぐ (geradeaus). ② 喜んで (gern). ③ すぐに (sogleich), すでに (bereits).

ge-reiten 動《弱》① 計算する (rechnen). ② 名を挙げる (nennen). ③ 数える (zählen). ④ 装備する (rüsten), 用意する (zurecht machen).

gereit-schaft 女 ① 装備 (Ausrüstung). ② 用具 (Gerätschaft). ③ 現金 (Barschaft).

ge-rich 男 中 ① 復讐 (Rache). ② 罰 (Strafe). ¶ Swenne abr er den vogel erschôz, / des schal von sange ê was sô grôz, / sô weinder unde roufte sich, / an sîn hâr kêrt er gerich. しかし, 王子は大きな声で鳴いていた鳥を射落としてしまうと泣きだし, 髪をかきむしって自分の髪にその償いをさせるのであった. (Parz. 118, 7-10)

ge-rîchen 動《弱》自 裕福になる (reich werden). ② (に)ᵃⁿ 勝つ (besiegen), 撃退する (zurückdrängen). 他 裕福にする (reich, mächtig machen).

ge-riet = *gerâten* の直説法過去 1, 3 人称単数

gerihte, -riht 中 ① 裁判 (Gericht), 司法 (Rechtspflege). ② 訴訟手続き (Gerichtsverfahren). ③ 判決 (Urteil). ④ (誓いによって) 正当と認めること (Rechtfertigung). {Nib. 714, 1}

ge-rihten 動《弱》自 ① 裁判をする (Gericht halten). ② 支配する (regieren). 他 ① 無実を証明する (die Unschuld beweisen). ② 正しくする, 整える (in Ordnung bringen), 立てる (aufstellen). ③ 正しい方向に向ける (in die richtige Richtung bringen). ④ 固める, 確認する (erhärten). 再 ① 向く (sich richten). ② 準備する (sich bereiten). {Nib. 1563, 3}

ge-rîmen 動《弱》韻を踏ませる (reimen).

gerinc 男 ① 格闘 (das Ringen). ② 努力, 奮闘 (Streben), 骨折り

ge-ringe

(Bemühen).
ge-ringe[1] 形 ① 容易な (leicht). ② 速い (schnell, behände). ③ 小さい (klein), わずかの (gering).
ge-ringe[2] 副 ① 容易に (leicht). ② 急速に (schnell, behände). ③ 無思慮に (leichtfertig).
ge-ringen[1] 動 III. 1. ① (と)[mit/nâch] 戦う, 格闘する (kämpfen, ringen). ② (に)[3] 負けない, 対抗できる (gewachsen sein).
ge-ringen[2], **-ringern** 動《弱》① 軽くする (leicht machen). ② より軽くする (leichter machen).
ge-ringes 副 周りに, 至る所に (ringsum).
ge-rinne 中 ① 小川, 水流 (Rinnsal). ② 氾濫, 突進 (Anlauf).
ge-rinnen 動 III. 1. ① 走る, 駆ける (laufen, rennen). ② 凝固する, 凍る (gerinnen). ③ (から)[von] 由来している (ausgehen, abstammen).
ge-rite, -ritte 中 乗馬 (Ritt), 乗馬具 (Reitzeug).
ge-rîten 動 I. 1. 自 騎乗する (reiten). 他 (を)[4] 馬で渡る (durchreiten). {Nib. 121, 2}
ge-riten = *rîten, geriten* の過去分詞.
ge-riune, -rûne 中 [*rûne* の集合名詞] ① ささやき (Geflüster). ② 密議 (heimliche Besprechung). {Tr. 11199}
ge-riute 中 ① 開墾地 (das gereutete Land). ② 開墾 (das Ausreuten). ¶ alsus tet er sich abe / aller sîner vordern habe / unz an ein geriute : / dar vlôch er die liute. ハインリヒはこのようにしてそれまで持っていた財産を一つの小作地を除いてみな手放してしまった. 彼は人々を避けて, その小作地へ退いた. (aH. 257-60)
ge-riuwen[1] 動 II. 1. 悲しませる (in Betrübnis bringen).
ge-riuwen[2], **-riuwesen** 動《弱》自 再 ① 痛みを感じる (Schmerz empfinden). ② 後悔する (Reue empfinden). ¶ der rede ist dir ze muote nû : / der die von dir nemen wolde, / sô manz danne enden solde, / so geriuwez dich vil lîhte doch." お前は今は言葉通り, そうするつもりでも, 人がお前の言葉を受け入れ, 実行に移そうとすれば, お前はきっと悲しむだろう. (aH. 956-9) ¶ sich wiez dînem lîbe tuo : / geriuwetz dich eins hâres breit, / sô hân ich mîn arbeit / unde dû den lîp verlorn. お前の身体がどうなるか考えなさい. ほんの髪の毛ほどもお前が後悔したら, 私は私の仕事を, お前は身体を台無しにする. (aH. 1100-3)
ge-riuʒe 中 騒音 (Lärm), 騒ぐこと (Toben).
gërn 動《弱》自 ① (を)[2] 欲する, 望む (begehren). ② 欲求する

(verlangen). ③ (に⁴向かって) 突進する (losgehen). ¶ sô ist geschehen des ir dâ gert, / und wænet mir sî wol geschehen. そうすればあなたの望み通りになり, 私は幸せだとお思いでしょう. (aH. 762-3) ¶ man gewan in allen drin / swes iegelîcher gerte. 3人にはそれぞれが望むものが与えられた. (Tr. 2212-3)

gërnde 形 ① 願い求める, 欲求する (verlangend). ② 恋い焦がれる, 憧れる (sehnsüchtig).

gërne, gërn 副 [比較級 *gërner*] ① 喜んで (gern), 好んで (bereitwillig).

Gêrnôt 男 [人名] ゲルノート (Gernot). ダンクラート (Dancrât) とウオテ (Uote) の間の2番目の王子. グンテル王の弟.

ge-rochen = *rëchen, gerëchen* の過去分詞.

gerou = *geriuwen* の直説法過去1, 3人称単数.

ge-rouch 男 煙 (Rauch).

ge-roufen 動《弱》他 引き抜く, むしる (raufen, ausreißen). 再 髪をかきむしる (sich bei den Haaren raufen).

gêr-schuʒ 男 ① 射撃 (Schuss). ② 槍投げ (Wurf mit Wurfspieß).

gêr-stange 女 ① 槍の柄 (Schaft). ② 投槍 (Wurfspeer). {Nib. 459, 3}

gerte 女《強・弱》① 鞭, しなやかな枝 (Rute). ② 枝 (Zweig). ③ 棒 (Stab), 測り棒 (Messrute).

ge-rüemen 動《弱》他 ほめる (rühmen, preisen). 再 ① (を)² 自慢する (sich rühmen, prahlen). ② (を)² 喜んでいる (froh sein). 自 (を)ᵛᵒⁿ 自慢する (prahlen).

ge-rüeren = *rüeren*.

ge-rûme, -rûm 形 ① 幅広い (breit). ② 広々とした (geräumig).

ge-rûmen 自 ① 席をあける (Platz machen). ② 回避する (ausweichen). 他 ① あける (räumen), 空にする (leeren). ② (を)⁴ 立ち去る (verlassen). {Nib. 1456, 1}

ge-rûne ⇨ *geriune.*

ge-ruoche 中 喫煙 (das Rauchen).

ge-ruochen 動《弱》自 考慮する (Rücksicht nehmen). 他 望む (wünschen). {Nib. 127, 2}

ge-ruofen = *ruofen* の過去分詞.

ge-ruowen 動《弱》安らう, 休む, 休息する (ruhen). {Tr. 9072}

ge-ruowet, -ruot 形 [過分] ① 休息した (ausgeruht). ② 静かな, 平穏な (ruhig).

ge-rüste 中 ① 設備, 装置 (Vorrichtung). ② 建物 (Gebäude). ③ 機械 (Maschine), 道具 (Werkzeug). ④ 器具, 調度 (Gerät). ⑤ 武具 (Waffenrüstung). ⑥ 飾り (Schmuck), 衣裳 (Kleidung).

gerwe[1] 男《弱》製革工, 革なめし工 (Gerber).

gerwe[2] 形 ① 準備のできた (bereit). ② 仕上げられた, なめされた (gegerbt)

gërwe, gërwen, gërben 女《強・弱》酵母 (Hefe).

gerwen, garwen, gerben 動《弱》[3. garte] 他 ① 準備する (bereiten), 完全にする (gar machen). ② 仕上げる, なめす (gerben). 再 ① 準備する (sich bereiten). ② 着る (sich kleiden). ③ 武装する (sich ausrüsten). {Nib. 1766, 1}

gerwer 男 製革工, 革なめし工 (Gerber).

gêr-wunde 女《弱》(投槍による)負傷 (Verwundung).

gerwunge, garwunge 女 ① 準備すること (das Bereiten). ② 装備 (Ausrüstung). ③ 装飾 (Schmuck).

ge-sach = *gesëhen* の直説法過去 1, 3 人称単数.

ge-sache 女 物 (Sache).

ge-saft 中 果汁 (Saft).

ge-sagen 動《弱》[縮約形 gesân] ① 言う (sagen), 物語る (erzählen). ② 名づける (nennen). {Ku. 155, 1} ¶ nu enwolde sis in niht gesagen. 娘はそれを両親に告げようとはしなかった. (aH. 486)

ge-sæjen, -sæn 動《弱》種を播く (säen). {Tr. 12240}

ge-samenen, -samnen 動《弱》他 ① 集める (versammeln). ② 合併する (vereinigen). 再 集まる (sich versammeln). {Nib. 626, 3}

ge-sanc 男 歌 (Gesang).

ge-sant, -sendet = *senden* の過去分詞.

ge-sæʒe 中 ① 座席 (Sitz). ② 居住地 (Wohnsitz). ③ 宿泊所, 陣営 (Lager).

ge-schach, -schah = *geschëhen* の直説法過去 1, 3 人称単数.

ge-schaden 動《弱》[3. -schadete, -schatte] 損なう, 傷つける (schaden).

ge-schaf 中 ① 被造物 (Geschöpf). ② 創造 (Schöpfung). ③ 仕事 (Geschäft).

ge-schaffen 動 VI /《弱》[= *schaffen*] ① 創造する (erschaffen). ② する (machen). ③ 整える (verrichten). ④ 命令する (verordnen). ⑤ 気遣う (besorgen). {Ku. 13, 4}

ge-schaft[1] 女 ① 被造物 (Geschöpf), 創造 (Schöpfung). ② 形姿

(Gestalt). ③ 性質 (Beschaffenheit), 特性 (Eigenschaft). ④ 形成 (Bildung). {Tr. 2407}

ge-schaft² 甲 ① 仕事, 従事 (Geschäft). ② 命令 (Befehl). ③ 整理 (Anordnung).

ge-schamen = *schamen*.

ge-schant = *schenden* の過去分詞.

ge-scheffec, -scheftec, -schäffic 形 ① 忙しい (geschäftig). ② 働いている (tätig). {Tr. 7928}

ge-scheffede, -schpfede, -schefte, -scheft 女甲 ① 被造物 (Geschöpf), 物 (Sache). ② 作品 (Werk). ③ 姿 (Gestalt). ④ 仕事 (Geschäft), 従事 (Beschäftigung). ⑤ 出来事 (Ereignis). ⑥ 整理 (Anordnung). ⑦ 命令 (Befehl), 依頼 (Auftrag). ⑧ 遺言 (Testament), 契約 (Vertrag). ⑨ 法的取り決め (gerichtliche Abmachung). {Tr. 4070, 4500}

ge-scheft ⇨ *gescheffede*.

ge-schefte ⇨ *gescheffede*.

ge-schëhen 動 V. [3. -schach 4. -schæhe] 起こる (geschehen). ¶ gotes wille müeze an mir geschehen! 神のご意志が私の身の上に実現しますように. (aH. 1276)

ge-scheiden¹ 動〔反復〕4 [6. -schieden] 他 引き離す (trennen). 再 分かれる, 別れる (sich scheiden).

ge-scheiden² = *scheiden, gescheiden* の過去分詞.

ge-schelle¹ 甲 ① 騒音 (Getöse), 音 (Lärm). ② 喧騒 (Tumult). ③ 雑踏 (Auflauf). {Tr. 2769}

ge-schëlle² 甲 乗馬具の音, 鈴の音 (Schellen am Reitzeug)

ge-schenden 動《弱》[3. -schande 6. ge-schendet, -schant] ① 不名誉にする (in Unehre bringen). ② 勝つ (besiegen). ③ 侮辱する (beschimpfen).

ge-schicke 甲 ① 秩序 (Ordnung). ② 戦闘の配置 (Anordnung zum Kampf). ③ 遺言, 遺産 (Vermächtnis). ④ 姿 (Gestalt). ⑤ 振る舞い (Benehmen).

ge-schickede 女 ① 姿, 容姿 (Gestalt). ② 性質 (Beschaffenheit).

ge-schieden = *scheiden, gescheiden* の直説法過去 1, 3 人称複数.

ge-schieʒen 動 II. 2. 他 射る, 撃つ (schießen). 自 ① 急ぐ (eilen). ② 急速に動く (sich rasch bewegen). {Ku. 503, 4}

ge-schiffen = *schiffen*.

ge-schiht¹ 女 ① 出来事 (Ereignis). ② 話, 物語 (Geschichte). ③

ge-schiht 186

運命, 宿命 (Schickung). ④ 偶然 (Zufall). ⑤ 物 (Sache, Ding). ⑥ 層 (Schicht), 列 (Reihe). ⑦ 方法, 様式 (Art und Weise). {Tr. 215, 10877}

ge-schiht² = *geschëhen* の直説法現在 3 人称単数.

ge-schol 男《弱》① 負債者 (Schuldner). ② 保証人 (Gewährsmann). {Ku. 1406, 1}

ge-scholten = *schëlten* の過去分詞.

ge-schouwen 動《弱》① 見る (sehen). ② 凝視する (schauen, ansehen).

ge-schôʒ, -schoʒ 中 ① 射る武器 (Geschoss). ② 射撃 (das Schießen). ③ 階, 階層 (Stockwerk).

ge-schreie, -schrei, -schrê 中 ① 叫び声 (Geschrei). ② 呼び声 (Ruf). ③ 騒音 (Lärm).

ge-schrîben 動 I. 1. ① 書く (schreiben). ② 叙述する (beschreiben, schildern).

ge-schrîe 中 ① 叫び声 (Geschrei). ② しきりにしわがれ声で話すこと (Gekrächze). {Tr. 15821}

ge-schrîen = *schrîen*.

ge-schulden 動《弱》① 値する (verdienen). ② 罰に値する (verschulden). {Tr. 512}

ge-schüten 動《弱》① 振る, 揺する(schütteln). ② 注ぐ (schütten).

ge-schütze, -schüz 中 ① 射る道具 (Schießzeug). ② 射撃用武器 (Schießwaffe).

ge-schuʒ 男 槍を投げること (Schuss mit dem Ger). {Nib. 2132, 4}

ge-sëgenen 動《弱》祝福する (segnen). ¶ got gesegne dich! あなたに神の祝福を. (Tr. 787).

ge-sëhen 動 V. [= *sëhen*] 他 ① 見る (sehen). ② 注視する (ansehen). ③ 訪ねる (besuchen). 自 ① 見る (sehen), 目を向ける (blicken). ② 眺める (schauen). ¶ zuo dem meister er dô sprach: / „diz kint ist alsô wünneclich: / zewâre jâ enmac ich / sînen tôt niht gesehen. ハインリヒは医者に言った,「この子はたいへん美しい. 私はこの娘が死ぬのを見ることはできません」(aH. 1272-5)

ge-seit, ge-saget = *sagen* の過去分詞.

ge-selle 男《弱》① 家の仲間 (Hausgenosse). ② 友達 (Freund), 伴侶 (Gefährte), 道連れ (Begleiter). ③ 恋人 (Freund, Freundin). ④ 同身分の人 (Standesgenosse). ⑤ 若い人 (Junge). ⑥ 徒弟 (Bursche). ⑦ 副司祭 (Kaplan).

ge-sellec, -sellic 形 共にする (zugestellt). ¶ si wâren aller sache / gesellic und gemeine その兄妹は何事にも仲良く、一緒だった. (Gr. 286-7).

gesellec-heit, gesellekeit 女 ① 仲間 (Geselle), 相互の友好関係 (freundschaftliche Beziehung). ② (仲間, 友達としての) 共存 (Zusammensein). ③ 社交 (Gesellschaft).

ge-sellec-lich 形 ① 仲間のような (wie Gesellen). ② 友にふさわしい (freundschaftlich). ③ 親切な (freundlich). ④ 社交の (gesellschaftlich), 社交的な (gesellig). {Nib. 279, 2}

gesellec-lîche 副 ① 仲間のように (wie Gesellen), 友のように (freundschaftlich). ② 親切に (freundlich). ③ 社交のために (zur Gesellschaft). ④ 一対ずつ, 組を作って (paarweise). {Nib. 279, 2}

geselle-lôs 形 ① 仲間のいない (ohne Gesellen). ② 孤独な (allein).

ge-sellen 動《弱》他 仲間にする (zum Gesellen geben). 再 ① (と)³ 仲間になる (sich gesellen). ② 対をなして整列する (sich paarweise zusammentun). {Nib. 1803, 4}

geselle-schaft 女 ① (多数の物の) 結合 (Vereinigung). ② 社会, 共同体 (Gesellschaft). ③ 仲間 (Genossenschaft). ④ 友情 (Freundschaft), 愛 (Liebe). {Tr. 3487}

ge-selline, -sellîn 女 ① 伴侶 (Gefährtin). ② 恋人 (Freundin). {Tr. 14016}

ge-senden 動《弱》[3. -sante, -sande 6. ge-sant, -sendet] 送る (senden). {Nib. 2190, 2}

ge-senften 動《弱》[= *senften*] 和らげる (besänftigen, lindern). {Tr. 14464}

ge-sêren 動《弱》傷つける (verletzen, verwunden)

ge-setze 中 **-setzede** 中 女 ① 法, 法律 (Gesetz). ② 決定, 確定 (Festsetzung).

ge-setzen 動《弱》[3. -sazte] 置く (setzen).

ge-sidele, -sëdele 中 ① 座席 (Sitz). ② 居住地 (Wohnstätte). {Nib. 266, 1}

ge-sigen¹ 動《弱》自 勝利する (siegen) 他 征服する (besiegen). {Nib. 114, 2}

ge-sigen² = *sîgen* の過去分詞.

ge-sihene ⇨ *gesiune.*

ge-siht 中 ① 見ること (das Sehen), 視覚 (Gesicht). ② 光景 (An-

ge-sîn

blick). ③ 幻 (Vision), 夢 (Traum). ④ 顔 (Gesicht). ⑤ 外見 (Aussehen), 姿 (Gestalt). {Tr. 12352}

ge-sîn[1] 動〔不規則〕[=*sîn*] ある, いる (sein).

ge-sîn[2] = *sîn, gesîn* の過去分詞.

ge-sinde, -sinne 中 ① 家来 (Gefolgsmann), 家臣 (Dienstmann). ② 召使たち (Dienerschaft). ③ 同居者 (Hausgenosse). ④ 戦士 (Krieger), 軍勢 (Truppen). {Nib. 41, 4}

ge-sinden[1]**, -sinnen** 動《弱》① 行く (gehen), さまよう (wandern). ② 来る (kommen).

ge-sinden[2] 動《弱》他 再 ① 仲間に入れる (zum Gesellen machen). ② 家来にする (zum Diener machen). ③ おもむく (sich begeben).

ge-singen 動 III. 1. [=*singen*] 歌う (singen). {Nib. 301, 1}

ge-sinne[1] 形 ① 賢明な (klug), 思慮深い (besonnen). ② (に)[3] 好意をもった (zugetan).

ge-sinne[2] ⇨ *gesinde*.

ge-sinnen 動 III. 1. 他 (へ)^nach 考えを向ける. (Gedanken richten). 再 ① (を)[2] 気づかう, (の)[2] 世話をする (sorgen). ② (を)[2] 引き受ける (sich annehmen). ③ (に)[4] (を)[2] 要求する, 熱望する (verlangen).

ge-sinnet, -sint 形〔過分〕考えている, 目指している (gesinnt). {Tr. 4922}

ge-sint 男 ① 同伴者, 随伴者 (Begleiter). ② 召使, 家来 (Diener).

ge-sippe 形 親戚の (verwandt).

ge-sippet, -sipt 形〔過分〕親類の, 親戚の (verwandt)

ge-site[1] 男 [=*site*] ① 生き方 (Art und Weise des Lebens). ② 習慣 (Gewohnheit), 作法 (Sitte). ③ 性質 (Beschaffenheit).

ge-site[2] 形 躾けのよい, 礼儀正しい (gesittet).

ge-sitzen 動《弱》① 座っている (sitzen). ② 座る (sich setzen). ③ 居を定める (sich niederlassen). {Nib. 1668, 2}

ge-siune, -sûne, -sihene 中 ① 外観 (Ansehen), 外見 (äußeres Aussehen). ② 姿, 光景 (Anblick). ③ 顔 (Gesicht). ④ 視力 (Sehvermögen), 眼差し (Blick). ¶ diu bein wâren im lanc / und eislîch sîn gesihene. その騎士の両足は長く, その眼差しは恐ろしかった. (Nib. 1734, 3b-4a)

ge-siunec-, -siun-lich 形 目に見える (sichtbar).

ge-slâfe 男《弱》同室に寝る仲間 (Schlafgenosse). {Tr. 17479}

ge-slâfen[1] 動〔反復〕2 同棲する (beiwohnen).

ge-slâfen[2] = *slâfen, geslâfen* の過去分詞.
ge-slagen = *slahen, geslahen* の過去分詞.
ge-slahen = *slahen*.
ge-slaht 形 ① 〜の性質を持った (geartet). ② 高貴な (edel). ③ 行儀の良い (artig), 繊細な (fein), 美しい (schön). ④ (に)[3] 生まれつきの, 天性の (angestammt).
ge-sleht(e) 中 ① 一族 (Geschlecht), 部族 (Stamm), 家族 (Familie). ② 種類 (Art). ③ 材料 (Stoff). ④ 自然の特性 (natürliche Eigenschaft).
ge-sliffen = *slîfen* の過去分詞
ge-smîde 中 ① 金属 (Metall). ② 金銀細工 (Geschmeide). ③ 金属製武器 (metallene Waffen). ④ 装備 (Rüstung). {Nib. 1268, 1}
ge-smogen[1] 形〔過分〕曲げられた (geschmiegt). {Tr. 6666}
ge-smogen[2] = *smiegen* の過去分詞.
ge-sniten = *snîden* の過去分詞.
ge-snürre 中 ① ざわざわ音を立てること (das Rauschen). ② 音が出る装飾品 (ein rauschender Schmuck).
ge-sogen = *sûgen* の過去分詞.
ge-sorgen 動《弱》[=*sorgen*] 心配している (sorgen). {Tr. 12705}
ge-span[1] 男 ① 伴侶 (Gefährte). ② 仲間 (Genosse).
ge-span[2] 中 ① 留め金 (Spange). ② 銅の円盤 (runde Scheibe von Kupfer). ③ 扉の枠 (Einfassung einer Tür). {Nib. 2072, 2}
ge-spân[3] 男, **-spæne** 中 争い (Streit), 不和 (Zerwürfnis).
ge-spëhen 動《弱》見つめる (schauen), 見る (erblicken).
ge-spenge 男 ① (楯や武器の) 留め金 (Spange, Beschlag). ② 継ぎ目 (Gefüge). ③ 金属の帯 (Band aus Metall). ④ 楯 (Schild). {Nib. 490, 4}
ge-spenstec 形 ① 魔法の, 神秘な (zauberisch). ② 誘惑的な, 魅惑的な (verführerisch). {Tr. 1408}
ge-spenstecheit 女 ① 誘惑するもの (verführendes Wesen). ② 誘惑 (Verführung, Verlockung). {Tr. 17358}
ge-spil, -spile 男 女《弱》① 遊び仲間 (Spielgenosse). ② 女の遊び仲間 (Gespielin). ③ 恋人 (Freundin). {Tr. 12604}
ge-sprëchen 動 IV. 他 ① 話す (sprechen). ② 話しかける (ansprechen). 再 相談する, 協議する (sich besprechen). {Nib. 373, 2}
ge-sprengen 動《弱》[3. gesprancte] 自 疾駆する (sprengen), 行く (gehen). {Tr. 738}

ge-sprenget 形〔過分〕① 斑点のある (gesprenkelt). ② 色とりどりの (bunt).｛Tr. 10931｝

ge-sprichet = *gesprëchen* の3人称単数.

ge-springen 動 III. 1. ① 飛び上がる (aufspringen). ② 跳ぶ, 跳ねる (springen).｛Nib. 2029, 3｝

ge-spunnen = *spinnen* の過去分詞.

ge-stalt = *stellen, gestellen* の過去分詞.

ge-stân[1], **-stên** 動 VI.〔不規則〕[3. -stuont]自 ① 立っている (stehen). ② 立つ, 立ち上がる (sich stellen). ③ 踏む (treten). ④ (を)[3] 助ける (beistehen). ⑤ 認める (zugestehen). 他 ① 耐える (aushalten). ② (に)[4] 価する (gelten). ③ 告白する (bekennen).｛Nib. 136, 4｝

ge-stân[2], **ge-standen** = *stân, gestân* の過去分詞.

ge-standen 形〔過分〕① 経験を積んだ (erfahren), 信頼できる (bewährt). ② 大きな (groß), 成長した (erwachsen).｛Tr. 6488｝

ge-stategen 動《弱》与える, 承諾する (gewähren).

ge-staten 動《弱》他 ① 許す (gestatten). ② 認める, 容認する (zugeben). 自 抵抗する, 持ちこたえる (standhalten).｛Nib. 2251, 4｝

geste[1] 女［ラテン語 gesta］話 (Geschichte), 物語 (Erzählung).

geste[2] = *gast* の複数形.

ge-stëchen 動 IV. 他 ① 刺す (stechen). ② 縫う (bestechen). 自 ① 馬上試合を行なう (turnieren). ② 刺さっている (stecken).｛Tr. 16144｝

ge-stëgen 動《弱》小道を作る (Stege bereiten).｛Tr. 11816｝

ge-steine 中 ① 石 (Gesteine). ② 宝石 (Edelstein), 宝石の飾り (Schmuck). ③ チェスの駒 (Figuren).｛Nib. 1324, 4｝

ge-steinet 形 宝石をちりばめた (mit Steinen besetzt).｛Nib. 400, 1｝

ge-stelle 中 ① 骨格, 土台 (Gestell). ② 姿 (Gestalt).

ge-stellen 動《弱》① 置く, 雇う (anstellen). ② つかむ (fangen).｛Tr. 4802｝

ge-stellet 形〔過分〕形成された (gestaltet, gebildet).｛Tr. 3337｝

gesten 動《弱》他 ① 客として扱う (als Gast behandeln). ② 仲間にする (beigesellen). 再 仲が悪くなる, 疎遠になる (sich entfremden).｛Tr. 12387｝

gëster, gëstern 副 昨日 (gestern).

ge-stift, -stifte 女 ① 確定, 決定 (Festsetzung). ② 創立, 設立 (Stiftung). ③ 初版 (erste Niederschrift). ④ 慈善基金 (Stift). ⑤

教会, 神の家 (Gotteshaus).

ge-stigen = *stîgen, gestîgen* の過去分詞.

ge-stîgen 動 I.1. 自 昇る(steigen), 起き上がる(sich erheben). 他 (に)⁴ 昇る (besteigen). {Tr. 14615}

ge-stillen 動《弱》自 ① 静かである (still sein). ② 休む (ruhen). ③ やむ (aufhören). 他 ① 静かにさせる (still machen). ② 静める (zur Ruhe bringen). ③ 隠す (verhehlen). 再 やむ (aufhören).

ge-stirne, -stirn, stirnze, -stërne, -stërnze 中 星, 星座 (Gestirn). {Tr. 14247}

ge-stirnet 形〔過分〕① 星で飾られた (mit Sternen besetzt). ② 星に満ちた (gestirnt).

ge-stiuren 動《弱》他 ① 導く (leiten). 助けて得させる (verhelfen). ② 舵を取る (steuern). ③ 手綱を引く (zügeln). ④ 支持する (unterstützen). 再 身をささえる (sich stützen).

ge-stoben = *stieben* の過去分詞.

ge-stochen = *stëchen, gestëchen* の過去分詞.

ge-stoln = *stëln, stëlen* の過去分詞.

ge-storben = *stërben* の過去分詞.

ge-stôȝen[1] 動〔反復〕5 他 突く, 押す (stoßen). {Tr. 7046}

ge-stôȝen[2] = *stôȝen, gestôȝen* の過去分詞.

ge-streichet 形〔過分〕① 塗られた, 撫でられた (gestreicht). ② 滑らかな (glatt).

ge-streit = *strîten, gestrîten* の直説法過去 1, 3 人称単数.

ge-strichen = *strîchen* の過去分詞.

ge-strîten 動 I.1. [3. -streit] ① 争う, 口論する (streiten). ② (と)⁴ 戦う (bekämpfen). ③ (に)³ 抵抗する (standhalten). {Nib. 97, 1}

ge-ströut[1] 中 ① 撒き散らされたもの (Gestreutes). ② (布地の) 装飾, 飾り (Zierart).

ge-ströut[2] = *ströuen* の過去分詞.

ge-strûchen = *strûchen*.

ge-stüele, -stüelde, -stüelze 中 ① 椅子 (Stuhl), 並べられた椅子 (geordnete Stühle). ② 玉座 (Thron). ③ 天使の第三合唱隊 (der dritte Chor der Engel).

ge-sûmen 動《弱》① 妨げる (hindern). ② 待たせる (warten lassen). 再 (が)² 妨げられる, 止められる (verhindert, aufgehalten werden). ¶ sît ez alsus umbe iuch stât / daz man iu gehelfen mac, / ich engesûme iuch niemer tac. あなたを助けることができることにな

りましたので，私は1日も遅らそうとは思いません．(aH. 918-20)

ge-sunde[1], **-sunt** 囡 健康 (Gesundheit)．

ge-sunde[2] ⇨ *gesunt*[2]．

ge-sundec 形 健康な (gesund)．

ge-sunden, -sunten 動《弱》他 ① 健康にする (gesund machen)．② 生き続けさせる (am Leben erhalten)．自 ① 健康である (gesund sein)．② 生きている (am Leben sein)．

ge-sunt[1] 男 ① 健康 (Gesundheit)．② 無事 (Heil, Unverletztheit)．{aH. 1153}

ge-sunt[2]**, -sunde** 形 ① 健康な (gesund)．無傷の (nicht verletzt)．/ ② (から)² 回復した，(が)² 治った (geheilt)．¶ dô vant si ir vater wol gesunden. 娘は自分の父親の傷がすっかり治っているのを見た．(Ku. 540, 4) ¶ ez wære wol under in beiden / ein jæmerlîchez scheiden, / dô si ir liebez kint von in / gevrumten sô gesundez hin / nie mê zu sehenne in den tôt, / wan daz in senfterte ir nôt / diu reine gotes güete / von der doch daz gemüete / dem jungen kinde bekam / daz ez den tôt gerne nam. 可愛いわが子を元気な姿で，再会の望みなく，死へ送り込むとき，もし，死を嫌がらない若い子供に備わる，神に由来する清らかな思い遣りが父母の悲しみを和らげていなければ，それは父母にとって，苦しい別れに違いない．(aH. 1031-40)

ge-suochen 動《弱》① 探す (suchen)，捜しだす (aufsuchen)．② 訪ねる (besuchen)．{Tr. 7882}

ge-swâse 副 秘密に (heimlich)，内密に (vertraulich)．

ge-swæse 形 秘密の (heimlich)，内密の (vertraulich)．

ge-swâslich 形 秘密の (heimlich)，内密の (vertraulich)．

ge-swâslîche 副 秘密に (heimlich)，内密に (vertraulich)．{Tr. 13786}

ge-sweicten = *gesweigen* の直説法過去1, 3人称複数．

ge-sweigen 動《弱》① 静かにさせる (stillen)．② 黙らせる (zum Schweigen bringen)．¶ Alsus gesweicten si si dô. そのときそのようにして両親は娘を黙らせた．(aH. 509)

ge-swern 動 IV. 自 ① 誓う (schwören)．② 誓ってやめる (verschwören)．他 誓う (schwören)．

ge-swërn 動 IV. 自 痛む (schmerzen, weh tun)．

ge-swîche 囡 ① 紛失，損失 (Verlust)，退去 (Abgang)．② 惑わすこと (Betörung)，誘惑 (Verführung)．

ge-swîchen 動 I. 1. ① 見捨てる (im Stich lassen)．② 消え去る

(entweichen, schwinden). ¶ daz(=wâfen) ist mir nie geswichen in aller dirre nôt. この剣はこの災いにおいて私を見捨てなかった. (Nib. 2185.1).

ge-swîge. -swîe 男《弱》・女《弱》① 義兄弟 (Schwager), 義姉妹 (Schwägerin). ② その他の縁組による親戚 (sonstige Verwandten durch Anheirat).

ge-swîgen 動 I.1. / 動《弱》① 黙る (schweigen). ② 黙り込む (verstummen). ¶ nû geswîge wir aber der nôt, / daz uns niht enwerre / und uns mîn lieber herre / wer und alsô lange lebe / unz man mich zeinem manne gebe / der rîche sî unde wert: でも, もう苦しみのことは考えず, 私たちを妨げるものがなく, ご領主さまが私を護り, 私がある, 裕福で, 素敵な人のもとに嫁ぐ日まで生きていらっしゃるとしましょう. (aH. 756-61)

ge-swinden 動 III.1. ① 減る (abnehmen). ② 消える, なくなる (schwinden). {Tr. 1424}

ge-swister, -swisterde, -swistergît 中, 複 兄弟姉妹 (Geschwister).

ge-tage-dingen, -tege-dingen, -teidingen 動《弱》法廷で審理する (vor Gericht verhandeln).

ge-taget, -tagt 形〔過分〕① 婚期に達した, 年ごろの (mannbar). ② 年老いた (alt). {Tr. 2623}

ge-tân = *tuon, getuon* の過去分詞.

ge-tât 女 ① 行為 (Tat), 行為の総体 (Gesamtheit der Taten). ② 物語り (Geschichte). ③ 作品 (Werk), 創られたもの (Geschöpf). ④ 外見 (Aussehen), 形姿 (Gestalt). ⑤ 性質 (Beschaffenheit).

ge-tæte 中, 女《弱》① 性質 (Beschaffenheit). ② 姿 (Gestalt), 状況 (Umstand).

ge-teidingen ⇨ *getagedingen*.

ge-teilen = *teilen*.

gete-lôs 形 ① 仲間のいない (ohne Genossen). ② 拘束されない, 放縦な (ungebunden). ③ 奔放な (zügellos), 不道徳な (unsittlich).

ge-tiht(e) 中 ① 文字による記載 (schriftliche Aufzeichnung). ② 詩 (Gedicht). ③ 作り話 (Erdichtung).

ge-tihten 動《弱》[3. -tihte] ① 考え出す (aussinnen). ② 文字で書き記す (schriftlich abfassen).

ge-traben 動《弱》自 (速足で) 行く, 騎行する (gehen, reiten). (速足で) 馬を駆けさせる (traben). {Tr. 4661}

ge-tragen = *tragen*.
ge-trëffen = *trëffen*.
ge-treit = *getragen* の3人称単数現在.
ge-trëten 動 V. 自 ① 歩く, 進む (treten). ② (馬から) おりる (steigen). 他 ① 踏む (treten). ② 足を踏み入れる (betreten). {Tr. 2053}
ge-trîben 動 I.1. ① 行なう, する (treiben. ② (に)² 携わる (sich beschäftigen). ② 追いやる (vertreiben). {Tr. 5603}
ge-trinken 動 III. 自 飲む (trinken). 再 渇きをいやす (Durst stillen). {Tr. 11443}
ge-trinnen 動 III.1. 逃げ去る (entweichen).
ge-triuten 動《弱》[3. -trûte] 他 愛する (lieb haben, lieben). 再 (に)³ 愛される, 好かれる (sich lieb, beliebt machen).
ge-triuwe 形 ① 忠実な (treu). ② やさしい, 親切な (wohlmeinend). ¶ durch daz nam der getriuwe man / ze kinde sich den weisen an / und zôch ez alsô schône, / daz ime diu werlt ze lône / der gotes genâden wünschen sol ; / daz verdiente er an dem weisen wol. それゆえにこの忠実な男はみなし子を自分の子供として引き取り, 大切に育てたので, 世間はこの騎士に報いとして神の恵みを願ってもよい. 彼はこのみなし子についてはそれにあたいした. (Tr. 2035-40)
ge-triuwelich 形 誠実な, 忠実な (treu, getreulich). {Tr. 5209}
ge-triuwelîche, -triwlîche, -triulîche 副 誠実に, 忠実に (treu, getreulich).
ge-triuwen, -trouwen, -trûwen = *triuwen*.
ge-troc 中 欺瞞 (Betrug).
ge-trœsten 動《弱》[3. -trôste] 他 (に)⁴ 信頼させる (Vertrauen erwecken). 他 再 ① 慰める (trösten). ② (に)² 期待を掛ける (Hoffnung setzen). ③ 満足する (sich zufrieden geben). ④ 落ち着く (sich beruhigen). ⑤ 放棄する (verzichten). ¶ ir habet ouch mê kinde : / diu lât iuwer vreude sîn / und getrœstet iuch mîn. あなたがたは他にも子供があります. その子たちをあなたがたの喜びとなさり, 私のことを諦めてください. (aH. 838-40)
ge-troumen = *troumen*.
ge-truckenen 動《弱》乾く (trocken werden). {Nib. 1249, 3}
ge-trüeben 動《弱》[3. -truopte] ① 濁らせる (trüben). ② 悲しませる (vertrüben). ③ 怒らせる (kränken). {Tr. 10358}

ge-trügede 女 ① 欺瞞 (Betrug). ② 錯覚 (Täuschung).
ge-trügenisse 中 女 ① ごまかし,詐欺 (Trug). ② 錯覚,欺き (Täuschung).
ge-trûren = *trûren*.
ge-trûwen, -trouwen, -triuwen, -triwen 動《弱》① 信じる (glauben, trauen, vertrauen). ② (を)² (に)³ 信じる (zutrauen). ③ (に)³ 委ねる, まかせる (anvertrauen). ④ (を)ᵃⁿ 期待する (erwarten), 望む (hoffen). ¶ „Muoter, ich getrûwe dir / und mînem vater her ze mir / aller der genâden wol / der vater unde muoter sol / leisten ir kinde, / als ich ez wol bevinde / an iu aller tägelich. お母さん,あなたとお父さんは,父母が子供に与えるべきすべての恵みを与えてくださっていて,そのことを私は毎日あなたがたから感じています. (aH. 663-9) {Ku. 1363, 4}
ge-tuon = *tuon*.
ge-turren = *turren*.
ge-turst 中 勇敢さ (Kühnheit), 大胆不敵さ (Verwegenheit).
ge-türstec 形 勇敢な (kühn), 大胆不敵な (verwegen).
ge-twahen = *twahen*.
ge-twanc 男 中 ① 重圧 (Zwang). ② 困窮 (Not). ③ 暴力 (Gewalt). ④ 統治 (Herrschaft). ¶ der buoche lêre und ir getwanc / was sîner sorgen anevanc. 書物の教えとその重圧がこの若者の憂いの始まりであった. (Tr. 2083-4)
ge-tweln 動《弱》自 ① 滞在する (sich aufhalten). ② 留まる (verweilen).
ge-twërc 中 男 侏儒, 小人 (Zwerg). {Nib. 97, 1 / Er. 2100}
ge-twergelîn 中 小さい小人 (ein kleiner Zwerg). {Er. 1097}
ge-üeben 動《弱》[中独 geûben] [3. -uobte] 実行する (ausüben).
ge-unêren 動《弱》① 不名誉にする (in Unehre bringen). ② 侮辱する (schimpfen). {Tr. 6137}
ge-unmæren 動《弱》軽視する (gering schätzen, geringschätzig behandeln).
ge-unsinnen 動《弱》自 無意味である, 不合理である (unsinnig sein). {Tr. 10396}
ge-vâhen 動〔反復〕2 他 ① つかむ (fassen), つかまえる (fangen). ② 達する (erreichen). ③ 始める (anfangen). ④ 得る (erhalten), 受け取る (empfangen). 自 ① 始まる (beginnen, anfangen). ② 向く (sich wenden). ③ (と)ⁿᵃᶜʰ 似てくる (nacharten). {Nib. 1701, 1}

ge-val 男 中 ① 落下 (Fall). ② 気に入ること (das Gefallen).

ge-vælen 動《弱》① 的中しない (fehlen, nicht treffen). ② (を)² はずす, しそこなう (verfehlen). {Tr. 16949}

ge-vallen¹ 動〔反復〕1 ① 気に入る (gefallen). ② 落ちる (fallen), 陥る (geraten). ③ (の)³ものとなる (zufallen), 与えられる (zuteil werden). ¶ bî unsers herren hulden / wil ich iuch biten alle / daz ez iu wol gevalle. 神の恵みによってあなたがたが賛成するように願ってやみません. (aH. 1506-8)

ge-vallen² = *vallen* の過去分詞.

ge-vallesam 形 ふさわしい (angemessen). {Tr. 2002}

ge-vancnisse, -vencnisse 女 中 ① 拘留 (Gefangenschaft). ② 逮捕 (Gefangennahme).

ge-vangen = *vâhen, vân, gevâhen* の過去分詞.

ge-var 形 ① ～色した (eine Farbe habend). ② ～の性質の (geschaffen). {Nib. 80, 2}

ge-værde, -være, -vâre 女 中 ① 欺瞞 (Betrug). ② 策略, 術策 (Hinterlist).

ge-være, -værec 形 ① 陰険な, 狡猾な (hinterlistig). ② (に)³敵意のある, (を)³憎悪した (feindselig). ③ (を)³待ち伏せしている (auflauernd). ④ (に)²いそしんでいる, 熱心な (beflissen). ¶ des was er gevære そのことに夢中になっていた. (Tr. 13856)

ge-vâren 動《弱》① (を)²待ち伏せする (nachstellen). ② 狙う, 志す (trachten).

ge-værlich 形 ① 陰険な (hinterlistig). ② 不公平な (parteiisch).

ge-varn¹ 動 VI. 自 行く (fahren). 非 生じる, 起こる (ergehen, geschehen). {Nib. 1433, 2}

ge-varn² = *varn, gevarn* の過去分詞.

ge-vëder, -vider 形 羽のある (gefiedert).

ge-vëhten 動 IV. 自 ① 戦う (fechten). ② 努力する (sich abmühen). 他 攻撃する (anfechten).

ge-veigen 動《弱》他 滅ぼす (verderben). 自 死ぬ (sterben, dem Tod anheim fallen).

ge-veilen 動《弱》① 売り物にする (feil machen). ② 放棄する (preisgeben).

ge-veitieren 動《弱》飾りたてる (ausschmücken).

ge-velle 中 ① (倒れた樹木, 岩石などで) 通れない場所 (eine unwegsame Stelle). ② 落下 (Fall, Absturz). ③ 険しく, 深い谷 (ein abschüssiges, tiefes Tal). ④ 幸運 (Glück). {Nib. 948, 3}

ge-vellec, -vellic 形 ① ふさわしい (passend). ② (に)³ 気に入った (gefallend), 好都合な (günstig). ③ 喜んだ, 満足した (froh, wohlgefällig).

ge-velschen 動《弱》① 偽物, あるいは悪いものとみなす (für falsch oder schlecht erklären). ② 滅ぼす (verderben).

ge-vërren 動《弱》他 ① 遠ざけておく (fern halten). ② (から)ᵛᵒⁿ 遠ざける (entfernen). 再 疎遠になる (sich entfremden), 遠ざかる (sich entziehen).

ge-verte¹ 男《弱》① 旅の仲間 (Genosse der Reise), 随行者 (Reisebegleiter). ② 伴侶, 道連れ (Gefährte, Gefährtin). ③ 導き手 (Führer), 案内人 (Leiter).

ge-verte² 中 ① 外見 (Erscheinung), 服装 (Ausrüstung). ② 道 (Weg), 行列 (Zug). ③ 家来 (Gesinde), 随行者 (Begleiter). ④ 旅行 (Reise). ⑤ やり方 (Art und Weise), 生き方 (Lebensweise), 運命 (Schicksal). {Nib. 84, 3}

ge-videlen 動《弱》バイオリンを弾く (geigen). {Nib. 1965, 1}

ge-vider[e] 中 [*vëder* の集合名詞] ① 羽, 翼 (Gefieder, Feder). ② 家禽 (Federvieh). ③ 羽根ぶとん (Federbett).

ge-vidert 形〔過分〕① 羽のある (mit Feder versehen, befiedert). ② 翼のある (geflügelt). {Tr. 5243}

ge-vieret 形〔過分〕① 四角につながれた (viereckig gefügt). ② しっかり作られた (fest gebaut)

ge-vilde 中 ① 広野 (Gefilde), 野原 (Feld). ② 開けた土地 (freies Feld). ③ 楯の羽目, 平面 (Feld des Schildes). ④ (鉱山の) 作業領域 (Bereich des Arbeitsbodens).

ge-villc 中 [*vël* の集合名詞] ① 毛皮 (Fcll). ② 毛皮の裏地 (Pclzfutter).

ge-vinden 動 III. 1. 見つける (finden).

ge-vliegen 動 II. 1. 飛ぶ, 飛んで行く (fliegen).

ge-vlieʒen 動 II. 2. 自 ① 流れる (fließen). ② 泳ぐ (schwimmen).

ge-vliʒʒen¹ 副〔過分〕熱心に (eifrig, fleißig). ◇〔比較級〕*gevliʒʒener* (fleißiger).

ge-vliʒʒen² = *vlîʒen, gevliʒen* の過去分詞.

ge-vlogen = *vliegen, gevliegen* の過去分詞.

ge-vohten = *vëhten, gevëhten* の過去分詞.

ge-volgec, -volgic 形 (に)³ 従順な (folgsam, gehorsam). {Tr.

6953}

ge-volgen 動《弱》[=*volgen*] ① (に)³ 従う (folgen). ② (に)³ 追いつく (einholen), 肩を並べる (gleichkommen). ③ (に)³ 同意する, 服従する (Folge leisten). ④ 引き渡される, 与えられる (verabfolgt werden). {Nib. 130, 3}

ge-vorschen 動《弱》捜す (forschen). ¶ dâ gevorscheten si gnuoc, / swar si ir wec truoc その人々は道を歩いて行き, 至る所でくまなく捜した. (Gr. 3213/4).

ge-vrâgen 動《弱》他 ① (に)⁴ 尋ねる (fragen). ② (に)⁴ (を)² 尋ねる (befragen). 自 ① 尋ねる (fragen). ② 聞いて知る, 問い合せる (sich erkundigen).

ge-vranzet 形〔過分〕縁飾りのついた (mit Fransen besetzt). {Tr. 10909}

ge-vreischen 動《弱》/ 動〔反復〕4 ① 聞き知る (erfahren, vernehmen). ② 知り合う (kennenlernen). ③ 探索する, 探知する (erkunden). ¶ Dô von Matelâne der wirt wart erslagen, / daz gefriesch diu wol getâne. マテラーネの城主が討たれたとき, そのことをこの気立ての良い王女は聞き知った. (Ku. 881, 1-2a)

ge-vremeden 動《弱》遠ざけておく (fern halten). {Ku. 421, 3}

ge-vriden 動《弱》① なだめる, 安心させる (beruhigen). ② 保護する (beschützen). {Nib. 1984, 4}

ge-vriesch = *vreischen, gevreischen* の直説法過去 1, 3 人称単数.

ge-vristen 動《弱》他 ① 保つ (erhalten). ② 助ける (am Leben), 保存される (sich erhalten). ③ 引き延ばす (aufschieben). 再 救われる (sich retten, erhalten). {Tr. 1879}

ge-vriunde 複 [*gevriunt* の名詞化] ① 友達, 仲間 (Freunde). ② 親戚 (Verwandte). {Tr. 16670}

ge-vriunt 形 ① 仲の良い, 友達の (befreundet). ② 親戚の (verwandt). {Tr. 9194}

ge-vrœren 動《弱》氷結させる (gefriert machen).

ge-vröuwen, ge-vröun 動《弱》他 喜ばす (freuen) 再 喜ぶ (sich freuen). {Tr. 16379}

ge-vrumen, -vrümen = *vrumen, vrümen*.

ge-vüege 形 ① 礼儀正しい (artig), 作法にかなった (schicklich). ② 巧みな, 技巧に優れた, 器用な (kunstfertig, geschickt). ③ 適した (passend, geeignet). ④ 従順な, 素直な (gefügig, fügsam). ⑤ 小さい (klein), 少ない (gering). ⑥ 美しい, 可愛らしい (zierlich, hübsch).｛Tr. 4605｝

ge-vüegen 動《弱》① 結び合わせる (verbinden). ② 授ける (bescheren). ③ 加える (hinzufügen). 再 ① 適合する (sich einfügen). ② 起こる (sich ereignen). 自 ① 起こる (geschehen). ② (の)³ ものとなる (zufallen). ¶ du wirst ein scœne wîp, / ob dir noch got gefüeget eins rehte guoten ritters lîp. 神が将来一人のたいへん勇敢な騎士をお前に巡り合わせてくれたら，お前は美しい女性になることだろう. (Nib. 16, 3b-4)

ge-vüere[1] 中 ① 車両, 荷車 (Fuhrwerk). ② 有用 (Nützlichkeit). ③ 有益なもの (etwas Nützliches). ④ 利益, 獲得 (Gewinn). ⑤ 長所 (Vorteil).

ge-vüere[2]**, -vuore** 形 ① 快適な (bequem), 適した (passlich). ② (の)³ 役に立つ (nützlich).

ge-vüeren 動《弱》[3. -vuorte] ① 導く (führen). ② 運ぶ (tragen).｛Nib. 1489, 3｝

ge-vügele, -vügel 中 [vogel の集合名詞] ① 家禽 (Geflügel). ② 鳥, 鳥類 (Vogel).｛Nib. 1509, 4｝

ge-vuoc[1] 男 女 ① ふさわしさ (Schicklichkeit). ② 熟練, 器用さ (Geschick). ③ 熟達 (Geschicklichkeit).

ge-vuoc[2] 形 ① 礼儀を心得た (manierlich). ② 賢明な (klug). ③ 巧みな (geschickt). ④ ふさわしい (angemessen).

ge-vuocheit = *gevuoc*[1].

ge-vuoclich 形 ふさわしい (schicklich), 適切な (passend).

ge-vuoclîche 副 ふさわしく, 適切に (auf passende Weise).｛Tr. 15884｝

ge-vuoge[1] 女 ① ふさわしさ (Schicklichkeit). ② 礼儀正しさ, 礼儀作法 (Wohlanständigkeit). ③ 器用さ (Geschick). ④ 優美さ, 愛らしさ (Zierlichkeit).｛Tr. 5423｝

ge-vuoge[2] 副 ① 礼儀正しく (artig). ② 巧みに (geschickt). ③ 適切に (passend).

ge-vürdern 動《弱》他 促す (fördern, befördern). 再 すぐれている, 目立つ (sich auszeichnen, hervortun).｛Tr. 8178｝

ge-wac = *gewëgen* の直説法過去 1, 3 人称単数.

ge-wæfen 中 [wâfen の集合名詞] ① 武具, 装備 (Rüstung). ② 武器 (Waffe), 武装 (Bewaffnung). ③ 楯の印 (Schildzeichen), 紋章 (Wappen).｛Nib. 221, 1｝

ge-wahen 動 VI. ① 言う (sagen), 報告する (berichten). ② (に)²

言及する (erwähnen). ③ (を)² 思い起す (gedenken). {Tr. 765}

ge-wähenen, -wehenen, -wahenen, -wehen, -wagen 動 VI. ① 言う (sagen), 報告する (berichten). ② (に)² 言及する (erwähnen). ③ (を)² 思い起す (gedenken). {Tr. 13747}

ge-wahs¹ 形 鋭い (scharf). {Nib. 198, 2}

ge-wahs² 中 草木 (Gewächs).

ge-wahsen¹ 動 VI. ① 成長する, 大きくなる (wachsen, aufwachsen). ② 起こる (entstehen). {Nib. 24, 1}

ge-wahsen² = *wahsen, gewahsen* の過去分詞.

ge-walt 男女 ① 力, 威力, 暴力 (Gewalt). ② 支配 (Herrschaft), 支配地 (Gebiet der Herrschaft). ③ 多量 (Menge). ¶ ich wil mich alsus reine / antwürten in gotes gewalt. 私はこのように清らかなまま自分を神の力に委ねたいと思います. (aH. 698-9)

ge-waltærinne 女 女性権力者 (Gewalthaberin). ¶ diu gewaltærinne Minne 支配者ミンネは (Tr. 959).

ge-waltec, -waltic, -weltic 形 ① 有力な, 権勢に満ちた (mächtig). ② 強力な (gewaltig). ③ 全権を持った (Vollmacht habend). ¶ ouwê, gewaltiger Krist, / waz êren uns benomen ist, / mînem herren unde mir! ああ, 全能のキリストさま, なんと大きな名誉が私たち, 私のご主人と私から奪われてしまったことか. (aH. 1297-9)

ge-waltec-, -waltic-lich 形 権力のある (gewaltig).

ge-waltec-, -waltic-lîche 副 ① 力強く (gewaltig). ② 権力で (mit Gewalt), 力で (mit Macht). {Ku. 567, 1}

ge-walten 動 〔反復〕1 ① (に)² 命じる (gebieten). ② 強いる (erzwingen). ③ 征服する (besiegen). ④ (に)ʷⁱᵈᵉʳ より掛かる (sich auflehnen).

ge-waltesære¹ 男 ① 権力者 (Gewalthaber). ② 天使の合唱隊 (ein Chor der Engel). ③ 抑圧者 (Vergewaltiger).

ge-waltesære² 男 ① 権力者 (Gewalthaber). ② 全権を与えられた者 (Bevollmächtigter). {Tr. 11031}

ge-wan = *gewinnen* の直説法過去 1, 3人称単数.

gewandes-halp 副 ① 衣裳のために (wegen des Gewandes). ② 衣裳について (in Betreff des Gewandes). {Tr. 4028}

ge-wanken 動《弱》[3. ge-wancte] ぐらつく, 動揺する (wanken).

ge-want¹ 中 ① 衣服 (Gewand, Kleid), 装備 (Rüstung). ② よろい (Panzer). ③ 布地 (Stoff). {Nib. 67, 4}

ge-want² 形 〔過分〕〜の性質の (beschaffen).

ge-want[3] = *wenden, gewenden* の過去分詞.

ge-war[1] 形 ① 気付いている (bemerkend, gewahr). ② 注意深い (aufmerksam). ③ 用心深い (vorsichtig). ④ 洞察力のある, 聡明な (klug). ¶ holt wurden im genuoge, des wart der herre wol gewar. 多くの人々が王子に好意を抱いていたが, 王子もそのことによく気づいていた. (Nib. 24, 4)

ge-war[2] = *gewërren* の直説法過去 1, 3 人称単数.

ge-wære, -wâre 形 ① 真実の (wahr, wahrhaft). ② 信頼できる (zuverlässig). ③ 有能な (tüchtig). ④ 偽りのない (ohne Falschheit). {Iw. 5560}

ge-warheit 女 ① 確かさ, 安全 (Sicherheit). ② 保障 (Sicherung) 保護 (Schutz), 断言 (Versicherung). ③ 安全な場所 (Sicherort). ④ 保障された権利 (das verbürgte Recht).

ge-wærlich 形 ① 本当の (wahrhaft). ② 誠実な (aufrichtig). ③ 信頼できる (zuverlässig).

ge-wärlîche, -wærlîche 副 ① 真実に (in Wahrheit). ② 確かに (sicherlich).

ge-warn 動《弱》自 (に)² 気づく (gewahr werden). 他 見張る (bewachen), 保持する (bewahren).

ge-warnen 動《弱》他 ① 警告する, 戒める (warnen). ② (を)² 気づかせる (aufmerksam machen). 再 ① (に)² 考えを向ける (die Gedanken richten). ② 準備する (sich vorbereiten).

ge-warten 動《弱》① 見る, 眺める (schauen, beobachten). ② 待ち受ける (warten), 見張る (ausschauen). ③ 期待する (erwarten).

ge-waschen 動 VI. ① 洗う (waschen, spülen). ② [比喩] しゃべる (schwatzen). {Ku. 1058, 3}

ge-wât 女 衣装, 衣服 (Kleidung).

ge-wæte 中 [*wât* の集合名詞] ① 衣装, 衣服 (Kleidung). ② 装備 (Rüstung). {Ku. 36, 3}

ge-wëgen 動 V. 自 ① 価値がある (Wert haben). ② 相応である (angemessen sein). ③ 助ける (helfen). 他 ① 動かす (bewegen). ② 重さを測る (wägen), 見積もる (schätzen). ③ 割り当てる (zuteilen). ④ 助けだす (helfen). 再 ① 動く (sich bewegen). ② 傾く (sich neigen). ③ 起こる (sich zutragen).

ge-wegen 動《弱》自 対抗する (das Gegengewicht halten). 他 動かす (bewegen), はかる (wägen). 再 動く (sich bewegen. ¶ Ir swert sô scherpfe wâren, ez enkunde niht gewegen 彼らの剣はたい

へん鋭く, 何もそれに対抗することができなかった. (Nib. 2219, 1).

ge-wehenen, -wehen, -wahenen 動《弱》① 言及する (erwähnen). ② (を)² 思い起こす (gedenken). {Iw. 2527}

ge-weinen 動《弱》自 泣く (weinen). 他 (を)⁴ 悲しんで泣く (beweinen).

ge-welbe 中 丸天井 (Gewölbe).

ge-wellen, -wollen, -wöllen, wullen 動《弱》望む, 欲する (wollen).

ge-wëllen 動 III. 2. ① 塗る (schmieren, beschmieren). ② 丸くする (runden). ③ 転がす (rollen).

ge-wenden 動《弱》[3. -wante, -wande] 他 向ける (wenden, kehren). 自 向く (sich wenden), そちらへ向く (sich hinwenden). ¶ sol ich einen minnen, der herze noch den muot / nie an mich gewante もしも私が, 心も気持ちも私に決して向けたことのない人を愛するとしたら. (Ku. 1627.2-3a).

ge-wenen《弱》他 (に)⁴ 慣れる (gewöhnen). 再 (に)² 慣れる (gewöhnen).

ge-wenken 動《弱》自 ① 動揺する (wanken). ② 退く, 道を譲る (weichen). ③ 向きが変わる (sich wenden). 他 ① 回す, 他へ向ける (wenden). ② 支配する, 導く (lenken).

ge-wer¹ 中 ① 防御 (Wehr), 武器 (Waffe). ② 防御用設備 (Verteidigungswerk). ③ 攻撃機械 (Angriffswerk).

ge-wer² 女 ① 防御 (Wehr), 防衛 (Verteidigung). ② 武器 (Waffe). ③ 境界の壁 (Grenzmauer).

ge-wërben = *wërben*.

ge-wërden 動 III. 2. なる (werden). {Tr. 2654}

ge-wërf, -wërp 男 ① 回るもの (etwas, das sich dreht). ② 深淵 (Schlund), 裂け目 (Spalte). ③ 活動 (Tätigkeit). ④ 生業 (Gewerbe). ⑤ 求愛 (Werbung). ⑥ 取引 (Handlung). {Ku. 659, 4}

ge-wërken 動《弱》働く (arbeiten).

ge-wërldet 形〔過分〕世にふさわしい (der Welt angemessen). ② 世の中に組み入れられた (in die Welt eingereiht, der Welt zugestellt). {Tr. 44, 65}

ge-werlich, -wärlich 形 ① 注意深い (aufmerksam), 用心した (vorsichtig). ② 入念な (sorgfältig).

ge-werlîche, -wärlîche, -lîchen 副 ① 用心して (vorsichtig), 注意深く (aufmerksam), よく考えて (wohl überlegt). ② 慎重に

(behutsam). ③ 入念に (sorgfältig). ④ 確かに (sicherlich).

ge-wërn[1] 動《弱》① 与える (gewähren). ② 支払う (bezahlen). ③ 慣れる (gewöhnen). ④ 保証する (gewährleisten). ⑤ 果たす (leisten). ¶ dû maht mich des niht wol gewern / daz dû dâ gesprochen hâst. お前はお前が話したことを私のためにすることはできない. (aH. 940-1) ¶ got sî, der mich noch des gewer! 神が、まだそれをお許しになるお方でありますように. (Tr. 6329)

ge-wërn[2] 動《弱》自 ① 続く (währen). ② 生きながらえる (lebend bleiben). ③ 持ちこたえる (standhalten).

ge-wern 動《弱》他 ① 妨げる (hindern). ② 防御する (verteidigen). 再 身を守る (sich erwehren). {Nib. 678, 3}

ge-wërp ⇨ *gewërf.*

ge-wërren 動 III. 2. ① (を)³ 損なう (schaden). ② (を)³ 妨げる (hindern). ¶ gevienge si der rede haz, / ez möhte in an ir herren / vil harte gewerren / und vervienge anders niht dâ mite. 二人は、娘の言葉を憎めば、領主の役に立たないかもしれず、他にどうすることもできなかったであろう. (aH. 896-9) ¶ iu enmac, als mîn muot stât, / an mir niht gewerren. 私は気持はその通りですから、私についてはあなたを妨げるものは何もありません. (aH. 1150-1) ¶ swenne daz du, vrouwe, bedurfen wellest mîn, / ob dir iht gewerre, daz tuo du mir bekant, / sô rîte ich dir ze dienste in daz Etzelen lant. 姉上さま、もしも何かの不都合が起こって私を必要となさるときは、私にお知らせください. 私はいつでもエッツェル王の国に向かい、あなたにお仕えします. (Nib. 1292, 2-4)

ge-wësen[1] = *wësen*

ge-wësen[2] = *sîn, wësen* の過去分詞.

ge-wësende 形〔現分〕実在している (wesenhaft), 存在している (seiend).

ge-west, ge-wist = *wizzen* の過去分詞.

ge-wët 中 対 (Paar).

ge-wëte 男《弱》① 仲間 (Genosse). ② 同業者 (ein Gleicher). {Tr. 16322}

ge-wëten[1] 動 V. (牛馬に) 軛を掛ける (jochen).

ge-wëten[2] = *wëten, wetten, gewëten* の過去分詞.

ge-win 男 ① 獲得, 利益 (Gewinn). ② 優越, 有利 (Vorteil).

ge-winnen 動 III. 1. [3. -wan] ① 得る (gewinnen). ② 到達する (gelangen). ¶ nû sach er si an unde sich / und gewan einen niuwen muot. ハインリッヒは娘と自分の身体を見比べ，新しい心境に至った．(aH. 1234-5)

直説法現在	
ich gewinne	wir gewinnen
du gewinnest	ir gewinnet
er gewinnet	si gewinnent
直説法過去	
ich gewan	wir gewunnen
du gewünne	ir gewunnet
er gewan	si gewunnen

ge-wirden 動《弱》他 ① 最高の敬意を表わす (die äußerste Achtung bezeigen). ② 尊敬する (ehren). 再 尊敬される (sich Achtung verschaffen).

ge-wis 形 [-wisses²] 確かな (gewiss, sicher). 副 疑いなく，確かに (gewiss). ¶ wir hân niht gewisses mê / wan hiute wol und morgen wê / und ie ze jungest der tôt : / daz ist ein jæmerlîchiu nôt. 今日は幸せ，明日は悲しみ，そして最後はやはり死，ということ以外に私たちには何も確かなことはありません．それは痛ましい苦しみです．(aH. 713-6)

ge-wîsen 動《弱》① 指示する (weisen), 導く (führen). ② 指導する (anweisen). ③ 示す (zeigen), 知らせる (kund tun). ④ 証明する (beweisen). {Tr. 3852}

ge-wisheit 女 ① 確かさ (Gewissheit). ② 担保, 保障 (Bürgschaft). ③ 抵当 (Pfand). {Tr. 10692}

ge-wislich 形 ① 確かな (gewiss), 確実な (sicher). ② 信頼できる (zuverlässig). {Tr. 7361}

ge-wislîche 副 ① 確実に (sicherlich). ② 信頼出来る方法で (auf zuverlässiger Weise). ③ 確かに (wirklich). ④ 特に (nämlich).

ge-wissen 動《弱》① 確実にする (gewiss machen). ② (に)⁴ (を)² 確信させる (versichern). ③ (に)³ 保障する (verbürgen). {Tr. 6497}

ge-wîzen 動 I.1. ① (に)³ 非難する (vorwerfen). ② 咎める，叱責する (tadeln). {Iw. 2093}

ge-wiʒʒen¹ 中 知っていること (das Wissen), 知識 (Kenntnis).

ge-wiʒʒen² 形 〔過分〕 ① 知られた (bekannt). ② 分別のある (verständig). {Nib. 1427, 4}

ge-wiʒʒen³ = *wîʒen, gewîʒen* の過去分詞．

ge-wiʒʒenheit 囡 ① 知識 (Kenntnis). ② 確かさ (Sicherheit).
ge-wollen 形 〔過分〕アーチ形となった (gewölbt). {Tr. 10898}
ge-won 形 ① 慣れている (gewohnt). ② 習性の (der Gewohnheit gemäß). ③ 通例の, 普通の (üblich, gewöhnlich).
ge-won(e), -wonde, -wone 囡 ① 習慣 (Gewohnheit). ② 因習, 慣習 (Herkommen).
ge-won-heit 囡 ① 習慣 (Gewohnheit). ② 慣れた生活態度 (Lebensweise). {Iw. 6595}
ge-wonlich 形 ① 慣れている (gewohnt), 習性の (der Gewohnheit gemäß). ② 普通の (üblich), 通例の (gewöhnlich). {Tr. 966}
ge-worht = *würken* の過去分詞.
ge-wunnen = *gewinnen* の直説法過去1, 3人称複数.
ge-würhte 囡 ① 作ったもの (Werk), なされたもの (was getan ist). ② 仕事 (Arbeit), 功績 (Verdienst). ③ 織物 (Gewebe). ④ 建物 (Bau). {Nib. 429, 4}
ge-würken 動《弱》自 働く (wirken, arbeiten). 他 ① 引き起こす (bewirken). ② 用意する (bereiten). {Ku. 1048, 2}
ge-würme, -würmze 匣 ① 虫 (Wurm), 蛇 (Schlange). ② 竜 (Drache). ③ 這う動物一般 (kriechende Tiere überhaupt).
ge-wurzen 動《弱》根をはる (Wurzel fassen). {Tr. 17892}
ge-zagel 形 尾のある (geschwänzt). {Tr. 15099}
ge-zam = *gezëmen* の直説法過去1, 3人称単数.
ge-zæme[1] 囡 ① 美しい外見 (schönes Ansehen). ② 礼儀正さ (Wohlanständigkeit).
ge-zæme[2] 形 ① ふさわしい (geziemend). ② 心地よい (angenehm). ③ (に)[3] ふさわしい (gemäß). {Tr. 6088}
gc-zan 形 歯のある (mit Zähnen versehen). ¶ er was starke gezan als ein eber, niht als ein man それは人ではなく猪のような大きな歯を持っていた. (Iw. 455-6)
ge-zeigen 動《弱》示す (zeigen).
ge-zeln, -zellen 動《弱》① 数える (zählen). ② 物語る (erzählen).
ge-zëlt[1] 匣 ① 天幕, テント, 幕屋 (Zelt). ② 住居 (Wohnung). {Iw. 3067}
ge-zëlt[2] 匣 (馬の軽やかな歩調) 側対歩 (Passgang).
ge-zëmen 動 IV. [3. -zam] ふさわしい (passend sein). ¶ Êrec der êrste an si kam, / als einem ritter gezam. エーレックは騎士にふさわしく, まっさきにかれらに飛びかかった. (Er. 2566-7)

ge-ziehen 動 II.2. 他 ① 引く (ziehen). ② 教育する, 養育する (erziehen). 再 ① 進む, 行く (sich ziehen, sich begeben). ② 学ぶ (sich erziehen). 自 ① 充分である (ausreichen). ② (と)^{an} 境を接する (angrenzen). ③ (を)^{zuo} 証人として引き合いに出す (sich berufen). ④ (に)³ 属する (gehören). ⑤ (に)³ ふさわしい (passen). {Tr. 12456}

ge-zierde 女 中 ① 飾り (Schmuck). ② 壮麗さ (Herrlichkeit). ③ 美しさ (Schönheit). {Nib. 1280, 4}

ge-zigen = zîhen, gezîhen の過去分詞.

ge-zîhen 動 I.2. ① 咎める, 責める (zeihen). ② 容疑を掛ける (beschuldigen).

ge-ziln 動《弱》同じようにする (gleich tun).

ge-zimber, -zimmer 中 ① 建物 (Gebäude). ② 住居 (Wohnung). ③ 材木 (Bauholz). ④〔比喩〕身体 (Leib). {Nib. 1102, 1}

ge-zît 中 女 ① 時間 (Zeit). ② 祈りの時刻 (Gebetzeit). ③ 出来事 (Begebenheit).

ge-ziuc 男 中 ① 材料 (Stoff), 道具 (Zeug). ② 証明, 証言 (Bezeugung), 証人 (Zeuge). ③ 武装 (Rüstung), 軍勢 (Schar). {Iw. 1729}

ge-ziuge[1] 男《弱》証人 (Zeuge).

ge-ziuge[2] 中 [ziuc の集合名詞] ① 器具 (Geräte). ② 甲冑 (Rüstung). ③ 戦備の整った軍勢 (reisige Schar). {Ku. 1103, 4}

ge-ziugen 動《弱》証明する (beweisen). {Iw. 1967}

ge-zoc 中 男 ① 列 (Zug). ② 群れ, 一団 (Schar, Mannschaft). ③ 盗み (Raub, Diebstahl). ④ 攻撃 (Angriff). ⑤ 軍勢 (Kriegszug). ⑥ 衣服 (Anzug, Kleidung), 武装 (Ausrüstung). {Tr. 5328}

ge-zogen[1] 形〔過分〕① よく育てられた, 育ちの良い (wohlerzogen). ② 洗練された (fein gebildet). ③ 馴れた (zahm).

ge-zogen[2] = ziehen, geziehen の過去分詞.

ge-zogenheit 女 ① 育ちのよさ (Wohlgezogenheit). ② 優れた教養 (feine Bildung). {Ku. 1315, 3}

ge-zogen-lîche 副 作法にしたがって, 行儀よく (anständig, artig). {Nib. 299, 3}

ge-zouwe, -zowe, -zawe, -zou 女 中 ① 器具 (Gerät). 道具 (Werkzeug). ② 装備, 戦衣 (Rüstung, Ausrüstung). ③ 織機 (Webstuhl). ④ 乗り物 (Gefährt), 馬車 (Wagen). {Ku. 262, 3}.

ge-zouwelich, -zoulich 形 急いだ, 急速な (eilig).

ge-zünge, -zunge 中 ① 舌 (Zunge), ② 言葉 (Sprache).

ge-zürnen 動《弱》他 怒る (zürnen), (を)⁴ 悪く取る (übel nehmen). 自 怒っている (zürnen). {Iw. 864}
ge-zweiet 形〔過分〕二つに分かれた (zweispaltig). {Tr. 9678}
ge-zwitter 中 騒音 (Lärm), 咆哮 (Getöse).
ge-zwîvelen 動《弱》① 疑う (zweifeln). ② 不確かである (ungewiss sein). ③ (心が) 動揺する (wanken). {Tr. 1250}
gëʒʒen = *ëʒʒen, gëʒʒen* の過去分詞.
gibe¹ 女 [=*gëbe*] ① 贈り物 (Gabe, Geschenk). ② 報酬 (Belohnung). ③ 善行, 恩恵 (Wohltat).
gibe² = *gëben* の直説法現在1人称単数.
Gibeche 男〔人名〕[別形 Gibeke, Gybich] ギーベヘ (Gibeche), エッツェル (Etzel) に仕える王.
gibet = *gëben* の直説法現在3人称単数.
gie, gienc = *gân, gên* の直説法過去1, 3人称単数.
giel 男 ① 口 (Maul, Rachen). ② のど (Schlund). {Tr. 8981}
giengen = *gân, gên* の直説法過去1, 3人称複数.
gieʒe 男《弱》① 流れる水 (fließendes Wasser). ② 小川 (Bach). {Tr. 14621}
gieʒen 動 II. 2. 注ぐ (gießen). {Nib. 1533, 2}

	直説法現在		
ich	giuʒe	wir	gieʒen
du	giuʒest	ir	gieʒet
er	giuʒet	si	gieʒent
	直説法過去		
ich	gôʒ	wir	guʒʒen
du	güʒʒe	ir	guʒʒet
er	gôʒ	si	guʒʒen

gîge 女《弱》バイオリン (Geige). {Nib. 1821, 1}
gîgen 動 I. 1.《弱》バイオリンを弾く (geigen). {Ku. 49, 4}
gihe = *jëhen* の直説法現在1人称単数
gihest = *jëhen* の直説法現在2人称単数.
gihet = *jëhen* の直説法現在3人称単数.
gilte = *gëlten* の直説法現在1人称単数.
gimme 女《強・弱》[ラテン語 gemma] ① 宝石 (Edelstein, Juwel). ② もっとも素晴らしいもの (das Herrlichste). {Ku. 395, 4}
gir¹ 男《強・弱》はげたか (Geier). {Parz. 387, 26}

gir² ⇨ ***gër***².

giric 形 ① (を)²/ⁿᵃᶜʰ·ᶻᵉ 熱望した (gierig, begierig). ② 貪欲な (habgierig). {Tr. 6860}

gîsel 男 ① 戦いの捕虜 (Kriegsgefangener). ② 担保として捕らえられた人 (Bürgschaftsgefangener). {Nib. 190, 3}

Gîselhêr 男〔人名〕ダンクラート (Dankrat) 王の第三王子ギーゼルヘール (Giselher).

gîsel-schaft, -heit 女 ① 担保, 抵当 (Bürgschaft). ② 約束 (Versprechen). {Tr. 9983}

gîsert, ge-îsert = *îsern* の過去分詞. {Parz. 218, 14}

gîst, gi-best = *gëben* の直説法現在 2 人称単数.

gît¹**, gibet** = *gëben* の直説法現在 3 人称単数.

gît² 男, **gîte** 女 ① 渇望, 熱望 (Gierigkeit). ② 強欲 (Habgier), 貪欲 (Geiz). ¶ sô sint die muotes kranken / gîtes unde hazzes vol. 心が病んだ者たちは欲と憎しみに満ちている. (Parz. 675, 24-5)

gîte, gîtec 形 ① 熱望している (gierig). ② 貪欲な (habgierig), けちな (geizig).

gîtec-heit 女 ① 熱望 (Gierigkeit). ② 貪欲 (Habgier, Geiz).

gîtec-lich 形 ① 熱望している (gierig). ② 貪欲な (habgierig). けちな (geizig).

gitec-lîche 副 ① 熱望して (gierig). ② 貪欲に (habgierig). {Tr. 16147}

gîten, gîtesen 動《弱》① 貪欲である (gierig sein). ② 欲しがる, 物惜しみする (geizen).

giuden, göuden, gûden 動《弱》① 自慢する (prahlen). ② 喜んで大騒ぎする (in geräuschvoller Freude sein). ③ 浪費する (Verschwendung treiben).

glamme 女《強・弱》灼熱 (Glut).

glander¹ 男 中 ① 薄明かり (Schimmer). ② 輝き (Glanz).

glander² 形 ① 輝いている (glänzend). ② 微光を放っている (schimmernd). {Parz. 690, 28}

glanz¹ 男 輝き (Glanz).

glanz² 形 輝いている (glänzend). ¶ einen helm glanz. 輝く兜を (Nib. 1841.1b).

glas 中 ① ガラス (Glas). ② ガラスで出来たもの (aus Glas gemachtes). ③ グラス (Trinkglas). ④ 窓ガラス (Fensterglas). ⑤ 鏡 (Spiegel).

glase-väʒʒelîn 中 ガラスの小瓶 (Glasfässchen). {Tr. 11438}
glast 男 光輝, 輝き (Glanz). {Ku. 639, 4}
glaste = *glesten* の直説法過去1,3人称単数.
glat 形 ① 滑らかな (glatt). ② 輝いている (glänzend).
glavîn, glevîn [別形 glavîe, glevîe, glëve 縮約形 glê, glên] 女《強・弱》① 槍 (Lanze). ② 槍を携えた騎乗者 (Reiter mit einer Lanze). ③ そのような騎士の小集団 (kleiner Haufe solcher Reiter). {Parz. 231, 18}
glesîn, gleserîn 形 ガラス製の (gläsern, von Glas). {Parz. 622, 9}
gleste 女 輝き, 光輝 (Glanz). {Tr. 17071}
glesten 動《弱》自 ① 輝く (glänzen). ② 輝かせる (glänzend machen).
glîch ⇨ *gelich.*
glîchen = *gelîchen.*
glimph = *gelimph.*
gliʒen 動 I. 1. [3. gleiʒ 6. gliʒʒen] ① 光る (gleißen). ② 輝く (glänzen, leuchten).
glocke, glogge 女《強・弱》① 鈴, 鐘 (Glocke). ② 鈴形の衣装 (glockenförmiges Kleid).

格	単 数	複 数
1格	diu glocke	die glocken
2格	der glocken	der glocken
3格	der glocken	den glocken
4格	die glocke	die glocken

glocke(n)spîse 女 (銅と錫の合金) 鐘銅 (Glockenbronze). {Ku. 390, 3}
glohen 動《弱》「= *gelohen*] ① 燃える (flammen). ② 燃えながら輝く (flammend leuchten). ¶ alser glohte in eime fiur まるで火の中で燃えているように (Parz. 243, 2)
gloie, gleie 女《弱》アイリス, あやめ (Schwertlilie). {Tr. 11126}
glôse 女 ① 説明, 注解 (Auslegung). ② 意味 (Sinn). {Tr. 4687}
gloube, ge-loube 男《弱》女《強・弱》信仰 (Glaube).
glouben = *gelouben.*
glüendic 形 灼熱した, 燃えるような (glühend). {Parz. 81, 22}
gluot 女 ① 白熱, 灼熱 (Glut). ② 火 (Feuer). ③ 灼熱の石炭 (glühende Kohlen). {Ku. 104, 4}

gnâde ⇒ *genâde*.
gnôʒ ⇒ *genôʒ*.
goffe, guffe　[女]《強・弱》尻 (Hinterbacke). {Tr. 6668}
gollier, kollier, goller, koller　[中] ① 首当て (Halsbekleidung). ② 男女の衣服の襟元 (Koller). ③ 馬の首輪 (Kummet des Pferdes).
golt　[中] [-des²] ① 黄金 (Gold). ② 金製の飾り (Schmuckwerk aus Gold). {Nib. 30, 4}
golt-drât　[男] 黄金の針金 (Golddraht). {Er. 7716}
golter ⇒ *kulter*. {Ku. 1326. 1}
golt-klenke　[女] 黄金の鈴 (goldene Schelle). {Er. 7753}
golt-knoph　[男] 黄金のぼたん (goldener Knopf). {Er. 7865}
golt-reif　[男] 黄金の環 (goldener Reif). {Er. 7671}
golt-rôt　[形] ① 黄金の (golden). ② 金色に輝く (goldschimmernd). ③ 金で飾られた (goldverziert). {Ku. 1701. 3}
golt-var　[形] ① 黄金色の (goldfarbig). ② 金で飾られた (mit Gold verziert). {Nib. 74. 1}
golt-vaʒ　[中] 黄金の器 (goldenes Gefäß). {Parz. 10. 4} {Nib. 1328. 3}
gorge　[男]《弱》喉 (Gurgel, Kehle). {Tr. 2982}
got　[男] 神 (Gott). ¶ got lône iu, lieber herre, / daz ir mir alsô verre / hât die wârheit gesaget. ご主人さま，あなたがそのように詳しく真実を打ち明けてくださったことに対して，神があなたにお報いになりますように. (aH. 1111-3)
gote-, got-heit　[女] 神性 (Gottheit).
gote-, göte-, got-, göt-lich　[形] ① 神の (göttlich). ② 敬虔な (fromm). {Tr. 15659}
gote-, göte-, got-, göt-lîche　[副] ① 神によって (von Gott ausgehend). ② 敬虔に (fromm). {Tr. 1963}
gotinne, gütinne, gotîn, gotin　[女] 女神 (Göttin). {Tr. 4807}
gouch　[男] ① 愚か者 (Narr, Tor,). ② かっこう (Kuckuck). ③ 求愛者 (Buhler). ④ 悪者 (Gauch). ¶ er ist ein vil verschaffen gouch / der gerne in sich vazzet rouch, / ez sî wîp oder man, / der diz niht wol bedenken kan / und der werlte volgende ist / wan uns ist über den vûlen mist / der phelle gespreitet: 男性であれ，女性であれ，このことをよく考えないで，世に従う者は，煙を吸い込む愚か者です．それは私たちには腐った堆肥の上に絹の布地が敷かれているに過ぎないからです. (aH. 725-31)
goufe　[女] [ラテン語 coife] かぶと下頭巾 (Kopfdeckung unter dem

Helm). [=*kuppe*].

gougelfuore 囡 曲芸師, 奇術師, 吟遊詩人の活動 (das Treiben eines Gauklers, Jongleurs oder Spielmannns).

goume, goum 囡男 ① 饗宴 (Festmahl), 食事 (Mahlzeit). ② 注意 (Aufmerksamkeit). {Parz. 205, 19}

goumel, goumer 男 ① 番人 (Hüter). ② 監督者 (Aufseher).

goumen 動《弱》自 ① 見張る (Aufsicht haben). ② (に)² 気を付ける (achtgeben). ③ (を)² 得ようとする (trachten). ④ 食事をとる (essen). 他 護る, 保護する (behüten).

gôʒ¹ 男中 ① 鋳造 (Guss). ② 鋳造物 (etwas Gegossenes). ③ 芸術作品 (Kunstwerk). {Tr. 16947}

gôʒ² = *gieʒen* の過去単数.

grâ¹ 中 シベリアリスの毛皮 (Grauwerk). {Nib. 59, 4}

grâ² 形 [grâwes²] ① 灰色の (grau). ② (髪が) 年を取って灰色の (altersgrau). {Parz. 36, 4}

grabe 男《弱》① 溝, 堀 (Graben), 町の堀 (Stadtgraben). ② 町の堀を巡る散歩道 (Spazierweg). {Parz. 31, 29}

graben 動 VI. ① 掘る (graben). ② 掘って埋める (eingraben). ③ 掘り込む (gravieren). ④ 埋葬する (begraben).

直説法現在	
ich grabe	wir graben
du grebest	ir grabet
er grebet	si grabent
直説法過去	
ich gruop	wir gruoben
du grüebe	ir gruobet
er gruop	si gruoben

grâl 男 [古フランス語 graal, 中世ラテン語 gradalis] ① 聖杯 (der heilige Gral). ②〔比喩的に〕最も貴重なもの (das Teuerste), 最善のもの (das Beste). {Parz. 235, 23}

gram 形 ① 怒った (zornig), 腹を立てた (erzürnt). (に)² 憤激した (aufgebracht). ② (に)³ 敵意を持った (feind).

gran, grane 囡 ① 毛先 (Haarspitze). ② (特に口の上の) 髭 (Barthaar). ③ (動物のひげ) (Granne). {Parz. 244, 10}

grân, gran 囡 [古フランス語 graine, 中世ラテン語 granatus] 深紅色, 緋色 (Scharlachfarbe). ¶ rôter danne grân 緋色よりももっと

grânât

赤い. (Tr. 15831)

grânât 男 ① 石榴石 (Granat). ② 石榴の実 (Granatapfel).

grans 男 ① 鳥のくちばし (Schnabel). ② (鳥以外の動物の) 口 (Maul). 鼻 (Rüssel). ③ (身体の) 突き出た部分 (hervorragender Teil). ④ 船首 (Schiffsschnabel).

gränsel 中 [*grans* の縮小語] (身体の) 突き出た部分 (hervorragender Teil). {Parz. 113, 7}.

gran-sprunge 女 ひげの生えはじめ (das Hervorkeimen des Barthaars). ¶ dô mîn bruoder gein den jâren / kom für der gransprunge zît 私の兄が髭が生えはじめる年ごろになったとき (Parz. 478, 8-9).

grap 中 [-bes²] ① 墓 (Grab). ② 棺台 (Katafalk). ¶ muoter, jâ hôrte ich dich / klagen unde sprechen ê, / ez tæte dînem herzen wê, / soldestû ob mînem grabe stân. お母さん、私の墓の上に立つのは心を悲しませると言ってあなたが嘆くのを聞きました. (aH. 844-7) ¶ des wirstû harte wol erlân: / dû stâst ob mînem grabe niht, / wan dâ mir der tôt geschiht, / daz enlât dich nieman sehen: / ez sol ze Salerne geschehen. それはきっとしなくてすみます。あなたは私の墓の上に立つことはありません。それは私が死ぬ場所を誰もあなたに見せないからです。それはサレルノで起こります. (aH. 848-52)

gras 中 草 (Gras), 草地 (Wiese). {Nib. 1623, 3}

grasec, grasic 形 草に覆われた (mit Gras bewachsen).

grât 男 [-tes²] 魚の骨 (Gräte, Fischgräte). {Parz. 234, 18}

grâve 男 ① 王の裁判所の裁判長 (der Vorsitzende des königlichen Gerichts). ② 代官, 伯 (Graf).

græve-lîn 中 伯家の男児, 若い伯 (kleiner Graf). ¶ herzogen unde grævelîn 大公や伯たち (Parz. 722, 4).

grævinne, grævîn 女 伯夫人 (Gräfin). {Er. 7479}

græwe, grâwe 女 灰色 (graue Farbe).

grâwen, græwen 動《弱》自 ① 灰色である (grau sein), 灰色になる (grau werden). ② 年を取る (altern). 他 灰色にする (grau machen).

graʒ¹ 中 [graʒʒes²] (針葉樹の) 新芽 (Sprosse), 若枝 (junge Zweige). {Parz. 485, 13}

graʒ² 形 怒っている (wütend, zornig).

graʒʒach 中 [*graʒ* の集合名詞] 新芽 (Sprosse). {Parz. 458, 17}

grêde, grête 女《強・弱》① 階段 (Treppe). 段 (Stufe). ② 階段式倉庫 (stufenartiges Unterlager).

grimmen

grêden 動《弱》階段をつける (mit einer Stufe versehen).
Grêgôrius 男 グレゴーリウス．アキテーヌ国の王子．最後にはローマ教皇となる．
greif ＝ *grîfen* の直説法過去1，3人称単数．
greifen 動《弱》① つかむ，捕らえる (greifen). ② 触れる (tasten).
grël 中 [grëlles²] 叫び声 (Schrei).
greme-lich 形 ① 怒った (zornig). ② 敵意にかられた (feindselig).
grieʒ 男 中 [複数 grieʒe] ① 砂，砂粒 (Sand, Sandkorn), 砂れき (Grieß). ② あらびきの穀粒 (Getreide), 粉 (Grießmehl). ③ 浜辺，砂浜，海浜 (Meeresstrand). ④ 砂を敷いた場所，試合場 (Kampfplatz). {Tr. 13278}
grif 男 [griffes²] ① つかむこと (das Greifen), 触れること (Tasten). ② 広さ (Umfang). ③ つめ (Klaue). {Tr. 9025}
grîfe, grîf 男《強・弱》グリフィン (Greif).
grîfelîn 中 小さいグリフィン (kleiner Greif).
grîfen 動 I.1. 自 ① 感じる (fühlen), 触れる (tasten). ② つかむ (greifen, fassen). ③ (に)ᵃⁿ 手を出す (Hand setzen). 他 つかむ (ergreifen). {Er. 1838}
griffel 男 尖筆，鉄筆，ペン (Griffel).
grim¹ 男 [grimmes²] ① 怒り (Wut). ② 荒々しさ (Wildheit).
grim², grimme 形 ① 激怒した (grimm). ② 荒々しい (wild), 恐ろしい (schrecklich). ③ 痛ましい (schmerzlich). ¶ Nû wer möhte vol gesagen / die herzeriuwe und daz klagen / und ir muoter grimmez leit / und ouch des vater arbeit？ さて誰がこの時の心の悲しみ，嘆き，母親の痛ましい苦悩，父親の苦労について語り尽くすことができようか．(aH. 1027-30)
grimme¹ 男《弱》疝痛 (Bauchgrimmen).
grimme² 女 怒り (Wut, Grimm).
grimme³ 副 ① 不機嫌に (zornig), 怒って (wütend). ② 荒々しく (wild). ③ たいへん (sehr). {Nib. 192, 1}
grimmec, grimmic 形 ① 激怒した (grimmig). ② 荒々しい (wild).
grimmec-, grimme-lich 形 ① 激怒した (grimm). ② 荒々しい (wild), 恐ろしい (schrecklich). ③ 痛ましい，悲痛な (schmerzlich).
grimmec-, grimme-lîche 副 ① 恐ろしく (schrecklich, furchtbar). ② 痛ましく (schmerzlich). {Nib. 982, 2}
grimmen 動 III.1. ① 怒ってあばれる (wüten). ② (獣が) 怒って

吠える (tobend brüllen). ③ 腹を立てる, 怒る (zürnen).

直説法現在	
ich grimme	wir grimmen
du grimmest	ir grimmet
er grimmet	si grimment

直説法過去	
ich gram	wir grummen
du grümme	ir grummet
er gram	si grummen

grîn 男 叫び声 (Geschrei), いななき (Wiehern).
grînen 動 I. 1. 口をゆがめる (den Mund verziehen). {Tr. 15890}
grint-hâr 中 頭髪 (Kopfhaar).
grîs 形 灰色の (grau), 白髪の (greis). {Nib. 1734, 3}
grîse 男《弱》① 老人 (Greis). ② 古強者 (ein alter, tapfer Held).
gris-gram(m)en, -grimmen 動《弱》① きしる, ぎしぎし音を立てる (knirschen). ② 吠える (brummen). ③ ぶつぶつ言う (knurren).
grîsvar 形 灰色の (grau).
griuwe-, griu-lich 形 ① 恐ろしい (furchtbar, schrecklich). ② 身の毛のよだつ, いまわしい (greulich). {Er. 8445}
griuweln, grûweln, griulen, grûlen 動 非 怖い (grauen).
griuʒe 中 あら挽きの穀物粉 (Grütze).
griuʒinc 男 [-ges²] 小麦ビール (Weizenbier).
grobe-lich 形 大きい (groß), 激しい (heftig), 強い (stark).
grobe-lîche 副 大きく (groß), 激しく (heftig), 強く (stark).
grogezen 動《弱》泣き叫ぶ (heulen), 嘆き悲しむ (wehklagen).
grôʒ 形 ① 大きい (groß). ② 太った (dick). ③ 強い (stark). ④ 多い (viel). ⑤ 高尚な (vornehm). ¶ der wurm was starc unde grôz. その竜は強く, 体が大きかった. (Iw. 3841) {Nib. 2376, 4}
grôʒe, grôʒ 副 ① たいへん (sehr). ② 太って (dick). {Nib. 709, 4}
grœʒen 動《弱》他 大きくする (groß machen). 再 広がる, のびる (sich ausdehnen).
grœʒ-, grôʒ-lich 形 大きい (groß). {Nib. 34, 4}
grœʒ-, grôʒ-lîche(n) 副 ① たいへん (sehr). ② きわめて高く (aufs höchste)
grüebe = *graben* の直説法過去2人称単数, 接続法過去1, 3人称単

数.

grüene[1] 囡 ① 緑色 (grüne Farbe). ② 緑地 (grün bewachsener Boden). {Tr. 16975}

grüene[2] 形 緑の (grün).

grüenen 動《弱》他 緑にする (grün machen). 再 新鮮に保たれる (sich frisch erhalten). 自 緑になる (grün werden), 緑である (grün sein).

grüeten 動《弱》緑の中にある (im Grünen sein), 緑色である (grünen).

grüeʒen 動《弱》挨拶する (grüßen), 挑戦する (herausfordern). ¶ dâ wart vil michel grüeʒen die lieben geste getân. そこでは親しい客たちに対する懇ろな挨拶が行なわれた. (Nib. 786, 4)

grüeʒen-lîche 副 挨拶しながら (grüßend). ¶ dô sprach er grüeʒenlîche dar / ze Parzivâl. その時彼は挨拶をパルチヴァールに向けた. (Parz. 300, 11-12)

gruft, kruft 囡 洞穴 (Gruft, Höhle), 空洞 (Höhlung). {Parz. 459. 5}

grunde-lôs 形 ① 測りがたい (unergründlich). ② 底無しの (grundlos). {Tr. 9367}

grunt 男 [-des[2]] ① 底, 基底 (Grund), 大地 (Boden). ② 深み (Tiefe), 深淵 (Abgrund). ③ 平地 (Ebene), 土地 (Grundstück). ④ 根源 (Ursprung), 原因 (Ursache). {Nib. 1562, 3}

grunt-lôs 形 底無しの (grundlos). ¶ in die gruntlôsen ünde 底知れぬ波間へ (Ku. 1127, 3a).

grunt-sê 男 深い湖 (tiefer See).

grunt-übele 形 たいへん悪い (sehr übel).

grunt-wëlle 囡 ① 高波 (hohe Welle). ② 砕け波 (Brandung).

gruobe 囡《強・弱》① 穴, 凹地 (Grube, Loch). ② 採石地 (Steinbruch). ③ 空洞 (Höhlung).

gruobe-hol 中 くぼみ, 穴 (Grube).

gruoben = *graben* の直説法過去 1, 3 人称複数.

gruonen 動《弱》① 緑になる (grün werden), 緑である (grün sein). ② 新鮮になる (frisch werden). ③ 新鮮である (frisch sein).

gruop = *graben* の直説法過去 1, 3 人称単数.

gruose 囡 ① 植物の汁 (Saft). ② 植物の若芽 (Sprosse). ③ 緑草 (Grüne). {Parz. 387. 23}

gruot 囡 [中独 grût] ① 緑色であること (das Grünen). ② 緑色の幼樹 (der frische Wuchs).

gruoʒ 男 ① 挨拶 (Gruß). ② 攻撃 (Angriff). ③ 話しかけること (Anrede). ¶ Do emphiengen in die Swâbe / mit lobelîcher gâbe : / daz was ir willeclîcher gruoz. シュヴァーベンの人々はハインリヒを称賛すべき贈物で迎えた. それは人々の心のこもった挨拶であった. (aH 1419-21)

gruoʒsal 中 男 ① 挨拶 (Gruß). ② 苦しみ (Leid), 不安 (Beunruhigung).

gruoʒte = *grüeʒen* の直説法過去1, 3人称単数.

grûsen, griusen 動《弱》自 再 恐怖を感じる (Grausen empfinden). 非 恐ろしい (grausen).

grûʒ 男 ① 種の粒 (Samenkorn), 穀粒 (Korn). ② 小さい粒 (Körnchen). ③ 価値のないもの, 最もつまらないもの (das Geringste). {Er. 7526}

güete 女 ① 善意 (Güte). ② 良いこと (Gutheit). ¶ wis getriuwe, wis stæte, / wis milte, wis diemüete, / wis vrävele mit güete, / wis dîner zuht wol behuot, / den herren starc, den armen guot. 誠を貫き, 心変わりせず, 気前良く, 謙虚であれ. 善意をもって勇敢であれ. 正しい礼儀作法を忘れるな. 王たちに対しては強く, 貧しい者たちに対しては優しくあれ. (Gr. 248-52)

格	単　数	複　数
1格	diu güete	die güete
2格	der güete	der güeten
3格	der güete	den güeten
4格	die güete	die güete

güeten 動《弱》他 良くする (gut machen). 再 自 良いものであることが分かる (sich als etwas Gutes erweisen). {Tr. 17907}

güet-lich ⇨ *guotlich.*

güet-lîche ⇨ *guotlîche.*

guft, guof 男 女 ① 大声で呼ぶこと (lautes Rufen). ② 大きな喜び (große Freude). ③ 不遜, 思い上がり (Übermut). ④ 自慢 (Prahlerei), 誇張 (Übertreibung). {Parz. 19. 25}

güften 動《弱》自 喜びをあらわにする (seine Freude äußern). 他 叫ぶ (schreien), 誉める (rühmen). 再 (を)² 自慢する (sich rühmen). {Parz. 262. 20}

gugele, gugel, kugel, kogel 女《強・弱》[ラテン語 cucullus] ① 帽子 (Kappe). ② 頭巾 (Kapuze). ¶ daz wart für tôren kleit

guot

erkant. / ein gugel man obene drûfe vant. それが愚者の服であること明らかであった．その上には頭巾が見られた．(Parz. 127, 5-6)

gügerël 男 中 馬の頭飾り (Kopfschmuck der Pferde). {Parz. 145, 20}

gugg-aldei 男 かっこう (Kuckuck).

guldîn[1]. **gulden** 男 ① 金貨 (Goldmünze). ② グルデン金貨 (Gulden).

guldîn[2] 形 ① 黄金の (golden). ② 金製の (von Gold).

gülte 女 ① 負債 (Schuld), 支払い (Zahlung). ② 収入 (Einkommen). ③ 利子 (Zins). ④ 価値 (Wert), 価格 (Preis). {Tr. 353}

gunêret = *unêren* の過去分詞．

gunnen, günnen 動〔過現〕① 与える (gönnen). ② 許す (erlauben). ¶ sît ich êren gan / Hilden iuwer tohter, sô sult ouch ir der gunnen, / daz si trage krône dâ si hât manigen zieren helt gewunnen. 私はあなたの娘，王女ヒルデに名誉を与えたいと思います．どうか王女が冠を戴き，大勢の家来たちの上に立つことをお許しください．(Ku. 527, 2-4) ¶ si enhât sich kurze niht bedâht : / ez ist hiute der dritte tac / daz si uns allez ane lac / daz wir ir sîn gunden : / nû hât siz an uns vunden. 娘は短い時間で決めたのではなく，今日まで三日間私たちに頼み込み，私たちはそれを娘に許しました．娘はそれを私たちに納得させました．(aH. 980b-84)

	直説法現在
ich gan	wir gunnen
du ganst	ir gunnet
er gan	si gunnen

gunst, guns 女 男 ① 恵み，恩恵 (Gunst). ② 好意 (Wohlwollen). ③ 許し (Erlaubnis), 同意 (Einwilligung). {Parz. 447, 27}

guof ⇨ *guft*.

guot[1] 中 ① 良いこと (das Gute). ② 財 (Gut), 財産 (Vermögen). ③ 所有地 (Besitz), 領土 (Land), 領地 (Landgut). ¶ sîner gemaheln er dô phlac / mit guote und mit gemache / und mit aller slahte sache / als einer vrouwen oder baz : / daz reht gebôt ime daz. ハインリヒは花嫁には贈物，快適さなど，あらゆる手立てを尽くして，王女に対してのように，あるいはそれ以上に仕えた．正当な感謝の念がハインリヒにそれを勧めた．(aH. 1446-50)

guot[2] 形 [比較級 *beʒʒer* 最高級 *beste*] ① 良い (gut), 勇敢な

(brav). ② 高貴な (vornehm), 身分の高い (von gutem Stand). ③ 役に立つ (tauglich), ふさわしい (passlich). ④ (に)³ 親切な (freundlich), 慈悲深い (gnädig). ⑤ (に)³ 有益な (nützlich).

guote 副 良く (wohl). ¶ diu guote gemuote 心根が良い女性 (Tr. 5236)

guoten 動《弱》① 勇敢である (brav sein), 親切である (freundlich sein). ② 役に立つ (tauglich sein). ¶ kurz rede von guoten minnen / diu guotet guoten sinnen. 素敵な愛についての短い言葉こそ, 素直な感覚には心地よいものだ. (Tr. 12189-90)

guot-, güet-lich 形 ① 良い (gut), 善良な (gütig). ② 親切な (freundlich). ③ すばらしい (herrlich), 栄誉ある (ruhmvoll). ¶ sîn gemahel stuont dâ bî / die er vil güetlich ane sach. 花嫁もそばに居た. ハインリヒはその娘を優しく見守っていた. (aH. 1490-1)

guot-lîche 女 ① 名声, 栄誉 (Ruhm). ② 壮麗 (Herrlichkeit).

guot-, güet-, güete-lîche 副 ① よく (gut), 善良に (gütig). ② 親切に (freundlich). ③ すばらしく (herrlich). ④ 栄誉に満ちて (ruhmvoll).

guot-lôs 形 貧しい (arm), 財産のない (ohne Gut).

gupf, gupfe 男《弱》[中独 kuppe] 女《弱》① 先端 (Spitze). ② 頂上 (Gipfel).

gurgele, gurgel 女《弱》喉 (Gurgel).

gurre, gorre 女《弱》悪い馬 (schlechtes Pferd).

gurte = *gürten* の直説法過去 1, 3 人称単数.

gürtel 女《強・弱》男 帯, ベルト, ひも (Gürtel).

gürtelîn 中 小さい帯 (kleinr Gürtel).

gürten, gurten 動《弱》① 帯を締める (gürten). ② 帯びる, 帯で巻く (umgürten). ③ 帯を巻く (den Gürtel anlegen). {Parz. 161. 24}

gus-rëgen 男 にわか雨 (Platzregen).

güsse 女 ① 河の氾濫 (Anschwellung des Flusses). ② 洪水, 増水 (Schwall). {Parz. 25, 29}

guʒ 男 [guʒʒes²] ① 鋳造, 鋳造物 (Guss). ② 噴出 (Erguss).

H

habe 女 ① 所有物 (Besitz), 財, 財産 (Eigentum). ② 港 (Hafen). ③ 拠り所 (Anhalt). ④ 態度 (Haltung), 振る舞い (Benehmen). ⑤ 取っ手 (Henkel), 柄 (Griff). ¶ sus kêrte er wider zuo der habe, dâ er Môroldes schif dâ vant. トリスタンが波止場に戻ると, そこにはモーロルトの船があった. (Tr. 7090-1)

habech, habich 男《弱》はいたか (Habicht). {Tr. 2204}

habe-lôs 形 財産のない (ohne Habe, Eigentum). {Er. 238}

haben, hân 動《弱》〔不規則〕① 持っている (halten), 所有している (haben, besitzen). ②〔完了の助動詞として〕(haben). ¶ dâ zuo hân ich sehs kint, / die alle ritter sint. そのほかに私には6人の子供があり, みな騎士です. (Iw. 4477-8) ¶ got gebe daz es iuch gezeme, / sô wil ich si ze wîbe hân. 神のお考えで, ご同意が得られれば, 私はこの娘を妻に迎えたい. (aH 1500-1)

	直説法現在		
ich	hân	wir	hân
du	hâst	ir	hât
er	hât	si	hânt
	直説法過去		
ich	hate, hæte	wir	hâten, hæten
du	hâtest, hætest	ir	hâtet, hætet
er	hate, hæte	si	hâten, hæten

haber-brôt 中 からす麦パン (Haferbrot).

haberîn, häberîn 形 からす麦の (von Hafer).

habete, habte = *haben*. の直説法過去1, 3人称単数.

hac 男 中 [hages[2]] ① 茨の藪 (Dorngebüsch). ② 藪, 茂み (Gebüsch). ③ 生垣 (Hag), 囲い (Umfriedung). ④ 囲われた場所 (umfriedigter Ort). ¶ dâ wirt der slîchære klage / daz dürre holz ime hage. 木立の中の枯れ木は忍んで来る者たちの嘆きの種だ. (Parz. 172, 18)

hacheln, hecheln 動《弱》(亜麻を)すき櫛ですく (hecheln). {Iw. 6204}

hacke 女《弱》つるはし (Hacke).

hader 男《強・弱》① ぼろ, 布切れ (Lumpen). ② 争い, 喧嘩 (Streit, Zank). ¶ daz hemde ein hader was von slegn. その衣装は刀を受けてぼろぼろになっていた. (Parz. 111, 25)

haft[1] 男 捕らえられた者 (der Gefangene).

haft[2] 男 ① 紐 (Band). ② 支えるもの (Halter), かせ (Fessel). ③ 保証 (Haftung). ④ 保証人, 担保 (Bürgschaft).

haft[3] 女 ① 禁固 (Haft), かせをかけること (Fesselung). ② 監獄 (Gefangenschaft). ③ 押収, 差し押え (Beschlagnahme).

haft[4] 形 ① 捕らえられた (gefangen), 占められた (besetzt). ② 義務付けられた (verpflichtet). ③ 妊娠した (schwanger). {Tr. 851}

hafte[1] 女 ① 結合 (Verknüpfung). ② 拘留, 留置 (Verwahrung, Haft). ③ 妨害, 障害 (Hindernis).

hafte[2] = *heften* の直説法過去1, 3人称単数.

haftel ⇒ *heftelin*.

hage, hege 女 男 ① 快適さ (Behagen), 満足 (Wohlgefallen). ② 喜び (Freude). {Tr. 47}

hagel 男 ① 霰, 雹 (Hagel). ② 降雹 (Hagelschlag). ③ 不幸 (Unglück), 破滅 (Verderben). ¶ ze dem wil ich mich ziehen / und solhen bû vliehen / den der schûr und der hagel sleht / und der wâc abe tweht, / mit dem man ringet und ie ranc. そこへ私は行きます. 悪天候と霰が見舞ったり, 人々が以前から難儀をしてきた洪水が洗い流すこのような農場から逃げだしたいと思います. (aH. 789-93) {Parz. 2, 19}

hagen, hain 男 ① 茨 (Dorn), 茨の茂み (Dornbusch). ② 垣で囲まれた場所 (der eingefriedigte Ort, die Einfriedigung). {Tr. 17865}

hagen-büechîn 形 しでの (aus Hagebuchenholz). {Er. 7502}

hagen-buoche 女《弱》しで (Hagebuche).

Hagene 男〔人名〕① トロネゲのハゲネ (Hagene von Tronege). アルドリアン (Aldriân) の長男. ブルゴンドの王たちの親類. ② アイルランドの王ハゲネ (König Hagene von Irland). ヒルデの父, クードルーンの祖父.

hâhen 動〔反復〕2 [3. hie, hienc] 他 ① 掛ける, つるす (hängen). ② 絞首刑にする (aufhängen). 自 掛かっている (hängen). ¶ den man dar gesendet, den heizet man dâ slahen oder hâhen. その国へ

使者として遣わされた者は打ち首, あるいは縛り首になった. (Ku. 228, 4)

hahse, hehse 女 (特に馬の) 後足の膝関節 (Kniebug des Hinterbeines).

hain ⇨ *hagen.*

hake, hâken 男《強・弱》かぎ, 掛け釘 (Haken).

hal[1] ＝ *hëllen* の直説法過去 1, 3 人称単数.

hal[2] ＝ *hëln* の直説法過去 1, 3 人称単数.

halbe 女《強・弱》① 面 (Seite), 方向 (Richtung). ② 半分 (die Hälfte). ③ (収穫の半分が地代となる) 土地 (Grundstück).

halben 副 前 +2 ① (の)[2] 側から (von Seiten). ② (の)[2] ために (wegen).

halde 女《強・弱》① 傾斜, 斜面 (Abhang). ② 山腹, 斜面 (Bergabhang, Halde).

hæle[1] 女 ① 隠すこと (Verheimlichung), 秘密 (Geheimnis). ② 滑り易さ (Schlüpfrigkeit). ¶ nimts iuch niht hæl あなたがそれを隠し立てするつもりでないならば (Parz. 467, 20)

hæle[2]**, hæl** 形 ① 隠された (verborgen). ② 移ろい易い, はかない (vergänglich). ③ 滑らかな (glatt). ¶ er gienc zer kemenâten în. / der was ir estriches schîn / lûter, hæle, als ein glas. 彼は部屋の中に入った. その床の輝きはガラスのようであり, 透明で, 滑らかだった. (Parz. 566, 11-3)

hæle[3] 副 密かに (heimlich).

half ＝ *hëlfen* の直説法過去 1, 3 人称単数.

hælinc[1] 男 [hælinges[2]] 秘密 (Geheimnis).

hælinc[2] 形 ① 秘密の (heimlich). ② 裏切りの (hinterlistig), 陰険な (heimtückisch). {Parz. 222, 4}

halm 男 ① 茎 (Halm). ② 筆記用あし (Schreibrohr).

halp 形 [halbes[2]] 半分の (halb). ¶ swaz man daz jâr alsô lanc / dar ûf garbeiten mac, / daz verliuset schiere ein halber tac. 人が 1 年かけてそこでつくったものが, 半日で失われます. (aH. 794-6)

halp-swuol 中 半ば成長した猪 (halberwachsenes Wildschwein). ¶ sîn tier was daz êrste, daz er ze tôde sluoc, / ein vil starkez halpswuol, mit der sînen hant. 彼が, 自分の手でしとめた獣, 力の強い, 半ば成長した猪がその狩の最初の獲物であった. (Nib. 935, 3)

hals 男 ① 首 (Hals). ② 首と頭 (Hals und Kopf), 首と胸 (Hals und Brust). ③ 身体 (die ganze Person). ④ (鎧の) 胸当て, 胴着

(Koller). ⑤ 通路 (Gang), 筒 (Röhre).

hals-bërc 男, **-bërge, -përc, -përge** 女 ① (首と上体を保護する) 装備 (Rüstung). ② (この武具を着た) 戦士 (Krieger). {Parz. 58, 13}

hâlschar-lich 形 陰険な (heimtückisch), 腹黒い (hinterlistig). {Parz. 292, 4}

halsen 動〔反復〕1 自 ① 首に抱きつく (umhalsen, um den Hals fallen). ② 抱擁する (umarmen). {Er. 9726}

hals-përc ⇨ *halsbërc.*

halt 副 ① より多く (mehr), むしろ (vielmehr). ②〔強調〕まさに (eben), 特に (allerdings), その通り (ja). ③〔認容〕～であっても (auch immer). ④〔接続詞として〕そうではなく (sondern), ～そうではなく～も (sondern auch). {Nib. 1088, 2}

halten, halden 動〔反復〕1 [3. hielt 4. hielte] ① 番をする, 見張る (hüten). ② 保つ (halten), 維持する (bewahren). ③ 主張する (behaupten), 考える (meinen). 再 自制する (sich halten), 振る舞う (sich benehmen). 自 ① じっとしている (stillhalten). ② しがみつく (festhalten).

hâl-türlîn 中 秘密の小門 (verborgenes Pförtlein). {Tr. 9328}.

hamît, heimît 中 ① 境界を巡らすこと (Umgrenzung). ② 逆茂木, 鹿砦 (Verhau).

hamme 女《強・弱》① 太腿 (Schinken). ② 後足 (Hinterschenkel). ③ ひかがみ (Kniebeuge). {Parz. 190, 11}

han, hane 男《弱》① 雄鶏 (Hahn). ② 水道の蛇口 (Drehhahn an einer Wasserleitung). {Parz. 129, 8}

格	単 数	複 数
1格	der han(e)	die hanen
2格	des hanen	der hanen
3格	dem hanen	den hanen
4格	den hanen	die hanen

hân ⇨ *haben*

han-, hane-boum 男 屋根の棟に近い横梁 (der oberste Querbalken unter dem Dachfirst). {Parz. 194, 7}

handeln 動《弱》他 ① 手でつかむ (mit Händen fassen). ② 触れる (berühren). ③ 取り扱う (behandeln), 手で仕事をする (mit Händen arbeiten). ④ 何かをする (etwas tun), 完成する (vollbringen),

果たす (verrichten). ⑤ もてなす (bewirten). 再 ① 振る舞う (sich verhalten, benehmen). ② する (tun), 行動する (handeln). {Iw. 3635}

handelunge 女 ① 取り扱い (Behandlung). ② 待遇 (Bewirtung). ③ 交渉 (Verhandlung). ④ 審理, 公判 (gerichtliche Verhandlung). ⑤ 行為 (Handlung). ⑥ 商業上の往来 (Handelsverkehr). {Er. 197}

hangen 動《弱》自 [= hâhen] かかっている (hängen).

hant 女 ① 手 (Hand). ② 種類 (Art, Sorte). ¶ Tristan der tugenderîche / nam sîne bruoder an die hant, / wan ez ime ze höfscheit was gewant, / und fuorte sî bi handen dan. 感心なトリスタンは弟たちの手を引いた. それというのも彼は礼儀作法を心得ていたからであり, かれらの手を取ってそこを立ち去った. (Tr. 5746-9) ¶ sô hân ich iemer leit / und bin mit ganzer arbeit / gescheiden von gemache / mit maniger hande sache / diu den wîben wirret / und si an vreuden irret. そのように私はどちらの場合も苦しみを味わい, あらゆる苦労に包まれ, 女性たちを煩わせ, 喜びを奪う様々なことによって安らぎから引き離されてしまいます. (aH. 767-72)

格	単　　数	複　　数
1格	diu hant	die hende
2格	der hant, hende	der hende, hande
3格	der hant, hende, hande	den henden, handen
4格	die hant	die hende

hânt = hân の直説法現在3人称複数.

hant-gar 形 ① 準備した (bereit). ② 装備を整えた (gerüstet). {Tr. 12639}

hant-gemælde 中 ① 手に書いた印 (Zeichen an der Hand). ② 手による印 (durch die Hand bewirktes Zeichen). ③ 標章 (Handzeichen). ④ 世襲地 (Stammgut). {Parz. 6, 19}

hant-getât 女 ① 創造 (Schöpfung). ② 被造物 (Geschöpf). ③ 行為 (Tat).

hant-slac 男 (賞・罰のために) 手で打つこと (Schlag mit der Hand).

hant-spil 中 弦楽, 弦楽器 (Saitenspiel). {Tr. 7971}

hant-veste 女 ① 把手, 柄 (Handhabe). ② 文書による保証 (schriftliche Versicherung). ③ 権利の確認文書作成 (Verbriefung der Rechte), 証書 (Urkunde). {Parz. 160, 19}

hant-vride 男 握手による和睦 (durch Handschlag geschlossener

Frieden). {Parz. 691, 3}

hap 中 [-bes²] [= *habe*] 港, 波止場 (Hafen). {Parz. 785, 26}

har 男 [-*wes*²] 亜麻 (Flachs).

hâr 中 ① 髪 (Haar). ② 僅かなもの (das Geringste). ◇niht ein hâr ＜gar nicht 少しも…ない＞. ¶ nû vrumet uns niht umbe ein hâr / unser riuwe und diu klage. 私たちが悲しみ, 嘆いても私たちにはほんの少しも役に立たない. (aH. 500-1)

hâr-bant 中 (髪の)リボン (Haarband). ¶ er gewan ir swaz er veile vant, / spiegel unde hârbant / und swaz kinden liep solde sîn, gürtel unde vingerlîn. ハインリヒは売っているものは何でも, 手鏡, ヘアバンド, そして子供たちが喜びそうなもの, 帯や小さな指輪などを娘に与えた. (aH. 335-8)

hardieren, harrieren 動《弱》① 刺激する (reizen). ② からかう (necken). {Parz. 665, 23}

hærîn 形 毛髪の (von Haaren). {Parz. 437, 24}

harm¹ 男 ① 苦痛 (Schmerz). ② 苦しみ (Leid). {Tr. 3550}

harm², harme 男《強・弱》おこじょ (Hermelin). {Nib. 575, 1}

harm³ ⇒ *harn¹*.

harm-balc 男 おこじょ(いたち属)の毛皮 (Hermelinbalg).

harm-blanc 形 おこじょのように白い (weiß wie ein Hermelin). {Er. 1427}

harm-brunne 男《弱》尿, 小便 (Urin, Harn).

harmen 動《弱》放尿する, 小便をする (harnen).

härmîn, hermîn 形 ① おこじょの (von Hermelin). ② おこじょのように白い (weiß wie Hermelin). 中 おこじょの毛皮 (Hermelinpelz). {Iw. 2193}

harm-, harn-schar 女 ① 罰 (Strafe). ② 苦しみ (Leid), 困難 (Not).

harn¹, harm 男 尿, 小便 (Harn).

harn², haren 動《弱》自 ① 呼ぶ (rufen). ② 叫ぶ (schreien).

harnas, harnasch 中 男 [古フランス語 harnas] 甲冑, よろい (Harnisch). ¶ ez rief dirre und rief der / „harnasch unde ors her." 人々はあちこちで「甲冑と馬をここへ」と叫んでいた. (Iw. 4625-6)

harnasch-râm 男 甲冑の下に溜まる汚れ (Schmutz, der sich unter dem Harnasch absetzt).

harnasch-râmec 形 甲冑の汚れで汚れた (vom Harnachschmutz beschmutzt). {Parz. 409, 12}

harnasch-var 形 ① 甲冑色の (harnischfarb). ② 甲冑の色のついた (vom Harnisch gefärbt). ③ 甲冑を着た (mit dem Harnisch gerüstet). {Nib. 2088, 2}

harn-schar ⇨ *harmschar.*

har-pfære, her-pfære 男 竪琴弾き (Harfner).

harpfe, härpfe, herpfe 女《強・弱》[中独 harpe] 竪琴, ハープ (Harfe). {Parz. 623, 23}

harpfen, herpfen 動《弱》自 竪琴を弾く (auf der Harfe spielen). 他 (竪琴で) 弾く (harfen).

harpfen-spil 中 竪琴弾奏 (Harfenspiel).

härsenier 中 [= *hersenier*] 兜下頭巾 (Kopfdeckung). {Parz. 75, 29}

hâr-snuor 女 ① 女性の髪をとめるひも (Schnur). ② リボン (Band). {Parz. 313, 25}

hart[1] 男 ① 固い砂地 (Sandboden). ② 放牧場 (Trift, Weidewiese). ③ (中 女 も) 森 (Wald).

hart[2] 形 ① 固い (hart), しっかりした (fest). ② 粗い (grob). ③ 悲痛な (schmerzlich).

hart[3]**, harte, hert** 副 ① 固く (hart), 困難に (schwer). ② 厳しく (streng). ③ たいへん (sehr). ④ この上なく (höchst). ⑤ ほとんど～ない (kaum). ¶ ich hân ein tohter, ein kint: / daz ist ein harte schœniu maget. 私には一人の子, 娘があり, たいへん美しい女の子です. (Iw. 4470-1)

harz 中 男 樹脂 (Harz).

hâsche, hâtsche 女《弱》手斧 (Beil), 斧 (Axt).

hase, has 男《弱》① うさぎ (Hase). ② 臆病者 (Feigling).

hasel 女《強・弱》〔動物〕うぐい (Hasel).

hasen-wint 男 猟犬グレーハウンド (Windhund). {Er. 7181}

haven 男 壺 (Hafen), 鉢 (Topf).

haʒ 男 [-ʒʒes[2]] ① 敵愾心, 敵対行為, 敵意 (feindselige Gesinnung). ② 憎しみ, 憎悪 (Hass). ◇âne(sunder) haʒ ＜gern, freundlich 喜んで, 親切に＞. ¶ wir suln den herren enpfâhen deste baz, / daz wir iht verdienen des jungen recken haz. 私たちはあの若い騎士の怒りを買わぬよう, ますます丁重に歓待すべきだ. (Nib. 101, 1-2)

haʒ-, heʒ-, häʒ-lich, haʒʒe-, heʒʒe-lich 形 ① 敵意に満ちた (feindselig). ② 憎まれた (verhasst), 憎むべき (hassenswert). ③ 醜い (hässlich). {Iw. 7379}

haʒʒec-lich 形 敵意のある (feindselig).
haʒʒec-lîche 副 敵意に満ちて (feindselig).
haʒʒen 動《弱》① 憎む, 嫌う (hassen). ② いやいや見る (ungerne sehen). {Parz. 824, 15}
hebe 女 ① 財産, 所有物 (Habe, Vermögen). ② 状態 (Befinden).
heben 動 VI. [3. huop 5. huoben] 他 ① 上げる (heben). ② 始める (anfangen). 再 ① 始まる (anfangen). ② 出向く, 行く (sich begeben). ③ 起き上がる (sich erheben). ¶ hie huop sich ein strîten / daz got mit êren möhte sehen, / und solt ein kampf vor im geschehen. 二人の間には, もしそれが神の前でなら, 神も喜んでご覧になったであろうほどの戦いが行なわれた. (Iw. 1020-2)

直説法現在	
ich hebe	wir heben
du hebest	ir hebet
er hebet	si hebent

直説法過去	
ich huop	wir huoben
du hüebe	ir huobet
er huop	si huoben

heberîn, hebrîn 形 [= *haberîn, häberîn*] からす麦の (von Hafer).
hefte 中 ① (小刀, 刀の) 柄, つか (Heft, Griff). ② 舵 (Steuer, Steuerruder).
heftelîn, heftel, haftel 中 ① 衣装をつなぎ留める留金 (Spange zum Zusammenhalten eines Kleides). ② 帯留 (Agraffe). ③ 圧開錠の鍵 (Drückerschlüssel, Drücker an einem Schloss). {Tr. 16995}
heften 動《弱》① 拘禁する (verhaften). ② かせをはめる (fesseln). ③ 固定する (befestigen), 結びつける (binden). {Parz. 246, 29}
hege-, hege-druose 女《強・弱》① 睾丸 (Hode). ② 恥部 (Schamteil). {Parz. 479, 12}
hehse ⇨ *hahse.*
hei, hei-â 間〔悲しみ, 喜び, 驚き〕ああ (ach).
heide[1]**, hêde** 女 麻くず (Hede).
heide[2] 女 ① 荒野 (Heide). ② 平らな, 草が繁った土地 (ebenes, wildbewachsenes Land). ¶ Uns hât der winter geschât über al : / heide unde walt sint beide nû val, / dâ manic stimme vil suoze inne hal. 冬は我々に至る所で害を与えている. 多くの鳥たちのさえずり声

が響きわたっていた野と山はともに今は色褪せている. (Wa. 39, 1-3)

heide³　囡《強・弱》荒野の雑草 (Heidekraut).

heiden¹　男 ① 異教徒 (Heide). ② サラセン人 (Sarazenen).

heiden²　形 ① 異教徒の (heidnisch). ② サラセン人の (sarazenisch), オリエントの (orientalisch).

heideninne, -în, -in　囡 異教徒 (Heidin). {Parz. 28, 11}

heidenisch, heidensch　形 ① 異教の, 異教徒の (heidnisch). ② サラセン人の, 回教徒の (sarazenisch). {Parz. 62, 4}

heiden-lich　形 異教徒の, 異教の (heidnisch).

heiden-lîche　副 異教的に (auf heidnische Weise).

heiden-liute　複 [*heidenman* の複数形] 異教徒たち (Heiden).

heiden-man　男 [複数 heidenliute] 異教徒 (Heide).

heiden-schaft　囡 ① 異教 (Heidentum, Heidenschaft). ② 異教徒たち (Nichtchristen). ③ サラセン人とその国 (Sarazenen und ihr Land). {Parz. 15, 16}

heiden-tuom　男 異教, 異教徒 (Heidentum).

heien, heigen　動《弱》自 ① 栄える (gedeihen). ② 成長する (wachsen). 他 ① 囲む (hegen). ② 護る (schützen).

heil¹　中 ① 幸福 (Heil, Glück). ② 健康 (Gesundheit). ③ 救済 (Heilung, Rettung). ④ 助力 (Hilfe), 援助 (Beistand). ¶ jâ wiltû allez dîn heil / an uns verwürken wider got. 私たちにそうするならばお前は神に逆らい, 自分の幸せを失うことだろう. (aH. 638-9)

heil²　形 ① 救われた (gerettet). ② 健康な (gesund), 健全な (heil).

heilant, heilent　男 ① 救世主 (Heiland). ② 救済者 (Erlöser), 救い主 (Retter).

heilære, -er　男 ① 医者 (Arzt), 治療者 (Heiler). ② 救世主 (Heiland).

heilec, heilic, hêlic　形 ① 神聖な (heilig). ② 敬虔な (fromm). ¶ sît er durch sînen süezen list / an in beiden des geruochte / daz er si versuochte / rehte alsô vollenclîchen / sam Jôben den rîchen, / dô erzeicte der heilic Krist / wie liep im truiwe und bärmde ist / und schiet si dô beide / von allem ir leide / und machete in dâ zestunt / reine unde wol gesunt. そのお方は巧みな策を使って二人を, ちょうど称賛すべきヨブに対してと同じように試そうとなさったあと, 神聖なキリストが, その忠実さと同情の気持を認め, 二人をすべての悩みから自由にし, ハインリヒをたちまち清らかな, 健康な身体にした. (aH. 1360-70)

heilec-lich 形 ① 神聖な (heilig). ② 敬虔な (fromm).
heilec-lîche 副 ① 神聖に (heilig). ② 敬虔に (fromm).
heilec-, heilic-tuom 中 ① 聖殿, 神聖な所 (Heiligtum). ② 国の象徴物 (Reichsinsignien), 国の聖遺物 (Reichsheiligtümer). ③ 教会の器物 (Kirchengeräte). {Nib. 1575, 2}
heile-geist 男 聖霊 (der heilige Geist).
heilen 動《弱》他 ① 治す, 健康にする (heilen, gesund machen). ② 救う, 救い出す (retten). 自 治る (gesund werden). {Nib. 312, 1}
heil-haft 形 ① 幸福な (glücklich). ② 治療に良い (heilsam). {Parz. 44, 4}
heil-tuom 中 秘蹟 (Sakrament). {Tr. 15672}
heim, hein 中 ① 家 (Haus). ② 故国, 故郷 (Heimatland, Heimat). 副 ① [*heime, heine* の形で] 家に, 故郷に (zu Hause, daheim). ② [*heim* の形で] 家へ (nach Hause). ¶ var heim ze Parmenîe, / dû und dîn cumpanîe; / bedarft du ritterschefte mê, / die nim, als dir ze muote stê. お前とお前の仲間たちは, 故国パルメーニエに帰るがよい. もっと家来が必要なら, 望み通り騎士たちを連れて行くがよい. (Tr. 5127-30)
heime[1] 男《弱》こおろぎ (Heimchen).
heime[2] 女 故郷, 郷里 (Heimat).
heime[3] 副 ① 家に (zu Hause, daheim). ② 家へ (nach Hause). ¶ er vuor heim und begunde geben / sîn erbe und ouch sîn varnde guot, / als in dô sîn selbes muot / und wîser rât lêrte, / da erz aller beste kêrte. ハインリヒは帰国し, 自分の心と経験を積んだ者たちの勧めに従い, 土地や動産を, 一番相応しい人へ分け与え始めた. (aH. 246-50)
heime-, heim-, hein-lich[1] 中 秘密 (Geheimnis).
heime-, heim-, hein-lich[2] 形 ① 自国の (einheimisch). ② 親しい (vertraut), 親密な (vertraulich). ③ 慣れた (zahm). ④ 秘密の (geheim), 内密の (heimlich). ¶ hin vuorte er si anderstunt / in sîn heimlich gemach, / dâ ez ir herre niene sach, / und beslôz im vor die tür / und warf einen rigel vür: 医者は娘を再び秘密の部屋に連れて行き, 娘を主人が見ないようにと目の前で扉を閉じ, 閂を掛けた. (aH. 1180-4)
heime-, heim-, hein-lîchære 男 ① 秘書 (Sekretär), 秘密顧問官 (der geheime Rat). ② 密偵 (Spion). {Tr. 8589}
heime-, heim-, hein-lîche[1] 女 ① 故郷 (Heimat). ② 親密 (Ver-

traulichkeit). ③ 婚姻による同棲 (eheliche Beiwohnung). ④ 秘事 (Heimlichkeit), 秘密 (Geheimnis). ⑤ 小部屋, 控えの間 (Kabinett). {Nib. 132, 4}

heime-, heim-, hein-lîche[2]　副 ① 内密に (heimlich). ② 親しく (vertraut), 親密に (vertraulich).

heime-lîchen　動《弱》他 故郷とする (heimisch zur Heimat machen). 再 親しくなる (sich vertraut machen), 厚かましくなる (sich zudringlich machen).

heimen　副 家へ (nach Haus).

heim-gesinde　中 ① 侍臣 (Hofstaat). ② 召使い (Dienerschaft). {Nib. 694, 4}

heimisch, heimsch　形 ① 自国の, 土着の (heimisch). ② (動物が) 飼いならされた (zahm).

heim-leiten　動《弱》家へ連れて行く (heimführen).

heim-reise　女 ① 帰郷, 帰国 (Heimkehr). ② 帰郷の旅, 帰路 (Heimreise).

heimunge　女 故郷 (Heimat).

heimuot, heimuote, heimüete　女 中 [別形 heimôte, -ôde, -ôt] 故郷 (Heimat). {Nib. 1376, 4}

heim-vart　女 ① 帰郷 (Heimfahrt), 帰還 (Heimkehr). ② 昇天 (Himmelfahrt), 死 (Tod). ③ 花嫁を家に連れて行くこと (Heimführung der Braut). ¶ got weiz wol, den Swâben muoz / ieglich biderbe man jehen / der si dâ heime hât gesehen / daz bezzers willen niene wart, / dan als in an der heimvart / sîn lantliut emphienge. 神も知るように, 故郷での人々の様子を見た, 心ある人はみな, 人々がハインリヒたちを途中で迎えたときほど好意に満ちた情景はない, とシュヴァーベンの人々に告げるに違いない. (aH. 1422 7)

heim-wëc　男 家路 (Heimweg).

heim-wësen　中 ① 住居 (Wohnsitz). ② 故郷 (Heimat). ③ 家事 (Hauswesen).

heim-wist　女 ① 家事 (Hauswesen). ② 住居 (Wohnsitz). ③ 故郷 (Heimat). {Tr. 8945}

heim-wonunge　女 故郷 (Heimat).

hein-　⇨ *heim-*.

Heinrich　男 〔人名〕ハインリヒ. シュワーベンの若い領主.

heis, heise, heiser　形 ① しわがれ声の (heiser), 粗い (rau). ② 不完全な (unvollkommen). ③ (が)[2] 欠けている (mangelnd).

heistieren 動《弱》[古フランス語 haster] 急ぐ (eilen). {Parz. 592, 28}

heiter 形 ① 明るい (hell). ② 澄んだ (klar), 晴れた (heiter).

heiʒ 形 暑い, 熱い (heiß).

heiʒe, heiʒ 副 ① 熱く (heiß). ② 激しく (heftig).

heiʒen 動〔反復〕4 [3. hieʒ 6. geheiʒen] 他 ① 命じる (heißen, befehlen). ② 名づける (nennen). 再 〜という名である (genannt werden).

hel 形 [helles²] ① 弱い (schwach). ② 生気のない (matt). {Tr. 3202}

hël 形 [hëlles²] ① 響く (tönend), 大きな音の (laut). ② 明るい (licht, hell), 輝く (glänzend).

hëlbære 形 隠れようとする (sich zu verbergen suchend). {Parz. 88, 2}

hëlde, helde 形〔現分〕① 隠れている (sich verbergend). ② 隠されている (verborgen). ③ 秘密の (geheim).

hëlfe, hilfe, hülfe 女 ① 助け (Hilfe), 援助 (Beistand). ② 租税 (Abgabe, Steuer). ③ 助力者, 援助者 (Helfer). ¶ âne sîne helfe kunde ez nimmer geschehen. あの方［＝ワーテ］の助力なしにはことはうまくゆかないでしょうに. (Ku. 214, 4)

hëlfec, hëlfic, hülfic 形 助けになる (hilfreich).

hëlfec-lich 形 助けになる, 有用な (hilfreich). {Parz. 655, 25}.

hëlfec-lîche 副 有用に (hilfreich).

hëlfe-, hëlf-lich 形 有用な (hilfreich). {Parz. 451, 21}

hëlfe-, hëlf-lîche 副 有用に (hilfreich). {Parz. 7, 26}

hëlfe-, hëlf-lôs 形 助けのない (hilflos).

hëlfen 動 III. 2. [3. half 4. hülfe 5. hulfen] 自 (を)³ 助ける (helfen). 他 (の)⁴ 役に立つ (nützen). ¶ si wellent herverten ze Wormez an den Rîn ; / in hilfet vil der degene, daz wizzet ûf die triuwe mîn. 騎士たちはライン河畔のヴォルムスへ遠征しようとしています. そのあとには多数の騎士が従ってます. そのことを私の真心を信じて, ご承知おきください. (Nib. 144, 3-4)

直説法現在	
ich hilfe	wir hëlfen
du hilfest	ir hëlfet
er hilfet	si hëlfent

	直説法過去		
ich	half	wir	hulfen
du	hülfe	ir	hulfet
er	half	si	hulfen

hëlfen-bein 中 象牙 (Elfenbein). {Parz. 233, 3}

hëlfen-beinîn 形 象牙の (elfenbeinern).

hëlf-lîch 形 助けとなる, 有用な (hilfreich). {Nib. 1526, 2}

hël-kappe 女 [= *tarnkappe*] 隠れ蓑 (der unsichtbar machende Mantel).

helle 女《強・弱》① 地獄 (Hölle). ② 暖炉と壁の間の狭い空間 (enger Raum zwischen dem Ofen und der Wand). ¶ sô heizet einr der helle wirt: / der ist swarz, untriwe in niht verbirt. しかし, 地獄の主人がいます. これは黒い色をしていて, 不誠実につきまとわれています. (Parz. 119, 25-6) ¶ swen nû der blic verleitet, / der ist zer helle geborn / und enhât niht verlorn / wan beidiu sêle unde lîp. 今このように目を惑わされている人は地獄に生まれついており, 魂と肉体の両方以外の何物も失っていない. (aH. 732-5)

helle-heiʒ 形 地獄のように熱い (höllenheiß).

helle-hirte 男《弱》① 地獄の牧人 (Höllenhirt). ② 悪魔 (Teufel). {Parz. 316, 24}

helle-hunt 男 ① 地獄の犬 (Höllenhund). ② 悪魔 (Teufel). {Gr. 333}

helle-môr 男 ① 地獄にいる黒い者 (der Schwarze in der Hölle). ② 悪魔 (Teufel).

hëllen[1] 動《弱》急に輝く (aufleuchten).

hëllen[2] 動 III. 2. [3. hal] ① 響きわたる (ertönen, hallen). ② 急ぐ (eilen), 急速に動く (sich rasch bewegen). {Parz. 287, 4}

	直説法現在		
ich	hille	wir	hëllen
du	hillest	ir	hëllet
er	hillet	si	hëllent

	直説法過去		
ich	hal	wir	hullen
du	hülle	ir	hullet
er	hal	si	hullen

hellen¹ 動《弱》再 ① 自分を目立たせる (sich bemerklich machen). ② 知れわたらせる (sich ruchbar machen). {Parz. 291, 26}

hellen² 動《弱》地獄へ連れて行く (in die Hölle bringen)

helle-rôst 男 地獄の烈火 (höllische Glut). {Gr. 2652}

helle-scherge 男《弱》① 地獄の捕吏, 刑吏 (Höllenscherge). ② 悪魔 (Teufel).

helle-wîʒe 女 中 ① 永劫の罰 (Höllenstrafe). ② 地獄 (Hölle). {Er. 3652}

hëlm, hëlme 男《強・弱》兜 (Helm). {Nib. 2170, 1}

hëlm-bant 中 兜を鎧に結びつける紐 (die Helmschnur). {Nib. 180, 4}

helm-bouc 男 兜の留金 (Helmspange).

hëlm-gespan 中 兜の留金 (die Helmspange). {Nib. 2220, 3}

hëlm-, hëlme-huot 男 ① 兜 (Helm). ② 兜の下の保護頭巾 (eine unter dem Helm getragene Schutzkappe). ¶ doch wunte Îrinc Hagenen durch sînen helmhuot. しかし, イーリンクはハーゲンの兜下頭巾を傷つけた. (Nib. 2051, 3)

hëlm-klanc 男 兜の響き (Erklingen der Helme). ¶ Des huop sich vor den türen vil starker gedranc / unde ouch von den swerten grôzer helmklanc. そのために騎士たちが入り口の前に押し寄せ, 刀が兜を打つ音が響いた. (Nib. 1974, 2)

Helm-nôt 男〔人名〕ヘルムノート (Helmnot), ディートリッヒの家来. {Nib. 2261, 1}

hëlm-schîn 男 兜の輝き (Helmglanz). ¶ swenne ir die seiten mîn / verirret guoter dœne, der iuwer helmschîn / der muoz vil trüebe werden von der mînen hant. もしも, あなたが私の弦の音を悪くしたら, あなたの兜の輝きは私の手によって濁らされることになる. (Nib. 2270, 1b-2)

hëlm-vaʒ 中 ① 兜の円蓋, 兜の容器 (Wölbung des Helmes, Helmgefäß). ② 兜 (Helm). {Nib. 1839, 2}

hëln 動 IV. 他 再 ① 秘密にする (geheim halten). ② 隠す (verstecken, verbergen). ¶ nu enhil mich dînes willen niht. 私にお前の考えを隠さないでくれ. (aH. 1083)

	直説法現在		
ich hile		wir	hëln
du hilest		ir	hëlt
er hilet		si	hëlnt

	直説法過去		
ich hal		wir	hâln
du hæle		ir	hâlt
er hal		si	hâln

hëlnde, hëlde 形〔現分〕① 隠れている (sich verbergend). ② 隠されている (verborgen). ③ 秘密の (geheim).

helselîn 中 小さい首 (Hälschen).

helsen 動《弱》首に抱きつく (umhalsen). {Tr. 14163}

helt 男, **helde** 男《弱》英雄, 勇士 (Held). ◇ein helt ze sînen handen (ze sîner hande) 腕の立つ勇士. ¶ die wazzermüeden helde, ze stade si dô giengen. 航海に疲れた人々は船から浜辺に降り立った. (Ku. 465, 3)

hemde, hemede 中 シャツ, 肌着 (Hemd). ¶ in schein durch diu hemede wîz alsam der snê / ir lîp der minniclîche. in tet diu unkünde wê. 娘たちの美しい肢体は衣服の間から雪のように白く輝いていた. 異国での生活は二人には辛いものであった. (Ku. 1219, 3-4)

hende = *hant* の単数 2, 3 格, 複数 1, 2, 4 格.

hende-blôȝ 形 (手のように) むき出しの, 裸の (bloß, nackt wie eine Hand).

hengen 動《弱》[3. hencte] ① (馬に手綱を, 犬に網を) 掛けさせる (hängen lassen). ② (に)³ 自由に行かせる (freien Lauf geben). ③ (を)³ 追いかける (nachjagen). ④ 起こさせる (geschehen lassen). {Tr. 9165}

henken 動《弱》① ぶら下がらせる (hängen lassen). ② 絞首刑にする (henken). {Tr. 13289}

her, here 中 ① 軍勢 (Heer), 戦士の群れ (Kriegerschar). ② 群 (Schar), 民衆 (Volk). ③ 多数 (Menge). {Er. 4148}

hër, hëre, har 副 ①〔空間的〕ここへ (her, hierher). ②〔時間的〕これまで (bisher). ¶ nû saget mirȝ her durch die want. では壁穴からこちらへ話しなさい. (aH. 1267)

hêr, hêre 形 [比較級 *hêrre, hêr, her*] ① 高い (hoch). ② 気高い (vornehm), 崇高な (erhaben). ③ 素晴らしい (herrlich). ④ 神聖な

(heilig), 誇り高い (stolz). ⑤ 尊大な (hochmütig). ⑥ 喜ばしい (freudig), (を)² 喜んでいる (froh). ¶ der rede was dô Gunther nâch sînen arbeiten hêr. その時グンテルは苦しい思いをした後だけにその話を喜んだ. (Nib. 651, 4.).

her-bërge 囡《強・弱》① 野営 (Feldlager). ② 宿舎, 宿泊所 (Herberge). ③ 家, 住居 (Haus, Wohnung). {Nib. 914, 4}

her-bërgen 動《弱》自 ① 宿泊所を設営する (Lagerhütten aufschlagen). ② 宿をとる (übernachten). ③ 住む (wohnen). ④ 住まいを作る (Wohnung schaffen). 他 ① 宿泊させる (beherbergen). ② 住まいを与える (Wohnung geben). {Nib. 152, 1}

hêren 動《弱》他 ① すばらしくする (herrlich machen, verherrlichen). ② 飾る (schmücken). 自 ① 高尚である (herrlich sein), 誇りに満ちている (stolz sein). ② 喜びに満ちている (freudig sein). {Parz. 44, 21}

her-geselle 男《弱》① 戦いの仲間, 味方 (Kriegsgefährte). ② 伴侶 (Gefährte). {Iw. 6746}.

her-gesîdele 中 民衆の席 (Sitze für das Volk).

her-gesînde 男《弱》(戦いでの)家来 (Heergefolge).

her-haft 形 ① 軍勢としての (als Heer). ② 武装した (gewaffnet). ③ 群れをなした (scharenweise). {Tr. 4022}

her-horn 中 戦闘らっぱ (Schlachttrompete).

hêrisch, hêrsch, hërrisch 形 ① 主人のような (herrisch). ② 気高い (vornehm), 誇り高い (stolz). ③ すばらしい (herrlich).

hêr-lich 形 ① すばらしい (herrlich). ② 誇り高い (stolz). ③ 気高い (vornehm), 高貴な (edel). {Nib. 23, 4}

hêr-lîche 副 ① すばらしく (herrlich). ② 誇り高く (stolz). ③ 気高く (vornehm), 高貴に (edel).

hermîn 形 [= *härmîn*] おこじょの (von Hermelin), おこじょの毛皮の (vom Fell des Hermelins). {Parz. 14, 17}

her-müede 形 戦い(遠征)に疲れた (matt von der Heerfahrt). {Nib. 253, 4}

hern, heren, herjen, hergen 動《弱》① 軍勢で覆う (mit einem Heer überziehen). ② 荒らす (verheeren, verwüsten). ③ かすめとる (plündern). ④ (を)² 奪い取る (berauben). {Parz. 493, 8}

Herrât 囡〔人名〕ヘルラート (Herrat). エッツェル王の最初の妃, Helche の姪. ディートリッヒ王の婚約者.

hêrre, hërre 男《弱》[複数 hêrren, hërren] ① 支配者, 君主, 主君

(Herr, Gebieter). ② 守護聖人 (Schutzheiliger). ③ 位の高い家来, 重臣 (vornehmer Vasall). ◇呼び掛けでは短縮形: *hêr, hër, ër*. ¶ sîn gemahel im dô rief, / si sprach: „herre, slâfet ir?" 領主の花嫁はそのときハインリヒに言った、「ご主人さま、お休みですか」(aH. 906-7) ¶ An sunewenden âbent die herren wâren komen / in Etzeln hof des rîchen. 夏至の夜に王侯たちは気高いエッツェル王の宮廷に着いた。(Nib. 1816, 1-2)

格	単　数	複　数
1格	der hërre	die hërren
2格	des hërren	der hërren
3格	dem hërren	den hërren
4格	den hërren	die hërren

hêrren, hërren 動《弱》他再 ① 主人にする (zum Herrn machen). ② 主君を戴かせる (mit dem Herrn versehen). 自 支配する (herrschen). ¶ Der ê diz geriute / und der ez dannoch biute, / daz was ein vrîer bûman / der vil selten ie gewan / dehein grôz ungemach, / daz andern gebûren doch geschach / die wirs geherret wâren / und si die niht verbâren / beidiu mit stiure und mit bete. その土地を開墾し、なお耕作し続けていたのは一人の自由農民であり、この農夫は他の、それほど寛大でなく、租税と貢物の取り立てをやめない領主を戴いた農夫たちの身に降りかかっていた大きな苦しみをけっして味わうことはなかった。(aH. 267-75)

hêrren-lich 形 [= *hêrlich*] 素晴らしい (herrlich)
hêrren-lîche 形 素晴らしく (herrlich).
herren-lôs 形 ① 主人のいない (herrenlos). ② 所有者のいない (keinen Besitzer habend). {Ku. 900, 3}
hêr-schaft 女 ① 支配者の権力 (Herrenmacht). ② 統治, 支配権 (Herrschaft). ③ 荘厳さ (Herrlichkeit). ④ 誇り (Stolz), 高慢 (Hochmut). ⑤ 高貴な社会 (vornehme Gesellschaft). ⑥ 主人 (Herr, Herrin). ⑦ 当局, その筋 (die Obrigkeit). ⑧ 主家, 支配者一族 (Dienstherrschaft). {Iw. 6837}
hersenier, hersnier 中 兜下頭巾 (Kopfbedeckung unter dem Helm), 鎧頭巾 (Harnischkappe).
herte[1] 女 ① 固さ (Härte). ② 石の多い地面 (steiniger Boden). ③ 戦いの最も激しい所 (das dichteste Kampfgedränge). ④ 戦いの中心 (Kern des Kampfes). ⑤ 肩甲骨 (Schulterblatt). ¶ dô viel im

zwischen die herte ein lindenblat vil breit. その時一枚の菩提樹のたいへん大きい葉が両肩の間に落ちた. (Nib. 902, 3.)

herte², hert, hart 形 ① 固い (hart), しっかりした (fest). ② 粗い (grob). ③ 悲痛な (schmerzlich). {Nib. 204, 3}

hertec-lich 形 固い (hart).

hertec-lîche 副 ① つらく, 激しく (auf harte Weise, heftige Weise). ② たいへん (sehr).

herte-lich 形 固い (hart).

herte-lîche 副 ① 固く (hart). ② 強情に (hartnäckig). ③ 厳しく (streng).

her-vane 男《弱》軍旗 (Heerfahne).

her-vart 女 遠征 (Heerfahrt, Kriegszug). {Nib. 58, 3}

hër-vart 女 ① 出来ごと (Ereignis). ② 経緯, 経過 (Vorgang). {Parz. 203, 13}

her-verten 動《弱》遠征する (eine Heerfahrt machen). {Nib. 144, 3}

hërze, hërz 中《弱》① 心 (Herz). ② 心臓 (Herz). ¶ do erkande ir truiwe und ir nôt / cordis speculâtor, / vor dem deheines herzen tor / vürnames niht beslozzen ist. その前では人の心の扉がいつも開かれている心の察知者は, やがて二人の真心と苦しみを認めた. (aH. 1356-9)

格	単　　数	複　　数
1格	daʒ　hërze	diu　hërzen
2格	des　hërzen	der　hërzen
3格	dem　hërzen	den　hërzen
4格	daʒ　hërze	diu　hërzen

hërze-bære 形 心にある (im Herzen getragen), 心についての (das Herz treffend). ¶ umb sîn herzebære nôt 彼の心の苦しみのために (Parz. 472, 25).

hërze-bluot 中 ① 心臓の血 (Herzblut). ② 心臓 (Herz). ③ 最愛のもの (Liebstes). ¶ so enhœret anders niht dar zuo / niuwan der maget herzebluot : / daz wære vür iuwer suht guot. 少女の心臓の血以外はそれには効きません. その血があなたの病に役に立つのです. (aH. 230-2)

hërzec-lich 形 ① 心の中の (im Herzen liegend). ② 心からの (vom Herzen kommend).

hërze-minne

hërzec-lîche 副 ① 心の中にある (im Herzen liegend). ② 心をこめて (vom Herzen kommend). ③ 心から (herzlich).

hërze-gër, -girde 女 心からの欲求 (Verlangen des Herzens). {Tr. 196}

hërze-haft 形 ① 敢然とした (beherzt). ② 分別のある (besonnen).

her-zeichen 中 ① 旗 (Fahne), 軍旗 (Feldzeichen). ② 合い言葉 (Losung). ③ 戦場でのときの声 (Feldgeschrei). {Parz. 382, 13}

hërze-klage 女 心の嘆き (Herzensklage), 心の苦しみ (Herzeleid). {Tr. 87}

hërze-kumber 男 心の苦しみ (Herzeleid).

hërze-küniginne 女 心の女王 (Herzenskönigin).

hërze-leide 女, **hërzen-leit** 中 ① 心の苦しみ (Herzeleid). ② 悲しみ (Betrübnis). ¶ von herzeleide ir aber geschach, / daz sîne gehôrte noch gesach. 深い悲しみのために, ブランシェフルールは聞くことも, 見ることもできなくなった. (Tr. 1387-8)

hërze-leiden 動《弱》侮辱する (kränken).

hërze-leit 形 ① 心から辛い (leid im Herzen), 苦しい心中の (aus leidvollem Herzen kommend). ② 悲しい (traurig). ¶ Ludewîc sluoc dô Hetelen. des wurden dô herzenleidiu mære. ルートヴィヒはそのときヘテルを討った. そのためそのとき悲しい物語が生まれた. (Ku. 880-4)

hërze-, hërzen-lich 形 ① 心の中の (im Herzen liegend). ② 心からの (vom Herzen kommend).

hërze-, hërzen-lîche 副 ① 心の中で (im Herzen). ② 心から (herzlich, von Herzen). ③ たいへん (sehr).

hërze-liebe 女 ① 心からの愛 (herzliche Liebe) ② 心の喜び (Freude des Herzens).

hërze-liep[1] 中 ① 心の喜び (Herzensfreude). ② 心から好きな人 (Herzgeliebte[r]). {Tr. 61}

hërze-liep[2] 形 心から愛する (von Herzen lieb).

hërze-lôs 形 勇気のない (mutlos). {Tr. 6528}

Herzeloyde 女 〔人名〕ヘルツェロイデ. パルチヴァールの母.

hërze-lust 男 心から気に入っていること (herzliches Wohlgefallen).

hërze-minne 女 ① 心からの愛 (tiefste Liebe). ② 心から愛する女性 (Liebste). {Er. 9106}

hërzen 動《弱》心を備える (mit einem Herzen versehen). 再 心を獲得する (ein Herz annehmen). {Tr. 118}

herzen 動《弱》瀝青を塗る (auspichen).

hërzen-leit = *hërzeleit*.

hërzen-lich 形 [= *herzeclich*] ① 心の中の (im Herzen liegend). ② 心からの (herzlich).

hërzen-lîche 副 [= *herzeclîche*] 副 心から (herzlich), たいへん (sehr). {Parz. 91, 30}

hërze-nôt 女 ① 苦しみ (Kummer). ② 心の苦しみ (Herzensnot).

hërzen-trûte 男 女 心から愛されている人 (Herzensgeliebte[r]).

herzen-tuom 中 ① 公爵の国, 公国 (Land eines Herzogs). ② 公爵の爵位 (Herzogtum). {Parz. 52, 11}

hërze-ric 男 心臓と他の内臓がついている帯 (das Band, an dem das Herz und die anderen Eingeweide hängen). {Tr. 2969}

hërze-riuwe 女 心からの苦しみ (Betrübnis des Herzens).

hërze-riuwec-lîche 副 深く悲しんで (betrübt wegen tiefer Trauer). {Er. 5745}

hërze-roum 男 心の像 (Bild des Herzens). {Parz. 337, 12}

hërze-sêr 中 ① 心の苦しみ (Herzeleid). ② 大きな痛み (großer Schmerz).

hërze-sêre 女 ① 深い痛み (tiefer Schmerz). ② 心の苦しみ (Herzeleid). {Tr. 1414}.

hërze-smërze 男《弱》心の苦しみ (Herzeleid).

hërze-sorge 女 心の憂い (Herzenssorge). {Tr. 80}

hërze-swære 女 心の苦しみ (Herzenskummer).

hërze-vîent 男 心からの敵 (Herzensfeind), 仇敵 (Todfeind).

hërze-vriunt 男 ① 心からの友 (Herzensfreund). ② 心から愛する人 (Herzegeliebter).

hërze-vröude 女 心からの喜び (herzliche Freude).

hërze-wê 中, **-wêwe** 男《弱》悲嘆, 心の悲しみ (Herzweh).

hërze-weinen 動《弱》激しく泣く (sehr weinen).

hërze-wol 副 心の底からよく (herzlich wohl). {Tr. 116}

hërze-wunne 女 心からの喜び, 歓喜 (Herzenswonne).

her-zoge 男《弱》① 軍勢を率いる人 (Heerführer). ② 公爵 (Herzog). {Parz. 5, 17}

herzogen-, herzen-, herze-tuom 中 ① 公爵の国, 公国, 公爵領 (Land eines Herzogs). ② 公爵の地位 (Herzogtum).

her-zoginne, -în, -in 図① 公爵夫人, 公妃 (Herzogin). ② 公女 (Herzogin).

hëschen, hëschezen 動《弱》すすり泣く (schluchzen). {Parz. 581, 4}

hessen 動《弱》けしかける (hetzen), 猟犬で狩る (mit Hetzhunden jagen).

hêt, hête = *haben, hân* の直説法過去1, 3人称単数.

hetzen 動《弱》① けしかける (hetzen). ② 狩り立てる (jagen). ③ 押しやる (antreiben).

hey, hei 間〔喜び, 驚き, 悲しみなど〕ああ (ach). ¶ hey waz er sneller degene sît zen Burgonden vant! この騎士はなんと多くの勇敢な騎士たちを後にブルゴンドの国に見いだしたことか. (Nib. 21, 4)

heʒʒe-lich 形 敵意のある (feindselig). {Parz. 680, 14}

heʒʒe-lîche 副 敵意を持って (feindselig).

hî 間 ああ (ach).

hî-bære 形 結婚できる (heiratsfähig), 結婚適齢の (mannbar). ¶ mir wart anders niht gesaget / wan daz ich müese hân ein maget / vollen hîbære / diu des willen wære / daz si den tôt durch mich lite / und man si zem herzen snite, / und mir wære niht anders guot / wan von ir herzen daz bluot. 私には, 私のために死ぬ, 適齢期の娘をさがすこと, その娘の心臓を手術すること, そして私には, その心臓の血以外は何も役に立たないということ以外は何も告げられませんでした. (aH. 445-52)

hie[1], **hîe, hier** 副 ここに (hier). ¶ wan âne si kan niemen / hie noch dort genesen: / und widerredet daz iemen, / der muoz ein tôre wesen. それはこの二人〔=聖母マリアとイエス・キリスト〕なしには, 地上でも天上でも人は救われないからである. それを否定する者があるなら, その人は愚か者に違いない. (Wa. 6, 3-6)

hie[2], **hienc** = *hâhen* の直説法過去1, 3人称単数.

hielt = *halten* の直説法過去1, 3人称単数.

hielte = *halten* の直説法過去2人称単数, 接続法過去1, 3人称単数.

hie-naht, hîent ⇨ *hînaht*.

hienc, hie = *hâhen* の直説法過去1, 3人称単数.

hiengen = *hâhen* の直説法過去1, 3人称複数.

hîennîâ 名〔宝石〕ヒーエンニーアー (Hiennia). {Parz. 791, 20}

hier, hie 副① 〔空間的〕ここに (hier). ② 〔時間的〕いま (nun).

hieʒ = *heiʒen* の直説法過去1, 3人称単数.

Hildebrant, Hiltprant 男〔人名〕[-brandes², -brande³, -brande⁴] ヒルデブラント (Hildebrant), ディートリッヒの重臣.

hilfe = *hëlfen* の直説法現在1人称単数.

himel 男 天, 空 (Himmel).

himel-hort 男 ① 天の宝物 (Himmelshort). ② 神の恩寵の宝 (der Schatz göttlicher Gnade).

himelisch, himelsch 形 天の, 天上の (himmelisch).

himel-keiser 男 天王, 天の皇帝 (Kaiser des Himmels), 神 (Gott), キリスト (Christus).

himel-krône 女 天国の冠 (himmlische Krone). ¶ wie sol ez mir nû ergân, / muoz ich alsus verlorn hân / die rîchen himelkrône? 私はこれからどうなるのですか. 素晴らしい天上の冠は貰えなくなったのですか. (aH. 1291-3)

himel-lich 形 天の (himmlisch).

himel-rîche 中 ① 天国 (Himmelreich). ② 空, 天 (Himmel).

himel-tou 中 天国の露 (Himmelstau).

himel-viur 中 稲光 (Blitz).

himel-voget 男 天の支配者 (Herrscher des Himmels). {Er. 10105}

himel-vrouwe 女 天の女主人 (Himmelsherrin), 聖母マリア (Maria).

himel-wagen 男 (星座の) 大熊座 (Himmelswagen).

hin, hine 副 向うへ (hin), 先へ (fort), 去って (weg). ¶ ich wil iemer dâ hin / da ich volle vreude vinde. 私は私が大きな喜びを見出だす所にいつも向かいます. (aH. 836-7)

hî-naht 副 [別形 hienaht, hîneht, hînat, hîent, hînet, hînte, hînt] ① 今晩 (heute Abend, Nacht). ② 昨夜 (gestern Abend, Nacht). {Tr. 2722}

hinde 女 雌鹿 (Hirschkuh). {Nib. 937, 4}

hinden 副 うしろに (hinten).

hinden-ort 副 うしろへ (nach hinten). {Parz. 73, 10}

hinder¹ 副 うしろに (hinten).

hinder² 前 +2/+3/+4 (の) うしろに (へ) (hinter). {Tr. 18290}

hin-ganc 男 ① 行くこと (Hingang). ② 落下 (Durchfall). ③ 下痢 (Ruhr). {Parz. 454, 11}

hinken 動 III. 1. [3. hanc] ① 引きずって歩く (hinken). ② 萎えている (lahm sein). {Parz. 520, 8}

hin-louf 男 ① 落下 (Durchfall). ② 下痢 (Ruhr).

hinne¹, hinnen 副 [<*hie inne*] ここの中で (hier innen).

hinne², hinnen, hinn 副 [別形 hinn] ① 〔空間的〕ここからあちらへ (von hier fort). ② 〔時間的〕今から, これから (von jetzt).

hînt(e) 副 [=*hînaht*] ① 昨夜 (gestern Nacht). ② 今夜 (heute Nacht). {Nib. 648, 4}

hî-rât 男 女 結婚 (Heirat, Vermählung). ¶ Nu begunden im die wîsen / râten unde prîsen / umbe êlîche hîrat. 経験を積んだ家臣たちはハインリヒに結婚を勧め始めた. (aH. 1451-3) {Nib. 2172, 4}

hirn-bein 中 ① 額 (Stirn). ② 額の骨 (Stirnknochen). {Parz. 482, 30}

hirne, hirn, hërne 中 ① 脳 (Hirn, Gehirn). ② 理性, 理解 (Verstand). {Iw. 3232}

hirn-schal 女 頭蓋 (Hirnschale).

hirs, hirse 男《強・弱》きび (Hirse).

hirte, hirt, hërte 男《強・弱》羊飼い, 牧人 (Hirt).

格	単　数	複　数
1格	der hirte	die hirte
2格	des hirtes	der hirte
3格	dem hirte	den hirten
4格	den hirte	die hirte

hirʒ 男, **hirʒe** 男《弱》鹿, 雄鹿 (Hirsch). ¶ der knappe enruochte ouch wer dô schôz / die hirze kleine unde grôz. 少年はその時大きい鹿と小さい鹿を射たのが誰なのかは気に留めなかった. (Parz. 125, 27-8) {Parz. 120, 3}

hirʒ-wurz 女 〔植物〕鹿草 (Hirschkraut). {Parz. 643, 28}

histôrje 女《強・弱》[ラテン語 historia] 話し (Geschichte), 物語 (Erzählung).

hitze, hitzene 女 熱 (Hitze).

hiu = *houwen* の直説法過去1, 3人称単数.

hiufel, hûfel 中 女 [*hûf* の縮小語] 小さい頬 (Bäckchen). {Parz. 88, 19}

hiufelîn 中 [*hûf* の縮小語] 小さい頬 (Bäckchen). {Tr. 17582}

Hiune, hiune 男 ① フン族 (Hunne). ② ハンガリー人 (Unger). ③ 巨人 (Riese). ¶ der künec von Hunnen lant フン族の国の王 (Nib. 1168, 3b)

hiunisch 形 ① フン族の (hunnisch). ② ハンガリー人の (ungerisch). ③ 巨人 (Riese). {Nib. 1880, 2}

hiure, hiuwer 副 [中独 hûre] ① 今年 (heuer). ② [中独のみ] 今日 (heute). ¶ er lernete alle stunde / hiute diz und morgen daz, / hiure wol, ze jâre baz. トリスタンは絶えず学び, 今日はこれ, 明日はあれ, 今年上手にできたものは翌年はもっと上手に身につけた. (Tr. 2098-100)

hiuselîn, hiusel 中 [*hûs* の縮小語] ① 小さな家 (ein kleines Haus). ② かご (Käfig), 入れ物 (Gehäuse).

hiute 副 今日 (heute).

hiutec[1], -ic 形 今日の (heutig).

hiutec[2], -ic 形 皮の, 皮膚の (häutig).

hiuwel, hûwel, iuwel, iule 女《弱》ふくろう (Eule).

hîwen, hîen 動《弱》[6. ge-hiet, -hît] 結婚させる (verheiraten). {Nib. 1554, 1}

hô ⇨ *hôch*.

hôch, hô 形 ① 高い (hoch). ② 大きい (groß), 強い (stark). ③ 気品のある (vornehm). ④ 誇り高い (stolz). ¶ ûf hôher hiez er gân / die edelen juncfrouwen. ハーゲンはその気品にみちた娘たちを退かせた. (Ku. 539, 2b-3a) ¶ nû ersach diu guote maget / einen hôhen tisch dâ stân: / dâ hiez er si ûf gân. さて気立てのよい少女はそこに高い台が立っているのを見た. 医者は娘にその上に上るように命じた. (aH. 1204-6)

hôch-geborn 形〔過分〕高貴な (vornehm). {Nib. 372, 4}

hôch-geburt 女 ① 高貴な生まれ (vornehme Geburt). ② 気高い素性 (edele Herkunft).

hôch-gedinge 中 高い望み, 大きな希望 (hohe Hoffnung). {Ku. 735, 2}

hôch-gemâc 形 身分の高い肉親を持っている (vornehme Blutsverwandte habend).

hôch-gemüete 中 ① 気高い根性, 心根 (edele Gesinnung). ② 落ち着き (getroster Sinn). ③ 陽気さ (Frohsinn). ④ 誇り (Stolz). ⑤ 不遜, 高慢 (Hochmut). {Parz. 503, 3}

hôch-gemüetec 形 ① 高邁な (hochgesinnt). ② 喜ばしい (freudig).

hôch-gemuot 形 ① 気高い (edel). ② 誇り高い (stolz). ③ 喜んでいる (freudig). ④ 思い上がった (hochmütig). {Nib. 34, 4}

hôch-genant 形 ① 勇敢な (kühn). ② 高邁な (hochgesinnt).
hôch-gezelt 中 ① 中央テント (Hauptzelt). ② 丈の高い天幕 (hohes Zelt). ③ 首長のテント (Zelt des Führers). {Parz. 756, 12}
hôch-gezît ⇨ *hôchzît*.
hôch-gezîten 中 祝宴を催すこと (das Feiern eines Festes).
hôch-lich 形 ① 高い (hoch). ② 気高い (erhaben).
hôch-lîche 副 [=*hôhe*] ① 高く (hoch), 喜ばしく (freudig). ② 誇り高く (stolz), 気高く (erhaben).
hôch-lût, -lûtic 形 ① 大声の (laut). ② 高い声の (mit hoher Stimme).
hôch-lûtes 副 ① 大きな声で (mit lauter Stimme). ② 高い声で (mit hoher Stimme).
hôch-muot 男, **-müete, -muot** 女 ① 高揚された気分 (gehobene Stimmung), 喜び (Freude). ② 傲慢 (Hochmut).
hôch-springe, -sprunge, -sprünge 形 高くとび上がる (hoch springend). {Tr. 4638}
hôch-vart, hoffart 女 ① 気品のある生き方 (vornehme Lebensweise). ② 誇り (Stolz). ③ 高潔さ (Hochsinn). ④ 横柄な態度 (Hoffart). ⑤ 栄光 (Glanz), 華麗 (Pracht). ⑥ 外観の美 (äußerer Glanz). {Nib. 54, 2}
hôch-vartlich, -vertlich 形 ① 誇りに満ちた (stolz). ② 自惚れた (hoffärtig). {Parz. 344, 16}
hôch-vartswinden 中 自惚れが消えること (das Schwinden der Hoffart). {Parz. 197, 16}
hôch-vater 男 ① 祖先 (Altvater). ② 家長, 総大司教 (Patriarch).
hôch-verte, -vertec, -vertic 形 ① 気高い (hochgesinnt). ② 誇り高い (stolz). ③ 傲慢な, 自惚れた (hoffärtig). ④ 華美な (prächtig). {Er. 2576}
hôchvertec-lich 形 ① 誇りに満ちた (stolz). ② 自惚れた (hoffärtig).
hôchvertec-lîche 副 ① 誇り高く (stolz). ② 自惚れて (hoffärtig). {Parz. 535, 12}
hôch-verten 動《弱》自 傲慢になる (hochmütig werden), 自惚れる (hoffärtig werden). 他 傲慢にする (hochmütig machen), 自惚れさせる (hoffärtig machen). {Nib. 474, 2}
hôch-zît, -gezît(e) 女 中 ① 祝宴, 祝祭 (Fest). ② 最高の喜び (Freude). ③ 婚礼 (Beilager), 結婚披露宴 (Hochzeit). {Nib. 1, 3}

hôch-zîten 動《弱》自 ① 祝宴を祝う (ein Fest feiern). ② 婚礼を行なう (Hochzeit halten). 他 (と)⁴ 結婚する (heiraten).

hof 男 [hoves²] ① 宮廷 (Hof). ② 宮殿, 館, 中庭 (Hof). ③ 王侯の住居 (Wohnstätte des Fürsten). ④ 王侯の滞在場所 (der Aufenthaltsort des Fürsten). ⑤ 王侯とその側近たち (der Fürst mit seinen Untertanen). ⑥ 謁見の日, 召喚日 (Hoftag). ¶ Er was nu sô gewahsen daz er ze hove reit. 王子は騎乗して宮殿へ向かうほどに成長した. (Nib. 24, 1)

格	単　数	複　数
1格	der　hof	die hove
2格	des　hoves	der hove
3格	dem hove	den hoven
4格	den hof	die hove

hof-gesinde, -gesint 男《弱》宮廷の家臣, 召使いたち (Hofdienerschaft).

höfisch ⇨ *hövesch*.

hof-lich 形 [= *hövelich*] ① 宮廷にふさわしい (dem Hof angemessen). ② 優雅な (höfisch). ③ 大きな (groß), 相当な (ansehenlich). {Parz. 218, 25}

hof-, hoffen-lich 形 ① 希望のある (zu hoffen seiend). ② 希望している, 望んでいる (hoffend).

höf-schen ⇨ *höveschen*.

höfsch-lich 形 宮廷にふさわしい (dem Hof gemäß). {Parz. 777, 18}

höf-, höfsch-lîche 副 宮廷にふさわしく (dem Hof gemäß). {Parz. 61, 21}

hôh- ⇨ *hôch-*.

hôhe¹, hœhe, hô 女 ① 高さ, 高み (Höhe). ② 隆起 (Erhöhung). ③ 丘 (Hügel). {Parz. 252, 6}

格	単　数	複　数
1格	diu hœhe	die hœhe
2格	der hœhe	der hœhen
3格	der hœhe	den hœhen
4格	die hœhe	die hœhe

hôhe², hô 副 [比較級 hôher, hœher, hôr, 最高級 hœhste] ① 高く

(hoch, in die Höhe). ② 強く (stark), 大声で (laut). ③ たいへん (sehr). {Nib. 85, 4}

hôhe-, hôhen-lîche 副 ① 高く (auf hohe Weise). ② 気高く (auf vornehme Weise).

hœhen, hôhen 動《弱》他 高くする (hoch machen, erheben, erhöhen). 自 ① 高い (hoch sein). ② 喜ばしい (freudig sein). 再 ① 身を起こす (sich aufrichten). ② 自慢する (sich überheben). ¶ von der fremeden spîse hôhte sich ir herze und ir gemüete. この珍しい食物によって王女たちの心と気持ちが高まった. (Ku. 103, 4)

hôher¹, hœher 形 [*hôch* の比較級] より高い (höher)

hôher², hœher, hôr 副 [*hôch²* の比較級] ① より高く (höher), より多く (mehr). ② さらに上の方に (weiter aufwärts). ③ さらにさがって (weiter zurück).

hœhern, hôhern, hôrn 動《弱》① より高くする (höher machen). ② 高める (erhöhen). ③ 値段を上げる (den Preis erhöhen). {Parz. 722, 28}

hôhest, hœhest, hôst 形 [*hôch* の最高級] もっとも高い, 最高の (höchst).

hœhste 副 [*hôhe* の最高級] もっとも高く (am höchsten).

hôhte = *hœhen* の直説法過去 1, 3 人称単数.

hol¹ 中 男 ① 凹み, 洞窟 (Höhle). ② 穴 (Loch). ③ 開いた所 (Öffnung). {Tr. 16688}

hol² 形 ① 空洞の (hohl). ② (が)² ない (leer). ③ 響きのない (klanglos).

holde 男《弱》① 友 (Freund). ② 恋人 (Freund). ③ 召使い (Diener). ④ 信奉者 (Anhänger). ⑤ 幽霊 (Geist).

holn, holen, haln 《動》《弱》他 ① 召喚する, 呼び寄せる (berufen). ② 連れて来る, 取って来る (holen). ③ 到達する (erreichen), 手に入れる (erwerben). 再 (から)ᵛᵒⁿ 回復する (sich erholen). ¶ dô holte der arme Heinrich / tiefen sûft von herzen / mit bitterlîchem smerzen : / mit solher riuwe er dô sprach / daz im der sûft daz wort zebrach : そのとき哀れなハインリヒは大きい苦しみと共に心の底から深い溜息をつき, その溜息が言葉を途切れさせるほどたいへん悲しみながら話した. (aH. 378-82)

holt 形 [-des²] ① (に)³ 好意を抱いている (geneigt, gewogen). ② 親切な (freundlich). ③ 忠実な (treu), 服従した (dienstbar).

holz 中 ① 木, 木材 (Holz). ② 森 (Wald). ¶ nû riten si beide / âne holz niuwan heide, / unz daz si der tac verlie. さて二人は樹木一つない野原を進んで行き, ついには日も暮れた. (Er. 3106-8)

hônde = *hænen* の直説法過去 1, 3 人称単数.

hœne 形 ① 軽蔑された (verachtet). ② 侮蔑する (verschmähend). ③ 高慢な (übermütig), 誇り高い (stolz). ④ 怒った (zornig). ⑤ 危険な (gefährlich). {Tr. 17807}

honec, honic 中 [別形 hönic, hünic] 蜂蜜 (Honig).

honegen, honigen, hongen 動《弱》自 ① 蜜がでる (Honig von sich geben). ② 蜜でいっぱいである (voll von Honig sein). 他 ① 蜜で甘くする (mit Honig süß machen). ② 蜜にする (zu Honig machen). {Tr. 11888}

hœnen 動《弱》① 侮辱する (schmähen). ② 名誉を奪う (entehren). {Nib. 851, 3}

hôn-, hœn-lîche 副 ① 嘲笑して (höhnisch), 皮肉って (spottend). ② 侮蔑して (schmählich).

hôn-schaft 女 ① 嘲笑 (Hohn, Spott). ② 不遜な態度 (übermütige Haltung). {Gr. 3015}

hor, hore 中 [horwes²] ① 汚れた大地 (kotiger Boden). ② 汚物, 糞 (Kot). ③ 汚れ (Schmutz).

hôrâ, hœrâ = *hæren* の命令法 2 人称単数＋â (強調).

hôre¹, hôr 女 時間 (Zeit), 時刻 (Stunde).

hôre², hœre 女 聞くこと (das Hören). ¶ Gar dirre worte hôre / kom Gâwân in sîn ôre. ガーワーンはこの言葉を耳ですっかり聞いた. (Parz. 354, 1-2)

hœren, hôren 動《弱》[3. hôrte 6. gehôrt, gehœret] 他 ① 聞く (hören). ② 傾聴する (anhören). ③ やめる (aufhören). ④ (を)² 終える (enden) ¶ ich hôrte ie die liute jehen, / ir wæret biderbe unde guot / und hetet vesten mannes muot : / sô helfe mir got, si hânt gelogen. 私は, あなたは勇敢で, 優しく, しっかりした男らしい心を持っていると人々が言うのを聞きました. 神よ, お助けください. その人たちは嘘をついたのです. (aH. 1314-7)

	直説法現在	
ich hœre	wir	hœren
du hœrest	ir	hœret
er hœret	si	hœrent

	直説法過去	
ich hôrte		wir hôrten
du hôrtest		ir hôrtet
er hôrte		si hôrten

horn¹ 男 1月 (Januar).
horn² 中 ① 角 (Horn). ② 角笛 (Horn). ③ 切り立った先端 (Spitze).
horn-dôn 男 ① 角笛の調べ (Hornton). ② 角笛の吹奏法 (Art des Blasens auf dem Horn). {Tr. 3246}
horn-dôʒ 男 角笛の響き (Hörnerschall, Erklang der Hörner).
hornunc 男 2月 (Februar, Hornung).
hornûʒ, horniʒ 男 [別形 harniʒ, harliʒ] 雀蜂 (Hornisse). {Iw. 209}
hort 男 [holdes²] ① 宝物 (gesammelter Schatz, Hort). ② (の)² 多量 (Menge), 豊富さ (Fülle). ¶ dô Kriechen sô / stuont daz man hort dar inne vant ギリシャにはその頃, そこに宝があった. (Parz. 563.8-9)
hôrte = hæren の直説法過去1, 3人称単数.
hose 女《弱》[複数でのみ] ① 脚を包むもの (Bekleidung der Beine). ② ずぼん (Hosen), 靴下 (Strumpf).
hosen-nestel 女 ずぼん吊り (Hosenträger). {Parz. 423, 30}
höu, hou 中 [höuwes²] [= hóuwe]. ① 草 (Gras). ② 乾草 (Heu).
houbet, houbt, houpt 中 ① 頭 (Kopf, Haupt). ② 人数, 頭数 (Haupt an Menschen und Tiere). ③ (チェスの) 王, 王妃 (König, Königin). ④ 最高のもの, 頂上 (das Oberste, die Spitze). ⑤ 端緒, 初め (Beginn, Anfang) ¶ bî den rôsen er wol mac, / tandaradei, / merken wâ mirz houbet lac. その人には薔薇の花の側に, ダンダラデイ, 私の頭が横たわっていたのが分かるでしょう. (Wa. 40, 7-9)
houbet-dach 中 ① 頭巾, 頭を覆うもの (Kopfdeckung). ② 兜 (Helm). ¶ der was ein tiwer houbetdach. それは高価な頭巾だった. (Parz. 63, 22)
houbet-gebende 中 ① リボン, ひも (Band). ② 頭飾り (Kopfputz). {Parz. 780, 8}
houbet-gewant 中 ① 頭巾, 頭を覆うもの (Kopfdeckung). ② 頭飾り (Kopfputz, Kopftuch). {Parz. 507, 22}
houbet-hërre 男《弱》① 首領 (Hauptmann). ② 指揮者 (Anfüh-

rer).

houbet-list 男 ① 最高の芸術 (Hauptkunst), 最高の技 (höchste Kunst). ② 奥義 (Hauptkunstgriff). {Tr. 4780}

houbet-loch 中 ① 衣服の上の開き口 (der obere Ausschnitt eines Kleides). ② 首部分の開き口 (Halsöffnung). ¶ Parzivâl stuont wol sîn wât. / einen grüenen smârât / spien sim für sîn houbtloch. その衣装はパルチヴァールによく似合っていた. 彼女はその服の襟元に緑のエメラルドの飾りを縫い付けた. (Parz. 306, 29-307, 1)

houbet-man 男 ① 首領, 首長 (der oberste Mann). ② 法的関係の中心人物 (die Hauptperson eines rechtlichen Verhältnisses). ③ 戦いの統率者 (Anführer, Hauptmann im Krieg). {Parz. 24, 30}

houbet-stat 女 ① 首都 (Hauptstadt eines Landes). ② 支配者がいる場所 (die Stätte, wo der Haupt sitzt). ③ 処刑場 (Richtstätte).

houbet-sünde 女 大罪 (große Sünde, Kapitalsünde). {Iw. 1896}

houbet-vrost 男 頭部が冷えること (Erkältung im Kopf). {Iw. 6537}

houpt ⇨ *houbet*.

houwe, howe, hawe 女 《弱》① つるはし (Haue). ② 鍬 (Hacke).

höuwe, houwe 中 [短縮形 höu, hou / höuwes², houwes²] ① 草 (Gras). ② 乾草 (Heu). {Gr. 2805}

houwen, howen, hawen 動 〔反復〕3 [3. hiu 5. hiewen, hiuwen 6. gehouwen] ① 切る, 切りかかる (hauen). ② 切り刻む (zerhauen). ③ 切り取る (abschneiden). ④ 収穫する (ernten). ¶ palas unde türne von den slegen dôz, / dô si mit swerten hiuwen ûf die helme guot. ディートリッヒ王とグンテル王が刀で相手の美事な兜に切り掛かったとき, 打ち合う音が宮殿にも塔にも鳴り響いた. (Nib. 2359, 2-3)

hove-bære 形 ① 宮廷にふさわしい (dem Hof angemessen). ② 優雅な (höfisch). ③ 繊細な (fein gebildet). {Tr. 2285}

hove-bëlle 男 女 《弱》宮廷の口やかましい人 (Beller am Hof), 宮廷の中傷者 (Verleumder am Hof).

hove-diet 女 ① 宮廷の人々 (Hofbevölkerung). ② 宮廷社会 (Hofgesellschaft). {Tr. 3221}

hove-gesinde[1] 男 《弱》, **hove-gesint** 男 宮廷の家臣 (Hofdienstmann).

hove-gesinde[2] 中 宮廷の家臣たち (Hofdienerschaft).

hove-gewant 中 宮廷での衣装 (Hofkleidung).

hovel, hobel 男 かんな (Hobel). ¶ der zwîvel was sîns herzen hovel, / Dâ durch in starkiu angest sneit. 疑いは彼の心のかんなであった. それによって大きな不安が削られた. (Parz. 350, 30)

höve-lich 形 ① 宮廷にふさわしい (dem Hof angemessen). ② 優雅な (höfisch), 洗練された (fein gebildet). ③ 大きな (groß), 相当な (ansehnlich).

höve-lîche(n) 副 ① 宮廷にふさわしく (dem Hof angemessen). ② 優雅に (höfisch). ③ 繊細に (auf feine Weise). {Er. 9861}

hove-mære 中 ① 宮廷で話されること (was am Hof gesprochen wird). ② 宮廷の報告 (Nachricht vom Hof). {Nib. 1959, 4}

hove-mâʒe 女 ① 宮廷での節度 (am Hof gebräuchliches Maßhalten). ② 宮廷の流儀 (Art und Weise des Hofes). {Tr. 11111}

hoven 動《弱》[中独 hoben も] ① 宮廷に受け入れる (in den Hof aufnehmen). ② 宿泊させる (beherbergen). ③ 優雅に養育する (höfisch erziehen und bilden). ④ 栄誉を与える (ehren), 称賛する (preisen). {Tr. 3052}.

hover 男 ① 丘状の隆起, こぶ (Höcker). ② 突起, 隆起 (Buckel).

hove-rât 男 王侯の顧問官 (die Räte eines Fürsten).

hove-rëht 中 ① 宮廷法 (das Recht, das bei Hof gilt). ② 宮廷の一族, 家来の法 (das Recht für diejenigen, die im Hof wohnen). ③ 宮廷裁判所 (Hofgericht). {Iw. 7341}

hove-reise 女 ① 宮廷への旅 (Reise an den Hof). ② 伺候, 参内 (Reise zum König). {Nib. 346, 4}

hove-roht, -rëht 形 こぶ状の (höckericht). {Iw. 464}

hövesch, hövisch, höfsch, höfisch, hübesch 形 [別形 hüvesch, hübsch] ① 宮廷にふさわしい (höfgemäß). ② 洗練され, 作法を心得た (fein gebildet und gesittet). ③ 面白い (unterhaltend). ¶ wis iemer höfsch, wis iemer frô! いつも作法を忘れず, いつも心楽しく過ごしなさい. (Tr. 5043)

höve-schen, hübe-schen, höf-schen 動《弱》① 気の利いた話をする (sich galant unterhalten). ② 優雅に振る舞う (sich höfisch verhalten). {Nib. 350, 3}

hövesch-heit, hövescheit, hübescheit, höfscheit 女 ① 洗練された作法 (fein gebildete Sitte). ② 優雅な作法 (feines Benehmen), 宮廷的な作法 (höfisches Benehmen). {Nib. 131, 1}

hövesch-, hübsch-lich 形 宮廷風の, 宮廷にふさわしい (dem Hof gemäß).

hövesch-, hübsch-lîche 副 宮廷にふさわしく (dem Hof gemäß). {Parz. 62, 28}

hove-site 男 宮廷での作法, 習慣 (Sitte, Lebensweise). {Tr. 492}

hove-spil 中 宮廷的な遊戯 (höfisches Spiel). ¶ aller hande hovespil / diu tete er wol und kunde ir vil. トリスタンはあらゆる種類の宮廷の遊戯が上手で, しかも多くの種類を知っていた. (Tr. 2118-9)

hove-stæte 形 宮廷に忠実に仕えている (treu dem Hof gewidmet).

hove-vart 女 [=*hove-reise*] 宮廷への旅 (Reise an den Hof). {Nib. 443, 2}

hove-wërt 形 宮廷にふさわしい (des Hofes würdig).

hove-zuht 女 宮廷的な育ちの良さ (Wohlerzogenheit). {Iw. 6253}

hûbe, hoube 女《弱》① 頭巾 (Haube), 帽子 (Mütze). ② 兜 (Helm). ③ 兜下頭巾 (Helmhaube). ④ 冠毛 (Federbusch), 鶏冠 (Kopfhaube).

hübesch ⇒ *hövesch*.

hüetære, hüeter 男 ① 保護者 (Beschützer). ② 見張り (Hüter, Wächter). ③ 牧人 (Hirte). ④ 貨幣検査官 (Münzwardein). ⑤〔チェス〕7番目の農夫 (der siebente Bauer).

hüetelîn, hüetel 中 ① 小さい帽子 (Hütchen, Mützchen). ② 兜下頭巾 (Kopfdeckung).

hüeten 動《弱》[3. huote, huotte 6. gehuot, gehüetet] ① 用心する (achtgeben). ② 見る (schauen). ③ 見張る (wachen), 監視する (bewachen). {Nib. 177, 3}

huf 女 [hüffe² / 複数 hüffe] 腰 (Hüfte).

hûf 女 頬 (Backe).

hûf-bein 中 ① 腰骨 (Hüftbein). ② 後脚 (Hinterschenkel). ③ 棍棒 (Keule).

hûfe, houfe 男 ① 堆積 (Haufe). ② 群れ (Schar). ③ 多数 (Menge). ④ 戦士 (Krieger).

hüffelîn, hüffel 中 小さい腰 (kleine Hüfte). {Parz. 130, 18}

hügen, hugen 動《弱》① 考える (denken). ② (を)² 熱望する (verlangen). ③ 喜ぶ (sich freuen).

hulde 女 ① 恩寵, 恩恵, 好意 (Huld). ② 親切 (Freundlichkeit). ③ 臣事 (Huldigung). ④ 許し (Erlaubnis). ¶ ja ensol ez gotes hulde / niht dâ mite hân verlorn, / ob wir zer helle sîn geborn, / wandez an unser missetât / deheiner slahte schulde hât. いいえ, この子が, 私たちが地獄に生まれついているからといっても神の加護を失ってはなら

ない.というのも,この子は私のあやまちのためにどんな罪も負ってはならないからです.(Gr. 478-82)

hulden 動《弱》① 好意を抱かせる(geneigt machen).② 臣事する(huldigen).③ (に)³ 忠誠を誓う(Treue geloben).

hülfe = *hëlfen* の直説法過去2人称単数, 接続法過去1, 3人称単数.

hulfen = *hëlfen* の直説法過去1, 3人称複数.

hulft, hulst 女 ① 覆い(Hülle, Überzug).② 蓋(Decke).{Nib. 1702, 1}

hulst ⇨ *hulft.*

humbel, hummel 男 種雄牛(Hummel).{Iw. 206}

hundelîn, hundel, hündel 中 子犬(Hündlein).

hundert 中 百(hundert).

hundert-valt, -valtec 形 百倍の(hundertfältig).

hunde-tac 男 真夏(Hundstage).

hundîn 形 ① 犬のような(hündisch).② 犬の種類の(von Hundsart).③ 犬の皮の(von Hundsleder).

hundinne 女 雌犬(Hündin).

hunger 男 ① 空腹, 飢餓(Hunger).② 熱望(Begierde).¶ da enwirt von jâren nieman alt / (der alte wirt junger), / dâ enist vrost noch hunger, / da enist deheiner slahte leit, / da ist ganziu vreude âne arbeit. そこでは年を取る者もなく, 年寄は若くなります. そこには霜も飢餓もなく, どんな苦しみもなく, 苦痛のない喜びだけがあります.(aH. 785-8).

hunger-bære 形 空腹を感じさせる, 腹の空く(Hunger mit sich bewirkend).{Parz. 487, 28}

hungerc, hungerec, hungeric 形 空腹の(hungrig).

hunger-gît 男 飢餓(Hungergier).

hunger-gîtec 形 ① 飢えている, 飢餓感に満ちた(gierig aus Hunger).② たいへん空腹な(sehr hungrig).

hunger-jâr 中 不作の年(Jahr des Misswachses).

hunger-lich 形 ① 空腹の(hungrig).② 貪欲な(gierig).

hungern 動《弱》他 ① 空腹にさせる(hungern lassen).② 飢え疲れさす(aushungern).再 食を断つ(sich des Essens enthalten). 非 腹が減る(es hungert).

hunger-nôt 女 飢餓(Not des Hungers).

hunt[1] 中 百(hundert).

hunt[2] 男 [-des²] ① 犬(Hund), 猟犬(Jagdhund).② 天狼座(Hunds-

hunt-äʒ

stern, Sirius). {Tr. 3039}

hunt-äʒ 中 犬の餌 (Hundefutter).

huobe 女《強・弱》① (ある広さの) 土地 (Land). ② 〔広さの単位〕フーヘ (Hufe). ③ 財産 (Gut). {Nib. 1601, 3}

huoben = *heben* の直説法過去 1, 3 人称複数.

huof 男 [-ves²] ひづめ, 蹄鉄 (Huf).

huof-slac 男 ① ひづめの音 (Hufschlag). ② ひづめの跡 (Hufspur). ③ 蹄鉄を打ちつけること (Hufschlag). ④ 蹄鉄打ちつけ代金 (Gebühr für den Hufschlag).

huon 中 [複数 hüener] 鶏 (Huhn).

huop = *heben* の直説法過去 1, 3 人称単数.

huot 男 ① 帽子 (Hut), 縁なし帽 (Mütze). ② 兜 (Helme).

huote, huot 女 ① 守護, 保護 (Hut, Behütung). ② 加護 (Obhut). ③ 警固者, 見張り (Wächter). ④ 罠 (Hinterhalt), 待ち伏せ (Lauer). ⑤ 山番 (Waldhüter). ¶ Mit sælden müeze ich hiute ûf stên, / got hêrre, in dîner huote gên / und rîten, swar ich in dem lande kêre. 今日私は幸運と共に起き上がりたい. 神よ, あなたの加護を受けて歩み, 騎乗したい. この国中私がどこへ向かおうとも. (Wa. 24, 18-20) {Nib. 25, 1}

huote = *hüeten* の直説法過去 1, 3 人称単数.

hürnen 動《弱》角笛を吹く (auf dem Horn blasen). {Tr. 2770}

hürnîn, hurnîn 形 ① 角笛の (von Horn). ② 角膜を張った (mit einer Hornhaut überzogen). ③ 角製の (hörnen). {Nib. 100, 3}

hurst 女 ① 藪, 潅木 (Strauch). ② 生垣 (Hecke). ③ 〔比喩〕戦いの雑踏 (dichtes Gewühl des Kampfes). {Tr. 9002}

hurt¹ 女 ① 小枝などで編細工 (Flechtwerk von Reisern), 編み枝細工 (Hürde). ② 扉 (Tür). ③ 橋 (Brücke). ④ わな (Falle). ⑤ 積み上げられた薪 (Scheiterhaufen). {Tr. 12909}

hurt² 男, **hurte, hurt** 女 [古フランス語 heurt] ① 衝突 (Anprall), 突き (Stoß). ② 突進 (stoßendes Losrennen). ③ 突撃 (Anrennen). {Nib. 100, 3}

hurtec-, hurte-lich 形 ① 突進するのにふさわしい (dem Losrennen geeignet). ② 突進する (losrennend). ③ 急速な (schnell). {Nib. 585, 3}

hurtec-, hurte-lîche 副 ① 突進にふさわしく (dem Losrennen geeignet). ② 突進しながら (losrennend). ③ 急速に (schnell).

hurten 動《弱》自 突進する (stoßend losrennen). 他 突く, 衝突す

hurt-lîchen = *hurteclîche*.

hûs, hous 中 ① 家 (Haus), 住居 (Wohnung). ② 家政 (Haushaltung). ③ 城 (Schloss). ④ 小屋 (Hütte). ⑤ 家族 (Familie), 一族 (Geschlecht). ¶ ez ist ein sô schœne kint : / sît si des gotes hûses sint, / dêswâr wir suln inz niht versagen. それはたいへん可愛らしい子供です。あの人たちは教会のかたがただから，私たちは断ることはでますまい. (Gr. 1131-3)

hûsen 動《弱》自 ① 家を建てる (ein Haus bauen). ② 住む (wohnen). ③ (に)³ 住居を与える (Wohnung bereiten). ④ 家事を切り盛する (haushalten). 他 (に)⁴ 宿を与える (beherbergen).

hûs-genô3, -genô3e 男《強・弱》① (家・城 の) 同居者 (Hausgenosse). ② 仲間 (Genosse). ③ 貨幣鋳造者 (Münzer). ④ 同等の身分の人, 同輩 (Standesgenosse).

hûs-rât 男 ① 家具 (Hausgerät). ② 家政に必要なものすべて (was in einer Haushaltung notwendig ist). {Iw. 6541}

hûs-vrouwe, -vrowe, -vrou 女《弱》① 女主人 (Herrin im Haus). ② 女性家主 (Hausfrau). ③ 夫人 (Gattin). {Nib. 838, 2}

hûs-wirt 男 ① 家の主人 (Hausherr). ② 家の所有者 (Besitzer des Hauses). ③ 家政の責任者 (Vorstand der Haushaltung). ④ 夫 (Gatte).

hûs-zins 男 家賃 (Hauszins, Miete).

hût, hout 女 ① 皮膚 (Haut). ② (動物の) 毛皮 (Fell). ③ 羊皮紙 (Pergament). {Nib. 363, 1}

hütte 女《強・弱》① 小屋 (Hütte), テント (Zelt). ② 売店 (Verkaufslokal). ③ 溶鉱炉小屋 (Gebäude zum Schmelzen der Erze). {Nib. 594, 3}

hütte-lîn 中 「*hütte* の縮小語」 小さな山小屋 (kleine Hütte).

hütten, hüten 動《弱》① 山小屋を建てる (eine Hütte bauen). ② 山小屋に住む (in einer Hütte wohnen). {Tr. 587}

hütte-snuor 女 山小屋用細縄 (Hüttenschnur), テント用綱 (Zeltstrick). {Tr. 5584}

hüvesch ⇒ *hövesch*.

hûwel ⇒ *hiuwel, iuwel*.

I

ich 代〔人代〕1人称単数1格. 私 (ich).

ic-lich ⇨ *iegelich*.

ie 副〔中独 î も〕① いつも (immer, zu aller Zeit). ② いつかある時 (irgendeinmal). ③〔接続詞 daʒ の後で〕けっして～ない (nie). ¶ ich ensol ouch niht ir leides gern / die mir ie gnâde tâten. 私はいつも親切にしてくれるお前の両親を悲しませたくない. (aH. 964-5)

iedec 代 形 各々, おのおのの (jeder).

ie-doch, idoch 副 しかしながら (doch, dennoch). ¶ und iedoch, dô er ir began, / dô leite er sînen sin dar an / und sînen flîz sô sêre, / daz er der buoche mêre / gelernete in sô kurzer zît / danne kein kint ê oder sît. しかし, トリスタンはひとたび書物を読み始めると, そのことに心を傾け, 熱中したので, きわめて短い時間に, その前にも後にもいかなる子供もなしえなかったほどに, 多くの書物を読み終えた. (Tr. 2085-90)

ie-gelich, ieclich, iclich 代 形 各々, おのおのの (jeder).

ie-lich 代 形 各々, おのおのの (jeder).

ie-man, -men 代 ① 誰かある人 (jemand, irgendein Mensch). ②〔接続詞 daʒ の後で〕誰も～ない (niemand). {Nib. 498, 2}

iemer, immer, imer, ummer 副〔<*ie mêr*〕①〔ふつう現在と未来に関して〕いつも (je), いつでも (jederzeit, immer). ② ずっと (für immer). ③ いつか (irgendeinmal). ④〔接続詞 daʒ の後で〕けっして再び…ない (nie wieder). ¶ ob diz wære volbrâht, / sô wære im der lîp genesen, / und müese ich iemer sælic wesen. 手術がなされていれば, 領主さまの病は治っており, 私はいつまでも幸せでしょうに. (aH. 1302-4)

ie-mitten 副 まっただなかに (in der Mitte).

iener, iender, iendert, inder, indert 副 ① 何か (irgend). ② どこかある所に (irgendwo).

ie-noch 副 ① 今なお (immer noch). ② なお (noch), その他に (außerdem).

iergen, irgen, irgent, ieren 副 何か (irgend), どこかに (irgendwo).

iersch, irsch 形 [*irdenisch* の縮約形] 地上の, 俗世の (irdisch).

ie-sâ, -sô, isâ 副 ① すぐに (sogleich). ② たった今 (soeben). {Tr. 433}

iesch = *eischen* の直説法過去1, 3人称単数.

ietes-, iets-lich 代 形 [別形 its-lich, iet-lich, is-lich, ied-lich, itlich, ieges-lich] ①〔名詞的に〕おのおの (jeder). ②〔付加語的に〕おのおのの (jeder). {Nib. 305, 1}

iets-lich ⇨ *ieteslich*.

iet-wëder 代〔不代〕2つ (2人) のうちの各々 (jeder von beiden). ¶ ir ietweder vant / mit kreften an dem andern rehte wer er wære. 二人の騎士の各々は, 相手の力によって, どんなに手強い相手であるかを互いに知った. (Ku. 880, 2b-3)

ietwëder(t)-halp, -halben, -sît 副 両側に (auf beiden Seiten). ¶ iewederthalp der strâzen 通りの両側に (Parz. 183, 4)

ie-zuo, iezunt, iezen, iezent 副 ① 今 (jetzt), ちょうど今 (gerade jetzt). ② いま直ぐに (jetzt gleich), そのあとすぐに (gleich darauf). ③〔反復して〕ある時は～, ある時は～ (bald～ bald ～). {Tr. 834}

igel 男 ① はり鼠 (Igel). ② 攻囲用武器 (Belagerungsmaschine). ③ 一種の射撃器 (eine Art Geschoss).

igel-mæȝec 形 ① はり鼠のような (igelartig). ② 刺のある (stachelig).

iht, ieht, iet, ît 中 何かあるもの (etwas, irgendein Ding). ◇強調 ihtes iht ＜etwas＞ 副 ① およそ (etwa), いくらか (etwas). ②〔接続詞 daȝ の後で〕～ない (nicht). ◇強調 ihtes iht (gar nicht まったく～ない) {Nib. 57, 4}

île 女 ① 熱心, 熱意 (Eifer). ② 急ぐこと (Eile).

îlen 動《弱》自 ① 急ぐ (eilen). ② 熱中する, 努力する (sich beeifern). 他 急がせる (beeilen).

im 代〔人代〕3人称単数男性 er の3格 (ihm).

im-bîȝ ⇨ *inbiȝ*.

impfeten, inpfeten, impfen 動《弱》① 接ぎ木する (impfen). ② 接ぎ枝する (pfropfen). {Tr. 4736}

in[1], en 前 +3/+4 ①〔空間的〕(の)³ 中に (in), (の)⁴ 中へ (in). ②〔時間的〕(の)³ 中で (in), (の)⁴ 中へ (in), (の)⁴ 頃 (gegen). ¶ Der was der selbe valke, den si in ir troume sach, / den ir besciet ir muoter. それは母親が王女に解き明かした夢の中で, 王女が見た, まさしくその鷹であった. (Nib. 19, 1-2a)

in², în 副 中に, 中へ (hinein, ein, herein). {Nib. 1177, 1}

in³ 代〔人代〕① 3人称単数男性 er の4格 (ihn). ② 3人称複数 si の3格 (ihnen).

in-bîʒ, im-bîʒ 男〔別形 imbîʒ, immiʒ, immeʒ〕中 食事 (Essen), 軽食 (Imbiss). {Er. 2143}

inder, indert ⇨ *iener.*

Indiâ 名〔地名〕インド (Indien).

in-gesinde¹ 中 ① 家臣 (Hofdienerschaft), 家来 (Untertan). ② 召使 (Diener). ③ 居住者 (Einwohner). ④ 戦士 (kriegerisches Gefolge). ¶ nû hete er ingesindes / niuwan eines kindes / (diu was ein diu schœniste maget / von der uns ie wart gesaget) / und der hûsvrouwen. 彼には今や一人の子供, この子はこれまで語り伝えられた少女の中でいちばん美しい少女であったが, この子とその家の夫人以外には誰一人家来がいなかった. (Er. 308-12)

in-gesinde² 男《弱》① 家来の一人 (einer von den Untertanen). ② 一家の仲間 (ein Hausgenosse).

in-gieʒunge 女 注入 (Eingießung).

in-grüen 中 常緑 (Immergrün).

in-grüene 形 鮮やかな緑の (kräftig grün).

ine = *ich ne.*

in-lende¹ 中 ① 祖国 (Vaterland), 故郷 (Heimat). ② 宿舎 (Herberge).

in-lende² 男《弱》, **-lender** 男 その土地の人 (Inländer).

inne 副 内に (inne), 内側に (inwendig).

innec-lich 形 ① 心からの (herzlich), 内側の (innerlich). ② うちとけた, 親しい (innig). ③ 信心深い (andächtig).

innec-lîche 副 ① 心の中で (im Herzen), 内側で (innerlich). ② うちとけて, 親しく (innig). ③ 信心深く (andächtig). {Nib. 443, 2}

innen, innent, innân 副 内側に (innen). ◇ ～werden ＜気づく＞. 前 +2/+3/+助 ①〔空間的〕内側に (innerhalp). ②〔時間的〕以内に (binnen).

inner¹ 形 ① 内側の, 内部の (inner, inwendig). ② 内部深くにある (tief im Innern liegend).

inner² 前 +2/3/助 内側に (innerhalp).

inner³, innere, inre 副 内側に (innerlich).
inner-, innert-halbe, -halben, -halp 副 内側に (innerhalb, im Innen). 前 +³ (の)³ 内側に (innerhalb). {Nib. 486, 4}
inner-lich 形 ① 内側の (innerlich). ② 心からの (innig).
inner-lîche 副 ① 内側に (innerlich). ② 心から (innnig).
innern, inren 動《弱》他 ① 思い起こさせる (erinnern). ② 教える (belehren). ③ 認めさせる (überzeugen). 再 (を)ᵃⁿ 思い出す (sich erinnern).
inre ⇨ *inner.*
inre-halp, irret-halben 副 内側に (innerhalb, im Innen). {Parz. 388, 6}
insigele, insigel 中 ① 印章, 封印 (Siegel). ② 印鑑 (Stempel), 印 (Zeichen). ③ (獣の) 足跡 (Fährte). {Parz. 497, 7}
in-zic 男, **in-ziht** 女 告発 (Beschuldigung).
ir¹ 代〔人代〕① 2人称親称 du の複数1格 (ihr). ② 2人称敬称 (単数・複数) の1格 ir (Ihr). ③ 3人称単数女性 si の2格 (ihrer), 3格 (ihr). ④ 3人称複数 si の2格 (ihrer).
ir² 代〔所代〕① 彼女の (ihr). ② かれらの, それらの (ihr). ¶ ich weiz wol daz ich ir hulde / niemer gewinnen kan : / nû sluoc ich doch ir man. 私はけっして彼女の恩寵を受けることができないことをよく知っている. 何と言っても私は彼女の夫を討ったのだから. (Iw. 1618-20)
irdenisch, irdensch, irdisch, ërdisch 形 ① 大地の (von der Erde). ② この世の, 俗世の (irdisch).
îrîs 名〔宝石〕イーリース (Iris). {Parz. 791, 14}
irre, ërre 形 ① 迷った (verirrt), 道を外れた (vom rechten Weg ab). ② 喪失した (verlustig). ③ 不安定な (unbeständig), 不誠実な (untreu). ④ 自由な (frei). ⑤ 怒った (erzürnt). ⑥ 不一致の (uneinig). ⑦ 激しい (ungestüm). {Iw. 2895}
irrec, irric 形 ① 誤った (irrig), 疑わしい (zweifelhaft). ② 妨げになる (hinderlich).
irre-heit, irre-keit 女 ① 誤り (Irrtum), 妄想 (Irrwahn). ② 障害 (Hindernis).
irren 動《弱》他 ① 迷わす (verirrt machen). ② 妨げる (stören). ③ 混乱させる (verwirren). 再 遠ざかる (sich entfernen). 自 ① 不確かである (ungewiss sein). ② (を)² 持っていない (nicht haben). {Nib. 637, 3}

irre-sam 形 ① 迷っている (irrend), 迷った (verirrt). ② 混乱させられた (verwirrt). ③ 不和の, 不一致の (uneinig).
irre-vart 女 道に迷うこと, 彷徨 (Irrfahrt). {Iw. 5765}.
irzen, irezen 動《弱》ir で話しかける (mit *ir* anreden). {Parz. 749, 18}
îs 中 ① 氷 (Eis). ② 凍結箇所 (zugefrorene Stelle).
îsec 形 氷の (eisig), 氷で満ちた (voll von Eis).
îsen[1] 動《弱》① 氷になる (zu Eis werden). ② 氷結する (gefrieren).
îsen[2] 中 ① 鉄 (Eisen). ② 武器 (Waffe), 装備 (Rüstung). ③ 鋤の刃 (Pflugschar). ④ 蹄鉄 (Hufeisen). ⑤ 鎖 (Kette), かせ (Fessel). ⑥ かなてこ (Brecheisen). ⑦ 貨幣の極印 (Münzstempel). {Iw. 7223}
îsen-gewant 中 鉄のよろい (Eisenrüstung). {Iw. 965}
îsen-halt 中, **îsen-halte** 女《弱》鉄の足枷 (eiserne Beinschelle).
îsen-hemde 中 鉄のよろい (Eisenrüstung).
îsen-, îser-hose 女《弱》脚を覆う鉄製の武具 (Beinrüstung).
îsen-huot 男 鉄の頭巾 (Kopfdeckung von Eisenblech). {Er. 2349}
îsenîn, îsnîn, îsîn 形 鉄の (eisern). {Parz. 408, 23}
îsen-kleit 中 鉄のよろい (Eisenrüstung).
îsen-rinc 男 ① 鉄の輪 (Eisenring). ② よろいの輪 (Panzerring).
îsen-spër 中 槍の鉄の切っ先 (eiserne Spitze des Speeres).
îsen-stange 女 鉄の棒 (eiserne Stange).
îsen-stein 男 鉄の石 (Eisenstein).
Îsenstein 男 ブリュンヒルトの城イーゼンステイン (Isenstein). {Nib. 382, 3}
îsen-vâr 形 ① 鉄色の (eisenfarb). ② 鉄のように見える (nach Eisen aussehend).
îsen-wât 中 鉄のよろい (Eisenrüstung). {Er. 4158}
îser ⇒ *îsern*[1].
îserîn, îsrîn 形 鉄の (eisern).
îser-kolze 男《弱》鉄の脚あて (eiserne Beinbekleidung). {Parz. 802, 19}
îsern[1], **îser** 中 ① 鉄 (Eisen). ② 鉄の武器 (Waffe), 鉄の装備 (Rüstung). {Parz. 339, 17}
îsern[2] 動《弱》鉄で覆う (mit Eisen bedecken).
îs-grâ 形 氷のように灰色の (eisgrau).

îs-kache 男《弱》つらら (Eiszapfen).
îs-kalt 形 氷のように冷たい (eiskalt).
Îslant 中〔地名〕アイスランド (Island), ブリュンヒルトの国 (das Land von Brünhild).
is-lich ⇒ *ieteslich*.
Îsolt, Îsôt 女 男〔人名〕① アイルランド王妃イゾルデ. ② その娘, 金髪のイゾルデ, マルケ王の妃. ③ 白い手のイゾルデ, トリスタンの妻.
îtel 形 ① (が)² 空の (leer, ledig). ② 役に立たない (unnütz), 虚栄の (eitel). ③ 全くの (ganz). ④ 純粋な, 偽物でない (rein, unverfälscht).
îtel-lich 形 虚栄の (eitel), 空の (leer).
ite-niuwe[1] 女 まったく新しいもの (etwas ganz Neues).
ite-niuwe[2] 形 まったく新しい (ganz neu). {Nib. 325, 1}
ite-, it-wîȝ 男 中, **ite-, it-wîȝe** 女 ① 非難 (Vorwurf, Tadel). ② 恥辱 (Schmach). {Nib. 1771, 1}
ite-, it-wîȝen 動《弱》① 非難する (vorwerfen, Vorwürfe machen). ② (の)³ (を)⁴ 咎める (tadeln). ③ 侮辱する (schmähen).
it-wæge 中 流れ (Flut), 渦巻き (Strudel).
iu 代〔人代〕2人称複数 ir の 3 格. (euch).
iuch 代〔人代〕2人称複数 ir の 4 格. (euch).
iuwel, iuwele, iule, hiuwel, hûwel 女《弱》ふくろう (Eule).
iuwer, iwer, iur 代 ①〔人代〕2 人称複数 ir の 2 格 (euer). ②〔所代〕2 人称複数 ir の所有代名詞 (euer). ¶ der himelkeiser bewar, / vrouwe, iuwer êre. お妃さま, 天上の王があなたの名誉をお護りくださるように. (Er. 133-4)
îwe, îbe 女 ① 西洋いちい (Eibe). ② いちいの弓 (Bogen aus Eibenholz).
Îwein 男〔人名〕イーヴェイン. ウルイェーン (Urjên) 王の息子. 円卓の騎士.
îwen 形 西洋いちいの (eiben, von der Eibe).
îwîn 形 西洋いちいの (eiben, von der Eibe). {Parz. 485, 13}
iȝ[1] = 人称代名詞中性単数 1, 4 格 [=ëȝ].
iȝ[2] = *ich eȝ*.

J

jâ, ja 間 ① はい (ja). ② ほんとうに (fürwahr). ¶ jâ hôrte man dô klagen / die schœnen Kûdrûnen und ouch alle ir meide. そのとき美しいクードルーンと侍女たちみなが嘆き悲しむ声を聞いた. (Iw. 881, 2b-3) ¶ herre, jâ enmac ich. 騎士殿, ほんとうに私はできません. (aH. 1264)

jach = *jëhen* の直説法過去1, 3人称単数.

jâchant, jachant, jôchant, jechant, jâcinot, jacinte 男 [中世ラテン語 jacincutus] 風信子石 (Hyazinth). {Parz. 791, 17}

jagât 女 ① 狩 (Jagd). ② 敵の追跡 (Verfolgung des Feindes).

jage 女 ① 急ぎ (Eile), 急速な動き (rascher Lauf). ② 追跡 (Verfolgung).

jagede, jeide 中 女 ① 狩 (Jagd). ② 狩の獲物 (Jagdbeute).

jage-lich 形 狩猟にふさわしい (jagdmäßig). {Tr. 3004}

jagen 動《弱》狩りをする, 狩り立てる (jagen, treiben). {Nib. 916, 2}

jägere, jegere 男 狩人 (Jäger). {Nib. 933, 1}

jage-rëht 中 ① 猟師の義務 (Jägerpflicht). ② 正しい猟師の風習 (richtiger Jägerbrauch). {Tr. 3060}

jagerîe ⇨ *jegerîe*.

jäger-, jeger-meister 男 狩猟の親方 (Jägermeister). {Nib. 954, 4}

jaget, jeit 中 [-des²] 狩り, 狩猟 (Jagd).

jaget-geselle 男《弱》狩の仲間 (Jagdgefährte). {Nib. 927, 2}

jaget-gesinde 中 狩の従者 (Jagdgefolge).

jâhen = *jëhen* の直説法過去1, 3人称複数.

jâmer, âmer 男 中 ① 心の苦しみ (Herzeleid). ② 切ない想い (schmerzliches Verlangen). ③ 苦悩, 心痛 (Jammer). {Iw. 3212}

jâmer-bære 形 心の苦しみのある (Herzeleid tragend). {Parz. 242, 2}

jâmerc ⇨ *jâmerec*.

jâmerec, jâmeric, jæmeric, jâmerc, jæmerc 形 苦しみに満ちた (jammervoll). {Tr. 71112}

jâmer-haft 形 苦しみに満ちた (jammervoll). {Nib. 1014, 1}

jâmer-, jæmer-lich 形 苦悩に満ちた, 痛ましい (jammervoll). ¶ ir gebærde wart sô jæmerlich / daz si niemen hete gesehen, / im enwære ze weinenne geschehen. 娘の身振りはたいへん痛ましく, 誰も涙を流すことなくその姿を見ることはできないほどであった. (aH 1286-8)

jâmer-, jæmer-lîche(n) 副 苦悩に満ちて, 痛ましく (jammervoll). {Ku. 545, 4}

jæmer-lîcheit 女 心の苦しみ (Herzeleid).

jâmern, âmern 動《弱》自 魂の苦しみを感じる (Seelenschmerz empfangen). 非 ① 嘆く (klagen), 苦しむ (leid sein). ② 切なく求める (schmerzlich verlangen). {Ku. 432, 3}

jâmer-stric 男 悲しみの紐 (Band der Trauer). {Parz. 177, 26}

jâmer-tac 男 嘆きの日 (Tag der Klage), 喪の日 (Trauertag).

jâmer-var 形 悲しい, 悲しそうな (traurig).

jâr 中 年 (Jahr). ¶ dô diu kint wâren / komen ze zehen jâren / dô ergreif den vater ouch der tôt. 子供たちが10歳になったとき死が父親をもとらえた. (Gr. 187-9)

格	単　数	複　数
1格	daʒ jâr	diu jâr
2格	des jâres	der jâre
3格	dem jâre	den jâren
4格	daʒ jâr	diu jâr

jâra, jarâ, jâriâ, jarâja 間 〔苦しみや喜び〕ああ (ach), 本当に (wahrlich). {Nib. 477, 3}

jâren, jæren 動《弱》自 再 ① 成人する (mündig werden). ② 年を取る (alt werden). 他 ① 古くする (alt machen). ② 保つ (erhalten). ③ 引き止める (aufhalten), 引き延ばす (hinhalten).

jâr-zal 女 ① 一年の期間 (Jahresfrist). ② 一定の年数 (eine bestimmte Zahl der Jahre). {Iw. 3055}

jâr-zil 中 一年の期間 (Jahresfrist). {Iw. 2942}

jaspîs 男 碧玉 (Jaspis). {Parz. 566, 21}

jêcîs 名 蛇 (Schlange). {Parz. 481, 10}

jegere ⇨ *jägere*.

jegerîe, jagerîe 囲 ① 狩猟術 (Jägerei). ② 追跡 (Verfolgung).

jeger-meister 男 狩猟頭, 狩の親方 (Jägermeister).

jëhe 囲 陳述 (Aussprach), 証言 (Aussage). {Parz. 427, 15}

jëhen, jên 動 V. [3. jach 5. jâhen] ① 言う (sagen), 話す (sprechen). ¶ ich weiz wol daz er selbe giht, / swer grôzen dienest leiste, / des lôn sî ouch der meiste. 私はその方自身が, 大きな手柄を立てた者は, 最高の褒美に価する, と言っているのを知っています. (aH. 1162-4) ¶ Dô si der meister ane sach, / in sînem herzen er des jach / daz schœner krêâtiure / al der werlte wære tiure. 医師がその女の子を見たとき, 医師は心の中で, 世の中にこんなに美しいものはないと思った. (aH. 1197-200)

直説法現在	
ich gihe	wir jëhen
du gihest	ir jëhet
er gihet	si jëhent
直説法過去	
ich jach	wir jâhen
du jæhe	ir jâhet
er jach	si jâhen

jënent, ënent, ënnent 副 向こう側に (jenseits), あの向こうに (drüben).

jënent-, jën-halp, -halben 前 +2 (の)² 向こう側に (jenseits). 副 向こう側で (jenseits).

jëner, ëner 代 〔指代〕あの (jener).

jener, jenner 男 [ラテン語 januarius] 1月 (Januar).

jën-halbe 副 向こう側に (auf jener Seite).

jën-halp ⇨ *jënenthalp.*

jën-sît 副 向こう側に (jenseits). 前 +2 (の)² 向こう側に (jenseits).

jêometrîe 囲 [=*gêometrîe*] 幾何学 (Geometrie). {Parz. 312, 23}

jerachîtes 名 〔宝石〕イェラヒーテス (Jerachites). {Parz. 791, 7}

jeroffel 名 [古フランス語 gorofle] 丁子 (Gewürznelke). {Parz. 790, 2}

jësen, gësen 動 V. 自 ① 発酵する (gären). ② 泡立つ (schäumen). 他 発酵させてつくる (durch Gären bereiten).

jest 男 ① あわ立つ水 (Gischt). ② 泡 (Schaum).

jësten, gisten 動《弱》あわ立つ (schäumen).

	直説法現在		
ich	gise	wir	jësen
du	gisest	ir	jëset
er	giset	si	jësent

	直説法過去		
ich	jas	wir	jâren
du	jære	ir	jâret
er	jas	si	jâren

jëten 動《強》V. 除草する (jäten).

joch[1] 中 ① くびき (Joch). ② 山の岩壁, ヨッホ (Bergjoch). ③ 橋桁 (Brückenjoch).

joch[2], **jô** 接 そして (und), そしてまた (auch). 副 〜も (auch), そればかりか (sogar). 間 本当に (fürwahr), しかし (jedoch). ¶ wan dû sæhe wol hie vor / daz hôch offen stuont mîn tor / nâch wertlîcher wünne / und daz niemen in sînem künne / sînen willen baz hete dan ich: / und was daz joch unmügelich, / wan ich enhete in niht wan gar. というものあなたもご存じの通り, 私の門は世俗的な幸せに向かって広く開かれていて, 誰もその一門に私よりもよく自分の意志通りに振る舞った者はいませんでした. しかし, それは不可能なことでした. 私の思い通りにはなりませんでした. (aH. 385-91)

jude, jüde 男《弱》ユダヤ人 (Jude). {Parz. 12, 8}

jugent 女 ① 若いこと, 青春 (Jugend). ② 若者, 少年 (Junge).

junc 形 [-ges²] 若い (jung). ◇最高級 jungest, ze jungest ＜zuletzt ついには＞. ¶ Der junge wirt der lande, der degen Hartmuot, / diu rede was im ande und dûhte in niht ze guot. その国の若いあるじ, 騎士ハルトムートにはその話は苦々しく, この王には非常に不都合に思われた. (Ku. 992, 1-2)

junc-brunne 男《弱》若返りの泉 (Jungbrunnen).

junc-frouwe = *juncvrouwe*.

junc-fröuwelîn 中 [*juncfrouwe* の縮小語] 少女, 乙女 (Mädchen). ¶ nune was dâ nieman inne / âne die küniginne, / wan kleiniu juncfröuwelîn. しかし, そこには王女の他には若い侍女たち以外には誰もいなかった. (Tr. 11671-3)

junc-hërre, -hêrre 男《弱》① 若い領主 (junger Herr). ② 小姓 (Page), 従僕 (Knecht). ③ 貴族の少年 (Edelknabe). ④ 土地貴族 (Junker). ⑤ (修道院の) 修練士 (Novize).

junc-hêrre-lîn 中 [*junchërre* の縮小語]
junc-lich 形 ① 若い (jung). ② 若者の (jugendlich).
junc-man 男 若い男 (ein junger Mann).
junc-vrouwe, -vrowe, -vrou 女《弱》① 若い女主人 (junge Herrin). ② 身分の高い若い女性 (vornehme junge Frau). ③ 未婚の気高い侍女 (ledige vornehme Dienerin). ④ 少女, 乙女 (Jungfrau). ¶ Er wânde mit im füeren die juncfrouwen dan. ヘルヴィヒ王はすぐにこの王女をそこから連れ出したいと思った. (Ku. 666, 1)
junge[1] 男《弱》① 若者 (Junge). ② 若い男 (ein junger Mann). ③ 弟子 (Jünger). {Parz. 245, 6}
jungelîn 中 [*junge* の縮小語]
junge[2]**, jungede, jungît** 中 〔動物の〕雛, 子 (das Junge).
jungelinc 男 [-ges[2]] 若者 (Jüngling, Knabe). ¶ ouch was er an dem lîbe, / daz jungelinc von wîbe / nie sæleclîcher wart geborn. トリスタンの容姿についても, 母親からそれ以上多くの恵みを受けた者はいなかった. (Tr. 2121-2)
jungen[1] 動《弱》若くなる (jung werden).
jungen[2]**, jüngen** 動《弱》① 若くする (jung machen). ② 若返らせる (verjüngen). {Parz. 175, 11}
junger 男 ① 生徒 (Schüler), 弟子 (Lehrling), 使徒 (Jünger). ② (修道院の) 修練士 (Novize). ③ 若者 (Jüngling).
jungerinne 女 女生徒 (Schülerin).
jungern 動《弱》① 若返らせる (verjüngen), より若くする (jünger machen). ② 新しくする (erneuern).
jungest 女 最後の時 (letzte Zeit), 死の時 (Todeszeit). ¶ Ze jungest dô bedâhte sich / ir herre, der arme Heinrich, / und begunde sagen in / grôze gnâde allen drin / der triuwen und des guotes / (diu maget wart rîches muotes / daz ers gevolgete gerne) / und bereite sich ze Salerne / sô er schierest mohte. 最後に領主哀れなハインリヒは熟慮の末, その真心と善意に対し, 3人に感謝の言葉を述べ, (少女は領主が同意したので喜んでいた) サレルノへ行く準備を出来るだけ早く整えた. (aH. 1011-9)
jungeste, jungest, jungist 副 最後に (zuletzt, jüngst).
jungît ⇨ *junge*[2].
juriste 男《弱》法学者 (Rechtsgelehrter).
just 女 [= *tjoste*] ① (槍による) 一騎打ち (ritterlicher Zweikampf). ② 一騎打ちでの槍の突き (Speerstoß).

justieren 動《弱》[= *tjostieren*] ① （騎士が槍で）一騎打ちをする (eine *tjoste* kämpfen). ② 槍試合をする (mit dem Speer kämpfen).

juven, jûven 形 若い (jung). {Parz. 271, 9}

K

kaf 中 ① 穀物の皮 (Getreidehülse). ② 籾がら, 藁くず (Spreu). ③ 無価値なもの (etwas Wertloses), 何も～ない (nichts).

kafs, kafse, kefse, kefs 女《強・弱》[ラテン語 capsa] ① 小箱 (Kapsel). ② 貯蔵器 (Behälter), 聖遺物容器 (Reliquienbehälter).

kal 形 [-wes²] 毛のない (kahl), はげた (kahlköpfig).

calcedôn, calcidôn 男〔宝石〕カルツェドーン (Chalcedon). {Parz. 735, 21}

calcofôn 名〔宝石〕カルコフォーン (Carcofon). {Parz. 791, 12}

kallen 動《弱》① 響く, 鳴り響く (schallen, tönen). ② 大声でしきりに話す (sprechen), しゃべる (schwatzen, plaudern). ③ 歌う (singen). ④ かあかあ鳴く (krächzen). {Tr. 581}

kalp 中 [-bes²] ① 子牛 (Kalb). ② 愚かな人 (dummer Mensch).

kalt¹ 中 ① 寒さ (Kälte). ② 霜 (Frost).

kalt² 形 寒い, 冷たい (kalt). {Ku. 1143, 3}

kalten, kalden 動《弱》① 冷たく（寒く）なる (kalt werden). ② 冷たくなる, さめる (erkalten). {Tr. 10091}

calzedôn 男 （緑色の宝石）カルツェドーン (Chalcedon). {Tr. 10975}.

kam = *komen* の直説法過去1, 3人称単数.

kâmen = *komen* の直説法過去1, 3人称複数.

camênisch 形 ミューズの, ミューズ独特の (den Musen eigentümlich). {Tr. 4889}

kamerære, kamerer 男 ① 侍従 (Kämmerer). ② 金庫番 (Schatzmeister). ③ 宝物庫の収入係り (Vorsteher und Verwalter der Einkünfte). ④ （女官室や寝室の）召使 (Diener). ⑤ 侍臣の一人 (einer der obersten Hofbeamten). {Parz. 11, 15}

kamerærinne, kamerærîn 女 侍女, 女官 (Kammerfrau). {Tr. 4809}

kamere, kamer 囡 ① 寝室 (Schlafzimmer). ② 貯蔵室 (Vorratskammer), 宝物庫 (Schatzkammer). ③ 王侯の住居 (fürstliche Wohnungen). ④ 裁判所 (Gericht), 裁判室 (Gerichtsstube). ⑤ 部屋 (Kammer). {Parz. 93, 8}

kamer-gewant 囲 (部屋の置物の下の) 布, 布地 (Tuch oder Kleiderzeug unter den Vorräten des Zimmers). {Parz. 353, 8}

kamer-knëht 男 ① (身分の低い) 宮廷の召使 (Hofdiener). ② 下位の侍従 (Unterkämmerer). {Ku. 180, 4}

kampf 男 戦い (Kampf). ¶ einer andern bete er dô bat / (mit wênec liutn er sunder trat), daz Gâwân gæbe im den strît / den er ze rehter kampfes zît / des morgens solde strîten. 彼は二, 三の人たちとかたわらに寄り, もう一つの頼み, ガーヴァインが翌朝, しかるべき戦いの時刻に戦うことになっている勝負を自分に譲って欲しいということを頼んだ. (Parz. 700, 25-9)

kampf-bære 形 一騎打ちができる (zum Zweikampf tüchtig). {Parz. 335, 2}

kampf-genôʒ(e) 男《強・弱》① 戦いの仲間, 味方 (Mitkämpfer). ② 戦いの相手, 敵 (Gegner). {Parz. 212, 6}

kampf-geselle, -geverte 男《弱》① 戦いの相手 (Gegner). ② 戦いの仲間, 味方 (Mitkämpfer). {Iw. 7085}.

kampf-, kempf-lich 形 ① 戦いの, 戦いにふさわしい (zum Kampf gehörig, geeignet). ② 戦う準備ができた (kampffertig, kampfbereit). {Tr. 5879}

kampf-, kempf-lîche 副 ① 戦いの準備をして (kampfbereit). ② 戦いながら (kämpfend). ③ 一騎打ちに挑戦して (zum Zweikampf fordernd). {Parz. 321, 21}

kampf-rëht 囲 ① 正当な決闘権を定める法 (Kampfrecht). ② 決闘の法的要求 (der rechtliche Anspruch an den Zweikampf).

kampf-rëhten 動《弱》① 決闘権を行使する (Kampfrecht üben). ② 法により決闘をする (im gerichtlichen Zweikampf fechten). {Tr. 11299}

kampf-wërc 囲 武具 (Kampfrüstung). {Tr. 6918}

kampf-wîse[1] 形 戦い方を心得た (kampfkundig), 百戦錬磨の (kampferfahren).

kampf-wîse[2] 囡 戦いに関するもの (was zum Kampf gehört). {Iw. 7127}

kanel, kandel, kenel, kener 男 [ラテン語 canalis] ① 運河

(Kanal), 下水溝 (Rinne). ② 管, 導管 (Röhre).

kanne, kannel, kandel 女《強・弱》水差し (Krug, Kanne). {Er. 3496}

kanz-wagen 男 [-wagenes² / 複数 -wagene] 荷馬車 (Lastwagen). {Nib. 92, 2}

kapel-soum 男 礼拝の道具が入った荷物 (Gepäck mit gottesdienstlichen Geräten).

kapf 男 円形の山頂 (Bergkuppe).

kaphen, kapfen, kaffen, gaffen 動《弱》[ahd. chaphên] ① 見る (schauen). ② ぽかんと見つめる (gaffen). ③ 口をあけて見とれる (angaffen). ¶ eins tages si in kapfen sach / ûf die boume nâch der vogele schal. ある日王妃は王子が小鳥の泣き声に耳を傾け, 木の上を眺めているのを見た. (Parz. 118, 24-5)

kappe 女《強・弱》① 頭巾つき外套 (mit Kaputze versehenes, mantelartiges Kleid). ② 野良着, 農夫服 (Bauernkittel). ③ 帽子 (Mütze), 頭巾 (Kappe). ④ 道化帽 (Narrenkappe). ⑤ 頭 (Kopf). {Parz. 313, 7}

kappel ⇨ *kappëlle*.

kappellân, kapellân, kaplân, kapelân 男 [中世ラテン語 capellanus] 副司祭 (Kaplan). {Nib. 1542, 3}.

kappëlle, kappel, kapëlle 女《強・弱》[中世ラテン語 capella] 礼拝堂 (Kapelle). ¶ ze handen si sich viengen, / zer kappeln si giengen : / dâ was ir tweln alsô lanc / unz daz man messe gesanc. 二人は手に手を取って, 礼拝堂へ向かった. そして二人は人々がミサを歌い終えるまでそこに留まった. (Er. 2942-5)

kappel-soum 男 礼拝のための器具 (gottesdienstliches Gerät). {Nib. 1575, 1}

kappûn 男 柔弱な男 (Kapaun).

karacter 男《強・弱》, **karacte** 男《弱》① 文字 (Buchstabe). ② 呪文 (Zauberspruch). ③ 特徴 (Merkmal). ④ 押し型で出来た像 (abgedrückte Figur). {Parz. 470, 24}

karc 形 ① 聡明な (klug), 狡猾な (listig, schlau). ② 陰険な (hinterlistig). ③ 激しい (heftig), 厳しい (streng). ④ 強い (stark). ⑤ 乏しい (knapp), 狭い (eng). ⑥ けちな (unfreigebig), 不毛の (unfruchtbar). {Iw. 5666}

karc-heit, karkeit 女 ① 狡猾さ (Schlauheit), 策略 (List). ② 倹約 (Sparsamkeit). ③ けち, 吝嗇 (Knauserei). {Iw. 8078}

kardamôn 男, **kardamuome** 女 [ラテン語 cardamomum] ① しょうずくの種 (Kardamom). ② 香料の一種 (eine Art Gewürz). {Parz. 790, 2}

karfunkel, karvunkel 男 [ラテン語 carbunculus] ざくろ石 (Karfunkel). {Parz. 791, 1}

karkære, kærkære, ker-kære, -er 男 [ラテン語 carcer] [別形 karkel, kerkel] 牢獄 (Kerker).

kärlingisch, kerlingisch 形 カロリンゲンで使われる (in Kärlingen), フランスの (französisch). {Er. 1547}

karrâsche, karrosche 男《弱》, 女《弱》① 馬車 (Wagen). ② 特に軍旗を掲げた馬車 (Wagen mit dem Feldzeichen). {Parz. 237, 22}

kastâne ⇨ *kestene.*

kaste 男《弱》① 箱 (Kasten), 容器 (Behälter). ② 穀物倉 (Kornspeicher). ③ 住居 (ein bewohntes Haus). ④ (女性の) 胸 (Brust), 胃 (Magen), 額 (Stirn). ⑤ 険しい岩 (schroffer Fels). {Parz. 110, 30}

kástël, kástêl, kastél 中 [ラテン語 castellum] ① 城, 城塞 (Burg, Feste). ② 砦 (Kastel). ③ 包囲攻撃の塔 (Belagerungsturm). ④ 船室 (Kajüte). {Parz. 535, 7}

kastelân 中 [スペイン語 castellano] カスチリア産の馬 (kastilinisches Pferd). {Parz. 121, 24}

katolicô 男 アルメニア教会の首長 (Oberhaupt der armenischen Kirche). {Parz. 563, 7}

kät-sprëche 男 誹謗者, 中傷者 (Verleumder).

kebes, kebese, kebse 女《弱》① 側女, 側室 (Kebsweib). ② 側女の身分 (Konkubinat). {Nib. 846, 2}

kebesen, kebsen 動《弱》自 姦通する (Ehebruch treiben). 他 ① 側女にする (zur Kebse machen). ② 側女のように扱う (wie ein Kebsweib behandeln). {Iw. 3171}

kebes-lich 形 ① 側女にふさわしい (einem Kebesweib gemäß). ② 内縁の (unehelich). {Parz. 415, 26}

kebes-lîche 副 ① 側女のように (wie ein Kebesweib). ② 婚姻外で, 内縁で (unehelich).

kefs, kefse = *kafs, kafse.*

keibe[1] 男《弱》① 死体, なきがら (Leichnam). ② 絞首台に送られるべき人 (Mensch, der den Galgen verdient). ③ 獣疫 (Viehseuche).

keibe[2] 女 帆柱の見張り台 (Mastkorb). {Ku. 1140, 1}
kein 代 [*dehein, nehein* の短縮形] ① ある (irgendein). ② 何も〜ない (kein).
keiser 男 ① 皇帝 (Kaiser). ② 神とキリストの称号 (Prädikat Gottes und Christi). {Parz. 563, 10}
keiser-lich 形 ① 皇帝のような (kaiserlich). ② 素晴らしい (herrlich), 華やかな (prächtig), 美しい (schön). {Tr. 690}
keiser-lîche 副 ① 皇帝のように (kaiserlich). ② 素晴らしく (herrlich), 華美に (prächtig), 美しく (schön).
kël, kële 女《強・弱》① 咽 (Kehle, Schlund). ② 首 (Hals). {Er. 7350}
kelbelîn, kelbel 中 [*kalp* の縮小語] 小さな子牛 (Kalblein).
kelberîn 形 子牛の (von Kalb).
kelte, kalte 女 ① 寒さ (Kälte). ② 寒気, 霜 (Frost). {Ku. 1232, 1}
kelten 動《弱》他 冷たく (寒く) する (kalt machen).
kemben, kemmen 動《弱》[中独 kammen も] くしけずる (kämmen). {Parz. 73, 6}
kemenâte, kamenâte 女《強・弱》① 炉付きの部屋 (Zimmer mit einer Feuerstätte). ② 寝室 (Schlafzimmer). ③ 女性の居間 (Frauengemach). ④ 居間 (Wohnzimmer). ⑤ 裁判室 (Gerichtsstube). ⑥ 住居 (Wohnhaus). ¶ in einer kemenâten / die er vil wol berâten / mit guoter arzenîe vant / hiez er die maget dâ zehant / abe ziehen diu kleit. 医者は良い薬を豊富に揃えた部屋で, すぐにその娘に衣装を脱がさせた. (aH. 1187-91)
kempfe, kenpfe, kampfe 男《弱》, **kempfel, kempfer** 男 ① 自らのために, あるいは代理者として戦う戦士 (der Kämpfer, der für sich oder für einen anderen kämpft). ② 職業戦士 (Berufsfechter). ③ 戦士, 戦う者 (Kämpfer). {Parz. 115, 3}
kempfen, kenpfen 動《弱》戦う (kämpfen). ¶ diz ist gar wider den siten / daz einer kempfe drî man. 一人が三人と戦うことはまったくならわしに逆らっている. (Iw. 4326-7)
kêr 男 ① 方向 (Richtung). ② 転向 (Wendung), 転回 (Umwendung). {Parz. 569, 6}
kerc-lich 形 ① 狡猾な (schlau). ② けちな (karg), 倹約の (sparsam).
kêre, kêr 女 ① [＝kêr] 方向 (Richtung), 方向転換 (Wendung).

kêren, kâren 動《弱》他 ① 向ける (kehren, wenden). ② 方向を与える (eine Richtung geben). 自 ① 向く (sich wenden). ② 向きを変える (sich umwenden). ③ 隣接する (grenzen). ¶ er antwurt sich in sîne pflege, / alser in sît alle wege / mit sînem dienste êrte / und volgt im swar er kêrte / und gestuont im zaller sîner nôt, / unz sî beide schiet der tôt. ライオンは騎士の導きに従い, その後もいつも騎士に仕えて名誉を与え, 騎士がどこへ行こうとも, いつもその後に従い, 死が両者を引き離すときまで, いつも騎士を災いから救った. (Iw. 3877-82)

ker-kære, kerkel 男 [＝*karkære*] 牢獄 (Kerker). {Ku. 1596, 3}

Kerlinc 男 [Kerlinges²], **Kerlinge** 男《弱》① カールの家来 (Untertan von Karl). ② カロリング朝フランスの住民 (Bewohner des karolingischen Frankreichs). ③ フランス人 (Franzose).

Kerlingen 中 [*Kerlinc* の複数 3 格] フランス (Frankreich).

kërn(e) 男《強・弱》① 穀物の種 (Kern). ② 穀物 (Getreide). ③ 内部 (das Innere). ④ 本質 (das Wesentliche), 最上のもの (das Beste). {Parz. 429, 25}

kërnen ⇨ *kirnen.*

kërren 動 III. 2. ① 叫ぶ (schreien). ② 罵る (keifen). ③ いななく (wiehern). ④ ぎしぎし鳴る (knarren). ⑤ ざわざわ音を立てる (rauschen). {Parz. 69, 12}

直説法現在	
ich kirre	wir kërren
du kirrest	ir kërret
er kirret	si kërrent
直説法過去	
ich kar	wir kurren
du kürre	ir kurret
er kar	si kurren

kerze, kërze 女《弱》① ろうそく (Kerze). ② 光 (Licht).

kërze-stal 中 燭台 (Leuchter).

kërze-stoc 男 燭台 (Leuchter). {Parz. 34, 26}

kerzîn 形 ① 蠟燭の (aus Kerzen bestehend). ② 蠟燭の役をする (zu Kerzen dienend). {Parz. 641, 16}

kestene, kesten, kastâne 女 [ラテン語 castanea] 栗の実と樹

木 (die Frucht und der Baum der Kastanie).

kestigen 動《弱》① 苦しめる (quälen). ② 償わせる (büßen lassen). ③ 難行苦行する (kasteien). ④ 懲罰する (züchtigen, 罰する (strafen).

keten(e) 囡《強・弱》① 鉄の鎖, いましめ (eiserne Kette, Fessel). ② 装飾の鎖 (Kette als Schmuck). ③ 犬の首輪 (Halsband eines Hundes). {Iw. 591}

këwe ⇨ *kiuwe.*

keʒʒel 男 ① 鍋, 釜 (Kessel). ② 容器 (Behälter). ③ 鍋形のくぼみ (kesselförmige Vertiefung). {Nib. 777, 2}

kicken ⇨ *quicken.*

kiel 男 (かなり大きな) 船 (Schiff). ¶ Hie mite strichen die kiele hin. / si beide heten under in / guoten wint und guote var. そのようにして船は進んでいった. 2艘の船は共に順風を受け, 快適に航行した. (Tr. 11649-51) {Ku. 86, 1}

kiel-gesinde 田 船の乗組員, 船員 (Schiffsmannschaft, Schiffsvolk). {Tr. 2335}

kiel-kemenâte 囡《弱》船室, 客室 (Kajüte, Schiffskammer). {Tr. 11542}

kiesen 動 II. 2. [1. kiuse 3. kôs 5. kurn 6. gekorn] ① 選ぶ (wählen, erwählen). ② 試みる (versuchen), 調べる (prüfen). ③ 知覚する (wahrnehmen). ④ 調べながら見る (prüfend sehen). ⑤ 見分ける, 認識する (erkennen). {Nib. 122, 3}

直説法現在	
ich kiuse	wir kiesen
du kiusest	ir kieset
er kiuset	si kiesent
直説法過去	
ich kôs	wir kurn
du küre	ir kurt
er kôs	si kurn

kindel 田 小さい子供 (Kindlein). {Nib. 1924, 3}

kindelîn 田 小さい子供 (Kindlein). {Nib. 28, 2}

kindisch, kindesch 形 ① 若い (jung), 年少の (jugendlich). ② 子供らしい (kindlich), 子供っぽい (kindisch). ③ 子供向きの (den Kindern angemessen).

kinne, kin 中 あご (Kinn).

kinne-, kin-bein 中 あご (Kinn). {Iw. 461}

kint[1] 中 [kindes[2]] 子供 (Kind). ¶ liebez kint, dâ von gedage : / ez ist uns alsô leit sô dir. 可愛い娘よ、そのことはお黙り。私たちもお前と同じように悲しいのだから。(aH. 502-3)

kint[2] 形 ① 若い (jung). ② 幼稚な (kindisch). 単純な (einfältig).

kint-bære 形 ① 妊娠している (schwanger). ② 子供を生める (fähig zum Kindergebären).

kint-heit 女 ① 幼少時, 幼い頃 (Kindheit, kindliches Alter). ② 未熟さ (Unerfahrenheit). ③ 無知 (Unverstand). {Iw. 5671}

kint-lich 形 ① 子供にふさわしい (einem Kind gemäß), 子供らしい (kindlich). ② 若々しい (jugendlich), 若い (jung). ③ 少女の, 少女のような (jungfräulich).

kint-lîche 副 ① 子供がするように (wie es ein Kind tut). ② 単純に (einfältig).

kint-spil 中 子供の遊び (Kinderspiel). {Ku. 858, 2}

kipper 男 騎士らしくない戦士 (Kämpfer, der nicht rittermäßig ist). {Parz. 351, 17}

kirche 女《弱》[アレマン方言 kilche] ① 教会 (Kirche). ② ユダヤ教寺院 (der judische Tempel). ③ 教会主義 (Kirchentum). ④ 神父職 (Pfarrstelle). {Nib. 299, 3}

格	単 数	複 数
1格	diu kirche	die kirchen
2格	der kirchen	der kirchen
3格	der kirchen	den kirchen
4格	die kirche	die kirchen

kirch-hof, kirchof 男 [-hoves[2]] 教会の中庭 (Kirchhof).

kirnen, kërnen 動《弱》① 種を取り出す (den Kern ausmachen). ② 核をつくる (den Kern bilden), 芽を出す (keimen). {Parz. 254, 18}

kiste 女《強・弱》[ラテン語 cista] ① 箱 (Kiste, Kasten). ② 衣装箱 (Kleiderkasten). ③ 棺 (Sarg).

kît, kidet, quidet = *quëden* の直説法現在3人称単数.

kiule 女《弱》① こん棒 (Keule). ② 棹 (Stange). ③ 棒, 杖 (Stock). {Parz. 75, 7}

kiusche[1] 女 ① 処女の純粋さ (jungfräuliche Reinheit). ② 貞節

(Keuschheit). ③ 控え目さ (Sittsamkeit), 温和さ (Sanftmut). {Parz. 3, 2}

kiusche², kiusch 形 ① 貞節な (keusch). ② 罪のない, 無邪気な (unschuldig), 純粋な (rein). ③ 礼儀正しい (züchtig), 内気の (schamhaft). ④ 宗教的な誓いにより独身の (nach religiösem Gelübde unvermählt). ⑤ 温和な (sanftmütig), 穏やかな (ruhig), 控え目な (sittsam).

kiuschec, kiusch-lich = *kiusche*. {Parz. 493, 24}

kiuschec-lîche 副 ① 貞節に (keusch). ② 罪なく, 無邪気に (unschuldig). {Parz. 367, 27}

kiut = *kiuwen* の短縮形 *kiun* の直説法現在3人称単数.

kiuwe, kiwe, këwe, kouwe 女《強・弱》① あご (Kiefer). ② 口, のど (Rachen). ③ 料理 (Speise).

kiuwen, kiun, kewen, kiwen 動 II. 1. [中独 kiugen, kûgen, kûwen] [3. kou 6. gekouwen] 他 噛む, 咀嚼する (kauen).

klâ, klawe 女《強・弱》① つめ, けづめ (Kralle), かぎづめ (Klaue). ② 動物の足, 前足 (Pfote, Tatze). ③ 有蹄動物 (Klauenvieh), 有角獣 (Hornvieh). {Parz. 71, 20}

klac 男 [klackes²] ① 裂目 (Spalt, Riss). ② 大きな音, 騒音 (Krach). ③ はね, しみ (Kleck). {Parz. 379, 11}

klaffen 動《弱》① 鳴る (klappern), 鳴り響く (schallen, tönen). ② しゃべる (schwatzen), 大声で話す (laut sprechen). ③ 開く (sich öffnen), 口が開く (klaffen). {Nib. 1601, 2}

klafter 女《強・弱》① 両腕を広げた長さ (Maß der ausgebreiteten Arme). ② 〔長さの単位〕クラフター (Klafter).

klage 女 ① 嘆き (Klage). ② 訴え (Klage vor Gericht). ③ 苦しみ (Leid). ¶ dâ mite ist wendec al mîn klage. それによって私の苦しみはすっかり終わる. (Parz. 795, 14)

klage-bære 形 ① 悲しむに価する, 悲しむべき (beklagenswert). ② 嘆いている (klagend). ¶ an dirre veigen lantwer / wart der vil klagebære erslagen. この国を守る戦いで, たいへん嘆き悲しまれるべき人が討たれた. (Tr. 1674-5).

klage-haft, -haftic 形 ① 嘆いている (klagend). ② 告訴者の (vom Kläger), 訴訟の (von der Klage). ③ 訴求されたものの (von der eingeklagten Sache). {Parz. 526, 24}

klage-, klæge-, klege-lich 形 ① 嘆いている (klagend). ② 嘆くべき, 嘆くに価する (beklagenswert).

klage-, klæge-, klege-lîche 副 ① 嘆いて (klagend). ② 嘆くに価して (beklagenswert). {Ku. 54, 1}

klage-mære 中 悲しみ, 悲嘆 (Wehklage). {Tr. 1416}

klagen 動《弱》自 嘆く (klagen). 他 ① 悲しむ (beklagen). ② 告訴する (verklagen). ¶ dem müezez sîn geklaget / daz ich unz morgen leben sol. 私が明日まで生きのびることが神によって嘆かれてあるように. (aH. 706-7)

klage-nôt 女 悲嘆 (klägliche Not), 悲しみ (Trauer). {Tr. 2375}

klage-sam 形 嘆くべき (beklagenswert).

klage-wort 中 嘆き (Klage).

klam = *klimmen* の直説法過去 1, 3 人称単数.

klanc[1] 男 [klanges[2]] ① 歌の響き (Klang des Gesangs). ② 鐘の音 (Klang von Glocken). ③ 水の落ちる音 (das Plätschern des Wassers).

klanc[2] = *klingen* の直説法過去 1, 3 人称単数.

klâr 形 ① 澄んだ (klar), 明るい (hell). ② 純粋な (rein). ③ 輝いた (glänzend). ④ 美しい (schön), 素晴らしい (herrlich). ⑤ 明瞭な (deutlich). ¶ ê wâren im vür wâr / diu ougen gelph unde klâr. 以前はじっさい, 彼の目は明るく澄んでいた. (Gr. 3435-6)

klâren 動《弱》自 ① 明らかである (klar sein). ② 明らかになる (klar werden). 他 明らかにする (klar machen).

klæren 動《弱》他 再 ① 明らかにする (klar machen). ② 照らす (verklären). ③ 説明する (erklären). ④ 知らせる (verkünden). ⑤ 開く (eröffnen).

klârêt, klârët, klarêt 男 (薬味, 薬草, 蜂蜜を加えた) 赤葡萄酒 (Rotwein). {Parz. 809, 29}

klâr-lich 形 ① 明らかな, 透明な (klar). ② 明るい (hell), 輝いた (glänzend), 美しい (schön). ③ はっきりした (deutlich).

klâr-lîche 副 ① 明らかに, 透明に (mit Klarheit). ② 輝いて (glänzend). ③ はっきりと (deutlich).

klê 男 中 [klêwes[2]] クローバー (Klee). ¶ da ensprungen bluomen unde klê / zwischen mir und eime sê. その時私と湖の間には花が咲き, クローバーが茂っていた. (Wa. 75, 33-4)

klëben 動《弱》自 くっつく (kleben, haften). 他 くっつける (kleben machen). {Tr. 17528}

klëbe-wort 中 注意を引く語 (Aufmerksamkeit erregendes Wort). {Tr. 12997}

kleiben 動《弱》① 粘着させる (kleben machen). ② 付着させる (heften, befestigen). ③ 塗る (streichen, schmieren).

kleiden 動《弱》① 着せる (kleiden, bekleiden). ② 飾る, 装備する (ausstatten). ¶ dô der gnâdelôse gast / sîne maget wider kleite / und den arzât bereite / als er gedinget hâte, / dô vuor er alsô drâte / wider heim ze lande. 不運な客が連れてきた少女にまた衣服を着せ, 医者に約束通りのものを支払ったとき, 騎士はすぐに故国へ旅立った. (aH. 1342-7)

kleider = *kleit* の複数形.

kleine¹, klein 形 ① 小さな (klein). ② かわいい (hübsch). ③ わずかな (gering).

kleine², klein 副 ① 繊細に (fein). ② わずかに (wenig). ③ まったくない (gar nicht). {Ku. 56, 3}.

kleine³ 女 ① 繊細さ (Feinheit), 小ささ (Kleinheit). ② 尖端 (Spitze).

klein-heit 女 ① 繊細さ (Feinheit). ② 微小, 小さいこと (Kleinheit).

kleinôt, kleinœte, kleinœde, kleinât, kleinet 中 ① 小さいもの (kleines Ding). ② つまらないもの (Kleinigkeit). ③ 宝物, 宝石, 装身具 (Kleinod). ④ たいへん貴重なもの (etwas sehr Kostbares). {Ku. 253, 4}

kleit 中 [-des², 複数 kleider] ① 着物, 衣服 (Kleid). ② 布地 (Gewandstoff).

klengen, klenken 動《弱》他 ① 響かせる (klingen lassen). ② 広げる (ausbreiten). 自 響く (klingen), 歌う (singen). {Nib. 1964, 4}

klenken 動《弱》① 巻きつける (schlingen). ② 編む (flechten), 編み合わせる (verflechten).

klîben 動 I. 1. 自 ① 粘着している (kleben). ② 根を張る (Wurzel fassen), 成長する (wachsen). ③ 栄える (gedeihen). 他 粘着させる (kleben machen).

klieben 動 II. 1. 他 割る (klieben), 裂く (spalten). 自 再 割れる, 裂ける (sich spalten). {Parz. 384, 21}

直説法現在	
ich kliube	wir klieben
du kliubest	ir kliebet
er kliubet	si kliebent

klimmen

	直説法過去	
ich kloup	wir	kluben
du klübe	ir	klubet
er kloup	si	kluben

klimmen, klimben 動 III. 1. 自 登る (klettern, klimmen). 他 ① (に)⁴ よじ登る, 登る (erklettern, erklimmen). ③ つかむ, つかまえる (packen).

	直説法現在	
ich klimme	wir	klimmen
du klimmest	ir	klimmet
er klimmet	si	klimment
	直説法過去	
ich klam	wir	klummen
du klümme	ir	klummet
er klam	si	klummen

klimpfen 動 III. 1. 他 再 ① 押す (drücken). ② 閉じ込める (einengen). ③ 丸める, 球形にする (ballen). {Parz. 350, 10}

klinge 女《強・弱》① 刀の刃 (Klinge des Schwertes). ② ナイフの刃 (Messerklinge). ③ 峡谷 (Talschlucht), 山間の小川 (Gebirgsbach).

klingen 動 III. 1. 自 ① 響く (klingen), 鳴り響く (tönen). ② ざわざわ音がする (rauschen). ③ 鳴り始める (erklingen). 他 ① 音を出す, 響かせる (Klang machen). ② 鳴り響かせる (klingen lassen). {Nib. 1040, 1}

klobe 男《弱》① いましめ (Fessel), 足枷 (Fußfessel). ② 裂目 (Spalt). ③ 小束 (Bündel). ④ (小鳥などを) 挟んで捕まえるための割れた木片 (gespaltenes Holzstück zum Klemmen). {Parz. 273, 26}

klopfen 動《弱》自 他 ① とんとん叩く (klopfen). ② 打つ (schlagen). 自 驚く, びっくりする (schrecken).

klôse, klôs, 女 ① 庵室 (Klause), 修道院内の私室 (Klosterzelle). ② 修道院 (Kloster). ③ 岩の裂目 (Felsspalte). ④ 垣根を巡らせた庭園 (umzäunter Garten). {Parz. 268, 27}

klôsenære, -er 男 世捨て人 (Einsiedler), 隠者 (Klausner).

klôster 中 [ラテン語 claustrum] 修道院 (Kloster). {Ku. 909, 3}

klôster-hërre 男《弱》① 聖職者 (Geistlicher). ② 修道士

(Mönch).

klôster-knëht 男 修道士 (Mönch).

klôster-liute = *klôsterman* の複数.

klôster-man 男 ① 聖職者, 修道士 (Mönch). ② 家来, 家臣 (Untertan). ③ 修道院の隷属者 (Höriger eines Klosters).

klôʒ 男 ① 堆積 (Klumpe). ② 塊 (Knollen). ③ 球 (Kugel). ④ 楔 (Keil). {Parz. 10, 5}

kluft 女 ① 割れ目 (Spalt). ② 峡谷 (Kluft). ③ 洞穴 (Höhle). ④ やっとこ (Zanke). ⑤ 割り木 (Klotz).

klungen = *klingen* の直説法過去 1, 3 人称複数.

kluoc 形 [kluoges²] ① 繊細な (fein), 柔軟な (zart). ② 美しい (hübsch). ③ 勇敢な (tapfer). ④ 宮廷的な (höfisch). ⑤ 賢明な (weise), 利口な (klug). ⑥ 狡猾な (schlau). ⑦ 繁茂した (üppig). {Parz. 59, 30}

kluoc-heit, kluokeit 女 ① 繊細さ (Feinheit). ② 礼儀正さ (feines Benehmen). ③ 賢さ (Klugheit). ④ 狡猾さ (Schlauheit). ⑤ 策略 (List).

klupf 男 驚き, 恐れ, 恐怖 (Schreck).

klupfen 動 《弱》 驚く (schrecken).

klûse, klûs 女 《強・弱》 [= *klôse*] ① 庵室, 私室 (Klause). ② 岩の裂目 (Felsspalte). ③ 隘路 (Engpass). ④ 人里離れた住まい (abgeschlossene Wohnung). {Ku. 427, 4}

knabe 男 《弱》 [中独 knave も] ① 少年 (Knabe), 若者 (Junge). ② 新参の職人 (Jüngling). ③ 男性 (Mann). ④ 仲間 (Bursche, Kerl). ⑤ 若い召使い (junger Diener). ⑥ 侍童 (Page). ⑦ 小姓 (Knappe). {Parz. 18, 23 / Ku. 42, 2}

knappe 男 《弱》 ① 少年 (Knabe, Junge). ② 小姓 (Knappe). ③ 若い召使 (junger Diener). ④ 弟子 (Lehrling). ¶ der knappe alsus verborgen wart / zer waste in Soltâne erzogen, / an küneclîcher fuore betrogn; / ez enmöht an eime site sîn. 少年はこのように隠され, ゾルターネの森で育てられ, 王家の生活習慣からは目隠しされていたが, 一つだけは別であった. (Parz. 117, 30-118, 3)

knappe-lich 形 若者にふさわしい (einem Jungen zukommend). {Parz. 648, 5}

knëht 男 ① 家来 (Knecht), 召使 (Diener). ② 少年, 若者 (Knabe, Jüngling). ③ 弟子 (Lehrling). ④ 職人 (Geselle). {Nib. 1649, 1}

knie 中 (人と動物の) 膝 (Knie). {Er. 849}

knien

格	単　数	複　数
1格	daʒ knie	diu knie
2格	des kniewes	der kniewe
3格	dem kniewe	den kniewen
4格	daʒ knie	diu knie

knien ⇨ *kniewen.*

kniewen, kniuwen, knien 動《弱》① ひざまずく(auf die Knien fallen). ② ひざまずいている (auf den Knien liegen, knien).

knode, knote 男《弱》① 結び目 (Knoten)，わな (Schlinge). ② 謎 (Rätzel). {Parz. 257, 14}

knolle 男《弱》① 土の塊 (Erdscholle). ② 堆積 (Klumpen). ③ 粗野な人 (ein grober Mensch). ④ 農民 (Bauer). {Parz. 17, 23}

knopf 男 ① (作物の) 芽，つぼみ (Knopf an Gewächsen). ② 刀の柄頭 (Schwertknauf). ③ 球 (Kugel). ④ 屋根の柱頭 (Dachknauf). ⑤ 丘 (Hügel).

knouf 男 ① 亜麻の球茎 (Flachbolle). ② (刀の) 柄頭 (Knauf am Schwert). ③ (塔の) 柱頭，頭部 (Knauf auf einem Turm).

koch 男 [複数 köche] 料理人 (Koch). ¶ gein küchen sande er zestunt / daz man den köchen tæte kunt / daz si des war næmen, / swie schiere daz si kæmen, / daz in daz ezzen wære bereit. 彼はすぐに調理場へ人をやり，自分たちがどんなに早く戻ってきてもいつでも食事ができるようにしておくように料理人たちに伝えさせた. (Er. 3088-92)

kocher, kochære 男《弱》① うつわ (Gefäß). ② 貯蔵器 (Behälter). ③ 矢筒，矢の入れ物 (Pfeilköcher). ④ 魚の輸送用容物 (Gefäß zum Fischtransport). ⑤ 球の鋳型 (Kugelgussform). {Parz. 139, 10} {Nib. 952, 4}

kocke 男《弱》コッゲ船 (Kogge), 貨物船 (Lastschiff). {Ku. 257, 1}

kol 男《強・弱》① 石炭 (Kohle). ② 石炭の山 (Kohlhaufe).

kôl, kœle, kœl 男 ① キャベツ (Kohl). ② キャベツの結球 (Kohlkopf).

kolbe 男《弱》① 棍棒 (Kolben). ② 武器として棍棒 (Keule als Waffe). ③ 道化の棒 (Kolben des Narren). ④ こん棒に似た植物 (kolbenähnliche Pflanze). {Parz. 570, 5}

koler, köler 男 炭焼き人 (Köhler, Kohlenbrenner).

koller, kollier, kolner, goller 中 [=*gollier*] ① 首当て (Halsbekleidung). ② 男女の衣服の襟元 (Koller). ③ 馬の首輪 (Kumet des Pferdes). {Parz. 739, 4}

kolter 田 [ラテン語 culter] 鋤の刃 (Pflugmesser).

kolter ⇨ *kulter.*

kolze, golze 男《弱》① 足当て (Fußbekleidung). ② すねあて (Beinbekleidung). {Parz. 683, 17}

kom = *komen* の直説法過去 1, 3 人称単数.

komen, kumen, quëmen 動 IV. [別形 këmen] [3. kam, kom, quam 5. kâmen, kômen, quâmen 6. komen] 来る (kommen). ¶ nû daz si vür in komen sint, / mâge man und dienestman, / sîniu kint sach er dô an: 親類, 家臣, それに家来たちが領主の前に揃うと, 彼は自分の子供たちの方に目を向けた. (Gr. 200-2) ¶ zewâre ich enwære her niht komen, / wan daz ich mich weste / des muotes alsô veste / daz ichz wol mac dulden. 私はそれに耐えられるという決心ができていることに自信がなかったらここへは来なかったでしょうに. (aH. 1134-6)

直説法現在
ich kume, küme, quime
du kum(e)st, küm(e)st, quimest
er kum(e)t, küm(e)t, quimet
wir komen, kumen, quëmen
ir komet, kumet, quëmet
si koment, kument, quëment

直説法過去
ich kom, kam, quam
du kœme, kæme, quæme
er kom, kam, quam
wir kômen, kâmen, quâmen
ir kômet, kâmet, quâmet
si kômen, kâmen, quâmen

kômen = *komen* の直説法過去 1, 3 人称複数.

kompân, kumpân 男 [古フランス語 compaign] ① 仲間 (Geselle, Genosse). ② 町の役所の所有者 (Besitzer einer städtischen Behörde). {Parz. 158, 18}

kompânîe, kumpânîe, gumpenîe, 女 [別形 kumpânîe, gumpenîe] [古フランス語 compagnie] ① 会合, 社会 (Gesellschaft). ②

concîlje

仲間, 同輩関係, 組合 (Genossenschaft). {Parz. 147, 18}

concîlje 中 [ラテン語 concilium] 集会, 会議 (Zusammenkunft). {Tr. 15307}

condewier, condwier 中 ① 随行, 護衛 (Geleite). ② 護衛者 (Begleiter). {Parz. 401, 13}

condewieren, cundewieren 動《弱》[ラテン語 conducere] ① 導く (führen). ② 随行する, 警護する (geleiten). {Parz. 155, 18 / Tr. 3327}

kone, kon, kan, kun, quëne 女《弱》① 女, 女性 (Weib, Frau). ② 既婚女性, 妻 (Ehefrau). {Parz. 474, 19}

kone-, kon-lich 形 婚姻の (ehelich).

kone-mâc 男 ① 妻方の親類 (Verwandter von der Ehefrau). ② 義兄弟 (Schwager).

kone-man 男 夫 (Ehemann).

cons 男 [= *cuns*] [フランス語 comte, ラテン語 comes] 代官, 伯 (Graf).

contenanze 女 [古フランス語 contenance] 態度 (Haltung). {Tr. 6493}

converse 男《弱》助修士 (Laienbruder).

kopf, koph 男 中 ① 杯 (Becher), 飲物容器 (Gefäß). ② 放血器 (Schröpfkopf). ③ 頭 (Kopf), 頭蓋 (Hirnschale). ④ 〔液体の体積の単位〕2 ザイデル (Seidel). {Parz. 3, 12}

kôr 男 [ラテン語 chorus] ① 教会の合唱 (Kirchenchor). ② 合唱団 (Gesamtheit der Sänger). ③ (天上の神とその軍勢の) 居所 (Wohnung im Himmel). ④ 天上の天使の居所 (Abteilung der Engel im Himmel).

coralîs 名 〔宝石〕コラリース (Coralis). {Parz. 791, 4}

cordieren 動《弱》[古フランス語 corder] 弦を張る (mit Saiten beziehen). {Tr. 13126}

kôr-gesinde 中 ① 合唱団 (Chorsängerschaft). ② 合唱団の少年歌手 (Chorknabe). {Tr. 1556}.

korn, koren 動《弱》① (の)²味を試す (kosten). ② 試みる (versuchen). ③ 選ぶ (wählen).

cornîol 名 〔宝石〕コルニオール (Corniol). {Parz. 791, 13}

kôs = *kiesen* の直説法過去 1, 3 人称単数.

kôsen 動《弱》[フランス語 choser] ① 話す (sprechen). ② しゃべる (plaudern). {Ku. 1276, 3}

koste, kost 男《強・弱》女 ① 支出 (Kostenaufwand). ② 値段 (Preis). ③ 料理 (Speise). ④ 食品 (Lebensmittel). ⑤ 費用 (Aufwand). ¶ si wâren in swacher koste ; jâ wâten die kalten merzischen winde. 娘たちはみすぼらしい身なりをしていた. そればかりか冷たい三月の風が吹いていた. (Ku. 1216, 4)

kost(e)bære 形 高価な (teuer), 貴重な (kostbar). {Parz. 674, 29}

kostec-lich 形 ① 美味しい (köstlich). ② 貴重な, 高価な (kostbar). {Parz. 674, 29}

kostec-lîche 副 ① 貴重に (kostbar). ② 費用をかけて (mit großem Aufwand).

koste-, kost-lich 形 ① 貴重な, 類い稀な (köstlich). ② 高価な (kostbar). ③ 素晴らしい (herrlich).

koste-, kosten-lîche 副 ① 高価に (auf kostbare Weise). ② 大きな出費を伴って (mit Kosten, mit großem Aufwand). {Ku. 1104, 4}

kosten[1] 動《弱》他 ① 支出する (ausgeben). ② かかる (kosten).

kosten[2] 動《弱》他 ① 見て調べる (prüfend schauen). ② 知覚する (wahrnehmen). ③ 認める (erkennen). ④ 味わってみる (schmeckend prüfen).

kotze 男《弱》① 粗い毛織物 (grobes Wollenzeug). ② 毛の掛け布団 (Decke). ③ 毛織物の衣服 (Kleid aus Wollen).

kouf 男 ① 取引 (Handel), 交換 (Tausch). ② 協定, 申し合わせ (Verabredung). ③ 仕事 (Geschäft). ④ 商品 (Ware). ⑤ 代価 (Preis), 支出 (Bezahlung). {Ku. 253, 1}

koufen 動《弱》自 ① 商う, 取引をする (handeln). ② 買う (kaufen). 他 ① 買う (kaufen). ② 買って手に入れる (erkaufen). ③ 稼ぐ (verdienen), 獲得する (gewinnen). ④ 売る (verkaufen). {Ku. 325, 1}

kouf-genôʒ 男 取引の相手, 仲間 (Handelsgefährte). {Tr. 7588}

kouf-liute 複 [*koufman* の複数] 商人たち (Kaufleute). ¶ wir sîn koufliute und haben in dem scheffe rîche herren. 私たちは商人で, 船には多数の裕福な商人たちが乗っています. (Ku. 294, 4)

kouf-man 男 [複数 koufliute] ① 商人 (Kaufmann). ② 買手 (Käufer). ③ 売手 (Verkäufer).

kouf-mennine 女《弱》① 商人の妻 (Kaufmannsfrau). ② 女商人 (Händlerin).

kouf-rât 男 ① 売物, 売るための貯蔵品 (Vorrat zum Verkauf). ②

kouf-schif

商品 (Ware). ③ 商業 (Kaufmannsgewerbe). {Tr. 2161}

kouf-schif 田 商船 (Handelsschiff). {Tr. 2150}

kouf-wîp 田 ① 商人の妻 (Kaufmannsfrau), 小売り商の妻 (Frau des Krämers). ② 女商人 (Händlerin).

covertiure, covertiur 囡 [フランス語 couverturs, 中世ラテン語 coopertorium]（馬の鉄の覆いの上に掛ける）飾りのついたビロードの覆い (verzierte Samtdecke). {Parz. 14, 16}

krâ, krâe, krâwe 囡《強・弱》① 鴉 (Krähe). ② 鶴 (Kranich). ③ 椋鳥 (Star).

krach[1] 男 ① 音 (Schall). ② ばりっという音 (Krach). ③ 裂ける音 (Riss). ④ 亀裂 (Sprung). {Parz. 646, 3}

krach[2] ⇒ *krage*.

krachen 動《弱》① ばりっと音がする (krachen). ② 音を立てて折れる (krachend brechen). {Ku. 109, 3}

kradem 男 ① 騒音 (Lärm). ② 轟き (Getöse). {Ku. 1499, 2}

kraft 囡 [krefte[2]] ① 力 (Kraft). ② 多量 (Fülle), 多数 (Menge). ③ 権力 (Macht). ¶ sînes steines kraft ist guot : / er gît gelücke und senften muot : / er ist sælec der in treit. その指輪の石の力は確かなものです. その石は幸福と穏やかさを与え, その石を持っている人は幸福です. (Iw. 2953-5)

格	単　数	複　数
1格	diu kraft	die krefte
2格	der krefte, kraft	der krefte
3格	der krefte, kraft	den kreften
4格	die kraft	die krefte

krage 男《弱》, **krach** 男 ① （人と動物の）首 (Hals). ② 首の覆い (Bekleidung des Halses). ③ 襟 (Halskragen). ④ 内蔵, 蔵物 (Gekröse). ⑤ 愚か者 (Narr, Tor). {Tr. 2985}

kræjen 動《弱》鳴く (krähen).

krâm 男 ① テントの被い (Zeltdecke). ② 小売店の被い (Bedeckung eines Kramstandes). ③ 小売店 (die Krambude). ④ 商品 (Ware). ⑤ 小売店で買ったもの (was man im Kram gekauft hat).

krâmære, krâmer 男 ① 商人 (Handelsmann, Kaufmann). ② 小売り商 (Krämer). {Parz. 561, 5}

krâm-gewant 田 ① 布地, 服地 (Kleiderstoff). ② 商品としての織物 (gewebte Waren).

kranc[1] 男 ① 不足 (Mangel), 弱さ (Schwäche, Schwachheit). ② 不完全さ (Unvollkommenheit). ③ 取り壊し (Abbruch), 損害 (Schaden). {Parz. 458, 3}

kranc[2] 形 ① 力のない (kraftlos), 弱い (schwach). ② 狭い (schmal), 細い (schlank). ③ 価値のない (wertlos), 取るに足りない (gering). ④ 悪い (schlecht), 惨めな (armselig). ⑤ 病の (krank). {Parz. 3, 16} ¶ jâ ist einer selhen nôt / wîbes herze ze kranc. このような苦しみに対しては女の心は弱すぎます. (Er. 3165-6)

kranech, kranch, kranc 男, **kraneche, kranche** 男《弱》[中 独 kran, krane も] ① 鶴 (Kranich). ② クレーン, 起重機 (Kran), 荷物巻き上げ機 (Hebezeug für Laster). {Parz. 400, 3}

kranken 動《弱》自 弱くなる (schwach werden), 病気になる (krank werden). 他 ① 弱くする (schwach machen). ② 害する (schädigen).

krank-heit, krankeit 女 ① 弱さ (Schwäche, Schwachheit). ② 貧弱さ (Dürftigkeit), 価値の低さ (Geringheit). ③ 困窮 (Not). ④ 病気 (Krankheit). {Parz. 361, 21}

kranz 男 ① 冠, 花冠 (Kranz). ② 栄冠 (Kranz als Ehrenpreis). ③ 焼き菓子の一種 (Backwerk). {Parz. 461, 18}

krapfe, kraphe 男《弱》① 油で揚げた菓子 (Krapfen). ② 睾丸 (Hode). {Parz. 184, 25 / 207, 2}.

kratzen, kretzen, krazen 動《弱》掻く, 掻きむしる (kratzen).

kraz 男 [-tzes[2]] ① ひっかくこと (das Kratzen, Riss). ② 掻き傷 (Schramme), 傷 (Wunde). {Parz. 155, 12}

krêatiure, crêatiur(e), -tûr(e) 女《強・弱》被造物, 生き物 (Geschöpf).

kreftec, kreftic 形 [gcs[2]] 力強い (kräftig). {Ku. 21, 1}

kreftec-lich 形 ① 強力な (gewaltig), 権勢に満ちた (mächtig), 強い (stark). ② 無数の (zahlreich). ③ 多くの (viel). {Parz. 203, 13}

kreftec-lîche 副 ① 強力に (gewaltig), 権勢豊かに (mächtig). ② 無数に (zahlreich). ③ たいへん (sehr).

kreften 動《弱》他 ① 力づける (kräftigen). ② 強める (stärken). 自 力強くなる (kräftig werden).

kreftigen 動《弱》① 強める (stärken), 力強くする (kräftigen). ② 多くする (mehren).

kregelîn 中 [*krage* の縮小語] ① 小さい首 (kleiner Hals). ② 小さい襟 (kleiner Halskragen).

kreiieren, kreigieren, krîieren ⇒ *kroijieren.*

kreiʒ 男 ① 環状の線 (Kreislinie), 周囲 (Umkreis). ② 囲まれた決闘場 (Kampfplatz), 裁きの輪 (gerichtlicher Kreis). ③ 魔法の輪 (Zauberkreis). ④ 領域 (Gebiet).

krenke 女 ① 弱いこと (Schwäche), 弱さ (Schwachheit). ② 価値のなさ (Geringheit). ③ 腰 (Taille). {Parz. 232, 29}

krenken 動《弱》他再 ① 弱くする (schwächen), 少なくする (mindern). ② 害する (schädigen), 滅ぼす (verderben). ③ 苦しめる (plagen), 心を煩わす (bekümmern). 自 ① 弱い (schwach sein). ② 弱くなる (schwach werden).

krîe, krî 女 [フランス語 crie] ① 叫び (Schrei), 戦いの叫び (Schlachtruf). ② 合い言葉 (Losung). ③ 兜の印 (Helmzeichen). ④ 群れ (Schar). ⑤ 風説, 名声 (Fama).

kriec, krieg 男 [krieges²] ① (獲得する) 苦労 (Anstrengung nach etwas), 努力 (das Streben). ② 反抗 (Widerstand). ③ 交戦 (Anfechtung), 争い (Streit), 戦い (Kampf). ④ 競争, 競技 (Wettstreit). ⑤ 不和 (Zwist), 不一致 (Zwietracht). ⑥ 掴み合い (handgreiflicher Streit). ⑦ 一騎打ち (Kampf zwischen zweien). ⑧ 戦争, 武力抗争 (Kampf). ⑨ 論争 (Disputation). ⑩ 訴訟 (Rechtshandel). {Tr. 11243}

Krieche 男《弱》ギリシャ人 (Grieche).

Kriechen 名 ギリシャ (Griechenland). {Parz. 563, 8}

kriechen 動 II.1. ① 曲がる, かがむ (schmiegen). ② 這う (kriechen), 忍び足で歩く (schleichen).

直説法現在	
ich kriuche	wir kriechen
du kriuchest	ir kriechet
er kriuchet	si kriechent

直説法過去	
ich krouch	wir kruchen
du krüche	ir kruchet
er krouch	si kruchen

kriechisch, kriesch 形 ギリシャの, ギリシャ人の (griechisch). {Gr. 1630}

kriegen 動《弱》自 ① 努力する (streben), 奮闘する (sich anstrengen). ② 言い争いをする (zanken, mit Worten streiten). ③ 格闘す

る (ringen), つかみ合いをする (handgreiflich streiten). ④ 論争する (Fede führen), 口論する (zanken). ⑤ 敵意を示す (sich feindlich zeigen). ⑥ 戦う (kämpfen), 戦争する (Krieg führen). 他 戦う (bekämpfen). {Parz. 275, 29}

krieger 男 戦士 (Krieger), 闘士 (Streiter).

Kriemhilt 女 〔人名〕クリエムヒルト (Kriemhild). ジークフリートの妃.

krîen 動 I. 2. ① 叫ぶ (schreien). ② 戦いの叫びを上げる (den Schlachtruf erheben).

krîieren 動《弱》[=kroijieren] 自 ① 叫ぶ (rufen). ② 大声を出す (ausrufen). {Parz. 68, 19}

krîierer, krîgierer 男 ① ふれ役 (Ausrufer). ② 伝令 (Herold). {Parz. 32, 17}

krippe, kripfe 女《強・弱》かいば桶 (Krippe).

crisolecter 男 〔古フランス語 criselectre〕〔宝石〕クリゾレクテル (Chrysolekter). {Parz. 791, 20}

krisolît(e), chrisolt, krisolt, crisolt 男《強・弱》〔宝石〕クリゾリート, 貴かんらん石 (Chrysolith). {Parz. 566, 21}

crisoprassis 男 〔宝石〕クリゾプラシス (Crisoprassis). {Parz. 741, 6}

Krist 男 〔人名〕キリスト (Christus).

kristalle 女《強・弱》〔ラテン語 crystallus〕水晶, 結晶 (Kristall). {Tr. 6592}

kristallîn 形 水晶の, 結晶の (von Kristall).

kristen[1] 女 キリスト教 (Christentum), キリスト教徒世界 (Christenheit).

kristen[2]**, kristæne, kristân** 男 女《強・弱》キリスト教徒 (Christ, Christin).

kristen[3] 形 キリストの, キリスト教の (christlich). {Tr. 1971}

kristen-heit 女 ① キリスト教 (Kristenheit). ② キリスト教信仰 (christlicher Glaube).

kristen-lich 形 キリスト教の (christlich). {Ku. 179, 1}

kristen-lîche 副 キリスト教の習慣によって (nach christlichem Brauch). {Parz. 818, 13}

kristen-liute 名 複 [kristenman の複数形] キリスト教徒たち (Christen).

kristen-man 男 キリスト教徒 (Christ).

kristen-tuom 男 中 キリスト教 (Christentum).

kriuzære, -er 男 ① 十字軍遠征者 (Kreuzfahrer). ② 十字の印のある教団の騎士 (mit dem Kreuz bezeichneter Ordensritter). ③ クロイツァー貨幣 (Kreuzer).

kriuze, kriuz 中 ① キリストの十字架 (Kreuz Christi). ② 困難 (Mühsal), 苦しみ (Not). {Ku. 143, 4}

kriuzen 動《弱》① たく刑にする (ans Kreuz schlagen). ② 十字の印を付ける (mit Kreuz bezeichnen). ③ 十字を切って祝福する (bekreuzigen). {Tr. 15100}

kriuze-stal 男 中 十字架の形 (Kreuzgestalt). {Ku. 1170, 2}

kriuze-wîs(e) 副 十字形に, 縦横に (kreuzweise). {Tr. 2976}

kroijieren, krogieren, crôieren, krîieren, kreiieren, kreigieren 動《弱》① ときの声をあげる (den Schlachtruf erheben). ② 大声で呼ぶ (laut rufen). {Iw. 7106}

krône, krôn 女《強・弱》① 冠 (Kranz), 王冠 (Krone). ② 頭髪の飾り (Kopfschmuck). ③ 花嫁の花冠 (Brautkrone). ④ 王国 (Königreich). ⑤ 王 (König), 王妃 (Königin). {Ku. 118, 4}

格	単 数	複 数
1格	diu krône	die krône
2格	der krône	der krônen
3格	der krône	den krônen
4格	die krône	die krône

krône-bære 形 冠を戴くことのできる (fähig, die Krone zu tragen). {Parz. 334, 17}

krœnen[1] 動《弱》① しゃべる (schwatzen). ② うなる (brummen). ③ 口ごもる (lallen). ④ しかる (schelten).

krœnen[2]**, krônen** 動《弱》① 冠を授ける (krönen). ② 花輪で飾る (kränzen). ③ 称賛する (preisen), 名誉を与える (ehren). ¶ ich hôrte ie daz sprechen, / swer den andern vreuwet sô / daz er selbe wirt unvô / und swer den andern krœnet / und sich selben hœnet, / der triuwen sî joch ze vil. 他の人を喜ばせ, 自分自身が悲しくなる人, 他の人に冠を与え, 自分自身をおとしめる人, そのような人の誠意はあまりにも大き過ぎるということを私は聞いたことがあります. (aH. 822-7)

kropf, kroph 男 ① 甲状腺腫 (Kropf), 首の腫れ (Auswuchs am Hals). ② 首 (Hals). ③ 鳥のそ嚢 (Kropf der Vögel), 前胃 (Vormagen). ④ 一口の食物 (Bisschen). {Parz. 132, 2}

kröpfelîn 中 小さいそ囊 (ein kleiner Kropf). {Parz. 487, 9}

krücke, krucke 女《強・弱》① 松葉杖 (Krücke). ② 司教の杖 (Bischofsstab). ③ 十字架 (Kreuz). ④ 火搔き (Ofengabel). {Tr. 15353} {Parz. 513, 27}

krümbe, krumbe, krümme, krumme 女 ① 湾曲 (Krümme, Verkrümmung). ② 曲がった道 (Krümmung). ③ 回り道 (Umweg). {Tr. 6838} {Parz. 78, 9}

krümben 動《弱》他 曲げる (krumm machen). 自 曲がる (krumm werden). {Parz. 13, 30}

krump [-bes^2], **krum** [-mmes^2] 形 ① 曲がった (krumm), 曲げられた (gekrümmt). ② 斜めの (schief). {Parz. 264, 26}

krûs 形 ちぢれた (kraus), 巻き毛の (gelockt).

krûspen 動《弱》ちぢれさす, 巻き毛にする (kraus machen).

krût 中 ① 雑草 (Kraut). ② 葉の小さな植物 (Blätterpflanze). ③ 野菜 (Gemüse), キャベツ (Kohl). ④ 養分 (Nahrung). ⑤ 火薬 (Schießpulver). ¶ dô er si sach zuo im gân, / dô brach er vür die schame ein krût. 彼がかれらが近づいて来るのを知って, 雑草を摘み取って前を隠した. (Gr. 3416-7)

küchen, kuchen, küche, kuche 女 [ラテン語 coquina] ① 台所, 調理場 (Küche). ② 料理 (Küche, Essen). {Er. 3087}

küchen-knabe 男《弱》① 調理場係の少年 (Küchenjunge). ② 召使い (Diener).

küchen-knëht 男 ① 調理場係の若者 (Küchenjunge). ② 召使い (Diener).

küchen-meister 男 調理場長, 料理長 (Oberkoch, Küchenmeister).

kücken 動《弱》[= *quicken*] 生き生きとさせる (lebendig machen), 活気を与える (beleben). {Ku. 105, 2}

küelde, küele 女 ① 涼しさ (Kühle). ② 寒さ (Kälte). ③ 冷却 (Kühlung).

küele[1] ⇨ *küelde*.

küele[2], **küel** 形 ① 涼しい (kühl). ② 寒い (kalt). {Ku. 1064, 3}

küelen 動《弱》[3. kuolte] ① 涼しくする (kühl machen). ② 冷たくする (kalt machen). {Nib. 2133, 2}

küene, küen 形 勇敢な (kühn). ¶ Sînen vater wolte rechen der küene Ortwîn. 勇敢なオルトウィーンは父のかたきを討ちたいと思った. (Ku. 885, 1)

küenen 動《弱》他 勇敢にする (kühn machen). 自 勇敢になる (kühn werden). {Parz. 96, 16}

cuire 女 [ラテン語 corium] 皮, 皮膚 (Haut). {Tr. 3021}

kukuk 男 かっこう (Kuckuck).

kulter, kolter, golter 男 中 (綿入りで合わせ縫いの) 掛け布団 (Steppdecke). {Tr. 18152 / Parz. 24, 4}

kumber, kummer 男 ① 破片, 瓦礫 (Schutt). ② 重荷 (Belastung). ③ 労苦 (Mühsal), 苦しみ (Kummer). ④ 拘禁, 拘束 (Verhaftung). {Parz. 12, 14}

kumber-haft, -heftic 形 ① 悩まされた (belästigt). ② 惨めな (armselig). ③ 忙しい (beschäftigt). {Tr. 14753}

kumber-lich 形 ① 悲しませる, 心配させる (bekümmernd). ② 苦しめる (belästigend). ③ 苦しみに満ちた (kummervoll). {Parz. 8, 20}

kumber-lîche 副 ① 苦しく (in kummervoller Art). ② 苦労して, やっとのことで (mit Mühe). {Ku. 257, 4}

kumbern, kummern 動《弱》① 苦しめる (belästigen, quälen). ② 責め懲らす (kasteien). ③ 差し押さえる (mit Arrest belegen).

kûme¹, kûm 形 ① 薄い (dünn). ② 弱い (schwach), 脆い (gebrechlich). {Tr. 850}

kûme², kûm 副 ① やっとのことで (mit Mühe). ② 困難に (schwerlich). ③ ほとんど～ない (kaum). ④ まったくない (gar nicht). ¶ ez wart geschieden kûme. den liuten wart beidenthalben leide. その嘆きはなかなか終わらなかった. 人々は敵味方双方悲しみに沈んだ. (Ku. 881, 4) {Tr. 1286}

kûmec-, kûme-lîche = *kûme²*.

kumen ⇨ *komen*.

kumft ⇨ *kunft*.

kumpânîe ⇨ *kompânîe*.

cumpanjûn 男 仲間 (Kumpan, Genosse). ¶ Morgânes cumpanjûn モールガンの仲間 (Tr. 5463)

künde¹, kunde 女 ① 知らせ (Kunde). ② 知識 (Kenntnis). ③ 面識 (Bekanntschaft), ④ 印 (Zeichen), 証拠 (Beweis). ⑤ 故郷 (Heimat).

künde², kunde 形 [=*kunt*] 知られた (bekannt). {Ku. 135, 4}

kunde³ 男《弱》① 知人 (ein Bekannter). ② 同国人 (Einheimischer). {Tr. 2597}

kunde[4] = *kunnen, künnen* の直説法過去1, 3人称単数.
kündec, kündic 形 ① 知られた (kund, bekannt). ② 知らせている (verkündend). ③ 賢明な (klug). ④ 巧みな (geschickt). ⑤ 狡猾な (schlau). {Tr. 14252}
kündec-heit, künde-keit 女 ① 賢明さ (Klugheit), 策略 (List). ② 誇り (Stolz). ③ 不遜, 高慢 (Hochmut, Übermut). {Tr. 4346}
kündec-lich 形 ① 知られた (bekannt). ② 策に満ちた (listig). ③ 巧みな (geschickt).
kündec-lîche 形 ① 巧みに (geschickt). ② 精通して (kündig). ③ 賢明に (klug). ④ 策略によって (auf listige Weise). {Tr. 2896}
künde-keit ⇒ *kündecheit.*
kunden 動《弱》自 知られる (kund werden).
künden, kunden 動《弱》他 ① 知らせる (bekannt machen). ② 示す (zeigen). {Nib. 1366, 1}
kunder, kunter 中 ① 生き物 (lebendiges Wesen), 被造物 (Geschöpf). ② 動物 (Tier). ③ 怪物 (Monstrum). ¶ er gesach bî sînen zîten nie sô hêrlîchiu kunder. 伯爵はそのよう美しい生き物を見るのは初めてであった. (Ku. 112, 4)
kündigære 男 告知者, 布告者 (Verkündiger).
kündigen 動《弱》知らせる, 告知する (verkündigen).
künec, künic 男 [-ges²] ① 王 (König). ② (チェスの) 王 (König im Schachspiel). ¶ ez hat der künec Gunther einen hêrlîchen muot. グンテル王はすぐれた心の持ち主であった. (Nib. 2359, 4)
künec-lich 形 王の (königlich).
künec-rîche 中 王国 (Königtum, Königreich). {Ku. 1285, 3}
künegin, küniginne, küneginne, -in, -în 女 ① 王妃, 女王 (Königin) ② 王女 (Königstochter, Prinzessin). ③ 聖母マリア (die heilige Jungfrau Maria). ④ (チェスの) 王妃 (Königin). ⑤ 最高のもの (das Beste). {Ku. 26, 2}
kunft, kumft 女 [中独 kunst, kumst, komst] ① 来ること (das Kommen). ② 到着 (Ankunft). {Nib. 1382, 1}
künftic, kümftic [中独 kumstic も] ① 起ころうとしている (sich ereignend). ② 将来の (künftig).
künftic-heit 女 ① 将来 (Zukunft). ② 将来のこと (künftiges Ding).
künftic-lich 形 将来の (künftig).
künftic-lîche 副 将来に (künftig).

künne 290

格	単数	複数
1格	diu küniginne	die küniginne
2格	der küniginne	der küniginnen
3格	der küniginne	den küniginnen
4格	die küniginne	die küniginne

künne 中 [中独 kunne, konne] ① 一族 (Geschlecht), 一門 (Familie). ② 子 (Kind), 親類 (Verwandter). ¶ sît daz mir die frouwen gesaget hânt ir mære, / nu weste ich harte gerne, wâ iuwer lant oder künne wære. 女性たちはみな身の上を話してくれたので,今度はあなたの国とご一族の話を聞きたいものだ. (Ku. 123, 3-4)

格	単数	複数
1格	daʒ künne	diu künne
2格	des künnes	der künne
3格	dem künne	den künnen
4格	daʒ künne	diu künne

kunnen, künnen 動〔過現〕[3. kunde] ① 能力のある (können). ② 知っている (wissen, kennen). ③ 理解している, 心得がある (verstehen).

直説法現在	
ich kan	wir kunnen
du kanst	ir kunnet
er kan	si kunnen

künne-schaft 女 ① 一族 (Geschlecht). ② 親戚, 親類 (Verwandtschaft).

kunrieren, corrieren 動《弱》[古フランス語 conroier] ① 世話をする (pflegen). ② もてなす (bewirten). ③ 餌をやる (füttern). {Parz. 167, 13}

cuns, cons., conte, cunt 男 [フランス語 comte, ラテン語 comes] 代官, 伯 (Graf). {Parz. 121, 27}

kunst 女 [künste²] ① 知識, 英知 (Kenntnis, Weisheit). ② 術 (Kunst). ¶ von sô grôzer künste hôrte ich nie deheinen man gesagen. そのように偉大な医術について誰かが話すのを私は聞いたことがない. (Ku. 541, 4)

künstec, künstic, kunstic 形 ① 術に通じた (mit Kunst begabt). ② 思慮のある (verständig). ③ 賢明な (klug). ④ 巧みな (geschickt). ⑤ 技を心得た (kunstfertig), 技に満ちた (kunstreich).

künstec-lich 形 上手な, 巧みな (geschickt).

künstec-lîche 副 ① 巧みに (geschickt, mit Geschicklichkeit). ② 術を以て (mit Kunst). {Parz. 158, 3}

kunste-, künst-lôs 形 ① 心得のない, 術を知らない (ohne Kunst). ② 技を心得ない (nicht kunstmäßig). {Ku. 364, 4}

künste-rîch 形 ① 術に満ちた (reich an Kunst). ② 巧みな (geschickt).

künst-lich 形 ① 賢い, 利口な (klug). ② 巧みな (geschickt). ③ 人が作った (künstlich). {Parz. 808, 5}

künst-lîche 副 ① 賢明に (klug). ② 巧みに (geschickt), 見事に (mit Geschicklichkeit).

kunt 形 [-des²] 知られた (bekannt). ¶ dô er si alle dar gewan, / beide mâge unde man, / dô tet er in die rede kunt. ハインリヒは一族の者たち, 親戚と家来たちが集まると, その人たちみなに議題を伝えた. (aH. 1463-5)

cunt 男 [= cuns] 代官, 伯 (Graf). {Parz. 87, 24}

kunte = kiinden の直説法過去 1, 3 人称単数.

kunterfeit, gunderfeit 形 ① 偽りの (falsch), 偽造された (gefälscht). ② 模倣された (nachgemacht). {Parz. 3, 12}

kunter-, gunter-, gunder-, conter-feit 中 [別形 kunterfei, gunderfei] 中 ① 不純なもの (Unreines), 混合物 (Gemischtes). ② 贋の黄金 (verfälschtes Gold). ③ 反対, 対立 (der Gegensatz). ④ 贋のもの (etwas Falsches), 虚偽のもの (etwas Trügerisches).

kunt-lich 形 ① 知られた (kund). ② 理解出来る (verständlich). ③ はっきりした (deutlich). ④ 知人からのような (wie von einem Bekannten). {Parz. 219, 6}

kunt-lîche 副 ① はっきりと (auf deutliche Weise). ② 正確に (genau). {Parz. 699, 30}

kuo 女 [複数形 kuo, küe, kuoge, küege, küeje, küewe] 雌牛 (Kuh).

kuofe 女《弱》① 桶 (Kufe, Kübel). ② 水桶 (Wasserkufe). ③ 浴槽 (Badewanne). {Parz. 166, 30}

kuolen 動《弱》自 ① 涼しくなる (kühl werden). ② 冷える (kalt werden).

kuolte = küelen, kuolen の直説法過去 1, 3 人称単数.

kuon-heit 女 勇敢さ (Kühnheit).

kupfer, kopfer, kofer 中 ① 銅 (Kupfer). ② 贋物 (das Falsche), 本物でないもの (etwas Unechtes).

kuppe 女 [= *goufe*] かぶと下頭巾 (Kopfdeckung unter dem Helm). {Tr. 7056}

kuppeln, kupelen, koppeln, kopelen 動《弱》① 紐につなぐ (an die Kuppel legen). ② 結ぶ (binden), かせにはめる (fesseln). ③ (精神的に) 結び合わせる (verbinden), 一つにする (vereinigen).

kür, küre 女 [中独 kur(e), kor(e), kör(e)] ① 試験 (Prüfung). ② 熟慮 (Überlegung). ③ 選択 (Auswahl), 慎重な選択 (prüfende Wahl). ④ 決心, 決定 (Entschluss, Beschluss). ⑤ 罰則 (Strafbestimmung), 罰 (Strafe). ⑥ 性質 (Beschaffenheit), 方法 (Art und Weise). {Parz. 84, 19}

kür-bære 形 ① 選ぶに価する (erwählenswert). ② 有能な (tüchtig), 優れた (vorzüglich). {Tr. 6185}

kurc 形 [-ges^2] ① 知覚できる (wahrnehmbar). ② 見える (sichtbar). ③ 優れた (ausgezeichnet). {Parz. 339, 6}

küre = *kiesen* の直説法過去単数2人称, 接続法過去1, 3人称単数.

curîe 女 [仏 curie] 猟犬に餌を与えること (das Füttern der Jagdhunde). {Tr. 2959}

kür-lich 形 ① 目に見えた (sichtbar), はっきりとした (deutlich). ② 卓抜の, 優れた (ausgezeichnet), 選り抜きの (auserwählt).

kür-lîche 副 ① 目に見えて (sichtbar), はっきりと (deutlich). ② 卓越して (ausgezeichnet), 選り抜かれて (auserwählt).

kurren 動《弱》ぶうぶううなる (grunzen).

currît, gurrît, kûret 中 革の服 (Lederkoller).

curs[1] 男 [ラテン語 cursus] 一連の決められた祈り (eine Reihe vorgeschriebener Gebete). {Parz. 187, 22}

curs[2] 男 [フランス語 corps] 身体 (Körper).

kürsen, kursen 女 [中独 kurse, korse] 毛皮の上着 (Pelzrock).

kürsen-lîn 中 [*kürsen* の縮小語] 小さい毛皮の上着 (kleiner Pelzrock). {Parz. 588, 18}

kursît, kürsît, kursât 中 男 毛皮の上着 (Pelzrock). {Parz. 14, 25}

kurtois, kurteis, kurtoys 形 [フランス語 courtois] ① 宮廷的な, 作法を心得た (höfisch). ② 繊細な, 洗練された (fein). {Parz. 46, 21}

kurtoisîe, kurtôsîe 女 ① 作法に従った振舞い (höfisches Benehmen). ② 洗練された教養 (feine Bildung). {Parz. 144, 21}

kür-, kur-vürste 男《弱》選帝侯 (Kurfürst).

kurz 形 [中独 korz, kurt も] ① 短い (kurz). ② わずかの, 少ない (gering). ¶ mit urloube er dannen schiet in kurzer stunt. 別れの挨拶をして, ジークフリートはまもなくそこを立ち去った. (Nib. 925, 3)

kurze, kurz 副 ① 短く (kurz). ② 短い時間の間 (kurze Zeit hindurch). ③ まもなく (bald), すぐに (rasch).

kürze, kürzede 女 短さ (Kürze).

kurzen 動《弱》自 短くなる (kurz werden).

kürzen 動《弱》他 短くする (kurz machen). {Ku. 1067, 4}

kürzern 動《弱》他 より短くする (kürzer machen).

kurz-heit 女 短さ (Kürze).

kurz-lich 形 短い (kurz). {Tr. 6677}

kurz-lîche 副 ① 短く (kurz). ② 短い時間に (in kurzer Zeit).

kurz-man 男 小さい男性 (ein kleiner Mann).

kurz-wîle 女 ① 短い時間 (kurze Zeit). ② 娯楽 (Vergnügen), 楽しみ (Unterhaltung). ③ 時間を短くするもの (Zeitkürzung). ¶ si wolden kurzwîle mit dem gesinde hân, / schirmen mit den scilden und schiezen manegen scaft. その騎士たちも家来相手に, 楯で身を守り, 槍を何本も投げて気晴らしをしようと思った. (Nib. 308, 2-3)

kurz-wîlec, -wîleclich 形 気晴らしの (kurzweilig).

kurz-wîlen[1] 動《弱》自 ① 退屈しのぎをする (sich die lange Zeit verkürzen). ② 歓談する (sich unterhalten). 他 もてなす, 楽しませる (unterhalten). {Nib. 354, 3}

kurz-wîlen[2] 副 ① 短い時間に (in kurzer Zeit). ② まもなく (bald).

kus, kos 男 中 「kusses[2], kosses[2]」 接吻 (Kuss).

kus-, küs-, küssen-lich 形 ① 接吻する価値のある (küssenswert). ② 接吻するにふさわしい (zum Küssen geeignet). ③ 魅惑的な (einladend).

kus-, küs-lîche 副 接吻するにふさわしく (zum Küssen geeignet).

küsse 中 枕 (Kissen). {Ku. 1194, 4}

küsse-bære 形 ① 接吻する価値のある (küssenswert). ② 魅惑的な (einladend).

küsselîn 中 [*küssen*[2] の縮小語] 小さい枕 (Kopfkissen).

küssen[1] 動《弱》接吻する (küssen). ¶ kuster mich? wol tûsentstunt: / tandaradei, / seht wie rôt mir ist der munt. あの人が接吻したかって？もちろん, 千回も. タンダラデイ, ご覧なさい, 私の唇が

真っ赤になっているでしょう？(Wa. 39, 26-8)

küssen², küssîn, küsse 中 ① 枕 (Kopfkissen). ② 入れ綿 (Kissen).

kust 女 ① 試験 (Prüfung). ② 評価 (Schätzung). ③ 鑑定 (Befund). ④ 性質 (Beschaffenheit). {Tr. 6677}

kuste = *kissen* の直説法過去1, 3人称単数.

kutte 女《弱》修道士服 (Mönchskutte).

kütze 女 ① 衣服 (Kleid). ② 上着 (Oberkleid).

kützelîn 中 [*kütze* の縮小語] 小さい上着 (ein kleines Oberkleid).

kutzen 動《弱》笑う (lachen).

kützen 動《弱》服を着せる (bekleiden).

kûze, kûz 男《強・弱》ふくろう (Kauz).

L

lâ 女 ① 水溜まり, 湿地 (Lache). ② 沼地 (Sumpf), 湿地の牧場 (Sumpfwiese). {Er. 2037}

laben 動《弱》① 洗う (waschen). ② 濡れる (mit Wasser benetzen). ③（動物に）飲ませる (tränken). ④ 元気づける (erfrischen).

lac = *ligen* の直説法過去1, 3人称単数.

lache 女《強・弱》水溜まり (Pfütze, Lache)

lache-bære 形 笑うにふさわしい (zum Lachen geeignet).

lache-, läche-lich 形 ① 親切な (freundlich). ② 笑っている (lachend).

lache-, läche-lîche 副 ① 親切にも (freundlich). ② 笑いながら (lachend).

lachen¹ 動《弱》笑う (lachen). ¶ Diu maget lachende sprach, / wan si sich des wol versach, / ir hülfe des tages der tôt / ûz werltlîcher nôt: 少女はにこやかに, 自分の決心は変わらないので, 今日の死が世俗の苦しみから自分を救いだしてくれる, と言った. (aH. 1107-10)

lachen² 中 ① 布 (Tuch). ② 掛け布団 (Decke), 敷布 (Laken). ③ ガウン (Obergewand). {Ku. 334, 4}

lade 男《弱》店, 商店 (Laden) 男 ① 板 (Brett), 厚板 (Bohle). ② 窓の戸 (Fensterladen). ③ 店 (Kaufladen). {Nib. 1706, 1}

laden[1] 動 VI / 動《弱》① 荷物を負わせる (beladen). ② 積む (laden). ③ 煩わせる (belasten).

laden[2] 動《弱》① 招く (einladen). ② 召喚する (berufen). ③ 勧める (auffordern).

lâgære 男 待ち伏せする男 (Nachsteller).

lâgærîn 女 待ち伏せする女 (Nachstellerin). {Tr. 11715}

lâge 女 ① おくこと (Legung). ② 状態 (Lage). ③ 待ち伏せ (Hinterhalt). ④ 生活の状態 (Lebenszustand). ⑤ 性質 (Beschaffenheit). ⑥ 倉庫 (Lager). ⑦ 方法 (Art und Weise). {Tr. 11937}

læge = *ligen* の直説法過去2人称単数, 接続法過去1, 3人称単数.

lâgen[1], **lâgenen** 動《弱》① 待ち伏せする (nachstellen). ② (の)³ (を)² ねらう (trachten). {Tr. 13842}

lâgen[2] = *ligen* の直説法過去1, 3人称複数.

lahter 中 笑い (das Lachen), 大笑い (Gelächter). {Tr. 3369}

lam 形 なえた (lahm), 四肢の弱った (gliederschwach).

lamp 中 [-bes², 複数 lember] 子羊 (Lamm).

格	単 数	複 数
1格	daʒ lamp	diu lember
2格	des lambes	der lember(e)
3格	dem lambe	den lember(e)n
4格	daʒ lamp	diu lember

lamprîde 男《弱》[中世ラテン語 lampreta] 海八目うなぎ (Lamprete).

lampriure, lamparûr, lemperûr 男 皇帝 (Kaiser).

lân, lâʒen 〔反復〕2. [3. lie, lieʒ 6. gelâʒen] ① 自由にする (freilassen). ② ～させる (lassen). ③ 去る (verlassen).

直説法現在	
ich lân, lâ	wir lân
du lâst, læst	ir lât
er lât, læt	si lânt

直説法過去	
ich lieʒ, lie	wir lieʒen
du lieʒe	ir lieʒet
er lieʒ, lie	si lieʒen

lanc¹ 形 [-ges²] 長い (lang). ◇über lanc ＜かなりたって, しばらくして＞. ¶ ez was lanc unde breit, / wan daz ez sô wol niene sneit / als im wære liep gewesen. メスは長く, 幅広いものであったが, 医者が気に入るほどはよく切れなかった. (aH. 1211-3)

lanc², **lang** = *lingen* の直説法過去１, ３人称単数.

lanc-lëben 中 長寿, 長生き (langes Leben).

lanc-lîp 男 長寿, 長生き (langes Leben). ¶ jâ gebôt er unde bater / daz man muoter unde vater / minne und êre biete, / und geheizet daz ze miete / daz der sêle genist werde / und lanclîp ûf der erde. 神は父母に愛と名誉を与えるように命じられたが, その報酬として, 魂の救済と地上での長寿を約束しておられる. (aH. 641-6)

lanc-ræche¹ 女 和解できないこと (Unversöhnlichkeit).

lanc-ræche² 形 和解できない (unversöhnlich). {Nib. 1461, 4}

lange 副 長く (lange). ¶ ern kunde es ir gesagen niht, / als kinden lîhte noch geschiht. / dem mære gienc si lange nâch. 今日でも子供はそうであるが, 王子はわけを母に話すことができなかった. 王妃はその理由をずっとさがしていた. (Parz. 118, 21-3)

langen 動《弱》[中独 lengen も] 自 ① 長くなる (lang werden). ② 達する (reichen). ③ 伸びる (sich ausstrecken). 他 ① 長くする (lang machen). ② 差し出す (darreichen). ③ 与える (geben). 非 ① 長く思われる (lang dünken). ② 熱望する (verlangen).

lanke 女 ① 腰 (Hüfte, Lende). ② 脇腹 (Weiche). {Tr. 2901}

lant 中 [-des²] 国, 土地 (Land). ¶ dâ zen Burgonden sô was ir lant genant. かれらの国はブルゴンドと呼ばれていた. (Nib. 5, 3)

lant-baniere 女 祖国の旗 (das vaterländische Banner). {Tr. 5589}

lant-barûn 男 その国の高位の者 (ein Adliger des Landes). {Tr. 8595}

lant-diet 女 土地の住民 (Einwohner eines Landes).

lant-genôʒ 男 ① 国の住人 (Landbewohner). ② 同国人 (Landsmann). {Tr. 6039}

lant-geselle 男 ① 国の住人 (Landbewohner). ② 同国人 (Landsmann). {Tr. 5595}

lant-gesinde 中 国の住人 (Bewohnerschaft des Landes). {Tr. 495}

lant-grâve 男《弱》方伯 (Landgraf).

lant-grævinne 女 方伯夫人 (Landgräfin).

lant-her 中 ① ある国の軍勢 (Heer eines Landes). ② 多数の軍勢

(Heeresmenge). {Tr. 6376}

lant-hërre, -hêrre 男 ① 国主 (Herr des Landes). ② 国の最高位の臣下 (der vornehmste Vasall). {Tr. 153}

lant-lêhen 中 ① 世襲封土 (Lehen vom Land). ② 地代 (Landzins). {Tr. 16038}

lant-liut 中 ① 住人たち (Einwohnerschaft). ② その国の人々 (das Volk des Landes). ¶ diz wære der lantliute spot, / swaz ich mich vür dise stunde / arzenîen underwunde / und mich daz niht vervienge / wan als ez doch ergienge. これから先私が薬を手に入れて飲み, もしこれまでと変わりがなかったら, 人々の嘲りを受けることだろう. (aH. 944-8)

lant-liute = *lantman* の複数.

lant-man 男 ［複数 *lantliute*］① 同国人, 同郷人 (Landsmann). ② 国の住人 (Einwohner des Landes). ③ 田舎の住人 (Landbewohner), 農民 (Bauer). {aH. 1437}

lant-mære 中 ① その国に伝わる話 (die Geschichte des Landes). ② 噂 (Gerüchte). {Tr. 8918}

lant-massenîe 女 故国の軍勢 (Mannschaft aus dem Heimatland). {Tr. 18935}

lant-rëht 中 ① ある国の法律 (das Recht eines Landes). ② 国土法, ラント法 (Landrecht). ③ (国土法による) 裁判, 判決 (Gericht und Urteil nach dem Landrecht). ④ ラント法による個々人の権利 (Recht des Einzelnen nach dem Landrecht). ⑤ 土地の権利 (Recht auf dem Grund und Boden). ⑥ 土地に対する租税 (Abgabe, Steuer). {Parz. 54, 21 / Tr. 11045}.

lant-rëhtære 男 国の裁判官 (Landesrichter).

lant-sæʒe 男 《弱》① 自由借地人, 小作農, 領民 (Landsasse) ② 領主 (Herr). {Tr. 13467}

lant-schaft 女 ① 土地 (Land). ② 風景 (Landschaft). ③ 国の住民 (Bewohner des Landes). {Tr. 6501}

lant-schal 男 ① その国に伝わる話 (Geschichte des Landes). ② 噂 (Gerüchte). {Tr. 9309}

lant-site 男 国の習慣, しきたり (Landessitte, Landesbrauch).

lant-sprâche 女 ① 方言 (Mundart). ② 国の会議, 協議 (eine beratende Landesversammlung). ③ 国の会議 (Landtag).

lant-stiure 女 国税 (Landessteuer).

lant-strâʒe 女 国を通る公道 (öffentlicher Weg durch das Land).

lant-strît 男 ① 二国の戦い (Kampf von zwei Ländern). ② 二つの軍勢間の戦い (Kampf von den zwei Heeren). {Tr. 6385}

lant-suone 女 ① 国全体の和睦 (Versöhnung eines ganzen Landes). ② 二国間の和睦 (Versöhnung von zwei Ländern). {Tr. 10793}

lant-vëhte 男 ① 二国の戦い (Kampf von zwei Ländern). ② 二つの軍勢間の戦い (Kampf von den zwei Heeren). {Tr. 5973}

lant-veste 女 ① 陸, 陸地 (festes Land). ② 築城, 塹壕 (Verschanzung). ③ 国の守り (Landesverteidigung).

lant-voget 男 ① 代官, 太守 (Landvogt). ② 代理人, 総督, 代官 (Statthalter).

lant-volc 中 ① ある土地の住民 (Einwohner eines Landes). ② 田舎の人々 (Landvolk). {Er. 6846}

lant-vrouwe 女 ① 土地の女性 (einheimische Frau). ② その国の貴婦人 (Edelfrau des Landes). ③ 女性領主 (Landesherrin), 国の女性首長 (Frau vom Land).

lant-vürste 男《弱》① 国主 (Landfürst). ② 最高位の家臣 (der vornehmste Vasall). {Tr. 15330}

lant-wer 女 ① 国の防衛 (Verteidigung des Landes). ② 国の守護者 (Verteidiger des Landes). ③ 国境の防御施設 (Befestigung an der Landesgrenze). ④ (町を取り囲む) 堀, 溝 (Graben). ⑤ 柵 (Schranke). {Tr. 1674}

lant-wîp 中 ① その土地の女性 (einheimische Frau). ② その国の女性 (Frau von dem Land). {Er. 6494}

lant-wîse 女 土地の風習 (Landssitte).

lanze 女 ① 長い投げ槍 (Spieß). ② 槍 (Lanze).

larche, lerche 女 [ラテン語 larix] 唐松 (Lärche).

lære, lær 形 ① 空の (leer). ② (の)$^{2/von}$ ない (ledig). {Nib. 940, 3}

lâren, larn 動《弱》[= *lêren*] ① 教える (lehren). ② 導く (unterweisen).

læren 動《弱》他 空にする (leer machen). 自 空になる (leer werden).

las = *lësen* の直説法過去1, 3人称単数.

lasch = *lëschen* の直説法過去1, 3人称単数.

laschte, leschte, laste = *leschen* の直説法過去1, 3人称単数.

lâsen = *lësen* の直説法過去1, 3人称複数.

lasstein ⇨ *laststein*.

last 男［中独男女］重荷 (Last). ¶ er truoc den arbeitsamen last / der êren über rücke. 彼は名誉という骨の折れる荷物を背負っていた. (aH. 68-9)

laster 中 ① 不名誉 (Schande). ② 誹謗 (Verschmähung). ③ 汚点, 汚名 (Makel). ¶ swie wol er dô erkande / daz er dâ heime vunde / mit gemeinem munde / niuwan laster unde spot : / daz liez er allez an got. ハインリヒは故国ではみなの口から罵りと嘲りの言葉を浴びることを知っていたが, すべてを神に委ねた. (aH. 1348-52)

laster-bære, -bæric 形 ① 不名誉な (schmachvoll). ② 非難に値する (tadelnswert). {Tr. 6267}

laster-, lester-lich 形 ① 不面目な, 不名誉な (schimpflich). ② 侮辱的な (beschimpfend). ¶ du enweist ouch rehte waz dû tuost, / sît dû benamen ersterben muost, / daz dû diz lasterlîche leben / daz dir got hât gegeben / niht vil willeclîchen treist / und ouch dar zuo niene weist / ob dich des kindes tôt ernert. お前は自分の行動が分かっていない. お前はいずれは死ななければならないのに, 神が与えたこの苦渋に満ちた人生を喜んで過ごそうとはしていない. それにこの子供の死が本当にお前を救うかどうか分からない. (aH. 1247-53)

laster-lîche 副 侮辱的に (beschimpfend), 不名誉に (schimpflich).

laster-mære 中 不名誉な話 (schändliche Märe). {Tr. 15332}

lastern 動《弱》① 名誉を奪う (die Ehre nehmen). ② 侮辱する (beschimpfen).

last-stein, lasstein 男 重い石 (Stein vom großen Gewicht), 大きな石 (ein großer Stein). {Ku. 790, 4}

lâsûr, lâzûr 中, **lâsûre, lâzûre** 女 ［中世ラテン語 lazurium, lasurium lasurum］瑠璃 (Lasur). {Tr. 15833}

lâsûr-var 形 ① 瑠璃のような色の (farbig wie Lasur). ② 瑠璃色の (mit Lasur gefärbt). {Er. 7726}

latech, lateche, leteche 女《強・弱》レタス, ちしゃ (Lattich).

latîn 形 ラテン語の (lateinisch). {Tr. 159}

latîne, latîn 女 ① ラテン語 (Lateinisch). ② (小鳥の) 不可解な言葉 (die unverständliche Sprache). {Tr. 3690, 17365}

latûn 男 [= *latech*] レタス (Lattich).

Laudîne 女〔人名〕ラウディーネ. アスカローンの寡婦, 後イーヴェインと再婚.

lâʒ[1] 男 ① 放出, 赦罪 (Ablass). ② 瀉血, 放血 (Aderlass). ③ 落下 (Abfall). {Tr. 16022}

laʒ[2] 男［= laʒheit.］① 疲れ，倦怠（Müdigkeit）．② 怠惰，無精（Trägheit）．

laʒ[3] 形［laʒʒes[2]］［比較級 laʒʒer, letzer / 最高級 leʒʒist, lest］① 生気のない（matt）．② 怠惰な（träge）．③ 存在しない（nicht vorhanden）．④（が）[2]ない（frei）．

laʒ[4] 副 ゆっくり（langsam）．

lâʒâ = lâʒen の命令法 2 人称単数 lâʒ+â．

lâʒen, lân 動〔反復〕2 自 ふるまう（sich benehmen）．他 ① 自由にする（freilassen）．② 解く（lösen），解き放つ（loslassen），あとに残す（zurücklassen）．③ 放棄する（verzichten），やめる（aufhören）．④ 〜させる（lassen）．⑤ 去る（verlassen）．⑥ 委ねる（überlassen）．再 頼りにする（sich verlassen）．¶ Er wollte sîne wunden diu kint niht sehen lân. / die wurden im gebunden. ハーゲンは傷を娘たちには見せたくなかった．その傷には包帯が巻かれた．(Ku. 539, 1-2a) ¶ er sente sich vil sêre / daz er sô manige êre / hinder im müese lâzen. ハインリヒはさまざまな名誉を自分の後に置き去りにしなければならないことをたいへん悔やんだ．(aH. 157-9)

laʒ-heit 女［= laʒ[2]］① 疲れ，倦怠（Müdigkeit）．② 怠惰，無精（Trägheit）．

laʒʒen 動《弱》自 ① 無気力である（matt sein）．② 怠惰になる（träge werden）．他 ① 無気力にする（matt machen）．② 遅らせる（verzögern）．③ 阻む（aufhalten）．再 遅れる（sich säumen）．

lê 男［-wes[2]］丘（Hügel）．¶ Ich saz ûf eime grüenen lê. 私は緑の丘に座っていた．(Wa. 75, 32)

lêal 形［フランス語 loyal］① 忠実な（treu）．② 親密な（innig）．{Tr. 1360}

lêbart, lêbarte, lêparte, liebarte 男《強・弱》豹（Leopard）．

lëbe-haft 形 生きている（lebendig）．

lëbe-lich 形 ① 生活に合った（dem Leben angemessen）．② 生き生きとした（lebhaft,）．{Tr. 1731}

lëbe-lîche[1] 女 ① 生きること（Leben）．② 活発さ（Lebendigkeit）．

lëbe-lîche[2] 副 生き生きとして（lebhaft, lebendig）．{Tr. 7830}

lëbe-lîcheit 女 ① 生きること（Leben）．② 活発さ（Lebendigkeit）．

lëben[1] 動《弱》自 ① 生きる（leben）．② 生計をたてる（von[+3] leben）．他 体験する（erleben）．{Ku. 29, 4}

lëben[2] 中［中独では 男 も］① 人生（Leben）．② 生き方（Lebensweise). ③ 身分 (Stand) ¶ Got hete dem meier gegeben / nâch sîner ahte ein reinez leben. 神はこの農夫に農夫としての申し分のない日々を与えた. (aH. 295-6) ¶ ez ist mir komen ûf daz zil, / des ich got iemer loben wil, / daz ich den jungen lîp mac geben / umbe daz êwige leben. 私には目標が見えてきました. そのことで私はいつまでも神を称えます. 私は若い命と引き替えに永遠の命を手に入れます. (aH. 607-10)

lëbendec, lëbendic 形 [-ges²] 生きている (lebendig). {Ku. 29, 1}
lëbere, lëber 女《強・弱》肝臓 (Leber).
lëbe-site 男 ① 生き方 (Lebensweise). ② 生活 (Leben). {Tr. 16925}
lêch = *lîhen* の直説法過去1, 3人称単数.
lëcker 男 ① 大食家 (Fresser), 食客 (Tellerlecker). ② いたずら者, 悪漢 (Schalm).
lëdec, lëdic, lidic 形 ① 自由な (frei), 拘束されない (ledig). ② 未婚の (unverheiratet). ③ 所有者を失っている (den Besitzer verlierend), 主人の居ない (herrenlos). {Gr. 782}
lëdec-lich = *lëdec*.
lëdec-lîche 副 ① 自由に (frei), 障害なく (ohne Hindernis). ② すっかり (völlig), まったく (gänzlich). {Nib. 30, 4}
lëdegen, lëdigen, lidigen 動《弱》① ひとりにする (leidig machen). ② (から)²/ᵛᵒⁿ 開放する, 自由にする (befreien). {Parz. 623, 19}
lëder 中 ① 皮 (Leder). ② 水かき (Schwimmhaut).
leffel, laffel, loffel, löffel, leffel 男 スプーン, さじ (Löffel).
lëfs, lëfse 男 女《強・弱》唇 (Lippe).
legen 動《弱》[3. legete, leite 6. gelegct, gelcit] 他 置く (legen), よこたえる (liegen machen) 再 就寝する (sich zu Bett legen).
lëger 中 ① 宿営地 (Lager). ② 動物のねぐら (Lager der Tiere). ③ 病床 (Krankenlager). ④ 包囲 (Belagerung). {Ku. 813, 3}
lêgiste 男《弱》[中世ラテン語 legista] 法律学者 (Rechtsgelehrter). {Gr. 1196}
lêhen, lên 中 ① 貸し与えた財産 (das geliehene Gut). ② 封土, 菜邑 (Lehen). {Ku. 16, 3}
lêhen-guot 中 封土 (Lehngut, Lehen).
lêhen-hërre 男 封建君主, 領主 (Lehnsherr).
lêhen-lich 形 ① 封土に関する (das Lehen betreffend). ② 封土に

lêhen-liute

属する (zum Lehen gehörig). {Ku. 190, 1}

lêhen-liute = *lêhenman* の複数.

lêhen-man 男 家臣, 封臣 (Lehnsmann).

lêhen-rëht 中 ① 封建法 (Lehnrecht). ② 封土を受ける権利 (Recht, Lehen zu besitzen).

leich 男 ① (ダンスのための) 楽曲 (Tonstück), ② 旋律 (Melodie). ③ (異なった形の歌節からなる) 歌 (Gesang). ④ ハープのための叙事歌謡 (epischer Gesang zur Harfe). {Tr. 3508}

leide[1] 女 ① 苦しみ (Leid), 苦痛 (Schmerzen). ② 悲しみ (Betrübnis). ③ 敵意 (Feindseligkeit). ④ 悪意, 不興 (Missgunst). {Tr. 13510}

leide[2] 中 挽歌, 死者への嘆き (Totenklage).

leide[3] 副 [比較級 leider] 悲しく (betrübend), 辛いことに (leid). {Tr. 1044}

leidec, leidic 形 ① 悲しんだ (betrübt). ② 同情している (mitleidig). ③ 痛む (schmerzend). ④ 邪悪な (böse). ⑤ 嫌な (widerwärtig). {Tr. 15502}

leidegen, leidigen 動《弱》① 傷つける (verletzen), 損害を与える (schädigen). ② 悲しませる (betrüben). ③ 感情を害する, 侮辱する (beleidigen). {Tr. 13622}

leiden[1] 動《弱》自 ① いやなものとなる (leid werden). ② (に)² 不都合である (zuwider sein). ③ 恨まれている (verhasst sein).

leiden[2] 動《弱》他 ① 不快にする (leid machen). ② 悲しませる (betrübt machen). ③ 不快にする (beleidigen). ④ 告発する (anklagen), 密告する (denunzieren). ¶ nû sult ir mirz niht leiden. あなたがたはそのことで私を悲しませないでください. (aH. 611)

leiden[3] 動《弱》自 行く (gehen).

leider 間 [*leide* の比較級] 無念にも, 残念なことに (leider). ¶ ob dû den tôt lîden muost / unde daz niht gerne tuost, / sô ist dîn junger lîp tôt / und vrumet uns leider niht ein brôt. もし, お前が死に, そしてそれが嫌々ながらだったら, お前の若い身体は死ぬが, しかし私たちには残念ながらまったく役にたたなくなる. (aH. 1079-82)

leides 副 痛ましくも (auf eine leide Weise).

leidic ⇨ *leidec.*

leidigen ⇨ *leidegen.*

leie[1], **leige** 男 ① (聖職者でない) 俗人 (Laie). ② 学識のない人 (Ungelehrter).

leie², **lei, leige, leije** 女 ① 岩 (Fels), 石 (Stein), 石盤 (Schieferstein). ② 舗石道 (Steinweg), 道 (Weg). ③ 種類 (Art), 方法 (Art und Weise).

leim, leime, lein 男《強・弱》[中独 lêm] 粘土 (Lehm).

leinen 動《弱》他 ① 立てかける (lehnen). ② 拒む (ablehnen). {Nib. 1575, 2}

leis, leise 女《強・弱》① 跡, 痕跡 (Spur). ② 車輪の跡 (Gleis). ③ 槍の破片の落下 (Niederfallen der Lanzensplitter).

leisieren, leischieren 動《弱》馬を全速で走らせる (das Ross mit verhängten Zügeln laufen lassen). ¶ turnieren und leisieren / mit schenkeln sambelieren / rehte und nâch ritterlîchem site, / hie bankete er sich ofte mite. 作法を守り, 騎士らしく馬を駆り立て, 手綱を緩めて疾駆し, あるいは大腿で馬を促したりすることにトリスタンはしばしば熱中した. (Tr. 2107-10) ¶ Dô kom geleischiert / und wol gezimieret / ein ritter, dem was harte gâch. すっかり着飾り, 馬を疾駆させて, 一人の騎士がやってきたが, この騎士はたいへん急いでいた. (Parz. 121, 13)

leisten 動《弱》① 実行する (ausführen), 実践する (vollenden). ② (約束・義務を) 果たす (erfüllen). ¶ wie gerne ich iu des volgen wil / daz ich iu truiwe leiste, / mir selber doch die meiste! 私があなたがたに真心を尽したいと私は思いますが, しかし私自身の気持に一番従いたいと思います. (aH. 828-30)

leit¹ 形 [-des²] ① 苦しい (leid), いやな (widerwärtig). ② 悲しい (betrübend).

leit² 中 苦しみ (Leid), 苦痛 (Schmerz). ¶ liebez kint, dâ von gedage: / ez ist uns alsô leit sô dir. 可愛い娘よ, もうそのことを言うのはおやめなさい. 私たちもお前と同じように悲しい気持ちなのだから. (aH. 502-3)

leit³ = *lîden* の直説法過去 1, 3 人称単数.

leitære, leiter 男 指導者 (Leiter), 導き手 (Führer).

leitærinne 女 女の指導者 (Leiterin).

leite, legete = *legen* の直説法過去 1, 3 人称単数.

leitel 男《弱》指揮者, 指導者 (Führer).

leiten 動《弱》他 導く (leiten, führen). 再 向く (sich richten). {Tr. 4744}

leite-, leit-seil 中 (猟犬を繋ぐ) 綱 (Seil).

leite-stërn, -stërne 男《弱》① (船を導く) 北極星 (der Polarstern). ② 海の星 (Meerstern), 導きの星 (Leitstern).

leit-geselle 男《弱》同伴者 (Begleiter).

leit-hunt 男 獲物の足跡をさがす猟犬 (Jagdhund, der am Seil geführt wird und die Spur des Wildes aufsucht.)

leit-lich 形 ① 悲しい, 痛ましい (leidvoll). ② 悲痛な (schmerzlich). {Nib. 2329, 1}

leit-lîche(n) 副 ① 悲しみに満ちて (auf schmerzliche Weise). ② 悲しそうに (auf betrübende Weise). {Tr. 13665}

leit-schrîn 男 ① 旅行用かばん (Reisekasten). ② 箱, 容器 (Schrein). {Nib. 520, 2}

leit-spil 中 暇つぶしのように見える苦悩 (Leiden, das wie ein Zeitvertreib aussieht).

lember ⇨ *lamp.*

leme, lem 女 ① 麻痺 (Lähmung). ② 麻痺した手足 (gelehmte Glieder).

lenden, lenten 動 他《弱》・[3. lendete, landete] ① 上陸させる (landen). ② 実現させる (zustande kommen lassen). ③ 終える (beenden). 再 (へ)ᵃᶠ 向く (sich wenden). 自 境を接する (angrenzen).

lënen 動《弱》[別形 linen] 自 再 よりかかっている (lehnen).

lenge 女 〔時間的・空間的〕長さ (Länge). {Ku. 1149, 2}

lengen 動《弱》他 再 ① 長くする (lang machen). ② 長引かせる (in die Länge ziehen). ③ 長くする (verlängern), 延期する (aufschieben). {Tr. 5871}

lengern 動《弱》① より長くする (länger machen). ② 〔時間的・空間的〕延ばす (aufschieben), 延長する (verlängern).

lerche ⇨ *larche.*

lêre 女 〔中独 lâre, lâr〕教え (Lehre).

lêren 動《弱》① 教える (lehren). ② 導く (unterweisen). ¶ Ein ritter sô gelêret was / daz er an den buochen las / swaz er dar an geschriben vant : / der was Hartman genant, / dienstman was er zOuwe. 一人の博識の騎士がいて, 書物に書かれていることをすっかり読んでいた. その名はハルトマンで, アウエ家の従士であった. (aH. 1-5)

lërnen 動《弱》① 学ぶ (lernen). ② 知り合う (kennenlernen). {Ku. 366, 3}

lërnunge 女 ① 学ぶこと (das Lernen). ② 学校 (Schule). ③ 学問, 学識 (Wissenschaft). ④ 教えること (das Lehren). ⑤ 授業 (Unterricht). ¶ under disen zwein lernungen / der buoche und der zungen / so vertete er sîner stunde vil / an iegelîchem seitspil. 書物と外国語の学習の合間にトリスタンは各種の弦楽器の演奏に多くの時間を費やした. (Tr. 2091-4)

leschen 動《弱》[3. leschete, leschte, laschte, laste]. 他 ① 消す (löschen). ② 静止させる (stillen). ③ 暗くする (verdunkeln). ④ 終える (beendigen). ⑤ 消す (tilgen). 再 消える (verlöschen, verschwinden). {Tr. 36}

lëschen 動 IV. 自 ① 燃えやむ (zu brennen aufhören). ② 鳴り止む (zu tönen aufhören). 他 消す (löschen).

	直説法現在		
ich	lische	wir	lëschen
du	lischest	ir	lëschet
er	lischet	si	lëschent

	直説法過去		
ich	lasch	wir	lâschen
du	læsche	ir	lâschet
er	lasch	si	lâschen

lësen 動《強》V. [1. lise 3. las] ① 選び集める (auswählend sammeln). ② 読み聞かせる (vorlesen). ③ 読む (lesen).

	直説法現在		
ich	lise	wir	lësen
du	lisest	ir	lëset
er	liset	si	lësent

	直説法過去		
ich	las	wir	lâsen
du	læse	ir	lâset
er	las	si	lâsen

lest, lezzist 形 [*laz*の最高級] 最後の (letzt). {Ku. 1578, 2}

lesten 動《弱》① 置く (legen). ② 荷を負わせる (beladen). ③ 悩ます, 煩わす (belästigen). {Tr. 6511}

lester-lich, lestern 形 ① 侮辱的な, 中傷的な (beschimpfend). ② 不名誉な, 恥ずべき (beschimpflich). {aH. 1259}

lester-lîche 副 不名誉に, 侮辱的に (schimpflich).

letze 女 ① 妨げ (Hinderung). ② 掠奪 (Beraubung). ③ 防御

(Schutzwehr). ④ 終わり (Ende). ⑤ 別れ (Abschied). ⑥ 別れの贈物 (Abschiedsgeschenk).

letzen 動《弱》他 ① 妨げる (hemmen, hindern). ② (を)² 奪う (berauben). ③ 損なう (schädigen), 傷つける (verletzen). ④ 終える (beenden). ⑤ 自由にする (befreien). 再 (を)² やめる (sich enthalten), 中止する (aufhören). {Ku. 721, 4}

levant 男 東風 (Ostwind).

lëwe, lebe, löuwe, leu 男《弱》① ライオン, 獅子 (Löwe). ② 死刑執行人の助手 (Gehilfe des Scharfrichters). ¶ der lewe envuor niht mit in zwein / (den heter under wegen lân : / ern wolt in niht zem kampfe hân). そのライオンは二人のあとにはついて来なかった. (騎士はその獣を途中に置いてきた. 騎士はそれを戦いに連れて行く気がなかった.) (Iw. 6902-4)

lëwelîn, löuwelîn 中 [*lëwe* の縮小語] 小さいライオン (ein kleiner Löwe).

lîbunge 女 ① 安らぎ (Ruhe). ② 大切にすること (Schonung). {Tr. 18420}

lîch 女 ① 身体 (Leib, Körper). ② 体の表面, 皮膚 (Oberfläche). ③ 外見 (Aussehen), 姿 (Gestalt). ④ 死骸 (Leichnam). ⑤ 埋葬 (Begräbnis). {Tr. 1297}

lîchen 動《弱》, 動 I. 1. ① (に)³ 似ている (ähnlich sein), (と)³ 同じである (gleich sein). ② (の)³ 気に入る (gefallen). {Tr. 6392}

lîch-lege 女 埋葬, 葬儀 (Begräbnis).

lîdec-lich 形 ① 忍耐強い (geduldig). ② 耐えられる (erträglich).

lîdec-lîche(n) 副 ① 忍耐強く (geduldig). ② 耐えて (erträglich).

lîden 動《強》 I. 1. [縮約形 lîn] [3. leit 5. liten] 自 行く (gehen, vorübergehen). 他 ① 聞き知る, 経験する (erfahren). ② 悩む (leiden), 耐え忍ぶ (erdulden). 再 我慢する (sich erdulden) ¶ wan ez leit Jôb der guote / mit geduldigem muote, / dôz im ze lîdenne geschach, / durch der sêle gemach / den siechtuom und die swacheit / die er von der werlte leit : / des lobete er got und vreute sich. というのは善良なヨブは忍耐強く魂の安らぎを求めてその病と, 彼が世間から受けた蔑みに耐えた. ヨブはその苦しみに対して神を称え, そのことを喜んだ. (aH. 139-45)

lîden-lîche 副 ① 忍耐強く (geduldig). ② 静かに (ruhig).

liderîn, lëderîn 形 皮の, 革の (von Leder).

lie, lieʒ = *lâʒen* の直説法過去 1, 3 人称単数.

liebe[1] 男 女《弱》恋人 (Freund, Freundin).
liebe[2] 女 ① 喜び (Freude). ② 満足 (Wohlgefallen). ③ 親切さ (Freundlichkeit), 恵み (Gunst). ◇durch＋2 格＋liebe ＜um ～ willen＞. ¶ diu lât iuch wizzen beide / von liebe und von leide: / fröud und angest vert tâ bî. この物語はあなたがたに喜びと苦しみを教える. そこには楽しみと不安とがある. (Parz. 3, 28-4, 1)
liebe[3] 副 ① 喜んで (mit Freude). ② 親切に (freundlich). {Tr. 15045}
lieben[1] 動《弱》自 ① 心地よい (angenehm sein). ② 心地よくなる (angenehm werden). ③ 気に入る (gefallen). 非 ① (に)³ 喜びを感じる (Freude haben). ② 気に入る (gefallen). ¶ daz liebet an ze sehene manegen recken lobelîch. その光景は多数の賞賛すべき騎士を喜ばせた. (Nib. 591, 4).
lieben[2] 動《弱》他 ① 喜ばせる (erfreuen). ② 快適にする (angenehm machen). ③ 愛する (lieben). ¶ dar zuo liebte er ouch sî / swâ mite er mohte / und daz der maget tohte / zuo ir kintlîchen spil: / des gap ir der herre vil. またハインリッヒは自分ができるもの, 娘の子供らしい遊びに役立つものを与えて娘を喜ばせた. 領主はそのようなものをたくさん娘に贈った. (aH. 328-32)
lief ＝ *loufen* の直説法過去 1, 3 人称単数.
liefe ＝ *loufen* の直説法過去 2 人称単数, 接続法過去 1, 3 人称単数.
liefen ＝ *loufen* の直説法過去 1, 3 人称複数.
liegen, liugen 動 II. 1. 自 ① 嘘をいう (lügen). ② (を)³ 欺く (betrügen). 他 ① 嘘をいう (Unwahrheit sagen). ② (に)³ 拒む (versagen). {Nib. 225, 4}

直説法現在	
ich liuge	wir liegen
du liugest	ir lieget
er liuget	si liegent
直説法過去	
ich louc	wir lugen
du lüge	ir luget
er louc	si lugen

lieht[1] 中 ① 光 (Licht), 蠟燭 (Kerze). ② 輝き (der Glanz), 明るさ (die Helle). ③ 日の光 (Tag). {Nib. 633, 1}
lieht[2] 形 明るい (hell), 輝く (strahlend). ¶ nu gienc ouch Tristan

zehant / begrüezen unde beschouwen / die liehten sîne frouwen. トリスタンもすぐに輝くばかりの女主人を訪ね，挨拶をするために部屋を出た. (Tr. 11664-5)

lieht-blâ 形 明るい空色の (hellblau).

lieht-blic 男 稲光 (Blitz).

liehte 副 明るく (hell). {Nib. 586, 2}

liehten 動《弱》自 ① 明るくなる (hell werden). ② 夜が明ける (tagen). ③ 輝く，光る (leuchten). {Tr. 8827}

lieht-gevar 形 ① 明るい色の (hellfarbig). ② 輝いている (glänzend).

liep[1] 中 ① 好ましいもの (das Liebe). ② 喜ばしいもの，喜び (die Freude). ③ 快適なもの (das Angenehme). ④ 恋人 (Freund, Freundin).

liep[2] 形 [-bes^2] ① 好ましい，喜ばしい (lieb). ② 心地良い (angenehm). ③ 喜ばしい，嬉しい (erfreulich). ¶ sus hete er urloubes gegert. / er was ir liep, so'z mære giht. このようにして彼は暇乞いをした. 物語が伝えるところでは，妻は夫を愛していた. (Parz. 223, 26-7) ¶ anders hât mir mîn muot verjehen. / wirt er mir liep, daz ist ein nôt : / wirt er mir leit, daz ist der tôt. 私の心はちがった考えをしています. 私がその人を好きになったら，それは苦しみであり，その人が嫌いなときは，それは死を意味します. (aH. 764-6)

liep-lich 形 ① 愛らしい (lieblich). ② 親切な (freundlich). ③ 快適な (angenehm). {Ku. 638, 3}

liep-lîche 副 ① 愛らしく (lieblich). ② 親切に (freundlich). ③ 快適に (angenehm).

liet 中 [-des^2] ① 詩 (Gedicht). ② 歌謡 (Lied). ③ 叙事詩 (Epos), 教訓詩 (Lehrgedicht). {Nib. 1705, 4}

格	単　数	複　数
1格	daʒ liet	diu lieder
2格	des liedes	der lieder(e)
3格	dem liede	den lieder(e)n
4格	daʒ liet	diu lieder

lieʒ = *lâʒen* の直説法過去 1, 3 人称単数.

lieʒen[1] 動 II. 2. ① くじをひく (losen). ② くじとして与える (als Los zuteilen).

lieʒen[2] 中 ① くじを引くこと (das Losen). ② くじによって分ける

こと (Teilung durch Los). ③ 予言 (das Wahrsagen). ④ 魔法にかけること (das Zaubern). ⑤ 秘密の呪文 (heimliches Gemurmel).

ligen 動《強》V. [3. lac 4. læge 5. lâgen 6. gelegen] 横たわる (liegen). ¶ Die dâ wunde lâgen, die sah man für gân. 傷を負ってそこに横たわっていた人々も, そこに姿を現わした. (Nib. 308, 1)

	直説法現在	
ich	lige	wir ligen
du	ligest	ir liget
er	liget	si ligent

	直説法過去	
ich	lac	wir lâgen
du	læge	ir lâget
er	lac	si lâgen

ligende 形〔現分〕横たわっている (liegend).
ligûrîus, ligûrjus 男〔宝石〕リグリーウス (Ligurius). {Parz. 791, 15}
lihe = *lîhen* の直説法過去2人称単数, 接続法過去1, 3人称単数.
lîhen, liuhen, lîen, lîn, liuwen 動 II. 2. [3. lêch, lê] ① 貸す (leihen). ② 掛けで売る (auf Borg geben). ③ 掛けで買う (auf Borg nehmen). ④ 封土として与える (als Lehen geben). ⑤ 封土を授ける (verleihen). ¶ wer was ein maget diu den grâl / truoc? ir mantel lêch man mir. 聖盃を捧げ持っていた少女は誰だったのですか. 私はその人の外套を貸して貰ったのですが. (Parz. 500, 24-5)

	直説法現在	
ich	lihe	wir lîhen
du	lîhest	ir lîhet
er	lîhet	si lîhent

	直説法過去	
ich	lêch	wir lihen
du	lihe	ir lihet
er	lêch	si lihen

lihen = *lîhen* の直説法過去1, 3人称複数.
lîhte[1] 女 ① 無思慮 (Leichtfertigkeit). ② 軽いこと, 軽薄 (Leichtigkeit).
lîhte[2]**, lîht** 中〔無変化〕① わずかなもの (wenig). ② 取るに足ら

ないこと (eine Geringfügigkeit).

lîhte³, lîht 形 ① 軽い (leicht), 無思慮な (leichtfertig). ② 気が軽くなった (erleichtert). ③ 弱い (schwach). ④ わずかな (gering). ⑤ 価値のない (wertlos), 取るに足らない (geringfügig). {Ku. 1016, 4}

lîhte⁴, lîht 副 ① 容易に (leicht). ② もしかしたら (veilleicht). ③ 〔曲言法〕確かに (sicher). ◊ *vil lîhte* (vielleicht たぶん, もしかしたら). ¶ er sprach „mich hulfe lîhte daz, / volget ich iuwerm râte : / nû ist ez aber ze spâte.「ご助言に従えば, きっと私のためになることでしょう. しかし, 今もう遅すぎます」と彼は言った. (Iw. 6154-6) ¶ ich vürhte, solde ich werden alt, / daz mich der werlte süeze / zuhte under vüeze, / als si vil manigen hât gezogen / den ouch ir süeze hât betrogen : / sô würde ich lîhte gote entsaget. 私が年を取り, これまでこの世の甘美さにだまされた多くの人をそうしたように, その世俗の甘い誘惑が私を足元に引きずり込むのではないかと心配です. そうなれば私は神に見放されることでしょう. (aH. 700-5)

lîht-sam 形 ① 軽い (leicht). ② 僅かの (gering). {Tr. 3873}

lîlach 中 [= *lînlachen*] 亜麻の敷布 (leines Bettlaken). {Er. 384}

lîlachen ⇨ *lînlachen.*

lîlje 女 男 ゆり (Lilie).

liljen-var 形 ゆり色の (lilienfarbig).

liljen-wîʒ 形 ゆりのように白い (weiß wie Lilien).

liljerôse-varwe 女 ゆりとばらの色が混じった色 (die gemischte Farbe aus Lilien und Rosen).

lîm 男 ① にかわ (Leim). ② 鳥もち (Vogelleim). {Tr. 11796}

lîmen 動《弱》① にかわを塗る (mit Leim bestreichen). ② にかわで貼り付ける (zusammenleimen). ③ 鳥もちで捕まえる (mit Leim fangen). {Tr. 710}

limmen 動 III. 1. ① うなる, 吠える (brummen, heulen). ② ぶつぶつ いう (knurren). ③ きしる (knirschen). ¶ Dô Wate der vil grimme gefriesch des küniges tôt. / er begunde limmen. 血気にはやるヴァーテも王の死を知り, 唸り声を上げ始めた. (Ku. 882, 1-2a)

直説法現在	
ich limme	wir limmen
du limmest	ir limmet
er limmet	si limment

	直説法過去		
ich	lam	wir	lummen
du	lümme	ir	lummet
er	lam	si	lummen

lîn 男 ① 亜麻 (Lein, Flachs). ② 亜麻の布地 (leines Kleidungsstück).

linde[1] 女 ① 温和さ (Milde). ② 柔らかさ (Weichheit).

linde[2]**, linte** 女 菩提樹 (Linde, Lindenbaum). ¶ Under der linden / an der heide, / dâ unser zweier bette was, / dâ mugt ir vinden / schône beide / gebrochen bluomen unde gras. 私たち2人のベッドがあった野原の菩提樹の下，そこにあなたがたは花と草が両方ともみごとに折られているのを見ることができるでしょう. (Wa. 39, 11-6)

linde[3]**, lint** 形 ① おだやかな (lind), 柔らかい (weich, sanft). ② 滑らかな (glatt). ③ 穏和な (milde). ④ 繊細な (zart). ⑤ 塩辛くない (wenig gesalzen). {Er. 7703}

linde[4] 副 ① やわらかく，温和に (auf weiche, milde Weise). ② ゆるんで，活気なく (schlaff).

lîne 女 《強・弱》綱 (Leine).

linge[1] 女 ① 成功 (das Gelingen, guter Erfolg). ② 幸福 (Glück). {Tr. 5074}

linge[2] 形 急いだ (eilig).

lingen 動 III. 1. 自 ① 前に進む (vorwärts gehen). ② 栄える (gedeihen). ③ 急ぐ (eilen). 非 ① 急ぐ (sich beeilen). ② 前に進む (vorwärts gehen). ③ 成功する (gelingen, Erfolg haben). {Tr. 5076}

lîn-gewant 中 ① 亜麻布 (Leinengewand). ② 亜麻の衣装 (Leinenkleidung).

lîn-hose 女 《弱》亜麻製のずぼん (Hosen von Leinwand). {Tr. 2642}

linie 女 《強・弱》[ラテン語 linea] 線 (Linie).

lînîn[1]**, lînisch** 形 ① 柔らかい (weich). ② 怠惰な (träge). ③ 虚弱な (schwächlich).

lînîn[2] 形 亜麻の (leinen).

lîn-kappe 女 《弱》亜麻の頭巾，帽子 (Kappe von Leinen). {Tr. 2629}

lîn-lachen, lîlachen, lîn-lach 中 ① 敷布，シーツ (Bettuch). ② 亜麻布 (Leilach). {Tr. 18152}

lint-trache, lintrache 男《弱》(架空の動物)半竜半蛇 (halb Drache, halb Schlange). {Nib. 100, 2}

lint-wurm 男 [= *linttrache*] (架空の動物) 半竜半蛇 (halb Drache, halb Schlange), 翼のない竜 (Lindwurm).

lîn-wât 女 ① 亜麻の衣服 (leinenes Kleiderstück). ② 亜麻布 (Leinwand).

lîp 男 [lîbes²] ① 生命 (Leben). ② 身体 (Körper, Leib). ◇[書き替え] sîn lîp = er, ir lîp = si. ¶ sîn lîp der ist sô küene, man sol in holden hân. 彼はたいへん勇敢だから、彼の好意を受けるがよい. (Nib. 101, 3) ¶ von iuwern gnâden hân ich / die sêle und einen schœnen lîp. あなたがたの恵みにより、私は魂と美しい身体を得ました. (aH. 670-1)

lîp-dinc, lîp-gedinge 中 ① (生涯にわたって使える) 財産 (das auf die Lebenszeit zum Nutz bestimmte Gut). ② 終身年金 (Leibrente). ③ 持参金 (Heiratsgut).

lîp-geræte 中 ① 栄養, 食物 (Nahrung). ② 生計, 暮らし (Lebensunterhalt). {Tr. 16921}

lîp-, lîbe-lôs 形 命のない (leblos), 生きるのに飽きた (lebenssatt).

lîp-nar, -narunge 女 ① 栄養, 食物 (Nahrung). ② 生計, 暮らし (Lebensunterhalt). {Tr. 7347}

lipparêâ 名〔宝石〕リッパレーアー (Lipparea). {Parz. 791, 24}.

lîp-rât 男 ① 栄養, 食物 (Nahrung). ② 生計, 暮らし (Lebensunterhalt). {Tr. 16921}

lîre 女《弱》七絃竪琴, リラ (Leier). {Tr. 7995}

lîren 動《弱》① リラを弾く (Leier spielen). ② ためらっている (zögren). 再 遅れる (sich verzögern). {Tr. 3680}

lise = *lësen* の直説法現在1人称単数.

lîse¹, linse 形 ① 静かな (leise). ② 物音のない (geräuschlos). ③ 柔らかい (sanft). ④ 注意深い (aufmerksam).

lîse², lîs, lins, lîslîche 副 ① 静かに (leise). ② 物音なしに (geräuschlos). ③ 柔らかに (sanft). ④ ゆっくり (langsam). {Ku. 88, 4}

lisîs 名 蛇の一種 (Schlange), やまかがし (Ringelnatter). {Parz. 481, 9}

lispen 動《弱》① 口唇ではなす (durch Lippe sprechen). ② ささやく (lispeln). {Tr. 8619}

list 男 女 ① 英知 (Weisheit), 賢明さ (Klugheit). ② 狡猾さ

(Schlauheit). ③ ずるい考え (schlaue Absicht). ④ 美術 (Kunst), 学問 (Wissenschaft). ⑤ 魔術 (Zauberkunst). ¶ sich huop ein niwer jâmer hie. / diu frouwe enwesse rehte, wie / daz si ir den list erdæhte / unde in von dem willen bræhte. ここに新しい悩みが生まれた. 王妃はどのような方策を立て, どのようにして息子に思いとどまらせたらよいかと途方に暮れた. (Parz. 126, 15-6)

lîste 女《弱》① 細長い縞 (Streifen). ② 縁, へり (Saum). ③ 笹縁, レース (Borte). {Ku. 1326, 3}

listec, listic 形 ① 賢明な (weise). ② 狡猾な (klug), 策略に満ちた (listig). {Nib. 498, 4}

listec-heit, listekeit 女 ① 賢明さ (Weisheit). ② 狡猾さ (Klugheit).

listec-lîche 副 ① 賢明に (weise), 利口に (klug). ② 狡猾に (mit Schlauheit).

listen 動《弱》① 術 (*list*) を行なう (üben). ② へつらう, 媚びる (schmeicheln). {Tr. 13968}

list-machære, -mechære 男 芸術家 (Künstler).

list-vröude 女 見せ掛けの喜び (Scheinfreude).

list-werkære, -würkære, 男 芸術家 (Künstler). {Tr. 4932}

lit 中 男 [-des²] 手足, 四肢 (Glied). {Tr. 2943}

lîte 女《弱》① 山の斜面 (Abhang). ② 高み (Höhe). ③ 谷 (Tal). ④ 道 (Weg). {Tr. 10908}

lît-hûs 中 居酒屋 (Schenke).

Liud-gast, Liude-gast 男〔人名〕デンマークの王リウデガスト (Liudegast).

Liudegêr 男〔人名〕ザクセンの君主リウデゲール (Liudeger).

liuhtcc 形 輝いている (leuchtend).

liuhten 動《弱》[3. lûhte 6. gelûht] 自 輝く (leuchten). 再 薄くなる (sich lichten). {Ku. 647, 2}

liument, liumunt, liumt, liunt, liumude, liunde 男《強・弱》① 名声 (Ruf, Ruhm). ② 文節, 段落 (Paragraph). {Tr. 15398}

liut 男 中 [中独 lût] ① 民衆 (Volk). ② 人々 (Leute), 人間たち (Menschen). ¶ die liute in sahen gerne. 人々は王子の姿を見たいと思っていた. (Nib. 24, 2a)

liute, lûte, lût 女 ① 音が大きいこと (Lautheit). ② 声 (Stimme), 音 (Laut). ③ 物語 (Sage), 評判 (Gerücht).

liutech 中 多数の人々 (menge von Leuten).

liuten 動《弱》自 響き渡る, 鳴る (läuten). 他 ① 響かせる (ertönen lassen). ② 聞く (hören), 聞き知る (vernehmen). {Nib. 1005, 1}

liuter[1] 女 ① 明るさ (Klarheit). ② 純粋さ (Lauterkeit).

liuter[2] 中 ① 明るいもの (das Helle). ② 純粋さ (Reinheit). ③ 卵白 (das Eiweiß).

liuter[3] 形 ① 明るい (hell). ② 透明な (lauter), 澄んだ (klar). ③ (から)[3] 自由な (frei). ④ 純粋な (rein), 混じっていない (ungemischt).

liuter[4] 副 ① はっきり (deutlich). ② まったく (ganz).

liuter-lich 形 ① 明るい (hell). ② 純粋な (rein). ③ 透明な (lauter).

liuter-lîche 副 ① 明るく (hell). ② 純粋に (rein). ③ まったく (gänzlich).

liutern, lûtern 動《弱》他 きれいにする (reinigen), 純粋にする (läutern). 自 ① きれいになる (rein werden). ② 浄化される (sich läutern).

liut-lôs 形 人の居ない (menschenleer). {Er. 6663}

liut-sælec, -sælic, -sæliclich 形 ① 優雅な (anmutig). ② 愛らしい (zierlich). {Tr. 11092}

liʒ 男 顔 (Antlitz).

liz 男 [-zes[2]], **litze** 男《弱》① 熱望 (Begehren). ② 努力 (Streben). ③ 気分 (Laune).

lô ⇨ *lohe, lôch.*

lob-brunne 男《弱》称賛の泉 (Lobquelle), 名誉の噴水 (Ehrenquelle). {Tr. 11202}

lobe-bære 形 称賛に価する (lobenswert). {Ku. 105, 3}

lobe-haft 形 称賛に価する (lobenswert).

lobe-lich 形 ① 称賛に価する (preiswert), 賞賛すべき (löblich). ② 厳かな (feierlich). {Ku. 18, 4}

lobe-lîche 副 ① 称賛して (auf löbliche Weise). ② 厳かに (auf feierliche Weise).

loben 動《弱》① 称賛する (loben). ② 厳かに約束する (feierlich geloben). ③ 結婚の約束をする (zu heiraten versprechen). {Ku. 35, 3}

lobe-rîs 中 ① 栄誉の枝 (Ehrenzweig). ② 栄冠 (Ehrenkranz). {Tr. 4645}

lobe-sam = *lobelich.*

loc 男 [-ckes[2]] ① 巻き毛 (Locke). ② 髪の毛 (Haar), たてがみ

(Mähne).｛Ku. 355, 3｝

loch 中［複数 loch, löcher, lücher］① 牢屋 (Gefängnis).② 地獄 (Hölle).③ 隠れ家 (Versteck).④ 洞穴 (Höhle), 穴 (Loch).｛Nib. 2078, 2｝

lôch 男 中 [-hes²], **lô** 男 中 ① 薮 (Gebüsch), 樹木 (Gehölz).② 森 (Wald).

lochen, löchern 動《弱》他 穴をあける, 穴だらけにする (durchlöchern). 再 開く (sich öffnen).

lohe, lô 男《弱》火炎 (Lohe), 炎 (Flamme).

lohen 動《弱》燃える (flammen), 燃えながら輝く (flammend leuchten).｛Nib. 1841, 2｝

lôn 男 中 ① 報い (Lohn).② 積み荷 (Frachtgut). ¶ diu wære mir ze lône / gegeben umbe dise nôt. それ［＝天上の冠］を苦しみの褒美として私が貰っていたでしょうに. (aH. 1294-5)

lôn-bære 形 報酬に価する (lohnwürdig).｛Tr. 12349｝

lônen, lœnen 動《弱》① 報いる (lohnen).② (に)⁴ 日給を与える (Tagelohn geben). ¶ der künec dô gie ze râte wie er lônte sînen man; / si heten sînen willen nâch grôzen êren getân. その時王は, 自分の家来たちにどのように報いるべきか, 協議した. それは家来たちが王の意志を見事に実現したからである. (Nib. 256, 3-4)

lop, lob 中 男 [-bes²] 称賛 (Lob, Preis). ¶ alsus kunde er gewinnen / der werlte lop unde prîs. / er was hövesch unde wîs. このようにして彼は世間の賛美と称賛の的となった. 彼は作法を心得, 分別があった. (aH. 72-4)

lôr-ber 中 女 月桂樹の実 (Lorbeere).

lôr-schapëlekîn 中 月桂冠 (Lorbeerkränzlein).｛Tr. 4640｝

lôr-zwî 中 月桂樹の枝 (Lorbeerzweig).｛Tr. 4635｝

lôs 形 ① 自由な (frei, ledig).② (から)² 解き放たれた (befreit).③ (を)² 奪われた (beraubt).④ 喜ばしい (fröhlich), 親切な (freundlich).⑤ 快適な (anmutig).⑥ 無思慮な (leichtfertig).｛Tr. 14008｝

losære¹, -er 男 ① 立ち聞きする人 (Horcher).② 監視人 (Aufpasser).｛Tr. 13956｝

lôsære², -er 男 ① 偽善者 (Heuchler).② 追随者 (Schmeichler).

lôsære³, lœsære, -er 男 ① 救済者 (Befreier, Erlöser).② 救世主 (Heiland).

loschen, lôschen 動《弱》自 隠れている (verborgen, versteckt sein).｛Tr. 17082｝

loschieren 動《弱》⾃ ① 泊まる (herbergen). ② 野営する (sich lagern). 他 ① 泊める (unterbringen), 宿泊させる (herbergen). ② (に)³ 宿を準備する (Herberge bereiten).

losen 動《弱》① 耳を傾ける (zuhören, horchen). ② 聞く (hören). {Ku. 381, 2}

lôsen 動《弱》① 解放される (los werden). ② 親切である (freundlich sein). ③ 媚びる, へつらう (schmeicheln). ④ うわべを飾る (heucheln). ⑤ 喜んでいる (fröhlich sein). {Tr. 14008}

lœsen, lôsen 動《弱》[3. lôste] ① ほどく, 解く (lösen, los machen). ② (から)² 自由にする (befreien). ③ 支払う (bezahlen). ④ 請け出す (auslösen), 請け戻す (einlösen). ¶ dâ sol uns vieriu der tôt / lœsen von aller slahte nôt. / des tôdes genese wir / und ich verre baz dan ir. その死は私たち4人からいろいろな苦しみを取り除きます. その死から私たちは回復します. そして私があなたがたよりもずっとよく. (aH. 852a-b, 853-4)

lôs-heit 女 ① 無思慮, 浅薄さ (Leichtfertigkeit). ② 悪業, 意地悪さ (Schalkheit).

lôste = *lœsen* の直説法過去1, 3人称単数.

lôt 中 ① 鉛 (Blei). ② 鋳造できる金属 (gießbares Metall). ③ 半田用の合金 (Metallgemisch zum Löten). ④ 鉛の錘 (Gewicht aus Blei). ⑤ 測鉛 (Lot).

lœten 動《弱》(半田で) 固定する (fest machen), 半田づけする (löten).

loube 女 ① 園亭 (Laube). ② 階段下の部屋 (Raum unter der Stiege des Zimmers). ③ 上階の開かれた回廊 (Gang am oberen Stockwerk). ④ 屋根のある広間 (bedeckte Halle). ⑤ 階段下の部屋 (Raum unter der Stiege). ⑥ 倉庫 (Speicher). ⑦ 回廊 (Galerie).

louben[1] 女 許可 (Erlaubnis).

louben[2] 動《弱》① 信じる (glauben). ② 許可する (erlauben).

louc 男 [-ges²] 炎 (Flamme), 烈火 (Lohe).

louch 男 [-ches²] ねぎ (Lauch).

louf 男 ① 走ること (Lauf). ② 回転, 流通 (Umlauf). ③ 行くこと (Gang). ④ 出来事 (Ereignis). ⑤ 経過 (Vorgang).

loufen 動〔反復〕3 [3. lief] ⾃ 走る (laufen). 他 通り過ぎる (durchlaufen). {Nib. 213, 2}

louft 男 ① 皮 (Schale), 鞘 (Hülse). ② 靱皮 (Bast), 内皮の管 (Bastrohr). ③ 走ること (Lauf). {Parz. 506, 13}

lougen¹ 中 ① 否定 (Leugnung). ② 否認, 拒否 (Verneinung). ◇ âne lougen (fürwahr たしかに).
lougen² 動《弱》炎を上げて燃える (flammen).
lougenen, lougen, loukenen, louken, leuken 動《弱》① 否定する (leugnen, verneinen). ② 取り消す (widerrufen). {Ku. 1265, 3}
lougen-lîche 副 ① 真実でなく (unwahr). ② 不実に, 偽って (lügnerisch). {Nib. 1568, 1}
lougenunge 女 ① 否定 (Leugnung). ② 否認, 拒否 (Verneinung).
loup 中 [-bes²] 葉 (Laub, Blatt). {Tr. 16088}
loup-vahs 男 葉の毛状部分 (Laubhaar), 葉の飾り綱 (Laubgewinde), 葉の冠毛 (Blätterbüschel).
lôʒ 中 ① くじ (Los). ② くじを引くこと (das Werfen des Loses). ③ くじによる予言 (Weissagung durch das Los). ④ 権利 (Recht), 慣習 (Herkommen). ⑤ 遺産分割 (Erbteilung). ⑥ 運命 (Schicksal). ⑦ 合い言葉 (Losungswort). {Tr. 5960}
lôʒ-buoch 中 予言, 占いのための本 (Wahrsagen).
lôʒen 動《弱》自 ① くじを引く (Los werfen). ② くじで決める (durch Los bestimmen). 他 ① くじで分ける (durch Los verteilen). ② 分ける (teilen).
lôʒunge 女 ① くじを引くこと (das Loswerfen). ② 分けること (Teilen).
lücke¹, **lucke** 女 穴 (Loch), 隙間 (Lücke).
lücke², **lugge** 形 ゆるい, ゆるんだ (locker). {Tr. 13994}
ludem, luden 男 ① 叫び (Geschrei). ② 呼ぶこと (Rufen). ③ 騒音, 騒ぎ (Lärm). {Ku. 187, 2}
ludemen, ludmen 動《弱》① 呼ぶ (rufen). ② 叫ぶ (schreien). ③ 騒ぐ (lärmen).
luft 男 女 [複数 lüfte] 空気 (Luft), 風 (Wind), 通風 (Luftzug). {Ku. 59, 3}
lüge¹, **luge** 女 嘘, 虚偽 (Lüge). {Nib. 592, 3}
lüge², **lücke** 形 嘘つきの (lügnerisch), 嘘の (lügenhaft). {Ku. 1339, 4}
lüge-lich 形 嘘つきの (lügnerisch), 嘘の (lügenhaft). {Tr. 13987}
lüge-lîcheit 女 嘘 (Lüge), 虚偽 (Lügenhaftigkeit).
lüge-man 男 嘘つき (Lügner).
lüge-, lügen-mære 中 ① 嘘の話 (unwahre Erzählung). ② 虚偽

の話 (erlogene Geschichte).
lügenære, lügener 男 嘘つき (Lügner).
lügene, lügen, lugene, lugen 女 [中独 logene, logen も] 嘘, 虚偽 (Lüge).
lügen-haftic 形 虚偽の, 嘘の, いつわりの (lügnerisch).
lügen-hart 男 嘘つき (Lügner).
lügen-heit 女 虚偽 (Lügenhaftigkeit).
lügen-sache 形 女 嘘, 偽り (Lüge).
lûhte = *liuhten* の直説法過去1, 3人称単数.
lumbel, lummel 男 腰肉 (Lendenfleisch), (動物の) 内臓 (Eingeweide). {Tr. 2941}
lûne 女 [ラテン語 luna] ① 月 (Mond). ② 星座 (Konstellation). ③ 変わり易さ (Veränderlichkeit). ④ 月の満ち欠け (Mondwechsel). ⑤ 幸福 (Glück). ⑥ 気分 (Laune).
luoder 中 ① 餌, 誘き餌 (Lockspeise). ② 誘惑 (Verlockung), 待ち伏せ (Nachstellung). ③ いたずら (Possen). ④ 美食, ぜいたく (Schlemmerei).
luogen 動《弱》① 注意深く見る (aufmerksam schauen). ② のぞく, うかがう (lugen).
luot[1] 女 唸ること (das Brüllen).
luot[2] 女 ① 大量 (große Menge), 多数 (Masse). ② 群れ (Schar, Rotte). ③ 重荷, 大きな荷物 (Last).
lüppec 形 ① 毒の, 毒のある (giftig). ② 毒を盛られた (vergiftet).
lüppen, luppen 動《弱》[3. lupte 6. gelupt / gelüppet] ① 毒を塗る (mit Gift bestreichen), 毒を盛る (vergiften). ② 取り除く (vertreiben). ③ 治す (heilen). {Tr. 6947}
lürzen[1]**, lurzen** 動《弱》欺く (betrügen, täuschen).
lürzen[2]**, lurzen** 中 欺き (Täuschung).
lussam ⇨ *lustsam*.
lust 男 女 ① 喜び (Freude), 楽しみ (Vergnügen). ② 熱望 (Begierde), 欲求 (Verlangen).
lustec, lustic 形 ① 楽しい, 快適な (lustig), 朗らかな (heiter). ② 魅力的な (reizend). 愛らしい (lieblich), 優美な (anmutig). ③ 熱望した (begierig). {Tr. 6566}
lüsten, lusten 動《弱》他 喜ばせる (erfreuen). 非 ① (を)² 喜ぶ (sich freuen). ② を² 熱望する (begehren). ③ 要求する (verlangen). {Ku. 101, 3}

lust-sam¹, lussam 男田 ① 美しさ (Schönheit). ② 優雅さ (Anmut).

lust-sam², lussam 形 ① 喜ばしい (erfreulich). ② 愛らしい (lieblich), 魅力的な (reizend). ③ 美しい (schön), 優雅な (anmutig). {Tr. 4691}

lust-same, lussame 女 ① 美しさ (Schönheit). ② 優雅さ (Anmut).

lût¹ 男 ① 音 (Laut), 音調 (Ton). ② 声 (Stimme). ③ 叫び (Schrei).

lût² 形 ① 明るく響く (hell tönend). ② 大声の, 大きな音の (laut). ③ 明らかな (klar), はっきりした (deutlich). {Ku. 1395, 1}

lût³ 副 ① おおやけに, 公然と (öffentlich). ② はっきりと (vernehmlich). ③ 目に見えるほどに (sichtbar). {Nib. 466, 1}

lût⁴ ⇨ *liut, liute.*

lût-bære 形 ① 公然とした (öffentlich). ② 大声の (laut).

lût-bæren 動《弱》① 告示する (verlautbaren). ② 知らせる (bekannt machen). {Tr. 13615}

lûte¹ 男《弱》① リュート (Laute). ② ギター (Guitarre).

lûte² ⇨ *liute.*

lûte³ 副 ① かん高く (helltönend). ② 大声で (laut). ③ 美しく (auf schöne Weise). {Tr. 13615} ¶ lûte âne mâze / hôrter eine stimme / clägelich und doch grimme. 悲しそうで, 同時に恐ろしげな声が限りなく大きく響きわたるのをイーヴァインは聞いた. (Iw. 3828-30) ¶ tuo zuo dînen munt : / und wirstû vür dise stunt / der rede iemer mêre lût, / ez gât dir ûf dîne hût. 口を閉じなさい. これからさき大きな声をだしたら, しかられると思いなさい. (aH. 585-8)

lûte⁴ = *liuten* の直説法過去 1, 3 人称単数.

lûten 動《弱》自 ① 響く (lauten) ② 鳴り響く (ertönen, klingen). 再 自 意味する (bedeuten). 他 ① 音を大きくさせる (laut werden lassen). ② 叫ぶ (ausrufen). {Tr. 10110}

luter¹ 女 かわうそ (Fischotter).

luter² 田 ① 廃物 (Unrat). ② 汚物 (Kot).

lûter¹, liuter 女 明るさ (Klarheit), 純粋さ (Lauterkeit).

lûter² 田 ① 明るいもの (das Klare). ② 純粋さ (Reinheit, Lauterkeit), 純粋なもの (das Reine). {Nib. 2185, 3}

lûter³, liuter 形 ① 明るい (hell). ② 透明な (klar, lauter). ③ (から)³自由な (frei). ④ 純粋な (rein), 混ざっていない (unvermischt). {Ku. 1201, 4}

lûter[4] 副 ① はっきり (deutlich). ② まったく (ganz).

lûter-heit 女 純粋さ (Lauterkeit, Reinheit).

lûter-, liuter-lich 形 ① 明るい (hell). ② 純粋な (rein). ③ 透明な (lauter). ④ 本当の (wahr).

lûter-, liuter-lîche 副 ① 明るく (hell). ② 純粋に (rein). ③ まったく (gänzlich). ④ もっぱら (ausschließlich).

lûtern, liuteren 動《弱》他 きれいにする (reinigen), 純粋にする (läutern). 自 ① きれいになる (rein werden). ② 浄化される (sich läutern). {Tr. 8149}

lûter-tranc 男 中 薬味ワイン (Würzwein). {Nib. 504, 1}

lûter-var 形 ① 明るい色の (hellfarbig). ② 輝いている (glänzend).

lûtes 副 ① 大きな音で (laut). ② 吠えながら (bellend).

lût-haft 形 音のする, 響きのある (klingend). {Tr. 16396}

lütze, lüz 形 ① 小さい (klein). ② 少ない (gering). ③ 僅かな (wenig).

lützel 形 ① 小さい (klein), 少ない (gering), 僅かな (wenig). ② 〔中性名詞のように〕僅かなもの (wenig), 何も～ない (nichts), ～ない (kein). ◇ *lützel ieman* <niemand>. 副 ～ない (nicht), けっして～ない (nie). ¶ nu sâhen si den jungen / aber noch flîzeclîcher an, / dô er ir sprâche reden began, / die lützel ieman kunde dâ. この少年がそこでは誰も話せない, かれらの言葉を話し始めたとき, かれらはその少年をいっそうまじまじと見つめた. (Tr. 2232-5)

lützele 女 小さいこと (Kleinheit).

lützelic 形 小さい (klein).

lützen 動《弱》① 小さくする (klein machen). ② 少なくする (gering machen). ③ 引き下げる (herabsetzen).

lûʒe 女 魚取り網 (Fischnetz).

lûʒen[1] 動《弱》① 隠れている (heimlich verborgen sein). ② 聞き耳を立てる (lauschen). ③ 待ち伏せする (lauern). {Tr. 10725}

lûʒen[2] 中 ① 野獣を待ち伏せすること (das heimliche Lauern auf Wild). ② 網の設置 (das Stellen von Netzen).

lûʒenære 男 ① 待ち伏せする人 (Laurer). ② 立ち聞きする人 (Lauscher).

lûʒer 男 猟獣を待ち伏せする人 (derjenige, der dem Wild heimlich auflauert).

M

mâc 男 [mâges²], **mâge** 男《弱》① 親戚, 一族 (Verwandte). ② 傍系の血族 (blutverwandte Person in Seitenlinie). {Nib. 48, 1}

格	単　数	複　数
1格	der mâc	die mâge
2格	des mâges	der mâge
3格	dem mâge	den mâgen
4格	den mâc	die mâge

mac = *mügen, mugen* の直説法現在 1, 3 人称単数.

machen 動《弱》他 ① 生み出す (erzeugen, erschaffen). ② 作る (machen), 準備する (bereiten). 再 ① 起こる (geschehen). ② 装備する (sich rüsten). ③ 出発する (sich anfmachen).

mage 男《弱》胃 (Magen).

mâge = *mâc* の複数.

magedîn, magetîn, megedîn, megctîn, meidîn 中 [*maget* の縮小語] 少女 (Mädchen). {Nib. 2, 1}

magen-, mân-kraft 女 ① 大きな力 (große Kraft), 力 (Macht). ② 多数, 多量 (große Menge). ¶ Dirre werlte veste, / ir stæte und ir beste / und ir grœste magenkraft, / diu stât âne meisterschaft. この世の確かさ, その不変, 最高の幸福, そして最大の権威というものには何の力もない. (aH. 97-100)

mâgen-, mein-lich 形 ① 力強い (gewaltig). ② 有力な (mächtig).

mager, meger 形 痩せた (mager).

mageren 動《弱》やせる (mager werden).

maget, magt, mait, meit 女 [複数 megede, meide] ① 乙女, 少女 (Jungfrau, Mädchen). ② 聖母マリア (die Jungfrau Maria). ③ 召使い (Dienerin), 侍女 (Magd). ¶ „guoten morgen, guoten âbent" was den minniclîchen meiden tiure. 愛らしい娘たちは,「お早よう」や「今晩は」の挨拶も聞いたことがなかった. (Ku. 1220, 4)

格	単数	複数
1格	diu maget	die mägede
2格	der mägede, maget	der mägede
3格	der mägede, maget	den mägeden
4格	die maget	die mägede

maget-bære 形 処女のような, 純潔な (jungfräulich).
maget-, meget-, meit-lich 形 乙女の, 少女の (jungfräulich). {Ku. 10, 1}
maget-lîche 副 ① 少女らしく, 乙女らしく (jungfräulich). ② 少女として, 乙女として (als Mädchen).
magetlîn, megetlîn 中 少女, 乙女 (Magd, Mädchen).
maget-reine 形 処女のように純粋な (rein wie eine Jungfrau).
maget-schaft 女 処女 (Jungfräulichkeit), 童貞 (Jungfernschaft).
maget-tuom, magetuom, meituom 男 中 女 ① 処女, 処女性 (Jungfräulichkeit). ② 童貞 (Jungfernschaft). {Tr. 14770}
maget-tuomlich 形 処女の, 純潔な (jungfräulich).
magetuom ⇒ *magettuom*.
mage-zoge, meizoge 男 《弱》 教育者, 養育者 (Erzieher, Erzieherin). {Nib. 719, 2}
mage-zoginne, meizoginne 女 (女性の) 教育者, 教師 (Erzieherin).
magnes, magnêt, magnête 男 磁石 (Magnet). {Ku. 1109, 4}
mahelen, mehelen, mâlen, mêlen 動 《弱》 ① 法廷に召喚する (vor Gericht laden), 告訴する (anklagen). ② 約束する (versprechen). ③ 婚約させる (verloben), 結婚させる (vermählen). ④ 妻に迎える (zur Frau nehmen), 夫に迎える (zum Mann nehmen). {Ku. 9, 1}
mahel-, mehel-schaz, mâl-schaz 男 ① 花嫁の贈り物 (Brautgabe). ② 婚約指輪 (Verlobungsring).
mahinande, mahinante 女 [=*massenîe*] ① 家臣 (Hausgesinde), 召使 (Dienerschaft). ② 家来 (Gefolge). ③ 騎士社会, 仲間 (ritterliche Gesellschaft).
mahmumelîn 男 信者の支配者 (Beherrscher der Gläubigen).
maht[1] 女 ① 力 (Kraft, Körperkraft). ② 権力 (Gewalt). ③ 全権 (Vollmacht). ④ 多数 (Menge), 豊富 (Fülle). ⑤ 軍勢 (Menge der Krieger). {Nib. 484, 2}

maht[2] = *mugen, mügen* の直説法現在 2 人称単数.

mahte = *mugen, mügen.* の直説法過去 1, 3 人称単数.

mæjen, mægen, mæwen, mæn, meigen, meihen, meien 動 《弱》刈る (mähen).

mâl 中 ① 目標点 (Zielpunkt). ② 印 (Zeichen), 汚点 (Fleck). ③ (武具などの) 飾り (Schmuck). ④ 境石 (Grenzstein). ⑤ 時点 (Zeitpunkt), 度 (Mal).

mâlen 動《弱》① 描く (malen), 印を付ける (mit einem Zeichen versehen). ② 境界をつける (abgrenzen). ③ 色を付ける (färben). ④ 立案する (entwerfen). {Nib. 1294, 2}

malhe 女《弱》① 皮の袋 (Ledertasche). ② 外套のポケット (Mantelsack).

malte, maldete = *mëlden* の直説法過去 1, 3 人称単数.

man[1] 男 [mannes[2]] ① 人間 (Mensch). ② 男 (Mann). ③ 勇敢な戦士 (ein tapfer Krieger). ④ 夫 (Ehemann), 恋人 (Freund), 婚約者 (Verlobter). ⑤ 息子 (Sohn). ⑥ 召使 (Diener), 家来 (Dienstmann). ⑦ 封臣 (Lehnsmann), 家臣 (Vasall). ¶ want sî muose tôten sehen / einen den liebesten man / den wîp ze liebe ie gewan. それは彼女がおよそ妻たるものが夫として選んだ最愛の人が息絶えているのを見なければならなかったからだ. (Iw. 1314-6)

格	単　数	複　数
1格	der man	die man (manne)
2格	des man (mannes)	der manne (man)
3格	dem man (manne)	den mannen (man)
4格	den man	die man (manne)

man[2] 代〔不代〕(一般に) 人 (man).

man[3], **mane** 女 男《強・弱》① たてがみ (Mähne). ② (人の) 髪 (Haar).

mæn ⇨ *mæjen.*

manc[1], **mang** 男 女 ① 不足, 欠乏 (Mangel). ② 窮乏 (Gebrechen).

manc[2], **mang** 前 +3〔中独〕① 〜の間に (zwischen). ② 〜の下に (unter).

mâne, mân, mône, môn 男《強・弱》① (空の) 月 (Mond). ② (年月の) 月 (Monat). ¶ dô diu naht ane gie, / schône schein der mâne. 夜が始まると, 月が美しく輝いた. (Er. 3109-10)

manec, manic 形 ① 多くの (viel), 多数の (manch). ② さまざまな (vielfach). ¶ mit klage ir helfende manic vrouwe was. 多数の女性が嘆きを共にして彼女を慰めた. (Nib. 1067, 2)

manec-, manic-valt 形 ① 種々の (mannigfach), 多様な (mannigfaltig). ② 無数の (zahlreich). ③ 大きな (groß). ④ 同じでない (ungleich), 変わりやすい (unbeständig). 副 多様に (auf mannigfaltige Weise).

manec-valten 動《弱》他 ① 多様にする (mannigfaltig machen). ② 色とりどりにする (bunt machen). 自 不確かになる (sich unsicher zeigen). {Tr. 12927}

maneges 副 たいへん (sehr), 多く (um manches).

manen 動《弱》① 思い起させる (erinnern). ② 促す (auffordern). ③ 駆り立てる (antreiben). ¶ Er nam si beidiu bî der hant, / er sprach: „sun, nû wis gemant / daz dû behaltest mêre / die jungisten lêre / die dir dîn vater tæte. 領主は二人の手を取って言った,「息子よ,お前にお前の父が与える最後の教えを守るように心掛けるがよい.」(Gr. 243-7)

mange 女《弱》① 投石機 (Kriegsmaschine, die Steine schleudern). ② 圧延機 (Glättwalze).

mangel 男 ① 不足, 欠乏 (Mangel). ② 窮乏 (Gebrechen). ¶ der munt ze vreuden gestalt, / nû bleich unde kalt, / diu ougen tief trübe rôt, / als ez der mangel gebôt, / mit brâwen behangen / rûhen unde langen. 口は喜びを表わしていたが, 今や青ざめ冷ややかであった. 目は欠乏のために深く濁って赤くなっていて, 荒く長い眉毛がおおいかぶさっていた. (Gr. 3437-42))

mangelen, mangeln 動《弱》① 不足に苦しむ (Mangel leiden). ② (が)² 欠けている (entbehren).

man-, manne-, menne-gelîch 形 ① 各々の (jeder). ②〔名詞的に〕各人 (jedermann).

mangerîe 女 食事 (Essen), 食物 (Esswaren). {Tr. 16826}

man-haft, -haftic 形 ① 男らしい (mannhaft). ② 勇敢な (tapfer). ③ 確固とした, 揺るぎない (standhaft). {Ku. 514, 4}

man-heit 女 ① 男らしさ (Männlichkeit). ② 勇敢さ (Tapferkeit). ¶ sus nidert sich mîn manheit : / sô swachen strît ich nie gestreit. このようにして私の男らしさが地に墜ちる. このようなつまらない一騎打ちなどしたことがない. (Parz. 685, 9-10)

manic-valten 動《弱》① 多様にする (vervielfältigen). ② 色とり

どりにする (bunt zusammensetzen).

maniere 囡《強・弱》［フランス語 maniére］方法, 様式, やり方 (Art und Weise). {Tr. 4572}

man-künne, -kunne 囲 ① 人類 (Menschengeschlecht). ② 子孫 (Nachkommenschaft).

man-, men-lich 形 ① 男らしい (männlich), 男性にふさわしい (einem Mann passend). ② 勇敢な (tapfer). {Tr. 5944}

man-lîch 囲 ① 人間に似たもの (das dem Menschen gleiche). ② 人間に似たものの像 (das Bild des dem Menschen Gleichen).

man-, men-lîche 副 ① 男らしく (in der Art eines Mannes). ② 勇敢に (auf mutige, tapfere Weise).

mânôt-, mânet-, mônet-lich 形 毎月の (monatlich).

man-schaft 囡 ① 封臣の身分 (Verhältnis eines Lehnsmannes). ② 封臣の義務 (Lehnspflicht). ③ 封臣の忠誠の誓い (Lehnseid). ④ 〔集合的に〕家来たち (Mannen).

mân-schîme 男《弱》, **-schîn** 男 ① 月 (Mond). ② 月光 (Mondlicht).

man-slaht 囡 ① 人殺し (Menschenmord). ② 殺害 (Totschlag, Mord). ③ 戦闘 (Schlacht).

mân-, môn-, mên-tac 男 月曜日 (Montag).

mantel, mandel 男 外套 (Mantel). {Ku. 1232, 4}

mantellîn, mentellîn 囲 小さな外套 (Mäntelchen).

manunge 囡 ① 催促, 勧告 (Mahnung). ② 警告 (Ermahnung), 挑発 (Aufforderung). ③ 召還 (Forderung vor Gericht). ④ 罰金 (Geldbuße).

mar, marwe 形「marwes²」① もろい (mürbe). ② 熟した (reif). ③ やわらかい (zart).

marc¹ 囲 [markes²] 戦馬 (Streitross). {Nib. 34, 1}

marc² 囲 [marges²] 骨髄 (Mark).

marc³ 囲 [markes²], **march** 囲 [marhes²] しるし (Zeichen).

marc⁴ ⇨ *marke.*

marc-grâve, margrâve 男《弱》辺境伯 (Markgraf). {Nib. 9, 3}

marc-grâvinne, -grævinne, margrævin 囡 辺境伯夫人 (Frau eines Markgrafen).

marcte, marhte = *merken* の直説法過去 1, 3 人称単数.

marder, merder, mader 男 ① てん (Marder). ② てんの毛皮 (Fell des Marders).

märderîn 形 [= *merderîn*] てんの毛皮の (von Marderfell).

mære[1] 中 ① 知らせ (Nachricht), 報告 (Bericht). ② 物語 (Erzählung). ③ 童話 (Märchen). ④ 噂 (Gerücht). ⑤ 事物 (Sache, Ding). ¶ Diu minneclîche Blanschefluor / do sî diu leiden mære erfuor / umbe den vil herzelieben man, / alrêrste gienc ir kumber an. 愛らしいブランシェフルールは，心から愛する人の悲しい知らせを聞くと，たちまち苦悩が始まった. (Tr. 1383-96)

mære[2] 女 ① 有名, 著名 (Berühmtheit). ② 言葉 (Rede). ③ 知らせ (Nachricht). ④ 物語 (Erzählung). ⑤ 意図 (Absicht). ⑥ 出来事 (Ereignis). ⑦ 方法 (Art und Weise).

mære[3] 形 ① 有名な (berümt), 知られた (bekannt). ② 素晴らしい (herrlich), 好ましい (lieb). ③ 強力な (gewaltig). ④ 話す価値のある (wert zu reden).

mærelîn 中 ① 短い話 (Geschichtchen), 童話 (Märchen). ② 作り話 (Erdichtung).

mæres-halp 副 物語の側から (von Seite der Erzählung).

margarit 男 ① 真珠 (Perle). ② 磁石 (Magnet).

margarîte 女《弱》真珠 (Perle).

marke[1]**, marc, march** 女 ① 境 (Grenz), 境界地 (Grenzland). ② 地域 (Bezirk, Gebiet). ¶ Nû was Wate der alte, der helt von Sturmlant, / ze Wâleis in der marke komen ûf den sant. シュトルメンの騎士，老将ワーテは国境のワーレイスの浜に着いた. (Ku. 465, 1-2) {Ku. 671, 4}

marke[2]**, marc, march** 女 ① マルク (Mark). ② (金あるいは銀の) 半ポンド (halbes Pfund).

market, markt, mart 男 [別形 merket, merk] ① 市場広場 (Marktplatz). ② 市での取引 (Handel auf dem Markt). ③ 取引商品 (Handelsware). ④ 市での価格 (Marktpreis). ⑤ 売店, 露店 (Kram).

marmel, mermel 男 [ラテン語 marmor] 大理石 (Marmor). {Tr. 16719}

marmelîn, mermelîn 形 大理石の (von Marmor).

marmel-, mermel-stein 男 大理石 (Marmor).

marmel-, mermel-sûl 女 大理石柱 (Marmorsäule).

marnære, mernære, -er 男 ① 船乗り (Seemann). ② 船主 (Schiffeigentümer). {Tr. 7396}

marschalc 男 ① 馬丁 (Pferdeknecht). ② 主馬頭 (Marschall).

maʒ

{Ku. 883, 1}

marschalkîn 囡 主馬頭の妻 (die Frau des Marschalls).

marschandîse 囡 ① 商い, 取引 (Handel). ② 商人 (Kaufmannschaft). {Tr. 4353}

marschant 男 [フランス語 marchand] 商人 (Kaufmannschaft). {Tr. 3128}

marstal 男 ① 馬小屋 (Pferdstall). ② 王の廐 (Königs Marstall).

marstallære, -er 男 ① 馬丁 (Pferdeknecht). ② 廐長 (Aufseher über den Marstall).

marter, martere, martel 囡 [ラテン語 martyrium] ① 血の証言 (Blutzeugnis), 受難 (Passion). ② 苦しみ (Qual), 苦痛 (Pein). ③ 迫害 (Verfolgung), 拷問 (Folter).

marterære, martelære, merterære, mertelære, -er 男 《強・弱》① 殉教者, 殉難者 (Märtyrer). ② 苦しむ人 (Leidender). ③ 苦しめる人, 拷問する人 (derjenige, der Marter oder Qual zufügt). {Tr. 7545}

marter-, merter-lich 形 ① 殉難の (zum Martyrium gehörig). ② 苦しみに満ちた (qualvoll).

marter-, merter-lîche 副 ① 殉難のために (zum Martyrium gehörig). ② 苦しみに満ちて (qualvoll).

masche 囡 《弱》① 網・編み物の目 (Masche). ② (縄で作った) 輪, 罠 (Schlinge).

mâse 囡 《弱》① 傷跡, 聖痕 (Narde, Wundmal). ② きたないしみ (entstellender Flecken), 汚点 (Makel).

massenîe, messenîe, mansenîe 囡 ① 仲間 (Genossenschaft). ② 家臣 (Hausgesinde), 家来 (Gefolge), 召使 (Dienerschaft). ③ 騎士社会 (ritterliche Gesellschaft). {Tr. 2923}

mast-, mas-boum 男 帆柱 (Mastbaum). {Ku. 265, 1}

mat[1] 男 [mattes²] 王手詰め (Matt im Schachspiel).

mat[2] 中 囡 ① 刈り取り (das Mähen). ② 刈り取られたもの (das Gemähte). ③ 乾草 (Heu). ④ 草原 (Wiese).

mat[3] 形 王手詰めになった (matt gesetzt).

mat[4] 間 [チェスでの呼び掛け] マット, 王手 (matt).

matraʒ, materaʒ, matreiʒ 男 中 安楽椅子 (Polsterbett).

maʒ[1] 中 [maʒʒes²] 食事 (Speise, Mahl), 饗宴 (Mahlzeit).

maʒ[2] 中 ① 家畜小屋 (Stall). ② 鳥かご (Käfig).

maʒ[3] = *mëʒʒen* の直説法過去 1, 3 人称単数.

mâʒ 中 ① 量の単位 (eine bestimmte Quantität zum Messen). ② 計量用容器 (Gefäß). ③ 度合 (Grad). ④ 方法 (Art und Weise). ⑤ 中庸, 節度 (Maßhaltung). ⑥ 謙虚さ (Bescheidenheit).

mâʒe[1] 女 ① 量 (Maß), 適切に測られた量 (richtig gemessene Größe). ② (空間, 時間, 力などの) 限られた大きさ, 広がり (abgrenzte Ausdehnung), 限られた重さ (abgegrenztes Gewicht). ③ 適当, 妥当 (Angemessenheit). ④ 方法 (Art und Weise). ⑤ 中庸, 節度 (Maßhaltung), 謙虚さ (Bescheidenheit). ◇ *ze mâʒe, ze mâʒen* ① かなり, たいへん (ziemlich, sehr). ② わずかに, まったく～ない (wenig, gar nicht). ¶ Die andern hâten den sin / daz si ze rehter mâze in / wol gemîden kunden: / sô vlôch si zallen stunden / zim und niender anderswar. 他の人たちは, ほどほどに領主を避けたいと思っていたが, この娘はいつも領主の側に逃げて行き, 他のどこにも行かなかった. (aH. 315-9)

mâʒe[2] 副 適度に (mäßig). {Tr. 12477}

mæʒec, mæʒic 形 ① 節度のある (mäßig). ② 制限された (gemäßigt). ③ ふさわしい (angemessen). ④ 礼儀正しい (anständig).

mâʒen 動《弱》他 ① 測る, 測定する (abmessen). ② 制限する (beschränken). 自 ① 和らぐ (sich mäßigen). ② 抑制する (sich enthalten). {Ku. 993, 5}

mâʒ-, mæʒ-lich 形 ① 適度な量の (von mäßiger Größe). ② 僅かな (gering). ③ 小さい (klein). ④ 制限された (gemäßigt). {Tr. 9858}

mâʒ-, mæʒ-lîche(n) 副 ① 適度に (mit Maß), 中庸を守って (mäßig). ② 節度をもって (maßvoll), かなりの (anständig). ③ 非常にではなく (nicht sehr). ④〔曲言法〕まったく～ない (gar nicht). {Tr. 9038}

mê ⇨ *mêr.*

Megedeburc 女〔地名〕マグデブルク (Magdeburg).

megedîn ⇨ *magedîn.*

mehelen ⇨ *mahelen.*

mehnîe 女 [=*mahinande*] [古フランス語 maihnie] 家臣 (Hausgesinde), 召使 (Dienerschaft).

mehte, möhte = *mügen* の接続法過去1, 3人称単数.

mehtec, mehtic, mahtic 形 ① 有力な (mächtig). ② 強い (stark). ③ 全権を与えられた (bevollmächtigt).

mehtic-lich 形 ① 力のある, 有力な (mächtig). ② 全権を与えら

mehtic-lîchen 副 ① 力強く (mächtig). ② 全権を与えられて (bevollmächtigt).

meidîn ⇨ *magedîn*.

meie, meige 男《弱》① 五月 (Mai). ② 五月柱 (Maibaum). ③ 五月の歌 (Mailied). ④ 五月祭 (Maifest). {Ku. 673, 1}

meien, meigen 動《弱》自 ① 五月になる (Mai werden). ② 五月のように幸せである (wie im Mai wonnig sein). 他 五月のように飾る (wie im Mai schmücken).

meien-bære 形 五月の (mailich), 五月にふさわしい (dem Mai entsprechend).

meien-blat 中 五月に芽生える葉 (das Blatt, das im Mai grünt).

meien-rëgen 男 5月の雨 (Mairegen).

meien-, mei-tac 男 五月の日 (Maitag), 5月1日 (der Erste Mai).

meien-var 形 五月の色 (maifarb), 緑の (grün).

meier, meiger 男 ① 農夫 (Bauer). ② 長官 (Amtmann).

meiesch, meisch 形 ① 5月の (vom Mai). ② 5月と同じの (wie im Mai).

meile 女 [フランス語 maille] よろい (Panzerring).

mein[1] 代 〔所有〕 私の (mein).

mein[2] 男 中 ① 偽り (Falschheit). ② 詐欺, 欺瞞 (Betrug). ③ 不正 (Unrecht). ④ 偽証 (Meineid). ¶ dô was der rât mit meine von den recken getân. その助言は勇士たちによって不正になされた. (Nib. 970, 4).

mein[3] 女 ① 偽り (Falschheit). ② 不正 (Unrecht). ③ 不幸 (Unglück).

mein[4], **meine** 形 ① 偽りの (falsch). ② 詐欺の, 不正直な (betrügerisch).

meine[1] 女 ① 意味 (Bedeutung). ② 意見 (Meinung), 考え (Gedanke). ③ 意図 (Absicht). ④ 好意 (freundliche Gesinnung), 意志 (Wille), 愛 (Liebe). {Tr. 4625}

meine[2] 副 偽って (falsch).

meinec-lich 形 愛している (liebend).

meinec-lîche 副 [=*gemeineclîche*] ① 共通に (auf gemeinsame Weise). ② 全部で (insgesamt).

meinec-lîchen 副 ① 偽って (falsch). ② 誓いを破って, 宣誓に違反して (eidbrüchig).

mein-eide, -eidec, -eidic 形 偽証の, 誓いを破った (meineidig, eidbrüchtig). {Nib. 609, 2}

mein-eiden 動《弱》自 偽誓する, 偽証する (einen Meineid schwören). 他 偽って誓いを立てる (falsch schwören).

meinen 動《弱》① 考える denken), 思う (meinen). ② 顧慮する (berücksichtigen). ③ 意図する (beabsichtigen). ④ 意味する (bedeuten). ⑤ 信じる (glauben), 思う (wähnen). ⑥ 引き起こす (verursachen). ¶ wir hân êre unde guot : / daz meinet mînes herren muot, / wan er uns leit nie gesprach / und ouch daz guot nie abe gebrach. 私たちには名誉と財産があります。それはご領主さまのお陰です。あの方は私たちに嫌なことおっしゃることもなく, 財産をお取り上げになることもありません. (aH. 617-20)

mein-lich 形 [= *magenlich*] ① 力強い (gewaltig). ② 有力な (mächtig).

mein-, magen-lîche 副 ① 力づくで (mit Gewalt). ② 力強く (gewaltig), 強力に (mächtig).

mein-lîchen 副 ① 不面目に (schändlich). ② 裏切って (verräterisch). {Nib. 1213. 2}

mein-rât 男 ① 裏切り (Verrat). ② 偽りの助言, 忠告 (falscher Rat). {Nib. 906. 3}

mein-ræte 形 ① 陰険な (hinterlistig). ② 裏切りの (verräterlisch). ¶ Dô hiez man die meinræten zen herbergen varn. 裏切り者たちは宿舎に案内された. (Nib. 881. 1)

mein-tât 女 ① 偽りの行為 (falsche Tat). ② 不実な行ない (untreue Tat). ③ 犯行, 悪行 (Missetat). {Gr. 3971}

meist 形 (*vil* の最高級) もっとも多い (meist), 一番大きい (größt).

meiste, meist 副 もっとも多く (am meisten). ¶ des wart sîn herzesêre / alsô kreftic unde grôz / daz in des aller meist verdrôz, / ob er langer solde leben. そのためハインリヒの心の苦しみはたいへん深く, 大きくなり, 生き続けることがこの上なく苦痛になった. (aH. 242-5)

meistec[1], meistic 形 ① たいていの (meist). ② すぐれた (vorzüglich).

meistec[2], meistic 副 ① たいてい (meistens, größtenteils). ② 最高に (am höchsten). ③ 優れて (vorzüglich). {Ku. 1360, 1}

meisteil, meistel 副 大部分 (meistenteils).

meister 男 [中独 mêster] ① 教師 (Lehrer). ②〔称号〕博学者 (Gelehrter), 博学の詩人 (gelernter Dichter). ③ 職匠歌人 (Meistersänger). ④ (詩あるいは本の) 著者 (Verfasser). ⑤ 物語の第一物語手, 元祖 (erster Erzähler der Sage). ⑥ 芸術家 (Künstler). ⑦ 手工業の親方, 巨匠 (Handwerksmeister). ⑧ 町長 (Bürgermeister). ⑨ 領主, 主人 (Herr), 支配者 (Herrscher). ⑩ 所有者 (Besitzer). ⑪ 師, 教師 (Lehrer, Magister). ⑫ 監督者 (Aufseher), 統率者 (Anführer). ⑬ 医師 (Arzt). ¶ Tristande ir meister bôt si daz : / er bôt Îsôte vürbaz. 侍女は引率者のトリスタンに差し出し, 騎士はさらにイゾルデに渡した. (Tr. 11685-6) ¶ nein, meister, sprechet mich ê. いいえ, 先生, その前に私と話してください. (aH. 1266)

meisterîn, meisterinne 女 ① 教師 (Lehrerin), 教育係 (Erzieherin). ② 芸術家 (Künstlerin). ③ 監督者 (Aufseherin), 修道院の院長 (Vorsteherin, Priorin). ④ 主人 (Herrin), 支配者 (Herrscherin). {Parz. 582, 9}

meister-knappe 男《弱》小姓長 (der oberste Knappe).

meister-lich 形 ① 名人らしい, 卓越した (meisterhaft). ② 巧みな (kunstgemäß). ③ 精巧な (künstlich). {Tr. 4937}

meister-lîche 副 ① 名人らしく (meisterhaft). ② 巧みに (kunstgemäß). ③ 精巧に (künstlich). {Tr. 2225}

meister-lôs 形 ① 親方のいない (ohne Meister). ② しつけのない (zuchtlos). ③ 不作法な, 無教育の (unerzogen). {Tr. 1043}

meistern 動《弱》① 教える (lehren), 教育する (erziehen). ② 教えながら罰する (erziehend strafen). ③ 導く (leiten), 支配する (beherrschen), 治める (regieren). ④ 精巧に作る (kunstreich schaffen). {Parz. 396, 21}

meister-schaft 女 ① 授業 (Unterricht). ② しつけ, 教育 (Zucht). ③ 優れた学識 (Gelehrsamkeit). ④ 芸術 (Kunst). ⑤ 支配権 (Herrschaft), 力 (Gewalt). ⑥ 首脳部 (Vorstandschaft). ⑦ 主人 (Herr). ¶ deiswâr ir handelt ez niht wol / mit iuwer grôzen meisterschaft. じっさいあなたは偉大な技をちゃんと使おうとはなさっていません. (aH. 1126-7)

meit ⇨ *maget.*

meituom ⇨ *magettuom.*

meizoge ⇨ *magezoge.*

mël 中 [mëlwes², mëls²] ① 小麦粉 (Mehl). ② 土 (Erde), 埃 (Staub). ③ 塵 (Müll). ④ . 消石灰 (gelöschter Kalk).

mëlde[1] 女〔植物〕はまあかざ (Melde).

mëlde[2] 女 ① 裏切り (Verrat). ② 中傷 (Verleumdung). ③ 噂 (Gerücht). ④ 報せ (Nachricht), 告知 (das Anmelden). ⑤ 知識 (Kenntnis), 記憶 (Gedächtnis). {Tr. 13497}

mëlden[1] 動《弱》① 示す (zeigen). ② 知らせる (verkündigen). ③ 告げる (ankündigen). ④ 裏切る, 欺く (verraten). {Nib. 901, 1}

mëlden[2] 中 ① 裏切り (Verrat). ② 告訴, 密告 (Angeberei).

mëlm 男 ① ほこり (Staub). ② 砂, 砂埃 (Sand). ③ 火花 (Funken). {Ku. 1468, 3}

mêlodîe 女 メロディー, 旋律 (Melodie).

mëlwære, -er 男 小麦粉商人 (Mehlhändler).

menden, mennen 自 再 (を)[2] 喜ぶ (sich freuen).

menen, mennen 動《弱》[別形 meinen, menigen, meingen] 他 ①（馬などを）前へ駆り立てる, 導く (vorwärts treiben, führen). ② 馬車で導く (auf dem Wagen führen). 自 急ぐ (vorwärts eilen).

mengen 動《弱》[中独 mingen も] 他 ① 混ぜる (mischen, mengen). ② 混ぜ合わせる (einmischen). ③ 一つにする (vereinigen). 再 混ざる (sich mischen).

menige, menege, manige, menje, meine 女 [アレマン方言 menigî] ① 多いこと (Vielheit), 多数 (Menge). ② 大きい数 (große Zahl). ③ 群れ (Schar). ④ 集会 (Versammlung). ¶ dô kom mit grôzer menige Hôrant und die helde sîn. そこへホーラントとその家来たちが一隊を率いて駆けつけた. (Ku. 885, 2) {Er. 1699}

men-lich 形 ① 男らしい (männlich). ② 勇敢な (tapfer).

men-lîche 副 ① 男らしく (in der Art eines Mannes). ② 勇敢に (auf mutige, tapfere Weise).

mennisch 形 ① 人間の (menschlich). ② 男らしい (mannhaft), 勇敢な (tapfer). ③〔名詞化して〕人間 (Mensch). ¶ von meiden sint zwei mennisch komn. 乙女から二人の人間が誕生した. (Parz. 464, 27).

mensche, mensch 男 中《強・弱》① 人間 (Mensch). ② 少女 (Mädchen), 情婦 (Buhlerin). ③ 召使 (dienender Mensch), 侍女 (Magd). ④ 人類 (das menschliche Geschlecht). {Ku. 397, 2}

mensch-heit, manscheit 女 ① 人間の本性と生活 (Natur und Leben eines Menschen). ② 人間 (Mensch). ③ 人間性 (Menschlichkeit). ④（女性の）適齢期, 年ごろ (Mannbarkeit).

mensch-lich 形 ① 人の (menschlich). ② 人間の流儀の (nach Menschenart). {Ku. 1167, 1}

mensch-lîche 副 ① 人間の流儀で (in Menschenweise). ② 人間として (als Mensch).

mer 中 海, 海洋 (Meer). {Ku. 13, 3}

mêr, mêre, mê 形 [別形 mêrer, mêrre, mërre] [*vil* の比較級. 最高級は mêreste, mêrste] ① より多い (mehr). ② より大きい (größer), より重要な (bedeutender). ③ [名詞的に] より多くのこと (mehr). ④ [副詞的に] より多く (mehr), さらに (ferner). ⑤ [接続詞として] そうではなく (sondern), それ以外に (anßer), しかし (aber). ¶ nû wes unwert und wes nôt / wart ie zer werlte merre? / hie vor was ich dîn herre / und bin dîn dürftige nû. 今やこの世で誰の無価値さ, 誰の苦しみがこれを凌いでいたでしょうか. 以前は私はあなたの領主だったが, 今はあなたの物もらいに過ぎません. (aH. 426-9)

merderîn, mederîn 形 てんの毛皮の (aus Marderfell).

mêren 動《弱》他 ① 大きくする (vergrößern). ② 増やす (vermehren). 再 ① より大きくなる (größer werden). ② ふえる (sich vermehren). {Nib. 2089, 1}

mer-grieʒ(e) 男《強・弱》① 海の砂粒 (Korn des Meersandes). ② 真珠 (Perle). {Tr. 4670}

mer-grunt 男 海の底 (Meergrund).

merkære¹, -er 男 ① 見張り人, 監視者 (Aufpasser). ② 批評家, 判断者 (Beurteiler). ③ 非難者 (Tadler).

merkære², -er 男 ① 辺境の住人 (Bewohner der Mark). ② 辺境の権利者 (Berechtiger an einer Mark).

merke 女 ① 顧慮 (Beachtung), 注意 (Aufmerksamkeit). ② 知覚 (Wahrnehmung). ③ 意図 (Absicht). ④ 目標にすること (Beziehung) {Tr. 6508}

merken 動《弱》[中独 mirken も] [3. marhte, marcte] 自 ① 注意する (Acht geben). ② 観察する (beobachten). 他 ① 注意する (beachten), 知覚する (wahrnehmen). ② 観察する (beobachten). ③ 判断する (beurteilen). ④ 非難する (einen Tadel machen). ⑤ 記憶する (merken). ¶ sîner rede nam si war / unde marhte si gar: 少女はハインリヒの言葉を聞き, すっかり覚えていた. (aH. 467-8)

merker ⇒ *merkære.*

merl, merle 女 [ラテン語 merula] つぐみ (Amsel).

merlîn 中 [*merl* の縮小語 中独 merlikîn] 小さいつぐみ (Amsel). {Tr. 16893}

mer-muschel 囡《弱》海の貝 (Meermuschel). {Tr. 2632}
mêrre, mërre ⇨ *mêr.*
mer-strâʒe 囡 海路, 航路 (Seeweg), 海峡 (Meeresstraße). {Ku. 745, 3}
mer-tier 田 海の動物 (Meertier).
mer-wîp, merewîp 田 人魚 (Meerweib), 水の精 (Nymphe). {Nib. 1535, 1}
mer-wunder 田 ① 不思議な海の動物 (wunderbares Meertier). ② (半人半魚の) 人魚 (Meerweib), 海男 (Meermann). {Er. 7613}
mërz, mërze 男《強・弱》① 商品 (Ware). ② 宝物 (Schatz). ③ 宝石 (Kleinod).
merze, merz 男《弱》[ラテン語 martius] 3月 (März). {Ku. 1217, 3}
merʒî, merʒe 名 [古フランス語 melci] ① 感謝 (Dank). ② 恵み, 恩恵 (Gnade). {Tr. 742}
merzic, merzisch 形 3月の (märzisch). {Ku. 1216, 4}
merʒîen 動《弱》感謝する (danken). ¶ dô wart gemerzîet その時感謝された. (Tr. 3358).
mësse¹, misse 囡 [ラテン語 missa] ① ミサ (Messe). ② 教会の祭日 (Festtag). ③ 年の市 (Jahresmarkt). {Ku. 441, 1}
messe² 囡 ① 金属の塊 (Metallklumpen). ② 金属の一定量 (eine bestimmte Menge von Metall). ③ 鉄の一定量 (eine Eisenmasse von bestimmtem Gewicht). ¶ wol vierdehalben messe was dar zuo geslagen. そのために少なくとも3メッシンク半の鉄が使われた. (Nib. 441. 2)
mësse-gewant, -gewæte 田 ミサ服, 聖祭服 (Messgewand).
mësse-kappe 囡《弱》ミサ服, 聖祭服 (Messgewand).
messenîe, mässenîe, massenîe ⇨ *massenîe.*
mësse-zît 囡 ミサの時間 (Zeit der Messe). {Nib. 1062, 2}
messinc, missinc, mösching 男 [messinges²] 真鍮 (Messing). {Tr. 12607}
messire 男 [古フランス語 monsieur] ～殿 (Herr). ¶ messire Gandîn ガンディーン殿 (Tr. 13137).
mesten 動《弱》他 自 再 ① 肥やす (mästen). ② たくさん食わせる (wohl füttern).
metalle, metele 田 金属 (Metall).
mët(e) 男 蜜酒 (Met), 発酵した蜂蜜入りの酒 (Rauschtrank aus

gegorenem Honig). ¶ man schancte den gesunden met und guoten wîn. 健康な者たちに蜜酒と上等の葡萄酒がつがれた. (Nib. 252. 3)

meten, metten, mettîne, mettîn, mettî 囡《強・弱》[ラテン語 matutina] 早朝ミサ (Frühmesse), 朝課 (Mette).

Metz(e) 名〔地名〕メッツ (現在の Metz). オルトヴィーン (Ortwin) の故郷.

Meun 名〔河川〕メウン河, 現在のマイン河 (der Main).

mëʒ 中 [mëʒʒes²] ① 度量の単位マース (Maß). ② 広がり (Ausdehnung). ③ 方向 (Richtung). ④ 目標 (Ziel). {Tr. 5569}

mëʒʒen[1] 動 V. ① 測る (messen). ② 量り分ける (zumessen). ③ 伝える (mitteilen), 物語る (erzählen). ④ 熟慮する (prüfend überlegen). ⑤ 比較しながら見る (vergleichend betrachten). {Tr. 6065}

	直説法現在		
ich	miʒʒe	wir	mëʒʒen
du	miʒʒest	ir	mëʒʒet
er	miʒʒet	si	mëʒʒent

	直説法過去		
ich	maʒ	wir	mâʒen
du	mæʒe	ir	mâʒet
er	maʒ	si	mâʒen

meʒʒen[2] 《弱》動 適度にする, 制限する (mäßigen).

meʒʒer 中 刀, ナイフ (Messer). ¶ dar ûf er si vil vaste bant / und begunde nemen in die hant / ein scharphez mezzer daz dâ lac, / des er ze solhen dingen phlac. 医者はその上に娘を縛りつけ, そこにあった, そのような場合に使うメスを手に取った. (aH. 1207-10)

mich 代〔人代〕1人称単数 ich の 4 格 (mich).

michel[1] 囡 大きさ (die Größe).

michel[2] 形 ① 大きい (groß). ② (が)² 多い (viel). ¶ daz ich ez tuon sol unde sehen, / dâ hân ich michel angest zuo. 私がそれを施し, それを見なければということに私は大きな不安を感じる. (aH. 1098-9)

michel[3] 副 ① たいへん (sehr). ② おおいに (viel).

michelen 動《弱》大きくする (groß machen).

michels 副〔比較級の前で〕① たいへん (sehr). ② おおいに (viel).

mîden 動 I.1. 他 ① 避ける (vermeiden). ② 去る (verlassen). ③ 中止する, 怠る (unterlassen). ④ (を)² 欠く (entbehren). 再 ①

（を）² やめる (sich enthalten). ② 恥じる (sich schämen). ¶ ich sol si mîden beide, sone kan mir nimmer missegân. 私はその両方を避けたいと思います. そうすれば私が不幸になることはありません. (Nib. 17, 4)

	直説法現在	
ich mîde		wir mîden
du mîdest		ir mîdet
er mîdet		si mîdent
	直説法過去	
ich meit		wir miten
du mite		ir mitet
er meit		si miten

mies 中 男 こけ (Moos). {Ku. 113, 3}

miete, miet 女 ① 報酬 (Belohnung), 褒美 (Lohn). ② 贈物 (Beschenkung). ③ 賄賂 (Bestechung).

mieten 動《弱》① 報酬を払う (Lohn geben), 報いる (lohnen). ② 贈る (beschenken). ③ （報酬を払って）雇う (in Lohn nehmen), 賃借りする (mieten). ④ 買い取る (erkaufen). ⑤ 買収する (bestechen). {Ku. 956, 4}

mîle, mîl 女 マイル (Meile). {Tr. 2756}

milte¹, milde 女 ① 親切さ (Freundlichkeit), 好意 (Güte). ② 恩寵 (Gnade), 慈悲深さ (Barmheizigkeit). ③ 愛 (Liebe), 情の深さ (Zärtlichkeit), ④ 気前のよさ (Freigebigkeit). {Nib. 1370, 4}

milte² 形 ① 親切な (freundlich). ② 慈悲深い (barmherzig). ③ 気前の良い (freigebig).

miltec-lich = *milte²*.

miltec-lîche 副 ① 親切に, 慈悲深く (auf freundliche, gnädige Weise). ② 気前よく (freigebig), たっぷり (reichlich). {Nib. 1694, 3}

milte-keit 女 ① = *milte¹*. ② 富, 豊かさ (Reichtum), 充実 (Fülle).

milte-rîche 形 ① 施しを好む, 慈悲深い (mildreich). ② 物惜しみしない, 気前の良い (freigebig).

milt-haft 形 気前のよい (freigebig).

milt-lich 形 [= *milte²*] ① 親切な (freundlich). ② 慈悲深い (barmherzig). ③ 気前の良い (freigebig).

milt-lîche(n) 副 ① 気前良く (freigebig). ② 慈悲深く (auf gnädige Weise)

min 副 [*wênec* の比較級] より少なく (weniger, minder). ◇diu min, desto min (desto weniger ますます少なく).

mîn[1] 代〔人代〕1人称単数 ich の2格 (meiner).

mîn[2] 代〔所代〕1人称単数 ich の所有代名詞, 私の (mein).

minder ⇨ *minner.*

mînent-, mîn-halben, -halp 副 ① 私の側から (von meiner Seite). ② 私については (meinetwegen). {Tr. 13441}

mîn-halp ⇨ *mînenthalben.*

miniere 中 鉱物 (Mineral).

minnære, minner 男 ① 恋する男 (Liebender). ②〔宗教的な意味でも〕崇拝者 (Liebhaber). ③ ふしだらな男 (unkeuscher Mann), 情夫 (Buhler). {Tr. 12315}

minnærinne, minnerinne 女 ① 恋する女 (liebende Frau). ② 不貞な女 (unkeusche Frau). ③ 崇拝者 (Liebhaberin).

minne 女 ① 好意 (freundlicher Gedanke). ② 想起 (Erinnerung). ③ 宗教上の愛 (Liebe). ④ 友情 (Freundschaft). ⑤ 好意 (Zuneigung). ⑥ 愛, 恋 (Minne, Liebe). ⑦ 恋人 (Freundin). ¶ soltu immer herzenlîcher zer werlde werden vrô, / daz geschiht von mannes minne. あなたが将来心から幸せになるとすれば, それは男性の愛によるのです. (Nib. 16, 2-3a)

minne-brief 男 恋文 (Liebesbrief).

minnec-, minnic-lich 形 ① 愛らしい (lieblich). ② 美しい (schön), 優美な (zierlich). ③ 穏便な (gütlich). ¶ ir lîp der was vil minneclich. 娘の身体はたいへん美しかった. (aH. 1233)

minnec-, minnic-lîche 副 ① 愛らしく (lieblich). ② 美しく (schön), 優美に (zierlich). ③ 穏便に (gütlich). {Er. 4899}

minne-kraft 女 ① 愛の力 (Liebeskraft). ② 激しさ (Heftigkeit).

minnen 動《弱》① 愛する (lieben). ② 同衾する (beschlafen). ③ 贈る (beschenken). ④ 喜ばせる (erfreuen). ⑤ 穏便に調停する (gütlich vergleichen). ¶ vor allen dingen minne got, / rihte wol durch sîn gebot. 何にもまして神をあがめ, 神の指図に従って裁くがよい. (Gr. 257-8)

minnen-muot 男 愛, 愛情 (Liebessinn). {Tr. 111}

minner, minre, minder 形 [*lützel* の比較級] ① より小さい (kleiner). ② より少ない (geringer). ③ (価値・身分が) より低い (geringer an Wert, Stand). 中 [2格と] より少ないもの (weniger).

minnern 副 より少なく (weniger). ◇deste minre (desto weniger ますます少なく).

minnern, minren 動《弱》他 ① より小さくする (kleiner machen). ② 少なくする (verringern, vermindern). 再 自 ① より小さくなる (kleiner werden). ② 減る (sich vermindern). {Ku. 377, 4}

minne-sanc 男 中 恋愛歌, 愛の歌 (Minnesang).

minne-senger, -singer 男 恋愛歌人, ミンネザング詩人 (Minnesänger).

minne-tranc 男 中 媚薬 (Liebestrank).

minne-viur 中 愛の炎 (Liebesfeuer).

minre ⇨ *minner.*

mischen 動《弱》[別形 müschen, muschen, 中独 missen, mëssen も] 他 再 混ぜる (mischen), 混ぜ合わせる (mengen). ¶ ê wâren im diu wangen / mit rœte bevangen / mit gemischter wîze / und veiz mit guotem vlîze, / nû swarz und in gewichen, / daz antlütze erblichen. 以前は彼の両頬は赤と白とが混じり合って広がっていて, 競い合うようにふっくらとしていた. しかし今や顔は黒く, くぼみ込み, 血の気もなかった. (Gr. 3429-34)

misel 男 中 [中世ラテン語 misellus] 癩病 (Aussatz).

misel-suht 女 癩病 (Aussatz).

Misenburc 女 〔地名〕ミーゼンブルク (Misenburg). ハンガリーの都市. {Nib. 1377. 1}

misse, mis 女 ① 欠けていること (das Fehlen). ② 不足すること (das Mangeln).

misse-bieten 動 II. 2. 不当な扱いをする (auf unglimpfliche Weise behandeln). {Nib. 1512, 2}

misse-dâht 女 疑い (Verdacht). {Tr. 15280}

misse-denken 動《弱》① 考え違いをする (falsch denken). ② 思い違いをする (sich irren).

misse-dienen 動《弱》① よい待遇をしない (einen schlechten Dienst leisten). ② (を)[3] 不快にする (beleidigen). {Nib. 922, 2}

misse-gân 動 〔不規則〕自 うまく行かない (übel gehen) {Nib. 17, 4}

misse-gangen = *missegân, -gên* の過去分詞.

misse-haben 動《弱》① 気分が悪い (sich übel befinden). ② 悲しむ (trauern), 嘆く (klagen). ③ 恨む (sich grämen). {Er. 7565}

misse-hagen 動《弱》① (の)[3] 気に入らない (missbehagen). ②

嬉しくない, 嫌だ (unerfreulich sein). {Nib. 1088, 4}

misse-handel 男 悪行, 犯行 (Missetat).

misse-handeln 動《弱》他 悪く取り扱う (übel behandeln). 再 行き違いになる (sich verfehlen).

misse-hære 形 ① 色々な髪の (verschiedenhaarig). ② 多彩の, さまざまな色の, 色を変える (schillernd). {Tr. 15826}

misse-hüeten 動《弱》自 ① 注意しない (schlecht Acht haben). ② (禁止区域で) 羊の群の番をする (Herden hüten). 他 よく見張らない (schlecht hüten), 保護しない (schlecht behüten). {Er. 6103}

misse-jëhen 動 V. ① 偽って言う (fälschlich sagen). ② (を)² 否定する (leugnen).

misse-lich, mis-lich 形 ① 異なった (verschieden), 多様の (mannigfach). ② 不確かな (ungewiss). ③ 疑わしい (zweifelhaft). ¶ Ein wênic vreute er sich doch / von einem trôste dannoch: / wan im wart dicke geseit / daz diu selbe siecheit / wære vil mislich / und etelîchiu genislich. しかしある慰めによってハインリヒは気持ちが少し楽になった. というのは, その病の病状はさまざまで, 中には治る場合もあるとハインリヒはしばしば聞かされたからである. (aH. 163-8)

misse-, mis-lîche 副 ① 多様に (mannigfach). ② 異なって (verschieden). ③ 不確かに (ungewiss). もしかして (vielleicht). ④ 悪く (übel).

misse-linge 女 ① 悪い結果 (schlechter Erfolg). ② 不幸, 不運 (Unglück). {Tr. 1777}

misse-lingen 動 III. 1. ① うまくゆかない (übel gelingen). ② 失敗する (misslingen). {Ku. 469, 4}

misse-mâlen 動《弱》① 色とりどりに描く (bunt bemalen). ② 斑点をつける (buntscheckig machen). {Tr. 16970}

misse-müete 形 ① 一致しない (uneinig). ② さまざまな考えの (verschieden gesinnt). ③ まちがった考えの (übel gesinnt).

missen 動《弱》[3. miste] ① (を)² 逸する, 外す (verfehlen). ② (を)² 欠く (entbehren, vermissen).

misse-nieʒen 動 II. 2. ① 不利となる (Nachteil haben). ② 悪用する, 濫用する (missbrauchen).

misse-râten 動〔反復〕2 他 間違った助言をする (einen falschen Rat erteilen). 自 ① 違った場所へ入りこむ (an eine falsche Stelle geraten). ② 成功しない (missraten).

misse-reden 動《弱》悪く言う (übel reden). {Tr. 6663}
misse-rîten 動 I. 1. [馬で] 道に迷う (fehlreiten).
misse-sagen 動《弱》① 本当でないことを言う (etwas Unwahres sagen). ② まちがった報告をする (falsch berichten). ¶ mir hânt die liute misseseit : / daz hân ich selbe wol ersehen. 私に人々が誤ったことを言いました. そのことが私によく分かりました. (aH. 1312-3)
misse-sëhen 動 V. ① 正しく見ない (nicht recht sehen). ② 見誤る (falsch sehen).
misse-stân 動〔不規則〕① 似合わない (übel anstehen). ② よく合わない (nicht gut stehen). ③ 相応しくない (nicht passen). {Tr. 969}
misse-tât 女 ① 悪業 (Missetat). ② 過失 (Fehltritt). ③ 不正 (Unrecht). {Ku. 914, 4}
misse-trëten 動 V. ① 踏み外す, 過ちをおかす (fehltreten). ② 失敗する (fehlschlagen).
misse-trœsten 動《弱》他 落胆させる (entmutigen). 再 絶望する (verzweifeln).
misse-tuon 動〔不規則〕① 不当に扱う (übel handeln). ② 不公平に扱う (unrecht tun). ③ 醜くする (verunstalten). {Nib. 1896, 2}
misse-val 男 気に入らないこと (missfallen).
misse-vallen 動〔反復〕1 (の)³ 気に入らない (missfallen).
misse-var 形 ① 異なった色の (von verschiedenen Farben), 多彩の (bunt). ② 色褪せた (entfärbt). ③ 色のはっきりしない (fahl). ④ 蒼白い, 色褪せた (bleich). ⑤ 不調和な色の (missfarbig). {Nib. 1590, 2}
misse-varn 動 VI. ① まちがった道をゆく (einen falschen Weg einschlagen). ② 道を迷う (sich irren). ③ 不正を行なう (sich vergehen). 非 (が)³ 不幸になる, (に)³ うまくゆかない (übel ergehen).
misse-verwen 動《弱》① 多彩に彩る (bunt färben). ② 不調和な色を塗る (übel färben). ③ 色で汚す (durch Farben beflecken). {Tr. 15417}
misse-wende 女 ① 不正な使い方 (unrechte Wendung). ② 恥辱 (Schande), 欠点 (Makel). ③ 損害 (Schaden). ④ 非難 (Tadel). ⑤ 不幸 (Unglück). ⑥ 悪事 (Untat)
misse-zæme 形 ① ふさわしくない (unpassend). ② 気に入らない (missfällig). {Er. 3761}
misse-zëmen 動 IV. ① 相応しくない (ungemäß sein). ② うまく

mist 男 中 ① 汚物, 糞 (Kot). ② 堆肥 (Misthaufen). ③ 汚れ (Schmutz).

mit 前 +3/+助 [中独 mët も] 〜と (mit). ◇mit diu (mittlerweile その間に). / mit wiu (womit 何でもって).

mitalle 副 まったく (ganz und gar), すっかり (gänzlich). {Tr. 939}

mitander 代 互いに (untereinander), 相互に (gegenseitig).

mite, mit 副 ① 共に (mit). ② それで (damit). ¶ ich wil mir und iu beiden / vil harte wol mite varn. 私は私とあなたがた二人に好都合にしたいと思います. (aH. 612-3)

mite-burgære, -er 男 同市民 (Mitbürger).

miten = *mîden* の直説法過去 1, 3 人称複数.

mite-wist 女 ① 一緒にいること (das Zusammensein). ② 仲間 (Genosse). ③ 伴侶 (Gesellschaft). {Tr. 15060}

mitte[1] 女 まん中, 中心部 (Mitte).

mitte[2] 形 まん中の (in der Mitte). ◇mitter tac (Mittag 正午). {Tr. 8831}

mittel[1] 中 ① 中央 (Mitte). ② 手段 (Mittel). ③ 仲介 (Vermittelung). ④ 中央でわけ隔てているもの (was trennend und hindernd in der Mitte steht). ◇âne mittel (unmittelbar 直接に).

mittel[2] 形 [= *mitte*[2]] まん中の (in der Mitte). {Ku. 119, 1}

mittel-swanc 男 ① 中央打ち (nach der Mitte zielender Fechterhieb). ② 突き (Fechterstoß).

mitten, mittene 副 まん中に (in der Mitte).

mitten = *mit den*.

mixtûre 女 混合 (Mischung) {Tr 15834}

moltc 女《強・弱》, **molte, molt** 男 ① 塵 (Staub). ② 地面 (Erde), 大地 (Erdboden) {Nib 1336, 2}

moltic 形 ほこりの多い (staubig).

monîcirus, monîzirus 男 一角獣 (Einhorn). {Parz. 482, 24}

môn-tac 男 [= *mântac*] 月曜日 (Montag).

montâne, muntâne 女 [中世ラテン語 montana] 山, 山地 (Berggegend).

môr, môre 男《強・弱》① モール人 (Mohr). ② 悪魔 (Teufel).

môrâliteit 女 [ラテン語 *moralitas*] ① 道徳 (Sittenlehre). ② 作法の教え (Unterricht und Wissenschaft des Anstandes). {Tr. 8008}

môraჳ 中 男 [ラテン語 moratum] [別形 môrჳ, maraჳ, maras,

môrat〕桑の実酒 (Maulbeerwein).｛Nib. 1812, 4｝
mordære, -er 男 ① 殺害者 (Mörder). ② 犯罪者 (Verbrecher).
mordærinne, morderinne 女 ① 殺害者 (Mörderin). ② 犯罪者 (Verbrecherin).
mordec, mordic, mortic, mürdic 形 ① 殺意のある (mordgierig), 血に飢えた (blutdürstig). ② 殺害の, 残忍な (mörderisch).｛Er. 9023｝
morden, mörden ⇨ *mürden.*
morden, mörden 動《弱》[=*mürden*] 殺す, 殺害する (morden, ermorden).
mœre, môre 男 ① 馬 (Pferd). ② 旅行馬 (Reisepferd). ③ 荷物用馬 (Lastpferd).｛Nib. 69, 3｝
morgen[1], morne 男 ① 朝 (Morgen), 午前 (Vormittag). ②〔畑地の広さの単位〕モルゲン (Morgen).
morgen[2] 副 ① 明日 (morgen). ② 毎朝 (morgens). ¶ dem müezez sîn geklaget / daz ich unz morgen leben sol. 私が明日まで生きることは神に嘆かれなければなりません. (aH. 706-7) ¶ wir hân niht gewisses mê / wan hiute wol und morgen wê / und ie ze jungest der tôt : / daz ist ein jæmerlîchiu nôt. 私たちには, 今日幸せでも, 明日は不幸, ということ以外何も確かなものがなく, 最期は死です. これは痛ましい苦悩です. (aH. 713-6)
morgen-brôt 中 朝食 (Frühstück).
morgen-gâbe 女（恋の一夜の明け方男性が女性に贈る）贈物 (Geschenk).｛Nib. 1116, 4｝
morgen-küele 女 早朝の冷たさ (die Kühle am Morgen).｛Ku. 678, 3｝
morgen-lich 形 ① 朝の (morgendlich). ② 朝早くの (früh am Morgen).
morgen-lîche 副 朝に (am Morgen).
morgen-rôt 男 中 曙光, 朝焼け (Morgenröte).｛Nib. 281, 1｝
morgen-rœte 女 曙光, 朝焼け (Morgenröte).
morgen-sanc 男 中 朝の歌 (Gesang am Morgen).
morgen-stërn 男, **-stërne, stërre** 男《弱》明けの明星 (Morgenstern).｛Ku. 1355, 1｝
mort[1] 男〔古フランス語 mort〕死 (Tod).
mort[2] 男 中〔mordes[2]〕殺害 (Mord).｛Nib. 2086, 1｝
mort[3] 形〔=古フランス語 mort〕死んだ (tot).｛Tr. 5488｝

mort-grimme, -grimmic 形 殺気のために恐ろしい (durch Mord schrecklich).

mort-lich 形 殺害の, 残忍な (mörderlich).

mort-lîche 副 ① 殺害によって (durch Mord). ② 不誠実に (auf treulose Weise), 残忍に (mörderisch). {Tr. 8382}

mort-meile, -meilic 形 返り血で汚れた (mit dem Blut befleckt). {Nib. 1044, 2}

mort-ræche 形 討ち取って復讐する (sich mit Mord rächend). {Nib. 2208, 1}

mort-rât 男 殺害の企て (Mordanschlag). {Tr. 14704}

mort-ræʒe 形 殺害を企てる (mordstiftend), 殺気に満ちた (mortgierig). ¶ diu mortræte sprach zuo zin. その殺害の首謀者は彼らに告げた. (Tr. 12727).

mort-reiʒec = *mortræʒe*.

mort-sam 形 殺害の, 残忍な (mörderisch). {Tr. 9042}

mort-schal 男 死の叫び (Todesgeschrei). {Tr. 9057}

mos 中 [moses²] ① こけ (Moos). ② 沼沢, 湿地, 沼地 (Moor, Sumpf). {Tr. 9402}

mouwe 女《強・弱》袖, 長い袖 (Ärmel). {Er. 2293}

môvieren 動《弱》再 動く (sich bewegen).

mücke, mucke, mügge, mugge 女《弱》① 蚊, ぶよ (Mücke). ② はえ (Fliege).

müede¹, muode 女 疲れ (Müdigkeit), 嫌気 (Verdrossenheit)

müede², muode 形 ① いやな, 気の進まない (verdrossen). ② 疲れた (müde). ③ みじめな (elend). {Ku. 1354, 1}

müedec-heit 女 疲れ (Müdigkeit).

müeden 動《弱》他 ① 疲れさせる (müde machen). ② 煩わす (ermüden). 自 疲れる (müde werden). {Nib. 1563, 3}

müedic 形 ① 疲れさせる (müde machend). ② わずらわしい (beschwerlich).

müeje, müe 女 [中独 mûwe, mûhe, mû] ① 苦難 (Beschwerde). ② 重荷 (Last). ③ 苦悩 (Kummer). ④ 嫌悪 (Verdruss).

müejen, müewen, müen 動《弱》他 ① 苦しめる (quälen). ② 不愉快にする (verdrießen). 再 骨を折る, 努力する (sich bemühen). {Tr. 6027}

müe-lich 形 ① やっかいな, 困難な (beschwerlich). ② 苦しい, 骨の折れる (mühsam, lästig). {Nib. 751, 4}

müe-lîche 副 難儀して (auf mühevolle Weise), 苦労して (auf beschwerliche Weise), やっと (mit Mühe). {Ku. 12, 2}

müemelîn, müemel 中 [*muome* の縮小語] ① 母方の叔母 (Mutterschwester). ② 女の親戚 (weibliche Verwandten).

müete-, muote-lîn 中 [*muot* の縮小語] 気分の揺れ (wackelnder Mut).

müeter-lich 形 母親の (mütterlich), 母親らしい (einer Mutter geziemend). ¶ nu gedenket, sæligez wîp, / müeterlîcher triuwe / und senftet iuwer riuwe / die ir dâ habet umbe mich : / so bedenket ouch der vater sich. 優しいお方, あなたは母親の誠実さを思い起し, 私が原因のあなたの悲しみを静めてください. お父さんもよく考えてください. (aH. 736-40)

müeter-lîche 副 母親として (mütterlich), 母親らしく (einer Mutter geziemend).

müeʒec, müeʒic 形 ① 暇のある (Muße habend, müßig). ② 忙しくない (unbeschäftigt). ③ 無為の (untätig). ¶ der meister sprach : „ich enbin / nû niht müezic dar zuo / daz ich iu iht ûf tuo." 医者が言った, 「私はあなたのために扉を開ける暇がない」 (aH. 1260-2)

müeʒec-ganc 男《弱》無為, 怠惰 (Müßigang).

müeʒec-heit 女 ① 暇があること, 怠惰 (Müßigkeit). ② 無為 (Untätigkeit).

müeʒec-lich ⇨ *muoʒeclich.*

müeʒec-lîche ⇨ *muoʒeclîche.*

müeʒegen, müeʒigen 動《弱》自 暇になる (müßig werden). 他 ① 暇にする (müßig machen). ② 自由にする (befreien), 済ませる (erledigen). ③ 強いる (nötigen). 再 時間をかける (sich die Zeit nehmen). {Tr. 91}

müeʒen 動 [過現] ① 神によって定められている (göttlich bestimmt sein), 〜すべきだ (sollen). ② 〜してよい (dürfen). ③ 〜しなければならない (müssen). ④ [未来] 〜であろう (werden). ¶ niemer müeze mir geschehen / alsô grôzer ungemach, / als den gelieben geschach, / dô si sich muosen scheiden. この睦み合う者たちが別離の際に味わったような大きな苦しみを私がけっして味わうことがないように. (Gr. 644-7) ¶ von schulden muosen si dô / von den gnâden vreude hân / die got hete an im getân. 当然のことながら人々は神がハインリヒに与えた恵みを喜んだ. (aH. 1384-6)

müeʒic ⇨ *müeʒec.*

	直説法現在
ich muoʒ	wir müeʒen
du muost	ir müeʒet
er muoʒ	si müeʒen

mugen, mügen 動〔過現〕① 〜する力がある (vermögen). ② 〜できる (können), 〜の可能性がある (Möglichkeit haben). ¶ mahtû mich danne wizzen lân, / waz crêatiure bistû? それでは私にお前がどんな被造物なのか教えてくれまいか. (Iw. 486-7) ¶ dô sprach er: „wie mac daz wesen? / diu rede ist harte unmügelich." そのときハインリヒは言った, 「いったいそれはどういうことですか. お話はまったく不可解です」 (aH. 188-9) ¶ Er sprach: „lieber herre mîn, / möhtez mit iuwern hulden sîn, / ich vrâgete vil gerne: 農夫は言った, 「ご領主さま, もしお許しがいただければ, 私はぜひお尋ねしたいのですが」 (aH. 369-71)

	直説法現在
ich mac	wir mugen
du maht	ir muget
er mac	si mugen

mûl¹, mûle 中, **mûle** 女《弱》口 (Mund, Maul).
mûl² 男 中, **mûle** 男《弱》[ラテン語 mulas] らば (Maultier).
mül, müle 女《強・弱》[ラテン語 mola] 挽き臼, 水車 (Mühle).
mûlinne, -in 女 雌のらば (Mauleselin).
mûl-slac 男 平手打ち (Maulschelle)
munder, munter 形 ① 目覚めた (wach). ② 油断のない (wachsam). ③ 生き生きとした (lebhaft), 熱心な (eifrig). ④ 新鮮な (frisch).
münech, münich, munich 男 [別形 münch, munch] ① 僧, 聖職者 (Mönch). ② (去勢された) 雄馬 (verschnittener Hengst, Wallach).
münster, munster 中 ① 大寺院 (Münster). ② 聖堂 (Dom). ③ 司教座聖堂 (Stiftskirche). {Ku. 950, 1}
munt 男 [mundes²] ① 口 (Mund). ② (動物の) 口 (Maul). ③ 開いた場所 (Öffnung). ④ 接合点 (Mündung). {Nib. 709, 1}
muntâne 女 [中世ラテン語 montana] 山地 (Berggegend).
münze 女 ① 貨幣 (Münze). ② 銀貨 (Silbermünze). ③ 造幣所

(Münzestätte).

münz-îsen 囲 ① 貨幣の刻印 (Münzstempel). ② 刻印 (Prägstempel).

muode ⇨ *müede*[1], *müede*[2].

muoden 動《弱》① 疲れる (müde werden). ② いやになる (verdrossen werden). ③ みじめになる (elend werden).

muoder 囲 ① 腹 (Bauch), 体形 (Leibesgestalt). ② 身体の表面 (Oberfläche des Körpers). ③ 胸を包む衣装 (das Kleidungstück, das die Brust umschließt), コルセット (Mieder). ④ 海の湾曲 (die Wölbung des Meeres). {Ku. 1174, 3}

muome 囡《弱》① 母方の叔母 (Mutterschwester). ② 女の親戚 (weibliche Verwandten).

muor 囲 ① 沼沢地 (Morast, Sumpf). ② 湿地, 泥地 (Moor). ③ 海 (Meer).

muoric, muorec 形 沼沢地の (morastig), 湿地の (sumpfig).

muose, muoste = *müeʒen* の直説法過去 1, 3 人称単数.

muosen[1] 動《弱》自 ① 食べる (essen). ② 食事をとる (eine Mahlzeit halten). 他 食べる (speisen)

muosen[2], **muosieren** 動《弱》寄木細工としてはめ込む (als Mosaik einlegen). {Er. 7542}

muos-hûs 囲 飲食店 (Speisehaus), 食堂 (Speisesaal).

muot 男 ① 感覚 (Sinn), 心情の状態 (Gemütszustand). ② 意欲 (Lust). ③ 決心 (Entschluss), 意図 (Absicht). ④ 勇気 (Mut). ⑤ 希望 (Hoffnung), 期待 (Erwartung). ¶ daz herze mir dô alsô stuont, / als alle werlttôren tuont / den daz rætet ir muot / daz si êre unde guot / âne got mügen hân. すべての世の愚か者たちの心は、名誉と財産を神の助けなしに手に入れることができると考えますが、私の心もちょうどそのように考えていました. (aH. 395-403)

muote[1] = *müejen* の直説法過去 1, 3 人称単数.

muote[2] = *muoʒe*[2].

muotec, muotic 形 勇敢な (mutig).

muotec-lîche 副 勇敢に (mutig).

muote-lîn, müete-lîn = *muot* の縮小語.

muoten 動《弱》① 熱望する (begehren). ② 要求する (verlangen). {Nib. 2341, 2}

muoter 囡 ① 母親 (Mutter). ② 創始者 (Urheberin). ③ 子宮 (Gebärmutter). ④ 川床 (Flussmutter).

格	単　数	複　数
1格	diu muoter	die muoter (müeter)
2格	der muoter	der muoter (müeter)
3格	der muoter	den muotern (müetern)
4格	die muoter	die muoter (müeter)

muoter-barn 中 子供 (Mutterkind), 人間 (Meusch). {Tr. 2320}
muoter-halben, -halp 副 母に関して, 母方に (auf mütterlicher Seite).
muoter-lôs 形 母のいない (mutterlos).
muot-gedœne 中 心地よい響き (fröhliches Getön, Lustgetön). {Tr. 8128}
muot-rîche 形 喜びに満ちた (freudenreich), 上機嫌の (wohlgemut). {Tr. 4993}
muot-sam 形 優美な, 快適な (anmutig). {Tr. 17593}
muot-veste 形 ① 考えがしっかりした, 思慮深い (mit festem Sinn). ② 確固とした, 揺るぎない (unerschütterlich). {Er. 8119}
muot-wille 男《弱》① 自由意志 (der freie Wille). ② 衝動 (Antrieb).
muoʒ = *müeʒen* の直説法現在1, 3人称単数.
muoʒe[1] 女 ① 自由な時間 (freie Zeit), 暇 (Muße). ② 快適, 安楽 (Bequemlichkeit). ③ 無為, 怠惰 (Untätigkeit). {Ku. 1069, 1}
muoʒe[2], **muote** 女 ① 出会い (Begegnung), (戦いでの) 遭遇 (Begegnung im Kampf). ② 攻撃 (Angriff). {Er. 4672}
muoʒec-, müeʒec-lich 形 ① 暇な (Muße habend). ② 遅い, ゆっくりとした (langsam). ③ 無為な (untätig). {Ku. 1280, 3}
muoʒec-, müeʒec-lîche 副 ① 暇で (mit Muße). ② ゆっくり (langsam). ③ 無為に (untätig).
mürden, mörden, morden 動《弱》殺す, 殺害する (morden, ermorden).
mûre, mûr, miure, miur 女《強・弱》壁 (Mauer). {Nib. 1318, 1}
mûren, miuren 動《弱》① 壁を築く (mauern), 構築する (aufbauen). ② 壁で囲む (mit Mauern umgeben). {Ku. 950, 1}
mûr-loch 中 壁の穴 (Mauerloch).
murmel, murmer 男 ① 絶えずつぶやくこと (Gemurmel). ② (雷などが) ごろごろ鳴ること (Gemurre). ③ 戦いの轟音 (Kampfgetöse). ④ 不平を言う人 (murrender Mensch), ぶつぶつ言う人

mursël

(Murrkopf). {Er. 8110}

mursël, morsël 田 ① かけら (Stückchen). ② 一片の食物 (Bisschen), 一口 (Leckerbissen).

mürwe, müre, mür 形 [mürwes²] ① もろい (mürbe), こわれやすい (zerbrechlich). ② 弱い (schwach), 繊細な (zart), 薄い (dünn).

mûs 女 ① 鼠 (Maus). ② (特に上腕の) 筋肉 (Muskel). {Er. 6655}

mûs-ar 男《弱》(鼠をとらえる) 鷹 (Falke). {Er. 8131}

muscât, muschât 女 [中世ラテン語 *muscata*] にくずくの木の種子 (Muskatnuss).

muschel 女《弱》貝 (Muschel).

mûrstein 男 壁石 (Mauerstein).

mûtieren 動《弱》打つ (schlagen), 戦う (fechten).

mûȝære, mûȝærer 男 (毛替わりをした一歳以上の) 狩猟用鳥 (Jagdvogel). {Tr. 2204}

mûȝe 女 ① (鳥の) 羽毛生え変わり (Mauserung). ② (両生類の) 皮の生え変わり (Hautwechsel der Amphibien). ③ (動物の) 髪の生え変わり (Haarwechsel der Tiere).

mûȝer-habech 男 (羽毛の生え替わった) あお鷹 (Habicht).

mûȝer-sperwære 男 (羽毛の生え替わった) はい鷹 (Sperber).

mûȝer-sprinze 女《弱》(羽毛の生え替わった) 雌のはい鷹 (Sperberweibchen).

mûȝer-sprinze-lîn 田 (羽毛の生え変わった) 雌のはい鷹 (Sperberweibchen).

müȝȝel 男 よい香りの木片 (Späne wohlriechenden Holzes), 良い香りの物質 (eine wohlriechende Substanz).

N

nâ ⇒ *nâch, nâhe*

nac 男, **nacke** 男《弱》[-ckes²] ① うなじ (Nacken). ② 後頭部 (Hinterhaupt). {Parz. 155, 10}

nâch[1]**, nâ** 形 [nâhes²] [比較級 næher, nâher, nâr 最高級 næhest, næhst, nâhest, næst, nâst〕近い (nahe).

nâch², nâ 副 ① 近くに (nahe). ② もう少しで (beinahe). ③ 正確に (genau). ④ 後ろに (hinten), 後で (nachher). {Nib. 637, 4} ¶ wiez dar nâch ergienge, / waz mac ich dâ von sprechen mê? その後どのようになったか, 私がこれ以上何を伝える必要があろうか. (aH. 1428-9)

nâch³, nâ 前 +³ ① 〔空間的〕(の)³ 方に (nach), (の)³ あとに (hinter). ② 〔時間的〕(の)³ 後に (nach). ③ 〔比喩的〕(を)³ 求めて, 期待して (nach). ④ 〔様式を示して〕(に)³ ならって (nach). ¶ wem solde ich der genâden jehen / niuwan iu zwein nâch gote? 神様の次にあなたがた二人以外に私は誰に礼を言うべきでしょうか. (aH. 676-7) {Nib. 203, 4}

nâch-bûr(e) 男《強・弱》近くに住む者, 隣人 (Nachbar).

nâch-gebûr(e) 男《強・弱》= *nâchbûr(e)*. {Ku. 110, 3}

nâch-huote 女 後衛 (Nachhut des Heeres). {Nib. 178, 4}

nâch-îlen 動《弱》急いであとを追う (nacheilen).

nâch-kome, -kume 男《弱》① 子孫, 後裔 (Nachkommen). ② 後継者 (Nachfolger). {Parz. 213, 19}

nâch-ræte, -rætec 形 ① 熟慮している (überlegend), 思慮深い (bedächtig). ② 利口な (klug). {Tr. 18940}

nâch-reise 女 ① 後を追って旅をすること (Nachreisen). ② 後を追跡すること (das Nachfolgen). {Parz. 363, 11}

nâch-vart 女 ① 後から追いかけること (Nachlaufen). ② 従者, 随員 (Gefolge). {Iw. 5670}

nacke ⇨ *nac.*

nacket, nackent 形 ① 裸の (nackt), 衣服を身に着けていない (unbekleidet). ② 露出した (entblösst). ③ 妨げられない (ledig). ④ (から)² 自由な (frei).

nacke-tac 男《強》, **-tage** 男《弱》裸 (Nacktheit). {Tr. 3983}.

nâdel-spitze 女 針の先 (Nadelspitze).

nagel 男 〔短縮形 nail, neil, nal〕① (手足の) つめ (Nagel). ② (木製や金属性の) 釘 (Nagel), ねじ (Schraube). ③ ちょうじ (Gewürznelke). ④ (馬の) 目の病気 (Augenübel). {Er. 2795,}

nagelen, negelen 動《弱》① 釘づけにする (nageln). ② 付着させる (heften).

nâhe, nâ, nâhen 副 〔比較級 *nâher, næher, nâr* 最高級 *nâhste, næhste, nâst*〕① 近くに (nahe, in der Nähe). ② 近くへ (in die

Nähe). ③ 深く (tief), しっかり (fest), はっきりと (deutlich). ④ ほとんど (beinahe, fast). ¶ waz möhte sich gelîchen / sô nâhen gânder riuwe / die si von ir triuwe / durch ir mannes liebe leit？王妃が夫への忠誠のために耐えなければならなかった深い悲しみをいったい何と比べ得ようか. (Er. 3141-4)

næhe-lîchen 副 ほとんど, もう少しで (beinahe). {Nib. 2043. 4}

nâhen, nân 動《弱》自 (に)³ 近づく (nahen, sich nähern). 再 近づく (sich nähern). {Ku. 138, 1}

nâhen ⇨ *nâhe.*

næhen 動《弱》他 近くする, 近づける (nahe machen), 持って来る (bringen). 自 再 近づく (sich nähern), (に)³ 近づく (nahen). {Parz. 171. 24}

næhern 動《弱》近づける (nähern). {Parz. 472. 7}

nâhest 副 [*nâhe* の最高級] 最も近くに (am nächsten).

næh-lîchen 副 ほとんど (beinahe). {Nib. 2043, 4}

naht 女 夜 (Nacht), 晩 (Abend). ¶ si enkam von ir herzen nie / unz si des nahtes slâfen gie / zir vater vüezen, dâ si lac, / und ouch ir muoter, sô si phlac. その言葉は少女が夜, いつものように, 父とそして母の足の方に寝に行く時まで, 心から離れなかった. (aH. 469-72)

格	単　数	複　数
1格	diu naht	die naht, nahte, nähte
2格	der naht, nahte, nähte	der nahte, nähte
3格	der naht, nahte, nähte	den nahten, nähten
4格	die naht	die naht, nahte, nähte

nahte-gal, nahte-gale 女《弱》小夜鳴鳥 (Nachtigall). ¶ vor dem walde in einem tal, / tandaradei, / schône sanc diu nahtegal. 谷の森の前で, タンダラデイ, 小夜啼鳥が美しい声で歌っていたっけ. (Wa. 39, 17-9) {Tr. 4749}

nahten 動《弱》自 ① 夜になる (Nacht werden), 暗くなる (dunkel werden). ② 泊まる (übernachten). {Ku. 885, 3}

naht-sëdel, -sidel 男 中 ① 宿舎, 寝床 (Nachtlager). ② 野営 (Nachtquartier). ③ 宿泊所 (Nachtherberge). {Nib. 701, 2}

naht-selde, -sel, -sal 女 ① 宿舎 (Nachtlager), 宿泊所 (Nachtherberge). ② 野営 (Nachtquartier). {Ku. 286, 2}

naht-sidel ⇨ *nahtsëdel.*

næjen, næn 動《弱》[別形 nægen, næwen, neigen, neien] ① 縫

う (nähen), 精巧に縫う (kunstreich nähen). ② 刺し縫いする (steppen). ③ 刺繡する (sticken). ④ 縫い合わせる (zusammenheften). ⑤ 紐で結ぶ (schnüren). {Nib. 577, 2}

nam = *nëmen* の直説法過去1，3人称単数．

name, nam 男 ① 名前 (Name). ② 命名 (Benennung). ¶ der wirt der hiez dô sidelen vil manegen küenen man, / ze einen sunewenden, dâ sîn sun wol ritters namen gewan. そのとき主人は多くの勇士たちに座席を設けるように命じた．それは夏至の頃で，そのとき王の息子は騎士となった．(Nib. 31, 3-4)

格	単　数	複　数
1格	der　name	die　namen
2格	des　namen	der　namen
3格	dem namen	den　namen
4格	den　namen	die　namen

næme = *nëmen* の直説法過去2人称単数，接続法過去1，3人称単数．

name-, neme-lich 形 ① 特別の (bestimmt). ② 重要な (bedeutend). ③ はっきりした，明確な (ausdrücklich).

name-, neme-lîche 副 ① 確かに (gewiss), 明確に (ausdrücklich). ② 特に (namentlich). ③ 同じように (auf gleiche Weise).

name-lôs 形 ① 名のない，無名の (namenlos). ② 実態のない (wesenlos). {Tr. 18039}

namen 動《弱》名づける (nennen), 命名する (benamen). {Parz. 116, 11}

nâmen = *nëmen* の直説法過去1，3人称複数．

napf, naph 男 ① (脚の高い) 容器 (Gefäß), 杯 (Becher) ② 食物用鉢 (Speisenapf). {Parz. 84, 24}

nar 女 男 ① 治癒 (Heil), 救い (Rettung) ② 食物 (Nahrung), 生計 (Unterhalt). {Parz. 190, 27}

nar, nare ⇨ *narwe*.

narde, nardi 男 女 ① 甘松 (Narde). ② (甘松の花の) 香油 (Balsam). ③ 軟膏 (Salbe).

narre 男《弱》愚か者 (Tor, Narr).

narwe, nare, nar 女《強・弱》男《弱》傷跡 (Narbe).

nase 女《強・弱》① 鼻 (Nase). ② 瓶の注ぎ口 (Schneppe). ③ (馬などの) 鼻孔 (Nüster). {Parz. 212, 25}

nât 女 ① 縫い目 (Naht). ② 精巧な縫い方 (kunstreiche Naht). ③

natûre

刺繡 (Stickerei). ④ (ボタンのない衣服の) 縫合 (Zusammenheftung). ¶ des was si vrô und gemeit : / si zarte diu kleider in der nât. 少女は喜び, 衣装を縫い目に沿って切り裂いた. (aH. 1192-3)

natûre, natiure 女 [ラテン語 natura] ① 自然, 本性 (Natur), 性質 (Beschaffenheit). ② 本能 (Instinkt). ③ 性的衝動 (Geschlechtstrieb).

naʒ¹ 中 ① 湿り気 (das Nass). ② 湿気 (Feuchtigkeit). ③ 液体 (Flüssigkeit).

naʒ² 形 [-ʒʒes²] ① 湿った (nass). ② 濡れた (feucht). ¶ Sie giengen in ir hemeden, diu wâren beidiu naz. 王女たちが着ていた衣装は水に濡れていた. (Ku. 1216, 1)

ne, en, in 副 ①〔ne は語の後に〕〜ない (nicht). ◇ichne weiʒ (私は知らない). ②〔en は語の前に〕〜ない (nicht). ◇ich enweiʒ (私は知らない).

nëbel 男 ① 霧 (Nebel). ② 暗闇 (Dunkel). ③ 塵埃, 砂埃 (Staubwolke). ¶ unser leben und unser jugent / ist ein nebel und ein stoup, / unser stæte bibet als ein loup. 私たちの人生も若さも霧や塵に過ぎない. 確かなものも木の葉のように震えている. (aH. 722-4)

nëbel-krâ 女 冠からす (Nebelkrähe).

nëbel-tac 男 ① 霧の日 (Nebeltag). ② 暗い日 (ein dunkler Tag). {Parz. 591. 16}

nëben¹, nëbent 副 ① (〜の)⁺²/⁺³/⁺⁴ 側に (neben). ② (と)⁺²/⁺³/⁺⁴ 並んで (in gleicher Linie). {Iw. 1818}

nëben², nëbene, nëbent 前 ⁺²/⁺³/⁺⁴ [=enëben] ① 同じ線に (in gleicher Linie). ② 側に, 側へ (neben).

nechein, nihein, niehein, nekein, enhein, enkein 数 ① 一つもない (nicht ein). ② 〜ない (kein).

nehten, nähten 副 昨夜 (gestern Nacht), 過ぎ去った夜に (in vergangener Nacht). {Nib. 1625. 4}

neic = *nîgen* の直説法過去 1, 3 人称単数.

neigen 動《弱》① 傾ける (neigen). ② 沈める (senken). ③ 向ける (richten). 再 ① 傾く (sich neigen). ③ 沈む (sinken). {Nib. 184, 3}

nein 副 いいえ (nein). ¶ nein ich, gemahel, sage mir, / wie bistû hiute als vruo? いや, 花嫁よ, どうして今日はこんなに早いのかい. (aH. 908-9) ¶ nein, meister, gesprechet mich. いいえ, 先生, 私と話してください. (aH. 1263)

nein-â, neine 副 ① [â による nein の強調] いいえ (nein), いや違

う (nicht doch). ② 〔勇気づける呼び掛け〕ほら, それ (ja doch!).
{Ku. 1294, 1}

neme-lich ⇨ *namelich.*

neme-lîche ⇨ *namelîche.*

nëmen 動 IV. 他 ① 取る (nehmen). ② つかむ (fassen). ③ 奪う (rauben). 再 ① 取り除く (entfernen). ② やめる (aufhören). ¶ ouch was der lobebære / Marke selbe komen dar, / nemen dirre mære war, / und mit im manic cûrtois man. その話を確かめるために, 称賛すべきマルケ王自身と多数の宮廷の作法を心得た家臣たちがそこへやって来た. (Tr. 3234-7)

	直説法現在	
ich nime		wir nëmen
du nimest		ir nëmet
er nimet		si nëment
	直説法過去	
ich nam		wir nâmen
du næme		ir nâmet
er nam		si nâmen

nemmen, nennen 動《弱》① 名づける (nennen). ② 決める (bestimmen). ③ 説明する (erklären). ④ 数える (rechnen, zählen). ④ ほめる (preisen). ⑤ 知らせる (bekannt machen). {Nib. 1500, 4}. ¶ sît ir genant Parzivâl, / sô wert mîn sehen an den grâl / siben naht und aht tage: あなたがパルチヴァールなら, 七夜八日の間私に聖盃を見せないでくれ. (Parz. 795, 11-3) {Nib. 1500, 4}

ner 女 救済, 救い (Rettung, Heil). {Tr. 5612}

nern, neren 動《弱》他 ① 治す (heilen). ② 救う (retten). ③ 守る (schützen). ④ 生命を保たせる (am Leben erhalten) ⑤ 養う (nähren), 養育する (ernähren). ¶ ir enwellet iuwer meisterschaft / und iuwer reht brechen / und dar zuo versprechen / beidiu mîn silber und mîn golt, / ich mache iuch mir alsô holt / daz ir mich harte gerne nert." あなたはあなたの医術とあなたの権利を無駄にし, その上私の銀と金を拒むお積もりでなけば, 私はあなたが喜んで私を治療なさるように仕向けます」(aH. 208-13) {Nib. 255, 3}

nëst, nest, nist 中 ① 巣 (Nest), 鳥の巣 (Vogelnest). ② 寝る場所 (Lager), 寝台 (Bett). ③ 住まい (Wohnung). {Ku. 69, 1}

netze[1] 中 ① (魚か動物をとらえる) 網 (Netz). ② (装飾用の) 網

(Netz zum Schmuck), 若い女性の髪飾り (Haarputz der jungen Frauen). ③ 織物の縦筋, 縦糸 (Aufzug eines Gewebes). {Parz. 40. 26}

netze² 囡 尿, 小便 (Urin, Harn).

nëve, nëf 男《弱》[中独 nëbe] ① 甥 (Neffe), 従兄弟 (Vetter). ② 姉妹の息子 (Schwestersohn). ③ 母の兄弟 (Mutterbruder). ④ 親類 (Verwandter). ¶ Dô er den sînen neven hêt erslagen, / den vanen hiez er schiere nâch sînem vanen tragen. ホーラントは自分の甥を打ち倒したとき, その旗を自分の旗のうしろに運ばせた. (Ku. 887, 1-2) {Nib. 2300, 4}

nëvin, nëfin 囡 姪 (Nichte).

ne-, en-wëder 代 ① [不定] 二人のうちのどちらも～ない (keiner von beiden), 二つのうちどちらでもない (kein von beiden). ② 〔後続の *noch* と共に〕～でも～でもない (weder ～noch～).

newëder-halp, -halben 副 両側のどちらにも～しないで (auf keiner von beiden Seiten). {Parz. 262, 16}

ne-wëht, -wiht ⇨ *niht, niwiht.*

nezzel 囡《弱》いらくさ (Nessel). {Gr. 3721}

nezzel-krût 中 いらくさ (Nessel). {Tr. 15052}

Nibelunc¹ 男〔人名〕ニベルンク, 若い王シルブンク (Silbunc) とニベルンク (Nibelunc²) の父. ニーベルンゲンの宝の所有者.

Nibelunc² 男〔人名〕シルブンク (Schilbunc) の兄弟, ニベルンク (Nibelunc).

Nibelunge 複 ニーベルンゲン族. ①〔前編〕宝の本来の所持者とその家来たち (eigentliche Hortbesitzer und ihre Untertanen). ②〔後編〕ブルグンドの勇士たち (die Burgunden). {Nib. 1523, 1}.

nidære 男 ① 憎悪者 (Hasser). ② 嫉妬者, 羨望者 (Neider). {Er. 1271}

nîde 囡《弱》嫉妬, 妬み (Eifersucht).

nîdec, nîdic 形 ① 敵意をもった (gehässig, feindselig). ② 妬んだ (eifersüchtig), 嫉妬深い (neidisch). {Iw. 4113}

nîden 動 I.1. ① 嫌う, 憎む (hassen). ② 羨む (beneiden). {Nib. 1782, 4}

nidene, niden 副 ① 下方に (unten). ② 下方へ (nach unten, herunter, hernieder). {Nib. 20, 4}

nider, nidere 副 ① こちらへ下って (herunten), 向こうへ下って (hinunter). ② 下へ, 下方へ (nieder). ¶ und alse er zuo ir nider gesaz / und redeten diz unde daz / von ir beider dingen, / er bat im trinken bringen. トリスタンはイゾルデの側に座り，あれこれ自分たち二人のことを話していたとき，自分に飲物を運んでくれるように頼んだ．(Tr. 11667-70)

nidere[1]**, nider** 形 ① 下の (nieder). ② 低い (niedrig). ③ 深い (tief).

nidere[2]**, nider** 副 ① 下に (unten). ② 低く (niedrig). ③ 深く (tief). {Tr. 16953}

nideren, nidern 動《弱》① 低くする (niedrig machen), 低下させる (herabsetzen). ② 不名誉にする (zu Schanden machen). {Tr. 1500}

nider-gewant 中 ① 下半身の衣装 (Kleid für den Unterleib). ② ずぼん (Hosen).

nider-halbe, -halben, -halp 副 (の)[2] 下に (niederhalb, unterhalb). {Parz. 59, 13}

nider-kleit 中 ① 下半身の衣装 (Kleid für den Unterleib). ② ずぼん (Hosen). {Parz. 535, 21}

Nider-lant 中 〔地名〕ジークムント (Siegmund) の国．ジークフリートの故郷 (Heimat von Siegfried). 首都はザンテン (Santen).

nider-wât = *nidergewant*.

nider-zuc 男 取り壊すこと，引き倒すこと (das Niederreißen). {Parz. 212, 23}

nîdic ⇨ *nîdec*.

nie 副 けっして (〜したことが) ない (nie). ¶ ez enwart nie vreude merre / dan in beiden was geschehen, / dô si hâten gesehen / daz si gesunt wâren 父母が娘とハインリヒの健康な姿を見たときの喜びよりも大きな喜びはなかった．(aH. 1406 10)

nieht ⇨ *niht*[1].

nieman, niemen 代 〔不代〕誰も〜ない (niemand). ¶ daz im daz sagte niemen, daz was Gunthere leit. そのことを誰も告げ得ないことがグンテル王には腹立たしかった．(Nib. 80, 4) ¶ man sprach dô nieman alsô wol / in allen den landen. どの国においてもこの領主ほど称賛の的になった者はいない．(aH. 36-7)

nie-mêr, -mêre, nimmer, nimer, nimê, nimmê. nimêre 副 ① けっして〜ない (nimmer, nie). ② もはや〜ない (nicht mehr). ③ 二度と〜しない (nicht wieder). ¶ dane ist niemêre sorgen an. もはやこれからは何の危険もない．(Tr. 10593) ¶ sine gesach in leider

niender

dar nâch nimmer mêr gesunt. クリエムヒルトは残念なことにその後ジーフリートの生きた姿を見ることはなかった. (Nib. 925, 4)

niender ⇨ *niener.*

niene 副 ① 〜ない (nicht). ② (何も) ない (nichts), (が)² ない (nichts). ¶ sîne tohter die bater / daz si die rede lieze / und ir herren gehieze / daz si geleisten möhte, / wan ir diz niene töhte. 父は娘に, そのような, 不可能なことは口にせず, 領主には自分ができることだけを約束するように, それはお前には無理なことだから, と言った. (aH. 568-72) {Nib. 272, 3}

niener, niender, niendert, ninder 副 [別形 nienert, nindert, nienâ, nienân, nienen, nienant, nienent] ① どこにも〜ない (nirgends). ② [*nicht* の強調] けっして〜ない (durchaus nicht). ¶ dô tete der arme Heimrich / leider niender alsô: / er was trûric und unvrô. 哀れなハインリヒは残念ながらけっしてそうはしなかった. この騎士は悲しみ, けっして喜ばなかった. (aH. 146-8) {Tr. 380}

niesen 動 II. 2. くしゃみをする (niesen). {Parz. 581, 4}

直説法現在	
ich niuse	wir niesen
du niusest	ir nieset
er niuset	si niesent

直説法過去	
ich nôs	wir nurn
du nüre	ir nurt
er nôs	si nurn

nies(e)-wurz 女 〔植物〕 ヘレボルス種 (Nieswurz). {Parz. 593, 14}

niet, 男 **niete** 女 《強・弱》 ① 鋲 (Niet). ② 幅広く打ちつけられた釘 (breit geschlagener Nagel).

nieten¹ 動 《弱》 ① 釘で留める (den Nagel schlagen). ② 鋲を打つ (nieten). ③ 鋲で固定する (mit Nieten befestigen).

nieten² 動 《弱》 再 ① いそしむ (sich befleißigen). ② 楽しむ, 享受する (genießen). ③ 充分持っている (genug haben). 非 心配させる (kümmern), 不愉快にさせる (verdrießen). {Ku. 956, 3}

nieʒen, nieʒʒen 動 II. 2. ① 利用する (Nutzen haben). ② 使う (gebrauchen, benutzen). ③ 享受する (genießen). ④ 食べる (essen), 飲む (trinken), 食い尽くす (verzehren). {Nib. 1137, 4}

nieʒunge 女 享楽, 楽しみ (Genuss).

niftel, niftele 囡 ① 姉妹の娘 (Schwestertochter), 姪 (Nichte). ② 母の姉妹 (Mutterschwester). ③ 女の親類 (verwandte Frauen). {Parz. 141.25, Nib. 1298, 1}

niftelîn = *niftel, niftele* の縮小語.

nigen 動 = *nîgen* の直説法過去1, 3人称複数.

nîgen 動 I. 1. 自 ① 傾く (sich neigen). ② 沈む (sinken). ③ かがむ (sich beugen). 再 身をかがめる, お辞儀をする (sich beugen). ¶ Er neic, unt die andern nigen. 彼はお辞儀をした. そして他の人々もお辞儀をした. (Parz. 451, 1)

nigro-manzîe, -manzî 囡 [フランス語 nigromancie] ① 魔法 (schwarze Kunst). ② 魔術 (Zauberei). {Parz. 453, 17}

niht¹, nieht 中 [別形 niet, niuweht, nieweht など] 何も〜ない (nichts). ¶ wan dâ mite ich solde / mîner sühte genesen, / daz müsse ein sache wesen / die in der werlte nieman / mit nihte gewinnen kan. それは私がそれで自分の病を治すことができる薬は, この世で誰も手に入れることのできないものだからです. (aH. 440-4) ¶ dû hâst des tôdes niht gesehen. お前は死を見たことがない. (aH. 578)

niht² 副 〜ない (nicht). ¶ ûz ir munde gie niht mê / wan daz vil arme wort „owe!" / daz eine sprach si und ouch niht mê. 彼女の口からはたいへん哀れな,「悲しい」という一語しか出てこなかった. その一言を彼女は口にし, それ以外何も言わなかった (Tr. 1391-3)

nime = *nëmen* の直説法現在1人称単数.

nimê = *niemêr*. {Iw. 998}

nimer, nimmer ⇨ *niemêr.*

nimmê, nimêre ⇨ *niemêr.*

ninder ⇨ *niener.*

Ninnivê 名 〔国名〕ニニヴェーの国 (Ninive). {Nib. 850. 1}

nît 男 [-des²] ① 敵意 (feindselige Gesinnung). ② 戦意 (Kampfgrimm). ③ 嫉み, 嫉妬 (Eifersucht, Neid). ④ 激しさ (Heftigkeit). ⑤ 熱心さ (Eifer). ⑥ 妬む人 (der Neidige). {Nib. 6, 4}

niten = *nîden* の直説法過去1, 3人称複数.

nît-galle 囡 《弱》① 怒り (Zorn). ② 大きな憎しみ (bitterer Hass). ③ 憎しみに満ちた人間 (ein Mensch mit großem Hass). {Tr. 15690}

nît-lich 形 ① 敵意に満ちた (feindselig). ② 悪意のある (boshaft). {Er. 9998}

nît-lîche 副 ① 敵意に満ちて (feindselig). ② 悪意を持って (bos-

nît-slac 男 敵意に満ちた打ち込み (feindseliger Hieb).

nît-spil 中 ① 怨恨の試合 (Spiel des Hasses). ② 敵対行為 (Feindseligkeit), 戦い (Kampf). {Parz. 341, 6}

niu-born 形〔過分〕[= *niuweborn*] 生まれ変わった, 生まれたての (neugeboren). ¶ im was ein ander leben gegeben: / er was ein niuborner man. 彼には別の人生が与えられていた. 彼は生まれ変わった人だった. (Tr. 8316-7)

niu-gërne[1] 女 ① 好奇心 (Neugierde). ② おせっかい (Vorwitz). {Iw. 769}

niu-gërne[2], **-gërn** 形 ① 好奇心のある (neugierig). ② おせっかいな (vorwitzig). {Er. 7635}

niu-lîche = *niuwelîche*. {Nib. 1554, 1}

niun[1], **niwen** 数〔基数〕9 (neun).

niun[2] ⇒ *niuwan*.

niunde 数〔序数〕9番目の (neunt).

niun-zëc, -zic 数〔基数〕90 (neunzig).

niun-zegest, -zigist 数〔序数〕90番目の (neunzigst).

niun-zëhen 数〔基数〕19 (neunzehn).

niun-zëhende, -zëhendest 数〔序数〕19番目の (neunzehnt).

niusen, niesen 動《弱》試みる (versuchen), 試してみる (erproben).

niuwan, niewan, niwan, niun 副 [別形 newene, niuwen, nûwen, niuwent, nûwent, niuwet, numme, nummen, nûn] ① 〜以外のなにものでもない (nichts als). ② ただ (nur). 接 ① 〜以外に (außer dass). ② 〜の時以外は (außer wenn). ③ 〜を除いて (ausgenommen). ¶ wem solde ich der genâden jehen / niuwan iu zwein nâch gote? 神様の次ぎにお父さんお母さん以外の誰に感謝したらよいのでしょうか. (aH. 676-7)

niuwe[1], **niwe** 女 ① 新しさ (Neuheit). ② 改新 (Erneuerung). ③ 改変 (Veränderung). ④ 不誠実さ (Untreu). ⑤ 新月 (Neumond).

niuwe[2], **niwe, niu** 形 ① 新しい (neu), 新鮮な (frisch). ② 変わりやすい (veränderlich). ③ 移り気の (unbeständig). ④ 古くならない (nie veraltend), いつも変わらない (beständig). {Parz. 255. 16}

niuwe-born, -geborn 形〔過分〕生まれ変わった, 生まれたての (neugeboren).

niuwe-komen 形 着いたばかりの (neu angekommen). ¶ ir herren, wir suln gên schouwen / unser niuwekomen frouwen みなさん，わたしたちは今着いたばかりの女性たちに会いに行きましょう．(Er. 9920-21).

niuwe-lîche 副 ① 少し前に (erst vor kurzem), 最近 (kürzlich). ② ちょうどいま初めて (eben erst). {Parz. 442.16}

niuwe-mære 中 新しいこと (etwas Neues), 新しい出来事 (Neuigkeit). {Nib. 87, 1}

niuwen¹, nûwen 動 II.1 / 動《弱》① 突き破る (zerstoßen). ② 激しく突く，踏み鳴らす (stampfen). ③ 搗砕機で殻を取る (mit Stampfmühle aushülsen).

niuwen², niwen 動《弱》他 新しくする (neu machen, erneuern). 再 新しくなる，復活する (sich erneuern). 自 新しくなる (neu werden).

niuwe-sliffen 形〔過分〕きれいに研がれた (frisch geschliffen). {Nib. 401, 1}

niuwet, niwet = *niht*.

niwen ⇨ *niun*.

niwen ⇨ *niuwen²*.

niwiht, -wëht, en-wiht 代〔不代〕何も～ない (nichts).

noch 副 ① なお (noch). ② でも，やはり (doch). ③ しかしながら (dennoch). 接 ① ～ない (noch). ② ～もない (und auch nicht). ¶ noch was diu liebe vester / die si im dâ wider truoc. / wünne heten si genuoc. 妹が兄に対して抱いた喜びはより大きかった．二人はたいへん幸福であった．(Gr. 300-2)

noch-dan 副 ① 当時なお (damals noch), いまなお (jetzt noch). ② それ以外なお (noch außerdem). ③ それにもかかわらず (dennoch).

nôn-âbent 男 キリスト昇天祭の前夜 (Vorabend des Himmelfahrtstags).

nône 女 [ラテン語 nona] ① (朝6時から数えて) 9番目の時間 (die neunte Stunde). ② 昼時 (die Mittagszeit), 教会法上の聖務日課 (die kanonischen Horen). ③ キリスト昇天祭 (Himmelfahrtstag). {Parz. 485, 25}

nône-, nôn-tac 男 キリスト昇天祭 (Himmelfahrtstag).

nône-, nôn-zît 女 ① = *nône*. ② 正午 (Mittag).

norden¹ 中 北，北方 (Norden).

norden², nordent 副 北に (im Norden), 北から (von Norden), 北

norder-mer

へ (nach Norden). {Parz. 210, 12}

norder-, nort-mer 囲 北海 (Nordmeer).

norder-, nort-wint 男 北風 (Nordwind). {Ku. 285, 1}

nort-mer ⇨ *nordermer.*

nort-wint ⇨ *norderwint.*

Norwæge 男《弱》ノルウェー人 (Norweger). {Tr. 2400}

nôs = *niesen* の直説法過去１, ３人称単数.

nôt 女 ① 苦しみ (Not, Mühe). ② 戦いの苦しみ (die Kampfnot), 戦い (Kampf). ③ 必要不可欠 (Notwendigkeit). ◇âne nôt (不必要に unnötig). ¶ sô wære wol verendet mîn armer Kriemhilde nôt. そうすれば哀れな私, クリエムヒルトの苦しみも終わることでしょう. (Nib. 1056, 4) ¶ dâ von sol ich disen tôt / hân vür eine süeze nôt / nâch sus gewissem lône. だから私は報いが約束されたこの死を甘美な苦しみと思うべきです. (aH. 1165-7)

nôt-durft 女 ① 必要 (Not), 欲求 (Bedürfnis). ② 需要 (Bedarf). ③ 裁判で弁護に必要なもの (was zur Verteidigung des Gerichtes erforderlich ist).

note 女《強・弱》① メロディー, 旋律 (Melodie). ② 音の調べ (Ton). ③ 音符, 楽譜 (Note). {Tr. 3617}

nôte 副 ① しぶしぶ (ungern), 余儀なく (notgedrungen). ② 必要によって (notwendig). ③ 熱心に (mit Eifer). ④ 憂いに満ちて (sorgenvoll). {Iw. 7339}

nôtec, nœtic, nôtic 形 ① 必要とする (dürftig). ② 必要な, 不可欠な (notwendig). ③ 緊急の (dringend, drängend), 急いだ (eilig). {Er. 9981}

nôtegen, nôtigen 動《弱》① 強いる (Zwang antun). ② 強要する (nötigen). ③ 暴行する (notzüchtigen).

nôten, nœten 動《弱》[3. nôte] 他 ① 強いる (nötigen, zwingen). ② 食事を強制する (zum Essen benötigen). 再 努力する (sich Mühe geben). {Ku. 989, 3}

nôt-gestalle 男《弱》[別形 nôt-gestalde, -gestalte, -gestalt] 戦いの仲間 (Kampfgenosse). {Parz. 463, 5}

nôt-haft, -haftic 形 ① 苦しみを持っている (leidend). ② 困窮した (bedrängt). ③ 必要な (dürftig). {Nib. 2176, 1}

nôt-, nœt-lich 形 ① 必要な (nötig), 不可欠な (notwendig). ② 緊急の (dringend). ③ 危険な (gefährlich), 危険に満ちた (gefahrvoll). ④ わずらわしい (beschwerlich). {Tr. 6539}

nôt-, nœt-lîche 副 ① 困難をきわめて (mühselig). ② 虚栄的で, 華美に (auf eitle, prunkhafte Weise).

nœt-lîchen 動《弱》① 押しつける (aufdringlich werden). ②（の)³ 重荷となる (lästig fallen).

nôt-numft, -nunft, -nuft, -nust 女 ① 強奪 (gewaltsamer Raub). ② 女性掠奪 (Frauenraub). ③ 暴行 (Notzuft). {Parz. 122, 18}

nôt-phant 中 必要によりだされた担保 (aus Not gegebenes Pfand).

nôt-rede 女 ① 強いられた言葉 (erzwungene Rede). ② 裁判での主張 (Rede vor Gericht). ③ 誓い (Eid).

nôt-strëbe 女 ① 抵抗 (Gegenwehr). ② 苦しみとの戦い (das Streben gegen die Not).

nôt-veste 形 ① 苦しみに強い (fest in der Not). ② 戦いでひるまない (fest, tapfer in Kampf). ③ 勇敢な (mutig). {Ku. 621, 1}

nôt-zogen 動《弱》① 乱暴に扱う (gewalttätig behandeln). ②（に)⁴ 暴行する (notzüchtigen). {Parz. 95, 22}

nôჳ = *nieჳen* の直説法過去 1, 3 人称単数.

nû¹ 中 瞬間 (Augenblick), あっという間 (Nu).

nû², nu 副 [別形 nuo, nuon, nun] ① 今や (nun, jetzt), ちょうど今 (eben jetzt). ② さて (nun). 接 ① 〜した今 (nun). ② 〜なので (da, weil). ③ 〜の間じゅう (während). ¶ leider nû enmuge wir / im ze deheinen staten komen. 残念ながら, 私たちは今やあの方のお役に立つことはできない. (aH. 504-5)

Nüerenberc 男〔地名〕ニュルンベルク (Nürnberg).

nuo, nuon ⇨ *nû*.

nusche 女《強・弱》① 留め金 (Spange). ② 掛けがね (Schnalle). {Ku. 251, 3}

nutz ⇨ *nuz.*

nütze 形 ① 有用な, 役に立つ (nützlich). ② 有益な (nütze), 使える (brauchbar). ¶ ich wil iu geheizen unde sagen / daz iu nieman niht entuot, / und ist iu nütze unde guot. 私はあなたにはっきり約束します. あなたには誰も何もしませんし, それはきっとあなたに必要で, あなたのお役に立ちます. (aH. 1330-2)

nütze-bære 形 使える, 役に立つ (nützlich).

nütze-lich 形 役に立つ (nützlich), 快適な (angenehm).

nütze-lîche 副 有益に (nützlich), 快適に (angenehm).

nuz 男 [-tzes²], **nutz** 男 ① 使用 (Gebrauch), 利用 (Nutzen), 享

nuʒ 受 (Genuss). ② 利益 (Vorteil). ③ 収入 (Einkommen), 収益 (Ertrag). {Parz. 775, 17}

nuʒ 囡 ① くるみ (Nuss), アーモンド (Mandel). ②〔比喩〕もっとも価値のないもの (das Geringste).

nuʒ-boum 男 くるみの木 (Nussbaum).

nuʒʒen 動《弱》くるみを摘み取る (Nüsse pflücken).

nuʒʒen = *nieʒen* の直説法過去 1, 3 人称複数.

O

ô 間 おお (oh).

obe¹, ob 副 上に (oben, über), 上側に (oberhalb).

obe², ob 前 ⁺³/⁺⁴ ① 〜の上方に (über). ② 〜の上に (auf). ③ 〜の上側に (oberhalb). {Nib. 412, 3}

obe³, ob, op 接 ① もしも〜ならば (wenn), たとえ〜でも (wenn auch). ② 〜したとき (als). ③ 〜かどうか (ob). ¶ herre, ir hât uns doch gesaget, / ob ir hetet eine maget / diu gerne den tôt durch iuch lite, / dâ soldet ir genesen mite. ご主人さま, あなたはあなたのために喜んで死ぬ少女がいればあなたはお助かりになるとおっしゃいました. (aH. 921-4) {Nib. 16, 4, 478, 3}

obe-dach 中 ① 屋根, おおい (Dach). ② 安全な場所, 避難所 (Obdach). ③ 保護 (Schutz). ④ こずえ (Gipfel des Baums), 樹冠 (Krone des Baums). ⑤ 頭 (Kopf). {Er. 7246}

obenân, obene, oben 副 ① 上に (oben). ② 上から (von oben). {Nib. 1544, 2}

ober 形 [最高級 oberst] 上の (ober). {Iw. 1537}

obeʒ, obʒ 中 果実 (Obst). ¶ des obezes mohte man ezzen / swie vil oder swâ er wolde: / er muoste unde solde / daz ander dâ belîben lân. 人はその果物をどれだけでも, どこででも食べたいだけ食べることができたが, 余りはそこに残しておかなければならなかった. (Er. 8739-42)

obeʒ-boum 男 果樹 (Obstbaum).

oblâte, oblât 囡《強・弱》, 中 ① 聖餅 (Oblate), ホスチア (Hostie).

② 焼き菓子 (Backwerk).｛Parz. 470, 5｝

och¹, ôch = *ouch*

och² 間 ああ (ach).

od, ode, oder 接 ① あるいは (oder). ② もし～でなければ (wenn nicht). ¶ er sprach : „kint, hâstû dich / dises willen selbe bedâht / oder bistû ûf die rede brâht / von bete oder dînes herren drô ?" 医者は言った,「娘よ, お前は自分自身の考えで決心したのかい. 主人の頼みや脅しでその話に乗せられたのかい. (aH. 1064-7)

offen 形 [中独 uffen も] ① 開いた (offen), 開かれた (geöffnet). ② 広い (breit), 広がった (ausgebreitet), いっぱいの (voll). ③ 公然の, 周知の (öffentlich). ¶ die porten / vander wît offen stên, / derdurch ûz grôze slâ gên. 騎士は門が大きく開いているのを見た. そこからはおびただしい数の蹄の跡が外へ向かって続いていた. (Parz. 247, 16-8)

offen-bære¹, -bâre, -bar 形 ① 開いた (offen), 開かれた (geöffnet). ② はっきりした (deutlich), 目に見える (sichtbar). ③ 明らかな (offenbar). ④ 公然の (öffentlich).

offen-bære², -bâre, -bar 副 ① 開かれて (geöffnet). ② はっきりと (deutlich). ③ 明らかに (offenbar). ④ 公然と (öffentlich).

offen-baren, -bâren 動《弱》① はっきり示す (offen zeigen), ② 表明する (offenbaren). ② 公にする, 公示する (veröffentlichen).

offen-bâr-lich, -bær-lich 形 ① 公然の (öffentlich). ② 明らかな (offenbar).

offen-bâr-lîche, -bær-lîche 副 ① 公然と (öffentlich). ② 明らかに (offenbar).

offenen, offen 動《弱》[中独 uffenen, uffen も] ① 開く (öffnen). ② 始める, 開く (eröffnen). ③ 周知させる (offenbar machen), 示す (zeigen). ④ 分からせる (verständlich machen). ⑤ 告げる (verkündigen). ⑥ 公表する, 刊行する (veröffentlichen).

offen-lich 形 ① 明らかな (offenbar). ② 明白な (verständlich). ③ 公然の (öffentlich).

offen-lîche 副 ① 明らかに (offenbar). ② 明白に (verständlich). ③ 公然と (öffentlich).｛Nib. 851, 4｝

ofte, oft 副 しばしば (oft).

œheim, ôheim 男, **œheime, ôheime** 男《弱》① 母の兄弟 (Mutterbruder), 伯父 (Oheim). ② 甥 (Neffe), 姉妹の息子 (Schwestersohn). ③ 親戚一般 (Verwandter überhaupt).{Nib. 11, 1}{Tr. 737}

œheime ⇨ *œheim.*

ohteiʒ 間〔驚き,意外さ〕おや (hei).{Parz. 325, 4}

öl ⇨ *öle.*

olbent 男 駱駝 (Kamel).{Ku. 541, 3}

olbente, olbende 女《弱》, 男《弱》駱駝 (Kamel).

olbentier 中 [<*olbenttier*] 駱駝 (Kamel).

öl-ber 中 オリーブの木 (実) (Olive).

öl-bërc 男 オリーブ山 (Ölberg).

öl-boum 男 オリーブの木 (Ölbaum).{Tr. 14612}.

öl-boumîn 形 オリーブの木の (vom Ölbaum).

ole ⇨ *öle.*

öle, öl, ole, ol, oli, olei 中 [ラテン語 oleum] ① 油 (Öl). ② 硫酸 (Vitriolöl).

ölen, öln, olen, oleien 動《弱》① 油を塗る (ölen). ② 聖油を塗る (salben).

oli ⇨ *öle.*

opfer, opher 中 [中独 opper も] ① いけにえ, 犠牲 (Opfer). ② (教会, 神への) 供物 (Gabe, die man einer Kirche oder der Gottheit darbringt). ③ ホスチア, 聖餅 (Hostie).{Nib. 1052, 3}

opfer-golt 中 供物の金 (Gold als Opfer). ¶ si het ir opfergoldes noch wol tûsent marc. 王妃は奉納の金貨をまだ千マルク持っていた. (Nib. 1281, 2)

opfern 動《弱》① 供物を差し出す (ein Opfer darbringen). ② 犠牲に供する (opfern).{Parz. 169, 19}

opher ⇨ *opfer.*

orden 男 ① 規則 (Regel). ② 順序, 秩序 (Ordnung). ③ 命令 (Befehl). ④ 法 (Gesetz). ⑤ 修道会 (Orden). ⑥ 身分, 地位 (Stand). ⑦ 種類 (Art). ¶ dô diu küneginne / wider kom zir sinne, / swie si dâ vor wære verzagt, / dô sprach si „sun, wer hât gesagt / dir von ritters orden? wâ bist dus innen worden?" 王妃が意識を取り戻した時, 王妃はそれまではその勇気がなかったのだが, 「坊や, あなたに騎士団のことを話したのは誰なの. どこでそのことを知ったの.」(Parz. 126, 3-8){Nib. 1335, 2}

ordenen, orden 動《弱》① 整える (ordnen), 配列する (anordnen). ② 任命する (verordnen). ③ 決定する (bestimmen), 指示す

る (anweisen). ¶ endehaft giht der Provenzâl, / wie Herzeloyden kint den grâl / erwarp, als im daz gordent was, / dô in verworhte Anfortas. このプロヴェンツの詩人は，アンフォルタスが聖杯を失ったあと，ヘルツェロイデの子が，定めに従って，どのようにして聖杯を得たかを最後まで語っている．(Parz. 827, 5-8)

orden-lich 形 秩序正しい (der Ordnung gemäß), 規則にあった (der Regel gemäß).

orden-lîche 副 秩序正しく (der Ordnung gemäß), 規則どおりに (der Regel gemäß). {Parz. 116, 13}

ordenunge 女 ① 秩序 (Ordnung), 規則 (Regel). ② 命令 (Anordnung). ③ 階級 (Rang), 身分 (Stand). ④ 設備 (Einrichtung). ⑤ 生活様式 (Lebensweise).

ôre, ôr 中《強・弱》① 耳 (Ohr). ② 耳に似ているもの (etwas, das dem Ohr ähnlich ist).

格	単　数	複　数
1格	daʒ ôre	diu ôren
2格	des ôren	der ôren
3格	dem ôren	den ôren
4格	daʒ ôre	diu ôren

ôre-, ôren-lôs 形 ① 聞く耳を持たない (ohrenlos). ② 耳を貸さない (nicht hörend).

organieren, orgenieren 動《弱》① オルガンを弾く (orgeln). ② 口笛を吹く (pfeifen). ③ 曲を奏でる (musizieren). {Tr. 4803}

ors 中 [=*ros*] ① 馬 (Ross), 戦馬 (Streitpferd). ② 馬車用の馬 (Wagenpferd). {Nib. 723, 3}

ort 中 男 ① 空間と時間の起点 (Ausgangspunkt) ② はじめ (Anfang), 終わり (Ende). ③ 先端 (Spitze), 角 (Winkel), 縁 (Rand). ④ 場所 (Ort, Stelle). ⑤ 断片 (Stück), 部分 (Teil). {Iw. 624}

ôsten[1], **ôst** 中 男 東 (Osten).

ôsten[2], **ôstene** 形 ① 東への (nach Osten). ② 東での (im Osten).

ôstener, ôstner 男 東風 (Ostwind).

ôster[1] 女《強・弱》① 復活祭 (Ostern). ② 春 (Frühling).

ôster[2] 男 東風 (Ostwind).

ôster[3] 形 ① 東の (östlich), 東にある (im Osten befindlich). ② 東洋の (morgenländisch).

ôster-âbent 男 復活祭の前日 (Tag vor Ostern).

ôster-lant 男 ① 東方の国 (das Land im Osten). ② オーストリア (Österreich). ③ オリエント (Orient), 東方の国 (Morgenland).

ôster-rîche 中 ① 東方の国 (das Land im Osten). ② オーストリア (Österreich).

ôster-tac 男 ① 復活祭の祝い (Osterfest). ②〔比喩〕最高の喜び (die höchste Freude).

ouch, ôch, och 接 ① もまた (auch). ② さらに (noch mehr). ③ しかし (dennoch), それに対して (dagegen). {Nib. 44, 4} ¶ Dô wâren gar erstorben die Guntheres man / und ouch die Dietrîches. グンテル王家来たち, それにディートリッヒ王の家来たちもみな死に絶えた. (Nib. 2299, 1-2a)

ouge, oug 中 ① 目 (Auge). ② サイコロの目 (Auge, Punkt). ¶ sîn unwert tuot er mir schîn : / er wirfet diu ougen abe mir. その人は私に嫌悪感を示し, 私から目を背ける. (aH. 416-7) ¶ und swaz dem ougen sanfte tuot / und edele herze erfröuwen sol, / des was diu sumerouwe vol. そして人の目を和ませるもの, 気高い心の持ち主を喜ばせるものが夏の野原には溢れていた. (Tr. 550-2)

格	単　数	複　数
1格	daʒ　ouge	diu　ougen
2格	des　ougen	der　ougen
3格	dem ougen	den ougen
4格	daʒ　ouge	diu　ougen

ougen, öugen 動《弱》①〈に〉³ 示す (zeigen). ② 目の前にもってくる (vor Augen bringen). {Iw. 3502}

ougen-blic 男 ① まなざし (Blick der Augen). ② 瞬間 (Augenblick), 短い時間 (kurze Zeit). {Ku. 624, 2}

ougen-weide 女《弱》① 目を楽しませるもの (Augenweide). ② あちこち見回すこと (Umherschweifen der Augen). ¶ jâ soltû, liebe tohter mîn, / unser beider vreude sîn, / unser liebe âne leide, / unser liehtiu ougenweide, / unsers lîbes wünne, / ein bluome in dînem künne, / unsers alters ein stap. まさにお前は, 可愛い娘よ, 私たち二人の楽しみ, 憂いのない喜び, 明るい目の楽しみ, 私たちの人生の幸せ, お前の一族の花, 私たちの老齢の杖であるべきだ. (aH. 653-4, 654a-b, 655-7)

ougest, ougeste, ougst, ougste 男《強・弱》8 月 (August). {Iw. 3058}

ouwe[1] 女 羊 (Schaf).

ouwe[2]**, owe** 女 ① 流れ (Strom), 水 (Wasser). ② 水で囲まれた土地 (von Wasser umflossenes Land). ③ 島 (Insel), 半島 (Halbinsel).

ouwê[3]**, ôwê, owê** 間〔嘆き, 驚きなど〕ああ (o weh). ¶ ouwê daz ich ie wart geborn! / ouwê wie hân ich dich verlorn? ああ, この世に生まれてきたのが悲しい. ああ, いったいどうしてあなたを失ってしまったのでしょう. (Iw. 1469-70) ¶ ouwê Tristan unde Îsôt, / diz tranc ist iuwer beider tôt. 何ということ, トリスタンさまとイゾルデさま, この飲物はあなたがた二人の死です. (Tr. 11709-10) ¶ „owê mir armen!" sprachs., „owê, / daz ich zer werlde ie wart geborn! 何と悲しいこと, かわいそうな私. ああ, この世に生まれたことが悔やまれる. (Tr. 11700-1)

ouwen 動《弱》① 流れを下る (stromabwärts treiben). ② 流れに乗って泳ぐ (dem Strom nach schwimmen). {Nib. 1571, 4}

ouwî, ôwî, owî = *ouwê*.

oven 男 ① (パン焼き窯, 暖炉などの) 窯, 炉 (Ofen). ② 岩 (Fels), 岩穴 (Felsenhöhle).

ovenære, -er 男 ① 暖炉の火をたく人 (Ofenheizer). ② パン屋 (Bäcker).

ovenærîn 女 暖炉の火をたく女性 (Ofenheizerin).

owê ⇒ *ouwê*[3].

ôwie, owie 間 なんだって (o wie!).

ôwoch, owach 間 = *ouwê*.

ôwol 間 ① さあさあ, いざ (wohlan). ② 幸いにも (wohl).

P

palas, palast 中 男 [ラテン語 palatium] ① 宮殿 (Palast). ② (会議・宴会用) 広間のある建物 (Gebäude mit einem Saal). {Iw. 6426}

paleis 名〔宝石〕[フランス語 balais] [= *balax*] パレス (Paleis). {Parz. 791, 26}.

pálmât, balmât 男 中 女 ① 柔らかい絹の種類 (eine weiche Seidenart). ② その布地 (Stoff der Seidenart).

palmât-sîde 囡《弱》上質の絹布 (Seidenstoff). {Tr. 15888}

palme-tac 男 枝の主日 (Palmsonntag). {Ku. 1192, 2}

panël, banël 囲 [古フランス語 panel] 鞍敷 (Sattelkissen). {Er. 7694}

paner, panier, panner 男 [= *baniere*] 軍旗, 方旗 (Banner). {Ku. 830, 1}

pantel, panter, pantier 囲 豹 (Panther). ¶ Von einem pantel was dar über gezogen / ein hût durch die süeze. その上には, 甘い香りのために, 豹の毛皮が張られていた. (Nib. 953, 1-2a)

panther, panthers 男 (豹の模様のある) 宝石, パンテル (Panther). {Parz. 791, 8.}

panze 男《弱》[ラテン語 pantex] ① 胃 (Magen). ② (動物の) 胃, 腹 (Wanst). {Tr. 2907}.

panzier, panzer 囲 甲冑 (Panzer). {Er. 2349}

papegân, papigân 男 おうむ (Papagei).

paradîs ⇨ *páradîse*.

páradîse, paradis, párdîse, pardîs 囲 [ラテン語 paradisus] ① パラダイス, 楽園 (Paradies). ② 恋人 (Freundin). {Parz. 235, 21}

pârât, bârât 囡 ① 交換, 交易 (Tausch), 商い (Handel). ② 交易品 (Ware). ③ 欺き (Betrug), 偽り (Falschheit). ④ 術 (Kunst), 曲芸 (Kunststück). ⑤ おどけ, 滑稽 (Posse, Spaß), 気晴らし (Kurzweil). {Parz. 341, 17}

pardrîs, perdrîs 男 やまうずら (Rebhuhn, Feldhuhn). {Parz. 423, 20}

pardrîsekîn 囲 [*pardrîs* の縮小語] 小さなやまうずら (ein kleihes Rebhuhn). {Parz. 131, 28}

parël 囲 [= *barël*] ① 盃 (Becher), 台付き杯 (Pokal). ② 瓶 (Flasche). ③ 小さな樽 (Fässchen).

parelieren 動《弱》① 用意する, 準備する (zubereiten). ② 武装させる (rüsten). ③ 美しく仕上げる (schön zurichten).

pareliure 男 [古フランス語 parleor] ① 話す人 (Sprecher). ② 予言者 (Prophet). ③ 告知者 (Verkünder). {Parz. 465, 21}

parlieren 動《弱》[フランス語 parler] 話す (reden). {Parz. 167, 14}

Parmenîe 名 〔地名〕パルメニーエ (Parmenie). {Tr. 3673}.

parrieren, barrieren 動《弱》① 対照的な色で分ける (mit abstechender Farbe unterscheiden). ② 飾る (schmücken). ③ 異なった色で塗り分ける (verschieden farbig mischen). {Parz. 1. 4}

partieræe, partierre 男 欺瞞者 (Betrüger). {Tr. 8350}

partieren[1] 動《弱》① 欺く (betrügen). ② 商いでだます (durch Handel betrügen). {Parz. 296, 29}

partieren[2] 動《弱》分ける (teilen).

partierre ⇒ *partieræe*. {Parz. 297, 9}

Parzivâl 男〔人名〕パルチヴァール. ガハムレットとヘルツェロイデの息子. 最後には聖杯王になる.

pas 男〔フランス語 pas〕鹿の内蔵の部分 (Teile der Eingeweide des Hirsches). {Tr. 2907}.

passâsche 女《弱》① (歩いて渡れる) 浅瀬 (Furt). ② 道 (Weg).

pasturêle 女 牧歌 (Pastrelle, Hirtenlied). (Tr. 8076)

patelierre 男〔古フランス語 batailliere〕散兵 (Plänkler), 前衛の兵士 (Vorkämpfer). {Parz. 183, 7}

patriarche, -arke, -arc 男《強・弱》① 総大司教 (Patriarch). ② 教会の首長 (Kirchenoberhaupt).

pavelûn, pavilûn, poulûn 中〔フランス語 pavillon〕テント, 天幕 (Zelt).

pavelûne, pavilûne, poulûne, palûne 女《強・弱》テント, 天幕 (Zelt). {Tr. 5350}

pêanît, pêanîtes 名〔宝石〕ペーアニート (Peanit), ペーアニーテス (Peanites). {Parz. 791, 29}

pelz, belliz 男 毛皮 (Pelz).

pënsel, bënsel, pinsel 男 筆 (Pinsel). {Ku. 1601, 4}

pënsel-strich 男 絵筆で引かれた線 (eine mit dem Malerpinsel gezogene Linie). {Er. 7317}

pensen, pinsen 動《弱》① 考える (denken). ② 思案する (nachdenken). ③ 熟慮する (erwägen).

pensieren 動《弱》〔古フランス語 penser〕熟慮する (nachdenken, sinnen). {Tr. 12071}

pergamënte, permint, perment, permit 中 羊皮紙 (Pergament). {Parz. 625, 13}

permint ⇒ *pergamënte*.

petît 形〔フランス語 petit〕小さい (klein). {Tr. 14244}

pf- = *ph-*

phaffe 男《弱》〔ラテン語 papa〕① 聖職者 (Geistlicher). ② 司祭

(Priester). ¶ dô hôrt' man allenthalben vil maniges pfaffen sanc. そのとき人々は至る所で多数の聖職者たちの歌声を聞いた. (Nib. 1040, 2)

phaf-heit, -schaft 囲 ① 聖職者たち (Geistlichkeit). ② 司祭たち (Priesterschaft). {Er. 6343}

phaf-, phäf-, phef-lich 形 ① 教会の (kirchlich). ② 聖職者の (geistlich), 司祭の (priesterlich). {Gr. 3655}

phaf-, phäf-, phef-lîche 副 聖職者らしく (geistlich), 司祭らしく (priesterlich). {Gr. 1162}

phahten 動《弱》他 ① 法的に決める (gesetzlich bestimmen). ② 測る, 考慮する (ermessen), 解明する (ergründen). 自 正確に結びついている (in genauer Verbindung stehen).

phâl 男 [ラテン語 palus] くい, 柱 (Pfahl).

phâl-burger 男 町の壁の外の住民 (Bürger, der außerhalb der Stadtmauer wohnt), 町の囲いの外に住む市民 (Phalbürger).

phalenze, phalze, phalz 囲 ① 聖職者あるいは王侯の住居 (Wohnung eines weltlichen oder geistlichen Fürsten). ② 居城 (Pfalz). ③ 宮中伯の所領 (Land eines Pfalzgrafen). ④ ライン・プファルツ地方 (Rheinpfalz).

phalenz-grâve 男《弱》① 宮中伯 (Pfalzgraf). ② 皇帝の宮廷裁判官 (Richter an einem kaiserlichen Hof).

phandære, phander 男 賭事を取り仕切る人 (der Gastwirt, bei dem Glücksspiele stattfinden). {Parz. 82. 18}

phander ⇒ *phender.*

phanne 囲《強・弱》鍋, 浅鍋 (Pfanne).

phant 中 [-des²] ① 担保, 質 (Pfand), 抵当 (Unterpfand). ② 差し押え (Pfändung). {Nib. 1469, 2}

phant-lœse, -lôse 囲 ① 質の請け出し (Auslösung eines Pfandes). ② 請け出し金 (Lösegeld des Pfandes). {Parz. 651. 25}

phant-rëht 中 ① 担保を取る権限 (Befugnis zu pfänden). ② 質権者の手数料 (Gebühr des Pfandnehmers). ③ 質権, 抵当権 (Pfandrecht). {Er. 875}

phärit 中 [=*phert*] 馬 (Pferd).

pharræe, -er, pherrer 男 主任司祭 (Pfarrer).

pharre¹, pherre 男《弱》[=*pharræe*] 主任司祭 (Pfarrer).

pharre² 囲《強・弱》① 教区 (Pharre). ② 教区の教会 (Pfarrkirche).

phat, pfat 男 [-des²] 歩道 (Fußweg), 小道 (Pfad). ¶ des wirt noch gelachet / innerclîche / kumt iemen an daz selbe pfat. もし誰かがあの小道を歩いてきたら，その跡を見て今でも微笑むでしょう. (Wa. 40, 4-6)

phâwe, phâ 男《弱》[ラテン語 pavo] くじゃく (Pfau).

phâwen-huot 男 くじゃくの羽毛の帽子 (Pfauenfederhut).

phâwen-kleit 中 くじゃくの羽毛製の衣服 (Pfauenfederkleid).

phæwîn, phâwîn 形 ① 孔雀の羽でできた (aus Pfauenfedern gemacht). ② 孔雀の羽で飾った (mit den Pfauenfedern geziert). 副 孔雀のように (wie ein Pfau). {Parz. 225, 12}

phëffer 男 [ラテン語 piper] ① 胡椒 (Pfeffer). ② 胡椒入りスープ (Pfeffersuppe).

phelle, phell ⇨ *phellel.*

phellel, phellôl, pheller, phellôr, phelle, phell 男 ① 高価な絹布 (kostbares Seidenzeug). ② 絹の衣装 (Gewand), 掛け布団 (Decke). ③ ビロードの布地 (Samt), 毛織物 (Wollstoff). {Nib. 365, 3}

phellelîn, phellerîn, phellîn 形 (上等の) 絹布の (von feinem Seidenzeug). {Nib. 365, 3}

phenden 動《弱》① (から)⁴ 質を取る (pfänden), (から)³ 担保を取る (ein Pfand abnehmen). ② (を)² 奪う (berauben). ③ (を)⁴ (から)² 自由にする (befreien).

phender, phander 男 ① 抵当の所有者 (Inhaber eines Pfandes), 抵当権者 (Pfandgläubiger). ② 差押人 (Auspfänder), 執達吏 (obrigkeitlicher Pfänder).

phenninc, phennic 男 [-ges²] ① 硬貨 (Münze), 金 (Geld). ② ペニット (Pfennig). ③ 銀貨 (Silberdenar). {Gr. 3287}

pherdelîn 中 [*phert* の縮小語] 小さい馬 (ein kleines Pferd). {Parz. 155. 29}

phert 中 [-des²] [別形 pferift, pferfrit, pferift, pferft, pfärft, pferht, pfärit, pferit] ① 馬 (Pferd). ② 乗用馬 (Reitpferd). ¶ Sus nâmen sî Tristanden / si viere ze handen, / ûf ein phert huobens in / und under in fuortens in hin / und brâhtens in sô heinlîch în / wider durch ir hâltürlîn, / daz umbe ir reise und umbe ir vart / nie nieman nihtes innen wart. このようにして4人はトリスタンを手で抱えて馬に乗せて，一緒に連れて行き，そしてまたこっそり秘密の小さな門を通って中へ運んだので，かれらが出掛けて，歩き回ったことには誰も

少しも気づかなかった. (Tr. 9497-504)

phert-gereite, -kleit 中 乗馬の装備 (Ausrüstung der Pferde, Reitzeug). ¶ bezzer pfertgereite diu kunden niender gesîn. それより上等の馬具はどこにもあり得なかった. (Nib. 569, 4)

pheterære, peterære, -er, phederer, pheter 男 投石機 (eine Maschine, die Steine gegen die Feinde schleuderte). {Parz. 197. 24}

phî ⇨ *phiu.*

phiesel 男 中 暖房できる女性部屋 (heizbares Frauengemach). {Ku. 996, 4}

phiesel-gâdem 中 暖房できる女性部屋 (heizbares Frauengemach). {Ku. 1064, 4}

phife, phif 女《強・弱》吹奏楽器 (Blasinstrument).

phîfen 動 I. 1. 吹く (blasen), 口笛を吹く (pfeifen). {Ku. 49, 4}

phîl 男 [ラテン語 pilum] ① 矢 (Pfeil). ② やじり (Pfeileisen). ③ 角柱 (Pfeiler).

philosophîe 女《弱》哲人 (Philosoph). {Parz. 643, 14}

phingeste 女 聖霊降臨祭 (Pfingsten).

phingest-lich 形 聖霊降臨祭の (pfingstlich).

phingest-, phinges-tac 男 聖霊降誕祭日 (Pfingstag, Pfingsten).

phinxt-, pfinxt-morgen 男 聖霊降誕祭の朝 (Morgen des Pfingstens). {Nib. 271, 1}

phiu, phî, fî 間 〔不満, 不快, 嘲笑〕えーい, ええー (pfui).

phlaster 中 ① 膏薬 (Pflaster). ② モルタル (Mörtel), セメント (Zement). ③ (セメントか小石で固められた) 床 (Fußboden). ④ 鋪道 (Straßenpflaster). {Er. 7852}

phlëgære, -er 男 管理者 (Verwalter), 世話をする人 (Pfleger).

phlëge 女《強・弱》① 庇護, 後見 (Obhut). ② 注意, 配慮 (Fürsorge). ③ 保護, 世話 (Pflege). ④ 交際 (Umgang). ⑤ 監督者 (Aufseher). ⑥ 地代, 貢物 (Zins). ⑦ 習慣 (Gewohnheit), しきたり (Sitte). {Nib. 4, 4}

phlëgen 動 V. 他 ① 世話をする, 保護する (pflegen). ② 護る (behüten). ③ する (betreiben). ④ 振舞う (handeln). ⑤ 所有する (besitzen). ⑥ 与える (geben). 再 ① 保障する (verbürgen). ② 約束する (versprechen). ③ 習慣を持っている (die Sitte haben). ¶ Siglint diu rîche nâch alten siten pflac / durch ir sunes liebe teilen rôtez golt. ジクリントは古い仕来りにより, 息子のために混じり気のない金を分け与えた. (Nib. 40, 2-3)

	直説法現在		
ich	phlige	wir	phlëgen
du	phligest	ir	phlëget
er	phliget	si	phlëgent
	直説法過去		
ich	phlac	wir	phlâgen
du	phlæge	ir	phlâget
er	phlac	si	phlâgen

phlëger ⇒ *phlëgære.*

phliht, phlihte 女 ① 配慮 (Fürsorge), 保護 (Pflege), 庇護 (Obhut). ② 監督 (Aufsicht). ③ 結びつき (Verbindung), 関与 (Teilnahme), 共同 (Gemeinschaft). ④ 義務 (Pflicht). ⑤ 習慣 (Sitte), 方法 (Art und Weise).

phlihtære 男 共同体に関与する人 (derjenige, der an der Gemeinschaft Anteil nimmt). {Parz. 289, 12}

phlihten 動《弱》① 関与する (sich beteiligen). ② 従う (sich richten). ③ 義務を負う (sich verpflichten), 約束する (versprechen). 再 ふるまう (sich halten). 他 ① 世話をする (sorgen). ② 義務づける (verpflichten). {Parz. 314, 30}

phliht-geselle 男《弱》仲間に加わっている者 (derjenige, der an der Genossenschaft teilnimmt.). {Parz. 819, 7}

phlûm, vlûm 男 [ラテン語 flumen] 流れ (Strom), 河 (Fluss). {Ku. 720, 2}

phlûme[1] 女《弱》[ラテン語 pruna] すもも (Pflaume).

phlûme[2]**, plûme** 女《弱》[ラテン語 pluma] 綿毛 (Flaumfeder).

phlûme[3]**, vlûme** 男《弱》・女 [ラテン語 flumen] 流れ (Strom), 河 (Fluss).

phlûmît, plûmît 中 [ラテン語 plumatium] (くじゃくの羽が入った) 鞍敷き (Sitzkissen). {Parz. 552, 9}

phluoc 男 [-ges[2]] ① 鋤 (Pflug). ② 鋤を使う人 (Pflüger). ③ 仕事 (Geschäft), 職業 (Gewerbe). ④ 生計 (Lebensunterhalt). ¶ im gât sîn phluoc harte wol, / sîn hof ist alles râtes vol, / da enstirbet ros noch daz rint, / da enmüent diu weinenden kint, / da enist ze heiz noch ze kalt. その暮らし向きはたいへんよく, その屋敷には蓄えがたくさんあり, そこでは馬も牛も死なず, うるさく泣きわめく子供たちもいません. そこは暑くも寒くもありません. (aH. 779-84)

phnast, phnâst 男 ① 湯気(Dampf), ② 霧(Nebel), もや(Dunst). ③ 鼻息をすること (das Schnauben). {Parz. 572, 6}

phrüende 女 ① 養分(Nahrung), 食料(Lebensmittel). ② 聖職禄, 恩給(Pfründe). {Parz. 470, 20}

phunt 中 [-des²] [ラテン語 pandus] ① 一定の重量 (ein bestimmtes Gewicht), ポンド(Pfund). ② 一定の個数 (eine bestimmte Anzahl von Stücken). ③〔貨幣単位〕1ポンド (ein Pfund Geldes). {Iw. 6398}

pigmënte, pigmënt, pîmënte, bîmënte, bîënt 女《強・弱》, 中 [ラテン語 pigmentum] ① 薬味, 香料(Gewürz). ② 薬味の入ったぶどう酒 (gewürzter Wein). {Parz. 789, 26}

Pilg(e)rîn, Pilg(e)rîm 男〔人名〕[別形 Bilgerin, Pilgerim] ピルゲリーン, パッサウの司教 (Bischof von Passau). {Nib. 1296, 4}

pîmënte, bîmënte, bîënt ⇨ *pigmënte.*

pîn 男 ① 苦しみ(Qual), 痛み(Pein). ② 難儀(Mühsal). ③ 没頭(Eifer), 献身(eifrige Bemühung). {Parz. 8, 20}

pîne, pîn 女 ① 罰(Strafe), 体罰(Leibesstrafe). ② 苦しみ(Qual), 痛み(Pein). ③ 熱中, 没頭(Eifer), 献身(eifrige Bemühung).

pînec-lich, pînec-lîche ⇨ *pîn-lich, pîn-lîche.*

pînen 動《弱》他 ① 罰する(strafen), 苦しめる(quälen). ② 苦痛を与える(peinigen), 拷問する(martern). ③ 強要する(nötigen). 再 自 ① あくせく働く, 努力する (sich abmühen). ②(に)²いそしむ (sich befleißigen). {Parz. 355, 14}

pîn-, pinec-lich 形 ① 罰するに価する(strafwürdig). ② 苦しめる(quälend), 痛い(peinlich, schmerzlich). ③ 残酷な, おそろしい(grausam).

pîn-, pinec-lîche 副 ① 処罰に価して(strafwürdig). ② 苦しめて(quälend), 痛く(peinlich, schmerzlich). ③ 残酷に, おそろしく(grausam).

pirrîtes 男〔宝石〕[ラテン語 pyrites] ピリテス(Pirrites). {Parz. 791, 22}

pirsen 中 [=*birsen*] 猟犬による猟(Pirsch). ¶ Gunther und Hagene, die recken vil balt, / lobten mit untriuwen ein pirsen in den walt. たいへん勇敢な騎士, グンテルとハーゲンは不忠実にも森の中での狩を告げ知らせた. (Nib. 916, 1-2)

pirs-gewant 中 [=*birsgewant*] 狩猟用衣服(Jagdkleid).

plân 男 ① 開けた場所(freier Platz), 平野(Ebene). ② 沃野(Aue).

{Ku. 172, 1}

plâne, plân 女 ① 開けた場所 (freier Platz). ② 平野 (Ebene), 沃野 (Aue). {Tr. 16741}. ¶ al weinde er lief zer künegîn. / sô sprach si „wer hât dir getân? / du wære hin ûz ûf den plân." 王子は泣きながら王妃のそばにかけてきた. 王妃は,「誰がしたの？草原に行っていたのね.」と言った. (Parz. 118, 18-20)

plânête 男《弱》惑星, 遊星 (Planet).

plânje 女[古フランス語 *plâne*] 平地 (Ebene), 沃野 (Aue). {Tr. 16741}

plate 女《弱》[= *blate*] ① 金属性胸よろい (metallener Brustharnasch). ② 岩盤 (Felsplatte), 盆地 (Schüssel). ③ 剃髪, 中剃り (Tonsur). ④ はげ (Glatze).

plaz 男 [-tzes^2], **platz** 男 ① 開けた空間 (freier Raum). ② 場所 (Platz). ③ 舞踏の場所 (Tanzplatz). ④ 舞踏 (Tanz), 遊戯 (Spiel).

plectrûn 男 [ラテン語 plectrum] 弦を弾く道具 (das Werkzeug zum Saitenschlagen). {Tr. 3556}

pôdâgrâ 中 足指痛風 (Podagra).

pôgrât 中 足指痛風 (Podagra). {Parz. 501, 26}

poinder, poynder, pondier, ponder, punder 男 ① 騎乗者の突進 (stoßendes Anrennen des Reiters). ② 突進する騎者の群 (Haufe der anrennenden Reiter). ③ (馬が疾駆して到達する) 道のり (Wegmaß). {Parz. 31, 28}

Pôlân, Pœlan 名〔地名〕① ポーランド (Polen). ② ポーランド人 (Pole). {Nib. 1339, 2}

ponder ⇨ *poinder.*

porte, borte, port 女《強・弱》[ラテン語 porta] ① 門 (Pforte). ② 河口, 海門 (Mündung). ③ 開いた場所 (Öffnung). {Parz. 20. 12} ¶ Dannen gie dô Sîfrit zer porten ûf den sant in sîner tarnkappen, da er ein schiffel vant. そこからジークフリートは隠れ蓑を着て, 砂浜に通じる門の方へ行き, そこに小船を見つけた. (Nib. 482, 1-2) ¶ Er was unz an die porte mit grôzer kraft gegân, / dâ Hartmuot hin wolte mit den sînen man. ハルトムートが家来たちと共に押し寄せようとした城門にはすでにワーテが多くの騎士を率いて到着していた. (Ku. 1454, 1-2)

portenære, -er 男 門番 (Pförtner). ¶ daz muote den portenære, dô daz her Sîfrit gesprach. ジークフリートがそう言ったとき, そのことが門番を苦しめた. (Nib. 488, 4)

poulûn 中 [=*pavelûn*] テント, 天幕 (Zelt).

prâerîe 女 [フランス語 prairie] 草原 (Wiese). {Tr. 17155}

prasem 男 [中世ラテン語 prasius] 緑の宝石 (grüner Edelstein). {Parz. 791, 9}

prëhen = *brëhen*[1,2]

prêsant, prîsant, prêsënt, prîsënt 男 中 [-des²] 女 贈物 (Geschenk, Gabe), 名誉の贈物 (Ehrengabe). {Tr. 3050}

prêsënte, prêsënt, prîsënt 女 贈物 (Geschenk). {Parz. 210. 10}

priester 男 [ラテン語 presbyter] ① 叙品された聖職者 (ordinierter Geistlicher). ② 司祭 (Priester).

prîs 男 ① 称揚 (Lob). ② 名誉 (Ruhm). ③ 栄光 (Herrlichkeit). ④ 賞賛すべきこと (etwas Lobenswertes). {Nib. 612, 3}

prîsanten 動《弱》① 捧げる, 供える (präsentieren). ② 差し出す (ehrerbietig darbieten). {Tr. 3054}

prîsen 動《弱》① 褒める (loben), 称賛する (rühmen). ② 賛美する (verherrlichen). ③ 判定する (beurteilen).

prisîn 名 ブラジルすおう (蘇方) (Brasilholz). {Parz. 601, 12}

prîs-lich 形 すばらしい (herrlich), 称賛に価する (preiswürdig).

prîs-lîche(n) 副 すばらしく (herrlich), 称賛に価して (preiswürdig). {Iw. 3271}

prisûn, prisûne 女, **prisûn** 中 [フランス語 prison, 中世ラテン語 prisuna] 牢屋 (Gefängnis). {Parz. 429, 7}

prophetisse 女 女の預言者 (Prophetin). {Parz. 465, 23}

prüeven, brüeven, brüefen 動《弱》① 調査する, 試験する (prüfen). ② 判断する (beurteilen). ③ 整える (zurecht machen). ④ 武装させる (rüsten). ¶ ich wil zer verte niemen mêre hân / niwan zwelf recken: den sol man prüeven wât. 私はこの旅には12人の家来たちだけを連れて行きます. その者たちに衣装を整えてください. (Nib. 64, 2-3) ¶ Solt ich nu wîp unde man / ze rehte prüeven als ich kan, / dâ füere ein langez mære mite. 私が男性と女性を私ができるだけ正しく見極めようとすれば長い話になるだろう. (Parz. 3, 25-7)

psalme 男《弱》賛美歌, 聖歌 (Psalm).

psalter 男 賛美歌, 聖歌 (Psalmbuch).

puls 男 女 ① 脈 (Puls). ② 動脈 (Pulsader).

pulver 男 [中世ラテン語 pulver, vulverium] ① 粉, 粉末 (Pulver). ② ちり, ほこり (Staub). ③ 砂 (Sand), 灰 (Asche). ④ 火薬 (Schieß-

puneiȝ 男中 ① (槍を携えての) 突進, 突撃 (stoßendes Anrennen mit eingelegter Lanze auf den Gegner). ② 戦い (Kampf). ③ 突撃する騎馬隊 (Haufe anrennender Reiter). {Nib. 795, 4}

punieren, pungieren 動《弱》自 対抗者に向かって突進する (auf den Gegner anrennen). 他 (に)⁴ 当てる, ぶっつける (gegen⁺⁴ anrennen).

purper, purpur 男女 [ラテン語 purpura] ① 高価な絹織物 (kostbarer Seidenstoff). ② (この織物の) 衣服 (Gewand daraus). ③ 紫色 (Purpur). ④ 緋色の布 (Purpurstoff). {Tr. 15203} {Ku. 301, 3}

purpur ⇨ *purper*.

purzel 女《弱》[ラテン語 portulaca] 女《弱》サラダ用の野菜, すべりひゆ (Burzel). {Parz. 551, 20}

pusûnære, pusûner 男 [= *busînære*] トロンボーン奏者, らっぱ奏者 (Posauner, Posaunenbläser). {Parz. 19, 7}

pusûne, busûne 女 トロンボーン, らっぱ (Posaune). ¶ Vil krefteclîche lûte manic pusûn erdôz. 多数のらっぱがたいへん力強く大きく鳴り響いた. (Nib. 808, 1)

pusûnen 動《弱》[= *busînen*] トロンボーンを演奏する, らっぱを吹く (posaunen). ¶ Pusûnen, floytieren huop sich des morgens fruo, daz si varn solden. 早朝, 騎士たちの出発の時がきたことを告げるらっぱとフルートの音がなり響いた. (Nib. 1516, 1-2a)

pusûnieren 動《弱》(= *busînen*) トロンボーンを演奏する, らっぱを吹く (posaunen).

Q

quâder 男 [ラテン語 quadraus] 切石, 方石, 角石 (Quaderstein).
quâder-stein 男 切石, 方石, 角石 (Quaderstein).
qual¹, qualde 女 苦痛, 苦悩 (Qual).
qual² 男 泉, 水源 (Quelle).
qual³ = *quëln* の直説法過去1, 3人称単数.

quâle, quâl 囲[別形 kâle, kâl, kôle, kôl] ① 苦痛, 苦悩 (Qual). ② 責苦, 拷問 (Marter). ③ 圧迫 (Beklemmung). {Ku. 1287, 2}
quâlen = *quëln* の直説法過去1，3人称複数.
qualm 男 圧迫 (Beklemmung).
quam = *quëmen* の直説法過去1，3人称単数. {Parz. 4, 15}
quartier 中 ① (農園などの) 区画 (Quartier). ② 4分の1 (Viertel). {Tr. 2802}
quaschiure, quatschiure 囲《強・弱》挫傷, はさみ傷 (Quetschung), 傷 (Wunde). {Parz. 75, 10}
quat = *quëden* の直説法過去1，3人称単数.
quater 中 さいころの4つの目 (vier Augen im Würfelspiel). {Parz. 179, 11}.
quëc[1] 中 生きている動物 (lebendiges Tier).
quëc[2]**, këc, koc** 形 ① 生きている, 生き生きとした (lebendig), 新鮮な (frisch). ② しっかりした (fest). ③ 元気な (munter), 勇敢な (mutig). {Parz. 71, 13}
quëc-brunne 男《弱》① 勢いのよい噴水 (lebendiger Brunnen). ② 湧水, 井戸 (Quelle). {Parz. 613, 9}
quëcke, këcke 囲《強・弱》勇敢さ (Tapferkeit).
quëden 動 V. [別形 quoden, koden, köden, këden] ① 言う (sagen), 話す (sprechen). ② 鳴る, 響く (schallen). {Tr. 16705}

	直説法現在
ich quide	wir quëden
du quidest	ir quëdet
er quidet	si quëdent

	直説法過去
ich quat	wir quâden
du quæde	ir quâdet
er quat	si quâden

quël, quel 囲 ① 圧迫 (Beklemmung). ② 責め苦 (Marter). ③ 苦悩 (Qual).
quële-haft 形 苦しみに満ちた (qualvoll).
quëlle 囲 泉 (Quelle).
quëllen 動 III. 2. 自 ① 湧く, 吹き出る (quellen). ② 増える (anschwellen). 再 ① 湧き出る (zusammen quellen). ② 大きくなる (wachsen).

quëllic 形 湧き出ている (quellend).
quëln 動 IV. [別形 koln, kollen, këln] ① 痛みに耐える (Schmerzen leiden). ② 苦しむ (sich quälen, sich abmartern). ③ (に)³ 苦痛を与える (Schmerzen verursachen). {Nib. 2087, 3}

直説法現在	
ich quile	wir quëln
du quilest	ir quëlt
er quilet	si quëlnt
直説法過去	
ich qual	wir quâlen
du quæle	ir quâlet
er qual	si quâlen

queln 動《弱》[別形 koln, kollen, köln, keln] 他 ① 圧迫する (drängen). ② 悩ます (plagen), 苦しめる (quälen). ③ 拷問する (martern). ¶ mit jâmer quelten si den lîp. 二人は悲しみのために苦しんだ. (aH. 875)

quelsunge 女 ① 苦しみ (Qual). ② 拷問 (Marter).
quëmen ⇨ *komen.*
quëne ⇨ *kone.*
queste 男 女《弱》[別形 koste, kost, quast, quaste, kaste] ① 木の小さな束 (Büschel). ② 木の塵はらい, はたき (Wedel). ③ (鎧のかざりの) 羽毛の束 (Federbüschel). ④ ブラシのようなもの (bürstenartiges Geräte). {Parz. 116, 4}
questje 女 問い, 疑問 (Frage).
quicken, kicken, kücken 動《弱》[別形 kucken, chucken] 他 再 ① 生き生きとさせる (lebendig machen). ② 生き返らせる (beleben). ③ 目を覚まさせる (erwecken). ④ 元気づける (erfrischen). {Tr. 19112}
quickendec 形 生きている, 生き生きとした (lebendig).
quît, quit 形 ① 自由な (frei, los). ② ～(の)² ない (ledig). {Parz. 531, 23}
quitanzje, quitanz 女《強・弱》受領証 (Quittung).
quit-brief 男 受領証 (Quittung).
quiten, küten 女〔植物〕マルメロ (Quitte).
quitteln 動《弱》① おしゃべりする (schwatzen). ② さえずる (zwitschern). ③ (あひるが) があがあ鳴く (quaken).

R

rabe[1]**, rape, rappe** 女《弱》かぶ (Rübe).
rabe[2]**, rab, rappe** 男《弱》からす (Rabe). {Ku. 911, 2}
raben 男 からす (Rabe).
raben-swarz 形 からすのように黒い, まっくろの (rabenschwarz).
raben-var 形 からすのように黒い, まっくろの (rabenschwarz).
rabîne, rabbîne, rabîn, rabbîn 女 (戦馬の) 疾駆 (das Rennen), 突撃 (das Anrennen).
rach = *rëchen* の直説法過去1, 3人称単数.
rache[1] 男《弱》喉 (Rachen).
rache[2] 女《弱》① 言葉 (Rede). ② 事柄 (Sache).
râche[3]**, râch** 女 ① 復讐 (Rache, Vergeltung). ② 罰 (Strafe). ③ 追跡, 迫害 (Verfolgung). ¶ got hât durch râche an mich geleit / ein sus gewante siecheit / die nieman mac erlœsen. 神は罰として私に誰も治すことができない病気をお与えになった. (aH. 409-11)
râchen = *rëchen* の直説法過去1, 3人称複数.
ragen 動《弱》① そびえる (ragen). ② 突出する (hervorragen). {Iw. 433}
ram[1] 男 [-mes[2]] 雄羊 (Widder).
ram[2]**, rame** 女, **rame, reme, rem** 男 女《弱》① 台 (Gestell), 支え (Stütze). ② 刺繍, 織物, 縁飾りの枠 (Rahmen zum Sticken, Weben, Bortenwirken). {Iw. 6199}
râm[1] 男, **râme** 女 ① ねらうこと (das Zielen, Trachten). ② 努力すること (das Streben). ③ 目標 (das Ziel).
râm[2]**, rân** 中 ① 埃による汚れ (staubiger Schmutz). ② すす (Ruß). ③ 錆 (Rost). {Ku. 653, 3}
râmec, râmic, ramic 形 ① すすけた (rußig). ② 汚い (schmutzig).
râmen 動《弱》① 得ようとする, ねらう (trachten), めざす (zielen). ② 努力する (streben), 熱望する (verlangen). {Iw. 398}
ræmen 動《弱》自 ① ねらう (zielen, trachten). ② 努力する (stre-

ben). 他 (を)⁴ ねらう (als Ziel ins Auge fassen).

ram-schoup 男 ① 寝床となるわらを敷いた台 (ein Gestell, das mit Stroh bedeckt ist, und zum Lager dient). ② 寝床になるわら (zum Lager dienendes Stroh).

râm-var 形 きたない (schmutzig).

ran = *rinnen* の直説法過去 1, 3 人称単数.

rân ⇒ *râm*².

ranc = *ringen* の直説法過去 1, 3 人称単数.

ranft, ramft 男 ① 縁取り, 囲い (Einfassung), 端 (Rand). ② パンの皮 (Brotrinde).

rant 男 [-des²] ① 縁 (Rand). ② 楯の縁 (der Rand des Schildes), 楯 (Schild). ¶ hie wirt von in verhouwen vil manec helm unde rant. たいへん多くの兜と楯が騎士たちによって切り裂かれる. (Nib. 145, 4)

rappe 男《弱》[= *rabe*², *raben*] からす (Rabe).

raste, rast 女 ① 安らぎ (Ruhe). ② 休息 (Rast). ③ 〔道の長さ〕マイル (Meile). {Nib. 484, 3}

rasten 動《弱》休息する (rasten), 休む (ausruhen).

rât¹ 男 ① 助言 (Rat). ② 助言者 (Ratgeber). ③ 教え (Lehre), 命令 (Befehl). ④ 協議 (Beratung). ⑤ 決定 (Entschluss). ⑥ 世話 (Fürsorge). ⑦ 貯蔵 (Vorrat), 食品 (Nahrungsmittel). ⑧ 財産 (Vermögen). ⑨ 助け (Hilfe). ⑩ (から)² の解放 (Befreiung), (の)² 欠乏 (Entbehrung). ¶ nu enmac es dehein rât sîn. そのことには何も役に立たない. (aH. 915) ¶ Ir rât was sô mislich. 人々の意見はたいへんさまざまであった. (aH. 1473) ¶ er was râtes brücke / und sanc vil wol von minnen. ハインリッヒは助言の橋であり, たいへん上手に愛の歌を歌った. (aH 70-1)

rât² 中 [-des²] 車輪 (Rad), 水車の輪 (Mühlrad).

râten 動〔反復〕2 自 ① (に)³ 助言する (raten). ② 協議する (beraten). 他 ① 助言する (raten). ② 協議する (beraten). ③ 推測する (erraten). ¶ gâhe wir zen friunden, ich râte wærlichen daz. 味方のもとへ急ごうではないか. 私はあなたがたに心からそうすることを勧める. (Nib. 1617, 4)

rât-gëbe 男《弱》① 助言者 (Ratgeber). ② (町の) 参事会員 (Ratsherr). {Tr. 2616}

ræt-lich 形 忠告的な, 役に立つ (rätlich, ratsam).

rât-man 男 助言者 (Ratgeber). ¶ Markes râtman マルケ王の顧問

官 (Tr. 8582).

rât-vrâge 囡 ① 問い (Frage), 助言を求めること (Bitte um Rat). ② 相談, 協議 (Ratsverhandlung). {Tr. 9710}

rât-vrâgen 動《弱》助言を求める (um Rat fragen).

râvît, ravît 田 男 戦馬, 軍馬 (Streitross).

râwen[1] 動《弱》[= *ruowen*] ① 休む, やすらう (ruhen). ② 休息する (ausruhen).

râwen[2] ⇒ *ruowen*.

râʒ 田, **râʒe** 囡《強・弱》① (蜜の入った) 蜂の巣 (Honigscheibe, Honigwabe). ② 積み重ねた薪 (Scheiterhaufen).

ræʒe[1] 囡 ① 激しさ (Heftigkeit), 鋭さ (Schärfe). ② 野生 (Wildheit).

ræʒe[2] 形 ① (味が) 辛い (scharf). ② 鋭い (scharf). ③ 荒々しい (wild), 激しい (heftig), 大胆な (keck). ④ しわがれ声の (heiser). {Iw. 5390}

rê 男 [rêwes[2]] ① なきがら (Leichnam). ② 殺害 (Mord), 死 (Tod). ③ 殺害者 (Mörder). ④ 墓 (Grab), 埋葬 (Begräbnis). ⑤ 棺台 (Totenbahre). {Nib. 1026, 3}

rëbe 男《弱》, 囡《弱》① 葡萄 (Rebe). ② 葡萄園 (Rebegarten).

rëbe-bërc 男 葡萄畑 (Weinberg).

rëche 男 ① くまで (Rechen, Harke). ② くまでの形の道具 (rechenartige Vorrichtung).

rëchen 動 IV. 他 ① 不正を罰する (ein Unrecht bestrafen). ② 復讐する, 仕返しをする (zur Vergeltung etwas Übeles zufügen), 仇を討つ (Rache nehmen). 再 返報する, 仇を討つ (sich rächen). ¶ wie sêre si daz rach / an ir næhsten mâgen, die in sluogen sint! その人を殺した肉親に彼女はどんなに激しく復讐したことか. (Nib. 19, 2b-3)

	直説法現在	
ich riche	wir	rëchen
du richest	ir	rëchet
er richet	si	rëchent

	直説法過去	
ich rach	wir	râchen
du ræche	ir	râchet
er rach	si	râchen

rechenen, rechen 動《弱》① 計算する (rechnen). ② 数える (zählen), 数え上げる (aufzählen). ③ 弁明する (Rechenschaft ablegen). {Iw / 803}

recke 男《弱》① 追放された騎士 (Verfolgter), 他国者 (Fremdling). ② 遍歴の騎士, 武者修業者 (Abenteurer). ③ 勇士 (Held), 戦士 (Krieger). ¶ sît irz der recke der nâch uns hât gesant / und jehet ze einer muoter der edelen küniginne? あなたが, 私たちのもとへ使者を送り, 気高い王妃をご自身の母親と言っておられるおかたですか. (Ku. 152, 2-3)

recken¹, rechen 動《弱》[3. rahte, racte] 他 ① 上に揚げる (in die Höhe bringen). ② 広げる (ausdehnen). ③ 伸ばす (ausstrecken), 大きくする (vergrößern). ④ 刺激する (erregen). ⑤ 引き起こす (verursachen). ⑥ 差し出す (darreichen). 再 拡がる (sich ausdehnen). 自 到達する (reichen), そびえる (emporragen). {Iw. 3304}

recken², rechen 動《弱》[3. rahte, racte] 他 ① 言う (sagen), 説明する (erklären). ② 物語る (erzählen).

rede 女 ① 責任 (Verantwortung), 責務 (Gebühr). ② 理性 (Vernunft). ③ 物語 (Erzählung), 叙事詩 (Epos). ④ (旋律に対して) 歌詞 (Worte, Text). ⑤ 行為 (Handlung). ¶ iuwer rede gezæme einem wîbe, / ir sît eines hasen genôz. あなたの言葉は女性にふさわしく, あなたは兎の仲間です. (aH. 1122-3)

rede-bære 形 ① 物語る価値のある (der Rede wert). ② 雄弁な (beredt). ③ 物分かりのよい, 理解力のある (verständig). {Ku. 239, 4}

rede-gëbe 形 ① 能弁な (beredt). ② 雄弁な (redegewandt)

rede-geselle 男《弱》① 話し仲間 (Redeselle). ② 話相手 (Gesprächspartner).

rede-haft 形 雄弁な (beredsam). {Iw. 15818}

rede-, red-lich 形 ① 雄弁な (beredt). ② 分別のある (vernünftig). ③ 使える (brauchbar). ④ 勇敢な (tapfer), 重要な (wichtig). ⑤ ふさわしい (angemessen, passend). ⑥ 正しい (rechtschaffen), 正当に (gesetzmäßig). ⑦ 真実の (wahrhaft), {Iw. 6526}

rede-lîche 副 ふさわしく (passend, angemessen), 正当に (gesetzmäßig). {Iw. 1799}

rede-lîcheit 女 ① 雄弁さ (Beredsamkeit). ② 理性 (Vernunft), 分別があること (Vernünftigkeit).

reden 動《弱》① 話す (reden, sprechen). ② 言う (sagen). ③ (に)³ 約束する (versprechen). {Nib. 426, 2}

rede-rîche 形 ① 雄弁な (beredt). ② 内容の豊かな (inhaltsreich). ③ 物語の規模の大きい (weitläufig in der Erzählung). {Tr. 4723}

rede-sam 形 雄弁な, 多弁な (beredt).

rede-spræche, -spræchic 形 雄弁な (beredt), 能弁な (beredsam). {Parz. 229, 4}

refloit 中 [中世フランス語 refloit] ① 繰り返し (Refrain). ② 繰り返しのある歌 (Gesang mit Refrain). {Tr. 2293}

refsalunge, refsunge 女 ① 罰 (Strafe). ② 非難 (Tadel). ③ 懲罰 (Züchtigung).

refsen, rephsen 動《弱》① (言葉で) 罰する (strafen), 非難する (tadeln). ② (体罰で) 懲らしめる (züchtigen).

rëgen[1] 動 V. 自 ① 起き上がる (sich erheben), そびえる (sich emporragen). ② 硬ばっている (starren).

rëgen[2] 男 [中独 reigen, rein も] ① 雨 (Regen). ② 涙 (Träne). {Ku. 532, 3}

regen[1] 動《弱》他 ① 動かす (in Bewegung setzen, bewegen). ② 刺激する (erregen), 目覚めさせる (erwecken). ③ 暴露する (aufdecken), 示す (zeigen). ④ 活気づける (anregen). 再 動く (sich bewegen, regen).

regen[2] 中 男 動き (Bewegung).

rëgenen, reinen, rëgen 動《弱》非 雨が降る (regnen). ¶ ez regente oder ez snîte, wê was den vil edelen kinden. 雨が降っても, 雪が降っても, その気高い娘たちは辛い思いをした. (Ku. 1218, 4)

rëht[1] 中 ① 正しいこと (was recht ist). ② 権利と義務 (Recht und Pflicht). ③ 要求と債務 (Anspruch und Schuld). ④ 法令集, 規則本 (Rechtsbuch). ⑤ 裁判 (Gericht), 訴訟 (Prozess). ⑥ 判決 (Urteil). ¶ nû sprach ein gemeiner munt, / ez wære reht unde zît. 人々は, それは結構なことで, 時宜を得ている, と口を揃えて言った. (aH. 1466-7)

rëht[2] 形 ① 真っすぐの (gerade). ② 作法通りの, 正しい (recht). ③ 正直な (gerecht). ④ 誠の (wahrhaft), 現実の (wirklich). ⑤ 本来の (eigentlich). {Nib. 527, 3}

rëhte, rëht 副 ① まっすぐに (gerade). ② まさに (gerade, eben). ③ 法にあって (dem Recht gemäß). ④ 正しく (recht), 正確に (genau). ⑤ たいへん (sehr). ¶ kint, dir ist nôt / daz dû dich bedenkest baz, / und sage dir rehte umbe waz：娘よ、お前もっとよく考えた方が良い。私はそのわけをはっきり教えよう。(aH. 1076-8)

reichen 動《弱》他 ① 達成する (erreichen). ② (行って) 取ってくる (holen). ③ 持ってくる (bringen). 自 手が届く、達する (langen, reichen). 再 ① 拡がる (sich ausdehnen). {Tr. 7192}

reideloht, reidelëht 形 [＝reit¹] ① 巻き毛の (lockig, lockicht). ② ねじれた (gedreht).

reie, reige 男《弱》① 舞踏 (Tanz), 輪舞 (Reigen). ② 輪舞のための曲, 歌 (Melodie, Gesang). {Tr. 17118}

reiger, reigel 男 あおさぎ (Reiher).

reine¹ 男《弱》① 種馬 (Beschäler). ② 雄馬 (Hengst).

reine², rein 形 ① 純粋な (rein), 澄んだ (klar). ② 汚れのない (makellos), 潔白な (lasterfrei). ③ 貞潔な (keusch), 完全な (vollkommen). ④ すばらしい (herrlich), 美しい (schön). ¶ die kunde er wol gemêren / mit aller hande reiner tugent. ハインリヒはすべてにわたる完璧な美徳でさらにその美徳を増すことができた。(aH. 58-60)

reine³, reinde 女 ① 貞潔 (Keuschheit). ② 純粋さ (Reinheit). {Tr. 17030}

reine⁴ 副 ① 純粋に (rein, lauter). ② まったく (ganz und gar). ③ 完全に (vollkommen), 美しく (schön). ④ いつわりなく (ohne Falsch). {Iw. 5358}

reinec, reinic 形 純粋な (rein).

reinec-heit, reinekeit, reinikeit 女 (倫理的な) 純粋さ (Reinheit).

reinec-lich 形 純粋な (rein).

reinegen, reinigen, reingen 動《弱》① 純粋にする (rein machen). ② きれいにする (reinigen).

reinegunge, reinigunge 女 きれいにすること, 純化, 精練 (Reinigung).

reinen¹ 動《弱》非 [＝*rëgenen*]. 雨が降る (regnen).

reinen² 動《弱》[＝*reinegen*]. 他 ① 純粋にする (rein machen). ② きれいにする (reinigen).

reinen³ 動《弱》自 (に)ⁿ 境を接している (grenzen). 他 ① 境をつける (abgrenzen), 区分する (teilen). ② 境界線をつける (die Grenzen bezeichnen).

reise, reis 女 ① 出征, 行軍 (Zug). ② 出発, 撤営 (Aufbruch). ③

旅行 (Reise). ¶ mit selher rede er ûz reit / und gebôt sînem wîbe / niuwan bî dem lîbe, / der schœnen vrouwen Ênîten, / daz si muoste vür rîten, / und gebôt ir dâ zestunt / daz ze sprechenne ir munt / zer reise iht ûf kæme, / swaz si vernæme / oder swaz si gesæhe. そう言ってエーレックは馬に乗って出発した. そして騎士は妻の美しいエニーテに命かけて自分の先に馬を進めるように命じた. 騎士はその時さらに, 妃はたとえ何を聞き知り, 何を見ようとも道中けっして話し掛けてはいけないと言い渡した. (Er. 3093-102)

reise-geselle 男《弱》旅の仲間 (Reisegefährte).

reise-kappe 女《弱》旅行用外套 (Reisemantel). {Tr. 5326}

reise-kleit 中 旅行着 (Reisekleid). {Nib. 1434, 1}

reise-lachen 中 ① 旅装束, 旅行着 (Reisegewand). ② 織物 (Gewand).

reise-lich 形 ① 旅, 行軍にふさわしい (der Reise angemessen). ② 旅, 行軍に関した (auf die Reise bezüglich).

reise-lîche 副 旅の準備をして (zur Reise ausgerüstet). {Nib. 738, 1}

reise-müede 形 旅に疲れた (von der Reise müde).

reise-note 女 騎士の行進の際に演奏される曲, 行進曲 (Marsch).

reit[1] 形 [-des²] ① 巻き毛の (lockig, lockicht). ② ねじれた (gedreht).

reit[2] = *rîten* の直説法過去1, 3人称単数.

reiten 動《弱》他 ① 武装する (zurüsten), 準備する (bereiten). ② 数える (zählen), 計算する (rechnen). {Tr. 14364}

reit-geselle 男《弱》① 同行者 (Fahrtgeselle). ② 戦友 (Kriegsgeselle). {Tr. 4982}

reiȝel, reiȝȝel 男 誘惑物 (Reizmittel), (捕鳥わなの) 餌 (Lockspeise).

reiȝen, reizen 動《弱》① 刺激する (reizen). ② 狩り立てる (antreiben). ③ 活気づける (anregen). ④ 誘う (locken). ⑤ 興奮させる (aufreizen). 再 興奮する (sich erregen). 非 要求する, 望む (verlangen). {Nib. 2267, 2}

rennen 動《弱》[3. rannte 6. gerannt] 他 ① したたらせる (rinnen lassen). ② 駆り立てる (schnell laufen machen, treiben). ③ 動かす (in Bewegung bringen). ④ 走りかかる (anrennen). 自 ① 馬で疾駆する (schnell reiten, sprengen). ② 走る (rennen). {Nib. 190, 1}

rephsen ⇨ *refsen*.

rêre, rêr 女 落下 (das Niederfallen, Herabfallen).

rêren 動《弱》他 ① 落とす (zu Fall bringen, fallen lassen). ② (に)³ 送り届ける (zukommen lassen). 再 ① 羽毛が抜け替わる (mausern). ② どんどん少なくなる (immer weniger werden). 自 落ちる (fallen), したたる (träufeln).

rê-roup 男 死者からの強奪 (Beraubung des Toten).

reste, rest 女 ① 静かさ (Ruhe), 休息 (Rast). ② 安全な場所 (sicherer Platz), 安全 (Sicherheit). ③ 休息場 (Ruhestätte), 墓 (Grab). ④ 一定の時間, 距離 (Strecke).

rê-var 形 死人の色の, 蒼白な (leichenfarbig).

rêwen 動《弱》他 ① 棺台の上に載せる (auf die Bahre legen). ② 殺す (ertöten). 自 死ぬ (sterben). {Nib. 2300, 3}

rê-wunt 形 致命傷を負った (zum Tode verwundet).

ribalt, ribbalt 男 [-des²] ① 無宿者 (Landstreicher, Strolch, Lump), ならずもの (Schurke). ②〔チェス〕第8の農夫 (Bauer).

ribbalîn 中 [古フランス語 revelin] 長靴の一種 (eine Art Stiefel). ¶ al frisch rûch kelberîn / von einer hût zwei ribbalîn / nâch sînen beinen wart gesniten. / dâ wart grôz jâmer niht vermiten. 剥ぎたてのこわばった子牛の皮で一足の長靴が王子の脚に合わせて作られた. それでも王妃の大きな苦しみは終わらなかった. (Parz. 127, 7-10)

ribe 中 [= *rippe*] ① 肋骨 (Rippe). ② 身体 (Körper). ③ 由来 (Herkunft), 素性, 家門 (Geschlecht). {Parz. 184, 15}

ric 男 [-ckes², -cke³] ① ひも, 帯 (Band). ② かせ, 束縛 (Fessel). ③ (他の内臓と) つなぐもの (Zusammenhang). {Tr. 2978}

rich = *rëchen* の命令法2人称単数.

rîch, rîche 中 ① 国 (Reich), 支配権 (Herrschaft). ② 君主 (Herrscher), 王 (König), 皇帝 (Kaiser) ③ 支配の象徴 (Zeichen der Herrschaft). ④ 国の紋章 (Reichswappen). {Iw. 4376}

rîche¹ 《女》① 富 (Reichtum). ② 裕福 (Reichsein).

rîche², rîch, rich 形 ① 高貴な (vornehm), 名門の (von hoher Abkunft). ② 気高い (edel), 権勢のある (mächtig). ③ 裕福な (reich). ④ 高尚な (vornehm), すばらしい (herrlich). ⑤ 力強い (kräftig), 大きな音の (laut). ⑥ (に)² 満ちた (voll). ⑦ 高価な (kostbar). ¶ nu enist aber nieman sô rîch / noch von sô starken sinnen / der si müge gewinnen. しかし, 誰もそれを手に入れることができるほど裕福でもないし, それほど強い意識を持っている者はいないのです. (aH. 200-2)

rîche[3] 副 ① 豊かに (reichlich, reich). ② すばらしく (auf herrliche Weise). ③ たいへん (sehr).

rîcheit ⇨ *rîchheit*.

rîche-lich, rîlich 形 ① 裕福な, 豊かな (reich). ② すばらしい (herrlich), 高価な (kostbar). ③ 気前がよい (freigebig). {Parz. 775, 11}

riche-lîche, rî-lîche 副 ① すばらしく (auf herrliche Weise). ② たっぷり (in vollem Maß). {Parz. 629, 28}

rîchen 動《弱》自 ① 有力になる (mächtig werden), 裕福になる (reich werden). ② 支配する (herrschen). ③ 増える (sich mehren). 他 ① (を)² (で)²/an/mit 有力にする (mächtig machen). ② 飾る (schmücken). ¶ er begunde bescheindenlîchen / sîne armen vriunt rîchen / und beriet ouch vremede armen, / daz sich got erbarmen / geruochte über der sêle heil : / den klœstern viel daz ander teil. ハインリヒは分別をもって貧しい友人を豊かにし, また見知らぬ貧しい人々にも, 自分の魂の安寧を願って施しをした. 残りはみな修道院に贈った. (aH. 251-6)

rîchern 動《弱》裕福にする, 豊かにする (bereichern).

rîchesen, rîchsen, rîchsenen 動《弱》支配する (herrschen). {Er. 1859}

rîch-heit, rîcheit 女 ① 富 (Reichtum), 財 (Gut). ② 裕福さ (das Reichsein). ③ 華美 (Pacht), 豊富 (Fülle). {Nib. 711, 4}

rîch-lôs 形 ① 裕福でない (nicht reich). ② この上なく裕福な (übermäßig reich). {Parz. 703, 12}.

rîch-tage 男《弱》富 (Reichtum).

rich-tuom 男 富 (Reichtum).

ric-seil 中 ① 台の支え綱 (Gestellseil). ② 寝台の支え帯 (Gurt unter einem Bett). {Parz. 790, 23}.

rîden, rideren 動《弱》震える (zittern). {Iw. 6484}

ridieren, ritieren 動《弱》折り目をつける, ひだを付ける (fälteln). {Iw. 6484}

riebe 女《弱》① 肋骨 (Rippe). ② 骨格 (Gerippe). {Tr. 2905}

riechen[1] 中 芳香 (Geruch), 嗅覚 (Geruchssinn).

riechen[2] 動 II. 1. [中独 rûchen も] 自 ① 匂う (duften). ② 湯気が立つ (dampfen), 煙る (rauchen). 他 ① (あるものの) 匂いを臭ぐ (Geruch empfinden). ② 臭ぐ, 感づく (riechen). ¶ dô sâhens' in dem schiffe riechen daz bluot / von einer starken wunden, die er dem vergen sluoc. そのとき人々は，彼が渡し守に与えた深い傷から船の中で血煙が昇るのを見た．(Nib. 1566, 2-3)

rief = *ruofen* の直説法過去 1，3 人称単数．

rieme[1] 男《弱》① 舵 (Steuer), 櫂 (Ruder), 水さお (Ruderstange). ② 漕ぎ手 (Ruderer). ¶ Die wîle man würket daz man haben sol, / segele unde riemen, vlîziclîchen wol. その間に人々は航海に必要なもの，帆や舵を入念に作った．(Ku. 261, 1-2)

rieme[2] 男《弱》① 皮ひも (Riemen). ② ひも, 帯 (Band). ③ 飾り帯, 腰帯 (Gürtel).

riemen 動《弱》① 櫂をつける (mit Rudern versehen). ② 紐で結ぶ (mit Riemen festbinden). ¶ ir heizet halsberge und helme riemen のどあてと兜を紐で結ばせよ．(Ku. 1146, 4.)

riet = *râten* の直説法過去 1，3 人称単数．

rieʒen 動 II. 2. 自 ① 泣く (weinen). ② 涙を流す (Tränen fließen lassen). 他 (の)[4] (死を)嘆き悲しむ (beweinen). {Tr. 92, 4}

直説法現在	
ich riuʒe	wir rieʒen
du riuʒest	ir rieʒet
er riuʒet	si rieʒent

直説法過去	
ich rôuʒ	wir ruʒʒen
du rüʒʒe	ir ruʒʒet
er rôuʒ	si ruʒʒen

rîf 女 岸辺 (Ufer), 岸辺の空き地 (Platz am Ufer).

rîfe, rîf 男《弱》霜 (Reif), 氷った露 (gefrorener Tau). ¶ weizgot er lât ouch dem meien den strît : / sô lise ich bluomen dâ rîfe nû lît. じっさい冬はいつかは 5 月に勝を譲る．そのとき私は今霜が降りている所で花を摘む．(Wa. 39, 9-10) {Gr. 3108}

rige 男《弱》襟の飾り縁 (Kragensaum), 折り目のある襟飾り (gefältelte Halskrause). ¶ niht wan knoden und der rige / was an der frowen hemde ganz. その女性の衣服には紐飾りと襟飾り以外には何もついていなかった．(Parz. 260, 6-7)

rigel 男 ① かんぬき (Riegel). ② 横木 (Querholz). ③ 棒, さお (Stange).

rigel-loch 中 ① かんぬき穴 (Riegelloch). ② 水門, 水穴 (Wasserloch).

rigel-stein 男 下水溝 (Rinnstein). ¶ daz bluot allenthalben durch diu löcher vlôz / unt dâ zen riegelsteinen von den tôten man. 至る所で死者たちから血が壁穴を通って下水溝に流れて行った。(Nib. 2078, 2-3)

rihtære, -er 男 ① 支配者 (Regent), 指導者 (Lenker). ② 裁判官, 判定者 (Richter). ③ 刑吏 (Henker). ④ 召使, 捕吏 (Pedell). {Ku. 293, 1}

rihte¹, riht 女 ① まっすぐな道 (ein gerader Weg). ② まっすぐなこと (Geradheit). ③ まっすぐな方向 (gerade Richtung). ④ 率直, 誠実 (Offenheit), 正しさ (Richtigkeit), 正しい方法 (die rechte Weise). ⑤ 手本 (Vorbild), 規則 (Regel). ⑥ 食事, 料理 (Gericht, Speise). {Tr. 16018}

rihte², riht 中 調理された食べ物 (angerichtete Speise), 料理 (Gericht).

rihtec, rihtic 形 ① まっすぐの (gerade). ② 正しい (richtig). ③ よい (gut), 相当な (rechtschaffen). {Tr. 6839}

rihtec-lîche 副 ① まっすぐに (gerade). ② 正しく (recht).

rihten 動《弱》他 ① 正しくする (recht machen), 弁償する (vergüten), 支払う (entrichten). ② 向ける (richten). ③ 整える (in Ordnung bringen), 形成する (gestalten). ④ 準備する (rüsten). ⑤ 向ける (richten). ⑥ 支配する (herrschen). ⑦ (裁判官として) 決定する (entscheiden), 裁く (richten), 操縦する (lenken). 再 武装する (sich rüsten). {Nib. 523, 4}

rî-lich ⇨ *richelich.*

rîm, rîmen 男 韻 (Reim), 韻を踏んだ詩行 (Reimzeile). {Tr. 4713}

rimphen 動 III. 1. 他 ① ひだをつける (zusammenziehen), ② 曲げる (krümmen), しわを寄せる (rümpfen). 再 ① 縮む (sich zusammenziehen). ② 曲がる (sich krümmen). 自 しわがよる (einschrumpfen). {Parz. 184, 14}

Rîn 男 〔河川〕ライン河 (der Rhein). ¶ Ê daz der künec rîche wære wider komen, / die wîle hete Hagene den schaz vil gar genomen. / er sanct' in dâ ze Lôrche allen in den Rîn. その有力な王が戻る前にハーゲンはその宝を奪い、それをすべてロルへでライン河に沈めてしまった。(Nib. 1137, 1-3)

rinc, ring 男 [-ges²] ① 輪 (Ring), 指輪 (Fingerring). ② (ノックするための) 扉の輪 (Ring an der Tür), 鎖よろい (Kettenpanzer). ③ 甲冑の輪 (Panzerring). ④ 円形 (Kreis). ⑤ 裁判 (Gericht). ⑥

戦いの場 (Kampfplatz), 場所 (Platz). {Nib. 1849, 1}

rinde, rinte 囡《強・弱》樹皮 (Rinde).

ringe[1]**, ring** 形 ① 軽い (leicht). ② すばやい (behände). ③ 容易な (leicht), 快適な (bequem). ④ 小さい (klein), 軽い (leicht). ⑤ わずかな (wenig). ⑥ 軽はずみな (leichtsinnig), 悪い (schlecht).

ringe[2]**, ring** 副 ① 軽く (leicht). ② 僅かに (gering). ¶ wer lebete oder sturbe, daz ahte Waten ringe. / wie er den sige erwurbe, dar nâch stuont aller sîn gedinge. 誰が生き延び, 誰が死のうと, ワーテは気にも留めなかった. どうしたら勝利を収めることができるか, そのことだけをこの武将は考えていた. (Ku. 1455, 3-4)

ringen[1] 動 III. 1. 自 ① 格闘する (ringen), 戦う (kämpfen). ② 努力する (sich abmühen). 他 ① 巻く (winden). ② 戦う (kämpfen). ③ 苦しめる (abquälen) {Ku. 979, 4}

直説法現在	
ich ringe	wir ringen
du ringest	ir ringet
er ringet	si ringent

直説法過去	
ich ranc	wir rungen
du rünge	ir runget
er ranc	si rungen

ringen[2] 動《強・弱》① 軽くする, 容易にする (leicht machen). ② 弱くする (abschwächen). ③ 和らげる (besänftigen). {Nib. 1257, 1}

rinke, ringge 囡 男《強・弱》帯の留め金 (Schnalle, Spange am Gürtel). {Parz. 307, 6}.

rinne 囡《弱》① 河 (Fluss), 泉 (Quelle). ② 水路 (Rinne)

rinne-lîn 中 小川, 小さな川 (Bächlein). {Tr. 19446}

rinnen 動 III. 1. 自 ① 流れる (rinnen). ② 流れ去る (wegfließen). ③ 泳ぐ (schwimmen). ④ したたる (triefen). ⑤ 駆ける (rennen), 走る (laufen). 他 ① 走らせる (laufen lassen). ② 動かす (in Bewegung bringen). {Ku. 1136, 4}

直説法現在	
ich rinne	wir rinnen
du rinnest	ir rinnet
er rinnet	si rinnent

rippe

	直説法過去		
ich	ran	wir	runnen
du	rünne	ir	runnet
er	ran	si	runnen

rippe, ribbe, ribe 中女 ① 肋骨 (Rippe). ② 身体 (Körper). ③ 血筋 (Herkunft), 家門 (Geschlecht). {Tr. 2891}

rîs¹, riʒ 中 ① 枝 (Reis, Zweig). ② 絞首索のために編まれた枝 (der zum Strang gedrehte Zweig). ③ 棒 (Stange), 木 (Baum). ④ 茂み (Gebüsch). ¶ man verteilte imz leben unt sînen prîs, / unt daz man winden solt ein rîs, / dar an im sterben wurd erkant / âne bluotige hant. 人はその者に死刑と名誉剥奪を言い渡し,その死が血塗られた手で行なわれることのないように,枝で索を作るように命じた. (Parz. 527, 19-22)

rîs² 中 落下 (der Fall), 落ちること (das Fallen).

rîs³, rîʒ 男中 ① 若枝 (Reis). ② 小枝, 細枝 (Zweig). ③ 棒, 幹 (Stange). ④ 薮 (Gebüsch). ⑤ 柴 (Reisig).

rîse 女《強・弱》 ① 垂れ下ったベール (herabfallender Schleier). ② 頭にかぶる布 (Kopftuch). {Tr. 1267}

rise 男《弱》巨人 (Riese).

rîselîn 中 [*rîse* の縮小語] 小さいベール (Schleier) {Parz. 393, 28}.

rîsen 動 I. 1. [ゴート語 reisan] ① 下から上へ動く (sich von unter nach oben bewegen). ② 昇る (steigen), 起き上がる (sich erheben). ③ 落ちる (fallen, niederfallen). ¶ doch læse ich samfter süeze birn, / swie die ritter vor im nider rirn. 騎士たちが彼の前に落ちてこようとも,それよりは私はむしろ甘い梨を拾う方がましだろうに. (Parz. 80, 1-2).

rîtære, rîter, riter, ritter 男 ① 騎乗者 (Reiter). ② 騎士 (Ritter). ③ 騎乗した戦士 (Streiter zu Pferd), 戦う人 (Kämpfer). ④ (チェスの) ナイト (Springer im Schachspiel). ⑤ 騎乗者が彫られた硬貨 (Münze mit dem Bild eines Reiters). ¶ her Gâwein was der höfschste man / der rîters namen ie gewan. ガーヴァインは,騎士と呼ばれる者の中で,もっともよく作法を心得ていた人であった. (Iw. 3037-8)

rîte 男《弱》騎乗者 (Reiter).

rîten 動 I. 1. 自 ① 行く (fahren), 前へ進む (sich fortbewegen). ② ある方向に進む (eine Richtung einschlagen). ③ 馬に乗る

(reiten). 再 動く (sich bewegen), ある方向に進む (eine Richtung einschlagen).

直説法現在	
ich rîte	wir rîten
du rîtest	ir rîtet
er rîtet	si rîtent
直説法過去	
ich reit	wir riten
du rite	ir ritet
er reit	si riten

riter 女 ふるい (Reiter, Sieb).

rîter, riter, ritter ⇒ *ritære*.

rîter-, riter-, ritter-lich 形 ① 騎士にふさわしい (einem Ritter gemäß), 騎士らしい (ritterlich). ② すばらしい (herrlich, stattlich). {Iw. 2815}

rîter-lîche 副 ① 騎士にふさわしく (einem Ritter gemäß). 騎士らしく (ritterlich). ② すばらしく (herrlich, stattlich). {Nib. 1475, 3}

rîter-schaft 女 ① 騎士の風習 (ritterlicher Brauch), 騎士の生活 (ritterliches Leben). ② 騎士階級 (Ritterschaft), 騎士 (Ritter), 騎士集団 (Menge von Rittern). ③ 戦い (Kampf). ④ 馬上槍試合 (Turnieren). ⑤ 騎士としての訓練 (ritterliche Übung). ¶ und von ir ritterschaft, / der die herren pflâgen mit vröuden al ir leben. その王たちが生涯喜びと共に過ごした騎士としての生活について (Nib. 12, 2b-3) ¶ Der wirt hiez ze allen zîten riterscefte pflegen. 主人はいつも騎士としての修行に励むように命じた. (Nib. 261, 1) ¶ muoter, ich sach vier man / noch liehter danne got getân ; / die sagten mir von ritterschaft. お母さん、ぼくは神さまより明るく輝いた4人の男の人にあいました. その人たちがぼくに騎士のことを教えてくれました. (Parz. 126, 9-11)

rîter-, ritter-spil 中 ① 騎士の競技 (Spiel der Ritter). ② 騎士の演習 (Übung der Ritter). ③ 馬上槍試合 (Turnieren).

rîter-spîse 女 高貴な人々の食物 (Speise für Vornehme).

riuhe, rûhe 女 ① 毛が生えていること (Rauchheit), 毛が多いこと (Behaartheit). ② 毛皮類 (Rauchwerk, Pelzwerk). ③ でこぼこ道 (rauer Weg), 平坦でない土地 (raue Gegend). {Nib. 954, 3}

riuse, riusche 女 《弱》梁 (Fischreuse). {Parz. 317, 28}.

riuser 男 梁で魚を捕る人 (der Fischer, der mit Fischreusen fischt).

riutære, -ter 男 農夫 (Bauer).

riuten 動《弱》① 森を切り開く (den Wald ausroden). ② 開墾する (reuten), 根ごと掘る (ausreuten), 耕作可能にする (urbar machen). {Parz. 117, 17}

riuwe, riwe, rewe, riu 女《強・弱》, 男《弱》① 悲しみ (Betrübnis, Trauer), 後悔 (Reue). ② 苦しみ (Kummer, Leid), 痛み (Schmerz). ③ 同情 (Mitleid). ④ 損傷, 損害 (Beschädigung). ¶ tohter, dû hast wâr. / nû vrumet uns niht umbe ein hâr / unser riuwe und diu klage 娘よ、お前の言う通りだ。今は私たちの悲しみも嘆きもまったく役に立たない. (aH. 499-500)

riuwe-, riwe-, riu-bære 形 苦しみに満ちた (kummervoll), 悲しんでいる (betrübt).

riuwe-bærec 形 苦しみに満ちた (kummervoll), 悲しんでいる (betrübt).

riuwec, riuwic, riwec, riwic 形 ① 悲しんでいる (betrübt), 悲しい (traurig). ② 悔やんでいる (bereuend), 後悔している (reuig), 悔いている (bußfertig). ③ 心配している (bekümmert). ¶ sus gesâzen si beide / riuwic und unvrô / unz si sich bedâhten dô / waz in ir trûren töhte: / 二人は悲嘆に暮れ、喜びを失って座っていたが、やがてその悲しみが何の意味を持つのかを考えた. (aH. 886-9)

riuwec-lich 形 ① 悲しんでいる (betrübt). ② 悔やんでいる (bereuend). {Iw. 6379}

riuwec-lîche 副 ① 悲しく (auf traurige Weise), 苦しく (leidvoll). ② 悔いて (reuig). ③ 痛ましく (schmerzlich). {Tr. 1437}

riuwen[1], riwen 動 II. 1. 他 ① 悲しませる (in Betrübnis versetzen). ② 悔やませる (reuen). ③ 不快にする (verdrießen). 再 ① (を)[2]悲しむ (sich betrüben). ② 後悔する (Reue empfinden). {Tr. 11704}

riuwen[2] 動《弱》[別形 riwen] 他 ① 悲しむ, 残念がる (beklagen). ② 後悔する (bereuen). 再 ① (を)[2]嘆く (klagen). ② 後悔する (Reue empfinden). ¶ daz ez got iemer riuwe, / daz ich an dise reise ie kam, / daz mich der tôt dô niht ennam, / dô ich an dise veige vart / mit Îsôte ie bescheiden wart! 私がこの旅の加わったことと、イゾルデさまとのこの呪われた旅が決められたときに死が私を連れ去らなかったことを、神さまがいつまでもお憐れみくださらんことを. (Tr. 11704-8)

riuwe-var 形 ① 悲しそうな (traurig)、悲しそうな様子の (betrübt aussehend). ② 痛ましい (schmerzlich). {Tr. 10368}

Riuʒe 男 ロシア人 (Russe). {Nib. 1339, 1}.

rivâge 女《弱》岸辺, 浜辺 (Ufer, Strand). {Tr. 15925}

rivier(e) 女 ① 小川 (Bach), 河川 (Fluss). ② 流域 (Flussgebiet). ③ 地域 (Gebiet, Gegend). ¶ sîn lîp was clâr unde fier: / ûf dem plân am rivier / twuog er sich alle morgen. 王子の姿は美しく, 誇りに満ちていた. 王子は草原の小川で毎朝水を浴びた. (Parz. 118, 11-3)

riwe ⇨ *riuwe*.

riz 男 [*ritzes*²] ① 破け目 (Riss), 亀裂 (Ritze). ② 傷 (Wunde). ③ 周囲 (Umkreis), 輪郭 (Umriss).

rô ⇨ *rou*¹.

roc 男 [*rockes*²] ① 上着 (Rock). ② 膜, 皮膜 (Membrane). ③ 樹皮 (Rinde). {Ku. 332, 2}

roch 中 男 (チェスの) 城 (Turm im Schachspiel). {Parz. 408, 29}.

rocke¹ 男《弱》① 糸巻き棒, 竿 (Spinnrocken). ② 紡ぎ部屋 (Spinnstube).

rocke², **rogge** 男《弱》ライ麦 (Roggen). {Ku. 1193, 4}

röcke-lîn 中 小さいスカート (ein kleiner Rock).

roi, rois 男 [古フランス語] 王 (König). {Tr. 3353}

Rôme, Rom 名 〔地名〕ローマ (Rom).

rœmesch, rœmisch, rœmsch 形 ローマの (römisch).

rone, ron 男《強・弱》, 女 ① ひっくり返った木の幹 (umgestürzter Baumstamm). ② 切り株 (Klotz). {Tr. 9152}

rôr 中 ① あし (Rohr), あし製のもの (etwas aus Rohr). ② 笛 (Pfeife). ③ あしの茂み (Rohrdickicht).

rôre, rœre 女《弱》① 管 (Rohr, Röhre). ② 泉の管 (Brunnenrohr). ③ オルガンの音管 (Orgelröhre). ④ 尿管 (Harnröhre). ⑤ 排水溝 (Abzugsgraben). ⑥ 運河, 水路 (Kanal).

rôrëht 形 あしのような (rohrartig).

rœrîn 形 あしでできた (aus Rohr).

ros, ors 中 ① 馬 (Ross), 戦馬 (Streitpferd). ② 馬車用の馬 (Wagenpferd). ¶ schilt und ros gap er hin: / ûf ein anderz er gesaz / und warnte sich mit schilte baz / und mit niuwem baniere. 楯をそこへ棄て, 馬を降りた. そして別の馬にまたがると, 楯を取り替え, 新しい旗をかざして, 新たに装備を整えた. (Er. 2595-8)

ros-bâre 女《強・弱》(馬で運ばれた) 担架, 棺台 (eine von Rossen

getragene Bahre).
rôse 女 男 《弱》ばら (Rose).
rœse-lëht, -oht 形 バラの色の (rosenfarbig, rosig), バラのように赤い (rosenrot).
rôsen 動《弱》① バラをつける (Rosen tragen). ② バラになる (zur Rose werden). {Tr. 17989}
rôsen-bluome 男《弱》ばらの花 (Rosenblume). {Tr. 14769}
rôsen-varwe 女 ばらの色 (Rosenfarbe).
rôse-, rôsen-rôt 形 ① ばらのように赤い (rosenrot). ② ばら色の (rosig). {Ku. 1038, 2}
rôse-, rôsen-var 形 ① ばらのように赤い (rosenrot). ② ばら色の (rosig).
rôsic 形 バラ色の, バラのような (rosig).
rôsîn 形 バラ色の, バラのような (rosig). {Tr. 18080}
rosse-louf 男 ① 馬の競争 (Rosslauf). ② 馬が一気に走る距離 (soviel ein Ross in einem Zug rennen kann). ③ (長さの単位)16分の1フランス・マイル (ein Sechzehntel von der französichen Meile). {Iw. 6987}
rôst¹ 男, **rôste** 女 ① 焼き網 (Rost). ② (火葬, 火刑用の) たきぎの山 (Scheiterhaufen). ③ 火 (Feuer), 赤熱 (Glut). {Iw. 5437}
rost², rust 男 錆 (Rost).
rost-brant 男 薪の山の燃え木 (Feuerbrand von einem Scheiterhaufen), 点火された薪 (ein angebranntes Stück Holz). {Ku. 514, 3}
rôt¹ 中 赤 (das Rot), 赤い色 (die rote Farbe).
rôt² 形 ① 赤い (rot). ② 赤毛の (rothaarig). ③〔比喩〕偽りの (falsch), 狡猾な (listig). {Nib. 2309, 3}
rœte 女 ① 赤味, 赤さ (Röte). ② 赤色 (rote Farbe).
rote, rotte, rot 女《強・弱》① 群れ (Schar), 隊列 (Rotte). ② 共同体 (Gemeinde). ③ 列 (Reihe), 順序 (Ordnung). {Tr. 3207}
rôte-lëht, -loht 形 赤味を帯びた (rötlich).
rote-meister 男 ① 郎党の首領 (Rottenführer). ② 群れの統率者 (Scharführer).
Roten 名〔河川〕ローヌ河 (die Rhone). {Nib. 1244, 2}.
roten¹, rôten 動《弱》① 赤い (rot sein). ② 赤くなる (rot werden). {Iw. 7230}
roten² 動《弱》さびる (rosten).
rœten 動《弱》他 赤くする (rot machen). 再 恥じる (sich schä-

men), 赤面する (erröten).

rotruwange, rotewange 囡 [古フランス語 rotruange] ① 歌の演奏法 (Sangweise) の呼称. ② (ロッテに合わせて歌う) 旋律 (Melodie). ③ 歌 (Gesang). {Er. 6718}

rôt-süeʒe 形 赤味のため愛らしい (durch Röte lieblich).

rotte, rote 囡《弱》ロッテ (Rotte). {参考} 響鳴板をもったハープのような弦楽器 (Saiteninstrument). {Tr. 13123}

rotten, roten 動《弱》ロッテを弾く (auf der Rotte spielen). {Tr. 3675}

rottieren 動《弱》群れに分ける (in Gruppen teilen), 隊列を整える (in Scharen ordnen). {Parz. 669, 1}.

rôt-var 形 赤い (rot), 赤色の (rotfarbig).

rôt-wilt 囲 鹿 (Rotwild).

rou¹, rô, râ, rôch, rouch 形 生の (roh).

rou² = *riuwen* の直説法過去 1, 3 人称単数.

roubære 男 盗賊 (Räuber). ¶ nû wîste si der wec / in einen kreftigen walt : / den hâten mit gewalt / drîe roubære. その道は二人を大きな森へ導いた. その森を三人の盗賊が支配していた. (Er. 3113-6)

rouben 動《弱》① 奪う (rauben, berauben). ② 取り去る (abbringen).

roubendic 形 略奪的な (räuberisch).

röuberîe 囡 略奪 (Räuberei).

rouch¹ 男 ① 煙 (Rauch). ② もや (Dunst), 湯気 (Dampf). ③ かおり (Geruch), 香, 薫香 (Räucherwerk).

rouch² = *riechen* の直説法過去 1, 3 人称単数.

roufen 動《弱》① 引き抜く (raufen), 引き裂く (ausreißen). ② (の)⁴ 髪をかきむしる (raufen). ③ つかみあいをする (sich raufen), 格闘する (sich balgen). ¶ wirt er geroufet unt geslagn, / sô kumt er mir her wider wol. 引き裂かれたり, 叩かれたりしたら, あの子はきっとまた私のそばに戻るだろう. (Parz. 126, 28-29) ¶ si hete leides genuoc : / zuo den brüsten si sich sluoc, / si zarte unde roufte sich. 少女は大きな苦しみに陥り, 自分の胸を打った. 娘は服を引き裂き, 髪をかきむしった. (aH. 1284a-b,1285)

roum 男 ① 乳脂, クリーム (Milchrahm). ② 微光 (Schimmer). ③ 人を欺く像 (täuschendes Bild). {Parz. 1, 22}.

roup, roub 男 [roubes²] ① 獲物 (Beute). ② 戦利品 (Siegesbeute). ③ 略奪 (Raub). ④ 盗み (Räuberei). ⑤ 畑の収穫物 (Ernte eines Feldes). ¶ „vernemet", sprach sîn geselle, / „waz ich des roubes welle : niuwan sîn îsengewant." / die anderen teilten dâ zehant / diu vünf ros under sich. 聞け、おれが何を取りたいかを. それはあいつの鉄の鎧だけだ」と彼の仲間は言った. そして他の者たちはすぐに5頭の馬を分け合った. (Er. 3338-42)

roup-her 中 ① 盗賊の群れ (Raüberschar). ② 盗賊団 (Räuberbande). {Tr. 7586}

roup-lich 形 盗賊のような (raüberisch).

roup-lîche 副 盗賊のように (raüberisch). {Tr. 2447}

royâm 中 [古フランス語 reiame] 王国 (Königreich). {Parz. 251, 3}.

rôʒ = *rieʒen* の直説法過去1, 3人称単数.

rû 女 [= *ruowe*] 安らぎ (Ruhe).

rûbîn, rubbîn, robîn 男 ルビー、紅玉 (Rubin). {Parz. 3, 17}

ruc 男 [ruckes²] ① 急速な場所の移働 (schnelle Ortsveränderung). ② 急に押すこと (Ruck). ¶ sîn prîs gap sô hohen ruc 彼の賞賛はたいへん高く舞い上がった. (Parz. 108, 12).

rûch 形 [別形 rûhe, rû, rouch] ① 毛髪のこわい (struppig), 毛の生えた (behaart). ② 硬い (hart). ③ 荒い (rau). ④ 悪い (schlimm), 粗野な (ungebildet). {Iw. 6536}

rück(e), ruck(e), rügge, rugge 男《強・弱》[-es² / -en] ① 背 (Rücken). ② 保護 (Schutz), 庇護 (Schirm). ③ (背を守る) よろいの部分 (den Rücken schützendes Panzerstück). ¶ Sus liezen si ûf ir rucke gân 人々は彼らのあとを追った. (Tr. 5494)

rücke-bein 中 ① 脊椎 (Rückgrat). ② 背中 (Rücken). ③ 肩 (Achsel). {Tr. 2645}

rücke-, ruc-lachen 中 ① (壁と背中の間にかけられた) 壁掛け (der Teppich, der zwischen Rücken und Wand aufgehängt wurde). ② 壁カーテン (Wandumhang). {Parz. 627, 22}.

rücke-lingen, -linges 副 うしろへ (rücklings). {Iw. 6759}

rücken, rucken 動《弱》他 ① 押しやる (drängen). ② 動かす (rücken). 自 移る、去る (sich fortbewegen).

rüde, rude, rüede 男《弱》大きな猟犬 (großer Jagdhund). {Parz. 281, 3}.

Rüedegêr 男〔人名〕リューディガー (Rüdiger), ベヒラールン (Bechlarn) の辺境伯 (Markgraf). ゴテリント (Gotelint) の夫.

{Nib. 1651, 1}
rüefen ⇒ *ruofen*.
rüegære, rüeger 男 ① 非難者 (Tadler). ② 告発者, 告訴人 (Ankläger).
rüege 女 ① 非難, 責問 (Rüge). ② 告発, 告訴 (Anklage). {Tr. 15114}
rüegen 動《弱》① 報告する, 伝える (melden, mitteilen). ② . 言う (sagen). ③ 知らせる (bekannt machen). ④ 非難する (tadeln), 訴える (anklagen).
rüejen, rüege, ruogen 動《弱》漕ぐ (rudern).
rüemære, ruomære, -er 男 自慢家, 大言壮語者 (Prahler).
rüemec, rüemic 形 ① 自慢する (prahlerisch). ② 喜んだ (froh), 歓声をあげている (jubelnd).
rüemec-lîchen 副 自慢して (prahlerisch).
rüeme-lich 形 ① 賞賛すべき (rühmlich). ② 自慢する (prahlerisch).
rüemen 動《弱》他 ほめる (preisen, rühmen). 再 ① (を)² 自慢する (sich prahlen). ② 喜ぶ (jubeln, froh sein). 自 (で)² 名声を博する (Ruhm ernten). {Nib. 994, 1}
rüeren, ruoren 動《弱》他 ① 駆り立てる (antreiben). ② 動かす (in Bewegung setzen). 自 ① 走る (rennen). ② (弦楽器を) 弾く (spielen). ③ 扇動する (wühlen), かきたてる (aufrühren). 再 動く (sich rühren). 自 ① 動きだす (in Bewegung kommen). ② 出てゆく (ausgehen). ③ さわる (tasten, fühlen). {Nib. 377, 2}
rüeric 形 活発な (rührig), 動かせる (beweglich).
rüetelîn, rüetel 中「*ruote* の縮小語」小さな鞭 (eine kleine Rute). {Nib. 1124, 1}
rûm, rûn, roum 男 ① 部屋 (Raum). ② 場所 (Platz). ③ 時間 (Zeit). ④ (取りのぞくべき物) 汚物 (Mist), ごみ (Müll, Kehricht). {Tr. 5591}
rûmen 動《弱》① 立ち去る (verlassen). ② 片付ける (wegräumen), 清潔にする (säubern). ③ 空ける (räumen), 席をあける (Platz machen). ④ 譲る (weichen). {Nib. 1155, 1}
Rûmolt 男〔人名〕ルーモルト (Rumold). ブルグンドの国の料理長 (Küchenmeister).
rumphen = *rimphen* の直説法過去 1, 3 人称複数.
rundate 女 作曲・作詞法. フランスのロンド (*rondeau*) に似たもの.

{Tr. 8077}

rûne 囡 ① 秘密 (Geheimnis). ② 密議 (heimliche Beratung). ③ ささやくこと (Geflüster). {Tr. 10796}

runen, rünen 動《弱》① 積み重ねる (häufen). ② ころがす (wälzen).

rûnen, rounen, rûmen 動《弱》① 小声で, ひそかに話す (leise und heimlich reden). ② ささやく (flüstern), つぶやく (raunen). ③ (に)³ 耳打ちする (einflüstern).

runze, runsche 囡《強・弱》ひだ, しわ (Runzel). {Iw. 438}

runzîn ⇨ *runzît*.

runzît 中 [-des²], **runzîn** 中 ① 小さな馬 (kleines Pferd). ② 雌馬 (Mähre). ③ (女性の) 乗馬用馬 (Damenreitpferd). {Parz. 256, 24}.

ruoch 男, **ruoche** 囡 ① 心配, 憂い (Sorge). ② 熟慮 (Bedacht). ③ 世話 (Besorgung). ④ 性癖, 傾向 (Hang). ⑤ 望み (Wunsch). {Tr. 89}

ruoche ⇨ *ruoch*.

ruochen 動 自 ① 考えを向ける (seine Gedanken richten). ② 心配する (sich kümmern). ③ (を)³/umbe 熱望する (begehren), 望む (wünschen). ④ 思し召す (geruhen). 再 非 ⁺⁴ 顧慮させる (berücksichtigen lassen). ¶ ine ruoche obe diu künegin siht 私は女王さまがお気付きになっても構いません. (Parz. 77, 11).

ruodel ⇨ *ruoder*.

ruoder, ruodel 中 [中独 rûder, rôder] ① 櫂 (Ruder). ② 舵 (Steuer). {Ku. 265, 2}.

ruof, ruoft 男 ① 呼び声 (Ruf), 叫び (Geschrei). ② 祈りの言葉 (gesprochenes Gebet), 祈りの歌 (Gebetlied). ③ 噂 (Gerücht), 世評 (Ruf). ④ 評判 (Leumund). {Ku. 895, 2}

ruofen, rüefen 動〔反復〕6 / 動《弱》[= *rüefen*] 自 ① 呼ぶ (rufen). ② 叫ぶ (schreien). ③ (歌いながら) 祈る (beten). 他 叫ぶ (ausrufen). {Nib. 1892, 2}

ruofte = *rüefen* の直説法過去 1, 3 人称単数.

ruom, ruon 男 ① 称賛 (Lob, Lobpreisung). ② 名声 (Ruhm), 名誉 (Ehre). ③ 自賛 (Selbstlob). ④ 自慢, 大言壮語 (Prahlerei). ⑤ 華麗, 壮麗, 華美 (Pracht). ⑥ 華麗な行列 (pomphafter Aufzug).

ruom-sam 形 自慢する, 自惚れた (ruhmredig).

ruore, ruor 囡 ① (猟犬を獲物へ) 狩り立てる猟法, 狩り立て猟

(die Hatz der Hunde auf das Wild). ② 猟犬の群れ, ひと繋ぎの猟犬 (Koppel Hunde). ③ 土をやわらかく砕くこと (die Auflockerung der Erde). ④ 隣接 (Angrenzung). ⑤ 座礁 (Strandung). ⑥ (剣術での) 一撃 (Schlag, Streich). ⑦ 軌跡 (Spur), 猟獣の足跡 (Wildspur). {Nib. 941, 1}

ruorte = *rüeren* の直説法過去 1, 3 人称単数.

ruote 囡《強・弱》① むち (Rute, Gerte). ② 魔法の杖 (Zauberstab). ③ さお (Stange). ④ 櫂 (Ruder). ⑤ 測量竿 (Messstange).

ruowe, ruo 囡 [別形 râwe, rouwe 中独 rûwe, rûe, rû, rûge, rôwe, rôge, râwe も] 休息 (Ruhe). ¶ Tristan ir meister dô gebôt, / daz man ze lande schielte / und eine ruowe hielte. かれらの引率者トリスタンは船を浜辺に向かわせ, しばらく休憩するように命じた. (Tr. 11658-60)

ruowec, ruowic 形 静かな (ruhig).

ruowec-lich 形 静かな (ruhig).

ruowec-lîche 副 静かに (ruhig), 快適に (behaglich).

ruowe-lôs 形 安らぎのない, 落ち着かない (ruhelos). {Parz. 587, 16}

ruowen, ruon, râwen 動《弱》[別形 ruogen, ruowen 中独では rûwen, rûen, rûn, rûgen, rûhen, râwen も] ① 休む (ruhen). ② 体を休める, 休息する (ausruhen). {Ku. 160, 3}

ruowe-stat 囡 休息場, 憩いの場所 (Ruhestätte).

ruowe-tac 男 休日 (Ruhetag), 日曜日 (Sonntag), 祝日 (Feiertag).

ruowunge 囡 休養 (die Ruhe), 休息 (das Ausruhen).

ruoʒ 男 汚れ (Schmutz), 煤 (Ruß).

ruoʒec, ruoʒic 形 きたない (schmutzig), 煤けた (rußig).

ruoʒen 動《弱》すすけさせる (rußig machen).

ruoʒ-var 形 きたない (schmutzig), 煤けた (rußig).

rûpe 囡《弱》毛虫 (Raupe).

rûsch 男 ① 突進 (Anlauf). ② 攻撃 (Angriff). ③ 音をたてながら動くこと (rauschende Bewegung).

rûschen, riuschen 動《弱》① 音を立てる (Geräusch machen), ざわめく (rauschen). ② 音をたてながら急速に移動する (sich eilig mit Geräusch bewegen). ③ 突進する (stürmen).

rüsten, rusten 動《弱》自 準備する (ausstatten). 他 ① 整える (zurecht machen). ② 装備をする (zurüsten). 再 ① 身を飾る (sich schmücken). ② 服を着る (sich kleiden). {Ku. 946, 3}

S

sâ, sâr 副 すぐそのあと (gleich darauf), ただちに (alsbald). ¶ er gert in frides sâ zestunt. / sîn muoter kust in an den munt. 王子はすぐに小鳥たちの保護を願い出た. 母親は息子の口もとに接吻した. (Parz. 119, 11-2)

sabel, sebel 男 刀, サーベル (Säbel).

saben 男 ① 白い麻布 (weiße Leinwand). ② 亜麻の衣装 (Kleidung). {Ku. 1286, 2}

saben-wîʒ 形 亜麻布 (*saben*) のように白い (weiß wie Leinenwand). {Nib. 632, 1}

sac 男 [sackes[2]] ① 袋 (Sack), 入れ物 (Tasche). ② 袋状の捕獲網 (sackformiges Netz). ③ 胃袋 (Magensack), 腹 (Bauch). ④ 身体 (Körper). ⑤ 衣服 (Kleidungsstück), 喪服 (Trauerkleid). ⑥ 一定の量あるいは重さ (ein bestimmtes Maß oder Gewicht). ⑦〔単位〕ザック (Sack).

sach = *sëhen* の直説法過去1, 3人称単数.

sache 女 ① 争い (Streit), 訴訟 (Streitsache). ② 要件 (Angelegenheit), 事柄 (Sache), 物 (Ding). ③ 原因 (Ursache), 理由 (Grund). {Parz. 245, 17} ¶ sîner gemaheln er dô phlac / mit guote und mit gemache / und mit aller slahte sache / als einer vrouwen oder baz : / daz reht gebôt ime daz. ハインリヒは花嫁には贈物, 快適さなど, あらゆる手立てを尽くして, 王女に対してのように, あるいはそれ以上に仕えた. 当然の気持がハインリヒにそれを勧めた. (aH. 1446-50)

sach-walte, -waltige 男《弱》, **sach-walter, -waltiger** 男 ① 全権委任者 (Bevollmächtigter). ② 援護者 (Sachwalter). ③ 弁護者 (Verteidiger). ④ 訴訟の当事者 (eine Partei vor Gericht). {Parz. 112, 17}

sac-tuoch 中 袋用麻布 (Sackleinwand).

saf 中 [saffes[2]], **saft** 中 ① 液, 液汁 (Saft). ②〔比喩〕血 (Blut), 涙 (Träne). {Parz. 319, 16}

safer 中 青いコバルトのガラスの溶塊 (blauer Glasfluss aus Kobalt), サフロール (Safflor). {Parz. 817, 25}

safer-glas 中 [=*safer*] 青いコバルトのガラスの溶塊 (blauer Glasfluss aus Kobalt), サフロール (Safflor). {Parz. 3, 14}

saffen 動《弱》① 液が出る (Saft gewinnen). ② 液で満ちている, 満ちる (saftig sein, werden).

saft ⇨ *saf*.

sage, sag 女 ① 話すこと (das Sprechen), 言語 (Sprache). ② 話 (Sage), 物語 (Erzählung). ③ 噂 (Gerüchte). ¶ disiu jæmerlîche geschiht / diu was sîn eines klage niht : / in klageten älliu diu lant / dâ er inne was erkant / und ouch von vremeden landen / die in nâch sage erkanden. この痛ましい出来事はハインリヒ一人の嘆きではなく, 国中の人々が嘆き悲しんだ. この騎士が知られていた国々のみならず, この若者が噂によって知られていた異国に於いても. (aH. 261-6)

sage-bære 形 ① 物語る価値のある (erzählenswert). ② 有名な (berühmt), 称賛に価する (löblich). {Tr. 659, 4006, 5864}

sage-haft 形 有名な (berühmt). {Tr. 18457}

sage-liet 中 物語詩 (erzählendes Lied). {Er. 7569}

sagen 動《弱》[中独 segen も] ① 言う (sagen), 物語る (erzählen). ② 名付ける (nennen). ③ (に)⁴ (の)² 罪を負わせる (anschuldigen). ④ (詩を) 朗読する (vorlesen). ¶ sî sprach „nû saget mir wer diu sî." 「さあ, どうかその女性が誰なのか, おっしゃってください」と彼女は言った. (Iw. 5883) ¶ ich sage dir wie dir geschiht. 私はお前に, お前がどのようになるかを話す. (aH. 1084) {Tr. 996}

sagit, sägit, seit 男 中 毛織物 (ein Wollenzeug). {Iw. 3454}

sâhen = *sëhen* の直説法過去 1, 3 人称複数.

sahs 中 [中独 sas] ① 長剣 (langes Messer). ② 短剣 (kurzes Schwert). ③ 鉄のやじり (eiserne Pfeilspitze). {Nib. 956, 2}

Sahse 名〔固〕[中独 Sachse] ザクセン人 (Sachse).

sæjen, sæwen, sæhen, sæn 動《弱》① 蒔く (säen, besäen). ② 散布する (ausstreuen). ③ 注ぐ (schütten).

sal[1] 男 中 ① 広間 (Halle, Saal). ② 家 (Haus), 住居 (Wohnung). {Nib. 35, 3}

sal[2] 男 [salwes[2]] よごれ (Schmutz).

sal[3], **sale** 女 法に従った委託, 譲渡 (Übergabe). {Parz. 494, 25}

sal[4] 形 [salwes[2]] ① 暗い色の (dunkelfarbig). ② 濁った (trüb), 枯

salamander 404

れた (welk). ③ きたない (schmutzig). {Parz. 484, 15}

salamander 男 ① ザラマンダー (Salamander). ② 燃えにくい布 (ein unverbrennlicher Stoff).

salât 男 サラダ (Salat).

salbe 女 軟膏 (Salbe). {Tr. 131}

sælde 女 ① 善意 (Güte). ② 気立ての良さ (Wohlgeartetheit). ③ 至福 (Segen). ④ 幸福 (Glück).

sælde-, sælden-bære, -bæric 形 ① 幸運をもたらす (Glück bringend). ② 幸福な (glücklich). {Parz. 325, 26}

sælde-, -sælden-bërnde, 形 ① 幸運をもたらす (Glück bringend). ② 幸福な (Glück habend). {Parz. 271, 30}

sælde-, sælden-haft 形 至福な (segenreich), 幸福な (glückselig). {Parz. 655, 28}

sælde-, sælden-lôs 形 幸福でない (unglückselig). {Tr. 10096}.

sælde-, sælden-rîche 形 至福な (glückselig), 幸福に満ちた (glücklich).

sælden 動《弱》幸福にする (beglücken).

sælden-bar 形 幸運から見放された (vom Glück entblößt).

sælden-louf 男 ① 幸福 (Glück). ② 利益 (Gewinn).

sælden-rîche ⇒ *sælderîche*.

sælec, sælic 形 ① 良い (gut), 幸福な (glücklich). ② 祝福された (gesegnet), 至福な (selig). ③ 敬虔な (fromm), 神聖な (heilig). ④ 呪わしく思っている (verwünschend). ¶ muoter, sæligez wîp, / sît ich nû sêle unde lîp / von iuwern genâden hân / sô lâtz an iuwern hulden stân / daz ich ouch diu beide / von dem tiuvel scheide / und mich gote müeze geben. お母さん、優しいお方、私はあなたのお陰で身体と魂を得ました. だからこの二つを悪魔から守り、身を神に捧げることをお許しください. (aH. 681-7) ¶ dâ wart ich enpfangen, / hêre frouwe, / daz ich bin sælic iemer mê. そこで私は抱きとめられ、聖母さま、私はそのときからずっと幸せなのです. (Wa. 39, 23-5)

sælec-heit, sælekeit, sælikeit 女 ① 完全さ (Volkommenheit). ② 優雅 (Anmut). ③ 有頂天 (Beglücktheit). ④ 至福 (Seligkeit). {Tr. 1222}

sælec-lich 形 ① 幸福な (glücklich), 至福な (selig). ② 効き目のある (heilsam). ③ 敬虔な (fromm). ④ 神聖な (heilig). {Tr. 188}

sælec-, sælic-lîche, -lîchen 副 ① 幸福に (glücklich). ② 祝福されて (gesegnet), 至福に (selig). ③ 効き目をもって (heilsam). ④

敬虔に (fromm). ⑤ 神聖に (heilig). ⑥ 首尾よく (mit gutem Erfolg). {Iw. 2780}

sæligen 動《弱》① 至福にする (beseligen). ② 有頂天にする (beglücken). {Tr. 1632}

salliure 女 [フランス語 salure] 嘲笑の言葉 (Spottrede). {Parz. 531, 19}

salme[1]**, salm** 男《強・弱》[=*psalme*] ① 賛美歌 (Psalm). ② 悔悛詩篇 (Bußpsalm). {Tr. 2648}

salme[2]**, salm** 男《強・弱》[ラテン語 salmo] 鮭 (Salm).

salse, salsse 女《弱》① 塩辛いソース (Brühe). ② スープ (Suppe). {Iw. 3279}

salter 男 [=*psalter*] ① 詩篇の賛美歌集 (Psalmenbuch). ② 祈禱書 (Gebetbuch). {Parz. 438, 1}

salûieren, salvieren, salvieren 動《弱》① 挨拶する (grüßen). ② 歓迎する (begrüßen). ¶ dâ saluierte er in vor その前で彼はその男に挨拶した. (Er. 8177)

salwen 動《弱》自 ① 汚い (schmutzig sein). ② 汚くなる (schmutzig werden). 他 汚くする (schmutzig machen). {Nib. 1394, 4}

salzen 動〔反復〕1 ① 塩味にする (salzen). ② 塩漬けにする (einsalzen).

sam[1] 前 +3 〜と共に (mit).

sam[2] 形 同じ (derselbe), 同様の (gleich).

sam[3]**, same** 副 ① 同様に (ebenso). ② そのように (so). 接 ① 〜の場合のように (so wie 〜). ② あたかも〜かのように (als ob). ¶ zewâre ez was in beiden / diu vreude alsô tiure / sam daz îs dem viure. 火の中の氷のように, 兄妹二人にはまったく喜びがなかった (Gr. 648 50)

sambelieren 動《弱》馬に拍車を入れる (dem Ross die Sporen geben). {Tr. 2108}

sambjût 女 [ラテン語 sambjuca] ザムビュート (Sambjut). {Tr. 3680} {参考} オリエントから欧州に伝えられたリュートやギターなどの弦楽器.

samblanze 女 外観 (Äußererschein), 見かけ (Anschein). {Tr. 16327}

sâme, sâm 男《弱》① 種 (Samen), 種つぶ (Samenkorn). ② 精液 (Samen). ③ 子孫 (Nachkommenschaft). ④ 種蒔き (Saat), 種をまいた畑 (Saatfeld). ⑤ 畑 (Feld), 大地 (Boden). ⑥ 戦場 (der

Kampfplatz). {Iw. 7086}

same-lich 形 ① 同じような性質の (eben so beschaffen). ② よく似ている (ähnlich aussehend). ¶ drî banier samelîch 同じような3本の旗 (Er. 2322).

same-lîche 副 同じような性質で (ebenso beschaffen).

sâmelieren 動《弱》① 集める (sammeln). ② いっしょにする (zusammenbringen). {Parz. 270, 18}

samen, samene 形 すべての (gesamt), いっしょの (zusammen). 副 すべて (gesamt), いっしょに (zusammen).

samenen, samnen, samen 動《弱》① 集める (sammeln, versammeln). ② 一つにする (vereinigen). ③ 結びつける (verbinden). 再 ① 集まる (sich versammeln). ② 一つになる (sich vereinigen). ③ 軍備を備える (sich rüsten). {Ku. 1414.1}

sament, samet, samt, sant 前 +3 (と)3 一緒に (zusammen mit). 副 ① 側に, 一緒に (zusammen, beisammen). ② 同時に (zugleich). ¶ ritter unde knehte / wolden sament rehte / mit ir herren rîten : / dô hiez er si dâ bîten. 騎士も小姓も自分たちの主君と共に馬をはせようと思った. しかし, 彼は家来たちにそこに控えているように命じた. (Er. 3084-7)

samenunge, samnunge 女 ① 集まり (Sammlung). ② 集結 (Versammlung). ③ 軍勢 (Schar). ④ 多数 (Menge). ⑤ 協会, カトリックの聖省 (Kongregation). {Ku. 1121, 3}

samet, samt 副 ⇒ *sament.*

sameʒ-, samʒ-, sambeʒ-tac 男 土曜日 (Samstag). {Er. 2368}

samît, samât, semît 男 [中世ラテン語 samitum] ビロード (Samt, Sammet). {Tr. 10904}

sam-stoc 男 教会の献金箱 (Opferstock).

sam-tân 形 〔過分〕そのような性質の (so beschaffen).

sân 副 [=*sâ*] ① その後すぐに (gleich darauf). ② 直ちに (alsbald). ¶ der knappe sprach zer muoter sân / "ôwe muoter, waz ist got?" 少年はすぐに母親に, 「何ですって, 神とはいったい何ですか」と言った. (Parz. 119, 16-7)

san = *sinnen* の直説法過去1, 3人称単数.

sanc 男 [sanges[2]] ① 歌 (Gesang). 音楽 (Musik). ② 歌曲 (Lied). ③ (唱歌つきの) ダンス (Tanz). {Ku. 377, 2}

sancte[1], **sante, sant, sente** 形 [ラテン語 sanctus] 神聖な (heilig).

sancte², sankte = *senken* の直説法過去1, 3人称単数.
sandec, sandic 形 砂の, 砂のような (sandig). {Er. 7852}
sanfte¹, samfte 副 ① 容易に (leicht). ② ゆっくり (langsam). ③ 静かに (leise), 穏やかに (sacht). ④ 快適に (bequem). ⑤ よく (wohl). ¶ dô si niht solde genesen, / dô erbarmete in ir nôt / und wolde ir sanfte tuon den tôt. 娘は助からないのだから, 医者は娘の苦しみを気の毒と思い, その死を安らかにしたいと思った. (aH. 1214-6)
sanfte² ⇨ **senfte²**.
sant 男 [sandes²] ① 砂 (Sand). ② 岸辺 (Ufer). ③ 浜 (Strand). ④ 戦場 (Kampfplatz). ¶ jâ habent si den sant / genetzet mit bluote, sam ez ein regen wære. 騎士たちはまるで雨のように砂浜を血で濡らした. (Ku. 532, 2b-3)

格	単　数	複　数
1格	der　sant	die sande
2格	des　sandes	der sande
3格	dem sande	den sanden
4格	den sant	die sande

sante, sant ⇨ **sancte¹**.
Santen 名 〔地名〕ジークムント王の王国の首都 (Hauptstadt).
saphîr, saphîre 男《強・弱》青玉, サファイア (Saphir). {Parz. 791, 22}
saranthasmê 名 〔絹織物〕サランタスメー (Saranthasme). {Parz. 629, 27}
sarapandratest 名 蛇の頭部 (Schlangenkopf). {Parz. 50, 5}.
sarc, sarch 男 [sarges², sarkes²] ① 棺 (Sarg). ② 貯蔵器 (Behälter). ③ 偶像の箱 (Schrein für ein Götzenbild), 偶像 (Götzenbild) ④ 浴槽 (Badewanne).
sarc-stein 男 石の棺 (Steinsarg).
sardîn 男 [中世ラテン語 sardinus] 〔宝石〕ザルディーン (Sardin). {Parz. 85, 3}
sardonîs 男 〔宝石〕ザルドニース (Sardonis). {Parz. 791, 12}
sar-gewant 中 戦衣 (Krigesgewand), 戦いの装備 (Kriegsrüstung).
sar-gewæte 中 戦衣 (Kriegsgewand), 戦いの装備 (Kriegsrüstung).
sarjant, serjant 男 [sarjandes²] ① (騎士の) 召使 (Diener). ② 小姓 (Knappe). ③ 歩兵 (Fußknecht). {Parz. 183, 11}
sarken, serken 動《弱》納棺する (in den Sarg legen). {Nib. 1052,

sarph-heit

2}

sarph-heit 囡 荒さ, 粗暴 (Wildheit).
Sarrazîn, Sarrazîne 男《強・弱》[仏 Sarrasin] ① サラセン人 (Sarazene). ② 異教徒 (Heide). {Tr. 2535}
sar-rinc 男 鎧の輪 (Panzerring).
sar-roc 男 ① 戦衣 (Kriegsrock). ② 戦場用外套 (Feldmantel).
sar-wât 囡 戦衣 (Kriegsgewand), 戦いの装備 (Kriegsrüstung). {Ku. 463, 2}
sarwe 囡 戦衣 (Kriegsgewand), 武具 (Kriegsrüstung).
sat 形 ① 満ち足りた, 飽きた (satt). ② が$^{+2/+von}$ いっぱいの (voll). ③ 充分の (genügend, hinreichend). 副 満ち足りて (satt), いっぱいに (voll), 充分に (genügend).
sât 囡 ① 播くこと (das Säen), 播種 (die Aussaat). ② 播かれた穀の粒 (das ausgesäte Korn). ③ 種子 (Saat), 苗床 (Saatfeld). ④ 穀類の収穫 (die Getreideernte). ⑤ 子孫 (Nachkommenschaft).
satel 男 [中独 sadel も] 鞍 (Sattel). {Nib. 569, 2}
satel-boge 男《弱》① 鞍の前輪, 後輪 (Sattelbogen). ② 鞍の前穹と後穹の間 (Raum zwischen den zwei Sattelbogen). ③ 鞍 (Sattel). {Tr. 7050}
satel-decke 囡 鞍のおおい (Sateldecke). {Ku. 15, 2}
satelen, satlen, sateln 動《弱》鞍を置く (satteln). {Ku. 148, 4}
sateler, seteler 男 ① 馬具師, 鞍工 (Sattler). ② (二頭立ての馬のうち左側の) 御者用鞍馬 (Sattelpferd).
satel-kleit 中 鞍のおおい (Sateldecke). {Ku. 971, 1}
satellîn 中 小さい鞍 (ein kleiner Sattel). ¶ daz sattelîn daz dar ûf lac. その上にある小さな鞍 (Er. 7426).
saver-, safer-var 形 青色の (blaufarbig).
saʒ = *sitzen* の直説法過去 1, 3 人称単数.
sâʒe 囡 ① 座席 (Sitz), 居住地 (Wohnsitz). ② 隠れ場 (Versteck). ③ 待ち伏せ (Hinterhalt), 追跡 (Nachstellung). ④ 状態 (Lage). ⑤ 方法 (Art und Weise), 生き方 (Lebensweise). ⑥ 攻囲 (Belagerung). ¶ stîg unde wege sint in benomen: / untriuwe ist in der sâze, / gewalt vert ûf der strâze: / fride unde reht sint sêre wunt. diu driu enhabent geleites niht, diu zwei enwerden ê gesunt. これらに至る道も小道も奪い去られている. 不実が待ち伏せしており, 横暴が通りで幅を利かせている. そして平和と正義はたいへん傷ついている. この二つが先に治らない限り, 上の三つを護るものはない. (Wa. 8, 23-7)

sâȝen[1] 動《弱》他 ① 置く (setzen). ② 住居を指定する (Wohnsitz anweisen). 他 再 ① 占拠する (besetzen). ② 終える (fertig machen). ③ 確定する (festsetzen). ④ 整える (einrichten). {Tr. 3427}

sâȝen[2] = *sitzen* の直説法過去1, 3人称複数.

sazte = *setzen* の直説法過去1, 3人称単数.

schaben 動 VI. 他 ① ひっかく, 掻く, かきむしる (kratzen). ② 削る (scharren). ③ たいらにする (glatt schaben), 磨く (polieren). 自 ① すばやく立ち去る (schnell davon gehen). ② 逃亡する (sich fortscheren). {Parz. 160, 15}

schâch 男 中 ① チェスの王 (König), 王手 (Schach). ② チェス盤 (Schachbrett). ③ 王手攻め (schachbietender Zug).

schâchære, schæchære, -er 男 ① 悪人 (Schächer). ② 盗賊 (Räuber). {Nib. 1045, 4}

schâch-blic 男 ① 盗賊のような目つき (Räuberblick). ② とりこにする目つき (gefangen nehmender Blick). {Tr. 10961}

schache 男《弱》① 孤立した森 (einzeln stehendes Waldstück). ② 森の入口 (Vorraum eines Waldes). {Parz. 398, 19}

schâchen[1] 動《弱》① (に)³ 挑戦する (Schach bieten). ② (を)³ 待ち伏せする (nachstellen). {Tr. 10963}

schâchen[2] 動《弱》① (から)³ (を)⁴ 奪う (rauben). ② 掠奪しに出かける (auf Raub ausgehen). {Nib. 1846. 3}

schâch-man 男 [= *schâchære*] [複数形 schâchman, schâchliute] ① 悪人 (Schächer). ② 盗賊 (Räuber).

schâch-zabel 中 ① チェス盤 (Schachbrett). ② 盤上の競技, チェス・ゲーム (Spiel auf dem Schachbrett). {Parz. 408, 26}

schâchzabel-gesteine 中 チェスの駒 (Schachfiguren). ¶ dô vant diu maget reine / ein schâchzabelgesteine その時清らかな少女はチェスの駒を見つけた. (Parz. 408, 19-20)

schâchzabel-spil 中 チェス (Schachspiel). {Tr. 2230}

schade[1] 男 ① 損害, 損失 (Schaden). ② 損失 (Verlust). ③ 不利, 短所 (Nachteil). ④ 負傷 (Verwunderug). ⑤ 金銭の損失 (Geldverlust). ⑥ 費用 (Kosten). ¶ dô enmohte ers niht verstân, / ouch enhete ers selbe niht ersehen : / des was im nâch schade geschehen. しかし, 夫にはそれが通じなかった. 夫は自分自身でそれに気づくこともなかった. そのため今にも夫に危害がくわえられそうになった. (Er. 3131-3)

schade[2] 男《弱》損害を与える人 (Schädiger).

schade[3] 形 有害な (schädlich, verderblich).

schade-haft 形 ① 有害な (schädlich), 損害をもたらす (Schaden bringend). ② 損害を受けた (geschädigt), 傷ついた (verletzt). {Tr. 363}

schäde-lich 形 ① 有害な (schädlich, verderblich). ② 危険な (gefährlich), 有毒の (giftig). {Tr. 17616}

schäde-, schede-lîche(n) 副 ① 有害に (schädlich). ② 害を及ぼして (Schaden bringend). {Iw. 4200}

schade-lôs 形 損害のない (ohne Schaden), 不利でない (unnachteilig). {Er. 9584}

schaden 動《弱》[3. schadete, schatte, schâte, schete も] 損害を与える (Schaden verursachen). ¶ ir ietweder was gereit / ûf des anderen schaden: 二人のうちのいずれも相手を倒そうと身構えた. (Iw. 1008-9)

schaffen 動 VI. /《弱》他 ① 創造する, 作り出す (schaffen). ② 並べる (ordnen), 注文する (bestellen). ③ する (tun, machen). ④ 決める (bestimmen), 命じる (befehlen). ⑤ あてがう, 世話する (verschaffen). 再 ① 形成される, 形になる (sich gestalten). ② 準備をする (sich einrichten). ¶ er schuof ime rîch gemach. 農夫はハインリヒを快適に暮らせるようにした. (aH. 294) {Nib. 164, 4}

直説法現在	
ich schaffe	wir schaffen
du scheffest	ir schaffet
er scheffet	si schaffent

直説法過去	
ich schuof	wir schuofen
du schüefe	ir schuofet
er schuof	si schuofen

schaffenære, scheffnære, -er 男 ① 創造主 (Schäpfer). ② 監督者 (Aufseher), 管理者 (Verwalter), 長官 (Amtmann). ③ 支配人, 執事 (Schaffner). ④ 命令者 (Anordner). {Nib. 563, 4}

schâf-kursen, -kürsen 女 ① 羊の皮 (Schafpelz). ② (羊の皮の) 衣服 (Kleid). ¶ sô het der selbe altman / eine schâfkürsen an その老人は羊の皮の服を着ていた. (Er. 282-3)

schaft 男 ① 槍の柄 (der Schaft am Speer). ② 槍 (Speer, Lanze). ③ 旗ざお (der Schaft der Fahne). ④ さお (Stange). ⑤ 茎 (der

Schaft der Pflanze). ⑥ 長靴の胴 (der Stiefelschaft). {Nib. 1595, 3}

schaftelakunt 男 [古フランス語] [= *burcgrâve*] 城代, 城主 (Kasteran, Burggraf). {Parz. 43, 19}

schahtelân, schatelân 男 城代, 城主 (Kastellan, Burggraf).

schahteliur, schateliur 男 城代, 城主 (Kastellan, Burggraf). {Parz. 348, 16}

schal[1] 男 [schalles[2]] ① 音 (Schall), 大きな響き (lauter Ton). ② 騒音 (Lärm). ③ 喜びのどよめき (Freudenlärm). {Nib. 1909, 2}

schal[2], **schale, schâl, schâle** 女《強・弱》① 皮 (Schale, Hülse). ② 頭蓋 (Schale). ③ 浅い盃 (Trinkschale). ④ 板の縁取り (Einfassung von Brettern). ¶ sæhe ich die megde an der strâze den bal / werfen! sô kæme uns der vogele schal. 少女たちが通りで鞠をつく姿を見ることができたらいいのだが. そうすれば鳥たちの囀りも私たちのところへ戻ってくるだろに. (Wa. 39, 4-5)

schal[3] = *schëllen* の直説法過去 1, 3 人称単数.

schalc 男 ① 奴隷 (der Leibeigene). ② 下僕 (Knecht), 召使 (Diener). ③ 身分の低い人 (Mensch von niedrigem Stand). ④ 悪意のある人 (Mensch von böser Art). ⑤ いたずら (Possen), 悪ふざけ (Schalkheit). {Tr. 6087}

schalc-haft 形 ① 意地の悪い (boshaft). ② 陰険な (hinterlistig).

schalc-heit 女 ① 隷属 (Knechtschaft). ② 拘留 (Gefangenschaft). ③ 低俗な志向 (niedrige Gesinnung). ④ 悪意 (Bosheit), 悪だくみ (Arglist). {Iw. 845}

schalc-lich 形 ① 下僕の (knechtisch). ② 悪意のある (boshaft). {Iw. 2506}.

schalc-lîche 副 ① 狡猾な (hinterlistisch). ② 悪意に満ちた (boshaft). {Iw. 6177}

schallen[1] 動《弱》① 音を響かせる (schallen). ② 大声で呼ぶ (laut rufen). ③ 喜びを表わす (Freude zeigen). ④ (歌と弦楽演奏で) 賑やかにする (mit Gesang und Saitenspiel heiter machen). ⑤ 自慢する (prahlen). {Nib. 657, 2}

schallen[2] 中 ① 歌うこと (das Singen). ② 歌 (Gesang). ③ (喜びを表わす) 叫び声 (das schreiende Lärmen in Freude). ④ 自慢 (Prahlerei). ⑤ 大声での称賛 (lautes Preisen).

schalt = *schëlten, schëlden* の直説法過去 1, 3 人称単数.

schalte 女《弱》船を押し出す棒, 船棹 (Stange zum Abstoßen des Schiffes). {Nib. 379. 1}

schalten, schalden 動〔反復〕1 他 ① (船を)竿で押す (mit der Stange schieben). ② 櫂で動かす (mit dem Ruder in Bewegung setzen). ③ 遠ざける (entfernen), 分ける (trennen). 再 離れる, 孤立する (sich absondern). {Tr. 6736}

scham, schame 女, **schame** 男《弱》① 恥ずかしさ (Scham), 恥ずかしがること (Schamhaftigkeit). ② 恥ずかしがらせること (Beschämung). ③ 恥辱 (Schmach). 侮辱 (Schande). ④ 陰部 (Geschlechtsteile). {Nib. 244, 2}

schamec, schemec, schemic 形 ① 内気な (verschämt). ② 行儀の良い (züchtig). ③ 不名誉な (Schande bringend).

schamede, schamde, schemede, schemde = *scham*.

schame-, schemec-heit = *scham*.

schamel[1], **schemel** 男 ① 足台 (Fußbank). ② 腰掛け (Schemel). {Nib. 570, 3}

schamel[2], **schemel** 形 内気な (schamhaft).

schame-, scheme-lich 形 ① 内気な (schamhaft). ② しつけのよい (züchtig). ③ 屈辱的な (schimpflich), 侮辱する (schändend). ④ 不名誉な (Schande bringend). ⑤ 〔名詞的〕はずべき人 (einer, der sich schämen soll). {Tr. 3792}

schame-, scheme-lîche(n) 副 ① 恥ずかしくも (auf schamhafte Weise). ② 苦しく (schmerzerfüllt). ③ 屈辱的に (auf schmähliche Weise). ④ 不面目な (auf schändliche Weise).

schame-lôs 形 恥知らずの (schamlos). {Ku. 107, 2}

schamen, schâmen 動《弱》恥じる (sich schämen). 再 (を)[+2/vor/wider] 恥じる (sich schämen). ¶ Daz er bî mir læge, / wessez iemen / (nu enwelle got !), sô schamt ich mich. あの人が私の側に横たわったことを誰かが知ったら私は恥ずかしい. 神がそれをお望みにならないように！ (Wa. 40, 10-2) ¶ schiere stuont si âne wât / und wart nacket unde blôz : / si enschamte sich niht eins hâres grôz. まもなく少女は服を脱ぎ終え, 何もまとわず, 裸で立っていたが, 少しも恥ずかしがってはいなかった. (aH. 1194-6)

schâmen ⇒ *schamen.*

schame-, scham-rôt 形 ① 赤面した (schamrot). ② 恥ずかしさのために赤くなった (rot vor Scham).

schame-var 形 赤面した (schamrot).

schancte = *schenken* の直説法過去 1, 3 人称単数.

schande 女 ① 恥ずべき行為 (schämenswertes Tun). ② 恥ずべき

苦しみ (schämenswertes Leiden). ③ 陰部 (Schamteile). ¶ ich hân uns vunden einen rât / der uns ze staten gestât / ze verhelne unser schande. 私たちは私たちの恥を隠すのに役に立つよいてだてを見つけました. (Gr. 487-9)

schant-, schänt-, schent-lich 形 ① 不面目な (schändlich), 恥ずべき (schmachvoll). ② 名誉を汚す (entehrend). {Gr. 1339}

schant-, schänt-, schent-lîche 副 ① 不面目にも (schändlich), 恥ずべきことに (schmachvoll). ② 不名誉にも (entehrend). ¶ des muoz schäntlîche nôt / tragen unz an mîn ende. そのため私は屈辱に満ちた苦しみを私の最期まで耐えぬかなければなりません. (aH. 456-7)

schanze, schanz 女 [中世ラテン語 cadentia] ① 落下 (Fall). ② さいころの落下 (Fall der Würfel). ③ さいころ遊び (Würfelspiel). ④ 栄枯盛衰 (Wechselfall). {Parz. 2, 13}

schanzûn 女 歌 (Gesang, Lied). {Tr. 2292}

schâpære, schæpære, -er 男 羊の毛皮 (Schafsvlies).

schápël, scháppël, tschápël, schépël, schéppël 中 [古フランス語 chapel] ① 葉や花の冠 (Kranz von Laub oder Blumen). ② (少女の) 髪飾り (Kopfschmuck). ¶ dâ wir schapel brâchen ê, / dâ lît nû rîfe und ouch der snê. 以前花を摘んで花輪を作った場所には今は霜が降り、雪も積もっている. (Wa. 75, 36-7)

schapëlekîn = *schapëllîn, schappëllîn.*

schapëllîn, schappëllîn 中 [*schapël* の縮小語] 小さな冠 (Kränzlein). {Tr. 676}

schaperûn, schapperûn, schaprûn 男 ① 頭巾, 僧帽 (Kapuze). ② 短い外套 (kurzer Mantel).

scháppël ⇒ *schápël.*

schar[1] 男中女 ① 鋤の刃 (Pflugschar). ② 鋭い鉄 (schneidendes Eisen). ③ 鋏 (Schere).

schar[2] 女 ① 収穫 (Ernte), 刈り入れ (Schnitt). ② 収入 (Einkünfte). ③ 軍勢の一部隊 (Abteilung des Heeres). ④ 群 (Schar), 大勢 (Menge). ⑤ 群れ一般 (Haufen überhaupt). ⑥ 賦役 (Fronarbeit). ⑦ 課せられた罰 (auferlegte Strafe). {Parz. 463, 16}

schar[3] 形 ① 切り立った (schroff). ② 急傾斜の, 険しい (steil).

scharëht 副 群れをなして (scharenweise).

schæren, schâren 動《弱》① 羽毛が生え変わる (Mauser bestehen). ②〔比喩〕適齢期になる (mannbar werden). {Parz. 424, 4}

scharf

scharf ⇨ *scharpf*.
scharf-, scharpf-lich 形 ① 鋭い (scharf). ② 粗い (rau).
scharf-, scharpf-lîche 副 ① 鋭く (scharf). ② 粗く (rau).
schar-hafte, -haft 副 群れをなして (scharenweise). {Nib. 477, 2}
schar-lachen, -lach 女 ① 上等の毛織物 (feines Wollenzeug). ② 深紅色の織物 (Scharlach). {Parz. 168, 5}
schar-meister 男 ① 軍勢の指揮者 (Hauptmann). ② 軍勢の統率者 (Führer des Heeres).
scharn 動《弱》他 再 ① 群れの中に入れる (in eine Schar bringen). ② 群れに分ける (in Scharen abteilen), 整える (ordnen). ③ 仲間に入れる (gesellen).
scharpf, scharph, scharf 形 [中独 scharp] ① 鋭い (scharf), よく切れる (schneidend). ② 粗い (rau). {Nib. 73, 2}
schar-sahs, -sas 中 かみそり (Schermesser).
schart 形 ① 刻み目のある (schartig). ② 傷ついた (verletzt). {Parz. 125, 21}
scharte 女《弱》① 切り傷 (durch Schneiden Hervorgebrachte Öffnung). ② 刃の欠け (Scharte). ③ かけら (Stück), 断片 (Trumm). ④〔植物〕たむらそう (Scharte). {Parz. 680, 9} {Tr. 7190}
schate 男《強・弱》, **schate, schete** 女 ① 陰, 日陰 (Schatten). ② 幻影 (Spiegelbild).
schatewen, schetewen 動《弱》自 陰をつくる (Schatten machen). 非 陰になる (schattig werden), 暗くなる (dunkel werden). {Ku. 56, 1}
schaz 男 [schatzes²], **schatz** 男 ① 金属細工 (Verarbeit des Metalls). ② 貴金属 (edles Metall). ③ 宝物 (Schatz). ④ 財産 (Vermögen), 富 (Reichtum). ⑤ 税 (Steuer), 貢物 (Tribut). ⑥ 価格 (Preis), 価値 (Wert). {Ku. 190, 2}
schaz-gir, -girec 形 金を欲しがる (geldgierig). {Tr. 3294}
schede-lich 形 有害な (schädlich), 害を及ぼす (Schaden bringend). {Nib. 177, 4}
schëf = *schif*.
scheffen, schepfen, schephen 動《弱》① 創る (schaffen), 造り出す (erschaffen). ② 形成する (bilden), 作る (machen). {Tr. 10116}
schefræh 形 船が通れる (schiffbar). {Parz. 354, 5}

scheften, schiften 動《弱》① 柄をつくる (Schaft machen), 柄をつける (mit einem Schaft versehen). ② 柄に差し込む (an einen Schaft stecken). ③ 鳥に人工の羽をつける (einem Vogel falsche Federn ansetzen). {Parz. 79, 29}

schëhen 動《弱》① 明るい音を出す (helle Töne von sich geben), 口笛を吹く (pfeifen). ② すばやく通り過ぎる (schnell dahin gehen). ③ 走る (rennen), 急ぐ (eilen). {Parz. 69, 7}

scheidære, -er 男 ① 分ける人 (Scheider). ② 仲介者 (Vermittler). ③ 決定者 (Entscheider). ④ 仲裁者, 審判者 (Schiedsrichter). {Er. 8492 / Nib. 1613, 4}

scheide 女 ① 分類 (Trennung). ② 別れ (Abschied). ③ 区別 (Unterscheidung). ④ 死 (Tod). ⑤ (刀や刃物の) 鞘 (Scheide).

scheiden 動〔反復〕4 他 ① 分ける (scheiden), 別にする (sondern). ② 決定する (entscheiden). ③ 終わる (beenden). ④ 説く (deuten), 解釈する (auslegen). 再 ① 分かれる (sich trennen). ② 辞去する (Abschied nehmen). ③ 終わる (ein Ende nehmen). ④ 別れを告げる (sich verabschieden). ¶ Sus schieden si sich beide / mit grôzem herzeleide. / enheten si niht gevürhtet got, / si heten iemer der werlde spot / geduldet vür daz scheiden. このようにして兄と妹は心に大きな苦しみを抱いて別れ別れになった. 二人は神を恐れなければ, この別れの代りに世の非難を耐え忍んだことだろうに. (Gr. 637-41)

schëlch[1] 男 大鹿 (Riesenhirsch), 山羊鹿 (Bockhirsch), 野生の雄馬 (Wildpferdhengst). {Nib. 937, 2}

schëlch[2] 形 [schëlhes[2]] ① 横切った (quer). ② 斜めの (scheel, schief). ③ 斜視の (schielend). ④ 曲がった (krumm).

schëlden → *schëlten*.

schelle 中 乗馬具の鈴 (Schellen am Reitzeug).

schëlle 女《弱》鈴 (Schelle).

schëllec, schëllic 形 ① 大きく響く (laut tönend). ② 怒りやすい (auffahrend), 臆病な (scheu). ③ 知覚を奪われた (betäubt), 麻痺させる (lähmend). ④ 興奮した (aufgeregt). ⑤ 荒い (wild). {Parz. 1, 19}

schëllen 動 III.2. ① 響く, 鳴る (tönen). ② 響き渡る (erschallen). ③ 大きくなる (laut werden). ④ 騒ぐ, 叫ぶ (lärmen). {Nib. 1610, 1}

schellen 動《弱》① ひびかせる (ertönen lassen). ② 音で聞こえな

くする (mit Schall betäuben). ③ 音で感動させる (mit Schall erschüttern). ④ 粉砕する (zerschmettern). {Tr. 4801}

schëlm(e), schalm(e) 男《強・弱》① ペスト (Pest). ② 疫病 (Seuche). ③ 死骸 (toter Körper). ④ 腐肉 (Aas).

schëlme-tac 男 獣疫 (Viehseuche), ペスト (Pest). {Parz. 387, 25}

schëltære, -er 男 ① 非難する人 (Tadler), ののしる人 (Beschimpfer). ② 中傷者 (Lästerer). {Iw. 7163}

schëlten, schëlden 動 III. 2. ① 叱る (schelten). ② 非難する, とがめる (tadeln). ③ 侮辱する (schmähen). ④ (判決を) 破棄する (verwerfen). 再 喧嘩する (sich zanken), 争う (streiten). ¶ dô nieman durch si niht entete, / dô huop si ein schelten. 誰も何もしようとしなかったので, 少女は罵り始めた. (aH. 1308-9)

直説法現在	
ich schilte	wir schëlten
du schiltest	ir schëltet
er schiltet	si schëltent
直説法過去	
ich schalt	wir schulten
du schülte	ir schultet
er schalt	si schulten

schëlt-wort 中 ① ののしり言葉 (Scheltwort). ② 中傷 (Lästerung).

schëm¹, scheme, schäm, schäme 女 恥ずかしいこと, 羞恥 (Beschämung), 恥ずかしさ (Scham). {Parz. 88, 30}

schëm², schëme 男《強・弱》① 蔭 (Schatten). ② 眼病 (Augenübel). ③ 仮面 (Larve).

scheme-lich 形 恥じるべき (mit dem Schamgefühl). {Iw. 3490}.

schende 女 ① 侮辱 (Schande). ② 汚辱, 辱めること (Schändung). {Tr. 11370}

schenden 動《弱》① 恥をかかせる (in Schande bringen). ② 侮辱する, 誹謗する (beschimpfen). ③ 名誉を奪う (entehren). ④ ののしる (schimpfen). ⑤ 咎める (tadeln). {Nib. 2246, 3}

schëne-schalt, -schlant 男 [= sëneschalt] ① 執事 (Seneschall). ② 最年長の召使 (der älteste Knecht). {Parz. 151, 21}

schenke¹ 男《弱》① 酌人, 献酌侍臣 (Schenk, Mundschenk). ② 召使 (Diener). ③ 〔チェス〕第8の農夫 (achter Bauer). ④ 与える

人 (Geber). {Ku. 38, 4}

schenke², schenk 囡 ① 贈物 (Geschenk). ② 宴会 (Schmaus). ③ 飲食店 (Wirtshaus). ④ 酒場 (Schenke).

schënkel, schinkel 男 ① 大腿 (Schenkel). ② 後足 (Schinken). {Er. 9080}

schenken 動《弱》① 酌をする, 注ぎ込む (einschenken). ② 飲ませる (tränken). ③ 贈る (schenken). ④ 与える (geben), 授与する (verleihen). {Nib. 408, 1}

schent 名 [フランス語 gent] 民衆 (Volk). {Parz. 313, 3}.

schepfære, schephære, -er 男 [中独 scheppêre, schepper] 創造者 (Schöpfer).

schepfen 動《弱》汲む, 汲み出す (schöpfen).

schephen 動 ⇨ *scheffen.*

schëptrum 中 [=*zëpter*]. 王笏 (Zepter). {Parz. 5, 26}

scher 形 [フランス語 cher] 愛する (lieb). {Parz. 113, 4}

schërge, schërje 男《弱》① 刑吏 (Büttel), 裁判所の召使 (Gerichtsdiener). ② 捕吏 (Scherge). {Parz. 445, 3}

scherlinc, schirlinc 男 [-ges²] 毒人参 (Schierling).

schërm ⇨ *schirm.*

schërmen ⇨ *schirmen.*

schërm-knabe ⇨ *schirmknabe.*

schërm-meister ⇨ *schirmmeiser.*

scherpfe, scherf(e) = *scharpf.*

scherpfen, scherfen 動《弱》鋭くする (schärfen). {Parz. 234. 23}.

schevalier, schevelier, tschavalier 男 [フランス語 chevalier] ① 騎士 (Ritter). ② (戦いや試合の) 鬨の声 (Schlachtruf). {Tr. 5580}

schîbe 囡《弱》① 丸 (Kugel), 円盤 (Scheibe). ② 車輪 (Rad), 円筒 (Walze). ③ 幸運の車 (das Rad des Glücks), 幸福の球 (Kugel des Glückes). {Parz. 566, 16}

schicken 動《弱》[3. schicte, schihte 6. ge-schict, -schiht] ① する, 成す (schaffen, tun), 引き起こす (bewirken). ② 準備する (bereiten, zurüsten). 再 用意をする, 準備をする (sich anschicken). {Nib. 779, 1}

schieben 動 II. 1. 他 ① 押す (schieben), 押しやる (fortrücken). ② 延期する (aufschieben). ③ 後援する (in Vorschub schieben). 自 ① ずれる, 動く (sich schieben). ② 振れ動く (sich schwingen).

	直説法現在		
ich	schiube	wir	schieben
du	schiubest	ir	schiebet
er	schiubet	si	schiebent

	直説法過去		
ich	schoup	wir	schuben
du	schübe	ir	schubet
er	schoup	si	schuben

schiech 形 [schiehes²], **schiehe, schie** 形 ① おじ気づいた (verzagt), 内気に (scheu). ② 恐ろしい (scheuslich). {Parz. 316, 13}

schiede = *scheiden* の直説法過去2人称単数, 接続法過去1, 3人称単数.

schieden = *scheiden* の直説法過去1, 3人称複数.

schiehen 動《弱》他 恐れる (scheuen), 避ける (meiden). 自 ① 内気になる (scheu werden). ② 恐れる (sich scheuen). ③ 急いで走り去る (schnell dahingehen). ¶ swie dû mich niht enschiuhest, / swie ich niemen liep sî wan dir, / swie vil dîns heiles stê an mir, / du vertrüegest doch wol mînen tôt. たとえあなたは私を追い払わないとしても, たとえ私があなた以外の誰にも好かれていないとしても, そしてたとえあなたの幸福が私にかかっていようとも, あなたは私の死に耐えてくれることでしょう. (aH. 422-5)

schielt = *schalten* の直説法過去1, 3人称単数.

schiere¹ 形 ① 速い (schnell). ② 短い時間に起こる (in kurzer Zeit folgend).

schiere², schier 副 ① すぐに (sogleich), まもなく (bald). ② ほとんど (fast, beinahe). ¶ er hât ir noch viere : / die verlius ich aber schiere. 巨人はまだ4人を捕らえたままだが, 私はまもなくこの4人の息子を失うだろう. (Iw. 4483-4) ¶ daz mirz got schiere sende! 神が私にそれを早く迎えさせてくださるように. (aH. 458)

schier-lîche 副 すぐに (sobald, sogleich).

schiet = *scheiden* の直説法過去1, 3人称単数.

schieʒen 動 II. 2. 他 ① 投げる (werfen). ② 射る (schießen). ③ 押す (schieben). ④ 突く (stoßen). ⑤ 投げる (schleudern). 自 ① 射られたように速く動く (sich schnell wie geschossen bewegen). ② 上下に動く (herab und herauf fahren). ③ ずれる (sich schieben). ¶ daz viur im ûz dem munde schôz. 口からは火を吹いていた. (Iw.

3842)

直説法現在	
ich schiu3e	wir schie3en
du schiu3est	ir schie3et
er schiu3et	si schie3ent
直説法過去	
ich schô3	wir schu33en
du schü33e	ir schu33et
er schô3	si schu33en

schif, schëf 中 [schiffes² / schëffes²] ① 船 (Schiff). ② 織機のひ (Weberschiffchen). {Tr. 7115}

schif-bruch 男 船の難破 (Schiffbruch).

schif-brüche, -brüchic 形 船の難破の (schiffbrüchig). {Er. 7064}

schif-brücke 女 《弱》(船からの荷揚げのための) 橋 (Schiffbrücke). {Tr. 13372}

schiffelîn, schëffelîn, schiffel, schëffel 中 [schif の縮小語] 小さい船 (ein kleines Schiff). {Nib. 1121, 3}

schiffen 動 《弱》自 再 ① 船でゆく (zu Schiff fahren). ② 乗船する (sich einschiffen). 他 船で輸送する (mit dem Schiff befördern). 自 上陸する (landen). {Nib. 1377, 1}

schiffer 男 ① 船乗り (Schiffer). ② 〔チェス〕第2の農夫 (vende).

schiffunge 女 ① 船に乗ること, 航海 (Schiffahrt). ② 乗船, 船に荷を詰むこと (Einschiffung). ③ 船 (Schiff), 渡し船 (Fähre). ④ 港, 波止場 (Hafen). {Tr. 3863}

schif-gerætc, -gercitc 中 航海のための船の装備 (Ausrüstung eines Schiffes für die Seereise).

schif-hërre 男 《弱》① 船長, 船主 (Schiffspatron). ② 舵手 (Steuermann).

schif-liute [複] [schifman の複数形] 船乗りたち (Schiffsleute). {Ku. 133, 3}

schif-man 男 ① 船乗り (Schiffer). ② 舵手 (Steuermann). {Ku. 111, 1}

schif-meister 男 ① 船頭, 船主 (Schiffspatron). ② 舵手 (Steuermann). {Nib. 377, 4}

schiften ⇨ *scheften.*

schif-tür 女 ① 船の乗り口 (Schiffseingang). ② 船室の入り口 (Tür zur Kajüte). {Tr. 8701}

schif-want 女 船の外壁 (die Außenwand des Schiffes). {Ku. 1137, 2}

schif-wîse 女 航海のための船の装備 (Ausrüstung eines Schiffes für die Seereise). {Tr. 7348}

schihte = *schicken* の直説法過去1, 3人称単数.

Schilbunc 男 固 男〔人名〕ニーベルンク王の息子シルブンク, ニベルンク (Nibelunc[2]) の兄弟. {Nib. 87, 3}

schilde-veʒʒel = *schiltvezzel*.

schilhen 動《弱》[中独 schilwen, schiln] ① 目くばせする (blinzeln). ② 横目で見る (schielen).

schillier ⇨ *schinnelier.*

schilt 男 [schildes[2] / schiltes[2]] ① 楯 (Schild). ②〔比喩〕守り, 保護 (Schutz). ③ 紋章 (Wappen). ④ 騎士 (Ritter). ¶ Ir schilde wâren niuwe, lieht unde breit, / und vil scœne ir helme, dâ ze hove reit / Sîvrit der vil küene in Guntheres lant. たいへん勇敢なジーフリートが, グンテルの国の宮殿に向かったとき, 騎士たちの楯は新しく, 輝いていて, 幅が広く, その兜はたいへん美しかった. (Nib. 72, 1-3)

schiltære 男 ① 楯を作る人 (Schildmacher). ② 紋章を描く人 (Wappenmaler). ③ 画家 (Maler). {Parz. 158, 15}

schilt-gespenge 中 楯の留め金, 紐 (die Spangen, Bänder des Schildes). {Nib. 214, 1}

schilt-gesteine, -steine 中 (楯を飾る) 宝石 (Edelstein). {Nib. 2212, 3}

schilt-halp, -halben 副 ① 楯の側に (auf der Seite des Schildes). ② 左に (links). {Iw. 7291} {Er. 7292, 7304}

schilt-knëht 男 ① 楯を構えた家来 (ein schildtragender Diener). ② 楯で武装した戦士 (ein schildbewaffneter Krieger). {Er. 3330}

schilt-lich 形 ① 楯の (von dem Schild), 楯に属している (zum Schild gehörend). ② 騎士の (ritterlich).

schilt-man 男 騎士 (Ritter).

schilt-rieme 男《弱》楯を肩にかけて運ぶ紐 (Band zum Umhängen und Tragen des Schildes). {Parz. 37, 2 / Er. 2314}

schilt-spange 女 ① 楯の留め金 (Schildspange). ② 楯の紐 (Band am Schild). {Nib. 2212, 2}

schilt-steine ⇨ *schiltgesteine.*

schilt-vezzel 男 楯を肩にかけて運ぶ紐 (Band zum Umhängen und Tragen des Schildes). {Nib. 436, 1}

schilt-wache, -wahte, -waht, -wacht 女 ① 完全装備の見張り (Wache in vollständiger Rüstung). ② 歩哨 (Schildwache). {Nib. 1828, 2}

schilt-wahter, -wehter 男 歩哨 (Schildwächter).

schilt-warte 女 歩哨 (Schildwache).

schilt-wërc 中 楯に属するもの (was zum Schild gehört).

schimph, schimpf 男 ① 冗談 (Scherz). ② 楽しみ (Kurzweil). ③ 比武競技 (das ritterliche Spiel). ④ 嘲笑 (Spott), 侮辱 (Schmach). {Iw. 879}

schimph-bære 形 戯れの, ふざけた (scherzhaft). {Tr. 6755}

schimphen 動《弱》自 ① 戯れる (scherzen), 遊ぶ (spielen). ② 気晴らしのために戦う (zum Spaß kämpfen). ③ 嘲笑する (spotten). 他 (を)⁴ 嘲笑する, からかう (verspotten). {Nib. 1019, 1}

schimphentiure = *schumpfentiure.* {Parz. 21, 25}

schimph-lich 形 ① 冗談の, 戯れの (scherzhaft). ② 不名誉な, 恥辱的な (schmählich). ③ 気晴らしの, 面白い (kurzweilig). {Ku. 337, 1}

schimph-lîche 副 ① 冗談に (scherzhaft). ② 不名誉にも (schmählich). ③ 気晴らしに (kurzweilig). {Iw. 2589}

schimph-mære 中 戯れの言葉 (Scherzrede), ふざけたやりとり (Scherzgespräch). {Tr. 15635}

schîn[1] 男 ① 輝き (Schein, Glanz). ② 明るさ (Helligkeit). ③ 光景 (Anblick). ④ 態度 (Benehmen). ⑤ 姿 (Gestalt), 形 (Form). {Ku. 43, 2}

schîn[2] 形 ① 明るい (hell), 輝いている (leuchtend). ② 目に見える (sichtbar). ③ 明らかな (offenbar). ¶ ez ist an manegen wîben vil dicke worden scîn / wie liebe mit leide ze jungest lônen kan. 喜びが最後には苦しみで報われることが, 多くの女性たちの身の上にたいへんしばしば明らかになっている. (Nib. 17, 2-3) ¶ daz ist dicke worden schîn そのことはしばしば明らかになっている. (Nib. 100, 4)

schîn-bære, -bærec, -bæreclich 形 ① 目立つ (in die Augen fallend). ② 輝く (leuchtend, glänzend) 美しい (prächtig). ③ 目に見える (sichtbar), はっきりした (deutlich), 周知の (offenkundig). {Tr. 14344}

schînbære-lîche 副 ① 輝いて (glänzend). ② 美しく (prächtig). ③ はっきりと (deutlich). ④ 明白に (sichtbar). {Tr. 932}

schinden 動 III. 1. [3. schant, schinte] ① 皮をはぐ (die Haut abziehen), 皮をむく (schälen). ② 皮まで盗み去る (bis auf die Haut berauben).

schîne 男《弱》① 輝き (Schein, Glanz). ② 薄明かり, 微光 (Schimmer).

schînen 動 I. 1. ① 輝く (glänzen), 光る (strahlen). ② 現われる (erscheinen), 見えるようになる (sichtbar werden). ③ 見せ掛けだけである (dem Schein nach, aber nicht wirklich sein). {Ku. 1671, 1} ¶ Ir lîp schein durch ir salwe wât / alsam diu lilje, dâ si stât / under swarzen dornen wîz. 娘の肢体は身にまとった黒っぽい衣装のために黒茨の中の百合のように白く輝いていた. (Er. 336-8)

schîn-lich 形 ① 輝く (glänzend). ② 明らかな (offenbar), はっきりした (deutlich). {Iw. 1527}

schinnelier, schillier, schëllier 中 (武具の一部) 膝蓋骨に当てる鉄の円盤 (die Eisenschale über die Kniescheibe).

schirbe, schërbe 男 女《弱》① 裂片 (Span), 破片 (Bruchstück), かけら (Scherbe). ② つぼ (Topf). {Parz. 215, 24}

schirm, schërm 男 ① 楯 (Schirm). ② 保護, 防御 (Schutz), 防衛 (Verteidigung). ③ 保護者 (Beschirmer), 後見人 (Vormund). {Nib. 496, 1}

schirmære, schërmære, schirmer 男 ① 剣士 (Fechter), 剣術の師匠 (Fechtmeister). ② 守護者 (Schützer), 保護者 (Schirmherr). {Parz. 480, 22}

schirmen, schërmen 動《弱》① (楯で) 護る (mit dem Schild schützen). ② 防衛する (verteidigen). ③ 防ぐ (parieren). ④ 戦う (fechten). ¶ wol schirmen, starke ringen, / wol loufen, sêre springen, / dar zuo schiezen den schaft, / daz tete er wol nâch sîner kraft. 首尾よく守り, 力強く格闘すること, 速く走り, 遠くまで跳び, さらには槍を投げることなどを, 力に任せてみごとにやってのけた. (Tr. 2111-3)

schirm-, schërm-knabe 男 剣術の弟子 (Lehrling in der Fechtkunst). {Ku. 361, 4}

schirm-, schërm-meister 男 剣術の師匠 (Fechtmeister). {Ku. 360, 1}

schirm-, schërm-swërt 中 試合刀 (Rapier).

schirm-, schërm-wâfen 中 試合刀 (Rapier). {Ku. 370, 2}

schiuften ⇨ *schûften*.

schiuhen, schiuwen 動《弱》他 ① おじけづかせる (verzagt, scheu machen). ② おどろかす (erschrecken). ③ 恐れる (scheuen), おどして追い払う (scheuchen). ④ 避ける (meiden). 自 ① 恥ずかしく思う (scheu empfinden). ② 恐れる (sich scheuen). ¶ nu enschiuhet mich man noch wîp : / mir hât gegeben gesunden lîp / unsers herren gebot. 今は誰一人私を避ける者はいない. 私たちの神の力により私は健康な身になった. (aH. 1479-81)

schiumelîn 中 [*schûm* の縮小語] 小さいあわ (kleiner Schaum). {Parz. 575, 20}

schiuren, schûren 動《弱》護る (schützen), 防御する (beschützen).

schoc[1] 男 [schockes[2]], **schoch, schock, schok** 男 ① 堆積 (Haufe). ② 頭頂 (Schopf). ③ 小さい束 (Büschel). {Parz. 181, 7}

schoc[2] 男 [schockes[2]], **schocke** 女 ① 揺れる動き (schaukelnde Bewegung). ② ぶらんこ (Schaukel). ③ 突風 (Windstoß). {Parz. 181, 7}

schoc[3] 中 〔数の単位〕60 (Anzahl von 60 Stücken), ショック (Schock).

schoie, schoye 女 [古フランス語 joie] ① 喜び (Freude). ② 娯楽 (Lustbarkeit). {Parz. 217, 10}

schol 男《強・弱》① 負債者, 債務者 (Schuldner). ② 創始者 (Urheber), 張本人 (Anstifter). {Er. 2401}

scholære 男 ① 負債者 (Schuldner). ② 負い目のある人 (Schuldiger).

scholt ⇨ *schulde*.

schône[1] 女 ① 大切にすること (aufmerksame Behandlung). ② いたわり (Schonung).

schône[2], **schôn** 副 ① 美しく (schön). ② 上品に (anständig). ③ 注意深く (sorgfälltig). ④ 親切に (freundlich). ⑤ 完全に (vollständig). ⑥ 既に (bereits, schon).

schœne[1] 女 ① 美しさ (Schönheit). ② 輝き (Glanz), 明るさ (Klarheit). ¶ ez schirmet geburt noch guot, / schœne, sterke, hôher muot, / ez envrumet tugent noch êre / vür den tôt niht mêre / dan ungeburt und untugent. 生まれも財産も, 美も力も喜びも, 何の役にも立たない. 死に対しては美徳も名誉も低い身分や不徳より以上の効き

目はない. (aH. 717-21)

schœne², schœn 形 ① 美しい (schön). ② 明るい (hell). ③ 輝いている (glänzend). ④ 白い (weiß). ⑤ 親切な (nett, freundlich), 思い遣りのある (schonend). ¶ mich lobet man unde wîp, / alle die mich sehende sint, / ich sî daz schœneste kint / daz si zir lebene haben gesehen. 私を見る人はみな, 男性も女性も, これまでに会ったなかで一番美しい子供だと言って私をほめてくれます. (aH. 672-5)

schônen 動《弱》① 大切にする, いたわる (schonen). ②（を）² 考慮する (Rücksicht nehmen). ③（に）³ 従う (folgen). ④（に）³ 譲歩する (nachgeben). {Nib. 496, 4}

schœnen 動《弱》① 美しくする (schön machen, verschönen). ② 飾る (schmücken). {Tr. 6636}

schœn-, schôn-heit 女 ① 美しさ (Schönheit), すばらしさ (Herrlichkeit). ② 飾り (Zierde). ③ 華麗 (Festlichkeit). ④ 歓談, 楽しみ (Uterhaltung). ¶ ir antlützes schônheit / mit dicken rîsen sî verbant / und nam ir frouwen an ir hant / und kam ze Riwalîne. 彼女の顔の美しさを厚いヴェールで包み隠し, 家庭教師は主人ブランシェフルールの手を取り, リヴァリーンのもとへ行った. (Tr. 1266-9)

schoup 男 ① 束 (Bündel). ② 藁束 (Strohbund). ③ 藁ぼうき (Strohwisch). ④ 藁のたいまつ (Strohfackel). {Parz. 82, 25}

schouwe, schowe, schou 女. ① 探しながら見ること (suchendes Schauen). ② まなざし (Blick). ③ 眺め (Anblick). ④ 外見 (Aussehen). ⑤ 姿 (Gestalt). ¶ er nam im manige schouwe / an mislîchen buochen. ハルトマンはいろいろな書物をあれこれ読んでみた. (aH. 6-7)

schouwen¹ 動《弱》① 見る (schauen, sehen). ② 観察する (betrachten). ③ 精査する (prüfen). ④ 訪ねる (besuchen). {Iw. 794}

schouwen² 中 ① 見ること (das Schauen), 観察 (Betrachtung). ② 訪問 (Besuch). ③ 外観 (Aussehen), 姿 (Gestalt). {Ku. 444, 1}

schôʒ 男 中 **schôʒ, schôʒe** 女《強・弱》① 衣服の膝を覆う部分 (der die Schöße deckende Teil des Kleides). ② 前掛け (Schürze). ③ 膝 (Schoß). ¶ wan ez hete diu vil süeze / ir lieben herren vüeze / stânde in ir schôzen. それはそのたいへん可愛い少女は大切な領主の両足を自分の膝の上にのせていたからである. (aH. 461-3)

schræjen 動《弱》① ほとばしり出る (spritzen), 散らばる (stieben). ② したたる (triefen). ③ 燃え上がる (lodern). 他 ① ほとばしり出させる (spritzen machen). ② 散らばらせる (stieben lassen).

{Tr. 6933}

schranke 男 女《弱》[中独 schanke も] ① 柵 (Schranke). ② 格子 (Gitter). ③ 交差 (Verschränkung). ④ 戸棚, たんす (Schrank). {Ku. 1402, 3}

schranken 動《弱》① よろめく足で歩く (mit wankenden Beinen gehen). ② 千鳥足で歩く (taumeln), 揺れる (schwanken). {Tr. 11258}

schrant = *schrinden* の直説法過去1, 3人称単数.

schranz 男 ① 裂け目 (Riss), 割れ目 (Spalte). ② 穴 (Loch). ③ 傷 (Wunde), 切れ目 (Scharte). ④ 若い, 着飾った男 (junger, geputzter Mann). ⑤ 伊達男 (Geck), へつらう廷臣 (Schranze).

schrât[1] 男 ① しずく (Tropfen). ② ほとばしる水 (spritzendes Wasserteilchen).

schrât[2]**, schrâte** 男《強・弱》**, schraʒ, schraz** 男《強》**, schrawaʒ, schrawaze** 男《強・弱》① 森の霊 (Waldgeist), 森の精 (Waldteufel). ② 妖魔, 妖精 (Kobold). {Ku. 112, 3}

schrawaʒ ⇒ *schrat*[2].

schrëcken[1] 動 IV. ① 登る, 上昇する (auffahren). ② 驚く (erschrecken).

直説法現在	
ich schricke	wir schrëcken
du schrickest	ir schrëcket
er schricket	si schrëckent
直説法過去	
ich schrac	wir schrâken
du schræke	ir schrâket
er schrac	si schrâken

schrëcken[2] 動《弱》① 跳ぶ (springen), 跳び上がる (aufspringen). ② 踊る (tanzen).

schrîbære, -er 男 ① 書記, 写字生 (Schreiber). ② 記録係 (Schriftgelehrter). ③ 公証人 (Notar). ④ 詩人 (Dichter). {Nib. 2233, 2}

schrîben 動 I. 1. 他 ① 書く (schreiben). ② 描写する (beschreiben). ③ 命令する (verordnen). ④ 描く (zeichnen). ⑤ 名づける (nennen). 再 ① 書き間違いをする (sich verschreiben). ② 名前を綴る (sich schreiben). ③ 自称する (sich nennen).

	直説法現在	
ich	schrîbe	wir schrîben
du	schrîbest	ir schrîbet
er	schrîbet	si schrîbent

	直説法過去	
ich	schreip	wir schriben
du	schribe	ir schribet
er	schreip	si schriben

schric 男 [schrickes²] ① 突然の上昇 (das plötzliche Auffahren). ② 跳躍 (Sprung). ③ 驚くこと (Erschrecken). {Parz. 103, 27}

schrîen, schrîn 動 I.2. 自 ① 呼ぶ (rufen). ② 叫ぶ (schreien). ③ 嘆く (jammern) 他 ① 叫ぶ (ausrufen). ② 告げる (verkünden). ③ 召喚する (berufen). ④ 告訴する (beklagen). ⑤ 嘆き悲しむ (bejammern). ¶ vil bitterlîchen si schrê: / „wê mir vil armen und ouwê! 悲痛な声で娘は叫んだ,「悲しい, 惨めな私, 悲しい」(aH. 1289-90) ¶ dâ wart geweinet und geschrît / ûf dem palase wît. そのとき大きな広間では泣き叫ぶ声が聞かれた. (Parz. 231, 23-6)

schrîer 男 ① 叫ぶ人 (Schreier). ② 触れ回り役 (Ausrufer), 伝令官 (Herold).

schrîn 男 中 ① 箱 (Schrein). ② 衣装箱 (Kasten für Kleider). ③ 金庫 (Kasten für Geld und Schatz). ④ 聖遺物箱 (Reliquienschrein). ⑤ 棺 (Sarg). ⑥ 文書箱 (Archivschrank). {Nib. 276, 1}

schrinden 動 III.1. 自 割れる (sich spalten), 破裂する (bersten).

schrîten 動 I.1. ① 大股に歩く (schreiten). ② 登る (steigen), 飛び上がる (sich schwingen). {Parz. 168, 1}

schrôten 動 〔反復〕5 ① 切る (hauen), 切り取る (abschneiden). ② 小さくする (klein machen), 切り刻む (zerstückeln).

schrunde 女 ① 刃こぼれ (Scharte). ② 皮膚の切れ目 (Riss in der Haut). ③ 割れ目 (Spalte). ④ 岩穴, 洞窟 (Felshöhle). {Iw. 4020}

Schrûtân 男 〔固〕エッツェル王の家臣, シュルターン (ein Vasall Etzels, Schrutan). {Nib. 1880, 1}

schuben = *schieben* の直説法過去 1, 3 人称複数.

schûften, schiuften 動《弱》[3. schûfte] 疾駆する (galoppieren). {Iw. 5966 / Parz. 120, 24}

schûftes 副 疾駆して (im Galopp).

schulde[1]**, schult, scholt** 女 ① 罪科 (Verschulden), 犯罪 (Vergehen). ② 理由 (Grund), 原因 (Ursache), 関与 (Zutun). ③ 義務, 責務 (Verpflichtung). {Nib. 70, 4 / 1209, 3} ¶ ouch ist uns ofte vor geseit / daz ein kint niene treit / sînes vater schulde. 子供は父親の罪を背負わないとしばしば言われる. (Gr. 475-7) ¶ ich sol von mînen schulden / ûz iuweren hulden / niemer komen, wil ez got. 私は自分の勝手であなたがたの恩寵から逃れることはできません. それが神のご意志です. (aH. 813-5)

schuldec², schuldic 形 ① 罪のある, 借りのある (schuldig). ② 義務付けられた (verpflichtet). ③ ある損害の元凶の (Urheber eines Schadens seiend). ④ 原因の (die Ursache habend).

schuldec-lich 形 ① 当然の (gebührend). ② 功労のある, ふさわしい (verdient).

schuldec-lîche 副 当然に (mit Recht), 理由あって (mit Grund). {Ku. 533, 4}

schulde-, schult-haft, schulde-, schult-haftic 形 ① 罪のある (schuldig). ② 罪に満ちた (mit Schuld behaftet). ③ 功労のある (verdient). {Parz. 525, 28}

schuldigære, -er 男 ① 原告 (Ankläger). ② 罪のある人 (Schuldiger), 被告 (Anschuldigter). ③ 債務者 (Schuldner). {Iw. 5430}

schuldigen 動《弱》① (の² ことで) 告発する (anschuldigen). ② 咎める (beschuldigen). {Tr. 12253}

schullen = *schëllen* の直説法過去 1, 3 人称複数.

schult ⇨ *schulde*¹.

schulten = *schëlten* の直説法過去 1, 3 人称複数.

schulter 女《強・弱》① 肩 (Schulter). ② 肩甲骨 (Schulterblatt). ③ (豚の) 前太股 (Vorderschinken), 肩肉 (das Fleisch an den Schultern des Schweines). {Parz. 190, 11}

schûm, schoum 男 ① あわ (Schaum). ② 鉱滓 (Metalschlacke).

schûm-blanc 形 泡のように白い (weiß wie Schaum).

schûmen¹ 動《弱》自 ① 泡立つ (schäumen). ② (に)³ 夢として現われる (als Traumbild erscheinen).

schûmen², schöumen 動《弱》泡を取り去る (den Schaum abnehmen). 再〔比喩〕(から)ᵛᵒʳ きれいにする (reinigen).

schumphentiure 女 [古フランス語 desconfiture] ① 敗北 (Niederlage). ② 征服 (Besiegung). ③ 事故 (Unfall). {Ku. 646, 2}

schunde, schünde 女 そそのかし (Anreizung).

schünden, schunden 動《弱》① (へ)²/ᵃⁿ/ᶻᵘᵒ 押しやる, 駆り立て

schuoch

る (antreiben). ②. 引き付ける, 魅惑する (reizen). {Tr. 3111}

schuoch, schuo 男 [schuohes² / schuos²] ① 靴 (Schuh). ②〔長さの単位〕シュー (Schuh). {Ku. 1199, 3}

schuohen, schuon 動《弱》他 ① (に)⁴ 靴をはかせる (Schuhe anlegen). ② (靴などを) 履く (anziehen). {Parz. 157, 8}

schuole, schuol 女 ① 学校 (Schule). ② 上級学校 (hohe Schule). ③ 学校の授業 (Schulunterricht). {Iw. 7005}

schuol-list 男 ① (学校・書物で学ぶ) 学問 (Wissenschaft), あるいは美術 (Kunst). ② (神学の) 知識 (Kenntnis). {Tr. 7971}

schuope, schuop 男《強・弱》鱗 (Schuppe).

schüpfen, schuffen, schupfen 動《弱》① (押して) 揺らす (in schaukelnde Bewegung bringen). ② 衝く (stoßen), 駆り立てる (antreiben). ③ 投げる (schleudern). ④ 押しのける (wegdrängen). {Parz. 284, 9}

schûr¹ 男 ① 保護, 防衛 (Schutz). ② 安全な場所 (Obdach), 非難所 (Schirm). {Iw. 2832}

schûr², schûre, schour, schoure 男《強・弱》① あられ (Hagel). ② 悪天候 (Ungewitter), 夕立 (Regenschauer). ③〔比喩〕苦しみ (Leid), 破壊 (Vernichtung), 破滅 (Verderben).

schür-brant 男 衣服用布地 (ein Kleiderstoff), 織物 (ein Gewebestoff). {Parz. 588, 19}. {Ku. 1455, 2}

schürfen ⇨ *schürpfen*.

schürn 動《弱》① 火をかき起こす (schüren). ② 火種を絶やさない (das Feuer unterhalten). {Ku. 996, 4}

schürpfen, schürfen 動《弱》① (火を) 打ち出す (anschlagen). ② 打つ (schlagen). ③ (獣などの) 内蔵を取り出す (ausweiden), 切り開く (aufschneiden). {Iw. 3905}

schûr-tac 男 灰の水曜日 (Aschermittwoch).

schüten, schütten 動《弱》[3. schutte] ① 振る (schwingen), 振り動かす (schütteln). ② 注ぐ (schütten). ③ 投げる (werfen). {Iw. 779}

schuʒ 男 [schuʒʒes²] ① 射撃 (Schuss). ② 矢を射ること (Pfeilschuss). ③ 槍投げ (Lanzenwurf). ④ 射程距離 (Schussweite). ⑤ リューマチの痛み (rheumatische Schmerzen). {Nib. 460, 3}

schuz-lich 形 保護の, 防御の (schützend).

sê¹ 男 [sêwes², sêwe³], **sê** 女 ① 海 (die See, das Meer). ② 湖 (der See). {Ku. 75, 3}

格	単 数	複 数
1格	der sê	die sêwe
2格	des sêwes	der sêwe
3格	dem sêwe	den sêwen
4格	den sê	die sêwe

sê², sêt, sênt 間 ごらん (sieh da!, seht da!), あそこだ (da!).

sê-barke 女《弱》船 (Seeschiff).

sê-blat 中 ① 睡蓮の葉 (Blatt der Seerose). ② 海百合の葉 (Seelilienblatt). {Ku. 1373, 4}

seckel 動 ① 財布 (Säckel, Geldbeutel). ② 小さな袋 (Täschchen). {Tr. 10827}

sëdel 男 中 ① 長椅子 (Sessel). ② 鞍 (Sattel). ③ 住居 (Wohnsitz). ④ 寝るところ, 宿泊所 (Lager), 腰掛け台 (Ruhesitz). {Ku. 685, 1}

sëdel-hof 男 中 ① 領主の家 (Herrenhof). ② 宮殿 (Residenz).

seffen, seften, saffen, saften 動《弱》① 液で満たす (mit Saft anfüllen). ② 涙で満たす (mit Tränen anfüllen).

sëgel, sigel 男 ① 帆 (Segel). ② 幕, カーテン (Vorhang). ¶ ir segele nider lâzen wurden sâ zestunt. 船の帆もすぐに降ろされた. (Ku. 290, 2)

sëgel-boum 男 帆柱 (Mast). {Ku. 1126, 4}

segelen 動《弱》帆走する (segeln). {Ku. 846, 3}

sëgel-rieme 男《弱》① 帆綱 (Segeltau). ② 索具 (Tauwerk).

sëgel-seil 中 ① 帆綱 (Segeltau). ② 索具 (Tauwerk). {Nib. 381, 1}

sëgel-tuoch 中 ① 帆 (Segel). ② 帆布 (Segeltuch).

segel-vane 男《弱》① 帆 (Segel). ② 帆布 (Segeltuch).

sëgel-wëter 中 航海に適した天候 (das für die Seereise günstige Wetter). {Parz. 767, 4}

sëgel-wint 男 ① 帆に吹き込む風 (in die Segel blasender Wind). ② 順風 (Fahrwind).

sëgen 男 [中独 seigen も] ① 十字架の印 (Zeichen des Kreuzes). ② 祈禱 (Segen). ③ 祝福 (Segnung), 祝福の言葉 (Segenspruch). ④ 呪文 (Zauberspruch).

segen, sagen 動《弱》のこぎりで切る (sägen).

sëgenen, sägen 動《弱》[縮約形 sênen, seinen] ① 十字の印を切る (das Zeichen des Kreuzes machen), 十字を切る (bekreuzigen).

② 祝福する (segnen). {Tr. 13694}

sëhe, sêje, sêe 囡 ① 視力 (Sehkraft). ② 瞳孔 (Pupille). ③ 目付き, 視線 (Blick). ④ 眺め, 景色 (Ansicht, Anblick). {Tr. 6509}

sëhen, sên 動 V. 他 ① 見る (sehen). ② 注視する (ansehen). ③ 知覚する (wahrnehmen). ④ 示す (zeigen). ⑤ 訪ねる (besuchen). 自 ① 見る (sehen), 目を向ける (blicken). ② 眺める (schauen).

直説法現在	
ich sihe	wir sëhen
du sihest	ir sëhet
er sihet	si sëhent
直説法過去	
ich sach	wir sâhen
du sæhe	ir sâhet
er sach	si sâhen

sëhs 数 〔基数〕 6 (sechs).

sëhs-stunt 数 6回 (sechsmal). {Iw. 3845}

sëhste 数 〔序数〕 6番目の (sechst).

sëhste-halp 数 〔基数〕 5.5 (fünfeinhalb).

sëhzëc, sëhzic 数 〔基数〕 60 (sechzig).

sëh-zëhen 数 〔基数〕 16 (sechzehn).

sëh-zëhende 数 〔基数〕 16番目の (sechzehnt).

sëh-zëhendec, -dist 〔序数〕 16番目の (sechzehnt).

seic = *sîgen* の直説法過去 1, 3人称単数.

seife 囡 《弱》 石鹸 (Seife).

seigære, -er 男 ① はかり (Waage). ② (本来は水・砂の) 時計 (Uhr).

seige 囡 ① 傾斜 (Senkung), 傾き (Neigung). ② 武器の向き (Richtung), ③ 照準 (Visierung).

seigen 動 《弱》 ① 沈ませる (sinken lassen), 沈める (senken). ② 傾ける (neigen). ③ (武器を) 投げる (schleudern). ④ 重さを量る (wägen). ⑤ 選ぶ (wählen). ⑥ 検量する (eichen), 検定する (visieren). {Tr. 16022}

seil 中 ① 紐 (Schnur), 綱 (Seil). ② かせ (Fessel). {Ku. 1125, 3}

seilen 動 《弱》 自 綱をつくる (Seile machen). 縄をなう (Seile drehen). 他 ① 綱をつける (mit Seilen versehen). ② 綱につなぐ (an ein Seil binden). ③ 綱で結ぶ (mit einem Seil binden). ④ しばりつ

seine[1] 形 ① ゆっくりした (langsam). ② 小さい (klein), わずかの (wenig). ③ (衣服が) 短すぎる, 狭すぎる (zu kurz oder zu eng).

seine[2] 副 ① ゆっくりと (auf langsame Weise). ② ほとんど～ない (beinahe nicht, kaum). ③〔曲言法〕まったくない (gar nicht). ¶ die schenken kômmen seine 酌人たちはだれもこない (Nib. 964, 1a)

seit 男 中 [=*sagit*] 毛織物 (ein Wollenzeug).

seite[1] 女《強・弱》① 弦 (Saite). ② なわ, 綱 (Strick). 革ひも (Schlinge). ③ いましめ, かせ (Fessel).

seite[2], **seiten** = *sagete, sageten*.

seitieʒ, seytieʒ 中〔古フランス語 saitie〕小舟 (Nachen), 速い川船 (ein schnells Flussschiff). {Parz. 668, 1}

seit-, seite-, seiten-spil 中 ① 弦楽器の演奏 (Saitenspiel). ② 弦楽器 (Saiteninstrument).

selbe-dritte 形 (自分が) 三番目の (selbdritt). {Er. 10}

sëlch 男, **sële, sël** 男《弱》あざらし (Seehund). {Iw. 3456}

selde, sölde 女《強・弱》① 住居 (Wohnung), 家 (Haus). ② 宿泊所 (Herberge). ③ 王の居城 (Wohnsitz, Residenz). ④ 農家の屋敷 (Bauernhaus).

selde = *sælde*.

sêle 女《強・弱》① 魂 (Seele). ② 事物の本質 (das Wesen eines Dinges). ¶ und swer nâch sînem lîbe / si hœre sagen oder lese, / daz er im beittende wese / der sêle heiles hin ze gote. そして自分の死後, 物語を読んだり, その朗詠を聞いたりする者が自分のために魂の救済を神に祈ってくれるようにと. (aH. 22-5)

sëleh 男, **sële, sël** 男《弱》あざらし (Seehund).

sellen, seln 動《弱》① 手渡す, 委ねる (übergeben). ② 伝える (überliefern). {Greg. 3934}

sëlp, sëlb 代 形 [sëlbes²] 代 自身 (の) (selber, selbst). 形 自身の (selb). ¶ des selben landes herre / gewan bî sînem wîbe / zwei kint diu an ir lîbe / niht schœner mohten sîn, / einen sun und ein tohterlîn. その国の領主は妻との間に二人の子供, 娘と息子をもうけたが, この二人の容姿はこの上なく美しかった. (Gr. 180-4) ¶ si engeloupten niemens sage / niuwan ir selber ougen. この人々は自分自身の目以外誰の話も信じなかった. (aH. 1392-3)

sëlp-schouwet 形〔過分〕① 自分の眼で見た (mit eigenen Augen gesehen). ② 自明の (selbst verständlich). {Parz. 148. 23}

sëlp-wahsen 形〔過分〕① 自生した, 自然に育った (von selbst gewachsen, entstanden). ② 細工されていない (ungekünstelt). ③ しつけのない, 作法を心得ない (zuchtlos). ④ 無学の, 粗野な (ungebildet).

sëlp-wege 女 (海底から自然におこる) 海の動き (Meeresbewegung).

sëlp-wësende 形〔現分〕① 自ら存在する (von selbst seiend). ② 自らの本性に基づいた (im eigenen Wesen begründet).

sëlten, sëlden 副 ① まれに, めったになく (selten). ② けっして～ない (nie). ¶ Vil selten âne huote man rîten lie daz kint, / in hiez mit kleidern zieren Sigmunt und Sigelint. 警護の者をつけないでその王子に騎乗を許すことはけっしてなかった. ジグムントとジゲリントは王子を衣装で着飾らせた. (Nib. 25, 1-2)

sëlt-sæne[1]**, sein** 女 ① 珍しいこと (Seltsamkeit). ② 稀有なこと (Seltenheit). {Tr. 3553}

sëlt-sæne[2] 形 ① 珍しい (seltsam). ② 不思議な (wunderbar). ③ 未知の (unbekannt), 稀な (selten). {Nib. 90, 4}

sëmele, sëmel, simele, simel 女《強・弱》[ラテン語 simila] ① 上等の小麦の粉末 (feines Weizenmehl). ② 小麦パン (Weizenbrot), 巻きパン (Semmel). {Er. 7191}

semfte ⇨ *senfte.*

semir = *sô mir.*

semît = *samît.*

sende ⇨ *senende, senede.*

senden 動《弱》[3. sandte, sendete 5. gesandt, gesendet] 送る (senden). 派遣する (schicken). ¶ des muoz ich schäntliche nôt / tragen unz an mîn ende. / daz mirz got schiere sende! 私はこの不面目な苦しみを私の最後の時まで耐え忍ばなければなりません. 神がその時を早くお与えくださるように. (aH. 456-8)

sene, sen 女 ① 憧れ, 恋い焦がれること (Sehnsucht). ② 恋の苦しみ (Liebsschmerzen). {Parz. 582. 2}

sene-bürde 女 愛の重荷 (Liebesbürde). {Tr. 19065}

senec, senic 形 ① 恋焦がれた (sehnsüchtig). ② 恋の苦しみに満ちた (voll Liebesschmerzen). ③ せつない (schmerzlich).

senec-lich 形 ① 恋焦がれた (sehnsüchtig). ② 恋の苦しみに満ちた (voll Liebesschmerzen), せつない (schmerzlich).

senec-lîche 副 たいへん悩んで (gramvoll).

sene-dære ㊚ 恋する男 (ein Liebender). ¶ ein senedære, ein senedærîn 恋する男と恋する女 (Tr. 128).

sene-dærîn ㊛ 恋する女 (eine Liebende). {Tr. 128}

senede, sende ㊏〔現分〕恋している (liebend), 慕っている (sehnend).

sene-genôʒ ㊚ 愛と恋の苦しみの仲間 (Genoss in der Liebe und im Liebesleid). {Tr. 1428}

sene-gluot ㊛ 恋の灼熱 (Liebesglut). {Tr. 112}

sene-, sen-lich ㊏ ① 憧れた (sehnsüchtig), 熱望した (sehnend). ② 恋に苦しむ (voll Liebesschmerz), 恋焦がれた (sehnsuchtsvoll). {Parz. 249, 28}

sene-, sen-lîche ㊄ 憧れて (sehnsüchtig), 恋こがれて (sehnsuchtsvoll). {Nib. 2247, 2}

sene-mære ㊥ 愛とその苦しみの物語 (Erzählung von Liebe und Liebesleid). {Tr. 168}

senen ㊐《弱》㊉ ① 渇望する (sich sehnen). ② 深く悲しむ (sich härmen). ③ 悩む (sich quälen). ㊄ 熱望させる (verlangen lassen). ¶ er sente sich vil sêre / daz er sô manige êre / hinder im müese lâzen. 彼はさまざまな名誉を失わなければならないことを, たいへん無念に思った. (aH. 157-9)

senende, senede, sende ㊏〔現分〕[=senec] ① 熱望している (sehnend), あこがれている (sehnsüchtig). ② ほれこんだ (verliebt), 恋している (liebend). ③ 恋の苦しみに満ちた (voll Liebesschmerzen), 痛ましい (schmerzlich). {Tr. 929}

sene-rîche ㊏ 憧れに満ちた (sehnsuchtsvoll). {Tr. 16512}

sëne-schalt, -schlant, -schas ㊚ [別形 schëneschalt, schëneschlant] ① 執事 (Seneschall). ② 最年長の召使 (der älteste Diener).

sene-viuwer ㊥ 恋の炎 (Liebesfeuer). {Tr. 929}

sënewe, sënwe, sënne, sëne ㊛《強・弱》① 腱 (Sehne). ② 弓の弦 (Bogensehne).

senfte[1] ㊛ ① 静けさ, 平穏 (Ruhe). ② 静かな生活 (ruhiges Leben). ③ 快適さ (Annehmlichkeit). {Nib. 1377, 4}

senfte[2]**, semfte, sanfte** ㊏ ① 快適な (bequem), 容易な (leicht). ② 柔い (weich), 繊細な (zart). ③ 慣れた (zahm). ④ 親切な (freundlich). ¶ gemahel, ja enist der tôt / iedoch niht ein senftiu nôt, / als dû dir lîhte hâst gedâht. 花嫁よ, 死というものはしかし, たぶんお前が考えているほど容易な苦しみではない. (aH. 931-3)

senftec-lich 形 ① 快適な (bequem). ② のんびりとした (gemächlich). ③ 温和な (mild).

senftec-lîche 副 ① 快適に (bequem). ② のんびりと (gemächlich), 落ちついて (ruhig). ③ 静かに (still). ④ 温和に (auf milde Weise). {Parz. 779.1}

senften, semften 動《弱》他 ① 快適にする (bequem machen). ② 和らげる (besänftigen). ③ 軽くする (lindern). 再 和らぐ (sich besänftigen), 軽くなる (sich lindern). 自 快適になる (bequem werden). ¶ dû wilt mîn herze brechen. / senfte mir der rede ein teil. お前は私の心臓を破ろうとしている. もっと言葉を和らげてちょうだい. (aH. 636-7)

senkel 中 ① 錘 (Senkel). ② 結び紐 (Nestel). ③ 錨 (Anker).

senken 動《弱》① 沈める (senken). ② 倒す (fällen, fallen lassen). ③ 降ろす (niederlassen). {Iw. 7080}

senunge 女 憧れ (Sehnsucht).

sêr[1] 男中 ① 痛み (Schmerz). ② 苦しみ (Qual, Leid). ③ 困難 (Not). {Nib. 1712,1}

sêr[2] 形 ① 傷ついた (wund, verletzt). ② 苦しみを与える (Schmerzen bringend). ③ 悲しんでいる (betrübt).

sêre, sêr 副 ① 痛く, 悲痛に (schmerzlich). ② 激しく (heftig), 強く (gewaltig). ③ たいへん (sehr). ¶ Hôrant klagete sêre dô den tôten. ホーラントは命を落とした者のことをたいへん嘆き悲しんだ. (Ku. 887, 4b)

sêren[1] 動《弱》自 ① 傷ついている (verwundet sein). ② 悲しんでいる (betrübt sein). ③ 苦しんでいる (Schmerz leiden).

sêren[2] 動《弱》他 ① 傷つける (verwunden), 傷を負わせる (verletzen). ② 悲しませる (betrüben). {Tr. 8993}

sêrezen 動《弱》痛む (schmerzen).

serken, sarken 動《弱》納棺する (in den Sarg legen, besargen).

sërpant 男 **sërpente** 男《弱》[フランス語 serpent, ラテン語 serpens] ① 蛇 (Schlange). ② 竜 (Drache). {Parz. 276, 10}

sës 中 さいころの六つの目 (die sechs Augen auf dem Würfel).

sêt 間 ごらん (seht), ほらここに (hier!). {Par. 270, 2}.

setzen 動《弱》他 ① 置く (setzen). ② 横たえる (legen). 再 座る, 居を構える (sich niederlassen). 自 座る (sich setzen). {Tr. 12614}

sêwe = sê の単数3格.

sewen, sêwen, seun 動《弱》自再 ① 湖をなす (einen See bilden).② 湖（海）になる (zum See, zur See werden).③ 海に流れ込む (in die See münden).{Parz. 497.9, 681.9}

sêwes = *sê* の単数 2 格.

sëʒ 囲 男 ① 居所 (Sitz), 住居 (Wohnsitz).② 攻囲 (Belagerung).{Tr. 5570}

si, sî, sie 代〔人代〕①（3 人称単数女性）彼女 (sie) の 1, 4 格.②（3 人称複数）かれら (sie) の 1, 4 格.

siben[1] 動《弱》ふるいにかける (sieben).

siben[2] 数〔基数〕7 (sieben).

sibende 数〔序数〕第七番目の (siebent).

sibenen 動《弱》再 7 証人の 1 人になる (sich zu sieben machen).他（7 証人の前で）被告に尋問する (den Angeklagten fragen).

siben-zëc, -zic 数〔基数〕70 (siebzig).

siben-zëhen 数〔基数〕17 (siebzehn).

siben-zëhende 数〔序数〕17 番目の (siebzehnt).

siben-zëhendest 数〔序数〕17 番目の (siebzehnt).

sic ⇨ *sige.*

sich 代〔再代〕（3 人称・単数・複数の 3, 4 格）自身, 自体 (sich).¶ von sîn selbes muote waz tugende er an sich nam! 王子は自分自身の心掛けによってどんなに多くの徳を身につけたかことか. (Nib. 23, 2) ¶ Des vreute sich diu reine maget. その汚れのない少女は喜んだ. (aH. 903) ¶ sich bedâhte ir gemüete / daz si si niene wolden / noch wenden ensolden / daz si sich hete an genomen : / der sin sî ir von gote komen. 二人の心は, 娘が自分で決めたことを妨げようとも思わないし, 妨げてはいけない, 娘の考えは神のものであることに気付いた. (aH. 870-4)

数	格	男性	中性	女性
単数	1 格			
	2 格	sîn	sîn	[ir(e)]
	3 格	[im(e)]	[im(e)]	[ir(e)]
	4 格	sich	sich	sich
複数	1 格	—	—	—
	2 格	[ir(e)]	[ir(e)]	[ir(e)]
	3 格	(in)	(in)	(in)
	4 格	sich	sich	sich

sich = *sëhen* の命令法 2 人称単数.

sicher

sicher¹ 形 ① 心配のない (sorglos). ② 恐れのない (ohne Furcht), 疑いのない (ohne Zweifel). ③ 危険のない (vor Gefahr beschützt). ④ 信頼できる (zuverlässig), 確かな (gewiss).

sicher² 副 ① 確実に (sicher), 確かに (gewiss). ② 本当に (wahrhaftig), 信頼できる (zuverlässig).

sicher-bote 男《弱》① 誓いを立てて使命を果たす使者 (der Bote, der durch ein Gelöbnis zu einer Leistung verpflichtet ist.). ② 後見人 (Vormund). {Parz. 741, 25}

sicher-haft 形 ① 心配のない (unbesorgt). ② 恐れのない (ohne Furcht). ③ 疑いのない (ohne Zweifel).

sicher-heit 女 ① 心配のないこと (Sorglosigkeit), 安心 (Sicherheit). ② 安全 (Sicherung), 保護 (Schutz). ③ 保証 (Versicherung). ④ 誓い (Gelöbnis), (敗者の勝者への) 服従の誓い (das Untertänigkeitsgelübde). {Nib. 315, 4}

sicher-lich = *sicher*.

sicher-lîche 副 ① 確かに (sicher). ② 落ちついて (in Ruhe), 心配なく (sorglos). ③ 信頼して (zuverlässig). ④ 本当に (wahrhaftig). {Ku. 313, 4}

sichern 動《弱》他 ① 安全にする, 保障する (sicher machen). ② 約束する (geloben). ③ 保証する (versichern). 自 ① 保証を与える (Sicherheit geben). ② (勝者に) 服従の誓いをたてる (das Untertänigkeitsgelübde leisten). {Nib. 1681, 2}

sîde 女《強・弱》① 絹 (Seide), 絹布 (Seidenstoff). ② 絹の衣装 (seidenes Gewand). {Ku. 267, 3}

sidel 中 **sidele** 女《強・弱》① 座席 (Sitz). ② (詰め物入の) 椅子 (Bank mit Polstern), 安楽椅子 (Sessel).

sidelen, sideln 動《弱》① 座席を設ける (Sitze anweisen). ② 座席を割り当てる (einen Sitz anweisen). {Nib. 31, 3}

sider 副 ① 後に (später). ② それ以来 (seitdem, seither). 前 +3 〜以来 (seit). 接 〜だから (da). {Parz. 56, 23}

sîdîn 形 ① 絹の (seiden, von Seide). ② 絹のような (seidenartig). {Nib. 1854, 2}

siech 形 ① 病気の (krank). ② 病弱な (siech). ¶ Nu vernam er daz si wære / genuoc unwandelbære / und vuorte si wider dan / hin zuo dem siechen man / und sprach zuo ir herren : "uns enmac niht gewerren, / iuwer maget ensî vollen guot." 医者は娘の気持が揺るぎないことを認め, 再び病気の若者の側に連れて行き, 娘の主人に言っ

た,「私たちを妨げるものはない. この娘は申し分ない」(aH. 1171-7)

siech-bette 中 病人の寝台 (Krankenbett).

sieche 男 女 病人 (der / die Kranke).

sieche-bære 形 病気の (krank).

siechen 動《弱》[中独 sûchen も] ① 病気である (krank sein), 病気になる (krank werden). ② (病気のため)隔離される (entfernt werden).

siech-heit, siecheit 女 病気 (Krankheit), 長わずらい (Siechtum). ¶ Der wirt het durch siechheit / grôziu fiur und an im warmiu kleit 主人は病気のため強い火をたかせ, 暖かく着込んだ. (Parz. 231, 1-2)

siech-hûs 中 (特に癩病の)病院 (Krankenhaus).

siech-lich 形 病気の (krank), 病的な (krankhaft).

siech-lîche 副 患って (krank), 病的に (krankhaft).

siech-tac, -tage 男《強・弱》① 病気 (Krankheit). ② 重病 (Siechtum).

siech-tuom 男 ① 病気 (Krankheit). ② 重病 (Siechtum). ¶ Dô im sîn gemahel bôt / vür sînen siechtuom ir tôt / und man ir ernest ersach, / dô wart dâ michel ungemach / und riuweclich gebærde. 花嫁が自分の病のために死を申し出, 人々が娘が本気であることを知ったとき, 人々は大きな苦しみに包まれ, 悲しみを身体で表わした. (aH. 987-91) {Gr. 134}

sieden 動 II. 2. 他 沸かす (kochen). 自 沸騰する (sieden), 沸き立つ (wallen).

直説法現在	
ich siude	wir sieden
du siudest	ir siedet
er siudet	si siedent
直説法過去	
ich sôt	wir suten
du süte	ir sutet
er sôt	si suten

siedic 形 沸騰している (siedend).

Sîfrit, Sigefrit 男 固 〔人名〕ニーデルラントの王ジークフリート (Siegfried).

sige, sic 男 [siges²] [中独 sege も] 勝利 (Sieg).

sige-bære 形 勝利に満ちた (siegreich). {Tr. 6189}

sige-haft 形 ① 勝利に満ちた (siegreich). ② 勝利を手にした (den Sieg habend). ¶ der sigehafte jach dô sân その勝利者はそのときすぐに言った. (Parz. 38, 10)

sige-, sig-lât 男 (金糸をあしらった) 絹布 (golddurchwirktes Seidenzeug). {Er. 1570}

sigelen 動《弱》自 帆走する (segeln), 船に乗る (schiffen). 他 船で運ぶ (zu Schiff befördern). {Parz. 16, 23}

sige-lich 形 ① 勝利に満ちた (siegreich). ② 勝利にふさわしい (dem Sieg gemäß).

sige-lîche 副 勝利に満ちて (in siegender Weise). {Parz. 4, 16}

sige-, sig-lôs 形 [中独 sëgelôs も] ① 敗北した (besiegt), 勝利できない (des Sieges verlustig). ② 奪われた (beraubt). {Iw. 7070}

sigen[1] 動《弱》勝利を収める, 勝つ (siegen).

sigen[2] = *sîgen* の直説法過去1, 3人称複数.

sîgen[1] 動 I. 1. [3. seic] ① 沈む (sich senken, sinken). ② 落下する (niederfallen). ③ (水などが) 滴る (tropfen), 落ちる (fallen). ④ 流れる (fließen). ⑤ 止む (aufhören), 減る (abnehmen). {Tr. 1741}

sîgen[2] 中 ① 沈むこと (das Sinken). ② 流れること (das Fließen), したたること (das Tröpfeln).

sige-nunft, -nuft, -nuht, -nunst, -nust 女 勝利 (Sieg).

sige-rîche 形 勝利に満ちた (siegreich).

sige-rinc 男 鎧 (Panzer).

sige-sælec 形 ① 勝利に満ちた (siegreich). ② 勝利に恵まれた (siegsbeglückt). {Tr. 16180}

Sigestap 男〔固〕ディートリヒ王の甥, ジゲシュターブ (Sigestab). {Nib. 2258, 1}

sige-vane 男 勝利の旗 (Siegspanier). {Tr. 11718}

Siglint, Sigelint 女〔人名〕① ジークフリートの母ジークリント (Sieglind). ② 人魚の名前 (Name eines Meerweibs). {Nib. 1539, 1}

Sigmunt 男 名〔人名〕ニーデルラントの王 (König von Niederland) ジークムント (Siegmund), ジークリントの夫 (Gemahl von Sieglind), ジークフリートの父 (Vater Siegfrieds).

sihe = *sëhen* の直説法現在1人称単数.

sîhte 形 ① 浅い (seicht). ② 深くない (nicht tief). ③ 少ない (gering), まったくない (gar nicht vorhanden). ¶ der valsch was an im sîhte. この人にはいつわりはまったくなかった. (Parz. 107, 28)

sihtec-lich 形 ① 目に見える (sichtbar). ② はっきりとした

(deutlich).

sihtec-lîche 副 ① 目に見えて (sichtbar). ② はっきりと (deutlich). ③ いちじるしく，明らかに (sichtbarlich).

silber 中 [中独 silver, selver も] 銀 (Silber). {Nib. 1061, 3}

silberîn 形 銀の (silbern). {Ku. 1129, 2}

silber-var 形 ① 銀色の (silberfarb). ② 銀のように白い (weiß wie Silber), 銀のように輝く (glänzend wie Silber).

silber-wîʒ 形 銀のように白い (weiß wie Silber). {Ku. 249, 4}

silenîtes 男 [ラテン語 silinitis] 〔宝石〕ジレニーテス (Silenites). {Parz. 791. 1}

sillabe, silbe 女《弱》[ラテン語 syllaba] 綴り (Silbe).

simonîe, -î 女 [ラテン語 simonia] ジモニー (Simonie), 金銭による聖職の授受 (Erteilung oder Erwerbung eines geistlichen Amtes für Geld).

simphonîen, symphonîen 動《弱》楽器 (*symphonîe*) で演奏する (spielen). {Tr. 3674}

sîn[1] 動 〔不規則〕① ある，存在する (sein). ② ～である (sein). ¶ si was sîn kurzwîle gar. この娘は領主にとって楽しみであった. (aH. 320)

直説法現在	
ich bin	wir birn, sîn
du bist	ir birt, sît
er ist	si sint

直説法過去	
ich was	wir wâren
du wære	ir wâret
er was	si wâren

接続法現在	
ich sî	wir sîn
du sîst	ir sît
er sî	si sîn

接続法過去	
ich wære	wir wæren
du wærest	ir wæret
er wære	si wæren

sin² 男 [sinnes²], **sinne** 女 ① 感覚 (Sinn), 知覚 (Wahrnehmung). ② 感性 (Sinnlichkeit). ③ 悟性 (Verstand). ④ 意識 (Bewusstsein). ⑤ 英知 (Weisheit), 術 (Kunst). ⑥ 考え (der Gedanke), 意見 (Meinung), 概念 (Begriff). ⑦ 意図 (Absicht). ⑧ 判断力 (Fähigkeit der Beurteilung). ¶ do gesach ich sitzen einen man / in almitten under in : / daz getrôste mir den sin. そのとき私はかれらのまんなかに一人の男が座っているのに気づいた. そのことが私の心を慰めた. (Iw. 418-20) ¶ nû wil ich gote gnâde sagen / daz er in mînen jungen tagen / mir die sinne hât gegeben / daz ich ûf diz brœde leben / ahte harte kleine. このはかない生活にはまったく執着しないという考えを若い私に授けた神に私は感謝したいと思います. (aH. 693-7)

sîn³ 代 ①〔人代〕3人称単数男性 (er), 中性 (ez) の2格. ②〔再代〕単数・男性・中性の2格 (seiner).

sîn⁴ 代〔所代〕所有代名詞 sein (彼の・それの).

Sindolt 男〔人名〕ブルグンドの宮廷の献酌侍臣の一人ジンドルト (Sindold).

sine-wël ⇨ *sinwël¹*.

sine-wëlle ⇨ *sinwël²*.

singære, singer 男 ① 歌い手 (Sänger). ② 抒情詩人 (lyrischer Dichter). ③ 教会の合唱指揮者 (Kantor).

singen 動 III. 1. 他 ① 歌う (singen). ② 詩を朗読する (Gedichte vorlesen). ③ 口笛を吹く (pfeifen). ④ ぱちぱち鳴らす (prasseln), しゅっ, しゅっと音を立てる (zischen). {Nib. 1048, 2}

直説法現在	
ich singe	wir singen
du singest	ir singet
er singet	si singent

直説法過去	
ich sanc	wir sungen
du sünge	ir sunget
er sanc	si sungen

sîn-halp 副 彼のために (seinetwegen). {Parz. 545, 6}

sinken 動 III. 1. 自 ① 沈む (sinken). ② (水に) 沈み込む (versinken). 他 縦坑を掘る (einen Schacht in die Tiefe richten). {Ku. 961, 1}

	直説法現在	
ich sinke	wir	sinken
du sinkest	ir	sinket
er sinket	si	sinkent

	直説法過去	
ich sanc	wir	sunken
du sünke	ir	sunket
er sanc	si	sunken

sinne ⇨ *sin²*.

sinne-bære 形 思慮深い (besonnen). {Tr. 7913}.

sinnec, sinnic 形 ① 意味深い, 含蓄のある (sinnreich). ② 分別のある (verständig), 思慮深い (besonnen). ③ 賢明な (weise), 利口な (klug). {Tr. 4723}

sinnec-lich 形 ① 思慮深い (besonnen). ② 分別のある (verständig). ③ 利口な (klug).

sinnec-lîche 副 ① 思慮深く (besonnen). ② 分別をもって (verständig). ③ 利口に (klug). {Tr. 3090}

sinne-lîn 中 *sin, sinne* の縮小語.

sinne-lôs 形 ① 分別のない (ohne Besinnung). ② 精神錯乱の (wahnsinnig). ③ 意識のない (bewusstlos), 気絶した (ohnmächtig). ④ 愚かな (töricht). {Nib. 1070, 3}

sinnen[1] 動 III. 1. ① 知覚する (wahrnehmen). ② 理解する (verstehen). ③ 気づく (merken). ④ 考えを向ける (den Gedanken richten). {Ku. 199, 3}

	直説法現在	
ich sinne	wir	sinnen
du sinnest	ir	sinnet
er sinnet	si	sinnent

	直説法過去	
ich san	wir	sunnen
du sünne	ir	sunnet
er san	si	sunnen

sinnen[2] 動 《弱》 自 熟慮する (sinnen), 考える (denken). 他 分別を与える (den Verstand begaben). 再 分別がある (sich zum Verstand gestalten).

sinnen³ 動《弱》① 狙いを付ける (visieren), 得ようと努める (trachten). ② 測定する (eichen). {Ku. 1340, 2}

sinne-rîche 形 ① 感覚豊かな (reich an Sinnen). ② 分別のある (verständig). ③ 利口な (klug). ④ 経験を積んだ (erfahren). ⑤ 聡明な (scharfsinnig).

sinne-sam 形 思慮深い (besonnen). {Tr. 2691}

sinopel 男 [中世ラテン語 sinoplum] ① 赤色 (rote Farbe). ② 調合した赤ブドウ酒 (angemachter, roter Wein). {Parz. 239.1, 809. 29}

sint¹ 男 [sindes²] ① 道 (Weg), 通り道 (Gang). ② 旅行 (Reise). ③ 側面 (Seite). ④ 方向 (Richtung).

sint² 副 ① そののち (danach). ② あとで (später). 前 +2格/3格 〜以来, 〜前から (seit). 接 〜だから (weil).

sint³ = *wësen, sîn* の直説法現在3人称複数.

sin-wël¹, **-wëlle, sine- wël, -wëlle** 女 ① 環 (Kreis). ② 丸味 (Rundlichkeit). ③ 円形のもの (Rundung), 湾曲 (Wölbung). {Tr. 16936}

sin-wël², **sine-wël, sinbël** 形 ① 丸い (rund), まったく丸い (ganz rund). ② 玉のように回っている (drehend wie eine Kugel). ③ 不定の (unbeständig), 変わりやすい (veränderlich).

sin-, sine-wëllec 形 (= *sinwël*) 丸い (rund). {Er. 7838}

sin-wëllen 動《弱》自 玉のように丸くなる (rund wie eine Kugel werden), 玉のようにころがる (wie eine Kugel rollen). 他 丸くする (rund machen). {Wa. 79. 35}

sip, sib 中 [sibes²] ふるい, 濾過器 (Sieb). {Parz. 599. 4}

sippe¹ 女 ① 親類 (Verwandtschaft). ② 親類関係の度合い (Verwandtschaltsgrad). ③ 天性, 生れつきの本性 (angeborene Art). {Nib. 754, 1}

sippe² 男 女《弱》① 血縁の男 (der Verwandte). ② 血縁の女 (die Verwandte).

sippe³ 形 ① 一族の, 親類の (verwandt). ② (と)³ 血縁の (blutsverwandt). {Nib. 754, 1}

sippen 動《弱》(の)³ 血縁である, 親戚である (verwandt sein).

sire, sir 男 [フランス語 sire]〔男性の称号〕殿下, 殿 (Herr, Sir). {Parz. 76, 11}

Sirêne, Syrêne, -ên 女 男《弱》① (ギリシャ神話の) 船の精, サイレン (Sirene). ② 男の水の精 (männlicher Wassergeist). ③ 蛇 (eine Schlange). {Tr. 4870}

sît[1] 前 +2/+3/+助 ① ～以来 (seit). ② ～した後で (nachdem). ③ ～なので (weil). ④ ～ではあるが (obwohl). ⑤ ～の間じゅう (während).

sît[2] 副 ① それ以来 (seitdem). ② あとから (nachher). ③ あとになって (späterhin). ¶ Sît wart si mit êren eins vil küenen recken wîp. 後に王女は名誉に包まれて，あるたいへん勇敢な騎士の妻となった. (Nib. 18, 4)

sît[3] 接 ① ～のあとに (nachdem). ② ～だから (weil, da). ③ ～ではあるが (obwohl). {Tr. 6833}

sîte, sît 女《強・弱》① 側面 (Seite). ② 平面 (Fläche). {Iw. 3063}

site 男《強・弱》① 生き方 (Art und Weise vom Leben). ② 人々の慣習 (Volksbrauch, Gewohnheit). ③ 方法 (Art und Weise). ④ 性質 (Beschaffenheit). ⑤ 礼儀 (Anstand). ¶ nu enist ez niht der liute site / daz ez ieman gerne tuo. 誰かがそれを進んでするというのはけっして人々の仕来りではありません. (aH. 228-9)

site-lich 形 ① 慣習に従った (dem Brauch gemäß). ② 温和な (milde), 控えめな (bescheiden). ③ 行儀の良い (anständig).

site-lîche 副 ① 慣習に従って (dem Brauch gemäß). ② 礼儀正しい (sittig), 行儀の良い (anständig). ③ ゆっくりと (langsam). {Tr. 11090}

sitzen 動 V. 自 ① 座っている (sitzen). ② 住んでいる (wohnen). ③ 支配する，治める (regieren). ④ 滞在する (sich aufhalten). 他 座って取り入れる (sitzend einnehmen). ¶ dô der meier und sîn wîp / an dem bette sâzen / alsô daz si vergâzen / durch des kindes minne / der zunge und der sinne / zuo der selben stunde / ir dewederz enkunde / ein einic wort gesprechen. 農夫とその妻は子供への愛から言葉を失い，同時に途方に暮れて，ベッドの上に座っていたとき，かれらはただの一言も話すことができなかった. (aH. 876-83)

	直説法現在	
ich sitze	wir	sitzen
du sitzest	ir	sitzet
er sitzet	si	sitzent

	直説法過去	
ich saȝ	wir	sâȝen
du sæȝe	ir	sâȝet
er saȝ	si	sâȝen

siu 代〔人代〕3人称, 女性単数の1, 4格 (sie).

格	単　数	複　数
1格	siu, si, sî, sie	sie, si, sî
2格	ir(e)	ir(e)
3格	ir(e)	in
4格	sie, si, sî, siu	sie, si, sî

siufte, siufze 男《弱》溜息 (Seufzer).

siufte-, siufze-bære 形 ① 溜息をつきながら (seufzend). ② 溜息混じりの (voll Seufzer). ③ 悲しい (traurig).

siuftec, siufzec, -ic 形 ① 溜息をつきながらの (seufzend). ② 溜息と結びついた (mit Seufzern verbunden).

siuften, siufzen 動《弱》自 溜息をつく (seufzen). 他 ① 嘆息する (beseufzen). ② 嘆く (beklagen). {Nib. 2261, 3}

siufzec ⇨ *siuftec.*

siule ⇨ *sûl.*

siure[1] 女《弱》[中世ラテン語 siro] ① だに (Milbe). ② 疥癬だに (Krätzmilbe).

siure[2]**, siurde** 女 ① 酸味, 渋味 (Säure). ② 辛さ (Schärfe). ③ 苦味 (Bitterkeit). ④ 酵母, パン種 (Sauerteig). {Tr. 10242}

siuren 動《弱》他 すっぱくする (sauer machen). 自 すっぱくなる (sauer werden), すっぱい (sauer sein). {Parz. 547, 15}

siusen 動《弱》[=*sûsen*] 自 ① ざわめく (sausen), さらさら音を立てる (rauschen). ② ぶんぶん音を出す (summen). ③ しゅっと音を立てる (zischen). ④ ぎしぎし音を立てる (knirschen). 再 ざわめきながら動く (sich sausend bewegen). ¶ dô kam ein siusen unde ein dôz / und ein selch weter dar nâch / daz in des dûhte daz im ze gâch / mit dem giezen wær gewesen: すると大きな音が聞こえ, 物音が轟き, そのあと激しい嵐が起こったので, イーヴァインは急いで水を注いだことを後悔した. (Iw. 994-7)

slâ ⇨ *slage.*

slac 男 ① たたくこと (Schlag). ② 傷 (Wunde). ③ 致命的打撃 (tötlicher Schlag). ④ 病気 (Krankheit). ⑤ 事故 (Unfall), 不幸 (Unglück). ⑥ 稲光 (Blitzschlag). ⑦ あられ (Hagelschlag). ⑧ 道 (Weg). ⑨ 方法 (Art und Weise).

slach 形 ① ゆるんだ (schlaff). ② しぼんだ, 枯れた (welk). {Parz. 183. 19}

slâf 男 ① 眠り (Schlaf). ② こめかみ (Schläfe).

slâfen 動〔反復〕2 自 ① 眠る (schlafen). ② 一緒に寝る (beischlafen). 非 (を)⁴眠らせる (schläfern). ¶ bistûz Îwein, ode wer? / hân ich geslâfen unze her? お前はイーヴァインなのか, そうでなければ誰だ. 私はこれまでずっと眠っていたのか. (Iw. 3509-10)

slâf-stat 女 寝る場所, 宿泊所 (Schlafstätte).

slage, slâge, slâ 女 ① ハンマー (Hammer), 棍棒 (Bengel). ② 叩くこと (Schlag), 打倒 (Niederschlag). ③ 痕跡 (Spur), (馬の)蹄の跡 (Spur der Hufe). 足跡 (Fährte). ④ 道 (Weg). {Parz. 379, 20}.

slage-, slege-brücke 女《弱》はね橋 (Zugbrücke). {Parz. 247, 22}

slagen 動《弱》① 手をたたく (mit Händen schlagen), ぱちぱちたたく (klatschen). ② (追われた野獣が)喘ぐ (keuchen). {Tr. 7100}

slahen, slân 動 VI. ① たたく, 打つ (schlagen). ② 討ち取る (erschlagen). ③ 屠殺する (schlachten). ④ 鍛えて作る (schmieden). ⑤ 振り動かす (schwingen). ⑥ (楽器を)たたく (Instrumente schlagen). 再 ① 動く (sich bewegen). ② ある方向に向かう (eine Richtung einschlagen). ③ ひれ伏す (sich niederwerfen). 自 ① ある方向に向かう (eine Richtung einnehmen). ② あるものに突き当たる (auf etwas treffen). ③ 到達する (gelangen). ¶ Môrolt, sît daz du danne mîn / ze slahene sô gewis wilt sîn, / sô wer dich, wellest dû genesen: モーロルト, あなたが私を倒す自信があり, 生きながらえようと思うなら, 防ぐがよい. (Tr. 6833-5)

直説法現在	
ich slahe	wir slahen
du slehest	ir slahet
er slehet	si slahent
直説法過去	
ich sluoc	wir sluogen
du slüege	ir sluoget
er sluoc	si sluogen

slahte, slaht 女 ① 殺すこと (Tötung), 屠殺 (Schlachtung), 殺害 (Mord). ② 戦い (Schlacht). ③ 種族 (Geschlecht), 由来 (Herkunft). ④ 種類 (Art), 種族 (Gattung). {Nib. 52, 4}

slange 男《弱》① 蛇 (Schlange). ② 竜 (Drache). ③ (楽園の)蛇 (Schlange im Paradies). ④ 悪魔 (Teufel).

slavenîe, slavénje, slevénje, slavîne 囡［中世ラテン語 sclavinia］① 粗末な毛織物 (grober Wollenstoff). ② (巡礼者か物もらいが着ている) 粗末な毛織物の外套 (Mantel). {Parz. 449, 7}

slegel 男 ① (たたくための) 道具 (Werkzeug), 打つもの (Schlägel). ② 棍棒 (Bengel), 重い金槌 (Hammer). ③ 打たれる場所 (Ort, wo geschlagen wird). ④ 鍛冶場 (Schmiede). ⑤ 屠殺場 (Schlachthaus). {Parz. 180, 11}

slege-tor 中 落とし門 (Falltor). {Iw. 1080}

slege-tür 囡 落とし扉 (Falltür). {Iw. 1083}

slëht 形 ① まっすぐの (in gerader Linie). ② 平らな (eben), 滑らかな (glatt). ③ 空の (leer). ④ 単純な (einfach), 質素な (schlicht). ⑤ 明らかな (klar), 正しい (richtig). ⑥ 快適な (bequem). {Parz. 4, 12}

sleht = *slahen* の直説法現在 3 人称単数.

slëhte[1], slëht 副 ① まっすぐ (gerade). ② 単純に (einfach), 簡素に (schlicht). ③ まったく (gänzlich). ④ 無秩序に (unordentlich). ⑤ 悪く (schlecht). {Er. 3228}

slëhte[2] ⇒ *slihte*

sleich = *slîchen* の直説法過去 1, 3 人称単数.

sleif[1] 形 滑らかな (glatt), 滑りやすい (schlüpfrig). {Parz. 566. 27}

sleif[2] = *slâfen* の直説法過去 1, 3 人称単数.

sleiȥ = *slîȥen* の直説法過去 1, 3 人称単数.

slich 男 ① 間道, 秘密の道 (Schleichweg). ② 足跡 (Spur). ③ 策略 (List). {Parz. 78, 5}

slîchære 男 ① 忍び歩く人 (Schleicher). ② 秘密の道を行く人 (derjenige, der einen Schleichweg wandelt). ③ 忍び入る人 (Einschleicher). {Parz. 172, 17}

slichen = *slîchen* の直説法過去 1, 3 人称複数.

slîchen 動 I. 1. ① 静かに歩く (leise gehen). ② そっと歩く, 忍んで歩く (schleichen). {Nib. 461, 4}

slîch-lîche 副 ① 秘密裏に (heimlich). ② 忍び足で, こっそり (schleichend).

slief = *slâfen* の直説法過去 1, 3 人称単数.

sliefe = *slâfen* の直説法過去 2 人称単数, 接続法過去 1, 3 人称単数.

sliefen[1] 動 II. 1. 自 滑りこむ (schliefen, schlüpfen). 他 (に)[4] 滑りこむ (schliefen). {Nib. 431, 4}

slîʒen

	直説法現在	
ich sliufe		wir sliefen
du sliufest		ir sliefet
er sliufet		si sliefent
	直説法過去	
ich slouf		wir sluffen
du slüffe		ir sluffet
er slouf		si sluffen

sliefen[2] = *slâfen* の直説法過去1, 3人称複数.

slieʒen 動 II.2. ① 閉める (schließen, verschließen). ② 包む, 囲む (umfassen). ③ 接合する (zusammenfügen). ④ 建てる (bauen). {Nib. 1102, 1}

	直説法現在	
ich sliuʒe		wir slieʒen
du sliuʒest		ir slieʒet
er sliuʒet		si slieʒent
	直説法過去	
ich slôʒ		wir sluʒʒen
du slüʒʒe		ir sluʒʒet
er slôʒ		si sluʒʒen

slîfen 動 I.1. 自 ① 滑る (gleiten), 足を滑らす (ausgleiten). ② 滑るように沈む (gleitend sinken). ③ 落ちる (fallen). 他 ① 滑らせる (gleiten machen). ② (武器を) 研ぐ (schärfen). 再 なめらかにする (sich abschleifen). {Parz. 396, 25}

slihte, slëhte 女 ① 滑らかな面 (glatte Fläche). ② 平らさ (Ebenheit). ③ 誠実であること (Aufrichtigkeit). ④ 単純さ (Einfachheit), 質素さ (Schlichtheit). {Parz. 241, 18}

slihten 動 《弱》① 滑らかにする (glätten), 推敲する (feilen). ② 整える (in Ordnung setzen), 真っすぐにする (gerade machen). ③ 調停する, 調整する (ausgleichen). ④ 削る (schlichten). {Tr. 8144}

slinden 動 III.1. 呑む (schlucken), 呑み込む (verschlingen).

slingære, -er 男 投石者 (Schleuderer). {Parz. 183, 7}

slinge 女 《強・弱》投石器 (Schleuder). {Parz. 510, 3}

slipfec, -ic 形 すべりやすい (schlüpfrig).

slîʒen 動 I.1. 自 割れる (spalten), 裂ける (zerreißen). 他 ① は

sloufen 448

ぎ取る (abstreifen). ② 分離する (abtrennen). 再 ① 裂ける (zerreißen). ② 終わる (zu Ende gehen). ③ (から)ᵛᵒⁿ 脱する (abstreifen). ④ 解ける (sich lösen). {Parz. 506, 13}

sloufen 動《弱》他 ① 滑り込ませる (schlüpfen lassen). ② 押す (schieben). 再 自 滑り込む (schlüpfen), 突き進む (dringen). 他 着せる (kleiden). {Parz. 551, 26}

slôʒ[1] 男 **slôʒe** 女《弱》あられの粒 (Schloße).

slôʒ[2], **sloʒ** 中 ① 錠 (Schloss), かんぬき (Riegel). ② いましめ (Fessel), ひも (Band). ③ 終わり (Schluss). ④ 城 (Schloss). 城市 (Burg). {Iw. 505}

slôʒ-lich 形 ① 取り囲んでいる (umschließend). ② 閉じている (schließend).

slucken 動《弱》① 呑む (schlucken). ② すすり泣く (schluchzen).

sluoc = *slahen* の直説法過去 1, 3 人称単数.

slüʒʒel 男 ① 鍵 (Schlüssel), 圧閉錠の鍵 (Drücker). ② 音部記号 (Notenschlüssel). ③ バイオリンの糸巻き (Geigenwirbel).

smac, smach 男 [smackes[2], -ches[2]] ① 味覚 (Geschmackssinn), 趣味 (Geschmack). ② 情欲 (Gelüste). ③ 嗅覚 (Geruch), 芳香 (Duft). {Parz. 186, 10}

smac-haft, -haftic 形 ① 良い味の (wohlschmeckend). ② 良い臭いがする (wohlriechend).

smacken 動《弱》① 味がする (schmecken), 知覚する (wahrnehmen). ② 臭う (riechen). ③ 効果がある (eine Wirkung haben). {Tr. 11602}

smæhe[1] 女 ① 軽蔑的な取り扱い (verächtliche Behandlung). ② 軽蔑 (Verachtung). ③ 侮辱 (Schmach). ④ ののしり (Schimpf). {Parz. 541, 8}.

smæhe[2], **smæhede** 形 ① 小さい (klein). ② 価値の低い (gering). 悪い (schlecht). ③ 身分の低い (niedrig), 軽蔑すべき (verächtlich). ④ 屈辱的な (verschmählich), 軽蔑された (verachtet).

smæhe[3] 副 ① 屈辱的に (verschmählich). ② 悪く (schlecht).

smæhe-lich 形 ① 小さい (klein). ② わずかな (gering), 悪い (schlecht). ③ 軽蔑すべき (verächtlich). ④ 侮辱的な (schmählich). ⑤ 軽蔑された (verachtet).

smæhe-lîche 副 屈辱的に (verschmählich). {Ku. 737, 3}

smâhen[1] 動《弱》自 ① 価値のないものに見える (gering dünken).

② 軽蔑に値する (verächtlich sein). {Parz. 133, 26}

smâhen², smæhen, smæen, smân 動《弱》他 ① 取るに足りないものとして扱う (geringfügig behandeln). ② 軽蔑する (verachten), 侮辱する (schmähen). ③ 対面を汚す (beschimpfen), 名誉を奪う (entehren). {Parz. 1, 3}

smal 形 ① 小さい (klein), わずかの (gering). ② 少しの (wenig), 乏しい (knapp). ③ 狭い (schmal, nicht breit). {Nib. 571, 3}

smal-heit 女 ① 狭いこと (Schmalheit). ② 乏しいこと (Knappheit).

smaln 動《弱》自 ① 小さくなる, 少ない (klein werden, sein). ② 少なくなる, 少ない (gering werden, sein). ③ 乏しくなる, 乏しい (knapp werden, sein). 他 小さくする (klein machen). {Tr. 17050}

smarac, smaract, -agt, smarât, smaracte, -agde, smarâde 男《弱》[ラテン語 smaragdus] 緑玉, エメラルド (Smaragd). {Parz. 14, 20}

smaractîn 形 緑玉の, エメラルドの (von Smaragd).

smâreides 男 緑玉 (エメラルド), スマラクト (Smaragd). {Iw. 623}.

smecken 動《弱》① 味がする (schmecken). ② においがする (riechen). ③ 感じる (empfinden). ④ 香りがでる (einen Geruch von sich geben). {Tr. 12009}

smeichen, smeicheln 動《弱》①（に)³ お世辞を言う, ほめる (schmeicheln). {Parz. 115, 21}

smeln 動《弱》小さくする (klein machen), 狭くする (schmal machen, schmälern).

smëlzen 動 III. 2. ① 溶ける (schmelzen). ② 溶け去る (zerfließen).

直説法現在	
ich smilze	wir smëlzen
du smilzest	ir smëlzet
er smilzet	si smëlzent

直説法過去	
ich smalz	wir smulzen
du smülze	ir smulzet
er smalz	si smulzen

smelzen 動《弱》他 ① 溶けさせる (schmelzen lassen). ② 溶かす (schmelzen). ③ 金属を溶かして作る (durch Metallguss machen). ④ 脂肪状にする (fettig machen), 脂でいためる (in Schmalz braten).

smër   450

自 溶ける (schmelzen). {Parz. 184, 10}
smër 中 男 [smërwes²] ① 獣脂 (Schmer). ② 脂肪 (Fett).
smërze 男《弱》, 女 痛み (Schmerz).
smërzen 動《弱》III. 2. 痛む (schmerzen). {Tr. 11891}
smîde 女 金属 (Metall), 金属製飾り (Schmuck).
smiden 動《弱》① 鍛錬する (schmieden). ② 槌で打つ (hämmern). ③ (に)³ たたき込む, 銘記させる (einbleuen). {Parz. 152, 5}
smiegen 動 II. 1. 他 ① 曲げて合わせる (schmiegen). ② 引き寄せる, 収縮させる (zusammenziehen). ③ 押しつける (drücken). 再 ① 頭を下げる, かがむ (sich ducken). ② 縮む, 集まる (sich zusammenziehen). ③ 屈伏する (sich unterwerfen). ¶ ich hete in mîne hant gesmogen / daz kinne und ein mîn wange. 私は顎と片方の頬を私の手に合わせた. (Wa. 8, 7-8)

直説法現在	
ich smiuge	wir smiegen
du smiugest	ir smieget
er smiuget	si smiegent

直説法過去	
ich smouc	wir smugen
du smüge	ir smuget
er smouc	si smugen

smielen, smieren 動 笑う, 微笑する (lächeln). {Ku. 843, 3}
smirl, smirle 男《強・弱》小さい鷹 (Zwergfalke).
smirlîn 中 [*smirl, smirle* の縮小語] 小さな鷹 (Zwergfalke). {Tr. 2203}
smit 男 [-des²] ① 金属細工師 (Metallarbeiter). ② 鍛冶屋 (Schmied). ③〔チェス〕第2の農夫 (der zweite Bauer).
smitte 女《強・弱》鍛冶屋の仕事, 鍛冶工場 (Schmiede). {Parz. 112, 28}
smouc = *smiegen* の直説法過去1, 3人称単数.
smücken, smucken 動《弱》他 ① 曲げる (schmiegen). ② 収縮させる, 集める (zusammenziehen). ③ 押しつける (drücken). ④ こっそり手渡す (zustecken). 再 縮む (sich zusammenziehen), 曲がる (sich schmiegen). 他 ① 着せる (kleiden). ② 飾る (schmücken). {Parz. 713. 13}
smugen = *smiegen* の直説法過去1, 3人称複数.

snabel 男 ① くちばし (Schnabel). ② (上に曲がった) 靴の爪先 (aufkrümmte Schuhspitze).
snarre 女 一弦の弦楽器, 一弦琴 (Schnarr).
snarren 動《弱》① 音を立てる, 鳴り響かせる (schnarren). ② 喋る (schwatzen).
snarren-zære 男 ① 一弦琴の演奏者 (Schnarrspieler)
snê 男 [snêwes²] 雪 (Schnee). {Ku. 503, 3}
snê-balle 男《弱》雪玉 (Schneeball).
snê-bellîn 中 [*snêballe* の縮小語] 小さい雪の玉 (Schneebällchen).
snê-blanc 形 雪のように白い (schneeweiß).
snê-blint 形 雪に遮られて, 雪に目がくらんで (geblendet vom Schnee).
snecke, snegge 男《弱》① 蝸牛 (Schnecke). ② 亀 (Schildkröte). ③ 乗物 (Fahrzeug), 船 (eine Art Schiff). ④ 回り階段 (Wendeltreppe). ⑤ 攻城装置 (Belagerungsmaschine). {Parz. 668, 1}
snê-dicke 形 雪片のように密に (dicht gedrängt wie die Schneeflocken). {Tr. 10962}
sneit = *snîden* の直説法過去1, 3人称単数.
snël 形 ① 速い (schnell), 急速な (rasch). ② 新鮮な (frisch). ③ 活発な (gewandt), 力強い (kräftig). ④ 勇敢な (tapfer). ⑤ 熱心な (eifrig). ⑥ 直ぐに準備する (schnell bereit). ¶ Sîfrit was geheizen der snelle degen guot. その勇敢で, すぐれた騎士はジーフリートと名付けられていた. (Nib. 21, 1)
snël-heit 女 ① 急速な動き (die eilende Bewegung). ② 速さ, 速度 (Schnelligkeit). ③ 熱意 (Eifer). ④ 勇敢さ (Tapferkeit). {Er. 5533}
snëlle¹ 女 速いこと (Schnelligkeit). {Er. 2845}
snëlle², snël 副 速く (schnell), 急速に (rasch).
snëllec-heit = *snëlheit*.
snëllec-lich 形 ① 速い (schnell). ② 突然の (plötzlich).
snëllec-lîche 副 ① 速く (schnell), 急速に (rasch). ② 突然に (plötzlich). {Parz. 36,14 / Tr. 16173}
snellen 動《弱》自 (指で) はじく, パチッと鳴らす (schnalzen). 他 ① いたずらをする (ein Schnippchen schlagen). ② 投げつける (schnellen). 再 素早く動く (sich rasch bewegen), 急ぐ (sich beeilen). {Parz. 368, 12}
snël-lich 形 ① 速い (schnell, mit Schnelligkeit), 急速な (rasch). ② 突然の (plötzlich). {Parz. 573, 5}

snël-lîche(n) 副 ① 速く (schnell, mit Schnelligkeit), 急速に (rasch). ② 突然に (plötzlich). ③ 力強く (kräftig). {Parz. 60.3}

snê-var 形 雪のように白い (schneeweiß). {Er. 2081}

snê-vlocke 男《弱》雪片 (Schneeflocke).

snê-wec, -wic 形 ① 雪のような, 雪の積もった (schneeig). ② 雪の中にある (im Schnee befindlich). {Parz. 296, 3}

snê-wîʒ 形 ① 雪のように白い (schneeweiß). ② 輝いている (glänzend). ③ 澄んだ, 汚れのない (rein).

snî-dære, -er 男 ① 仕立屋 (Schneider). ② 切断機 (Abschneider). ③ 刈り手 (Schnitter). ④ 彫刻者 (Schnitzer). ⑤〔チェス〕第 3 の農夫 (*vende*).

snîde 女 ① (刀, 小刀の) 刃 (Schneide). ② (武器の) 先端 (Spitze der Waffe). {Parz. 159, 19}

snîdec, -dic 形 ① 鋭い (scharf), よく切れる (schneidend). ② 強い (stark), 力強い (kräftig). ③ 熟れた (reif).

snîden 動 I.1. ① 切る (schneiden). ② 切りながら押し入る (schneidend eindringen). ③ 鋭くある (scharf sein). 他 ① 傷つける (verletzen). ② 切り刻む (zerschneiden). ③ 切り取る (abschneiden). ④ 分ける (trennen). ⑤ 作る (formen). ⑥ 仕立てる (Kleider zuschneiden und anfertigen). ¶ ob dich dîn lip erbarme, / so bedenke disen smerzen : / ich snîde dich zem herzen / und brichez lebende ûz dir. 自分が可愛そうだと思うなら, この痛みを考えなさい. 私はお前を心臓のところまで切り, それを生きながら取り出す. (aH. 1090-3)

snîe 女 雪 (Schnee), 吹雪 (Gestöber).

snîen ⇨ *snîwen.*

snit 男 ① 切ること, 切り口 (Schnitt). ② 切傷 (Wunde). ③ 切断 (Beschneidung). ④ 切りこみ (Einschnitt). ⑤ 切り取り (Schnitt). ⑥ 収穫 (Ernte), 収穫期 (Zeit der Ernte). ⑦ 利益 (Gewinn). ⑧ 刃 (Schneide), 刃先 (Schärfe). {Tr. 4981}

snite, snitte 女《弱》① 切ること, 切り口 (Schnitt). ② 切り取られたもの (abgeschnittenes Stück). ③ 切片, 小切れ (Schnitte).

sniten = *snîden* の直説法過去 1, 3 人称複数.

snîwen, snîen 動《弱》/ 動 I.2. 自 雪が降る (schneien), 雪のように降る (wie Schnee fallen). 他 雪を降らせる (einen snê snîwen の形で). {Parz. 281, 13}

snuor 女 ① 紐 (Schnur), 綱 (Seil). ② 弦 (Saite). ③ テントの綱

(Zeltschnur). ④ 測定用紐 (Messschnur). ⑤ (大工の) 赤紐 (Rötelschnur). {Ku. 980. 4}

snuor-garn 囡 結び糸 (Bindfaden).

snurren 動《弱》目 ① ごろごろと鳴る (sausen). ② 音を立てて行く (sausend fahren), 行かせる (sausend fahren lassen). 他 ① 音を立てて行き, 到達する (sausend fahren und etwas erreichen). ② 狩り立てる (aufstöbern).

snürrinc 男 [-ringes²] ① (女性の) 頭飾りの一部 (ein Teil des Kopfputzes). ② 道化師 (Possenreißer), 愚か者 (Narr, Tor). {Parz. 780. 9}

sô 副 [中独 sâ も] ① そのように (so). ② それゆえ, それから (darum, dann). ③ 〜のように (als). ④ もしも〜ならば (wenn). ⑤ [関係代名詞的に] 〜であるところの (der). ¶ kumt si her ze lande, sô hâst du immer freude unde wünne. あの王女がこの国へ来られたら, あなたはいつも喜びと幸せに包まれることでしょう. (Ku. 212, 4)

sô-getân, -tân 形〔過分〕同じような性質の (so beschaffen), そのような (solch).

soldân¹ 男 回教国君主 (Sultan). {Er. 2004}

soldân² 男 [=*soldenære*] 傭兵 (Söldner), 雇われ戦士 (Soldkrieger).

soldât 男 ① 給金 (Sold). ② 報酬 (Lohn).

sölde ⇨ *selde*.

solden 動《弱》他 ① 報いる (lohnen). ② 報酬を支払う (Sold zahlen). 目 ① 傭兵を募集する (Söldner anwerben). ② 雇う (in Sold nehmen). {Nib. 2130. 4}

soldenære, -er 男 傭兵 (Söldner), 雇われ戦士 (Soldkrieger).

soldenen 動《弱》給料を出して雇う (besolden).

soldenier 男 傭兵 (Söldner).

soldîe 囡 給金 (Sold), 報酬 (Lohn).

soldier 男 傭兵 (Söldner). {Parz. 21, 12}

soldieren 動《弱》① 報いる (belohnen), (報酬を) 支払う (bezahlen). ② (傭兵を) 募集する (anwerben), 傭う (in Sold nehmen).

soldierse 囡《弱》女性戦士 (Soldatenweib). {Parz. 341, 24}.

soldimënt, soldamënt, -ënte 匣 ① 給金 (Sold). ② 報酬 (Lohn). {Parz. 77, 5}

soldîn 匣 [ラテン語 solidus] 小さい硬貨 (kleine Münze).

so-lich, solch, solh, sölch, sölh, sulch, sülch 代 ① そのよう

soligen

な性質の (so beschaffen). ② そのような (solch). ¶ belîbe ich âne man bî iu / zwei jâr oder driu, / sô ist mîn herre lîhte tôt, / und komen in sô grôze nôt / vil lîhte von armuot, / daz ir mir solhez guot / zeinem man niht muget geben, / ich enmüese alsô swache leben / daz ich iu lieber wære tôt. 私が結婚しないで2，3年ここに居たら，ご主人はおそらく死に，私たちは，おそらく貧困のため，大きな苦しみに陥り，あなたがたは充分な持参金を払えず，私はたいへん惨めな日々を送り，むしろ死んだほうがましになるでしょう．(aH. 747-55)

soligen, solgen, sulgen 動《弱》他 再 よごす，汚す (beschmutzen). ¶ mit sînem schûme solgete er daz bett und al die bettewât 泡で彼はベッドとシーツを汚した．(Tr. 13536-7)

soln, scholn, suln, schuln 動〔過現〕① ～すべきだ(sollen, verpflichet sein). ② ～にふさわしい (angemessen sein). ③ 負債のある (schuldig sein). ④ ～ねばならない (müssen). ⑤ ～するように (mögen). ⑥〔未来〕～であろう (werden). ⑦ ～しよう (wollen). ⑧〔接続法過去の書換え〕[*solte*＋不定詞] ～だろうに (würde). ¶ zewâre dem sult ir mich geben, / sô ist geschaffen wol mîn leben. あなたがたはその人に私を与えてください．そうすれば私の生涯は安泰です．(aH. 777-8) ¶ ir sult die maget lâzen leben. あなたはこの少女を生かしてください．(aH. 1280)

	直説法現在
ich sol, sal	wir suln
du solt, salt	ir sult
er sol, sal	si suln

solt 男 [soldes²] ① 報酬 (Lohn), 報いること (Belohnung). ② 給金 (Sold). ③ 義務 (Pflicht). ④ 負債, 責務 (Schuld). ⑤ 贈り物 (Geschenk, Gabe). {Nib. 259, 1}

solt-ritter 男 傭兵 (Ritter im Sold).

son- ⇒ *sun-*.

sorc-, sorge-haft 形 ① 心配に満ちた (sorgend). ② 苦しみに満ちた (kummervoll).

sorc-, sorge-lich 形 ① 心配な (bekümmert), 心配した (besorgt). ② 危険な (gefährlich). ③ おじ気付いた (ängstlich). {Nib. 834, 4}

sorc-, sorge-lîche 副 ① 心配して (besorgt). ② 危険を伴って (gefährlich). ③ おじけづいて (ängstlich). {Ku. 254, 4}

sorc-sâm 形 ① 危険な (gefährlich). ② 注意深い (sorgfältig). ③ 心配な (sorgend). {Tr. 5108}

sorc-veltic 形 ① 注意深い (sorgfältig). ② 心配している (Besorgnis erregend), 危険な (gefährlich).

sorgære, -er 男 ① 心配する人 (derjenige, der für etwas sorgt). ② 苦しみに満ちた人 (der Kummervolle). ③ 不幸な人 (der Unglückliche). {Tr. 2616}

sorge 女《強・弱》① 心配 (Sorge), 不安 (Besorgnis). ② 恐れ (Furcht). ③ 苦しみ (Kummer). ④ (戦いでの) 危険 (Gefahr). ¶ ir sorge diu was grôz. 王女たちの不安は大きかった. (Ku. 1219, 2b) {Iw. 1534}

sorge-bære 形 心配させる (Sorge erbringend). {Ku. 589. 4}

sorge-haft 形 ① 心配しながら (sorgenel). ② 苦しみに満ちた (kummervoll). {Tr. 79}

sorge-lôs 形 心配のない (frei von Sorge).

sorgen 動《弱》自 (を)²/nâch/ûf/umbe/ze 心配している (bekümmert, besorgt sein). 他 恐れながら果たす (mit Sorge erfüllen). {Nib. 356. 1}

sorgen-lære = *sorgenlôs.*

sot 形 愚かな (töricht).

sot, sote 男《弱》愚か者 (Tor). {Tr. 8631}

souc = *sûgen* の直説法過去 1, 3 人称単数.

soum[1] 男 ① 縁 (Saum). ② (衣服の) 綴い縁 (genähter Rand).

soum[2] 男 ① 馬の荷 (Pferdelast). ②〔量の単位として〕ラスト (Last). ③ 駄馬が運べる量の荷 (so viel wie ein Saumtier tragen kann). ④ 駄馬 (Saumtier). {Nib. 968. 2}

soumære, söumære, -er 男 ① 駄馬 (Saumtier). ② 荷車 (Frachtwagen) を引く人 (Führer). {Nib. 764, 4}

soumen 動《弱》(積み荷として) 駄馬に乗せて運ぶ (auf Saumtiere laden und fortschaffen). {Nib. 918. 2}

soum-schrîn 男 ① (駄馬に乗せる) 箱 (Kasten). ② 旅行箱 (Reisekasten). ③ 駄馬に乗せて運ぶための長持 (Truhe für Saumtiertransport). {Nib. 779. 1}

spache 男《弱》女《弱》① 枯れた柴 (Reisig), 枯れた小さい薪 (dürres kleines Brennholz). ② (乾燥した) 木片 (Holzscheit). {Parz. 219, 10}

spæhe[1] 女 ① 利口さ (Klugheit). ② 英知 (Weisheit). ③ 芸術

spæhe

(Kunst). ④ 熟練 (Kunstfertigkeit). ⑤ 優美さ (Zierlichkeit). ⑥ 奇妙なやりかた (wunderliche Weise). {Tr. 3034 / 9904}

spæhe[2] 形 ① 賢明な (weise), 利口な (klug), 狡猾な (schlau). ② 美しい (schön, herrlich), すばらしい (wunderbar). ③ 精巧な (kunstvoll). ④ 尊大な (übermütig). ⑤ 嘲笑的な (spöttisch). {Nib. 576, 1}

spæhe[3], **spâhe** 副 ① 精巧に (kunstvoll), 優美に (zierlich). ② 独特に (seltsam). ③ 尊大に (übermütig). ¶ ir gruoz wart spæhe undersniten / mit vil seltsænen siten : / ir herzeliep wart alsô grôz / daz in daz lachen begôz / der regen von den ougen. 人々の挨拶は奇妙にさまざまで, 不思議な作法が見られた. 人々の心の喜びは大きく, 目から涙の雨が人々の笑いの上に降りかかった. (aH. 1411-5)

spæhe-lich 形 ① 美しい (zierlich). ② 技巧に満ちた (kunstvoll).

spæhe-lîche 副 ① 美しく (zierlich). ② 芸術的に (kunstvoll).

spâh-heit, spâcheit 女 優美さ (Zierlichkeit), 熟練 (Kunstfertigkeit). {Tr. 10979}

spalten 動〔反復〕1 割る, 裂く (spalten). {Parz. 292.22}

span[1] 男 ① 緊張 (Spannung). ② 不和 (Zerwürfnis). ③ 争い, 訴訟 (Streitigkeit). {Parz. 181,1}

span[2] = *spinnen* の直説法過去1, 3人称単数.

spân 男 ① 木片 (Holzstück, Holzspan), 木のかけら (Holzsplitter). ② 血縁関係の度合い (Verwandtschaftsgrad). ③ 割り符への切り込み (Einschnitt ins Kerbholz). ④ 争い (Streit), 不和 (Zwist). {Parz. 128, 30}

span-bette 中 ① 床面がつり紐で支えられた寝台 (Bett). ② つり床 (Tragbett). {Parz. 230, 17}

Spâne, Spânje 名〔地名〕スペイン (Spanien). ¶ er unde von Spânje Walther 彼とスペインのワルター (Nib. 1756, 3a).

spanen 動 VI. ① 誘う, おびき寄せる (locken). ② 魅惑する (reizen). ③ 駆り立てる (antreiben).

spange 女《強・弱》① 留め金 (Spange). ② かんぬき (Riegel). ③ 金具 (Beschlag). ④ 金属製の環 (Reif, Band von Erz). ⑤ 兜の紐 (das Band des Helmes). {Nib. 2277, 2}

spaniôl 男 ① スペイン人 (Spanier). ② スペイン産の馬 (spanisches Ross). {Tr. 9215}

spanisch 形 スペインの (spanisch). {Ku. 1109, 3}

spanne 女《強・弱》広げた手の幅 (Handbreite). {Nib. 73, 3}

spanne-breit 形 ひと張りの幅の (eine Spanne breit). {Er. 1550}

spanne-dicke 形 ひと張りの厚さの (eine Spanne dick).

spanne-lanc 形 ひと張りの長さの (eine Spanne lang).

spannen 動〔反復〕1 [3. spien 5. spienen] 他 ① 張る (spannen). ② 差し込む (stecken). 自 ① 広がる (sich dehnen). ② 張られている (gespannt sein), 喜んでいる (freudig erregt sein). ¶ Gezelt unde hütten spien man an daz gras. 人々は草の上にテントを張り, 小屋を建てた. (Nib. 1515, 1) ¶ spiens' im an die hant その腕環を彼の手に差し込んだ. (Nib. 1706, 3)

span-sënewe, -senne 女《弱》① 腱 (Sehne). ② 投石器を張るための仕掛け (Vorrichtung zum Spannen eines Wurfgeschützes). {Parz. 508, 30}

sparn, sparen 動《弱》① 倹約する (sparen). ② 大切にする (schonen), 保つ (erhalten). ③ 躊躇する (zögern), 延期する (aufschieben). ④ 中止する, 思い止まる (unterlassen). ¶ swaz er im hete ê gespart, / wie wol daz nû gedienet wart / und wie schône er sin genôz! 農夫がハインリヒから受けた恩の恩返しが, なんと見事に奉仕によってなされ, なんと素晴らしくハインリヒがそれを享受したことか. (aH. 285-7)

sparre 男《弱》① 棒 (Stange). ② 角材, 梁 (Balken). ③ (紋章の) 斜の中帯 (Querbalken). {Ku. 137, 1}

sparwære 男 はいたか (Sperber). {Er. 189}

spat 男 (馬の) ひざの病気 (Kniesucht), くるみ大のこぶ (nussgroße Beule). {Parz. 115, 5}

spâte, spât 副 遅く (spät).

spæte[1], spâte 女 ① 遅い時間 (späte Zeit). ② 夕刻, 晩 (Abend). ③ 夜 (Nacht).

spæte[2] 形 遅い (spät). ¶ Es was dennoch sô spæte / daz ninder huon dâ kræte. / hanboume stuonden blôz : / der zadel hüener abe in schôz. 時刻はまだどこからも鶏の鳴き声は聞こえない頃だった. 餌の不足が鶏たちを梁から射落としてしまっていた. (Parz. 194, 5-8) {Tr. 13638}

spehære, -er 男 [アレマン方言 spieher も] ① 偵察者, 間諜 (Späher), 斥候 (Kundschafter). ② 予見者, 予知者 (Vorausseher).

spëhe 女 ① 探索 (prüfendes Betrachten). ② 調査 (Untersuchung). ③ 注意すること (Aufpassen). ④ 見張ること, 待ち伏せ (Lauer). ⑤ 斥候, 見張り人 (Späher). {Ku. 730, 1}

spëhen 動《弱》① 見る (sehen). ② 探しながら，あるいは判断しながら見る (sehend oder beurteilend schauen). ③ 観察する，うかがう (betrachten). ④ 斥候する，偵察する (spähen). ¶ nu begunde er suochen unde spehen, / unz daz er durch die want / ein loch gânde vant, / und ersach si durch die schrunden / nacket und gebunden. ハインリヒは中の様子を探りたいと思い始め，やがて壁に穴を見つけた．その隙間から少女が裸で縛り付けられているのを見た．(aH. 1228-32). {Nib. 592, 1}

spëhere, spëhære, -er 男① 密偵 (Spion). ② 見張り人，間諜 (Späher).

Spehtshart 名〔地名〕シュペッサールト (Spessart). 森の名. ¶ dâ zem Spehtshart そこシュペッサールトの森で (Nib. 967, 3a).

spël 中 [spëlles²] ① 物語 (Erzählung), 童話 (Märchen), 寓話 (Fabel). ② 無駄話 (leeres und albernes Gerede). ③ 雑談の対象 (Gegenstand des Geredes). {Parz. 809, 23}

spëllen 女《弱》他 ① 物語る (erzählen). ② 話す (reden), しゃべる (schwatzen). 再 童話のようになる (märchenhaft werden). {Tr. 4059 / 8618}

spëlte, spilte 女《弱》① 裂けた木片 (abgespaltenes Holzstück), 槍の破片 (Lanzensplitter). ② 織物のための道具 (Handgerät der Weberei). {Tr. 6559}

spenge 中 ① 金属の輪 (Band aus Metall), ② (楯や装備の) 留め金 (Spange).

spengeln 動《弱》① 留め金をつける (mit Spangen versehen). ② (留め金で) 結びつける (verbinden).

spengen 動《弱》他 ① 留め金をつける (mit Spangen versehen). ② (留め金で) 結びつける (verbinden). 再 ① 縮む (sich zusammen ziehen). ② 閉じこもる (sich sperren), 抵抗する (Widerstand leisten). {Nib. 1038, 3}

spër 中 男 ① 槍 (Speer). ② 槍先 (Speerspitze). ¶ ir ietweder sîn sper / durch des andern schilt stach / ûf den lîp daz ez zebrach / wol ze hundert stücken. 二人の騎士は互いに相手を倒そうと相手の楯目掛けて槍を突刺したので，楯は百もの破片となって砕けた．(Iw. 1014-7)

sperbære ⇨ *sperwære*.

spër-halp 副 槍の側に (auf der Speerseite), 右側に (rechts).

spër-îsen 中 槍の鉄の尖端 (die eiserne Spitze des Speeres). {Parz.

59, 12}

spër-knappe 男 徒歩で戦う槍戦士 (Fußkrieger mit einem Speer).

spër-lîn 中 小さい槍 (kleiner Speer).

spër-schaft 男 槍の柄 (Schaft des Speeres).

spër-stich 男 槍の突き (Speerstich). {Er. 5509}.

sperwære, sparwære, sperbære, -er 男 はいたか (Sperber). {Parz. 135, 11}

spër-wëhsel 男 槍の投げ合い, 槍の交換 (Speerwechsel). {Ku. 862, 1}

spër-weide 女 槍がふつう通る道 (der Weg, welchen die Speere zu nehmen pflegen). {Er. 9093}.

spiegel 男 [ラテン語 speculum] ① (金属・ガラスの) 鏡 (Spiegel). ② 模範 (Muster), 最高のもの (das Höchste). ③ 眼鏡 (Brille). {Parz. 692, 13} ¶ er gewan ir swaz er veile vant, / spiegel unde hârbant / und swaz kinden liep solde sîn, / gürtel unde vingerlîn. 領主は買えるものなら何でも, 鏡であれ, ヘア・バンドであれ, そして子供たちが喜ぶもの, 飾り帯や指輪を娘に買ってやった. (aH. 335-8)

spiegelære, -er 男 鏡製造者 (Spiegelmacher).

spiegel-brûn 形 鏡のように輝く (glänzend wie ein Spiegel).

spiegel-glas 中 ① 鏡 (Spiegel). ② 鏡用ガラス (Spiegelglas). ③ [比喩] 眼球 (Auge). ④ 似姿 (Ebenbild). {Tr. 11008} {Er. 2291}

spiegel-holz 中 木片の鏡枠 (hölzerner Spiegelrahmen).

spiegelîn 形 鏡のように滑らかな (spiegelglatt). {Parz. 703, 27}

spiegel-lich 形 鏡のような (spiegelartig).

spiegel-lieht 形 鏡のように明るい (hell wie ein Spiegel).

spiegeln 動《弱》自 鏡のように輝く (wie ein Spiegel glänzen). 他 ① 鏡のようにする (wie einen Spiegel machen). ② 鏡のように滑らかにする (spiegelglatt machen). {Parz. 690, 20}

spielt = *spalten* の直説法過去 1, 3 人称単数.

spien = *spannen* の直説法過去 1, 3 人称単数.

spieʒ 男 ① 投げ槍 (Spieß). ② (投げ槍で武装した) 戦士 (Krieger). ③ 投げ槍を持った人 (Spießträger).

spil 中 ① 暇つぶし (Zeitvertreib). ② 娯楽 (Unterhaltung), 楽しみ (Vergnügung). ③ 弦楽演奏 (Saitenspiel), 音楽 (Musik). ④ 武技 (Waffenspiel), 馬上槍試合 (Turnier). ⑤ チェス (Spiel an dem Brett). {Nib. 423, 2}

spilen, spiln 動《弱》自 ① 遊ぶ (spielen). ② ふざける (scherzen).

spil-gevelle

③ 楽しむ (sich vergnügen). ④ 楽しくしている (fröhlich sein). ⑤ 楽器を弾く (musizieren). ⑥ 光る, 輝く (leuchten). {Tr. 296}

spil-gevelle 甲 ① 競技での幸運 (Glück im Spiel). ② 幸運に満ちた競技 (glückliches Spiel). {Tr. 16442}

spil-grâve 男《弱》吟遊詩人たちの上役 (Vorgesetzter der Spielleute).

spil-lîchen 副 輝いて (strahlend, funkelnd). {Er. 8100}

spil-liute 複 *spilman* の複数形

spil-man 男 ① 楽師, 吟遊詩人 (Spielmann). ② 遍歴の歌い手 (Sänger). ③ 楽人, 音楽師 (Musikant). ④ 手品師, 曲芸師 (Gaukler). {Nib. 1772, 1}

spilte ⇨ *spëlte.*

spil-wîp 甲 ① 女性音楽師 (Musikantin). ② 女性曲芸師 (Gauklerin). ③ 女性使者 (Botin). {Parz. 362. 21}

spinnel, spindel, spinele, spille 女《強・弱》① 錘, 紡錘, 軸, 心棒 (Spindel). ② 円柱形の棒, さお (walzenförmige Stange). {Tr. 17038}

spinne-, spil-mâc 男 女性側の親戚 (Verwandter von weilblicher Seite).

spinnen 動 III. 1. ① 紡ぐ (spinnen). ② 織る (weben). {Iw. 6205}

直説法現在	
ich spinne	wir spinnen
du spinnest	ir spinnet
er spinnet	si spinnent
直説法過去	
ich span	wir spunnen
du spünne	ir spunnet
er span	si spunnen

spinne-, spinnen-wëppe 甲 蜘蛛の巣 (Spinnengewebe).

spinne-wët 甲 くもの巣 (Spinnengewebe).

Spîre 名 [地名] シュパイアー (Speier).

spîse 女 ① 食物, 料理 (Speise). ② 食料品 (Lebensmittel). ③ 独自の家計 (eigene Haushaltung). ④ (銅と錫の合金) 鐘銅 (Glockenbronze). {Nib. 963, 4}

spîsen 動《弱》他 ① 食べさせる (speisen), まかなう (beköstigen), 養う (nähren). ② 食品を備える (mit Lebensmitteln versehen).

{Parz. 143.7}

spitâl 男 中 [中独 spëtel] [ラテン語 hospitale] ① 養老院, 救貧院 (Spital). ② 病院 (Krankenhaus), 看護院 (Pflegehaus). {Ku. 950, 2}

spitâlære, spitteler 男 ① 修道会士 (Johanniter). ② 修道会看護士 (Hospitaliter). {Ku. 916, 3}

spiʒ 男 ① 焼き串 (Bratspieß). ② 木の串 (Holzspieß), 木片 (Splitt). {Parz. 409, 26}

spiʒ-holz 中 ① 細く, しなやかな枝 (schlanke und weiche Gerte). ② 細い笞 (eine schlanke Rute). {Er. 1068}

spor¹, spore 男《弱》拍車 (Sporn). ¶ sî nâmen diu ors mitten sporn : / sus was in zuo ein ander ger. 二人は拍車で馬を促した. そこで彼らは互いに相手に立ち向かった. (Iw. 1012-3)

spor² 中 男 [= *spur*] 跡, 痕跡, 足跡 (Spur, Fährte).

spör, spöre, sper 形 ① 乾いて硬い (hart vor Trockenheit). ② 粗い, ざらざらの (rau).

spot 男 [spottes²] ① 嘲笑 (Spott, Hohnrede). ② 恥辱 (Schmach). ③ 嘲笑の対象 (Gegenstand des Spottes). ④ 冗談 (Spaß), 戯れ (Scherz). ¶ do gedâhte mêr diu künegîn / „der liute vil bî spotte sint. / tôren kleider sol mîn kint / ob sîme liehten lîbe tragen. 王妃はさらに,「人々は嘲笑を好むから, あの子は輝く身体に愚者の服を着たらよい.」と考えた. (Parz. 126, 24-7)

spot-, spöt-lich 形 嘲笑的な (spöttisch), 嘲笑に値する (verspottenswert). {Er. 7513}

spotten 動《弱》自 侮蔑する (hönisch reden), 嘲笑する (Gespött treiben). 他 ① 嘲笑する, あざける (verspotten). ② ふざける (scherzen), 冗談を言う (spaßen). {Ku. 33, 1}

sprach = *sprëchen* の直説法過去 1, 3 人称単数.

sprâche 女《強・弱》① 言葉, 言語 (Sprache). ② 話し方 (Art und Weise, wie man spricht). ③ 話し (Rede), 演説 (Ansprache). ④ 協議 (Besprechung), 助言 (Beratung). ⑤ 裁判 (Gericht), 法廷での応酬 (Rede und Gegenrede vor Gericht). ¶ hie mite was ouch im gelegen / diu sprâche und des herzen kraft / und schiet sich diu geselleschaft, / beidiu sêle unde lîp. / hie weinden man unde wîp. それとともに領主の言葉と心の力も絶え, 魂と肉体の結びつきが失われてしまった. そこでは男も女も泣いた. (Gr. 266-70)

sprâchen¹ 動《弱》他 ① 話す (sprechen). ② しゃべる (schwat-

sprâchen 462

zen). 再 ① 協定する (besprechen). ② 相談する (sich beraten). {Tr. 9679}

sprâchen[2] = *sprëchen* の直説法過去 1，3 人称複数.

spranc = *springen* の直説法過去 1，3 人称単数.

sprancte, sprengete = *sprengen* の直説法過去 1，3 人称単数.

sprëchen 動 IV. 自 ① 話す (sprechen), 言う (sagen). ② 名を与える (einen Namen geben). ③ 響く (tönen), 鳴る (lauten). ④ 意味する (bedeuten). 他 ① (と)[4] 話す (reden). ② 相談する (sich besprechen). 再 ① 話す (sprechen). ② 意見を述べる (sich äußern). ¶ „Die rede lât belîben", sprach si, „frouwe mîn."「その話はおやめください，母上さま」と王女は言った. (Nib. 17, 1)

直説法現在	
ich spriche	wir sprëchen
du sprichest	ir sprëchet
er sprichet	si sprëchent

直説法過去	
ich sprach	wir sprâchen
du spræche	ir sprâchet
er sprach	si sprâchen

spreiten 動 《弱》他 ① 撒き散らす (streuen). ② 広げる (spreiten). 再 平伏す (sich hinwerfen). {Tr. 3011}

sprengen 動 《弱》① (馬を) 跳びはねるさせる (springen lassen). ② 疾駆してくる (dahersprengen). ③ 撒き散らす (sprengen), 撥ねかける (spritzen). ④ 色とりどりにする (bunt machen). ⑤ 斑点をつける (sprenkeln). {Nib. 183, 4}

sprich-wort 男 ① 格言 (Sprichwort). ② 流暢な言葉 (geläufiges Wort). ③ 謎 (Rätzel).

springen 動 III. 1. 自 ① 跳ぶ (springen). ② 急ぐ (sich beeilen). ③ 走る (laufen). ④ 跳び去る (entspringen). ⑤ 成長する (wachsen). ¶ Einer von Tenemarke ze Hôranden spranc. デンマークの騎士の一人がホーラントに飛びかかった. (Ku. 886, 1)

直説法現在	
ich springe	wir springen
du springest	ir springet
er springet	si springent

	直説法過去		
ich spranc		wir	sprungen
du sprünge		ir	sprunget
er spranc		si	sprungen

sprinzelîn, sprinzel 中 ① 小さい皮膚の斑点 (kleine Hautflecken). ② 小さいはいたかの雌 (kleines Sperberweibchen). {Parz. 550. 28}.

sprinzeln 動《弱》目くばせする (mit den Augen blinzeln).

spriten = *sprîten* の直説法過去1, 3人称複数.

sprîten 動 I.1. 広げる (spreiten).

spriu 中 [-wes²] ① もみがら (Spreu). ② 〔比喩〕もっとも僅かなもの (das Geringste).

sprîʒe, sprîʒel 男《弱》① 木片 (Span), 破片 (Splitter). ② 槍の破片 (Lanzensplitter). {Parz. 37, 26}

sproʒʒe 男 女《弱》① はしごの横木 (Leitersprosse). ② 段, 階段 (Stufe).

spruch 男 ① 言葉 (Wort), 話 (Rede). ② (読むための) 小さな詩 (ein kleines Gedicht). ③ 箴言 (Sentenz), 格言 (Sprichwort). ④ 呪文 (Zauberspruch). ⑤ (法的な) 要求 (Anspruch), 告訴 (Klage). ⑥ 判決 (Urteil). {Nib. 846, 4}

spruch-brief 男 裁判官, 仲裁者の文書による決定 (schriftliche Entscheidung des Richters, Schiedrichters).

sprunc 男 [-ges²] ① 跳躍 (Sprung). ② 動物の跳躍 (Sprung des Tieres). ③ 起源 (Ursprung), 源泉 (Quelle). {Tr. 2106}

sprungen = *springen* の直説法過去1, 3人称複数.

spüelen 動《弱》洗う, すすぐ (spülen).

spunnen = *spinnen* の直説法過去1, 3人称複数.

spünnen 動《弱》乳を飲ませる (säugen).

spür, spur 中 女 [=*spor*] 跡, 痕跡, 足跡 (Spur, Fährte).

spür-hunt 男 猟犬, 捜索犬 (Spürhund).

spurkel 女 2月 (Februar).

spurkel-mânôt 男 2月 (Februar).

spürn 動《弱》[3. spurte] ① 探し出す (aufsuchen). ② 追跡する (spüren). ③ 気づく, 知覚する (wahrnehmen). {Parz. 132, 29}

staben 動《弱》自 硬くなる (steif, starr werden). 他 ① 棒を添える (mit einem Stab versehen). ② 導く (leiten). ③ あてがう (zuweisen). ④ 誓いの言葉をのべる (einen Eid vorsagen), 宣誓させる

(den Eid abnehmen). ⑤ (言葉・文書を) 作成する (abfassen). {Ku. 286, 4}

stabe-slinge 囡《弱》投石器 (Schleudermaschine). {Parz. 568, 21}

stach = *stëchen* の直説法過去1, 3人称単数.

stæche = *stëchen* の直説法過去2人称単数, 接続法過去1, 3人称単数.

stachel 男 棘, 針 (Stachel).

stâchen = *stëchen* の直説法過去1, 3人称複数.

stade 男《弱》岸 (Ufer), 浜 (Strand). ¶ dâ saz er în und fuor zehant / gein dem stade und gein dem her. トリスタンはその船に乗り, すぐに岸辺の軍勢の方へ漕ぎだした. (Tr. 7092-93)

stahel, stâl 男 中 ① 鋼鉄 (Stahl). ② 鉄製の鎧 (stählerne Rüstung). ③ 鉄製の鎧の輪 (stähelerne Panzerringe). ④ いしゆみの鉄の弓 (Stahlbogen der Armbrust).

stahel-gewant 中 鉄の装備, 甲冑 (stählerne Rüstung).

stahel-herte 形 鋼鉄のように硬い (stahlhart). {Nib. 435, 3}

stahel-huot 男 鉄の兜 (Stahlhelm).

stähe-, stäh-lîn 形 鋼鉄の (stählern), はがねの (von Stahl). {Parz. 232. 10}

stahel-kleit 中 鉄の装備 (Stahlrüstung).

stahel-schal 男 鉄の甲冑の音 (Lärm der Stahlrüstung).

stahel-stange 囡 鉄の棒 (Stange von Stahl).

stahel-vaȝ 中 ① 鉄の容器 (Stahlgefäß). ② 兜 (Helm).

stahel-veste 形 鉄のように固い (hard wie Stahl).

stahel-wât 中 鉄製の装備 (Stahlrüstung), 鉄の鎧 (Stahlpanzer).

stahel-wërc 中 鉄製の装備 (Stahlrüstung), 鉄の鎧 (Stahlpanzer). {Er. 9236}

stahel-zein 男 ① 鉄棒 (Stäbchen aus Stahl). ② 矢 (Pfeil).

stählîn 形 [=*stehelîn*] 鋼鉄の (von Stahl). {Parz. 232, 10}

stal = *stëln, stëlen* の直説法過去1, 3人称単数.

stâl ⇨ *stahel.*

stalde 男《弱》急傾斜の道 (steiler Weg).

stâlen = *stëln, stëlen* の直説法過去1, 3人称複数.

stâl-herte 形 鋼鉄のように硬い (stahlhart).

stallen ⇨ *stellen.*

stalt 男 所有者 (Besitzer).

stal-tage 男《弱》休戦 (Waffenstillstand), 和平交渉 (Friedensver-

stalte = *stellen* の直説法過去1,3人称単数.

stâl-wërc 囲 鉄の装備 (Stahlrüstung). {Er. 9236}

stam 男 [stammes²] ① 幹 (Stamm), 樹幹 (Baumstamm). ② 種族 (Geschlechtsstamm), 素性 (Abstammung). ③ 系統樹 (Stammbaum). ④ 理由 (Grund), 原因 (Ursache). ⑤ 源泉 (Quelle).

stampenîe, stempenîe 囡《強・弱》① (ふつう Fiedel で伴奏される) 明るい内容の音楽形式, シュタムペニー (Stampenie). ¶ si videlte ir stampenîe 彼女はスタンペニーを演奏した. (Tr. 8062)

stân, stên, standen 動 VI. ① 立っている (stehen), 立ちつくす (stehen bleiben). ② 堪え忍ぶ (beharren). ③ 続く (dauern), 存続する (fortbestehen). ④ 存在する (sein, sich befinden). ⑤ (に)³ 似合う (anstehen). ⑥ 歩み寄る (treten), 降りる (absteigen). ⑦ 始める (beginnen). ¶ ist dir daz mære künde, du solt mich wizzen lân, / wie stêt ez umb froun Hilden, die jungen küniginne? あなたがその話を知っていたら, 若い王女ヒルデの様子をぜひ私に教えて欲しい. (Ku. 225, 2-3)

	直説法現在		
ich stân, stên	wir	stân, stên
du stâst, stêst	ir	stât, stêt
er stât, stêt	si	stânt, stênt

	直説法過去		
ich stuont	wir	stuonden
du stüende	ir	stuondet
er stuont	si	stuonden

stanc 男 [stankes²] ① 嗅覚 (Geruchssinn). ② 良い香り (Wohlgeruch). ③ 悪臭 (Gestank). ¶ im half diu hitze und stanc, / daz er den lewen des betwanc / daz er alsô schrê. 灼熱と悪臭が竜を助け, そのためにライオンは追い詰められ, 叫んでいた. (Iw. 3843-5)

stange 囡 ① 棒 (Stange). ② 枝角 (Geweih), 角 (Horn). ③ くじゃくの尾の羽 (Feder aus einem Pfauenschwanz). {Er. 5389}

stap 男 [stabes²] [中独 staf も] ① 棒 (Stab), 杖 (Stock). ② 巡礼杖 (Pilgerstab). ③ 司教杖 (Stab des Bischofs). ④ (宮廷の使節か官吏, 裁判官などの) 杖 (Stab der Hofbeamten, des Gesandten, des Richters). ⑤ 十字架 (Kreuz). ⑥ 尺度 (Maßstab).

stapfen, stepfen 動《弱》(馬で) 並足で進む (im Schritt reiten).

{Er. 2594}

stap-kerze 女《弱》耐風燈火 (Windlicht), 耐風たいまつ (Windfackel).

stap-reise 女 裁判所管轄区内の旅 (Auszug innerhalb des Gerichtsbezirkes).

stap-slinge 女 投石器 (Schleudermaschine).

starc 形 [starckes²] ① 強い (stark). ② 力強い (gewaltig). ③ 困難な (schwierig). ④ 悪い (schlimm), 憎らしい (unlieb), 邪悪な (böse). ¶ sun den Sigmundes ich hie gesehen hân, / Sîvriden den starken hân ich hie bekant. ジゲムントの王子を私はこの目で見た。豪勇のジーフリートの姿をここで認めた。(Nib. 216, 2-3)

starc-lich 形 強い (stark), 強力な (gewaltig), 激しい (heftig).

starc-lîche 副 ① 強く (stark), 強力に (gewaltig). ② 激しく (heftig), たいへん (sehr).

starc-türstic 形 ① たいへん勇敢な (sehr kühn). ② 大胆不敵な (verwegen).

starke, starc 副 ① 力強く (gewaltig), 強く (stark). ② たいへん (sehr). {Nib. 641, 3}

starken 動《弱》自 ① 強くある (stark sein). ② 強くなる (stark werden).

stat¹ 女 [stete²] ① 場所, 所在地 (Ort, Stelle, Stätte). ② 地域 (Ortschaft), 町 (Stadt). ③ 空間 (Raum). ¶ an Helchen stat ヘルヒェの代わりに (Nib. 1383, 4b). ¶ ez sprichet an einer stat dâ: / „mêdiâ vîtâ / in morte sûmus". その中のあるところに、「生のただ中にあって、我々は死の中に漂う」と記してある。(aH. 91-3) {Parz. 226, 6}

stat² 男 中 [stades²] 岸辺, 浜辺, 海岸, 川岸 (Ufer, Küste). {Parz. 225. 6}

stat³ 男 [stades²] ① 地位 (Stand), 状態 (Zustand). ② 品位 (Würde), 生き方 (Lebensweise).

stat-amman 男 村長, 町長 (Bürgermeister).

stat-buoch 中 ある町の法書 (Rechtbuch einer Stadt).

state, stat 女 [中独 stade も] ① 良い機会 (gute Gelegenheit). ② 長所 (Vorteil), 良い場所 (guter Ort). ③ 情況, 状態 (Lage, Umstände), 快適さ (Bequemlichkeit). ④ 助け (Hilfe). {Parz. 261, 25}

stæte¹ 女 ① 不変, 安定 (Festigkeit), 忠実さ (Treue). ② 不変さ, 持続 (Beständigkeit), 継続 (Dauer). ③ 確認, 証明 (Bestätigung).

stæte², stæt 形 ① しっかりした (fest). ② 変わらない (bestän-

dig). ③ 持続する (anhaltend).
stæte³, stæt 副 ① しっかりと (fest). ② 変わることなく (beständig). ③ いつも (stets).
stætec, -ic 形 [=*stæte²*] ① 固い (fest), 不変の (beständig). ② 持続する (anhaltend).
stætec-heit, stætekeit 女 ① 永続, 不変 (Beständigkeit). ② 堅さ, 堅実さ (Festigkeit). ③ 確かさ (Sicherheit). ④ 確認, 証明 (Bestätigung). {Er. 8144}
stætec-lich 形 不変の (beständig), 持続する (anhaltend).
stætec-lîchen 副 [=*stæte³*] ① 不変に (beständig). ② 持続して (anhaltend). ③ しっかりと (fest). {Tr. 3781}
stæte-lich 形 ① 不変の (beständig). ② しっかりした (fest). {Tr. 6717}
state-, stat-, stete-lîche 副 ① ふさわしく (gehörig), 適当に (angemessen). ② 静かに (ruhig). ③ 快適に (bequem). {Tr. 5329}
stæte-lôs 形 ① 変わりやすい (unbeständig). ② 信頼できない (unzuverlässig).
staten¹ 動《弱》① ある場所へ持ってくる (an einen Ort bringen). ② 使う (verwenden). ③ 償う (ersetzen). {Parz. 536, 7}
staten² 動《弱》① 助けて得させる (verhelfen). ② (に)³ 付け加える (zufügen). ③ 許す (gestatten).
stæten 動《弱》① 不変にする (fest machen). ② 固定する, 確定する (befestigen). ③ 証明する (bestätigen), 裏付ける (bekräftigen). {Tr. 175}
stat-lich 形 都市の (städtisch).
stat-liute 副 *statman* の複数形.
stat-man 男〔複数 -liute〕町の住民, 市民 (Stadtbewohner).
stat-menige 女 町の住民, 市民 (Stadtvolk).
stat-mure 女 町の外壁, 城壁 (Stadtmauer).
stat-mûs 女 町のねずみ (Stadtmaus).
stat-porte, -phorte 女 町の門, 城門 (Stadttor).
stëc 男 [stëges²] ① 狭い道 (ein schmaler Weg), 小道 (Steg). ② 細い橋 (eine schmale Brücke). {Gr. 82}
stëchel, stichel, stickel 形 ① 急傾斜の (steil), 不意の (jäh). ② 尖った (spitzig). ③ 刺すような (stechend). {Iw. 3773}
stëchen 動 IV. 他 ① 刺す (stechen). ② 刺して縫う (bestechen). 自 ① 馬上試合を行なう (turnieren). ② 刺さっている (stecken).

stecke 468

	直説法現在		
ich	stiche	wir	stëchen
du	stichest	ir	stëchet
er	stichet	si	stëchent

	直説法過去		
ich	stach	wir	stâchen
du	stæche	ir	stâchet
er	stach	si	stâchen

stecke 男《弱》① 棒, くい (Pfahl). ② 丸太 (Knüttel). {Er. 8769}.

stëcke 男《弱》百日咳 (Stickhusten).

stecken, stechen 動《弱》他 再 ① 差す (stecken). ② 固くつける (fest heften). 自 ① ささったままになっている (stechend festsitzen). ② 留まる (weilen). ¶ Den gêr im gein dem herzen stecken er dô lie. 彼はそのとき槍を自分の心臓に刺さったままにしていた. (Nib. 982.1.)

stëge 女《強・弱》[= *stiege*] 階段 (Treppe).

stëgen 動《弱》自 ① 道を歩く (Steg betreten), 行く (gehen). ② (に)^nach 努める (streben). ③ (を)^nach/ze 熱望する, ねらう (trachten). 他 ① 小道をつくる (Steg bereiten). ② 導く (leiten, führen). {Tr. 40, 2540}

stëge-reif 男 あぶみ (Steigbügel). {Nib. 398, 3}

stehelîn, stähelîn, stählîn 形 鋼鉄の (von Stahl). {Er. 8430}

steic = *stîgen* の直説法過去 1, 3 人称単数.

steigen 動《弱》他 ① 昇らせる (steigen lassen). ② 高める (erhöhen). 再 高まる (sich erheben), 昇る (aufsteigen). {Parz. 434, 18}

stein 男 ① 岩 (Felsen). ② 洞穴 (Felshöhle). ③ 城塞 (Feste). ④ 石 (Stein). ⑤ 宝石 (Edelstein). ⑥ 石臼 (Mühlstein). ⑦ 壁石 (Mauerstein). ⑧ 煉瓦 (Ziegelstein). ⑨ 砥石 (Wetzstein). ⑩ チェスの駒 (Figur im Schachspiel). ¶ Ich saz ûf eime steine und dahte bein mit beine. 私は岩の上に座り, 脚を組んだ. (Wa. 8, 4-5)

格	単 数	複 数
1格	der stein	die steine
2格	des steines	der steine
3格	dem steine	den steinen
4格	den stein	die steine

steinen 動《弱》他 ① 石で作る (mit Steinen versehen), 宝石をつける (mit Edelsteinen besetzen). ② 境界をつける (Marksteine setzen). ③ (に)⁴ 石を投げる (steinigen). 自 石になる (zu Stein werden). {Parz. 98, 27}

stein-gevelle 中 石のために通れない場所 (ein durch Steine unwegsamer Platz). {Tr. 8995}

steinîn, steinen 形 石の (steinern). {Parz. 354, 6}

stein-kole 女《弱》石炭 (Steinkohle).

stein-strâʒe 女 舗石道 (Steinweg).

stein-want 女 ① 壁 (Mauer), 岩壁 (Felsenwand). ② 洞穴 (Felsenhöhle). {Ku. 85, 2}

stële-haft 形 盗まれた (gestohlen).

stellen, stallen 動《弱》他 ① 立てる (stellen), 置く (setzen). ② 立たせる (zum Stehen bringen). ③ 志す (trachten). ④ 励む (streben). ⑤ 形成する (gestalten). ⑥ 完成する (vollbringen). ⑦ 向ける (richten). ⑧ 並べる (ordnen). {Iw. 6193}

stëln, stëlen 動 IV. 他 ① 不法に自分のものにする (sich widerrechtlich aneignen). ② 盗む (stehlen), こっそり獲得する (heimlich erlangen). ③ こっそりする (heimlich tun), 隠す (verheimlichen). 再 ① 秘かに出かける (verstolen gehen). ② 忍び足で去る (sich wegschleichen).

直説法現在	
ich stile	wir stëln
du stilest	ir stëlt
er stilet	si stëlnt
直説法過去	
ich stal	wir stâlen
du stæle	ir stâlet
er stal	si stâlen

stëppen 動《弱》① ぬい合わせる (durchnähen), 刺繍する (sticken). ② 所々に刺す (stellenweise stechen). ③ 列をなして縫う (reihenweise nähen). {Parz. 245, 9}

stërben 動 III. 2. ① 死ぬ (sterben). ② 死に絶える, 枯死する (absterben). ¶ durch sîn eines sterben starp vil maneger muoter kint. ジークフリート一人の死のために多数の母親の子供が死んだ. (Nib. 19, 4)

sterc-lich

	直説法現在	
ich stirbe	wir	stërben
du stirbest	ir	stërbet
er stirbet	si	stërbent

	直説法過去	
ich starp	wir	sturben
du stürbe	ir	sturbet
er starp	si	sturben

sterc-lich 形 ① 強い (stark), 力強い (gewaltig). ② 激しい (heftig).

sterc-, starc-lîche 副 ① 激しく (heftig). ② 力強く (gewaltig). ③ たいへん (sehr).

sterke 女《強・弱》① 強さ (Stärke). ② 力, 権力 (Gewalt). ③ 強化 (Verstärkung), 増加 (Vermehrung). ¶ durch sînes lîbes sterke er reit in menegiu lant. この騎士は身体の力にものをいわせ, 多くの国々へ馬を進めた. (Nib. 21, 3)

sterkede 女 強さ (Stärke).

sterken 動《弱》他 ① 強くする (stärken). ② 増やす (vermehren). ③ 元気づける (aufmuntern). ④ 硬くする (steif machen).

sterkerunge 女 ① 強化 (Stärkung). ② 断言 (Bekräftigung).

sterkunge 女 ① 強化 (Stärkung, Verstärkung). ② 増加 (Vermehrung).

sterlinc, stærlinc 男 [-ges²]〔貨幣〕シュテルリンク (Sterling). {Parz. 335. 29}

stërne, stërre 男《弱》, **stërn** 男 星 (Stern).

stete 女《強・弱》① 場所 (Stätte, Platz). ② 岸辺 (Ufer).

stetec-lîche 副 よい機会をとらえて (mit Wahrnehmung der günstigen Gelegenheit).

stîc 男 [stîges²] 小道 (Steig, Pfad). {Nib. 914, 3}

stich 男 ① 突くこと (Stich), 槍でつくこと (Speerstechen). ② 点 (Punkt). ③ 瞬間 (Augenblick). ④ 急斜面の高台 (abschüssige Anhöhe). {Nib. 185, 1}

stiche = *stëchen* の直説法現在1人称.

stîc-lëder 中 あぶみ革 (Steigriemen). {Parz. 530, 25}

stieben, stiuben 動 II. 1. ① ちりのように舞い上がる (wie Staub aufwirbeln). ② ほこりを立てる (stäuben). ③ 速く走る (schnell laufen), 駆ける (rennen). ④ 飛ぶ (fliegen). {Nib. 186, 2}

	直説法現在	
ich stiube	wir	stieben
du stiubest	ir	stiebet
er stiuget	si	stiebent

	直説法過去	
ich stoup	wir	stuben
du stübe	ir	stubet
er stoup	si	stuben

stief[1] 形 急傾斜の, 険しい (steil).
stief[2] 形 血のつながっていない親族の (nicht unmittelbar in leiblicher Verwandtschaft stehend). ◇ *stiefmuoter* (継母), *stiefvater* (継父) などの形でのみ.
stiege 女《強・弱》[= *stëge*] 階段 (Treppe). {Er. 8200}
stier 男 雄牛 (Stier).
stier-ruoder, -ruodel 中 かじ (Steuerruder). {Ku. 1183, 3}
stieʒ = *stôʒen* の直説法過去 1, 3 人称単数.
stieʒe = *stôʒen* の直説法過去 2 人称単数, 接続法過去 1, 3 人称単数.
stieʒen = *stôʒen* の直説法過去 1, 3 人称複数.
stieʒen 動 II. 2. 突く, 押す (stoßen).

	直説法現在	
ich stiuʒe	wir	stieʒen
du stiuʒest	ir	stieʒet
er stiuʒet	si	stieʒent

	直説法過去	
ich stöʒ	wir	stuʒʒen
du stüʒʒe	ir	stuʒʒet
er stôʒ	si	stuʒʒen

stîf[1] 形 ① 固い (fest), まっすぐな (aufrecht). ② 実直な, 熱心な (wacker), 堂々とした (stattlich).
stîf[2] 副 ① 固く (hart), まっすぐに (aufrecht). ② 実直に (wacker), 堂々と (stattlich).
stift[1]**, stëft** 男 ① 棘 (Stachel, Dorn). ② びょう, 無頭釘 (Stift). ③ 先端 (oberstes Ende), 尖頂 (Spitze).
stift[2] 女 男 中 ① 建立 (Stiftung), 創設 (Gründung). ② 建設 (Bau).

stiften

③ 神の家 (Gottes Haus). ④ 町 (Stadt). ⑤ 施設 (Einrichtung).

stiften 動《弱》① 設立する (stiften), 創設する (gründen). ② 建てる (bauen), 経営する (bewirtschaften). ③ (に)³ 領地を与える (belehnen). ④ 催す (veranstalten). ⑤ 考えだす (ersinnen).

stîgen 動 I.1. 自 ① 登る (steigen). ② 起き上がる (sich erheben). 他 登る (besteigen).

stigen = *stîgen* の直説法過去1, 3人称複数.

stil 男 ① 尖筆 (Griffel). ② 取っ手, 柄 (Stiel). {Parz. 159, 15}

stil-heit, stillekeit 女 ① 静かさ, 平穏 (Ruhe). ② 沈黙 (Stillschweigen).

stille[1] 女 ① 静かさ (Stille, Ruhe). ② 沈黙 (Stillschweigen). ③ 秘密, 内証 (Heimlichkeit). ④ 潜伏 (Verborgenheit).

stille[2] 形 ① 静かな (still). ② 秘密の (heimlich). ③ 黙っている (schweigend).

stille[3] 副 ① 静かに (still, ruhig). ② 秘かに (heimlich). ③ 黙って (schweigend). ¶ Dô si der trähene emphunden, / si erwacheten und begunden / si vrâgen waz ir wære / und welher hande swære / si alsô stille möhte klagen. 父母は娘の涙を感じて目を覚まし, 娘にどうかしたのか, どんな種類の難題をそのように秘かに嘆いているのか, と尋ね始めた. (aH. 481-5)

stillen[1] 動《弱》他 ① 秘密にしておく (geheim halten). ② 黙らせる (zum Schweigen bringen). ③ 落ちつかせる (beruhigen). ④ 妨げる (hindern). ⑤ 満たす (befriedigen). {Iw. 2365}

stillen[2] 動《弱》自 ① 静かになる (zur Ruhe kommen). ② やわらぐ (sich besänftigen). ③ 終わる (enden), 止む (aufhören). ④ 黙っている (schweigen).

stimme 女 ① 声 (Stimme). ② 呼び声 (Ruf), 叫び声 (Geschrei). ③ 音調 (Ton). ¶ wan diu selbe stimme wîst in / durch michel waltgevelle hin / dâ er an einer blœze ersach / wâ ein grimmer kampf geschach, / dâ mit unverzagten siten / ein wurm unde ein lewe striten. というのも, その同じ声は騎士を多くの倒れ木の向こうの空地へと導いたからだ. そこで恐ろしい戦いが行なわれており, ひるむことなく, 竜とライオンが戦っていた. (Iw. 3835-40)

stinken 動 III.1. 自 ① 臭いが出る (einen Geruch von sich geben) 匂いがする (riechen). ② 悪臭がする (stinken). 他 ① 嗅覚で感じる (durch den Geruchssinn wahrnehmen). ② 嗅ぎ取る (riechen).

stinz, stinze 男《強・弱》きゅうりうお (Stint).

stirbe = *stërben* の直説法現在 1 人称単数.

stiure[1]**, stiur, stiuwer** 女 ① 支え (Stütze). ② 船の後部 (Hinterteil des Schiffes). ③ 舵 (Steuerruder). ④ 衝動, 刺激 (Antrieb). ⑤ 援助 (Unterstützung), 助け (Hilfe). ⑥ 持参金 (Aussteuer), 贈り物 (Gabe). {Nib. 1697, 3}

stiure[2] 男《弱》① 舵手 (Steuermann). ② 法律顧問の補助人 (Beistand des Anwaltes). {Parz. 2, 7}

stiuren 動《弱》他 ① 支える (stützen), 支援する (unterstützen). ② 舵をとる (das Steuer lenken). ③ 操じゅうする (lenken), 導く (leiten). ④ 制限する (beschränken). ⑤ 狩り立てる (treiben). ⑥ 租税を払う (versteuern, Steuer zahlen). {Iw. 1803}

stiur-man 男 舵手 (Steuermann).

stiur-meier 男 収税吏, 取税人 (Steuereinnehmer).

stiur-meister 男 ① 舵手 (Steuermann). ② 収穫吏, 取税人 (Steuereinnehmer).

stiur-ruoder, -ruodel 中 かじ (Steuerruder).

stival, stivâl, -el 男《強・弱》[中独 stëvel も] 長靴 (Stiefel). {Parz. 63, 15}

stîven 動《弱》シャルマイを吹く (Schalmei blasen). {Parz. 764. 27}. ◇schalmei [古フランス語 estive] は木管楽器.

stoc 男 [stockes[2]] ① 木の幹 (Baumstamm), 樹幹 (Stock). ② 棒 (Stab). ③ 境界のくい (Grenzpfahl). ④ ぶどうの木 (Weinstock). ⑤ 金敷台 (Ambossstock). ⑥ (河や牢の) 丸太組 (Block), 牢 (Gefängnis). ⑦ 階 (Stockwerk). {Parz. 241, 30}

stoc-ar 男《弱》山岳はげたか (Jochgeier).

stôle, stôl 女《強・弱》[ラテン語 stola] ① (ミサの司祭の) 長衣, ストラ (die Stola). ② 聖職者の力の象徴 (Sinnbild der geistlichen Gewalt). ③ 聖職者の生活 (geistliches Leben). {Gr. 3805}

stolle 男《弱》① ささえ (Stütze), 支柱 (Pfosten). ② 寝台の柱脚 (Bettstolen), 脚部 (Fuß). ③ (三段構成の歌節の) 第 1, 第 2 段 (Stolle). ④ 一撃 (Streich), 一箇 (Stück). ⑤ 茶番劇 (Schwank). ⑥ 平らな山道 (ein waagerechter Weg ins Gebirge). {Parz. 233, 7}

stöllelîn 中 [*stolle* の縮小語] 食卓の小さい足 (kleiner Tischbein). {Parz. 233, 2}

stolz 形 ① 堂々とした (stattlich), 素晴らしい (herrlich). ② 華麗な (prächtig). ③ 尊大な, 傲慢な (übermütig). ④ 誇り高い (stolz). {Nib. 1531, 1}

stolzec-heit 女 ① 高慢 (Hochmut). ② 堂々としていること (Stattlichkeit). ③ 華美 (Pracht), 壮麗 (Herrlichkeit).

stolzec-lîche 副 堂々として (stattlich). {Parz. 18, 25}

stolzen 動《弱》① 誇り高くある (stolz sein), ごう慢になる (stolz werden). ② ゆうゆうと歩く (stolz einhergehen).

stolz-heit 女 ① 不遜 (Übermut), 高慢 (Hochmut). ② ごう慢な本質 (hochfarendes Wesen). {Parz. 261. 12}

stolz-lich 形 [= *stolz*] ① すばらしい (herrlich), 立派な (stattlich). ② 華美な (prächtig). ③ おろかな (töricht). ④ 尊大な (übermütig). ⑤ 元気のよい (hochgemut).

stolz-lîche 副 ① りっぱに (stattlich), すばらしく (herrlich). ② 元気よく (hochgemut). ③ 尊大に (übermütig).

stœren 動《弱》[3. stôrte 5. gestôrt, gestœret] ① 撒き散らす (zerstreuen). ② 妨げる (hindern). ③ 邪魔する (stören), 騒がす (aufregen). ④ 追い払う (vertreiben). ⑤ 滅ぼす (vernichten), 破壊する (zerstören). ¶ daz erhôrte, / der ir vreude stôrte, / der arme Heinrich hin vür / dâ er stuont vor der tür, / und erbarmete in vil sêre / daz er si niemer mêre / lebende solde gesehen. 後に少女の喜びを妨げる哀れなハインリヒは扉の前に居たので, その音を聞いていたが, その少女がもはや生きた姿では見られないことを可愛そうに思った. (aH. 1221b-27)

storîe, storje, stôre 女 [古フランス語 estoire, 中世ラテン語 storium] ① 群 (Schar), 多数 (Menge), 群集 (Gedränge). ② 軍勢 (Kriegsschar, Heerhaufen). ③ 雑踏 (Tumult), 騒動 (Auflauf).

stöubelîn 中 [*stoup* の縮小語] 小さいちり (Stäublein).

stouben, stöuben 動《弱》自 ① ほこりを出す (Staub erregen), ほこりを舞い上がらせる (Staub aufwirbeln). ② 酒に酔う (sich betrinken). 他 ① ほこりまみれにする (staubig machen). ② 追い立てる (aufscheuchen). {Nib. 1860, 4}

stoubîn 形 ちりの, ほこりの (von Staub). {Tr. 4670}

stoup¹, stoub 男 ① ちり, ほこり (Staub). ② 粉, 小麦粉 (Mehlstaub).

stoup² = *stieben* の直説法過去 1, 3 人称単数.

stôʒ 男 [複数 *stœʒe*] ① 衝突 (Stoß, Zusammenstoß), 突き (Stich). ② ぶつかり合うこと (das Zusammentreffen). ③ 継ぎ目 (Fuge). ④ (軍勢などの) 遭遇 (Begegnung), 争い (Streit). {Nib. 35, 1}

stôʒen 動〔反復〕5 ① 衝突する (stoßen). ② 突き動かす (stoßend

bewegen). ③ ぎっしり詰める (zusammendrängen). 再 ① 衝突する (sich stoßen). ② 起こる (sich zutragen). 自 ① 隣接しながら動く (sich anstoßend bewegen). ② 延びる (sich erstrecken). ③ 境を接する (grenzen). {Nib. 1894, 3}

strac[1] 形 ① 緊張した, 硬直した (straff). ② まっすぐな (gerade). ③ 手を伸ばした (ausgestreckt). ④ 直接の (ummittelbar). {Tr. 6710}

strac[2] 副 ① まっすぐに (stracks). ② まさに (geradezu). ③ その場で (auf der Stelle). {Tr. 6710}

strackes 副 ① まっすぐに (stracks). ② まさに (geradezu). ③ その場で (auf der Stelle).

stracte = *strecken* の直説法過去 1, 3 人称単数.

strâfen 動 ① しかる (schelten), 非難する (tadeln). ② 罰する (bestrafen), 懲罰する (züchtigen). ¶ sus begunden si si strâfen : / waz ir diu klage töhte / die nieman doch enmöhte / erwenden noch gebüezen? このように両親は娘を叱り始めた. 誰にも遠ざけたり, 取り除いたりできないことを嘆いてもお前に何の甲斐があろうか. (aH. 550-3)

strahte = *strecken* の直説法過去 1, 3 人称単数.

strâle 女《強・弱》, 男《弱》, **strâl** 男 女 ① 矢 (Pfeil). ② 稲妻 (Blitz), 雷光 (Wetterstrahl). {Tr. 4944}

strælen 動《弱》① なでて滑らかにする (glatt streichen). ② 髪をくしけずる (kämmen). ③ 馬ぐしで洗う (striegeln). {Er. 279}

strâl-snitec 形 [-sniteges[2]] 矢で傷ついた (mit dem Pfeil verwundet).

stræmelîn 中 ① 小さい光の筋 (kleiner Lichtstreifen). ② 光線 (Strahl). {Tr. 17581}

strange 女《弱》① なわ, ひも (Strang), つなぎ縄 (Spannseil). {Parz. 790, 22}

strâʒe 女《強・弱》① 通り (Straße). ② 縞 (Streifen). ③ 軌道 (Bahn). {Nib. 1174, 4}

strëben 動《弱》[中独 strëven] 自 ① 戦う (kämpfen, ringen). ② 激しく動く (sich heftig bewegen). ③ 努力する (sich abmühen). ④ 目標に向かう (sich nach einem Ziel bewegen), 前に進む (vorwärts dringen). ⑤ 急ぐ (eilen). 他 ① 付着させる (heften). ② 急速に動かす (rasch bewegen). {Parz. 109, 6}

strecken 動《弱》[3. strahte, stracte 6. gestraht] ① まっすぐにす

streich 476

る (gerade machen). ② 垂直にする (strack machen). ③ まっすぐに伸ばす (strecken), 広げる (ausdehnen), 差し出す (darreichen). ④ 長引かせる (hinhalten). {Ku. 190, 1}

streich[1] 男 一撃 (Schlag, Streich), 打ち込み (Hieb). {Parz. 61. 17}

streich[2] = *strîchen* の直説法過去1, 3人称単数.

streichen 動《弱》① かすめる (streifen), 触れる (berühren). ② なでる (streicheln). ③ 滑らかに塗る (glatt streichen). {Tr. 13967}

streit = *strîten* の直説法過去1, 3人称単数.

strenge[1]**, strange** 女 ① 勇敢さ (Tapferkeit). ② 厳しさ (die Strenge), 硬さ (Härte). ③ 馬の喉の病気 (Kehlsucht des Pferdes). ④ 細長い畑 (langer und schmaler Acker). {Parz. 179, 17}

strenge[2]**, strange** 形 ① 強い (stark), 勇敢な (tapfer), 硬い (hart). ② 不親切な (unfreundlich). ③ 厳格な (unerbittlich). ④ 困難な (schwierig). ¶ Sus antwurte im sîn tohter : / „vater mîn, swie tump ich sî, / mir wonet iedoch diu witze bî / daz ich von sage wol die nôt / erkenne daz des lîbes tôt / ist starc unde strenge." 娘は父親に言った, 「お父さん, どんなに私が未熟でも, 私にも分別があり, 身体の死は苦しいもので, つらく, 苛酷なものということは話を聞いて知っています」(aH. 592-7)

strengec-lich = *strenge*. {Parz. 655, 30}

strewen ⇨ ***ströuwen***.

stric 男 [strickes[2]] ① ひも (Strick, Band). ② いましめ (Fessel). ③ 編み目 (Masche). ④ 結び目 (Knoten), 連結 (Verknüpfung). ⑤ 包囲 (Umschließung). {Tr. 11757}

strich 男 ① 織物の縦糸の方向 (Richtung). ② 線 (Linie), 一画 (Strich). ③ 河の支流 (Arm eines Flusses). ④ 打撃 (Schlag), 一撃 (Streich). {Tr. 11128}

strîch 男 一撃 (Schlag, Streich), 打ち込み (Hieb).

striche 男《弱》① ひと書き, 書くこと (Schreiben). ② ひと撫で, ひと触れ (Strich). {Er. 7312}

strîchen 動 I. 1. 他 ① さすりながら動かす (streichend bewegen), さする (streichen). ② (衣服を) 平らにして整える (glätten und ordnen). ③ みがく (putzen). 自 ① 急いで行く (eilend gehen). ② 急速に動く (sich rasch bewegen). ¶ da begunde erz ane strîchen / harte unmüezeclîchen, / dâ bî wetzen. 医者はメスをその上でこすり, 入念に磨ぎ始めた. (aH. 1219-21a)

strichen = *strîchen* の直説法過去1, 3人称複数.

strich-weide 囡 狩猟 (Jagdgang). {Tr. 13491}

strickærinne, strickerin 囡 ① なわを作る女性 (Seilerin). ② 誘惑する女性 (Verstrickerin, Bestrickerin). {Tr. 12180}

stricke = *stric*.

stricken 動《弱》[3. stricte] 自 結合する (verknüpfen, zusmmenfügen). 他 ① 編む (stricken), 巻き付ける (schlingen). ② 織る (weben), 作る (bereiten). 再 結びつく (sich verbinden). {Tr. 12181}

stricker 男 ① なわを作る人 (Seiler, Strickmacher). ② 罠をかける人 (derjenige, der dem Wild Schlingen legt).

strickerin ⇨ *strickærinne.*

strît 男 [strîtes²] ① (言葉, あるいは武器での) 争い (Streit). ② 反抗, 抵抗 (Widerstand). ③ 復讐 (Rache). ④ 熱望 (das Begehren), 努力 (das Streben). ¶ hie huop sich ein michel strît / an dem râte under in : / dirre riet her, der ander hin, / als ie die liute tâten / dâ si solden râten. 人々の協議は大きな論争となった. 会議のときに人々がいつもそうするように, 一人はこうだと言い, もう一人はそうではない, と言った. (aH. 1468-72)

strîtec, -ic 形 ① 闘争心のある (streitlustig), 戦闘好きの (kampflustig). ② 激しい, 性急な (ungestüm). ③ (に)² 従わない (ungehorsam). ④ 熱心な (eifrig), 熱望する (begehrend).

strîtec-lich 形 ① 戦いの (streithaft). ② 戦いに加わる (zum Kampf dienlich), 戦いの準備を整えた (zum Kampf bereit). {Parz. 43, 15}

strîtec-lîche 副 ① 勇敢に (tapfer), 熱心に (eifrig). ② 闘争心に満ちて (streithaft). ③ たいへん (sehr). ④ 嫉妬して (eifersüchtig). {Tr. 3866}

striten = *strîten* の直説法過去 1, 3 人称複数.

strîten 動 I.1. ① 戦う (kämpfen), 争う (streiten). ② 一生懸命になる (sich eifrig bemühen). ③ 努力する, 熱望する (streben). {Iw. 1731}

strîtes 副 戦いながら (streitend), 戦って (mit Kampf). {Parz. 376, 23}

strît-genôʒ, -genôʒe 男《強・弱》① 戦いの仲間 (Kampfgefährte). ② 対戦者 (Gegner). {Ku. 699, 4}

strît-gewant 中 装備 (Rüstung).

strît-geziuc 中 武器 (Kamptgerät). {Ku. 497, 1}

strît-küene 形 (戦いで) 勇敢な (im Kampf mutig, kampfmutig).

{Nib. 202, 4}

strît-lich 形 ① 戦いの (zum Kampf gehörig). ② 闘争心のある (streitlustig). ③ 激しい (ungestüm). ④ 熱心な (eifrig).

strît-lîche 副 ① 戦備を整えて (kampffertig). ② 闘争心に燃えて (streitlustig).

strît-müede 形 戦いに疲れた (vom Streiten müde).

strît-muot 男 闘争心, 戦意 (Streitlust).

striuȥen 動 他 再 ① (に)⁰ᶠ 反抗する (spreizen), さからう (sich sträuben). ② 抵抗する (einen Widerstand leisten). ③ (に)⁴ 突撃する (anrennen).

strô 中 [strôwes²] [別形 strou, strouw] ① わら (Stroh), わら茎 (Strohhalm). ② わらの寝台 (Strohlager). ③ わら束 (Strohgebund). {Iw. 1440}

strô-dicke 副 穀物畑のわらのように密に (so dicht wie die Halme des Getreidefeldes).

strô-halm 男 茎, わら, 麦わら (Strohhalm).

strô-huot 男 麦わら帽子 (Strohhut).

stroufe 女 ① 軽く触れること (Bestreifung). ② 軽い負傷 (leichte Verletzung). ③ 損失 (Verlust), 損害 (Schaden).

stroufen, strôfen 動《弱》① (皮などを) はぎ取る (abstreifen, schinden). ② 害する (schädigen). 再 はいり込む (sich hineinschlüpfen). 自 すべり込む (schlüpfen), 徘徊する (streifen). {Parz. 75. 29}

ströuwen, strewen, ströun 動《弱》① 投げつける (niederwerfen). ② 撒く (streuen), ばらまく (zerstreuen). ③ 敷き藁を与える (Streu geben). {Iw. 4713}

strûben 動《弱》自 ① 硬直している (starren). ② 逆立つ (sich sträuben). 他 逆立てる (starr emporrichten). 再〔*wider* と〕反抗する (sich widersetzen). ¶ Mit strûbendem hâre sâhen si si gân. 勇士たちは娘たちがこわばった髪の毛をして歩いているのを見た. (Ku. 1218, 1)

strûch¹, struoch 男 ① 落下 (Sturz). ② つまずくこと (das Straucheln). {Nib. 1896, 4}

strûch² 男 ① 潅木 (Strauch). ② 藪, 叢林 (Gesträuch). {Iw. 3953}

strûch-diep 男 追剝 (Strauchdieb).

strûchen 動《弱》① つまづく (straucheln), よろめく (stolpern). ② 転倒する (zu Fall kommen). ③ 沈む (sinken), 墜落する (stürzen). ④ ひざまづく (in die Knie sinken). {Parz. 144, 25} {Nib. 210, 2}

struot¹, strût 囡 ① 沼地 (Sumpf). ② 満潮 (Glut), 大波 (Gewoge).

struot², strût 囡 ① やぶ (Gebüsch). ② 茂みの森 (Buschwald), 叢林 (Dickicht).

strûʒ¹ 男 ① 争い (Streit), 戦い (Kampf). ② 抵抗 (Widerstand).

strûʒ², struʒe 男《強・弱》だちょう (Strauß).

stube 囡 部屋 (Stube). {Ku. 1009, 3}

stuben = *stieben* の直説法過去1, 3人称複数.

stûche 囡 男《弱》① (女性の服の) 垂れ下った, 広い袖 (Ärmel). ② ヴェール (Schleier), 頭に被る布 (Kopftuch). ③ 布 (Tuch), 前掛け (Schürze). {Ku. 1385, 4}

stuchen 動《弱》放血する (schröpfen).

stücke, stück, stucke, stuck 中 ① 部分 (Teil). ② 破片 (Stück). ③ 章 (Abschnitt), 項目 (Artikel). ④ 物 (Ding), 事物 (Sache). ⑤ 方法 (Art und Weise). ⑥ 布 (Tuch), 亜麻布 (Leinwand). ⑦ 衣服用布地 (Kleiderstoff). ¶ si sneit im hemde unde bruoch, / daz doch an eime stücke erschein, / unz enmitten an sîn blankez bein. 王妃はそれを裁ち切って息子のシャツと半ずぼんを作ったが, この二つは白いすねの真中までひと続きだった. (Parz. 127, 2-4)

stuckoht 副 ばらばらに, ちりぢりに (in Stücken). {Parz. 385. 19}.

stûde 囡《弱》① やぶ (Busch), 潅木 (Staude). ② 潅木のような樹木 (buschiger Baum) {Parz. 180, 3}.

stum, stump 形 [stummes², stumbes²] 無言の, 物を言わない (stumm).

stumpf 形 ① 短く切られた (abgestutzt). ② 鈍い (stumpf). ③〔比喩〕不完全な (unvollkommen), 弱い (schwach). ④ 悪い (übel, böse), 厳しい (hart).

stumpfen 動《弱》① 鈍くする (stumpf machen). ② 弱くする (schwach machen). {Tr. 6511}

stunde, stunt 囡 ① 時 (Zeit), 時点 (Zeitpunkt). ② 機会 (Gelegenheit). ③ 回 (Mal). ④ 時間 (Stunde). ¶ er wânde er wære der vînde : dô frumte im an den stunden / Hôrant schaden grôzen ; der degen küene sluog im eine wunden. ホーラントはそれが敵だと思った. ホーラントはそのときこの騎士に大きな損害を与えた. この勇敢な騎士は相手に深手を負わせた. (Ku. 886, 3-4)

stündec, -dic 形 ① 毎時の (stüntlich). ② いつまでも続く (immer während). ③ 機の熟した (reif). {Tr. 5100}

stundec-lîche 副 すぐに (sofort), 時宜を得て (zeitig).

stunt ⇒ *stunde*.

stuol 男 ① 椅子 (Stuhl), 座席 (Sitz). ② (神, 皇帝, 王など) 支配者の座 (Stuhl eines Herrschers), 玉座 (Thron). ③ 法官席 (Richterstuhl). ④ 便通 (Stuhlgang). {Tr. 10866}

stuol-gewant, -gewæte 中 [= *stuollachen*] ① 椅子じゅうたん (Stuhlteppich). ② じゅうたん (Teppich). {Nib. 1357, 2}

stuol-lachen 中 [= *stuolgewant*] ① 椅子じゅうたん (Stuhlteppich). ② 椅子の上張り (Stuhlbelag). ③ じゅうたん (Teppich).

stuonden = *stân, stên* の直説法過去1, 3人称複数.

stuont = *stân, stên* の直説法過去1, 3人称単数.

stupfe 女《弱》切り株 (Stoppel). {Parz. 379, 16}

sturben = *stërben* の直説法過去1, 3人称複数.

sturm 男 [中独 storm も] ① 喧噪 (Lärm). ② 不安 (Unruhe). ③ 嵐 (Sturm). ④ 戦い (Kampf) ¶ Die Wâleise in den stürmen râchen des küniges tôt. ワーレイスの人々はその戦いで王の仇を討とうとしていた. (Ku. 884, 1)

stürmen 動《弱》[中独 sturmen, stormen] 自 ① 突撃する (Sturm laufen). ② (海・風が) 荒れる (stürmen). ③ 戦う (kämpfen). 他 (城などを) 攻囲する (berennen). ④ 鳴らす (läuten). ¶ dane wart grôz stürmen niht vermiten. そのとき大きな戦闘は避けることができなかった. (Parz. 207, 7)

sturm-herte 形 ① 嵐を耐え忍ぶ (im Sturm ausharrrend). ② 困難な (schwer).

sturm-küene 形 戦いにおいて勇敢な (im Kampf mutig, zum Streit kühn). {Nib. 201, 3}

sturm-lich ① 嵐の (stürmlich). ② 激しい (heftig).

sturm-lîche 副 ① 嵐のように (stürmisch). ② 激しく (heftig). {Tr. 961}

sturm-müede 形 [= *strîtmüede*] 戦いに疲れた (vom Streiten müde). {Ku. 653, 2}

sturm-tôt 形 戦いでたおれた (in der Schlacht gefallen), 戦場に残った者 (im Kampf gebliebener). {Ku. 915, 2}

sû 女 [siuwe[2], su[2] 〔複数〕siuwe, siu] 雌豚 (Sau).

sûber[1], sûver, sûfer 形 ① 美しい (schön). ② 清潔な (sauber),

純粋な (rein).

sûber[2] 副 ① 純粋に (rein). ② 美しく (hübsch, schön). ③ まったく (ganz und gar).

sûber-heit 女 ① 美しさ (Schönheit). ② 純粋さ (Reinheit). ③ 高貴さ (Vornehmheit).

sûber-lich 形 ① 清らかな (sauber). ② 行儀の良い (artig), 礼儀正しい (züchtig). ③ 上品な (anständig). {Iw. 4385}

sûber-lîche 副 ① 清らかに (sauber). ② 行儀良く (artig), 礼儀正しく (züchtig). ③ 上品に (anständig). {Ku. 41, 4}

sûbern, siubern 動《弱》他 ① きれいにする (sauber machen). ② 洗濯する (reinigen).

suckenîe, suggenîe 女《強・弱》(スカートの上, 外套の下に着る) 衣装 (Kleidungsstück). {Parz. 145, 1}

süenærinne, suonerinne 女 和解させる人 (Versöhnerin), 調停役 (Sühnerin). {Iw. 2056}

süene[1] 女 [＝suon] ① 和議, 和解 (Versöhnung). ② 判決 (Urteil). ③ 平和 (Frieden), 平穏 (Ruhe).

süene[2] 形 和解的な, 穏便な (versöhnlich).

süenen, suonen 動《弱》他 ① 和解させる (versöhnen), 償う (sühnen). ② (離脱を) 助ける (abhelfen). ③ 取りのぞく (beseitigen). ④ 調停する (ausgleichen). 再 和解する (sich versöhnen). {Ku. 140, 2 / 1646, 1} ¶ ich wil ez gerne süenen, swie ich niht enhân / gewaltes hie ze lande. 私はこの国ではまだ力はありませんが, 喜んでそのとりなしをします. (Ku. 140, 2-3a)

süener, suoner 男 ① なだめる人, 調停者 (Versöhner). ② 償う人, 賠償者 (Sühner).

süeʒe[1], **suoʒe** 女 ① 甘さ (Süßigkcit). ② 好ましさ (Licblichkcit). ③ 親切さ (Freundlichkeit), 穏和さ (Gütigkeit). ④ 芳香 (süßer Geruch). ¶ ich vürhte, solde ich werden alt, / daz mich der werlte süeze / zuhte under vüeze, / als si vil manigen hât gezogen / den ouch ir süeze hât betrogen : / sô würde ich lîhte gote entsaget. もしも, このまま年を重ねたらこの世の甘い誘惑が, ちょうどその甘美さに誘われた多くの人々をそうしたように, 私をその足元に引きずり込むのではないかと心配です. そうすれば私は神に見放された者となるでしょう. (aH. 700-5)

süeʒe[2], **suoʒe** 形 [中独 sûʒe, sôʒe] ① 甘い (süß). ② 快適な (angenehm), 愛らしい (lieblich). ③ 穏和な (milde). ④ 親切な (freundlich). ¶ ich erkenne dînen süezen muot : / dîn wille ist reine unde guot, / ich ensol ouch niht mê an dich gern. 私はお前の優しい心が分かった。お前の心根は清らかで善良だ。しかし、これ以上のことをお前に望むべきではない。(aH. 937-9)

süezec 形 = *süeze*.

süezec-lich 形 ① 甘い (süß). ② 愛らしい (lieblich). {Ku. 483, 4}

süezec-, suozec-lîche 副 ① 甘美に (süß), 愛らしく (lieblich). ② 親切に (freundlich), 心をこめて (innig). {Tr. 1442}

süezen, suozen 動《弱》[3. suozte] 他 ① 快適にする (angenehm machen). ② 元気づける (erquicken), 喜ばせる (erfreuen). ③ 魅惑する (entzücken). 自 ① 快適になる (angenehm werden). ② 甘くなる (süß werden). {Parz. 244, 5}

süez-lich 形 [= *süeze*] ① 甘い (süß). ② 快適な (angenehm), 好ましい (lieblich). ③ 穏和な (milde). ④ 親切な (freundlich). {Tr. 1936}

sûfe 男 [= *suppe*] 吸物, スープ (Suppe).

sûfen, soufen 動 II. 1. 他 ① 飲む (trinken). ② すする (schlürfen). 自 ① 沈没する (untergehen). ② 沈む (versinken).

	直説法現在	
ich sûfe	wir	sûfen
du sûfest	ir	sûfet
er sûfet	si	sûfent
	直説法過去	
ich souf	wir	suffen
du süffe	ir	suffet
er souf	si	suffen

sûft 男 ため息 (Seufzer). {Tr. 796} ¶ dô si beide entsliefen, / manigen sûft tiefen / holte si von herzen. 父母が寝入ったとき, 少女は胸の奥から深い溜息を何度もついた. (aH. 473-5)

sûfte = *siuften* の直説法過去 1, 3 人称単数.

süge = *sûgen* の直説法過去 2 人称単数, 接続法過去 1, 3 人称単数.

sûgen 動 II. 1. [3. souc] 吸う (saugen). {Parz. 476, 27}

	直説法現在	
ich sûge	wir	sûgen
du sûgest	ir	sûget
er sûget	si	sûgent

	直説法過去	
ich souc	wir	sugen
du süge	ir	suget
er souc	si	sugen

sugen = *sûgen* の直説法過去1, 3人称複数.

suht 女［中独 sucht］（ペスト, 癩病, リューマチ, 熱病, 狂気などの) 病気 (Krankheit). ¶ „nû lât daz gedingen"/ sprach der meister aber dô : / „iuwer sühte ist alsô / (waz vrumet daz ichz iu kunt tuo?) : / dâ hœret arzenîe zuo : / des wæret ir genislîch.「希望を抱いても無駄です」, としかしそのとき医者は言った,「あなたの病には, (それをあなたにお伝えしても何の役に立ちましょうか) ある薬が必要なのです. それであなたはよくなります」(aH. 194-199)

sühtec 形 病気の (krank), 病的な (krankhaft).

sul, sol 女 塩水 (Salzwasser, Salzbrühe).

sûl, siule 女［別形 soul, sûel, sûwel］① 柱 (Säule), 支柱 (Pfeiler). ②〔比喩〕ささえ (Stütze). ③ 火柱 (Feuersäule), 雲の柱 (Wolkensäule). ④ 縦隊, 縦列 (Heeressäule). ⑤ さらし台 (Pranger), さらし柱 (Schandsäule).

suln ⇒ *soln*.

sum 代〔不代〕①〔単数〕すべての中のある一つ (irgendeiner von allen), いくつか (mancher). ②〔複数〕2, 3の (einige), いくつかの (manche), 一部の (zum Teil).

sûm 男 ① 躊躇すること (das Zögern). ② 遅れること (das Säumen).

sumber, summer, sumer, sümmer, sümer 男 中 ① ティンパニー (Pauke). ② かご細工 (Geflecht), ざる (Korb). ③ タンバリン (Tambourin), 手太鼓 (Handtrommel). {Ku. 1572, 3}

süme 女［= *sûm*］① 躊躇すること (das Zögern). ② 遅れること (das Säumen).

sume-, süme-lich 代〔不代〕①〔単数〕すべての中のどれか一つ (irgndeiner von allen). ②〔複数〕2, 3の (einige). いくつかの (manche). {Ku. 64, 4}

sûmen 動《弱》他 ① 遅らす, 遅くする (verzögern). ② 怠る, 逸する (versäumen). ③ 待たせる (warten lassen). ④ 妨げる (hindern). 再 ① 滞在する (sich aufhalten). ② 遅れる (sich verspäten). 躊躇する (sich zögern). ¶ wiltû varen, guot man, / sich, dâ sûmestû dich an. / mîn wirt wil varen ûf den sê. 乗って行きたいのなら, お急ぎなさい, あなた. うちの人が湖に漕ぎだそうとしているよ. (Gr. 3067-9)

sumer 男 ① 夏 (Sommer). ② 一種の熱病 (Fieberkrankheit).
sumer-bluot 女 夏の花 (Sommerblüte).
sumeren 動《弱》夏になる (Sommer werden). {Ku. 260, 3}
sumer-kleit 中 ① 夏のための衣装 (Kleid für die Sommerzeit). ② 夏の衣服 (Kleid des Sommers).
sumer-kraft 女 夏の力 (Kraft des Sommers), 夏のみなぎり (Fülle des Sommers). {Tr. 679}
sumer-kunft 女 夏の到来 (Ankunft des Sommers).
sumer-lanc 形 ① 夏の日のように長い (lang wie ein Sommertag). ②〔比喩〕たいへん長い (sehr lang). ¶ den sumerlangen tac 夏のように長い日 (Nib. 2085, 3).
sumer-late, -latte 女《弱》① 今年の若芽 (diesjähriger Schössling). ② 一夏で大きくなった芽 (in einem Sommer gewachsener Schössling).
sumer-lëben 中 夏の生活 (sommerliches Leben).
sumer-lich 形 ① 夏の (sommerlich). ② 夏らしい (nach Art des Sommers). {Parz. 489, 27}
sumer-lîche 副 ① 夏にふさわしく (sommerlich). ② 夏らしく (nach Art des Sommers).
sumer-lieht 形 夏のように明るい (hell wie im Sommer).
sumer-ouwe 女 夏の沃野 (Aue im Sommer).
sumers 副 夏に (im Sommer).
sumer-tac 男 ① 夏の日 (Sommertag). ②〔複数〕夏 (Sommer). {Er. 4462}
sumer-var 形 夏らしい (vom sommerlichen Aussehen).
sumer-wëter 中 ① 夏の天候 (Sommerwetter). ② 夏 (Sommer).
sumer-wîse 女 ① 夏のメロディー (Sommermelodie). ② 春の調べ (Frühlingsweise). {Tr. 4756}
sumer-wünne, -wunne 女 夏の喜び (Wonne des Sommers).
sumer-zît 女 夏 (Sommer). {Nib. 295, 1}
sum-, süm-lich = *sume-, sümelich*
sûm-lich 形 ① 遅い (verspätet). ② 緩慢な (säumig).
sûm-lîche 副 遅く (verspätet), 緩慢に (säumig).
summer ⇨ *sumber.*

sun, suon 男 [中独 son, sûn も] ① 息子 (Sohn). ② 動物の子の雄 (das männliche Junge von Tieren). {Parz. 28, 23}

sündære, -er 男 罪人 (Sünder).

sündærinne, -errrine, -în 女 罪人 (Sünderin).

sünde, sünte, sunte 女 罪 (Sünde). ¶ uns hât verleitet sêre / die sinne ûf mange sünde / der fürste ûz helle abgründe. 地獄の底の王がさまざまな罪に私たちの心を迷わした. (Wa. 3, 10-2)

sünde-bære 形 ① 罪を負った (sündig). ② 罪深い (sündhaft). {Parz. 458, 8}

sündec-lich 形 罪深い (sündlich), 罪のある (sündhaft). {Gr. 2283}

sünde-haft 形 罪に陥った (mit Sünde behaftet). {Parz. 522, 30}

sünde-lich ⇒ *süntlich*.

sünden, sunden 動《弱》自 罪を犯す (sündigen). 再 (で)⁺an 罪を犯す (sich versündigen). 他 (に)⁴ 有罪の宣告を下す (für Sünder erklären). {Parz. 329, 22}

sunder[1] 形 ① 分けられた (abgesondert), 単独の (alleinstehend). ② 孤独の (einsam). ③ 特別な (besonder), 独自の (eigen). ④ 抜群の (ausgezeichnet).

sunder[2] 副 ① 離れて (abseits). ② 個別に (im Einzelnen). ③ 特に (ins Besondere), もっぱら (ausschließlich). ④ たいへん (sehr). {Nib. 1409, 4}

sunder[3] 前 ⁺⁴ ① ～以外に (außer). ② ～なしに (ohne).

sunder-bære, -bar 形 ① 特別の (sonderbar), 珍しい (seltsam). ② 抜群の (ausgezeichnet). {Ku. 84, 4}

sunder-klagen 中 特別の嘆き (besonderes Klagen). {Tr. 5623}

sunder-lant 中 個々の, 孤立した土地 (einzelnes, für sich bestehendes Land). {Parz. 737, 1}

sunder-lëger 中 分けられた, 特別の陣営, 宿営地 (abgesondertes Lager). {Parz. 667, 14}

sunder-lich 形 ① 孤立した (allein stehend), 分かれた (abgesondert). ② 孤独な (einsam). ③ 特別の (besonder), 独自の (eigen). {Tr. 630}

sunder-lîche 副 ① 分かれて (abgesondert), 等級をつけられた (abgestuft), 異なった (verschieden). ② 孤独に (einsam). ③ 特別に (besonders), 独自に (eigen). ④ たいへん (sehr).

sunder-lingen = *sunderlîche*. {Nib. 1738, 3}

sundern 動《弱》① 分ける (trennen), 隔てる (sondern). ② 区分

sunder-nôt

する (absondern).

sunder-nôt 中 特別の苦しみ (besondere Not). {Ku. 94, 2}

sunder-prîs 男 特別の名声 (Ruhm). {Er. 8450}

sunder-rinc 男 別棟の天幕宿営所 (abgesondertes Zeltlager). {Parz. 675, 9}

sunder-rote, rotte 女 ① 特別の群 (eine besondere Schar). ② 特別の使命のある群 (Schar mit einer besonderen Bestimmung). {Parz. 618, 8}

sunder-sant 中 孤立した土地 (einzelnes, für sich bestehendes Land). {Parz. 737, 1}

sunder-schar 女 ① 特別の群 (eine besondere Schar). ② 特別の使命のある群 (Schar mit einer besonderen Bestimmung). {Parz. 805, 25}

sunder-schîn 男 独特の輝き (eigentümlicher Glanz). {Parz. 741, 8}

sunder-siech 形 癩病の (aussätzig).

sunder-siz 男 (4人用の) 特別の椅子 (besonderer Sitz). {Parz. 230, 1}

sunder-sprâche 女 ① 特別の話 (besondere Sprache). ② 密談 (geheime Unterredung). {Ku. 939, 3}

sunder-sprâchen 動《弱》内密に協議する (sich heimlich besprechen). {Ku. 420, 1}

sunder-starc 形 特に強い (besonders stark), たいへん強い (sehr stark). {Nib. 483, 3}

sunder-trût 男 中 **-trûte** 男《弱》特別のお気に入り (besonderer Liebling). {Parz. 437, 26}

sunder-varwe 女 ① 特別の, その物特有の色 (die besondere, dem Ding eigentümliche Farbe). ② 外見 (Aussehen). {Er. 7595}

sunder-wâpen 中 特別の紋章 (ein besonderes Wappen). {Parz. 216, 18}

sunder-wint 男 南風 (Südwind). {Ku. 1125, 1}

süne-lîn 中 [*sun* の縮小語] 小さい息子 (ein kleiner Sohn).

sungeln, sunkeln 動《弱》ぎしぎしいう, ぱちぱち音を出す (knistern). {Parz. 104, 3}

sun-lich 形 ① 息子の (von einem Sohn), 息子にふさわしい (einem Sohn gemäß). ② 子供の (kindlich). {Tr. 1933}

sunne 女《強・弱》男《強・弱》[中独 sonne も] ① 太陽 (Sonne).

② 日光 (Sonnenschein), 日の光 (Tageslicht). ③ 日の当たる場所 (sonnenbeschienener Platz). {Ku. 95, 3}

sunne-bërnde 形〔現分〕① 日光をもたらす (den Sonnenschein bringend). ② 明るい (hell).

sunnen-bære 形 ① 太陽のような (sonnenhaft). ② 日の当たる (sonnig).

sunnen-blic 男 ① 日光 (Sonnenschein). ② 太陽の輝き (Sonnenglanz). ③〔形容詞的に〕陽光の, 輝く太陽の (von Sonnenblick). ¶ ein sunnenblicker schûr 太陽に照らされた荒天 (Parz. 514, 20).

sunne-, sunnen-var 形 太陽のように明るい (hell wie die Sonne).

sunne-, sun-wende 女 ① 夏至 (Sonnenwende im Sommer). ② ヨハネの祝日 (Johannistag). ③ ひまわり (Sonnenblume). {Nib. 31, 4}

sünt-, sünde-lich 形 罪のある (sündhaft), 罪深い (sündlich). ¶ ich was ein vollez vaz / süntlîcher schanden, / dô ich mit disen banden / gestetent wart ûf disen stein, / diu ir hie sehent um mîniu bein. あなたがたが私の足のまわりにご覧になるこの枷をはめられてこの岩に繋がれたとき, 私は罪が詰まった樽のようなものでした. (Gr. 3596-600)

sünt-, sünde-lîche 副 罪を負って (sündhaft), 罪深く (sündlich).

suoche 女 探すこと (das Suchen), 探し求めること (Nachsuchung). {Tr. 163}

suochede 女 探すこと (das Suchen).

suochen 動《弱》① 探す (suchen). ② 訪問する (aufsuchen, heimsuchen). ③ 試みる (versuchen). ④ 尽力する (sich bemühen). ⑤ 敵意をもって攻め入る (feindlich aufsuchen). ¶ dar an begunde er suochen / ob er iht des vunde / dâ mite er swære stunde / möhte senfter machen, / und von sô gewanten sachen / daz gotes êren töhte, / und dâ mite er sich möhte / geliebe den liuten. 騎士はそこに重苦しい時間をしのぎ易くすることができるもの, 神の名誉を称えるもの, それによって自分が人々に好かれるようになることができるものを捜し始めた. (aH. 8-15)

suocher, suochære 男 ① 攻撃者 (Angreifer), 迫害者 (Verfolger). ② 探求者 (Sucher), 研究者 (Erforscher). {Parz. 205, 22}

suoch-hunt 男 探索犬, 猟犬 (Spurhund). {Iw. 3894}

suoch-man 男 獲物を探す猟師 (Jäger zum Aufspüren des Wildes), 駆り立てる人 (Treiber). {Nib. 913, 3}

suon[1] ⇨ *sun*.

suon[2]**, suone** 男 女 ① 和解(Sühne), 宥和(Versöhnung), 論争の究極的な調停 (die endgültige Beilegung der Fehde). ② 判決 (Urteil), 裁判 (Gericht). ③ 平和 (Frieden). ¶ „entriuwen", sprach der ander dô, / „diu suone wirdet niht alsô: / sus kome wir niht ze minnen."「じっさい」, ともう一人は言った, 「和議はそのようには成りゆかない. そのようなことでは私たちは和睦できない」. (Tr. 6827-9)

suon-liute 複 仲裁者たち (Schiedsleute), 審判者たち (Schiedsrichter).

suon-man 男 ① 調停者 (Versöhner). ② 仲介者 (Vermittler). ③ 仲裁者 (Schiedsmann), 審判者 (Schiedsrichter).

suon-stat 女 和解の場所 (Versöhnungsstätte). {Parz. 272, 5}

suon-tac 男 最後の審判の日 (der jüngste Tag).

suon-zeichen 中 和解の印 (Zeichen der Versöhnung).

suoʒe[1] 副 ① 甘美に (auf süßer Weise). ② 快適に (angenehm). ③ 愛らしく (lieblich).

suoʒe[2] ⇨ *süeʒe*.

suoʒec-lîche 副 ① 甘美に (süß). ② 愛らしく (lieblich). ③ 親密に (innig). {Tr. 1442}

suoʒ-lich 形 [= *süeʒe*[2]] ① 甘い (süß). ② 快適な (angenehm), 愛らしい (lieblich). ③ 穏和な (milde). ④ 親切な (freundlich).

suoʒ-te = *süeʒen* の直説法過去1, 3人称単数.

suppe, soppe 女《強・弱》① スープ (Brühe, Suppe). ② 朝食 (Morgensuppe), 食事 (Mahlzeit).

sûr[1]**, sûwer** 中 ① 苦さ (Bitterkeit). ② 悪 (Übel). ③ 不利 (Nachteil). {Parz. 1, 2}

sûr[2]**, sûwer** 形 ① 酸っぱい (sauer), 渋い (herb). ② (味が) ぴりぴりする (scharf), 苦い (bitter). ③〔比喩〕きつい (hart), 邪悪な (böse), 悪い (schlimm).

sûren, siuren 動《弱》① 酸っぱくなる (sauer werden), 苦くなる (bitter werden). ② 酸っぱい (sauer sein), 苦い (bitter sein).

surkôt 中 [中世ラテン語 surcotium] ① 外套 (Überrock). ② (男・女の) 上着 (Oberkleid). ③ (女性服の) 引きすそ (Schleppe). {Parz. 145, 1}

surzëngel 男 [フランス語 sursangle] ① 上帯 (Obergurt). ② 馬の腹帯 (Bauchriemen der Pferde). {Parz. 257, 6}

surziere 女 [フランス語 sorciere] ① 女占い師 (Loswerferin). ②

女魔術師 (Zauberin). {Parz. 312. 27}

sûs 男 ① 刀を打ちおろす音 (das Sausen des Schwerthiebs). ② 豪奢, 放縦, お祭騒ぎ (Saus und Braus). {Nib. 2077, 2}

sus, sust, sunst 副 ① そのように, それほどに (so, so sehr). ② そのよう方法で (in solcher Weise). ③ それならば (so). ④ そうでなければ (sonst). ¶ sus seite jener Tristande, / ein sîn lantman wære dâ. そのようにその人はトリスタンに, トリスタンの同郷者が来ていると伝える. (Tr. 3932-3)

sûse 男 一種の猟犬 (Jagdhund). {Iw. 7822}

sûsen, siusen 動《弱》自 ① ざわめく (sausen), さらさら音を立てる (rauschen). ② ぶんぶん音を出す (summen). ③ しゅっと音を立てる (zischen). ④ ぎしぎし音を立てる (knirschen). 再 ざわめきながら動く (sich sausend bewegen).

suster ⇨ *swester.*

swâ, swô 接 それがどこであれ (wo auch, wo immer).

Swâben 名〔地名〕シュヴァーベン (Schwaben).

swæbisch 形 シヴァーベンの (schwäbisch).

swach[1] 男 ① 不名誉 (Unehre), 恥辱 (Schmach). ② 解明, 廃止 (Anflösung).

swach[2] 形 ① 悪い (schlecht), わずかの (wenig). ② 高貴でない (unedel), 身分の低い (niedrig). ③ 惨めな (armselig). ④ 力のない (kraftlos), 弱い (schwach). ¶ der swachesten dar under, swaz ir diu gebôt, / daz muose si leisten. その中のもっとも身分の低い者に対してであれ, その人が命じることが何であっても, クードルーンはそれをしなけらばならなかった. (Ku. 1010, 2)

swache[1] 女 ① 不名誉 (Unehre). ② 恥辱, 侮辱 (Schmach).

swache[2], **swach** 副 ① 弱く (auf schwache Weise). ② 惨めに (armselig). ③ 悪く (schlecht). {Nib. 2363, 4}

swachen 動《弱》他 ① 弱める (schwach machen). ② 尊重しない, 軽んじる (schwach achten). ③ 非難する (tadeln). 自 弱くある (schwach sein), 弱く思われる (schwach dünken). {Tr. 947}

swach-gemuot 形 根性の悪い (von schlechter Gesinnung).

swach-heit, swacheit 女 ① 恥辱 (Schmach), 不名誉 (Unehre). ② 取るにたらないこと (Geringfügigkeit). {Tr. 6293}

swach-, swech-lich 形 ① 悪い (schlecht). ② 取るに足りない (geringfügig). ③ みじめな (armselig). ④ 無力な (kraftlos), 弱い (schwach). {Tr. 9286}

swach-, swech-lîche 副 ① 悪く (schlecht). ② わずかに (gering). ③ みじめに (armselig). ④ 無力に (kraftlos), 弱く (schwach).

swâger 男 義兄弟 (Schwager).

swal = *swëllen* の直説法過去1, 3人称単数.

swalch, swalc 男 ① 洪水, 氾濫 (Flut). ② 大波 (Woge). ③ 峡谷, 深淵 (Schlund).

Swalevelt 名 〔地名〕スワレフェルト. {Nib. 1525, 1}

swalm 男 蜜蜂の群 (Bienenschwarm).

swalwe, swalbe, swale, swal 女《強・弱》① つばめ (Schwalbe). ② 英国風竪琴 (Harfe). {Parz. 623, 20}

swalwen-zagel 男 つばめの尾 (Schwalbenschwanz).

swam[1] 男 [swammes[2]] 氾濫 (Überschwemmung).

swam[2] 男 [swammes[2]], **swamp** 男 [swambes[2]], **swamme** 男 《弱》① 海綿 (Schwamm). ② きのこ (Pilz). {Parz. 105, 21}

swamen 動《弱》泳ぐ (schwimmen).

swan[1] 男《弱》白鳥 (Schwan). ¶ der ist wîzer denn ein swan それは白鳥より白い. (Ku. 1372, 1b)

swan[2], **swane** 男《弱》白鳥 (Schwan).

swanc[1] 男 [swanges[2]] ① 振ること (Schwang). ② 打撃 (Schlag), 打ち込み (Hieb). ③ 一撃 (Streich). ④ 面白い話 (lustige Erzählung), 笑い話 (Schwank). {Ku. 359, 3}

swanc[2] 形 ① 激しい (stürmisch). ② しなやかな (biegsam). ③ ほっそりとした (schlank). ④ 薄い (dünn).

swaner 男 ① 獣群 (Rudel, Herde). ② 群れ (Schar).

swanger 形 ① 身ごもった (schwanger). ② 揺れている (schwankend).

swangern 動《弱》妊娠している (schwanger sein).

swankel 形 ① 曲がりやすい (biegsam). ② 揺れている (schwankend). ③ ほっそりした (schmal), 薄い (dünn). {Parz. 174, 8}

swankeln, schwänkelieren 動《弱》自 ① よろめく (taumeln). ② 揺れる (schwanken).

swanken 《弱》自 ① よろめく (taumeln), 揺れる (schwanken). 他 振る, 振り動かす (schwingen), 振り回す (schwenken).

swanne, swenne 接 [別形 swann, swan, swenn, swen] ① いつであれ (wann auch). ② 〜やいなや (sobald). ③ もしも〜ならば (wenn).

swannen 副 ① たとえどこからであろうと (woher auch immer).

② もしも, どこからか (wenn irgend woher). ③ どこから (woher). {Nib. 85, 1}

swanz 男 ① 引き裾 (Schleppe). ② ダンス衣装 (Tanzkleid). ③ 飾り (Schmuck), 装飾品 (Zierde). ④ 輝き (Glanz), 素晴らしさ (Herrlichkeit). ⑤ 尾 (Schwanz). ⑥ 抒情詩の付加部 (Schlusserweiterung einer lyrischen Strophe).

swanzen 動《弱》自 ① 踊るように動く (sich tanzartig bewegen). ② あちこちへ揺れ動く (hin und her schwanken). ③ 踊る (tanzen). 他 美しく礼儀正しく動かす (zierlich und höflich bewegen). {Parz. 681, 22}

Swâp 男 [Swâbes²], **Swâbe** 男《弱》[Swâben³] ① シュヴァーベン人 (Schwabe). ② シュヴァーベン地方 (Schwaben).

swar[1] 接 ① もしもどこかあるところへ (wenn irgendwohin, wohin irgend). ② たとえどこであれ (wo auch, wo immer). ③ たとえどこへであれ (wohin auch, wohin immer). ④ どこへ (wohin). {Nib. 931, 2}

swar[2] = *swërn* の直説法過去 1, 3 人称単数.

swâr[1], **swære**, **swær** 形 ① 暗い (finster). ② 痛ましい (schmerzlich). ③ 悲しそうな (betrübt), 困難な (schwer).

swâr[2] ⇨ *swære*[3].

swarc 形 ① 真っ暗な (finster). ② 曇った (trübe).

swâre, **swære** 副 ① 痛ましく (schmerzlich), 悲しそうに (betrübt). ② 重苦しく, 困難に (schwer). ③ 不快に (unangenehm). ¶ durch got, wiest mir von ime geschehen sô leide und alsô swâre いったいどうして彼のために私はこのようにつらく, 重苦しい気持になるのだろう. (Tr. 1006-7)

swære[1] 男《弱》① 苦しみ (Leid), 心痛 (Kummer). ② 痛み (Schmerzen).

swære[2] 女 ① 苦しみ (Leid). 心痛 (Kummer). ② 痛み (Schmerzen), 困窮 (Bedrängnis). ③ 困難 (Schwierigkeit). ④ 大きな重量 (das große Gewicht). {Nib. 155, 1}

swære[3], **swær**, **swâr** 形 ① 苦痛な, 痛ましい (schmerzlich). ② 不快な (unangenehm), やっかいな (lästig). ③ 悲しそうな (betrübt). ④ 重要な (gewichtig), 重い (schwer). ⑤ 困難な (beschwerlich). ⑥ 高貴な (vornehm). ⑦ 妊娠した (schwanger). ¶ sîne gedanke und sîn sin / die wurden swære dar van : / er dâhte und dâhte als ein man, / dem ez ze kleinem liebe ertaget. 彼の考えと気持ちは

そのために重くなり，彼は夜が明ければ大きな苦しみに陥る人のように思い悩んだ. (Tr. 15230-3)

swærec-heit 女 ① 困難さ (Schwierigkeit). ② 重いこと (Schwere). ③ 障害 (Hindernisse).

swâren¹, swæren 動《弱》自 ① 困難である，困難になる (schwer sein, werden). ② 高齢のために老衰する (vor Alter gebrechlich werden).

swâren² = *swërn* の直説法過去1，3人称複数.

swæren 動《弱》他 ① 困難にする (schwer machen). ② 苦しめる (beschweren)，悲しませる (betrüben). ¶ lîp und leben daz swært mich 身体と命が私を苦しめる. (Tr. 11973)

swær-, swâr-heit 女 = *swære²*.

swarm 男 蜜蜂の群れ (Binenschwarm).

swarte, swart 女《強・弱》① 髪の生えた頭皮 (die behaarte Kopfhaut). ② 人の皮膚 (die menschliche Haut). ③ 動物の髪あるいは羽の生えた皮膚 (die behaarte oder befiederte Haut der Tiere). {Iw. 435}

swarz 形 ① 黒い (schwarz). ② 暗い色の (dunkelfarbig). {Tr. 4688}

swarz-wilt 中 いのしし (Schwarzwild, Wildschwein). {Er. 7143}

swaz 男 [-tzes²] 無駄話 (Geschwätz).

swaȝ 代〔関代〕～であるところのもの，それが何であれ (was auch, was immer). ¶ swaȝ ich guoter mære von iu vernime, des vreu ich mich. あなたから良い知らせを聞くのであればそれが何であれ，私は嬉しい. (Iw. 5922-3) ¶ swes iemen anders phlac, / diz enkam von ir herzen nie, / unz man des andern nahtes gie / slâfen nâch gewonheit. 他の誰かが何をしていようと，このことは少女の心からけっして離れず，やがて次の夜いつものようにベッドに向かった. (aH. 512-5)

swëben 動《弱》① 流れながらあちこち動く (sich fließend hin und her bewegen). ② 泳ぐ (schwimmen). ③ 漂う (schweben). ④ 飛ぶ (fliegen). ⑤ 決断しないでいる (unentschieden sein), 未決定である (in der Schwebe sein).

swechen 動《弱》他 弱くする (schwach machen). 再 謙遜する (sich erniedrigen).

swëder 代〔不代〕① もし，二人のうちの１人が～すれば (wenn irgendwelcher von beiden). ② たとえ二人のうちどちらであれ (welcher auch von beiden). ③ 二つの方法のうちどちらであれ (auf welche von beiden Weisen auch). ¶ wan swederz ich mir kiese / daz ich doch verliese. どちらを選んでも私は身の破滅です. (Er. 3158-9)

swëder-halp 副 ① 二つのうちのどちらにであれ (auf welcher, auf welche von beiden Seiten). ② どちらの方向へであれ (nach welcher Seite hin). {Tr. 10616}

swëgele, swëgel 女《弱》① フルートの一種 (eine Art Flöte). ② 管, 筒 (Röhre). ③ 食道 (Speiseröhre).

swëger-, swiger-hërre 男《弱》舅 (Schwiegervater).

swëher, swæher, swëger, swêr 男 舅 (Schwiegervater). {Ku. 504, 4}

sweibeln 動《弱》よろめく (taumeln), 揺れる (schwanken).

sweiben 動《弱》自 ① 振り動く (sich schwingen). ② 漂う (schweben). 他 ① 振る (schwenken). ② 振りながら洗う (schwenkend spülen).

sweic = *swîgen* の直説法過去 1, 3 人称単数.

sweich = *swîchen* の直説法過去 1, 3 人称単数.

sweifen[1] 動〔反復〕4 [3. swief] 他 ① 巻く, まわす (winden). ② そらせる (schweifen). 自 さまよう (schweifen), 揺れる (schwanken), よろめく (taumeln).

sweifen[2] 動《弱》他 ① 反らせる (schweifen). ② 振り動かす (schwingen).

sweigen 動《弱》① 黙らせる (zum Schweigen bringen). ② 秘密にする, 隠す (verschweigen).

sweimen 動《弱》① 身を振り動かす (sich schwingen). ② 揺れる (schwanken), 漂う (schweben). ③ さまよう (schweifen), 行く (fahren). ④ (鳥などが) はばたく (flattern). {Parz. 42, 1}

sweiʒ 男 ① 汗 (Schweiß). ② 血 (Blut). {Ku. 714, 3}

sweiʒ-bat 中 蒸し風呂 (Schwitzbad). {Parz. 145, 6}

sweiʒic 形 ① 汗で濡れた (vom Schweiß nass). ② 濡れた (nass), 血で濡れた (vom Blut nass). ¶ des tages frumte er sweizic maniger brünne schîn. その日ヘテル王は多くの甲冑の輝きを血で曇らせた. (Ku. 875, 2)

swël ⇒ *swëlch*.

swëlch[1] 男 [swëlches[2]], **swëlhe** 男《弱》① 暴飲者 (Säufer). ② 暴飲すること (das Saufen). ③ 大食, 美食 (Schlemmerei).

swëlch[2], **swëlh, swëlich, swël** 代〔疑代〕[中独 swilch, swilich

swëlh 494

も〕① もし, どれかが (wenn irgend welch). ② どの〜であれ, どれであろうと (welch auch). ③ どれが (welch).

swëlh ⇨ *swëlch.*

swelle 囡 ① 敷居, 土台 (Schwelle). ② (水をせき止める) 角材, 柵 (Balken). {Iw. 6745}

swëllen 動 III. 2. ① 膨れる (schwellen). ふくれあがる (anschwellen). ② (の)² ために思い悩む (verschmachten).

swellen 動《弱》他 ① ふくれさせる (schwellen lassen). ② 思い悩ませる (verschmachten lassen). ③ 妨げる (hemmen). {Parz. 35, 28}

Swemmelîn 男〔人名〕エッツェル王の吟遊詩人スウェメリーン (Schwemmelin). ウェルベル (Wärbel) とともに使者としてウォルムスに向かう.

swemmen 動《弱》① 泳がせる (schwimmen lassen). ② 水にもぐらせる (ins Wasser tauchen lassen). ③ 水で洗う (im Wasser waschen), 水の上を泳ぎ渡る (über dem Wasser schwimmen). ④ 浮き上がらせる (aufschwemmen). ⑤ ころがす (umwälzen).

swendære 男 浪費者, 放蕩者 (Verschwender). {Parz. 73, 7}

swenden 動《弱》自 ① 根こそぎにする (ausreuten). ② 消えさせる (schwinden lassen). 他 ① 滅ぼす (vernichten, zu Grund richten), 抹殺する (vertilgen). ② 使い果す (verbrauchen), 浪費する (verschwenden). {Tr. 19475}

swenkel 男 ① 揺れ動くもの (was sich schwingt). ② 鞭の紐 (die Schnüre der Pfeitsche), 投石器の綱 (Stricke der Wurfmaschine). {Parz. 212, 15}

swenken 動《弱》他 振り動かす (schwingen). 自 揺れる (schwingen), 漂う (schweben). {Tr. 16027}

swenne ⇨ *swanne.*

swër 代〔関代〕〜であるところの誰であれ (wer auch). ¶ swer joch danne die lenge / mit arbeiten leben sol, / dem ist ouch niht ze wol : でも長い間苦しい思いをしながら生きる人にも良いことばかりあるとは限りません. (aH. 598-600)

swern 動 VI. 自 ① 誓う (schwören). ② (誓いを立てて) 真実であることを言明する (erklären), 断言する (versichern). ③ (に)³ 忠誠を誓う (huldigen). ④ 誓ってやめる (verschwören). 他 ① (が)⁴ 真実であることを誓う (als wahr schwören). ② 〜することを誓う (zu tun schwören). ③ 婚約する (verloben), 約束する (geloben).

直説法現在	
ich swere	wir swern
du swerest	ir sweret
er sweret	si swernt
直説法過去	
ich swuor	wir swuoren
du swüere	ir swuoret
er swuor	si swuoren

swërn 動 IV. ① 痛みを与える (weh tun), 苦しませる (schmerzen). ② 痛みを感じる (Schmerz empfinden). ③ 痛みを起こす (schwären), 化膿する (eifern). {Iw. 1354}

直説法現在	
ich swire	wir swërn
du swirest	ir swërt
er swiret	si swërnt
直説法過去	
ich swar	wir swâren
du swære	ir swâret
er swar	si swâren

swërt 甲 剣, 刀 (Schwert). {Nib. 28, 4}

swërt-brücke 女 剣の橋 (Schwertbrücke). {Parz. 387, 4}

swërt-dëgen 男 ① 刀礼を受ける小姓 (Knappe, der das Ritterschwert empfangen wird). ② 答礼を受け, 騎士に叙任されたばかりの者 (derjenige, der gerade das Ritterschwert empfangen hat). {Ku. 331, 4}

swërt-genôʒ 男 一緒に騎士になった仲間 (Schwertgefährte). {Nib. 39, 3}

swërt-grimmec 形 恐ろしい刀に起因する (von grimmem Schwert verursacht). {Nib. 1554, 4}

swërt-leite 女 ① 帯刀 (Schwertführung). ② 刀剣を装着すること (Schwertumgürtung). ③ 兵役に服させること (Wehrhaftmachung). ④ 騎士叙任, 刀礼 (Ritterschlag). {Tr. 4592}

swërt-mæʒic 形 ① 刀を帯びるにふさわしい (dem Schwert geziemend). ② 刀礼を受ける年齢の (reif für den Ritterschlag). {Ku. 942, 3}

swërt-slac 男 刀の打ち込み (Schwerthieb), 剣の攻撃 (Schwertstreich). {Ku. 1375, 4}

swerze[1] 女 ① (皮膚や羽の) 黒い色 (schwarze Farbe). ② 黒色 (Schwärze).

swerze[2] 女《強・弱》① (染料・絵の具の) 黒色 (schwarze Farbe). ② 暗闇 (Finsternis), 夜の闇 (Dunkelheit der Nacht).

swerzen 動《弱》黒くする, 暗くする (schwärzen).

swëster 女《強・弱》[中独 suster, süster] ① 姉妹 (Schwester). ② 修道女, シュヴェスター (Schwester). ③ 泣き姉妹 (Klageschwester), 嘆き女 (Klagefrau). ¶ Ze Tenemarke herre was Waten swester kint, / Hôrant der biderbe. 勇敢なホーラント, ワーテの妹の子は, デンマークの領主であった. (Ku. 206, 1-2)

格	単 数	複 数
1格	diu swester	die swester
2格	der swester	der swester
3格	der swester	den swestern
4格	die swester	die swester

swëster-kint 中 姉妹の子供 (Schwesterkind).

swëster-sun 男 姉妹の息子 (der Sohn der Schwester), 甥 (Neffe).

swibelen, swivelen 動《弱》硫黄を使ってする (schwefeln).

swîchen 動 I. 1. 自 見捨てる (im Stich verderben lassen). 他 欺く (betrügen). {Tr. 9474}

swie 副 接 [中独 swî, swê も] ① たとえどんなに～であれ (wie immer, wie auch). ② ～ではあるが (obwohl, obgleich). ③ もしも～ならば (wenn). ④ ～するやいなや (sobald). ¶ vür in wil ich sterben / ê ich in sihe verderben, / ez ergê mir swie got welle. あの方が死ぬのを見るより, 私はあの方のために死にたい. 神のご意志の通りになればよい. (Er. 3174-6)

swiften 動《弱》① 黙らせる (zum Schweigen bringen). ② 落ち着かせる (beruhigen), 静める (zur Ruhe bringen).

swîgen 動 I. 1.《弱》自 ① 黙っている (schweigen). ② (に)[2] ついて何も言わない (schweigen). 他 ① 黙らせる (zum Schweigen bringen). ② 黙っている, 口外しない (verschweigen). ¶ swîgen unde wesen unfrô, / daz was sîn beste leben dô, / wan elliu sîn gemuotheit / was gâr in senede nôt geleit. 沈黙し, 悲しみに暮れていることが, そのとき彼の最上の生活であった. 彼の陽気さはすっか

り恋の苦しみの中に置かれていたからである．(Tr. 951-4)
swigen = *swîgen* の直説法過去1，3人称複数．
swiger 囡 姑 (Schwiegermutter)．
swimmen 働 III. 1. 泳ぐ (schwimmen)．{Nib. 1578, 1}

直説法現在	
ich swimme	wir swimmen
du swimmest	ir swimmet
er swimmet	si swimment

直説法過去	
ich swam	wir swummen
du swümme	ir swummet
er swam	si swummen

swîn 囲 ① 豚 (Schwein)．② 猪 (Wildschwein)．③ 雄豚, 雄猪 (Eber)．④ 種雄豚 (Zuchteber)．
swinde¹ 囡 ① 強さ (Stärke)．② 激しさ (Heftigkeit)．③ 急速さ (Raschheit)．④ 速度 (Geschwindigkeit)．
swinde² 囲 肺結種 (Schwindsucht)．
swinde³**, swint** 厖 ① 強い (stark, gewaltig, kräftig), 激しい (heftig)．② 素早い (rasch), 速い (schnell)．③ 危険な (gefährlich)．④ 硬い (hart)．{Nib. 413, 3}
swinde⁴ 副 ① 強く (stark, gewaltig, kräftig), 激しく (heftig)．② 素早く (rasch), 速く (schnell)．③ 敏捷に (geschwind)．{Nib. 490, 2}
swindel 男 めまい (Schwindel)．{Er. 7882}
swindeln 働《弱》目眩がする (schwindeln)．{Parz. 573, 7}
swinden 働 III. 1. ① 消える (schwinden), 衰える (vergehen)．② 痩せ衰える (abmagern)．③ 枯れる (welken)．④ 気絶する (in Ohnmacht fallen)．{Ku. 424, 1}
swingen 働 III. 1. 他 ① 振る (schwingen), 振り動かす (schwingend bewegen), 振り投げる (schwingend werfen)．② 注ぐ, つぐ (schütten)．自 ① 飛び上がる, 身体を揺り動かす (sich schwingen)．② 飛ぶ (fliegen)．③ 漂う (schweben), さすらう (schweifen)．{Ku. 324, 1}
swînisch 厖 豚の (vom Schwein)．
swîn-muoter 囡 豚の母親 (Mutterschwein)．{Parz. 344, 6}
swir¹ 男《弱》岸辺の杭 (Uferpfahl)．

swir[2] = *swërn* の直説法現在1人称単数.

swiu 代〔関代〕[*swa₃* の助格] ¶ an swiu ir wol gelunge, des soldet ir ungevêhet lân. 王妃が何に関して幸運をつかもうと，あなたは邪魔をするべきではない. (Nib. 1208, 4).

swullen = *swëllen* の直説法過去1, 3人称複数.

swungen = *swingen* の直説法過去1, 3人称複数.

swuor[1] 男 ① 誓い (Eid, Schwur). ② 呪い (Fluch).

swuor[2] = *swern* の直説法過去1, 3人称単数.

symphonîe 女《強・弱》① 交響楽 (Symphonie). ②〔楽器〕ジムフォニーエ (Symphonie).

T

tac 男 [tages², 複数 tage] 日 (Tag), 昼間 (Tageszeit). ¶ Diu hôhgezît werte unz an den sibenden tac. その祝宴は7日間続いた. (Nib. 40, 1) ¶ Sîne vriunt die besten / die riten unde giengen / durch daz si in emphiengen / engegen im wol drîe tage. もっとも親しい友達がハインリヒを出迎えるために3日間この騎士の方へ騎馬と徒歩でやってきた. (aH. 1387-91)

格	単 数	複 数
1格	der tac	die tage
2格	des tages	der tage
3格	dem tage	den tagen
4格	den tac	die tage

tach 中 ① 衣装の被い (Decke des Kleides). ② 表張り (Überzug). ③ 布地 (Stoff). ④ 衣装 (Bekleidung). ⑤ 上着，スカート (Rock). {Tr. 10952, 11118}

tadel 男 ① 非難 (Tadel). ② 誤り (Fehler).

tage-, tege-dinc, tei-dinc 中 男, **tage-dinge, -dinc** 女 ① 定められた審理の日 (auf einen Tag anberaumter Gerichtstag). ② 裁判 (Gericht). ③ 期日 (Termin), 期間 (Frist). ④ 延期 (Aufschub). ⑤ 言葉 (Wort), 話 (Rede). ⑥ 取引 (Handel), 仕事 (Ge-

tage-, tege-dingen, teidingen 動《弱》① （法的に）審理する (verhandeln). ② 猶予を与える (Frist geben). ③ 話す (reden). {Tr. 11298}

tage-lanc, tâlanc 副 ① 今から一日中 (von jetzt an, den Tag hindurch). ② 一日のこのときに (zu dieser Zeit des Tages). ③ 今日 (heute).

tage-, tege-lich 形 ① 毎日の (täglich). ② 一日中の (den Tag hindurch).

tage-, tege-lîche 副 ① 毎日 (täglich). ② 日の種類に従って (nach Art des Tages). {Nib. 306, 2}

tage-lieht 中 日光 (Tageslicht).

tage-liet 中 ① 番人の朝の歌 (Morgengesang des Wächters). ② 後朝の歌 (Lied von dem Scheiden zweier Liebenden bei Anbruch des Tages).

tagen, tegen 動《弱》自 ① 朝になる (Tag werden). ② 光を出す (leuchten), 輝く (scheinen). ③ 姿を現す (sich zeigen). ④ 裁判する (Gericht halten), 談判する (verhandeln). 他 ① 明らかにする (zum Vorschein bringen). ② 裁判にかける (vor Gericht bringen). ③ 延期する (vertagen). {Nib. 1039, 1}

tage-reise 女 [= *tageweide*] ① 一日の旅 (einen Tag dauernde Reise). ② 一日の間に旅した距離 (an einem Tag zurückgelegte Wegstrecke).

tages 副 ① 昼に (am Tag). ② 今日 (heute).

tage-stërne 男《弱》明けの明星 (Morgenstern). {Tr. 304}

tage-weide 女 [= *tagereise*] 一日の旅 (einen Tag dauernde Reise). {Tr. 16686}

tage-wîle 女 一日の長さ (Dauer eines Tages), 一日の時間 (Zeit eines Tages). {Ku. 1657. 4}

tage-wîse 女 朝の歌 (Morgenlied). {Ku. 382. 4}

tage-zît 女 ① 教会法による時禱 (die kanonische Horen). ② 一日中のある時刻 (Tageszeit), 一日の経過 (Zeitdauer eines Tages). ③ 決まった日 (bestimmter Tag), 期日 (Termin). {Nib. 1059, 1}

tal 中 [中独 男 も] 谷 (Tal). ¶ daz senfte vogelgedœne, / daz süeze, daz schœne, / daz ôren unde muote / vil dicke kumet ze guote, / daz fulte dâ berge unde tal. 人の耳と心をしばしばなごませてくれるあの快い, 甘美で美しい, 小鳥の鳴き声が当たりの山と谷を

満たしていた. (Tr. 573-7)

tâlanc 副 [= *tagelanc*] ① 今から一日中 (von jetzt an, den Tag hindurch). ② 一日のこのときに (zu dieser Zeit des Tages). ③ 今日 (heute).

tale-slaht 女 峡谷 (Talschlucht), 谷 (Tal).

talfîn 男 [中世フランス語 dalphin, 中世ラテン語 delphinus] フランス皇太子の称号 (Dauphin).

tambûr 男 女, **tambûre** 女 《強・弱》太鼓, タンブリン (Handtrommel, Tambarin).

tamburære, tambûrer 男 手太鼓, タンブリンを打つ人 (derjenige, der Tambarin spielt).

tambûren, tamburieren 動 《弱》手太鼓を打つ, タンブリンを打つ (Tambarin spielen).

tämrîs 名 〔植物〕ぎょりゅう (御柳) (Tamariske).

tan 男 [tannes²] ① 森 (Wald). ② 樅の木の森 (Tannenwald). {Nib. 913, 4}

tandaradei 間 〔喜びの間投詞〕タンダラデイ. {Wa. 39. 18}

tanne 女 《強・弱》① 樅の木 (Tanne). ② 帆柱, マスト (Mastbaum).

tanz 男 ① 踊り, 舞踏 (Tanz). ② 舞踏歌 (Gesang zum Tanz). ¶ mir ist bî iuwern hulden / diu brœde varwe gar benomen / und ein muot alsô vester komen / daz ich als angestlîchen stân / als ich ze tanze süle gân: 私からはあなたのお力により, 弱々しい色が取り去られ, 気持が落ち着き, まるでダンスへ行くときほども不安ではありません. (aH. 1138-42)

tanzen 動 《弱》踊る (tanzen).

tar = *turren* の直説法現在1, 3人称単数.

tarn-hût 女 毛皮製のかくれみの (unsichtbar machender Mantel von Fellen). {Nib. 338, 1}

tarn-kappe 女 = *tarnhût*.

tarn-kleit 中 = *tarnhût*.

tassël 中 女性用外套の留め金 (Spange am Frauenmantel). {Tr. 10939}

tasten 動 《弱》触る, 触れる (berühren, tasten).

tât, tæte 女 ① 行為 (Tat, Handlung). ② ふるまい (Haltung), 態度 (Betragen).

tavel-bein 中 机の脚 (Tischbein).

tavel-blî 中 板状の鉛 (Blei in Tafelform).

tavele, tavel 女《強・弱》① 板 (Tafel). ② 絵画 (Gemälde). 祭壇画 (Altargemälde). ③ 彫刻した板 (geschnitzte Tafel), 彫刻品 (Schnitzwerk). ④ 食卓 (Tisch, Speisetisch). ⑤ 書き机 (Schreibtafel). ⑥ ガラス板 (Glastafel).

tavel-rotunde 女 [= *tavelrunde*] 円卓 (Tafelrunde).

tavel-rundære, -er 男 ① 円卓の騎士 (Ritter von der Tafelrunde). ② 騎馬槍試合に参加する騎士 (Teilnehmer an dem Turnier).

tavel-runde, -runne 女《強・弱》① 円卓 (Tafelrunde). ② アーサー王の円卓 (Tafelrunde des Königs Artus). ③ (騎馬試合をする) 騎士の競技 (Ritterspiel). {Er. 1616}

tavel-runden 中 ① 騎士の競技 (Ritterspiel). ② 馬上槍試合 (Turnier).

tëgel, tigel 男 フライパン (Tiegel), るつぼ (Schmelztiegel). {Tr. 4888}

teidinc ⇒ *tagedinc*.

teil 中 男 一部 (Teil), 部分, かけら (Stück). ¶ entruiwen ich bin ein teil verzaget: / mir ist ein zwîvel geschehen. じっさい私は少し不安になりました. 私には不確かな気持が生まれました. (aH. 1114-5)

teile 女 ① 分割, 分配 (Teilung). ② 分配されたもの (Zugeteiltes). {Tr. 5698}

teilen 動《弱》分ける, 分配する (teilen). {Nib. 40, 3}

teil-haft, -haftic, -heftic 形 関与している, かかわっている (teilhaft).

teilieren 動《弱》[古フランス語 tailler] 分ける (teilen). {Tr. 2975}

tëmpel, tënpel 男 中 [ラテン語 templum] 寺院 (Tempel).

tëmp(e)leis 男《強・弱》[中世ラテン語 templensis] 寺院の主 (Tempelherr), グラール城の騎士 (Ritter des Gralburge).

tëmperatûr, tëmperîe 女 ① 適度の混ざり合い, 混合 (angenehme Mischung). ② 適度 (Mäßigkeit). ③ 混合物 (Vermischung).

tempern, tenpern 動《弱》① 混ぜる (mischen). ② 調製する (zurichten), 整える (einrichten).

Tene 男《弱》デンマーク人 (Däne).

tennen 動《弱》① 打穀場 (Tenne) のようにならす, 平らにする (ebenen). ② 踏み固める (stampfen).

tepich, teppich, tepech, teppech, tepeh, tepit, teppit, teppet, tept 男 中 [ラテン語 tapetum] 絨毯 (Teppich). {Er. 367}

tërre 囡 [ラテン語 terra] 土地 (Erde, Land).

tëte, tete = *tuon* の直説法過去1，3人称単数.

tîch 男 ① 堤防，小水路 (Deich). ② 池 (Teich).

tîchen 動 I.1. 他 ① なす (schaffen), 行う (betreiben). ② 促す，促進する (fördern). 自 ① (を)² なす (schaffen). ② (を)² 償う (büßen). ③ 待ち伏せする (lauern). ④ したたる (sickern), 流れる (fließen). {Ku. 1389. 3}

tief, tiuf 形 ① 遠い (weit). ② 幅広い (breit)). ③ 長い (lang). ④ 深い (tief). {Nib. 926, 1}

tiefe¹, tiufe 囡 ① 深さ (Tiefe). ② 深淵, 奈落 (Abgrund).

格	単　数	複　数
1格	diu tiefe	die tiefe
2格	der tiefe	der tiefen
3格	der tiefe	den tiefen
4格	die tiefe	die tiefe

tiefe², tief 副 ① 深く (tief). ② 広く (breit), 遠く (weit).

tier 中 動物 (Tier). {Iw. 3326}

tievel ⇨ *tiuvel*.

tievel-lich 形 ① 悪魔らしい (teufelmäßig). ② 悪魔の, 悪魔のような (teuflisch).

tievel-lîche 副 悪魔らしく (teufelmäßig), 悪魔のように (teuflisch).

tihtære, -er 男 詩人 (Dichter), 作者 (Verfasser).

tihte 囡 ① 文書の作成 (schriftliche Abfassung). ② 詩作すること (das Dichten). ③ 文学作品 (Dichtung). {Tr. 162}

tihten 動《弱》① 書く (schreiben). ② (詩的に) 考案する (erfinden), 案出する (ersinnen). ③ 作り話をする (lügenhaft erfinden). ④ 模写する (nachbilden). ⑤ 決定する (bestimmen). {Tr. 13866}

timît, dimît, zimît 男 二重の糸で織った絹布地 (Seidenstoff aus doppelten Fäden gewebt). {Tr. 11124}

timpfen 動《弱》[= *dimpfen*] 湯気を立てる (dampfen), 煙を出す (rauchen).

tincte, tinte, timpte 囡《弱》[中ラテン語 tincta] インキ (Tinte).

tinne, tinge 中 囡《弱》① 額 (Stirn). ②〔複数で〕こめかみ (Schläfe). {Tr. 923}

tisch 男 ① 机 (Tisch), 食卓 (Speisetafel). ② 食事 (Mahlzeit). ③ 小売業者の売り台 (Krömertisch). {Ku. 181, 2}

tisch-gerihte 中 食卓の上の料理 (Speise).

tisch-lachen 中 テーブル・クロース (Tischtuch).

tiure[1] 女 ① 貴重さ (Kostbarkeit), 高い価値 (hoher Wert). ② 卓越 (Vortrefflichkeit). {Er. 9187}

tiure[2]**, tiur** 形 [拡張形 tiwere, tiwer, tiuwer] ① 価値のある (wertvoll), 貴重な (kostbar). ② すばらしい (herrlich), 抜群の (vortrefflich). ③ 高尚な (vornehm). ④ 稀な (selten). ⑤ めったにない (selten). ⑥ 全く存在しない (gar nicht vorhanden). ¶ er was bevollen milte und was ein tiuer helt ze sînen handen. 彼はたいへん気前がよく, 腕の立つ, すぐれた騎士であった. (Ku. 20, 4)

tiure[3]**, tiur** 副 [拡張形 tiwer, tiuwer, tiwere] ① すばらしく (herrlich), 価値を持って (wertvoll). ② たいへん (sehr). ③ 貴重に (teuer). ④ 稀に (selten). ⑤ 僅かに (wenig), 少し (gering). ⑥ [曲言法] まったくない (gar nicht). {Tr. 6605}

tiuren, tiuwern 動《弱》他 ① 尊重する (ehren), 高める (verherrlichen), 称賛する (preisen). ② 評価する (schätzen). 自 ① 貴重なものとなる (teuer werden). ② 美しくなる (sich verschönen). ③ 欠乏する (mangeln). {Ku. 66, 3}

tiur-, tiuwer-lich 形 ① 高価な, 貴重な (kostbar). ② 卓越した (vorzüglich), すばらしい (herrlich).

tiur-, tiuwer-lîche 副 高価に, 貴重に (kostbar).

tiutære 男 解釈者 (Deuter), 解説者 (Ausleger). {Tr. 4682}.

tiute 女 [= diute] 解釈 (Deutung), 説明 (Erklärung), 注釈 (Auslegung). {Tr. 17025}

tiuten[1] 動《弱》[= diuten] ① 示す (deuten, zeigen). ② 意味する (bedeuten). ③ 解く, 解釈する (ausdeuten). ④ 物語る (erzählen), 訳す (übersetzen). 再 意味する (bedeuten).

tiuten[2] 動《弱》自 響く (schallen). 他 鳴らす, 響かせる (schallen lassen). {Tr. 2840}

tiut(i)sch 形 [= diutisch]. ドイツの (deutsch). {Nib. 1354, 4}

tiuvel, tievel, tîvel, tivel 男 ① 悪魔 (Teufel). ② [den tiuvel の形で] まったくない (nicht das geringste, nichts). ③ [複数 die tiuvel の形で] 森の住人 (Waldleute), 巨人たち (Riesen).

tiuvelinne 女 ① 悪魔のような女 (teufelische Frau). ② 女悪魔 (Teufelin). {Ku. 738, 1}

tiuvelisch, tiuvelsch 形 ① 悪魔の (teuflisch). ② 悪魔にふさわしい (teufelmäßig).

tiuvel-lich 形 ① 悪魔の (teuflisch). ② 悪魔にふさわしい (teufelmäßig).

tiuvel-lîche 副 悪魔のやり方で (auf teuflische Weise).

tiuvel-sühtic 形 悪魔にとりつかれた (vom Teufel besessen).

tiuwern ⇨ *tiuren.*

tjoste, tjost, tjuste, tjust 女男 [別形 joste, jost, juste, just, schuste, schust] [古フランス語 jouste] ① 槍での騎乗一騎打ち (ritterlicher Zweikampf mit dem Speer zu Ross). ② そのような戦いでの槍の突き (Speerstoß). {Nib. 596, 2}

tjostieren 動《弱》槍で戦う (mit dem Speer kämpfen). {Iw. 379}

tjostiur(e) 男 [フランス語 jousteur] 槍で決闘する人. (derjenige, der mit dem Speer kämpft).

tobe-heit 女 ① 逆上 (Raserei), 怒り (Wut). ② 無感覚 (Sinnlosigkeit). {Tr. 16534}

tobe-lich 形 ① 気が狂った (wahnsinnig). ② ばかげた (toll), 荒れ狂った (rasend). ③ 情熱的な (leidenschaftlich). {Tr. 16533}

tobe-lîche 副 ① 理性を失って (unvernünftig), 正気を失って (unsinnig), 荒れ猛って (rasend). ② 激しく (heftig). {Nib. 983, 1}

toben 動《弱》① 荒れ狂う, 暴れる (toben). ② 騒ぐ (rasen). ③ (を)^nach 情熱的に求める (leidenschaftlich verlangen). ¶ mit tôtem herzen gie si dar : / si nam daz leide veige vaz, / si truog ez dannen und warf daz / in den tobenden wilden sê. 生きた心地もなく, ブランゲーネは歩み寄り, その忌まわしく, 呪われた瓶をつかむと, それを持ち去って, 波立つ荒海へ投げ捨てた. (Tr. 11696-9)

tobe-suht 女 ① 錯乱, 狂気 (Wahnsinn, Verrücktheit). ② 愚行 (Tollheit). ③ 怒り (Wut), 逆上 (Raserei). ④ 憑かれていること (Besessenheit). {Iw. 3233}

tobe-sühtic 形 ① 錯乱の, 狂気の (wahnsinnig). ② 怒っている (wütend), 逆上している (resend).

tobe-trunken 形 荒れるほど酔って, 泥酔して (zur Tollheit betrunken).

tobe-zorn 男 激怒 (wütender Zorn).

tobic, töbic 形 ① 気が狂った (wahnsinnig). ② ばかげた (toll), 荒れ狂った (rasend).

toblier, toplier 男 皿 (Teller), 丸鉢 (Schüssel).

tocke 女《弱》① 人形 (Puppe). ② 少女 (junges Mädchen). ③ 円筒形のもの, 支え木 (Stützholz). ④ 小束 (Bündel).

tœdic 形 [=tætic] ① 致命的な (tödlich). ② 死をもたらす (todbringend). {Tr. 1463}

tohte = tüegen, tugen の直説法過去1, 3人称単数.

töhte = tüegen, tugen の接続法過去1, 3人称単数.

tohter 女 ① 娘 (Tochter). ② 少女 (Mädchen). ¶ si sprâchen: „tohter, dû hâst wâr." 二人は、「娘よ、お前の言う通りだ」と言った. (aH. 499)

格	単 数	複 数
1格	diu tohter	die tohter (töhter)
2格	der tohter	der tohter (töhter)
3格	der tohter	den tohtern (töhtern)
4格	die tohter	die tohter (töhter)

tohter-lîn 中 [tohter の縮小語] 娘, 少女 (Töchterlein, Mädchen).

tolde 女《強・弱》① (木などの) こずえ, 頂上 (Wipfel). ② ふさ (Quaste).

topsius, topâziôn 中 黄玉, トパーズ (Topas).

topâʒje, topâʒe 男《強・弱》黄玉, トパーズ (Topas).

topel 男 中 ① さいころ遊び (Würfelspiel). ② かけごとの掛け金 (Einlage), 賞金 (Wettpreis).

topel-spil 中 さいころ遊び (Würfelspiel).

topfe¹, topf 男《強・弱》こま (Kreisel).

topfe² 男《弱》点 (Punkt), 斑点 (Tupf).

topfe³ 男《弱》凝乳 (Quark, Topfen).

tor 中 門 (Tor). {Ku. 427, 1}

tôre, tôr 男 ① 愚か者 (Tor). ② 道化師 (Narr). ③ 狂気の人, 精神錯乱者 (Irrsinniger). ④ 耳の聞こえない人 (Tauber). ¶ Die tôren sprechent snîâ snî, / die armen liute owê owî. 呑気な人たちは、「雪よ、降れ降れ」と言い、貧しい人たちは、「悲しい、悲しい」と嘆く. (Wa. 76, 1-2) {Iw. 3260}

tôrëht, tœrëht, tôroht, tœroht 形 ① 愚かな (töricht, dumm), ばかげた (närrisch). ② 気が狂った (verrückt).

tôrëhtic = tôrëht.

tôren 動《弱》① 愚か者である (ein Tor sein). ② 愚か者になる (ein Tor werden). ③ 荒れ狂っている (resend, toll sein). {Tr. 3592}

tœren, tôren 動《弱》① 愚か者にする (zu einem Toren machen). ② 愚弄する (betören), 欺く (betrügen). ③ からかう (äffen). {Tr.

3592}

tôr-haft, -haftec = *tôrëht.*

tôr-heit 囡 ① 愚かさ (Torheit, Narrheit). ② 狂気, 乱心 (Verrücktheit).

tœrinne 囡 ① 愚か者 (Törin). ② 道化師 (Närrin).

tœrisch¹, tœrsch = *tôrëht.*

tœrisch², tœrischen, tœrschen 副 愚かしくも (auf törichte Weise), 気まぐれに (mutwillig).

tœrisch-heit = *tôrheit.*

törpel, törper ⇨ *dorpære.*

törper-, dörper-heit 囡 農民の粗野な立ち居振舞 (bäuerisch rohes Benehmen).

torste = *turren, türren* の直説法過去1, 3人称単数.

törste = *turren, türren* の接続法過去1, 3人称単数.

tôt¹ 男 [-des²] ① 死 (Tod). ② 死者 (der Tote). ¶ ein tôt mich lemt an freuden gar, / mînes sunes wol gevar, / der was geheizen Schenteflûrs. ある死, 私の気立てのよい息子の死が, 私の喜びを萎えさせた. 息子はその名をシェンテフルールといった. (Parz. 177, 27-9)

tôt² 形 死んだ (tot). ¶ nû bin ich alrêst tôt. 私はすでに死んでしまっています. (aH 1296)

tôt-bære 形 ① 死をもたらす (todbringend). ② 死に値する (todeswürdig). {Tr. 12864}

tote¹, totte 男 《弱》① 名づけ親, 代父 (Pate). ② 庇護者 (Beschützer). ③ 洗礼を受ける子供, 教子 (Patenkind).

tote² 囡 《弱》代母 (Patin).

tôte 男 《弱》死者 (ein Toter), 死体 (Leichnam). {Ku. 543, 4}

tœte 男 死 (Tod).

tœten 動 《弱》① 死なせる (tot machen), 殺す (töten). ② 無効を宣言する (ungültig erklären), 無効にする (außer Kraft setzen). {Ku. 1581. 2}

tœtic, tœdic 形 ① 致命的な (tödlich). ② 死をもたらす (todbringend).

tœtic-heit 囡 死すべきこと, 死の運命 (Sterblichkeit).

tœtigen 動 《弱》殺す (töten).

tôt-leibe 囡 死後の財産, 遺産 (Hinterlassenschaft nach dem Tod).

tôt-, tœt-lich 形 ① 死の (tödlich), 死をもたらす (todbringend). ② 死者の (von einem Toten). ③ 死すべき (sterblich).

tôt-, tœt-lîche 副 ① 致命的に (tötlich). ② 死にふさわしく (dem Tod gemäß). ③ 死すべきものとして (sterblich).

tôt-mager 形 死ぬほどやせ細った (zum Sterben mager). {Iw. 4935}

tôt-riuwesære 男 ① 死ぬほど悲しんでいる人 (der bis in den Tod Betrübte). ② 死ぬほど疲れた人 (der Todesmatte), 人生に疲れた人 (der Lebensmüde). {Iw. 610}

tôt-slach, -slech 形 疲れ切って死にそうな (zum Tod ermattet). {Tr. 1140}

tôt-var 形 死体のように青ざめた (leichenblass). {Iw. 3942}

tôt-vîent, -vînt 男 不俱戴天の敵 (Todfeind).

tôt-vinster 形 ① 死のように暗い (finster wie der Tod). ② 全く暗い (ganz finster).

tôt-vuoric 形 ① 死を招く (todbringend). ② 致命的の (tödlich).

tôt-wunde 女 致命傷 (Todeswunde). {Iw. 1051}

tôt-wunt 形 致命傷の (zum Tod verwundet).

tou 中 男 [touwes²] 露 (Tau).

toub ⇒ *toup*.

toube 男《弱》① 耳の聞こえない人 (der Taube). ② 無感覚の人 (der Empfindengslose).

touc = *tügen* の直説法現在 1, 3 人称単数.

touf 男 ① 潜水 (Untertaufen), (海の) 深さ (Tiefe). ② 洗礼 (Taufe), 洗礼の聖水 (Taufwasser). ③ キリスト教徒 (Christen), キリスト教 (Christentum). {Nib. 1145, 2}

toufære, -er 男 洗礼を行う人 (Täufer). {Tr. 1972}.

touf-bære 形 ① 洗礼にふさわしい (der Taufe gemäß). ② 洗礼を受ける (die Taufe habend). ③ キリスト教の (christlich).

toufe, touf 女 ① 洗礼 (Tauf), 洗礼の聖水 (Taufwasser). ② 洗礼盤 (Taufstein). {Nib. 1145, 2}

toufen 動《弱》他 ① 水に浸す (untertaufen). ② 洗礼を施す (taufen). 再 キリスト教徒になる (Christ werden). {Parz. 43, 6}

touf-lich 形 洗礼にふさわしい (der Taufe gemäß). ¶ nâch touflîcher gewoneheit 洗礼のしきたりにより (Tr. 1974).

touf-mer 中 深い海 (tiefes Meer).

touf-napf 男 洗礼盤 (Taufbecken). {Parz. 816, 20}

touf-pflegende 形 キリスト教を信じている (das Christentum besitzend), キリスト教の (christlich). {Parz. 766, 27}

tougen¹, tougene 中 女 ① 秘密, 奥義 (Geheimnis). ② 秘事, 内証 (Heimlichkeit). ③ 奇跡 (Wunder, Wundertat). ¶ si kurn diu gotes tougen / an sînem schœnen lîbe. 人々はハインリヒの美しい身体に神の奇跡を認めた. (aH. 1394-5)

tougen² 副 ① ひそかに (heimlich), 隠れて (verborgen). ② 静かに (im Stillen). ③ 神秘的に (geheimnisvoll). ¶ wan si truoc tougen / nâhen in ir gemüete / die aller meisten güete / die ich von kinde ie vernam. それはこの少女が心の奥深くに私が子供について知っていたもっとも大きな善意を持っていたからである. (aH. 520-23)

tougen-heit 女 秘密 (Geheimnis), 内密 (Heimlichkeit). {Tr. 9907}

tougen-lich 形 秘密の (geheim), 内密の (heimlich).

tougen-lîche 副 秘密に (geheim), 内密に (heimlich). {Ku. 391, 4}

toumen 動《弱》① 蒸発する, けむる (dunsten). ② 煙が立つ (qualmen).

toup, toub 形 [toubes²] ① 耳の聞こえない (taub). ② 鈍感な (stumpfsinnig). ③ 愚かな (närrisch), 無意味な (unsinnig). ④ 死んだ (tot). ⑤ 荒れ果てた (öde), 空の (leer), 無価値な (wertlos). ⑥ 乾いた (dürr). {Tr. 2505}

touwec, -wic 形 ① 露をおびた (betaut). ② 露に濡れた (tauig). {Parz. 24, 10}.

touwen 動《弱》自 解ける (tauen), 濡れる (nässen). 非 露に濡れている (tauig sein). {Tr. 11890}

töuwen, touwen 動《弱》[縮約形 töun, toun] ① 死と戦う (mit dem Tod ringen). ② 死ぬ (sterben). {Ku. 806. 3}

trache, tracke, drache, dracke 男《弱》[ラテン語 draco] ① 竜 (Drache). ② 悪魔 (Teufel). {Parz. 483, 12}

trachontê 名 [ラテン語 dracontea] いぶきとらのお (Natterwurz) {Parz. 483, 6}

tracke ⇨ *trache.*

træc-lich = *træge.*

træc-lîche = *trâge.*

traf = *trëffen* の直説法過去 1, 3 人称単数.

trâfen = *trëffen* の直説法過去 1, 3 人称複数.

træge 形 ① 怠惰な (träge), ゆっくりとした (langsam). ② いやいやながらの (verdrossen). {Ku. 599. 4}

trâge 副 ① 怠惰に (träge), ゆっくりと (langsam). ② いやいやながら (verdrossen). ③〔曲言法〕まったくない (gar nicht). {Ku. 544,

2 / 546, 4}

trage-bære 形 ① 運べる (tragbar). ② 耐えられる (erträglich). {Tr. 12412}

tragen 動《強》VI. [3. truoc. 4. trüege] ① 運ぶ (tragen). ② 身に着ける (an sich tragen). ③ 耐え忍ぶ (ertragen). {Nib. 98, 2}

直説法現在	
ich trage	wir tragen
du tregest	ir traget
er treget	si tragent

直説法過去	
ich truoc	wir truogen
du trüege	ir truoget
er truoc	si truogen

trahen, trân 男 [複数 trahene, trehene, trêne] ① しずく (Tropfen). ② 涙 (Träne). {Parz. 60, 28} ¶ trehene begunde si vellen : / der tisch wart von ir ougen naz / al des endes dâ si saz. 彼女は涙を流し始めた. 食卓は彼女の目の涙のために彼女が座って居た所がすっかり濡れていた. (Er. 6437-9)

trahenen, trehenen 動《弱》① 泣く (weinen). ② 涙が溢れる (von Tränen überfließen).

trahte 女 ① 考えること (das Denken). ② 考察, 熟慮 (Betrachtung). ③ 努力すること (das Streben). {Tr. 791}

trahten 動《弱》自 ① 考える (denken), 考慮する (erwägen). ② 熟慮する (nachsinnen). ③ (得ようとして) ねらう (trachten), 努める (streben). 他 ① 考慮に入れる (bedenken), 考慮する (erwägen). ② ねらう (trachten), 努める (streben) {Ku. 843, 3}

trâmen 動《弱》梁 (はり) を打ちつける (mit Balken versehen). {Ku. 269. 1}

trân ⇒ *trahen*.

tranc[1] 中 男 [trankes[2]] 飲物 (Trank, Getränke). ¶ nu was aber ir daz unrekant : / si stuont ûf und gie hin zehant, / dâ daz tranc und daz glas / verborgen unde behalten was. しかし, その少女はそのことを知らず, すぐに立ち上がると飲物とグラスが収められ, しまわれている所へ歩み寄った. (Tr. 11681-4)

tranc[2] = *trinken* の直説法過去 1, 3 人称単数.

trappe 男《弱》のがも (Trappe). {Parz. 149, 26}

trat 囡 ① 歩み (Tritt), 歩むこと (das Treten). ② 足跡 (Spur). ③ 放牧権 (Viehtrift), 放牧地 (Viehweide). {Tr. 17427}

trecken 動《弱》行く, 進む (ziehen). {Parz. 18, 30}

trëffen 動 IV. 自 ① (に)^{an} 到達する (erreichen). ② 関係する (betreffen), 属する (gehören). ③ 合う, ふさわしい (sich passen). ④ 戦う (kämpfen). 他 ① (特に武器で) 打つ, 当てる (treffen). ② (と)^4 出会う (auftreffen). ③ (に)^4 関係する (antreffen).

	直説法現在		
ich	triffe	wir	trëffen
du	triffest	ir	trëffet
er	triffet	si	trëffent
	直説法過去		
ich	traf	wir	trâfen
du	træfe	ir	trâfet
er	traf	si	trâfen

trehtîn, trehten ⇒ *truhtîn*.

trei 男 舞踏, ダンス (Tanz).

treibel 男 せきたてる人 (Treiber).

treip 男 [-bes^2] 家畜の通路 (Viehtrieb).

treiros 男 舞踏歌 (Tanzlied), 旋律 (Melodie).

treit, traget = *tragen* の直説法現在3人称単数.

tremontâne, trimuntân(e), trumetân 男 ① 北風 (Nordwind). ② 北極星 (Nordstern), 極星 (Polarstern). {Parz. 715, 17}

trendel, trindel 囡 ① こま (Kreisel). ② 球 (Kugel).

trenken 動《弱》① 飲ませる (tränken). ② 酔わせる (trunken machen). ③ 溺れさせる (ertränken).

trëse, trise 男《弱》, **trësem, trësen, trësel, trisel, trisol, trësor, trisor** 男 [ラテン語 thesaurus] ① 宝物 (Schatz). ② 宝物庫 (Schatzkammer).

trëse-, trise-kamere 囡 宝物庫 (Schatzkammer). {Tr. 4481}

trëseler, triseler, trësorer, trisorer 男 宝物番, 宝物庫係 (Schatzmeister).

trëten, trëtten 動 V. 自 ① 歩み寄る (treten). ② 激しく踏む (tampfen). ③ 現れる (auftreten). ④ 踊る (tanzen). 他 ① (に)^4 現れる (betreten). ② 踏みつける (niedertreten). ③ 踏みつぶす (zerstampfen). ¶ hie mite trat er im nâher baz. そうしてトリスタ

ンは, モーロルトの方にさらに歩み寄った. (Tr. 7085) {Nib. 1558, 4}

	直説法現在	
ich trite	wir	trëten
du tritest	ir	trëtet
er tritet	si	trëtent

	直説法過去	
ich trat	wir	trâten
du træte	ir	trâtet
er trat	si	trâten

trëter 男 ① ふいごの踏み板を踏む人 (Treter). ② 踊り手 (Tänzer).

trëviers, triviers 副 [フランス語 travers] 側面からの一突きで (mit einem Stich von der Seite her). {Parz. 812, 12}

triak, trîakel 男 [ラテン語 theriacum] [= *drîakel*] (まむしでつくった) 解毒軟膏テリアク (Theriak).

trîben 動《強》 I. 1. ① 追い立てる (treiben). ② 従事する (sich beschäftigen). {Nib. 584, 1}

triben = *trîben* の直説法過去 1, 3 人称複数.

triefen 動 II. 1. ① したたる (triefen), したたり落ちる (abtröpfeln). ② しずくとなって落ちる (tropfen). {Parz. 184, 18}

	直説法現在	
ich triufe	wir	triefen
du triufest	ir	triefet
er triufet	si	triefent

	直説法過去	
ich trouf	wir	truffen
du trüffe	ir	truffet
er trouf	si	truffen

triegære, -er 男 詐欺師 (Betrüger).

triegen 動 II. 1. ① 欺く (trügen). ② だます, 裏切る (betrügen). {Iw. 692}

	直説法現在	
ich triuge	wir	triegen
du triugest	ir	trieget
er triuget	si	triegent

trinitât

直説法過去	
ich trouc	wir trugen
du trüge	ir truget
er trouc	si trugen

trinitât 囡 [ラテン語 trinitas] 三位一体説 (Dreieinigkeit).
trinken[1] 動 III. 1. 他 飲む (trinken). 再 渇きを癒す (den Durst stillen).

直説法現在	
ich trinke	wir trinken
du trinkest	ir trinket
er trinket	si trinkent

直説法過去	
ich tranc	wir trunken
du trünke	ir trunket
er tranc	si trunken

trinken[2] 中 ① 飲物 (Getränke). ②〔量の単位〕2 ザイデル (Seidel). {Ku. 1316, 4}
trippenierse, trippânierse 囡《弱》① 従軍女性商人 (Marketenderin). ② 娼婦 (Hure). {Parz. 341, 23}
trise-kamere ⇨ *trëse-kamere.*
trisor 男〔外来語〕[仏 trésor] 宝 (Schatz).
Tristan 男〔人名〕トリスタン. マルケ王の妹, ブランシェフルールの息子.
triste 名 [古フランス語] 悲しみ (Trauer).
trit 男 [-tes[2]] ① 足踏み (Tritt), 歩調 (Schritt). ② 踊り (Tanz), 踊りの歌 (Tanzlied). ③ 足裏 (Sohle). ④ 道 (Weg), 足跡 (Fußspur).
trît-hërre 男《弱》親愛なる主君 (der liebe Herr).
triu ⇨ *triuwe.*
triure 囡 [=*trûre*] 悲しみ (Trauer). {Tr. 1992}
triure-lôs 形 悲しみのない (ohne Trauer).
triute-lich 形 ① 愛らしい (lieblich), 好ましい (lieb). ② 愛撫している (liebkosend). ③ 美しい (schön). {Ku. 386. 2}
triute-lîche 副 ① 愛らしく (lieblich). ② 美しく (schön).
triuten, trûten 動《弱》① 愛する (lieben). ② 愛撫する (liebkosen). ③ 抱擁する (umarmen). ④ 同衾する, 一緒に寝る (be-

schlafen). {Nib. 135, 4}

triutinne 囡 ① 恋人 (Freundin). ② 夫人, 妻, 妃 (Gattin). {Nib. 1651, 1}

triuwe¹, triwe, triu 囡 ① 誠実さ (Aufrichtigkeit), 誠意 (Treue). ② 信頼 (Zuverlässigkeit). ③ 約束 (Versprechen), 誓言 (Beteuerung). ④ 義務 (Pflicht). ⑤ 真実 (Wahrheit). ¶ tohter, dû bist ein kint / und dîne triuwe die sint / ze grôz an disen dingen. 娘よ、お前はまだ子供だ。お前がどんなに忠実でも、このことは荷が重すぎる。(aH. 573-5) ◇entriun, entriuwen ＜in triuen, in triuwen (本当に in Wahrheit) ¶ ouch sol ich mîne truiwe / an mir selber niht brechen. 私は私自身にも忠実であるべきです。(aH. 820-1) ¶ entriuwen, lieber herre mîn, / iuwer wirt vil guot rât. 私のご主人さま、じつはあなたのお役に立つことがあります。(aH. 916-7)

triuwe² 形 忠実な (treu).

triuwe-lôs 形 ① 不忠な, 不誠実な (treulos). ② 破約の (wortbrüchtig). {Iw. 712}

triuwen ⇨ *trûwen*.

trôn 男 玉座 (Thron).

tropël, troppël, truppël 男 囡 ① 群れ (Haufe), 多数 (Menge). ② 一団, 一隊 (Trupp). {Parz. 68, 26}

tropfe, trophe 男《弱》① しずく (Tropfen). ② 卒中 (Schlagfluss). ③ あわれなやつ (Tropf), 愚かなやつ (dummer Mensch).

troschel, droschel 囡《弱》つぐみ (Drossel).

trôst 男 ① 信頼 (Vertrauen), 確信 (Zuversicht). ② 勇気 (Mut), 勇気づけること (Ermutigung). ③ 援助の同意 (Zusage von Hilfe). ④ 保証 (Bürgschaft). ⑤ 保護者 (Schützer), 助力者 (Helfer). ⑥ 恋人 (Freundin). {Nib. 1726, 4}

trœste-lîn 中 [*trost* の縮小語] 小さな慰め (kleiner Trost).

trœsten, trôsten 動《弱》他 ① 慰める (trösten). ② 鼓舞する (ermutigen). ③ 喜ばせる (erfreuen). 再 (を)² 頼りにする (sich verlassen). 他 ① 安全と保護を与える (Sicherheit und Schutz gewähren). ② (を)² 保証する (versichern, Bürgschaft leisten), 約束する (versprechen). {Ku. 154. 4}

trœsten-lich = *trôstlich*.

trôst-geist 男 聖霊 (der heilige Geist).

trôst-, trœst-lich 形 ① 信頼すべき (zuversichtlich), 信頼できる (zuverlässig). ② 勇気のある (mutig). ③ 慰めを与える (Trost

trôst-lîche

gebend), 慰め好きな (tröstlich). ④ 人助けを好む, 慈悲深い (hilfreich).

trôst-, trœst-lîche 副 ① 信頼して (zuversichtlich). ② 慰めを与えて (trostgebend). ③ 慈悲深く (hilfreich), 親切に (freundlich).

trouc = *triegen* の直説法過去1, 3人称単数.

trouf = *triefen* の直説法過去1, 3人称単数.

troufe, trouf 女《強・弱》雨だれ (Traufe).

troum 男 夢 (Traum). {Parz. 1, 21}

troumære 男 夢想家, 夢見る人 (Träumer).

troumen, tröumen 動《弱》夢を見る (träumen).

troum-lich 形 夢のような (traumartig).

troum-scheidære 男《弱》夢判断をする人 (Traumdeuter).

troum-scheide 男《弱》夢判断をする人 (Traumdeuter).

trucken, trocken 形 乾いた (trocken). {Ku. 982, 3}

trückene, truckene 女 乾燥 (Trockenheit).

trückenen, trücken, truckenen, trucken, trugen 動《弱》他 乾かす (trocken machen).

truckenen, trucken 動《弱》自 乾く (trocken werden, trocknen).

trucken-lich 形 乾いた (trocken).

trüebe[1] 女 ① 濁り (Trübheit), 不透明 (Unklarheit). ② 暗さ (Finsternis). ③ 悲しみ, 悲嘆 (Betrübnis). ④ 興奮 (Aufregung). {Iw. 628}

trüebe[2] 形 ① 暗い (düster), 濁った (trübe), 真っ暗な (finster). ② 明るくない (lichtlos), 輝きのない (glanzlos). ③ 悲しい (traurig), 悲しんでいる (betrübt), 心配している (bekümmert).

trüebec, -ic = *trüebe*[2].

trüeben, truoben 動《弱》他 ① 悲しませる (traurig machen). ② 濁らせる (trübe machen). ③ 不安にする (beunruhigen). 再 悲しむ, 嘆く (sich betrüben).

trüge, truge 女 ① ごまかし, 詐欺 (Trug). ② 欺瞞 (Betrug). {Tr. 12455}

trüge-, trügen-haft 形 ① 人を欺く (trügerisch). ② 詐欺の, 不公正の (betrügerisch).

trüge-, trügen-heit 女 ① 欺瞞的本性 (betrügerisches Wesen). ② 偽り (Falschheit), 欺瞞 (Täuschung). {Er. 5034}

truge-kôse 女 偽りの言葉 (falsche Rede).

trüge-, trügen-lich 形 人を欺く (trügerisch), 詐欺の (betrügerisch).

trüge-lîche 副 人を欺いて (trügerisch), 詐欺をして (betrügerisch).

trüge-list 男 狡猾な欺瞞 (schlauer Betrug). {Tr. 12701}

trugen = *triegen* の直説法過去1, 3人称複数.

trügenære, trugenære, -er ; trügner, trugner 男 欺瞞者, 詐欺師 (Betrüger).

trüge-site 男 欺瞞に満ちたやり方 (betrügeriche Art und Weise). {Tr. 12312}

trüge-vröude 女 見せかけだけの喜び (geheuchelte Freude). {Iw. 4413}

trüge-, trügen-wîse 女 ① 詐欺の方法 (Art und Weise des Betrügens). ② 悪魔の仕業 (Spukwerk des Teufels).

truh-sæʒe ⇨ *truhtsæʒe.*

truhtîn, trohtin, trahtîn, trehtîn, trehten, trëhten 男 ① 戦いの主 (Kriegsherr), 軍勢の王 (Heerfürst). ② 神 (Gott).

truht-, truh-sæʒe 男《弱》① 食事を運ぶ人 (derjenige, der die Speisen aufsetzt). ② 配膳係, 内膳頭 (Truchsess). {Ku. 553.1}

trüller 男 ① 曲芸師 (Gaukler). ② 吟遊詩人 (Spielmann).

trumbe, trumpe, trumme, trume 女《弱》① らっぱ (Trompete), トランペット (Posaune). ② 太鼓 (Trommel). ③ リュート (Laute). {Ku. 49, 1}

trunc 男 [複数 trünke] 一飲み, 一口 (Trunk). {Parz. 132, 3}

trünne 女 ① 群れ (Haufe, Schar). ② 獣群 (Rudel). {Tr. 17293}

trunze, drunze, drumze 女《弱》, **trunzûn, trunzen** 男 折れた槍の破片 (abgebrochenes Speerstück), 槍のかけら (Splitter, Lanzensplitter). {Ku. 1398.2}

trunzûn ⇨ *trunze.*

truobe 副 ① 暗く (düster, finster), 濁って (trübe). ② 輝きがなく (glanzlos). ③ 悲しく (traurig). ④ 心配して (bekümmert). {Ku. 821, 4}

truoben[1] 動《弱》自 ① 濁っている (trübe sein), 濁る (trübe werden). ② 暗くなる (düster werden), 暗い (düster sein). ③ 悲しくなる (traurig werden), 悲しい (traurig sein). ④ 嘆く, 悲しむ (sich betrüben). {Nib. 619, 2}

truoben[2] ⇨ *trüeben.*

truoc = *tragen* の直説法過去1, 3人称単数.

trûrære

trûrære 男 悲しんでいる人 (der Trauernde).
trûre, triure 女 悲しみ (Trauer).
trûrec, trûric 形 悲しい (traurig). ¶ Von dirre rede wurdern dô / trûric und unvrô / beide muoter unde vater. そのときこの言葉によって母と父は悲しくなり,喜びを失った. (aH. 565-7)
trûrec-lich 形 悲しい (traurig). {Tr. 5005}
trûrec-lîche 副 悲しみに満ちて (trauernvoll), 悲しく (traurig). {Nib. 2167, 1}
trûre-, triure-lôs 形 悲しみのない (ohne Trauer). {Tr. 19468}
trûren 動《弱》自 (を)² 悲しむ, 嘆く (trauern). 他 ① 悲しませる (traurig machen). ② (苦しみなどを) 追い払う (verscheuchen). {Ku. 278, 1}
trûre-sam 形 悲しい (traurig). {Tr. 13429}
trût[1] 男 中 ① 友, 恋人 (Freund). ② 夫 (Gemahl, Mann). 女 中 ① 女友達, 恋人 (Freundin). ② 妻 (Gemahlin, Frau).
trût[2] 形 ① 愛する, 敬愛する (traut). ② 可愛らしい, 好きな (lieb).
trût[3] 中 男《弱》① お気に入り (Liebling). ② 恋人 (Freund). ③ 夫 (Gemahl, Mann), 息子 (Sohn). ④〔複数形 *trûte* で〕家来たち (Mannen). ⑤〔*daʒ trût* で〕恋人 (Freundin), 妻 (Gemahlin, Frau). {Parz. 44. 29}
trûtamîs 男 恋人 (Freund). {Tr. 12163}
trûte[1] = *triuten* の直説法過去1, 3人称単数.
trûte[2] 男 ① お気に入り (Liebling). ② 恋人 (Freund).
trûte[3] 女 恋人 (Freundin).
trûten ⇨ *triuten*.
trût-geselle 男 ① 友達 (Freund), 仲間 (Gefährte). ② 恋人 (Freund). {Iw. 1471}
trût-gesellîn 女 恋人 (Freundin). {Tr. 16774}
trût-gespil[1] 男《弱》① 友達 (Freund), 仲間 (Gefährte). ② 恋人 (Freund).
trût-gespil[2] 女《弱》① 友達 (Freundin), 仲間 (Gefährtin). ② 恋人 (Freundin).
trût-hërre, -hêrre 男《弱》親愛なる主人 (lieber Herr). {Tr. 5860}
trût-kint 中 愛する子供 (liebes Kind).
trût-liet 中 恋の歌 (Liebeslied).
trût-schaft 女 ① 愛 (Liebe). ② 情事 (Liebschaft). ③ 恋人

(Freund, Freundin). {Parz. 57, 13}

trûwen, triuwen, trouwen, trawen, triun, troun 動《弱》 自 ① 望む (hoffen). ② 信じる (glauben), 期待する (erwarten). ③ 推察する (vermuten). 他 婚約させる (verloben). ¶ wan er triute niemer genesen. イーヴァインは生きながらえることができるとは思わなかったので. (Iw. 998)

tschanze 女 二者択一, 浮き沈み (Wechselfall). {Parz. 494, 3}

tûbe 女《弱》鳩 (Taube).

tuft 男 ① 霧 (Nebel), もや (Dunst). ② 露 (Tau). ③ 霜 (Reif). {Parz. 240, 30}

tugen, tügen 動〔過現〕[1. touc 3. tohte 4. töhte] ① 役に立つ (nützen), 使える (brauchbar sein). ② ふさわしい (angemessen sein). ③ 栄える (gedeihen). ¶ waz touc mir schilt unde swert？楯と剣が私に何の役に立つだろうか. (Parz. 42, 22) ¶ waz ir diu klage töhte, / die nieman doch enmöchte / erwenden noch gebüezen？誰もそらしたり, 取り除いたりできないことを嘆いたところで彼女に何の甲斐があろうか. (aH. 551-3)

	直説法現在
ich touc	wir tugen
du —	ir tuget
er touc	si tugen

tugenden 動《弱》他 有能にする (tüchtig machen), 徳で飾る (mit Tugend zieren). 自 再 ① 有能である (sich tüchtig zeigen). ② 徳を身につけている (身につける) (tugendhaft sein, werden). {Tr. 175}

tugende-rîche 形 徳の高い (tugendhaft).

tugent 女 [tugende²] ① 美徳 (Tugend). ② 良い性格 (gute Eigenschaft). ¶ mit minneclîchen tugenden si gruozte Sîvriden sint. のちにクリエムヒルトは素晴らしい作法でジークフリートに挨拶するのであった. (Nib. 291, 4)

格	単 数	複 数
1格	diu tugent	die tugende
2格	der tugende, tugent	der tugende
3格	der tugende, tugent	den tugenden
4格	die tugent	die tugende

tugent-haft, -haftic 形 ① 徳に満ちた (tugendhaft). ② 力強い (gewaltig), 有力な (mächtig). ③ 有為な (tüchtig), 役に立つ (brauchbar). {Tr. 455}

tugent-lich 形 ① 有為な (tüchtig), 有力な (mächtig). ② 徳の高い (tugendhaft). ③ 礼儀作法を心得た (feingesittet). {Nib. 526, 1}

tugent-lîche 副 ① かなり, 非常に, おおいに (tüchtig), 力強く (mächtig). ② 徳高く (tugendhaft). ③ 礼儀作法を心得て (feingesittet). ¶ swaz dô scheltens ergienc, / der arme Heimrich ez emphienc / tugentlîchen unde wol, / als ein vrumer ritter sol / dem schœner zühte niht gebrast. どんなに罵られても, 哀れなハインリヒは正しい作法を心得た勇敢な騎士にふさわしく, それを正面からりっぱに受けとめた. (aH. 1337-41)

tugent-lôs 形 徳のない (tugendlos).

tugent-rîche 形 ① 有能な (reich an Tüchtigkeit). ② 気高い (edel). ③ 徳に満ちた (tugendhaft).

tuht, duht 女 ① 力 (Kraft), 権力 (Macht), 暴力 (Gewalt). ② 雑踏 (Andrang). ③ 有能さ (Tüchtigkeit). ④ 激烈 (Ungestüm). ⑤ こぎ手の座席 (Ruderbank). {Er. 996}

tülle 中 ① 管 (Röhre). ② 矢や槍の穂先と柄をつなぐ管 (Röhre, Zwinge). ③ 硬い襟 (steifer Kragen). ④ 板の壁 (Wand), 垣根 (Zaun), 矢来 (Palisaden), 欄柵 (Pfahlwerk). ⑤ 市壁の前の町, 郭外市 (Vorstadt).

tumben, tummen 動《弱》自 未熟である (unerfahren sein), 愚かになる (dumm werden). 他 まどわす (töricht machen). {Tr. 3592}

tump 形 [-bes²] ① 経験のない, 未熟な (unerfahren), 若い (jung). ② 愚かな (dumm). ¶ Von wîsen und von tumben man hôrte manegen stôz, / daz der scefte brechen gein den lüften dôz. 先輩の騎士と新前の騎士が激しく突き合ったので, 槍の柄の折れる音があたりの空気を震わせた. (Nib. 35, 1-2)

tump-heit 女 ① 愚かさ (Torheit). ② 未熟さ (Unerfahrenheit). ③ 無思慮 (Unbesonnenheit). ④ 愚かな行為 (törichte Handlung). {Tr. 13716}

tump-lich 形 ① 愚かな (töricht, unverständig). ② 単純な (einfältig). ③ 若者の (jugendlich). {Ku. 224, 2}

tump-lîche 副 愚かにも (töricht), 単純にも (einfältig).

tump-ræʒe 形 ① 見境もなく, 熱烈な (unüberlegt, hitzig). ② 向こう見ずな (dummdreist). {Iw. 5242}

tungen, tüngen 動《弱》① 肥料をやる (düngen). ② おおう, 隠す (bedecken). ③ 不安にする (beängstigen). ④ 強める (stärken), 元気にする (erfrischen). {Ku. 675, 3}

tunkel, dunkel 形 ① 暗い (dunkel), 濁った (trübe). ② 小声の (leise), さえない (dumpf). ③ 不可解な (unverständlich), 不明瞭な (unklar). {Ku. 43, 2}

tuom 男 中 [ラテン語 domus] ① 司教の教会 (bischöfliche Kirche). ② 司教座聖堂 (Stiftskirche), 大寺院 (Dom). ③ 司教座聖堂参事会 (Domkapitel). {Nib. 811, 2}

tuon 動 〔不規則〕[別形: tôn, tœn, tân, tain / 拡張形: tuogen, tuonen] [3. tëte 5. tâten 6. getân] ① なす, する (tun). ② ふるまう (handeln, sich verhalten). ¶ ir wart erlobet küssen den wætlîchen man. / im wart in al der werlde nie sô liebe getân. 王女にはそのすぐれた騎士に接吻することが許された. 彼はこの世で初めてそのような喜びを味わった. (Nib. 297, 3-4)

	直説法現在		
ich	tuon	wir	tuon
du	tuost	ir	tuot
er	tuot	si	tuont
	直説法過去		
ich	tëte	wir	tâten
du	tæte	ir	tâtet
er	tëte	si	tâten

tür, türe 女 ① 扉 (Tür). ② 入口 (Eingang). {Ku. 444. 2}

tûr, tûre 女 評価, 尊重 (Wertschätzung).

tür-bant 中 (ドアを支柱に留める) 鉄の留めがね (eisernes Band) {Parz. 151, 26}

tûren 動《弱》① 続く (dauern). ② 長続きする (ausdauern). {Ku. 728, 3}

turkis, turkoys 男 (トルコ産青緑色の宝石) テュルカイ (Türkei). {Parz. 741, 6}

turkópel 動 [中世ラテン語 turcopulus] ① 軽装備の戦士 (leicht bewaffneter Krieger). ② 召使 (Diener). {Parz. 351, 12}

turkoyte 男《弱》護衛者 (Leibwächter). {Parz. 334, 14}

türmeln, turmeln 動《弱》① よろめく (taumeln). ② めまいがする (schwindeln). {Tr. 7067}

turn 男［複数 türne］塔 (Turm). {Nib. 2207, 3}

turnei, turney, tornei, turnoi 男 ① 馬上槍試合 (Turnier). ② 真剣勝負 (ernster Kampf). {Parz. 60, 11}

turnieren 動《弱》① 馬上槍試合を行う (turnieren). ② 馬を駆り立てる (das Ross tummeln). {Parz. 495, 21}

turren, türren 動〔過現〕[1. tar 2. turren 3. torste] ① 敢えて～する (wagen), 思い切って～する (sich getrauen). ② 勇気を持っている (den Mut haben). ¶ herre mîn, geturret ir / einen vremeden tôt niht vertragen? ご主人さま，敢えて他人の死を耐え忍ぼうとはお思いにならないのですか. (aH. 1328-9) ¶ ich bin ein wîp und hân die kraft: / geturret ir mich snîden, / ich tar ez wol erlîden. 私は女の子ですが，勇気があります．あなたが一気に私をお切りになれば，私はきっとそれに耐えられます. (aH. 1128-30)

	直説法現在
ich tar	wir turren
du tarst	ir turret
er tar	si turren

tüscheln 動《弱》隠す (verbergen).

tûschen, tiuschen 動《弱》交換する (tauschen).

tuschen 動《弱》① 隠れる (sich verbergen). ② 静かにふるまう (sich still verhalten). {Tr. 5607}

tûsen 動《弱》ざわめく (sausen), 音がする (schallen).

tûsent 数〔基数〕千 (tausend). {Iw. 649}

tûsentste, tûsentiste 数〔序数〕千番目の (tausendst).

tûsent-stunt 副 千回 (tausendmal).

tûsent-valt 形 千倍の (tausendfältig).

tusen-var 形 黄色い (gelb).

tute, tutte 男《弱》，女 ① 乳頭，乳首 (Brustwalze). ② 女性の胸 (weibliche Brust).

tütel¹, tüttel, tütelîn 中［*tute* の縮小語］小さい胸 (Brust). {Parz. 111.5, 113.7.}

tütel² 男《弱》点 (Punkt).

twahen, dwahen 動《強》VI. [短縮形 twân, dwân] [3. twuoc 4. twüege 5. twuogen 6. getwagen]. ① 水浴びさせる (baden). ② 洗う (waschen). {Parz. 118, 13}

	直説法現在		
ich	twahe	wir	twahen
du	twehest	ir	twahet
er	twehet	si	twahent
	直説法過去		
ich	twuoc	wir	twuogen
du	twüege	ir	twuoget
er	twuoc	si	twuogen

twâl[1] 男 [=*twalm*] 夢 (Traum).

twâl[2] ⇒ ***twâle.***

twâle, twâl 女男 [中独 quâle も] ① 遅滞 (Zögerung), 猶予 (Säumnis). ② 滞在 (Aufenthalt).

twalm 男 [別形:twalben, twallen / 短縮形:tolm, tol, dol] ① 無感覚 (Betäubung), 失神 (Ohnmacht). ② 眠り (Schlaf), 幻 (Version), 夢 (Traum). ③ 感覚を奪う煙 (betäubender Qualm). ④ 麻痺させる汁 (betäubender Saft).

twang, twanc = *twingen* の直説法過去1, 3人称単数.

twehele, twehel, dwehele, dwehel, zwehel 女《強・弱》[短縮形:twêle, dwêle, zwêle] ① 亜麻布 (leinenes Tuch). ② ふきん (Tuch zum abtrocknen beim Waschen). ③ テーブル用布きれ (Tischtuch). ④ 布きれ一般 (Tuch überhaupt).

twehelîn, twêlelîn 中 小さな手ぬぐい (kleines Handtuch).

tweln, twelen 動《弱》① 留まる (weilen, sich aufhalten). ② 躊躇する (zögern). ¶ dâ was ir tweln alsô lanc / unz daz man messe gesanc. 二人がそこにじっとしているのは人々がミサを歌い終えるまでの間だった. (Er. 2944-5)

twengel 男 強制, 圧迫 (Zwang).

twengen 動《弱》他 ① 詰め込む, 押し付ける (zwängen). ② 圧する, 押しつぶす (drücken). ③ 圧迫する, 悩ます (bedrängen). ④ 窮屈にする (beengen). ⑤ 飼いならす, 制御する (bändigen). {Tr. 10910}

twër 副 斜めに (quer, schräg).

twërc 中 [twërges[2]], **quërch** 中 [中独 男] 侏儒, 小人 (Zwerg). {Ku. 75.2}

twërch, dwërch, quërch 形 [twërhes[2]] ① 逆の (verkehrt). ② 側方に向けられた (auf die Seite gerichtet). ③ 斜めの (schräg), 横

切った (quer).
twëres 副 ① 逆に (verkehrt). ② 斜めに (in die Quere), 横切って (überzwerch). ③ 側方に, わきに (seitwärts).
twërhes, twirhes = *twëres*. {Iw. 2981}.
twinc 男 [twinges²] ① 強いもの, 圧迫するもの (das Zwingende, Bedrängende). ② 裁判権 (Gerichtsbarkeit). ③ 裁判所管轄区 (Gerichtsbezirk). {Parz. 314, 12}
twinc-lich 形 ① 圧迫している (drängend), 強いている (zwingend). ② 征服する (bezwingend), 圧倒的な (überwältigend). {Parz. 90, 4}
twinc-lîche 副 強いられて (gezwungen).
twingen, dwingen, zwingen, quingen 動《強》III. 1. [3. twanc, twang] ① 押す (drücken). ② 強要する (zwingen), 強行する (zwängen). ③ 圧迫する (bedrängen). ④ 覆う (bedecken). ⑤ 支配する (beherrschen). ¶ herre, dâ twinget mich dar zuo / der jâmer iuwer siecheit. ご主人さま, あなたの病気の苦しみが私をそうさせたのです. (aH. 910-1)

直説法現在	
ich twinge	wir twingen
du twingest	ir twinget
er twinget	si twingent

直説法過去	
ich twanc	wir twungen
du twünge	ir twunget
er twanc	si twungen

twirel, twirl, quirel 男 すりこぎ, 攪拌器 (Quirl).
twirhen 動《弱》他 斜めに重ねておく (quer überlegen). 再 ① 斜めに進む (quer gehen). ② 逆の方向に進む (verkehrt gehen), 道に迷う (fehlgehen).
twirhes ⇨ *twërhes*.
twirh-lingen 副 斜めに (quer), 逆の方向に (verkehrt). {Parz. 615. 20}
twirl ⇨ *twirel*.
twüege = *twahen* の直説法過去単数 2 人称, 接続法過去単数 1, 3 人称.
twungen = *twingen* の直説法過去複数 1, 3 人称.
twuoc = *twahen* の直説法過去単数 1, 3 人称.
twuogen = *twahen* の直説法過去複数 1, 3 人称.

U

übel 形 ① 悪い (schlecht), 悪意のある (böse, boshaft). ② 激怒した (grimmig). ¶ in hât der übele tiuvel her zen Sahsen gesant. ジークフリートを邪悪な悪魔がこのザクセンの国に送り込んだのだ. (Nib. 216, 4) ¶ gemahel, dû tuost als diu kint / diu dâ gæhes muotes sint : / swaz den kumet in den muot, / ez sî übel oder guot, / dar zuo ist in allen gâch / und geriuwet si dar nâch 花嫁よ, お前は性急な心を持った子供たちと同じだ. 子供たちは心に浮かぶことに, 善悪の別なくすぐに手を出し, その後で後悔する. (aH. 949-54)

übele¹, übel 中 ① 悪 (Übel), 悪いこと (Böses). ② 災い (Unheil). ③ 不幸 (Unglück).

übele², übel 女 ① 悪意 (Bosheit). ② 劣等, 不良 (Schlechtigkeit). ③ 性悪 (Bösartigkeit). ④ 怒り (Zorn). {Tr. 3244}

übele³, übel 副 [中独 ubel] ① 悪く (übel, böse). ② 悪意をもって (boshaft). ③ 怒って (zornig). ④ たいへん (sehr). ⑤ わずかに (wenig), まったくない (gar nicht). {Nib. 112, 4}

übel-lich 形 悪い (übel).

übel-lîche 副 悪く (übel). {Nib. 838, 3}

über¹ 前 +4格 [中独 uber] ① 〜を越えて (über), 〜へ (an). ② 〜の後に (nach), 〜の間じゅう (während). ③ 〜に対して (gegen). ④ 〜にも拘わらず (trotz). ¶ und lâzestû uns über dîn grap / gestân von dînen schulden, / dû muost von gotes hulden / iemer sîn gescheiden : / daz koufest an uns beiden. お前が私たちをお前の墓の側に立たせるなら, お前は永遠に神の加護を受けることができない. それは私たち二人への仕打ちのせいだ. (aH. 658-62)

über² 副 ① 過度に, 有り余って (überaus). ② 向こうへ (über). ③ 〜よりさらに (mehr als). ④ たいへん (sehr). {Parz. 377, 2}

über-denken 動《弱》他 ① 考えで包む (mit Gedanken umfassen). ② そのことを考えない (nicht daran denken). ③ 忘れる (vergessen). 再 ① 我を忘れる (sich vergessen). ② 迷う (sich irren). ③ 失神する (die Besinnung verlieren). {Parz. 311, 24}

übere 副 彼方へ, 越えて (hinüber). {Nib. 520, 4}

über-gân, gên 動〔不規則〕自 ① 踏み越える (übertreten). ② 向こうへ行く (übergehen), 向こうへ流れる (überfließen). 他 ① (を)⁴ 越えて行く (über etwas gehen), (から)⁴ 溢れる (überfließen). ② (を)⁴ 無視する (übergehen). ③ 中止する (unterlassen). ④ 説き勧める (überreden).

über-gëben 動 V. 他 ① 放棄する (aufgeben). ② 断念する (verzichten). ③ おろそかにする (vernachlässigen). ④ 関係を断つ (sich lossagen). 再 ① ひっくり返る (sich überschlagen). ② 放棄する (verzichten).

über-gëlt 男 ① 価値を超えた支払い (Zahlung über den Wert). ② かなり高い価値を持つ物 (was eine höhere Geltung hat). {Iw. 7168}

über-gëlten 動 III. 2. ① 価値あるいは要請を越えて支払う (über den Wert oder die Forderung hinaus bezahlen). ② 価値において勝っている (an Wert übertreffen). {Er. 10133}

über-genôʒ, -genôʒe 男《強・弱》① 自分の仲間より優れている者 (derjenige, der mehr als seines gleichen ist). ② より有力な者 (der Mächtigere). {Er. 405}

über-grâ 形 まったく灰色の (durchaus grau).

über-grôʒ 形 ① 過度に大きく (überaus groß). ② (〜)³ よりも大きい (größer als).

über-gulden, -gülden 動《弱》金メッキする (übergolden).

über-gülte, -gülde, -gulde, -gult 女 ① 他の何よりも価値があるもの (was mehr wert ist als alles andere). ② 最高のもの (das Höchste). ¶ diu zwei sint êre und varnde guot, / daz dicke ein ander schaden tuot : / daz dritte ist gotes hulde, / der zweier übergulde. / die wolte ich gerne in einen schrîn. そのうちの二つは名誉と富であるが, この二つはしばしば他を損ない合うものである. 三つ目のものは神の恩寵であり, この二つを凌ぐものである. 私はこの三つを一つの箱の中に入れたい. (Wa. 8, 14-8)

über-gülten, -gülden, -gulden 動《弱》しのぐ, 上回る (übertreffen). {Iw. 360}

über-hâhen 動〔反復〕2 ① 掛ける (behängen). ② おおう (bedecken). ③ 身につける (überhängen). {Ku. 1683, 3}

über-heben 動 VI. 他 ① (を)⁴ (から)² 解放する (überheben). ② 救う (retten). 再 ① 自由になる (sich befreien). ② 思い上がる, 傲慢になる (übermütig werden).

über-hêr, -hêre 形 ① このうえなく高貴な (überaus vornehm). ② 過度に誇り高い (überaus stolz), 尊大な (übermütig). {Wa. 49. 24}

über-hêre 女 ① 傲慢 (Übermut). ② 誇り (Stolz).

über-hœhen 動《弱》① たいへん高める (sehr erhöhen). ② たいへん高く建てる (sehr hoch aufrichten). ③ 高さにおいて勝っている (an Höhe übertreffen). ④ 上に聳えている (überragen). ⑤ 〜より横柄である (hoffärtiger sein als〜). {Parz. 371, 4}

über-hœren 動《弱》① 聞かない (nicht hören), 耳を貸さない (nicht gehorchen). ② 気に留めない (nicht beachten). ③ 聞き流す, 聞き落とす (überhören). {Parz. 463, 21}

über-houwen 動〔反復〕3 ① 切りながら越えてゆく (hauend durchschreiten). ② (に)⁴ まさる (übertreffen). ③ (に)⁴ 勝つ (besiegen). ¶ si hêtenz überhouwen mit grôzer arbeit, / dâ si gewesen wâren bî grimmen vîanden. 強い敵の軍勢と戦いながら戦場を横切るのは, 騎士たちにとって容易なことではなかった. (Ku. 1451, 2-3)

über-ic¹, -ich, -ig, -ec, -ech 形 ① 残っている (übrig, übrig bleibend). ② 十分な (hinreichend). ③ 過度に大きい (übergroß), 誇張した (übertrieben). ④ 使われていない (außer Gebrauch). ⑤ 不必要な (überflüssig). {Iw. 3909}

über-ic² 副 過度に, おびただしく (übermäßig).

über-kergen 動《弱》策略で勝つ, だます (überlisten). {Tr. 17795}

über-komen, -kumen 動 IV. 自 ① 越えてゆく, 向こうへ着く (hinüberkommen). ② 優勢である (die Oberhand behalten). ③ 交渉する (verhandeln), 取り決める (verabreden). 他 ① 達する (gelangen). ② 獲得する (gewinnen). ③ 克服する (überwinden). ④ 説いてすすめる (überreden). {Parz. 538, 27}

über-kraft 女 ① 優勢 (Übermacht), 圧倒する量 (Übermenge). ② 特別の大きさ (Übergroße), 豊富さ (Fülle). ③ 過剰な厳格さ (übermäßige Strenge). {Iw. 1539}

über-krefteclich 形 優勢な (übermächtig). {Tr. 1586}

über-kreftic 形 ① 優勢な, 強大な (übermächtig). ② まさっている (überlegen).

über-krüpfe 女 ① 餌袋の過度の詰め込み (übermäßige Anfüllung des Kropfes). ② 飽満, 飽きること (Übersättigung). {Parz. 201, 14}

über-krüpfen 動《弱》① 餌袋を過度に満たす (den Kropf überfüllen). ② (鷹などに) 餌をやり過ぎる (überfüttern). {Parz. 191,

13}

über-laden 動 VI. [6. -laden] ① 過度に重荷を積む (überladen). ② 負担を掛け過ぎる (überlasten), 荷を積み過ぎる (überbürden). ③ 圧迫する (bedrängen). ④ 満たし過ぎる (überfüllen). ¶ sî hete beide überladen / grôz ernest unde zorn. 大きな気迫と殺気が二人の騎士を重く包んだ. (Iw. 1010-1)

über-lanc 副 たいへん長く (sehr lange).

über-last 男 [中独 女 も] ① 過度に大きい荷 (übermächtige Last), 多量 (Menge). ② 権力 (Gewalt). ③ 損害 (Schaden), 苦難 (Beschwerde). ④ 征服者 (Bezwinger). ⑤ 重荷になる人 (einer, der zur Last ist). {Parz. 742, 7}

über-lëben 動《弱》① より長生きする (länger leben als〜). ② 生き延びる (überleben).

über-legen 動《弱》① おおう (bedecken, überziehen). ② 載せる (belegen). ③ 加算する (zusammenrechnen). {Parz. 674, 11}

über-leste 女 過度に大きな荷物 (übermäßige Last). {Tr. 18225}

über-lesten 動《弱》① 荷を積みすぎる (überladen). ② 詰めすぎる (überfüllen). ③ 過度に押す (übermäßig drücken). {Parz. 363, 7}

über-liebe 女 過度の愛 (übermäßige Liebe).

über-lieht 形 過度に輝いている (übermäßig glänzend).

über-liuhten 動《弱》① 照り勝る (überstrahlen). ② 見晴らす (überblicken). ③ より多く照らす (mehr leuchten). {Tr. 543}

über-lût 副 大きく, 明瞭に (laut und deutlich), 全般に聞こえるように (allgemein vernehmlich).

über-mâʒe, -mâʒ 女 ① 過剰 (Übermaß). ② 残余物 (das Übrige). ③ 余計なもの (Überfluss).

über-mëʒʒen 動 V. ① 境界を越えて行く (über eine Grenze hinausgehen). ② あるものを越えて見る (über etwas hinaus sehen). ③ 見落とす (übersehen), 怠る (versäumen). {Parz. 288, 10}

über-müete[1]**, -muot** 女 [= *übermuot*] ① 不遜, 傲慢, 思い上がり (Übermut). ② 誇り (Stolz). ¶ swâ ir mit übermüete deheiner wart erfunden, / dem brach er die bürge und rach sich mit den tiefen verchwunden. 敵の中に思い上がった者があれば彼はその城を攻略し, 敵勢に致命的な深い傷を負わせて懲らしめた. (Ku. 195.3-4)

über-müete[2]**, -muot** 形 ① 誇り高い (stolz). ② 思い上がった (übermütig). {Ku. 238, 3}

über-müetekeit 囡 ① 誇り (Stolz). ② 高慢さ (hochfahrender Sinn, Übermut). {Tr. 6447}

über-müeten 動《弱》尊大にふるまう (übermütig sein). {Nib. 117, 4}

über-muot 男 [= *übermüete*] ① 誇り高いこと (stolzer Sinn). ② 不遜, 傲慢 (Übermut). {Ku. 201. 2}

über-næjen 動《弱》上に縫い付ける übernähen).

über-parlieren 動《弱》説き伏せる (überreden). {Parz. 696, 17}

über-reden 動《弱》① (言葉で, あるいは証人により) 移す (überführen), (に)² 反駁する (widerlegen), 克服する (überwinden). ② (言葉で) あることへ動かす (mit Reden veranlassen), 説き伏せる (überreden).

über-rîten 動 I.1. ① (を)⁴ 越えてゆく (hinausreiten). ② 準備を整えた軍勢で圧倒する (mit reisiger Kriegsmacht überziehen). ③ 騎乗して征服する (reitend überwinden). ④ 戦いに勝利する (im Kampf besiegen). {Parz. 101, 27}

über-sagen 動《弱》① (証明や証言により) (の)² 罪を証明する (überführen). ② 克服する (überwinden), 論駁する (widerlegen). {Tr. 13228}

über-sager 男 証人 (Zeuge).

über-schiezen 動 II.2. 射越す (hinausschießen). {Ku. 869, 4}

über-schœne 形 たいへん美しい (überaus schön).

über-schrîten 動 I.1. 他 ① 登る (besteigen), 登り越す (übersteigen). ② 説得する (überreden). {Parz. 771, 5}

über-sëhen 動 V. 他 ① 見渡す (überschauen), 見晴らす (überblicken). ② 大目に見る (übersehen), 顧みない (unbeachtet lassen). ③ 尊重しない (gering achten), 侮る (verschmähen). ④ 忘れる (vergessen), 怠る (versäumen). 再 見誤る (sich versehen), 遅れる (sich versäumen). {Iw. 3093}

über-sigen 動《弱》他 ① (に)⁴ 勝つ (siegen), (を)⁴ 征服する (besiegen). ② 圧倒する (überwältigen), 弱める (schwächen). 再 衰弱する, 弱くなる (sich schwächen). {Tr. 855}

über-sitzen 動 V. ① 無視する (sich hinwegsetzen). ② あまり注意を払わない (unbeachtet lassen). ③ 怠る (versäumen). {Parz. 358, 18}

über-snîden 動 I.1. ① 切ることにおいて (に)⁴ まさる (in Schnitt übertreffen). ② (に)⁴ 勝る (übertreffen). {Tr. 5004}

über-sprëchen 動 IV. ① 熟慮しないで話す (unüberlegt sprechen). ② 言葉で克服する (mit Rede überwinden). ③ 言い間違える (sich versprechen). {Iw. 4143}

über-strîten 動 I.1. 他 ① 戦いで勝つ (im Wettstreit besiegen). ② 克服する (überwinden). {Parz. 473, 4} 自 (に)³ 戦いで勝っている (im Streit überlegen sein). 再 戦いでこの上なく奮闘する (sich übermäßig anstrengen). {Parz. 473, 4}

über-tragen 動 VI. 他 ① 移す, 置き換える (versetzen). ② 運ぶために担ぐ (zum Tragen auf sich nehmen). ③ 保存する (bewahren), 守る (schützen). ④ 取り除く (beseitigen). ¶ swaz dirre gebûre gerne tete, / des dûhte sînen herren genuoc : / dar zuo er in übertruoc / daz er deheine arbeit / von vremedem gewalte leit. この農夫が喜んでしたもの, 農夫の領主には充分なものと思われた. それに対して領主はその農夫がよその力からどんな難儀も受けないように守ってやった. (aH. 276-80)

über-trëten 動 V. 他 ① 〜を越えていく (treten), 〜を越えてくる (kommen). ② 登る (besteigen). ③ 踏み越す (übertreten). ④ 凌駕する (übertreffen). 再 自 ① 習慣の限度を越える (über die Schranken der Sitte treten). ② 間違ったことをする (sich vergehen). ¶ Gâlôesen und Gamureten, / die habt ir bêde übetreten, / daz ir se gâbet an den rê. ガローエゼンとガムレーテン, この二人をあなたは打ち負かし, 墓に送りました. (Parz. 586, 19-21)

über-trinken 動 III.1. ① 過度に飲む (zu viel trinken). ② 酩酊する (sich betrinken).

über-trunkene 女 酔い (Betrunkenheit).

über-trunkenheit 女 酔い (Betrunkenheit).

über-üeben 動《弱》① 過度に使う (im Übermaß benutzen). ② 使い減らす (abnutzen). {Tr. 12825}

über-vâhen 動〔反復〕2 ① おおう (bedecken). ② 包む, 包囲する (umfangen). {Parz. 549, 12}

über-vëhten 動 IV. ① 勝つ (besiegen). ② 戦って勝つ (fechtend überwinden). {Parz. 717, 13}

über-vüeren 動《弱》向こうに渡す (hinüberschaffen).

über-wal 男 [-walles²] ① 沸きこぼれること (das Überwallen), あふれ流れること (das Überfließen). ② 勝ること (das Übertreffen). {Parz. 235, 24}

über-wallen 動〔反復〕1 あふれ流れる, 氾濫する (überfließen).

{Ku. 1446, 4}

über-want ⇒ *überwinden*.

über-winden 動 III. 1. 他 打ち負かす (überwältigen). ¶ zwêne risen die sint hie: / desn ist dehein mîn gast erlân / erne müese sî bestân; / daz sî noch nieman überwant! 二人の巨人がここに居る。私の客の誰一人として，二人を打ち倒すことを免除されていない。二人を打ち負かした者が誰も居ないとは。(Iw. 6598-601)

über-wundern 動《弱》① 奇蹟によってまさる (durch Wunder übertreffen). ② 奇蹟によって圧倒する (durch Wunder überwältigen).

über-zaln 動《弱》負債以上に支払う (mehr zahlen als man schuldig ist). {Iw. 8007}

über-ziln 動《弱》① 目標を越えてゆく (über das Ziel hinaus gehen). ② 勝る (übertreffen). {Parz. 787, 27}

üeben, uoben 動《弱》[中独 ûben] 他 ① 耕す (bauen), 栽培する (kultivieren). ② 手入れする (pflegen). ③ 垣根をめぐらす (hegen). ④ 尊敬する (verehren), 崇拝する (anbeten). ⑤ する (tun), 実行する (ausüben). ⑥ 使用する (gebrauchen). 再 活動している (tätig sein), 現われる (sich zeigen), 抜きん出る (sich hervortun). {Iw. 7388}

üeber 男 行為者 (Täter), 実施者 (Ausüber).

üebunge 女 ① 農耕 (Landbau). ② 熱意 (Eifer). ③ 入念さ (Sorgfalt). ④ 骨折り (Mühe). ⑤ 機会 (Gegebenheit). ⑥ 使用 (Gebrauch).

ûf¹, ouf 副 上に (hinauf). ¶ wir suln si wider ûf lân. 私たちはこの子をまた立ち上がらせましょう。(aH. 1277)

ûf², ouf 前 +3/+4 ① 〜の上に，上へ (auf). ② 〔空間的, 時間的〕〜まで (bis auf). ③ 〜を期待して (in der Erwartung). ④ 〜を意図して (in der Absicht). ¶ ûf dem Wülpenwerde woltens Kûdrûn gerne wider bringen. 人々はヴュルペンザントの砂浜でクードルーンを取り返したいと思っていた。(Ku. 883, 4)

ûf-blic 男 空を見上げること (Blick zum Himmel). {Gr. 2394}

ûf-rëht, -rihtic 形 ① まっすぐ上に向けられた (gerade aufwärts gerichtet). ② 向上に努める (emporstrebend). ③ ほっそりとした (schlank). ④ 誠実な (aufrichtig). ⑤ 偽造されていない (nicht verfälscht).

ûf-rihtic ⇒ *ûfrëht*.

ulmic 形 ① 腐った (faulig). ② 腐敗した (von Fäulnis angegriffen). {Parz. 241, 30}

umbe¹, umme, ümbe, ümme, ump, umb, um 前 ⁺⁴ ① ～の周りに (um). ② ～の頃に (gegen) すぐ前, あるいは後に (kurz vorher oder nachher). ③ ～の代わりに (für), ～と交換して (um). ④ ～のために (wegen). ⑤ ～について (von). ⑥ ～との関係で (in Beziehung auf ～). ◇ *umbe daz* (darum ～のために), *umbe diu* (darum それゆえ), *umbe wiu* (weshalb 何故に).

umbe², ümbe 副 [別形 umme, ümme, ump, umb, um] ① の周りに (riugsum), 回りに (herum). ② それゆえ (deswegen). ¶ vil drâte si hin umbe sach, / zÊrecke si mit vorhten sprach : / „herre, durch got vernim mich : / bewar ez oder man sleht dich." すぐに王妃は振り向き, 恐る恐るエーレックに言った,「ご主人さま, お願いですからお聞きください. ご用心ください. さもないと殺されます」(Er. 3378-81)

umbe-binden 動《弱》巻きつける, 巻き包む (umbinden).

um-bedérbe = *unbedérbe*.

umbe-gân, -gên 動 [不規則] ① 回る (umgehen), (の)⁴ 回りを回る (umkreisen). ② 取りまく (umgeben). ③ 世話をする (pflegen), 気遣う (besorgen). ④ (から)² 遠ざかる (sich entziehen).

umbe-hâhen 動 [反復] 2 掛けめぐらす (umhängen).

umbe-halten 動 [反復] 1 ① 囲む, 取り巻く (umringen). ② 包む, めぐらす (umgeben). {Parz. 682, 1}

umbe-hanc 男 ① (壁を飾る) 掛け布 (die Decke). ② 壁に掛かるカーテン (Vorhang rings um die Wand). ③ 壁絨毯 (Wandteppich). ④ 肩掛け (Umhang). {Er. 8597}

um-behuot ⇒ *unbehuot*.

umbe-kêre 女 ① 改心, 方向転換 (Umkehr). ② 転回, 転向 (Umwendung). ③ 交替, 変化, 推移 (Wechsel). ④ 回転, 急変 (Umschwung).

umbe-kützen 動《弱》衣服を着せる (bekleiden).

umbe-lanc 副 周りに (ringsum).

umbe-mære 中 回りくどい物語 (weitläufige Erzählung).

umbe-mëʒʒen 動 V. ① 円を描いて測る (im Kreis messen). ② 測りながら取り囲む (messend umgeben). {Tr. 5542}

umbe-miuren, -mûren 動《弱》壁で囲む (ummauern, mit einer Mauer umziehen). ¶ dîn burg und ouch dîn lant / daz ist umbemûret von gesten ungehiure. あなたの城と国は不気味な客によって取り囲まれています. (Ku. 1362.2b-3)

umbe-rede 囡 ① あれこれ話すこと (Herumreden). ② 多弁 (Umschweif). {Tr. 11954}

umbe-reise 囡 巡回, 回転, 循環, 運行 (Kreislauf). {Parz. 454, 15}

um-bereit ⇨ *unbereit.*

umbe-sæʒe, -së33e 男《弱》① 隣人 (Nachbar). ② 盗聴者 (Auflauerer), 待ち伏せする人 (Nachsteller). {Parz. 12, 29}

umbe-slahen, -slân 動 VI. ① 包む, 包囲する (umfangen), 取り囲む (umzingeln), 取りまく (einschliessen). ② 蹄鉄を打つ (beschlagen).

umbe-slieʒen 動 II. 2. ① 取り囲む (umschließen). ② 抱く (umarmen). {Nib. 1025, 1}

umbe-stân, stên 動 VI. ① 取り巻く (umstehen), 取り囲む (umgeben). ② 包囲する (umringen). {Ku. 1338. 2}

umbe-stellen 動《弱》① 取り囲む (umgeben). ② 回りを囲む (rings besetzen). {Er. 742}

umbe-swingen 動 III. 1. 他 ① 抱く, 囲む, 包囲する (umfassen). ② 抱きつく, 巻き付く (umschlingen). 再 ① 振り向く (sich umwenden). ② あちこちころげまわる (sich wälzen). {Parz. 392, 8}

umbe-vâhen, -vân 動〔反復〕2 ① 囲む (umfangen), 取り巻く (umschließen). ② 抱く, 抱擁する (umfangen). ¶ er umbevienc si unde sprach: „iu ist allen wol gesaget / daz ich von dirre guoten maget / mînen gesunt wider hân, / die ir hie sehet bî mir stân. ハインリヒは娘を抱擁し, そして言った, 「あなたがたはみな, ここに私のそばに立っている, 心根の優しいこの少女によって私が健康になったことを聞いていることだろう」 (aH 1492-6)

umbe-vanc 男 ① 範囲 (Umfang), 圏 (Kreis). ② 抱擁 (Umarmung). ③ 囲むこと (das Umfassen), かぶせること (Umhüllung). {Parz. 237, 20}

umbe-varn 動 VI. ① 乗り回る (umfahren). ② 通り過ぎる (durchfahren). ③ 周航する (umschiffen). ④ 取り囲む, 囲む (umgeben). {Parz. 15, 9}

umbe-vart 囡 ① 運行, 回転, 巡回 (Kreislauf). ② 遍歴すること (Umherwandern). ③ 通過税 (Umgangszoll). {Iw. 3566}

umbe-zimbern 動《弱》① 建物で囲む (umbauen). ② 囲む (umringen). {Ku. 1458, 2}

umprîs ⇨ *unprîs*

un-adel 中 ① 貴族でない家門 (nicht edles Geschlecht). ② 貴族の生まれではない人 (einer, der nicht von Adel ist). {Er. 9348}

un-angestlîche(n) 副 ① 不安なく (ohne Angst), 悩まされないで (nicht bedrängt). ② 危険を省みず (keine Gefahr befürchtend). ③ 恐れずに (ungescheut). (Nib. 1997, 4).

un-art 女 ① 悪い方法, 流儀 (schlechte Art). ② 悪い性質 (schlechte Beschaffenheit). {Tr. 11642}

un-barmeclîche(n) 副 情容赦なく (ohne Erbarmen). {Iw. 5378}

un-bedérbe, -bidérbe 形 副 ① 役に立たない (unnütz, nutzlos), 悪い (schlecht). ② たくましくない (nicht kräftig), 有能ではない (nicht tüchtig). ③ 不正な, 不公正な (ungerecht). {Gr. 3720}

un-behendeclîche(n) 副 不器用に (ungewandt), 未熟で (ungeschickt). {Gr. 1539}

un-behuot, um-behuot 形〔過分〕① 守られていない (nicht bewahrt, unbehütet). ② 見張られていない (nicht bewacht).

un-bekant, -bekennet 形〔過分〕① 認識できない (unerkennbar), 認められない (unerkannt). ② 知られていない (unbekannt, unerkannt).

un-bekêric 形 ① 変わらない (unveränderlich). ② 不屈の (unbeugsam). {Iw. 1987}

un-bekumbert 形〔過分〕① 患わされず (nicht belästigt), 損失なく (unbeeinträchtigt). {Er. 2588}

un-benennet 形〔過分〕招かれない, 職権のない (unberufen). {Parz. 473, 12}

un-berâten 形〔過分〕① 資力のない, 生活力のない (unversorgt), 自立してない (unselbstständig). ② 貧しい (arm). ③ 助言のない (ohne Rat). ④ まだ餌が与えられていない (noch nicht befüttert). ¶ der wirt sprach „gê wir nâch der nar. / dîn ors ist unberâten gar. 主人は言った,「さあ, 食物を探しに行こうではないか. お前の馬もまだ何も食べていない」(Parz. 485, 3-4)

un-bereit¹, um-bereit 形 ① 喜んでしない, 乗り気でない (nicht bereitwillig). ② 準備ができていない (nicht bereit, nicht vorbereitet). ③ 出来上がっていない (nicht fertig). ④ 存在しない (nicht vorhanden). ⑤ 不器用な (ungeschickt). ⑥ 未払いの (ohne bezahlt zu haben). {Ku. 453, 3}

un-bereit² 副 ① 不器用に (ungeschickt). ② 役に立つことなく

(unbehilflich). ③ 未払いのまま (unbezahlt).

un-berihtet, -beriht 形〔過分〕① 配慮されていない (nicht besorgt). ② 整えられていない (nicht geordnet), 平らにされていない (ungeschlichtet). ③ 正されていない (nicht berichtigt). ④ (に)² 精通していない (unkundig), 行われていない (nicht ausgeführt). ⑤ おろそかにされている (vernachlässigt). {Tr. 11033}

un-beroubet 形〔過分〕奪われていない (nicht beraubt).

un-beruocht 形〔過分〕① 備えのない (unversorgt). ② 見落とされた (übersehen), 返り見られない (nicht beachtet). ③ 放っておかれた, 無視された (vernachlässigt). {Ku. 162, 1}

un-beschaben 形〔過分〕平らにされていない (ungeglättet), 滑らかに削られていない (nicht glatt geschabet). {Parz. 596, 5}

un-bescheiden 形 ① あてがわれていない (nicht zugewiesen). ② 不特定の (unbestimmt). ③ 顧慮していない (rücksichtslos). ④ 節度を守っていない (nicht Maß haltend). {Ku. 1299. 4}

un-bescheidenheit 女 ① 無知さ, 無理解さ (Unverständigkeit). ② 無思慮 (Unüberlegtheit), かえりみないこと (Rücksichtslosigkeit). ③ 際限のなさ (Maßlosigkeit). {Parz. 286, 4}

un-bescheidenlich 形 ふさわしくない, 不作法な (ungebührlich)

un-bescheidenlîche 副 ① 不作法に, ふさわしくない態度で (ungebührlich). ② 聞き分けのない態度で (unverständig). {Parz. 760, 30}

un-bescholten 形〔過分〕① 非難を受けることのない (vorwurfsfrei). ② 咎められない (ungescholten). {Ku. 933. 4}

un-beschrît 形〔過分〕大声で呼びかけられない (nicht angeschrien). {Parz. 284, 6}

un-besiht 女 ① 注意の欠如 (Mangel an Umsicht). ② 注意深くないこと (Unvorsichtigkeit). ③ 見落とし (Versehen). {Er. 4164}

un-beslagen 形〔過分〕蹄鉄の打っていない (nicht beschlagen). {Parz. 144, 27}

un-besniten 形〔過分〕① (槍に) 刃こぼれのない (ohne Scharte). ② 包皮が切られていない (nicht an der Vorhaut beschnitten). ③ 粗雑な (grob), 生の (roh). {Parz. 211, 11}

un-beswichen 形〔過分〕① 幻惑されていない (nicht betört), だまされていない (nicht betrogen). ② 恥をかかされていない (nicht in Schande gebracht). {Gr. 414}

un-, um-betrogen 形〔過分〕① 欺かれない (nicht zu betrügen,

unbetrogen). ② 非難の余地のない (untadelhaft). ③ 偽りのない (ohne Falsch). ④ 純粋な (rein). ⑤ 困っていない (unbedrängt). {Parz. 356, 29}

un-betwungen 形〔過分〕① 自由意志の (freiwillig), 自分の意志に従った (eigenem Willen folgend). ② 苦しみや心配のない (ohne Kummer und Sorge). ③ 自由な (frei), 強いられていない (unbezwungen). ④ 喜んだ (freudig). ⑤ 勇敢な (tapfer). {Parz. 53, 11 / 148, 19}

un-bewant 形〔過分〕① 無駄な (vergeblich). ② 不成功の (erfolglos). ③ 役に立たない (unnütz). {Iw. 3246}

un-bewart 形〔過分〕① 守られていない (unbehütet). ② 見張られていない (nicht bewacht). {Parz. 26, 26}

un-bewollen 形〔過分〕よごれていない (unbefleckt).

un-beworren 形 動揺させられていない, 困惑させられていない (unverwirrt).

un-bilde 中 ① 不正 (Unrecht). ② 前例のないこと (Beispielloses). ③ 理解できないこと (das Unbegreifliche). ④ 奇蹟 (Wunder). {Parz. 438. 26}

un-bilden 動《弱》自 責務に対して不正に, あるいは権力的に振る舞う (über Gebühr unrecht oder gewalttätig handeln). 他 ① 不正なものとして取り入れる (als Unrecht einführen). ② 避ける (abwenden). 非 (に)⁴ 不正なもの, 不相応なものと思われる (als Unrecht oder als Unschicklichkeit dünken). {Nib. 1471, 1}

un-billich 形 ① 不当な (unbillig), 正しくない (unrecht). ② 不正の (ungerecht). ③ ふさわしくない (nicht gemäß). ④ 目立つ (auffallend). {Ku. 636. 2}

un-billîche 副 ① 不正に (unrecht), 不当に (unbillig). ② 不適当に (nicht gemäß). ③ 不公正に (ungerecht).

un-danc 男 ① 感謝しないこと (kein Dank). ② 忘恩 (Undank), 呪い (Verwünschung). ③ 嫌悪 (Widerwille). {Nib. 968, 1}

un-dâre 副 ① 不相応に (unpassend). ② 不親切に (unfreudlich). ③ 悲しんでいる (betrübt). ④ わずかに (wenig), 全く〜ない (gar nicht). {Ku. 1383, 4}

un-dære 形 ① 不親切な (unfreundlich). ② 快適でない (unangenehm). ③ 重要でない (unbedeutend). ④ 悪い (schlecht).

unde, unt 接 そして (und), しかしまた (aber auch). {Nib. 825, 1}

ünde, unde 女《強・弱》① 潮流, 洪水 (Flut). ② 大波 (Welle).

{Nib. 1121, 4}

unden, undene, unden, undenân, unnen 副 下に (unten). ◇ der unden (darunter その下に).

ünden, unden 動《弱》自 ① 大波が立つ (wogen). ② 氾濫する (fluten). ③ 波を打つ (Wellen schlagen). {Tr. 8105}

under[1] 前 +3/+4/+2/+助 ① 〜の下に (unter). ② 〜の真ん中に (in der Mitte), 〜の間に (zwischen). ③〔時間的〕〜の間中 (während). 副 ① 下に (unter), その下に (darunter). ② 真ん中に (in der Mitte), その間に (dazwischen). ¶ nune weste mîn her Îwein / von wederm si wære under den zwein, / von wurme ode von tiere : / er bevandez aber schiere. 主人イーヴァインは最初その声が二匹のうち, 竜と獣のどちらのものか, 分からなかったが, しかし, それはすぐに分かった. (Iw. 3831-4)

under[2] 形 下の (unter).

under[3] 副 下に (unten), その下に (darunter).

under-binden 動 III. 1. ① 互いに結び合わせる (untereinander verbinden). ② 中に入って分ける (dazwischen tretend trennen). {Iw. 7056}

under-bint 中 ① 結合, 連結 (Verbindung). ② 差異, 区別 (Unterschied). ③ 反対, 対立 (Gegensatz). ④ 中断 (Unterbrechung), 休息 (Pause). ⑤ 終わり (Ende). {Parz. 2, 23}

under-brîden 動 I. 1. [6. -briten] ① 全体に刺繍する (durchsticken). ② 織り込む (durchweben). {Tr. 2539}

under-gân, -gên 動〔不規則〕① 間に入る (dazwischen treten). ② 浸潤する (unterlaufen). ③ 行く手を阻む (hindernd in den Weg treten). ④ 襲う (befallen). ⑤ 使用を妨げる (am Gebrauch hindern). {Parz. 429, 2}

under-komen 動 IV. 他 ① その間に入る (dazwischen kommen). ② 中に入って妨げる (durch Dazwischentreten verhindern). ③ (で)[2] 妨げる (verhindern). ④ 襲う (befallen), 克服する (überkommen). 自 (で)[2] 驚かす (erschrecken). {Tr. 9529}

under-küssen 動《弱》互いに接吻し合う (sich gegenseitig küssen). {Iw. 7503}

under-leinen 動《弱》① (で)[mit] ささえる (unterstützen). ② 寄り掛かってささえる (durch Zwischenlehnen stützen). {Wa. 93, 27}

under-ligen 動 V. ① 下に横たわる (nach unten zu liegen kommen). ② 負ける (unterliegen). ③ 征服される, 屈する (sich unter-

under-nëmen

werfen). ④ 支配下にある (unterworfen sein).

under-nëmen 動 IV. 再 ① 互いに縛り合う (gegenseitig fesseln). ② やむ, 終わる (aufhören), 中断される (sich unterbrechen). ③ (を)² 引き受ける (sich übernehmen). 他 ① 妨げる (verhindern). ② 縛る (fesseln), つかむ (fassen). {Tr. 821}

under-parrieren 動《弱》① 混ぜ合わせる (einmischen). ② 仲介する (vermitteln). {Parz. 639. 18}

under-rîten 動 I.1. ① その間を馬で進む (dazwischen reiten). ② その間を騎乗して分ける (dazwischen reitend trennen). ③ 妨げる, 妨害する (verhindern). ④ 他方へ向ける (ablenken).

under-sagen 動《弱》① 談話中に言う (gesprächsweise sagen), 伝える (mitteilen). ② 禁じる (untersagen, verbieten). {Iw. 862}

under-scheide ⇒ *underscheit*

under-scheiden[1] 動〔反復〕4 他 ① 分ける (trennen), 区別する (unterscheiden). ② 中間の空間を飾る (in Zwischenräumen schmücken). ③ 物語る (erzählen), 説明する (erklären). ④ 知らせる (Bescheid geben), 教える (belehren). 再 区別される (sich unterscheiden).

under-scheiden[2] 形〔過分〕① 分けられた (getrennt), 区別された (unterschieden). ② 決まった (bestimmt), はっきりとした (deutlich). {Parz. 635, 15}

under-scheidunge 女 ① 区別, 違い (Unterschied). ② 条件 (Bedingung). {Tr. 5007}

under-scheit 男 女 中, **under-scheide** 中 女 ① 分けること (Scheidung), 別離 (Abschied). ② 中間の壁 (trennende Zwischenwand). ③ 区別 (Unterschied), 区別する印 (unterscheidendes Merkmal). ④ 条件 (Bedingung). ⑤ 説明 (Erklärung), 詳しい報告 (genauer Bericht), 知らせ (Bescheid). {Parz. 169, 29}

under-schütten 動《弱》① 混ぜる (vermischen), 混ぜ入れる (untermengen). {Ku. 1412, 1}

under-sëhen 動 V. 他 ① 窺う (dazwischen sehen), 備える (Vorkehrung treffen). ② 予防する (verhüten). 再 互いに見交わす (einander ansehen). ¶ ir bette stuonden alsô nâ / daz si sich mohten undersehen. 二人のベットは近くにあり, お互いに見交わすことができた. (Gr. 294-5)

under-slac 男 ① 分離 (Trennung), 別離 (Scheidung). ② 中間の壁 (trennende Zwischenwand), 中仕切り (Mittelwand). ③ 間投詞

(Interjektion).｛Parz. 534, 5｝

under-slahen, -slân 動 VI. 他 ① 殴り合う (unter sich schlagen). ② 沈める (senken). ③ 分ける (voneinander abscheiden). ④ 側に置く (beiseite setzen). ⑤ 中断する (unterbrechen). 再 ① 殴り合う (einander schlagen). ② 傾く (sich neigen). ③ 沈む (untergehen).｛Iw. 7047｝

under-snîden 動 I.1. ① 衣装をさまざまな色の布を組合せて作る (Gewand aus verschieden farbigem Tuch zusammensetzen). ② 分けながらその間に入る (trennend dazwischen treten).｛Parz. 281. 21｝

under-stân, -stên 動〔不規則〕自 留まっている (unterbleiben). 他 ① 支える (aufhalten). ② 着手する (unternehmen). ③ 達成する (erreichen). ④ 防ぐ (abwehren), 阻止する (verhindern). ⑤ 切り抜ける (bestehen). ⑥ 戦う (bekämpfen). 再 引き受ける (sich unterziehen).｛Nib. 119, 4｝

under-stôʒen 動〔反復〕5 ① その間に入れる (dazwischen stoßen). ② その下に差し込む (darunter schieben). ③ 支える (unterstützen). ④ 脇に押しやる (beiseiteschieben).｛Tr. 14530｝

under-strîchen 動 I.1. ① 塗り込む, すり込む (einstreichen). ② 色を織りまぜて描く (mit abwechselnden Farben malen). ③ 化粧する (schminken).｛Tr. 11924｝

under-stricken 動《弱》(視線を) 互いに編み合わす (gegenseitig verstricken).｛Tr. 12981｝

under-swingen 動 III.1. ① 何かの間を動き回る (zwischen etwas schwingen), 押し寄せる (drängen). ② 侵害する (beeinträchtigen). ③ 妨げる (verhindern).｛Parz. 428, 5｝

under-tân[1] 男, **-tâne** 男《弱》従者, 臣下 (Utertan), 部下 (der Untergegebene).｛Nib. 777, 2｝

under-tân[2] 形 ① 服従している (untertänig), 征服された (unterworfen). ② 混ぜ入れられた (untermischt), さまざまの (verschieden).｛Ku. 1556. 2｝

under-tân[3] = *undertuon* の過去分詞.

under-tænec, -ic 形 ① 従属している (untertan). ② 従順な (untertänig). ¶ si sprâchen:„nemet einen muot / daz im lîp unde guot / iemer undertænic sî." 家来たちは言った、「ご自身と富でいつも神に仕えることだけをお考えなさいませ」(aH. 1487-9)｛Er. 7598｝

under-tragen 動 VI. ① 餌をやる (füttern). ② 持ち出す (vorbringen). ③ 先に立って運ぶ (vortragen).

under-trëten 動 V. ① 圧制する (unterdrücken), 起こらないようにする (ungeschehen machen). ② 間に入って方向を変える (dazwischen tretend ablenken), 防ぐ (wehren). {Tr. 6269}

under-tuon 動〔不規則〕① 服従させる (unterwerfen). ② 妨げる (verhindern). ¶ er was ir noch vil vremde, dem si wart sider undertân. 彼女が嫁ぐその人はまだ彼女にとって見知らぬ人であった. (Nib. 46, 4)

under-vâhen, -vân 動〔反復〕2 他 ① 捕らえる (auffangen), ② 妨げる (verhindern), 進行をはばむ (aufhalten). ③ 妨ぐために割ってはいる (hindernd dazwischen treten). ④ 中断する (unterbrechen). ⑤ 終わる (ein Ende machen). 再 ① 妨げられる (verhindert werden). ② 抱き合う (sich gegenseitig umarmen). {Parz. 442. 28}

under-varn 動 VI. ① 知る (erfahren), 知り合う (kennenlernen). ② 間に入って向きを変える (dazwischen tretend ablenken). ③ 妨げる (verhindern), 回避する (abwehren). {Parz. 716, 9}

under-viz 男 [-vitzes²] ① 仕切り (Unterschied), 分ける壁 (Scheidewand). ② 中間の空間, 隙間 (Zwischenraum).

under-vlëhten 動 IV. 間に織り込む (dazwischen flechten), 交互に編み込む (abwechselnd durchflechten). {Tr. 4646}

under-wëben 動 V. 間に織り込む (dazwischen flechten), 編み込む (einflechten). {Tr. 12997}

under-wërfen 動 III. 2. ① 服従させる, 征服する (unterwerfen). ② からかう (auf den Arm nehmen).

under-wërren 動 III. 2. 再 互いにもつれ合う, 入り乱れる (sich untereinander wirren). {Tr. 681}

under-wîlen 副 ときどき (bisweilen), しばしば (öfters). {Tr. 371}

under-winden 動 III. 1. ① 引き受ける (auf sich nehmen), 受け入れる (annehmen). ② 獲得する (in Besitz nehmen). ③ 我が物とする, 取り押さえる (sich bemächtigen).

under-wîsen 動《弱》他 ① 教える, 正す (belehren). ② 間違いを正す, 訓戒する (zurechtweisen). 再 立ち上る, ふるまう (sich stellen). {Parz. 520, 21}

under-würken 動《弱》① 貫く (durchwirken). ② 織り込む (durchweben). ③ 打ちつける (beschlagen). ④ 分ける, 切り放す (trennen). {Tr. 2539}

under-ziehen 動 II. 2. 他 ① (を)⁴ (へ)² 強いる (zwingen). ②

(を)² 取り去る (abbringen), 奪い去る (entziehen). 再 ① (を)² 引き受ける (über sich nehmen). ② (を)² わが物とする (sich bemächtigen). {Parz. 218, 23}

under-zwischen 副 その間に (indessen).

ünde-slac 男 波の打ち寄せ (Wellenschlag).

undinc 中 ① 悪い物 (schlechtes Ding). ② 何か悪いもの (etwas Übles). ③ 不正 (Unrecht). {Tr. 10426}.

un-durfte, -durften 副 不必要に (unnötig). {Tr. 3465}

un-durften[1] 形 不必要な (unnötig).

un-durften[2] 副 不必要に (unnötig). {Tr. 14804}

un-ëbene, ëben 副 ① 適合しないで (nicht zusammenpassend). ② 一様でなく (nicht gleichmäßig), 等しくなく (ungleich). ③ 快適でなく (unbequem). ④ 平らでなく (uneben). ⑤ 無駄に (umsonst). ⑥ 粗く (rau), 残酷に (grausam), 悪く (schlecht).

un-endeclîchen 副 未決定で, 未決断で (unentschieden). {Tr. 882}

un-endehaft 形 ① 終わりなく (endlos), 限りなく (unendlich). ② 未決定の, 未決断の (unentschieden). ③ 役に立たない (unnütz). {Tr. 16942}

un-erbärmic 形 無慈悲な (unbarmherzig). {Tr. 5978}

un-erbolgen, -erbolget 形 ① 怒っていない (nicht erzürnt), 嬉しい (fröhlich). ② 緩やかな, 温和な (sanftmütig). ③ 満足な (zufrieden). {Ku. 1114. 4}

un-erbûwen 形 道が開かれていない (ungebahnt). {Er. 5314}

un-êre 女 ① 誹謗 (Schmähung). ② 不名誉 (Unehre), 恥辱 (Schande). ③ 姦通 (Ehebruch), 姦淫 (Hurerei). {Parz. 171, 12}

un-êren 動《弱》① 名誉を奪う (entehren). ② 誹謗する (beschimpfen). {Parz. 105, 16}

un-ergangen 形〔過分〕① 起こっていない (nicht geschehen). ② 完成していない (unvollendet), 満たされていない (unerfüllt). {Ku. 1539. 3}

un-erkant, -rekant 形〔過分〕① 知られていない (unbekannt), 有名ではない (nicht berühmt). ② 見知らない (fremd). ③ 認識できない (nicht erkennbar). ④ まれな (selten). ¶ ouch was er dâ unerkant, / daz im niemen zuo sprach / noch ze guote ane sach. そこでも彼は見知らぬ存在であり, 彼に話し掛ける者もなければ, 好意ある眼差しを送る者もなかった. (Er. 245-7)

un-erkomen 形 ①〔過分〕驚かない, 恐れない (unerschrocken).

② 感動しない (unberührt). {Tr. 6487}

un-erlogen 形 うそを言っていない, 本当の (ungelogen). {Parz. 661. 30}

un-erlôst, -erlœset 形 〔過分〕受け戻されていない (nicht eingelöst), 質としての (als Pfand). {Parz. 344, 24}

un-ernert 形 〔過分〕① 救いなく失われた (rettungslos verloren). ② 死の (des Todes), 生きていない (nicht beim Leben erhalten). {Parz. 444, 4}

un-errochen 形 〔過分〕復讐されていない (nicht gerächt, ungerochen). ¶ Sîfrit ist ungerochen von der Dietrîches hant. ジークフリートの仇がディートリッヒの手によって討たれることはない. (Nib. 1902, 4)

un-erslagen 形 〔過分〕討ち果たされないで (nicht erschlagen). {Iw. 6733}

un-erstorben 形 死んでいない (nicht gestorben), 生きている (lebend). {Ku. 68, 1}

un-ervaren 形 〔過分〕捕らえられていない (nicht ertappt). {Tr. 13725}

un-erværet 形 〔過分〕① 落ちつきを失わない (nicht aus der Fassung gebracht). ② 欺かれない (unbetrogen). ③ 偽りのない (untrüglich). ④ 驚かされない (nicht erschrocken). {Iw. 3250}

un-ervorht 形 〔過分〕① 恐れられていない (nicht gefürchtet). ② 恐れを知らない (furchtlos). ③ 驚かされていない (unerschrocken). {Nib. 1785, 4}

un-ervorhten[1] 形 恐れを知らない (furchtlos).

un-ervorhten[2] 副 恐れることなく (furchtlos).

un-ervunden 形 〔過分〕見つけ出されない (nicht erfunden), 気づかれない (nicht wahrgenommen). {Tr. 13724}

un-erwant, -erwendet 形 〔過分〕① 避けられない (unabwendbar). ② 妨げられない (unbehindert). ③ 曲げられない (unbeugsam). {Nib. 476, 2}

un-erwendet ⇨ *unerwant.*

un-erwert 形 〔過分〕① 任せられた (unbenommen). ② 禁じられていない (unverwehrt). ③ (から)[2] 守られていない (nicht geschützt). {Parz. 343, 20}

un-gastlich 形 ① よく知っていて, 親密な (vertraut und innig). ② 見知っている (nicht fremd). {Parz. 405, 21}

un-gâz 形 何も食べないで (ohne etwas zu essen, ohne etwas gegessen zu haben). {Parz. 485, 29}

un-geahtet, -gahtet 形〔過分〕① 計り知れない (unermesslich), とらえられない (unerfasslich). ② 尊重されていない (nicht geachtet). ③ 軽蔑されている (verachtet).

un-gebant 形〔過分〕道のない (ungebahnt). {Parz. 127, 15}

un-gebærde, -gebære 女 ① 悪い態度 (übles Benehmen), ふさわしくない振る舞い (unpassende Gebärde). ② 悲嘆, 悲嘆に暮れること (Wehklagen), 苦痛の表現 (Ausdruck von Schmerz). {Nib. 2233, 3}

un-gebære 形 ふさわしくない (unangemessen), 不適当な (ungeziemend). {Tr. 2908}

un-gebatten 形〔過分〕役に立たない (nichtsnützig).

un-gebeitet, -gebeit 形〔過分〕強いられていない (nicht genötigt). {Er. 1784}

un-gebert 形〔過分〕平らにされていない (nicht geebnet), 踏みならされていない (nicht ausgetretet).

un-geborn 形〔過分〕① 生まれていない (nicht geboren). ② まだ生まれていない (noch nicht geboren). ③ 後に生まれた (nachgeboren). ④ 高い身分には生まれついていない (unedel geboren), 低い家柄の (von niedriger Herkunft). {Gr. 2577}

un-gebunden 形〔過分〕① 結ばれていない (nicht gebunden). ② 枷をはめられていない (ungefesselt). ③ (既婚者の) 髪飾りのない (ohne Kopfschmuck), 未婚の (unverheiratet). ④ 義務のない (nicht verpflichtet). {Ku. 1702. 1}

un-geburt 女 高貴な家柄でないこと (unedle Abstammung). ¶ ez enschirmet geburt noch guot, / schœne, sterke, hôher muot, / ez envrumet tugent noch êre / vür den tôt niht mêre / dan ungeburt und untugent. 生まれも富も, 美しさも, 強さも, 気高い心ばえも死から守ってはくれず, 徳も名誉も, 死に対しては低い身分や不徳よりも役に立つわけではありません. (aH. 717-21)

un-gedâht 形〔過分〕① 考えていない (nicht denken). ② 考えられない (undenkbar). {Er. 5050}

un-gedanc 男 ① 悪い考え (übler Gedanke), 疑い (Verdacht). ② 考えのないこと (Gedankenlosigkeit). {Tr. 15251}

un-gedanket 形〔過分〕感謝しない (ohne zu danken). {Ku. 306. 3}

un-gedienet 形〔過分〕① ふさわしくない (unverdient). ② 負債のない (unverschuldet). {Parz. 158, 30}

un-gedult, -gedulde 女 ① 忍耐できないこと, 短気 (Ungeduld). ② 激しさ (Heftigkeit). ③ 我慢できなくするもの (was Ungeduld erregt), 耐えられないもの (was nicht zu ertragen ist). {Tr. 8999}

un-gehabe 女 ① 深い悲しみ, 遺憾 (Leidwesen). ② 激烈 (Ungestüm). ③ 悲しみの身ぶり (Trauergebärde), 嘆き (Klage). {Iw. 1412}

un-gehaʒʒet 形〔過分〕① 気に入らなくない (unmissfällig). ② 嫌われていない (nicht gehasst). {Tr. 8416}

un-gehirme 形 ① 途方に暮れた (ratlos). ② 未熟な, 粗い (roh). ③ 野性の (wild). ④ 激しい (ungestüm). ⑤ 無作法な (frech).

un-gehiure 形 恐ろしい (unheimlich), 巨大な (ungeheuer). ¶ des wære in dicke nôt, / wan ir meisterinne diu was vil ungehiure. 挨拶は娘たちにはいつも必要であったことだろう. それというのも娘たちのしつけ役はたいへん恐ろしかったので. (Ku. 1220, 2b-3)

un-gehœret, -gehôrt 形〔過分〕① まだ聞いたことがない (noch nicht gehört). ② 聞き届けられない (unerhört). ③ 聞いていない (nicht hörend), 耳の不自由な (taub). ④ 従順でない (ungehorsam).

un-geklaget 形 嘆かれていない, 嘆きのない (unbeklagt).

un-gelernet 形〔過分〕慣れていない (ungewohnt). {Er. 3280}

ungelîch, -glîch 形 同じでない (ungleich). {Er. 2092}

un-gelîche 副 同じでなく (ungleich).

un-gelinc 男, **-gelinge** 男《弱》① 失敗 (Misslingen). ② 不幸 (Unglück). ③ 災難 (Missgeschick). {Ku. 1437, 3}

un-gelobet, -gelopt 形〔過分〕① 取り決められていない (nicht verabredet). ② ほめられない (ungelobt), 名声のない (ruhmlos). {Parz. 691.5}

un-gelogen 形〔過分〕① 本当の (wahr), 嘘ではない (ungelogen). ② 確かな (sicher). ¶ daz mære ist ungelogen その話は嘘ではない (Nib. 2256, 1b)

un-gelônet 形〔過分〕報いられない (nicht gelohnt), 報酬が与えられていない (ohne Lohn). (Parz. 467.14) ¶ mich reizet vaste dar zuo / (ich weiz wol durch wen ichz tuo) / in des namen ez geschehen sol : / der erkennt dienest harte wol / und lât sîn ungelônet niht. その御名においてこのことが起こるそのお方が私を促されます. (私はどのお方のためにそうするかを知っています.) そのお方は私の功績をご覧になり, きっとそれに報いてくださいます.

(aH. 1157-61)

un-gelôst 形〔過分〕① ほどけない (unauflöslich). ② 解き放たれない (nicht aufgelöst).

un-geloube[1] 男《弱》① けしかけ, 煽動 (Hetzerei). ② 不信仰 (Unglaube), 懐疑 (Zweifel). ③ 迷信 (Aberglaube).

un-geloube[2]**, -geloubec** 形 ① 信じていない (ungläubig), 信じられない (unglaublich). ② 不信の (des Unglaubens). ③ 迷信の (abergläubisch).

un-gelouplich, -geloubelich 形 ① 信じていない (ungläubig). ② 信じられない (unglaublich). ¶ daz dûhte in ungelouplich. それは医者には信じられないことだった. (aH. 1063)

un-gelücke, -glücke 中 不幸 (Unglück). {Nib. 2320, 4}

un-gemach[1] 男 中 ① 不安 (Unruhe), 不機嫌 (Verdruss). ② 嘆き (Klage), 苦悩 (Leid). ③ 不幸 (Unglück), 損害 (Schaden). ¶ ze liebe wart ir ungemach, / daz si dar nâch deheine nôt / enliten umbe des kindes tôt. 父母の苦しみは喜びに変わり, 二人はその後子供の死に対して悲しみを感じなかった. (aH. 1046-8)

un-gemach[2] 形〔過分〕① 安らぎを妨げる (die Ruhe störend). ② 激しい (ungestüm). ③ 不親切な (unfreundlich), 不快な (unbequem). {Iw. 657}

un-gemachet 形〔過分〕① なされていない (nicht gemacht). ② (ワインが) 真正の, 純粋な (ungefälscht). ③ (鷹が) 訓練されていない (nicht abgerichtet).

un-gemeine 形 ① 普通ではない (ungewöhnlich). ② 一般には知られていない (nicht allgemein bekannt). ③ 共通ではない (ungemeinsam). ④ (から)³ 分けられた (abgesondert). ⑤ 知られていない (unbekannt).

un-gemeit 形 ① 嬉しくない (unfroh), 悲しい (traurig). ② 美しくない (unschön), 醜い (hässlich). ③ 不満な, 不快な (missvergnügt). {Nib. 1560, 2}

un-gemëʒʒen 形〔過分〕① 測り知れない (unermesslich). ② 比較できない (nicht zu vergleichen). ③ 過度の (maßlos).

un-geminnet 形 ① 愛されていない (nicht geliebt). ② 嫌われている (gehasst).

un-gemüete 中 ① 不一致, 不和 (Missstimmung). ② 不快, 不機嫌 (Missmut). ③ 嫌悪 (Verdruß). ④ 怒り (Zorn), 激昂 (Aufregung). ⑤ 苦しみ (Leid), 悲しみ (Betrübnis). {Nib. 848, 4}

un-gemuot[1] 男 憂鬱, 不機嫌 (Missmut).
un-gemuot[2], **-gemüet** 形〔過分〕① 煩わしくない (unbeschwert). ② 邪魔されない (ungestört). ③ 使用されていない (ungebraucht).
un-gemuot[3] 形 ① 怒った (böse, zornig). ② 機嫌の悪い (übel gestimmt). ③ 悲しんだ (betrübt), 悲しい (traurig). ④ 気に入らない (widerwärtig). ⑤ 不愉快な (verdrießlich). {Ku. 815. 2} {Nib. 2370, 1}
un-genâde, -gnâde 女 ① 不安, 騒ぎ (Unruhe). ② 不興 (Ungnade). ③ 不幸 (Unglück), 災い (Unheil). {Ku. 258. 1}
un-genædec 形 ① 無慈悲な (ungnädig). ② 好意的でない (nicht geneigt). ③ 残酷な (grausam). ④ 不幸な (unglücklich). {Ku. 1517. 4}
un-genædeclich 形 ① 好意のない (nicht geneigt). ② 不親切な (unfreuntlich). ③ あつかましい, 法外な (unverschämt). {Er. 3343}
un-genæme 形 ① 受け入れられない (nicht annehmbar). ② 不快な (unangenehm), 気に入らない (widerwärtig), 好ましくない (unlieb). ③ みにくい (hässlich), 嫌悪感を引き起こす (Widerwillen erregend). ¶ iu ist allen wol kunt / daz ich vor kurzer stunt / was vil ungenæme, / den liuten widerzæme. あなたがたはみな私がこの間まで人々に嫌われ, うとまれていたことをおそらくご存じでしょう. (aH 1475-8)
un-genande, -genante 男 中 女 言いたくない病気, 不治の病 (unheilbare Krankheit).
un-gendet 形〔過分〕終わっていない (nicht geendet). {Parz. 617. 28}
un-geneiget 形〔過分〕傾けられていない (nicht geneigt). {Ku. 1402. 3}
un-genësen 形〔過分〕不治の (nicht geheilt), 助からない (nicht gerettet). ¶ des sît ir iemer ungenesen, / got enwelle der arzât wesen. それゆえ神が医師とならない限りあなたは治りません. (aH. 203-4) ¶ Den besten meister den er dâ vânt, / der sagete im zehant / ein seltsæne mære / daz er genislich wære / und wære doch iemer ungenesen. ハインリヒが見つけた一番すぐれた医者は, すぐに彼に奇妙な話をした. つまり, ハインリヒは治るかもしれないし, 治らないかもしれないというのだ. (aH. 183-7)
un-genîdet 形〔過分〕ねたまない (ohne Neid).
un-genislîchen 副 ① 救いようもなく (rettungslos). ② 治療不可

能で (unheilbar).

un-genist 女 ① 破滅 (Verderben). ② 救えないこと (Unrettbarkeit). ③ 災い (Unheil).

un-geniten 形〔過分〕① うらやまれない, 妬まれない (unbeneidet). ② 憎まれない (nicht gehasst). {Ku. 1704. 4}

un-geno3en 形〔過分〕① 楽しんでいない, 食べていない (nicht genossen habend). ② 利益にならない (keinen Vorteil habend). ③ 報いられない (unbelohnt).

un-genuht 女 ① 充分でないこと (Ungenügsamkeit). ② 不条理 (Unvernunft). ③ 自制の欠如 (Mangel an Selbstbeherrschung), 癇癪 (Jähzorn). {Parz. 463, 24}

Unger 男《強・弱》ハンガリー人 (Ungar).

un-gerade, -gerat 形 ① 同じでない, 等しくない (ungleich). ② まっすぐでない (ungerade). {Tr. 16860}

un-geræte 中 ① 必要な蓄えの欠乏 (Ermangelung an nötigem Vorrat). ② 欠乏 (Mangel), 貧困 (Armut), 必要 (Not). ③ 不幸 (Unglück), 苦しみ (Leiden). ④ 悪い助言 (böser Rat), 悪い取り扱い (böse Behandlung). {Iw. 3336}

un-gerëht[1] 男 ① 不正なもの (das Unrechte). ② 同種でない物, 異種のもの (das Unzusammengehörige). ③ 逆のもの (das Verkehrte), 反対 (das Gegenteil). {Tr. 9882}

un-gerëht[2] 形 ① 正しくない (unrecht, unrichtig). ② ふさわしくない (nicht gehörig). ③ 悪い (schlecht). ④ 不正な (ungerecht). ⑤ 罪のある (schuldig).

un-gereit 形 ① 準備していない (nicht bereit), 装備していない (nicht gerüstet). ② 手許にない (nicht zur Hand), 到達できない (unzugänglich). ③ 力のない (machtlos), できない (unfähig). {Iw. 4175}

un-gerisch, -gersch, -garisch, -gers 形 ハンガリーの (ungerisch, aus Ungarn). {Parz. 184, 14}

un-geriten 形〔過分〕① 馬に乗らないで (unberitten, ohne zu reiten). ② 乗馬を練習することなく (ohne sich im Reiten geübt zu haben). {Gr. 1551}

un-gërne 副 しぶしぶ (ungern). ¶ si tranc ungerne und über lanc / und gap dô Tristande, unde er tranc, / und wânden beide, ez wære wîn. イゾルデは気が進まなかったが, やがてそれを飲み, それからトリスタンに渡した. そしてトリスタンはそれを飲んだ. 二人はなお

もそれはワインだと思っていた. (Tr. 11687-9)

un-gerochen 形〔過分〕① 罰されていない (nicht bestraft). ② 復讐されていない (nicht gerächt). {Er. 3267}

un-gerüemet 形〔過分〕称賛されていない (nicht gerühmt).

un-geruowet 形 やすらぎも休息もない (ohne Ruhe und Rast). {Ku. 452, 2}

un-gesaget, -geseit 形〔過分〕① 言われていない (nicht gesagt), 隠されている (verschwiegen). ② 密告されていない (nicht verraten). ③ 無口な (schweigsam). ④ 言うことの出来ない (unsagbar).

un-gesamenet 形〔過分〕① 集められていない (nicht versammelt), 話し合われていない (nicht beraten). ② 一緒でない (nicht beisammen). ¶ ungesamenet was der rât. 会議は開かれていなかった. (aH. 1454)

un-gescheiden 形〔過分〕離れない (ungetrennt), 未決定の (unentschieden). ¶ si wâren aller sache / gesellic und gemeine, / si wâren selten eine, / si wonden zallen zîten / einander bî sîten / (daz gezam vil wol in beiden), / si wâren ungescheiden / ze tische und ouch anderswâ. 二人は何をするにも一緒であった. けっして一人だけにはならなかった. 二人はいつも並び合っていた. それはこの二人にはふさわしいことであった. 兄と妹は食卓でも他の所でも別々にはならなかった. (Gr. 286-93)

un-geschiht 女 ① 不運 (Missgeschick), 不快な偶然 (widerwärtiger Zufall). ② 犯行, 非行 (Untat). {Parz. 347, 19}

un-geschriben 形〔過分〕① 書かれていない (ungeschrieben), 記述されていない (unbeschrieben). ② 書くことが出来ない (unbeschreiblich). ③ 知られていない (unbekannt). ¶ si ist iemer ungeschriben, / diu vreude die si hâten, / wan si got hete berâten / mit lieber ougenweide : / die gâben in dô beide / ir tohter und ir herre. 農夫と妻の喜びは筆舌に尽くしがたい. それは神が二人に良い目の楽しみを準備したからであり, その喜びを夫妻に与えたのは, 娘と領主ハインリヒであった. (aH. 1400-5)

un-geschuoch 形 靴を履いていない (nicht beschuht). {Iw. 4927}

un-gesëhen 形 見たことのない (ohne gesehen zu haben). {Tr. 17765}

un-geselleclich 形 不親切な (unfreundlich).

un-geselleclîche 副 不親切に (unfreundlich). {Ku. 431. 4}

un-geslehte, -geslähte 中 ① 身分の高くない一族 (unedles Geschlecht). ② 低い家柄 (niedrige Herkunft). {Parz. 142, 6}

un-gesniten 形〔過分〕① 裁たれていない (nicht zugeschnitten). ② 煩わされない (nicht belästigt). {Ku. 64. 3}

un-gespart 形〔過分〕① 倹約されない (nicht gespart). ② 留め置かれない (nicht zurückgehalten). ③ 充分にある (reichlich vorhanden). ④ ためらわない (ungesäumt).

un-gespottet 形〔過分〕嘲笑されない (nicht verspottet). {Iw. 1066}

un-gestabet 形〔過分〕① 拘束力のない (unverbindlich). ② (誓いを) 立てていない (nicht aufgelegt). {Parz. 498, 3}

un-gestoubet 形〔過分〕塵のない (ohne Staub).

un-gestriten 形 ① 戦わない (ohne Kampf), 戦ったことのない (ohne gekämpft zu haben). ② 戦い尽くさなかった (nicht ausgekämpft). {Iw. 6357}

un-gestüeme[1] 女 ① 性急, 激烈 (Ungestüm). ② 嵐 (Sturm).

un-gestüeme[2]**, -gestüemec** 形 ① 性急な, 激しい (ungestüm). ② 嵐のような (stürmisch).

un-gesuht 女, **-gesühte** 中 悪疫, 長患い (böses Siechtum, böse Krankheit).

un-gesunt[1] 男 ① 負傷 (das Verwundetsein). ② 病気 (Krankheit). ¶ sô vil zuo Salerne / von arzenîen meister ist, / wie kumet daz ir deheines list / ziuwerm ungesunde / niht gerâten kunde? / herre, des wunderet mich. サレルノにはそんなに多くの医術の大家がいるのに, どうして誰の業もあなたの病の役に立たないのですか. 私はそのことが不思議でなりません. (aH. 372-7)

un-gesunt[2] 形 ① 病気の (krank). ② 傷を負った (verwundet). ③ 病気を起こす (Krankheit verursachend). {Nib. 268, 4}

un-geswichen 形〔過分〕① 遅滞しない (nicht ausgeblieben). ② 不忠実にならない (nicht untreu geworden). ③ (を)[3] 見捨てない (nicht im Stich gelassen). {Parz. 767, 24}

un-getân[1] 形 ① なされていない, 行なわれていない (nicht ausgeführt), 起こらない (ungeschehen). ② あり得ない (nicht möglich). 未開墾の (unbebaut). ③ 不恰好な (missgestaltet), みにくい (hässlich). {Ku. 652, 1}

un-getân[2] 副 無作法に (auf unartige Weise).

un-geteilet 形〔過分〕分けられていない (nicht geteilt).

un-getretet 形〔過分〕踏みつけられていない (nicht niedergetretet).{Parz. 437, 4}

un-getriuwe[1] 女 忠実でないこと, 不誠実 (Treulosigkeit).

un-getriuwe[2]**, -getriwe, -getriu** 形 不実な (untreu), 忠実さのない (treulos).{Ku. 1472, 1}

un-getriuwe[3]**, -getriwe, -getriu** 副 不実に (untreu), 忠実でなく (treulos).{Nib. 988, 4}

un-getriuwelîch 形 不実な (untreu), 忠実でない (treulos).

un-getriuwelîche 副 不実に (untreu), 忠実でなく (treulos).{Nib. 1845, 4}

un-getrœstet 形〔過分〕慰められていない (nicht getröstet).{Parz. 203, 14}

un-getrunken 形〔過分〕① 飲んでいない (nicht getrunken). ② 飲み物のない (ohne Getränke).{Nib. 967. 4}

un-getwagen 形〔過分〕洗っていない (nicht gewaschen).{Parz. 487, 2}

un-geval 男 中 ① 不幸 (Unglück), 不運 (Missgeschick). ② 事故 (Unfall).

un-gevangen 形〔過分〕① 捕らえられていない (nicht gefangen). ② 枷をはめられていない (nicht gefesselt), 自由な (frei). ③ 捕まえていない (ohne etwas gefangen zu haben).{Nib. 446, 1}

un-gevar 形 青ざめた (bleich), 顔色の悪い (kein Gutes Aussehen habend).

un-gevarn 形〔過分〕① 世間を知らない (noch nicht in der Welt herumgekommen). ② 未熟な (unerfahren).{Parz. 144. 22}

un-gevêhet 形〔過分〕① はばまれない (nicht entgegengewirkt). ② 敵意を抱かれない (nicht angefeindet), 憎まれない (nicht gehasst).{Nib. 1208. 4}

un-gevelle 中 (=*ungeval*) 不幸 (Unglück).{Parz. 371, 5}

un-gevelschet 形〔過分〕① 偽わられていない (ungefälscht). ② 純粋な (rein). ③ まっすぐな (aufrichtig). ④ 化粧していない (nicht geschminkt). ⑤ 触れられていない (nicht angetastet). ¶ manc ungevelschet frouwen vel / man dâ bî rôten münden sach, / ob Kyôt die wârheit sprach. キョートが真実を語っているならば, そのとき化粧しない多くの女性の素顔と, 赤い唇が見られた. (Parz. 776, 8-10)

un-geverte 中 ① 旅の難儀 (Reisebeschwerde). ② 苦しみ (Leid), 困難 (Schwierigkeit). ③ 道のない地方 (unwegsame Gegend), 前人

未踏の道 (unwegsamer Weg). ④ 悪い情況 (Umstände). ⑤ 粗野な振る舞い (rohes Benehmen) ¶ ungeverte und hâmit, / dar gedîhet manec strît : / diz mezzet gein der minne. 道のない所や逆茂木のある所では争いが栄える. このことは愛にもあてはまる. (Parz. 172, 21-3)

un-geverteclîche 副 道もなく (ohne dass es einen Weg gab). {Parz. 602, 11}

un-gevluochet 形〔過分〕① 呪わない (ohne zu fluchen). ② 非難しない (ohne Vorwürfe zu machen).

un-gevreut 形〔過分〕喜びがない (freudelos, ohne Freude). ¶ Dancwart unt Hagene die wâren ungefreut. ダンクワルトとハーゲンは喜びを失っていた. (Nib. 430, 2)

un-gevrîet 形〔過分〕自由にされていない (nicht frei gemacht), 空にされていない (nicht leer gemacht).

un-gevriunt 形〔過分〕友も親類も居ない (ohne Freunde und Verwandte).

un-gevüege, -gevuoge 形 ① 無作法な (unhöflich). ② 不親切な (unfreundlich). ③ 過度な (übermäßig). ④ 不適当な (unpassend). ⑤ 大きい (riesig), 強い (stark), 激しい (heftig). ⑥ 悪い (schlimm), 困難な (beschwerlich). {Nib. 190, 3}

un-gevüere[1] 中 ① 不利益 (Nachteil), 損害 (Schaden). ② 災い (Unheil), 面倒なこと (Widerwärtigkeit). ③ 悪い生き方 (üble Lebensweise). {Tr. 5583}

un-gevüere[2] 形 ① 快適でない (unbequem), 不利な (nachteilig). ② 常軌を逸した (ausschweifend). {Gr. 419}

un-gevuoc 男 ① 無作法 (Unhöflichkeit), 無愛想 (Ungastlichkeit). ② 乱暴 (Unfug). ③ 脚韻のないこと (Ungereimtheit). ④ 損失 (Schaden), 不利 (Nachteil). ⑤ 過重な荷 (Überlast).

un-gevuoge[1], **-gevüege** 女 ① 大きな数量 (ungeheure Menge), 並み外れた大きな力 (übermäßige Größe und Stärke). ② ふさわしくない態度 (unangemessenes Benehmen), 粗野 (Unhöflichkeit). ③ 過度の嘆き (übermäßige Klage), 苦しみの身振り (Jammergebärde). {Nib. 862, 4}

un-gevuoge[2], **-gevuogen** 副 ① 不作法に (unhöflich, unartig), 不親切に (unfreundlich). ② 過度に (übermäßig), 激しく (ungestüm). ③ 醜く (unschön). ④ ふさわしくなく (auf unpassender Weise).

un-gewâfent 形 武装していない (unbewaffnet). {Ku. 652, 2}

un-gewant 形〔過分〕避けられない (unabwendbar).
un-gewar[1] 形 ① 用心しない (unvorsichtig). ② 心配しない (sorglos). ③ 不確かな (unsicher).
un-gewar[2] 副 ① 用心しないで (unvorsichtig). ② 心配しないで (sorglos). ③ 確かでなく (unsicher).
un-gewære 形 ① (が)² 不確かな (unsicher). ② 本当でない (nicht wahrhaft). ③ 信頼できない (unzuverlässig), 偽りの (falsch). {Tr. 14524}
un-gewarheit 女 攻撃に対して護られていない状態 (die Lage, in der man gegen feindlichen Angriff nicht gedeckt ist). {Er. 2716}
un-gewarnet, -gewarnt 形〔過分〕① 準備されていない (unvorbereitet). ② 装備してない (ungerüstet). ③ 不意を打たれて (überrascht). {Er. 6675}
un-gewëgen 形〔過分〕① 測っていない (nicht gewogen). ② 同じに分配されていない (nicht gleich verteilt). ③ 好きでない (nicht hold), 嫌いな (ungewogen). {Ku. 65.3}
un-geweinet 形〔過分〕① 泣かない (unbeweint), 嘆かない (unbeklagt). ② 泣くことのない (ohne zu weinen). {Ku. 1243.2}
un-gewenet, -gewent 形〔過分〕(に)² 慣れていない (nicht gewöhnt). {Parz. 37, 30}
un-gewerde 女 無防備の状態 (Zustand der Wehrlosigkeit).
un-gewer-lich 形 ① 援護のない, 警護されていない (keinen Schütz bietend). ② 不確かな (unsicher). ③ 危険な (gefährlich). {Iw. 1291}
un-gewërlich 形 持続しない (nicht auszuhalten).
un-gewërlîche 副 持続しないで (ohne Dauer).
un-gewërt 形〔過分〕① 承認されていない (nicht gewährt), 承諾のない (ohne Gewährung). ② 満足していない (nicht befriedigt). {Nib. 406, 2}
un-gewillec, -ic 形 気が進まない (unwillig).
un-gewin 男 ① 損害 (Schaden), 不利 (Nachteil). ② 不幸, 不運 (Unglück). ③ 損失 (Verlust), 不利益 (schlechter Gewinn), 敗北 (Niederlage). ¶ und vunden sî mich hinne, / daz kæme uns zungewinne. 人々がこの中に私の姿を見つけたら, 私たちの立場が悪くなります. (Iw. 1255-6)
un-gewis 形 ① 知らない (unwissend), 賢明でない (unklug). ② 不確かな (unsicher, ungewiss). ③ 信頼できない (unzuverlässig).

un-giudeclîchen

¶ sô man aller beste gedienet hât / dem ungewissen manne, / sô hüete sich danne / daz ern iht beswîche. / dem was diz wol gelîche. もしも誰かが信頼出来ない人にたいへんよく尽くした場合，そのあとその人から欺かれないように用心せよ．これはこのことによく似ている．(Iw. 3856-60) {Parz. 91, 4}

un-gewisheit 囡 ① 不確かさ (Unsicherheit). ② 不確実さ (Unzuverlässigkeit). {Er. 3945}

un-gewitere, -gewiter, -gewitter 中 ① 悪天候 (schlechtes Wetter). ② 嵐 (Sturm).

un-gewiȥȥen 形 ① 知られていない (unbekannt). ② 理解できない (unverständlich). ③ (を)² 知らない (nicht wissend). ④ 理性的でない (unvernünftig), 無思慮な (nicht besonnen).

un-gewiȥȥene, - gewiȥȥen, -gewiȥȥenheit 囡 ① 無知, 知らないこと (Unwissenheit), 無理解 (Unverständigkeit). ② (知識の)限界 (Beschränktheit), 不足 (Mangel). {Iw. 859}

un-gewon 形 (に)² 不慣れな (ungewohnt). ¶ nu was diu fröuwîne schar, / Îsôt und ir gesinde, / in wazzer unde in winde / des ungevertes ungewon. さて女性たち, イゾルデとそのお付きの侍女たちは水と風の中での旅の難儀には不慣れであった. (Tr. 11652-5)

un-gewonheit 囡 不慣れ (Ungewohntheit), まだ起こったことのないこと (was noch nicht vorgekommen ist.). {Ku. 116. 2}

un-gewonlich 形 異常な (ungewöhnlich), 慣れていない (ungewohnt).

un-geworben 形 〔過分〕求愛されない (nicht umworben). {Ku. 203. 1}

un-gewunden 形 吹き分けられていない (nicht geworfelt).

un-gezalt, -gezelt 形 〔過分〕① 数えられていない (ungezählet), 予測されていない (nicht berechnet). ② 無数の (unzählig), 測りがたい (unermesslich). {Parz. 300, 16}

un-gezæme 形 ① ふさわしくない (nicht angemessen). ② (の)³ 役に立たない (nicht tauglich). {Er. 3328}

un-gezogen 形 ① 行儀の悪い (unartig), しつけのない (zuchtlos). ② ふさわしい礼儀作法を身につけていない (ohne die gehörige Bildung). {Ku. 1475, 3}

un-gezogenlîche 副 無礼に, 不作法に (unanständig). {Parz. 576. 23}

un-giudeclîchen 副 ① 雑音なく (geräuschlos). ② 派手でなく,

un-güetlîche

誇示せずに (nicht prahlend). ③ 静かで控え目に (in stiller Zurückgezogenheit). {Er. 2382}

un-güetlîche 副 不親切に (unfreundlich). {Ku. 1526, 2}

un-guot[1] 中 ① 悪さ (Übel). ② 劣等, 不良 (Schlechtigkeit). ③ 災い (Böses). {Tr. 12247}

un-guot[2] 形 ① 不親切な (unfreundlich). ② 悪い (übel), 邪悪な (böse). ③ 残酷な (grausam).

un-guotlich, -güetlich 形 ① 不親切な (unfreundlich). ② 悪い (böse, übel). ③ 残酷な (grausam).

un-heil 中 ① 災い (Unheil). ② 不幸 (Unglück). ③ 破滅 (Verderben).

un-heilbar 形 ① 救いようのない (rettungslos). ② 不治の (unheilbar).

un-heimlich 形 ① 見知らない (fremd). ② 親しくない (nicht vertraulich).

un-hëlfeclîche 副 何の助けになることなく (so dass nicht zu helfen ist). {Parz. 789, 16}

un-hërzehaft 形 気後れした, 絶望した, 意気消沈した (verzagt). {Tr. 5818}

un-hôhe, -hô 副 ① 高くなく (nicht hoch). ② わずかに (wenig). ③ まったくない (gar nicht). {Parz. 287, 24}

un-hœne 形 ① 高慢でない (nicht hochfahrend). ② 穏やかで, 控えめな (sanft und bescheiden). ③ 親切な (freundlich).

un-hovebære 形 ① 宮廷にふさわしくない (dem Hof nicht angemessen). ② 行儀が悪い (nicht anständig). {Er. 3636}

un-hövesch 形 ① 粗野な (roh), 平凡な (gemein), ② 宮廷的でない (nicht hofgemäß). ③ 繊細でない (nicht fein gebildet).

un-hövescheit 女 ① 洗練された作法に反する態度 (das Betragen, das der feinen Sitte zuwider läuft). ② 無作法 (Unhöflichkeit), 作法を心得ていないこと (Unanständigkeit). ③ 粗野さ (Rohheit). {Iw. 1189}

un-hulde 女 ① 寵愛を失うこと (Ungunst). ② 敵意 (Feindseligkeit), 悪意 (Übelwollen).

un-jô 男 《強・弱》真珠 (Perle).

un-kiusche 女 ① 無遠慮 (Frechheit), 不節制 (Unenthaltsamkeit). ② 不純な欲望 (unreine Begierde). ③ 不貞 (Unkeuschheit). ④ 交尾 (Begattung), 交尾期 (Begattungszeit). ⑤ 妊娠 (Empfängnis).

{Parz. 465, 16}

un-klagebære 形 嘆くに値しない (nicht beklagenswert). ¶ bezzer ist verlorn mîn lîp, / ein als unklagebære wîp, / dan ein alsô vorder man, / wan dâ verlür maneger an. あのように優れた人よりは，嘆くに価しない私が失われたほうがましです．それはあの方の場合，多くの人々にとって損失となるでしょうから．(Er. 3168-71)

un-klagelich, -klegelich 形 ① 嘆くに値しない (nicht beklagenswert). ② 容易に耐えられる (leicht zu ertragen). {Iw. 1353}

un-kraft 女 ① 気絶 (Ohnmacht). ② 無力 (Kraftlosigkeit), 弱さ (Schwäche). ③ 病気 (Krankheit). {Nib. 1009. 4}

un-kreftec, -kreftic 形 ① 力のない (kraftlos), 弱い (schwach). ② 気絶した (ohnmächtig). ③ 無効の (ungültig). {Er. 6891}

un-kristen[1] 男 非キリスト教徒 (Nichtchrist), 異教徒 (Heide).

un-kristen[2] 形 ① キリスト教ではない (nicht christlich). ② 異教の (heidnisch). ③ 神にそむいた (gottlos).

un-kristenlich 形 ① 非キリスト教徒の (nicht christlich), 異教の (heidnisch). ② 正しくない (nicht recht), 不自然な (unnatürlich).

un-krût 中 雑草 (Unkraut). {Gr. 3721}

un-kumberlîche 副 苦しみなく (frei von Kummer).

un-kunde 男《弱》① 外国人, 異邦人 (der Fremde). ② 見知らぬ人 (ein Unbekannter). {Tr. 7138}

un-künde[1]**, -kunde** 女 ① 知っていないこと (Unkenntnis). ② 見知らない土地 (fremdes Land), 見知らぬ地方 (fremde Gegend). ③ 雑草 (Unkraut). {Ku. 1219, 4}

un-künde[2]**, -kunde** 形 ① 知られていない (unbekannt). ② 見知らない (fremd), 珍しい (seltsam). ③ 不気味な (unheimlich). {Ku. 1575. 3}

un-kündec 形 ① 知られていない (unbekannt). ② 見知らない (fremd), 珍しい (seltsam). ③ 知らない (unwissend). ④ 不気味な (unheimlich).

un-kunt 形 ① 知られていない (unbekannt). ② 知らない (unwissend). ③ 見知らぬ, 異国の (fremd). ④ 異種の (fremdartig). ⑤ 独特の, 珍しい (seltsam). {Parz. 115, 23}

un-lanc 形 長くない (nicht lang). ¶ dô was sîn twelen unlanc / unz daz er ûf den stein gôz. イーヴァインはためらうことなく，その岩に水を注いだ．(Iw. 992-3)

un-lange 副 長くなく (nicht lange), 短い時間に, すぐに (bald). ¶

un-langes

er ist ein alsô biderber man / daz er erkennet wol daz ir / unlange doch mit mir / iuwer vreude muget hân, / ob ich joch lebende bestân. 父はたいへん分別があり, 私がいき続けても私に喜びを持つことができるのはしばらくの間であることが分かっています. (aH. 742-6)

un-langes 副 長くはない (nicht lange), すぐに (bald). ¶ unlanges kômen sî dâ von / in ungewonlîche nôt. 間もなく侍女たちはそのために大きな苦しみに陥った. (Tr. 11656-7)

un-lasterlîch(e)n 副 ① 損害を与えずに (unbeschadet). ② 体面を汚さずに (nicht beschimpflich). {Parz. 411, 2}

un-lenge 形 短い (kurz). {Parz. 505, 28}

un-lîdec, -ic 形 ① 悩みのない (nicht leidend). ② 不快な (unleidig), 耐えられない (unerträglich). ③ 痛ましい (schmerzlich).

un-lobelich 形 ① 称賛に価しない (nicht löblich). ② 適当でない (unangemessen). {Nib. 1153. 2}

un-lobelîche 副 ① 称賛されないで (nicht zum Lob), 褒められることもなく (nicht löblich). ② 名声も得られず (nicht zum Ruhm).

un-lôs 形 ① 無思慮でなく (nicht leichtfertig). ② 無規律ではない (nicht zuchtlos). ③ ずる賢くない (nicht verschlagen). {Parz. 201, 18}

un-lougen 中 真実 (Wahrheit), 否定できないこと (was sich nicht leugnen läßt). ¶ der rede ist unlougen : / si kusten ir tohter munt / etewaz mê dan drîstunt. 話は嘘ではなかった. 父母は娘の口に3回以上接吻した. (aH. 1416-8) {Iw. 2966}

un-lougenlîche 副 否認できない (unleugbar), 真実の (wahrhaftig). {Parz. 519, 6}

un-lûtes 副 (犬が) 大声を出さないで (nicht laut), 吠え声を上げないで (ohne bellend anzuschlagen). {Tr. 17257}

un-maht[1] 女 ① 無力, 無気力 (Kraftlosigkeit). ② 弱さ (Schwäche). ③ 失神 (Besinnungslosigkeit), 気絶 (Ohnmacht). {Parz. 35, 20}

un-maht[2] 形 不可能な (unmöglich).

un-man 男 ① 悪人 (böser Mensch). ② 犯罪人 (Missetäter).

un-manec, -ic 形 多くない (nicht viel), 少ない (wenig). {Iw. 3530}

un-manheit 女 ① 男らしくない態度 (unmännliches Betragen). ② 臆病 (Feigheit). {Iw. 632}

un-manlich, -menlich 形 ① 男らしくない (unmännlich). ② 怖じ気付いた (feige).

un-manlîche 副 男らしくなく (unmännlich).

un-mære[1] 女 ① 無価値さ (Unwert). ② 軽視 (Geringschätzung). ③ 無関心 (Gleichgültigkeit).

un-mære[2] 形 ① 好ましくない (unlieb). ② 価値のない (unwert). ③ 悪い (schlecht). ④ どうでもよい (gleichgültig). ⑤ 不快な (widerwärtig). ¶ und wart nû als unmære / daz in niemen gerne ane sach : / als ouch Jôbe geschach, / dem edeln und dem rîchen, / der vil jæmerlîchen / dem miste wart ze teilte / mitten in sînem heile. ハインリヒは今やたいへん嫌われ，この若者に会いたがる者は誰もいなくなった．気高く，高潔なヨブの境遇もちょうど同じであった．ヨブは幸福の最中にたいへん痛ましくも汚物の中に投げ込まれた. (aH. 126-32)

un-mæren 動《弱》① 嫌いにする (unlieb machen). ② 侮る (verschmähen), 無価値なものとみる (für unwert sehen). 再 嫌いになる (unlieb werden). {Tr. 7282}

un-mâʒ 形 過度の (maßlos). {Parz. 99, 9}

un-mâʒe[1] 女 ① 大量 (außerordentliche Menge). ② 無節制 (Maßlosigkeit). ③ 無作法 (Unziemlichkeit). ④ 測り知れなさ (Unermesslichkeit).

un-mâʒe[2] 副 ① 過度に (übermäßig). ② たいへん (sehr).

un-mæʒe[1] 女 節度のなさ, 過度, 法外 (Unmäßigkeit).

un-mæʒe[2] 形 ① 過度の (übermäßig). ② 異常な (außerordentlich). ③ たいへん (sehr).

un-mâʒen[1] 動《弱》① 過大である (übermäßig sein). ② 適度を越えている (das gehörige Maß überschreiten).

un-mâʒen[2] 副 ① 過度に (übermäßig). ② かなり (ziemlich). ③ たいへん (sehr).

un-mâʒlich, -mæʒlich 形 ① 過度の (übermäßig). ② 計り知れない (unermesslich). ③ たいへん大きな (sehr groß). {Ku. 128, 2}

un-mâʒlîche, -mæʒlîche 副 ① 過度に (übermäßig). ② 極度に (überaus), たいへん (sehr).

un-minne[1] 女 ① 愛情がないこと (Lieblosigkeit), 憎み (Hass). ② 敵意 (Feindschaft), 争い (Streit).

un-minne[2] 形 ① 親切でない (unfreundlich). ② 愛されていない (unbeliebt).

un-minneclich 形 ① 愛嬌のない (unliebenswürdig). ② 不親切な (unfreundlich).
un-minneclîche 副 ① 無愛想に (unliebenswürdig). ② 不親切に (unfreundlich). ③ 粗野に (grob), 非難をこめて (tadelnd).
un-minnen 動《弱》① 愛さない (nicht lieben). ② (に)³ 冷たく振る舞う (lieblos verfahren). ¶ nû sihe ich gerne daz mich / iuwer minne iht unminne. あなたがたの愛が敵意にならないことを私は知りたいと思います. (aH. 800-1)
un-müeʒec 形 ① 忙しい (beschäftig). ② 熱心な (fleißig). ③ (戦いなどに) 従事している (tätig). {Parz. 388, 5}
un-müeʒecheit, -müeʒekheit, -müeʒekeit 女 ① 忙しさ (Geschäftigkeit). ② 仕事 (Arbeit), 従事 (Beschäftigung). {Iw. 6889}.
un-müeʒeclîche 副 急いで (in Eile).
un-mügelich, -mugelich 形 ① 不可能な (unmöglich). ② まったく法外に (ganz außerordentlich). ③ たいへん大きく (überaus groß). ¶ Nu erkande der arme Heinrich / daz daz wære unmügelich / daz iemen den erwürbe / der gerne vür in stürbe. 今や哀れなハインリヒは, 自分のために死にたいと思う誰かを見つけるのは不可能であることを知った. (aH. 233-6)
un-muht 女 全能 (Allmacht).
un-muot 男 ① 不機嫌 (Missmut). ② 怒り (Zorn). ③ 恐怖 (Schrecken). ④ 悲嘆 (Betrübnis).
un-muotec 形 ① 不機嫌な (missmutig). ② 怒った (zornig), 悲しんでいる (betrübt). {Tr. 2337}
un-muoʒe 女 ① 時間の不足 (Mangel an Zeit), 落ち付きのなさ (Unruhe). ② 忙しさ, 多忙 (Geschäftigkeit). ③ 従事 (Beschäftigung). ④ 骨折り, 苦労 (Mühe). ¶ mit süezer unmuoze / wonte si ir herren bî. 優しく仕えながら, 娘は主人の側で時を過ごした. (aH. 326-7)
un-nâch[1]**, -næhe** 形 ① 近くない (nicht nahe). ② 遠い (entfernt).
un-nâch[2]**, -nâhen, -nâch, -nâ** 副 ① 近くなく (nicht nahe), 遠くに (entfernt, fern). ② ほとんど〜ない (kaum). ③ まったく〜ない (gar nicht). {Nib. 631, 4}
un-nôt 女 ① 動機のないこと (keine Veranlassung). ② 必要のないこと (keine Not). {Ku. 122.1}
un-nôte 副 強制されないで (ungenötigt), 自由意志で (freiwillig).
un-nôtec 形 裕福な (wohlhabend, reich). {Er. 1833}

un-nütze, -nutze, -nützelich 形 ① 役に立たない (ohne Nutzen). ② 無能な (untauglich). ③ 有害な (schädlich). {Tr. 999}

un-phliht 女 ① 義務の不履行 (Verletzung der Pflicht). ② 過度な, 重苦しい義務 (ungehörige drückende Verpflichtung).

un-prîs, umprîs 男 ① 恥辱 (Schande). ② 罵り (Schimpf), 非難 (Tadel). {Par. 321, 8}

un-prîsen 動《弱》① 褒めない (nicht preisen). ② 侮辱する (schmähen). ③ 咎める (tadeln), (を)³ 非難する (zum Vorwurf machen). {Nib. 2033, 3}

un-raste, -reste 女 ① 安らぎのないこと (Unruhe). ② 落ちつきのないこと (Rastlosigkeit).

un-rât 男 ① 悪い助言 (schlechter Rat). ② 助けにならないこと (keine Hilfe), 害 (Schaden). ③ 助けてくれるものがないこと (Hilflosigkeit). ④ 欠如 (Mangel). ⑤ 不利 (Nachteil). ⑥ 無駄な費用 (unnützer Aufwand). {Iw. 6213}

un-râtbære 形 助言の下手な (zum Raten nicht geschickt). {Tr. 12431}

un-redelich 形 ① 話さない (nicht redend), 口のきけない (stumm). ② 分別のない (unvernünftig), 無知な (unverständig). ③ 悪い (schlecht). {Gr. 1243}

un-redelîche 副 分別なく (unvernünftig), 悪く (schlecht).

un-refûlt 形〔過分〕腐っていない (nicht von Fäulnis berührt). {Parz. 804, 29}

un-regezt 形〔過分〕償い得ない (unersetzlich). ¶ Owê der unregezten nôt! ああ, この償い得ない苦しみよ. (Parz. 752, 1)

un-rëht[1] 中 ① 不正 (Unrecht), 不法 (Ungerechtigkeit). ② (軽犯罪に対する) 罰金 (Geldbuße). {Ku. 645, 3}

un-rëht[2] 形 ① 是認されない (ungerechtfertigt). ② 不当な, 不適切な (unrecht). ③ 誇張された (übertrieben), 偽りの (falsch). {Parz. 344, 18}

un-rëhte 副 不当に (unrecht), 不正に (ungerecht).

un-rëhten 動《弱》(に)³ 不正なことをする (Unrecht antun). {Tr. 11307}

un-reine[1], **-reinde** 女 不純であること (Unreinheit).

un-reine[2], **-rein** 形 ① 純粋でない (nicht rein). ② よくない (nicht gut), 悪い (böse). ③ 不正な (unrecht). ④ 忠実でない (untreu), 不貞の (unkeusch).

un-reinecheit 囡 ① 不純であること (Unreinheit). ② 汚い物 (Schmutz), 不潔な物 (Unreinigkeit). ③ 廃物, ごみ (Unrat).

un-rekant 形〔過分〕[=*unerkant.*] 知られていない (unbekannt, unerkannt). {Tr. 11680}

un-relœset 形〔過分〕[=*unerlœset*] 受け戻されていない (nicht eingelöst), 質としての (als Pfand).

un-rewert 形〔過分〕[=*unerwert*] ① 任せられた (unbenommen). ② 禁じられていない (unverwert). ③ (から)² 守られていない (nicht geschützt).

un-ritterlîche 副 騎士らしくなく (nicht ritterlich). {Er. 4169}

un-ruoch 男 ① 怠ること (Vernachlässigung). ② 怠慢な人 (derjenige, der etwas vernachlässigt). ③ 不幸 (Unglück), 事故 (Unfall).

un-ruochen 動《弱》① 顧みない (unbeachtet lassen), 無視する (missachten). ② 怠る, おろそかにする (vernachlässigen). {Tr. 4509}

un-ruochlich 形 顧慮しない (rücksichtslos), 軽視した (geringschätzig).

un-ruochlîche 副 ① 顧慮しないで (rücksichtslos). ② 心配なく (sorglos). ③ 軽視して (gering schätzig). {Tr. 12344}

uns 代〔人代〕1人称複数 *wir* の3, 4格 (uns).

un-sælde 囡 ① 不幸 (Unglück). ② 災い (Unheil). {Iw. 4068}.

un-sælec, -sælic 形 ① 不運な, 悲惨な (unselig), 不幸な (unglücklich). ② 悪意のある (bösartig), 破壊的な (verderbbringend). {Parz. 488, 19}

un-sælicheit, -sælekeit 囡 ① 不運 (Unseligkeit), 不幸 (Unglück). ② 災い (Unheil). {Tr. 1398}

un-sæliclich 形 不運の (unselig), 不幸の (unglücklich).

un-sæliclîche 副 不運にも (unselig), 不幸にも (unglücklich).

un-sæligen 動《弱》嫌いにする (verhasst machen), 不幸にする (unselig machen). {Parz. 643, 7}

un-sanfte[1] 形 [=*unsenfte*] ① 粗野な (rau), 無作法な (unsanft). ② 愛想のない (unlieblich). ③ 困難な (schwer). {Nib. 1610, 4}

un-sanfte[2]**, -samfte** 副 ① 粗野に (rau), 無作法に (unsanft). ② 困難に (schwer). {Ku. 923, 3}

un-schadebære 形 ① 害のない (unschädlich). ② 悪いことができない (unfähig zu etwas Bösem). ③ 有利ではない (nicht vorteilhaft). {Tr. 18949}

un-schamelich, -schemelich 形 ① 恥をかかない (keine Schande bringend). ② 恥じる必要のない (sich nicht zu schämen brauchen). ③ 恥知らずの (schamlos).

un-schamelîche, -schemelîche 副 恥ずかしくなく (ohne Scham). {Tr. 6045}

un-schedelîche 副 ① 損失を与えないで (auf unschädlicher Weise). ② 災いなしに (ohne Unheil).

un-schône 副 ① 不適切に, 無作法に (auf ungebührlicher Weise). ② 残酷に (auf grausamer Weise), 情け容赦なく (schonungslos). {Er. 5322}

un-schulde, -schult 女 無実 (Unschuld), 潔白 (Schuldlosigkeit).

un-schuldec, -schuldic 形 ① 罪のない (schuldlos), 無罪の (unschuldig). ② 負債のない (unverschuldet). ③ 適当ではない, ふさわしくない (nicht gebührend). {Iw. 5435}

un-schuldeclîche 副 ① 無罪で (in Unschuld). ② かかわりなく (in unschuldiger Weise).

un-schuldige 女 無罪 (Unschuld).

un-schuldigen 動《弱》他 (の)⁴ 無罪を言明する (für unschuldig erklären). 再 ① 罪から自分を清める (sich von einer Schuld reinigen). ② 訴えをのがれる (einer Anklage entgehen). {Nib. 1043, 2}

un-schult¹, -schulde 女 無罪 (Schuldlosigkeit), 潔白 (Unschuld). {Parz. 462, 8}

un-schult² 形 罪のない (schuldlos).

un-senfte¹ 女 ① 不都合なこと (Unannehmlichkeit). ② 不愉快なこと (Unbequemlichkeit).

un-senfte² 形 ① 無作法な (rau), 粗野な (unsanft). ② 愛想のない (unlieblich). ③ 困難な (schwer). ¶ mîner sorgen der ist vil, / wan mir ein unsenftez spil / in einer alsô kurzen vrist / ze gâhes vor geteilet ist. 私の不安はあまりにも大きいのです. 短い時間に急いで決めるという苦しい選択を迫られていますので. (Er. 3152-5)

un-senfteclîche(n) 副 ① 粗野に, 乱暴に (unsanft). ② 困難に (schwer). ③ 不愉快に (unlieb). {Ku. 489, 4}

un-senfteheit 女 ① 不都合なこと (Unannehmlichkeit). ② 手荒さ (Unsanftheit). ③ 困難さ (Schwierigkeit).

unser¹ 代〔所代〕人称代名詞 *wir* の所有代名詞 (unser).

unser² 代〔人代〕人称代名詞 *wir* の2格 (unser)

unsich 代〔人代〕人称代名詞 wir の4格形 (uns). {Parz. 121, 6}

un-sihtec, -ic 形 目に見えない (unsichtbar), 隠れた (verborgen). {Iw. 1391}

un-sin 男 ① 愚かさ, 愚行 (Torheit). ② 逆上 (Raserei). ③ 無意識, 失神 (Bewusstlosigkeit).

un-sinnec, -ic 形 ① 愚かな (töricht). ② 荒れ狂う (rasend), 理性を失った (nicht bei Verstand). ③ 無感覚の (sinnlos). {Tr. 12113}

un-sinnen 動《弱》愚かである (töricht sein).

un-sippe 形 ① 親類でない (nicht verwandt). ② 肉親でない (nicht blutsverwandt). {Iw. 2704}

un-site 男 ① 悪い習慣 (böse Gewohnheit), 悪い作法 (böse Sitte). ② 粗野 (Grobheit), 不親切 (Unfreundlichkeit). ③ 怒り (Zorn). {Iw. 1974}

un-sitelîchen 副 ① 粗野に (grob), 激烈に (ungestüm). ② 不親切に (unfreundlich). {Iw. 5052}

un-sorglîchen 副 ① 不安なく, 心配なく (ohne Besorgnis). ② 恐れなく (furchtlos). {Nib. 455. 4}

un-sprëchende 形〔現分〕無言の (ohne Sprache, sprachlos).

un-state 女 ① 不利な状態 (ungünstige Lage), 都合の悪い時 (Unzeit). ② 不足 (Mangel), 不器用 (Ungeschick). ③ 不十分な援助 (schlechte Hilfeleistung). ④ 損害 (Schaden).

un-stæte[1] 女 ① 不安定 (Unbeständigkeit). ② 不忠実 (Untreue). ③ 気まぐれ, 移り気 (Wankelmut). {Ku. 979. 2}

un-stæte[2]**, -stætic** 形 ① 不確かな, 不安定な (unbeständig). ② 移ろいやすい (vergänglich), 持続しない (nicht dauernd). ③ 不忠実な (untreu).

un-stætecheit, -stæticheit 女 不安定, 変わりやすいこと (Unbeständigkeit). {Iw. 1874}

un-statelîche, -stetelîche, -stetelîchen 副 ① 不利に (ungünstig), 不利な状態で (in ungünstigen Umständen). ② 災いに満ちた (unheilvoll). {Nib. 2146. 4}

un-stæten 動《弱》不安定にする (zur Unbeständigkeit bringen). {Parz. 533, 18}

un-süeȝe[1] 女 ① 苦さ (Bitterkeit). ② 不快, 嫌悪 (Widerlichkeit).

un-süeȝe[2] 形 ① 甘くない (nicht süß), 苦い (bitter). ② 不親切な (unfreundlich), 辛辣な (herb). ③ 不快な (leidig), 苦みをもたらす (schmerzbringend). {Parz. 319, 2}

un-süeʒen 動《弱》① 苦くする (bitter machen). ② 不快にする (leidig machen). {Parz. 163, 2}

un-sûmic 形 ① 不精な (säumig). ② 怠慢な (träge).

un-suoʒe 副 ① 甘くなく (nicht süß), にがく (bitter). ② 不親切に (unfreundlich).

unt ⇨ *unde*.

un-tât 女 ① 悪行 (üble Tat), 犯行 (Missetat). ② 不正 (Unrecht), 犯罪 (Verbrechen).

unteil-lich 形 分けられない (unteil bar).

un-tiure[1] 形 ① 価値のない (wertlos), 取るに足らない (gering). ② どちらでもよい (gleichgültig). ③ まれでない (nicht selten), たっぷりの (reichlich). {Er. 5180}

un-tiure[2] 副 ① 豊かに (reichlich). ② 軽視して (mit Geringschätzung).

un-tougen 副 ① 隠さないで (nicht heimlich). ② 公然と (offenbar). {Tr. 6045}

un-trâge 副 怠惰でなく (nicht träge), 活発に (munter).

un-træge 形 怠惰ではない (nicht träge), 活発な (munter). {Parz. 669, 24}

un-triuwe, -triwe, -triu 女 ① 不誠実, 忠実でないこと (Treulosigkeit). ② 欺き (Betrug). {Nib. 876, 2}

un-trôst 男 ① 落胆, 失望 (Entmutigung), 臆病 (Mutlosigkeit). 慰めのなさ (schlechter Trost). ② 落胆させる言葉 (entmutigende Rede), 気をそぐ取り扱い (entmutigende Behandlung). ③ 何の慰めもない人 (derjenige, der keinen Trost hat). ¶ dâ vant er vil schiere / niuwan den untrôst / daz er niemer würde erlôst. そこでハインリヒがすぐに見つけたのは, 自分はけっして救われないであろうという絶望以外の何ものでもなかった. (aH. 176-8)

un-trœsten 動《弱》① 落胆させる (entmutigen). ② 期待を奪い去る (die Zuversicht rauben). ¶ Dô sprach der arme Heinrich: / „war umbe untrœstet ir mich? / jâ hân ich guotes wol die kraft: そのとき哀れなハインリヒは言った,「なぜあなたは私の慰めを奪うのですか. 私には実際多くの富があります.」(aH. 205-7) {Nib. 1529. 2}

un-tugent, -tugende 女 ① 不徳 (Untugend), 悪徳 (Laster). ② 粗野 (Mangel an feiner Bildung). {Ku. 1650, 3}

un-tûre, -tûr 女 ① 軽視, 軽蔑 (Geringschätzung). ② 無視 (Nichtachtung). {Parz. 19, 10}

un-umbegëben 形〔過分〕壁で囲まれていない (nicht mit Mauern eingeschlossen). {Er. 8470}

un-val 男 ① 事故 (Unfall). ② 不幸 (Unglück).

un-valsch 形 ① 偽りのない (ungefälscht). ② 純粋な (rein), 本物の (echt). {Er. 5626}

un-var 形 色のない (farblos).

un-varnde 形〔現分〕① 歩行が妨げられた (am Gehen gehindert), 自由な行動ができない (an freier Bewegung gehindert). ② 不動の (unbeweglich). {Er. 5061}

un-väterlich 形 父親らしくない (unväterlich). {Gr. 242}

un-verblichen 形〔過分〕明るく輝く (hellglänzend), まったく新しく (ganz neu). {Parz. 37, 4}

un-verborgen 形〔過分〕① はっきりとした (deutlich), 開いた (offen). ② 隠されていない (unverborgen). ③ 公然の, 周知の (offenkundig). {Ku. 701, 4}

un-verboten 形〔過分〕禁じられていない (nicht verboten). {Tr. 17934}

un-verbrant 形〔過分〕① 焼かれていない (nicht verbrannt). ② 荒らされていない (unverwüstet). {Ku. 799, 1}

un-verdagen 動《弱》隠さない, 隠し通さない (nicht verschweigen).

un-verdaget 形〔過分〕① 黙っていない, 秘密にしない (nicht verschwiegen). ② 無口ではない (nicht schweigsam). {Nib. 106, 4}

un-verdaht 形〔過分〕覆われていない, あらわの (unbedeckt).

un-verdienet 形〔過分〕① 理由のない (ohne Grund), いわれのない (grundlos), 軽率な (mutwillig). ② 価しない (nicht verdient). {Nib. 116, 4}

un-verdorben 形〔過分〕① 萎縮していない (unverkümmert). ② 損なわれていない (unverdorben). {Part. 545, 2}

un-verdroʒʒen 形〔過分〕① たゆみない (unermüdlich). ② 不快でない, 不機嫌でない (nicht verdrießlich). ③ 乗り気の (bereitwillig). ④ 熱心な (fleißig). {Ku. 356, 4}

un-verëbenet 形〔過分〕① 釣り合いのとれていない (nicht ausgeglichen). ② 平らにされていない (nicht geschlichtet). ③ 支払われていない (unbezahlt).

un-verendet 形〔過分〕① 成し遂げられていない (nicht durchgeführt). ② 実行されていない (nicht ausgeführt). ③ 終わりのない

(ohne Ende). {Nib. 2075. 2}

un-vergëʒʒen 形〔過分〕① 忘れられていない (unvergessen). ② 忘れることのない (ohne zu vergessen). ③ 尽きることのない (unaufhörlich). {Parz. 738, 29}

un-vergolten 形〔過分〕① 報いられない (unvergolten), 支払われない (unbezahlt). ② 支払らっていない (ohne bezahlt zu haben). ③ お返しのない (ohne Gegengabe). {Parz. 61, 10}

un-verholn 形副〔過分〕① 隠されていない (nicht verborgen). ② 秘密ではない (nicht heimlich).

un-verhouwen 形〔過分〕無傷の, 傷を負っていない (unverwundet). {Ku. 102. 4}

un-verirret, -verirt 形〔過分〕① 迷わない (ohne sich zu verirren). ② 妨げられない (ungehindert), 邪魔されない (ungestört). {Ku. 1548, 2}

un-verkorn 形① 和解できない (unversöhnlich), 和解させられない (unversöhnt). ② 尊重される (nicht unbeachtet), 忘れられていない (unvergessen). {Parz. 609, 28}

un-verkrenket 形〔過分〕① 損なわれていない (unverdorben). ② 弱められていない (ungeschwächt). {Parz. 806, 25}

un-verlorn 形〔過分〕失われていない (nicht verloren).

un-vermëldet, -vermëlt 形〔過分〕① 裏切られない (nicht verraten). ② 知らされていない (nicht gemeldet). {Nib. 1624, 1}

un-vermiten 形〔過分〕① 惜しまれていない (nicht geschont). ② 避けられていない (nicht vermieden). {Parz. 537, 17}

un-vernomen 形〔過分〕例のない (beispiellos), 前代未聞の (unerhört). {Er. 5425}

un-vernunst, -vernunft 女 知識がないこと (Unkentnis)

un-vërre 形① 遠くない (nicht fern, nicht weit). ② 近い (nah). {Ku. 1140, 4}

un-vërren 副① 遠くなく (nicht fern). ② 近くに (in der Nähe). {Ku. 1420, 4}

un-versaget, -verseit 形〔過分〕① 拒まれていない (nicht verweigert), 断られていない (nicht versagt). ② 承諾されている (gewilligt). {Nib. 561. 2}

un-verschart ⇨ *unverschertet.*

un-verscheiden 形〔過分〕① 分けられていない (nicht getrennt, nicht unterschieden). ② 区別なく (ohne Unterschied). {Ku. 1427,

13}

un-verschertet, -verschert, -verschart 形〔過分〕① 傷つけられていない (nicht verletzt), 完全な (ganz). ② 刃の欠けていない (nicht schartig gemacht). ③ 純粋な (rein), 汚れのない (unbefleckt). {Parz. 625, 19}

un-versichert 形〔過分〕① 確かでない (unerprobt). ② 保証, 担保無しの (ohne Bürgschaft geleistet zu haben). {Parz. 515, 25}

un-versniten 形〔過分〕① 裁たれていない (nicht verschnitten). ② 傷つけられていない (nicht verletzt). {Parz. 374, 27}

un-versolt 形〔過分〕① 罪のない, 負債のない (nicht verschuldet). ② 価しない (unverdient).

un-verspart[1] 形〔過分〕① 倹約されていない (nicht erspart), 控えられていない (nicht geschont). ② 倹約しない (ohne zu sparen). ③ 豊かに (reichlich). ④ おろそかにしない (ungesäumt).

un-verspart[2] 形〔過分〕① 閉じられていない (unversperrt). ② 開けられている (geöffnet). ③ 覆われていない (unbedeckt), むき出しの (bloß).

un-versprochenlich 形 ① 煩わされない (unangefochten), ② 咎められない, 非難されない (nicht bescholten).

un-versprochenlîche 副 ① 要求されることなく (ohne Anspruch). ② 攻撃されないで (unangefochten). {Tr. 5635}

un-verstoln 形〔過分〕秘密にされていない (nicht verheimlicht). {Parz. 303, 26}

un-versüenet 形〔過分〕和解されない (nicht versöhnt), 償われない (nicht gesühnt). {Nib. 2103, 3}

un-versunnen 形〔過分〕① 思慮がない (unbesonnen). ② 無経験の (unerfahren). ③ 意識のない (bewusstlos). ④ 狂気の (verrückt), 精神錯乱の (wahnsinnig). ¶ er huop sich gein der muoter widr, / und sagt ir mær. dô viel si nidr: / sîner worte si sô sêre erschrac, / daz si unversunnen vor im lac. 王子はまた母親の側に戻ってその話をした. その時王妃は倒れ込んだ. 王妃は王子の言葉を聞いてたいへん驚き, 意識を失って王子の前に横たわった. (Parz. 125, 29-126, 2) {Ku. 729, 4}

un-versuochet 形〔過分〕① 未熟な, 経験のない (unerfahren), 試されていない (unerprobt). ② 未開墾の (unbebaut), 人の住まない (unbewohnt). {Tr. 4419}

un-vertragen 形〔過分〕① 調和しない, 相いれない (nicht verträglich). ② 耐えられない (nicht ertragen). ③ 我慢されえない, 辛抱できない (nicht geduldet), 罰されないではすまない (nicht unbestraft). {Er. 6586}

un-verwânet 形〔過分〕予測されない, 思いがけない (unvermutet). {Tr. 3380}

un-verwant 形〔過分〕① (に)^{mit} 関っていない (unbeteiligt). ② 他方に向けられていない (nicht abgewandt). ③ 避け得ない (unabwendbar). ④ 変わらない (unveränderlich), 永続する (beständig). {Tr. 11493}

un-verwâzen 形〔過分〕① 呪われていない (nicht verflucht). ② 侮辱されていない (nicht geschmäht). {Iw. 6967}

un-verwundet 形〔過分〕傷つけられていない (ohne Wunde).

un-verzaget, -zeit 形〔過分〕① 気後れしていない, 怖気づいていない (nicht verzagt). ② 勇気のある (mutig). ¶ starc und vil küene, in scarpfen strîten unverzaget. たいへん強く, 勇敢で, 激しい戦いでも決して後に退かない. (Nib. 8, 4)

un-verzagetlich 副 ものおじしないで, 勇猛に (unverzagt). {Parz. 704, 12}

un-verzigen 形〔過分〕① 拒まれていない (unversagt). ② (を)^2 断念していない (ohne zu verzichten). {Tr. 748}

un-veste 形 ① 不確かな (unsicher). ② 固くない (nicht fest).

un-veterlich 形 父親らしくない (unväterlich).

un-veterlîchen 副 父親らしくなく (unväterlich).

un-vihe 中 毒虫 (Ungeziefer).

un-vil 副 ① 多くなく (nicht sehr). ② (時間的に) 長くなく (nicht lange). ③ まれに, めったに〜ない (selten) ④〔曲言法〕全く〜ない (gar nicht).

un-vlühtec 形 逃げない (nicht fliehend). {Parz. 299, 1}

un-vlühteclîchen 副 逃げないで (ohne zu fliehen).

un-vride 男 不和 (Unfrieden), 不安 (Unruhe), 不確かさ (Unsicherheit).

un-vriunt 男 敵 (Feind).

un-vriunt-lîche 副 不親切に (unfreundlich). {Nib. 2189, 2}

un-vrô 形 ① 嬉しくない (unfroh), 喜びのない (freudelos). ② (が)$^{2/an}$ 悲しい (betrübt, traurig). {Iw. 1432}

un-vrœlich 形 ① 嬉しくない (unfroh). ② 悲しい (traurig).

un-vrœlîche 副 ① 嬉しくなく (unfroh). ② 悲しく (traurig). ¶

ich muoz unvrœlîche stân 私は悲しくて仕方がない. (Nib. 852, 4)

un-vröude 囡 ① 喜びがないこと (Freudelosigkeit). ② 苦しみ (Kummer), 悲しみ (Trauer).

un-vrouwenlich 形 女性らしくなく (unweiblich). {Parz. 392, 16}

un-vruht 囡 悪い果実 (üble Frucht). {Tr. 12247}

un-vrühtec, -vrühtic 形 ① 悪い実をつけた (üble Frucht tragend). ② 実りのない (unfruchtbar). {Tr. 17897}

un-vruot 形 ① 賢くない (unweise). ② 利口でない (unklug), 愚かな (töricht). ③ 気高くない (unedel), 粗野な (unfein). ④ 嬉しくない (nicht froh), 悲しい (traurig). ⑤ 健康でない (ungesund), 病気の (krank).

un-vruote 副 嬉しくなく (unfroh), 悲しく (traurig).

un-vuoc[1] 男 ① 不作法 (Unanständigkeit). ② 粗野さ (Rohheit). ③ 無法さ (Frevel). ④ 恥辱 (Schande).

un-vuoc[2] 形 ① 不器用な, 下手な (ungeschickt). ② ふさわしくない (unpassend).

un-vuoge[1] 囡 ① 不作法 (Unanständigkeit). ② 不自然さ (Unnatürlichkeit), 不相応さ (Unangemessenheit). ③ 愚かな行為 (törichte Handlung). ④ 粗野さ (Rohheit). ⑤ 無法さ (Frevel). {Nib. 181, 2}

un-vuoge[2] 副 ふさわしくない方法で (auf umpassende Weise).

un-wæge 形 ① ふさわしくない (unangemessen), 不利な (unvorteilhaft). ② 不快な (unangenehm). ③ 好まない (abgeneigt), 好意を持っていない (nicht gewogen). {Parz. 551, 21}

un-wæhe 形 ① 繊細でない (unfein). ② 美しくない (unschön). ③ 見栄えのしない (unansehnlich), みにくい (hässlich). ④ 月並の (gemein).

un-wandelbære 形 ① 申し分のない (makellos). ② 不変の (fest). ③ 永遠の (ewig). ¶ swie ganz sîn habe wære, / sîn geburt unwandelbære / und wol den vürsten gelîch, / doch was er unnâch alsô rîch / der geburt und des guotes / so der êren und des muotes. この領主の財産がどんなに多く, 生まれがどんなに申し分のないもので, 王侯にも匹敵するものであったにせよ, その生まれも財産も, 領主の名誉と心ばえとは比べものにならなかった. (aH. 41-6)

un-wârheit 囡 ① 偽り (Falschheit). ② 嘘 (Lüge). ③ 真実でないこと (Unwahrheit). ④ 不誠実 (Untreu). {Tr. 15544}

un-wëc 男 悪い道 (ein schlechter Weg).

un-wende 形 不可避の (unabwendbar).

un-wendec 形 ① 不可避の (unabwendbar). ② 後戻りできない (nicht rückgängig zu machen), 変えられない (nicht zu ändern). {Parz. 537, 1}

un-wërde 副 ① ふさわしくなく (unwürdig). ② 軽蔑的に (verächtlich). ③ 尊重されないで (unbeachtet).

un-wërdec 形 ① 軽視された (missachtet). ② 無価値な (wertlos), 取るに足りない (gering).

un-wërdecheit 女 ① 軽視 (Geringschätzung). ② 軽蔑 (Verachtung). ③ 恥辱 (Schmach), 屈辱的な待遇 (schmähliche Behandlung). {Iw. 5512}

un-wërhaft 形 ① 続かない (nicht dauernd). ② 変わりやすい (vergänglich).

un-werhaft 形 ① 戦えない (nicht streithaft). ② 防御できない (nicht wehrhaft). {Iw. 5650}

un-werlîche 副 戦いの準備をすることなく (nicht gewaffnet zum Streit). {Parz. 605, 2}

un-wërt[1] 男 ① 軽視 (Geringschätzung), 軽蔑 (Verachtung). ② 無価値 (Unwert, Wertlosigkeit), 無価値なもの (wertloses Ding). ③ 不機嫌 (Unwille). {Tr. 12345}

un-wërt[2] 形 ① 顧みられない (nicht geachtet). ② 重んじられない (nicht geschätzt), 軽蔑されている (verachtet). ③ 好ましくない (unlieb), 快くない (unangenehm). ④ 不適当な (unangemessen). ⑤ わずかの (gering). ⑥ 無価値の (wertlos), (に)[2] 価しない (unwürdig). {Nib. 365, 2}

un-wille[1] 男《弱》① 悪意 (Übelwollen), 敵意 (Feindseligkeit). ② したくないこと (das Nichtwollen). {Iw 4867}

un-wille[2] 男《弱》吐き気 (Ekel zum Erbrechen).

un-willeclîchen 副 いやいやながら, 不機嫌に (unwillig). {Er. 4365}

un-willic 形 ① いやいやながらの, 不機嫌な (unwillig). ② 古くなった (veraltet).

un-wîp 中 ① その名に価しない女性 (die Frau, die den Namen einer Frau nicht verdient). ② 悪い女 (eine schlechte Frau).

un-wîplich 形 女らしくない (einer Frau nicht ziemend).

un-wirde 女 ① 軽視, 過小評価 (Geringschätzung), 軽蔑 (Verachtung). ② 不名誉 (Unehre), 恥辱 (Schande). ③ 不機嫌 (Unwille).

un-wirdec 形 ① 価しない (nicht wert). ② 価値のない (unwürdig).

un-wirdecheit 女 ① さげすみ (Herabsetzung), 誹謗 (Beschimpfung). ② 尊厳の放棄 (Wegwerfung der Würde). ③ 不機嫌 (Unwille).

un-wirdeclich 形 ① ふさわしくない (würdig). ② 適切でない (unziemend).

un-wirdeclîche 副 ① ふさわしくなく (unwürdig). ② 軽蔑して (verächtlich), 軽視して (mit Geringschätzung). ③ 不機嫌に (unwillig).

un-wirden 動《弱》自 重視されていない (nicht geachtet werden), 軽蔑される (verachtet werden). 他 ① 軽蔑する (verächtlich machen). ② 侮辱する (verschmähen). ③ 名誉を奪う (entehren). 再 軽蔑される (sich verächtlich machen).

un-wîse[1] 女 下手な曲, つまらない旋律 (schlechte Melodie).

un-wîse[2], **un-wîs** 形 ① 未熟な (unerfahren), 愚かな (töricht). ② 精通してない (unkundig). ③ 知られていない (unbekannt). ④ 無作法な (unzüchtig). {Parz. 152, 1}

un-wislich 形 無分別な (unverständig), 愚かな (töricht).

un-wislîche 副 無分別に (unverständig), 愚かに (töricht).

un-wiʒʒende[1], **-wiʒʒene** 女 ① 無知, 無学 (Unwissenheit). ② 知らないこと (Unkenntnis).

un-wiʒʒende[2] 形〔現分〕① 知らない (nicht wissend). ② 無意識の (unbewusst). ③ 意識のない (bewusstlos). {Tr. 761}

un-wiʒʒende[3] 副 ① 知らないで (nicht wissend, ohne es zu wissen). ② 無意識に (unbewusst). ③ 意識なく (bewusstlos). {Iw. 6113}

un-wünne, -wunne 女 苦しみ (Leid), 悲しみ (Traurigkeit).

unz ⇨ *unze*.

un-zagehaft 形 ひるまない (unverzagt), 勇敢な (tapfer). {Er. 9177}

unze[1], **unz** 前 +4 ① 〜まで (bis). ② 〜へまで (bis zu). ③ 〜の前まで (bis vor). 接 ① 〜まで (bis). ② 〜の間じゅう (während). ③ 〜の限りは (so lange als). 副 ① その間 (so lange). ② その間じゅう (während der Zeit). ¶ dâ vlôch man unde wîp / durch behalten den lîp, / unz daz her Îwein sprach / „ern tuot iu dehein ungemach: / er ist mîn vriunt und suochet mich." 人々はみな身を守る

ためにそこから逃げだしたので,ついにイーヴァインが,「あのライオンはあなたがたに危害を加えることはない.あれは私の友であり,私を捜しているのだ」と言った.(Iw. 7735-9) ¶ si gedâchten alsô verre / unz der selbe bûman / alsus vrâgen began. 3人は考え込み,ついにはその農夫は次のように聞き始めた.(aH. 366-8)

unze², unz 囡《強・弱》[ラテン語 uncia] ① インチ (Unze). ② 〔広さの単位〕ウンツェ.

un-zerunnen 形〔過分〕① 使い尽くされない (nicht verbraucht). ② 過ぎ去っていない (nicht vergangen), 継続する (dauerhaft). ¶ Dar zuo sol man würken guoter kocken drî, / die ros unde spîse uns nâhen tragen bî, / daz uns in einem jâre des sî unzerunnen. 3艘の大きな貨物船も建造する必要があります.それらの船は我々の側を進み,食料と馬を運ぶので,1年間何の不自由もなく生活できます.(Ku. 257, 1-3)

un-zervüeret, -zervuort 形〔過分〕① 破壊されない (unzerstört). ② 傷つけられない (unverletzt), 完全な (ganz). ③ 混乱していない (unverwirrt). {Parz. 349, 10}

un-zerworht 形〔過分〕分けられていない,解体されていない (unzerlegt). {Parz. 120, 10}

un-zît 囡 ふさわしくない時間 (die nicht gehörige Zeit).

un-zuht 囡 ① 不作法 (Ungezogenheit). ② 礼儀作法を守らない振る舞い (Betragen gegen die Sitte). ③ 粗野 (Rohheit). ④ 暴行 (Gewalttätigkeit). {Iw. 768}

uoben¹ 匣 ① 多忙 (Geschäftigkeit). ② 活発な営み (rühriges Treiben). {Nib. 1522, 2}

uoben² 動《弱》[= üeben] 他 ① 耕す (bauen). ② 垣根をめぐらす (hegen). ③ 尊敬する (verehren), 崇拝する (anbeten). ④ する (tun), 実行する (ausüben). ⑤ 使用する (gebrauchen). 再 現れる, 抜きん出る (sich hervortun).

uohse 囡 [複数 üehsen] 肩のくぼみ (Achselhöhle), 肩 (Achsel). {Ku. 867, 3}

uop 男 [uobes²] ① 風習 (Gebrauch), 作法 (Sitte). ② 農業 (Landbau), 営み (Treiben). {Parz. 73, 20}

uover 匣 [中独 ûber] 岸, 岸辺 (Ufer). {Parz. 311, 5}

üppec, üppic 形 ① 有り余るほどの (überflüssig). ② 役にたたない (unnütz), 空の (leer). ③ 無思慮な (leichtfertig), 不品行な (liederlich). ④ 高慢な (hochfahrend).

üppec-heit, üppekeit 女 ① 華美な生活 (Leben in Überfluss). ② 虚栄 (Eitelkeit). ③ うつろいやすさ, はかなさ (Vergänglichkeit), 傲慢 (Übermut). {Tr. 14858}

üppec-lich 形 = *üppec*.

ûr, ûre 男《強・弱》野牛 (Auerochse). ¶ starker ûre viere 4頭の力の強い野牛を (Nib. 937, 2a)

ur-bor[1] 男《弱》納税者, 租税を払う人 (der Zinspflichtige).

ur-bor[2], **-bar** 女 ① 地代が取れる土地 (zinstragendes Grundstück). ② 借地, 小作地 (Zinsgut). ③ 租税地の租税 (Zins vom Zinsgut), 地代 (Rente). ④ 所得, 収穫 (Ertrag), 所有地からの収益 (Ertrag aus Grundbesitz), 収入 (Einkünfte). ⑤ 所有物 (Besitz), 国 (Reich). {Nib. 1061, 1}

ur-born 動《弱》他 ① 租税を支払う (Zins geben). ② 租税を取る (Zins entnehmen). ③ 利用する (ausnützen), 使用する (brauchen). ④ 行う (üben). 再 ① 傑出する (sich hervortun). ② 努力する (sich anstrengen). {Ku. 168, 4}

ur-bot 中 ① 申し出 (Erbieten), 表明 (Erweisung). ② もてなし (Bewirtung), 饗応の仕方 (Art und Weise der Bewirtung). {Parz. 438, 16}

ur-hap 男 中 ① 酵母 (Sauerteig). ② 反乱 (Aufstand), 戦い (Streit), けんか (Zank). ③ 初め (Anfang), 起源 (Ursprung). ④ 原因 (Ursache). ⑤ 策謀 (Anstiftung). ⑥ 張本人 (Urheber). {Parz. 115, 26}

ur-kundære 男 ① 証人 (Zeuge). ② 証拠 (Beweis).

ur-künde[1], **-kunde** 男《弱》① 証人 (Zeuge). ② 証拠 (Beweis). ③ 記憶, 記念物 (Gedächtnis). {Ku. 909, 2}

ur-künde[2], **-kunde** 中 [中独 orkunde] ① 証拠 (Beweis), 証拠方法 (Beweismittel). ② 証明書 (Zeugnis). ③ しるし (Zeichen), 特徴 (Kennzeichen). ④ 文書 (Urkunde). ⑤ 聖書 (Bibel).

ur-kundic 形 文書上の, 記録による (urkundlich).

ur-liuge, -louge 中 ① 戦争 (Krieg). ② 戦い (Kampf). ③ 敵視, 不和 (Fehde). {Ku. 171, 2}

ur-liugen, -lougen 動《弱》① 戦争する (Krieg führen). ② 戦う (kämpfen).

ur-lœsunge, erlœsunge 女 救済, 救出 (Erlösung). {Parz. 806, 30}

ur-louben 他 ① 許す (erlauben), 許しを与える (Erlaubnis geben).

② 免職する (verabschieden). 自 再 ① 退出の許しを得る (Erlaubnis zu gehen nehmen). ② 別れを告げる (sich verabschieden). {Nib. 318, 4}

ur-loup, -lop, -lob 男 中 ① 許可 (Erlaubnis). ② 暇乞い, 旅立ちの許可 (Erlaubnis zu gehen). ③ 別れ (Abschied), 告別 (Verabschiedung). ¶ urloubes er dô gerte zuo den Burgonden dan. 彼はブルゴンドの国への旅立ちの許しを願った. (Nib. 68. 4). ¶ dô si urloup genâmen, si schieden vrœlîche dan. デンマークの使者たちは暇乞いをすると喜んでそこから立ち去った. (Nib. 166, 4)

ur-louplich 形 許可された (gestattet). {Parz. 639, 27}

ûr-rint 中 野牛 (Auerochse). {Iw. 411}

ur-sprinc 男 中 ① 泉 (Quell), 泉の水 (Quellwasser). ② 芽が生え出ること (das Hervorsprießen). ③ 出発点 (Ausgangspunkt), 本源 (Ursprung). {Parz. 254, 6}

ur-suoche 女 ① 試み (Versuch). ② 誘惑 (Versuchung). ③ 勧誘 (Veranlassung). ④ 逃げ道 (Ausflucht). {Tr. 3552}

ur-tât 女 ① 実行 (Ausführung). ② 最終の行為 (letzter Akt), 執行 (Vollzug). {Tr. 12461}

ur-teil, -teile, -teilde, urtel 女 中 ① 判決 (Urteil). ② 決定 (Entscheidung). ③ 陳述 (Ausspruch), 意見 (Meinung). {Parz. 741, 24}

ur-teilen 動《弱》① 判断する (beurteilen). ② 判決を下す (Urteil sprechen). ③ 非難する, 有罪とする (verurteilen). ④ けなす, 呪詛する (verdammen). {Parz. 465, 18}

urteil-lich 形 ① 判決に関連した (zum Urteil in Beziehung stehend). ② 決定的な (entscheidend). {Parz. 107, 23}

ur-var 中 ① 波止場 (Landeplatz am Ufer). ② 渡船場 (Überfahrt). {Parz. 535, 5}

ur-wære 形 忠実でない (nicht treu), 真実でない (nicht wahr). {Tr. 13229}

ur-wîse 形 案内のない (ohne Führung).

ussier, urssier 男 ① ボート (Boot), 小舟 (Barke). ② (馬などの) 渡し船 (Fähre zum Überfahren). {Parz. 596, 10}

ûʒ¹, ouʒ 前 +3 ① 〜から (aus 〜 heraus). ② 〜から離れて (von 〜 weg). ③ 〜を越えて向こうへ (über 〜 hinweg). ④ 〜の外に (außerhalb 〜).

ûʒ² 副 ① 外に (außen), ② 戸外に (draußen), 外へ (hinaus). ③ 貫

ûʒe

いて (hindurch). ④ 去って (weg), 絶えず (fort).

ûʒe¹, ouʒe　副　外に (außen).

ûʒe², ouʒe　前 +3　〜から (aus).

ûʒen¹　副　① 外に (außen), 外側に (außerhalb). ② 外へ (hinaus).

ûʒen²　前 +3　① 〜から (aus). ② 〜のほかに (außer). ③ 〜の外側に (außerhalb).

ûʒer¹, ouʒer　形　① 外の (äußer), 外側の (äußerlich). ② 見知らない (fremd), 外国の (auswärtig).

ûʒer², ouʒer　前 +3　〜から (aus).

ûʒer-halben¹, -halbe, -halp　副　外に (außerhalb), 外側に (auf der äußeren Seite).

ûʒer-halben², -halbe, -halp　前 +2　〜の外側に (außerhalb).

ûʒer-lich　形　① 外側の (äußerlich). ② 正しい限度を超した (die rechte Grenze überschreitend). ③ 見知らぬ (fremd). {Tr. 15030}

ûʒer-lîche　副　外側に (äußerlich).

ûʒ-gesinde　中　① 宮廷から遠ざかっている家来 (ein Gefolg, das vom Hof fernbleibt). ② 家来ではない人 (derjenige, der nicht zum Gefolg gehört). {Parz. 297, 18}

ûʒ-vart　女　① 出口 (Ausgang). ② 出征 (Auszug), 出発 (Wegreise). ③ 追放 (Verbannung). {Iw. 6749}

V

fabele, favele, fabel　女《強・弱》① 物語 (Erzählung). ② 童話 (Märchen). ③ 娯楽 (Unterhaltung).

vach　中　① 堤防, せき (Wehr). ② 魚を取る囲い (Umzäunung). ③ 捕獲網 (Fangnetz). ④ 武具の一部 (Teil der Rüstung). ⑤ 壁の一部 (Stück der Mauer). {Parz. 317, 28}

vadem, vaden　男　① 糸 (Faden). ② 紐 (Schnur). ③ 針金 (Draht). {Parz. 375, 18}

vâhen, vân　動〔反復〕2　① とらえる (fangen). ② つかむ (fassen). ③ 取り入れる (einnehmen). ④ しっかりつかむ (festhalten). ⑤ 理解する, 把握する (verstehen, auffassen). ⑥ 得る (bekommen). ⑦

始める (anfangen). ⑧ 到達する (gelangen). ¶ der trôst ist nû zegangen : / mich hât der tôt gevangen. 今や慰めは消え去り，死が私をとらえた. (Gr. 219-20) ¶ gevangen die Guntheres グンテル王のとらわれ人たち (Nib. 240.2)

vahs 中 男 [中 独 vas] 頭髪 (Haupthaar). ¶ swie in diu houbet wæren beiden wol getân, / ir vahs was in zerfüeret von merzischen winden. 二人の頭髪は整えられてはいたけれども，そのお下げ髪は3月の風のためにもつれていた. (Ku. 1218, 2-3)

failieren, fâlieren, fallieren 動《弱》他 自 失敗する，射損じる (fehlen). 再 はずれる (fehl gehen). ¶ sunder fâlieren 失敗することなく (Parz. 211, 17).

val[1] 男 [-les²] ① 墜落 (Sturz), 落下 (Fall), 倒れること (das Fallen). ② 敗北 (Niederlage). ③ 死 (Tod), 滅亡 (Verderben), 没落 (Untergang). ④ 犯行 (Straffall). ⑤ 罰金 (Geldbuße).

val[2] 形 [-wes²] ① 青白い (bleich), 色あせた (entfärbt, fahl). ② ブロンドの (blond), 黄色い (gelb), 淡黄色の (falb).

vâlant 男 [-des²] 悪魔 (Teufel). ¶ der veige vâlandes man / der sluoc sô krefteclîche ûf in, / daz er im kraft unde sin / vil nâch mit slegen hæte benomen. その恐ろしい悪魔の家来は彼の頭上に強い一撃を加えたので，この男は彼（＝トリスタン）の力と意識をもう少しで奪い去るところであった. (Tr. 6910-3)

vâlantinne, vâlen-tinne, -dinne, -în 女 ① 悪魔女 (Teuferin). ② 悪魔のような女 (teufliche Frau). {Nib. 1748, 4}

valde ⇒ *valte*.

væle, vêle, vêl, veile, faile 女《弱》[ラテン語 velum, フランス語 voile] 外套 (Mantel). {Parz. 301, 28}

vælen, vêlen, vâlen, veilen 動《弱》① 誤る (fehlen), 迷う (sich irren). ② (に)³ 欠けている (fehlen), 不足する (mangeln). ③ 射損じになる (fehltreffen), 当たらない (nicht treffen). {Er. 2781}

vale-vahs 形 ブロンドの髪の (blondhaarig), ブロンドの髪の毛のある (mit blondem Haar). {Nib. 573, 3}

valke 男《弱》① (狩猟用の) 鷹 (Falke). ② (女性の) 愛玩動物としての鷹 (Falke als Spielzeug der Frauen). ③〈女性たちの〉恋人の象徴としての鷹 (Falke als Bild des Freundes). ¶ Der valke den du ziuhest, daz ist ein edel man. お前が飼っていた鷹，それはある身分ある男性を意味している. (Nib. 14, 3)

valkenære, velknære, -er 男 鷹匠，鷹使い (Falkner). {Ku. 1096,

valken-sëhe 女 ① 鷹の目 (Falkenauge). ② 鋭い目 (Falkenblick). {Parz. 427, 16}

valle 女《強・弱》① 落下 (Fall). ② 戸のかけがね (Türklinke). {Tr. 16991}

vallen 動〔反復〕1 [3. viel 5. vielen] ① 落ちる (fallen, stürzen), 沈む (sinken). ② 罪を犯す (sündigen). ③ 与えられる (zuteil werden).

直説法現在	
ich valle	wir vallen
du vallest	ir vallet
er vallet	si vallent
直説法過去	
ich viel	wir vielen
du viele	ir vielet
er viel	si vielen

valsch¹, vals 男 ① 欺き (Betrug). ② 不正直 (Unredlichkeit), 不忠実 (Treulosigkeit). ③ 偽り (Falschheit). ④ 偽物の金属 (unechtes Metall). ⑤ にせ金 (falsches Geld).

valsch² 形 ① 忠実でない (treulos), 不正直な (unredlich). ② 真実でない (unwahrhaftig). 偽りの (falsch). ③ 本物でない (unecht), 正しくない (unrichtig). ④ 過った (irrig), 人を欺く (trügerisch).

valschære, velschære, -er 男 ① 不誠実な人 (der Treulose). ② 欺瞞者 (Betrüger). ③ 中傷者 (Verleumder). ④ 偽造者 (Fälscher). ⑤ 贋金造り (Falschmünzer). ⑥ 邪教徒 (Ketzer).

valscheit-swant 男 偽りの破壊者 (Zerstörer der Falschheit). {Parz. 296, 1}

valsche-, valsch-lôs 形 ① 偽りのない (falschlos). ② 正直な (ehrlich).

valsch-haft, valschaft 形 ① 偽の (falsch), 不忠実な (treulos). ② 不正直な (unredlich). ③ 詐欺の (betrügerisch).

valsch-heit, valscheit 女 ① 不忠実 (Untreue), 不誠実さ (Unredlichkeit). ② 欺瞞 (Betrug).

valsch-, velsch-lich 形 ① 不誠実の (treulos). ② 不正直な (unredlich). ③ 詐欺の (betrügerisch).

valsch-lîche 副 ① 不誠実にも (treulos). ② 不正直にも (unredlich). ③ 欺瞞に満ちて (betrügerisch).

valt 男[複数 velte] ① 折り目, しわ (Falte). ② 襞取り (Faltenwurf). {Tr. 6560}

valte, valde 女《強・弱》① 折り目 (Falte), 襞取り (Faltenwurf). ② しわ (Hautfalte). ③ 折り重ね (Zusammenfaltung). ④ 保管 (Aufbewahrung). ⑤ たんす (Schrank), 衣装箱 (Truhe).

valten, valden 動〔反復〕1 他 ① たたむ, 折り重ねる (falten, zusammenfalten). ② 拒む, 禁じる (verschränken). 再 ① しわになる (sich falten). ② 曲がる (sich umbiegen).

valt-stuol 男 折たたみ椅子 (Klappstuhl). {Er. 6430}

välweloht 形 ① 曇った色の (mattfarbig). ② 淡黄色の (fahl). {Parz. 113, 6}

valwen 動《弱》① 青白い (bleich sein), 青白くなる (bleich werden). ② 黄色である (gelb sein), 黄色くなる (gelb werden). ③ 色あせる (sich entfärben).

valz 男 ① 溝 (Falz). ② 継ぎ目 (Fuge). {Parz. 254, 13}

van, vane 男《強・弱》旗 (Fahne, Banner). {Nib. 162, 4}

vancnüssede, -nüst, -nust 女 監禁 (Eingesperrung), 拘留 (Gefangenschaft).

vane ⇨ *van*.

vanke 男《弱》火花 (Funke). {Nib. 186, 3}

vanre, venre, vaner 男 旗手 (Fahnenträger). {Ku. 1111. 4}

var[1] 中 ① 岸辺 (Ufer). ② 渡し場 (Fähre).

var[2] 女 ① 旅行 (Fahrt, Reise). ② 道 (Weg). ③ 通路, 軌道 (Bahn). ④ 仕方, 方法 (Art und Weise). ⑤ 狩猟 (Jagd). ⑥ 行進 (Aufzug).

var[3]**, vare** 形「varwer[2]」① 色の付いた (farbig), 色づけられた (gefärbt). ② (の)[nâch] 形をした (gestaltet). ¶ allez ir gewæte was nâch silber var 彼らの甲冑はすべて銀色だった. (Ku. 1397. 2)

var ⇨ *varwe*.

varch 中 [*varhes*[2]] ① 豚 (Schwein). ② 子豚 (Ferkel).

vâre 女 **vâr** 男 女 ① 追跡 (Nachstellung). ② 術策 (Hinterlist). ③ 欺瞞 (Betrug). ④ 悪意 (böse Absicht). ⑤ 危険 (Gefahr). ⑥ 熱望 (Begierde), 熱心 (Eifer). ⑦ 心配 (Befürchtung). ⑧ 罰 (Strafe). {Ku. 667. 4}

vâren 動《弱》① 待ち伏せする (nachstellen). ② (敵意を持って) 狙う (trachten). {Ku. 785, 4}

vär-helîn = *verhelîn*.

varm, varn 男 しだ (Farn, Farnkraut). {Parz. 444, 7}

varn, varen 動 VI.〔現分 varnde〕自 ① 行く (fahren, gehen). ② 来る (kommen). ③ さまよう (wandern). ④ 存在する (sich befinden). ⑤ 生きる (leben). 他 ① 踏み入る (antreten). ② 通り過ぎる (durchfahren). ¶ „frouwe", sprach er, „gebietet mir, / ich sol und muoz ze lande varn, / iuch, schœne, müeze got bewarn! / weset iemer sælic unde gesunt!" 彼は,「王女さま, ご機嫌よろしゅう. 私は故国へ戻らなければなりません. お美しいおかた, 神があなたさまをお守りくださいますように. いつまでも幸せで, 健康であられますように. (Tr. 1420-3) ¶ ich wil mir und iu beiden / vil harte wol mite varn. 私は私とあなたがた二人に好都合にしたいと思います. (aH. 612-3)

直説法現在	
ich vare	wir varn
du verest	ir varet
er veret	si varnt

直説法過去	
ich vuor	wir vuoren
du vüere	ir vuoret
er vuor	si vuoren

varnde 形〔現分〕① 放浪する (umherziehend). ② あちこちへ行く (hin und her fahrend). ③ 不確かな (unsicher), おおよその (ungefähr). ④ 動く, うつろう (beweglich). ⑤ はかない (vergänglich).

vart 女 [*verte*², 複数 *verte*] 行くこと (Fahrt), 旅 (Reise). ¶ Dô sî sî vrâgende wart / ob sî iht weste sîne vart, / dô hiez ir vrou Lûnete, / diu gerne höveschlîchen tete, / ir pfärit gewinnen. 彼の行方を知っているかと, 彼女がルネーテにたずねたとき, 作法を心得たルネーテはそのとき彼女の馬を用意させた. (Iw. 5891-5)

vart-genôz 男 旅の仲間 (Reisegefährte). {Ku. 1132. 2}

vart-geselle 男《弱》旅の仲間 (Reisegefährte).

vart-müede 形 旅に疲れた (müde von der Reise). {Ku. 490. 4}

varwe, var 女 ① 色 (Farbe). ② 顔色 (Farbe des Gesichtes). ③ 外観 (Aussehen). ④ 美しさ (Schönheit). {Nib. 434, 4}

värwen ⇨ *verwen.*

fasân, fasant 男 雉 (Fasan)

vase 男《弱》① 縁, 縁飾り (Franse). ② 繊維 (Faser). ③ (衣装の) 飾り縁 (Saum). {Er. 7714}

vassal, vassel 男 [フランス語 vassal] ① 封臣 (Lehensträger), 家臣 (Vasall). ② 騎士 (Ritter), 豪族 (Junker). {Tr. 3352}

vaste[1] 女《強・弱》① 断食 (das Fasten). ② 四旬節 (Fastenzeit). ③ 償い, 賠償 (Buße). {Ku. 1166.1}

vaste[2] 副 ① しっかり (fest). ② たいへん (sehr). ③ 急いで (schnell). ④ 強く (stark). ¶ dû gihst, dû wellest dîn leben / durch unser beider vreude geben : / dû wilt iedoch uns beiden / daz leben vaste leiden. お前は私たち二人の喜びのために命を差し出すというが, お前は私たち二人に苦しい日々を送らせるつもりかい. (aH. 647-50)

vasten 動《弱》自 ① 断食する (fasten). ② (を)² やめる (sich enthalten). 他 (断食をして) 罪滅ぼしをする (büßen). {Parz. 760, 10}

vasten-kiuwe 女 断食時の食べ物 (Fastenspeise). {Wa. 17, 27}

vast-, vas-naht 女 ① 断食の前夜 (Vorabend vor Beginn der Fastenzeit). ② 灰の水曜日の前日 (Tag vor Aschenmittwoch). {Parz. 409.9}

vater 男 ① 父 (Vater). ② 神 (Gott). ③ 代父 (Pate). {Nib. 107, 1}

格	単 数	複 数
1格	der vater	die vater (veter)
2格	des vater (vaters)	der vater (veter)
3格	dem vater	den vatern (vetern)
4格	den vater	die vater (veter)

vater-halbe, -halp 副 父方に (auf väterlicher Seite). {Parz. 299, 9}

vater-, veter-lich 形 父の, 父親らしい (väterlich).

vater-lîche 副 父親らしく (väterlich).

vater-, veter-lîn 中 [*vater* の縮小語] (よびかけで) 父上 (Väterchen). {Ku. 386.4}

vater-rîche 男 祖国 (Vaterland).

vater-wân 男 父を持ちたいという信仰 (Glaube, einen Vater zu besitzen). {Tr. 4229}

vaʒ 中 [*vaʒʒes*²] ① 樽 (Fass). ② 瓶 (Flasche). ③ 容器 (Kasten).

väʒʒelîn 中 [*vaʒ* の縮小語] ① 小箱 (Kästchen). ② 小さい瓶, 容器 (Fässlein). {Gr. 705} {Tr. 11675}

vaʒʒen 動《弱》① つかむ (fassen), つかまえる (ergreifen). ② 衣服を着せる (kleiden). ③ 飾る (schmücken). {Ku. 303, 4}

vaʒ-zieher 男 積み込み人夫 (Auflader).

vêch, vêh 形 [*vêhes*²] ① (毛皮製品などが) 色とりどりの (bunt), 多色の (mehrfarbig). ② 色を変える, 玉虫色に光る (schillernd). {Er. 1958}

vëder-angel 男 (羽付きの) 釣り針 (Fischangel mit Federchen). {Parz. 316, 20}

vëdere, vëder 女《強・弱》① 羽 (Feder). ② 綿毛のある毛皮製品 (flaumiges Pelzwerk). {Nib. 365, 2}

vëder-slagen, -slahen 動《弱》ひらひら飛ぶ (flattern). {Parz. 425, 21}

vëder-spil 中 ① 鷹狩り用の鳥 (zur Vogelbeize abgerichteter Vogel), 鷹 (Falke), あおたか (Habicht), はいたか (Sperber). ② 鳥類, 鳥たち (Vögel). {Parz. 64, 8}

vegen 動《弱》他 ① 掃く, 掃除する (fegen). ② きれいにする (reinigen). ③ 磨く (putzen), こすって磨く (scheuern). 自 (海などが) 荒れる (stürmen), ぬぐい去る (fortwischen).

vêh ⇒ *vêch*.

vêhen¹ 動《弱》① 憎む (hassen). ② 敵対的に扱う (feindlich behandeln). ③ 反目する (befehden). {Parz. 414, 11}

vêhen² 動《弱》自 色とりどりになる (bunt werden). 他 色とりどりにする (bunt machen).

vêhen³ 中 ① 憎悪 (Hass). ② 敵対, 敵意 (Feindschaft).

vëhte 女 ① 戦い (Gefecht, Kampf). ② 争い (Streit). {Tr. 1667}

vëhten¹ 動 IV. 自 ① 戦う (fechten, kämpfen). ② 格闘する (ringen). ③ 落ち着かない (unruhig sein). 他 ① 戦う (fechten). ② 克服する (bekämpfen). ③ 征服する (besiegen).

直説法現在	
ich vihte	wir vëhten
du vihtest	ir vëhtet
er vihtet	si vëhtent

直説法過去	
ich vaht	wir vâhten
du væhte	ir vâhtet
er vaht	si vâhten

vëhten² ㊥ ① 戦うこと (das Fechten). ② 戦い (Kampf). ② 争い (Streit).

veic-heit ㊛ 災い (Unheil). {Tr. 9240}

veic-lich ㊧ 死を招く (todbringend).

veic-lîche ㊙ 死に直面して (zum Tod bestimmt). {Nib. 1918, 3}

feie, fei, feine ㊛《強・弱》妖精 (Fee).

veige ㊧ ① 運命により死に直面した (vom Schicksal zum Tod bestimmt), 不幸を目の前にした (zum Unglück bestimmt). ② 呪われた (verdammt). ③ 臆病の (furchtsam), 卑怯な (feige). ④ しなやかな (biegsam). ⑤ 死や災いをもたらす (Tod oder Unheil bringend). 恐ろしい (furchtbar),

veigen ㊨《弱》㊉ 死ぬ (sterben). ㊂ 滅ぼす (vernichten), 殺す (töten). {Parz. 136, 20}

veile ㊧ 売り物としての (käuflich). ¶ „mir wære der wille unerwert"/ sprach der meister aber dô: / „und wære der arzenîe alsô / daz man si veile vunde / oder daz man si kunde / mit deheinen dingen erwerben, / ich enlieze iuch niht verderben. /「私もなんとかしたいと思っています」, と医師はそのとき再び言った,「その薬がどこかで売られていたり, それを何か物と交換できるものであれば, 私もあなたを放っては置きません」(aH. 214-20)

veilen ㊨《弱》㊂ ① 売る (verkaufen). ② 与える (geben). ③ 失う (verlieren). ④ あえてする (wagen). ⑤ 買い取る (erkaufen), 獲得する (erwerben). ㊉ 売れる (feil werden). {Parz. 235, 14}

feine ⇨ *feie*.

veinen ㊨《弱》① 妖精の流儀を賦与する (mit Art der Feen begaben). ② 魔法をかける (bezaubern). ③ 不死身にする (festmachen).

feiten, feitieren ㊨《弱》① 飾る (schmücken). ② 整える (zurechtmachen). ③ 装備する (ausrüsten). {Parz. 45, 21}

feitiure, faitiure ㊛ [ラテン語 factura 古フランス語 feiture] ① 姿 (Gestalt). ② 装備 (Rüstung, Ausrüstung). ③ 飾り, 装飾品 (Putz, Schmuck).

veiȝ, veiȝe ㊧ ① 肉付きの良い (feist), 太った (fett). ② 肥やした (gemästet).

veiȝtet, veiȝt ㊧ ① 肉付きの良い (feist), 太った (fett). ② 収益の多い (ergiebig), 実りの多い (fruchtbar), 豊かな (reich). ③ 脂の多い (fettig). ④ 密な (dicht). {Iw. 3902}

vël ㊥ [-*les*²] ① 人の皮膚 (Haut des Menschen), 皮 (Fell). ② 羊皮

vellen 580

紙 (Pergament). ③ 薄い張り氷 (dünne Eisdecke). {Parz. 51, 18}

vellen 動《弱》他 ① 倒す (zum Fallen bringen), 投げ倒す (niederwerfen). ② 倒れさせる (fallen lassen). ③ 破滅させる (verderben). ④ 殺す (töten). 再 ① 身を投じる (sich werfen). ② 突進する (sich stürzen). ¶ er begunde vellen / die drîe zir gesellen. エーレックは三人の男たちをその仲間の方へ突き倒した. (Er. 3398-9)

vels, velse 男《強・弱》① 岩 (Fels). ② 要塞 (Feste). {Ku. 104. 2}

velschen 動《弱》① 偽物を作る (fälschen). ② 不誠実にする (treulos machen). ③ 欺く (täuschen), 惑わす (irreführen), 化粧する (schminken). ④ 嘘と決め付ける (für unwahr erklären), 中傷する (verleumden), 罪を着せる (beschuldigen). {Nib. 1654, 1}

vëlt 中 [-des^2] ① 野原 (Feld), 大地 (Boden). ② 平地 (Fläche, Ebene). ③ チェス盤の目 (Feld). ④ さいころの面 (Seite des Würfels). {Nib. 1629, 3}

vëlt-gebû ① 耕された畑 (bestelltes Feld). ② 畑を耕すこと (Bestellung der Felder).

vëlt-strît 男 野戦 (offene Feldschlacht).

vëlt-sturm 男 野戦 (offene Feldschlacht). {Ku. 359. 4}

velweloht 形 いくらか灰色の, 色あせた (etwas fahl).

velwen 動《弱》① 色あせさせる (fahl machen). ② 色を抜く (entfärben). {Parz. 136, 5}

vende 男《弱》, **vent** 中 [$vendes^2$] ① 少年 (Knabe, Junge). ② 歩行者 (Fußgänger). ③ 歩兵 (Fußkrieger). ④〔チェス〕農夫 (Bauer).

venge 形 ① つかまえる (fassend, fangend). ② 包括的な, 大きな (umfassend).

vengec, vängec 形 ① つかまえる (fassend, fangend). ② 包括的な, 大きな (umfassend). ③ つかまえる準備のできた (bereit zu fangen). {Parz. 152, 4}

fênix, fênîs 男 不死鳥 (Phönix). {Parz. 469, 8}

vënje, vënige, vënge 女《強・弱》① 跪いて祈ること (kniefälliges Gebet). ② 祈るためにひざまづくこと (Kniefall zum Gebet). {Ku. 1170, 2}

vënjen, vënigen 動《弱》ひざまづいて祈る (kniefällig beten).

venre, vener, vaner 男 旗手 (Fähnrich). {Ku. 521, 4}

vënster 中 [中独 vinster も] ① 窓 (Fenster). ② 壁の窓穴 (Fensteröffnung an der Wand). ③ 窓の張り出し (Fensternische). ④

開口部 (Öffnung), 穴 (Loch). {Ku. 42, 4}

格	単　数	複　数
1格	daȝ　vënster	diu　vënster
2格	des　vënsteres	der　vënstere
3格	dem vënstere	den vënsteren
4格	daȝ　vënster	diu　vënster

vënster-glas 中 窓ガラス (Fensterglas). {Er. 3019}.

vënster-lîn 中 [*vënster* の縮小語] 小さい窓 (ein kleines Fenster).

vënster-stein 男 石の窓枠 (der steinerne Fensterrahmen). {Ku. 1396, 3}

ver, vere, verje, verige, verge 男《弱》① 船乗り (Schiffer). ② 渡し守 (Fährmann). {Nib. 1531, 2}

ver-bërgen 動《強》III. 2. 隠す (verbergen), 秘密にする (verheimlichen). ¶ er viel zuo dem steine : / sus wolde er sich verborgen hân. 彼は岩の上に伏せた. そのようにして彼は身を隠そうとした. (Gr. 3414-5)

直説法現在	
ich verbirge	wir verbërgen
du verbirgest	ir　verbërget
er　verbirget	si　verbërgent
直説法過去	
ich verbarc	wir verburgen
du verbürge	ir　verburget
er　verbarc	si　verburgen

ver bërn 動 IV. 他 ① 持っていない (nicht haben). ② 怠る, 中止する (unterlassen). ③ 避ける (meiden). ④ 放棄する (aufgeben), 放免する (ablassen). ⑤ 保護する (verschonen). 再 自 存在しない (nicht vorhanden sein), 起こらないでいる (unterbleiben).

ver-bicken 動《弱》自 切断する (zerhauen), 切りかかる (zuhauen). 他 ① 差す (stecken). ② 打ち込む (festschlagen). {Parz. 680, 24}

ver-bieten 動 II. 2. ① 命じる (gebieten). ② 禁止する (verbieten), 禁じる (untersagen). ③ 阻止する (verhindern). ④ 予防する (verhüten). {Nib. 1218, 1}

ver-binden 動 III. 1. 結び付ける (verbinden), 包む (verhüllen).

ver-blenken 動《弱》飾る (verzieren). {Parz. 140, 1}
ver-blîchen 動 I.1. ① 輝きを失う (den Glanz verlieren). ② 色あせる (verbleichen), しぼむ (verwelken). ③ 消える (verschwinden).
ver-boln 動《弱》投げる (schleudern). {Parz. 569, 1}
ver-bot 中 ① 禁止 (Verbot). ② 差し押さえ (Beschlag). ③ 法的召喚 (gerichtliche Vorladung)
ver-brennen 動《弱》他 ① 焼く (verbrennen). ② 火を放って破壊する (durch Feuer verwüsten). ③ 焼き討ちで損害を与える (durch Brand schädigen). ④ 火刑に処する (durch Feuertod hinrichten). 再 火傷する (sich verbrennen). {Ku. 798, 3}
ver-brinnen 動 III.1. 自 ① 焼失する, 焼け死ぬ (verbrennen). ② 火傷する (sich verbrennen). ③ 大火災により損害を受ける (durch Feuersbrunst Schaden leiden). 他 焼く, 焼き殺す (verbrennen). {Tr. 15736}
ver-bunden 動《弱》結びつける (verbinden).
ver-bunnen 動〔不規則〕① 与えることを惜しむ (missgönnen). ② 幸福を望まない (nicht Glück wünschen). {Parz. 481, 18}
ver-bürgen, -burgen 動《弱》他 担保によって保証する (durch Bürgschaft sichern), 保証する (verbürgen). 再 保証人を立て, 釈放される (Bürgen stellen und sich dadurch aus Gefangenschaft befreien).
vërch 中 [*vërhes²*] ① 肉体に活気を与える魂 (die den Leib belebende Seele). ② 生命の座 (Sitz des Lebens). ③ 身体と生命 (Leib und Leben), 血と肉 (Fleisch und Blut). {Nib. 239, 2}
vërch-bluot 中 ① 生命の血 (Lebensblut). ② 心臓の血 (Herzblut). {Nib. 2310, 2}
vërch-grimme 形 たいへん怒った (sehr wütend).
vërch-mac 男 いちばん近い肉親 (nächster Blutsverwandter).
vërch-slac 男 致命的な一撃 (tödlicher Schlag). {Ku. 519, 1}
vërch-tief 形 ① 生命に係わるほど切迫した (bis aufs Leben dringend). ② 致命的な (tödlich). {Ku. 1352.3} {Nib. 2134, 1}
vërch-wunde 女 致命的な傷 (tötliche Wunde). {Ku. 195, 4}
vërch-wunt 形 致命傷を負った (zum Tod verwundet). {Nib. 239, 2}
ver-dagen 動《弱》自 ① 黙る (schweigen). ② 黙り込む (verstummen). 他 ① 黙っている (verschweigen). ② 隠す (verhehlen).

{Nib. 77, 1}

ver-dâht 形〔過分〕① 物思いに沈んだ (in Gedanken vertieft). ② 思慮深い (besonnen). ③ 邪推する (argwöhnisch). ④ 疑わしい (verdächtig). {Tr. 2312}

verdarp = *verdërben* の直説法過去1, 3人称単数.

ver-decken 動《弱》① おおう (decken). ② 隠す (verdecken), 包み隠す (zudecken). ③ おおい隠す (verhüllen).

ver-denken 動《弱》[3. verdâhte, 6. verdâht] 自 考える (denken), 思い起す (sich erinnern). 他 ① 熟慮する (bedenken). ② 疑う (verdächtigen). 再 よく考える (sich besinnen). {Nib. 1738, 2}

ver-dërben 動 III.2. ① 役に立たなくなる (unnütz werden). ② 損害を受ける (zu Schaden kommen). ③ 滅びる (verderben), 死ぬ (sterben). ¶ deheinen rât kond ich gegeben, / wie man driu dinc erwurbe, / der keines niht verdurbe. しかし、その一つとして損なわれない三つのものをどのようにして手に入れるべきか、私には思いつかなかった。(Wa. 8, 11-3) ¶ die wîle daz er leben sol / sô stât unser sache wol : / und lâze wir den ersterben, / sô müeze wir verderben. 領主さまが生きている間は私たちの境遇は良いままです。もし私たちが領主さまを死なせたら、私たちもだめになります。(aH. 621-4)

直説法現在	
ich verdirbe	wir verdërben
du verdirbest	ir verdërbet
er verdirbet	si verdërbent

直説法過去	
ich verdarp	wir verdurben
du verdurbe	ir verdurbet
er verdarp	si verdurben

ver-derben 動《弱》他 ① 損害を与える (zu Schaden bringen). ② 滅ぼす (zu Grunde richten). ③ 殺す (töten). 再 滅びる (sich zu Grunde bringen). {Ku. 1301, 2}

ver-dienen 動《弱》値する (verdienen). ¶ Der meier und diu meierin / die heten ouch vil wol umbe in / verdienet êre unde guot. 農夫とその妻は領主によく仕え、名誉と財産を得た。(aH. 1437-9)

ver-dieʒen 動 II.2. 鳴り止む、響きやむ (verhallen). {Nib. 2078, 1}

ver-dîhen 動 I.2. 自 ① 栄える (gedeihen). ② 先に来る (zuvorkommen), ③ 減る (abnehmen), (に)[3] 勝る (übertreffen). 他 (に)[4]

勝る (übertreffen), (に)⁴ 打ち勝つ (überwinden).
ver-doln 動《弱》他 耐える (ertragen), 堪え忍ぶ (erdulden). 自 がまんする (ausharren). {Ku. 1287, 2}

ver-dorben = *verdërben* の過去分詞.

ver-drieʒen 動 II. 2. 非 ① (に)⁴ (が)² 煩わしく思われる (überlässig dünken). ② あまりにも長く思われる (zu lange dünken). ③ 退屈させる (Langeweile erregen). ¶ wan in vil lützel des verdrôʒ / swaz im ze tuonne geschach durch in. 農夫は領主のためにしなければならないことが何であれ, 少しも嫌だとは思わなかった. (aH. 288-9)

直説法現在	
ich verdriuʒe	wir verdrieʒen
du verdriuʒest	ir verdrieʒet
er verdriuʒet	si verdrieʒent

直説法過去	
ich verdrôʒ	wir verdruʒʒen
du verdrüʒe	ir verdruʒʒet
er verdrôʒ	si verdruʒʒen

ver-dringen 動 III. 1. 他 ① 押しのける (verdrängen). ② 排除する (wegdrängen). 再 中へ押し寄せる (hineindrängen). 自 (時が) 流れ去る (verfliessen). {Ku. 1649, 4}

ver-drôʒ = *verdrieʒen* の直説法過去 1, 3 人称単数.

ver-droʒʒen = *verdrieʒen* の過去分詞.

ver-dulden 動《弱》他 ① 耐える (ertragen). ② 許す (zulassen), 起こるままにする (geschehen lassen). 自 がまんする (ausharren). {Iw. 3198}.

ver-dunken 動《弱》非 (に)⁴ 悪く思われる (übel dünken), 奇妙に思われる (wunderlich vorkommen). 他 放棄する (aufgeben). {Tr. 6226}

ver-durben = *verdërben* の直説法過去 1, 3 人称複数.

ver-dürkeln 動《弱》穴だらけにする (durchlöchern). {Parz. 389, 30}

ver-einen 動《弱》① ひとつになる (vereinigen), 結び合わせる (verbinden). ② 和解する (versöhnen). 再 一つになる (sich vereinigen), 一致する (übereinkommen). {Tr. 1170}

ver-einet 形〔過分〕① 一人きりの (allein gelassen). ② 孤独な (vereinsamt). {Er. 5340}

ver-eischen 動〔反復〕4 ① 聞き知る (erfahren). ② 尋問する (erfragen). ③ 知り合う (kennen lernen).

ver-eiten 動《弱》① 焼く (verbrennen). ② 火を付けて荒らす (mit Brand verwüsten).

ver-enden 動《弱》① 他 ① すっかり終える (ganz beenden), 完成する (vollenden). ② 完全にする (vollständig machen), 確かにする (gewiss machen). 再 終わる (sich endigen), 決心する (zu einem Entschluss kommen). 自 終わる (ein Ende nehmen). ¶ der tac was verendet, nahten ez begunde. 日が暮れ, 夜が忍び寄った. (Ku. 885, 3)

ver-ëʒʒen, vrëʒʒen 動 V. ① 食べ尽す (aufessen). ② 大食する (fressen). ③〔比喩〕深く悲しませる (härmen). 再 ① 悲しむ (sich härmen). ② 苦しむ, 悩む (sich quälen).

ver-gâhen 動《弱》他 ① やたらに急がせる, 急いでし過ぎる (übereilen). ② 急ぎ過ぎて失う (durch Eile verlieren). 再 軽率に振舞う, 急ぎすぎる (sich übereilen).

ver-gân, -gên 動〔不規則〕自 ① そこへいく (hingehen). ② 過ぎ去る, 消え去る (vergehen). ③ 止む (aufhören). ④ 滅びる (verderben). 死ぬ (umkommen, sterben). 他 ① 避ける (meiden). ② 弁護する (vertreten). 再 道に迷う (sich verlaufen), 行き違いになる (sich verfehlen).

ver-gangen[1] 形〔過分〕迷った (verirrt). {Tr. 11756}

ver-gangen[2] = *vergân, vergên* の過去分詞.

ver-gaʒ = *vergëʒʒen* の直説法過去 1, 3 人称単数.

verge 男《弱》① 渡し守 (Fährmann, Schiffer). ② 漁師 (Fischer). {Nib. 1531, 2}

ver-gëben 動 V. ① 与える (hingeben), 贈る (verschenken). ② 婚約する (verloben). ③ 放棄する (aufgeben), 中断する (unterlassen). ④ 赦す (vergeben), 大目にみる (verzeihen). ⑤ (に)⁴ 毒を盛る (vergiften).

ver-gëbene 副 ① 無料で, 無益に (umsonst) ② むだに, 無用に (vergeblich). ③ 無報酬に (unentgeltlich). {Ku. 1223, 4}

ver-gëlten 動 III. 2. ① 返済する (zurückerstatten). ② 支払う (bezahlen). ③ 返報する (vergelten). ④ (収益を) もたらす (eintragen). 再 ① 負債から免れる (sich bezahlt machen). ② 相手からの打撃の仕返しをする (empfangene Streiche vergelten). ¶ gemahel, daz ist dir leit : / daz erzeigestu an mir wol, / als ez dir got vergelten sol. 花嫁よ, それを気にしてくれていることが私にはよく分かる. そのこ

Vergen

とに神のご褒美を．(aH. 912-4)

Vergen 名〔地名〕ドナウ河畔のフェルゲン，インゴルシュタットの南．

ver-gëʒʒen 動 V. [3. vergaʒ 5. -gâʒen] 他 忘れる (vergessen). ¶ Er las daz selbe mære, / wie ein herre wære / ze Swâben gesezzen / an dem enwas vergezzen / nie deheiner der tugent / die ein ritter in sîner jugent / ze vollem lobe haben sol. 詩人はシュヴァーベンのある領主についての物語を読んだのであった．その領主にはおよそ騎士が若いときに大きな称賛とともに身につけるべきどのような徳も忘れられていなかった．(aH. 29-35)

ver-gëʒʒenlich, -geʒʒelich 形 忘れやすい (vergesslich) (Parz. 811, 7)

ver-gieʒen 動 II. 2. 他 ① こぼす (auslaufen), 注ぎそこなう (vergießen). ② 滅ぼす (vernichten). ③ 広げる, 張る (ausbreiten). 再 広がる (sich ausbreiten). {Parz. 146, 23}

ver-gift 女 毒 (Gift).

ver-gîseln 動《弱》他 ① 人質にする (zum Geisel machen). ② 敵対的取り扱いにさらす (feindlicher Behandlung aussetzen). 再 人質として死ぬ (als Geisel zugrunde gehen). {Nib. 1465, 4}

ver-graben 動《弱》他 ① 埋葬する (begraben). ② 地中に埋める (vergraben). ③ 溝を掘って遮断する (durch einen Graben abscheiden). 再 塹壕にひそむ (sich vergraben). {Parz. 376, 12}

ver-grüenen 動《弱》① 緑にする (grün machen). ② 緑になる (grün werden). {Parz. 96, 15}

ver-halden 形 制止しやすい (leicht zu hemmen). {Parz. 41, 3}

ver-halten 動〔反復〕1 他 ① 閉めておく (verschlossen halten). ② 閉じる (verschließen), 閉鎖する (versperren). ③ 不法に抑留する (vorenthalten). ④ 隠す (verbergen). ⑤ 秘密にする (verheimlichen). ⑥ 言わないでおく (verschweigen). 自 ① 控えめにしておく (sich zurückhalten). ② 躊躇する (zögern). 再 定住する (sich festsetzen).

ver-heilen 動《弱》自 治る (sich heilen). 他 治す (heilen).

verhelîn, verlîn, verhel, verl, verkelîn, verkel 中 [*varch* の縮小語] 子豚 (Ferkel). {Parz. 344, 7}

ver-hëln 動《強》IV. 他 ① 隠す (verbergen). ② 秘密にする (verheimlichen). 再 ① 隠れる (sich verbergen). ② 偽る, 装う (sich verstellen)

ver-hengen 動《弱》① (馬に手綱を)つけさせる (hängen lassen). ② 起こさせる (geschehen lassen). ② (に)³ 許す (gestatten). ④ 掛けておおう (verhängen).

ver-hêren 動《弱》① 誇り高くする (stolz machen), 気高くする (vornehm machen). ② 称賛する, 賛美する (verherrlichen).

ver-hern 他 ① 荒らす, 荒廃させる (verheeren). ② 征服する (besiegen). ③ (を)² 奪う (berauben). {Ku. 1678. 3}

ver-holn[1] 動《弱》他 ① 稼ぐ (verdienen). ② 獲得する (erwerben). 再 (から)² 回復する (sich erholen).

ver-holn[2] 形〔過分〕隠された (verhohlen). {Tr. 14246}

ver-holn-bære 形 ① 隠された (verborgen). ② 謎のような (rätselhaft). ③ 秘密の (heimlich). ④ 不思議な (geheimnisvoll). {Parz. 454, 20}

ver-holne, -holn 副〔過分〕① 密かに, 内密に (heimlich). ② 隠されて (auf verhohlener Weise).

ver-holn-lîche 副 ① 密かに, 内密に (heimlich). ② 隠されて (auf verhohlener Weise).

ver-houwen 動〔反復〕3 ① 切り裂く (zerhauen). ② 傷つける (verwunden), 負傷させる (verletzen). ③ 妨げる (hindern). ④ 切り倒す (niederhauen). {Nib. 145, 4}

ver-irren 動《弱》他 ① 迷わせる (in die Irre führen). ② (を)² 妨げる (hindern). ③ (を)³ 奪う (berauben). 再 ① 道に迷う (sich verirren). ② 過ちを犯す (sich verfehlen). 自 ① 迷う (irre werden). ② 思い違いをする (sich irren). {Nib. 2270, 2}

ver-jagen 動《弱》他 ① 追い払う (vertreiben). ② 前へかり立てる (vorwärts treiben). 再 ① 過度に疲労する (sich überanstrengen). ② 道に迷う (sich verirren).

verje ⇒ *ver*.

ver-jëhen, -jên 動 V. 他 ① 言う (sagen). ② 物語る (erzählen). 再 ① 自称する (sich ausgeben). ② (〜と)説明する (erklären). ③ (に)³ 真実と認める (zugestehen). ¶ dû enmaht si niht bringen / als dû uns hie hâst verjehen. お前は私たちに告げたようにそれを実現することはできない. (aH. 576-7)

ver-kebesen, -kepsen, kebsen 動《弱》① 側女にする (zur Kebse machen). ② 側女だと言って罵る (eine Kebse schelten). {Nib. 840, 1}

ver-kêren 動《弱》他 ① 逆にする (umkehren), 変える (ändern).

ver-kiesen

② 他の場所へ持ってくる (an einen anderen Ort bringen). ③ 間違った方向に向ける (eine falsche Richtung geben). 再 変わる (sich ändern), 変装する (sich verkleiden). 自 姿を変える (sich verwandeln). ¶ in dûhte dô daz niht guot / des er gedâht hâte / und verkêrte vil drâte / sîn altez gemüete / in eine niuwe güete. ハインリヒはそれまでの考えが良くなかったことに気づき，すぐに自分の古い考えを新しい善意に変えた. (aH. 1236-40)

ver-kiesen 動 II.2. ① 顧慮しない (nicht beachten), 軽蔑する (verachten), 侮る (verschmähen). ② 顧慮しないで放棄する (nicht beachtend verzichten). ③ 赦す (verzeihen). 再 (を)² 放棄する (verzichten). ¶ waz mac uns mê gewerren / danne an unserm herren, / daz wir den suln verliesen / und mit im verkiesen / beidiu guot und êre? もし，私たちがご主人さまを失い，同時に財産と名誉を失ったら，ご主人さまのこと以上に私たちを困らせることがありましょうか. (aH. 491-5)

ver-klagen 動《弱》① すっかり嘆く (zu Ende klagen). ② 告訴する (ausklagen, verklagen). ③ 嘆き悲しむのをやめる (zu beklagen aufhören). 再 思い患う，悩んでやつれる (sich abhärmen), 嘆きによって破滅する (sich durch Klagen zugrunde richten). ¶ Nû hete sich diu guote maget / sô gar verweinet und verklaget, / vil nâch unz an den tôt. 優しい少女は死ぬほど泣き尽くし，嘆き果たしていた. (aH. 1353-5)

ver-klamben, -klammen 動《弱》他 ① かたく押し潰す (fest zusammendrücken). ② しがみつく (umklammern). ③ しめつける (einklemmen). 再 ① 抱き合う (sich umklammern). ② 編まれる (sich flechten).

ver-klûsen, -klôsen 動《弱》① 閉じこめる (einschließen). ② 閉じる，ふさぐ (verschließen).

ver-klütern, -klutern 動《弱》他 ① 混乱させる (verwirren). ② 魔法で迷わす (begaukeln), 魔法をかける (verhexen). 再 もつれる，混乱する (sich verwirren). {Tr. 11627}

ver-korn = *verkiesen* の過去分詞.

ver-kosten 動《弱》他 ① まかなう (verköstigen). ② 養う (unterhalten). ③ ぜいたくする (Aufwand machen). 再 金を使う (Geld ausgeben). {Ku. 262, 2}

ver-koufen, -keufen 動《弱》① 売る (verkaufen). ② 譲与する，委ねる (hingeben), 任せる (überlassen). ③ 放棄する (aufgeben),

犠牲にする (preisgeben). {Tr. 13007}

ver-krenken 動《弱》① 少なくする (mindern). ② 弱くする (schwächen). ③ 罵倒する (beschimpfen). ④ 滅ぼす (vernichten). ¶ frou Herzeloyde kêrt ir haz / an die vogele, sine wesse um waz : / si wolt ir schal verkrenken. 王妃ヘルツェロイデはわけが分からぬままに，小鳥たちを憎み，鳥たちが鳴かないようにしようと思った. (Parz. 118, 29-119, 1)

ver-künden 動《弱》① 知らせる (kund tun), 周知させる (öffentlich erklären). ② 尋ねる (erkundigen), 聞き知る (erfahren). {Iw. 7370}

ver-kunnen 動《弱》① 知らない (nicht kennen), 知らないと主張する (nicht kennen wollen). ② 惑わせる (in Zweifel versetzen). ③ (に)³ (が)² できると信じない (nicht zutrauen). 再 希望を捨てる (die Hoffnung verzichtten), 絶望する (verzweifeln). {Iw. 768}

ver-laden 動 VI. ① 過度に重荷を負わす (übermäßig belasten). ② 苦しめる (beschweren), 圧迫する (bedrängen). {Parz. 26, 7}

ver-lân ⇨ *verlâzen.*

ver-lâzen, -lân 動〔反復〕2 他 ① 行かせる (fahren lassen), 妨げない (zulassen). ② 去らせる，解雇する (entlassen). ③ 放棄する (aufgeben). ④ 自由にする (frei lassen). ⑤ 免じる (erlassen), 許す (verzeihen). ⑥ 起こさせる (geschehen lassen). ⑦ 委譲する，委託する (übergeben). 再 ① 信頼する (sich verlassen). ② 身を捧げる，没頭する (sich hingeben). {Ku. 1631, 2}

ver-lâzenlich, -læzenlich 形 ① 自由に (frei), 顧慮しない (rücksichtslos). ② あつかましい (frech), 無作法な (unanständig). {Er. 534}

ver-legen 動《弱》① まちがった所に置く (an einen unrechten Ort setzen), 置き違える (verlegen). ② 妨げる (hindern), 拘禁する (verhaften). ③ 取り除く (beseitigen). ④ (あるものをもっと良いものと) 取り替える (einer Sache ihr Geltung nehmen, indem man Anderes oder Bessers ihr gegenübersetzt). 再 自分でまかなう，自炊する (sich beköstigen).

ver-lëgenheit 女 不名誉な無為無策 (schimpfliche Untätigkeit).

ver-leiten 動《弱》迷わす (irreführen). ¶ swen nû der blic verleitet, / der ist zer helle geborn / und enhât niht verlorn / wan bediu sêle unde lîp. その見掛けに惑わされる者は地獄に生まれついていて，魂と身体以外の何も失いません. (aH. 732-5)

ver-leiter 男 誘惑者 (Verführer).
ver-lëschen 動 IV. 自 消える (verlöschen). 他 消す (löschen). {Parz. 350, 3}
ver-leschen 動《弱》消す, 絶やす (auslöschen).
ver-lie, -lieʒ = *verlâzen, -lân.* の直説法過去単数 1，3 人称.
ver-liegen 動 II. 1. 嘘を言う (lügen), 誹謗する (verleumden).
ver-liesen, vliesen 動 II. 2. 自 ① 失う (verlieren). ② 勝負に負ける (verspielen). ③ なくなる (sich verlieren), やむ (aufhören). 他 ① 失う (verlieren). ② 破滅させる (zu Grunde richten), 殺す (töten). ③ しない (nicht tun). 再 ① 失われる (verloren gehen). ② 滅びる (sich verderben).

直説法現在	
ich verliuse	wir verliesen
du verliusest	ir verlieset
er verliutet	si verliesent

直説法過去	
ich verlôs	wir verlurn
du verlüre	ir verlurt
er verlôs	si verlurn

ver-ligen 動 V. 他 ① 長く横たわりすぎて寝過ごす (durch zu langes Liegen verschlafen). ② 放っておく (verlegen). ③ 怠る (versäumen), 疎かにする (vernachlässigen). 再 長く横たわりすぎて駄目になる (durch zu langes Liegen verderben). 自 横たわりすぎて怠惰に陥る (durch zu langes Liegen in Trägheit versinken), 横たわり続ける (liegen bleiben). {Nib. 1004, 1}
ver-listen, -listigen 動《弱》① 策略で勝つ (überlisten). ② 策略で克服する (durch List überwinden).
ver-loben 動《弱》他 ① 過度に誉める (übermäßig loben). ② 約束する (versprechen). ③ 結婚させる (verloben), 結婚させる (vermählen). ④ 〜しないことを約束する (nicht zu tun geloben), 放棄する (verzichten). 再 ① 約束する, 義務を負う (sich verpflichten). ② (を)² しないことを約束する (nicht zu tun geloben).
ver-lorn 形〔過分〕① 無益な, 無駄な (vergeblich). ② 失われた (verloren). {Tr. 998}
ver-lougenen, -lougen, -louken 動《弱》① 否定する (leugnen), 否認する (in Abrede stellen). ② 否認する (verleugnen).

ver-lust, vlust 〔女〕① 損失 (Verlust), 損害 (Schaden). ② 破滅 (Verderben). ¶ jâ ist dirre werlte leben / niuwan der sêle verlust. この世の生活は魂の損失そのものです. (aH. 688-9)

ver-lust-, vlust-bære 〔形〕① 損失をもたらす (Verlust bringend). ② 損失になっている (Verlust habend).

ver-lusteclich 〔形〕損失をもたらす (Verlust bringend).

ver-maledîen, -maldîen 〔動〕《弱》呪う (verfluchen), 忌み嫌う (verwünschen). {Parz. 526, 11}

ver-mæren 〔動〕《弱》① 知らせる (bekannt machen), 示す (offenbaren). ② 伝える (verkündigen). ③ 密告する, 裏切る (verraten). ④ 有名にする (berühmt machen).

ver-mæret 〔形〕〔過分〕① 有名な (berühmt). ② 評判の悪い (berüchtigt).

ver-mëlden 〔動〕《弱》① 秘密を公言する (etwas Geheimes kund tun). ② 秘密をもらす, 密告する (verraten). ③ 述べる, 申告する (angeben). {Nib. 1112, 1}

ver-mëʒʒen[1] 〔動〕V. ① 計る (ausmessen). ② 計って取り分ける (abmessen). ③ 決める (bestimmen), 取り決める (verabreden). ④ 逸する (verfehlen). 〔再〕自慢している (sich rühmen), 尊大である (übermütig sein). {Ku. 236, 4}

ver-mëʒʒen[2] 〔形〕〔過分〕① 勇敢な (kühn). ② 軽率な (leichtsinnig). {Tr. 5942}

ver-mîden 〔動〕《強》I. 1. 〔他〕① 回避する (ausweichen), 遠ざかっている (fernbleiben). ② 避ける (vermeiden), 思いとどまる (unterlassen). ③ 作用しない (unwirksam bleiben). ④ 大切にする (schonen), いたわる (verschonen). ⑤ 遠ざける (fern halten). 〔自〕当たらない (nicht treffen), はずす (verfehlen). 〔再〕① 遠ざかっている (fern bleiben). ②（を)[2] 気に留めない (sich nicht kümmern). ¶ die vogele wâren baz geriten: / etslîches sterben wart vermiten: / der bleip dâ lebenic ein teil, / die sît mit sange wurden geil. 小鳥たちはうまく逃げ去っていた. いく羽かは死を免れた. 鳥たちの一部はそこに生きていて, その小鳥たちはやがて楽しそうに歌を歌った. (Parz. 119, 5-8)

ver-miesen 〔動〕《弱》① 苔でおおわれる (sich mit Moos überziehen). ② こけのような髪の毛が生える (mit moosartigem Haar verwachsen), 塞ぐ (verstopfen). {Iw. 441}

ver-missen 〔動〕《弱》① 逸する (verfehlen). ② 当たらない (nicht

ver-müeden

treffen). ③ 見のがす (übersehen). ④ 見つからない (nicht finden). ⑤ 見失う (vermissen). {Parz. 485, 30}

ver-müeden 動《弱》すっかり疲れさせる (ganz müde machen). {Ku. 335, 3}

ver-müejen 動《弱》他 活気を奪う (entkräften). 再 努力する (sich abmühen). {Ku. 335, 3}

ver-mûren 動《弱》他 ① 壁で囲む (mit einer Mauer umgeben). ② 壁によって遮断する (durch eine Mauer versperren). {Parz. 185, 28}

ver-namen 動《弱》① 使い減らす (abnutzen), しばしば呼んで名を濫用する (durch häufige Nennung missbrauchen). ② 聞き知る (erfahren), 知覚する (vernehmen). {Tr. 12289}

vërne¹, vërn, vërnet, vërt, vërnent, vërnt 副 前年に (im vorigen Jahr). 中 過ぎ去った年 (ein verflossenes Jahr). ¶ der vert lachte, den lât hiure weinen 昨年笑った者を今年泣かしめよ. (Ku. 1377. 4)

vërne² 副 [= vërre] 遠くに (fern, weit).

ver-nëmen 動 IV. 聞く (anhören), 聞き知る (vernehmen). ¶ Nu Marke sîn œheim / und daz lantliut vernam, / daz er gesunder wider kam, / si wurden al gelîche / von allem dem rîche / rehte unde ûz allem herzen frô. 騎士が健康になって帰ってきたことを知り, 叔父マルケ王と民人たちは, みな一様に国じゅう心から喜んだ. (Tr. 8230-5)

vërnent, vërnet, vërnt ⇒ *vërne.*

ver-nieʒen, -nieʒʒen 動 II. 2. ① 食べ尽くす, 使い尽くす (verzehren). ② 消費する, 使い尽くす (verbrauchen). ③ 粉砕する, かみ砕く (zerknirschen). {Gr. 3453}.

ver-noijieren, -nogieren, -nôgieren 動《弱》再 ① 背教者, 転向者となる (Renogat werden). ② キリスト教に背く (vom Christentum abfallen). ③ 背く (abfallen). ④ 蜂起する (sich erheben), 応戦する (den Kampf aufnehmen).

ver-noʒʒen 形〔過分〕① 使い尽くされた (verzehrt). ② 濫用された (verbraucht). ③ 後悔した (reumütig). {Tr. 4001}

ver-phenden 動《弱》① 担保として置く (als Pfand setzen). ② 担保によって支払う (durch ein Pfand bezahlen). ③ 担保として取る (als Pfand nehmen). {Parz. 657, 19}

ver-phlëgen 動 V. 自 ① 世話をやめる (zu pflegen aufhören). ②

放棄する (aufgeben). ③ (を)² 免かれる (sich entschlagen). 他 他人の地位と義務を引き継ぐ (die Stelle und Pflicht übernehmen). 再 ① 免かれる (sich entschlagen). ② 義務を負う (sich verpflichten). {Parz. 495, 8}

ver-phlihten 動《弱》他 ① 結び合わせる (verbinden). ② 義務を負う (sich verpflichten). ③ (に)³ 確約する (zusichern). 再 約束する (versprechen), 義務を負う (sich verbindlich machen).

ver-prîsen 動《弱》再 賞賛を受け損なう (sein Lob verscherzen). {Tr. 4925}

ferrân, ferrans 男 (絹と羊毛の) 軽い織物 (ein Stoff aus Wolle und Seide). {Nib. 576, 3}

ver-ranken 動《弱》再 脱臼する (sich verrenken).

ver-râtære, -ræter 男 ① 裏切り者 (Verräter). ② 予言者 (Wahrsager). {Iw. 3118}

ver-râtærinne 女 ① (女性の) 裏切り者 (Verräterin). ② (女性の) 予言者 (Wahrsagerin). {Iw. 4048}

ver-râten 動〔反復〕2 ① まちがった助言で迷わす (durch falschen Rat irreführen), 惑わす (verführen). ② 裏切る, 密告する (verraten). ③ 陰謀を企てる (einen Anschlag machen). ④ 使えるようにする (nutzbar machen). ⑤ 調達する, 配慮する (besorgen). {Ku. 412, 4}

vër-re¹ 形 ① 遠い (fern, weit). ② 遠く離れた (weit entfernt). ③ 外国の (auswärtig), 異国の (fremd). {Nib. 1637, 1}

vër-re², vër 副 ① 遠くに (fern, weit, entfernt), 遠くから (von weitem). ② はるかに (weit), たいへん (viel, sehr). ③ 熱心に (mit Eifer). ④〔比較級の前で〕たいへん (so sehr), その点において (insofern), そこまでは (so fern). ¶ der gruozt in harte verre / als vient sînen vient sol: 主人は敵同士がそうするように遠くからイーヴァインに挨拶した. (Iw. 1002-3) ¶ die ersach von êrste daz wîp, / wan si verre vor reit. 盗賊たちの姿を最初にみたのは妻であった. 妻はずっと前を進んでいたので. (Er. 3123-4)

vërren¹ 動《弱》自 遠くへ出かける (in die Ferne schweifen). 自 / 再 ① 遠くなる (fern werden). ② 遠ざかる (sich entfernen), 遠ざかっている (sich fern halten). 他 ① 遠くへ連れて行く (in die Ferne leiten). ② さまよわせる (schweifen lassen). ③ 遠ざける (entfernen), 遠ざけておく (fern halten). ④ 疎遠にする (entfremden). ⑤ 奪い取る (entziehen). {Nib. 465, 1}

vërren[2] 副 ① 遠くに (fern, weit). ② 遠くから (von fern, von weitem). ③ 遠く離れて (weit weg). ④ 離れて (entfernt). ⑤ 熱心に (mit Eifer). ⑥ たいへん (sehr).

ver-rêren 動《弱》他 ① 落下させる (dahin fallen lassen). ② まき散らす (streuen). 自 ① 滅びる (verderben). ② 流れ去る (verrinnen). {Parz. 254, 9}

ver-rîben 動 I. 1. 他 ① こすりつける (aufreiben). ② こすることによって使い尽くす (durch Reiben abnutzen). 再 すり傷を負う (sich durch Reiben verwunden). {Parz. 93, 19}.

ver-riechen 動 II. 1. 香りを放たなくなる (zu duften aufhören). {Parz. 481, 24}

ver-rihten 動《弱》他 ① 整える (in Ordnung bringen), 作る (herstellen). ② 支払う (bezahlen). ③ 装備する (ausrüsten). ④ 完成する (vollbringen), 仕上げる (fertig machen). ⑤ 和解させる (versöhnen). ⑥ 判決を下す (verurteilen). ⑦ 備え付ける (versehen), 添える (beilegen). 再 ① ある方向へ向かう (eine Richtung einschlagen). ② 赴く (sich begeben). ③ 装備する (sich rüsten). ④ 決心する (sich entschließen). ⑤ 和解する (sich ausgleichen, sich versöhnen).

ver-rinnen 動 III. 1. 自 流れ去る (wegrinnen), 消える (verschwinden). 他 包囲する (umlagern). 再 道に迷う (sich verlaufen), 遠くまで行きすぎる (zu weit laufen). {Gr. 1316}

ver-rîten 動 I. 1. 自 (騎乗して) 外出する (ausreiten). 再 ① (騎乗して) あまりにも遠くへ行きすぎる (zu weit reiten). ② (騎乗して) 道に迷う (reitend sich verirren). 他 馬で追い越す (reitend überholen).

ver-rücken, -rucken 動《弱》自 ① そこから動く (von der Stelle rücken). ② 退く (weichen). ③ 旅立つ (abreisen). ④ 死ぬ (sterben). ⑤ 過ぎ去る (vergehen). 他 ① そこから動かす (von der Stelle rücken), 押しやる (verschieben). ② 混乱させる (verrücken). ③ 終わらせる (beendigen). 再 ① 退く (sich weichen), 動く (sich verrücken). ② 次第に消える (dahin schwinden), 過ぎ去る (vergehen). {Nib. 1839, 3}

ver-sachen 動《弱》他 ① 拒む, 否認する (verleugnen). ② あきらめる, 断念する (entsagen). ③ 着手する (ins Werk setzen). ④ (と)[3] 争う (streitig machen). 再 (を)[2] あきらめる (sich entsagen). {Tr. 6149}

ver-sagen[1] 動《弱》自 ① 拒む, 断る (absagen). ② 諦める (entsagen). 他 ① 言う (sagen). ② 否認する (verleugnen), 拒む (verweigern). ③ 中傷する (verleumden). ④ 切り落とす (abschlagen). ¶ sine wolde im versagen niht. / von allen sînen mannen / schiet er al eine dannen. 妻は夫の願いを拒まなかった. 彼は家来たちと別れ, 一人で旅立って行った. (Parz. 223, 28-30) ¶ nu enmac des leider niht gesîn : / dâ von muoz iu diu helfe mîn / durch alle nôt sîn versaget. しかしそうはゆきません. そのため私はどうしてもあなたを助けることができません. (aH. 221-23)

ver-sagen[2], **-segen** 動《弱》他 鋸で挽く (absägen).

ver-sager 男 中傷者, 誹謗者 (Verleumder).

ver-salzen 動《弱》まったく塩辛くする (ganz salzig machen).

ver-schaffen 動 VI. 他 ① 下手に作る (übel schaffen). ② 除去する (wegschaffen). ③ 滅ぼす (verderben). ④ 決定する (bestimmen). ⑤ 納得させる (überweisen). ⑥ 確約する (zusichern).

ver-schamen, -schemen 動《弱》自 恥じる (sich schämen). 再 恥じるのをやめる (sich zu schämem aufhören). 他 恥ずかしさを克服する (die Scham überwinden), 恥知らずにする (schamlos machen). {Parz. 90, 4}

ver-schamt, -schemt 形〔過分〕① 内気な (verschämt). ② 恥知らずの (unverschämt), 厚かましい (schamlos).

ver-schatzen 動《弱》税を納める (versteuern).

ver-scheiden 動〔反復〕4 自 ① 立ち去る (fortgehen). ② 消える (verschwinden). ③ 死ぬ (sterben). 他 ① 整える (einrichten). ② 示談にする (gütlich beilegen). {Parz. 575, 7}

ver-schelken 動《弱》① 召使にする (zum Knecht machen). ② 欺く, だます (betrügen), 策略で勝つ (überlisten).

ver-schemen ⇒ *verschamen.*

ver-schenken 動《弱》① 与える (geben), 贈る (schenken). ② 注ぎだす (ausschenken).

ver-scherten 動《弱》① 刻み目を入れる (schartig machen). ② 切れ目を入れる (einschneiden). ③ 傷つける (verletzen, verwunden). {Parz. 3, 24}

ver-schîben 動 II. 1. 他 ① 中に差し込む (hineinschieben). ② (差し込んで) ふさぐ (verstopfen), 封鎖する (versperren). 再 ① 終わる (zu Ende gehen). ② ふさがれる (sich verstopfen). 自 終わる (zu Ende gehen), 死ぬ (sterben). {Tr. 17618}

ver-schieʒen

ver-schieʒen 動 II.2. ① 射るのをやめる (zu schießen aufhören). ② 射る, 投げる (abschießen), やたらと射つ (verschießen). ③ 射て深い傷を与える, 死なせる (ganz wund oder tot schießen). ④ 射落とす (wegschießen). 再 ① 射損じる (fehlschießen). 自 突進する (schnell wegschießen).

ver-schif 中 ① 連絡船 (Fährschiff). ② 渡し船 (Fähre).

ver-scholn ⇨ *versoln*.

ver-schoʒʒen 動《弱》税を納める (versteuern).

ver-schragen 動《弱》① 組み合わせる (verschränken). ② 梁で囲む (mit Balken einschließen).

ver-schrenken 動《弱》[6. verschrankt] ① 柵で囲む (mit Schranken umgeben). ② 閉鎖する, 遮断する (versperren). ③ 妨げる (verschränken). {Nib. 1979, 3}

ver-schrîen 動 I.2. ① 叫び勝る (überschreien). ② 叫びののしる, やじる (verschreien). {Parz. 505, 20}

ver-schrôten[1] 動〔反復〕5 他 ① 切り離す (zerhauen). ② 切り取る (abschneiden). ③ 傷つける (verwunden, verletzen). ④ 切り刻む (zerhauen), 細かに切る (zerschneiden). ⑤ 切って滅ぼす (durch Schneiden verderben) 再 ① 負傷する (sich verletzen). ② 迷う (sich irren). 自 滅びる (zu Grunde gehen). ¶ dô erkante er bî der stimme den er dâ hête verschrôten / mit sînen starken ellen. ホーラントは自分が力にまかせて切りつけた者が誰かをその声で聞き分けた. (Ku. 887, 3-4a)

ver-schrôten[2] 動《弱》再 ① 切り損なう (sich im Hauen irren). ② 間違って切る (sich verhauen).

ver-schulden 動《弱》他 負債により失う (durch Schuld verlieren, verwirken). ② ふさわしい, 値する (verdienen), 罪を犯す (verschulden). ③ 賠償する (die Schuld abtragen). 再 誤りを犯す (sich vergehen), 借金をする (in Schulden geraten). ¶ nû râtet mir alle durch got, / von dem ich die genâde hân / die mir got hât getân, / daz ich gesunt worden bin, / wie ichz verschulde wider in. 私を健康にするという, 恩寵を私に与えてくれた神にかけて, みなは私のために, 私がその人にどのように報いるべきか協議してほしい. (aH. 1482-6) {Iw. 4641}

ver-sëhen 動 V. 他 ① 予見する (vorher sehen), 信じる (glauben). ② 気遣う (besorgen), 心配する (sorgen). ③ 見落とす (übersehen). 再 ① 当てにする, 頼りにする (rechnen). ② 期待する (erwarten).

③ 希望を持つ (Zuversicht haben). ④ 予見して恐れる (vorhersehend fürchten). {Nib. 2208, 4}

ver-sellen[1] 動《弱》再 (と)^mit ひとつになる, 集合する (sich vereinigen).

ver-sellen[2], **-seln** 動《弱》売る (verkaufen), 交渉する (verhandeln). {Tr. 6149}

ver-selwen, -salwen 動《弱》① 汚す (verschmutzen). ② 濁らせる (trüben). ③ 暗くする (verdunkeln), 褐色に染める (bräunen). {Tr. 4001}

vërsen, vërsene, vërse 女 かかと (Ferse). {Iw. 1117}

ver-senden 動《弱》他 ① 派遣する (aussenden). ② 送り出す (wegsenden). ③ 追放する (in Verbannung schicken). 再 ① 道に迷う, 消える (sich verlieren). ② 深くなる, 沈む (sich vertiefen).

ver-senen 動《弱》他 憧れて過す (mit Verlangen hinbringen). 再 思い煩う (sich abhärmen), 心の苦しみに沈む (sich in Seelenschmerz vertiefen). {Parz. 265, 20}

ver-senken 動《弱》① 倒す (zu Fall bringen). ② 滅ぼす (verderben). ③ 沈める (versenken). 再 沈んでゆく (dahinsinken), 倒れる (zu Fall kommen).

ver-sêren 動《弱》① 傷つける (verletzen), 害する (versehren), ② 濁らす, 悲しませる (betrüben). {Tr. 991}

ver-sigelen[1] 動《弱》他 ① 封をする (versiegeln), 封印する (besiegeln). ② 閉じる (verschließen). ③ 裏付ける (bekräftigen). 再 閉じこもる (sich einschließen). {Ku. 597. 2}

ver-sigelen[2] 動《弱》① 誤った方向に帆走する (irre segeln). ② 海上で進路を誤る (sich auf dem Meer verirren). {Ku. 1128. 1}

ver-sinken 動 III. 1. 自 ① 沈む (versinken), 水にもぐる (untertauchen). ② 深みにはいる (in die Tiefe sich richten). ③ 思いに耽る (in Gedanken versunken sein). 他 沈める (versenken), 滅ぼす (verderben).

ver-sinnen[1] 動《弱》再 ① (を)^2 自覚する, 思い出そうとする (sich besinnen). ② 見つける (ausfindig machen). ③ 思い違いをする (sich irren). ④ 欠けている, 誤る (fehlen).

versinnen[2] 動 III. 1. 他 気づく (merken), 知覚する (wahrnehmen). 再 ① 正気に戻る (zur Besinnung kommen). ② 熟慮する (sich besinnen), 思案する (nachdenken). ③ 理解する (verstehen). ④ 期待する (erwarten), 望む (hoffen). 自 正気に戻る (zur Besin-

ver-sitzen

nung kommen). {Nib. 147, 2}

ver-sitzen 動 V. 他 ① 座り続けすぎて見落とす (durch Sitzenbleiben übersehen), 見逃す (hingehen lassen). ② 怠る (versäumen). 再 座りすぎて損をする (zum Schaden zu lange sitzen). 自 (長く座りすぎて) なにかを怠る (versäumen). {Nib. 825, 3}

ver-slâfen 動〔反復〕2 寝て過ごす (verschlafen). ¶ Möhte ich verschlâfen des winters zît! / wache ich die wîle, sô hân ich sîn nît, / daz sîn gewalt ist sô breit und sô wît. 私たちはできることならこの冬の時期を寝て過ごしたい. その間目を覚ましていたら, 私は冬を恨めしく思うことだろう. 冬の力はあまりにも広く, 遠くにまで及んでいる. (Wa. 39, 6-8)

ver-slahen, -slân 動 VI. ① 打ち砕く (zerschlagen). ② 傷を負わせる (verwunden). ③ 討つ (erschlagen), 殺す (töten). ④ 切り落とす (abschlagen). ⑤ 拒否する (zurückweisen). ⑥ 避ける (vermeiden). ⑦ 軽蔑する (verachten). ⑧ 閉鎖する (versperren), 枷を掛ける (fesseln). ⑨ 遠ざかる (sich entfernen).

ver-sliefen 動 II. 1. 潜り込む, 忍び込む (sich verkriechen).

ver-sliezen 動 II. 2. 閉じる, 鍵をかける (verschließen).

ver-slîfen 動《弱》I. 1. 自 滑って行く (dahin gleiten). 他 滑らせる (gleiten lassen). {Ku. 1684, 3}

ver-slîʒen 動 I. 1. 他 ① 使い減らす (abnützen). ② 不必要に使い尽くす (unnötig verbrauchen). 自 消耗する (sich abnützen), 滅びる (verderben). 再 過ぎ去る (vergehen). {Tr. 17134}

ver-smæhe, -smæhede, -smæhte 女 ① 軽視 (Geringschätzung), 軽蔑 (Verachtung). ② 罵り (Beschimpfung).

ver-smæhe-lich 形 ① 恥ずべき (schimpflich). ② 不名誉な (schmachvoll). ③ 軽蔑すべき (verächtlich).

ver-smæhe-lîche 副 ① 恥に満ちて (schimpflich), 不名誉に (schmachvoll), 軽蔑して (verächtlich).

ver-smæhen, -smâhen, -smæn, -samân 動《弱》他 ① 侮る, 侮蔑する (verschmähen). ② 侮蔑的に扱う (schmählich behandeln). ③ 軽蔑する (verachten), 過小に評価する (geringschätzen). ¶ an hern Heinrîche wart wol schîn: / der in dem hœhsten werde / lebet ûf dirre erde, / derst der versmâhte vor gote. 俗世でこの上なく幸せに暮らす者が, 神の前では軽蔑された者である, ということが, 領主ハインリヒの身の上に明らかになった. (aH. 112-5)

ver-smâhen, -smân 動《弱》自 ① 取るに足らない (geringfügig

sein). ② 軽蔑される (verachtet werden). ③ つまらないものに見える (klein erscheinen). ④ 気に入らない (nicht gefallen). {Nib. 761, 3}

ver-snîden 動 I.1. ① 切り刻む (zerschneiden). ② 切り損なう (fehlerhaft zuschneiden). ③ 制限する (beschränken). ④ 欺く (betrügen). {Nib. 429, 2}

ver-snîwen, -snîen 動《弱》他 ① 雪で埋める (verschneien). ② 雪で塞ぐ (zuschneien). 自 雪に埋まる (einschneien).

ver-snurren 動《弱》他 獲物の後を猟犬で追い損なう (die Spur des Wildes durch den Spürhund verfehlen). 再 射損なう (fehlschießen). 自 ① 射るのを止める (abzuschießen aufhören). {Parz. 569, 11}

ver-solden 動《弱》① 支払う (bezahlen), 報いる (belohnen). 給料を支払う (besolden). ② 贈る (beschenken). ③ 雇う (in Sold nehmen). {Nib. 1123, 2}

ver-soln, -scholn 動《弱》他 ① 稼ぐ, 価する (verdienen), 犠牲を払って得る (erkaufen). ② 罪をおかす (verschulden). ③ 報いる (vergelten). ④ 失う (verlieren). 再 罪に陥る (in Schuld geraten). {Nib. 129, 3}

ver-sparn 動《弱》① 節約する (sparen). ② 大切にする (schonen). ③ 延期する (aufschieben).

ver-spæten, -spâten 動《弱》他 ① 遅らせる (verspäten). ② 逸する, 怠る (versäumen). 自 怠る (säumen).

ver-sperren 動《弱》① 閉じこめる (einschließen). ② 隠す (verbergen). ③ 閉鎖する (versperren), 閉じる (verschließen). {Parz. 50, 27}

ver-spiln 動《弱》① (遊びで) なくする, 破壊する (durch Spiel zu nichte bringen). ② 欺く (täuschen). ③ 遊びながら過ごす (spielend hinbringen). ④ 遊びながら失う (spielend verlieren). {Tr. 13009}

ver-sprëchen 動 IV. 自 約束する (ein Versprechen leisten). 他 ① 守る (verteidigen). ② 婚約させる (verloben), 結婚させる (zur Ehe geben). ③ 拒む (verweigern), 断る (ablehnen). 再 ① 弁護する (sich verteidigen). ② 放棄する (verzichten). ③ 不利なことを言う (sich zum Schhaden sprechen). ¶ „Nu versprich ez niht ze sêre", sprach aber ir muoter dô.「なにもそのようにきっぱりと拒むものではありません」とそのとき再び王女の母は言った. (Nib. 16, 1)

ver-stân, -stên 動〔不規則〕自 ① 立っている, 立ち止まる (stehenbleiben). ② やめる (aufhören), 停止する (stocken). ③ (に)³ 役に立つ (nützen). 他 ① 立ち止まらせる (zum Stehen bringen). ② 代わりをする (vertreten). ③ 認識する (erkennen), 気づく (merken), 知覚する (vernehmen). ④ 理解する (verstehen). ⑤ 隠す (verbergen). ⑥ 妨げる (hindern), 防御する (verteidigen). 再 気づく (wahrnehmen). ¶ ouch verstuont sich her Îwein wol / daz er sich weren solde, / ob er niht dulden wolde / beide laster unde leit. イーヴァインの方も屈辱と苦悩を耐え忍ぶ覚悟がない限り、身を護らなければならないと思った. (Iw. 1004-7)

ver-stellen 動《弱》他 ① 変える (verändern). ゆがめる (entstellen). ② 立たせる (zum Stehen bringen). 再 変わる (sich verändern), 識別されない (sich unkenntlich machen). {Tr. 15568}

ver-stëln 動 IV. 他 ① 盗む (stehlen), ひそかに盗み去る (heimlich wegnehmen). ② 秘密にする (geheim halten), 隠す (verheimlichen). 再 こっそり立ち去る (unbemerkt fortgehen). {Nib. 848, 1}

ver-stolne, -stoln 副〔過分〕ひそかに (verstohlenerweise), こっそり (heimlich). {Tr. 18783}

ver-stôȝen 動〔反復〕5 他 ① ある方向へ動かす (nach einer Richtung bewegen). ② 遠ざける (entfernen), 追い払う (vertreiben). ③ 奪う (berauben). 再 ① ある方向を取る (eine Richtung nehmen). ② 方向を変える (eine andere Richtung nehmen). ③ 隠れる (sich verbergen). 自 ① 迷う (irregehen). ② 間違う (sich irren). ③ 失敗する (einen Fehltritt begehen). {Tr. 17092}

ver-stricken 動《弱》他 ① 編む (flechten), 組み合わせる (verflechen). ② 編む, 巻く (stricken). ③ 結び合わせる (verbinden). ④ 隠す (verbergen), 秘密にする (verheimlichen). ⑤ 押し込める (einsperren). 再 付着する, 溜まる, 定着する (sich festsetzen).

ver-süenen, -suonen 動《弱》他 ① (を)⁴ 償う (sühnen), 元どおりにする (gut machen). ② 調停する (vergleichen), 和解させる (ausgleichen). ③ (と)⁴ 妥協させる (aussöhnen). ④ なだめる, 贖罪する (versöhnen). 再 和解する (sich versöhnen). {Nib. 678, 2}

ver-sûmen 動《弱》他 ① おろそかにする (versäumen). ② 遅らせる (verspäten). 再 ① 怠る (säumen). ② 遅れる (sich verspäten). {Tr. 18000}

ver-sunnen 形〔過分〕思慮深い (besonnen), よく考えた (wohl bedacht).

ver-sunnenlich 形 自我意識を持った (Selbstbewußtsein habend).

ver-suochen 動《弱》他 ① 知ろうとする (zu erfahren suchen). ② 探求する, 探す (forschen). ③ 試す, 試験する (prüfen). ④ 〜しようと試みる (zu tun suchen). ⑤ 訪ねる (aufsuchen, besuchen). 再 ① 〜しようとしている (sich versuchen). ② 探しながら道に迷う (sich suchend verirren). ¶ er versuochte vil der rîche durch ellenthaften muot. この騎士は勇敢な心のゆえに多数の国々を攻略した. (Nib. 21, 2)

ver-swachen, -swechen 動《弱》他 ① まったく弱くする (ganz schwach machen). ② 下げる (herabsetzen), 減らす (verringern). ③ 罵倒する (beschimpfen). ④ 滅ぼす (verderben).

ver-sweinen 動《弱》① 目に見えなくする (unsichtbar machen). ② やつれさせる (vergehen lassen), 痩せさせる (abmagern lassen). ③ まさっている (übertreffen). ④ ほろぼす (vernichten).

ver-swenden 動《弱》① 消えさせる (verschwinden machen). ② 食べ尽くす (verzehren). ③ 片付ける, 取りのぞく (beseitigen), 滅ぼす (vernichten). ④ 追い払う (vertreiben), 引き渡す (hingeben). {Nib. 1372, 3}

ver-swenken 動《弱》① 片付ける, 取りのぞく (beseitigen). ② やってしまう (wegschenken). ③ 分けて与える (austeilen).

ver-swërn 動 IV. ① 痛むのが, あるいは膿むのがやむ (zu schmerzen oder zu schwären aufhören). ② (傷が) 癒合する (vernarben).

ver-swern 動《強》VI. 自 ① 偽りの誓いをする (falsch schwören). ② 誓って断つ (verschwören). ③ 誓いを立てて関係を断つ (sich durch Eidschwur von einem lossagen). 他 ① 誓って約束する (eidlich geloben). ② しないことを誓う (etwas nicht zu tun schwören). 再 ① 偽りの誓いをする (falsch schwören). ② 誓う (einen Schwur machen). ③ 誓って断つ (eidlich verzichten). ¶ sîn herze hâte versworn / valsch und alle dörperheit / und behielt ouch vaste den eit / stæte unz an sîn ende. 彼の心はあらゆる偽りと不作法を断つことを誓い, その誓いを死の時まで守った. (aH. 50-3)

ver-swîgen 動《強》I. 1. /《弱》自 ① 大声にならない (nicht laut werden). ② 黙っている (schweigen). 他 ① (を)⁴ 隠す (verheimlichen), 口外しない (verschweigen). ② 言わずにいる (stillschweigen). 再 ① 名前を言わない (seinen Namen nicht sagen). ② 黙っていて損をする (durch Schweigen zu Schaden kommen), 失う (verlieren). ¶ dâ wart ir klage niht verswigen. / hin rîtet Herzeloyde fruht. そこでは人々の嘆きの声も聞かれた. ヘルツェロイデ

ver-swinden

の息子は馬で立ち去る. (Parz. 451, 2-3)

ver-swinden 動 III. 1. ① 見えなくなる (unsichtbar werden). ② 非現実的になる (unwirklich werden). {Nib. 661, 4.}

ver-swînen 動 I. 1. ① 見えなくなる (unsichtbar werden), 消える (verschwinden). ② 衰える, なくなる (vergehen). ③ やせ衰える (abmagern).

ver-swingen 動 III. 1. 他 振り捨てる (im Schwung fortwerfen), 投げ捨てる (fortwerfen). 自 振り動くのをやめる (zu schwingen aufhören). 再 飛びながら道に迷う (sich fliegend verirren). ¶ sîn swebendez herze daz verswanc, / sîn swimmendiu vreude ertranc, / sîn hôchvart muose vallen, / sîn honec wart ze gallen. ハインリヒの漂う心は動きを止め, 泳ぐような喜びは溺れてしまった. 彼の意気は下がり, 彼の蜜は苦味に変わった. (aH. 149-52)

vert = *varn* の直説法現在3人称単数.

vërt 副 [= *vërne*[1]] 前年に (im vorigen Jahr). {Tr. 11863}

ver-tân[1] 形 〔過分〕 ① 罪のある (schuldig), 犯罪の (verbrecherisch). ② 呪われた (verflucht). ③ 邪悪な (böse).

ver-tân[2] = *vertuon* の過去分詞.

ver-teilen 動 《弱》 ① 分ける (verteilen), 手渡す (übergeben). ② 細分する (zerteilen). ③ 侵害する (beeinträchtigen). ④ 奪う (berauben), 取る (nehmen). ⑤ 廃嫡する (enterben). ⑥ 有罪の判決を下す (verurteilen). ⑦ 呪う (verwünschen). {Parz. 527, 19}

ver-toben 動 《弱》 他 立ち騒いでする (toben, durch Toben vertun). 自 ① 暴れるのをやめる (austoben). ② 過度に暴れる (übermäßig rasen). {Parz. 312, 4}

ver-tragen 動 VI. 他 ① 運び去る (forttragen). ② 間違った道に導く (irreführen). ③ 耐える (ertragen). ④ 見逃す (hingehen lassen), 赦す (verzeihen). 再 ① 終わる (zu Ende kommen). ② 契約を結ぶ (einen Vertrag schließen). {Nib. 1905, 4}

ver-trecken 動 《弱》 ① ゆがめる (verziehen), 曲げる (verzerren). ② 放浪によりだめになる (durch Umherziehen verderben). {Parz. 256, 25}

ver-trëten 動 V. 自 ① 終わる (enden). ② 経過する (verlaufen). 他 ① 押しのける (wegstoßen). ② 拒む, 否認する (verleugnen). ③ 阻止する, 妨げる (verhindern). ④ 滅ぼす (vernichten). ⑤ 代表する (vertreten). 再 終わる (enden), 過ぎ去る (dahingehen).

ver-trîben 動 I. 1. 他 ① 押しやる, 追いやる (antreiben). ② 取り

除く (vertreiben). ③ 空にする (leer machen). ④ 時を過ごす (hinbringen). {Tr. 68}

ver-triuwen ⇨ *vertrûwen.*

ver-trûwen, -triuwen 動《弱》自 頼りにする (trauen), 信頼する (vertrauen). 他 ① 約束する (versprechen). ② 結婚させる (vermählen). 再 ① 信頼している (zuversichtlich sein). ② 約束される (versprochen werden). ③ 婚約する (sich ehelich verloben).

ver-tuon 動〔不規則〕他 ① 費やす (vertun), 消費する (verschwenden). ② 過ごす (hinbringen). ③ 運び去る (wegschaffen), 引き渡す (hingeben). ④ 滅ぼす (verderben). 再 集まる (sich versammeln).

ver-tuschen, -tüschen, -tuʒʒen, -tussen 動《弱》自 ① 度を失う (außer Fassung kommen). ② 感覚を失う (betäubt werden). 他 ① 黙らせる (zum Schweigen bringen). ② 隠す (verbergen). ③ 悲しませる (betrüben). 再 滞在する (sich aufhalten). {Tr. 9032}

ver-twâlen 動《弱》自 ① あとに残る, 遅れている (zurückbleiben). ② 力を失う (von Kräften kommen). ③ 元気を失う (verkümmern). 再 滞在する (sich aufhalten). {Parz. 188, 27}

ver-urliugen 動《弱》① 戦いにより滅ぼす (durch Krieg vernichten). ② 侵攻する (mit Krieg überziehen). {Tr. 18699}

ver-vâhen, -vân 動〔反復〕2 ① つかむ (fassen), 捕らえる (fangen). ② 到達する (erreichen), 手に入れる (erwerben). ③ 知覚する (vernehmen), 理解する (erfassen). ④ 算入する (anrechnen). ⑤ 役に立つ (nützen). ¶ doch vorhter des, swie schiere / des wurmes tôt ergienge, / daz in daz niht vervienge, / der lewe bestüende in zehant. しかし, 騎士はどんなに早く竜が死んでしまおうとも, ライオンがたちまち自分を打ち負かすのではないかと恐れた. (Iw. 3850-3)

ver-vælen 動《弱》① 誤る (fehlen), 間違う (sich irren). ② 失敗する (fehlen), 当たらない (nicht treffen). 非 打ち損なう (fehlschlagen). 再 欠ける (fehlen), 不足する (mangeln).

ver-vallen 動〔反復〕1 他 ① 落下によって通れなくする (durch Fallen unwegsam machen). ② 閉鎖する (versperren). 自 ① 落下する (herabfallen). ② 罪に陥る (in Schuld geraten). 再 落ちる (fallen). {Tr. 17090}

ver-varn 動 VI. 自 ① 過ぎ去る (vorübergehen). ② 消え去る (verschwinden). ③ 滅びる (verderben), 失われる (verloren gehen). ④ 道に迷う (sich verirren). 他 (行きながら) 避ける (vermeiden),

方向をそれる (ausweichen). 再 道に迷う (sich verirren), それる (ausweichen).

ver-vellen 動《弱》他 ① 転倒させる (zu Falle bringen), 誘惑する (verführen). ② 落下させる (zum Fallen bringen). ③ 引き裂く (reißen). ④ 失う (verlieren). 再 ① 沈む (versinken). ② 道に迷う, 消失する (sich verlieren). ③ 滅びる (verderben).

ver-vlîzen 動 I.1. 一生懸命努力する (eifrig bemüht sein). {Tr. 7932}

ver-vliȝȝen 形〔過分〕熱心な (eifrig).

ver-vluochen 動《弱》自 (を)³ 呪う, ののしる (fluchen). 他 (を)⁴ 呪う (verfluchen). ¶ vervluochet und verwâzen / wart vil dicke der tac / dâ sîn geburt ane lac. ハインリヒが生まれた日が何度も呪わしく, 忌わしく思われた. (aH. 160-2) {Parz. 345, 30}

ver-vüeren 動《弱》他 ① 迷わす (irreführen). ② 実行する (ausüben). ③ 運び去る, 誘拐する (entführen). 再 遠ざかる (sich entfernen). {Tr. 2495}

ver-wâfenen, -wâpenen, -wâfen, -wâpen 動《弱》① すっかり武装させる (bewaffnen, wappnen). ② 装備する (rüsten). ③ 閉じる (verschließen).

ver-walken 動〔反復〕1 [6. -walken] 自 もつれる (filzen), もつれ髪になる (zum Filz verwirrt werden). 他 ① こね合わせる (walken). ② もつれさせる (verfilzen). ¶ Der arme was zewâre / erwahsen von dem hâre, / verwalken zuo der swarte, / an houbet unde an barte その哀れな男はじっさい髪が, 頭も, ひげも伸びきっていて, 皮膚にこばりついていた. (Gr. 3423-6)

ver-wandeln 動《弱》他 ① 変える (umändern, verändern). ② 向きを変える (umwenden). ③ 交換する (vertauschen). 自 死ぬ (sterben). {Tr. 12595}

ver-wænen, -wânen 動《弱》他 ① 期待する (erwarten), 希望する (hoffen). ② (に)² 気をつける, 配慮する (beachten). 再 ① 推測する (vermuten). ② 期待する (erwarten). ③ 自慢する, 自惚れる (sich überheben). {Nib. 1556, 2}

verwâpenen ⇨ *verwâfenen.*

ver-wære, -er 男 ① 染物師, 色付け師 (Färber). ② 絵描き (Maler). ③〔比喩〕叙事詩人 (der epische Dichter). {Tr. 4689}

ver-wærinne 女 ① 染物師, 色付け師 (Färberin). ② 絵描き (Malerin). ③ 化粧した女性 (die Frau, die sich schminkt).

ver-wâzen[1] 動〔反復〕2 他 ① 滅ぼす (verderben). ② 呪う (verfluchen). ③ 追放する (verbannen). ¶ den bû den wil ich lâzen: / er sî von mir verwâzen. 私はこの農場を後にします. この農場は呪われてあるように. (aH. 797-8)

ver-wâzen[2] 形〔過分〕呪われた (verflucht, verwünscht). {Tr. 8323}

verwëhseln 動《弱》① 交換する (wechseln). ② 取り違える (verwechseln).

ver-weinen 動《弱》他 泣きはらす (ausweinen). 再 ① 泣きはらす (sich ausweinen). ② 泣いて思い煩う (sich durch Weinen abhärmen).

ver-weisen 動《弱》自 孤児になる (verwaisen). 他 孤児にする (zur Waise machen). ¶ Nû daz disiu rîchiu kint / sus beidenthalp verweiset sint, / der juncherre sich underwant / sîner swester dâ zehant / und phlac ir sô er beste mohte, / als sînen triuwen tohte. 今やこの身分ある子供たちは二人とも孤児になってしまい, 若い国主はすぐに妹の世話をし, その忠実な気持にふさわしく, この上なくよく彼女の面倒を見た. (Gr. 273-8)

ver-wen, värwen 動《弱》① 外観を与える (ein Aussehen geben). ② 色づけする (färben). ③ 描く (malen, bemalen). ④ 言いつくろう (beschönigen). 再 ① 色が付く (sich färben). ② 化粧する (sich schminken). {Ku. 500, 4}

ver-wendeclîche 副 ① 後ろを見ながら (zurückschauend). ② 後ろを向いて (rückwärts gewandt). {Ku. 1700, 3}

ver-wenden 動《弱》他 ① 使う (verwenden). ② 他へそらす (abwenden). ③ 向きを変える (umwenden). 再 ① よそをむく (sich abwenden). ② 変わる, 変装する (sich verwandeln). {Nib. 2161, 2}

ver-wenen 動《弱》① 悪習に染ます (verwöhnen). ② 悪い方法で慣れさせる (in übler Weise gewöhnen). {Parz. 291, 29}

ver-wërden 動 III. 2. ① なくなる (zunichte werden). ② 滅びる (verderben), 失われる (verloren gehen).

ver-wërfen 動 III. 2. 他 ① 投げ落とす (hinwerfen, niederwerfen). ② 投げる, 投げつける (wegwerfen). ③ 拒む (verweigern). ④ 呪う (verwünschen). ⑤ おおう (bedecken). ⑥ 向かって投げる (zuwerfen). 再 ① 身を投げる (sich stürzen). ② 道に迷う (sich verlaufen). ③ (と)[3] 仲たがいする (sich entzweien).

ver-wërrærinne 女 混乱させる女の人 (Verwirrerin), 迷わす人

(Bestrickerin). {Tr. 11912}

ver-wërren 動 III. 2. ① もつらす，込み入らせる (verwirren). ② 驚かす (erschrecken). ③ 不和にする (feindselig entzweien). {Tr. 836}

ver-werren 動《弱》① 混乱させる (in Unordnung bringen). ② 傷つける (verletzen).

ver-wieren 動《弱》①（黄金か宝石を）織り込む (durchwirken)，編みこむ (einflechten)，はめ込む (einlegen). ② 飾る (schmücken). {Nib. 712, 3}

ver-wilden 動《弱》他 ① 遠ざける (entfremden). ② 見知らぬ姿にする (eine fremde Gestalt geben). ③ 変える (verwandeln). 再 ① 隠れる (sich verbergen). ② 変わる (sich verwandeln). 自 ① 見知らなくなる (fremd werden). ② 疎遠になる (sich entfremden). ③ 野生化する，荒れ果てる (sich verwilden).

ver-winden 動 III. 1. ① 苦しみを忘れる (verschmerzen). ② 巻きながらのばす (windend ausdehnen). ③ 巻き付ける (umwinden). ④ 征服する (besiegen)，克服する (überwinden). ⑤ 強要する (nötigen). 再 巻かれる (sich wickeln)，もつれる (sich verwickeln).

ver-wirken, -würken 動《弱》他 ① 加工する (verarbeiten). ② ちりばめる，はめる (einfassen). ③ 不幸にする (zum Unglück bringen). ④ 滅ぼす (verderben)，破滅させる (zu Grunde richten). ⑤ 失う (verlieren). 再 ① 不幸に陥る (sich ins Umglück stürzen). ② 過ちを犯す (sich verfehlen). ¶ dâ kum ich leider niemer in: / daz verworhte mir mîn tumber sin. 私は残念ながらその中に入ることはできない．私の愚かな考えがそのようにしたのだ. (aH. 407-8) {Parz. 3, 17}

ver-wischen 動《弱》他 ① ふき取る (wegwischen). ② 通り過ぎる (vorübergehen). ③ 手に入らない (nicht bekommen)，欠く (entbehren)，失う (verlieren). 自 ① 突然消える (plötzlich verschwinden)，失われる (verloren gehen). ② のがれる (entgehen).

ver-wîsen 動《弱》① 示し違える (falsch weisen). ② 惑わす (verführen). ③ 追い払う (wegweisen). ④ 拒む (verweigern). ⑤ 指し示す (hinweisen). ⑥ 向こうへ運ぶ (übertragen). {Tr. 18341}

ver-witewen 動《弱》他 寡婦にする (zur Witwe machen). 自 寡婦になる (eine Witwe werden). {Nib. 2188, 4}

ver-wîʒen 動 I. 1. ① 咎める (tadelnd vorwerfen). ② (に)³ (を)⁴ 非難する (vorrücken). ③ 問責する (verweisen). {Nib. 2344, 1}

ver-wiʒʒen 動〔過現〕知っている(wissen). ¶ daz verweiz ich wol. 実際, 私はそのことをよく知っている. (Tr. 5861)

ver-worfen 形〔過分〕① わきに投げ捨てられた(beiseite geworfen), 顧られない(unbeachtet). ② しりぞけられた(verstoßen). {Parz. 453, 12}

ver-worht 形〔過分〕① 犯罪の(verbrecherisch). ② 罰当たりの(verdammt), 呪われた(verflucht). ③ 邪悪な(böse).

ver-worren = *verwërren* の過去分詞.

ver-worren-lich 形 混乱した, 込み入った(verworren).

ver-worren-lîche 副 混乱して, 込み入って(verworren).

ver-worten 動《弱》他 ① 言葉を濫用する(mit Worten missbrauchen). ② 言葉で言う(durch Worten sagen). 再 談判に応じる(sich in Unterhandlung einlassen).

verwüestenen 動《弱》荒廃させる(verwüsten).

ver-wüeten 動《弱》自再 ① 激怒する(ganz in Wut geraten). ② 気がふれる, 精神錯乱になる(wahnsinnig werden). ③ 暴れて憂さ晴らしをする(austoben).

ver-wunden 動《弱》傷つける(verwunden).

ver-wundern 動《弱》自 不思議に思う, いぶかしく思う(sich wundern). 再 ① 驚く(sich wundern). ② 不審に思う(sich verwundern). ③ 驚くのをやめる(sich zu wundern aufhören). 非 (が)[4] 不思議に思う(wundernehmen).

ver-zagelich, -zagenlich 形 ① 勇気のない, 臆した(mutlos). ② 気後れした(verzagt).

ver-zagelîche, -zagenlîche 副 勇気なく(mutlos), 気後れして(verzagt).

ver-zagen 動《弱》自 ① 内気になる(verzagt werden), 気後れする(verzagen). ② 勇気を失う(den Mut verlieren). ③ 臆病になる(scheu werden). {Nib. 2141, 3}

ver-zaget 形〔過分〕① 気後れした(verzagt). ② 勇気のない, 怖じ気づいた(mutlos). ③ 内気な, 臆病な(scheu).

ver-zagetlich, -zagenlich 形 ① 勇気のない, 臆した(mutlos). ② 気後れした(verzagt).

ver-zagetlîche 副 ① 勇気なく(mutlos). ② 気後れして(verzagt). {Parz. 419, 5}

ver-zern, -zeren 動《弱》他 ① 食いつくす, 使い尽くす(aufzehren, verzehren). ② 消費する(verbrauchen). 再 ① 財産を使い尽く

す（die Habe verzehren）．② 過労で損害を受ける（durch Überanstrengung Schaden leiden）．

ver-zîhen 動 I.2.［3. verzêch］他 ① . 拒む（versagen）．② 放棄する（verzichten），見捨てる（verlassen）．再 ① 放棄する（verzichten）．② 許す（verzeihen）．｛Nib. 536, 3｝

ver-zimbern 動《弱》① 建てる（bauen）．②（木材などを）建物に費やす（verbauen）．

ver-zinsen 動《弱》他 ①（の）⁴ 地代を支払う（Zins bezahlen）．② 払う（bezahlen）．再 利子を生む（sich verzinsen）．｛Tr. 8729｝

ver-zwicken 動《弱》① 楔で留める（mit einem Keil befestigen）．② しっかりと釘づけにする（festnageln）．③ かすがいで締め付ける（einklammern）．｛Parz. 680, 23｝

vësper 女 ① 最後から2番目の教会法上の祈りの曲の時刻（die vorletzte kanonische Stunde）．② その時間に歌うミサ曲（Horagesang）．③ 晩課（Vesper），日没前の時の祈り（Stundengebet）．

vësperîe, vësperî 女 ①（馬上槍試合の）前夜の槍試合（Lanzenrennen）．② 馬上槍試合（das Turnier）．③ 戦い（die Schlacht）．④ 前夜祭（Vorabend），午後の試合の前座（Vorspiel des Turniers am Nachmittag）．｛Parz. 68, 24｝

vësper-zît 女 ① *vësper* の時（Zeit der *vësper*）．② *vësper* のために歌を歌う時間（Zeit für den Gesang）．¶ vor einer versperzîte 夕方の祈りの前に（Nib. 814, 1a）．

veste[1] 女 ① 固さ（Härte, Festigkeit）．② 不変, 永続（Beständigkeit）．③ まとまった群（geschlossene Schar）．④ 確かさ, 安全（Sicherheit），守護（Schutz）．⑤ 堅固な城市（feste Burg）．⑥ 牢獄（Gefängnis）．⑦ 結婚（Trauung）．｛Ku. 719, 3｝

veste[2]**, vest** 形 固い（fest），強い（stark），不変の（beständig）．¶ des ist mîn jâmer vester / und beginnez nû ze spâte klagen / daz ich zallen mînen tagen / ir dinc niht baz geschaffet hân. そのために私の憂いはますます大きくなる．私が元気なうちにもっとよく考えてやれなかったことが，いまさらのように悔やまれる．(Gr. 238-41)

vestenen 動《弱》他 ① 固くする（fest machen）．② 保証する，確認する（bestätigen）．③ 確定する（festsetzen）．④ 婚約させる（verloben）．⑤ はっきり取り決める（fest abmachen）．｛Nib. 1140, 2｝

vestenunge 女 ① 安全, 確実さ（Sicherheit）．② 堅実, 確固（Festigkeit）．③ 確証（Bestätigung）．④ 力（Kraft）．｛Parz. 734, 27｝

vetere, veter 男 ① 父親の兄弟（Vatersbruder）．② 従兄（Vetter）．

③ 兄弟の息子 (Bruderssohn). {Er. 9722}

vezzel 男 ① (刀, 楯などをとめる) 紐 (Band, Riemen zum Befestigen des Schwertes, oder Schildes). ② 馬の蹄と膝の間 (Teile des Pferdebeines). ◇放牧のとき馬を紐で結び留める部分. {Nib. 1938, 3}

vezzelîn 中 小瓶, 小樽 (Fässchen) [*vaz* の縮小語]. ¶ der einez sprach: „seht, hie stât wîn / in disem vezzelîne." 侍女たちの一人が言った,「ご覧ください, ここにこの瓶の中にワインが入っています.」(Tr. 11674-5)

fî, fîa, fîe 間 [=*phiu*] 〔不満, 不快, 嘲笑〕えーい, ええー (Pfui). {Parz. 80, 5}

vîandinne, vîendinne 女 敵 (Feindin).

vîant[1]**, vîent, vînt** 男 [vîandes[2], 複数 vînde] 敵 (Feind). ¶ owê, daz ich sô grimmen vîent ie gewan. / edel ritter küene, nu wendet gegen mîn. これほど手強い敵を相手にしょうとは！ 勇敢で, 気高い騎士よ, さあ, かかってくるがよい. (Nib. 2293, 2-3)

vîant[2] 形 [比較級 *vînder* 最高級 *vîndest*] 敵の, 敵対的な (feindlich). {Nib. 1139, 4}

fîanze 女 ① 服従の誓い (Untertänigkeitsgelübde). ② 負債義務の誓い (Gelöbnis der Schuldpflicht). {Parz. 38, 6}

videlære, videler 男 ① フィーデル奏者 (Fiedler). ② バイオリン奏者 (Geiger).

videl-boge 男 フィーデルの弓 (Fiedelbogen).

videle, videl 女《弱》[中世ラテン語 vitula, fidula] ① フィーデル (Fiedel). ② バイオリン (Geige).

videlen 動《弱》① フィーデルを弾く (fiedeln). ② バイオリンを弾く (geigen).

videren 動《弱》① 羽をつける (mit Federn versehen). ② 嘘をつく (lügen), 詩作する (erdichten). ③ 軟毛のある皮で飾る (mit flaumigem Pelzwerk besetzen).

vie ⇨ *vienc*.

viel = *vallen* の直説法過去 1, 3 人称単数.

viele = *vallen* の直説法過去 2 人称単数, 接続法過去 1, 3 人称単数.

vielen = *vallen* の直説法過去 1, 3 人称複数.

vienc, vie = *vâhen, vân* の直説法過去 1, 3 人称単数.

viengen = *vâhen, vân* の直説法過去 1, 3 人称複数.

vînt ⇨ *vîant*[1].

vient-, vînt-lich 形 敵の, 敵対的な (feintlich).

vient-, -vînt-lîche 副 ① 敵対的に (feindlich). ② 強力に (gewaltig). ③ 激しく (heftig), たいへん (sehr).

vîent-, vînt-schaft 女 敵意 (Feindschaft). {Nib. 1548, 3}

vier¹, fier 形 ① 誇りのある, 誇り高い (stolz). ② 立派な (stattlich), 美しい (schön).

vier² 数〔基数〕4 (vier).

vier-beine 形 四足の (vierbeinig).

vier-de 数〔序数〕4番目の (viert).

vierde-halp 数〔基数〕3.5 (vierthalb).

vier-ecke, -eckëht 形 四角の (viereckig). {Parz. 408, 25}

vieren 動《弱》① サイコロ状にする (würfelförmig machen). ② 四角に組み合わせる (viereckig zusammenfügen). ③ しっかり組み立てる (fest bauen).

vier-sîte 副 四方に (auf vier Seiten). {Parz. 760, 23}

vier-zëc, -zic 数〔基数〕40 (vierzig).

vier-zëhen 数〔基数〕14 (vierzehen).

vier-zëhende, -zëhendest 数〔序数〕14番目の (vierzehen).

vierzigist 数〔序数〕40番目の (vierzigst).

vîge 女《弱》［ラテン語 ficus］いちじく (Feige). {Parz. 508, 11}

figieren 動《弱》的を射る (treffen). {Tr. 4624}

figûre, figûr 女《強・弱》① 姿 (Gestalt). ② 似姿, 肖像 (Gleichnis). {Tr. 6651}

vîhe, vëhe 中 ① 獣, 家畜 (Vieh). ② 動物 (Tier).

vihelîn 中〔vîhe の縮小語〕小さい動物 (Tierchen).

vil, vile 形 ① 多くの (viel). ②〔名詞的に〕多くのもの (vieles). 副 たいへん (viel, sehr). ¶ sît lebte diu vil guote vil manegen lieben tac, / daz sine wesse niemen den minnen wolde ir lîp. その後王女は, 想を寄せる男性に巡り合うことなく, 幸せな日々を送った. (Nib. 18, 2-3)

vilân, villân 男 ［フランス語 vilain, ラテン語 villanus］① 農夫 (Bauer). ② 村人 (Dorfbewohner). ③ 農奴 (Leibeigener). {Parz. 74, 13}

villen 動《弱》① 皮をはぐ (das Fell abziehen, schinden). ② 血が出るほど打つ (blutig schlagen). ③ こらしめる (zuchtigen), 罰する (strafen). ④ 苦しめる (quälen). {Wa. 78, 37}

vilz 中 ① フェルト布 (Filz). ② 粗野な人, 武骨者 (grober Mensch). ③ 貪欲な人 (geiziger Mensch). ④ 湿地, 沼沢 (Moor). ⑤ 沼地

(Moorgrund).

vilze-lîn, vilzel 中 小さな鞍のフェルトの覆い (kleines Filzstück, kleine Filzdecke). {Parz. 537, 6}

vînæger 男 [フランス語 vinaigre] (ワインからの) 酢 (Weinessig). {Parz. 551, 21}

vindære, vinder 男 ① 発見者 (Finder). ② 発案者 (Erfinder). ③ 詩人 (Dichter). {Tr. 4663}

vinden 動 III. 1. 他 ① 見つける (finden). ② 認める (wahrnehmen). ③ 詩作する (dichten). ④ 作曲する (komponieren). {Nib. 243, 3}

直説法現在	
ich vinde	wir vinden
du vindest	ir vindet
er vindet	si vindent
直説法過去	
ich vant	wir vunden
du vünde	ir vundet
er vant	si vunden

vinden-lich 形 発見と結びついた (mit dem Finden verbunden). {Parz. 547, 19}

vinger 男 ① 指 (Finger). ② 手 (Hand). ③ (動物の) 爪, けづめ (Kralle). ④ 指輪 (Fingerring).

vinger-grôʒ 形 指の太さの (fingerdick).

vinger-lîn 中 指輪 (Fingerring). {Nib. 679, 3}

vinger-zeigen 動《弱》他 指で指す, ほのめかす (mit dem Finger deuten).

vinster[1], vinsterîn, vinsterî, vinstere 女 ① 暗さ (Dunkelheit). ② 暗闇, 暗黒 (Finsternis). ③ 暗くすること (Verfinsterung). ④ 多数 (Menge), 群れ (Schar).

vinster[2] 形 ① 暗い (dunkel). ② 真っ黒な (finster). ¶ ir klâren ougen wart der tac / trüebe unde vinster als diu naht. 彼女の澄んだ目にも昼は夜のように曇り, 暗くなった. (Tr. 1300-1) ¶ sîn muoter underschiet im gar / daz vinster unt daz lieht gevar. 母親は暗やみと明るさの違いを息子に教えた. (Parz. 119, 29-30)

vinster-lingen 副 暗闇で (im Finstern). {Parz. 82, 19}

vinster-nisse 女 中 ① 暗闇 (Finsternis). ② 暗黒 (Dunkelheit). ③ 不透明さ (Unklarheit). ④ 監獄 (Gefängnis).

vînt 形 [= *vîant*] 敵意を持った (feintlich gesinnt). {Ku. 1027, 4}

vintâle, vinteile, vintaile 女《弱》[フランス語 ventaille] かぶとの面頬 (Helmvisier). {Parz. 44, 4}

vîol 男, **vîole** 女《弱》[ラテン語 viola] すみれ (Viole, Veilchen). {Parz. 780, 22}

vîolât, vîolate, vîolet 男 すみれ色の布地 (veilchenfarber Kleiderstoff). {Tr. 11125}

vipper-hürnîn 形 毒蛇の皮製の (von der Hornhaut der Viper gearbeitet). {Parz. 790, 10}

vîre, vîere, vîer 女 ① 祭り (Feier), 祝祭日 (Festtag). ② 身体を休めること (Ausruhen), 祝うこと (das Feiern). {Tr. 14955}

vîren, vîeren, vîgern, virren 動《弱》他 祝う (feiern), 祝日として祝う (als Feiertag begehen). 自 ① 祝う (feiern). ② 静かにしている (im Ruhe sein). ③ (の)² ための暇がある (müßig sein). {Parz. 211, 27}

virre, vierre, vërre 女 ① 遠方, 遠い所 (Ferne). ② 遠くに居ること (das Fernsein). ③ 不足 (der Mangel). ④ 距離, 道程 (Strecke). {Tr. 18285}

virrec, virric 形 ① 遠くへ広がる (fernhin dringend). ② 遠くまで広がった (weithin verbreitet). {Parz. 7, 29}

virren, vierren 動《弱》他 ① 遠ざける (entfremden, entfernen). ② 遠ざけておく (fern halten). 自 遠くへさまよってゆく (in die Ferne schweifen). 再 広がる, のびる (sich ausdehnen). {Parz. 124, 21}

virwitze 女 [= *virwiȝ*] 知識欲 (Wissbegierde), 好奇心 (Neugierde). {Tr. 16812}

vir-wiz 中 男 ① 知識欲 (Wissbegierde). ② 好奇心 (Neugierde).

visch, visc, vësc 男 魚 (Fisch). {Ku. 1327, 1}

vischære, vischer 男 漁師, 漁夫 (Fischer).

vischec, vischic 形 魚の, 魚に触れた (von Fisch). {Parz. 487, 4}

vischieren 動《弱》① 留め金でとめる (mit einer Spange befestigen). ② 留め金でとめながら帯を締める (mit einer Spange befestigend gürten). {Parz. 168, 17}

visel, vësel 男 陰茎 (männliches Glied).

visellîn 中 *visel* の縮小語.

fisike 女《弱》① 博物学 (Naturkunde). ② 薬物学 (Arzneikunde). {Parz. 481, 15}

viuer-, viwer-ram 女① 火種保存炉 (Feuerbehälter). ② (薪き火用の) 四角の囲み (gemauertes Viereck). {Parz. 230, 9}

viuhte 女 湿り, 湿度 (Feuchtigkeit).

viur, viuwer, viwer 中① 火 (Feuer). ② 薪の山 (Scheiterhaufen). ¶ der wurm was stark unde grôz: / daz viur im ûz dem munde schôz. 竜は強くて, 大きく, 口から火を噴いていた. (Iw. 3841-2)

viurærinne 女① 火をつける女性 (diejenige, die Feuer macht). ② 愛, ミンネ (Minne).

viuren 動《弱》自① 燃える, 白熱する (glühen). ② 火のようになる (feurig werden). 他① 火のようにする (feurig machen). ② 火をつける (entzünden). {Tr. 11890}

viurîn 形 火の (feurig). {Tr. 4944}

viur-niuwen 動《弱》改めて点火する, 火をつける (von neuem entzünden).

viur-, viwer-rôt 形 火のように赤い (feurig rot).

viur-, viwer-stat 女① かまど (Herd), 炉 (Feuerstätte). ② 家政 (Haushaltung). ③ 宿泊所 (Lager). {Nib. 942, 4}

viuwer, viwer ⇨ *viur.*

fix 副 速く (schnell), すばやく (rasch).

vîz, vitz 男, **vitze** 女 捲き糸 (Faden).

vlach, flach 形① 平らな (flach). ② 滑らかな (glatt). ③ まっすぐの (gerade). ④ 地味な, 簡素な (schlicht).

vlæjen, vlæen, vlæn, vlöuwen, vlöun 動《弱》他 洗う (waschen, spülen). 自 (水の中を) 動き回る (hin und her bewegen).

vlans 男① 口 (Mund, Maul) ② ゆがんだ口 (verzerrtes Maul) {Parz. 247, 28}

vlänsel 中 [*vlans* の縮小語] 小さい口 (kleiner Mund) {Parz 113, 8}

vlætec, vlætic 形① 清らかな (sauber). ② 美しい (schön), 愛らしい (zierlich). {Parz. 141, 5}

vlætec-lich 形① 清らかな (sauber). ② 美しい (schön), 愛らしい (zierlich). {Parz. 494, 15}

vlegen, vlên ⇨ *vlêhen.*

vlêhe, vlêge, vlêje, vlê 女 懇願 (flehende Bitte, Flehen). ¶ Swie vil si vlêhe unde bete / und ouch scheltens getete, / daz enmohte ir niht vrum wesen: / si muose iedoch genesen. 少女がど

んなに懇願し，頼み，そして罵っても，それは何の役にも立たず，少女はやはり生き続けなければならなかった．(aH. 1333-6) {Tr. 4860}

vlêhec, vlêhic 形 懇願している (flehend), 謙虚に頼んで (demütig bittend).

vlêhe-, vlege-, vlêje-, vlê-lich 形 懇願している, 懇願的な (flehentlich).

vlêhe-, vlêge-, vlêje-, vlê-lîche 副 懇願して (flehentlich). {Tr. 1212}

vlêhen, vlêgen, vlên 動《弱》① 謙虚に頼む (demütig bitten). ② 切に願う (anflehen).

vlêhen-lich = *vlêhelich*.

vlëhten 動 IV. ① 編む, 編み込む (flechten). ② 編み合わせる, もつれさせる (verflechten). ③ はいり込む (ineinander flechten). ④ 結び合わせる (verbinden). {Parz. 203, 6}

直説法現在	
ich vlihte	wir vlëhten
du vlihtest	ir vlëhtet
er vlihtet	si vlëhtent

直説法過去	
ich vlaht	wir vlâhten
du vlæhte	ir vlâhtet
er vlaht	si vlâhten

vleisch, fleisch, fleis 中 ① 肉 (Fleisch). ② 身体 (Leib). ③ 果実 (Fleisch des Obstes). ¶ ê grôz zen liden allen / daz vleisch, nû zuo gevallen / unz an daz gebeine：以前は手足はみな筋肉がついていたが, 今や落ち込み, 骨だけになっていた. (Gr. 3443-5)

vletze, vlez 中 ① 平らにされた大地 (geebneter Boden). ② 打ち固めた床 (Tenne). ③ 部屋の床 (Stubenboden). ④ 休憩所 (Lagerstatt). ⑤ 平らな河岸 (ebenes Flussufer).

vliegen 動 II. 1. ① 飛ぶ, 飛んで行く (fliegen). ② 飛んでいるかのようにする (gleichsam fliegen).

直説法現在	
ich vliuge	wir vliegen
du vliugest	ir vlieget
er vliuget	si vliegent

	直説法過去		
ich	vlouc	wir	vlugen
du	vlüge	ir	vluget
er	vlouc	si	vlugen

vliehen 動 II. 2. 自 ① 逃げる (fliehen). ② 避難する (sich flüchten). 他 遠ざける (fliehen). ¶ wis den wîsen gerne bî, / vliuch den tumben swâ er sî. 経験を積んだ者の側にいて, 未熟な者からは, それがどこであろうとも, 逃げ去るがよい. (Gr. 255-6)

vliesen ⇒ *verliesen.*

vlieʒ 男 中, **vlieʒe** 女 河 (Fluss), 流れ (Strömung). {Tr. 13277}

vlieʒen 動 II. 2. 自 ① 流れる (fließen). ② (が)² 満ちている (voll sein). ③ 泳いでいる (schwimmen). ④ 流れ去る, 過ぎ去る (verfließen). 他 ① 洗い流す (wegspülen). ② 溶かす (schmelzen).

	直説法現在		
ich	vliuʒe	wir	vlieʒen
du	vliuʒest	ir	vlieʒet
er	vliuʒet	si	vlieʒent

	直説法過去		
ich	vlôʒ	wir	vluʒʒen
du	vlüʒʒe	ir	vluʒʒet
er	vlôʒ	si	vluʒʒen

vlins[1] 男 ① 砂利 (Kiesel). ② 硬い石 (harter Stein), 岩 (Fels). ③ 隕石 (Meteorstein). {Parz. 42, 11}

vlins[2] 男 きらきら光ること (Schimmern).

vlinsen 動《弱》① 震える, 振動する (zittern). ② 輝く (schimmern).

vlins-herte 形 石のように硬い (hart wie Stein).

vlîʒ 男 ① 熱心さ (Eifer). ② 入念, 綿密 (Sorgfalt). ③ 対立 (Gegensatz). ④ 対照 (Kontrast).

vlîʒe[1] 女 熱心さ (Fleiß). ¶ dô wart ein schœne danken mit vlîze dâ getân / der jungen marcgrâvinne von manigem ritter guot. 多数の勇敢な騎士たちが, 若い辺境伯夫人に心から感謝の言葉を述べた. (Nib. 1167, 2-3)

vlîʒe[2], **vlîʒ** 形 熱心な (eifrig). 注意深い (sorgfältig).

vlîʒec, vlîʒic 形 ① 熱心な (eifrig). ② 勤勉な (fleißig). ③ (に)² 注意している (aufmerksam).

vlîȝec-heit, vlîȝekeit 囡 熱心さ (Eifer). {Tr. 7725}
vlîȝec-lich 形 熱心な (eifrig).
vlîȝec-lîche 副 熱心に (mit Eifer), 注意深く (mit Sorgfalt). {Gr. 1939}
vlîȝen 動 I. 1. 自 ① 熱心に仕事をしている (mit Eifer beschäftigt sein). ② (に)² 注意深くある (aufmerksam sein). ③ 努力する (streben). 再 入念に身を飾る (sich eifrig schmücken).
vlîȝ-haft 形 (に)² 熱心な, 勤しんでいる (beflissen). {Tr. 19126}
vliȝȝen = *vlîȝen* の直説法過去 1, 3 人称複数.
vlôch, vlô 男 蚤 (Floh).
vlœhenen, vlœhen 動《弱》逃げる (flüchten). ② 逃走によって遠ざかる (sich durch Flucht entfernen).
vloite, floite, floit, flöute, floyte 囡《強・弱》フルート (Flöte).
floiten 動《弱》フルートを吹く (flöten, Flöte blasen). {Ku. 49, 2}
floitierre, floitære, vlœter, floitieræere, floiteræere, floiterre, floitierre 男 フルート奏者 (Flötenbläser). {Parz. 19, 11}
floitieren 動《弱》フルートを吹く (auf der Flöte blasen). {Nib. 1516, 1}
flôre 囡《強・弱》［古フランス語 flor, flour］花 (Blume, Blüte).
flôren, flôrieren 動《弱》① 花で飾る (mit Blumen schmücken). ② 飾る (zieren, schmücken). ③ 着飾る (sich herrlich kleiden). ④ 賛美する (verherrlichen). {Parz. 341, 3}
florîe, flôrî 囡 ① 花 (Blume, Blüte). ② 新鮮な輝き (frischer Glanz). {Parz. 531, 25 / Tr. 17389}
flôrieren ⇨ *flôren*.
vlouc = *vliegen* の直説法過去 1, 3 人称単数.
floytieren 動《弱》［= *floitieren*］フルートを吹く (auf der Flöte blasen). {Parz. 63, 8}
vlôȝ[1] 男 ① 流れ (Strömung, Strom). ② 河 (Fluss). ③ リューマチ (Rheuma). ④ いかだ, 流木 (Floß). ¶ do begunde er in erbarmen / sô sêre, daz der ougen flôȝ / regens wîs ir wât begôȝ 人々は彼がたいへん気の毒に思い, 目から涙が雨のように落ちて人々の衣装をぬらした. (Gr. 3480-2).
vlôȝ[2] = *vlieȝen* の直説法過去 1, 3 人称単数.
vlœȝen 動《弱》① 流れさす (fließen machen). ② 洗う (waschen). ③ 溢れるほど注ぐ (übergießen). ④ 溶かす (schmelzen).

vluc 男 [fluges²] ① 飛行 (Flug). ② 翼 (Flügel).

vlücke¹ 女 髪飾りの翻る先端 (flatternder Zipfel an dem Kopfschmuck). {Tr. 16965}

vlücke² 形 ① 羽の生えた, 飛べるようになった (flügge). ② 飛んでいる (fliegend).

vlügelingen 副 ① 直ちに (flugs). ② 急いで (eilig). ③ 飛ぶように (fliegend). {Parz. 385, 10}

vlugen = *vliegen* の直説法過去1, 3人称複数.

vluges 副 直ちに (flugs).

vluhen = *vliehen* の直説法過去1, 3人称複数.

vluht 女 ① 逃走 (Flucht). ② 避難, 避難所 (Zuflucht). {Nib. 622, 2}

vlûhtec, vlûhtic 形 ① 逃げている (fliehend). ② 迅速な, 素早い (flüchtig).

vlühtec-lîche 副 素早く (flüchtig). {Nib. 1615, 4}

vluhtsal, vlühtesal 女 ① 逃亡 (Flucht). ② 救助, 救出 (Bergung). ③ 欺き, 欺瞞 (Betrug). {Parz. 117, 14}

vluoch 男 ① 呪い (Fluch). ② 呪詛 (Verfluchung). ¶ got der hât in uns benomen: / hetez iemen anders getân, / der müese unsern vluoch hân. 神があの方を私たちの手から奪ってしまわれた. 誰か他の者がそうしたのなら, その者は私たちの恨みを買うところなのだが. (aH. 506-8)

vluochen 動《弱》自 ① 呪う (fluchen). ② 災いを祈り求める (verwünschen). 他 呪う, 呪詛する (verfluchen).

vluot 女 ① 流れる水 (fließendes Wasser). ② 氾濫 (Überströmung), 洪水 (Flut). ③ 多数 (Menge). {Ku. 138, 3}

vlurn = *verliesen* の直説法過去1, 3人称複数.

flûrs 女 花 (Blume). {Parz. 508, 21}

vlust ⇨ *verlust*.

vlust-, vlüste-bære 形 ① 損失をもたらす (Verlust bringend). ② 損失となっている (Verlust habend). {Parz. 248, 7}

vlüstec-lich 形 損失をもたらす (Verlust bringend). {Parz. 269, 17}

vluʒ 男 ① 流れる水 (fließendes Wasser). ② 流れ (Strom). ③ 河 (Fluss). ④ 鋳造 (Guss). ⑤ リューマチ (Rheuma). ⑥ 影響 (Einfluss). {Nib. 977, 4}

vluʒʒen = *vlieʒen* の直説法過去1, 3人称複数.

vogel 男 小鳥 (Vogel).

vogel-gedœnen ㊥ 鳥の鳴声 (Vogelgesang).
vogel-gesanc ㊚㊥ 鳥の鳴き声, 鳥の歌 (Vogelgesang). ¶ Vil schiere sach her Îwein / den boum, den brunnen, den stein, / und gehôrte ouch den vogelsanc. イーヴァインはすぐにその樹, その泉, そしてその石を見つけ, さらに小鳥の囀りを聞いた. (Iw. 989-91)
vogel-hunt ㊚ 鳥猟のための犬 (Hund zur Vogeljagd). {Tr. 12874}
vogellîn ㊥ 小鳥 (Vögelein) [*vogel* の縮小語] ¶ dâ von gesweic der vogellîne schallen. それを聞いて小鳥たちの歌声もやんだ. (Ku. 372, 4)
vogel-sanc ㊚㊥ 鳥の鳴声 (Vogelgesang).
voget, vogt, voit, vout ㊚ ① 調停者 (Fürsprecher), 後見人 (Vormund). ② 庇護者 (Schirmherr), 弁護者 (Verteidiger). ③ 領主 (Landesherr). ④ 王侯 (König, Fürst). ⑤ 代官 (Statthalter). ⑥ 裁判所官吏 (Gerichtsbeamter). {Nib. 209, 1}
vogetinne, vögetinne, vogetîn ㊛ ① 調停者, 弁護者 (Fürsprecherin). ② 女守護者, 保護者 (Schirmherrin). ③ 女主人 (Herrin), 聖母マリア (Maria). ④ 女王 (Königin). {Parz. 609, 10}
vol[1] ㊟ [-les²] ① 満ちた, いっぱいの (voll). ② (に)²/ᵛᵒⁿ 満腹した, 飽きた (gesättigt), 酔った (berauscht). ③ 豊富に存在する (in Fülle vorhanden). ④ 全部の (vollständig), 完全な (vollkommen). 副 完全に (vollkommen). ¶ Nû wer möhte vol gesagen / die herzeriuwe und daz klagen / und ir muoter grimmez leit / und ouch des vater arbeit？心からの悲しみと嘆き, 少女の母の悲痛な苦しみ, 父の心労について誰が語り尽くすことができようか. (aH. 1027-30)
vol[2]**, volle, vollen** 副 ① 完全に, まったく (ganzlich, vollständig). ② 充分に (in Fülle). ③ たいへん (sehr).
vol[3] ⇨ *vole.*
vol-brâht ㊟〔過分〕完成した (vollendet), 完全な (vollkommen).
vol-bringen, -brengen 動《弱》① 目標を達成させる (bis an das Ziel bringen). ② 到達する (erreichen), 完成する (vollenden). ¶ bin ich genislich, sô genise ich : / und swaz mir vür wirt geleit / von guote oder von arbeit, / daz trûwe ich volbringen. もし治るのでしたら, 私は治るはずです. 財宝であれ, 労役であれ, 私に要請があれば, 私はそれに応じます. (aH. 190-3) {Nib. 156, 4}
volc ㊥ [volkes²] ① 人々 (Leute, Volk). ② 群 (Schar), 多数 (Menge). ③ 軍勢 (Heer). ④ チェスの王以外の駒 (Schachfiguren außer dem König). {Nib. 180, 1}

volc-dëgen 男 人々皆に知られた勇士(ein im ganzen Volk bekannter Held).

volc-sturm 男 ① 民族の戦い (Volkskampf). ② すべての民族がかかわる戦い (Kampf an dem ganze Völker sich beteiligen). {Ku. 921, 3}

vole, vol 男《弱》① 子馬 (junges Pferd). ② 雄の若馬 (männliches Fohlen). ③ 馬 (Ross), 戦馬 (Streitross).

vol-enden 動《弱》① 完成する (vollbringen, vollenden). 成就する (ausführen). ② 完全に叙述する (vollständig beschreiben, darstellen).

vol-gân, -gên 動〔不規則〕① 完成される (in Erfüllung gehen). ② 完全になる (vollständig gehen). ③ 目標に達する (zum Ziel gehen). ④ 実現される, 叶えられる (befriedigt werden). ⑤ 起る (geschehen). ¶ nû helfet, lieber herre, mir / daz diu ritterliche gir / mit werken müeze volgân 院長さま、騎士になりたいという気持ちが実際に叶えられるようにしてください. (Gr. 1621-3)

volgære ⇨ *volger*.

volge 女 ① 従者, 随員 (Gefolge). ② 随伴 (Begleitung). ③ (規則などを) 守ること (Befolgung). ④ 同意 (Zustimmung). {Tr. 81}

volgen 動《弱》① 従軍する (Heerfolge leisten). ② 従う (folgen), 後に続く (nachfolgen). ③ 意見に従う, 言うことを聞く (gehorchen). (Nib. 58, 2) ¶ irn wellent mir volgen, / sô habt ir den lîp verlorn. 私の言う通りになさらなければ, あなたは命を失うでしょう. (Iw. 1490-91) ¶ daz hôrte vil gerne / der meister von Salerne / unde volgete im zehant. サレルノの医者はその言葉を喜んで聞き, すぐにハインリヒに従った. (aH. 1280a-c)

volger, volgære 男 ① 同伴者, 護衛者 (Begleiter). ② 後継者 (Nachfolger). ③ 判決の支持者 (Urteilsanhänger). {Tr. 11524}

Volkêr 男〔人名〕ブルグンド王国の家臣フォルケール (Volker). Alzeye の出身. フィーデル (Fiedel) の名演奏者.

vol-komen[1] 動 IV. ① すっかりやってくる (vollständig kommen), すっかり姿を現す (sich ganz und gar zeigen). ② 完成される (vollendet werden). ③ 目標に辿りつく (zum Ziel kommn), 終わる (zu Ende kommen). ④ 起こる (sich ereignen).

vol-komen[2], **-kumen** 形〔過分〕① 修業を積んだ (ausgebildet). ② 完全な (vollständig, vollkommen).

volkomen-lich 形 完璧な (vollkommen).

volkomen-lîche 副 完璧に (vollkommen).
vol-langen 動《弱》自 すっかり到達する (bis zu Ende reichen). 他 (に)⁴ 完全に達する (völlig erreichen). {Ku. 867, 2}
volle¹ 男《弱》, 女《強・弱》① 充満, 豊富 (Fülle). ② 充分 (Genüge). ③ 完全 (Vollkommenheit). ◇ den vollen (完全に, vollständig). {Nib. 1058, 3}
volle² 副 完全に (vollkommen).
vollec-lich 形 ① 完全な (vollständig, vollkommen). ② 豊富な (reichlich). {Nib. 138, 3}
vollec-lîche 副 ① 充分に, 豊富に (in Fülle, reichlich). ② 完全に (vollständig), まったく (ganz).
volle-gân, -gên 動〔不規則〕満たす (in Erfüllung geben).
volleist, -leiste 男女 ① 完成, 成就 (Vollendung). ② 完全さ (Vollständigkeit). ③ 充満, 豊富 (Fülle). ④ 力 (Kraft, Macht), 能力 (Vermögen). ⑤ 助力 (Beistand, Hilfe). ⑥ 許可 (Genehmigung). ⑦ 支度 (Ausstattung). ⑧ 実行者 (Ausführer), 助力者 (Helfer), 張本人 (Urheber). {Parz. 176, 3}
volle- ⇨ *vol-*.
vollen¹ 動《弱》自 ① いっぱいになる (voll werden). ② 満たされる (sich erfüllen). 他 いっぱいにする (voll machen), 満たす (füllen).
vollen² 副 完全に, すっかり (vollkommen). {Er. 2713}
vollene, vollen 女 ① 充満, 豊富 (Fülle). ② 浪費 (Aufwand). ③ 華麗 (Pracht).
volle-varn 動 VI. 実行する (ausführen). {Tr. 4443}
volle-, vol-ziehen 動 II. 2. 実行する (ausführen). 完成する (vollenden). {Nib. 357, 3}
vol-lîche 副 ① 充分に (in Fülle). ② 完全に (vollständig), まったく (völlig). ③ 詳しく (ausführlich). ④ 力の限り (mit ganzer Kraft). {Parz. 536, 21}
vol-loben 動《弱》すっかりほめ讃える (vollständig loben).
vol-maht 女 全権 (Vollmacht).
vol-mæne 中 [-mænes²] 満月 (Vollmond). {Tr. 9464}
vol-mëʒʒen 動 V. 完全に測る (völlig ausmessen).
vol-müete 形 上機嫌の (hochgemut). {Tr. 10848}
vol-müetic, -muotic 形 欲望に満ちた (voll Begierde). {Tr. 15167}

vol-rëchen 動 IV. 完全に仇を打つ, 復讐する (vollständig rächen).

vol-recken, -rechen 動《弱》① すっかり話す (ganz sagen). ② 詳しく物語る (ausführlich erzählen). ③ 完全に説明する (vollständig erklären).

vol-rîten 動 I.1. ① 目標まで馬に乗ってゆく (bis ans Ziel reiten). ② 戦って解決する (ausfechten). ③ 成し遂げる (vollbringen). ④ 終わりまで騎乗する (zu Ende reiten).

vol-sagen 動《弱》① 物語る (erzählen). ② 話し尽くす (vollständig sagen). {Nib. 1036, 1}

vol-singen 動 III.1. ① 歌い終わる (zu Ende singen) ② すっかり歌う (vollständig singen).

vol-spëhen 動《弱》① すっかり探検する, 見抜く (vollständig erforschen). ② 探して見つける (ausfindig machen). {Parz. 334, 24}

vol-sprëchen 動 IV. ① 物語る (erzählen). ② 最後まで話す (zu Ende sprechen), 話し尽くす (vollständig sprechen).

vol-varn 動 VI. ① 満たす (erfüllen), 成就する (vollenden). ② 目標に至る (zum Ziel kommen). ③ 権利を証明する (sein Recht beweisen). {Iw. 896}

vol-vüeren 動《弱》① 完全にする (vollständig machen), 成就する (ausführen). ② 終える (zu Ende bringen). ③ 法的に遂行する (rechtlich durchführen). ④ 法的に証明する (rechtlich beweisen).

vol-wahsen[1] 動 VI. ① 大きくなる (groß wachsen). ② 成長する (erwachsen).

vol-wahsen[2] 形〔過分〕すっかり成長した, 大人の (erwachsen).

vol-zeln, -zellen 動《弱》① 最後まで数え上げる (vollständig aufzählen). ② すっかり言い尽くす (zu Ende sagen). ③ 物語る (erzählen). {Parz. 365, 6}

vol-ziehen 動《強》II.2. [3. -zôch] 成就する, 完成する (vollziehen). 自 ふさわしく振舞う (gemäß verfahren), 満たす (befriedigen). {Tr. 4519}. ¶ er volzôch ir muote / mit lîbe und mit guote, / si enwart von im beswæret nie. 兄は奉仕と贈り物で妹の心を満たし, 妹は兄によって苦しめられることはなかった. (Gr. 279-81)

von 前 +3/+助格 ① 〜から (aus). ② 〜のため (wegen). ③ 〜について (von). ¶ Waz saget ir mir von manne, vil liebiu muoter mîn？母上, なぜ男性のことなどおっしゃるのですか. (Nib. 15, 1) ¶ wiltû uns, tohter, wesen guot, / sô soltû rede und den muot / durch unsers herren hulde lân, / diu ich von dir vernomen hân." 娘よ, お前は私た

ちに優しくしようと思うなら, 私がお前から聞いた言葉と決心を私たちの主の加護のために忘れて欲しい. (aH. 662a-d)

fontâne, funtâne, fontenie 囡《強・弱》［中世ラテン語 fontana］泉 (Quelle).

vor[1] 副〔時間的・空間的〕前に (vor). {Nib. 495, 1}

vor[2]**, vore** 前 +3/+2 ① 〔空間的〕～の前に (vor). ② 〔時間的〕～より以前に (vor). ③ 〔因果関係〕～のために (wegen). 副〔時間的・空間的〕前に (vor). ¶ schœniu phärt und rîchiu kleit / diu si getruoc nie vor der zît, / hermîn unde samît, / den besten zobel den man vant, / daz was der mägede gewant. この少女が見たことのない美事な馬, 美しい服, おこじょの毛皮, ビロード, 人が知る最高の黒てんの毛皮, それが少女の衣装であった. (aH. 1021-6)

vor-bedæhte 囡 慎重さ (Vorbedächtigkeit). {Tr. 7911}

vor-bedæhtic 形 慎重な (vorbedächtig). {Tr. 7908}

vor-besihtic 形 用心深い (vorsichtig). {Tr. 300}

vor-burc 囡 ① (城壁の外の) 市街地 (Stadtteil). ② 建物 (Gebäude). {Iw. 4368}

vorder[1] 男《弱》① 祖先 (Vorfahr). ② 父 (Vater). ③ 先駆者 (Vorgänger). ④〔複数〕両親 (Eltern). {Tr. 5214}

vorder[2] 囡 ① 要求 (Anspruch). ② 請求, 挑戦 (Forderung).

vorder[3]**, vordere** 男《弱》・囡《弱》① 父 (Vater), 母 (Mutter). ② 祖先 (Vorfahr). 先駆者 (Vorgänger).

vorder[4]**, voder** 形 ①〔空間的〕前方の (voran stehend), 前の (vorder). ②〔時間的〕以前の (früher), 前の (vorig). ③〔比喩的〕優れた (vorzüglich).

vorderic 形 以前の, 前の (vorig).

vorder-lich 形 ① 優れた (ausgezeichnet). ② 高貴な (vornehm), 気高い (edel). ③ 必要な (erforderlich). {Tr. 4462}

vordern, vodern 動《弱》① 要求する (fordern). ② 挑戦する (herausfordern). ③ 来させる (kommen lassen). ④ 法廷に召喚する (vor Gericht fordern).

vor-derst 副［*vort* の最高級］〔空間的〕いちばん前に (zuvorderst), 〔時間的〕いちばん早く (am frühesten).

vorderunge, voderunge 囡 ① 欲望 (Verlangen), 要求 (Forderung). ② 召喚 (Forderung vor Gericht), 訴え (Klage).

vor-dës 副 以前に (vorher), かつて (vordem). {Iw. 36}

vôrëht, fôrët 囲［古フランス語 forest, 中世ラテン語 foresta］①

森 (Forst, Wald). ② 森での騎士の競技 (ein Ritterspiel im Wald). {Parz. 548, 4}

vôrëhtier 男 山林監守 (Förster), 森林官 (Forstbeamter). {Parz. 592, 10}

vôrëst, fôrës, fôreist, fôreis, fôres 中 ① 森 (Forst, Wald). ② 森での騎士の競技 (ein Ritterspiel im Wald). {Parz. 27, 29}

vor-getæne 女 典範, 手本 (Vorbild).

vorhe, vörhe 女《弱》赤松 (Föhre).

vorhte, vorht 女 ① 恐れ (Furcht), 不安 (Angst). ② 心配 (Besorgnis). ¶ vreude unde vorhte / heten die daz sâhen : / weinde si des jâhen, / diz wære ein sælic man. それを見た人々は喜びと恐怖を感じた. この方こそ聖人だ, と人々は涙を浮かべて言った. (Gr. 3736-9) {Nib. 95, 2}

vorhtec, vorhtic 形 ① 臆病な (furchtsam). ② 恐ろしい (furchtbar).

vorhtec-heit 女 ① 恐れ (Furcht). ② 臆病さ (Furchtsamkeit).

vorhtec-lich 形 [= *vorhtec*] 形 ① 臆病な (furchtsam). ② 恐ろしい (furchtbar).

vorhte-, vorht-lich 形 ① 恐ろしさに満ちた (furchtvoll), 恐ろしい (furchtbar). ② 臆病な (furchtsam). ③ 恐れられた (gefürchtet). {Nib. 1665, 4}

vorhte-, vorhtec-lîche 副 ① 恐れて (furchtbar), 恐れに満ちて (furchtvoll). ② 臆病にも (furchtsam). ③ 恐ろしく (furchtbar). {Parz. 328, 7} {Tr. 445}

vorht-, vorhte-sam 形 ① 恐ろしい (furchtvoll). ② 臆病な (furchtsam), 心配な (ängstlich). ③ 内気な (scheu), 恭順な (unterwürfig). ④ 恐ろしい (furchtbar). ⑤ 勇敢な (tapfer), 圧制的な (gewaltsam). {Tr. 5938}

vor-louft 男 猟犬の群れを導く犬 (der Jagdhund, der die Meute führt). {Parz. 528, 27}

vorne, vorn 副 ①〔空間的〕前に (vorn, vor), 外から (von außen). ②〔時間的〕前に, 前もって (vorher). ¶ wir bestrichen die wunden vorn. 私たちはその傷を外からこすった. (Parz. 483, 2)

vorsche 女 ① 探求 (Forschung). ② 調査 (Nachforschung). {Tr. 9700}

vor-sprâche ⇒ *vürsprâche.*

vort 副 ①〔空間的〕前へ (vorwärts), さらに (weiter). ②〔時間的〕

将来, これから先 (fortan), さらに (weiter).

vor-vëhtære 男 ① (武術の) 師範 (Vorfechter). ② 戦いの指揮者 (Streitführer). {Tr. 5945}

vor-vlüge 女 ① 先駆けること (das Voraneilen). ② 先を飛ぶこと (das Voranfliegen). {Parz. 349, 22}

vor-vorhte 女 前以ての恐怖 (Furcht im Voraus). {Tr. 6771}

vor-wërken 動《弱》① 前以て働く (vorarbeiten). ② 畑を耕す (das Feld bestellen). {Tr. 12282}

fossiure 女《強・弱》[古フランス語 fossure, ラテン語 fossura] 洞窟 (Grotte). {Tr. 16705}

voust ⇨ *vûst*.

vrâge, vrâg 女 ① 問い (Frage), 問い合わせ (Nachfrage). ② 難問, なぞ (Rätselfrage).

vrâgen 動《弱》① 尋ねる (fragen). ② 問い合わせる (sich erkundigen). 他 ① 尋ねる (fragen). ② 尋問する (befragen). ¶ wes frâget ir? iu ist wol kunt, / waz ich hie wirbe und wes ich ger. なぜそのようなことをお尋ねになるのですか. ここで私が求め, 望んでいるものをあなたはよくご存じのはずです. (Tr. 6260-1) {Nib. 945, 4}

vrains 形〔古フランス語〕自由な (frei), 気高い (edel). ¶ ir bruoder Kâedîn li frains 彼女の兄, 気高いカーエディーン (Tr. 18714).

vranke 男《弱》① フランクのワイン (Fränkischerwein). ② [フランスの金貨] フランク (Frank).

Franke 男 フランク人 (Franke).

franzen 動《弱》縁飾りを付ける (mit Fransen besetzen).

franzois, franzoys, franzeis 形 フランスの (französisch). 中 フランス語 (Französisch). {Parz. 62, 4}

franzoisisch, franzoisch 形 フランスの, フランス語の (französisch).

vrävel ⇨ *vrevele*[1].

vrâʒ 男 ① 大食家 (Vielesser, Fresser). ② 食べること (das Essen), 大食 (das Fressen). ③ 美食 (Schlemmerei). {Parz. 238, 28}

vrebel 形 [= *vrevele*[1]] 勇敢な (kühn, mutig). {Parz. 302, 13}

vrëch 形 ① 勇敢な (kühn, mutig). ② 大胆な (keck), 不遜な (dreist). ③ 活発な, 生き生きとした (lebhaft). {Parz. 5, 22}

vrëche 副 大胆に, 勇敢に (kühn). {Tr. 2106}

vrëch-heit, vrëcheit 女 ① 勇敢さ (Kühnheit). ② 厚顔さ (Verwegenheit).

vreise 囡《強・弱》, 男《弱》① 危険 (Gefahr). ② 破滅 (Verderben). ③ 困窮 (Not). ④ 怒り (Zorn), 不安 (Angst). ¶ vrouwe Ênîte wart dô / beide trûric und unvrô: / wan si sach die vreise, / daz si vorhte werden weise / des aller liebisten man / den ie vrouwe gewan, / wan ez stuont im angestlîchen. 王妃エニーテは悲しく, 喜びがなくなっていた. それは王妃は夫に危険が迫るという危機を前にして, およそ女性が得た夫の中で最もいとおしい人を失うことを恐れていたからだ. (Er. 3134-40)

vreis-lich 形 ① 危険な (gefährlich). ② 恐ろしい (furchtbar, schrecklich). ③ 荒々しい (wild). ④ 大胆不敵な (verwegen). ⑤ 怒った (zornig). {Nib. 73, 4}

vreis-lîche 副 ① 恐ろしく (auf fürchterliche Weise). ② たいへん (sehr).

vreissam, vreissam = *vreislich*.

vremde[1]**, vremede** 囡 ① 異郷 (Fremde). ② 知られていないこと (Unbekanntheit). ③ 遠ざけること (Entfernung, Entfremdung). ④ 敵意, 敵対 (Feindschaft). ⑤ 隠遁 (Verborgenheit). {Parz. 445, 30}

vremde[2]**, vremede, vrömde, vrömede** 形 ① 見知らぬ, 異国の (fremd). ② 遠くの (fern), 離れた (entfernt). ③ 他の人の (von einem anderen). ④ すばらしい (wunderbar), 珍しい (seltsam). {Nib. 27, 4}

vremdec-lich 形 ① 異国風の (fremdartig). ② 異国の (fremd).

vremden[1] 中 ① 遠ざかっていること (das Fernsein). ② 起らないこと (das Ausbleiben).

vremden[2]**, vremeden, vrömden, vrömeden** 動《弱》他 ① 遠ざける, 見知らぬものにする (fremd machen). ② 避ける (meiden). 再 遠ざかっている (sich fern halten). (を)[2] 避ける (meiden), 自 (から)[3] 遠ざかっている (fern sein). {Nib. 285, 3}

vreud- ⇨ *vröud-*.

vreude 囡《強・弱》[= *vröude*] 喜び (Freude).

vreun, vröiwen, vrewen ⇨ *vröuwen*.

vrevele[1]**, vrevel** 囡 男 ① 勇気 (Mut), 勇敢さ (Kühnheit). ② 傲慢 (Übermut). ③ 厚顔, 大胆 (Frechheit). ④ 法的違反 (rechtliches Vergehen), 罰金 (Geldstrafe). {Ku. 1079, 2}

vrevele[2]**, vrävel, vrevele, vrebel** 形 ① 勇敢な (mutig, kühn). ② 力強い (gewaltig). ③ 大胆不敵な (verwegen). {Ku. 98, 1}

vrevelen 動《弱》自 ① 権力的に振舞う (gewaltig handeln), 大胆に振舞う (vermessen handeln). ② 法に違反する (gegen das Recht handeln). 他 ① 乱暴に扱う (gewalttätig behandeln). ② 暴行する (notzüchtigen).

vrevel-lich 形 ① 勇敢な (mutig). ② 力強い (gewaltig). ③ 大胆不敵な (verwegen). {Iw. 3714}

vrevel-lîche(n) 副 ① 勇敢にも (auf mutige Weise). ② 見境のない大胆さで (auf rücksichtloser Kühnheit), 大胆に (auf vermessene Weise). ③ 法則に反して (auf rechtverletzender Weise). {Nib. 1114, 4}

vrëʒʒen ⇨ *verëʒʒen*.

vrëʒʒenîe, vraʒʒenîe, vrëʒʒerîe, vraʒʒerîe 女 ① ご馳走, 大食 (Fresserei). ② 美食 (Schlemmerei).

vrî[1] 形 ① 自由な (frei). ② 妨げられない (ledig). ③ 制限されていない (unbeschränkt). ④ 自由身分の (frei geboren). ⑤ 心配のない (sorglos). ⑥ 嬉しい (froh). ¶ nû ist si vrî als ich dâ bin: / nû rætet mir al mîn sin / daz ich si ze wîbe neme. この娘は私と同じように自由の身だ. 私の心は私に, 私がこの娘を妻に迎えるように勧めている. (aH. 1497-9)

vrî[2] 中 自由 (Freiheit).

vrîât, vrîâte 女 ① 自由 (Freiheit). ② 特権 (Privileg).

vride, vrit 男《強・弱》[中独 vrede も] ① 平和 (Frieden). ② 休戦 (Waffenstillstand). ③ 平穏 (Ruhe). ④ 休戦違反に対する賠償 (Buße für Friedensstillstandbruch). ⑤ 囲い地 (Einfriedigung). {Tr. 396}

vriden 動《弱》① 和睦させる (in Frieden bringen). ② 調停する (versöhnen). ③ 保護する, 守る (schützen). ④ 救う (retten). ⑤ 垣根を作る (einen Zaum machen). 再 和睦する (sich Frieden machen). ¶ dich envride der übel tiuvel, dune kanst niht genesen. あのたちの悪い悪魔が守ってくれない限り, お前は生きながらえることはできない. (Nib. 2051, 2)

格	単 数	複 数
1格	der vride	die vride
2格	des vrides	der vride
3格	dem vride	den vriden
4格	den vride	die vride

vride-mûre 囡 国境の壁 (Grenzmauer).
vride-saz 男 停戦状態 (Waffenstillstand).
vride-stein 男 境界石 (Grenzstein).
vrîe-bære 形 結婚できる, 結婚適齢の (heiratsfähig).
vriedel 男 [中独 vrîdel] ① 恋人 (Freund). ② 花婿 (Bräutigam), 夫 (Gatte). ¶ Ich kam gegangen / zuo der ouwe : / dô was mîn friedel komen ê. 私は草地の方へ歩いていった. そのときえ私の恋人は先に来ていた. (Wa. 39, 20-2)
vride-lich 形 ① 平和な, 平和的な (friedlich). ② 穏やかな (ruhig). ③ 保護を与える (Schutz gewährend), 守っている (schützend). ¶ nû zeigte in der ellende / fridelîche hende 流浪のグレゴリーウスは人々に和平の印に手を上げた. (Gr. 1855-6)
vride-lîche 副 ① 平和に, 平和的に (friedlich). ② 穏やかに (ruhig).
vrîe 囡 ① 自由 (Freiheit). ② (から² の) 解放 (Befreiung).
vrîen[1], **vrîgen** 動《弱》他 ① 自由にする (frei machen, befreien). ② 救済する (erlösen), 救う (erretten). 再 他 ① (重荷から) 解放する (entleidigen). ② 奪う (berauben).
vrîen[2] 動《弱》① 結婚する (heiraten, freien). ② (女性に) 求婚する (eine Braut werben). {Tr. 17052}
vrîer 男 ① 求婚者 (Freier). ② 媒酌人 (Freiwerber).
vriesen, vrieren 動 II. 2. 自 寒い, 凍る (frieren), 氷結する (zufrieren). 非 [+4] 凍らせる (frieren).

直説法現在	
ich vriuse	wir vriesen
du vriusest	ir vrieset
er vriuset	si vriesent
直説法過去	
ich vrôs	wir vrurn
du vrüre	ir vrurt
er vrôs	si vrurn

vrîgen ⇒ *vrîen*[1].
vrî-heit 囡 ① 自由 (Freiheit). ② 自由な身分 (freier Stand). ③ 特権 (Privileg). ④ 避難所 (Asyl). ¶ in sîner ersten frîheit / wart al sîn frîheit hin geleit. トリスタンがようやく自由を知ったとき, その自由はすっかり奪い去られた. (Tr. 2081-2)

vrî-lich 形 自由な (frei), 邪魔されない (unbehindert). {Tr. 12993}

vrî-lîche 副 ① 自由に (frei), 邪魔されないで (unbehindert). ② 自由意志で (freiwillig). ③ 勇敢に (kühn, mutig). ④ もちろん (freilich), 確かに (sicher).

vrî-man 男 自由身分の人 (freier Mann).

vrisch 形 [中独 virsch] ① 新鮮な (frisch). ② 新しい (neu), 若い (jung). ③ 元気な (keck), 目覚めた (munter).

vrischen 動《弱》他 新たにする (erneueren). 自 新鮮である (frisch sein). {Tr. 18970}

vrist 女 ① 期間 (Frist). ② 猶予期間 (Aufschub). ¶ alsus was im der trôst benomen / ûf den er dar was komen, / und dar nâch vür die selben vrist / hete er ze sîner genist / dehein gedinge mêre. このようにしてハインリヒはそれを求めてやってきた慰めが奪われた. そしてそれから後, 病を治すことに何の希望も持てなくなった. (aH. 237-41)

vristen 動《弱》他 ① 救う (retten), 守る (schützen), 無事に保つ (unverletzt erhalten). ② 長引かせる (hinhalten). ③ 保つ, 支える (erhalten). 再 遅れる, 怠る (sich säumen). ¶ den wil ich uns vristen / mit alsô schœnen listen / dâ mite wir alle sîn genesen. 私は私たちのために, 私たち皆が生きられるように, 素敵な方法であの方を守ろうと思います. (aH. 625-7) {Nib. 903, 4}

vrit-hof 男 ① 寺院の前庭 (Vorhof eines Tempels). ② 教会墓地 (Kirchfriedhof). ③ 教会のまわりの垣で囲われた場所 (eingefriedeter Raum um eine Kirche). {Nib. 1857, 2}

vriundin ⇨ *vriundinne.*

vriundinne, -în, -in 女 ① 女友達, 恋人 (Freundin). ② 夫人 (Gemahlin). ③ 側女 (Beischläferin).

vriunt[1] 女 = *vriundinne.* {Iw. 1303}

vriunt[2]**, vriwent** 男 [-des[2]] [中独 vrünt, vrunt] ① 友達 (Freund). ② 友情 (Freundschaft). ③ 恋人 (Freund). ④ 女友達, 恋人 (Freundin). ⑤ 親類, 親戚 (Verwandter). ¶ wer hât mich mînes kindes und iuch des iuwern man / bî also guoten friunden sus mortlîche âne getân? このように親しい血縁の者たちのそばで, 私からは子供を, あなたからは夫を殺し去ったのは誰なのですか. (Nib. 1023, 3-4)

格	単　数	複　数
1格	der vriunt	die vriunde (vriunt)
2格	des vriundes	der vriunde
3格	dem vriunde	den vriunden
4格	den vriunt	die vriunde (vriunt)

vriunt-, vriwent-lich 形 ① 友達らしい (einem Freund gemäß). ② 心地よい (angenehm). ③ 親切な (freundlich), 好ましい (lieblich). ④ (と)³ 仲の良い (befreundet). {Ku. 1585, 3}

vriunt-, vriwent-lîche 副 ① 友達らしく (nach der Art der Freunde). ② 友好的に (freundschaftlich). ③ 親切に (freundlich). ¶ man sach in vriwentlîche zuo den sînen gesten gân. 王が愛想よく客人たちの側に足を運ぶ姿が見られた. (Nib. 309, 4)

vriunt-, vriwent-schaft 女 ① 友情 (Freundschaft). ② 情事 (Liebschaft). ③ 親類, 親戚 (Verwandtschaft). {Parz. 271, 5}

vriunt-selde 女 ① 友達の, 親類の住居 (ein dem Freund, Verwandten gehöriger Wohnsitz). ② 友達の住居 (Wohnung des Freundes).

vriwent- ⇨ *vriunt-*.

vrô¹ 形 [比較 vrôwer, vrœwer, vrôer, vrœer] ① 嬉しい (froh), 喜んでいる (erfreut). ② 朗らかな (heiter). 満足した (zufrieden). ¶ mit vil willeclîchem site / jâhen si beidiu dô / daz si der rede wæren vrô. そのとき二人は喜んで, 娘の言葉を喜んでいると伝えた. (aH. 900-2) {Nib. 655, 2}

vrô² 男《弱》主, 主君 (Herr). {Nib. 655, 2}

vrô³ ⇨ *vrouwe.* {Parz. 84, 30}

vrôde, vrœde ⇨ *vröude.*

vröid-, vröiw- ⇨ *vröud-, vröuw-.*

vrœ-lich 形 ① 喜んだ (froh, erfreut), 喜ばしい (fröhlich). ② 朗らかな (heiter). ¶ nû habet vrœlîchen muot: / ich mache iuch schiere gesunt. 喜んでほしい. 私はあなたをすぐに健康にする. (aH. 1178-9)

vrœ-lîche(n) 副 ① 喜んで (froh), 喜ばしく (fröhlich). ② 朗らかに (heiter). 嬉しく (erfreut). {Nib. 1274, 4}

vrôn¹, **vrône** 男《強・弱》廷丁, 刑吏 (Büttel, Gerichtsbote).

vrôn² 形 ① 主に帰属するものの (was dem Herrn gehört). ② 神聖な (heilig). ③ 主人の (herrschaftlich). ④ 公共の, 公然の (öffentlich). {Nib. 1857, 2}

vrôn-, vrône-bote 男《弱》① 神の使者 (Bote Gottes). ② 裁判官の神聖な使者 (unverletzlicher Bote des Richters). ③ 廷丁, 捕吏 (Büttel). ④ 主君の使者 (Abgesandter des Herrn).

vrône, vrôn 女 ① 支配権, 統治 (Herrschaft). ② すばらしさ (Herrlichkeit), 神聖さ (Heiligkeit). ③ 夫役 (Frondienst). ④ 差し押さえ (Beschlagnahme), 差し押さえられた土地 (das in Beschlag genommene Gut). {Nib. 1857, 2}

vrône-bære 形 ① 神聖な (heilig). ② 荘厳な (herrlich), 厳かな (erhebend).

vrost 男 霜 (Frost), 寒さ (Kälte).

vrostec, vrostic 形 ① 厳寒の, 霜の降る (frostig), 寒い (kalt). ② 寒けを感じさせる (fröstelnd), ぞっとさせる (schauernd). {Gr. 1353}

vrou, frou ⇨ *vrouwe.*

vröude, vröide, vreude 女《強・弱》[別形 *vröuwede, vröwede, vröwde, vroude, vrôde* など] ① 喜び (Freude), 陽気 (Frohsinn). ② 喜ばせるもの (etwas Erfreuendes). ¶ diu kleinen waltvogelîn, / diu des ôren fröude sulen sîn, / bluomen, gras, loup unde bluot 耳の喜びとなるべき, 可愛らしい森の小鳥たち, 花や草, 葉や花びら. (Tr. 547–9)

vröude-, vröuden-bære 形 喜びをもたらす (Freude mit sich bringend). {Parz. 733, 15}

vröude-, vröuden-bërnde 形 喜びを作り出す (Freuden hervorbringend).

vröude-, vröuden-haft 形 ① 喜びを持っている (Freude habend). ② 喜んでいる (froh gestimmt). {Tr. 586}

vröude-hëlfe 女 喜ばしい助け (erfreuliche Hilfe).

fröudehëlfe-lôs 形 喜ばしい助けがない (ohne erfreuende Hilfe).

vröude-, vröuden-lôs 形 喜びのない (freudlos).

vröuden-rîche 形 喜びに満ちた (reich an Freuden), たいへん喜ばしい (sehr erfreulich).

vröude-wende 女 ① 挫折 (Vereitelung). ② 喜びの妨げ (Störung der Freude).

vrouwe, vrowe 女《弱》[呼び掛けでは vrou, vrô, vuor なども] ① 女主人 (Herrin), 女の支配者 (Gebieterin). ② 身分の高い女性 (Frau vom Stand), 淑女 (Dame). ③ 恋人 (Feundin), 夫人 (Gemahlin). ④ 既婚女性 (verheiratete Frau), 女性一般 (weibliches Wesen überhaupt). ¶ weizgot, vrouwe, ich wære tôt, / wære er mir niht ze helfe komen: / alsus werde iu benomen / al iuwer swære. じっさい、お妃さま、もしもあの方が私をお助けくださらなかったら、私は生きていないでしょうに。同様にあなたのご心痛がすっかり拭い去られますように. (Iw. 5918-21)

格	単 数	複 数
1格	diu vrouwe	die vrouwen
2格	der vrouwen	der vrouwen
3格	der vrouwen	den vrouwen
4格	die vrouwen	die vrouwen

vrouwe-, vröuwe-, vrou-, vröu-lich 形 ① 女性にふさわしい (einer Frau gemäß). ② 女性らしい (weiblich).

vrouwe-, vröuwe-, vrô-, vröu-lîche 副 ① 女性にふさわしく (einer Frau gemäß). ② 女性らしく (weiblich). {Parz. 312, 15}

vrouwelîn, vröuwelîn, vröulîn 中 [*vrouwe* の縮小語] ① 女主人 (Herrin), 女の支配者 (Gebieterin). ② 身分の高い女性 (Frau), 娘 (Jungfrau). ③ 聖母マリア (Maria). ④ 女友達, 恋人 (Freundin). ⑤ 少女 (das Mädchen), 侍女 (Mägdlein). ⑥ 娼婦 (Dirne). ⑦ 動物の小さな雌 (Tierweibchen). ¶ vröuwelîn, nû sage mir / wie dîn muot dar umbe stê. 娘さんよ, それについてどんな気持でいるのか, 私に言ってほしい. (aH. 1094-5) {Parz. 554, 9}

vrouwen[1] 動《弱》① 女主人として戴く (zu Herrin machen). ② 妻にする (zur Frau machen).

vrouwen[2] ⇨ *vröuwen*.

vröuwen, vrouwen, vröiwen, vrowen, vreuwen, vrewen, vröun, vreun 他 喜ばせる (erfreuen). 再 喜ぶ (sich freuen). ¶ ich hôrte ie daz sprechen, / swer den andern vreuwet sô / daz er selbe wirt unvrô / und swer den andern krœnet / und sich selben hœnet, / der triuwen sî joch ze vil. 他人を喜ばせるあまり自分が悲しまなければならない人々, 他人に名誉を与えるあまり, 自分自身を低める人々, そのような人々の誠実さは度を越している, と私は聞いたことがあります. (aH. 822-7)

vrouwen-dienest 男 ① 愛の褒美を求めて女性に仕えること (das Dienen um den Liebeslohn der Frau). ② 宮廷的女性奉仕 (höfischer Frauendienst).

vrouwen-gereite 中 ① 女性用乗馬具 (Frauenreitzeug). ② 女性用鞍 (Frauensattel).

vrouwen-hâr 中 ① 女性の髪 (Frauenhaar). ②〔植物〕フラウエンハール (Frauenhaar).
vrouwen-lich ⇨ *vrouwe-lich.*
vrouwen-lîche ⇨ *vrouwe-lîche.*
vröuwîn 形 女性の (weiblich), 女性たちの (Frauen gehörend).
vrüejen ⇨ *vrüewen.*
vrüelinc 男 [-linegs] 春 (Frühling).
vrüe-suppe 女 朝食 (Frühstück).
vrüete¹, vruot 女 ① 英知 (Weisheit). ② 陽気さ (Fröhlichkeit). ③ 美しさ (Schönheit).
vrüete² 形 [=*vruot*] ① 美しい (schön). ② 賢明な (weise). ③ 気高い (edel). ④ 嬉しい froh). ⑤ 元気な (munter).
vrüewen, vruowen, vrüejen 動《弱》① 早くなる (früh werden). ② 早く起きている (früh auf sein). ③ (に)⁺ᶻᵘ 早くから備えている (sich früh zu etwas halten).
vruht 女 ① 果実 (Frucht). ② 息子 (Sohn).
vrühtec, vrühtic 形 ① 実をつける (Frucht bringend). ② 肥沃な (fruchtbar). ③ 妊娠した (schwanger). {Tr. 16363}
vrühten, vruhten 動《弱》自 ① 果実をつける (Frucht tragen). ② 実りが多い (fruchtbar sein). ③ 発芽する (aufkeimen). 他 ① 実りをもたらせる (fruchtbar machen). ② 受精させる (befruchten). {Parz. 817, 26}
vrum, vrom 形 ① 有能な (tüchtig), 勇敢な (tapfer). ② 優れた, 良い (trefflich, gut). ③ 役に立つ (nützlich), 使える (brauchbar). ④ 豊富な (ausgiebig). ⑤ 重要な (bedeutend). {Nib. 1130, 1}
vrume, vrum, vrome 男《強・弱》, 女 ① 利益, 有用 (Nutzen). ② 獲得 (Gewinn). ③ 長所 (Vorteil). {Nib. 124, 3}
vrümec, vrumec, vrumic 形 ① 良い (gut). ② 有能な (tüchtig). ③ 勇敢な (tapfer), 健気な (wacker).
vrümec-heit, vrüme-keit 女 ① 良いこと (Gutheit, Gutes). ② 有能さ (Tüchtigkeit). ③ 勇敢さ (Tapferkeit). {Nib. 1478, 4}
vrümec-lich 形 ① 良い (gut), 有能な (tüchtig). ② 勇敢な (tapfer). ③ 健気な (wacker).
vrümec-lîche(n) 副 ① 良く (gut), 有能に (tüchtig). ② 勇敢に (tapfer). ③ 健気に (wacker). {Nib. 2096, 2}
vrümede, vrumede 女 ① 有能さ, 力強さ (Tüchtigkeit). ② 勇敢さ (Tapferkeit). {Tr. 5772}

vrumen, vromen 動《弱》自 ① 前に進む (vorwärts kommen). ② 役に立つ (frommen, nützen). ③ 助ける (helfen). ¶ nû vrumete uns niht umbe ein hâr / unser riuwe und diu klage. 私たちの悲しみも嘆きも、今はまったく役に立たない. (aH. 500-1)

vrümen, vrumen, vromen 動《弱》他 ① 促進する (befördern). ② 送る (schicken). ③ 準備する (bereiten). ④ する (tun), なしとげる (schaffen), 完成する (vollbringen). ⑤ 注文する (bestellen). ⑥ 寄進する (stiften). {Nib. 5, 4}

vruo[1] 形 早い (früh).

vruo[2] 副 早く (früh). ¶ An dem dritten morgen dô kom in harte fruo / Wate der vil alte mit tûsent helden zuo. 三日目の朝、たいへん早く、たいへん高齢のワーテが手勢一千を率いてかれらのもとに駆けつけた. (Ku. 696, 1-2)

vruo-ëʒʒen 中 朝食 (Frühstück).

vruo-imbiʒ 男 朝食 (Frühstück).

vruo-, vrüe-mësse 女 早朝ミサ (Frühmesse). {Ku. 440, 1}

vruo-morgen 男 早朝 (der frühe Morgen).

vruo-, vrüe-stück 中 朝食 (Frühstück).

vruot[1] 形 ① 利口な (klug), 賢明な (weise), 分別のある (verständig). ② 美しい (schön). ③ 良い (gut), 気高い (edel). ④ けなげな (wacker). ⑤ 優雅な (fein). ⑥ 元気な (munter), 健康な (gesund). ⑦ 喜んだ (froh). {Tr. 641}

vruot[2] ⇒ *vrüete*[1].

vruote 副 元気に (munter), 新鮮に (frisch).

vruot-lich = *fruot*[1].

vüege 形 ふさわしい (angemessen), 合っている (passend).

vüegen, vuogen 動《弱》① 結合する (fügen), 結び合わせる (verbinden). ② 送る (schicken). ③ 作る (machen), 形成する (gestalten). ④ 到達する (erreichen). ⑤ 与える (gewähren). 再 ① 起こる (sich ereignen), 結合する (sich fügen). 自 似合う (sich passen). {Nib. 109, 2}

vüegerinne 女 ① 結び合わせる人 (Zusammenfügerin). ② 創造者 (Schöpferin), 創始者 (Urheberin). {Wa. 46, 32}

vüeren, vuoren 動《弱》[3. vuorte] 他 ① 動かす (in Bewegung setzen). ② 導く (führen, leiten). ③ 持ってくる (bringen), 携行する (bei sich tragen). ④ する (tun), 実行する (ausführen). ⑤ 持っている (haben), 所有している (besitzen). ⑥ 運ぶ (tragen). ¶ Die

vüeʒe

hânt pilgerîne gefüeret ûf den sê. これらの船が巡礼たちをこの海へ運んできた. (Ku. 839, 1)

vüeʒe = *vuoʒ* の複数形.

vuhs, vuohs 男《弱》狐 (Fuchs).

vuhs-huot 男 (狐の皮の) 帽子 (Hut, Mütze aus Fuchspelz). {Iw. 6536}

vûl, voul 形 ① 腐った (morsch). ② 悪臭のある (stickend). ③ 腐敗した (durch Fäulnis verdorben). ④ 壊れやすい (gebrechlich). ¶ er ist ein vil verschaffen gouch / der gerne in sich vazzet rouch, / ez sî wîp oder man, / der diz niht wol bedenken kan / und der werlte volgende ist / wan uns ist über den vûlen mist / der phelle gespreitet: 好んで煙を吸い込み, そのことを良く考えないで世俗に身を任せている人は, 男であれ女であれ, たいへん不幸な, 愚か者だ. それは私たちの絹の布は堆肥の上に敷かれているからだ. (aH. 725-31)

vûlen 動《弱》① 腐敗する (faulen), 朽ちる (verfaulen). ② 怠惰である (träge sein). {Parz. 741, 3}

vüllen 動《弱》[3. vulte] 他 ① 満たす (füllen). ② 覆う (bedecken). ③ 裏地を付ける (mit Unterfutter versehen). 自 酔っ払う (sich betrinken). 再 ① 満腹する (sich satt essen). ② 着る (sich bekleiden). {Tr. 2548}

vulte = *vüllen* の直説法過去 1, 3 人称単数.

vümf-zëc, -zic ⇒ ***vünf-zëc, -zic.***

fundament, vundamënt 中 ① 土台, 基礎 (Grundlage), 礎石 (Fundament). ② 大地 (Grund). ③ 台座, 基礎壁 (Grundmauer). {Parz. 740, 6}

vündelîn 中 ① 小さい発明 (kleine Erfindung). ② 捨て子 (Findling).

vundelinc 男 [-linges[2]] 捨て子 (Findelkind, Findling).

vündel-, vindel-kint 中 捨て子 (Findelkind, Findling).

vunden = *vinden* の直説法過去複数 1, 3 人称.

vünf 数〔基数〕5 (fünf).

vünf-hundert 数〔基数〕500 (fünfhundert).

vünf-man 男 4 人の裁判官の上に立つ主審 (der entscheidende Obmann zu vier Richtern).

vünf-stunt 副 5 度 (fünfmal).

vünfte 数〔序数〕[別形 vunft, vumft, vunft, viuft] 5 番目の (fünft).

vünfte-halp 形 4.5 (fünfthalb).
vünf-teil 中 5番目の部分 (der fünfte Teil).
vünft-man = *vünfman.*
vünf-valt 形 5重の (fünffach).
vünf-zëc, -zic 数〔基数〕50 (fünfzig).
vünf-zëhen, -zên 数〔基数〕15 (fünfzehn).
vünf-zëhende 数〔序数〕15番目の (fünfzehnt).
vünfziger 男 50人の男性たちの上に置かれている人 (einer, der über fünfzig Männer gesetzt ist).
vünf-zigist 数〔序数〕50番目の (fünfzigst).
vunst = *vûst* のアレマン方言, 複数形は *vünst.*
vunt 男 ① 見つけること (das Finden). ② 発見物 (der Fund). ③ 詩的に考え出されたこと (dichterische Erfindung), 熟考されたこと (Ausgedachtes). ④ 奸計,策略 (Kniff). ⑤ 技巧 (Kunstgriff). {Parz. 4, 5}
funtâne ⇨ *fontâne.*
funtanja 女 [=*fontâne*]［フランス語 fontane］泉 (Quelle).
vunt-kint 中 捨て子 (Findelkind). ¶ ich sagez al der werlde wol / daz er ein vuntkint ist. 私はあの子が捨て子であることを世間にはっきり言う. (Gr. 1322-3)
vuoder 中 ① 馬車の積み荷 (Wagenlast), 馬車一台分の積載量 (Fuder). ② 大きな量 (ungeheure Menge). {Parz. 694, 14}
vuoge 女 ① 結合 (Zusammenfügung). ② 継ぎ目 (Fuge). ③ ふさわしさ (Schicklichkeit). ④ 礼儀正しさ (Wohlanständigkeit). ⑤ 技術が巧みなこと (Kunstfertigkeit). ¶ Nû sprâchen si alle gelîche, / beide arme und rîche, / ez wære ein michel vuoge. 人々はみな, 貧しい人も, 豊かな人もみな, 口を揃えて, それはたいへんふさわしいことだ, と言った. (aH. 1509-11)
vuor = *varn* の直説法過去1, 3人称単数.
vuore 女 ① 航行 (Fahrt). ② 道 (Weg), 通り (Straße). ③ 同伴 (Begleitung), 随行者 (Gefolge). ④ 運搬, 運送 (Fuhre). ⑤ 食事 (Speise). ⑥ 餌, 飼料 (Futter). ⑦ 救済 (Rettung). ⑧ 生活, 習慣 (Lebensweise), しつけ (Erziehung). {Ku. 48, 2}
vuoren[1] 動《弱》① 養う (unterhalten, nähren). ② 餌を与える (füttern). {Tr. 17863}
vuoren[2] = *varn* の直説法過去1, 3人称複数.
vuoter[1] 男 養育者 (Ernährer).

vuoter[2] 囲 ① 養分 (Nahrung), 食事 (Speise). ② 餌 (Futter). ③ 衣服の裏地 (Unterfutter). ④ 袋, 箱 (Futteral).

vuoȝ 男〔複数 *vüeȝe*〕足 (Fuß). ¶ si hete ir gemüete / mit reiner kindes güete / an ir herren gewant, / daz man si zallen zîten vant / under sînem vuoze. 娘は子供の汚れのない優しさで心を自分の領主に向けていたので, 人はこの娘の姿をいつも領主の足元に見出だした. (aH. 321-5)

vuoȝ-vallen 動〔反復〕1 足元に倒れる, 足元にひれ伏す (zu Füßen fallen). ¶ fuozvallens er dâ niht vergaz. 彼は足元にひれ伏すことを忘れなかった. (Parz. 323, 14)

vür[1], **vüre** 前 +3/+4 ① の前に (vor). ② に対して (gegen). ③ のために (für). ④ 〜と引き換えに (um). ⑤ 〜の代わりに (statt). ⑥ 〜以来 (seit). ⑦ 〜よりもむしろ, 〜より多く, 〜より優れて (lieber als, mehr als, über).

vür[2], **vüre** 副 前へ (voran), 以前に (voraus). ¶ über die schilte gienc diu nôt, / den ir ietweder vür bôt, / die wîle daz die werten : 彼らのおのおのが前に差し出していた楯は, それが持ちこたえていた間, 苦しい思いをしていた. (Iw. 1023-5)

vür-baȝ, -baȝȝer 副 先の方へ (mehr vorwärts), さらに (weiter, ferner). {Nib. 582, 3}

vür-büege 囲 馬のむながい (Brustriemen der Pferde). {Nib. 74, 2 / Ku. 173, 4}

vurch 女〔中独 vurich, forich, vorch〕① (うねの間の) 溝 (Furche). ② 溝状のくぼみ (Vertiefung). {Parz. 73, 5}

vürder, vurder, vuder 副 ① 更に前へ (weiter nach vorn). ② 前へ (vorwärts). ③ 更にこれからも (weiterhin), 引き続いて (fortan). ④ 去って (weg, fort). {Parz. 713, 6}

vürder-mâl, -mâle 副 今から先 (von nun ab weiter), 今後更に (fernerhin). {Iw. 8080}

vürdern, vurdern, vudern 動《弱》他 ① 先へ持ってゆく (vorwärts bringen). ② 促す, 支援する (fördern). 再 急ぐ (sich beschleunigen, beeilen). {Tr. 5719}

vüre-wîse 形 ① 迷わされた (falsch geführt). ② 道からそらされた (vom Weg abgeführt). {Nib. 914, 4}

vür-gedanc 男 ① 意図 (Vorsatz), 先立つ考え (vorhergehendes Denken). ② 熟慮 (Überlegung), あらかじめの熟考 (Vorbedacht).

vür-gedinge 囲 ① 裁判所 (Gericht), 陪審裁判所 (Schöffengericht). ② あらかじめ結ばれた契約 (im Voraus geschlossener Vertag). ③ 特定の日にきめられた租税 (Abgabe). ④ 予めの期待 (im Voraus gehegte Erwartung, Zuversicht).

vür-gespenge 中 = *vürspan*. {Nib. 577, 1}

vür-hanc 男 カーテン (Vorhang).

vürhten, vurhten, vörhten, vorhten 動《弱》[中独 vurchten, vorchten, vorten, vochten] 自 (を)² 恐れる (Furcht empfinden). 他 恐れる (fürchten). 再 恐れる (sich fürchten). ¶ dô bestuont dâ nieman mêre : / sî vorhten in so sêre. 誰もそこに留まる者はいなかった. 人々はライオンをたいへん恐れた. (Iw. 7733-4)

vurke 女《弱》[ラテン語 furca] フォーク (Gabel). {Tr. 2935}

fürken 動《弱》(内臓に) 枝角を突き刺す (gabeln).

vürkîe 女 鹿の内蔵に枝角を突きさすこと (Gabelung). {Tr. 2924}

vür-, vor-namens 副 ① 特に (vorzugsweise). ② まったく (ganz und gar). ③ 実際に (in der Tat). {aH. 1359}

furrieren[1] 動《弱》餌を与える (füttern).

furrieren[2] 動《弱》裏地をつける (unterfüttern). ¶ dem was furrieren niht vermiten それには裏地のはりつけも忘れられてはいなかった. (Parz. 168, 10)

vür-sorge 女 将来にわたる心配事 (auf die Zukunft sich erstreckende Besorgnis).

vür-span 中 衣装の留め金 (Spange zum Heften des Gewandes). {Tr. 10826}

vür-spange 女 = *vürspan*.

vür-, vor-sprëche[1] 男《弱》① 代弁者 (derjenige, der jemand sprechend vertritt). ② 弁護者 (Fürsprecher). ③ 裁判の弁護人, 弁護士 (Anwalt) {Parz. 526, 17}

vür-, vor-sprëche[2], **-sprëch(er)inne** 女《弱》① 女性代弁者 (diejenige, die jemand sprechend vertritt). ② 弁護者 (Fürsprecherin). ③ 守護者 (Schutzfrau).

vürste 男《弱》① 誰よりも上に立つ者 (derjenige, der alle anderen übertrifft). ② 最も高貴な者 (der Vornehmste). ③ 国の支配者 (Herrscher eines Landes), 王侯 (Fürst). {Tr. 248}

vürstên

格	単　数	複　数
1格	der vürste	die vürsten
2格	des vürsten	der vürsten
3格	dem vürsten	den vürsten
4格	den vürsten	die vürsten

vürstên[1] 動《弱》他 ① 王侯にする (zum Fürsten machen, mit Fürstenrang bekleiden). ② 王侯と同等にする (einem Fürsten gleichstellen). 再 王侯の地位に高められる (sich zur fürstlichen Würde erheben).

vürstên[2] 動〔不規則〕① 誰かの代理をする (für jemand eintreten). ② 弁護する (verteidigen), 弁護人として代理する (als Verteidiger vor jemand treten). ¶ nu ruowe hînt : des wirt dir nôt, / wiltu fürstên den künec Lôt. ロート王の代理をするつもりなら，今晩は休みなさい．あなたにはそうすることが必要だ．(Parz. 692, 29-30)

vürsten-schaft 女 支配, 統治 (Herrschaft).

vürstinne, -în, -in 女 ① もっとも高貴な女性 (die Vornehmste). ② 女性の支配者 (Herrin). ③ 公妃 (Herzogin), 伯夫人 (Gräfin). {Parz. 234, 16}

vürst-, vürste-, vürsten-lich 形 王侯らしい (fürstlich).

vürst-, vürste-, vürsten-lîche 副 王侯らしく (fürstlich).

vürst-tuom, vürstuom 男 ① 王侯の身分 (Fürstenstand). ② 王侯の権力 (Fürstengewalt). ③ 侯国, 王国 (Fürstentum).

vurt 男 浅瀬 (Furt).

vûst, voust 女 握り拳 (Faust). ¶ Die fûst begond er twingen. 彼は拳を握りしめた．(Nib. 2142, 1)

W

wâ, wô, wâr 副 ① どこに (wo). ② どこから (woher). 接 ① どこであれ (wo auch). ② もしも～ならば (wenn). ¶ wâ ich den künec vinde, daz sol man mir sagen 私が王を見いだす場所を私に教えて欲しい．(Nib. 77, 2) ¶ nu weste ich harte gerne, wâ iuwer lant oder künne wære. さて私は, あなたの国がどこにあり, 一族がどこに居るのか, それを知りたいものだ. (Ku. 123, 4)

wâben = *wëben* の直説法過去1, 3人称複数.

wâc 男 [wâges²], **wâge** 女 ① 大波 (Woge), 流れ (Flut, Sturm). ② 河 (Fluss), 海 (Meer). ③ 湖 (See), 池 (Teich). ④ 水 (Wasser). ¶ der wâc was in ze breit その河は騎士たちにとってあまりにも大きすぎた. (Nib. 1527, 3)

wac = *wëgen* の直説法過去1, 3人称単数.

wâc-gedrenge 中 ① 水の流れ込み (Zusammendrängen des Wassers). ② 流れ (Flut, Strom).

wach 間〔驚き, 憤り〕ああ (ach).

wachen 動《弱》① 覚めている (wach sein). ② 覚める (wach werden). ③ 寝ないでいる (wachen). ④ 目を覚ます (erwachen).

wacker 形 ① 目覚めている (wach). ② 注意深い, 油断のない (wachsam). ③ 活発な (munter), 力強い (tüchtig). ④ 勇敢な (tapfer). {Parz. 379, 26}

wacker-, wecker-lîche 副 ① 健気に (wacker), 活発に (munter). ② 勇敢に (mutig). {Ku. 1413, 1}

wâfen, wâpen 中 ① 武器 (Waffe), 剣 (Schwert). ② 装備 (Rüstung). ◇wâfen tragen, nemen (zum Ritter gemacht werden 騎士になる). {Nib. 444, 2}

wâfenen, wâpenen, wæfenen 動《弱》[縮約形: wâfen, wâpen, wæfen] ① 武装させる (waffnen, wappnen). ② 準備する (rüsten).

wâfen-hem(e)de 中 (鎧の下に着る) 柔らかい下着 (ein weiches Kleidungsstück). {Nib. 429, 1}

wâfen-, wâpen-kleit 中 ① (人, 馬が) 装着する防具 (Schutzwaffe). ② 衣装 (Rüstung).

wâfen-, wâpen-lich 形 ① 装備の (zur Rüstung gehörend). ② 武器での戦いの (zum Waffenkampf gehörend). {Parz. 15, 3}

wâfen-rieme 男《弱》装備の留め紐 (Riemen, der die Rüstung fest bindet).

wâfen-, wâpen-roc 男 鎧の上に羽織られた上着 (das Oberkleid, das über den Panzer geworfen wurde). ¶ von Azagouc der sîden einen wâfenroc sî truoc アツァゴウクの絹の上着を女王は着ていた. (Nib. 439, 2)

wâfen-ruoft 男 戦闘準備の叫び (Waffenruf).

wâfen-schrei 男 戦闘準備の叫び (Waffenruf).

wage[1] 　女《強・弱》ゆりかご (Wiege).

wage[2] 　女 動き, 運動 (Bewegung).

wâge 　女 ① はかり (Waage). ② 貨物計量所 (Waageamt). ③ 末端 (Kippe), 不確かな結末 (ungewisser Ausgang). ④ 冒険 (Wagnis). ⑤ 重さ (Gewicht). ⑥ 大型のいしゆみの巻き上げ器 (Vorrichtung zum Spannen der größeren Armbrüste). ⑦ 拷問用道具 (Folterwerkzeug). ¶ silber âne wâge, dar zuo daz liehte golt 銀を計りもせず, 加えて輝く金を. (Nib. 255, 2)

wæge 　形 ① 優位に立っている (das Übergewicht habend), 優れている (überlegen). ② さし迫った (nahe bevorstehed). ③ ふさわしい (angemessen), 良い (gut). ④ (に)[3] 好意を持っている (gewogen). ¶ nû enkan ichz wægeste niht ersehen: / waz sol mir armen geschehen? 私は今どうしたら一番いいのか分かりません. いったい哀れな私にどのようなことが起こるのでしょう. (Er. 3156-7) {Nib. 301, 3}

wâgen[1] 　動《弱》① 思い切ってする (wagen). ② あてずっぽうにする (aufs Geratewohl tun). ¶ doch wâgterz als ein vrum man, / er erbeizte und lief den wurm an / und sluoc in harte schiere tôt / und half dem lewen ûz der nôt. しかし, イーヴァインは勇敢な騎士にふさわしく, 敢えて踏み切った. この騎士は馬から降りると, 竜の方に駆け行き, すぐにそれを打ち殺し, ライオンを窮地から救った. (Iw. 3861-4)

wâgen[2] 　= *wëgen* の直説法過去 1, 3 人称複数.

wagen[1] 　動《弱》他 ① 動かす (bewegen). ② 振り動かす (schütteln). ③ 揺り動かす (wiegen). ④ 計る (wiegen). 自 ① 動かされる (bewegt werden). ② 動く (sich bewegen). ③ 揺れる (schwanken).

wagen[2] 　男 [複数 wägene, wegene] ① 馬車 (Wagen). ② 製材所の馬車あるいはそり (der Wagen oder Schlitten in einer Sägemühle). ③ 大熊座 (der große Bär). {Nib. 971, 1}

wagen-leise 　女《弱》① 馬車の車輪の跡 (Wagengeleise). ② 馬車の軌間 (Spurweite eines Wagens). {Parz. 180, 4}

wagenunge 　女 喧嘩 (Zank), つかみ合い (Gebalge).

wah 　間 〔驚き・怒りなど〕ああ (ach).

wæhe[1] 　女 ① 美しさ (Schönheit), 愛らしさ (Zierlichkeit). ② 快さ (Köstlichkeit). ③ 取り澄ました言行 (Ziererei). ④ 芸術 (Kunst). ⑤ 賛美 (Verherrlichung).

wæhe[2] 　形 ① 美しい (schön), 繊細な (fein), 輝いている (glänzend). ② 精巧に作られた (künstlich gearbeitet). ③ 高価な (kostbar). ④

よい (gut), ふさわしい (angemessen). ⑤ 価値のある (wert), すてきな (lieb). ⑥ 美し過ぎる, 精巧過ぎる (überfein). {Parz. 75, 11}

wæhe[3] 副 ① 美しく (schön), 輝いて (glänzend). ② 華美に (kostbar), 貴重に (wertvoll). {Er. 10026}

wæhe-heit, wâch-heit, wâcheit 女 美しさ (Schönheit).

wahs, wehse 形 鋭い (scharf), 良く切れる (scheidend). {Tr. 9027}

wahsen 動 VI. ① 大きくなる (wachsen), 成長する (erwachsen). ② 発芽する (entsprießen). ③ 生成する, 起こる (entstehen). ④ 増加する (zunehmen), 増える (sich mehren). ⑤ 赴く (sich begeben). ¶ Dô wuohs in Niderlanden eins edelen küneges kint, / des vater der hiez Sigemunt, sîn muoter Sigelint. ニーデルラントの国に気高い王の息子が生まれた。その父はジゲムント, 母はジゲリントである。(Nib. 20, 1-2)

	直説法現在	
ich wahse	wir wahsen
du wehsest	ir wahset
er wehset	si wahsent
	直説法過去	
ich wuohs	wir wuohsen
du wüehse	ir wuohset
er wuohs	si wuohsen

wahtære, wehtære, -er 男 番人, 見張り人 (Wächter). {Ku. 639, 2}

wahte[1]**, waht** 女 ① 目覚めていること (das Wachen). ② 見張り (Wache), 通夜 (Totenwache). ③ 監視所 (Ort, wo gewacht wird). ④ 見張り勤務の代わりの租税 (Abgabe statt des Wachtdienstes). {Er. 6316}

wahte[2] = *wecken* の直説法過去 1, 3 人称単数.

wæjen, wægen, wæn, weien 動《弱》吹く (wehen). ¶ ein starker wint in dô wæte 船乗りたちのもとへ強い風が吹いてきた。(Gr. 1837)

Walache 名 ワラヘ人 (Wallache). ¶ ûzer Walachen lant ワラヘ人の国から (Nib. 1343, 1b)

wal[1] 男 [-les[2]] 鯨 (Walfisch).

wal[2] 男 [-les[2]] ① 泡立つこと (das Wallen), 煮え立つこと (das Aufkochen). ② 高まること (Erhöhung). ③ 弓形になること (Wölbung).

wal³ 男 [-les²] ① 壁 (Wall). ② 囲壁, 城壁 (Ringmauer).

wal⁴, **wale** 女 ① 選択 (Wahl), 取捨 (Auswahl). ② 特別の状態 (besondere Lage), 特別の方法 (besondere Weise). ③ 運命, 宿命 (Schicksal). {Parz. 522, 9}

walap 男 馬の疾駆 (Galopp). {Parz. 37, 23}

wal-bluot 中 戦いの血 (Kampfblut), 戦いで流された血 (im Kampfe vergossenes Blut). {Ku. 1416, 2}

Walch, Walhe 男 ① イタリア人 (Italiener, Welsche), フランス人 (Franzose, Welsche). ② ロマン民族 (Romane).

walden ⇨ *walten.*

walgen 動《弱》自 ① 転がる (sich wälzen). ② 動く (sich bewegen). 他 転がす (wälzen). 非 +³ ① (が)¹ 吐きたくなる (sich erbrechen wollen). ② 気分が悪くなる (Eckel empfinden). {Tr. 3601}

wal-genôz 男 戦いの仲間 (Kampfgenosse, Kampfgefärte). {Ku. 1529, 3}

walhisch, wälhisch, welhisch, walsch, welsch 形 ① 外国の (welsch). ② イタリアの (italienisch), フランスの (französisch), ロマンの (romanisch). {Parz. 4, 28}

walken 動〔反復〕1 他 ① 根絶する (vertilgen). ② こする (walken). ③ うちつける (schlagen), 棒で打つ (prügeln). {Parz. 82, 7}

wallære, -er 男 ① 遍歴者 (Wanderer), 旅人 (Waller). ② 巡礼者 (Pilger), 聖地参詣者 (Wallfahrer). {Tr. 2621}

wallen¹ 動《弱》① 旅する (wallen), 放浪する (wandern). ② 巡礼する (wallfahren, pilgern). ¶ die muoz man die lenge / wallen unde klimmen, / waten unde swimmen. その道を人は時をかけて旅し, 登り上がり, 水を渡り, 泳がなければならない. (Gr. 90-2)

wallen² 動〔反復〕1 自 ① 波立つ (wallen, aufwallen), 波を立てる (Wellen aufwerfen), 大波が立つ (wogen). ② 沸き立つ (aufkochen). 再 大波が揺れ動く (hin und her wogen). {Parz. 472, 18}

walle-stap 男 巡礼者の杖 (Pilgerstab). {Tr. 2635}

walopieren = *galopieren.* {Iw. 2553}

walsch ⇨ *walhisch.*

walt 男 [-des²] ① 森 (Wald). ② 森林地帯 (Waldesgebiet). ③ 森の木材 (Waldholz). {Ku. 104, 1}

walten, walden 動〔反復〕1 ① (に)² 権力を持っている (Gewalt haben), 支配する (herrschen, walten). ② 所有している (besitzen),

持っている (haben). ③ 使用する (gebrauchen). ④ 行う (treiben), する (tun). ⑤ 世話をする (sorgen), 面倒を見る (besorgen). ⑥ 護る (beschützen). {Iw. 6537}

walt-man 男［複数 waltliute］① 森の住人 (Waldbewohner). ② 森の精 (Waldgeist), 森の神 (Satyr). ③ 山番 (Waldhüter). {Iw. 598}

walt-müede 形 ① 森に飽きた (des Waldes müde). ② 森を行くとに飽きた (der Waldfahrt überdrüssig), 森の旅に疲れた (von der Waldreise ermüdet). {Parz. 459, 14}

walt-reise 女 ① 狩り (Jagd). ② 森への行列 (Jagdzug, Zug in den Wald). ¶ wer die besten jegere an dirre waltreise sîn. この狩で誰が一番狩がうまいか. (Nib. 930, 4)

walt-riviere 女 ① 森の小川 (Waldbach). ② 森林地帯 (Waldrevier, Waldbezirk). {Tr. 5348}

walt-stîc 男［-ges］森の小道 (Waldstieg, Waldpfad). {Tr. 2570}.

walt-swende 男 ① 森を切り尽くす人 (Waldzerstörer). ② 槍を折る人 (Lanzenbrecher). {Parz. 57, 23}

walt-tôre 男《弱》森の住人 (Waldmensch). {Iw. 440}

walt-vogel 男 森の鳥 (Vogel des Waldes).

walt-vogellîn 中 森の小鳥 (Vöglein des Waldes).

walzen 動〔反復〕1 自 ① 転げまわる (sich wälzen). ② 転がる (sich rollen). ③ 回る (sich drehen). ④ 向く (sich wenden). 他 転がす (rollen), 回す (drehen). {Parz. 335, 30}

wambe, wampe, wamme 女《強・弱》① 腹 (Bauch). ② 動物の腹 (Wanst). ③ 母胎 (Mutterleib), 胎内 (Mutterschoß). ④ 動物の毛皮の腹部分 (Bauchteil am Tierfell). ⑤ 獲物の内臓 (Eingeweide). {Parz. 104, 12}

wampe ⇨ *wambe.*

wan[1] 形 ① 満ちていない (nicht voll). ② 空の (leer). ③ 満たされていない (unerfüllt). ④ 成功しない (erfolglos).

wan[2]**, wande, wane, wenne** 副 接 ① ただ (nur). ② 〜以外 (außer, als), 〜だけ以外に (als nur). ③ むしろ (vielmehr), ただ (nur). ④ そうではなく (sondern), しかしただ (aber nur). ¶ waz möhte ir nû gewerren / wan daz der wec sô verre was / daz si sô lange genas? 少女は道が遠く, 長い時間生きていなければならないこと以外, 何の不満があったであろうか. (aH. 1052-4)

wân 男 ① 不確かな考え (ungewisse Ansicht), 単なる推測 (bloße

Vermutung). ② 希望 (Hoffnung), 期待 (Erwartung). ③ 外見 (Schein). ¶ unt habt ir des wân, / daz man in müge versnîden もしあなたが、誰かが王を傷つけてはいけないとお思いなら (Nib. 897, 1b-2a). ¶ nâch âventiure wâne / reit der guote kneht Êrec. 優れた騎士エーレックは冒険を求めてこのように馬を進めた. (Er. 3111-2)

wân-bruoder 男 自称の兄弟 (vermeintlicher Bruder). {Tr. 2171}

wanc[1] 形 ① 不定の, 変わりやすい (unbeständig). ② 動揺する, 変動する (schwankend).

wanc[2] 男 [wankes[2]] ① 前後左右への動き (Bewegung nach vorne, zur Seite oder rückwärts). ② 動揺 (Unstätigkeit), 疑い (Zweifel). ③ 不忠実 (Untreu). ¶ von dem kêr dîne gedanke, / und och von zwîvels wanke. この者から、そして疑いによる動揺から、あなたは自分の考えをそらしなさい. (Parz. 119, 27-8)

wanc-lîche 副 変わりやすく (unstet).

wande[1]**, wand, want** 副〔疑問〕〔別形 wanne, wann, wane, wan, wande, wenne, wenn, wen〕① なぜ (warum). ②〔命令法で〕なぜ〜ないか (warum nicht). ③〔祈願文で〕oh (おお). 接 〜だから (weil), 〜というのは〜だから (denn).

wande[2] ⇨ *wan*[2].

wânde = *wænen* の直説法過去 1, 3 人称単数.

wandel 男 中 ① 変化 (Änderung), 変遷 (Wandel). ② 改善 (Besserung), 償い (Buße). ③ 欠乏, 窮乏 (Gebrechen), 欠点 (Makel). ④ 失敗 (Fehler), 非難 (Tadel). ⑤ 滞在 (Aufenthalt). ⑥ 商業 (Handel und Wandel). ⑦ 交通 (Verkehr), つきあい (Umgang). ⑧ 品行 (Lebenswandel). {Parz. 14, 2}

wandel-bære, -bar 形 ① 変わり易い (veränderlich), 移り気の (wankelmutig). ② 欠点のある (mangelhaft), 非難に値する (tadelnswert). ③ さまよっている (wandelnd). ④ 通行できる, 流通している (gangbar). {W. 45, 11} {Iw. 199}

wandel-bërnde 形〔現分〕欠点を持っている (Fehler an sich tragend).

wandelieren 動《弱》自 再 ① 足を引きずって歩く (mit schleifenden Schritten gehen). ② ぶらぶら歩く (wandeln). 他 ① 変える (ändern), 変奏する (variieren). ② 交換する (wechseln). ¶ wie si ir sanc wandelieret! なんとすてきに彼女はその歌を変奏したことか. (Tr. 4804)

wandel-kêre 女 変化 (Veränderung). ¶ des mânen wandelkêre

月相の変化 (Parz. 490, 7).

wandel-, wendel-muot 男 ① 変わり易い考え (unbeständiger Sinn). ② 気まぐれ (Wankelmut). ③ 不忠実 (Untreu). {Tr. 7766}

wandeln 動《弱》① 元通りにする (rückgängig machen). ② 交換する (tauschen), 変える (ändern). ③ 他の状態にする (in andere Lage bringen). ④ 審理する (verhandeln). ⑤ 比較する (vergleichen). ⑥ 弁償する (vergüten), 補わせる (büßen). ⑦ 罰する (bestrafen), 非難する (tadeln), 悪く言う (schlecht sagen). 自 ① さまよう (wandeln, wandern). ② 行く (gehen), 旅する (reisen). ③ 生きる (leben). ④ つきあう (umgehen). ⑤ ふるまう (verfahren). {Nib. 487, 4}

wandel-tac 男 ① 交替する日 (Tag des Wechsels). ② 月相が変わる日 (Tag des Mondwechsels). {Parz. 483, 15}

wandelunge 女 ① 変化 (Änderung), 変更 (Umänderung). ② 交替 (Wechsel), 交換 (Tausch). ③ 裁判の公判 (Verhandlung). ④ 売買契約 (Vertrag über Kauf und Verkauf). ⑤ 欠点 (Fehler), 不忠実 (Untreu), 非難 (Tadel). ⑥ 素行, 品行 (Wandel). ⑦ つきあい (Umgang). ⑧ 行使 (Ausübung). ⑨ 取引 (Handel). ⑩ 生活態度 (Lebenswandel). {Tr. 4787}

wane ⇨ *wan*²

wænen, wænnen 動《弱》[3. wânte] ① 思う (meinen), 信じる (glauben). ② 予感する (ahnen), 推測する (vermuten). ③ 望む (hoffen), 期待する (erwarten). ¶ von vorhten weinde ouch diu maget: / si wânde er wære dar an verzaget. / sus wâren si alle unvrô. 少女も恐れのために泣いた. 彼女は彼 [＝ハインリッヒ] がそのことに怖じけづいていると思った. そのようなわけでかれらはそれぞれにみな悲しかった. (aH. 1007-9)

wange 中《強・弱》① 頬 (Backe, Wange). ② 顔 (Antlitz). {Nib. 618, 4}

wange-küsselîn 中 頬枕 (ein kleines Wangenküssen)

wange-küssen, wan-küssen, -küsse, -küssîn 中 ① 頬枕 (Wangenküssen). ② 枕 (Kopfküssen). {Parz. 552, 20}

wängel ⇨ *wengelîn.*

wankel¹ 男 一定しないこと, 不安定 (Unbeständigkeit). {Iw. 1877}

wankel² 形 ① 動揺する (schwankend). ② 不安定な, 変わりやすい (unbeständig). ③ 道義的に定見のない (sittlich nicht fest).

wankel-bolt 男 移り気, 気まぐれな人 (Wankelmütiger).

wankel-muot 男 ① 移り気, 気まぐれ (Wankelmut). ② 道義上の無定見 (sittlich unfester Sinn).

wanken 動《弱》① 動揺する, ぐらつく (wanken). ② ゆらゆらする, ぐらつく (schwanken). {Ku. 1001, 4}

wan-küssîn ⇨ *wange-küssen.*

wæn-, wân-lich 形 ① ありそうな (wahrscheinlich), 推察上の (vermutlich). ② 可能な (möglich). {Iw. 1960}

wannân ⇨ *wannen.*

wanne[1] 女《強・弱》① 飼料用のかご, 箕 (み) (Futterschwinge). ② 洗濯用おけ (Waschwanne), 水浴用おけ (Badewanne). ③ 楕円形の製パン用容器 (langrundes Metallgefäß zum Backen).

wanne[2]**, wenne** 副 [短縮形 wanne, wan, wenn, wen] いつ (wann). 接 ① ～がいつであっても (wenn auch). ② ～やいなや (sobald). ③ もし～ならば (wenn).

wannen, wannân 副 [短縮形 wanne, wann, wan] ① どこから (woher). ② どこから～であろうとも (woher auch).

want[1] 女 [wande[2] / wende[2]] ① 壁 (Wand). ② 建物の側面 (Seite eines Gebäudes). ③ 岩壁 (Felswand). ④ 急な斜面 (steiler Abhang). ⑤ 分離壁 (Scheidewand). ¶ an einer wîzen wende 白い壁に (Ku. 660, 4a). ¶ abe einer wende nam er / beide schilt unde sper / und begunde kroiieren, / als er wolde buhurdieren. 騎士は壁から楯と槍を取ったかと思うと, まるで試合でも始めるかのようにときの声を上げた. (Er. 3080-3)

want[2] 中 = *gewant.*

wan-, wen-te 接 [別形 wanne, wan] ～まで (bis, bis dass).

wâpen ⇨ *wâfen.*

wâpenen ⇨ *wâfenen.*

wâpen-lich ⇨ *wâfenlich.*

war[1]**, ware** 女 ① 商品 (Ware). ② 商人の財産 (Kaufmannsgut).

war[2]**, ware** 女 ① 知覚 (Wahrnehmung). ② 注意 (Aufmerksamkeit). ③ 保護, 後見 (Obhut). ④ 観察, 監視 (Beobachtung), 警戒 (Acht). {Parz. 575, 2}

war = wërren の直説法過去 1, 3 人称単数.

wâr[1] 中 ① 真実 (Wahrheit). ② 正義, 権利 (Recht). ¶ si sprâchen: „tohter, dû hâst wâr. 両親は言った,「娘よ, お前の言う通りだ. (aH. 499)

wâr[2] 形 ① 真実の (wahr). ② 本当の (wahrhaft). ③ 実際の (wirk-

lich). ④ 本物の (echt). ⑤ 確実な (sicher).
wâr[3] 副 どこへ (wohin). {Nib. 321, 1}
wâr-bære 形 本当の, 真実の (wahrhaft). {Tr. 6880}
wâr-bæren 動《弱》真実にする (wahrhaft machen). {Tr. 6471}
wære[1] 女 真実 (Wahrheit), 現実 (Wirklichkeit).
wære[2] 形 真実の, 本当の (wahr, wahrhaft).
wære[3] = *sîn, wësen* の直説法過去2人称単数. 接続法過去1, 3人称単数.
wâren = *sîn, wësen* の直説法過去1, 3人称複数.
warf = *wërfen* の直説法過去1, 3人称単数.
war-geleite 中 使者に持たせるしるし (das Wahrzeichen, das dem Boten mitgegeben wird). {Parz. 76, 18}
wâr-haft, -haftic 形 ① 本当の, 真実の (wahrhaftig). ② 現実の (wirklich).
wâr-heit 女 ① 真実 (Wahrheit). ② 実際 (Wirklichkeit). ③ 証明 (Bestätigung). ④ 証拠, (Zeugnis). {Tr. 156}
wær-lich 形 ① 本当の (wahr), 真実の (wahrhaftig). ② 確かな (sicherlich).
wær-lîche(n) 副 ① 本当に (wahrhaftig). ② 確かに (sicherlich), 実際に (in der Tat). ¶ so bin ich dînes willen wærlîchen vrô. 私はお前の決意を本当に嬉しく思う. (Nib. 53, 2)
warlôsec-heit, -keit 女 不注意, 軽率さ (Unachtsamkeit). ¶ nu habet ir laster unde leit / von mîner warlôsekeit. 今やあなたは私の不注意のために重荷と苦しみを得ている. (Tr. 12475-6)
warm 形 ① 暖かい (warm). ② 暖かい感覚の (warme Empfindung habend).
warn, waren 動《弱》① (に)[2] 注意する (aufmerken), 気をつける (beachten). ② 観察する (beobachten). {Tr. 13837}
warnen 動《弱》他 ① 準備する (vorbereiten). ② 装備する (rüsten). ③ 警告する (warnen). ④ 守る, 保護する (schützen). 再 ① 準備する (sich vorbereiten). ② 装備する (sich rüsten). ③ 用心する (sich hüten). ¶ des wil ich iuch warnen, recken vil hêr. 勇敢な騎士よ, 私はあなたにそのことを警告しておきたい. (Nib. 1856, 3) ¶ warne ich mînen lieben man, / dâ genim ich schaden an, / wan sô hân ich den lîp verlorn. 私が愛する夫に知らせれば, 私は憂き目にあいます. 私は命を失わなければなりませんので. (Er. 3160-2)
warnunge 女 ① 準備 (Vorbereitung). ② 護り (Schutz). ③ 用心

(Vorsicht). ④ 警告, 忠告 (Warnung). ¶ wirt aber diu warnunge verborn, / daz ist mîns gesellen tôt. 警告がなおざりにされれば, 夫の死を意味します. (Er. 3163-4)

warte 囡 ① 注視 (achtgebendes Ausschauen). ② 監視, 見張り (das Bewachen), 待ち伏せ (das Lauern). ③ 見張り場所 (Platz, von dem aus gespäht wird). ④ 保管所 (Aufbewahrungsort). ⑤ 期待 (Erwartung). ⑥ 法的請求権 (rechtliche Anwartschaft). {Nib. 929, 2}

warten 動《弱》① 見る (schauen), うかがう (spähen), 観察する (beobachten). ② 注意する (achtgeben). ③ 世話する (pflegen), 配慮する (sorgen). ④ あてにする (rechnen), 期待する (erwarten). ⑤ 従う (folgen), 仕える (dienen). ¶ daz begunde er allez kêren / stæteclîchen hin ze gote / und warte sînem gebote / baz dan er ê tæte. / des ist sîn êre stæte. 絶えずその富をすべて神に捧げ, 以前よりも熱心に神の掟に従った. そのためこの騎士は変わらぬ名誉に包まれていた. (aH. 1432-6)

wart-hûs 中 見張り所, 望楼 (Warte). {Parz. 590, 3}

wart-man 中 ① 番人, 夜警手 (Wächter). ② 見張り人 (Mann auf der Warte).

wârzeichen 中 ① 目印 (Erkennungszeichen). ② 特徴 (Wahrzeichen). ③ 標識 (Merkmal). {Parz. 626, 11}

was[1] 形 [wasses[2]], **wasse, wesse** 形 [= wahs] 鋭い (scharf), 良く切れる (schneidend).

was[2] = sîn, wësen の直説法過去1, 3人称単数.

waschen, weschen 動 VI. ① 洗う (waschen), すすぐ (spülen). ②〔比喩〕しゃべる (schwatzen). {Ku. 653, 3}

直説法現在	
ich wasche	wir waschen
du weschest	ir waschet
er weschet	si waschent
直説法過去	
ich wuosch	wir wuoschen
du wüesche	ir wuoschet
er wuosch	si wuoschen

waschunge, weschunge 囡 洗うこと, 洗濯 (Waschung).

wase 男 ① 芝生 (Rasen). ② 草が茂った土地 (grasbewachsene Erdfläche). {Parz. 593, 13}

wasse[1] 囡 鋭さ, 鋭いもの (Schärfe).

wasse[2] ⇨ *was*[1].

waste[1] 囡 荒野, 砂漠 (Wüste).

waste[2] = *wüeste*.

wastël 囲 [=*gastël*] ① 白パン (Weißbrot). ② 菓子 (Kuchen). {Parz. 423, 21}

wasten 動《弱》① 荒らす, 荒廃させる (verwüsten). ② 破壊する (vernichten).

wat = *wëten* の直説法過去1, 3人称単数.

wât 囡 ① 衣装 (Kleidung). ② 武具, 装備 (Rüstung). ③ 布地 (Gewandstoff). {Nib. 31, 1}

waten, waden 動 VI. [3. wuot] 圓 ① (水を) 歩いて渡る (waten). ② 大またで歩く (schreiten), 突き進む (dringen). 他 ① 歩いて渡る (durchwaten). ② 突き抜ける (durchdringen). ¶ mit den barn füezen si wuoten durch den snê 王女たちははだしで雪の中を歩いていった. (Ku. 1204, 3)

直説法現在	
ich wate	wir waten
du wetest	ir watet
er wetet	si watent
直説法過去	
ich wuot	wir wuoten
du wüete	ir wuotet
er wuot	si wuoten

wæt-lich 形 ① 美しい (schön), りっぱな (stattlich). ② 適当な (angemessen). ③ 起こり得る, ありそうな (wahrscheinlich). ¶ ezn gesach nie man noch wîp / deheinen wætlichern lîp. これよりも美しい体は男も女も誰も見たことがない. (Gr. 2909-10) ¶ sît heten in ze minne diu vil wætlîchen wîp. 後にこの王子を多くの美しい女性たちが愛の対象にした. (Nib. 22, 4)

wæt-lîche[1] 囡 美しさ (Schönheit). ¶ si was ouch sô genæme / daz si wol gezæme / ze kinde dem rîche / an ir wætlîche. 娘はとても気立てが良く, その美しさにおいては王侯の娘にもふさわしいくらいであった. (aH. 311-4)

wæt-lîche[2], **wæt-lîchen** 副 ① 美しく (schön), すばらしく (herrlich). ② 容易に (leichtlich). ③ おそらく (wahrscheinlich), たぶん (vermutlich). ④ かろうじて (schwerlich).

waȝ 代 中 ① 何が (was). ② 何かあるもの (etwas). ③ [waȝ$^{+2格}$] どんな (was für), どれだけ多く (wie viel). ④ なんのために (wozu). ⑤ [wës^2] 誰の (wessen), 何について (wovon). ⑥ [副詞的2格 wes] なぜ (weshalb). ⑦ [助格 wiu] ◇ an wiu, (woran 何に), in wiu (worin 何に), von wiu (wovon 何について), ze wiu (wozu 何のために), mit wiu (womit 何で) ¶ wes er mit mir pflæge, / niemer niemen / bevinde daz, wan er unt ich, / und ein kleinez vogellîn : / tandaradei, / daz mac wol getriuwe sîn. あの人が私とどんなことをしたかをけっして誰も知ることがないように. あの人と私と, そして一羽の小鳥以外. ダンダラデイ, あの小鳥はきっと黙っていてくれるでしょう. (Wa. 40, 13-8)

wâȝ-gewitere 中 嵐, 荒天 (Sturmwetter). {Iw. 640}

wâȝ-wëter 中 嵐, 荒天 (Sturmwetter).

waȝȝer 中 ① 水 (Wasser). ② 涙 (Träne). ③ 尿, 小便 (Harn).

waȝȝer-küele 形 水のように冷たい (kühl wie Wasser). {Ku. 448, 4}

waȝȝer-mære 中 ① 海の物語 (Seegeschichte). ② 船乗りの物語 (Schiffergeschichte). {Ku. 1128, 3}

waȝȝer-müede 形 航海に疲れた (müde von der Fahrt auf dem Wasser). {Ku. 164, 2}

waȝȝer-reise 女 海の旅 (Meerreise).

waȝȝer-rîche 形 水の豊かな (reich an Wasser).

waȝȝer-stein 中 ① 水中に横たわる石 (ein im Wasser liegender Stein). ② 砂利, 小石 (Kiesel). {Parz. 568, 28}

waȝȝer-strâȝe 女 水路 (Weg auf dem Wasser), 航路 (Wasserstraße).

waȝȝer-veste 形 水濠で固められた (durch Wassergräben befestigt). {Parz. 682, 8}

waȝȝer-wëc 男 ① 水路 (Weg auf dem Wasser). ② 水流 (Wasserlauf).

waȝȝer-wint 男 ① 航行のための風 (Segelwind, Fahrwind). ② 水辺から吹く風 (Wind, der von dem Wasser weht), 南風 (Südwind). ¶ dô kom in zuo ir reise ein rehter waȝȝerwint. そのとき一行の旅に好適な風が吹いた. (Nib. 527, 3)

waȝȝer-wîp 中 水の精 (Wassernymphe).

waʒʒer-wurm 男① 海蛇 (Wasserschlange). ② ひる (Blutegel).
wê[1] 間 悲しいかな (weh).
wê[2] 中 [-wes[2]], **wê** 女, **wêwe, wêhe, wê** 男《弱》, 女《強・弱》① 悲しみ (Weh), 苦しみ (Leid). ② 苦痛 (Schmerz), 悩み (Leid). ③ 陣痛 (Geburtsweh). ④ 病気 (Krankheit).
wê[3] 副 苦しく, 悲しく (weh). ¶ ouch tete dem hern Îwein wê / daz er den lewen wunden sach. ライオンが傷ついているのを見て, イーヴァインは胸を痛めた. (Iw. 5414-5)
weben 動《弱》織る (weben), 編む (flechten).
wëben 動 V. 自① あちこち動き回る (sich hin und her fahrend bewegen). ② 織る (weben), 織り合わせる (verweben). ③ 編む (flechten). ④ 紡ぐ (spinnen).

直説法現在	
ich wibe	wir wëben
du wibest	ir wëbet
er wibet	si wëbent

直説法過去	
ich wap	wir wâben
du wæbe	ir wâbet
er wap	si wâben

wëc, wëg 男 [wëges[2]] 道 (Weg), 通り (Straße). ¶ umbe sîn hulde und sînen gruoz / diente si im alle wege / mit ir güetlîchen phlege. ハインリヒの好意と挨拶を求めてこの女の子はあれこれと優しく世話をして領主に仕えた. (aH. 308-10)

格	単 数	複 数
1格	der wëc	die wëge
2格	des wëges	der wëge
3格	dem wëge	den wëgen
4格	den wëc	die wëge

wecke, wegge 男《強・弱》① 楔 (Keil). ② 楔形の布切れ (Zwickel). ③ 細長いパン (Wecken).
wecken[1] 動《弱》楔形にする (keilförmig machen).
wecken[2] 動《弱》[3. wacte, wahte] ① 目覚めさす (wach machen), 起こす (wecken). ② 刺激する, 引き起こす (erregen). {Nib. 502, 3}

wëder 代〔不代〕① 二つのうちのどちらが (welcher von beiden), 多数のうちのどちらが (welcher von mehreren). ② ［間接疑問文で］二つのうちのどちらが, どれが (welches von beiden). 〜かどうか (ob). ③ ［後続の noch と共に］〜でも, 〜でもない (weder 〜 noch 〜). ¶ und enweste niht, wiez dem ergê, / weder ez genæse oder læge tôt. ［王女は］その子の境遇, 無事なのか, そうでないのか, 知らなかった. (Gr. 820-1) ¶ Diu minne ist weder man noch wîp, / si hât noch sêle noch den lîp, / sie gelîchet sich dekeinem bilde. 愛とは男でも, 女でもなく, 魂も身体も持っていない. ミンネに似た姿をしたものはない. (Wa. 81, 31-3)

wëder-halp, -halbe 副 二つのうちのどちらの方へ (nach welcher von beiden Seiten). {Parz. 533, 16}

wëg ⇨ *wëc*

wëge-breite, -breit 女 ［= *wëgerîch*］道端草 (Wegebreit).

wëge-lôs 形 道がなく, 向かうべき方向が分からない (ohne den Weg nicht wissend, wohin sich zu weden). {Tr. 17537}

wëge-man 男 旅人, 旅行者 (Reisender).

wëge-müede, -muode 形 旅に疲れた (von der Reise ermüdet).

wëgen[1] 名 ［*wëc* の複数 3 格］① ［von 〜 wëgen の形で］〜の側から (von〜 Seite). ② 〜がきっかけで (auf Anlass). ③ 〜のゆえに (wegen). ④ 〜に関して (in Betreff[+2]), 〜を顧慮して (in Rücksicht auf 〜).

wëgen[2] 動 V. ［3. wac 5. wâgen］［時々 VI. 3. wuoc, wûc 5. wuogen］自 再 ① 動く (sich bewegen). ② 方向を取る (die Richtung nehmen). ③ 重さを持っている (Gewicht haben), 価値を持っている (Wert haben). ④ (を)[3] 手伝う (helfen). 他 ① 動かす (in Bewegung setzen). ② 向ける (richten), 持ってくる (bringen). ③ 重さを量る (wägen). ④ 見積もる (anschlagen, schätzen). 非 ① (に)[3] 思われる (dünken). ② (に)[3] 分配する, あてがう (zuwägen, zuteilen). ③ 与える (geben). ④ 拷問にかける (foltern). ⑤ 正確に決める (genau bestimmen). ⑥ 心配する (sich kümmern). ¶ Niemens ungemüete Waten hôhe wac. ヴァーテは誰が怒ろうと, まったく気にとめなかった. (Ku. 445, 1) ¶ erst edel unde rîche : / wir wegen ungelîche. あの人は気高く, 立派な人です. 私たちとは比較になりません. (Er. 3172-3)

	直説法現在	
ich wige		wir wëgen
du wigest		ir wëget
er wiget		si wëgent

	直説法過去	
ich wac		wir wâgen
du wæge		ir wâget
er wac		si wâgen

wëgen[3] 動《弱》① (に)[3] 好意を持っている (gewogen sein). ② 手伝う, 助ける (helfen). ③ (に)[3] 味方する (beistehen).

wëgen[4] 動《弱》① 道を開く (einen Weg bahnen). ② 道に入って行く (einen Weg betreten). ③ 軌道に乗せる (in einen Weg bringen).

wegen 動《弱》① 動かす (bewegen), 振る (schütteln), 振り動かす (schwingen). ② 考量する, 吟味する (erwägen). ③ 熟慮する (bedenken). ¶ Gunther in dô wegete, der helt in werfenne pflac. グンテル王はその石を動かし, 勇士ジークフリートがそれを投げた. (Nib. 463, 4)

wegen-lîn, wegellîn, wegelîn 中 [*wagen* の縮小語] 小さい馬車 (Wagen).

wëge-rîch 男 [= *wëgebreite*] 道端草 (Wegebreit). {Parz. 180, 7}

wëge-scheide 女 ① 岐路, 分岐点 (Wegscheide). ② 分れ道 (Scheideweg). {Er. 7813}

wëge-vreise 女 旅の危険 (Reisegefahr). {Gr. 3748}

wëge-weide 女 ① 旅 (Reise). ② 旅立ち (Wegreise). {Tr. 8102}

wëge-wernde 形〔現分〕道を妨げている (den Weg verwehrend).

wegge ⇨ *wecke.*

wëhsel 男 [中独 wechsel, wessel] ① 交替 (Wechsel), 交換 (Tausch). ② 交易 (Austausch), 貿易 (Handel). ③ 先買権 (Vorkaufsrecht). ④ 対話形式の歌謡 (Lied in Gesprächsform). {Ku. 500, 1}

wëhselære, -er 男 ① 交易者, 物々交換者 (Tauschhändler). ② 両替屋 (Geldwechsler). ③〔チェス〕第4の農夫 (Bauer). {Parz. 353, 26}

wëhsel-brief 男 手形, 為替 (Wechselbrief). {Iw. 3009}

wëhsele, wëhsel 女 ① 交換, 交易 (Tausch). ② 交替, 変遷 (Wechsel). ③ 両替所 (Wechselbank).

wëhsel-mære 中 ① 言葉を交わすこと (Wortwechsel). ② 対話 (Wechselgespräch). {Parz. 422, 3}

wëhseln 動《弱》[中独 wechseln, wesseln] ① 交換する (wechseln), 取り替える (vertauschen). ② 変える (ändern). {Iw. 7212}

wëhsel-phose 男《弱》① 両替屋, 商人の財布 (Geldbeutel des Wechslers, oder Kaufmanns). ② 帯袋 (Gürteltasche). {Parz. 363, 28}

wëhsel-slac 男 打ち合い (gegenseitiger Schlag). {Iw. 1047}

wëhsel-spil 中 恋の移り気 (Wankelmut in der Liebe).

weiben, weibeln 動《弱》① あちこち動く (sich hin und her bewegen). ② ひらひら翻る (flattern). ③ まわる (drehen). ④ 漂う (schweben). ⑤ 揺れる (schwanken). {Ku. 792, 4}

weichen 動《弱》自 柔らかくなる (weich werden). 他 柔らかくする (weich machen). {Er. 5537}

weide, weid 女 ① 餌 (Futter), 食事 (Speise), 食料 (Nahrung). ② 家畜が草を食べること (Weide). ③ 牧場 (Weideplatz). ④ 狩 (Jagd), 漁業 (Fischerei). {Tr. 6590}

weide-ganc 男 ① 狩り, 狩りに行くこと (Weidegang, Gang zur Jagd). ② 狩りの道 (Jagdpfad). ③ 放牧権 (Weiderecht). {Parz. 120, 11}

weide-hûs 中 狩猟小屋 (Weidehaus). {Parz. 190, 21}

weide-lich ⇨ *weidenlich.*

weide-man 男 ① 狩人 (Jäger). ② 漁師 (Fischer). {Parz. 225, 3}

weiden 動《弱》他 自 ① 草を食べる (weiden). ② 牧場の草を食い尽くす (ausweiden). 再 (を)² 楽しむ (genießen). {Tr. 11004}

weidenære, -er 男 ① 狩人 (Jäger), 餌を与える人 (Fütterer). ② 猟刀 (Jagdmesser), 鹿狩猟刀 (Hirschfänger). {Tr. 14380}

weiden-, weide-lich 形 ① 猟師のような (jägermäßig). ② 新鮮な (frisch), 大胆な (keck). ③ すばらしい (stattlich), 美しい (schön).

weiden-lîche 副 ① 狩師のように (jägermäßig). ② 新鮮に (frisch), 大胆に (keck), 力強く (tüchtig). ③ すばらしく (stattlich), 抜きんでて (ausgezeichnet). ④ 美しく (schön). {Nib. 957, 1}

weide-tac 男 ① 狩猟の日 (Jagdtag). ② 漁猟の日 (Tag des Fischfangs). {Parz. 491, 9}

weiger-lîchen 副 ① 誇りをもって, 誇らしく (stolz), 荘厳に (imponierend). ② すばらしく, みごとに (stattlich). ③ 防禦しながら

wëlh

(verteidigend). {Nib. 1885, 1}

weigern 動《弱》① 拒む (sich weigern), (を)² 断る (abschlagen). ② 拒絶する, 許さない (versagen). ③ 引き合いに出す (sich berufen).

weine 女 泣くこと (das Weinen). ¶ dâ was gemeine weine. そこではみな泣いていた. (Tr. 11507)

weinen, wênen 動《弱》自 泣く (weinen). 他 (を)⁴ 悲しんで泣く (beweinen). ¶ Als er diu kint weinen sach, / ze sînem sun er dô sprach: „sun, war umbe weinestû? / jâ gevellet dir nû / mîn lant und michel êre. 領主は子供たちが泣いているのを見て, そのとき息子に言った, 「息子よ, なぜ泣くのだ. 私の国と大きな栄誉がお前のものになるというのに. (Gr. 231-5)

weinende 形〔現分〕① 泣きながら (weinend), 嘆きながら (klagend). ② 泣き悲しみながら (beweinend).

weinôt 男 泣くこと (das Weinen).

weise¹ 男《弱》① みなしご (Waise). ②（ドイツの王冠の）類を見ない宝石 (der Edelstein der deutschen Königskrone, der nicht seines gleichen hat). ③ その王冠 (diese Krone selbst). ④（歌節の）脚韻のない詩行 (reimloser Vers in einer Strophe). ¶ in snêwe und ouch in îse wurden die vil armen weisen funden. そのたいへん可哀相な孤児たちは雪と氷の中に見いだされた. (Ku. 1217, 4)

weise² 形 ① 孤児となった (verwaist). ② 奪われた (beraubt).

weiselîn 中 [*weise* の縮小語] 幼いみなしご (Waise). ¶ der marschalc und diu marschalkîn nâmen daz kleine weiselîn. 主馬頭とその夫人はその小さなみなしごを引きとった. (Tr. 1821-2)

weit, weid 男 ① 青色染料 (Waid). ② 染色用の草 (Färbekraut).

weitîn 形 ① 青色の (blau). ② 青みを帯びた (bräulich). {Parz. 780, 22}

wël 形 [wëlles²] 丸い (rund). ¶ man truoc ir zuo dem ringe einen swæren stein, / grôz unt ungefüege, michel unde wel. 人々は女王のために競技場に重い石, 縦横に大きく, 巨大で丸い石を運んだ. (Nib. 449, 2-3)

wëlben 動 III. 2. 周囲に広がる (sich in die Runde ausdehnen).

welben, welwen 動《弱》① 弓のような形にする (bogenförmig gestalten). ② 湾曲させる (wölben).

wëlf, wëlfe 男《強・弱》(犬や野生動物の) 子 (Junges).

wëlh, wëlch, wëlich, wël, wilech, wilich, wilch, wilh 代

welhisch

〔疑代〕① ［付加語的に］どのような (wie beschaffen), どの (welch). ② ［単独で］どの (welch), 誰が (wer). ¶ welh kint getete ouch ie alsam? どの子供がこのように振る舞っただろうか. (aH. 524) ¶ lat sehen welch meister ir sît. あなたがどんな名人かを, 見せてください. (aH. 1156) {Iw. 2599}

welhisch ⇨ *walhisch.*

wëlle 囡《強・弱》① 波 (Welle), 大浪 (Woge). ②（水車の）輪軸 (Wellbaum). ③ 柴の束 (Reisigbündel), わら束 (Strohbündel). {Ku. 1140. 2}

wëllen[1] 動 III. 2. ① 丸くする (runden). ② ころがす (rollen, wölzen). ③ 塗る (schmieren).

wëllen[2]**, wollen, wöllen, wullen** 動〔不規則〕① 意図する (beabsichtigen), 〜しようと欲する (wollen). ② 願う (wünschen), 要求する (verlangen). ③ 〜の意見である (der Meinung sein). ④ 推測する (vermuten). ¶ hie wellent ein ander vâren / die mit kiusche lember wâren / und lewen an der vrechheit. 謙虚さにおいては子羊のようであり, 勇敢さにおいては獅子のような二人の騎士は互いに身構えた. (Parz. 737, 19-21) ¶ ich enwil des kindes tôt niht sehen. 私はこの子供の死を見たくない. (aH. 1256)

直説法現在	
ich wil, wile	wir wellen, wollen, weln
du wil, wile wilt	ir wellet, wollet, welt
er wil, wile	si wellen(t), wollen(t), weln(t)
直説法過去	
ich wolte, wolde	wir wolten, wolden
du woltest, woldest	ir woltet, woldet
er wolte, wolde	si wolten, wolden

wellen[1] 動《弱》① 丸くする (runden). ② 転がす (rollen, wälzen).
wellen[2] 動《弱》他 ① 沸騰させる (zum Siegen bringen). ② 溶かす (zum Schmelzen bringen). 自 沸騰する (wallen).
weln, welen, wellen 動《弱》選ぶ (wählen).
welzen 動《弱》他 ① 転がらせる, 転がす (wälzen, rollen). ② 回す (drehen). 自 ① 転がる (sich wälzen, sich rollen). ② 回る (sich drehen).
wênc ⇨ *wênec.*
wende[1] 囡 ① 方向転換 (Wende). ② 向きを変えるところ (Ort des

Wendens)，終わり (Ende)．③ 側面 (Seite)，方向 (Richtung)．④ 方法 (Weise)．⑤ 恥辱 (Schande)．{Nib. 1340, 4}

wende^2 = *want* の単数2，3格．

wendec, wendic 形 ① 逆行する (rückgängig)．② (から)$^{2/\text{an}}$ 解放された (befreit)．③ 他方へ向けられた (abwendig)．④ 終えられた (beendet)．

wenden 動《弱》他 ① 向きを変える (umwenden)．② 取り消す (rückgängig machen)．③ 防ぐ (abwenden)，阻止する (wehren)．④ 起こす (aufrichten)．⑤ 用いる (verwenden)．⑥ 向ける (kehren)．自 ① ある方向に進む (eine Richtung einnehmen)．② 方向転換する (sich wenden)．③ 終わる (sich enden)．¶ diu [=sîn muoter] sprach: „wes wende ich sîn gebôt, / der doch ist der hœhste got? / suln vogele durch mich freude lân?" 母親は，「最高の神の掟にどうして背けましょか．小鳥たちが私のせいで喜びを捨ててよいものでしょうか．」と言った．(Parz. 119, 13-5) ◇過去分詞 gewant (～の性質の beschaffen) ¶ ja enist ez niht alsô gewant. そのような話ではありません．(aH. 1268) ¶ wan also ist ez gewant, / als ez ouch undern liuten stât: それというのも状況は人間の間での様子と同じだからだ．(Iw. 3854-5)

wênec^1**, wênic** 形 ① 泣いている (weinend)，嘆いている (klagend)．② 同情に値する (erbarmenswert)，不幸な (unglücklich)．

wênec^2**, wênic** 形 ① 小さい (klein)，少ない (gering)，弱い (schwach)．②［名詞的に］わずかなもの (wenig)．③〔曲言法〕何も～ない (nichts)．副 ① わずかに (wenig)．② ほとんど～ない (kaum)．③〔曲言法〕～ない (nicht)，まったくない (gar nicht)．

wenen, wennen 動《弱》他 ① (に)^2 慣れさす (gewöhnen)．② (の)^4 習慣をつけさす (angewöhnen)．③ しばしば与える (öfters gewähren)．再 (に)^2 慣れる (sich gewöhnen)．{Parz. 130, 14} ¶ ouch half in sêre daz diu kint / sô lîhte ze wenenne sint. 子供たちはものごとに慣れ易いということが領主にはたいへん役に立った．(aH. 333-4)

wengelîn, wengel, wangel 中 [*wange* の縮小語] 小さな頰 (eine kleine Backe)．

wenken 動《弱》自 ① 揺らめく (wanken)，動揺する (schwanken)．② 避ける，回避する (ausweichen)，道を譲る (weichen)．③ さまよう，ぶらつく (schweifen)．④ 合図する，目配せをする (winken)．他 ① 他へ向ける (wenden)．② 非難する (tadeln)．¶ wenken er dô

wenkic

lie / sîniu ougen wîten 彼は目を遠くへ向けた. (Ku. 1140, 2b / 3a)
wenkic 形 動揺している (wankend). {Iw. 1375}
wenne¹ ⇨ *wan, wande.*
wenne² ⇨ *wanne*².
wennen ⇨ *wenen.*
wër¹ 代 ①〔疑代〕誰が (wer). ② 誰かある人 (irgend jemand=*ëte-wër*). ③〔関代〕〜である人 (wer). ¶ wem möhte leider geschehen? いったい誰にこれ以上悲しいことが起こり得るだろうか. (Iw. 4482)

格	男 性	中 性
1格	wër	waʒ
2格	wës	wës
3格	wëm(e)	wëm(e)
4格	wën	waʒ
助格	—	wiu

wër² 男 男 (Mann).
wër³ 女 継続, 持続 (Dauer).
wër⁴, **wëre** 男 保証する人, 保証人 (Gewährsmann).
wer¹, **were** 女 ① 所有 (Besitz). ② 所有権 (Besitzrecht). ③ 権力 (Gewalt).
wer², **were** 女 ① 防衛 (Verteidigung), 防衛 (Wehr). ② 戦い (Kampf). ③ 軍勢 (Heer). ④ 武器 (Waffe). ⑤ 築城 (Befestigung). ¶ ich sihe vünf gesellen / die dich slahen wellen." als schiere si imz seite, / ze wer er sich bereite.「あなたのお命を狙う者が5人います」と王妃が王に告げるや否や, 王は防御のために身構えた. (Er. 3382-5)
wer³, **were** 中 ① 武器 (Waffe). ② 河の堤防 (Wehr).
wër-bære¹, **-er** 男 ① 店を経営する人 (derjenige, der ein Geschäft treibt). ② 何かを求める人 (derjenige, der sich um etwas bewirbt). {Parz. 641, 10}
wër-bære² 形 保証することができる (im Stand, Bürgschaft zu leisten). {Parz. 641, 10}
wërbe, wërve 女 ① 渦巻き (Wirbel). ② 瀬, 早瀬 (Strudel). ③ 流れ (Strömung). ④ 堤防 (Damm), 堤防の道 (Dammstraße). {Parz. 603, 5}
wërben, wërven 動 III. 2. 自 ① 動く (sich bewegen), 回る (sich

drehen). ② 振舞う (sich benehmen). ③ 得ようと努める (sich bewerben). 他 ① 動かす (in Bewegung setzen). ② する (tun). ③ 懇願する (bitten). ④ 調達する (besorgen). ¶ er hete ein wol erbeiten lîp / und ein wol werbendez wîp, / dar zuo hete er schœniu kint, / diu gar des mannes vreude sint, / unde hete, sô man saget, / under den eine maget, / ein kint von ahte jâren. 農夫はよく鍛え上げた身体を持ち, よく働く妻がいた. その上農夫には可愛い子供たちがいて, その子供たちは農夫の喜びそのものであったが, 人々の話によれば, その中に8歳になる娘がいた. (aH. 297-303)

wërc, wërch 中 [wërkes² / wërches²] ① 仕事 (Arbeit). ② 行為 (Tat), 振舞い (Handlung). ③ なされたもの (Gemachtes), 作品 (Werk). ④ 作用, 効果 (Wirkung). ⑤ 仕事 (Arbeit). ⑥ 建築物 (Bauwerk), 装備 (Rüstung). ⑦ 機械 (Maschine), 投石機 (Wurfmaschine). ¶ got würket manigiu werc 神はさまざまな業をなした. (Ku. 1130, 1b)

wërc-art 女 夫役 (Fronarbeit).

wërc-gadem 中 仕事場, 作業場 (Werkstätte). {Iw. 6187}

wërc-genôʒe 男《弱》手工業仲間 (Handwerksgenosse).

wërc-gerüste 中 作業道具 (Werkgerät).

wërc-holz 中 建築用材木 (Bauholz).

wërc-hûs 中 仕事場 (Werkstätte).

wërc-hütte 女《弱》建築現場の仮小屋 (Bauhütte).

wërc-liute 複 wërcman の複数形.

wërc-lôn 中 仕事の報酬 (Arbeitslohn), 日当 (Tagelohn).

wërc-man 男 [複数 wërcliute] ① 創造主 (Schöpfer). ② 芸術家 (Künstler), 建設師 (Baumeister), 工芸家 (Schmiedekünstler). ③ 働く人 (Arbeiter), 手工業者 (Handwerker). {Tr. 6632} {Ku. 454, 2}

wërc-meister 男 = wërcman.

wërc-spæhe 形 ① 仕事が上手な (geschickt in der Arbeit). ② 技術がすぐれた (kunstfertig).

wërc-stat 女 仕事場 (Werkstätte).

wërc-tac 男 仕事日 (Werktag), 労働日 (Arbeistag).

wërc-wîse = wërcspæhe.

wërc-woche 女《弱》仕事日 (Arbeitstag).

wërc-ziuc 男 中 ① 道具 (Werkzeug). ② 攻城用機具 (Belagerngswerkzeug).

wërde[1] 男 [= wërt¹] ① 島 (Insel), 半島 (Halbinsel). ② 岸辺

wërde

(Ufer). ③ 沼地の間の盛り上がった，水のない所 (Erhöhtes, Wasserfreies Land zwischen Sümpfen), 川中島 (Werder). {Tr. 490}

wërde² 副 ① すばらしく (herrlich). ② 品位に満ちた方法で (auf eine würdige Weise).

wërdec-lich ⇨ *wirdec-lich.*

wërdec-lîche ⇨ *wirdec-lîche.*

werdeheit ⇒ *wirdeheit.*

wërde-lich 形 ① 生成しつつある (werdend). ② 生成にふさわしい (zum Werden geeignet).

wërden¹ 動 III. 2. ① 来る (kommen), 達する (gelangen). ② 与えられる (zuteil werden), 得る (bekommen). ③ 生まれる (geboren werden). ④ 起こる (geschehen). ⑤ なる (werden). ¶ nu daz si ritter worden sint / und zwelf gesellen mit in zwein, / nu was der zwelf gesellen ein / Kurvernal der hovelîche. 2人が，そして2人と共に12人の仲間が騎士になったが，これらの12人のうちの1人が作法を心得たクルヴェナルであった. (Tr. 5742-5) ¶ er wart rîcher vil dan ê / des guotes und der êren. ハインリヒは以前よりも裕福になり，より多くの富とより大きな名誉に包まれた. (aH. 1430-1)

直説法現在	
ich wirde	wir wërden
du wirdest	ir wërdet
er wirdet	si wërdent
直説法過去	
ich wart	wir wurden
du würde	ir wurdet
er wart	si wurden

wërden² 動《弱》① 価値あるものにする (wert machen), 価値を認める (würdigen). ② 評価する (schätzen), 賛美する (verherrlichen). ③ 完成する (vervollkommen). ¶ ich meine abr an der wæte, / die mannes hant dâ næte, / niht an der an gebornen wât, / diu von des herzen kamere gât, / die sî dâ heizent edeln muot, / diu den man wolgemuoten tuot, / und werdet lîp unde leben; 私はしかし人の手が縫った衣装のことを言っており，心の中の部屋から取り出されて，気高い心と呼ばれ，その人を心地よくし，命と人生を価値あるものにする，生まれながらの衣装のことではない. {Tr. 4989-95}

wërelt ⇨ *wërlt.*

weren, wëren ⇨ *wern, wërn.*

wërfen 動 III. 2. ① 投げる (werfen). ② 突く (stoßen). ③ 向ける (wenden). ④ 追う, 駆り立てる (treiben). ⑤ 狩る (jagen). ⑥ サイコロをふる (würfeln). ¶ der in dar warf der sprach niht mê, / wan sô er in vünde, / sô wære ich âne sünde. 鍵をそこに捨てた人はそれ以上何も語らなかった. その人がその鍵を見つけた時, 私の罪は償われたことになるのだ. (Gr. 3606-8)

直説法現在	
ich wirfe	wir wërfen
du wirfest	ir wërfet
er wirfet	si wërfent
直説法過去	
ich warf	wir wurfen
du würfe	ir wurfet
er warf	si wurfen

wer-haft, -haftic 形 ① 戦いの体制が整った (kampfbereit). ② 勇敢な (tapfer). ③ 武装して (bewaffnet), (防御設備で) 固められた (befestigt).

wër-haft[1], -haftic 形 永続する, 持続する (dauerhaft)

wër-haft[2] 形 ① 承諾を与える (gewährend). ② 法的支払価値のある (gesetzlichen Zahlungswert habend). {Parz. 798, 5}

wërken 動《弱》自 ① 働く (arbeiten), 行動する (handeln). ② 作用する, 影響する (wirken). 他 ① する (machen, tun). ② 手を加える (bearbeiten). ③ 用意する (bereiten), 作り出す (erzeugen). ¶ Gesidele hiez er werken 彼は座席を作らせた. (Ku. 38, 1a)

wërk-hütte 女《弱》普請場小屋 (Bauhüttc).

wër-lich 形 承諾に価する (einer Gewährung würdig).

wer-lich 形 [=wërhaft[1]] ① 勇敢な (tapfer). ② 戦いの体勢が整った (kampfbereit).

wer-lîche 副 ① 勇敢に (tapfer). ② 戦いの体制を整えて (kampfbereit). {Nib. 191, 1}

werlôs 形 ① 護られていない (wehrlos). ② 非武装の (unbewaffnet). ③ 弁護されていない (nicht verteidigt). {Er. 4339}

wërlt 女 [別形 wërelt, wërlde, wërlde, wëlt] ① 世界 (Welt). ② (海に対する) 大地 (Erde). ③ 人類 (Menschheit), 民族 (Volk), 人々 (Leute). ④ 世俗的な生活 (weltliches Leben). ¶ ezn dorfte nie

wërlten

wîbe leider / ze dirre werlte geschehen. この世でこれより不幸なことはどんな女性にも起こったことはなかっただろう. (Iw. 1312-3)

wërlten, wërlden 動《弱》① 世と結びつける (mit der Welt verbinden). ② 世の列に入れる, 世に編み入れる (in die Welt einreihen). ¶ sone vare ich in der werlt sus hin / niht sô gewerldet, alse ich bin. 私は, 私があるべきようには世と結びつけられておらず, ただこのように世の中で打ち過ごしている. (Tr. 43-4)

wërlt-, wëlt-lich 形 [別形 wërnt-, wërt-lich] ① 世界の (weltlich), 生活に関する (zum Leben gehörend). ② 世俗の (weltlich). ¶ waz solde uns lîp unde guot, / waz solde uns werltlîcher muot, / swenne wir dîn enbæren? / dû ensolt uns niht swæren. 私たちがお前を失うのなら, 命も財産も, そして世俗的な喜びも何の役に立とうか. お前は私たちを苦しめてはいけない. (aH. 652a-d)

wërlt-lîche 副 世界的に, 世俗的に (weltlich).
wërlt-minne 女 世俗の愛 (weltliche Liebe).
wërlt-sache 女 世事 (Sache der Welt). {Er. 7252}
wërlt-sorgære 男 天候預言者 (Wetterprophet). {Er. 8128}
wërlt-tôre 男《弱》① この世の愚か者 (Tor auf der Welt). ② この世によって惑わされた者 (derjenige, den die Welt betört). ¶ daz herze mir dô alzô stuont / als alle werlttôren tuont. 私の心は, すべてのこの世の愚か者と同じ状態にあった. (aH. 395-6)

wërlt-vröude 女 世の喜び (Freude der Welt).
wërlt-wîp 中 この世の女性 (Frau auf der Erde).
wërlt-wîse 形 世事に通じている (von den Sachen der Welt erfahren). {Er. 7368}
wërlt-wünne, -wunne 女 ① この世の喜び (Freude dieser Welt). ② この世の幸せ (Wonne dieser Welt).
wërlt-zage 男 大臆病者 (Erzfeigling, ein großer Feigling). ¶ ir wâret alle iuwer tage / und sît noch ein werltzage. あなたはこれまでずっとそうだったし, 今なお, たいへん臆病なお方です. (aH. 1319-20)

wërn¹, wëren 動《弱》自 支払う (zahlen), 与える (geben). 他 ① 提供する (gewähren). ② 保証する (Gewähr leisten), 請け合う (bürgen).

wërn², wëren 動《弱》自 ① (人が) 滞在する (verweilen). ② 耐える (ausdauern). ③ 生き続ける (lebend bleiben). ④ (物が) 存続する (Bestand haben), 続く (dauern, währen). ⑤ 留まる (bleiben).

¶ nein, ezn was niht mit wîne, / doch ez ime gelîch wære, / ez was diu wernde swære, / diu endelôse herzenôt, / von der si beide lâgen tôt. とんでもない、それはワインなどではなく、ワインのように見えはしたが、いつまでも続く苦悩であり、終わりなき心の苦しみを意味し、そのために二人は死に横たわった. (Tr. 11676-80)

wern, weren, werigen 動《弱》他 ① 守る (schützen, verteidigen). ② 自分のものにする (in Besitz setzen). 再 ① (から)² 守る (sich schützen, wehren). ② 拒む (versagen), 妨害する (verhindern), 妨げる (hindern), 禁じる (verbieten). ¶ zewâre ir enwelt mirz danne wern, / so bin ich zer arzenîe guot. 私にお許しくださるなら、私は薬としてお役に立ちます. (aH. 560-1)

wërnde 形〔現分〕① いつまでも続く (fortwährend). ② 変わらない (beständig). ¶ daz ist diu wernde herzeklage それはいつまでも続く心の嘆きです. (Tr. 1503)

wërre 女《強・弱》, 男《弱》① 混乱 (Verwirrung). ② 損害 (Schaden), 障害 (Störung). ③ 苦しみ (Leid, Not). ④ 争い (Streit), 戦い (Krieg). ⑤ 落とし門 (Falltor), 格子 (Gatter). {Tr. 15977}

wërren[1] 動 III. 2. 他 ① もつれさせる, 込み入らせる (verwickeln), 混乱させる (verwirren). ② 不和にする (in Zwietracht bringen). 再 混乱する (sich verwirren), 不和になる (sich vereinigen). 自 ① もつれる (sich verwickeln). ② 妨げる (hindern, stören). ③ 害する (schaden). ④ 心配している (kümmern). {Ku. 1203, 4}

wërren[2] 動《弱》妨げる (hindern).

wërrunge = *wërre*.

wër-schaft 女 ① 贈り物 (Geschenk). ② 支払い (Bezahlung). ③ 保証, 担保 (Bürgschaft). ④ 所有権の保証 (Gewährleistung des Besitzrechtes). {Parz. 798, 5}

wërt[1] 男 [wërtes²] ① 島 (Insel). ② 川中島, 川洲 (Werder). ③ 半島 (Halbinsel). ④ (沼沢地の間の) 高められた土地 (erhöhtes Land). ⑤ 岸 (Ufer). ¶ Dô sluoc Wate der alte, daz im erwaget der wert 老ヴァーテが刀を打ち下ろすたびに砂州に地響きが起こる. (Ku. 515, 1) ¶ von dem heizen bluote der wert wart vil naz. 熱い血で砂州はすっかり濡れてしまった. (Ku. 883, 2)

wërt[2] 形 [wërtes²] ① 価値を持っている (einen gewissen Wert habend). ② 価する (wert). ③ 高価な (kostbar), すばらしい (herrlich). ④ 気高い (edel), 高貴な (vornehm). ¶ Der knappe tump unde wert / iesch von der muoter dicke ein pfert. / daz begunde se in ir herzen klagn. 未熟だが，身分の高いこの少年は何度も母親に馬をねだった．王妃はそのことで心を痛め始めた．(Parz. 126, 19-21)

wërt³, wart 形 向けられて (gerichtet, gewendet). 副 ある方向へ (die Richtung habend).

wërt⁴ 中 [wërdes²] ① 購入価格 (Kaufpreis), 価値 (Wert). ② 商品 (Ware). ③ すばらしさ (Herrlichkeit), 品位 (Würdigkeit).

wërt⁵ 女 生涯 (Lebzeit).

wër-wort 中 確約する言葉 (zusicherndes Wort).

wës 代 〔疑代〕 wër と waʒ の2格．

wesche¹ 女 《弱》洗濯女 (Wäscherin). {Ku. 1057, 1}

wesche² 女 洗濯, 洗濯物 (Wäsche). ¶ Der wesche dô vergâzen diu hêrlîchen kint. 美しい娘たちは洗濯をするのを忘れていた．(Ku. 1266, 1)

weschen ⇨ *waschen.*

wescher 男 洗濯人 (Wäscher).

wësen¹ 動 V. ① ある, いる (sein). ② 留まる (bleiben). ¶ du muost des tôdes wesen. お前は死ななければならない．(Nib. 2051, 1b) ¶ des sît ir iemer ungenesen, / got enwelle der arzât wesen." それゆえ神があなたの医者にならない限り，けっして治ることはありません．(aH. 203-4) ¶ nû gunnet mirs, wan ez muoz wesen. さあ，私にそれを許してください．これはどうしても避けられませんので．(aH. 628)

wësen² 中 ① 存在 (das Sein). ② 住むこと (das Wohnen). ③ 滞在 (Aufenthalt), 滞在場所 (Aufenthaltsort). ④ 住居 (Wohnung), 所帯 (Heimwesen). ⑤ 人生 (Leben). ⑥ 特性 (Eigenschaft), 状態 (Zustand, Lage). ⑦ 物 (Ding). {Parz. 456, 3}

wësende 形 〔現分〕 存在する，そこにある (seiend, anwesend). {Tr. 15977}

wëst¹, wësten 男 西 (Westen).

wëst², wëset = *wësen* の命令法2人称複数．

weste, wëste = *wiʒʒen* の直説法過去1, 3人称単数．

wësten 副 西に (im Westen), 西へ (nach Westen).

wësten-wint 男 西風 (Westwind).

wëster-halben, -halp 副 西に (im Westen), 西側に (auf der Westseite). {Parz. 25, 23}

wester-lege 女 洗礼服(布)の装着 (die Anlegung des Taufkleides). {Parz. 818, 16}

wëster-rîche 中 西方の国 (das Reich im Westen). {Parz. 767, 5}

wëster-wint, wëstener 男 西風 (Westwind). {Ku. 1139, 3}

wëten, wëtten 動 V. ① 結ぶ (binden). ② くびきでつなぐ (jochen). ③ 仲間に入れる (gesellen). {Tr. 15245}

weten, wetten 動《弱》自 水を歩いて渡る (waten), 行く (gehen). 他 ① 狩り立てる (treiben), 行かせる (gehen lassen). ② 踏みつける (niedertreten). ¶ Gewetet allenthalben bî den wegen was / von der liute krefte bluomen unde gras. 沿道ではいたるところで草花が多くの人々によって踏みにじられていた. (Ku. 11, 1-2)

wëter, wëtter 中 ① 天候 (Wetter). ② 悪天候 (Gewitter), 暴風雨 (Ungewitter). ③ 戸外の空気 (freie Luft). ¶ Dô daz weter ende nam, / dô hôrter daz geriten kam / des selben waldes herr. 嵐がおさまったとき, イーヴァインはその森の主人が駆けつける蹄の音を聞いた. (Iw. 999-1001)

wëter-var 形 ① 天候による色の (wetterfarbig). ② 天気によって特徴づけられた (vom Wetter gekennzeichnet). {Tr. 4008}

wëter-wîse 形 気象に通じている (wetterkundig). {Er. 7511}

wette, wete, wet 中 ① 賭 (Wette), 質契約 (Pfandvertrag). ② 法 (Gesetz). ③ 質 (Pfand). ④ 競争 (Wettstreit), 遊び (Spiel). ⑤ 負債の支払 (Abzahlung einer Schuld). ⑥ 損害の弁償 (Vergütung eines Schadens). ⑦ 不履行罰 (Versäumnisstrafe).

wette-louf, -louft 男 競走 (Wettlauf).

wetzen 動《弱》① 鋭くする (schärfen), 磨く (schleifen), 研ぐ (wetzen). ② 刺激する (reizen), 鼓舞する (anfeuern). ③ (槍を) 触れ合わす (aneinander reiben). {Parz. 379, 23}

wetze-, wetz-stein 男 砥石 (Wetzstein, Schleifstein). ¶ Nû lac dâ bî im ein / harte guot wetzestein. 医者のそばにたいへんよい砥石があった. (aH. 1217-8)

wibel 男 こくぞう虫 (Kornwurm, Wiebel).

wîc 男 ⌊-ges²⌋ ① 戦い (Kampf), 戦争 (Krieg). ② 攻撃 (Anfechtung). {Parz. 43, 2}

wîc-gar 形 戦いの準備をした (kampfgerüstet). {Tr. 8737}

wîc-gesang 男 中 ① 戦いの歌 (Kampflied). ② 勝利の歌 (Siegeslied).

wîc-geserwe 中 ① 戦衣 (Kriegskleidung). ② 戦いの装備 (Kriegsrüstung), 甲冑 (Rüstung).

wîc-gewæfen 中 戦いのための武装 (Bewaffnung zum Krieg).

wîc-gewant 中 ① 戦衣 (Kriegskleidung). ② 戦いの準備 (Kriegs-

wîc-gewæte

rüstung), 甲冑 (Rüstung). ¶ sô traget ûz ûf den sant / schilt unde wâpen und iuwer wîcgewant. では, 楯と剣, それに甲冑を浜辺に運べ. (Ku. 1146, 1b / 2)

wîc-gewæte 中 戦衣 (Kampfkleidung).
wîc-got 男 戦いの神 (Kriegsgott).
wîch[1], **wich** 男 ① 避けること, 退くこと (das Weichen). ② 逃げること (das Fliehen). ③ 揺れること (das Wanken).
wîch[2] 形 [wîhes[2]] 神聖な (heilig). ¶ Daz was zen wîhen nehten それはクリスマスの頃であった. (Ku. 1075, 1a)
wîch[3] 男 ① 町 (Stadt). ② 居住地 (Wohnsitz).
wîchen 動 I.1. ① はずれる, それる (ausweichen). ② 退く (weichen). ③ 回避する (sich entweichen). ④ 逃げる (fliehen). ⑤ 道をあける (aus dem Weg gehen). ⑥ 席を空ける (Platz machen). {Nib. 287, 2}
wîc-hûs 中 ① (戦いに備えた) 堅固な建物 (festes Gebäude). ② 城塞の塔 (Festungsturm). ③ 小要塞 (Blockhaus). {Parz. 183, 25}
wîc-lîche 副 ① 武装して (kampfgerüstet). ② 勇敢に (tapfer). ③ 戦士らしく (kriegerisch).
wîc-liet 中 戦いの歌 (Kriegslied), 勝利の歌 (Siegslied).
wîc-wer 女 ① 戦いの装備 (Kriegsrüstung). ② 防御装置 (Verteidigungswerk).
wide ⇒ *wit.*
wîde 女《弱》しだれやなぎ (Weide, Weidenbaum). ¶ bî einer wilden wîden 野生のやなぎの木の側に (Nib. 1568, 2a).
widen 動《弱》① 枝縄で結びつける (mit Wieden aufbinden). ② 枝縄で打つ (mit Wieden schlagen). ③ 打つ (schlagen), 苦しめる (quälen), 罰する (züchtigen). {Tr. 3048}
wider[1] 副 ① 対して (gegen, entgegen). ② 再び (wieder), 戻って (zurück). ¶ die maget er wider ûf bant. 医者はまた紐を解いてその少女を助け起こした. (aH. 1280d)
wider[2] 前 +3/+4 [中独 widder, wëder も] ① ～(に)[3/4] 対して (wider, gegen). ② (に)[3/4] 対して (gegenüber). ③ ～にもかかわらず (trotz). ④ (と)[3] 比べて (im Vergleich mit[+3]). ⑤ (に)[助格] 従って (nach). ¶ Die wider heim ze hûse heten reise muot, / die bat man noch belîben also man vriunden tuot. 故国へ向かって再び旅立とうとする者は, ちょうど友人たちに対してのように, さらに滞在するようにと勧められた. (Nib. 256, 1-2)

wider-antwurt 囡 答え (Antwort), 返答 (Entgegnung).
wider-bieten 動 II. 2. ① 使者を立てて断る (durch Botschaft absagen), 解約を告知する (aufkündigen). ② 敵対する (feindlich entgegentreten), 戦いを布告する (Krieg ankündigen).
wider-dienen 動《弱》奉仕によって返報する (durch Dienen vergelten). {Er. 1009}
wider-gân, -gên 動〔不規則〕自 ① 戻ってくる (zurückkehren). ② 向かっていく, 出迎える (entgegen gehen). ③ 向かってくる, 出迎える (entgegenkommen). ④ (に)³ 出会う (begegnen). ⑤ (に)³ 起こる (widerfahren). ⑥ (に)³ 答える (entgegnen). ⑦ (に)³ 反している, 逆らっている (zuwider sein). {Parz. 142, 6}
wider-gëlt 男中 ① 返事 (Erwiderung). ② 褒美, 返報 (Vergeltung, Belohnung). ③ 代償 (Entgelt). {Er. 5750}
wider-glesten 動《弱》自 (に)³ 輝き返す (zurückglänzen), (に)³ 向かって輝く (entgegenglänzen). 他 反射する, 放射し返す (zurückstrahlen). {Tr. 566}
wider-hærec 副 ① 髪の毛に逆らって (wider das Haar). ② 毛並みに逆らって (gegen den Strich). {Tr. 15843}
wider-hëllen 動 III. 2. 反響する (widerhallen). {Er. 5747}
wider-kêr 男, **-kêre, -kêr** 囡 ① 帰還 (Rückkehr), 帰郷 (Heimkehr). ② 転向, 改心 (Umkehr), 考えを変えること (Sinnesänderung). ③ 補償 (Entschädigung). ④ 変化 (Umwandelung). {Nib. 206, 1}
wider-kêren 動《弱》他 ① 連れ戻す, 退却させる (zurückführen). ② 返す, もどす (zurückgeben). ③ 弁償する (vergüten). ④ 反対のものへ変える (ins Gegenteil verwandeln). 自 ① 戻る (zurückkehren). ② (から)² 遠ざかる, 去る (abkommen). {Tr. 6300}
wider-kêrunge 囡 帰還 (Rückkehr).
wider-komen 動 IV. ① 気がつく, 我に返る (wieder zu sich kommen). ② 回復する (sich erholen). ③ 放棄する (aufgeben). ④ よりよくする (bessern). ⑤ (に)³ あう (begegnen), 起こる (widerfahren). ⑥ 一致する, 適合する (entsprechen).
wider-lachen 動《弱》笑い返す (entgegenlachen). {Tr. 572}
wider-lâzen 動〔反復〕2 ① 向かわせる (entgegengehen lassen). ② 投げ返す (zurückwerfen). ③ 答える (erwidern). ¶ sô widerlies ir ougen ie / als inneclîchen an den man. イゾルデは情愛を込めて目をその男性の方に向けた. (Tr. 19082-3)

wider-müete 形 ① 不快な, 気が進まない (widerwillig). ② いやな (zuwider). {Er. 6347}
wider-phlëgen 動 V. ① 世話をしない, 面倒をみない (nicht pflegen), 保護しない (nicht schützen). ② 阻む (entgegenarbeiten), 妨げる (hindern).
wider-rât 男 諫止 (Abratung).
wider-râten 動〔反復〕2 他 諫止する, 〜しないように勧める (abraten).
wider-rede 女 ① 返答 (Gegenrede als Antwort). ② 法的抗弁 (rechtliche Antwort), 被告の抗弁 (Replik des Beklagten). {Iw. 6336}
wider-reden 動《弱》自 ① 異論を唱える (Einwand erheben). ② 反対する (widersprechen). {Iw. 1867}
wider-reise 女 ① 帰路, 帰りの旅 (Rückfahrt). ② 帰還 (Rückkehr), 退却 (Rückzug). ¶ an der widerreise / funden si ûf der freise / sweben des kindes barke. 彼らは帰るとき危険な流れの中にその子供の小船が漂っているのを見た. (Gr. 953-5)
wider-rîten 動 I.1. 自 ① 騎乗して戻る (zurückreiten). ② 騎乗して迎える (entgegenreiten). ③ 騎乗して遭遇する (reitend begegnen). 再 相向って馬を進める (gegeneinander reiten). 他 騎乗して妨げる (reitend hindern). ¶ deiswâr swer in wære / zuo den zîten widerriten / dem si möhten hân gestriten, / sô hâten si den wec behuot / daz si im umbe daz guot / næmen êre unde lîp. じっさいこの盗賊たちはその当時, 自分たちの方にやってくる者がいればそれが誰であれ, 勝目がある限り, 途中で待ち伏せし, 物欲しさに, その旅人の名誉も生命も奪ってしまうのであった. (Er. 3117-22)
wider-ruof, -ruoft 男 ① 返答 (Gegenruf). ② 反対, 矛盾 (Widerspruch). ③ 抗弁 (Widerrede). ④ 拒絶 (Weigerung). {Parz. 744, 1}
wider-sagen[1] 動《弱》他 ① 反対のことを言う (das Gegenteil sagen), 反論する (widersprechen). ② 拒む (versagen), 禁止する (verbieten). ③ 否認する (absprechen), 否定する (verneinen). 自 再 ① 平和と友好を破棄する (Frieden und Freundschaft aufkündigen). ② 敵になる (Feinde werden). ③ 宣戦布告する (Krieg ankündigen).
wider-sagen[2] 中 ① 矛盾 (Widerspruch). ② 敵意 (Feindschaft). ③ 宣戦布告 (Kriegsankündigung).
wider-saʒ 男 ① 反対 (Gegenteil), 対立 (Gegensatz). ② 敵対 (Widerwärtigkeit). ③ 返答 (Erwiederung). ④ 反抗 (Widerstand). ⑤

wider-strît

敵意 (Feindseligkeit). ⑥ 敵 (Feind). {Parz. 155, 11}

wider-sâʒen 動〔反復〕2 ① 向かわせる (entgegen lassen). ② 投げ返す (zurückwerfen). ③ 答える (erwidern).

wider-schaffen 動 VI. / 動《弱》① 再びつくる (wiederbilden). ② 〜しない (nicht tun), 阻む (entgegenarbeiten). ③ 後退させる, 解消させる (rückgängig machen). ¶ dô widerschuof ez allez der, / der elliu dinc beslihtet すべてのものを整えるお方がそのときすべてをお阻みになった. (Tr. 2404-5)

wider-sitzen 動 V. 自 ① (に)³反抗する (Widerstand leisten). ② 恐れる (sich fürchten). 他 ① 恐れる (fürchten). ② 恐れおののく (zurückschrecken). {Parz. 218, 19}

wider-slac 男 ① 繰り返された打撃 (wiederholter Schlag). ② 反動 (Rückschlag). ③ 反対 (Gegenteil). ④ 防御 (Abwehr). ⑤ 反射 (Widerschein). {Iw. 2478}

wider-spël 中 語り伝えること (Wiedererzählung). ¶ ich slahe in, daz erz widerspel nimmer mêre darf gesagen 私はこの騎士を討ち, もはや口が利けないようにしてみせる. (Nib. 2272, 4)

wider-stân, -stên 動〔不規則〕自 ① 抵抗する (widerstehen, Widerstand leisten). ② 対立する (entgegenstehen), ③ (に)³反対する (sich widersetzen). ④ 拒否する (entgegentreten). 他 防げる, 阻止する (verhindern). ¶ Nu het si wol erkunnen, daz ir niemen widerstuont. クリエムヒルトは誰も自分に逆らう者が居ないことをよく知っていた. (Nib. 1391, 1) ¶ Dô der arme Heinrich / von êrste verstuont sich / daz er der werlte widerstuont, / als alle sîne gelîchen tuont, / dô schiet in sîn bitter leit / von Jôbes geduldikeit. 哀れなハインリヒが, 同じ境遇の者と同様に, 自分が世間から疎まれていることを知ったとき, 大きな苦しみがヨブの忍耐心からハインリヒを引き離した. (aH. 133-8)

wider-standunge 女 ① 抵抗 (Widerstand). ② 復活, 蘇生 (Auferstehung).

wider-stôʒen 動〔反復〕5 他 ① 突く (stoßen). ② 突き返す (zurückstoßen). 自 ① ぶつかる (aufstoßen). ② 出会う (begegnen). {Iw. 3264}

wider-strëbe 男《弱》① 対抗者 (Gegner). ② 反徒 (Aufständischer).

wider-strît[1] 男 ① 抵抗 (Widerstreben). ② 口論 (Widerstreit mit Worten). ③ 対立 (Gegensatz). ④ 競争 (Wettstreit). ⑤ 裁判での

wider-strît

相互の論駁 (rechtliche gegenseitige Anfechtung). {Tr. 7550}
wider-strît² 男, **-strîte** 男《弱》敵 (Feind), 対抗者 (Gegner).
wider-strîte 女《弱》対抗者 (Gegnerin). {Iw. 6882}
wider-strîten 動 I. 1. 自 ① 争う, 戦う (streiten). ② (に)³ 対抗する (sich widersetzen). 他 (に)⁴ (を)² 拒む (weigern). {Parz. 267, 30}
wider-swanc 男 ① 帰還 (Rückkehr). ② 復帰 (Rückfall). ③ 仕返し (Gegenhieb).
wider-trîben 動 I. 1. ① 追い返す (zurücktreiben), 取り消す (rückgängig machen). ② 防ぐ (abwehren), 防げる (hindern). ③ 返報する (vergelten). ④ 反駁する (widerlegen). 再 ① 逆らう, 抵抗する (sich widersetzen). ② うまくゆかない (nicht gelingen). {Tr. 4559}
wider-tuon 動〔不規則〕① 起らないようにする (ungeschehen machen). ② 取り消す (rückgängig machen). ③ 返す (zurückgeben), 返報する (vergelten).
widerunge 女 ① 抵抗, 反抗 (das Widerstreben, das Sträuben). ② はばむこと (das Aufhalten). ③ 反対の行動をとること (das Entgegenarbeiten). ¶ doch tet ez Îsôt diu junge / mit langer widerunge. しかし若いイゾルトは長い間ためらってやっと接吻した. (Tr. 10539-40)
wider-varn 動 VI. ① (の)³ 邪魔をする (in den Weg kommen). ② (好意的に, 敵対的に) 迎える, 歩み寄る (entgegentreten). ③ 出会う (begegnen). ④ 振り返る (widerfahren), 与えられる (zuteil werden), 起る (geschehen). {Parz. 58, 15}
wider-vart 女 ① 帰還 (Rückkehr). ② 帰路 (Rückfahrt). {Nib. 1582, 2}
wider-vüeren 動《弱》① もたらす (entgegenführen). ② 運んでくる (entgegentragen). {Parz. 42, 26}
wider-wanc 男 ① 後方への動き (Bewegung nach rückwärts). ② (戦いなどで) うしろにさがること (Zurückweichen). ③ 帰還 (die Rückkehr). {Parz. 417, 28}
wider-wart, -warte 男《強・弱》① 敵 (Feind), 対抗者 (Widersacher). ② 悪魔 (Teufel). ③ 対立, 反対 (Gegensatz), 敵対 (Widerwärtigkeit). ¶ noch suochte Wate der alte die widerwarten sîn. 老将ヴァーテはなおも自分の敵の姿を求めていた. (Ku. 1518, 2)
wider-wartec 形 ① 敵意のある (feindlich), 反対の (widerwär-

tig). ② 対置された (entgegengesetzt). ③ 不和の, 不一致の (zwieträchtig). ¶ diu widerwärtige schar / maget unde man, minne unde scham / diu was an ir sêre irresam. この相入れない群, 男と女, ミンネと恥じらいはイゾルトをたいへん混乱させた. (Tr. 11828-30)

wider-wëc 男 帰路 (Rückweg), 帰還 (Rückkehr).

wider-wëgen 動 V. ① 均衡を保つ (das Gegengewicht halten). ② 同じ重さである (aufwiegen). ③ 償う (vergelten), 代わりとして返す (erstatten). {Ku. 1576, 2}

wider-wërfen 動 III. 2. 他 ① 取り消す (rückgängig machen), 拒む (zurückweisen). ② 投げ捨てる (verwerfen). ③ (馬の) 向きを変える (umwenden). 再 ① 向きを変える (sich umwenden). ② 逆になる, さかさまになる (ins Gegenteil verkehren). ③ 後ろを向く (sich zurückwenden). ¶ ê man die hant gewende, sô widerwirfet sich daz. 人が手のひらを返す間より早く, それは向きを変える. (Tr. 13790-1)

wider-winden 動 III. 1. 自 ① 戻る, 帰還する (zurückkehren). ② 終わる (enden). ③ やむ (aufhören). ④ やすらう (ruhen). 他 追い返す (zurücktreiben). 再 逆らう, 反抗する (sich widersetzen).

wider-winne¹, -wünne 男《弱》敵 (Feind), 敵対者 (Widersacher). {Nib. 141, 2}

wider-winne², -wünne 形 逆らった (zuwider), 気に入らない (widerwärtig).

wider-würken 動《弱》反対に作用する (das Gegenteil wirken).

wider-zæme, -zæm 形 ① ふさわしくない (unschicklich). ② いやな (widerlich), 不快な (widerwärtig), 気に入らない (missfällig). ③ 好ましくない (unlieb). ④ 憎んでいる (feind). ¶ sus vunden si den gotes trût, / einen dürftigen ûf der erde, / ze gote in hôhem werde, / den liuten widerzæme, / ze himele vil genæme かれらは地上ではみすぼらしい者であり, 神の前では高い位にある者, 人々にはうとまれるが, 天にとってはたいへん好ましい神の友を見つけた. (Gr. 3418-22)

wider-ziehen 動 II. 2. ① 引きもどす, 引っ込ませる (zurückziehen). ② 引き留める (zurückhalten). ③ 静止させる (zum Stillstand bringen). {Parz. 20, 2}

wie 副 ① どのように (wie). ② なぜ (warum). ③ 何かある方法で (auf irgend eine Weise). 接 ① どれほど (wie). ② どのように〜でも (wie immer). ③ 〜ではあるが (obwohl). ¶ ich arme, wie hân

Wienære

ich verlorn / mîne êre und mîne triuwe! 哀れな私, どのようにして私は自分の名誉と忠義を台無しにしてしまったのか. (Tr. 11702-3)

Wienære 男 ヴィーンの人 (Wiener).

wieren 動《弱》① 黄金を精錬する (Gold läutern), 金属や宝石をはめ込む (mit Metall oder Gesteine auslegen). ② 象眼された金や金の縁取りの宝石で飾る (mit eingelegtem Gold, mit goldgefassten Edelsteinen schmücken). ③ 飾る (zieren, schmücken). ¶ diu was vil harte schône / mit gesmîde gezieret, / mit gimmen wol gewieret それはたいへん美しく / 細工を施した金属で飾られ, / 宝石がみごとに埋め込まれていた. (Tr. 16714-6)

wîgant 男 [中独 wîgande《弱》も] ① 戦士 (Krieger). ② 勇士 (Held). {Nib. 61, 4}

wige, wiege 女《強・弱》ゆりかご (Wiege).

wîhen, wîen, wîchen 動《弱》他 清める (weihen), 神聖にする (heiligen), 祝福する (einsegnen). 再 叙品を受ける (die Pristerweihe empfangen). ¶ dô wurden si gewîhet そのときグンテル王とブリュンヒルトは結婚の祝福を受けた. (Nib. 645, 3a)

wîhe-, wîhen-naht 女 聖夜 (Weihnacht). {Ku. 1075, 1}

wiht[1] 男 蠟燭の芯 (Docht).

wiht[2] 男 甲 ① 被造物 (Geschöpf), 事物 (Ding). ② 存在 (Wesen), 生き物 (Wicht), 生物 (Lebwesen), 動物 (Tier). ③ 魔物 (Dämon), 小人 (Zwerg). ④ 何かあるもの (etwas), 何も〜ない (nichts).

wihte-stein 男 分銅 (Gewicht). {Tr. 3768}

wilde[1] 女 ① 荒地 (Einöde), 荒野 (Wildnis). ② 野生, 粗野 (Wildheit). ③ 野生的存在 (wildes Wesen). ④ 不可解なもの (unbegreifliches Wesen).

wilde[2]**, wilt** 形 ① 開墾されていない (unangebaut), 人が手を入れていない (nicht vom Menschen gepflegt). ② 野生の (wild gewachsend). ③ 人の住んでいない (unbewohnt), 荒れ果てた (wüst). ④ 野蛮な, 粗野な (wild). ⑤ 見知らぬ (fremd). ⑥ 不思議な, 素晴らしい (wunderbar). ⑦ 珍しい (seltsam). ⑧ (から)[3] 遠ざかった (entfernt). ¶ Ich sage iu waz si vunden. / do si suochen begunden / ûf dem wilden steine. / der guote und der reine / der wart ir schiere innen. 私はあなたがたに人々が見つけたものを話そう. かれらが荒涼とした岩の上を捜し始めたとき, この敬虔で汚れのない男はすぐにかれらに気づいた. (Gr. 3403-7)

wilde[3] 副 荒々しく (auf wilde Weise).

wildec-heit 女 ① 野生 (Wildheit). ② 野生的存在 (wildes Wesen).
wildec-lich = *wilde²*.
wildec-lîche = *wilde³*.
wilde-, wilt-lich = *wilde²*.
wildenære 男 ① 狩人, 狩猟者 (Jäger, Wildschütz). ② 密猟者 (Wilddieb). ③ 猟獣の肉取引者 (Wildbrethändler). ¶ vindære wilder mære, / der mære wildenære 珍しい話の創案者, 物語の狩人 (Tr. 4663-4)
wîle¹, wîl 男 ① ヴェール (Schleier). ② 修道女のヴェール (Nonnenschleier).
wîle², wîl 女 ① 暇, 余暇 (Weile). ② 時 (Zeit), 時点 (Zeitpunkt). ③ 時間 (Stunde). ◇副詞的 4 格 die wîle (während dessen その間中). 接 ① 〜の間中 (während). ② 〜の間 (solange). ③ 〜なので (weil). ¶ ez ist iu wol geseit, / daz ich bî ir muoter hête vil manic leit, / daz ich si ze einer wîle ze friunde nie verlôs. すでにご存じのように, 私は王妃さまの母上ヒルデさまと多くの苦しみを共にしました. それ以来私たちの友情は片時も途絶えることはありませんでした. (Ku. 556, 1b-3)
wîlen, wîlent 副 ① 以前 (vor Zeiten), かつて (ehemals). ② とっくに (längst). ③ ときどき (zuweilen). ④ 〜したり, 〜したり (bald〜, bald 〜). ¶ er wancte mit gedanken / wîlent abe und wîlent an. 彼の考えはあっちへ行ったり, こっちへ行ったりした. (Tr. 832-3)
wille 男《弱》① 意志 (Wille). ② 願うこと (das Wünschen), 欲すること (das Wollen). ③ 決心 (Entschluss). ◇durch 〜 willen (〜のために um 〜 willen, wegen), mit willen (喜んで gern). ¶ Jâ, hêrre, eist unser aller rât, / unser wille und unser muot, / swaz er gesprichet oder getuot. そうです. あのかたが話し, なすことは, 私たちみなの決心であり, 意志であり, 真心なのです. (Tr. 6354-6) ¶ ir müeset haben eine maget / vollen hîbære / diu des willen wære / daz si den tôt durch iuch lite. あなたは, あなたを救うために死を耐えぬく気持ちを持つ結婚適齢の少女を見つけなければなりません. (aH. 224-7)
willec, willic 形 ① 乗り気の (willig), 喜んで応じる (bereitwillig). ② 熱心な (eifrig). ③ 願われた (gewünscht), 意図された (beabsichtigt). ④ 自由意志の (freiwillig). {Gr. 1880}
willec-heit 女 ① 良い意志 (guter Wille). ② 自発性 (Freiwillig-

keit).
willec-lich 形 ① 喜んでする (willig). ② 熱心な, 熱望した (eifrig). ③ 自発的な, 自由意志の (freiwillig). {Ku. 686, 3}
willec-lîche 副 ① 喜んで (gern). ② 自発的に (freiwillig).
wille-klage 女 思いつきの, 見せかけの苦痛 (freiwilliger, verstellter Schmerz). ¶ dô nam si ir willeklage hier abe: 彼女はいつわりの苦しみを演じていた. (Tr. 1917)
wille-kome[1] 男《弱》, **-komen** 中, **-kum** 男 歓迎 (das Willkommensein).
wille-kome[2], **-kume, -kom, -kum** 形 ① 望み通りの (nach Wunsch gekommen). ② 歓迎された (willkommen).
wille-, wil-kür 女 [中独 wille-kure, -kor] ① 自由意志 (freier Wille), 自由意志による決心 (freier Entschluss). ② 同意 (Zustimmung). ③ 傾向, 傾き (Neigung). ④ 法規 (Statut). {Tr. 169}
wil-lich 形 ① 自由意志の (freiwillig). ② 喜んでする, 進んでする (willig).
wil-lîche 副 ① 自由意志で, 自発的に (freiwillig). ② 喜んで, 進んで (willig).
willic ⇨ *willec*.
wilt[1] 中 [wildes[2]] ① 野獣 (Wild). ② 野生の動物 (wilde Tiere).
wilt[2] ⇨ *wilde*[2].
wilt-ban 男 ① 野生動物の保護地域 (Wildpark). ② 狩猟区域とそこでの狩猟権 (Jagdbezirk und das Recht darin zu jagen). {Er. 7150}
wilt-brât, -bræte 中 猟獣の肉 (Wildbret, Wildfleisch). {Iw. 3335}
wilt-lich ⇨ *wilde*[2].
wimpel, winpel 女《強・弱》① 吹き出し (Wimpel). ② 頭に被る布 (Kopftuch). ③ 旗 (Fahne, Banner). ④ 船の吹流し (Schiffswimpel). {Er. 8246}
wîn 男 ① ワイン (Wein). ② ブドウの房 (Weintraube).
winde 女《弱》① 巻き上げ機, 糸巻き枠 (Winde). ② 巻き取り装置 (Vorrichtung zum Winden). ③ 起重機 (Kran). ④ テント用装置 (eine Vorrichtung am Zelt), テント布 (Zelttuch). ⑤〔植物〕西洋ひるがお (Winde). {Parz. 729, 1}
winden, winten 動 III. 1. 他 再 ① 巻く (winden), 回す (drehen), 巻き付ける (wickeln). ② くるむ, 包む (einwickeln). ③ 捲き上げる (aufwickeln). 自 ① 反対の方向へ向く, 裏返る (sich umwen-

den), 後退する (zurückbewegen). ② 終わる (das Ende finden), やむ (aufhören). ¶ an vil wîzen armen si die ermel want ブリュンヒルトはたいへん白い腕に袖をまき上げた. (Nib. 451, 1)

直説法現在	
ich winde	wir winden
du windest	ir windet
er windet	si windent

直説法過去	
ich want	wir wunden
du wünde	ir wundet
er want	si wunden

winder ⇒ *winter.*
windisch, windesch 形 ① ヴェント人の (windisch, wendisch). ② スラヴ人の (slavisch). {Parz. 496, 17}
wine¹, win 男 ① 恋人 (Freund). ② 夫 (Gatte, Mann).
wine², win 女 ① 夫人 (Gattin, Frau). ② 恋人 (Freundin). {Nib. 554, 1}
winege, winige 女 恋人 (Freundin), 夫人 (Gattin, Frau).
win-garte, -gart 男《弱》① 葡萄園 (Weingarten). ② 葡萄山 (Weinberg). ¶ Erffurter wingarte giht / von treten noch der selben nôt. エアフルトのぶどう園は今なおその攻略の苦しみを物語っている. (Parz. 379, 18-9)
winkel 男 ① 隅 (Ecke), 角 (Winkel). ② 離れた所 (abseits gelegener Raum).
winkel-maȝ, -mëȝ 中 曲尺 (Winkelmaß). {Parz. 91, 3}
winken 動《弱》① 側方へ動く (sich seitwärts bewegen). ② 動揺する, 揺れる (schwanken, wanken). ③ うなずく (nicken). ④ (に)³ 合図する (winken).
winnen 動 III. 1. ① 激怒する (wüten). ② 戦う (kämpfen), 喧嘩する (streiten). ③ 努力する (sich abmühen). {Er. 7416}
winster 形 左の (link). {Parz. 9, 25}
wint 男 [windes²] ① 風 (Wind). ② 空気 (Luft). ③ 香り, 芳香 (Duft, Geruch). ④ 放屁 (Blähung). ⑤ 猟犬 (Windhund). ⑥ 〔無価値なものとして〕 何も〜ない (nichts). {Nib. 47, 2}
wint-brâ, -brâwe, win-brâ 女 まゆげ (Augenbraue), まつげ (Wimper). {Parz. 313, 24}

winter

winter, winder 男 冬 (Winter).
winter-kalt 形 冬のように冷たく (winterlich kalt).
winter-kleit 中 冬の衣服 (Winterkleid).
winter-lanc 形 冬のように長く (lang als im Winter).
winter-lich 形 冬の (winterlich).
winter-lîche 副 冬に, 冬らしく (winterlich).
winter-sorge 女 冬の憂い (Sorge im Winter).
winter-zît 女 冬の時期 (Winterzeit).
wint-gestœʒe 中 嵐 (Windsturm). ¶ Daz wintgestœze want sô grôz / daz sî ûf dem sê verdrôz. 嵐は大きくなり, 漁夫たちは海上に居るのが嫌になった. (Gr. 965-6)
wint-schaffen 形〔過分〕① 風のように回る (beschaffen, dass es sich wie der Wind dreht). ② 天気のように変わりやすい, むら気の (wetterwendisch). {Tr. 15740}
wint-seil 中 (テントを風から守る) 綱 (Seil). {Parz. 278, 16}
wîp, wîb 中 [wîbes², 複数形 wîp, wîber] ① (男に対する) 女 (Weib, Frau). ② (少女に対する) 女 (Frau). ③ 妃, 妻 (Gemahlin). ④ 側女 (Kebsweib). ¶ dô man die swæren gotes zuht / gesach an sînem lîbe, / manne unde wîbe / wart er dô widerzæme. 人はハインリヒの身に神の重い懲らしめを見た. そのとき彼は男性たちと女性たちにとって不快な存在となった. (aH. 120-3)
wipfel 男 ① こずえ (Wipfel). ② 建物の頂上 (Spitze eines Hauses).
wîp-heit 女 ① 女であること (das Weibsein). ② 女らしさ (Weiblichkeit). ③ 成人女性であること (Frauentum). ④ 女性全体 (das ganze weibliche Geschlecht). {Wa. 49, 1} {Tr. 10259}
wîp-here 中 女性の軍勢 (ein Heer von Frauen).
wîp-lich 形 ① 女にふさわしい (einem Weib geziemend). ② 女の (von Frauen). ③ 女らしい (weiblich). {Parz. 10, 17}
wîp-lîche 副 ① 女らしく (weiblich). ② 女にふさわしく (einer Frau geziemend). {Tr. 8401}
wir 代 〔人代〕[別形 wër, wier, mir, mër, 中独 wî, wi, wie] 1 人称複数 1 格. われわれが (wir).
wirde¹, wierde 女 [中独 wërde] ① 価値 (Wert). ② 品位, 威厳 (Würde). ③ 名声 (Ansehen), 名誉 (Ehre). ④ 尊厳, 崇拝 (Verehrung). {Ku. 116, 3}
wirde² = *wërden* の直説法現在 1 人称単数.

wirde-bære 形 品位のある (Würde habend).
wirdec, wirdic 形 ① 価値のある (wert), すばらしい (trefflich). ② 名望のある (angesehen). ③ 気高い (edel). {Parz. 219, 16}
wirdec-, werdec-heit 女 ① 価値のあるもの (was würdig ist). ② すばらしさ (Herrlichkeit). ③ 品位, 威厳 (Würdigkeit). ④ 名声 (hohes Ansehen), 名誉 (Ehre). ⑤ 賞揚 (Auszeichnung). {Parz. 2, 19}
wirdec-, wërdec-lich 形 ① 名誉に満ちた (ehrenvoll). ② 価値のある, 威厳のある (würdig). ③ すばらしい (herrlich). ¶ ich vant den künec unt des wîp, / und manegen werdeclîchen lîp. 私は王とその妃, そしてたくさんの立派な人々に会った. (Parz. 653, 29-30)
wirdec-, wërdec-lîche 副 ① 名誉に満ちて (ehrenvoll). ② すばらしく (herrlich), 立派に仕度をして (mit ansehnlicher Ausstattung). {Parz. 625, 30}
wirde-lich = *wirdeclich*.
wirden 動《弱》自 品位がある (Würde haben), 価値がある (würdig sein). 他 ① 価値を与える (mit Wert versehen). ② 評価する (schätzen), 尊敬する (ehren), 称賛する (verherrlichen).
wirde-rîche 形 気品に満ちた (reich an Würde). {Iw. 6554}
wirde-sam 形 価する (würdig). ふさわしい (geziemend). {Iw. 2861}
wirken, würken, wurken 動《弱》[3. worhte 6. geworft, gewirket, -würket, -würkt] 自 ① 活動している (tätig sein). ② 作用する (wirken), 働く (arbeiten). 他 ① 動かす (ins Werk setzen). ② 実現する, 引き起こす (bewirken). ③ 作る (machen), する (tun), 製作する (verfertigen). ④ 縫う (nähen), 織る (weben), 刺繍する (sticken). {Nib. 227, 4}
wirre 形 ① 混乱させる, 縺れさせる (verwirrend). ② 邪魔された (gestört). ③ 妨げになる (störend).
wirs, würs 副 [中独 wërs も] [*übele* の比較級] ① より悪く (übler, schlimmer). ② より少なく (weniger). ◇比較級:wirser, 最高級:wirsest, wirsist, wirst, würst, wërst. (Nib. 1002, 2)
wirsen, wirsenen, wirsern 動《弱》① より悪くする (übler machen). ② 傷つける (verletzen), 損害を与える (schädigen). ③ 怒らせる (ärgern).
wirsest, wirsist, wirst, würst, wërst [*übele* の最高級] もっとも悪い (übelst, schlimmst). {Nib. 1981, 4}

wirsic 形 悪い (übel, schlimm).
wirt 男 [中独 wërt も] ① 夫 (Ehemann). ② 動物のつがいの雄 (Männchen eines Tierpaars). ③ 家の主人, 城の主人 (Hausherr, Burgherr). ④ 国主 (Landesherr), 統治者 (Gebieter), 主君 (Herr). ⑤ 宴の主人 (Bewirter). ⑥ 〔チェス〕第6の農夫 (der sechste Bauer).
wirten 動《弱》客をもてなす, 泊める (bewirten).
wirt-gëbe 男《弱》夫 (Ehemann).
wirtinne, -în, -in 女 [中独 wërtinne も] ① 女主人 (Herrin), 女性家主 (Hausfrau). ② 妻 (Ehefrau). ③ 女性国主 (Landesherrin). {Parz. 24, 14}
wirt-leute 名〔複数〕夫婦 (Eheleute).
wirt-lich 形 主人にふさわしい (einem Wirt angemessen).
wirt-schaft 女 [中独 wërtschaft も] ① 家主の活動 (Tätigkeit des Hausherrn). ② 饗応, 接待 (Bewirtung). ③ ごちそう (Schmaus), 宴会 (Gastmahl). ④ 祝祭 (Fest), 祝宴 (Festlichkeit).
wirt-schaften, -scheften 動《弱》① 饗応を受ける (ein Gastmahl halten). ② ごちそうを食べる (schmausen).
wirȝ, wirz 中 [中独 wërz] ① 薬味 (Würze), 発酵前の麦芽汁 (Bierwürze). ② 未発酵蜜酒 (Metwürze). ③ 甘い, 芳香のある素材 (Stoff).
wis = *wësen* の命令法2人称単数.
wîs[1], wîse 形 ① 分別のある (verständig). ② 経験を積んだ (erfahren). ③ 熟知している (kundig). ④ 博識の (gelehrt). ⑤ 利口な (klug), 賢明な (weise). ¶ Von wîsen und von tumben man hôrte manegen stôz, / daz der scefte brechen gein den lüften dôz. 心得のある者たちと未熟な者たちが打ち合う音が絶え間なく聞こえ, 槍の柄が折れる音があたりの空気を震わせた. (Nib. 35, 1-2)
wîs[2] ⇒ *wîse*.
wisant ⇒ *wisent*.
wîsage ⇒ *wîssage[1]*.
wîsære, -er 男 ① 首領 (Anführer, Oberhaupt). ② 案内者, 先導者 (Führer). ③ 教師 (Lehrer). ④ 援助者 (Beiständer). ⑤ 人差指 (Zeigefinger).
wischen 動《弱》[3. wischte, wiste, wüschte, wuschte] 他 ① ぬぐう (wischen). ② 乾かす (trocknen), きれいにする (reinigen). 自 ① 急いでそちらへ行く (sich rasch dahin bewegen). ② 滑り込む (schlüpfen).

wise 女《強・弱》草原 (Wiese).
wîse¹, wîs 女 ① 方法 (Art und Weise). ② メロディー (Melodie). ③ 歌曲 (Gesangstück), 歌謡 (Lied). ④ 指図, 使用法 (Anweisung). {Tr. 2292}
wîse² ⇨ *wîs¹*
wîse-, wîs-lôs 形 ① 統率者の居ない (ohne Führer). ② 助けのない (hilflos). ③ 見捨てられた (verlassen). ④ 孤児となった (verwaist). ⑤ 特別の形態のない (ohne besondere Erscheinungsform). {Er. 250}
wîsen¹ 動 I. 1. ① 避ける (meiden). ② 回避する (ausweichen). {Tr. 3628}
wîsen² 動《弱》自 博識になる (gelehrt werden), 経験を積む (ein Erfahrener werden). 他 ① 指示する (anweisen), 導く (führen). ② 教える (belehren, unterrichten). ③ 知らせる (wissen lassen). {Nib. 1011, 1}
wisent, wisente, wisant, wasent 男《強・弱》バイソン (Bisonochse), 野牛 (Wisent). {Nib. 916, 4}
wîs-heit 女 ① 経験 (Erfahrung). ② 賢明さ (Verständigkeit), 知恵, 聡明 (Weisheit). ③ 学識 (Gelehrsamkeit). ④ 術, 技術, 芸術 (Kunst).
wîs-lich 形 [=*wîs¹*] ① 分別のある (verständig). ② 経験を積んだ (erfahren). ③ 熟知している (kundig). ④ 博識の (gelehrt). ⑤ 利口な (klug), 賢明な (weise).
wîs-lîche 副 利口に, 狡猾に (auf kluger Weise).
wîs-lîchen 副 確かに (sicherlich).
wîssage¹, wîsage 男《弱》予言者 (Weissager, Prophet).
wîssage² 女《弱》女予言者 (Weissagerin, Prophetin).
wîssage³ 女 予言 (Weissagung, Prophezeiung).
wîs-sagen, wîsagen 動《弱》予言する (prophezeien, wahrsagen). {Iw. 3097}
wîssaginne 女 予言者 (Prophetin). ¶ dar ûffe stuont diu strâle, / der minnen wîssaginne その上には恋の予言者である矢がつきささっていた. (Tr. 6598-9)
wîs-tuom 男 ① 判決 (Urteil), 法的命令 (Rechtsweisung). ② 経験 (Erfahrung), 学識 (Gelehrsamkeit). ③ 術, 芸術 (Kunst).
wit, wide, wid 女 ① 編んだ小枝 (Flechtreis). ② 小枝で編んで作った縄 (Strang aus gedrehten Reisern). ③ 編み合わされた枝の

絞刑索 (Strang aus gewundenen Zweigen). ④ 飾りのひも (Band als Schmuck).
wît 形 ① 遠い (weit). ② 広がりのある (von großer Ausdehnung). ③ 遠くまで知られた (weithin bekannt). {Ku. 841, 4}
wîte¹, wît 副 ① 遠く (weit), 遠くへ (weithin). ② 遠くから (weither).
wîte² 女 ① 広い空間 (weiter und breiter Raum). ② 大きな広がり (weiter Umfang). ③ 開けた草原 (offenes Feld).
wîten¹ 動《弱》自 広がる (sich erweitern). 他 ① 広くする, 広める (erweitern). ② 遠ざける (entfernen).
wîten², wîtene 副 ① 〔空間的〕遠く (weit), 遠くへ (weithin). ② 〔時間的〕長く (lange). {Nib. 20, 3}
witeren, witern, wittern 動《弱》自 荒天候になる (Wetter werden), 天気が荒れている (Wetter sein). 他 ① 喧嘩させる (zum Gewitter machen), 悪口を言って責めたてる (mit bösen Worten bestürmen). ② 〔狩猟〕臭気として吸い込む (als Geruch in die Nase bekommen).
witewe, witiwe, witwe, witib 女《強・弱》寡婦, 未亡人 (Witwe).
witewen-, witewe-stoul 男 ① 寡婦の椅子 (Witwenstuhl). ② 寡婦の状態 (Witwenstand).
wît-vengec 形 ① 広い, 広大な (weit umfassend). ② たくさん取り上げる (viel nehmend). {Parz. 317, 24}
wît-weide, -weidec 形 ① 遠くへ放牧する (weit hinaus weidend). ② 広大な (weitschweifig). ③ 遠くまでぶらぶら歩いている (weit schweifend). {Tr. 4638}
witze, witz 女 ① 理解 (Verstand). ② 熟考 (Besinnung). ③ 洞察 (Einsicht). ④ 賢明さ (Klugheit). ⑤ 英知 (Weisheit). ¶ sun, merke eine witze, / und flêhe in umbe dîne nôt : / sîn triwe der werlde ie helfe bôt. 息子よ, この教えを忘れずに, 困難な時にはその方にお願いしなさい. そのご慈悲は世に救済を与えて来ました. (Parz. 119, 22-4)
witzec, witzic 形 ① 熟知している (kundig, gelehrt), 分かっている (verständig). ② 賢明な (weise), 利口な (klug). {Tr. 15309}
witze-haft 形 聡明さのある (Verstand besitzend). {Parz. 153, 11}
witzigen 動《弱》① 分からせる (verständig machen). ② 教える (unterrichten). {Tr. 7715}

wîz 形 ① 白い (weiß). ② 輝く (glänzend).
wîz-blâ 形 明るい青色の (hellblau).
wîz-brôt 中 白いパン (weißes Brot).
wîze¹, wîz 中 白さ, 白いもの (das Weiße).
wîze² 女 ① 罰 (Strafe), 浄罪火刑 (Fegefeuerstrafe), 地獄火刑 (Höllenfeuerstrafe). ② 地獄 (Hölle), 浄罪火 (Fegefeuer). ③ 責め苦, 拷問 (Tortur).
wîzegære ⇨ *wîzenære*.
wîzegen 動《弱》① 罰する (strafen). ② 苦しめる, 苦痛を与える (peinigen).
wîzegunge 女 ① 罰 (Strafe). ② 苦痛, 苦しみ (Pein).
wîzen 動 I. 1. ① 気をつける (beachten). ② 気づく (bemerken). ③ 非難する (Vorwürfe machen), 叱る (schelten). ④ 追放する (verweisen). ⑤ 罰する (bestrafen). ¶ waz wîzet ir mir recken? あなたがたはなぜ私をとがめるのか. (Nib. 2092, 3a) ¶ Der knappe sprach zer künegîn / „waz wîzet man den vogelîn?" 少年は王妃に, 「なぜ小鳥たちをせめるのですか.」と言った. (Parz. 119, 9-10)
wîzenære, wîzegære 男 ① 苦しめる人, 拷問吏 (Peiniger). ② 刑吏 (Henker, Scharfrichter). ③ 罰する人 (Strafer). {Tr. 8748}
wîz-gehant 形 白い手の (weißgehändet, mit weißen Händen). ¶ er gerte zallen stunden / der liehten, der blunden / Îsôte von Îrlanden / und flôch die wîzgehanden, / die stolzen maget von Karke. トリスタンはいつも輝くブロンドの, アイルランドのイゾルトを熱望し, カルケの誇り高い, 白い手の娘を避けた. (Tr. 19385-9)
wîzigen = *wîssagen*.
wizze-, wiz-lich 形 ① 意識した (bewusst). ② 知られた (bekannt).
wizzen 動〔過現動〕① 知っている (wissen, kennen). ② 分かっている (verstehen). ¶ ich weiz iuch, künneginne, sô zornec gemuot, / daz ir mich unde Hagenen vil swache grüezen getuot. 王妃よ, 私はあなたがたいへん腹を立てていて, 私やハーゲンに気持ちのない挨拶しかしないのを知っている. (Nib. 2363, 3-4) ¶ ich weiz wol daz er mir heiles gan. 私は父が私に救いを与えてくれることをよく知っています. (aH. 741)

wiȝȝen

	直説法現在	
ich weiȝ	wir	wiȝȝen
du weist	ir	wiȝȝet
er weiȝ	si	wiȝȝen

wiȝȝen 囡 ① 知っていること (das Wissen). ② 誠実さ, 正直さ (Redlichkeit). ③ 良心 (Gewissen). ④ 洞察 (Einsicht). {Ku. 123, 4}

wiȝȝende 囡 ① 洞察 (Einsicht). ② 知っていること (das Wissen). ③ 予知, 関知 (Vorwissen).

wiȝȝen-, wiȝȝent-haft 形 知られた (bekannt), 公然の (offenkundig).

wiȝȝen-haftic 形 熟達した (kundig), 経験を積んだ (erfahren).

wiȝȝen-, wiȝȝent-lich 形 ① 意識した (bewusst). ② 知られた (bekannt), 公然の (offenkundig).

wiȝȝen-lîche(n) 副 ① 意識して (bewusst). ② 周知のように (bekannt), 公然と (offenkundig). {Parz. 283, 22}

wiȝȝen-lôs 形 知っていない, 知らない (ohne Wissen).

wiȝȝen-tuom 男 英知, 知恵 (Weisheit).

wôch, woch, wôh 間 [=*wach*] ああ (ach). ¶ wohrî woch, waz sol daz sîn? ああ, ああ, それはいったい何だ. (Parz. 584, 25)

woche, wuche, wëche 囡《弱》① 月の運行の四分の一 (Viertel des Mondlaufs). ② 週 (Woche).

格	単 数	複 数
1格	diu woche	die wochen
2格	der wochen	der wochen
3格	der wochen	den wochen
4格	die wochen	die wochen

wochec-lîches 副 毎週 (wöchentlich).

woche-gelîch 副 毎週 (jede Woche).

woche-, wochen-lich 形 毎週の (wöchentlich).

woche-, wochen-lîche 副 毎週 (wöchentlich).

wol 副 [比較級 baȝ, 最高級 beste] よく (wohl), たいへん (sehr), まったく (völlig), 美しく (schön). ¶ Si mac wol sus erwerben dâ mîn eines hant. 私はそのようにしてあの王女を私自身の手に首尾よく迎えることができる. (Nib. 59, 1) ¶ dû hâst mich des wol innen brâht, / möhtetstû, dû hülfest mir. お前は私にもしできることなら, 私を助けてやりたいという気持を示してくれた. (aH. 934-5)

wolf 男 [wolves²] 狼 (Wolf).
wol-getæne 女 ① 美しい姿 (schöne Gestalt). ② 美しさ (Schönheit).
wolke 男《弱》, 中《弱》, 女《強・弱》雲 (Wolke).
wolken, wulken 男 中 ① 雲 (Wolke). ② 雲塊 (Gewölk).
wolken-blâ 形 空色の (himmelblau).
wolken-lôs 形 雲のない (wolkenlos).
wolken-schôʒ 男 稲光 (Blitz).
wolken-var 形 雲の色の (wolkenfarb).
wolkîn 形 雲の (von Wolken).
wol-tât 女 ① 善行 (Wohltat). ② 良い行い (gutes Tun).
wol-tæter 男 善行者, 慈善家 (Wohltäter).
wol-tuon 中 ① 良い行い (gutes Tun). ② 善行 (Wohltat).
wol-veile 女 ① 低廉 (Wohlfeilheit). ② 売り物であること (das Feilsein).
wonen 動《弱》[3. wonde, wonte] ① 住む (wohnen), 留まる (bleiben). ② 慣れている (gewohnt sein).
wonegen 動《弱》住む (wohnen).
woner 男 住民 (Wohner, Bewohner).
worden = *wërden* の過去分詞.
worhte = *wirken* の直説法過去 1, 3 人称単数.
wort 中 語 (Wort), 言葉 (Rede).

格	単　数	複　数
1格	daʒ　wort	diu wort
2格	des　wordes	der worte
3格	dem worde	den worten
4格	daʒ　wort	diu wort

worte-lîn, wortel, wörtelîn, wörtel 中 [*wort* の縮小語] 短い言葉 (kleines Wort).
wort-heide 女 言葉の荒野 (Heide der Worte). {Tr. 4637}
wort-lâge 女 危険な言葉 (verfängliche Rede). {Tr. 14167}
wort-lich 形 言葉の (wörtlich), 言葉で表された (mit Worten ausgedrückt).
wort-ræʒe 形 皮肉な, 毒舌の (scharfzüngig). ¶ daz wortræze wîp

言葉が辛辣な王妃 (Nib. 845, 3b).
wort-wîse 形 ① 言葉に通じた (verständig im Reden). ② 能弁な (redegewandt). ¶ der selbe wortwîse その言葉に通じた人 (Tr. 4708).
wort-zeichen 中 ① 言葉の代わりになるしるし (ein Zeichen, das statt des Wortes dient). ② 目印 (Kennzeichen), 特徴 (Merkmal). ③ 証拠 (Beweis). ④ 例 (Beispiel).
wûchzen 動《弱》① 叫ぶ (schreien). ② うなる, 吠える (brüllen).
wüefen 動《弱》① 苦しみの叫び声をあげる (Jammergeschrei ausstoßen). ② 叫ぶ (rufen, schreien). ③ 嘆く (klagen), 悲しむ (jammern). ④ 泣く (weinen).
wüeste[1], wuoste 女 ① 荒れ果てた地方 (wüste Gegend), 荒野 (Wildnis). ② 砂漠 (Wüste). ③ 横腹 (Weiche).
wüeste[2], wuoste 形 ① 荒れ果てた (wüst, öde), 荒涼とした (verlassen). ② 孤独な (einsam), 空の (leer). ③ 醜い (unschön, hässlich). ④ 浪費的な (verschwenderisch).
wüesten 動《弱》① 荒廃させる (verwüsten). ② 滅ぼす (verderben). ¶ daz ich im die hân versaget, dar umbe wüestet er mich. その娘を嫁がせることを断ったために, あの男は私の土地を荒らしました. (Iw. 4472-3)
wüeten 動《弱》① 激怒する (wüten). ② 暴れる (toben), 荒れ狂う (rasen). ¶ ob er begunde wüeten もし, 彼が怒りはじめたら (Ku. 492, 2a).
wüllîn, wullîn 形 ① 羊毛の (von Wolle). ② (懺悔者として着る) 羊毛の衣服の (von wollenem Gewand).
wülpe 女《弱》雌狼 (Wölfin).
wülpinne 女 ① 雌狼 (Wölfin). ② 狼のような女 (Frau von wölfischer Art). ¶ Dô sprach diu wülpinne そのとき狼のような女が言った. (Ku. 1015, 1)
wulst 男, **wulste** 女 ふくらみ (Wulst).
wülven 動《弱》狼のように振舞う (wie ein Wolf sich gebärden).
wülvîn 形 ① 狼の (vom Wolf). ② 狼のような (wolfartig, wölfisch).
wundât, -âte 女《強・弱》傷 (Wunde), 負傷 (Verwundung).
wunde 女《強・弱》傷 (Wunde). ¶ als er bestreich mit phlaster des künic Hagenen wunden, / sîn tohter gienc hin widere. ワーテが軟膏をハゲネ王の傷に塗ると王の娘はそこに戻ってきた. (Ku. 540, 3-

4a)

wunden 動《弱》傷つける, 傷を負わせる (verwunden).
wunden-swër 男《弱》傷の痛み (Wundenschmerz).
wunder[1] 男 負傷者 (der Verwundete).
wunder[2] 中 [中独 wonder も] ① 驚き, 驚くべきこと (Verwunderung). ② 好奇心 (Neugier). ③ 奇蹟 (Wunder). ④ 異常に大きな量 (außergewöhnlich große Menge). {Ku. 1105, 4}
wunder-alt 形 たいへん古い (sehr alt). {Wa. 95, 8}
wunderære, -er 男 ① 奇蹟を行う人 (Wundertäter). ② すばらしく生きる人 (derjenige, der wunderbar lebt). ③ 驚く人 (derjenige, der sich wundert). {Wa. 5, 35}
wunder-bære 形 不思議な, すばらしい (wunderbar).
wunder-boum 男 不思議な木 (Wunderbaum). {Tr. 10013}
wunder-haft, -haftic 形 ① 驚くべき, すばらしい (wunderbar). ② 驚いている (sich wundernd).
wunder-heit 女 不思議なもの (Wunderbares), 不可解なもの (unbegreifliches Wesen). {Iw. 319}
wunder-lich 形 ① 不思議な, 驚くべき (wunderbar). ② まれな, 奇妙な (seltsam). ③ 感じやすい, 過敏な (reizbar). ④ 不機嫌な, 移り気の (launisch). {Parz. 155, 22}
wunder-lîche 副 ① 不思議な具合に (wunderbarlich). ② 驚くほどに (erstaunlich). ③ たいへん (sehr).
wunder-lîcheit 女 驚くべき事 (dasjenige, das zum Verwundern ist).
wunder-lîn 中 [*wunder* の縮小語] 小さな驚くべきこと (kleines Wunder). {Parz. 656, 7}
wundern[1] 動《弱》自 驚く, 不思議がる (sich wundern). 他 ① 驚嘆する, 賛嘆する (bewundern). ② 驚かす, 不思議がらす (verwundern). 非 (を)[4] 不思議がらせる (verwundern).
wundern[2] 形 すばらしい (wunderbar).
wundern-küene 形 たいへん勇敢な (sehr tapfer), 驚くほど勇ましい (zum Verwundern kühn). ¶ ouch ist sô grimme stark der wundernküene man. その驚くほど勇敢な男はこの上なく強かった. (Nib. 872, 3)
wunder-sanc 男 みごとな歌 (wunderbarer Gesang).
wunder-schœne 形 驚くほど美しい (zum Verwundern schön).
wunder-spil 中 ① みごとな競技 (wunderbares Spiel). ② 奇蹟

wunderunge

(Wunder).｛Wa. 109, 20｝
wunderunge 囡 驚き (Verwunderung).
wunder-wol 副 たいへんよく (sehr wohl).｛Wa. 53, 25｝
wundic 形 傷ついた (verwundet).
wünne, wunne 囡 ① 牧草地, 放牧地 (Weide), 草地 (Wiesenland). ② 眼の楽しみ (Augenweide). ③ 喜び (Freude), 楽しみ (Lust). ④ 無上の喜び, 有頂天 (Wonne). ⑤ 最高 (das Beste). すばらしさ (Herrlichkeit). ¶ er was der werlde ein wunne, / der ritterschefte ein lêre, / sîner mâge ein êre, / sînes landes ein zuoversiht. 彼は世の人々の幸せであり, 騎士道の教え, 彼の一族の栄誉であり, 彼の国の希望であった. (Tr. 254-7)
wünnec-lich 形 ① 愛らしい (anmutig). ② 喜ばしい (wonniglich), 楽しい (wonnig). ③ 美しい (schön). ④ すばらしい (herrlich).
wünnec-lîche 囡 ① 優美, 典雅 (Anmut). ② 壮麗, 豪華 (Herrlichkeit).
wünnec-, wunnec-lîche 副 喜ばしく, 楽しく (wonnig).
wünnen, wunnen 動《弱》自 幸せである (in Wonne sein), 喜びの中にある (erfreut sein). 他 ① 喜ばせる (erfreuen, in Freude bringen). ② 幸せにする (zur Wonne machen).｛Nib. 1239, 3a｝
wünne(n)-, wunne-rîche 形 喜びに満ちた (reich an Freude).
wünne-, wunne-spil 回 喜びの競技 (Freudenspiel), 大きな喜び (hohe Freude).
wunsch 男 ① 願望 (Wunsch), 欲求 (Verlangen). ② 最高のもの (das Beste). ③ 魔法の杖 (Zauberstab). ④ 祝福 (Segen), 祝賀 (Glückwunsch). ⑤ 幸運 (Glück). ¶ im was der rehte wunsch gegeben / von werltlîchen êren. 彼には望み通りの世俗的名誉が与えられていた. (aH. 56-7)
wünsche-lîn 回 小さい願い (Wunsch).
wünschen, wunschen 動《弱》自 望む (wünschen), 要求する (verlangen). 他 ① 完全に成し遂げる (auf vollkommene Weise schaffen). ② 望む (wünschen), 求める (verlangen). ¶ manec frouwe und manec meit / im wunschten daz sîn wille in immer trüege dar. 多くの女官たちと侍女たちが, 王子の意志が王子を自分たちのもとへ運んでくるとこを望んでいた. (Nib. 24, 2b-3)
wünscher 男 望む人 (derjenige, der wünscht).
wunsch-kint 回 若い女性の理想, 模範 (ein Ideal, Muster einer

würgen

jungen Frau). {Er. 8278}
wunsch-lëben 囲 最も幸福な人生 (das glücklichste Leben).
wunsch-lich 形 望み通りの (zum Wunsch beschaffen).
wunsch-lîche 副 望み通りに (zum Wunsch beschaffen).
wünsch-wint 男 順風, 航行に有利な風 (günstiger Fahrwind).
wunt 形 [wundes²] ① 傷ついた (wund). ② 傷つけられた (verwundet). ¶ Nu heizet die wunden zuo dem schiffen tragen 傷ついたものたちを船に運ばせよ. (Ku. 905, 1)
wuocher 男 囲 [中独 wûcher, wôcher] ① 収益 (Ertrag, Gewinn), 利益 (Frucht). ② 子供 (Kind), 子孫 (Nachkommenschaft). ③ 増殖, 増大 (Zuwachs). ④ 過大な租税 (übermäßige Zinsen), 高利 (Wucher). {Iw. 7193}
wuocherære, -er 男 高利貸し (Wucherer). {Tr. 11868}
wuocher-haft 形 ① 稔りをもたらす, 実を結ぶ (Frucht bringend). ② 多産の, 豊かな (fruchtbar).
wuof, wuoft 男 ① 悲嘆の叫び声 (Klageruf), 嘆き声 (Wehklage). ② 叫び声 (Geschrei). {Nib. 1021, 3}
wuofen 動 〔反復〕 6 ① 叫ぶ (rufen, schreien). ② 嘆く (klagen), 悲しむ (jammern). ③ 泣く (weinen). {Parz. 104, 27}
wuoft ⇨ *wuof.*
wuohs = *wahsen* の直説法過去 1, 3 人称単数.
wuot[1] 女 ① 激しい興奮 (heftige Aufregung). ② 怒り (Wut), 荒れること (Raserei). ③ 強い欲求 (heftiges Verlangen). ④ 激しい動き (heftige Bewegung).
wuot[2] = *waten* の直説法過去 1, 3 人称単数.
wurde = *wërden* の直説法過去 1, 3 人称単数.
wurden = *wërden* の直説法過去 1, 3 人称複数.
wurf 男 [wurfes²] ① 投げること (Wurf). ② (投網による) 漁猟 (Fischerei). ③ (高山での) 試掘, 探鉱 (Schürfung).
würfel 男 ① さいころ (Würfel). ② さいころ状のもの (etwas Würfelförmiges). {Er. 869}
wurfen = *wërfen* の直説法過去 1, 3 人称複数.
würgen 動《弱》[中独 wurgen, worgen] 他 ① 喉を絞める (an der Kehle zusammenpressen). ② 絞め殺す (würgen). ③ 窒息させる (ersticken). ④ 強く引っ張る (heftig zerren). 再 苦労する (sich abquälen). ¶ ir bûliute unde ir enken / die hiez si vaste gâhen, / vogele würgn und vâhen. 王妃は農夫や作男たちにそこへ急がせ, 小

wurken

鳥たちをつかまえ, 絞め殺させようとした. (Parz. 119, 2-4)

wurken, würken ⇒ *wirken.*

wurm 男 ① 虫 (Wurm), 這う動物 (kriechende Tiere). ② 昆虫 (Insekt). ③ 蛇 (Schlange), 毒蛇 (Natter). ④ 竜 (Drache). ⑤ 悪魔 (Teufel). ⑥ 潰瘍 (Geschwür). {Ku. 389, 2}

wurm-biȝ 男 蛇の嚙み傷 (Schlangenbiss).

wurst 女 [中独 worst も] ソーセージ (Wurst).

wurz 女, **wurze** 女 《強・弱》 [中独 worz も] ① 根 (Wurzel). ② 植物 (Pflanze). ③ 草 (Kraut). {Ku. 82, 1}

würzære 男 庭師, 園丁 (Gärtner).

wurzel 女 《強・弱》 根 (Wurzel).

wurzelîn, würzelîn 中 [*wurzel* の縮小語] ① 小さい草 (Kraut), 小さい植物 (Pflanze). ② 小さい根 (Wurzel). ¶ der wirt gruop im würzelîn. 主人は騎士のために小さい草の根を掘った. (Parz. 485, 21)

Z

zâ, zay, zâhî, zâh 間 〔驚きや喜び〕おや, やー, まあ (hei, heisa).

za, zazâ 間 ① 戦いで勇気を鼓舞する叫び (Aufmunterungsruf). ② 犬を呼ぶ合図の舌打ち (das Schnalzen mit der Zunge), 呼び寄せる合図 (Lockruf). ¶ hie mite begunde er überlût / den hunden ruofen: „za za zâ!" そこで彼は「ツァツァツァー」と大きな舌打ちをして犬たちを呼んだ. (Tr. 3012-3)

zabel 中 ① チェス盤 (Spielbrett). ② 盤上の遊戯 (Brettspiel).

zabelære 男 盤上遊戯師 (Brettspieler).

zabelen, zabeln 動 《弱》 チェスをする (Schach spielen). ¶ in dem brete zabelen 盤上でチェスを楽しむ. (Ku. 353. 3a)

zabel-rede 女 ① チェスのときに交わす言葉 (Rede beim Brettspiel). ② 冗談 (Scherzwort).

zabel-wort = *zabelrede.*

zabel-wortelîn 中 [*zabelwort* の縮小語] {Tr. 2287}

zadel, zâdel 男 ① (食料・餌などの) 不足 (Mangel). ② 飢餓 (Hungerleiden).

zadel-wurm 男 ① 空腹の虫 (Hungerwurm). ② 空腹 (Hunger).
zâfel, zâvel 男 ① 装飾 (Putz). ② 装飾品 (Schmuck).
zage[1] 男《弱》① 決断力のない人 (ein unentschlossener Mensch). ② おじ気付いた人 (verzagter Mensch). ③〔ののしり言葉〕臆病者 (ein feiger Mensch). {Nib. 2143, 1}
zage[2] 形 ① 臆病な (zaghaft), 気後れした (verzagt). ② 卑怯な, 小心な (feige). ③ 無気力な (mattherzig). ④ 兎のような (hasenmäßig).
zage-bære 副 臆病に (zaghaft), 無気力に (mattherzig).
zage-, zag-haft, zage-, zag-haftic 形 臆病な (zaghaft), 卑怯な (feige).
zage-, zag-heit 女 臆病 (Zagheit), 気おくれ (Verzagtheit). ¶ ich vürhte daz unser arbeit / gar von iuwer zageheit / under wegen belibe. 私はあなたの臆病さのために私たちの苦労が決して実を結ばないのではないかと心配です. (aH. 1119-21)
zagel 男 [縮約形 zail, zeil] ① 尾 (Schwanz, Schweif). ②〔複数で〕兜の前立て, 羽飾り (Helmbusch). ③ (蜜蜂などの) 針 (Stachel). ④ 後衛 (Nachtrab des Heeres), 軍勢のしんがり (der Letzte einer Schar). ⑤ 事の終わり (Ende eines Dinges). ⑥ 陰茎 (männliches Glied). {Parz. 2, 20}
zage-, zege-lich 形 ① 兎のような (hasenmäßig). ② 臆病な (feige, verzagt). {Nib. 1583, 3}
zage-, zege-lîche 副 ① 兎のように (hasenmäßig). ② 臆病に (versagt, feige), 臆病者のように (wie ein Feigling).
zagen 動《弱》① おずおずしている (verzagt sein). ② 気が弱い (feige sein). {Iw. 3745}
zager 男 粒起のある騾馬の皮 (narbiges Maultierhaut). {Parz. 184, 14}
zæhe, zæh, zæch, zâch 形 ① 強靱な (zäh). ② 曲がりやすい (nachgiebig), しなやかな (geschmeidig). ③ 粘着性の (klebrig). {Parz. 296, 10}
zæhen 動《弱》① 強靱にする (zäh machen). ② しなやかにする (geschmeidig machen).
zaher, zeher 男 [中独 女 も 縮約形 zâr / 複 zêre, zâre] ① 涙 (Zähre, Träne). ② 滴 (Tropfen), したたり落ちる液 (tropfende Flüssigkeit). ③ 火花 (Feuerfunken), 電光 (Blitzstrahl).
zâhî, zâhiu 間 さあさあ, いざ (wohlan). ¶ zâhiu wiech danne

sunge von den vogellînen, / von der heide und von den bluomen, als ich wîlent sanc! ああ，そうしたらわたしはかつてのようになんとすばらしく小鳥たちや荒野や草花について歌を歌うことか．(Wa. 28. 4-5)

zal, zale 女 ① 数 (Zahl), 数量 (Anzahl). ② 多数 (Menge), 群 (Schar). ③ 物語 (Erzählung), 報告 (Bericht). ④ 言語 (Sprache), 言葉 (Rede).

格	単 数	複 数
1格	diu zal	die zal
2格	der zal	der zaln
3格	der zal	den zaln
4格	die zal	die zal

zallen = *ze allen*.
zaller = *ze aller*.
zaln, zalen 動《弱》① 数える (zählen), 計算する (rechnen). ② 見積もる (berechnen), 数え上げる (aufzählen). ③ 物語る (erzählen). 報告する (berichten). {Tr. 4771}
zâl-sam 形 危険な (gefährlich), 危険に満ちた (gefahrvoll).
zam[1] 形 ① 馴れた (zahm), 馴らされた (gezähmt). ② 従順な (gehorsam). ③ よく知られた (wohlbekannt). ④ ふさわしい (angemessen). {Ku. 98, 1}
zam[2] = *zëmen* の直説法過去 1, 3 人称単数.
zâmen = *zëmen* の直説法過去 1, 3 人称複数.
zandern = *ze andern*.
zange 女 ① やっとこ，はさむもの (Zange). ② 芯切り (Lichtputze). {Parz. 114, 14}
zant 男 [-des²], **zan** 男 歯 (Zahn).
zart 男 ① 優しさ，情愛が深いこと (Zärtlichkeit). ② 愛撫 (Liebkosung). ③ 好意のある取り扱い (wohlwollende Behandlung), 大切にすること (Schonung). ④ 美しさ (Schönheit), 優美 (Anmut). ⑤ 楽しみ (Lust, Vergnügen). {Parz. 202, 1}
zarten 動《弱》自 ① 愛想よくする，やさしくする (zärtlich sein), 好意を示す (Wohlwollen zeigen). ② 入念に取り扱う (sorgsam behandeln). 他 柔弱にする (verweichlichen). 再 (に)³ 巧みに取り入る (sich einschmeicheln). {Tr. 17097}
ze- ⇨ *zer-*.

ze¹ 副 ① 充分よりも多く (mehr als genug). ② あまりにも〜過ぎる (zu 〜). ¶ ob irz durch iuwer triuwe lât, / daz ist ein vil swacher rât / des iu got niht lônen wil, / wan der triuwen ist ze vil. 中止があなたの誠実な気持からなら，それは神さまの褒美を受けられないつまらない考えであり，その誠実さは大き過ぎます. (aH. 1332a-d)

ze², zuo 前 +3/(+助) [中独 zu, zû, zô+3/(+4) も] ① 〔空間的〕〜に (zu, in, an, bei). ② 〔時間的〕〜まで (zu, bis zu). ③ 〔目的・関係〕〜のために (für, wegen). ¶ weizgot, vrouwe, ich wære tôt, / wær er mir niht ze helfe komen. あの方が助けてくれなかったら，私はきっと命を失っていたことでしょう. (Iw. 5918-9) ¶ dô sazte Êrec sich ze wer. それを聞いてエーレックは身構えた. (Er. 3189)

ze-brësten ⇨ *zerbrësten*

zêch = *zîhen* の直説法過去 1，3 人称単数.

zëche, zëch 女《強・弱》① 順序 (Ordnung nacheinander), 順位 (Reihenfolge). ② 設備 (Einrichtung). ③ （費用を出し合う) 宴会 (Trinkgelage). ④ 宴会の費用 (Wirtrechnung für die Gelage). ⑤ 競技のかけ金 (Geldeinsatz bei einem Spiel). {Parz. 5, 21}

zëchen 動《弱》他 ① 秩序立てる，整える (in Ordnung bringen). ② つなぎ合わせる (fügen). ③ 派遣する (schicken), 奨励する (fördern). ④ 調達する (besorgen). ⑤ 送る (schicken), 運送する (befördern). 自 再 ① 飲食する (zechen). ② (を)ᵐⁱᵗ 飲む (trinken). 他 飲ませる (tränken). {Parz. 141, 28}

zêder, cêder 男 [ラテン語 cedrus] すぎ (Zeder, Zederbaum). {Parz. 444, 30}

zêder-boum 男 すぎ (Zederbaum).

zêderîn, zêdrîn 形 すぎの木の (von Zederbaum). {Tr. 17023}

ze-gegen, -gegene, -gagen, -gagene, -gein 副 ① (に)³ 対して (gegen, entgegen). ② (の)+3/+4 向こう側に (gegenüber). ③ いま，現在 (gegenwärtig). {Nib. 1683, 3}

zege-lich ⇨ *zagelich*

cegôlitus 名 〔宝石〕ツェゴーリトゥス (Cegolitus). {Parz. 791, 16}

ze-hant 副 [<ze hant] ① すぐに (sofort, sogleich). ② 直ちに (auf der Stelle). ¶ er stuont ûf unde nam zehant / sînen sun Tristanden an die hant / nâch vil vaterlîchem site. 彼は立ち上がり，たいへん父親らしくすぐに息子トリスタンの手を引いた. (Tr. 2189-91) ¶ zehant liez er in dar in. すぐに医者はハインリヒを中に入れた. (aH. 1269)

zêhe, zëhe, zê 囡《強・弱》① 足指 (Zehe). ②〔鳥獣の〕つめ, けづめ (Kralle).
zëhen, zên, zîn 数〔基数〕10 (zehn).
zëhende, zëhente, zênde, zëhent 数〔序数〕10番目の (zehnt).
zëhen-stunt 副 10倍 (zehnmal).
zëhen-teil 中 10分の1 (Zehntel).
zëhenzëc, -zic, zênzic 数〔基数〕100 (hundert).
zeher ⇒ *zaher.*
zeichen 中 ① 記号 (Zeichen), 特徴 (Merkmal). ② 予兆 (Vorzeichen). ③ 象徴 (Synbol). ④ 紋章 (Wappenbild). ⑤ 旗 (Fahne, Banner), 軍旗 (Feldzeichen). ⑥ 標語, 合い言葉 (Parole). ⑦ 鬨の声 (Feldgeschrei). ⑧ 奇跡 (Wunder). ⑨ 兆し (Wunderzeichen). {Nib. 890, 1} {Tr. 2633}
zeicher 男 義兄弟 (Schwager).
zeige 囡 ① 道の表示 (Weisung des Weges). ② 指針 (Anweisung).
zeigen 動《弱》[3. zeicte] 自 示す (zeigen). 他 ① 示す (zeigen). ② 指し示す, 教える (weisen). ③ 標示する (bezeichnen). 再 示される (sich zeigen), 現われる (zum Vorschein kommen).
zeiger 男 ① 示す人 (Zeiger), 人差し指 (Zeigefinger). ② 時計の針 (Uhrzeiger), 時計 (Uhr). ③ 道標 (Wegweiser). ④ 記号, 表示 (Zeichen).
zein 男 中 ① 枝 (Reis), 鞭 (Rute). ② 細い滑らかな棒 (ein dünner glatter Stab). ③ 陰茎 (männliches Glied). ④ 矢 (Pfeil). ⑤ 針金 (Draht), 金属棒 (Metallstäbchen). ⑥ 金属の留金 (Metallspange). ⑦ 矢の柄 (Pfeilschaft). {Nib. 434, 3} {Parz. 570, 27}
zeinen 動《弱》① 鍛錬する (schmieden). ②（籠などを）編む (flechten).
zeiʒ 形 優美な (anmutig), 好ましい (angenehm), 愛らしい (lieb).
ze-kratzen, -kretzen 動《弱》掻き割る, 掻き傷を負わせる (zerkratzen). {Er. 5323}
zëlch 男 小枝 (Zweig), 大枝 (Ast).
zeler, zeller 男 数える人 (Zähler), 算術家 (Rechner).
celidôn 名〔宝石〕ツェリドーン (Celidon). {Parz. 791, 11}
zëlle, cëlle 囡《強・弱》[ラテン語 cella] ① 部屋 (Kammer), 小室 (Zelle). ② 礼拝堂 (Kapelle), 神殿 (Tempel). ③ 蜂房の一室 (Zelle im Bienenkorb). ④ 小修道院 (kleines Nebenkloster). ⑤ 修道院の所領 (Klostergut). ¶ der abbet der der zelle phlac / gie

kurzwîlen zuo dem sê. その修道院の院長は気晴らしのため, 浜辺に出掛けた. (Gr. 978-80)

zel-lich 形 数え得る (zählbar).

zeln, zelen, zellen 動《弱》① 数える (zählen), 計算する (rechnen). ② 数えて渡す (zuzählen). ③ 比較する (vergleichen). ④ 決める (bestimmen), 割り当てる (zuweisen). ⑤ 〜と見なす (betrachten). ⑥ 数え上げる (aufzählen). ⑦ 物語る (erzählen). ⑧ 伝える (mitteilen), 言う (sagen). {Parz. 81, 10}

zëlt[1] 中 テント, 天幕 (Zelt).

zëlt[2] 男 (馬の) 側対歩 (Passgang). {Parz. 779, 1}

zëlte 男《弱》① ケーキ (Kuchen). ② パンケーキ (Fladen), 平たい焼き菓子 (flaches Backwerk).

zëlten, zëltenen, zëlden 動《弱》自 側対歩で歩む (den Passgang gehen). 他 側対歩で歩ませる (den Passgang gehen lassen). {Iw. 5965}

zëlter 男 ① 側対歩で歩む馬 (Passgänger, Zelter). ② 旅行用馬, 騎乗用馬 (Reisepferd). ¶ Dar zuo gab er in mœre, zelter unde marc 王は人々に女性用馬と旅行用馬, それに軍馬を贈った. (Ku. 65, 1)

ze-maln 動《弱》VI. ① 挽いて粉にする (zermahlen). ② 押しつぶす (zermalmen).

zember 中 松の実 (Zirbelnuss).

zemen[1] 動《弱》① 慣らす (zahm machen). ② 飼い慣らす (zähmen). ③ 挑発する, 鼓舞する (reizen). ④ 誘う (locken), 誘惑する (verlocken).

zëmen[2] 動 IV. 自 ① ふさわしい (ziemen), よく合う (passen). ② 〜ように見える (scheinen), 〜と思われる (dünken). ③ 気に入る (behagen). 非 (に)[3] ふさわしい (ziemen, passen). {Nib. 48, 3}

直説法現在	
ich zime	wir zëmen
du zimest	ir zëmet
er zimet	si zëment

直説法過去	
ich zam	wir zâmen
du zæme	ir zâmet
er zam	si zâmen

zëndâl, zëndel ⇨ *zindâl.*

zen-stürn 中 歯の間をつつくこと (Zahnstochern). {Parz. 184, 9}

zëpter, cëpter 男 中 ［ラテン語 sceptrum］王笏 (Zepter).

zer ⇨ *zere*.

zerbenzerî, zerbentîne, zerbenzîne 女《弱》薬味, 香料 (Spezerei). {Parz. 789, 26}

zer-bern 動《弱》① 打ち砕く (zerschlagen). ② 踏みにじる, 踏みつぶす (zertreten). {Parz. 153, 3}

zer-bliuwen 動 II. 1. ① 打ち砕く (zerschlagen), さんざんたたく (verbleuen). ② 青くなる (verbläuen). {Nib. 894, 2}

zer-, ze-brëchen 動 IV. 自 ① 二つに割れる (entzwei brechen). ② 砕ける (zerbrechen). ③ 崩壊する (auseinanderfallen). 他 ① 折る (brechen). ② 砕く (zerbrechen). ③ 踏み越える (übertreten). ④ 終える (beendigen). ⑤ 破壊する (zerstören), 荒らす (verwüsten). ¶ ein swinde vinster donerslac / zebrach im sînen mitten tac, / ein trüebez wolken unde dic / bedahte im sîner sunnen blic. 突然の, 暗い雷雨が彼の真昼を突き破り, 黒くて厚い雲が, 彼の太陽の輝きを曇らせた. (aH. 153-6)

zer-breiten 動《弱》① 広げる (auseinanderbreiten). ② 広める (verbreiten). ③ 拡張する (ausbreiten). {Er. 2309}

zer-brësten 動 IV. 自 ① 折れる (zerbrechen), ふたつに折れる (entzwei brechen). ② 引き裂ける (zerreißen). ③ 破裂する (zerbersten), はじける (platzen). {Tr. 16178}

zere, zer 女 ① 食事 (Mahlzeit), 饗宴 (Festmahl). ② 養分 (Nahrung). ③ (飲食のための) 費用 (Aufwand), 消費 (Aufzehrung).

zer-, ze-gân, -gên 動〔不規則〕自 ① 分かれる, 分解する (auseinandergehen). ② 溶ける (zergehen, schmelzen). ③ 止む (aufhören), 終わる (ein Ende nehmen). ④ 沈む, 没落する (untergehen). ⑤ 混ざる (sich vermischen). 非 ① (が)² 終わる (zu Ende gehen). ② (が)² 欠けている (mangeln). ¶ nû setzet mich in den vollen rât / der dâ niemer zegât. けっして破綻しない, 確かな助言を私に与えてください. (aH. 773-4) ¶ wan dehein nôt sô grôz ist / diu sich in eines tages vrist / an mînem lîbe genden mac, / mich endunke daz der eine tac / genuoc tiure sî gegeben / umbe daz êwige leben / daz dâ niemer zegât. それは一日の内に終わる苦しみはたいしたことはないからです. 私にはその一日はいつまでも続く永遠の生命のためならけっして高価ではありません. (aH. 1142-9) {Ku. 941, 4}

zer-gëben 動 V. 他 分ける (verteilen), 贈る (schenken). 再 ① 広

がる (sich verbreiten). ② 分かれる (sich zerteilen). {Nib. 1384, 4}

zer-gieȝen 動 II. 2. ① 注ぎ散らす (auseinander gießen). ② 注ぎながら広げる (gießend verbreiten). ③ 溶かす, やわらかくする (zerschmelzen). {Tr. 19455}

zer-hëllen 動 III. 2. 一致しない (misshellig sein). 同じ考えでない (nicht übereinstimmen). ¶ alsus zehullens under in. このように人々の考えは一致しなかった. (Tr. 9693)

zer-, ze-houwen 動〔反復〕3 ① 切り刻む (zerhauen), 断ち切る (zerschneiden). ② 切り殺す (tothauen). ③〔衣服〕切れ目をつける (schlitzen). ④〔狩猟〕出口を間伐する, 刈り込む (den Ausgang gänzlich aushauen). ¶ ê lieze ich mit der swester mich zerhouwen むしろ私は姉と共に自分を切り刻ませるだろうに (Ku. 1257.4b). ¶ sî wurden ab mit den swerten / zehouwen schiere alsô gar / daz si ir bêde wurden bar. 楯はまもなく剣によって切り刻まれ, まもなく彼らの手からはついに楯がなくなった. (Iw. 1026-8)

zer-hurten, -hurtieren 動《弱》(槍の突きや刀の打ち下ろしで) 破壊する (zertrümmern). {Parz. 702, 19}

ze-rinnen ⇨ *zerrinnen.*

zer-kiuwen, -kiun 動 II. 1. ① かみ砕く, かみさく (zerbeißen). ② かみつぶす, そしゃくする (zerkauen). ¶ daz ros daz lît noch halbez dort / zekuwen unde besenget. 馬はなお半分かみ砕かれ, 焼けただれてそこに横たわって. (Tr. 9246-7)

zer-lâȝen, -lân 動〔反復〕2 他 ① 分かれさせる (auseinandergehen lassen). ② 去らせる (entlassen). 再 ① 分かれる, 別れる (auseinandergehen). ② はなれる (sich trennen). ③ 溶解する (sich schmelzen). ④ 終わる (enden). ¶ Ez was in den zîten, dô der winter sich zerlie, / und daz in widerstrîte die vogele wolten hic / singen aber ir wîse nâch des merzen stunden. それは冬の終わりの頃で, 3月が過ぎたら小鳥たちが再び自分たちのメロディーを競って歌おうとしていた. (Ku. 1217, 1-3)

zer-liden 動《弱》① 分ける, 解体する (zerlegen). ② 分析する, 解剖する (zergliedern).

zer-lœsen 動《弱》他 ① 自由にする (los machen), 解き放す (lösen). ② 説明する (erklären), 解決する (auseinandersetzen). ③ 支払う (vergüten). 再 ① 解ける (sich auflösen). ② やむ (aufhören). {Tr. 2461}

zern, zeren 動《弱》自 ① 生活する (leben). ② (飲食のために)

zer-quaschieren

消費する (Aufwand machen). 他 ① 消費する (aufzehren), 使い尽くす (verbrauchen). ② 滅ぼす (vernichten), 殺す (töten). 再 終わる (sich enden), 消耗する (sich aufzehren). {Nib. 1079, 2}

zer-quaschieren, -quatschieren, -quetzen, -quetschen, -queschen 動《弱》押しつぶす (quetschen), 踏みつぶす (zerquetschen). {Parz. 88, 18}

zerren 動《弱》[中独 zarren も] [3. zarte] 自 ① 引っぱる, 引きずる (zerren). ② 争う, けんかする (zanken, streiten). 他 再 ① 引っぱる (zerren), 引き裂く (zerreißen). ③ 割る (aufreißen), 細かく割る (zerspalten). ¶ des was sî vrô unde gemeit, / sî zarte diu kleider in der nât. 少女はそのことをたいへん喜び, 衣装を縫い目から引きちぎった. (aH. 1192-3)

zer-rinnen 動 III. 1. ① 終わる (zu Ende gehen), 尽きる (ausgehen). ② 不足している (mangeln). ¶ In was des tages zerunnen 彼らに日が暮れた. (Nib. 1600.1)

zer-roufen 動《弱》むしる, むしり取る (zerraufen). {Er. 5323}

zer-sæjen, -sægen 動《弱》① 蒔く (auseinandersäen). ② ばら撒く (zerstreuen). {Er. 3820}

zer-schrinden 動 III. 1. ① 割れ目が出来る (Risse bekommen). ② 裂ける, ひびが入る (aufspringen). ¶ dîne vüeze solden unden / breit sîn und zerschrunden / als einem wallenden man. おまえの足は巡礼者にふさわしく, 幅広で, ひび割れているはずなのだが. (Gr. 2917-9)

zer-senden 動《弱》① まき散らす (zerstreuen). ② 分ける, 分割する (zerteilen). ③ 送り分ける (auseinander senden). {Tr. 19449}

zer-slahen, -slân 動 VI. 他 ① 打ち砕く (auseinander schlagen), さんざんに打つ (zerbleuen). ② 粉砕する, 分割する (zerschlagen). ③ 成功させない (nicht zustande kommen lassen). ④ 挫折させる (vereiteln). 自 一つにならない (sich nicht einigen).

zer-slîfen 動 I. 1. 自 ① 別れる (auseinandergehen). ② 過ぎ去る (vergehen), 消える (verschwinden). ③ 崩壊する (zerfallen). 他 砕く (zerbrechen), 破壊する (zerstören). {Parz. 15, 26}

zer-snîden 動 I. 1. ① 切り刻む (zerhauen), 断ち切る (zerschneiden). ② (衣服を飾りのために) 切り開く (zur Zierde aufschneiden). {Tr. 668}

zer-stëchen 動《強》IV. ① 突き刺す (durchstechen), 刺し破る (zerstechen). ② (槍で) 突き刺して砕く (stechend zersplittern). ¶ swie bœse ir wænet daz er sî, / er zestach sîn sper unz an die hant

ケイイはつまらぬ男とあなたはお思いでしょうが，あの騎士は自分の槍を手元まで打ち砕きました．(Iw. 2582-3) ¶ alsô lange er daz treip / unz man im den schilt zestach / und mit slegen sô zebrach / daz er im ze nihte tohte. エーレックはいつまでもそうやっていたのでついには彼の楯は突き刺され，打ち砕かれてしまい，もはや役に立たなくなってしまった．(Er. 2589-92)

zer-stieben 動 II. 1. ① 飛散する (auseinanderstieben). ② 離散する (in kleine Stücke auseinanderfahren), 寸断される (sich zersplittern). ¶ waz starker sper vor im zestoup. どれほど多くの強力な槍が彼の前で砕け飛んだことか．(Parz. 384, 22)

zer-stœren 動《弱》① 完全に分ける (vollständig auseinanderbringen). ② 破滅させる (in Verderben bringen). ③ 破壊する (zerstören). ④ 荒らす (verwüsten). ⑤ 打ち砕く，滅ぼす (zunichte machen), やめる (aufhören). {Parz. 702, 2}

zer-, ze-swëllen 動 III. 2. 自 ① すっかりふくらむ (auseinander schwellen). ② ふくれながら広がる (sich schwellend erweitern). ふくらむ (schwellen).

zer-swellen 動 他 破裂するまでふくらます (zum Zerspringen anschwellen), ふくらます (schwellen lassen). {Parz. 118, 26}

zer-teilen 動《弱》① ふたつに分ける (entzwei teilen), 分割する (zerteilen). ② 分ける (trennen). ③ 広げる (erweitern). ④ まきちらす (auseinander streuen). ⑤ 滅ぼす (vernichten). ⑥ (宝などを) 分け与える (austeilen). {Nib. 1273, 2}

zer-tragen 動 VI. 他 ① 引き裂く (zerreißen). ② 滅ぼす (vernichten). ③ 運び出す (austragen). 再 仲たがいをする (sich entzweien). {Ku. 70, 1}

zer-trennen 動《弱》[3. -trande] ① 分ける (auseinander trennen). ② (縫い目などを) ほどく (auftrennen). ③ 切り刻む (zerhauen). ④ 割る，砕く (zerbrechen). {Parz. 72, 6}

zer-trëten 動 V. ① 踏みつぶす，踏みにじる (zertreten). ② 突き砕く，踏み潰す (zerstampfen). ③ 引き裂く (zerreißen). {Parz. 530, 29}

zer-trîben 動 I. 1. ① まき散らす (zerstreuen), 追い散らす (auseinandertreiben). ② 混乱させる (verwirren). ③ 使い減らす (abnutzen). ④ 溶かす (flüssig machen). {Tr. 4616}

ze-rucke, -rücke 副 [<ze rücke] ① うしろに，戻って (zurück). ② うしろの方へ (rückwegs). {Ku. 1464, 4}

zerunge 女 ① 費用, 出費 (Aufwand), 食費 (Ausgabe für das Essen). ② 食料, 飼料 (Nahrung). ③ 旅費 (Reisegeld). ¶ sîn zerunge was rîche / und doch sô bescheidenlîche / daz im dar under nie gebrast. 客のための出費は大きかったが, しかし, 客が不自由を感じないほどのものでよかった. (Gr. 1891-3)

zer-vallen[1] 動〔反復〕1 ① 倒壊する (einfallen). ② 割れる (zerbrechen). ③ 衰亡する (verfallen). {Parz. 254, 3}

zer-vallen[2] 形〔過分〕打ち砕かれた (zerbrocken, zerschellt). ¶ und funden, alse in was geseit, / nâch Tristandes wârheit / einen zervallenen man 彼らは, 伝えられた通り, トリスタンの言葉にたがわず, 打ち負かされた男の姿をみとめた. (Tr. 16201-3)

zer-varn 動 VI. ① 分解する (auseinandergehen), 粉々になる (in Stücke gehen). ② 割れる, 砕ける (zerbrechen). ③ 経過する, 消える (vergehen). ④ 衰亡する (verfallen). {Parz. 531, 3}

zer-vellen 動《弱》① 砕けさせる (zerbrechen lassen). ② 衰亡させる (verfallen lassen). ③ 分ける (zerteilen). ④ (魚を) 解体する, 切り裂く (zerlegen). ¶ nu begunde er in zervellen / daz si ez alle sâhen an. 漁師はその魚の腹を割いたが, 人々はみなその様子を見ていた. (Gr. 3292-3)

zer-vieren 動《弱》四つにわける (in vier Stücke zerteilen), 四分する (vierteilen). {Tr. 2976}

zer-vüeren 動《弱》他 ① 混乱させる (in Unordnung bringen), 困惑させる (verwirren). ② 消え失せさせる (zergehen lassen), 終わらせる (beenden). ③ 滅ぼす (verderben), 破壊する (zerstören). ④ 撒き散らす (zerstreuen), ばらばらにする (zertrennen). 再 終わる (ein Ende nehmen). ¶ Dô rang er nâch ir minne unt zerfuort' ir diu kleit. グンテルはブリュンヒルトの愛を求めて格闘し, 衣服を引き裂こうとした. (Nib. 636, 1)

zer-wërfen 動 III. 2. 他 ① 投げ散らす (auseinander werfen), まき散らす (zerstreuen). ② 混乱させる (verwirren). ③ 投げて砕く (werfend zerbrechen). 再 ① 仲たがいする (sich entzweien), 不和になる (in Zwist geraten). ② 言い争う (zanken), 争う (streiten).

ze-samene, -samne, -samen 副 [縮約形 zamen, zemne, zemen] 一緒に (zusammen). ¶ jâ leider desn mac niht gesîn, / daz guot und weltlich êre / und gotes hulde mêre / zesamene in ein herze komen. しかし, 富と世俗的名誉, それに神の恩寵のすべてを一つの心が手に入れることは残念ながらできない. (Wa. 8, 19-22)

zëse 形［女性2格 zësewer, zëswer / 男性3格 zësewem, zëswem, zësem, zësm］右の (recht).

zësewe, zëswe 女《弱》右手 (die rechte Hand), 右側 (die rechte Seite). {Nib. 1358, 2}

zestunt 副［＜ze stunt］それから (dann), すぐに (sogleich). {Nib. 298, 1}

zewâre 副［＜ze wâre］本当に (wahrlich, fürwahr).

zieche, ziech 女《強・弱》① 上掛け (Zieche). ② 掛けぶとん (Bettdecke). ③ 枕カバー (Küssenüberzug). {Parz. 552, 10}

ziehen 動《強》II. 2. 自 動く, 行く (ziehen). 他 引く (ziehen), 導く (leiten). ¶ ze dem gebûren zôch sich / sîn herre, der arme Heinrich. 農夫の主人, 哀れなハインリヒとこの農夫のもとに身を寄せた. (aH. 283-4)

直説法現在	
ich ziuhe	wir ziehen
du ziuhest	ir ziehet
er ziuhet	si ziehent

直説法過去	
ich zôch	wir zugen
du züge	ir zuget
er zôch	si zugen

zierde 女 ① 飾り (Schmuck). ② 美しさ (Schönheit). ③ すばらしさ (Herrlichkeit).

ziere[1]**, zier** 形 ① 華美な (prächtig), 美しい (schön). ② 高価な (kostbar).

ziere[2] 副 美しく (schön), 華美に (prächtig).

zieren 動《弱》飾る (zieren, schmücken). ¶ des wurden sît gezieret sînes vater lant, / daz man in ze allen dingen sô rechte hêrlîchen vant. 王子があらゆることにすぐれていたことが, 後に父の国の名誉となった. (Nib. 23, 3-4) ¶ in hiez mit kleidern zieren Sigmunt und Siglint. ジークムントとジークリントは王子を衣装で飾らせた. (Nib. 25, 2)

zier-heit 女 ① 飾り, 装飾品 (Schmuck, Zierde), 衣装 (Ausschmückung). ② 美しさ (Schönheit), 壮麗さ (Herrlichkeit), 華美 (Pracht). {Tr. 4600}

zier-lich 形 ① 華美な (prächtig), 美しい (schön). ② 高価な

zier-lîche

(kostbar). ③ 立派な (stattlich). ④ (を)² 喜んだ (froh). {Nib. 154, 4}

zier-lîche 副 ① 美しく (schön), 華美に (prächtig). ② 喜んで (froh).

zige¹ 女 《弱》やぎ (Ziege).

zige² = zîhen の直説法過去2人称単数, 接続法過去1, 3人称単数.

zigen = zîhen の直説法過去1, 3人称複数.

zigîn, zigenîn 形 やぎの (von der Ziege).

zîhen 動 I. 2. [3. zêch 4. zige 5. zigen 6. gezigen] 他 ① (に)⁴ (の)² 罪を帰する (beschuldigen). ② 原因として申告する (als Ursache angeben). ③ とがめる (zeihen). ④ 証言する (aussagen). 再 自惚れる (sich einbilden).

直説法現在	
ich zîhe	wir zîhen
du zîhest	ir zîhet
er zîhet	si zîhent

直説法過去	
ich zêch	wir zigen
du zige	ir ziget
er zêch	si zigen

ziklât, ciclât, ciclâs, siglât, sigelât, sigilât, sigilôt 男 [中世ラテン語 cyclas 古フランス語 siglaton] 金糸入りの絹織物 (mit Gold durchwirkter Seidenstoff). {Tr. 11106}

zil 中 男 ① 目標 (Ziel), 標的 (Ziel des Schießens). ② 目的 (Zweck), 意図 (Absicht). ③ 確定 (Festsetzung). ④ 定められた時点 (festgesetzter Zeitpunkt). ⑤ 期日 (Termin), 期間 (Frist). ⑥ 終わり (Ende). ⑦ 限界 (Grenz). ¶ nu was ez ouch über des jâres zil, / daz Gahmuret geprîset vil / was worden dâ ze Zazamanc : / sîn hant dâ sigenunft erranc. ガハムレットがあの勝利を手にしたツァツァマンクでおおいに称賛を受けた時から1年以上の歳月が流れていた. (Parz. 57, 29-58, 2)

zîle, zîl 女 ① 線 (Linie), 曲がった線 (gebogene Linie). ② 列, 並び (Reihe). ③ 路地, 小道 (Gasse). {Parz. 658, 17}

ziln, zilen, zillen 動 《弱》自 ① ねらう, 目指す (zielen). ② (を)^nach 熱望する, 得ようとする (streben). ③ (に)³ あてがう, 整えてやる (bestellen). 他 ① 確かにする (festmachen), 確証する (feststellen). ② 遠ざける (entfernen). ③ 得ようと努める (erzielen). ④ 切り刻む (zerhauen). ⑤ まとめる (zusammenstellen). 再 (へ)^gegen 向く (eine Richtung nehmen). {Parz. 60, 11}

zimber, zimmer, zimer 中 男 ① 木材 (Bauholz). ② 木造の建物 (Gebäude). ③ 住居 (Wohnung).

zimbere, zimere 女《弱》[フランス語 cimier] ① 鹿・のろしかの背部 (Rückenstück des Hirsches oder Rehes), 猟獣の背骨 (Ziemer). ② 鹿の生殖器 (Zeugungsglied des Hirsches). {Tr. 2903}

zimber-liute 複 *zimberman* の複数.

zimber-man 男 [複数 *zimberliute*] ① 大工 (Zimmermann). ② [チェス] 第2の農夫 (der zweite Bauer). {Ku. 264, 2}

zimbern, zimpern 動《弱》① 大工用斧で切り落とす (mit der Zimmeraxt behauen). ② 組み立てる (zimmern). ③ 建てる (bauen), 建築する (erbauen). ¶ zweinzic starke kiele zimbern er dô hiez ジークフリートは20艘の大きな船を建造させた. (Ku. 669.1)

zimere ⇨ *zimbere*.

zimier, zimiere, zimierde 女 ① かぶとの飾り (Zimier, Helmschmuck). ② 騎士と馬の装身具 (Aufputz), 装飾 (Ausrüstung). ③ 装飾品一般 (Schmuck überhaupt). {Parz. 164, 21}

zimieren 動《弱》① かぶとの飾りをつける (mit Helmschmuck versehen). ② 飾る (schmücken). ③ 飾りにする (zum Schmuck machen). ④ 飾りとして選ぶ (als Schmuck wählen). {Parz. 36, 22}

zin, cin 中 錫 (Zinn).

zindâl, zindel, zëndâl, zëndel, sindâl, sëndel 男, **zindât, zendât** 女 裏地用こはく織り (Zindel, Zindeltaffet). {Parz. 19, 1}

zingel 男 ① 馬の腹帯 (Sattelgurt). ② 城市の外側の保塁壁 (Umschanzungsmauer der Burg). ③ 都市の領域 (Stadtgebiet). {Parz. 376. 11}

zinne 女《弱》尖塔 (Zinne). {Ku. 373, 4}

zinober, zinopel 男 辰砂 (Zinnober). {Er. 2296}

zins 男 [ラテン語 census] ① 貢物 (Tribut), 租税 (Abgabe). ② 利息 (Zins).

zinsære, -er 男 ① 租税を支払う人 (Zinsgeber), 地代支払義務者 (Zinspflichtiger). ② 租税徴集者 (Zinseinnehmer), 地代請求者 (Zinseinforderer).

zinsærîn 女 [*zinsære* の女性形] 女性租税支払者 (Zinsgeberin). {Tr. 4467}

zinsen 動《弱》自 利息を払う (Zins zahlen). 他 ① 利息として与える (als Zins geben). ② 放棄する (preisgeben), 任せる (überlassen).

zins-gëbe 男《弱》① 租税を支払う人 (Zinszahler), 地代支払者 (Zinsgeber). ② 人質 (Leibbürge). ¶ wir sîn die selben zinsgeben / und hân ein kumberlîchez leben. 私達はまさにその人質であり, 苦しい毎日を送っています. (Iw. 6377-8)

zins-haft, -haftic 形 租税支払義務のある (zinspflichtig), 貢物支払義務のある (tributpflichtig). ¶ und kom alsô von sîner kraft / und wart Gurmûne zinshaft [マルケは] 力尽きて, グルムーンに年貢を納める義務を負った. (Tr. 5933-4)

zins-rëht 中 ① 地代徴収権 (Zinsrecht). ② 契約による租税 (Zins nach dem Vertrag). {Tr. 6003}

ziper-, ciper-boum 男 いとすぎ (Zypressenbaum). {Ku. 249, 2}

zipres, zipresse 男《強・弱》[ラテン語 cypressus] いとすぎ (Zypresse).

zipres-, zipressen-boum 男 いとすぎ (Zypressenbaum).

zipressîn 形 いとすぎの (von Zypressenbaum).

zirben[1] 動《弱》① 回転する, 回る (sich im Kreis drehen). ② 渦を巻く (wirbeln). {Parz. 215, 23}

zirben[2], **zirm** 女 男 渦巻き松, 高山松, ツィルベル松 (Zirbelkiefer).

zirke 男《弱》① 円 (Kreis), 輪 (Zirkel). ② (王侯の髪飾りの) 黄金の輪 (goldner Reif). ③ 王冠 (Krone).

zirkel 男 ① 円 (Kreis), 輪 (Zirkel). ② 循環 (Kreislauf). ③ 斥候 (Streifwache). ④ 王冠の金の環 (goldner Reif der Krone der Fürsten und Königinnen). ¶ si truoc ûf ir houbete / einen cirkel von golde / smal. イゾルデは頭の上に細い金の輪を戴いていた. (Tr. 10966-8)

zîse 女 [鳥] 雌まひわ (Zeisig). {Tr. 16895}

zîsec, zîsic 男 雄まひわ (Zeisig).

zît 女 中 ① 時 (Zeit), 時代 (Zeitalter). ② 人生 (Leben). ③ 年齢 (Lebensalter). ④ 季節 (Jahreszeit). ⑤ 一日の時刻 (Tageszeit). ⑥ 時刻 (Stunde), 時点 (Zeitpunkt). ¶ In sînen besten zîten, bî sînen jungen tagen, / man mohte michel wunder von Sîvride sagen, / waz êren an im wüehse und wie schœne was sîn lîp. 人々はジーフクリートについて, その一番意気盛んな頃, 若い日々には, どのように大きな名誉に包まれていたか, どんなに美しい姿をしていたかなど, さまざ

まな驚くべきことを語ることができたであろう. (Nib. 22, 1-3)

zîte 副 ちょうどよい時に, 間に合って (beizeiten), 時宜を得た (zeitig). ¶ den tisch er deste zîter rucken dan gebôt. 彼はいつもよりそれだけ早く食卓を片付けるよう命じた. (Nib. 970, 2)

zîtec, -ic 形 ① 熟した (reif). ② 適した時に起っている (zur rechten Zeit geschehend). ③ 状態に合った (den Verhältnissen entsprechend). ④ 良く考えた (reiflich überlegt). {Tr. 42}

ziuc, ziug 男 中 [ziuges²] ① 道具 (Werkzeug), 器具 (Gerät). ② 装備, 武装 (Ausrüstung), 甲冑と武器 (Rüstung und Waffen). ③ 軍勢 (gerüstete Kriegerschar). ④ 布地 (Zeug, Stoff). ⑤ 証拠 (Zeugnis), 証明 (Beweis).

ziugen 動《弱》① 生む, 生み出す (zeugen, erzeugen). ② 著作する (verfassen). ③ 手に入れる (erwerben). ④ 証明する (Zeugnis ablegen).

zobel 男 [中独 zabel] ① 黒貂 (Zobel). ② 黒貂の毛皮 (Zobelfell, Zobelpelz).

zobel-balc 男 黒てんの剥皮, 皮 (Zobelbalg, Zobelhaut). {Parz. 18, 7}.

zobelîn 形 ① 黒てんの (von Zobel). ② 黒てんの皮の (von Zobelpelz). {Parz. 130, 17}

zobeln 動《弱》オコジョの毛皮で縁飾りを付ける (mit Zobelpelz verbrämen). {Er. 1572}

zobel-swarz 形 黒てんのように黒い (schwarz wie Zobel).

zobel-tier 中 黒てん (Zobel).

zobel-var 形 黒てん色の (schwarz wie Zobel).

zôch = *ziehen* の直説法過去 1, 3 人称単数.

zogen¹ 動《弱》自 ① 出発する (auf den Weg machen), 行く (gehen). ② 急ぐ (eilen, sich beeilen), 行進する (marschieren) 再 ① 赴く (sich begeben). ② 長引く (sich hinziehen). ③ 躊躇する (sich zögern). ④ 喧嘩する (sich zanken). 他 ① 引っぱる (zerren), かきむしる (raufen). ② 長引かせる (hinziehen), 延ばす (verschieben), 遅滞させる (zögern). {Nib. 1649, 3}

zogen² 中 ① 行くこと (das Gehen). ② 躊躇 (das Zögern). ③ 引き抜くこと, むしり取ること (das Raufen).

zol 男 [zolles²] ① 租税 (Zoll, Abgabe). ② 税関 (Zollamt), 保税倉庫 (Zollhaus). {Parz. 185, 12}

zoller 男 ① 収税吏, 税関吏 (Zolleinnehmer). ② 取税人 (Zöllner).

zolnære, -er 男 [=*zoller*] ① 収税吏, 税関吏 (Zolleinnehmer). ② 取税人 (Zöllner). {Parz. 531, 17}
zopf, zoph 男 [中独 zop] 編んだ髪, 組みおさげ (Zopf).
zorn 男 怒り (Zorn, Wut). ¶ ich arme verlorne / ich emphie iuch mit zorne. 惨めで, 失われた私はあなたを怒りをもってお迎えしました. (Gr. 3629-30)
zornec, zornic 形 ① 怒った (zornig), 怒っている (zürnend). ② 怒らされた (erzürnt). ③ 激しい (heftig). ¶ in und al die sîne, die muoste man vil zornige vinden. この武将とその家来たちがたいへん怒っている様子を人々は見なければならなかった. (Ku. 882, 4)
zornec-lich 形 ① 怒っている (zornig), 腹を立てている (zürnend). ② 激しい (heftig).
zornec-lîche 副 ① 怒って (zornig). ② 激しく, 熱烈に (ungestüm).
zorne-, zörne-lîn 中 小さい怒り (kleiner Zorn). {Tr. 13073}
zornen ⇨ *zürnen.*
zorn-galle 女 《弱》にがにがしい怒り (bitterer Zorn). {Tr. 14150}
zorn-haft, -haftic 形 ① 怒った (zornig). ② 激しい (heftig).
zorn-herte 形 激しく怒った (im Zorn heftig).
zorn-lich 形 ① 怒った (zornig). ② 激怒した (grimmig).
zorn-lîche 副 ① 怒って (zornig). ② 激怒して (grimmig).
zorn-mære 中 怒りの言葉 (Zornrede), 怒り (Zorn). {Tr. 13059}
zorn-muot 男 怒り (zorniger Sinn, Zorn). {Iw. 7892}
zorn-rede 女 怒りに満ちた言葉 (zornige Rede).
zorn-rôt 形 怒りで顔が赤い (rot im Zorn).
zorn-var 形 (怒りで) 顔色が変った (zornfarb), 怒った様子の (zornig aussehend). {Iw. 451}
zouber, zouver, zâber 中 男 ① 魔術, 魔力 (Zauber, Zauberei). ② 魔法 (Zaubermittel). ③ 呪文 (Zauberspruch). {Parz. 66, 4}
zouberære, -er 男 魔術師 (Zauberer).
zouberærinne 女 女魔術師 (Zaubererin).
zouberât 女 魔法, 魔力 (Zauberei).
zouber-lich 形 ① 魔法の, 魔術の (zauberisch). ② 魔法にふさわしい (zaubermäßig). {Parz. 658, 2}
zouber-lîche 副 魔法で, 魔術によって (zauberisch).
zouber-list 男 ① 魔術, 魔法 (Zauberei). ② 奇術 (Zauberkunst).
zoum, zôm, zâm 男 ① (馬をつなぐ) 皮紐, 網 (Wurfriemen). ② 手綱 (Zaum, Zügel).

zoumelîn 中［*zoum* の縮小語］小さい手綱 (ein kleiner Zaum).
zöumen, zoumen 動《弱》他 ① 馬ろくをつける (den Zaum anlegen). ② 手綱で馬を導く (ein Pferd am Zaum führen). ③ 手綱で統御する (mit dem Zaum lenken). ¶ Der herzoge Gêre Kriemhilt zoumte dan / niwan für daz bürgetor ゲール伯はクリエムヒルトの馬を城門まで引いていった. (Nib. 582, 1-2b)
zouwen, zowen, zawen 動《弱》自 ① (に)³ うまくゆく (gelingen). ② 急ぐ (sich beeilen). 再 (を)² 急ぐ (sich beeilen). 非 (が)³ (を)² 急ぐ (eilig sein). {Ku. 1454, 3}
zuc, zug 男 [-ges²] ① 引くこと (das Ziehen), 櫂で漕ぐこと (Ruderschlag). ② (弓などを) 引くこと (Zug). ③ (刀の) 一打ち, 一撃 (Streich). ④ 呼吸 (Atemzug). ⑤ 列 (Zug), 軍列 (Kriegszug). {Nib. 1564, 1}
zücken, zucken 動《弱》① 引っ張る (ziehen). ② 素早くつかむ (schnell ergreifen). ③ 引き出す, 抜く (herausziehen). ④ 奪う (rauben). ¶ dô muosen si beide zücken / diu swert von den sîten. そこで二人はやむなく腰から剣を抜いた. (Iw. 1018-9)
zugen = *ziehen* の直説法過去 1, 3 人称複数.
zuht 女 ① 引くこと (Ziehen). ② 方向 (Richtung). ③ しつけ, 育成 (Zucht). ④ 教育 (Erziehung), 教養 (Bildung). ⑤ 習慣, 作法 (Sitte). ⑥ 礼儀作法 (Höflichkeit). 起源, 血統 (Abstammung). ⑦ 子孫 (Nachkommenschaft), 果実 (Frucht). ¶ er was ein bluome der jugent, / der werltvreude ein spiegelglas, / stæter triuwe ein adamas, / ein ganziu krône der zuht. ハインリヒは青春の花であり, この世の喜びの鏡であり, 変わらぬ誠のダイヤモンドであり, 礼儀作法の完全無欠な王冠であった. (aH. 60-3)
zuht-bære 形 ① 礼儀作法を心得ている, 礼儀正しい (Zucht habend). ② しつけと結びついた (mit Zucht verbunden). {Parz. 343, 18}
zuht-bëseme 男《弱》懲らしめ用の鞭 (Zuchtrute).
zuhte = *zücken, zucken* の過去単数 1, 3 人称.
zühtec, -tic 形 ① 育ちのよい (wohlgezogen). ② 行儀のよい (anständig), 礼儀を心得た (höflich). ③ 栄える (gedeihlich), 実り豊かな (fruchtbringend). {Tr. 16464}
zühtec-lich 形 [=*zühtec*] 育ちの良い (wohlerzogen). {Er. 5219}
zühtec-lîche 副 ① よくしつけられて (wohlerzogen). ② 礼儀正しく (anständig), 礼儀を心得て (höfisch). ③ 親切に (freundlich). {Parz. 549, 21}

zuhten 動《弱》自 ① 控え目である (sittsam sein). ② 礼儀作法を守ってふるまう (sich mit Zucht benehmen). {Tr. 3497}

zühten 動《弱》他 ① 養う, 飼う (nähren). ② しつける, 養育する (züchten).

zuht-lôs 形 ① 顧慮しない (rücksichtlos). ② 作法を心得ない (zuchtlos). 無作法な (ungezogen). ¶ ouch was gelegen dâ bî / der zuhtlôse Keiî. そのそばには作法を心得ないケイイも横たわっていた. (Iw. 89-90)

zuht-meister 男 教育者 (Erzieher).

zuht-meisterinne 女 女性の教育者 (Erzieherin).

zûn, zoun 男 ① 生垣 (Zaun), 繁み (Hecke). ② 垣, 囲い (Umzäunung). ③ 柵を囲らすこと (Verpalisadierung). {Parz. 178, 4}

zünden, zunden, zünten 動《弱》他 火をつける, 燃やす (entzünden, anzünden). 自 燃える (brennen), 輝く (leuchten).

zunder 男中 ① 薪 (Zündstoff), 枯れた木 (dürres Holz). ② 火口 (ほぐち) (Zunder). ③ 火 (Feuer), 火災 (Brand). {Parz. 256, 27}

zunder-minne 女 燃え上がりやすい恋 (leicht entzündbare Liebe).

zunder-var 形 ① 火のように赤い (feuerrot). ② 炎のように赤い (brandrot). {Er. 9016}

zunël, zünël 中 [中世ラテン語 cinalum] 馬具の鈴 (Schelle am Pferdzeug).

zunft, zumft 女 ① 品位, 威厳 (Würde). ② 礼儀正しさ (Schicklichkeit). ③ 規則, 規律 (Regel). ④ 同業組合 (Zunft), 協会 (Verein, Gesellschaft). {Parz. 122, 17}

zünftic 形 同業組合に所属している (einer Zunft gehörend).

zunft-liute 複 同業組合の仲間たち (Zunftgenossen).

zunge 女《強・弱》舌 (Zunge), 言葉 (Sprache).

格	単　数	複　数
1格	diu zunge	die zungen
2格	der zungen	der zungen
3格	der zungen	den zungen
4格	die zungen	die zungen

zuo[1] 前 +3/(+助) ① 〔運動の目標〕〜へ (zu). ② 〔目的〕〜のために (zu, für). ③ 〔滞在の場〕〜に, 〜で (zu). ④ それに加えて (zu). ⑤ 〔時点〕〜に (zu). ¶ diz was ir êrstez herzeleit / daz ir zuo der verte geschach, / wan si an ir gebærden sach / daz si roubære wâren. それは道中で起こった王妃の最初の心の苦しみであった. それはその様子からその男たちが盗賊であることが王妃には分かったからである. (Er. 3125-8)

zuo[2] 副 [中独 zû, zô] ① 〔空間的〕へ, そこへ (zu, hinzu). ② 〔時間的〕〜に (zu, um).

zuo-bereitunge 女 準備 (Zubereitung).

zuo-brôt 中 ① パンに添えて食べるもの (Zubrot). ② 添え物, 付け合せ (Zukost).

zuo-gâbe 女 ① 添え物 (Zugabe). ② 持参金 (Mitgift).

zuo-kunft, -kumft 女 ① 到着 (Ankunft). ② 来ること (das Kommen), そこへ来ること (das Herzukommen). ③ 将来, 未来 (Zukunft).

zuo-luoger 男 観客, 見る人 (Zuschauer).

zuo-rîten 中 馬で駆けつけること (das Zureiten).

zuo-sager 男 陳述者 (Aussager), 予言者 (Vorhersager).

zuo-versiht 女 ① 将来への展望 (Hinblick auf die Zukunft), 期待 (Erwartung). ② 希望 (Hoffnung).

zürnec, -ic = *zornec*.

zürnen 動《弱》[中独 zurnen, zornen] 他 怒る (zürnen), 〜に憤激する (über〜 aufgebracht sein). 再 怒る (sich erzürnen). 自 (に)[3] 腹を立てる (zürnen). ¶ ein teil begunde er zürnen, wærez im niht ân êre. もしも不名誉でなかったら, ハーゲン王はたいへん腹を立てるであろうに (Ku. 365.3). ¶ daz hôrten sîne degene; dô wart in zürnen bekant. 彼の家来たちはそれを聞いた. そのとき彼らは怒った. (Nib. 111, 4)

zürner, zörner 男 怒っている男 (derjenige, der zürnt).

zürnerin 女 怒っている女 (diejenige, die zürnt).

zw- ⇨ *tw-*.

zürzerôn 動《弱》[=*kürzern*] より短くする (kürzer machen).

zwâ 数 〔基数〕2 (zwei) の女性1, 4格.

zwach-tuoch 中 タオル, 手ぬぐい (Handtuch).

zwange 女 ペンチ, やっとこ (Zange).

zwâre 副 (<*ze wâre*) 実際に, 本当に (in Wahrheit).

zwei 数 〔基数〕2 (zwei) の中性1, 4格.

zweien[1] 動《弱》自 ① 二つずつになる (zu zweien vereinigen), ② 二つに分かれる, (in zwei Teile trennen). 再 ① 二つずつ結びつく (sich zu zweien vereinigen), 対をなす (sich paaren). ② 分かれる

zweien

(sich scheiden), 仲違いする (sich entzweien). 自 ① 分かれる (sich scheiden). ② 喧嘩する (sich streiten).

zweien[2] 甲 ① 結合 (Vereinigung), 対になること (Paarung). ② 不和 (Entzweiung), 争い (Streit).

zweien[3] 数〔基数〕2 (zwei) の3格.

zweier 数〔基数〕2 (zwei) の2格.

zweiger 数〔基数〕2 (zwei) の2格.

zwein 数〔基数〕2 (zwei) の3格.

zwein-, zwên-zëc 数〔基数〕20 (zwanzig).

zwein-zëgest, -zigest 数〔序数〕20番目の (zwanzigst).

zwei-russer 男 二頭立ての馬車 (der Zweispännige).

zwelf, zwe-lif, -lef, zwolf, zwölf 数〔基数〕12 (zwölf).

zwelf-bote 男 使徒 (Apostel).

zwelfboten-tuom 男 使徒の職 (Apostelamt).

zwelf-jæric 形 12才の (zwölf Jahre alt).

zwelft 数〔序数〕12番目の (zwölft). ¶ ich wil selbe zwelfte in Guntheres lant. 私は総勢12人でグンテル王の国へ向かうつもりだ. (Nib. 59, 2)

zwelf-teil 甲 12分の1 (Zwölftel).

zwêne 数〔基数〕2 (zwei) の男性1, 4格.

格	男性複数	女性複数	中性複数
1格	zwêne	zwô, zwuo, zwâ	zwei
2格	zweier, zweiger	zweier, zweiger	zweier, zweiger
3格	zwein, zweien	zwein, zweien	zwein, zweien
4格	zwêne	zwô, zwuo, zwâ	zwei

zwî 甲 ① 若枝 (Reis). ② 小枝 (Zweig). ③ 継木の若枝, 継ぎ枝 (Pfropfsetzreis). {Tr. 844}

zwîbel ⇨ *zwîvel*[1].

zwibolle, zibolle 男《弱》[別形 zwivolle, zwivulle, zwival, zwifel, zwibel, zubel] 玉ねぎ (Zwiebel).

zwic 男 [zwickes[2]] ① 釘 (Nagel). ② (石弓の) 矢 (Bolzen), くさび (Zwickel). ③ 打撃 (Schlag), つねること (Kniff).

zwîc 男 甲 [=*zwî*] [zwîges[2]] ① 若枝 (Reis). ② 小枝 (Zweig).

zwickel 男 くさび (Keil).

zwicken 動《弱》① 釘で固定する (mit Nägeln befestigen). ② しめつける (klemmen). ③ 詰める (packen), はさむ (zwicken). ④

刺す, 突く (stechen). ⑤ むしる, 抜く (rupfen). ⑥ 引っ張る, 苦しめる (zerren). {Parz. 124, 4}

zwifel ⇨ *zwibolle.*

zwilich-kint 中 双生児 (Zwilling).

zwingen 動《強》III. 1. [= *twingen*] [3. zwanc, zwang] ① 押す (drücken). ② 強要する (zwingen), 強制する (zwängen). ③ 圧迫する (bedrängen). ④ 覆う (bedecken). ⑤ 支配する (beherrschen).

zwinken 動《弱》まばたきする (blinzeln).

zwir, zwier, zwire 副 ① 二度 (zweimal). ② 二重に, 二倍に (zweifach).

zwiren, zwirn, zwirent, zwirnt, zwirunt, zwürent 副 二度 (zweimal).

zwis 副 二度 (zweimal).

zwisc, zwisch 形 ① 二重の (zweifach), 二つずつの (je zwei). ② (複数で) 両方の (beide). 前 +3/+4/(+2) [*zwischen* などの形で] [時間的, 空間的] 〜の間に (zwischen).

zwischen, zwüschen, züschen 前 +3/+4/(+2) [中独 zwuschen, zuschen] ① [空間的] 〜の間に (zwischen). ② [時間的] 〜の間 (zwischen). 副 [*dâ zwischen, dar zwischen* などの形で] その間に (dazwischen, inzwischen).

zwisele, zwisel 女 ① フォーク (Gabel). ② フォーク状のもの (etwas Gabelförmiges), フォーク状の枝 (gabelförmiger Zweig). {Tr. 2934}

zwi-spël 副 二重に (zweifach), 二倍に (doppelt).

zwi-spilde, -spilt 副 二重に (zweifach), 二倍に (doppelt). {Parz. 201, 1}

zwiu 副 [−*ze wiu* (waȝ の助格)] 何のために (wozu), なぜ (warum). ¶ zwiu sold' ich die verzîhen, die ich in herzen hân? なぜわたしが心に思っている人を拒む必要があろうか. (Nib. 536. 3) {Er. 126, 9040}

zwi-valt, -valtic, -veltic 形 ① 二重の (zweifach), 二倍の (doppelt). ② 二色の (zweifarbig). {Parz. 231, 9}

zwi-valte, -valt 副 二重に (zweifach).

zwîvel[1] 男 [中独 zwîbel も] ① 疑い (Zweifel). ② 不確かさ (Unsicherheit). ③ 邪推 (Misstrauen). ④ むら気, 優柔不断 (Wankelmut). ⑤ 不忠実さ (Untreu). ⑥ 絶望 (Verzweiflung). ¶ sî sprach her wider zuo den zwein / „vrouwe, lebet her Îwein, / sô lît er âne

zwîvel

zwîvel hie, / ode ichn gesach in nie. 彼女は二人に向かって,「お妃さま,イーヴェインさまが,生きておいでなら,間違いなくここにおいでです.そうでなければ私はあの方には会わなかったことになります.」(Iw. 3383-6)

zwîvel[2] 形 不確かな (ungewiss), 疑わしい (zweifelhaft).

zwîvelære, -er 男 ［中独 zwîbel も］ ① 疑っている人, 迷っている人 (derjenige, der zweifelt). ② 絶望している人 (derjenige, der verzweifelt). ¶ Marke der zwîvelære / der was dâ wider ze wege komen. 迷っていたマルケ王は今また本来の道に戻ってきた. (Tr. 14014-5)

zwîvel-bürde 女 ① 疑いの重荷 (Last des Zweifels). ② 不確かさの重荷 (Last der Ungewissheit). ¶ wie er der zwîvelbürde / ledec und âne würde どのようにマルケがその疑いの重圧から解き放たれ,脱れるか. (Tr. 15277-8)

zwîvel-haft, -haftic 形 ① 疑わしい (zweifelhaft). ② 不確かな (ungewiss, unsicher). {Tr. 15252}

zwîvel-lich 形 ① 不確かな (ungewiss, unsicher), 疑わしい (zweifelhaft). ② おじけづいた, 臆病な (verzagt). ③ 絶望している (verzweifelnd), 希望のない (hoffnungslos). ④ 確信のない (ohne feste Zuversicht). ⑤ 不安にさせる (Besorgnis erregend).

zwîvel-lîche 副 ① 不確に (ungewiss, unsicher). ② 臆病に (verzagt). ③ 絶望して (verzweifelt).

zwîvel-lop 中 ① あいまいな称賛 (zweifelhaftes Lob). ② どちらにもとれる賛辞 (zweideutige Lobrede, zweideutiges Lob).

zwîveln, zwîvelôn, zwîvelen 動《弱》自 ① 不確かである (in Ungewissheit sein). ② (を)[2] 疑う (zweifeln). ③ 移り気である (wankelmütig sein). ④ ひるむ, 意気消沈する (verzagen), 絶望する (verzweifeln). 非 (に)[3] 不確かである (zweifelhaft sein). 他 疑う, 信用しない (bezweifeln), (に)[4] 嫌疑をかける (in Verdacht setzen). {Parz. 411, 26}

zwîvel-nôt 女 疑うことの苦痛 (die Pein des Zweifelns).

zwô 数〔基数〕2 (zwei) の女性 1, 4 格.

zwolf, zwölf ⇨ *zwelf.*

zwô-zal 女 三分の二 (zwei Drittel).

zwuo 数〔基数〕2 (zwei) の女性 1, 4 格.

zwürent ⇨ *zwiren.*

zwüschen ⇨ *zwischen.*

中高ドイツ語文法概要

序章　中高ドイツ語

§1. 中高ドイツ語の時間的位置

　中高ドイツ語 (**Mittelhochdeutsch**) は中期高地ドイツ語 (1050年～1500年) を意味している.

　ゲルマン語は第1次子音推移, あるいはゲルマン語子音推移によって印欧語 (インド・ヨーロッパ語) から別れたが, その推移の時期は紀元前300～200年頃であり, 紀元1世紀の初めには東ゲルマン語 (ゴート語, ヴァンダル語, ブルグンド語など), 北ゲルマン語 (デンマーク語, ノルウェー語, スウェーデン語, アイスランド語など), 西ゲルマン語 (ドイツ語, 英語, オランダ語, フラマン語, フリジア語など) に分かれていた. ゴート語はすでに消滅しているが, ゲルマン祖語に近く, その様相はゴート族の聖職者 **Wulfila** の聖書によって知ることができる. 北ゲルマン語の古い状態は「エッダ」(**Edda**) や「サガ」(**Saga**) で, 西ゲルマン語の初期の状態は古英語や古高ドイツ語 (**Althochdeutsch**) などによって知ることができる.

　やがて高地ドイツ語は第2次子音推移, あるいは高地ドイツ語子音推移にによって, 低地ドイツ語, およびゲルマン語の他の言語から枝分かれしたが, その時期は紀元500～700年頃とされている.

　8世紀中葉に始まる高地ドイツ語は古高ドイツ語 (750～1050年), 中高ドイツ語 (1050～1500年), そして新高ドイツ語 (1500～現在) に分けることができる. この推移がなかった低地ドイツ語は古低ドイツ語 (800年～1100年), 中低ドイツ語 (1100～1600年), そして新低ドイツ語 (1600年～現在) に分けられる.

§2. 中高ドイツ語の時代区分

　中高ドイツ語の時代を一般的な分け方に従って次のように分けることができる.

　初期中高ドイツ語 (1050～1170年)　作品は詩人の出身地の方言との結びつきが強かった.

中高ドイツ語古典期（1170～1350年）　騎士文学の隆盛期であったこの時期に英雄叙事詩『ニーベルンゲンの歌』と『クードルーン』，ハルトマン・フォン・アウエ，ゴットフリート・フォン・シュトラースブルク，ヴォルフラム・フォン・エッシェンバッハなどによる宮廷叙事詩，ヴァルター・フォン・デア・フォーゲルヴァイデの叙情詩など，中高ドイツ語期のもっとも優れた諸作品が生まれた．吟遊詩人たちの活動は詩人の属する方言地域を越えて行なわれたので，方言的特徴の少ない，文学的共通語が発達した．こうしてできた「詩人語」が古典期の中高ドイツ語である．

後期中高ドイツ語（1350～1500年）　言語の統一性はなくなり，方言的特色を持った言語と文学が再び優勢となった．やがて新高ドイツ語に入り，ルターの時代に共通語としての文語が発達する．

§3. 中高ドイツ語の方言の地域区分

Ⅰ. 中部ドイツ語 (**Mitteldeutsch**)
 1. 西中部ドイツ語（Westmitteldeutsch）
    a. 中部フランケン方言（Mittelfränkisch）
       リプアリッシュ方言（Ripuarisch）
       モーゼル・フランケン方言（Moselfränkisch）
    b. 上部フランケン方言（Oberfränkisch）
       ラインフランケン語（Rheinfränkisch）
 2. 東中部ドイツ語（Ostmitteldeutsch）
       テューリンゲン方言（Thüringisch）
       上部ザクセン語（Obersächsisch）
       シュレジア方言（Schlesisch）
       ホッホプロイセン方言（Hochpreußisch）

Ⅱ. 上部ドイツ語 (**Oberdeutsch**)
       東フランケン方言（Ostfränkisch）
       南フランケン方言（Südfränkisch）
       シュヴァーベン方言（Schwäbisch）
       北部アレマン方言（Niederalemanisch）
       南部アレマン方言（Hochalemanisch）
       バイエルン・オーストリア方言（Bairisch-Österreichisch）

§4. 中高ドイツ語の母音

中高ドイツ語の母音は短母音，長母音，それに複母音の3種類である．

1. 短母音
- a   aber (wieder 再び)   gast (Gast 客)
- e   ende (Ziel 目標)   engel (Engel 天使)
- ë   短母音 e の開音．wërlt (Welt 世界)   ërde (Erde 大地)
- i   kint (Kind 子供)   sige (Sieg 勝利)
- o   doner (Donner)   lop (Lob 称賛)
- u   sunne (Sonne) 太陽   Gunther (Gunther グンテル)
- ä   a の変母音   mägede (Mädchen 少女たち)   phärit (Pferd 馬)
- ö   o の変母音   götinne (Göttin 女神)   öl (Öl 油)
- ü   u の変母音   ünde (Welle 波)   vürste (Fürst 王侯)

2. 長母音
- â   a の長音   âbent (Abend 夕方)   mâlen (malen 描く)
- ê   e の長音   snê (Schnee 雪)   êre (Ehre 名誉)
- î   i の長音   schînen (scheinen 輝く)
              Rîn (der Rhein ライン河)
- ô   o の長音   nôt (Not 困窮)
              brôt (Brot パン)
- û   u の長音   tûsent (tausend 千)   mûre (Mauer 壁)
- æ   â の変母音   mære (Märchen 童話)
               swære (schwer 重い)
- œ   ô の変母音   schœne (schön 美しい)
               hœren (hören 聞く)
- iu   û の変母音   hiuser (Häuser 家々)
               miuser (Mäuser 鼠たち)

3. 複母音
- ei   kleine (klein 小さい), meie (Mai 五月)
- ou   ouge (Auge 目)   gelouben (glauben 信じる)
- öu   öu は ou の変母音 = öü. öugelîn (Äuglein 小さい目)
       vöude (Freude 喜び)
- iu   hiute (heute 今日), vriunt (Freund 友)
- ie   tier (Tier 動物)   Kriemhilt (Kriemhild クリエムヒルト)

| uo | muoter (Mutter 母) | Uote (Uote ウオテ) |
| üe | müeter (Mütter 母たち) | grüeʒen (grüßen 挨拶する) |

§5. 中高ドイツ語の子音

1. 閉鎖音　p, t, k, c, q

　子音kとcは同じ音を表わしているが，kは語頭に，cは語末に使われる．quの音価は中高ドイツ語のkwと同じ．
　〔例〕papier (Papier 紙)　troum (Traum 夢)　kuole (kühl 涼しく)　tac (Tag 日)　quëlle (Quelle 泉)

2. 摩擦音　w, j, y, ʒ, f, v, h, s, sch

　wとj，そしてyは半母音である．wは英語のwと同様の音．jは写本ではiやy，あるいはgi, gで表わされる場合がある．fは無声音，vは有声音を表わしているが，初音でいずれも無声音であり，fもvも使われる．尾音は必ずfとなり，無声音を表わしている．hは語の初音，あるいは綴りの初音では気音を表わすが，その他の位置では摩擦音となり，新高ドイツ語のchの音を表わしている．〔例〕naht (Nacht) ただし，尾音のhはchで表わされていることが多い．〔例〕doh, doch. 子音sはその位置により，無声音あるいは有声音であるが，当時は新高ドイツ語のsとschの中間の音であったと言われる．その後sはs [s] あるいはsch [ʃ] の音に変わった．scは古高ドイツ語ではsc [sk] と読まれていたが，中高ドイツ語ではscの発音は [ʃ] となり，schと書かれるようになった．spとstではsの音は [ʃ] となったが，表記はそのままである．ただし，l, m, n, wの前のsはschとなった．摩擦音ʒは破擦音のz [ts] とは異なり，新高ドイツ語のßと同様の無声の摩擦音 [s] を表わしている．このʒは語中，あるいは語末で使われている．
　新高ドイツ語でs, ss, ßで表わされる語ではʒであり，zで表わされる語では破擦音z [ts] である．
　〔例〕wëter (Wetter 天候), jëhen (sagen 言う), Herzeloyde (人名), fuoʒ (Fuß 足), des hoves (des Hofs 宮廷の), hërze (Herz 心), stein (Stein 石), schœne (schön 美しい)

3. 破擦音　pf, z

　破擦音pfはphで表わされることが多い．破擦音z [ts] は摩擦音ʒと異なり，語頭にも使われている．
　〔例〕pfat, phat (Pfad 小道), zëlt (Zelt テント)

4. 鼻音　m, n

m, n は新高ドイツ語と同じ音を表わしている.
〔例〕minne (Liebe 愛), mærelîn (Märchen 童話)

5. 流音　l, r

l は新高ドイツ語と同じ音を表わしている. r は新高ドイツ語と異なり, 歯と舌先による音, つまり巻き舌の r であった. ただし, フランケン方言には懸壅垂による r もあった.
〔例〕leffel (Löffel 匙), rede (Rede 話)

6. 気音　h

h は語頭, あるいは綴りの初音では気音を表わしている. 中高ドイツ語では h は直前の母音の長音符になることはない.
〔例〕hunt (Hund 犬), sëhen (sehen 見る)

第1章　名詞の格変化

§6. 名詞の格変化

名詞の格変化は中高ドイツ語では名詞の語幹の本来の尾音の形態に従って次のように分類される.

A. 母音的格変化
　1. a- 語幹（純粋な a-. 語幹, ja- 語幹, wa- 語幹）
　2. ô- 語幹（純粋な ô-. 語幹, jô- 語幹, wô- 語幹）
　3. i- 語幹
　4. u- 語幹

B. 子音的格変化
　1. n- 語幹
　2. r- 語幹
　3. ter- 語幹
　4. nt- 語幹
　5. 語根名詞

§7. 母音的格変化

a- 語幹（純粋な a- 語幹, ja- 語幹, wa- 語幹）, ô- 語幹（純粋な ô- 語幹, jô- 語幹, wô- 語幹）, i- 語幹, u- 語幹の名詞は母音的格変化をする.

§8. a-語幹の名詞の格変化

男性名詞 tac の格変化

格	単 数	複 数
1格	der　tac	die　tage
2格	des　tages	der　tage
3格	dem　tage	den　tagen
4格	den　tac	die　tage

男性名詞 stein の格変化

格	単 数	複 数
1格	der　stein	die　steine
2格	des　steines	der　steine
3格	dem　steine	den　steinen
4格	den　stein	die　steine

　男性名詞 tac (Tag 日), stein (Stein 石) では単数2, 3格でそれぞれ語尾 -es, -e がつく. 複数語尾は -e で, 複数3格には -n がつく. tages, tage の g はこのように語中音では有声音であるが, tac の場合のように尾音では無声音 c となる. このような現象は尾音硬化 (Auslautverhärtung) と呼ばれる.
〔例〕âtem (呼吸), bilgrîm (巡礼者), boum (樹木), doner (雷), engel (天使), hëlm (兜), morgen (朝), troum (夢), wëc (道).

中性名詞 wort の格変化

格	単数	複数
1格	daʒ　wort	diu　wort
2格	des　wortes	der　worte
3格	dem　worte	den　worten
4格	daʒ　wort	die　wort

　中性名詞 wort (Wort 語) では単数2, 3格にそれぞれ語尾 -es, -e がつく. 複数1, 4格には語尾はつかないが, 2格, 3格には男性名詞 tac などの場合と同じく, それぞれ語尾 -e, -en がつく.
〔例〕dach (屋根), gras (草), houbet (頭), îs (氷), jâr (Jahr 年), nëst (巣), ors (馬), phert (馬), spër (槍), swërt (刀, 剣), tier (動物), vënster (窓), viur (火), waʒʒer (水), wëter (天気), wolken (雲),

magedîn (少女), vogellîn (小鳥).

§9. ja- 語幹の格変化

男性名詞 hirte の格変化

格	単　数	複　数
1格	der　hirte	die　hirte
2格	des　hirtes	der　hirte
3格	dem　hirte	den　hirten
4格	den　hirte	die　hirte

　男性名詞 hirte（牧人）は単数と複数が同形で，単数2格に -s，複数3格に -n がつく．
〔例〕hirse（きび），kæse（チーズ），kochære（容器），mëte（蜜酒），rücke（背中），schiltære（楯製作者），sige（勝利），site（慣習），vischære（漁師），wecke（楔），wite（木材）．

中性名詞 künne の格変化

格	単　数	複　数
1格	daȝ　künne	diu　künne
2格	des　künnes	der　künne
3格	dem　künne	den　künnen
4格	daȝ　künne	diu　künne

　中性名詞 künne（種族）は単数と複数が同形で，単数2格に -s，複数3格に -n がつく．
〔例〕antliitze（顔），bette（寝台），bilde（像），erbe（遺産），kriuze（十字架），mære（物語），netze（網），stücke（一切れ），urliuge（戦い），vihe（獣，家畜），wîȝe（白いもの）．
　そのほか ge- のついた集合名詞→〔例〕gebirge（山脈），gelücke（幸福），gewæte（衣装）．

§10. wa- 語幹の格変化

男性名詞 sê の格変化

格	単数	複数
1格	der sê	die sêwe
2格	des sêwes	der sêwe
3格	dem sêwe	den sêwen
4格	den sê	die sêwe

　男性名詞 sê（湖，海）では単数2格に -es, 3格に -e がつく．単数の2, 3格と複数には -w- が残っている．この子音は単数の1, 4格にも見られる．単数3格は sê となることが多い．
〔例〕bû（耕作地），klê（クローバー），lê（丘），rê（死体，棺），snê（雪）．

中性名詞 knie の格変化

格	単数	複数
1格	daʒ knie	diu knie
2格	des kniewes	der kniewe
3格	dem kniewe	den kniewen
4格	daʒ knie	diu knie

　中性名詞 knie＜膝＞では単数2格は -wes, 3格は -we となる．複数の2, 3格にも -w- が残っている．しかし，この -w- は脱落している場合が多く，単数2格 kniewes, 複数3格 kniewen 以外は knie となる．
〔例〕blî（鉛），hor（汚物），mël（粉），smër（脂肪），strô（藁），tou（露），wê（痛み）．

§11. ô- 語幹の格変化

女性名詞 gëbe の格変化

格	単数	複数
1格	diu gëbe	die gëbe
2格	der gëbe	der gëben
3格	der gëbe	den gëben
4格	die gëbe	die gëbe

女性名詞 zal の格変化

格	単　数	複　数
1格	diu zal	die zal
2格	der zal	der zaln
3格	der zal	den zaln
4格	die zal	die zal

　女性名詞 gëbe（Gabe 贈物）と zal（Zahl　数）では単数のすべての格と複数の1, 4格は同形であり，複数2格と3格にのみ -n がつく．
〔例〕ahsel（肩），bëte（願い），genâde（恵み），gir（熱望），krône（冠），nâdel（針），spîse（食事），vëdere（羽），sælde（至福），vröude（喜び），samenunge（集合，群れ），erkantnisse（認識）．

§12. jô- 語幹の格変化

女性名詞 wünne の格変化

格	単　数	複　数
1格	diu wünne	die wünne
2格	der wünne	der wünnen
3格	der wünne	den wünnen
4格	die wünne	die wünne

　女性名詞 wünne（喜び）でも，gëbe, zal と同様に単数のすべての格と複数の1, 4格は同形であり，複数2格と3格にのみ -n がつく．
〔例〕helle（地獄），küniginne（王妃），sippe（一族），sünde（罪），ünde（流れ）．

§13. wô- 語幹の格変化

女性名詞 riuwe の格変化

格	単　数	複　数
1格	diu riuwe	die riuwe
2格	der riuwe	der riuwen
3格	der riuwe	den riuwen
4格	die riuwe	die riuwe

　女性名詞 riuwe（悲しみ）でも，gëbe, zal, wünne の場合と同様に単数

のすべての格と複数の1,4格は同形であり，複数2格と3格にのみ -n がつく．

〔例〕brâwe, brâ（眉毛），êwe, ê（永遠），klâwe, klâ（爪），narwe, nar（傷痕），ouwe, owe（水辺），varwe, var（色）．

§14. i- 語幹の格変化

男性名詞 gast の格変化

格	単数	複数
1格	der gast	die geste
2格	des gastes	der geste
3格	dem gaste	den gesten
4格	den gast	die geste

男性名詞 gast（客）では単数2, 3格の語尾が -es, -e となる．複数には複数語尾 -e がつき，幹母音が変音する（a → e）．複数3格には -n がつく．

〔例〕ast（大枝），bach（小川），bart（あご髭），darm（腸），fuoȝ（足），grunt（深淵），hals（首），klanc（響き），rât（助言），stuol（机），tanz（舞踏），walt（森），wunsch（願望），wurm（虫，竜）．

女性名詞 kraft の格変化

格	単数	複数
1格	diu kraft	die krefte
2格	der kraft, krefte	der krefte
3格	der kraft, krefte	den kreften
4格	die kraft	die krefte

女性名詞 kraft（力）の単数2, 3格と複数の krefte では語尾の -e のために幹母音 a が変音し，e となる．複数3格には -n がつく．

〔例〕arbeit（2, 3格 arbeit, arbeite 苦しみ），art（2, 3格 arde 種類），brût（2, 3格 brût, briute 花嫁），burc（2, 3格 burc, bürge 城），diet（民衆），geburt（生まれ），gunst（好意），hût（2, 3格 hûte, hiute 皮膚），maget（2, 3格 maget, mägede 少女），schrift（文字），wërlt（2, 3格 wërlt, wërlde 世界），zît（時間），wîsheit（英知），ritterschaft（騎士道）．

幹母音が変音しない語がある．→ jugent（若さ）（2, 3格 jugent, jugende），tugent（2, 3格 tugent, tugende）（美徳）．

§15. u- 語幹の格変化

u- 語幹の名詞はすでに古高ドイツ語の時期に他の語幹の格変化へ移行していた．
①男性名詞 sun (ahd. sunu) (Sohn 息子) は i- 語幹の格変化へ．
②男性名詞 site (Sitte 慣習), sige (Sieg 勝利), mëte (Met 蜜酒), vride (Frieden 平和) は ja- 語幹の変化へ．
③中性名詞 vihe (ahd. fihu) (Vieh 家畜) は ja- 語幹の変化へ．
④中性名詞 vil (ahd. filu) (viel 多くのもの) は格変化しなくなった．
⑤女性名詞 hant (got, handus) (Hand 手) は i- 語幹の変化へ．

女性名詞 hant の格変化

格	単　数	複　数
1格	diu hant	die hende
2格	der hant, hende	der hende, hande
3格	der hant, hende, hande	den henden, handen
4格	die hant	die hende

単数3格と複数2格 hande, 複数3格 handen は u- 語幹の本来の語形である．

〔例〕　単数3格　von hande ze hande (手から手へ, 直接に)
　　　複数2格　maneger hande, aller hande (多くの種類の)
　　　複数3格　ze den handen (両手で), bî handen (手で)

§16. 子音的格変化

n- 語幹, r- 語幹, ter- 語幹, nt- 語幹, 語根名詞は子音的格変化をする．

§17. n- 語幹の格変化

男性名詞 bote の格変化

格	単　数	複　数
1格	der bote	die boten
2格	des boten	der boten
3格	dem boten	den boten
4格	den boten	die boten

男性名詞 ar の格変化

格	単数	複数
1格	der ar	die arn
2格	des arn	der arn
3格	dem arn	den arn
4格	den arn	die arn

　男性名詞 bote (使者), ar (鷹) では単数2格以下と複数形がそれぞれ boten, arn となる．このような格変化は弱変化と呼ばれ，bote, ar などは弱変化名詞と呼ばれる．
〔例〕aberëlle (4月), brunne (噴水), han(e) (雄鶏), knoche (骨), kol (キャベツ), mensche (人間), name (名前), rîfe (霜), smerze (痛み), stërne (星), swan(e) (白鳥), tropfe (雫), valke (鷲), vetere(e) (従兄), vürste (王侯).
　これらの名詞のうち han(e), stërn(e), swan(e) などは新高ドイツ語では強変化名詞 Hahn, Stern, Schwan になった．

中性名詞 hërze の格変化

格	単数	複数
1格	daʒ hërze	diu hërzen
2格	des hërzen	der hërzen
3格	dem hërzen	den hërzen
4格	daʒ hërze	diu hërzen

　中性名詞 hërze (心) と同じ格変化をする名詞は全部で5個である．
〔例〕ôre (耳), ouge (目), wange (頬), diu hiwen (夫婦 複数形). なお，wange は新高ドイツ語では女性名詞である．

女性名詞 zunge の格変化

格	単数	複数
1格	diu zunge	die zungen
2格	der zungen	der zungen
3格	der zungen	den zungen
4格	die zungen	die zungen

　女性名詞 zunge (舌) は単数2格以下と複数形が zungen となり，弱変化をする．

〔例〕asche（灰），bîne（蜜蜂），bir（梨），galle（苦み），gîge（バイオリン），harpfe（竪琴），katze（猫），kirche（教会），rôse（薔薇），sunne（太陽），vrouwe（女性），woche（週）．

女性名詞 hœhe の格変化

格	単　数	複　数
1格	diu　hœhe	die　hœhe
2格	der　hœhe	der　hœhen
3格	der　hœhe	den　hœhen
4格	die　hœhe	die　hœhe

　女性名詞 hœhe（高み）では単数のすべての格と複数 1, 4 格には -n はつかず，複数 2, 3 格にのみこの -n がつく．そのため hœhe の格変化は ô- 語幹と jô- 語幹の格変化と同じになっている．
〔例〕grœʒe（大きさ），güete（善意），liebe（喜び），schœne（美しさ），toufe（洗礼）．

§18. r- 語幹の格変化

中性名詞 lamp の格変化

格	単　数	複　数
1格	daʒ　lamp	diu　lember
2格	des　lambes	der　lember(e)
3格	dem　lambe	den　lember(e)n
4格	daʒ　lamp	diu　lember

中性名詞 rint の格変化

格	単　数	複　数
1格	daʒ　rint	diu　rinder
2格	des　rindes	der　rinder(e)
3格	dem　rinde	den　rinder(e)n
4格	daʒ　rint	diu　rinder

　中性名詞 lamp（子羊），rint（牛）の複数には -er（古高ドイツ語 -ir）がつくが，これは本来変化語尾ではなく，語幹の一部を成すものである．この -er の -e- が語幹の母音（a, uo）を変音させる．
〔例〕blat（複数 bleter）（葉），ei（複数 eier, eiger）（卵），huon（複数

hüener)（鶏), kalp（複数 kelber）（子牛), rat（複数 reder）（車輪), rîs（複数 rîser）（枝), tal（複数 teler）（谷).

　単数と複数が同形の場合が多い名詞：bant（紐), hûs（家), kint（子供), kleit（衣服), liet（歌謡), loup（木の葉), tuoch（布), wîp（女).

§19. ter- 語幹の格変化

男性名詞 bruoder の格変化

格	単　数	複　数
1格	der　bruoder	die　bruoder(brüeder)
2格	des　bruoder(bruoders)	der　bruoder(brüeder)
3格	dem　bruoder	den　bruodern(brüedern)
4格	den　bruoder	die　bruoder(brüeder)

男性名詞 vater の格変化

格	単　数	複　数
1格	der　vater	die　vater(veter)
2格	des　vater(vaters)	der　vater(veter)
3格	dem　vater	den　vatern(vetern)
4格	den　vater	die　vater(veter)

女性名詞 muoter の格変化

格	単　数	複　数
1格	diu　muoter	die　muoter(müeter)
2格	der　muoter	der　muoter(müeter)
3格	der　muoter	den　muotern(müetern)
4格	die　muoter	die　muoter(müeter)

　男性名詞 bruoder（兄弟), vater（父）と女性名詞 muoter（母), tohter（娘), swëster（姉妹）の5語は -ter 語幹に属する. bruoder と vater は単数2格が bruoders, vaters となることによって, a- 語幹の格変化に移行した. ter- 語幹の名詞の複数形の幹母音は変音している場合が多い（→ müeter, töhter, veter, brüeder).

§20. nt- 語幹の格変化

男性名詞 vriunt の格変化

格	単　数	複　数
1格	der　vriunt	die　vriunde (vriunt)
2格	des　vriundes	der　vriunde
3格	dem　vriunde	den　vriunden
4格	den　vriunt	die　vriunde (vriunt)

　語幹の一部である -nt- は現在分詞の -nt- であり, nt- 語幹の名詞は現在分詞が名詞化されたものである. この語幹の名詞はじつは stein などの格変化と同じ a- 語幹の格変化に移行している. vriunt では複数 1, 4 格の vriunt (友) は古い nt- 語幹の語形を保持している.
〔例〕heilant (救世主), vîant (敵), wîgant (戦士).

§21. 語根名詞

語根名詞 man の格変化

格	単　数	複　数
1格	der　man	die　man (manne)
2格	des　man (mannes)	der　manne (man)
3格	dem　man (manne)	den　mannen (man)
4格	den　man	die　man (manne)

語根名詞 naht の格変化

格	単　数	複　数
1格	diu　naht	die　naht (nahte, nähte)
2格	der　naht (nahte, nähte)	der　nahte (nähte)
3格	der　naht (nahte, nähte)	den　nahten (nähten)
4格	die　naht	die　naht (nahte, nähte)

　男性名詞 man (人, 男性) は複数 2 格, 3 格以外はすべて man であり, 無語尾である. man は a- 語幹の格変化を示すことがあり, その場合は単数 2, 3 格がそれぞれ mannes, manne, 複数 1, 4 格が manne となる. 男性名詞 vuoȝ (足) は i- 語幹の格変化に移行した. genôȝ (仲間) は多くの場合 a- 語幹と同じ格変化をしているが, 単数 3 格と, 複数 1, 4 格に genôȝ という古形が残っている.

女性名詞 naht（夜）と brust（胸）は i- 語幹の格変化へ移行．ただし，naht には単数 2 格，3 格と複数 1 格，4 格に無語尾の naht，複数 2 格と 3 格にウムラウトのない nahte, nahten がある．また，naht には nahtes という古い 2 格形があるが，これは a- 語幹の男性名詞 tac（Tag）の 2 格 tages にならったものである．

第 2 章　代名詞の格変化

§22. 人称代名詞の格変化

人称代名詞の 1 人称と 2 人称は性別を表わしていないので，非性別代名詞と呼ばれるが，人称代名詞の 3 人称と再帰代名詞は性別を表わしているので，性別代名詞と呼ばれる．

1. 非性別代名詞

1 人称, 2 人称の人称代名詞

数　　格	1 人称	2 人称
単数　1 格	ich	du, dû
2 格	mîn	dîn
3 格	mir	dir
4 格	mich	dich
複数　1 格	wir	ir
2 格	unser	iuwer
3 格	uns	iu
4 格	uns (unsich)	iuch

1 人称と 2 人称の代名詞は性別を示していないので，非性別代名詞と呼ばれる．単数 2 格の mîn, dîn はのちに複数 2 格の unser, iuwer にならって mîner, dîner となった．1 人称複数の 4 格 unsich は古い形であり，あまり使われず，3 格の uns がその代わりに使われた．

2. 性別代名詞

(a) 3 人称の人称代名詞

数　　格	男　性	中　性	女　性
単数　1 格	ër	ëʒ	si, sî, siu, sie
2 格	ës, sîn	ës, sîn	ir(e)
3 格	im(e)	im(e)	ir(e)
4 格	in, inen	ëʒ	si, sî, siu, sie

複数	1格	si, sî, sie	si, sî, siu	si, sî, sie
	2格	ir(e)	ir(e)	ir(e)
	3格	in	in	in
	4格	si, sî, sie	si, sî, siu	si, sî, sie

3人称の人称代名詞は性別を表わしているので性別代名詞である．男性と中性の単数2格の sîn は再帰代名詞に由来するが，本来の2格 ës は次第に使われなくなった．女性単数の siu は本来1格形であったが，4格にも使われるようになった．

(b) 再帰代名詞

数	格	男性	中性	女性
単数	1格	—	—	—
	2格	sîn	sîn	[ir(e)]
	3格	[im(e)]	[im(e)]	[ir(e)]
	4格	sich	sich	sich
複数	1格	—	—	—
	2格	[ir(e)]	[ir(e)]	[ir(e)]
	3格	(in)	(in)	(in)
	4格	sich	sich	sich

再帰代名詞も性別を表わしているので，性別代名詞である．本来の再帰代名詞は男性と中性の単数2格 sîn と単数と複数4格の sich であり，その他のものは人称代名詞からの転用である．

§23. 単純指示代名詞（定冠詞，関係代名詞）dër

数	格	男性	中性	女性
単数	1格	dër	daʒ	diu
	2格	dës	dës	dër(e)
	3格	dëm(e)	dëm(e)	dër(e)
	4格	dën	daʒ	die
	助格	—	diu	—
複数	1格	die	diu	die
	2格	dër(e)	dër(e)	dër(e)
	3格	dën	dën	dën
	4格	die	diu	die

指示代名詞 dër は指示的性格を失い，定冠詞，関係代名詞となった．従って，定冠詞と関係代名詞 dër の格変化はこの指示代名詞と同じである．助格 (Instrumentalis) diu は手段や道具を表わす格であるが，主に前置詞と共に使われる．〔例〕von diu (それによって), mit diu (それで)

§24. 強調指示代名詞 dirre

数	格	男　性	中　性	女　性
単数	1格	dirre, dise, dëser diser	ditze, diz, diȝ	disiu
	2格	dises, disse, dis, disses	dises, disse, dis, disses	diser(e), dirre
	3格	disem(e)	disem(e)	diser(e), dirre
	4格	disen	ditze, diz, diȝ	dise
複数	1格	dise	disiu	dise
	2格	dirre	dirre	dirre
	3格	disen	disen	disen
	4格	dise	disiu	dise

　指示代名詞 dër が失った指示的性格を dirre が受け継いでいる．dirre は dër と強めの -se- が組み合わされたものである．

§25. 指示代名詞 sëlp, jëner

　sëlp „selbst" は強変化も弱変化もする．〔例〕sëlp, sëlber (強変化) sëlbe (弱変化)

　jëner „jener" は強変化のみ．

§26. 疑問代名詞 wër, waȝ

格	男　性	中　性
1格	wër	waȝ
2格	wës	wës
3格	wëm(e)	wëm(e)
4格	wën	waȝ
助格	—	wiu

　wër と waȝ には複数形はない．また，女性にも特別な形はない．中性の助格 wiu は前置詞と共に使われる．〔例〕mit wiu (何で以って)

§27. 所有代名詞

人称	単　数	複　数
1人称	mîn (mein 私の)	unser (unser 私たちの)
2人称	dîn (dein あなたの)	iuwer (euer あなたがたの)
3人称	男性 sîn (sein 彼の)	ir(e) (ihr かれらの)
	中性 sîn (sein その)	ir(e) (ihr それらの)
	女性 ir(e) (ihr 彼女の)	ir(e) (ihr 彼女たちの)

　mîn, dîn, sîn と unser, iuwer は本来の所有代名詞．女性単数 ir(e) と複数の ir(e) はそれぞれ対応する人称代名詞の2格である．

§28. 所有代名詞 mîn の格変化

格	単数〔男〕	〔中〕	〔女〕	複数〔男・女〕	〔中〕
1格	mîn	mîn	mîn	mîne	mîniu
2格	mînes	mînes	mîner	mîner	mîner
3格	mînem	mînem	mîner	mînen	mînen
4格	mînen	mîn	mîn(e)	mîne	mîniu

　所有代名詞 mîn は不定冠詞 ein と同様の格変化をする．

§29. 不定代名詞

1) ein は数詞，不定冠詞であるとともに不定代名詞でもある．不定代名詞の ein はふつう形容詞の強変化の場合と同じ格変化をする．
2) dehein, kein は „irgendein" を意味するが，„kein" を意味することもある．
3) nehein, enhein は „kein" を意味するが，„irgendein" を意味することもある．
4) sum は単一語の不定代名詞で „irgendein, mancher" を意味する．
   sumelich も „irgendein, mancher" を意味し，形容詞的にも名詞的にも使われる．
5) éteslich は „irgendein, irgendwelch" を意味し，形容詞的にも名詞的にも使われる．
   ieg(e)slich は „jeglicher, jeder" を意味し，形容詞的にも名詞的にも使われる．

6) ete(s)wër は „irgendjemand", ete(s)waʒ は „irgendetwas" を意味している.

§30. 不定代名詞　man, ieman, nieman

man は名詞 man „Mann" に由来するが, 新高ドイツ語の man と違ってこれを er で受けることができる. ieman „irgendjemand" は ie- と -man の複合語であるが, „niemand" を意味する場合もある. nieman „niemand" は nie- と -man からできた複合語.

§31 不定代名詞 iht, niht

iht は „irgendetwas" を表わし, 名詞的に使われる. niht は不定代名詞 „nichts" を表わす場合と副詞として „nicht" を表わす場合がある.

第3章　不定冠詞, 形容詞の格変化

§32. 不定冠詞 ein の格変化

格	単数〔男〕	〔中〕	〔女〕	複数〔男・女〕	〔中〕
1格	ein	ein	ein	eine	einiu
2格	eines	eines	einer	einer	einer
3格	einem(e)	einem(e)	einer	einen	einen
4格	einen	ein	ein(e)	eine	einiu

不定冠詞の単数1格は男性名詞, 中性名詞のみならず, 女性名詞の場合も ein となるが, 女性4格は ein, あるいは eine となる. 中高ドイツ語では ein は複数にも使われている. 〔例〕ze einen sunewenden (夏至の頃に Nib. 31, 4a).

§33. 形容詞の格変化

形容詞には強変化と弱変化があり, それぞれ次のような格変化をする.

§34. 形容詞の強変化

1) 形容詞 junc (jung 若い)

数	格	男性	中性	女性
単数	1格	junc, junger	junc, junge$_3$	junc, jungiu
	2格	junges	junges	junger(e)
	3格	jungem(e)	jungem(e)	junger(e)
	4格	jungen	junc, junge$_3$	junge
複数	1格	junge	jungiu	junge
	2格	junger(e)	junger(e)	junger(e)
	3格	jungen	jungen	jungen
	4格	junge	jungiu	junge

　形容詞の強変化では1格の junc は強変化名詞 tac の単数1格と同様に無語尾である．また junger は指示代名詞 dër と同様に語尾が -er となっている．このように形容詞の強変化には名詞と代名詞の格変化の特徴がある．

2) 形容詞 michel (groß 大きい)

数	格	男性	中性	女性
単数	1格	michel, micheler	michel, michel(e)$_3$	michel, micheliu
	2格	michel(e)s	michel(e)s	michelre, micheler
	3格	michel(e)m, michelme	michel(e)m, michelme	michelre, micheler
	4格	michel(e)n	michel, michel(e)$_3$	michel(e)
複数	1格	michel(e)	micheliu	michel(e)
	2格	michelre, micheler	michelre, micheler	michelre, micheler
	3格	michel(e)n	michel(e)n	michel(e)n
	4格	michel(e)	micheliu	michel(e)

　語末が -el, -er, -em, -en となる形容詞と -l, -r で終わる形容詞は michel と同じ格変化をする．単数では男性，中性の2格の michel(e)s の e 初め，e の語中音消失の可能性がある．

§35. 形容詞の弱変化

形容詞 junc (jung 若い)

数	格	男性	中性	女性
単数	1格	junge	junge	junge
	2格	jungen	jungen	junger(e)
	3格	jungen	jungen	junger(e)
	4格	jungen	junge	jungen
複数	1格	jungen	jungen	jungen
	2格	jungen	jungen	jungen
	3格	jungen	jungen	jungen
	4格	jungen	jungen	jungen

形容詞の弱変化は弱変化名詞 (n- 語幹) の格変化と同じである．

第4章　形容詞と副詞

§36. 形容詞の比較変化

　中高ドイツ語では形容詞の比較形は原級に -er がつき，最高級は原級に -est がつく．原級の幹母音がウムラウトしていなくても比較級と最高級ではウムラウトする場合がある．これは古高ドイツ語では比較級が原級＋ōro，最高級が原級＋ōsto の場合と比較級が原級＋iro，最高級が原級＋isto となる場合があったことによる．

原級	比較級	最高級
alt（古い）	alter, elter	altest, eltest
junc（若い）	junger, jünger	jungest, jüngest
schwach（弱い）	schwacher, schwecher	schwachest, schwechest

§37. 形容詞の不規則な比較変化

　次の形容詞では比較級と最高級の語幹は原級の語幹と異なる．

原級	比較級	最高級
guot（良い）	beʒʒer	beʒʒeste, beste
übel（悪い）	wirser	wirsest, wir(se)ste
michel（大きい）	mêre	meiste
lützel（わずかな）	minner, minre	minnest, min(ne)ste

次の形容詞の比較級と最高級には原級が欠けており，原級は他の副詞などから補われている．

原級	比較級	最高級
〔ê, êr（以前に）〕	êrer, êrre, ërre	êrest(e)
〔vor（前に）〕	vorder(e)	vorder(e)st(e)
〔obe（上に）〕	ober(e)	ober(e)st(e)
〔in（中に）〕	inner(e)	inner(e)st(e)
〔under（下に）〕	under(e)	under(e)st(e)
〔ûʒ（外に）〕	ûʒer(e)	ûʒer(e)st(e)

§38. 副詞の比較変化

中高ドイツ語では副詞の比較級は原級に -er がつき，最高級には原級に -est がついた形になる．中高ドイツ語の -er, -est は古高ドイツ語ではそれぞれ -ōr, -ōst であったので，原級と同じく幹母音は比較級と最高級でもウムラウトしない．

原級	比較級	最高級
lange（長く）	langer	langest
hôhe（高く）	hôher	hôhest
schône（美しく）	schôner	schônest

次の副詞では比較級と最高級の語幹は原級の語幹と異なる．

原級	比較級	最高級
wol（良く）	baʒ	beste, best
übel（悪く）	wirs	wirsest, wirste
michel（大きく）	mê, mêr, mêre	meist, meiste
lützel（わずかに）	min, minnere, minre	minnest, minste

第5章　前置詞の格支配

§39. 前置詞の格支配

中高ドイツ語では前置詞は2格，3格，4格のほかに助格を支配することがある．前置詞が支配する格は新高ドイツ語の場合と異なる場合がある．また，中高ドイツ語の前置詞の中にはもはや使われなくなったものもある．

§40. 2格と3格を支配する前置詞

ê, er (vor 前に)
binnen, innerhalp (binnen 〜以内に)
innen, inner (binnen 〜以内に) 稀に助格も.
niderhalp, -halben (unterhalb 〜の下に, 下方に)
oberhalp, -halbe, -halben (oberhalb 〜の上に, 上方に)
ûʒerhalp, -halbe, -halben (außerhalb 〜の外側に)
sît (seit 〜以来, 〜前から) 稀に助格も.
vor (vor^{+3} 前に)
　中高ドイツ語の vor は4格を支配することはなく, その場合には中高ドイツ語では vür (vor 〜の前へ) が使われている.
　〔例〕für den palas (宮殿の前へ　Nib. 35, 3b)

§41. 3格を支配する前置詞

ab, abe (von, aus 〜から)
after (hinter 〜の後ろに)　時々2格, 4格, あるいは助格も.
bî (bei 〜の側に, wegen 〜のゆえに)　4格や助格も. 稀に2格も.
gegen, gein, gên (gegen 〜に向かって)　稀に4格も.
nâ, nâch (nach 〜へ)　時々2格も. 稀に4格も.
ob, obe (oberhalb 〜の上に)　時々2格も. 稀に4格も.
sament, samet, samt, sant (mit 〜と共に)
sider (seit 〜以来, 〜前から)
ûʒ, ouʒ, ûʒer, ouʒer (außerhalb 〜の外側に)　稀に助格も.
ûʒen (außerhalb 〜の外側に)

§42. 3格と4格を支配する前置詞

an (an, auf 〜に, 〜の上に)　時々助格も.
eneben, neben, nebent (neben 〜の側に)
hinder (hinter 〜の後ろに)　稀に2格も.
in, en (in, an 〜の中に, 〜に)
ûf, ouf (auf 〜の上に)
under (unter, zwischen 〜の下に, 〜の間に)　2格や助格も.
　〔例〕under des, under diu (unterdessen その間に)
wider (wider, gegen 〜に反対して)　稀に助格も.

zwisc, zwisch, enzwischen（zwischen ～の間に）　稀に2格も．

§43. 3格と助格を支配する前置詞

mit（mit ～と共に）〔例〕mit diu（mittlerweile その間に）
von, vone（von ～から）〔例〕von diu（deshalb それゆえに）
ze（zu, nach ～へ）　中部ドイツ語では時々4格も．
zuo（zu, nach ～へ）　本来は副詞．10世紀以降前置詞としても使われた．

§44. 4格を支配する前置詞

âne, ân（ohne ～なしに）　稀に2格も．
biʒ（bis ～まで）　中部ドイツ語ではbit. 他の前置詞とも結びつく．
　〔例〕biʒ an（～まで）
dur, durch（durch, wegen ～のゆえに）
　〔例〕durch daʒ（deshalb それゆえに）
sunder（ohne ～なしに）　稀に2格や3格も．
über, uber, ober, over（über ～の上方に）　中部ドイツ語では3格も．
umbe, um, umme（um ～の周りに）　稀に助格も．
unz, unze（bis, biszu ～まで）　biʒと同様に他の前置詞とも結びつく．
　〔例〕unz an（～まで）
vür, vüre（vor^{+4}, für^{+4} ～の前へ，～のために）　中高ドイツ語のvür^{+4},
　vüre^{+4}（～の前へ）は新高ドイツ語ではvor^{+4}で表わされる．

§45. 助格を支配する前置詞

　助格のみを支配する前置詞はないが，上記の前置詞のうち次のものは助格も支配する．after, an, bî, innen, inner, mit, sît, umbe, under, ûʒ, ûʒer, von, wider

第6章　数詞

§46. 基数

　基数では1, 2, 3は性別に語尾変化をする．4から12までは語尾変化したり無変化であったりするが，13以上は格変化しない．

1. ein の格変化

格	男性	中性	女性
1格	einer	eineʒ	einiu
2格	eines	eines	einer
3格	einem(e)	einem(e)	einer
4格	einen	eineʒ	ein(e)

　ein は名詞的用法では上の表のように形容詞の強変化と同じ格変化をするが，付加語的用法では不定冠詞の単数と同じ格変化をする．

2. zwêne の格変化

格	男性複数	中性複数	女性複数
1格	zwêne	zwei, zwê	zwô, zwuo, zwâ
2格	zweier, zweiger	zweier, zweiger	zweier, zweiger
3格	zwein, zweien	zwein, zweien	zwein, zweien
4格	zwêne	zwei, zwê	zwô, zwuo, zwâ

　1格形と4格形は性によって異なっているが，2格と3格は各性共通である．

3. drî の格変化

格	男性複数	中性複数	女性複数
1格	drî, drîe, drê	driu, dreu, drû	drî, drîe
2格	drîer, drîger	drîer, drîger	drîer, drîger
3格	drin, drîn, drîen	drin, drîn, drîen	drin, drîn, drîen
4格	drî, drîe, drê	driu, dreu, drû	drî, drîe

　1格形と4格形は性によって異なっているが，2格と3格は各性共通である．

4. vier の格変化

格	男性複数	中性複数	女性複数
1格	viere, veire, vêre	vieriu, viere	viere, veire, vêre
2格	viere, vierer, vierre	viere, vierer, vierre	viere, vierer, vierre
3格	vieren	vieren	vieren
4格	viere, veire, vêre	vieriu, viere	viere, veire, vêre

5 以上の基数

5 fünf, fümf, finf, fünfe 6 sëhs, sëhse 7 siben, sibene 8 aht, ahte, ähte 9 niun, niune 10 zëhen, zëhene 11 einlif, einlef, eilif, eilf, elf 12 zwelif, zwelf 13 drîzëhen, driuzëhen 14 vierzëhen 15 fünfzëhen 16 sëhzëhen 17 sibenzëhen 18 ahtzëhen 19 niunzëhen 20 zweinzëc, zwênzëc 21 einez unde zweinzëc 30 drîzëc 40 vierzëc 50 fünfzëc 60 sëhzëc 70 sibenzëc 80 ahtzëc 90 niunzëc 100 zëhnzëc, hundert 200 zweihundert 300 driuhundert 1000 zëhenhunt, zëhenhundert, tûsent 2000 zweitûsent, zweinzëchundert 100000 hunderttûsent, zëhenzëctûsent

◇「～半」: 1,5 ander(t)halp 2,5 drittehalp, drithalp
　　　　　3,5 vierdehalp 4,5 vünftehalp 5,5 sehstehalp

§47. 序数

序数は êrste (第1の) と ander (第2の) 以外は基数詞に -te, -de をつけた形である.

1. erste 2. ander, zweite 3. dritte 4. vierde 5. vünfte, fümfte, finfte 6. sehste 7. sibente, sibende 8. ahte, ahtode, ahtede 9. niunte, niunde 10. zëhente, zëhende 11. einlifte, eilifte, eilfte, elfte 12. zwelifte, zwelfte 13. drîzëhende, driuzëhende 14. vierzëhende 15. vunfzëhende, vinfzëhende 16. sëhzëhende 17. sibenzëhende 18. ahtzëhende 19. niunzëhen 20. zweinzëgeste, zwênzëgste 21. einez unde zweinzëgeste, êrste unde zweinzëgeste 30. drîzëgeste 40. vierzëgeste 50. vünfzigeste 100. zëhenzëgeste, hunderteste 1000. tûsendeste, tûsentste 100000. hunderttûsendeste, hunderttûsentste.

第7章　動詞の人称変化

§48. 動詞の種類

動詞には強変化動詞と弱変化動詞がある.

§49. 強変化動詞の形態

強変化動詞は基本形の間に幹母音変化が見られるのがその特徴の一つである.

語尾変化　動詞 hëlfen（強変化第Ⅲ. 2 系列）
1) 現在時称
強変化動詞の直説法現在の人称変化は次のようになる．

直説法現在		接続法現在	
単数 ich	hilfe	単数 ich	hëlfe
du	hilfest	du	hëlfest
er	hilfet	er	hëlfe
複数 wir	hëlfen	複数 wir	hëlfen
ir	hëlfet	ir	hëlfet
si	hëlfent	si	hëlfen

直説法では不定詞の母音の ë は単数ではすべての人称で i である．直説法の単数の語尾は -e, -est, -et, 複数の語尾は -en, -et, -ent となる．また，接続法の単数の語尾は -e. -est, -e, 複数の語尾は -en, -et, -en となる．

2) 過去時称
強変化動詞の直説法過去の人称変化は次のようになる．

直説法過去		接続法過去	
単数 ich	half	単数 ich	hülfe
du	hülfe	du	hülfest
er	half	er	hülfe
複数 wir	hulfen	複数 wir	hülfen
ir	hulfet	ir	hülfet
si	hulfen	si	hülfen

直説法の単数では幹母音は 1, 3 人称では a, 2 人称では ü である．これは過去複数の幹母音 u の変母音である．じつはこの ü は接続法過去の基本形の幹母音と一致している．直説法過去の単数の 1, 3 人称では動詞は基本形と同じ形 half であるが，2 人称では hülfe となる．なお，複数では -en, -et, -en となる．接続法過去の語尾は単数では -e, -est, -e, 複数では -en, -et, -en となる．

3) 命令法
中高ドイツ語では単数 2 人称と複数の 1 人称，2 人称に命令法がある．強変化動詞では無語尾の場合が多いが，弱変化動詞では語幹 +e となる．直説法単数現在 2 人称の幹母音が i, iu の動詞では，2 人称単数の命令法でも幹母音は i, iu である．

単数 2 人称　hilf

複数 1 人称　hëlfen
　　 2 人称　hëlfet

4) 分詞
現在分詞は動詞の語幹＋ende. 過去分詞は前綴りがないときは ge- が付く. ただし, finden, komen, treffen, werden, bringen などには ge- は付かない.
　現在分詞　hëlfende
　過去分詞　geholfen

5) 動名詞
不定詞に語尾 -nes, -ne がつくと動名詞の 2, 3 格となる.
　2 格　hëlfennes　不定詞＋-(n)es
　3 格　hëlfenne　 不定詞＋-(n)e

6) 不定詞
hëlfen　不定詞の名詞的用法の 1 格, 4 格

§50. 強変化動詞の基本型

　強変化動詞のうち基本形が転母音を示す動詞を転母音動詞と呼び, かつて反復前綴りで過去形を形成していた動詞を反復動詞と呼ぶ. 転母音動詞 (ablautende Verben) には 6 つの系列があり, 反復動詞には 6 つの類がある.

§51. 転母音動詞

　動詞の基本形は直説法現在 1 人称単数と 1 人称複数, 直説法過去 1, 3 人称単数, 2 人称単数, 1 人称複数, それに過去分詞で, 全部で 6 つである.

§52. 第I系列

系列	直説法現在			直説法過去		過去分詞
	1人称単数	1人称複数	1人称単数	2人称単数	1人称複数	
I. 1	stîge	stîgen	steic	stige	stigen	gestigen
2	lîhe	lîhen	lêch	lihe	lihen	gelihen

【類例】
第I系列1：stîgen（のぼる），bîten（待つ），bîʒen（かむ），grîfen（つかむ），grînen（口を歪める），klîben（粘着する），belîben（留まる），nîgen（お辞儀をする），rîten（馬で行く），schînen（輝く），schrîben（書く），schrîten（歩く），slîchen（忍び歩く），swîchen（欺く），swîgen（沈黙する），trîben（追う），wîchen（退く）．文法的交替→：lîden（耐える leit / liten），mîden（避ける meit / miten），nîden（うらやむ neit / niten），snîden（きる sneit / sniden），rîsen（落下する reis / rirn）．◇d と t, s と r とが交替する．

第I系列2：文法的交替→：dîhen（栄える dêch / digen），erwîhen（弱める erwêch / erwihen），rîhen（留める rêch / rihen），sîhen（濾過する sêch / sihen），zîhen（咎める zêch / zigen）．◇h と g が交替する．

§53. 第II系列

系列	直説法現在			直説法過去		過去分詞
	1人称単数	1人称複数	1人称単数	2人称単数	1人称複数	
II. 1a	biuge	biegen	bouc	büge	bugen	gebogen
1b	sûge	sûgen	souc	süge	sugen	gesogen
2	biute	bieten	bôt	büte	buten	geboten

【類例】
第II系列1a：biegen（曲げる），liegen（嘘をつく），schieben（押す），sliefen（滑る），smiegen（曲がる），stieben（散らばる），riechen（匂う），triefen（滴る），triegen（欺く），vliegen（飛ぶ）．
第II系列1b：sûgen（吸う）lûchen（閉じる），sûfen（〔動物が〕飲む）．
第II系列2：bieten（差し出す），dieʒen（ざわざわ音を立てる），gieʒen（注ぐ），nieʒen（楽しむ），rieʒen（涙を流す），schieʒen（射る），slieʒen（閉じる），verdrieʒen（不快にする），vliechen（逃げる），vlieʒen（流れる）．文法的交替→：kiesen（選ぶ korn / gekorn），niesen（くしゃみをする nurn / genorn），sieden（煮え立つ suten / gesoten），verliesen（失

う verlurn / verlorn), vriesen (寒い vrurn / gevrorn), ziehen (引く zugen / gezogen). ◇s と r, d と t, h と g が交替する.

§54. 第Ⅲ系列

系列	直説法現在		直説法過去			過去分詞
	1人称単数	1人称複数	1人称単数	2人称単数	1人称複数	
Ⅲ.1	binde	binden	bant	bünde	bunden	gebunden
2	hilfe	hëlfen	half	hülfe	hulfen	geholfen

【類例】
第Ⅲ系列1：幹母音＋鼻音 (m, n)＋子音：binden (結ぶ), beginnen (始まる), brimmen (吠える), dimpfen (湯気を立てる), dringen (突き進む), entrinnen (流れ出る), gelingen (成功する), gewinnen (獲得する), glimmen (かすかに光る), krimmen (つかむ), krimpfen (歪む), limmen (吠える), rimpfen (曲げる), ringen (格闘する), rinnen (流れる), schinden (皮をむく), schrinden (割れる), sinnen (熟慮する), slingen (編む), spinnen (紡ぐ), springen (飛び跳ねる), stinken (悪臭がする), swimmen (泳ぐ), swinden (消える), swingen (振り動かす), trinken (飲む), twingen (強要する), trinnen (離れる), winden (巻く).
第Ⅲ系列2：幹母音＋流音 (l, r)＋子音：hëlfen (手伝う), bëlgen (怒る), bëllen (吠える), bërgen (隠す), bevëlhen (隠す), gëllen (大きく響く), gëlten (報いる), hëllen (響く), kërren (叫ぶ), merken (気付く), quëllen (湧き出る), schëlten, (咎める), smëlzen (溶ける), stërben (死ぬ), tëlben (掘る), verdërben (滅びる), wërben (得ようとする), wërden (なる), wërfen (投げる).

§55. 第Ⅳ系列

系列	直説法現在		直説法過去			過去分詞
	1人称単数	1人称複数	1人称単数	2人称単数	1人称複数	
Ⅳ.	nime	nëmen	nam	næme	nâmen	genomen

【類例】
第Ⅳ系列：nëmen (取る), bërn (生む), komen (来る), dëhsen (振り動かす), quëln (苦しむ), rëchen (復讐する), schërn (切る), schrëcken (驚く), sprëchen (話す), stëln (盗む), swërn (痛む), trëffen (当てる), vëhten (戦う), vlëhten (編む), zëmen (ふさわしい).

§56. 第V系列

系列	直説法現在			直説法過去		過去分詞
	1人称単数	1人称複数	1人称単数	2人称単数	1人称複数	
V.	gibe	gëben	gap	gæbe	gâben	gegëben

【類例】
第V系列：gëben（与える），brëchen（破る），geschëhen（起こる），knëten（こねる），mëʒʒen（はかる），pflëgen（加護する），quëden（言う），sëhen（見る），trëten（入る），vergëʒʒen（忘れる），wëben（織る），wëgen（動く），wëten（結ぶ）. 文法的交替→：jësen（発酵する jâren / gejësen），lësen（読む lâren / gelesen），wësen（ある，である wâren / gewësen）. ◇ s と r が交替する.

現在複数の幹母音が i である動詞→：biten（頼む），ligen（横たわっている），sitzen（座っている）.

1人称, 3人称単数での j / g 交替→：jëhen（言う ich gihe），jësen（発酵する er gist, giset），jëten（除草する ich gite）.

過去単数の幹母音が â の動詞→：ëʒʒen（食べる âʒ），vrëʒʒen（むさぼり食う vrâʒ）.

§57. 第VI系列

系列	直説法現在			直説法過去		過去分詞
	1人称単数	1人称複数	1人称単数	2人称単数	1人称複数	
VI.	grabe	graben	gruop	grüebe	gruoben	gegraben

【類例】
第VI系列：graben（掘る），laden（積む），maln（挽く），nagen（かじる），schaffen（創造する），spannen（張る），tragen（運ぶ），varn（行く），wahsen（成長する），waschen（洗う），waten（水を歩いて渡る）.
文法的交替→：slahen, slân（打つ sluoc /sluogen /geslân, geslagen），twahen（水浴する twuoc / twuogen / getwagen）. ◇ h と g が交替する.

現在形の幹母音が e, ë である動詞：heben（持ち上げる），entsëben（気づく），swërn（痛む）.

§58. 反復動詞

強変化動詞の第VII系列は反復動詞（Ehemals reduplizierende Verben）と呼ばれる. かつてこの系列の動詞の過去形は，その幹母音が何で

あっても同じ反復母音をもつ反復綴りを語頭に持っていたからである．例えばゴート語の haitan（heißen）の反復綴りは語頭の h に反復母音 aí [ɛ] をつけた haí [hɛ] であり，この動詞の過去形は haíhait であった．同様にゴート語 slaipan（schlafen）と skaidan（scheiden）の過去形はそれぞれ saíslaip, skaískaid であった．反復動詞には次の6つの類がある．

§59. 第1類　vallen（落ちる）

系列	直説法現在		直説法過去		過去分詞
	1人称単数	1人称複数	1人称単数	2人称単数	1人称複数
Ⅶ．1	valle	vallen	viel	viele	vielen	gevallen

【類例】enblanden（努力する），bannen（呪縛する），halsen（首に抱きつく），halten（保持する），salzen〔塩味をつける〕，schalten（突く），spalten（裂く），spannen（張る），valten（折りたたむ），wallen（泡立つ），walten（支配する），walzen（転がす）．
　現在形の幹母音が a 以外の動詞→：eren, erren（耕す ier / ieren / gearn），gân, gên（行く gienc, gie / giengen / gegangen, gangen）．文法的交替→：hâhen, hân（掛かっている　hienc, hie / hiengen / gehangen, gehân），vâhen, vân（つかまえる　vienc, vie / viengen / gevangen, gevân）．◇h と g が交替する．

§60. 第2類　slâfen（眠る）

系列	直説法現在		直説法過去		過去分詞
	1人称単数	1人称複数	1人称単数	2人称単数	1人称複数
Ⅶ．2	slâfe	slâfen	slief	sliefe	sliefen	geslâfen

【類例】bâgen（口論する），blâsen（吹く），brâten（あぶる），lâʒen / lân（させる　lieʒ, lie / lieʒen /gelâʒen, gelân），râten（助言する），verwâʒen（滅ぼす）．◇幹母音が同じ前項の hâhen と vâhen も第2類に含められる．

§61. 第3類　loufen（走る）

系列	直説法現在		直説法過去		過去分詞
	1人称単数	1人称複数	1人称単数	2人称単数	1人称複数
Ⅶ．3	loufe	loufen	lief	liefe	liefen	geloufen

【類例】bouwen / bûwen, biuwen（耕す biu / biuwen / gebouwen），houwen / hiuwen（切る hiu, hiew / hiuwen / gehouwen）．bûwen には

弱変化の過去形 bûwete, bûte があり，過去分詞には gebûwen と共に gebûwet という弱変化形がある．

§62. 第4類　scheiden（分ける）

系列	直説法現在			直説法過去		過去分詞
	1人称単数	1人称複数	1人称単数	2人称単数	1人称複数	
Ⅶ．4	scheide	scheiden	schiet	schiede	schieden	gescheiden

【類例】eischen（命令する），vreischen（聞いて知る），heiʒen（命じる），meiʒen（切る），sweifen（ぶらつく），zeisen（引っ張る）．eischen と vreischen には弱変化の過去形がある．

§63. 第5類　stôʒen（押す）

系列	直説法現在			直説法過去		過去分詞
	1人称単数	1人称複数	1人称単数	2人称単数	1人称複数	
Ⅶ．5	stôʒe	stôʒen	stieʒ	stieʒe	stieʒen	gestôʒen

【類例】bôʒen（たたく），schrôten（切る，転がす）．bôʒen は弱変化することもある．

§64. 第6類　ruofen（呼ぶ）

系列	直説法現在			直説法過去		過去分詞
	1人称単数	1人称複数	1人称単数	2人称単数	1人称複数	
Ⅶ．6	ruofe	ruofen	rief	riefe	riefen	geruofen

【類例】wuofen（叫ぶ，嘆く）．ruofen と wuofen には幹母音が変音した rüefen, wüefen という別形がある．弱変化の過去形 ruofte, wuofte もある．

§65. 反復動詞の人称変化

　反復動詞では直説法現在の幹母音は単数も複数も共に不定詞と同じである．接続法過去の基本形は直説法過去複数の語幹 viel- に -e を添えた形 viele である．これは直説法過去の2人称単数の語形と一致する．

1) 現在時称 vallen（落ちる）

直説法現在	接続法現在
単数 ich valle	単数 ich valle
du vallest	du vallest
er vallet	er valle
複数 wir vallen	複数 wir vallen
ir vallet	ir vallet
si vallent	si vallen

2) 過去時称

直説法過去	接続法過去
単数 ich viel	単数 ich viele
du viele	du vielest
er viel	er viele
複数 wir vielen	複数 wir vielen
ir vielet	ir vielet
si vielen	si vielen

§66. 弱変化動詞

　古高ドイツ語では弱変化動詞は不定詞の語尾の違いによって3種類に分かれていた．
Ⅰ．-en で終わる -jan 動詞
Ⅱ．-ōn で終わる -ōn 動詞
Ⅲ．-ēn で終わる -ēn 動詞
　中高ドイツ語ではこれらの語尾はいずれも -en となった．

§67. 弱変化動詞の基本型

　弱変化動詞の基本形は次のようになっている．

§68. 第Ⅰ類（古高ドイツ語の -jan 動詞）

Ⅰ.a denen（伸ばす）(jan 動詞で，語根が短い動詞)

類	不定詞	直説法過去	過去分詞
Ⅰ.a	denen	den(e)te	gedenet, gedent

〔類例〕denen（伸ばす），nern（養う），entswëben（動かす），vröuwen（喜ばす　過去 fröute），lëgen（置く），rëgen（動かす），sellen（引き渡す），strewen（撒き散らす　過去 ströute），twellen（悩ます），zel(le)n（数える）．

Ⅰ.b vellen（落ちる），hœren（聞く）
　　　(jan 動詞で，語根が長いもの，あるいは多綴りの動詞)

類	不定詞	直説法過去	過去分詞
Ⅰ.b	vellen	valte	gevellet, gevalt
	hœren	hôrte	gehœret, gehôrt

　この種類の動詞は過去形でウムラウトを戻す（「逆ウムラウト」，„Rückumlaut")．vellen の過去形は a のウムラウトである e が，過去形ではウムラウトしていない a となっている．なお，過去分詞の幹母音は末尾が -t か，-et かによって，幹母音は a，あるいは e となる．hœren では過去の幹母音は ô，過去分詞では ô，あるいは œ となる．
〔類例〕
【e ↔ a】型：brennen（燃えている），decken（覆う　dahte, dacte / gedecket, gedaht, gedact），derren（乾かす　darte），ergetzen（喜ばせる），heften（縛り付ける），kennen（知っている），leschen（消す），merken（気付く　marhte, marcte），recken（高く上げる），schenken（贈る　schancte），schrecken（驚かす　schrahte, schracte），senden（送る sente, sande），setzen（置く　sazte），sperren（遮断する），sprengen（疾駆する），sterken（強める　starcte），strecken（伸ばす），verderben（滅ぼす　verdarbte），wecken（目を覚まさせる）．
【æ ↔ â】型：beswæren（煩わす），blæjen（吹く　blâte），dræjen（回す），mæjen（刈り取る），sæjen（種を撒く），wæjen（風が吹く），wænen（思う）．
【ü ↔ u】型：antwürten（答える），dürsten（喉が渇く　durste），füllen（満たす　fulte），gürten（紐で巻く），kürzen（短くする），küssen（接吻する），nützen（使う），schüpfen（突く），wünschen（願う），zünden（点火する　zunte）．

【iu ↔ û】型：briunen（飾る），liuten（鳴る lûte），triuten（愛する）．
【œ ↔ ô】型：hœnen（侮辱する），krœnen（冠を戴かせる），lœsen（解く），trœsten（慰める）．
【üe ↔ uo】型：blüejen（咲いている），brüefen（煮る），füeren（導く），genüegen（満足させる），grüeʒen（挨拶する），hüeten（見張る huote, huotte），küelen（涼しくする），lüejen（うなる），müejen（悩ます），rüemen（ほめる），süenen（和解させる）．

Ⅰ.c　teilen（分ける），zieren（飾る）
　　　(-jan 動詞で現在形の幹母音がウムラウトでない動詞)

類	不定詞	直説法過去	過去分詞
Ⅰ.c	teilen	teilte	geteilet
	zieren	zierte	gezieret

〔類例〕blicken（輝く blicte），gelouben（信じる geloupte），îlen（急ぐ），kêren（向ける），leiten（導く leite, leitte），neigen（傾ける neicte），rihten（向ける rihte），spitzen（尖らす）．

§69. 第Ⅱ類（古高ドイツ語の -ōn 動詞）

Ⅱ　salben（香油を塗る），zeigen（示す）

系列	不定詞	直説法過去	過去分詞
Ⅱ.	salben	salbete	gesalbet, gesalbt
	zeigen	zeicte, zeigete	gezeiget, gezeict,

Ⅰcとは異なり過去形では語幹と -te の間に -e- が入る．しかし，この -e- は，特に語幹が l, r, m, n で終わる動詞などではしばしば消失し，両者の区別がなくなる．

【類例】
laden（召還する ladete, latte），loben（ほめる lobete），lônen（報いる lônete, lônte），machen（作る machete），mâlen（描く mâlte）manen（警告する mante），schaden（損害を与える schadete, schatte），schouwen（眺める schoute, schouwete），vaʒʒen（つかむ vaʒte, vaʒʒete）．

§70. 第Ⅲ類（古高ドイツ語の -ēn 動詞）

Ⅲ　haben（持っている），lëben（生きる）

系列	不定詞	直説法過去	過去分詞
Ⅲ.	haben	habete, hapte	gehabet, gehapt
	lëben	lëbete, lëbte	gelëbet, gelëbt

Ⅰc とは異なり過去形では語幹と -te の間に -e- が入る．しかし，この -e- はしばしば消失する．

【類例】
erbarmen（憐憫の情を催させる），dagen（黙っている）twël(e)n（留まる twëlte, twalte），sel(le)n（手渡す selte, salte），vrâgen（尋ねる vrâgete, vrâcte），wachen（目覚める wachte），wonen（住む wonte）．

§71. 弱変化動詞の形態

弱変化動詞の現在人称変化の語尾は各類に共通である．接続法現在と直説法現在との違いは，3人称複数形の語尾がそれぞれ -en, -ent となることである．弱変化動詞の過去人称変化の語尾は各類に共通である．接続法過去の人称変化は直説法過去とまったく同じである．

1) 現在時称

	直説法現在		接続法現在
単数	ich lobe	単数	ich lobe
	du lobest		du lobest
	er lobet		er lobe
複数	wir loben	複数	wir loben
	ir lobet		ir lobet
	si lobent		si loben

2) 過去時称

	直説法過去		接続法過去
単数	ich lobete	単数	ich lobete
	du lobetest		du lobetest
	er lobete		er lobete
複数	wir lobeten	複数	wir lobeten
	ir lobetet		ir lobetet
	si lobeten		si lobeten

3) 命令法
 単数2人称　lobe
 複数1人称　loben
 　　2人称　lobet
5) 動名詞
 2格　lobennes
 3格　lobenne

4) 分詞
 現在分詞　lobende
 過去分詞　gelobet
6) 不定詞
 loben

§72. 過去現在動詞

過去現在動詞は形は過去でありながら，意味が現在を表わしている動詞である．

§73. 過去現在動詞の形態

本来存在したはずの現在形が失われているので，複数形の語幹から不定詞と現在分詞が作られ，弱変化の過去形ができている．wiȝȝen (wissen), bedürfen (bedürfen), gunnen (gönnen) などには過去分詞も存在する．

1) wiȝȝen（知っている）

直説法現在	
ich weiȝ	wir wiȝȝen
du weist	ir wiȝȝet
er weiȝ	si wiȝȝen

新高ドイツ語の wissen と同じく wiȝȝen も本動詞である．過去分詞には形容詞として使われる gewiȝȝen もある．
　直説法過去：wisse, wesse, wiste, weste
　接続法現在：wiȝȝe　接続法過去：wisse, wësse, wiste, wëste
　命令法：wiȝȝe（単数）　wiȝȝet（複数）
　現在分詞：wiȝȝende
　過去分詞：gewist, gewest

2) **tugen / tügen**（役立つ）

	直説法現在
ich touc	wir tugen, tügen
du —	ir tuget, tüget
er touc	si tugen, tügen

　不定詞には tugen と共に tügen がある．接続法過去には幹母音が変音した töhte と共に直説法過去と同形の tohte がある．
　直説法過去：tohte
　接続法現在：tüge, tuge　　接続法過去：töhte

3) **gunnen / günnen**（与える）

	直説法現在
ich gan	wir gunnen, günnen
du ganst	ir gunnet, günnet
er gan	si gunnen, günnen

　この動詞には命令法がある．
　直説法過去：gunde, gonde
　接続法現在：gunne, günne
　接続法過去：gunde, günde, gonde, gönde,
　命令法：gunne, günne（単数）　gunnet, günnet（複数）
　過去分詞：gegunnen, gegunnet, gegunst

4) **kunnen / künnen**（できる）

	直説法現在
ich kan	wir kunnen, künnen
du kanst	ir kunnet, künnet
er kan	si kunnen, künnen

　直説法過去：kunde, konde
　接続法現在：kunne, künne
　接続法過去：kunde, künde, gonde, gönde,
　過去分詞：kunnen, gekunnet

5) **durfen, / dürfen**（必要とする）

	直説法現在
ich darf	wir durfen, dürfen
du darft	ir durfet, dürfet
er darf	si durfen, dürfen

不定詞の用例はない．
直説法過去：dorfte
接続法現在：durfe, dürfe　接続法過去：dörfte

6) **turren / türren**（敢えてする）

	直説法現在
ich tar	wir turren, türren
du tarst	ir turret, türret
er tar	si turren, türren

過去分詞の用例はない．
直説法過去：torste
接続法現在：turre, türre　接続法過去：törste, torste

7) **suln / süln**（ふさわしい）

	直説法現在
ich sol	wir suln, süln
du solt	ir sult, sült
er sol	si suln, süln

直説法現在単数には次のような形がある．
ich sol, scol, sal, scal, du solt, scolt, salt, scalt.
直説法過去：solte, solde
接続法現在：sul, sül（単数），suln, süln（複数）
接続法過去：solte, solde, sölte, sölde

8) **mugen /mügen**（～ができる）

	直説法現在
ich mac	wir mugen, mügen
du maht	ir muget, müget
er mac	si mugen, mügen

この動詞には現在分詞がある．

直説法過去：mahte, mohte
接続法現在：muge, müge　　接続法過去：mähte, möhte
現在分詞：mugende, mügende　　過去分詞：gemoht

9) müeʒen /muoʒen（～ねばならない）

直説法現在	
ich muoʒ	wir müeʒen, muoʒen
du muost	ir　 müeʒet, muoʒet
er muoʒ	si　 müeʒen, muoʒen

中部ドイツ方言では直説法現在の単数の幹母音 uo は û, あるいは ô である.

直説法過去：muose, muoste
接続法現在：müeʒe　　接続法過去：müese, müeste

§74. 動詞 wellen

動詞 wellen の直説法現在はある動詞の接続法の形をしている．そしてこの直説法に対応する接続法現在と過去，直説法過去が作られている．直説法現在単数 2 人称の wilt は過去現在動詞の単数 2 人称にならったものである．不定詞の wollen は直説法過去の影響で幹母音が o となったものである．接続法 wolle はこの系統である．

1) 現在時称

	直説法現在		接続法現在
単数 ich	wil, wile	単数 ich	welle, wolle
du	wil, wile wilt	du	wellest, wollest
er	wil, wile	er	welle, wolle
複数 wir	wellen, wollen, weln	複数 wir	wellen, wollen
ir	wellet, wollet, welt	ir	wellet, wollet
si	wellen(t), wollen(t), weln(t)	si	wellen, wollen

2) 過去時称

	直説法過去		接続法過去
単数 ich	wolte, wolde	単数 ich	wolte, wölte, wolde, wölde
du	woltest, woldest	du	woltest, wöltest, woldest, wöldest
er	wolte, wolde	er	wolte, wölte, wolde, wölde

複数	wir wolten, wolden		複数	wir wolten, wölten, wolden, wölden
	ir woltet, woldet			ir woltet, wöltet, woldet, wöldet
	si wolten, wolden			si wolten, wölten, wolden, wölde

現在分詞：wellende　過去分詞：gewellet, gewelt, gewöllet, gewölt

§75. 語根動詞

一般に動詞の語幹と語尾の間には接続母音がある．〔例〕er hœr-e-t

しかし，動詞 gân(gehen), stân(stehen), tuon(tun) にはこの母音がなく，語幹と語尾は直接結ばれている．〔例〕er gât, er stât, er tuot

これらの動詞はそのために語根動詞と呼ばれている．

§76. 語根動詞の形態

1. tuon (tun)

1人称単数語形は ich tuon が一般的である．アレマン方言では2人称複数は ir tuont, 過去分詞は gedôn である．

1) 現在時称

	直説法現在			接続法現在
単数	ich tuon, tuo		単数	ich tuo
	du tuost			du tuost
	er tuot			er tuo
複数	wir tuon		複数	wir tuon
	ir tuot			ir tuot
	si tuont			si tuon

2) 過去時称

	直説法過去			接続法過去
単数	ich tete, tëte		単数	ich tæte
	du tæte			du tætest
	er tete, tëte			er tæte
複数	wir tâten		複数	wir tæten
	ir tâtet			ir tætet
	si tâten			si tæten

命令法　単数2人称：tuo　複数2人称：tuot
分詞　現在分詞：tuonde　過去分詞：getân

2. gân, gên (gehen)

　語根動詞 gân の人称変化には gâ- と gang- の異なる語幹が見られるが，現在人称変化では gâ-，過去及び過去分詞は gang- がその語幹となっている．直説法では gân 型は主にアレマン方言とラインフランケン方言で，gên 型は主にバイエルン方言で使われている．しかし，gân 型は押韻に便利なのでバイエルン方言の詩人にも使われている．ただし，接続法は gên 型が多い．

1) 現在時称

直説法現在		接続法現在	
単数 ich	gân, gên	単数 ich	gâ, gê
du	gâst, gêst	du	gâst, gêst
er	gât, gêt	er	gâ, gê
複数 wir	gânt, gênt	複数 wir	gân, gên
ir	gât, gêt	ir	gât, gêt
si	gânt, gênt	si	gân, gên

2) 過去時称

　gân, gên の過去 gienc と過去分詞 (ge)gangen は強変化動詞の第Ⅶ系列（反復動詞第 1 類）である．過去形 gie は新しい形で主に上部ドイツ語の語形である．中部ドイツでは主に gienc であるが，中部フランケン方言以外の中部ドイツ語方言では gie も使われている．

直説法過去		接続法過去	
単数 ich	gienc, gie	単数 ich	gienge
du	gienge	du	giengest
er	gienc, gie	er	gienge
複数 wir	giengen	複数 wir	giengen
ir	gienget	ir	gienget
si	giengen	si	giengen

　命令法　単数 2 人称：gâ, gê　　複数 2 人称：gât, gêt
　分詞　現在分詞：gânde, gênde　　過去分詞：(ge)gangen, gegân, gegên

3. stân, stên (stehen)

1) 現在時称

　不定詞には standen という形がある．これは稀にしか使われていないが，その命令法は stant, standet. 過去分詞 gestanden は，gestân よりも

より多く使われている．アレマン方言の接続法現在はこの不定詞に基づいている．

	直説法現在		接続法現在	（アレマン方言）
単数	ich stân, stên	単数	ich stâ, stê	(stande)
	du stâst, stêst		du stâst, stêst	(standest)
	er stât, stêt		er stâ, stê	(stande)
複数	wir stân, stên	複数	wir stân, stên	(standen)
	ir stât, stêt		ir stât, stêt	(standet)
	si stânt, stênt		si stân, stên	(standen)

2) 過去時称

直説法過去には stuont の他に stuot があった．中部ドイツ語方言では直説法過去は stunt, stûnt, あるいは stônt で，接続法過去はそれぞれ stunde, stûnde, stônde であった．

	直説法過去		接続法過去
単数	ich stuont	単数	ich stüende
	du stüende		du stüendest
	er stuont		er stüende
複数	wir stuonden	複数	wir stüenden
	ir stuondet		ir stüendet
	si stuonden		si stüenden

命令法　単数2人称：stâ, stê　複数2人称：stât, stêt
分詞　現在分詞：stânde, stênde　過去分詞：gestân, gestanden

4. sîn, wësen (sein)

動詞 sîn の人称変化形は3つの異なる語幹から成り立っている．それは sîn, sît, sint の系統，bin, birt, birn, の系統，それに強変化動詞 wësen の系統である．過去分詞 gewësen は全般に使われていたが，gewëst と gesîn は使われない地域もあった．

1) 現在時称

複数形 (wir) birn, (ir) birt は13世紀には使われなくなった．wir sint, si sint, er is は中部ドイツの語形である．アレマン方言では複数2人称の語形は3人称と同じ sint であった．

sîn, wësen の接続法現在の幹母音はそれぞれの幹母音である．

	直説法現在		接続法現在
単数	ich bin du bist er ist	単数	ich sî, wëse du sîst, wësest er sî, wëse
複数	wir birn, sîn, sint ir birt, sît si sint	複数	wir sîn, wësen ir sît, wëset si sîn, wësen

2) 過去時称

　直説法過去は強変化動詞 wësen の過去形であり，単数 was，複数 wâren である．一般に中高ドイツ語では強変化動詞の系列Ⅵ．とⅦ．を除いては単数と複数の幹母音は異なっている．2人称単数の wære の幹母 æ は複数形の幹母音のウムラウトである．従って，直説法過去の2人称単数は接続法過去の基本形と一致している

	直説法過去		接続法過去
単数	ich was du wære er was	単数	ich wære du wærest er wære
複数	wir wâren ir wâret si wâren	複数	wir wæren ir wæret si wæren

　3) **命令法**　単数2人称：bis, wis　　複数2人称：sît, wëset
　4) **分詞**　　現在分詞：sînde, wësende
　　　　　　　過去分詞：gewësen, gesîn, gewëst

§77. 縮約動詞

　動詞 haben と lâȝen には縮約形 hân と lân がある．haben と hân のうち haben は „halten" の意味で使われ，hân は助動詞として使われるている．

§78. hân (haben)

1) 現在時称

　直説法現在にはアレマン方言とフランケン方言では幹母音の短いも

の, ich han, du hast, er hat などの語形が見られる. 接続法現在では完全な形が使われ, 縮約形は稀である.

直説法現在	接続法現在
単数　ich hân 　　　du hâst 　　　er hât 複数　wir hân 　　　ir hât 　　　si hânt	単数　ich habe, hâ 　　　du habest, hâst 　　　er habe, hâ 複数　wir haben, hân 　　　ir habet, hât 　　　si haben, hân

2) 過去時称

直説法過去の語形は多様であり, 他にも新高ドイツ語と同じ hatte などの形もある. これは12, 3世紀中部ドイツ, あるいは14, 5世紀のアレマン方言に見られる.

直説法過去
単数　ich hâte, hæte, hête, hete, hiete 　　　du hâtest, hætest, hêtest, hetest, hâte, hæte, hête, hete, hietest 　　　er hâte, hæte, hête, hete, hiete 複数　wir hâten, hæten, hêten, heten, hieten 　　　ir hâtet, hætet, hêtet, hetet, hietet 　　　si hâten, hæten, hêten, heten, hieten
接続法過去
単数　ich hæte, hête, hete, hiete 　　　du hætest, hêtest, hetest, hietest 　　　er hæte, hête, hete, hiete 複数　wir hæten, hêten, heten, hieten 　　　ir hætet, hêtet, hetet, hietet 　　　si hæten, hêten, heten, hieten

過去分詞　gehabet, gehebet, gehapt, gehât, gehat

§79. lân / lâȝen (lassen)

縮約形 ich lâ は稀であり, ich lân が一般的である. 接続法現在は縮約形は少なく, lâȝen の方が多く使われている.

1) 現在時称

直説法現在		接続法現在	
単数	ich lân, lâ	単数	ich lâ
	du lâst, læst		du lâst
	er lât, læt		er lâ
複数	wir lân	複数	wir lân
	ir lât		ir lât
	si lânt		si lân

完全な形 lâʒen の人称変化は反復動詞第2類の slâfen と同じである．lâʒen の直説法と接続法の現在は次のようになる．

直説法現在		接続法現在	
単数	ich lâʒe	単数	ich lâʒe
	du lâʒest		du lâʒest
	er lâʒet		er lâʒe
複数	wir lâʒen	複数	wir lâʒen
	ir lâʒet		ir lâʒet
	si lâʒent		si lâʒen

2) 過去時称

直説法過去には lieʒ と共に縮約形 lie があるが，これは gân の過去形の gie にならった語形である．この形は複数では lien となる．接続法過去は完全な形 lieʒe のみである．

直説法過去		接続法過去	
単数	ich lieʒ, lie	単数	ich lieʒe
	du lieʒe		du lieʒest
	er lieʒ, lie		er lieʒe
複数	wir lieʒen	複数	wir lieʒen
	ir lieʒet		ir lieʒet
	si lieʒen		si lieʒen

命令法単数2人称：lâ　複数2人称：lât　過去分詞：gelâʒen, gelân

§80. 動詞の縮約

縮約動詞 hân, lân のほかにも動詞の縮約が見られる．それは不定詞，複数形，あるいは過去分詞で縮約される場合と動詞の語尾変化の過程で縮

約される場合である．

§81. 不定詞，複数形，過去分詞などでの縮約

不定詞の中間の h が脱落し，縮約される．
hâhen (hängen 掛ける)→縮約形 hân　　　直説法過去　hie, hienc
vâhen (fangen つかむ)→縮約形 vân　　　直説法過去　vie, vienc
slahen (schlagen 打つ)→縮約形 slân　　　直説法過去　sluoc
sëhen (sehen 見る)→縮約形 sên　　　　直説法過去　sach
ziehen (ziehen 引く)→縮約形 zien　　　　直説法過去　zôch
geschëhen (geschehen 起こる)→ geschên　直説法過去　geschach

アレマン方言では過去現在動詞や wellen, それに一般の動詞の不定詞や過去分詞も縮約される．
mügen (mögen できる)→縮約形 mün
wellen (wollen 欲する)→縮約形 wen
gëben (geben 与える)→縮約形 gën
nëmen (nehmen 取る)→縮約形 nën
nëmen (nehmen 取る)の過去分詞　genomen →縮約形 genon

§82. 現在人称変化，過去と過去分詞での縮約

1) -î- あるいは -ei- への縮約
du gibest → gîst,　er gibet → gît　　-ibe- から -î- への縮約
du ligest → lîst,　er liget → lît　　-ige- から -î- への縮約
du redest → reist,　er redet → reit　geredet → gereit（過去分詞）
　-ede- から -ei- への縮約
du legest → leist,　er leget → leit　er legete → leite（過去）
　-ege- から -ei- への縮約

2) -age- から -ei- への縮約
バイエルン方言では -age- が -ei- に縮約される．
du sagest → seist　er saget → seit　er sagete → seite（過去）
gesaget → geseit（過去分詞）

3) -ade- から -â- への縮約
アレマン方言では -ade- が -â- に縮約される．ただし，この â は a となることが多い．

dû ba**de**st → b**â**st, bast   er ba**de**t → b**â**t, bat   er ba**de**te → b**â**te, bate (batte)（過去）   geba**de**t → geb**â**t, gebat（過去分詞）

強変化動詞・反復動詞の基本形

不定詞	直説法現在 単数 1人称	複数 1人称	直説法過去 単数 1.3人称	2人称	複数 1人称	過去分詞	系列
bâgen (schreien)	bâge	bâgen	biec	biege	biegen	gebâgen	反復2
bannen (bannen)	banne	bannen	bien	biene	bienen	gebannen	反復1
beginnen (beginnen)	beginne	beginnen	began	begünne	begunnen	begunnen	Ⅲ.1
belîben (bleiben)	lîbe	lîben	leip	libe	liben	geliben	Ⅰ.1
bëllen (bellen)	bille	bëllen	bal	bülle	bullen	gebollen	Ⅲ.2
bërgen (bergen)	birge	bërgen	barc	bürge	burgen	geborgen	Ⅲ.2
bërn (tragen)	bire	bërn	bar	bære	bâren	geborn	Ⅳ.
bevëlhen (übergehen)	bevilhe	bevëlhen	bevalch	bevülhe	bevulhen	bevolhen	Ⅳ.
biegen (biegen)	biuge	biegen	bouc	büge	bugen	gebogen	Ⅱ.1
bieten (bieten)	biute	bieten	bôt	büte	buten	geboten	Ⅱ.2
binden (binden)	binde	binden	bant	bünde	bunden	gebunden	Ⅲ.1
biten (bitten)	bite	biten	bat	bæte	bâten	gebeten	Ⅴ.
bîten (warten)	bîte	bîten	beit	bite	biten	gebiten	Ⅰ.1
bîʒen (beissen)	bîʒe	bîʒen	beiʒ	biʒʒe	biʒʒen	gebiʒʒen	Ⅰ.1
blâsen (blasen)	blâse	blâsen	blies	bliese	bliesen	geblâsen	反復2
bliuwen (schlagen)	bliuwe	bliewen	blou	blüwe	bluwen	geblûwen	Ⅱ.1
brâten (braten)	brâte	brâten	briet	briete	brieten	gebrâten	反復2
brëchen (brechen)	briche	brëchen	brach	bræche	brâchen	gebrochen	Ⅳ.
brëhen (leuchten)	brihe	brëhen	brach	bræhe	brâhen	gebrehen	Ⅴ.
brësten (bersten)	briste	brësten	brast	bræste	brâsten	gebrosten	Ⅳ
brimmen (brummen)	brimme	brimmen	bram	brümme	brummen	gebrummen	Ⅲ.1
brinnen (brennen)	brinne	brinnen	bran	brünne	brunnen	gebrunnen	Ⅲ.1
brîsen (schnüren)	brîse	brîsen	breis	brise	brisen	gebrisen	Ⅰ.1
briuwen (brauen)	briuwe	briuwen	brou	brüwe	bruwen	gebriuwen	Ⅲ.
dëhsen (Flachs brechen)	dihse	dëhsen	dahs	dæhse	dâhsen	gedohsen	Ⅳ.
dieʒen (rauschen)	diuʒe	dieʒen	dôʒ	düʒʒe	duʒʒen	gedoʒʒen	Ⅱ.2
dîhen (gedeihen)	dîhe	dîhen	dêch	dige	digen	gedigen	Ⅰ.2
dimpfen (dampfen)	dimpfe	dimpfen	dampf	dümpfe	dumpfen	gedumpfen	Ⅲ.1
dinsen (ziehen)	dinse	dinsen	dans	dünse	dunsen	gedunsen	Ⅲ.1

強変化動詞の基本形

dreschen (dreschen)	drische	drëschen	drasch	dræsche	drâschen	gedroschen	III. 2
dringen (drängen)	dringe	dringen	dranc	drünge	drungen	gedrungen	III. 1
eischen (forschen)	eische	eischen	iesch	iesche	ieschen	geeischen	反復 4
enblanden (sich mühen)	-blande	blanden	blient	bliende	blienden	blanden	反復 1
erknëllen (erhallen)	-knille	-knëllen	-knal	-knülle	-knullen	-knollen	III. 2
ëʒʒen (essen)	iʒʒe	ëʒʒen	aʒ	æʒe	âʒen	gëʒʒen	V.
gân (gehen)	gân	gân	gienc	gienge	giengen	gegangen	反復 1
gëben (geben)	gibe	gëben	gap	gæbe	gâben	gegëben	V.
gëlten (gelten)	gilte	gëlten	galt	gülte	gulten	gegolten	III. 2
genësen (genesen)	genise	genësen	genas	genæse	genâsen	genësen	V.
geschëhen (geschehen)	geschihe	geschëhen	geschach	schæhe	schâhen	geschëhen	V.
gieʒen (gießen)	giuʒe	gieʒen	gôʒ	güʒʒe	guʒʒen	geoʒʒen	II. 2
graben (graben)	grabe	graben	gruop	grüebe	gruoben	gegraben	VI.
grîfen (greifen)	grîfe	grîfen	greif	griffe	griffen	gegriffen	I. 1
grimmen (toben)	grimme	grimmen	gram	grümme	grummen	gegrummen	III. 1
grînen (brüllen)	grîne	grînen	grein	grinne	grinen	gegrinen	I. 1
hâhen (hängen)	hâhe	hâhen	hienc	hienge	hiengen	gehangen	反復 2
halsen (umfassen)	halse	halsen	hiels	hielse	hielsen	gehalsen	反復 1
halten (halten)	halte	halten	hielt	hielte	hielten	gahalten	反復 1
heben (heben)	hebe	heben	huop	hüebe	huoben	gehaben	VI.
heiʒen (heissen)	heiʒe	heiʒen	hieʒ	hieʒe	hieʒen	geheiʒen	反復 4
hëlfen (helfen)	hilfe	hëlfen	half	hülfe	hulfen	geholfen	III. 2
hëllen (hallen)	hille	hëllen	hal	hülle	hullen	gehollen	III. 2
hëln (verbergen)	hile	hëln	hal	hæle	hâln	geholn	IV.
houwen (hauen)	houwe	houwen	hiu	hiuwe	hiuwen	gehouwen	反復 3
jëhen (sagen)	gihe	jëhen	jach	jæhe	jâhen	gejëhen	V.
jëten (jäten)	gite	jëten	jat	jæte	jâten	gejëten	V.
kërren (schreien)	kirre	kërren	kar	kürre	kurren	gekorren	III. 2
kiesen (wählen)	kiuse	kiesen	kôs	küre	kurn	gekorn	II. 2
kiuwen (kauen)	kiuwe	kiuwen	kou	küwe	kuwen	gekiuwen	II. 1
klîben (kleben)	klîbe	klîben	kleip	klibe	kliben	gekliben	I. 1
klieben (klieben)	kliube	klieben	kloup	klübe	kluben	gekloben	II. 1
klimmen (klimmen)	klimme	klimmen	klam	klümme	klummen	geklummen	III. 1
klingen (klingen)	klinge	klingen	klanc	klünge	klungen	geklungen	III. 1
komen (kommen)	kume	komen	quam	quæme	quâmen	komen	IV.
krimmen (anpacken)	krimme	krimmen	kram	krümme	krummen	gekrummen	III. 1
laden (belasten)	lade	laden	luot	lüede	luoden	geladen	VI.
lâʒen (lassen)	lâʒe	lâʒen	lieʒ	lieʒe	lieʒen	gelâʒen	反復 2

強変化動詞の基本形

lëschen (erlöschen)	lische	lëschen	lasch	læsche	lâschen	geloschen	IV.
lësen (lesen)	lise	lësen	las	læse	lâsen	gelësen	V.
lîden (gehen)	lîde	lîden	leit	lite	liten	geliten	I. 1
liegen (lügen)	liuge	liegen	louc	lüge	lugen	gelogen	II. 1
ligen (liegen)	lige	ligen	lac	læge	lâgen	gelëgen	V.
lîhen (leihen)	lîhe	lîhen	lêch	lihe	lihen	gelihen	II. 2
limmen (brummen)	limme	immen	lam	lümme	lummen	gelummen	III. 1
lingen (vorwärts kommen)	linge	lingen	lanc	lünge	lungen	gelungen	III. 1
loufen (laufen)	loufe	loufen	lief	liefe	liefen	geloufen	反復3
meiʒen (schneiden)	meiʒe	meiʒen	mieʒ	mieʒe	mieʒen	gemeiʒen	反復4
mëʒʒen (messen)	miʒʒe	mëʒʒen	maʒ	mæʒe	mâʒen	gemëʒʒen	V.
mîden (meiden)	mîde	mîden	meit	mite	miten	gemiten	I. 1
nëmen (nehmen)	nime	nëmen	nam	næme	nâmen	genomen	IV.
nîden (neiden)	nîde	nîden	neit	nite	niten	geniten	I. 1
niesen (niesen)	niuse	niesen	nôs	nüre	nurn	genorn	II. 2
nieʒen (gebrauchen)	niuʒe	nieʒen	nôʒ	nüʒʒe	nuʒʒen	genoʒʒen	II. 2
nîgen (sich neigen)	nîge	nîgen	neic	nige	nigen	genigen	I. 1
niuwen (stampfen)	niuwe	niuwen	nou	nüwe	nuwen	genûwen	II. 1
phlëgen (pflegen)	pflige	phlëgen	phlac	phlæge	phlâgen	gephlëgen	V.
quëden (sagen)	quide	quëden	quat	quæde	quâden	gequaden	V.
quëllen (quellen)	quille	quëllen	qual	külle	kullen	gequollen	III. 2
quëln (Schmerzen leiden)	quil	quëln	qual	quæle	quâlen	gekoln	IV.
râten (raten)	râte	râten	riet	riete	rieten	gerâten	反復2
rëchen (rächen)	riche	rëchen	rach	ræche	râchen	gerochen	IV.
riechen (riechen)	riuche	riechen	rouch	rüche	ruchen	gerochen	II. 1
rieʒen (fliessen)	riuʒe	rieʒen	rôʒ	rüʒʒe	ruʒʒen	geroʒʒen	II. 2
rimphen (krümmen)	rimpfe	rimpfen	rampf	rümpfe	rumpfen	gerumpfen	III. 1
ringen (ringen)	ringe	ringen	ranc	rünge	rungen	gerungen	III. 1
rinnen (rinnrn)	rinne	rinnen	ran	rünne	runnen	gerunnen	III. 1
rîsen (fallen)	rîse	rîsen	reis	reise	reisen	gerisen	I. 1
rîten (reiten)	rîte	rîten	reit	rite	riten	geriten	I. 1
riuwen (reuen)	riuwe	riewen	rou	rüwe	ruwen	gerûwen	II. 1
ruofen (rufen)	ruofe	ruofen	rief	riefe	riefen	geruofen	反復6
salzen (salzen)	salze	salzen	sielz	sielze	sielzen	gesalzen	反復1
schaben (schaben)	schabe	schaben	schuop	schüebe	schuoben	geschabe	VI.
schaffen (schaffen)	schaffe	schaffen	schuof	schüefe	schuofen	geschaffen	VI.
schalten (sieben)	schalte	schalten	schielt	schielte	schielten	geschalten	反復1
scheiden (scheiden)	scheide	scheiden	schiet	schiede	schieden	gescheiden	反復4

強変化動詞の基本形

schëllen (schallen)	schille	schëllen	schal	schülle	schullen	geschollen	Ⅲ.2
schëlten (schelten)	schilte	schëlten	schalt	schülte	schulten	gescholten	Ⅲ.2
schieben (schieben)	schiube	schieben	schoup	schübe	schuben	geschoben	Ⅱ.1
schieʒen (schießen)	schiuʒe	schieʒen	schôʒ	schüʒʒe	schuʒʒen	geschoʒʒen	Ⅱ.2
schinden (schälen)	schinde	schinden	schant	schünde	schunden	geschunden	Ⅲ.1
schînen (scheinen)	schîne	schînen	schein	schine	schinen	geschinen	Ⅰ.1
schrëcken (auffahren)	schricke	schrëcken	schrac	schræke	schrâken	geschrocken	Ⅳ.
schrîben (schreiben)	schrîbe	schrîben	schreip	schribe	schriben	geschriben	Ⅰ.1
schrîen (schreien)	schrîe	schrîen	schrei	schrire	schrirn	geschrirn	Ⅰ.2
schrîten (schreiten)	schrîte	schrîten	schreit	schrite	schriten	geschriten	Ⅰ.1
schrôten (schneiden)	schrôte	schrôten	schriet	schriete	schrieten	geschrôten	反復5
sëhen (sehen)	sihe	sëhen	sach	sæhe	sâhen	gesëhen	Ⅴ.
sieden (sieden)	siude	sieden	sôt	süte	suten	gesoten	Ⅱ.2
sîgen (sinken)	sîge	sîgen	seic	sige	sigen	gesigen	Ⅰ.1
singen (singen)	singe	singen	sanc	sünge	sungen	gesungen	Ⅲ.1
sinken (sinken)	sinke	sinken	sanc	sünke	sunken	gesunken	Ⅲ.1
sinnen (merken)	sinne	sinnen	san	sünne	sunnen	gesunnen	Ⅲ.1
sitzen (sitzen)	sitze	sitzen	saʒ	sæʒe	sâʒen	geseʒʒen	Ⅴ.
slâfen (schlafen)	slâfe	slâfen	slief	sliefe	sliefen	geslâfen	反復2
slahen (schlagen)	slahe	slahen	sluoc	slüege	sluogen	geslagen	Ⅵ.
slîchen (schleichen)	slîche	slîchen	sleich	sliche	slichen	geslichen	Ⅰ.1
sliefen (schlüpfen)	sliufe	sliefen	slouf	slüffe	sluffen	gesloffen	Ⅱ.1
slîfen (schleifen)	slîfe	slîfen	sleif	sliffe	sliffen	gesliffen	Ⅰ.1
slinden (schlingen)	slinde	slinden	slant	slünde	slunden	geslunden	Ⅲ.1
smëlzen (schmelzen)	smilze	smëlzen	smalz	smülze	smulzen	gesmolzen	Ⅲ.2
smiegen (schmiegen)	smiuge	smiegen	smouc	smüge	smugen	gesmogen	Ⅱ.1
snîden (sneiden)	snîde	snîden	sneit	snite	sniten	gesniten	Ⅰ.1
spalten (spalten)	spalte	spalten	spielt	spielte	spielten	gespalten	反復1
spanen (anlocken)	spane	spanen	spuon	spüege	spuonen	gespanen	Ⅵ.
spannen (spannen)	spanne	spannen	spien	spiene	spienen	gespannen	反復1
spinnen (spinnen)	spinne	spinnen	span	spünne	spunnen	gespunnen	Ⅲ.1
spîwen (speien)	spîwe	spîwen	spê	spiwe	spiwen	gespiwen	Ⅰ.2
splîʒen (spalten)	splîʒe	splîʒen	spleiʒ	spliʒʒe	spliʒʒen	gespliʒʒen	Ⅰ.1
sprechen (sprechen)	spriche	sprechen	sprach	spræche	sprâchen	gesprochen	Ⅳ.
sprieʒen (spriessen)	spriuʒe	sprieʒen	sprôʒ	sprüʒʒe	spruʒʒen	gesproʒʒen	Ⅱ.2
springen (springen)	springe	springen	spranc	sprünge	sprungen	gesprungen	Ⅲ.1
sprîten (ausbreiten)	sprîte	sprîten	spreit	sprite	spriten	gespriten	Ⅰ.1
stân (stehen)	stân	stân	stuont	stüende	stuonden	gestanden	Ⅵ.

強変化動詞の基本形

stëchen (stechen)	stiche	stëchen	stach	stæche	stâchen	gestochen	IV.
stëln (stehlen)	stile	stëln	stal	stæle	stâlen	gestoln	IV.
stërben (sterben)	stirbe	stërben	starp	stürbe	sturben	gestorben	III. 2
stieben (stieben)	stiube	stieben	stoup	stübe	stuben	gestoben	II. 1
stîgen (steigen)	stîge	stîgen	steic	stige	stigen	gestigen	I. 1
stinken (riechen)	stinke	stinken	stanc	stünke	stunken	gestunken	III. 1
stôʒen (stossen)	stôʒe	stôʒen	stieʒ	stieʒe	stieʒen	gestôʒen	反復 5
strîchen (streichen)	strîche	strîchen	streich	striche	strichen	gestrichen	I. 1
strîten (streiten)	strîte	strîten	streit	strite	striten	gestriten	I. 1
sûfen (saufen)	sûfe	sûfen	souf	süffe	suffen	gesoffen	II. 1
sûgen (saugen)	sûge	sûgen	souc	süge	sugen	gesogen	II. 1
sweifen (schweifen)	sweife	sweifen	swief	swiefe	swiefen	gesweifen	反復 4
swëllen (schwellen)	swille	swëllen	swal	swülle	swullen	geswollen	III. 2
swërn (schwären)	swire	swërn	swar	swære	swâren	gesworn	IV.
swîchen (sich zrückziehen)	swîche	swîchen	sweich	swiche	swichen	geswichen	I. 1
swîgen (schweigen)	swîge	swîgen	sweic	swige	swigen	geswigen	I. 1
swimmen (schwimmen)	swimme	swimmen	swam	swümme	swummen	geswummen	III. 1
swinden (schwinden)	swinde	swinden	swant	swünde	swunden	geswunden	III. 1
swînen (schwinden)	swîne	swînen	swein	swine	swinen	geswinen	I. 1
swingen (schwingen)	swinge	swingen	swanc	swünge	swungen	geswungen	III. 1
telben (graben)	tilbe	telben	talp	tülbe	tulben	getolben	III. 2
tîchen (büssen)	tîche	tîchen	teich	tiche	tichen	getichen	I. 1
tragen (tragen)	trage	tragen	truoc	trüege	truogen	getragen	VI.
trëffen (treffen)	triffe	trëffen	traf	træfe	trâfen	getroffen	IV.
trëten (treten)	trite	trëten	trat	træte	trâten	getrëten	V.
trîben (treiben)	trîbe	trîben	treip	tribe	triben	getriben	I. 1
triefen (triefen)	triufe	triefen	trouf	trüffe	truffen	getroffen	II. 1
triegen (trügen)	triuge	triegen	trouc	trüge	trugen	getrogen	II. 1
trinken (trinken)	trinke	trinken	tranc	trünke	trunken	getrunken	III. 1
trinnen (fortgehen)	trinne	trinnen	tran	trünne	trunnen	getrunnen	III. 1
twahen (waschen)	twahe	twahen	twuoc	twüege	twuogen	getwagen	VI.
twingen (zwingen)	twinge	twingen	twanc	twünge	twungen	getwungen	III. 1
vâhen (fangen)	vâhe	vâhen	vienc	vienge	viengen	gevangen	反復 2
vallen (fallen)	valle	vallen	viel	viele	vielen	gevallen	反復 1
valten (falten)	valte	valten	vielt	vielte	vielten	gevalten	反復 1
varn (fahren)	var	varn	vuor	vüere	vuoren	gevarn	VI.
vëhten (fechten)	vihte	vëhten	vaht	væhte	vâhten	gevohten	IV.
verdërben (untergehen)	verdirbe	verdërben	verdarp	verdürbe	verdurben	verdorben	III. 2

強変化動詞の基本形

verdrieʒen (verdriessen)	verdriuʒe	verdrieʒen	verdrôʒ	verdrüʒe	verdruʒʒen	verdroʒʒen	Ⅱ.2
vergeʒʒen (vergessen)	vergiʒʒe	vergeʒʒen	vergaʒ	vergæʒe	vergâʒen	vergeʒʒen	Ⅴ.
verliesen (verlieren)	verliuse	verliesen	verlôs	verlüre	verlurn	verlorn	Ⅱ.2
verwâʒen (verderben)	verwâʒe	verwâʒen	verwieʒ	verwieʒe	verwieʒen	verwâʒen	反復2
vinden (finden)	vinde	vinden	vant	vünde	vunden	gevunden	Ⅲ.1
vlëhten (flechten)	vlihte	vlëhten	vlaht	vlæhte	vlâhten	gevlohten	Ⅳ.
vliegen (fliegen)	vliuge	vliegen	vlouc	vlüge	vlugen	gevlogen	Ⅱ.1
vliehen (fliehen)	vliuhe	vliehen	vlôch	vlühe	vluhen	gevlohen	Ⅱ.2
vlieʒen (fliessen)	vliuʒe	vlieʒen	vlôʒ	vlüʒʒe	vluʒʒen	gevloʒʒen	Ⅱ.2
vlîʒen (sich befleissigen)	vlîʒe	vlîʒen	vleiʒ	vliʒʒe	vliʒʒen	gevliʒʒen	Ⅰ.1
vriesen (frieren)	vriuse	vriesen	vrôs	vrüre	vrurn	gevrorn	Ⅱ.2
wahsen (wachsen)	wahse	wahsen	wuohs	wüehse	wuohsen	gewahsen	Ⅵ.
walken (walken)	walke	walken	wielc	wielke	wielken	gewalken	反復1
wallen (kochen)	walle	wallen	wiel	wiele	wielen	gewallen	反復1
walten (walten)	walte	walten	wielt	wielte	wielten	gewalten	反復1
walzen (wälzen)	walze	walzen	wielz	wielze	wielzen	gewalzen	反復1
waschen (waschen)	wasche	waschen	wuosch	wüesche	wuoschen	gewaschen	Ⅵ.
waten (gehen)	wate	waten	wuot	wüete	wuoten	gewaten	Ⅵ.
wëben (weben)	wibe	wëben	wap	wæbe	wâben	gewëben	Ⅴ.
wëgen (sich bewegen)	wige	wëgen	wac	wæge	wâgen	gewëgen	Ⅴ.
wëllen (wälzen)	wille	wëllen	wal	wülle	wullen	gewollen	Ⅲ.2
wërben (sich drehen)	wirbe	wërben	warp	würbe	wurben	geworben	Ⅲ.2
wërden (werden)	wirde	wërden	wart	würde	wurden	worden	Ⅲ.2
wërfen (werfen)	wirfe	wërfen	warf	würfe	wurfen	geworfen	Ⅲ.2
wërren (verwirren)	wirre	wërren	war	würre	wurren	geworren	Ⅲ.2
wësen (sein)	bin	sint	was	wære	wâren	gewësen	Ⅴ.
wëten (binden)	wite	wëten	wat	wæte	wâten	gewëten	Ⅴ.
wîchen (weichen)	wîche	wîchen	weich	wiche	wichen	gewichen	Ⅰ.1
wîfen (winden)	wîfe	wîfen	weif	wiffe	wiffen	gewiffen	Ⅰ.1
winden (winden)	winde	winden	want	wünde	wunden	gewunden	Ⅲ.1
winnen (arbeiten)	winne	winnen	wan	wünne	wunnen	gewunnen	Ⅲ.1
wîʒen (tadeln)	wîʒe	wîʒen	weiʒ	wiʒʒe	wiʒʒen	gewiʒʒen	Ⅰ.1
wuofen (klagen)	wuofe	wuofen	wief	wiefe	wiefen	gewuofen	反復6
zëmen (ziemen)	zime	zemen	zam	zæme	zâmen	gezomen	Ⅳ.
ziehen (ziehen)	ziuhe	ziehen	zôch	züge	zugen	gezogen	Ⅱ.2
zîhen (beschuldigen)	zîhe	zîhen	zêch	zige	zigen	gezigen	Ⅰ.2

あとがき

　本書の基礎は「中高ドイツ語」(大学書林　1982年)の巻末の語彙集であり，その見出し語数は約1500語であった．そしてその増補版が，「クードルーン」(大学書林　1987年)の巻末の語彙集であり，その語数は約2100語であった．そして今，前記の方法で，本書に集積された語彙はおよそ10500語である．中高ドイツ語の語彙総数が約4万語と言われているので，その約4分の1であり，中高ドイツ語の語彙の基盤を成すものである．

　本書が対象とした中高ドイツ語の叙事詩の行数は，英雄叙事詩『ニーベルンゲンの歌』9516行，『クードルーン』6820行，ハルトマンの宮廷叙事詩『エーレク』10135行，『イーヴァイン』8166行，『グレゴーリウス』4006行，それに『哀れなハインリヒ』1520行，ゴットフリートの宮廷叙事詩『トリスタンとイゾルデ』19552行，ヴォルフラムの宮廷叙事詩『パルチヴァール』24810行であり，合計84525行となる．これにヴァルターの叙情詩約4500行を加えると，総計が約9万行となる．ただし，英雄叙事詩の詩行は宮廷叙事詩の詩行の約二倍の長さがあるので，二つの英雄叙事詩の行数を倍にして合計すると約105000行になり，これらの諸作品は内容と共に量的にも読み応えのあるものであることが分かる．

　これまでに中高ドイツ語の語彙に関しては「中高ドイツ語の分類語彙と変化表」(浜崎著　1986年　大学書林)があり，中高ドイツ語の語彙研究書として知られている．また，「中高ドイツ語小辞典」(伊東・馬場・小栗・松浦・有川編著　1991年初版　同学社)は，これまでわが国唯一の中高ドイツ語辞典として定評があり，2001年には新訂初版が出版されている．

　英雄叙事詩『ニーベルンゲンの歌』の成立は1205年頃と推定されているが，本書の対象の諸傑作を書いた詩人たちが活躍したのは今からおよそ800年前のことである．

2010年10月
編者　しるす

著者紹介

古賀允洋［こが・よしひろ］熊本大学名誉教授。
1938年，長崎県生れ。東京大学（人文科学研究科）卒。専攻〈独語学〉。著書に『中高ドイツ語』ほか多数。

目録進呈　落丁本・乱丁本はお取替えいたします。

平成23年11月30日　　©第1版発行

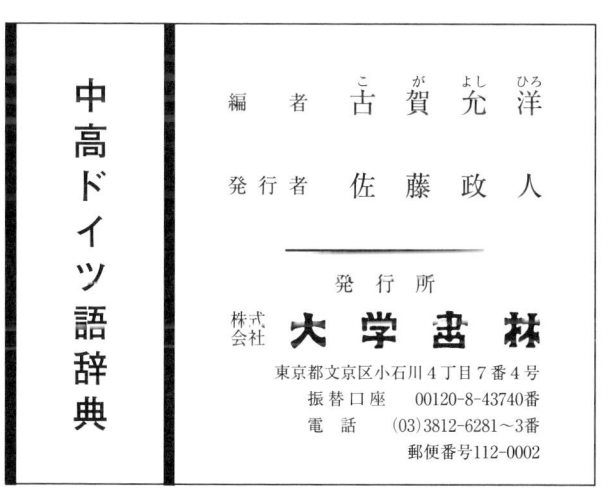

中高ドイツ語辞典	編　者　古賀　允洋 発行者　佐藤　政人 発　行　所 株式会社　大学書林 東京都文京区小石川4丁目7番4号 振替口座　　00120-8-43740番 電　話　　(03)3812-6281～3番 郵便番号112-0002

ISBN978-4-475-00163-2　　豊国印刷・横山印刷・牧製本

大学書林
語学参考書

著者	書名	判型	頁数
山田　晟 著	ドイツ法律用語辞典（改訂増補版）	A5判	910頁
古賀允洋 著	中高ドイツ語	A5判	320頁
古賀允洋 著	クードルーン	A5判	294頁
小島公一郎 著	ドイツ語史	A5判	312頁
塩谷饒 著	ドイツ語の諸相	A5判	214頁
渡辺格司 著	低ドイツ語入門	A5判	202頁
工藤康弘・藤代幸一 著	初期新高ドイツ語	A5判	214頁
髙橋輝和 著	古期ドイツ語文法	A5判	280頁
藤代幸一・他著	中世低地ドイツ語	A5判	262頁
浜崎長寿・松村国隆・大澤慶子 編	ニーベルンゲンの歌	A5判	232頁
戸澤明 訳・佐藤牧夫・他著	ハルトマン・フォン・アウエ　哀れなハインリヒ	A5判	232頁
赤井・斎藤・武市・尾野 訳著	ハルトマン・フォン・アウエ　イーヴァイン	A5判	200頁
尾崎盛景・高木実 著	ハルトマン・フォン・アウエ　グレゴリウス	A5判	176頁
山田泰完 訳著	ヴァルター・フォン・デア・フォーゲルヴァイデ　愛の歌	A5判	224頁
須沢通 著	ヴォルフラム・フォン・エッシェンバハ　パルツィヴァール	A5判	236頁
佐藤牧夫・他著	ゴットフリート・フォン・シュトラースブルク「トリスタン」から　リヴァリーンとブランシェフルール	A5判	176頁
岸谷敞子・柳井尚子 訳著	ワルトブルクの歌合戦	A5判	224頁
岸谷敞子・他著	ドイツ中世恋愛抒情詩撰集　ミンネザング	A5判	312頁
藤代幸一 監修・石田基広 著	中世低地ドイツ語　パリスとヴィエンナ	A5判	212頁

――目録進呈――